JUS PUBLICUM

Beiträge zum Öffentlichen Recht

Band 119

Wolfgang Durner

Konflikte räumlicher Planungen

Verfassungs-, verwaltungs- und gemeinschaftsrechtliche Regeln für das Zusammentreffen konkurrierender planerischer Raumansprüche

Mohr Siebeck

Wolfgang Durner, geboren 1967; 1987–1993 Studium der Rechts- und Politikwissenschaft sowie der Philosophie in Würzburg, Berlin, München und an der London School of Economics (LL.M. 1993); 1994–1996 Rechtsreferendariat in Berlin; 1995 Promotion in Politikwissenschaft an der Ludwig-Maximilians-Universität München; 1996–1997 Assistent der Unabhängigen Sachverständigenkommission zum Umweltgesetzbuch; 1997–1998 Fritz-Thyssen-Fellow am Institute for International Studies der Universität Stanford; 1999–2001 Rechtsanwalt in München; 2000 Promotion im Völkerrecht an der Freien Universität Berlin; 2001–2004 Wissenschaftlicher Assistent an der Universität München; 2004 Habilitation in den Fächern Öffentliches Recht, Europarecht, Völkerrecht und Allgemeine Staatslehre sowie Verfassungsgeschichte der Neuzeit; derzeit Lehrstuhlvertretung an der Freien Universität Berlin.

Gedruckt mit Unterstützung des Förderungs- und Beihilfefonds Wissenschaft der VG WORT.

ISBN 3-16-148508-4
ISSN 0941-0503 (Jus Publicum)

Die Deutsche Bibliothek verzeichnet diese Publikation in der Deutschen Nationalbibliographie; detaillierte bibliographische Daten sind im Internet über *http://dnb.ddb.de* abrufbar.

Das Buch wurde von Gulde-Druck in Tübingen aus der Garamond gesetzt, auf alterungsbeständiges Werkdruckpapier gedruckt und von der Buchbinderei Spinner in Ottersweier gebunden.

Vorwort

Die vorliegende Arbeit wurde im Wintersemester 2003/2004 von der Juristischen Fakultät der Ludwig-Maximilians-Universität als Habilitationsschrift angenommen. Der Text und die Nachweise befinden sich im wesentlichen auf dem Stand des Frühjahrs 2004.

Meinem verehrten Lehrer, Herrn Präsidenten des Bundesverfassungsgerichts Professor Dr. Hans-Jürgen Papier, danke ich für seine Förderung und vor allem für die Betreuung der Habilitation, für die interessante Zeit der Mitarbeit an seinem Lehrstuhl, aber auch für die großen Freiräume, die er mir in jeder Hinsicht gewährt hat. Ebenso danke ich Herrn Professor Dr. Peter Michael Huber für das anregende Zweitgutachten sowie der gesamten Fakultät für das überaus wohlwollende Habilitationsverfahren. Außerdem möchte ich an dieser Stelle zwei weiteren meiner akademischen Lehrer Dank abstatten, Herrn Professor Dr. Philip Kunig sowie Herrn Professor Dr. Michael Kloepfer, die beide meinen wissenschaftlichen Werdegang auch persönlich stark geprägt haben. Manches von dieser Prägung hat sich auch in der vorliegenden Arbeit niedergeschlagen. Den Mitarbeitern des Lehrstuhls für Deutsches und Bayerisches Staatsrecht am Institut für Politik und Öffentliches Recht bin ich für geduldiges Korrekturlesen und unzählige Recherchen verpflichtet, der VG-Wort einmal mehr für die großzügige Übernahme der Druckkosten.

Inhaltlich widmet sich diese Monographie einer Reihe von Problemen und Fragestellungen aus der Praxis des Planungsrechts, mit denen ich vor allem während meiner mehrjährigen Tätigkeit als Rechtsanwalt konfrontiert wurde. Den Einstieg in das als schwer zugänglich geltende Raumplanungsrecht und die intensive Auseinandersetzung mit vielen seiner Facetten verdanke ich meinem Freund und vormaligen Kollegen Dr. Andreas Geiger. Mit der vorliegenden Arbeit habe ich den Versuch unternommen, dieses Gebiet vor allem mit Blick auf das Verfassungsrecht weiter systematisch zu durchdringen und bisweilen zu korrigieren, dabei aber Lösungen zu entwickeln, die für die Praxis tragfähig sein sollen.

Während die Monographie auf ihre stattliche Größe anwuchs, durfte ich zugleich auch das Heranwachsen meiner Familie miterleben. Auch aus diesem Grund waren die letzten drei Jahre für mich eine zwar oft anstrengende, aber auch sehr erfüllte Zeit. Meiner Familie möchte ich dieses Buch daher in großer Dankbarkeit widmen.

München/Berlin, im November 2004 — Wolfgang Durner

Hoppe, DVBl 05, 1495, Erbguth, DÖV 06, 573

Küpper, DVBl 84, 823

Inhaltsübersicht

Inhaltsverzeichnis

Einleitung und Problemstellung

Erstes Kapitel
Grundlagen und Strukturen der Raumplanung
31

Zweites Kapitel
Der einfachgesetzliche Rahmen

Drittes Kapitel

Historische Lösungsansätze

Viertes Kapitel

Planungskompetenz und Konfliktvermeidung

Sechstes Kapitel

Kompetenz und Abwägung im Recht des Bergbaus

349

Achtes Kapitel
Planerische Durchsetzungs- und Kontrollinstrumente
457

Neuntes Kapitel

Der Rang gemeinschaftlicher Raumplanungen

Zusammenfassende Thesen

Abkürzungsverzeichnis

a.a.O.	am angegebenen Orte
a.A.	anderer Ansicht
a.E.	am Ende
a.F.	alte Fassung
AAnz.	Amtlicher Amtsanzeiger
AbfG	Gesetz über die Beseitigung von Abfällen – Abfallbeseitigungsgesetz
ABl.	Amtsblatt
ABl.EG	Amtsblatt der Europäischen Gemeinschaften
Abs.	Absatz
Abschn.	Abschnitt
AcP	Archiv für die civilistische Praxis
AEG	Allgemeines Eisenbahngesetz
AG	Aktiengesellschaft
AgrStruktG	Gesetz über die Gemeinschaftsaufgabe »Verbesserung der Agrarstruktur und des Küstenschutzes«
AK-GG	Erhard Denninger u.a. (Hrsg.), Alternativkommentar zum Grundgesetz
Alt.	Alternative
AöR	Archiv des öffentlichen Rechts
Archiv PT	Archiv für Post und Telekommunikation
Art.	Artikel
AtomG	Gesetz über die friedliche Verwendung der Kernenergie und den Schutz gegen ihre Gefahren – Atomgesetz
Aufl.	Auflage
Aug.	August
BAB	Bundesautobahn
BauGB	Baugesetzbuch
BauNVO	Verordnung über die bauliche Nutzung der Grundstücke – Baunutzungsverordnung
BauO Bln	Bauordnung für Berlin
BauR	Baurecht
BauROG 1998	Gesetz zur Änderung des Baugesetzbuchs und zur Neuregelung des Rechts der Raumordnung – Bau- und Raumordnungsgesetz 1998
BaWü.StrG	Straßengesetz für Baden-Württemberg
Bay.	Bayerisch
BayBauO	Bayerische Bauordnung
BayEG	Bayerisches Enteignungsgesetz
BayLPlG	Bayerisches Landesplanungsgesetz
BayNatSchG	Bayerisches Naturschutzgesetz
BayObLG	Bayerisches Oberstes Landesgericht
BayStrWG	Bayerisches Straßen- und Wegegesetz

BayVBl.	Bayerische Verwaltungsblätter
BayVerf.	Bayerische Verfassung
BayVerfGH	Bayerischer Verfassungsgerichtshof
BayVGH	Bayerischer Verwaltungsgerichtshof
BayWaldG	Waldgesetz für Bayern
BayWG	Bayerisches Wassergesetz
BBahnG	Bundesbahngesetz
BBauBl.	Bundesbaublatt – Zeitschrift für Wohnungswesen, Städtebau, Raumordnung, Baurecht und Bauforschung
BBauG	Bundesbaugesetz
BBergG	Bundesberggesetz
Bbg.	Brandenburg, brandenburgisch
BbgBkGG	Brandenburgisches Braunkohlengrundlagengesetz
BbgLPlG	Landesplanungsgesetz und Vorschaltgesetz zum Landesentwicklungsprogramm für das Land Brandenburg – Brandenburgisches Landesplanungsgesetz
BBodSchG	Gesetz zum Schutz vor schädlichen Bodenveränderungen und zur Sanierung von Altlasten – Bundes-Bodenschutzgesetz
Bd.	Band
ber.	berichtigt
BerlStrG	Berliner Straßengesetz
Beschl.	Beschluß
BfN	Bundesamt für Naturschutz
BGBl.	Bundesgesetzblatt
BGH	Bundesgerichtshof
BHO	Bundeshaushaltsordnung
BImSchG	Gesetz zum Schutz vor schädlichen Umwelteinwirkungen durch Luftverunreinigungen, Geräusche, Erschütterungen und ähnliche Vorgänge – Bundesimmissionsschutzgesetz
BImSchV	Verordnung zur Durchführung des Bundesimmissionsschutzgesetzes
BK-GG	Rudolf Dolzer/Klaus Vogel/Karin Graßhof (Hrsg.), Bonner Kommentar zum Grundgesetz
BMU	Bundesministerium für Umwelt, Naturschutz und Reaktorsicherheit
BNatSchG	Gesetz über Naturschutz und Landschaftspflege – Bundesnaturschutzgesetz
BremLBO	Bremische Landesbauordnung
BremLStrG	Bremisches Landesstraßengesetz
BRS	Baurechtssammlung
BSWAG	Gesetz über den Ausbau der Schienenwege des Bundes – Bundesschienenwegeausbaugesetz
BT-Drs.	Drucksache des Deutschen Bundestages
Buchholz	Sammel- und Nachschlagewerk der Rechtsprechung des Bundesverwaltungsgerichts, herausgegeben von K. Buchholz
Buchst.	Buchstabe
BVerfG	Bundesverfassungsgericht
BVerfGE	Amtliche Sammlung der Entscheidungen des Bundesverfassungsgerichts
BVerwG	Bundesverwaltungsgericht
BVerwGE	Amtliche Sammlung der Entscheidungen des Bundesverwaltungsgerichts

BW	Baden-Württemberg
BWaldG	Gesetz zur Erhaltung des Waldes und zur Förderung der Forstwirtschaft – Bundeswaldgesetz
bzw.	beziehungsweise
CMLR	Common Market Law Review
d.	der / die / das / des
DAR	Deutsches Autorecht
dems.	demselben
ders.	derselbe
Dez.	Dezember
dies.	dieselbe(n)
DISP	Dokumente und Informationen zur Schweizerischen Orts-, Regional- und Landesplanung
Diss.	Dissertation
DÖV	Die Öffentliche Verwaltung
DVBl.	Deutsches Verwaltungsblatt
DVP	Deutsche Verwaltungspraxis
EEG NW	Gesetz über Enteignung und Entschädigung für das Land Nordrhein-Westfalen – Landesenteignungs- und Entschädigungsgesetz
EG	Europäische Gemeinschaft(en)
EGMR	Europäischer Gerichtshof für Menschenrechte
EGV	Vertrag über die Gründung der Europäischen Gemeinschaft
Einf.	Einführung
Einl.	Einleitung
EkrG	Gesetz über Kreuzungen von Eisenbahnen und Straßen – Eisenbahnkreuzungsgesetz
endg.	endgültig
Entsch.	Entscheidung
EnWG	Gesetz über die Elektrizitäts- und Gasversorgung – Energiewirtschaftsgesetz
Erl.	Erläuterung
EU	Europäische Union
EUDUR	Hans-Werner Rengeling (Hrsg.), Handbuch zum europäischen und deutschen Umweltrecht
EUREK	Europäisches Raumentwicklungskonzept
EUV	Vertrag über die Gründung der Europäischen Union
EuZW	Europäische Zeitschrift für Wirtschaftsrecht
EVerkVerwG	Gesetz über die Eisenbahnverkehrsverwaltung des Bundes – Bundeseisenbahnverkehrsverwaltungsgesetz
EWG	Europäische Wirtschaftsgemeinschaft
f.	folgende
Feb.	Februar
ff.	fortfolgende
FFH	Flora-Fauna-Habitat
FlugLärmG	Gesetz zum Schutz gegen Fluglärm
FlurBG	Flurbereinigungsgesetz
FS	Festschrift
FStrAbG	Gesetz über den Ausbau der Bundesfernstraßen – Fernstraßenausbaugesetz

FStrÄndG	Gesetz zur Änderung des Bundesfernstraßengesetzes
FStrG	Bundesfernstraßengesetz
GB	Gerichtsbescheid
GBl.	Gesetzblatt
gem.	gemäß
GewArch	Gewerbearchiv
GG	Grundgesetz für die Bundesrepublik Deutschland
GMBl.	Gemeinsames Ministerialblatt der Bundesministerien des Innern, für Vertriebene, für Wohnungsbau, für gesamtdeutsche Fragen, für Angelegenheiten des Bundesrats
GO	Gemeindeordnung
GS	Gesetz-Sammlung für die Kgl. Preußischen Staaten / Gedächtnisschrift
GV. NW	Gesetz- und Verordnungsblatt für das Land Nordrhein-Westfalen
GVBl. RP	Gesetz- und Verordnungsblatt für Rheinland-Pfalz
GVBl. SH	Gesetz- und Verordnungsblatt für Schleswig-Holstein
GVBl.	Gesetz- und Verordnungsblatt
GW	Grundwerk
h.L.	herrschende Lehre
Halbs.	Halbsatz
Hamb. GVBl.	Hamburgisches Gesetz- und Verordnungsblatt
Hamb.	Hamburgisch
HambWG	Hamburgisches Wegegesetz
HBauO	Hamburgische Bauordnung
HBO	Hessische Bauordnung
HessStGH	Staatsgerichtshof des Landes Hessen
HessStrG	Hessisches Straßengesetz
HessVerf.	Verfassung des Landes Hessen
HLPG	Hessisches Landesplanungsgesetz
Hrsg.	Herausgeber
HSchulBG	Gesetz über die Gemeinschaftsaufgabe »Ausbau und Neubau von Hochschulen« – Hochschulbauförderungsgesetz
HStR	Josef Isensee/Paul Kirchhof (Hrsg.), Handbuch des Staatsrechts der Bundesrepublik Deutschland
HWG	Hessisches Wassergesetz
i.d.F.v.	in der Fassung vom
i.E.	im Ergebnis
i.S.v.	im Sinne von
i.ü.	im übrigen
i.V.m.	in Verbindung mit
ICJ Reports	Reports of Judgements, Advisory Opinions and Orders of the International Court of Justice
JA	Juristische Arbeitsblätter
Jan.	Januar
Jb.UTR	Jahrbuch des Umwelt- und Technikrechts
JEL	Journal of Environmental Law
JR	Juristische Rundschau
Jur.	Juristisch
Jura	Juristische Ausbildung
JuS	Juristische Schulung

JZ	Juristenzeitung
Kap.	Kapitel
KrW-/AbfG	Gesetz zur Förderung der Kreislaufwirtschaft und Sicherung der umweltverträglichen Beseitigung von Abfällen – Kreislaufwirtschafts- und Abfallgesetz
LAbfG BW	Gesetz über die Vermeidung und Entsorgung von Abfällen und die Behandlung von Altlasten in Baden-Württemberg – Landesabfallgesetz
LAbfG NW	Abfallgesetzes für das Land Nordrhein-Westfalen
LAbfWAG	Landesabfallwirtschafts- und Altlastengesetz Rheinland-Pfalz
LBauO RhPf.	Landesbauordnung Rheinland-Pfalz
LBG	Gesetz über die Landbeschaffung für Aufgaben der Verteidigung – Landbeschaffungsgesetz
LBO BW	Landesbauordnung für Baden-Württemberg
LEG NW	Landeseisenbahngesetz Nordrhein-Westfalen
LEP	Landesentwicklungsprogramm
LKV	Landes- und Kommunalverwaltung
LNatSchG MV	Landesnaturschutzgesetz Mecklenburg-Vorpommern
LNatSchG SH	Landesnaturschutzgesetz Schleswig-Holstein
LPlG BW	Landesplanungsgesetz Baden-Württemberg
LPlG LSA	Landesplanungsgesetz des Landes Sachsen-Anhalt
LPlG NW	Gesetz zur Landesentwicklung, Landesentwicklungsplan Nordrhein-Westfalen – Landesplanungsgesetz
LStrG RP	Landesstraßengesetz für Rheinland-Pfalz
LuftVG	Luftverkehrsgesetz
LuftVO	Luftverkehrs-Ordnung
LVerfG	Landesverfassungsgericht
m.w.N.	mit weiteren Nachweisen
MBPlG	Gesetz zur Regelung des Planungsverfahrens für Magnetschwebebahnen – Magnetschwebebahnplanungsgesetz
MDR	Monatsschrift für Deutsches Recht
MsbG	Gesetz zur Feststellung des Bedarfs von Magnetschwebebahnen – Magnetschwebebahnbedarfsgesetz
n.F.	neue Fassung
NAbfG	Niedersächsisches Abfallgesetz
NBauO	Niedersächsische Bauordnung
Nds. GVBl.	Niedersächsisches Gesetz- und Verordnungsblatt
Nds.	Niedersächsisch
NdsStrG	Niedersächsisches Straßengesetz
NiedersVerf.	Niedersächsische Verfassung
NJ	Neue Justiz
NJW	Neue Juristische Wochenschrift
NordÖR	Zeitschrift für öffentliches Recht in Norddeutschland
Nov.	November
Nr.	Nummer(n)
NROG	Niedersächsisches Gesetz über Raumordnung und Landesplanung
NuR	Natur und Recht
NVwZ	Neue Zeitschrift für Verwaltungsrecht
NVwZ-RR	Neue Zeitschrift für Verwaltungsrecht – Rechtsprechungs-Report Verwaltungsrecht

NW	Nordrhein-Westfalen
NZV	Neue Zeitschrift für Verkehrsrecht
Okt.	Oktober
OVG	Oberverwaltungsgericht
PBefG	Personenbeförderungsgesetz
PlanzV 90	Verordnung über die Ausarbeitung der Bauleitpläne und die Darstellung des Planinhalts – Planzeichenverordnung 1990
RdE	Recht der Energiewirtschaft
RdU	Recht der Umwelt
RECIEL	Review of European Community and International Environmental Law
RegBkPlG	Gesetz zur Einführung der Regionalplanung und der Braunkohlen- und Sanierungsplanung im Land Brandenburg
RG	Reichsgericht
RGBl.	Reichsgesetzblatt
RGZ	Amtliche Sammlung der Entscheidungen des Reichsgerichts in Zivilsachen
Rn.	Randnummer(n)
RNatSchG	Reichsnaturschutzgesetz
ROG	Raumordnungsgesetz
RoV	Raumordnungsverordnung
RP	Rheinland-Pfalz
Rs.	Rechtssache
Rspr.	Rechtsprechung
RuP	Recht und Politik
RuR	Raumforschung und Raumordnung
RV	Verfassung-Urkunde für das Deutsche Reich – Reichsverfassung von 1871
S.	Satz / Seite(n)
SaarlLPlG	Saarländisches Landesplanungsgesetz
SaarlStrG	Saarländisches Straßengesetz
Sächs.	Sächsisch
SächsLPlG	Gesetz zur Raumordnung und Landesplanung des Freistaates Sachsen
SächsStrG	Straßengesetz für den Freistaat Sachsen
SächsVBl.	Sächsische Verwaltungsblätter
SächsWG	Sächsisches Wassergesetz
SchBerG	Gesetz über die Beschränkung von Grundeigentum für die militärische Verteidigung – Schutzbereichsgesetz
Sept.	September
SGB	Sozialgesetzbuch
SH	Schleswig-Holstein
Slg.	Amtliche Sammlung der Rechtssprechung des Europäischen Gerichtshofs
sog.	sogenannte / sogenannter / sogenanntes / sogenannten
SpurVerkErprG	Gesetz über den Bau und den Betrieb von Versuchsanlagen zur Erprobung von Techniken für den spurgeführten Verkehr
st. Rspr.	Ständige Rechtsprechung
StGH	Staatsgerichtshof für das Deutsche Reich
StrFinG	Straßenbaufinanzierungsgesetz
StrWG NW	Straßen- und Wegegesetz für das Land Nordrhein-Westfalen

StrWG SH	Straßen- und Wegegesetz des Landes Schleswig-Holstein
StrWG	Straßen- und Wegegesetz
StuW	Steuer und Wirtschaft
StVO	Verordnung über das Verhalten im Straßenverkehr – Straßenverkehrs-Ordnung
SüdumfStG	Gesetz über den Bau der »Südumfahrung Stendal« der Eisenbahnstrecke Berlin-Oebisfelde
SWR	Beiträge zur Raumplanung und zum Siedlungs- und Wohnungswesen
SZ	Süddeutsche Zeitung
TA	Technische Anleitung
TA-Lärm	Technische Anleitung zum Schutz gegen Lärm
ThürBO	Thüringer Bauordnung
ThürLPlG	Thüringer Landesplanungsgesetz
ThürVBl.	Thüringer Verwaltungsblätter
ThürVerf.	Verfassung des Freistaats Thüringen
TKG	Telekommunikationsgesetz
TWG	Telegraphenwegegesetz
u.a.	unter anderem, und andere
UAbs.	Unterabsatz
UGB	Umweltgesetzbuch – Entwurf der Unabhängigen Sachverständigenkommission zum Umweltgesetzbuch beim Bundesminister für Umwelt und Reaktorsicherheit
UPR	Umwelt- und Planungsrecht
Urt.	Urteil
usw.	und so weiter
UTR	Umwelt- und Technikrecht
UVP	Umweltverträglichkeitsprüfung
UVPG	Gesetz über die Umweltverträglichkeitsprüfung
v.	von, vom
VBl.BW	Verwaltungsblätter für Baden-Württemberg
VerfG	Verfassungsgericht
VerfGH	Verfassungsgerichtshof
VerkPBG	Gesetz zur Beschleunigung der Planungen für Verkehrswege in den neuen Ländern sowie im Land Berlin – Verkehrswegeplanungsbeschleunigungsgesetz
Verw	Die Verwaltung
VerwArch	Verwaltungsarchiv
VG	Verwaltungsgericht
VGH	Verwaltungsgerichtshof
vgl.	vergleiche
VkBl.	Verkehrsblatt
Vorb.	Vorbemerkung
VR	Verwaltungsrundschau
VVDStRL	Veröffentlichungen der Vereinigung der Deutschen Staatsrechtslehrer
VwGO	Verwaltungsgerichtsordnung
VwGOÄndG	Gesetz zur Änderung der Verwaltungsgerichtsordnung
VwRR MO	VerwaltungsRechtsReport – Ausgabe MO
VwVfG	Verwaltungsverfahrensgesetz
WaStrG	Bundeswasserstraßengesetz

WHG	Gesetz zur Ordnung des Wasserhaushalts – Wasserhaushaltsgesetz
WissR	Wissenschaftsrecht – Wissenschaftsverwaltung – Wissenschaftsförderung
WiVerw	Wirtschaftsverwaltung
WRP	Wettbewerb in Recht und Praxis
WRV	Verfassung des Deutschen Reiches vom 11. August 1919 – Weimarer Reichsverfassung
WuM	Wohnungswirtschaft und Mietrecht
z.B.	zum Beispiel
z.T.	zum Teil
ZfB	Zeitschrift für Bergrecht
ZfBR	Zeitschrift für deutsches und internationales Bau- und Vergaberecht
ZfW	Zeitschrift für Wasserrecht
ZG	Zeitschrift für Gesetzgebung
ZGR	Zeitschrift für Unternehmens- und Gesellschaftsrecht
Ziff.	Ziffer
zit.	zitiert
ZLW	Zeitschrift für Luft- und Weltraumrecht
ZParl	Zeitschrift für Parlamentsfragen
ZUR	Zeitschrift für Umweltrecht
ZZP	Zeitschrift für Zivilprozeß

Hervorhebungen in Zitaten stammen, wenn nicht anders vermerkt, vom Verfasser.

Einleitung und Problemstellung

I. Das gesteigerte Konfliktpotential in der Raumplanung

Der Boden in Deutschland wird knapper. Die sprunghaft steigende Bodenversiegelung, die rund 1% pro Dekade betragen soll, wirft nicht nur grundsätzliche umweltpolitische Fragen auf[1], sondern kann zugleich auch als Gradmesser künftiger räumlicher Nutzungskonflikte angesehen werden. Die Tatsache, daß eine bestimmte Fläche eben nur einmal für eine bestimmte Nutzung in Anspruch genommen werden und daher nicht zugleich Straße, Bergwerk oder Naturschutzgebiet sein kann, zudem die Notwendigkeit, die in einer zunehmend immissionsbelasteten und -sensibilisierten Umwelt immer häufiger auftretenden Nutzungskonflikte benachbarter Räume durch eine sachgerechte Zuordnung verschiedener Flächen zu bewältigen, haben das Problemfeld der Konflikte räumlicher Planungen in den vergangenen Jahren ständig an Bedeutung gewinnen lassen.

Das Rechtsgebiet, das räumliche Gestaltungs- und Nutzungsansprüche formuliert, ist die Raumplanung. Diese Bezeichnung ist allerdings lediglich ein unscharfer Oberbegriff für eine komplexe Querschnittsaufgabe, der keine einheitlichen Gesetzgebungs- oder Vollzugskompetenzen zugrunde liegen. Raumplanung ist die Kurzbezeichnung für ein System, in dem verschiedene örtliche, regionale und länderübergreifende Planungsebenen aufeinandertreffen und unterschiedliche Planungsträger – Bund, Länder, Gemeinden, private und »halbstaatliche« Planungsträger und zunehmend auch die Europäische Gemeinschaft – in vielfältigen Handlungsformen sowie unter unterschiedlichen Zielsetzungen, Interessen und Präferenzen räumliche Vorgaben entwickeln.[2] Diese Planungsträger können harmonisch zusammenwirken – etwa wenn eine Gemeinde in ihrem Flächennutzungsplan die Trasse für eine als Bundesfernstraße eingestufte Ortsumgehung freihält –, können jedoch auch inkompatible Plankonzepte entwickeln. Mit Blick auf diesen letztgenannten Fall des Zusammentreffens unterschiedlicher Raumplanungen untersucht die vorliegende

---

[1] Vgl. dazu nur das Sondergutachten Landnutzung des Rats von Sachverständigen für Umweltfragen, Konzepte einer dauerhaft umweltgerechten Nutzung ländlicher Räume, 1996, sowie die Einführung bei *Kühling/Hermann*, Fachplanungsrecht, 2. Aufl. 2000, Rn. 1; ähnlich bereits *Blümel*, Die Planfeststellung im geltenden Recht, Bd. 1 1967/1994, S. 3ff. Grundsätzlich zu den damit aufgeworfenen Fragen einer »nachhaltigen Raumentwicklung« jetzt *Groß*, in: Lange (Hrsg.), Nachhaltigkeit im Recht, 2003, S. 128ff.

[2] Näher zu den einzelnen Gruppen der Raumplanungen im ersten Kapitel S. 32ff.

Studie die Frage nach geeigneten Kollisions- und Koordinationsregeln für Konflikte räumlicher Planungen.

II. Typische raumplanerische Konfliktkonstellationen

Bei den von der problembeschreibenden Sammelbezeichnung »Unvereinbarkeit verschiedener Raumplanungen« erfaßten Sachverhalten lassen sich unterschiedliche Kategorien und Konstellationen von Planungskonflikten unterscheiden.[3] Die wohl häufigste und bekannteste Gruppe von Konfliktkonstellationen ist dadurch gekennzeichnet, daß verschiedene Planungsträger mit unterschiedlichen Gestaltungsansprüchen auf identische Flächen zugreifen wollen. In Bündelung einzelner Konflikte aus der Praxis läßt sich etwa der Fall konstruieren, daß eine Fläche durch die Bundesrepublik (durch Verwaltungsakt) nach dem Landbeschaffungsgesetz als Truppenübungsplatz der Bundeswehr bezeichnet oder im Wege der eisenbahnrechtlichen Planfeststellung für eine ICE-Neubaustrecke in Anspruch genommen werden soll, zugleich aber in dem Landesentwicklungsprogramm des betroffenen Bundeslandes – gegebenenfalls also in einem förmlichen Landesgesetz – als Vorranggebiet für eine bergbauliche Nutzung ausgewiesen ist. Denkbar wäre zudem, daß die betroffene Gemarkungsgemeinde beide Nutzungsformen ablehnt und statt dessen die staatlichen Planungen zum Anlaß nimmt, die Flächen bauleitplanerisch als allgemeine Wohngebiete auszuweisen. Wird in einem solchen Fall auch noch der Anspruch erhoben, daß es sich bei den betroffenen Flächen um ein europäisches Vogelschutzgebiet handele, das aus wirtschaftlichen Gründen nicht beschnitten werden kann und daher für keine der aufgeführten Nutzungsformen in Betracht kommt, so zeigt sich die Problematik einer pluralen Raumplanung in ihrer ganzen Tragweite. Dieses Beispiel, in dem unterschiedliche Fach- und Gesamtplanungen des Bundes, der Länder, der Kommunen und schließlich der Europäischen Gemeinschaft miteinander in Konflikt treten, mag auf den ersten Blick konstruiert erscheinen. Ein konkretes Beispiel aus der Planungspraxis wird jedoch sogleich belegen, daß die Konflikte der planerischen Wirklichkeit nach Komplexität und Umfang durchaus ähnliche Dimensionen annehmen können.[4] Diese Konfliktanfälligkeit von Raumplanungen mag sich nicht zuletzt dadurch erklären, daß die Einleitung einer bestimmten Planung für eine bestimmte Fläche vielfach erst den Anstoß für andere Planungsträger liefert, ihrerseits Raumansprüche für das entsprechende Gebiet zu entwickeln. Dies führt oft geradezu zu einem Wettlauf der verschiedenen Planungsträger[5], um durch die

[3] Vgl. die Überblicke zu typischen Konfliktsituationen bei *Birk*, NVwZ 1989, 905, 906ff.; *Christ*, Raumordnungsziele und Zulässigkeit privater Vorhaben, 1990, S. 8ff.; ähnlich auch *Steinberg*, DVBl. 1982, 13, 14; *Bell/Hermann*, LKV 2002, 393.

[4] Vgl. das Beispiel der Planungen für den »Transrapid« nachfolgend S. 16ff.

[5] Dem Verfasser ist aus seiner früheren anwaltlichen Praxis der Fall eines zeitlichen Wettlaufs zweier unverträglicher Raumplanungen bekannt, in dem für ein großflächiges Gebiet die Schutzgebietsverordnung des zuständigen Landesumweltministeriums nur einen Tag nach der öffentlichen

»rechtzeitige Überplanung des betroffenen Gebietes«[6] eine andere Planung zu verhindern. Zugleich verstärkt die Furcht, in einem solchen Wettlauf »zu spät zu kommen«, die vielfach bereits bestehende Tendenz zur Vorratsplanung.

Eine zweite häufige Konstellation von Planungskonflikten ist dadurch gekennzeichnet, daß Planungen zwar nicht um dieselbe Fläche konkurrieren, aber zwischen benachbarten Nutzungen Unverträglichkeiten bestehen[7], etwa wenn eine lärmintensive Straßenplanung oder ein Bergwerksbetrieb die bauleitplanerische Ausweisung eines Wohngebiets oder die naturschutzrechtliche Erhaltung eines Vogelschutzgebietes in Frage stellt. Zwar sind die einzelnen Planungsträger nach §50 BImSchG angehalten, bei raumbedeutsamen Planungen und Maßnahmen die für eine bestimmte Nutzung vorgesehenen Flächen einander so zuzuordnen, daß schädliche Auswirkungen auf Wohn- und sonstige schutzbedürftige Gebiete soweit wie möglich vermieden werden. Diese auf die jeweilige Planung gerichtete Abwägungsdirektive[8] vermag indes jene Fälle nicht abzudecken, in denen konkurrierende Planungsträger durch Überplanung benachbarter Flächen inkompatible Planungskonzepte entwickeln.

In einer dritten, in der Praxis ebenfalls immer bedeutsamer werdenden Konstellation beanspruchen verschiedene Planungsträger zwar nicht identische oder benachbarte Flächen für unterschiedliche Zwecke, wollen jedoch der Sache nach ein und dasselbe Vorhaben planen und nach ihren eigenen Vorstellungen festsetzen. Nach Aussagen des Schrifttums bestehen insoweit vielfach echte Zuständigkeitskonkurrenzen: So sollen etwa »Park and Ride«-Anlagen an den Schnittpunkten von S-Bahnen und U-Bahnen sowohl durch Bebauungsplan als auch durch eisenbahnrechtliche, personenbeförderungsrechtliche und fernstraßenrechtliche Planfeststellung ausgewiesen werden können.[9] In den entsprechenden Konflikten geht es vor allem um die Frage, wer ein bestimmtes Vorhaben in zeitlicher, räumlicher und technischer Hinsicht gestalten kann. Im Mittelpunkt steht dabei zumeist die Standortfrage bzw. im Infrastrukturbereich die konfliktträchtige Frage der Linien- oder Trassenführung von Verkehrsträgern. Der genaue Verlauf eines Verkehrsträgers, der Standort einer Müllverbrennungsanlage, der Umgriff eines Naturschutzgebietes, die Frage, wo der ICE hält, wo die Autobahn eine Ausfahrt erhält und wo sie aus Schallschutzgründen in einer Einhausung geführt werden soll, all dies sind nicht nur für den finanzierungspflichtigen Vorhabens- oder Baulastträger, sondern auch für die

Bekanntgabe des konkurrierenden Planfeststellungsbeschlusses des Landesbergamts im Gesetzblatt verkündet wurde.

[6] So der plastische Sprachgebrauch bei *Jaschinski*, LKV 1999, 295.

[7] *Paetow*, UPR 1990, 321.

[8] Vgl. zur Bedeutung und Auslegung des §50 BImSchG als Abwägungsdirektive BVerwG, Urt. v. 10.9.1981 – 4 B 114/81 –, NJW 1982, 348; im Schrifttum etwa *Gaentzsch*, in: Schlichter/Stich/Driehaus/Paetow (Hrsg.), Berliner Kommentar zum BauGB, 3. Aufl., §1 Rn. 59, Stand: Aug. 2002; *Jarass*, BImSchG, 5. Aufl. 2002, §50 Rn. 1; *Kloepfer*, Umweltrecht, 2. Aufl. 1998, §10 Rn. 47ff. und §14 Rn. 168; *Kühling/Hermann*, Fachplanungsrecht, 2. Aufl. 2000, Rn. 399, m.w.N.; *Steinberg/Berg/Wickel*, Fachplanung, 3. Aufl. 2000, §1 Rn. 39ff.

[9] *Schirmer*, BayVBl. 1992, 513ff.

Anwohner, Gemeinden und Regionen herausragende wirtschaftliche sowie umwelt- und strukturpolitische Weichenstellungen, die von grundlegenden Interessenkonflikten geprägt sind. Vor allem dort, wo die beanspruchte Gestaltungsmacht und die Finanzierungslast auseinanderfallen, gewinnt die Frage nach der durchsetzungsfähigen Planungszuständigkeit an Brisanz. Welcher Planungsträger in den genannten Planungskonflikten ein Mitgestaltungs- oder gar ein Letztentscheidungsrecht beanspruchen kann, ist freilich gerade im Infrastrukturbereich weniger klar, als man es nach über einem halben Jahrhundert Verkehrswegeplanung in der Bundesrepublik erwarten mag. Der Gesetzgeber hat vielfach ganz unterschiedlichen Planungsträgern Festsetzungsmöglichkeiten eingeräumt, die dem Grundsatz nach die Ausweisung einer konkreten Verkehrswegeführung ermöglichen. Die Planungspraxis bedient sich dementsprechend nahezu aller denkbaren Festsetzungsmöglichkeiten. Der Trassenverlauf von Eisenbahnstrecken, Fernstraßen und Autobahnen beispielsweise wurde in dem vergangenen Jahrzehnt von ganz unterschiedlichen Planungsträgern unter anderem unmittelbar durch Bundesgesetz[10], durch Linienbestimmung der Bundes- bzw. Landesverkehrsminister[11], durch die Landesplanung als Ziel der Raumordnung in Form von Landesgesetzen, Satzungen und Verordnungen, durch Bebauungspläne und schließlich direkt durch die eisenbahn- oder straßenrechtlichen Planfeststellungen festgelegt, ohne daß über die Verbindlichkeit einzelner Festsetzungen oder ihren Vorrang im Konfliktfall Einigkeit bestehen würde.

Angesichts dieses Vorgehens mag sich der Eindruck aufdrängen, daß Verkehrswege von jedem räumlich irgendwie zuständigen Planungsträger und in jeder verbindlichen Form festgesetzt werden können.[12] Dies entspricht einer häufig geäußerten Literaturauffassung, wonach bei räumlichen Planungen Kompetenzüberschreitungen geradezu unausweichlich und daher Fallösungen auf der Ebene der Zuständigkeitsabgrenzung nicht weiterführend sein sollen.[13] Die statt dessen in den Vordergrund tretenden Koordinations- und Abstimmungsregelungen vermögen jedoch die entstehenden Kompetenzkonflikte ebenfalls nur unzureichend zu lösen: Zwar unterliegen die Planungsträger untereinander verschiedenen komplexen Bindungen sowie Beteiligungs- und Berücksichtigungspflichten, eindeutige materielle Koordinierungsregeln sind jedoch in den allermeisten Fällen nicht vorhanden. Entgegen mancher Darstellung kann daher oft keine Rede davon sein, daß das »Raumpla-

---

[10] Gesetzliche Festlegungen der Trassen von Verkehrsträgern erfolgten bereits seit längerem in grobem Maßstab durch die Bedarfsgesetze, zuletzt parzellenscharf durch die Investitionsmaßnahmengesetze des Bundes. Näher dazu im siebten Kapitel S. 422ff.

[11] Vgl. etwa die Regelungen über Linienbestimmungen in § 16 Abs. 1 FStrG, § 2 Abs. 1 S. 1 VerkPBG, § 13 Abs. 1 S. 1 WaStrG; § 37 Abs. 2 S. 1 StrWG NW; näher zu einigen dieser Vorschriften im zweiten Kapitel S. 128 und 131f. sowie im ersten Kapitel S. 70f.

[12] *Blümel*, DVBl. 1997, 205, 207, spricht hier von einer »Vertauschbarkeit der Rechtsformen der Raumplanung«; ähnlich bereits *ders.*, DVBl. 1960, 697, 703, m.w.N. Vgl. auch BayVerfGH, Entsch. v. 15.7. 2002 – Vf. 10-VII-OO u.a. –, DÖV 2003, 78, 79, wo das Nebeneinander der Verbindlichkeitsansprüche von Linienbestimmung und entsprechenden Raumordnungszielen offenbar als im Grundsatz unproblematisch angesehen wird.

[13] Vgl. zunächst nur *Brohm*, DÖV 1989, 429, 438.

nungssystem« das Bild eines harmonischen Ineinandergreifens verschiedener Planungsebenen liefern würde. Auch wenn in der Vielzahl der soeben erwähnten Infrastrukturplanungen die einzelnen Festsetzungen identisch sein oder lediglich unterschiedliche Konkretisierungsstufen darstellen mögen, kommt es doch auch oft zu einander konträr widersprechenden Festsetzungen für ein und dasselbe Vorhaben.

III. Zur divergierenden Interessenlage der konkurrierenden Planungsträger

Der Ausgangspunkt für die Entwicklung angemessener rechtlicher Lösungen für die skizzierten Konfliktkonstellationen muß dabei in der Einsicht liegen, daß die Interessen der jeweils beteiligten Planungsträger teilweise höchst divergent sind. Zwischen den durch die einzelnen Planungsarten verkörperten Belangen besteht oft schon von vornherein – etwa im Verhältnis von Umweltschutzplanung und Siedlungsplanung – ein natürliches Spannungsverhältnis.[14] Treffen solche konträren Raumplanungsansprüche konkret aufeinander, so wird die jeweils andere Planung regelmäßig als Störfaktor empfunden. Zumal gemeindliche Planungen zielen in der Tat oft auf die Verhinderung oder Modifikation eines überörtlichen Vorhabens ab[15], während umgekehrt raumordnerische Festsetzungen gelegentlich gerade mit der Perspektive aufgestellt werden, eine bestimmte Planung – sei es ein Vorhaben, sei es ein Naturschutzgebiet – auf dem Gemeindegebiet und gegebenenfalls auch gegen den Willen der Gemarkungsgemeinde durchzusetzen oder zu verhindern.[16]

Die verbreitete, unter ganz unterschiedlichen Gesichtspunkten vorgetragene Kritik an der unbefriedigenden Behandlung von Planungskonflikten im geltenden Raumplanungsrecht kann daher nicht ohne den Hintergrund der divergierenden Rauminteressen der einzelnen Planungsträger verstanden werden. Zwar sieht sich die gemeindliche Bauleitplanung seit Jahrzehnten im »Zangengriff« übergeordneter räumlicher Vorgaben der Landesplanung einerseits und privilegierter Fachplanungen andererseits und fordert eine nachhaltige Stärkung der kommunalen Planungshoheit.[17] Demgegenüber hält jedoch selbst ein scheinbar so mächtiger Planungsträ-

---

[14] So bereits *Kloepfer*, RuP 1975, 20ff.

[15] Vgl. etwa den Sachverhalt in VGH München, Urt. v. 24.5.2000 – 26 N 99.969 –, BayVBl. 2000, 722ff.; *Finke*, Die Privilegierung von Fachplanungen nach §38 BauGB, 2001, S.5ff.; *Kraft*, UPR 2001, 294ff.; *W. Schrödter*, in: Schrödter (Hrsg.), BauGB, 6. Aufl. 1998, §1 Rn.23ff. und §7 Rn.1.

[16] Vgl. ganz beispielhaft den Bericht von *Jell*, Ein Federstrich bedroht das Isental, SZ v. 25.9.2001, S.53, die die Debatten über einen Regionalplan schildert, dessen Festsetzung eines Erholungsgebiets in erster Linie den Zweck verfolgt, den Bau einer Autobahn zu verhindern. Die Gegner der Festsetzung sind nach dieser Schilderung gerade die Anlieger einer Bundesstraße, die gegebenenfalls anstelle der Autobahn ausgebaut werden müßte. Der Streit um das Erholungsgebiet richtet sich also in Wirklichkeit auf die Ermöglichung bzw. Verhinderung eines Infrastrukturprojekts an anderer Stelle. Vgl. zur Lösung des Falls bereits *Durner*, in: Bauschke/Becker u.a. (Hrsg.), Pluralität des Rechts, 2003, S.225f., 245f.

[17] In diesem Sinne etwa *Birk*, NVwZ 1989, 905ff.; *Blümel*, VVDStRL 36 (1978), 171, 188ff., 252ff.; *ders.*, Das Selbstgestaltungsrecht der Städte und Gemeinden, 1986, S.10ff.; *Braese/Dick/Lin-*

ger wie der Bund seine räumlichen Planungen seit Jahren gegenüber den Widerständen und »Verhinderungsplanungen«[18] von Ländern und Gemeinden für nicht mehr durchsetzbar[19] und hat auf diese Entwicklung in den 90er Jahren mit einer – in vielerlei Hinsicht auch gegen andere Planungsträger gerichteten[20] – Beschleunigungs- und Investitionsmaßnahmengesetzgebung sowie mit dem verstärkten Einsatz von Ausbaugesetzen reagiert.[21]

Wenn daher die gesetzlichen Regelungen über das Verhältnis der einzelnen Raumplanungen zueinander als unbefriedigend kritisiert werden, so ist dies zu einem beachtlichen Teil auf divergierende Interessen und unterschiedliche Wertungen und Perspektiven der unterschiedlichen Planungsträger zurückzuführen, bei denen vor allem im Vorhabenbereich Fragen der Finanzierung im Vordergrund stehen. Raumplanungen enthalten zumeist Festsetzungen, die für die jeweiligen Akteure unter ganz verschiedenen Gesichtspunkten Betroffenheiten auslösen. Daß zwischen dem Bund, den Ländern, den Kommunen und privaten Planungsträgern im Einzelfall erhebliche Interessengegensätze bestehen werden, ist in vielen Fällen offensichtlich: So forderten in den 90er Jahren Länder und Kommunen bei der Neutrassierung von Schnellbahnverbindungen wiederholt eine größere Zahl von Haltepunkten, während die – lediglich formell privatisierte – Eisenbahn des Bundes aus betriebswirtschaftlichen und Geschwindigkeitsgründen den ICE »nicht an jeder Milchkanne halten« lassen wollte, »nur um auf alle Wünsche Rücksicht zu nehmen«.[22] Während die Deutsche Bahn AG als finanzierungspflichtige Vorhabenträgerin in solchen Ver-

---

demann/Möcklinghoff, Verplante Gemeinden, 1980; *Gaentzsch*, WiVerw 1985, 235, 239; *Knemeyer*, NJW 1980, 1140, 1142ff.; *Koch*, in: FS für Schlichter, 1995, S. 461ff.; *Langer*, VerwArch 80 (1988), 352, 354ff.; *Niemeier*, in: FS für Werner Ernst, 1980, S. 335, 337; *Paetow*, UPR 1990, 321ff.; *Püttner/Riffel*, Örtliche und überörtliche Planung, 1978, S. 4ff.; *Rothe*, in: FS für Werner Weber, 1974, S. 893ff.; im Ansatz auch *Spannowsky*, DÖV 1997, 757, 758; kritisch zu diesem Vorbringen *Erbguth*, BayVBl. 1981, 577, 583; *Faber*, in: AK-GG, Bd. 1, 2. Aufl. 1989, Art. 28 Abs. 1 II/Abs. 2 Rn. 17; relativierend auch *Schink*, in: Kormann (Hrsg.), Das neue Bundesbaurecht, 1994, S. 103, 104f.

[18] Vgl. soeben in und bei Fn. 15f.

[19] *Faber*, in: AK-GG, Bd. 1, 2. Aufl. 1989, Art. 20 Abs. 1 – 3 V Rn. 28f.; näher am Beispiel der Fernstraßenplanung *Garlichs*, Grenzen staatlicher Infrastrukturpolitik, 1980, besonders S. 92ff., 125ff., zur Wasserstraßenplanung *Weckerle*, in: Kormann (Hrsg.), Kommunen und Verkehrsplanung, 1993, S. 61ff.; vgl. auch *Melchior*, Fachplanung im Sozialstaat, 2000, S. 110ff.; *Rath*, Möglichkeiten und Grenzen der Durchsetzung neuer Verkehrstechnologien, 1993, S. 284ff., sowie bereits *Börner*, Planungsrecht für Energieanlagen, 1973, S. 43f.

[20] Genannt seien insoweit beispielhaft 1) die Einführung einer Behördenpräklusion in § 73 Abs. 3a VwVfG, die gerade im Verhältnis zu anderen Planungsträgern besondere Bedeutung entfaltet, 2) die Ausweitung der gegenüber der Bauleitplanung privilegierten Fachplanungen nach § 38 BauGB und 3) das Investitionsmaßnahmengesetz zur Südumfahrung Stendal, das auch gegen die Widerstände der Gemeinde Stendal gerichtet war.

[21] Vgl. zur Beschleunigungsgesetzgebung nur *Bullinger*, Beschleunigte Genehmigungsverfahren für eilbedürftige Vorhaben, 1991; *Repkewitz*, VerwArch 88 (1997), 137ff.; *Ziekow* (Hrsg.), Beschleunigung von Planungs- und Genehmigungsverfahren, 1998; zu den »Ausbaugesetzen als Gegenmaßnahme« auf eine (vermeintliche) Schwäche der Fachplanung *Melchior*, Fachplanung im Sozialstaat, 2000, S. 114ff.

[22] So die plastische Aussage des damaligen Vorstandsvorsitzenden der Deutsche Bahn AG *Dürr*, zitiert bei *Ronellenfitsch*, in: König/Benz (Hrsg.), Privatisierung und staatliche Regulierung, 1997, S. 118, 126.

fahren vor allem an kostengünstigen Lösungen interessiert ist, begreifen sich Länder und Gemeinden meist als Anwälte der Natur und der betroffenen Bürger und drängen auf technisch mögliche, aber oft sehr kostenintensive Alternativen. Derartig divergierende Raumansprüche werden sich schließlich in divergierenden Raumplanungen niederschlagen. Raumplanungskompetenzen transformieren somit auch für Hoheitsträger zu einem Instrument der Formulierung und Durchsetzung eigener räumlicher Präferenzen.

IV. Lösungsansätze der Praxis

Konflikte räumlicher Planungen gehen in erster Linie darauf zurück, daß das Raumplanungsrecht aufgrund unterschiedlicher Gesetzgebungskompetenzen und Normkomplexe in hohem Maße zersplittert ist[23] und einheitliche Planzuständigkeiten nicht bestehen. Es handelt sich um einen Bereich, in dem sich einerseits ein wachsendes Konfliktpotential[24] und eine Vielzahl möglicher Reibungsflächen[25], andererseits eine unklare und wenig systematisierte Rechtslage gegenüberstehen. Vor dem Hintergrund der soeben skizzierten Interessenkonflikte wäre das Ziel illusorisch, eine umfassende theoretische »Großformel«[26] zu entwickeln, die den Interessen aller beteiligten Planungsträger umfassend gerecht wird. Eine Regelung beispielsweise, die der Fachplanung über §38 BauGB hinaus gehend eine generelle Durchsetzung gegenüber der Bauleitplanung ermöglicht, werden die Gemeinden stets als unzureichend empfinden.[27] Einfache Kollisionsprinzipien – wie der »Vorrang der Fachplanung« – werden zudem jedenfalls ohne modifizierende Zusatzregeln dem engen Verflechtungsgrad der einzelnen Raumnutzungen und den oft als kondominal charakterisierten[28] Zugriffsrechten unterschiedlicher Planungsträger auf identische Flächen und Räume ebensowenig gerecht wie der Notwendigkeit einer planerischen Abstimmung und Koexistenz unterschiedlicher Raumnutzungsansprüche.

Während die älteren Aussagen in Rechtsprechung und Schrifttum zur Lösung räumlicher Planungskonflikte noch überwiegend auf hierarchischen Modellen und Regeln wie dem Spezialitätsgrundsatz, dem »Vorrang der Fachplanung« oder dem Grundsatz »Bundesrecht bricht Landesrecht« beruhten[29], standen im Zentrum der

---

[23] Vgl. *Peine*, Öffentliches Baurecht, 4. Aufl. 2003, Rn. 17ff., und näher im ersten Kapitel S. 32ff.

[24] *Kraft*, BauR 1999, 829, 830.

[25] *Ronellenfitsch*, VerwArch 1999, 467.

[26] Gegen die Vorstellung, komplexe rechtliche Zusammenhänge ließen sich mit Hilfe theoretischer »Großformeln« bewältigen, besonders *Papier*, in: Maunz/Dürig u.a., GG, Art. 14 Rn. 354 und 377f., Stand: Juni 2002, m.w.N.; *ders.*, Diskussionsbeitrag, in: VVDStRL 61 (2002), 155f.

[27] Vgl. *Kloepfer*, RuP 1975, 20; *Kraft*, UPR 2001, 294, 297; *ders.*, BauR 1999, 829, 830; *Schlarmann*, DVBl. 1980, 275, 276; kritisch zu dieser Vorstellung bereits *Brohm*, DVBl. 1980, 653, 657f.

[28] Vgl. etwa *Ernst/Suderow*, Zulässigkeit raumordnerischer Festlegungen für Gemeindeteile, 1976, S. 30f., m.w.N.; *von der Groeben*, in: Kaiser (Hrsg.), Planung III, 1968, S. 173, 187; *Henrich*, Kommunale Beteiligung in der Raumordnung und Landesplanung, Bd. 1, 1981, S. 91ff.; Bd. 2, S. 278ff.

[29] Näher zu diesen historischen Lösungsansätzen im dritten Kapitel, insbesondere S. 153ff.

raumplanerischen Überlegungen in der Bundesrepublik gleichsam leitmotivisch zwei Lösungsansätze: Einerseits die Idee einer durch wechselseitige Beteiligung und Rücksichtnahme geprägten, die dargestellten Konflikte letztlich überbrückenden Konsensualplanung, andererseits die Stärkung der Gesamtplanung als Austragungs- und Koordinierungsforum kollidierender Raumansprüche. Beide Ansätze, wiewohl sie sich für die Praxis als unverzichtbar erwiesen haben, stoßen jedoch auf Grenzen ihres jeweiligen Konfliktlösungspotentials.

1. Die Idee der Konsensualplanung und ihre Grenzen

Die Idee der Konsensualplanung entsprach dem durch ein Bestreben nach Konfliktvermeidung und Konsens geprägten Klima der frühen Bundesrepublik. Dementsprechend unternahm vor allem die Literatur zahlreiche Versuche, räumliche Planungskonflikte auf der Grundlage kompetentieller Gleichordnung im Sinne eines an Konsens, Abstimmung und praktischer Konkordanz orientierten Ausgleichs zu lösen.[30] Grundlage dieser Modelle bildet die Vorstellung einer kondominalen Gestaltung des Raumes durch verschiedene Planungsträger.[31] Eine solche Konsensplanung stellt zwar idealerweise eine für alle Beteiligten akzeptable Lösung her und macht formale Letztentscheidungsbefugnisse oder Rechtsschutz weitgehend entbehrlich. Die augenfälligen Nachteile des Modells liegen demgegenüber in seinem hohen Abstraktionsgrad, der allzu starken Orientierung am Einzelfall und damit einem geringen Rationalisierungs- und Konfliktlösungspotential in jenen Fällen, in denen sich ein Einvernehmen der beteiligten Planungsträger trotz aller guten Aufrufe zu Konsens nicht herstellen läßt.

Unabhängig von der Frage, ob diese zumeist als Bestandsaufnahme des geltenden Rechts deklarierten Lösungsmodelle jemals der normativen Rechtslage entsprochen haben, prägten sie jedenfalls im Infrastrukturbereich die Planungspraxis in ganz erheblichem Maße. Raumplanung und insbesondere Infrastrukturplanung war in Deutschland jedenfalls vor der Wiedervereinigung vor allem durch Kooperation und Konfliktvermeidung geprägt.[32] Sie wurde von »vertikalen Fachbruderschaften« aus Bund, Ländern, Gemeinden und der EG beherrscht[33], deren zwar informelles,

[30] Beispielhaft für diesen Ansatz steht etwa das durch Winfried *Brohm* als Lösung für Planungskonflikte entwickelte »Gebot der kompetentiellen Rücksichtnahme«. Näher dazu *Brohm*, Landeshoheit und Bundesverwaltung, 1968, S. 28ff.; sowie die weiteren Nachweise zu seinen Arbeiten nachfolgend S. 23; dem folgen im neueren Schrifttum etwa *Bussek*, Die Wirksamkeit von Raumordnungsverfahren, 1987, S. 117ff., 149; *Löhr*, in: Battis/Krautzberger/Löhr, BauGB, 8. Aufl. 2002, § 38 Rn. 3; *Weiblen*, Bauleitplanung und Flächen- und Objektschutz, 2001, S. 225ff.; ähnlich auch *Lücke*, VerwArch 70 (1979), 293ff., 295f.; *Kim*, Gemeindliche Planungshoheit und überörtliche Planungen, 1998, S. 158ff., *Pfaff*, VerwArch 70 (1979), 1, 22; *Stüer*, UPR 1998, 408, 414; *ders./Hönig*, UPR 2002, 333, 336.

[31] Vgl. *Schmidt-Aßmann*, Grundfragen des Städtebaurechts, 1972, S. 131ff.

[32] Vgl. die Beobachtungen von *Faber*, in: AK-GG, Bd. 1, 2. Aufl. 1989, Art. 20 Abs. 1 – 3 V Rn. 28; *Garlichs*, Grenzen staatlicher Infrastrukturpolitik, 1980, S. 123ff.

[33] So im Jahre 1979 der Befund von *Wagener*, VVDStRL 37 (1979), 215, 238ff., der auf S. 240 plastisch formuliert: »Die Vorstellung, daß der Bund heute selber bestimmen könnte, wo und in wel-

gleichwohl jedoch höchst intensives und letztlich effektives Zusammenwirken im Verhältnis untereinander die Frage oft entbehrlich machte, ob für die Trassenführung einer Bundesfernstraße das Letztentscheidungsrecht beim Bund, den Ländern oder den Gemeinden lag.

Freilich ist zu beobachten, daß diese tradierte staatliche Raumplanung und die konsensualen, durch wechselseitige Beteiligungsrechte, Berücksichtigungspflichten und eine praktische Konkordanz geprägten Lösungsansätze in den letzten Jahren immer seltener konfliktlösend wirken.[34] Obwohl zwischen den Planungsträgern von jeher ein erhebliches Konfliktpotential besteht, nimmt die Zahl der Fälle des Zusammentreffens mehrerer Raumplanungen zu, in denen aufgrund einer Häufung von Verflechtungen zur »Bewältigung der vielfältigen Konflikte eine Koordinierung der Vorhaben erforderlich wird, die nicht mehr durch bloße gegenseitige Rücksichtnahme und Abstimmung der Vorhabenträger geleistet werden kann«.[35] Zudem ist unter Planungsträgern stärker als noch vor einigen Jahren die Bereitschaft erkennbar, Planungskompetenzen »auszureizen« und Festsetzungen auch in den herkömmlicherweise einvernehmlich geregelten Rand- und Überschneidungsbereichen zu treffen. Ein prominentes Beispiel hierfür ist die im Jahr 2000 eingeschlagene Linie der bayerischen Staatsregierung, durch »projektbezogene Ziele der Raumordnung«, die der Bund freilich als rechtlich weitgehend unbeachtlich ansieht[36], stärker als bisher Bundesinfrastrukturplanungen zu beeinflussen.[37] Nicht umsonst hat der Bund Ende der 90er Jahre verstärkt Widerspruch gegen raumordnerische Ziele der Länder eingelegt, die seinen Planungen entgegenstanden.[38] Streitigkeiten über Zuständigkeiten und Durchsetzungsfähigkeit einzelner Planungen lassen sich somit immer weniger durch allgemeine Aufrufe zur gegenseitigen Rücksichtnahme bewältigen.

Das schwindende Konfliktvermeidungspotential konsensualer und ausgleichender Lösungsansätze wird es in größerem Umfang als bisher erforderlich machen, für nicht ausräumbare Planungskonflikte Kollisionsregeln und Letztentscheidungskompetenzen zu ermitteln. Damit treten im Fall eines konkreten Plankonflikts bislang kaum als praxisrelevant angesehene Regelungen wie jene in §16 Abs. 3 S. 3 FStrG in den Vordergrund, wonach »Bundesplanungen grundsätzlich Vorrang vor Orts- und Landesplanungen« haben, welche der bundesrechtlichen Planung die

---

chem Umfange Bundesfernstraßen gebaut werden, kann nur der naiv Zuständigkeitsgläubige haben.« Derselbe Begriff mit gleichem Befund findet sich bei *Fürst*, DISP 130 (1997), 47, 48, 50. Vgl. auch *Blümel*, in: HStR IV, 1990, § 101 Rn. 59 zur »schlichten Koordinierung« im Fernstraßenwesen; *Breuer*, VerwArch 69 (1978), 1, 12f.; *Zech*, DVBl. 1987, 1089, 1093f.

34 Ähnlich *Fürst/Ritter*, Landesentwicklungsplanung und Regionalplanung, 2. Aufl. 1993, S. 131; *Schroeder*, UPR 2000, 52, 57f.; vgl. auch *Busse*, BayVBl. 1998, 293, sowie zu den Gründen *Birk*, NVwZ 1989, 905, 907f.

35 So BVerwG, Urt. v. 18. 4. 1996 – 11 A 86/95 –, BVerwGE 101, 73, 79; ähnlich *Dörries*, Verhältnis der Bauleitplanung zur Fachplanung, 2000, S. 103.

36 Vgl. *Spannowsky*, UPR 2000, 418ff.

37 Näher *Goppel*, DVBl. 2000, 86ff.; vertiefend zu dieser Debatte im vierten Kapitel S. 262ff.

38 Näher dazu *Runkel*, in: Bielenberg/Runkel/Spannowsky, Raumordnungs- und Landesplanungsrecht des Bundes und der Länder, Kommentar K, § 5 ROG Rn. 7, Stand: VII/2000.

Entscheidung vorbehält, ob sich die Bundesplanung gegenüber abweichenden räumlichen Planungen der Länder durchsetzen soll oder nicht.[39]

2. Die Koordinierungsfunktion der Gesamtplanung und ihre Grenzen

Werden konfligierende Raumnutzungsansprüche erhoben, ohne daß sich ein Konsens zwischen den beteiligten Planungsträgern herstellen läßt, so liegt es nahe, statt starrer Vorrangregelungen die Möglichkeiten einer verstärkten Koordination der unterschiedlichen räumlichen Planungen durch eine neutrale schlichtende Instanz auszuloten.[40] Die Idee des neutralen Dritten bildet den Kern der räumlichen Koordinierungsfunktion der überörtlichen Gesamtplanung (Raumordnung, Landesplanung), die für die Praxis vielfach das bedeutendste Instrument zur Koordination von Raumplanungen darstellt und daher nach ihrem Auftrag und Selbstverständnis sämtlichen anderen Raumplanungen übergeordnet erscheint.

a) Gesamtplanung als Lenkung und Koordination konkurrierender Raumansprüche

Die Schaffung und schrittweise Stärkung der überörtlichen Gesamtplanung als eines Instruments zur Lenkung und Koordination konkurrierender Raumansprüche bildete über Jahrzehnte hinweg die zentrale Antwort der Rechtswissenschaft und der Gesetzgebungspraxis auf die seit Gründung der Bundesrepublik immer häufiger auftretenden Planungskonflikte. Durch den Erlaß des Raumordnungsgesetzes im Jahr 1965[41] schuf der Bund die Rechtsgrundlagen für eine bereits seit den 50er Jahren geforderte[42] räumliche Gesamtplanung, die die einzelnen Fachplanungen aufeinander abstimmen und in Einklang bringen sollte. Nachdem sich die praktische Steuerungskraft der Raumordnung zunächst noch als eher begrenzt erwies[43], erfolgte eine Aufwertung der räumlichen Gesamtplanung zunächst auf örtlicher Ebene durch die Funktionserweiterung der Bauleitplanung in der Novelle zum Bundesbaugesetz im Jahre 1976[44], auf der überörtlichen Ebene im Zuge der Stärkung der Raumordnung

---

[39] So jedenfalls interpretiert das Bundesverwaltungsgericht diese Regelung, vgl. BVerwG, Urt. v. 20.10. 1989 – 4 C 12/87 –, BVerwGE 84, 31, 37f., und dazu im zweiten Kapitel S. 129.

[40] Vgl. die entsprechenden Forderungen etwa durch *Blümel*, DVBl. 1977, 301ff.; *Schlarmann*, DVBl. 1980, 275, 276; *Wahl*, DÖV 1981, 597, 598.

[41] Vgl. *Appold*, in: FS für Hoppe, 2000, S. 21, 23ff.; *Dörr*, in: Achterberg/Püttner/Würtenberger (Hrsg.), Besonderes Verwaltungsrecht, Bd. I, 2. Aufl. 2000, § 7 Rn. 13ff.; *Evers*, Regionalplanung als gemeinsame Aufgabe von Staat und Gemeinden, 1976, S. 84ff.; *Umlauf*, Zur Entwicklungsgeschichte der Landesplanung und Raumordnung, 1986, S. 26ff.; *von der Heide*, in: Cholewa/Dyong/von der Heide/Arenz (Hrsg.), Raumordnung in Bund und Ländern, Bd. 1, Einf. II Rn. 28ff., Stand: Jan. 1999; *Wahl*, Rechtsfragen der Landesplanung und Landesentwicklung, Bd. I, 1978, S. 203ff.

[42] Vgl. etwa die Ausführungen und Nachweise bei *Lange*, Verkehr und öffentliches Recht, 1974, S. 3000, m.w.N.

[43] Vgl. *Wahl*, Rechtsfragen der Landesplanung und Landesentwicklung, Bd. I, 1978, besonders S. 283f., m.w.N., der eine übergroße Dominanz der Fachplanungen diagnostiziert.

[44] Vgl. *Ehebrecht-Stüer*, in: FS für Hoppe, 2000, S. 39, 55ff.; *Ernst/Hoppe*, Das öffentliche Bau- und Bodenrecht, 1978, § 3 Rn. 123 und 156; *Hofmann*, NVwZ 1989, 225, 228f.

und namentlich der Bedeutung der Ziele der Raumordnung durch das Bau- und Raumordnungsgesetz 1998[45], das den Koordinierungsanspruch der Raumordnung nachdrücklich bestätigte.[46]

Räumliche Gesamtplanung soll, so die Intention des Gesetzgebers, durch eine räumliche Gesamtabwägung die konkurrierenden fachlichen Raumansprüche harmonisieren, koordinieren, zum Ausgleich bringen und – falls nötig – einzelnen räumlichen Nutzungen den Vorrang vor anderen geben.[47] Dies geschieht zum einen durch die Entwicklung bindender räumlicher Vorgaben (Ziele der Raumordnung) bzw. räumlicher Abwägungsdirektiven (Grundsätze der Raumordnung)[48], andererseits durch das Bindeglied des den Fachplanungen vorgeschalteten Raumordnungsverfahrens, das der Ermittlung und Einbringung der gesamträumlichen Erfordernisse in die fachlichen Genehmigungs- und Planfeststellungsverfahren dient und dessen Ergebnisse im Rahmen der Abwägung zu berücksichtigen sind[49]. Daß die Koordinierungszuständigkeit der Raumordnung keine ausschließliche ist, zeigt freilich bereits die Existenz einer ganzen Reihe von Regelungen zur Abstimmung der Fachplanungen untereinander.[50] Zudem verdeutlichen Regelungen wie § 38 BauGB über den Vorrang der privilegierten Fachplanung gegenüber der Bauleitplanung, daß der Vorrang des koordinierenden Gesamtplans durchaus an verschiedenen Stellen relativiert[51] und der Koordinationsanspruch der Gesamtplanung daher nicht unbegrenzt ist. Gleichwohl bietet die Idee einer umfassenden Austragung aller Raumnutzungskonflikte im Rahmen einer integrierenden Gesamtplanungsentscheidung eine Möglichkeit zur – zumindest auf den ersten Blick – umfassenden Lösung aller Raumkonflikte.

b) Die konsequente Verwirklichung des Modells in Nordrhein-Westfalen

Würde der auf einer Philosophie der »Gesamtplanung als Konfliktlösung« beruhende Ansatz der Stärkung der räumlichen Gesamtplanung auf örtlicher und überörtlicher Ebene konsequent zu Ende geführt, so könnte – theoretisch – auf alle speziellen Konfliktregelungen wie in § 38 BauGB, § 124 BBergG, § 16 Abs. 3 FStrG ver-

[45] Vgl. *Appold*, in: FS für Hoppe, 2000, S. 21, 29ff.; *Hendler*, DVBl. 2001, 1233ff.; *Runkel*, UPR 1997, 1ff.; *Schroeder*, UPR 2000, 52ff., 58.

[46] *Ehebrecht-Stüer*, in: FS für Hoppe, 2000, S. 39, 72; vorsichtig-kritisch dazu *Busse*, BayVBl. 1998, 293ff.

[47] Plastisch *Erbguth*, NVwZ 2003, 144 (»Planung der Planungen«).

[48] Näher zu diesen beiden Festsetzungsmodalitäten im zweiten Kapitel S. 83f. und 89.

[49] Vgl. etwa *Dickschen*, Das Raumordnungsverfahren im Verhältnis zu den fachlichen Genehmigungs- und Planfeststellungsverfahren, 1987, S. 101ff.; *Spiecker*, Raumordnung und Private, 1999, S. 37ff.; *Stüer*, Handbuch des Bau- und Fachplanungsrechts, 2. Aufl. 1998, Rn. 170, 172; für eine Bindungswirkung der Stellungnahme *Bussek*, Die Wirksamkeit von Raumordnungsverfahren, 1987, S. 57ff.; vgl. dazu auch nachfolgend im ersten Kapitel S. 70.

[50] So zu Recht *Erbguth*, BayVBl. 1981, 577. Vgl. insoweit ganz beispielhaft die Regelung in § 124 BBergG über die Abstimmung der Fachplanungen für den Bergbau und für die öffentlichen Verkehrsanlagen und dazu im zweiten Kapitel S. 118.

[51] Vgl. *Erbguth*, BayVBl. 1981, 577, 578f.

zichtet werden; es müßten statt dessen alle raumrelevanten Planungen und Maßnahmen rechtzeitig in die räumliche Gesamtplanung eingebracht und hierdurch auftretende Konflikte mit anderen Planungen im Zuge einer fachübergreifenden räumlichen Gesamtabwägung gelöst werden.

Nahezu konsequent findet sich dieser Ansatz im Landesplanungsrecht des Bundeslandes Nordrhein-Westfalen, das insoweit eine ganz eigene Entwicklung genommen hat: Statt des bundesrechtlich vorgesehenen projektbezogenen Raumordnungsverfahrens, das ein eher loses Bindeglied zwischen den Vorgaben der Gesamtplanung einerseits und den sektoralen Fachplanungen andererseits darstellt, wird in Nordrhein-Westfalen für die meisten Vorhaben jeweils ein gesondertes Verfahren zur Änderung des Gebietsentwicklungsplans durchgeführt. Dieses Änderungsverfahren soll das konkrete Vorhaben nahtlos in die Gesamtplanung integrieren und im Landesentwicklungsplan bzw. in den einschlägigen Gebietsentwicklungsplänen entsprechende Festsetzungen entwickeln.[52] In dem ähnlich wie ein Raumordnungsverfahren ablaufenden Planänderungsverfahren hat der Vorhabenträger eine Raumverträglichkeitsstudie zu erstellen, und es findet gem. § 16 Abs. 1 UVPG i.V.m. § 14 Abs. 3 S. 2 LPlG NW entsprechend dem Planungsstand des Vorhabens der Sache nach eine raumordnerische Umweltverträglichkeitsuntersuchung statt. Gegebenenfalls wird das Vorhaben dann in den entsprechenden Gebietsentwicklungsplan aufgenommen, und der Weg ist dann frei für das erforderliche Zulassungs- oder Planrechtsverfahren. Diese Praxis der »vorhabenbezogenen Planänderungen«, ein landesrechtlicher Sonderweg, soll einem Raumordnungsverfahren gleichwertig sein und tritt damit in Nordrhein-Westfalen an dessen Stelle.[53] Sie ist zwar Kritik in bezug auf ihre Vereinbarkeit mit dem Raumordnungsgesetz ausgesetzt, das ein Raumordnungsverfahren für den Regelfall zwingend vorsieht[54], und im Hinblick auf den Verwaltungsaufwand wohl eher schwerfällig, stellt jedoch die bundesweit konsequenteste Verwirklichung des Modells einer Gesamtplanung als integrieren-

[52] Im Vergleich zum Bundesrecht beschränkt sich im Land Nordrhein-Westfalen nach § 1 Abs. 1 der 6. Durchführungsverordnung zum Landesplanungsgesetz der Anwendungsbereich des Raumordnungsverfahrens auf einen Teil der bergbaulichen Vorhaben i.S.v. § 1 S. 3 Nr. 16 RoV sowie auf die Vorhabenarten gemäß § 1 S. 3 Nr. 6 u. 14 RoV, also letztlich nur auf einen kleinen Ausschnitt des bundesrechtlich vorgesehenen Geltungsbereiches.

[53] So besonders *Hopp*, Rechts- und Vollzugsfragen des Raumordnungsverfahrens, 1999, S. 158ff., 164, und *Scheipers*, Ziele der Raumordnung, 1995, S. 39. Demnach soll das Zurückbleiben des Landesrechts hinter den Vorgaben des Bundesraumordnungsrechts durch § 15 Abs. 2 ROG gerechtfertigt sein, wonach das Landesrecht von einem Raumordnungsverfahren absehen kann, wenn bereits auf anderer raumordnerischer Grundlage hinreichend gewährleistet ist, daß die Planung oder Maßnahme raumverträglich ist. Dies ist nach § 15 Abs. 2 Nr. 1 ROG insbesondere dann der Fall, wenn die Planung oder Maßnahme Zielen der Raumordnung entspricht.

[54] Kritisch insoweit *Papier*, Freihaltung von Leitungstrassen durch die Regionalplanung, 1983, S. 5ff., 14ff.; *ders.*, RdE 1986, 194f.; weitere Nachweise bei *Dickschen*, Das Raumordnungsverfahren im Verhältnis zu den fachlichen Genehmigungs- und Planfeststellungsverfahren, 1987, S. 5; vgl. demgegenüber *Hopp*, Rechts- und Vollzugsfragen des Raumordnungsverfahrens, 1999, S. 158ff., der eingehend für die Zulässigkeit der nordrhein-westfälischen Lösung argumentiert.

dem Koordinationsinstrument zur Schlichtung konkurrierender Raumansprüche dar.

c) Grenzen der Konfliktbewältigung durch Gesamtplanung

Die Erfahrung zeigt freilich nicht nur in Nordrhein-Westfalen, daß mit der Überhöhung aller Raumplanungen durch eine integrative Gesamtplanung die Konflikte konkurrierender Raumansprüche – zum Teil wohl auch aufgrund der Lückenhaftigkeit und Unbestimmtheit der gesetzlichen Vorgaben – keinesfalls abschließend behoben sind. Spätestens zu Beginn der achtziger Jahre waren – im Zuge der allgemeinen Bewußtwerdung der Grenzen planender Gestaltung – die weitreichenden Vorstellungen über die Steuerungskraft der Gesamtplanung vielfach Ernüchterung gewichen.[55] Statt sämtliche Raumplanungskonflikte – namentlich zwischen Fachplanung und Bauleitplanung – auf einer integralen Ebene auszugleichen, wurde vielmehr mit der überörtlichen Gesamtplanung gleichsam eine dritte Ebene der Raumplanung geschaffen, die in einzelnen Bereichen Anlaß zu neuen Konflikten zwischen einzelnen Planungen gibt.[56] Auch die Verpflichtung der Landesplanung zu einer gerechten räumlichen Gesamtabwägung aller betroffenen Belange kann nämlich nicht verhindern, daß zwischen den mit der überörtlichen Gesamtplanung betrauten Ländern einerseits sowie den Kommunen und Fachplanungsträgern andererseits meist erhebliche Interessenkonflikte bestehen und daß die Träger der Gesamtplanung von anderen Planungsträgern oft nicht als neutrale Dritte, sondern als Planungskonkurrenten angesehen werden. Auch die Gesamtplanung transformiert daher in zahlreichen Fällen von der schlichtenden Koordinierung der konkurrierenden Raumansprüche Dritter zum Instrument der Durchsetzung eigener Raumpräferenzen, namentlich in jenen verbreiteten Fällen, in denen das Land zugleich Gesamt- und Fachplanungsträger ist[57].

In dem oben angesprochenen Beispiel des Baus überregionaler Eisenbahnstrecken etwa wird das vornehmliche Interesse der Länder an aufwendigen umwelt- und anwohnerverträglichen Lösungen mit positiven Auswirkungen auf die Strukturen des jeweiligen Landes realistischerweise auch Eingang in die Landesplanung finden und den Vorstellungen des Bundes nicht in jeder Hinsicht gerecht werden. Die so zutage tretende Spannung im Verhältnis von Fachplanung und Gesamtplanung wurde – wie erwähnt – in den 80er und 90er Jahren dadurch verstärkt, daß die Bun-

[55] Vgl. etwa *Weyl*, in: Becker-Marx (Hrsg.), Korrekturen bei Raumordnung und Landesplanung. Die Folgerungen bei 30 Jahren Raumordnungspolitik, 1982, S. 37, 48ff., sowie die weiteren Beiträge in diesem Sammelband; konkrete Erfahrungen aus 25 Jahren Raumplanung aus Baden-Württemberg bei *Gust*, in: Sächsische Regionalplanung, 1998, S. 43ff., mit Darstellung konkreter Konfliktfelder.

[56] So im Jahr 1985 *Gaentzsch*, WiVerw 1985, 235, 247, mit der Einschätzung, daß die zunehmend flächendeckende überörtliche Gesamtplanung den künftigen planerischen Konfliktstoff nicht verringern, sondern erweitern werde.

[57] Vgl. *Hennecke*, Die Bedeutung der Fachplanung und der Raumordnung für die Bauleitplanung, 1994, S. 15.

desländer ihre entsprechenden Kompetenzen sehr viel stärker nutzten als zuvor. Dabei ist in einigen Bereichen eine Transformation der Landesplanung zu einer »sektoralen Gesamtplanung« erkennbar, in der die Raumordnung immer stärkeren Projektcharakter annimmt und in einigen Bereichen einen fachlichen Zulassungscharakter entwickelt. Beispiele hierfür sind die Braunkohlenplanungen u.a. in Nordrhein-Westfalen und Brandenburg, die sich ganz auf die Steuerung bestimmter bergrechtlicher Planungen konzentrieren[58], oder die bereits erwähnten projektbezogenen Raumordnungsziele in Bayern, die ebenfalls im Laufe dieser Studie näher zu behandeln sein werden.[59] Diese intensive Wahrnehmung der Raumordnungskompetenzen steigert nicht nur das Konfliktpotential im Verhältnis zu anderen Planungsverfahren, sondern wirft zugleich verfassungs- und kompetenzrechtliche Fragen nach der Funktion und Reichweite der Landesplanung auf.

Ein weiteres Konfliktfeld betrifft die einzelnen Ebenen der räumlichen Gesamtplanung untereinander, genauer gesagt, die Stellung der Gemeinden als Träger der örtlichen Gesamtplanung gegenüber der staatlichen überörtlichen Gesamtplanung. Von Beginn an wurde die Raumordnungsplanung als Möglichkeit gesehen, übergeordnete Projekte und Vorhaben durch die Aufstellung entsprechender Ziele der Raumordnung über das Instrument der Landesplanungen in die anpassungspflichtige Bauleitplanung zu transportieren.[60] Begriffen als Standortplanung, sollte die Raumordnung gewährleisten, daß auch gegen den allgegenwärtigen Widerstand betroffener Gemeinden im überörtlichen Interesse liegende Großvorhaben verwirklicht werden können.[61] Falls sich eine Kommune weigert, ihren Flächennutzungsplan den Anforderungen eines bestimmten Vorhabens anzupassen, kann demnach auf der Ebene der überörtlichen Gesamtplanung ein entsprechendes Ziel der Raumordnung aufgestellt und die Pflicht der Gemeinde nach § 1 Abs. 4 BauGB, ihre Bauleitpläne dem Ziel der Raumordnung anzupassen, im Wege der Kommunalaufsicht durchgesetzt werden.[62]

Eine solche Instrumentalisierung der Landesplanung als Vehikel zur staatlichen Disziplinierung der kommunalen Bauleitplanung verlagert freilich klassische Nutzungskonflikte zwischen Gemeinden und Fachplanungsträgern in den Bereich der räumlichen Gesamtplanung. Dies konnte nicht ohne Einfluß auf den Rechtsschutz bleiben. Die Einsicht, daß Gemeinden gegenüber der überörtlichen Gesamtplanung eine grundrechtsähnliche Stellung einnehmen[63] und in der Lage sind, Vorgaben der

---

[58] Näher dazu im sechsten Kapitel S. 377ff.

[59] Näher im vierten Kapitel S. 262ff.

[60] Vgl. *Brohm*, DVBl. 1980, 653ff.; *Schlarmann*, DVBl. 1980, 275ff.; *Schmidt-Aßmann*, Grundfragen des Städtebaurechts, 1972, S. 134.

[61] Vgl. nur *Blümel*, DVBl. 1977, 301ff.; *Papier*, Freihaltung von Leitungstrassen durch die Regionalplanung, 1983, S. 28ff.; *Schmidt-Aßmann*, DÖV 1981, 237, 244; *Wahl*, DÖV 1981, 597, 600ff.

[62] Näher im zweiten Kapitel S. 102f.

[63] Das Bundesverfassungsgericht stellte in BVerfG, Beschl. v. 23. 6. 1987 – 2 BvR 826/83 – BVerfGE 76, 107ff., fest, die gemeindliche Selbstverwaltungsgarantie erlaube eine Sonderbelastung einzelner Gemeinden durch Raumordnungspläne nur, wenn sie durch überörtliche Interessen von höherem Gewicht erfordert werde. Näher zu dem ganzen Problemkreis *Scheipers*, Ziele der Raumord-

Raumordnung mit rechtlichen Mitteln abzuwehren[64], machte deutlich, daß eine intensive überörtliche Gesamtplanung keineswegs automatisch konfliktlösend, sondern auch konfliktverursachend zu wirken vermag.

Die Haltung der Gemeinden gegenüber der überörtlichen Gesamtplanung ist freilich ambivalent. Da die Landesplanung auf Regionalebene in zahlreichen Bundesländern in den Händen kommunaler Planungsverbände liegt[65], bildet die Landesplanung nicht nur ein Einfallstor für räumliche Vorgaben des Staates, sondern potentiell auch ein Instrument zur Erhaltung kommunaler Planungsfreiräume. Vorschläge, die Regionalplanung zum Instrument der Gemeinden gegen staatliche Planungen zu machen[66], verdeutlichen ebenso wie Beispiele aus der Praxis der Regionalplanung[67], daß die Landesplanung auch insoweit stets Gefahr läuft, durch Partikularinteressen des jeweiligen Planungsträgers instrumentalisiert zu werden.

Mit diesen Ausführungen soll keineswegs der Steuerungsanspruch der Raumordnung als solcher in Frage gestellt, sondern nur auf das Vorhandensein von Grenzen der Konfliktbewältigung durch Gesamtplanung hingewiesen werden. Raumordnung stellt sich ihrer Funktion als Koordinations- und Disziplinierungsinstrument anderer Planungen nach vielfach in Widerspruch zu anderen räumlichen Festsetzungen. Auch die überörtliche Gesamtplanung ist jedoch interessengebunden und stellt keineswegs notwendig einen gerechten Interessenausgleich durch einen neutralen Dritten her. Die der Raumordnung zugrundeliegenden Kompetenzen werden zunehmend extensiv wahrgenommen, so daß im Gegenzug die Verbindlichkeit entsprechender Festsetzungen vielfach in Frage gestellt wird. Auch die überörtliche Gesamtplanung führt daher keineswegs zu einer Auflösung oder Neutralisierung aller konfligierenden Raumplanungen.

Weder die Idee einer alle Raumnutzungskonflikte überbrückenden Konsensualplanung noch die Gesamtplanung als Austragungs- und Koordinierungsinstrument vermag somit das Problem kollidierender Raumplanungen ganz zu bewältigen. Dementsprechend wird das Bild eines ergänzenden harmonischen Ineinandergreifens von überörtlicher Raumplanung, Fachplanung und Bauleitplanung der planerischen Realität oft kaum gerecht. Zum Beleg soll nunmehr das Beispiel einer besonders konfliktträchtigen Planung des Bundes vorgestellt werden, um das Konfliktpotential sowie die Komplexität der aufgeworfenen verfassungs-, verwaltungs- und gemeinschaftsrechtlichen Probleme unterschiedlicher Raumnutzungsansprüche zu verdeutlichen und so auf den weiteren Gang der Untersuchung einzustimmen.

---

nung und Landesplanung aus Sicht der Gemeinden, 1995; *Schmidt-Aßmann*, DÖV 1981, 237ff.; *ders.*, VerwArch 71 (1980), 117ff.; *Wahl*, DÖV 1981, 597ff.; auf der Grundlage eines funktionalen Selbstverwaltungsverständnisses für weitere Eingriffsmöglichkeiten plädierend hingegen *Ernst/Suderow*, Zulässigkeit raumordnerischer Festlegungen für Gemeindeteile, 1976, S. 15ff.

64 Vgl. *Blümel*, VerwArch 84 (1993), 123ff.; *Halama*, in: FS für Schlichter, 1995, S. 201ff.; näher dazu im achten Kapitel S. 497f.

65 Vgl. dazu im im ersten Kapitel S. 49ff. sowie im achten Kapitel S. 500ff.

66 So besonders *Gruber*, DÖV 1995, 488ff.

67 Vgl. die Ausführungen und Nachweise oben in Fn. 16.

V. Das Beispiel der Transrapidplanung

Das Planrechtsverfahren für die Magnetschnellbahnverbindung zwischen Hamburg und Berlin in der Zeit bis zum Februar 2000 liefert ein Lehrstück für das soeben skizzierte Kompetenz- und Interessengeflecht in Planungsverfahren. Dem Verfasser, der an dem Vorhaben selbst auf seiten des Vorhabenträgers beratend beteiligt war, liegt es fern, dieses Verfahren im Rahmen der vorliegenden Studie rechtlich oder gar verkehrspolitisch zu bewerten. An diesem von Beginn an kontrovers diskutierten Vorhaben[68], das neben den Großprojekten »Schneller Brüter Kalkar«, »Wiederaufbereitungsanlage Wackersdorf« und »Garzweiler II« eines der umstrittensten Großprojekte in der Geschichte der Bundesrepublik darstellte, lassen sich jedoch das Konfliktpotential konkurrierender räumlicher Planungen sowie die Unvollständigkeit und Interpretationsbedürftigkeit der entsprechenden gesetzlichen Bestimmungen besonders anschaulich erläutern. Zur Verdeutlichung der oben entwickelten Analyse sollen daher einzelne Problemausschnitte dieses Verfahrens vorgestellt werden. Das im Februar 2000 aus wirtschaftlichen Erwägungen abgebrochene Planungsverfahren war geprägt durch unterschiedliche Interessen – auch zwischen den beteiligten Ministerialressorts –, unvereinbare Raumansprüche und rechtliche Meinungsverschiedenheiten verschiedener Planungsträger. Diese gegenläufigen Interessen bildeten den Hintergrund der im Rahmen des Verfahrens aufgeworfenen Planungskonflikte und Planungsrechtsfragen.

1. Rechts- und Planungsgrundlagen

Der Bund als Eigentümer des Projektträgers Deutsche Bahn AG förderte nicht nur die Transrapidentwicklung, sondern auch die entsprechenden Planungen in erheblichem Maße.[69] Namentlich der Bundesgesetzgeber hatte mit Blick auf das Vorhaben eigenständige planungsrechtliche Regelungen geschaffen und auf Grundlage seiner konkurrierenden Gesetzgebungszuständigkeit aus Art. 74 Abs. 1 Nr. 23 GG[70] ein Magnetschwebebahnplanungsgesetz zur Regelung des Planrechtsverfahrens für die Errichtung von Magnetschwebebahnen, ein Allgemeines Magnetschwebebahngesetz, eine Magnetschwebebahn-Lärmschutzverordnung und eine Magnetschwebebahn-Bau- und Betriebsordnung erlassen. Die neuen Regelungen entsprachen im

[68] Vgl. dazu die empirischen Analysen zu Image und Akzeptanz des Transrapid bei *Klühspies*, Perspektive Transrapid, 2001; ferner die kritischen Stellungnahmen durch *Büllingen*, Die Genese der Magnetbahn Transrapid, 1997; *Eppendorfer*, Die staatliche Transrapid-Förderung, 1999; *Hübner* u.a., Transrapid zwischen Ökonomie und Ökologie, 1997; das Projekt befürwortend hingegen *Rath*, Möglichkeiten und Grenzen der Durchsetzung neuer Verkehrstechnologien, 1993; *Schellhase*, Der Transrapid im Verkehrsmarkt, 1998; zu dem Projekt als solchem auch *Falkner*, Magnetschwebebahn zwischen Hamburg und Berlin, 1997, und zu dem Kontext anderer Großvorhaben und »Zukunftstechnologien« *Bohne*, NVwZ 1999, 1, 9.

[69] Vgl. *Eppendorfer*, Die staatliche Transrapid-Förderung, 1999.

[70] Vgl. zum Begriff der »Schienenbahnen« in Art. 74 Abs. 1 Nr. 23 GG, der auch Magnetschwebebahnen umfaßt, *Oeter*, in: v. Mangoldt/Klein, GG, Bd. 2, 4. Aufl. 2000, Art. 74 Rn. 205, m.w.N.

wesentlichen dem Vorbild des Eisenbahnrechts.[71] Zugleich hatte der Bund – auch insoweit dem Vorbild des Eisenbahnrechts folgend[72] – für das erste konkrete Vorhaben rechtliche Ausschnitte der Vorhabenplanung, nämlich die Ermittlung des Verkehrsbedarfs und damit die Planrechtfertigung, selbst durch Gesetz vorweggenommen und ein Magnetschwebebahnbedarfsgesetz erlassen[73], das in seinem § 1 den Bedarf für eine Magnetschnellbahnstrecke von Berlin nach Hamburg sowohl für die Planfeststellung als auch für das nachfolgende Gerichtsverfahren verbindlich festschrieb. Damit waren mächtige Planungsinstrumente geschaffen, die das Verfahren erleichtern und beschleunigen sollten.

2. Verfassungsrechtliche Streitigkeiten

Obwohl sie sich eng an die eisenbahnrechtlichen Regelungen anlehnten, erhob die Literatur gegen diese gesetzgeberischen Vorgaben rasch verfassungsrechtliche Bedenken.[74] Zudem regte sich Widerstand in einigen betroffenen Bundesländern, vor allem dort, wo kein Haltepunkt der Magnetschnellbahn vorgesehen war und die Bevölkerung daher durch das Vorhaben keine oder nur geringe Vorteile zu erwarten hatte. Besonders die Regierung des Bundeslandes Schleswig-Holstein, die das Vorhaben Transrapid als ein »Kalkar auf Stelzen« bekämpfte[75], hielt das Magnetschwebebahnbedarfsgesetz für verfassungswidrig, bezweifelte die dem gesetzlich festgeschriebenen Bedarf zugrundeliegenden Verkehrsprognosen und legte 1997 nach kontroversen Debatten im Landtag[76] die Frage der Vereinbarkeit dieser Bestimmung mit dem Grundgesetz dem Bundesverfassungsgericht nach Art. 93 Abs. 1 Nr. 2 GG zur abstrakten Normenkontrolle vor. Das bereits mit Einstellung der Planungen ausgesetzte gerichtliche Normenkontrollverfahren erledigte sich durch die Aufhebung des Bedarfsgesetzes am 17. November 2001.

---

[71] Vgl. die in weiten Teilen identischen Regelungen des Allgemeinen Eisenbahngesetzes, der Eisenbahn-Bau- und Betriebsordnung sowie der Verkehrslärmschutzverordnung (16. BImSchV). Näher zu den gesetzlichen Grundlagen des Magnetschwebebahnrechts *Bauer*, in: Kodal/Krämer (Hrsg.), Straßenrecht, 6. Aufl. 1999, Kap. 20 Erl. 3 und 4 sowie Kap. 20a; *Kühling/Hermann*, Fachplanungsrecht, 2. Aufl. 2000, Rn. 95; *Steinberg/Berg/ Wickel*, Fachplanung, 3. Aufl. 2000, § 1 Rn. 98; *Steiner*, in: Schmidt (Hrsg.), Öffentliches Wirtschaftsrecht, Besonderer Teil 2, 1996, § 10 Rn. 79f.; vgl. auch die Darstellung der Anforderungen an den Bau einer Magnetschwebebahn bei *Rath*, Möglichkeiten und Grenzen der Durchsetzung neuer Verkehrstechnologien, 1993, S. 273ff., der von der Anwendbarkeit des Eisenbahnrechts ausgeht und dennoch der Sache nach auch das magnetschwebebahnrechtliche Genehmigungsverfahren zutreffend beschreibt.

[72] Näher zu der eisenbahnrechtlichen Bedarfsgesetzgebung die Darstellung im siebten Kapitel S. 422ff.

[73] Magnetschwebebahnbedarfsgesetz (MsbG) vom 19. 7. 1996, BGBl. I, 1018.

[74] Vgl. die Ausführungen bei *Caspar*, NVwZ 1997, 150ff.; *Erbguth*, NVwZ 1997, 116ff.; *Schneider*, DVBl. 1996, 852ff.

[75] So Ministerpräsidentin *Simonis*, zitiert bei *Hübner* u.a., Transrapid zwischen Ökonomie und Ökologie, 1997, S. 257.

[76] Vgl. Schleswig-Holsteinischer Landtag, 14. Wahlperiode, Plenarprotokoll 14/5 der 5. Sitzung v. 12. 6. 1996, S. 75ff.; zur Debatte um eine Rücknahme der Klage auch Plenarprotokoll 14/57 der 57. Sitzung v. 13. 5. 1998, S. 4067ff.

3. Konkurrierende Raumansprüche und Planungen

Parallel zu diesem Verfassungsrechtsstreit hatte sich der Bund – insoweit typisch für eine weiträumige Fachplanung – im Zuge der Planrechtsverfahren für die Magnetschwebebahn mit den konfligierenden Festsetzungen anderer Planungsträger auseinanderzusetzen. Wie in jedem Planungsverfahren waren zahlreiche kollidierende Raumansprüche zu ermitteln und zu bewerten, sämtliche durch das Vorhaben und dessen Varianten berührten Planungen – etwa Regionalpläne, Flächennutzungspläne, Landschaftsschutzverordnungen oder deren Entwürfe – auf das Bestehen von Zielkonflikten hin zu prüfen und die entsprechenden Planungsträger am Planfeststellungsverfahren für den Transrapid zu beteiligen. Die wichtigsten, auch durch bilaterale Verständigung nicht ausräumbaren Unstimmigkeiten betrafen die Frage der Trassenwahl und die Balance zwischen dem Wunsch nach weitestmöglicher Schonung der durch das Vorhaben betroffenen räumlichen Belange und den Gesichtspunkten der Fahrtzeitverkürzung und des Kostendrucks. Die Raumwiderstände artikulierten sich vor allem in Gestalt konfligierender Planungen und wurden auch in dieser Form berücksichtigt. Dabei wurde – und auch dies ist typisch für alle vergleichbaren Verfahren – deutlich, daß sämtliche beteiligten Akteure Planungskompetenzen auch als Mittel zur Interessenwahrnehmung ansahen.

Besonders intensiv waren die Zielkonflikte im Hinblick auf die Festsetzungen konfligierender Raumordnungspläne. Die betroffenen Bundesländer und regionalen Planungsverbände hatten zum Teil dezidierte Vorstellungen über den Streckenverlauf des Vorhabens und beriefen sich dabei u.a. auf die Bindungswirkung ihrer landesplanerischen Beurteilungen in den Raumordnungsverfahren sowie auf der Wahltrasse des Bundes entgegenstehende landesplanerische Festsetzungen, die sie zuvor selbst aufgestellt hatten. Dabei bestanden aufgrund der unklaren Übergangsregelung in §23 Abs. 1 ROG auf beiden Seiten erhebliche rechtliche Unsicherheiten.[77] Im Hinblick auf dem Vorhaben möglicherweise entgegenstehende raumordnerische Bindungen erhob schließlich der Bund Widerspruch gegen eine Reihe von Zielen der Raumordnung der Länder.[78] Damit verdeutlicht die Transrapidplanung geradezu lehrbuchhaft das Konfliktpotential zwischen Fachplanung und Landesplanung.

---

[77] Zwischen Bund und Ländern war u.a. strittig, ob auf das Verfahren das alte Raumordnungsgesetz 1993 oder das seit 1998 geltende Raumordnungsgesetz 1998 zur Anwendung kam, ob die Deutsche Bahn AG als Vorhabenträgerin oder die Planfeststellungsbehörde an die Ziele des betreffenden Regionalplans gebunden waren und ob die Planfeststellungstrasse in einem relevanten inhaltlichen Widerspruch zu den Festlegungen des Regionalplans stand. Vgl. zum erstgenannten Punkt einerseits *Runkel*, in: Bielenberg/Runkel/Spannowsky, Raumordnungs- und Landesplanungsrecht, Kommentar J 630 Anm. 1.2; Kommentar K Vorb. §§ 3 – 5, Rn. 32, Stand: 1998; andererseits die »Handreichung zu den Abschnitten 1 und 4 des Raumordnungsgesetzes vom 18. August 1997« der Ministerkonferenz für Raumordnung vom 4. 6. 1998, abgedruckt in: *Bielenberg/Runkel/Spannowsky*, a.a.O. unter J 660, Ziff. 4.2.3; zur Frage der Bindung privater Staatsunternehmen an die Ziele der Raumordnung *Roer*, Die Bindungswirkung von Zielen der Raumordnung und Landesplanung nach der Privatisierung von Bahn und Post, 1996, besonders S. 60ff. sowie im zweiten Kapitel S. 86ff.

[78] Vgl. zu dieser Möglichkeit im zweiten Kapitel S. 87f.

Ein weiteres Problemfeld bildete die Europäisierung dieser Plankonflikte durch die zu dieser Zeit laufende Ausweisung europäischer Vogelschutz- und FFH-Gebiete. Solche Gebiete wurden verstärkt gerade auf der durch den Vorhabenträger vorgesehenen Trasse ausgewiesen und zugleich die Alternativtrassen als Suchräume ausgeschieden. Hier stellte sich in besonderer Weise die Frage eines Vorrangs der im europäischen Recht begründeten Raumnutzungsansprüche und der verbleibenden Spielräume für die nationale Raumplanung.[79]

Ein drittes Konfliktfeld war schließlich das Verhältnis der Planung des Vorhabens zu den Bauleitplanungen der betroffenen Gemeinden und Gemeindeverbände, die dem Vorhaben eine ganze Reihe planerischer Vorgaben entgegenhielten. Manche Bauleitpläne waren offensichtlich gerade mit dem Zweck einer Verhinderung des Vorhabens aufgestellt worden, sahen die Präferenztrasse des Bundes als Wohn-, Erholungs- oder Naturschutzgebiete vor oder legten für das Vorhaben explizit andere Standorte fest. Gelegentlich fanden sich textliche Festsetzungen wie die Feststellung, die erwarteten Auswirkungen der Magnetschnellbahn würden ein bestimmtes Gebiet erheblich und irreversibel beeinträchtigen und das Vorhaben sei daher keinesfalls zulässig. In anderen Fällen war angesichts der fehlenden Parzellenschärfe der Flächennutzungsplanentwürfe schwer zu entscheiden, ob die Aussagen der Pläne der Transrapidplanung widersprachen. Oft verblieben rechtliche und planerische Unsicherheiten, ob die Festsetzungen dieser Pläne dem Vorhaben entgegenstehen würden oder nicht. Der Vorhabenträger folgte daher der umstrittenen Praxis, gegen eine Reihe von Flächennutzungsplänen vorsorglich Widerspruch einzulegen und sich von vornherein einer Bindung zu entziehen.

4. Die Komplexität der aufgeworfenen Rechtsfragen

Die Transrapidplanung soll im weiteren Verlauf der Studie nicht näher behandelt werden. Das Planrechtsverfahren für den Transrapid liefert jedoch Anschauungsmaterial für einige wichtige Kennzeichen der heutigen Planungspraxis und macht vor allem deutlich, daß großflächige Raumplanungen unweigerlich zu einer Fülle räumlicher Überschneidungen und Unvereinbarkeiten mit den Vorstellungen anderer Planungsträger führen. Diese Konflikte können durch bilaterale Verständigung meist nur zum Teil ausgeräumt werden. Im Hinblick auf das verbleibende Konfliktpotential werden rechtliche Handlungs- und Entscheidungsmöglichkeiten – gegebenenfalls auch über die originäre Funktion des jeweiligen Instrumentes hinaus – genutzt, um eigene Raumpräferenzen durchzusetzen. Der extensive Gebrauch planerischer Kompetenzen resultiert in erheblichen rechtlichen Unsicherheiten bei der Auslegung der zugrundeliegenden Normen sowie im Hinblick auf die grundsätzlichen Möglichkeiten und Grenzen der Beeinflussung anderer räumlicher Planungen. Dabei überlagern sich verfassungs- und verwaltungsrechtliche Vorgaben, und die aufgeworfenen Fragestellungen sind nicht allein auf der Ebene des herkömmlichen

[79] Näher zu diesen Fragen das neunte Kapitel insbesondere S. 524ff. und 538ff.

Raumplanungsrechts angesiedelt, sondern werden auch durch Verfassungs- und Gemeinschaftsrecht geprägt. Die damit angesprochenen komplexen Rechtsfragen bilden den Gegenstand der vorliegenden Studie.

VI. Zum Forschungsstand

1. Untersuchungen zu Teilausschnitten der Fragestellung

Der Hinweis auf die rechtlichen Unsicherheiten in der Praxis sollte keinesfalls dahin gehend verstanden werden, daß die Literatur die Fragen des Verhältnisses konfligierender Planungen untereinander bislang noch nicht untersucht hätte. Vor allem zum Verhältnis von Bauleitplanung und Fachplanung liegt eine ganze Reihe von Monographien[80] und Aufsätzen[81] vor; daß sich diese Darstellungen in ihren Ergebnissen zum Teil deutlich unterscheiden, liegt nicht zuletzt an ganz unterschiedlichen Vorstellungen über den Begriff der »Fachplanung«. Diese terminologischen Diskrepanzen werden es erforderlich machen, im ersten Kapitel zunächst übersichtsartig die zentralen Begriffe, Institute und Ebenen der Raumplanung vorzustellen.

Ebenfalls schon vielfach untersucht wurde das Verhältnis zwischen der örtlichen Gesamtplanung (Bauleitplanung) und der überörtlichen Landes- und Regionalplanung. Hier hat sich mittlerweile ein gewisser Grundkonsens über die einschlägigen Regeln und Maßstäbe herausgebildet.[82] Neuer ist hingegen die Frage nach dem grundsätzlichen Verhältnis von Raumordnung und Fachplanung. Hier treffen trotz frühzeitiger gutachtlicher Behandlung durch *Forsthoff* und *Blümel*[83] bis heute zum Teil diametrale Rechtsauffassungen aufeinander[84], die einer grundsätzlichen Klärung bedürfen. Das in der Vergangenheit mehrfach kontrovers diskutierte Zusam-

[80] Als aktuelle Beiträge sind insofern hervorzuheben: *Dörries*, Das Verhältnis der Bauleitplanung zur raumbeanspruchenden Fachplanung, 2000; *Finke*, Die Privilegierung von Fachplanungen nach §38 BauGB, 2001; *Kauch/Roer*, Das Verhältnis von Bauleitplanung und Fachplanung, 1997; vor allem auf privilegierte Planfeststellungen bezogen *Schlarmann*, Das Verhältnis der privilegierten Fachplanungen zur kommunalen Bauleitplanung, 1980; zum Verhältnis Bauleitplanung-Naturschutzfachplanungen zuletzt *Weiblen*, Gemeindliche Bauleitplanung und naturschutzrechtlicher Flächen- und Objektschutz, 2001.

[81] Vgl. insoweit im Schrifttum etwa *Erbguth*, NVwZ 1995, 243ff.; *Fickert*, BauR 1988, 678ff.; *Koch*, in: FS für Schlichter, S. 461ff.; *Kraft*, BauR 1999, 829ff.; *ders.*, DVBl. 2000, 1326ff.; *Paetow*, UPR 1990, 321ff.; *Ronellenfitsch*, DVBl. 1998, 653ff.; *ders.*, VerwArch 1999, 467ff. und 581ff.; *Stüer*, UPR 1998, 408ff.

[82] Vgl. u.a. *Siedentopf*, Gemeindliche Selbstverwaltung im Verhältnis zur Raumordnung und Landesplanung, 1977; *Scheipers*, Ziele der Raumordnung und Landesplanung aus Sicht der Gemeinden, 1995; *Schmidt-Aßmann*, DÖV 1981, 237ff.; *ders.*, VerwArch 71 (1980), 117ff.; *Spannowsky*, DÖV 1997, 757ff.; *Wahl*, DÖV 1981, 597ff.

[83] *Forsthoff/Blümel*, Raumordnungsrecht und Fachplanungsrecht, 1970.

[84] Vgl. einerseits *Goppel*, DVBl. 2000, 86ff.; *ders.*, UPR 2000, 431ff., der der Raumordnung einen universellen, inhaltlich nahezu unbeschränkten Steuerungsanspruch zugesteht; andererseits *Funke*, Bund-Länder-Abstimmung am Beispiel der Raumordnung und Landesplanung, 1987, S. 20ff.; *Meyer*, Das Planfeststellungsrecht der Bundesbahn nach §36 Bundesbahngesetz und sein Zusammentreffen mit Landesplanungsrecht, 1960; *Spannowsky*, UPR 2000, 418ff.

mentreffen von Planfeststellungen[85] ist mittlerweile in §78 VwVfG gesetzlich geregelt, ohne daß dadurch jedoch Einigkeit über die maßgeblichen Grundsätze hergestellt wäre.[86]

Auch zu weiteren Teilausschnitten der Fragestellung finden sich nicht nur im Detail, sondern ebenso im Grundsätzlichen erstaunlich differierende Aussagen. Wenn beispielsweise in einem neueren Aufsatz beiläufig festgestellt wird, die materielle Koordination von Raumplanungen erfolge im wesentlichen durch den Stufenbau der Rechtsordnung und den Grundsatz der zeitlichen Priorität[87], steht dies im Gegensatz zu der verbreiteten, meist ebenso apodiktisch vorgetragenen Annahme, daß solche Grundsätze noch nicht einmal in Teilbereichen des Planungsrechts Geltung beanspruchen könnten[88].

2. Allgemeine Untersuchungen

Seltener als die eben dargestellten Einzelkonstellationen wurde bislang das Verhältnis konfligierender Raumplanungen als allgemeine Frage untersucht. Angesichts der geringen Zahl solcher Untersuchungen lohnt sich ein Überblick zu den Ergebnissen einiger besonders einflußreicher Beiträge.

a) Die erste monographische Untersuchung zu diesem Thema durch *Breuer* im Jahr 1968 ist bislang auch die einzige geblieben. Einen Schwerpunkt der Dissertation *Breuers* bildete die Zulässigkeit der Konzentration von Genehmigungen im Planfeststellungsverfahren, wie sie heute namentlich in §75 Abs. 1 S. 1 VwVfG vorgesehen ist. Er gelangte zu dem Ergebnis, daß zwar der Bund für bundesgesetzlich geregelte Planfeststellungen die Konzentration landesrechtlicher Genehmigungserfordernisse vorschreiben[89], die Länder jedoch für landesrechtliche Planfeststellungen keine bundesrechtlichen Genehmigungserfordernisse konzentrieren könnten.[90] Diese These ist mittlerweile durch die – *Breuer* implizit bestätigende – Regelung in §100 Nr. 2 VwVfG weitgehend bedeutungslos geworden, wonach die Länder

---

[85] Vgl. besonders *Blümel*, DVBl. 1960, 697ff.; *ders.*, Die Planfeststellung im geltenden Recht, Bd. 1 1967/1994, S. 228ff.; *Börner*, Planungsrecht für Energieanlagen, 1973, S. 38ff.; *Breuer*, Die hoheitliche raumgestaltende Planung, 1968, S. 132ff.; *Manner*, Grundlagen des Planfeststellungsverfahrens, 1976, S. 57ff.

[86] Siehe zum Meinungsstreit *Ronellenfitsch*, VerwArch 88 (1997), 175, 178ff.; *Erbguth*, BayVBl. 1981, 577ff.; *Knöpfle*, in: FS für Maunz zum 80. Geburtstag, 1981, S. 187ff., sowie im zweiten Kapitel S. 126f.

[87] *Grigoleit/Otto*, DÖV 2000, 182, 186. Diese Aussage ist dem Wortlaut nach beschränkt auf Fachplanungen untereinander, aber inhaltlich auch auf Gesamtplanungen bezogen, da die §§7 und 38 BauGB als Durchbrechungen der beiden Grundsätze angesehen werden.

[88] *Kraft*, BauR 1999, 829, 830f.; *ders.*, UPR 2001, 294, 295 und öfter; *Paetow*, UPR 1990, 321, 322; *Sandner*, DÖV 1998, 586, 587; *Wahl*, Rechtsfragen der Landesplanung und Landesentwicklung, Bd. I, 1978, S. 276.

[89] So später auch BVerfG, Beschl. v. 15.7. 1969 – 2 BvF 1/64 –, BVerfGE 26, 338, 377; vgl. zum heutigen Meinungsstand *Treffer*, UPR 1994, 378ff., m.w.N.

[90] *Breuer*, Die hoheitliche raumgestaltende Planung, 1968, S. 96ff., 130f.; insoweit a.A. *Manner*, Grundlagen des Planfeststellungsverfahrens, 1976, S. 56f.

gesetzlich bestimmen können, daß für auf landesrechtlicher Grundlage durchgeführte Planfeststellungen die Konzentrationswirkung des §75 Abs. 1 S. 1 VwVfG auch nach Bundesrecht notwendige Entscheidungen erfaßt.[91] Ebenso sind *Breuers* Ausführungen über das Zusammentreffen von Planfeststellungen[92] mittlerweile durch die allgemeine Regelung in §78 VwVfG weitgehend überholt. Andere Thesen *Breuers* haben hingegen bis heute ihre grundsätzliche Relevanz behalten: So soll beim Zusammentreffen einer Planfeststellung mit einer Schutzgebietsfestsetzung die letztere vorrangig sein, sofern es sich nicht um eine bundesrechtliche Planfeststellung und eine landesrechtlich geregelte Schutzgebietsfestsetzung handele, da insoweit ein genereller Vorrang der Bundesplanung bestehe. Eine zeitlich nachfolgende Schutzgebietsfestsetzung könne jedoch eine bestandskräftige Planfeststellung in keinem Fall in Frage stellen. Das Zusammentreffen von Bauleitplanung und Planfeststellung sieht *Breuer* als durch die damals geltende Fassung des §38 BBauG abschließend geregelt an, während er beim Zusammentreffen von Bauleitplänen und fachlichen Nutzungsregelungen einen grundsätzlichen Vorrang der letztgenannten bejaht.[93] Insgesamt ist *Breuers* Arbeit von der Vorstellung geprägt, daß allgemeingültige Vorgaben für das Zusammentreffen von Raumplanungen nicht existieren. Statt dessen entwickelt er für einzelne Fallgruppen eindeutige, auf unterschiedlichen Erwägungen beruhende Vorrangregelungen, nach denen die jeweils privilegierte Planung sich ohne Einschränkung durchzusetzen vermag.

b) Ganz anders ist demgegenüber der Ansatz des langjährigen Vorsitzenden des für das Bundesbaurecht zuständigen 4. Revisionssenats des Bundesverwaltungsgerichts *Gaentzsch* in seinem Beitrag über die »Konfliktbewältigung« zwischen verschiedenen Trägern von Bauleitplanung, Fachplanung und Landesplanung aus dem Jahr 1985.[94] *Gaentzsch* unterscheidet zwei gesetzgeberische Lösungswege für das Zusammentreffen konfligierender Planungen: Einerseits die bloße Anordnung eines materiellen Interessenausgleichs zwischen den konkurrierenden Planungsinteressen, den *Gaentzsch* in dem Gebot der planerischen Konfliktbewältigung als Unterfall des Abwägungsgebots verankert, andererseits die Möglichkeit, daß der Gesetzgeber eine Planung mit einem Vorrang und einer Bindungswirkung gegenüber der anderen ausstattet. Den zweiten Ansatz versteht *Gaentzsch* als eine »primär verfahrensrechtliche Lösung«. Mit diesen Kategorien untersucht er die Vorschriften über die gemeindenachbarliche Abstimmung der Bauleitplanungen und Planfeststellungen, die grenzüberschreitende Landesplanung sowie das Zusammentreffen von Bauleitplanung, Fachplanung und Landesplanung und ist dabei durchweg bemüht, scheinbar kategorische Vorrangregelungen wie §16 Abs. 2 S. 3 FStrG durch das Gebot eines materiellen Interessenausgleichs zu domestizieren. Das Verdienst der Abhandlung besteht vor allem in der Akzentuierung des Abwägungsgebots als einer

[91] Zu den verbleibenden verfassungsrechtlichen Streitfragen im zweiten Kapitel S. 124f.
[92] *Breuer*, Die hoheitliche raumgestaltende Planung, 1968, S. 132ff.
[93] *Breuer*, Die hoheitliche raumgestaltende Planung, 1968, S. 174ff., 197ff., 206f.
[94] *Gaentzsch*, WiVerw 1985, 235ff.

allgemeingültigen und zugleich flexiblen materiellen Koordinations- und Kollisionsregel für das Verhältnis konkurrierender Raumplanungen.[95]

c) Letztlich denselben Ansatz in anderen Begrifflichkeiten verfolgt *Brohm* in einer ganzen Reihe von Beiträgen.[96] Ausgangspunkt seiner Überlegungen ist die These, im Raumplanungsrecht komme angesichts der notwendigen räumlichen Überschneidungen aller konkurrierenden Planungen eine Abgrenzung nach Kompetenztiteln ebensowenig in Betracht wie ein hierarchisches Über- und Unterordnungsverhältnis.[97] Zur Lösung dieser Planungskonflikte entwickelt Brohm aus dem Verhältnismäßigkeitsgrundsatz, der Idee der Einheit der Verfassung sowie der Bundestreue ein »Optimalprinzip der praktischen Konkordanz«, das »Gebot der kompetentiellen Rücksichtnahme«. Untersucht man die durch *Brohm* angeführten Anwendungsfälle des Grundsatzes[98], etwa §38 BauGB, wonach sog. privilegierte Fachplanungen die Festsetzungen in Bebauungsplänen zwar nicht zu beachten, wohl aber zu berücksichtigen haben, so wird rasch deutlich, daß es sich durchweg um Konkretisierungen des planerischen Abwägungsgebots handelt. So überrascht an der Konzeption weniger das allenfalls begrifflich ausgefallene »Gebot der kompetentiellen Rücksichtnahme« als vielmehr die Tragweite, die *Brohm* diesem Grundsatz unter Verwerfung nahezu aller anderen Regeln mit Ausnahme des Art. 28 GG zuspricht. Freilich muß eine Lösung Skepsis hervorrufen, die in solcher Ausschließlichkeit auf Konsens, Abstimmung und praktische Konkordanz vertraut und damit einen erheblichen Verlust an Klarheit und Vorhersehbarkeit für die Einzelfallösung in Kauf nimmt. Zudem stellt sich die Frage, ob *Brohm* nicht tendenziell den Gestaltungsspielraum des Gesetzgebers und die Bedeutung einfachgesetzlicher Vorgaben vernachlässigt und relevante verfassungsrechtliche Grundsätze, etwa die Kompetenzordnung, vorschnell verwirft.

d) Die stärker an einfachgesetzlichen Vorgaben orientierte Sicht der Praxis kommt demgegenüber in einer kurzen Abhandlung von *Hennecke* über die »Bedeutung der Fachplanung und der Raumordnung für die Bauleitplanung« zum Ausdruck. *Hennecke* untersucht das Verhältnis zu konkurrierenden Raumplanungen aus der Perspektive der Gemeinden und betont die Grenzen der kommunalen Planungshoheit, die sich bereits aus den anderen durch das Grundgesetz anerkannten Planungsformen ergäben. Ausdruck dieser Grenzen seien die Pflicht zur Anpassung an die Ziele der Raumordnung gem. §1 Abs. 4 BauGB, die Bindung an die höherrangigen Nutzungsregelungen, die Pflicht zur nachrichtlichen Übernahme anderer Fachplanungen nach §5 Abs. 4 und §9 Abs. 6 BauGB, die auf das sog. Prioritätsprinzip zurück-

---

95 Dieser Ansatz wird – vor allem im Hinblick auf seinen Geltungsbereich und seine Reichweite – im fünften Kapitel näher zu untersuchen sein.

96 Vgl. *Brohm*, Landeshoheit und Bundesverwaltung, 1968, S. 28ff.; *ders.*, DÖV 1983, 525, 528ff.; *ders.*, Verkehrsberuhigung in Städten, 1985, S. 63ff.; *ders.*, DÖV 1989, 429, 438; *ders.*, in: FS für Blümel, 1999, S. 79ff.; *ders.*, Öffentliches Baurecht, 3. Aufl. 2002, §9 Rn. 10ff., 16ff. und öfter.

97 *Brohm*, in: FS für Blümel, 1999, S. 79, 82ff.

98 *Brohm*, in: FS für Blümel, 1999, S. 79, 87f.; *ders.*, Öffentliches Baurecht, 3. Aufl. 2002, §9 Rn. 16.

geführt wird, sowie die Privilegierung der Vorhaben nach §38 BauGB.[99] Nur im Ausklang weist *Hennecke* darauf hin, daß diese vorrangigen Raumplanungen ihrerseits rechtmäßig sein und Rechte der Gemeinden respektieren müssten.[100] Obwohl die Abhandlung somit die Grenzen der Bauleitplanung gegenüber anderen Raumplanungen und den Gesichtspunkt der Unterordnung wohl zu sehr akzentuiert, gibt ihr differenziertes Bild die – auf die Sicht der Bauleitplanung reduzierte – Rechtslage im Grundsatz wohl realistischer wieder als der Ansatz *Brohms*.

e) *Ronellenfitsch* schließlich legt in seiner Untersuchung zum »Zusammentreffen von Planungen« den Schwerpunkt weitgehend auf das vieldiskutierte Spezialproblem des Zusammentreffens von Planfeststellungen. Zwar verweist er einleitend auf das rechtsstaatliche Abwägungsgebot, das sich im Verhältnis verschiedener Planungen untereinander in einem Abstimmungsgebot fortsetze, widmet sich aber vor allem der Auslegung des §78 VwVfG. Unter der Rubrik »Zusammentreffen von Gesamtplanung und Fachplanung« behandelt er anschließend den – seines Erachtens auf der Konzentrationswirkung der Planfeststellung beruhenden, in §38 BauGB nur deklaratorisch anerkannten – Vorrang der Fachplanung, der sich offenbar auf das Verhältnis der Fachplanung zu der Gesamtplanung insgesamt erstrecken soll.[101] Allgemeiner erklärt *Ronellenfitsch* in seiner 1986 erschienenen »Einführung in das Planungsrecht«, es entspreche allgemeinen Grundsätzen, die Gesamt- und Fachplanungen durch das Abstimmungsgebot zu koordinieren. Im übrigen habe die Bundesplanung Vorrang vor der des Landes, die überörtliche vor der örtlichen, die Fachplanung vor der Gesamtplanung, die umfassendere Planfeststellung vor der weniger bedeutsamen und die zeitlich früher betriebene Fachplanung vor der späteren. Diese Grundsätze würden zum einen durch das Gegenstromprinzip und zum anderen durch das Gebot der Rücksichtnahme eingeschränkt.[102] Mit diesem System allgemeiner Grundsätze, die zwar den wohltuenden Eindruck juristischer Geschlossenheit und Eindeutigkeit vermitteln, deren rechtliche Grundlage dem Leser jedoch nicht deutlich wird, bildet *Ronellenfitsch* einen Gegenpol zu den eher kasuistischen Lösungsvorschlägen der Arbeit *Breuers*.

VII. Fragestellung und Definition des Arbeitsziels

Diese fünf ohne Anspruch auf Vollständigkeit wiedergegebenen Lösungsansätze lassen ein recht disparates Meinungsspektrum über die einschlägigen Maßstäbe für die Bewältigung von Raumplanungskonflikten erkennen und mögen auch die erwähn-

---

[99] *Hennecke*, Die Bedeutung der Fachplanung und der Raumordnung für die Bauleitplanung, 1994, S. 5ff.

[100] *Hennecke*, Die Bedeutung der Fachplanung und der Raumordnung für die Bauleitplanung, 1994, S. 16f.

[101] *Ronellenfitsch*, VerwArch 88 (1997), 175, 195ff.

[102] *Ronellenfitsch*, Einführung in das Planungsrecht, 1986, S. 13f.; dem folgend *Shin*, Planungsermessen, 1989, S. 78.

ten Unsicherheiten der Praxis verständlicher machen. Immerhin zeichnet sich der Ansatz von *Gaentzsch*, *Brohm* und *Ronellenfitsch* bei allen zwischen diesen Autoren bestehenden Unterschieden gegenüber den Ergebnissen *Breuers* und auch *Hennekkes* durch die gemeinsame Vorstellung aus, daß mit dem Gebot allgemeiner Abstimmung zumindest ein allgemeiner, für alle Planungsarten gültiger Grundsatz existiert.

Eben dies entspricht auch der Fragestellung der vorliegenden Studie: Gegenüber einem punktuellen, auf Einzelkonstellationen bezogenen Ansatz will sie versuchen, allgemeine Grundsätze für das Zusammentreffen inkompatibler Raumplanungen zu ermitteln oder gegebenenfalls auch zu verwerfen, mithin als Ausschnitt eines »Allgemeinen Teils« des Raumplanungsrechts einen Grundbestand an formell- und materiell-rechtlichen Koordinationsinstrumenten zusammenzustellen und so einen Beitrag zu der Systematisierung des Raumplanungsrechts insgesamt zu leisten.[103] Der Akzent liegt dabei weniger auf der Entwicklung neuer dogmatischer Figuren oder gar rechtspolitischer Vorschläge als auf der Ordnung des vorhandenen Stoffs nach Rechtsgrundsätzen und dem Nachweis der Existenz allgemeiner Prinzipien. Teilweise handelt es sich dabei um eine systematisierende Rekonstruktion der Judikatur, die auch belegen soll, daß manche eher punktuellen Problemlösungsansätze von Rechtsprechung und Schrifttum auf allgemeine verfassungsrechtliche Grundsätze zurückgeführt werden können.

Dementsprechend ist der Ausgangspunkt der nachfolgenden Untersuchung vielfach der Bestand der durch die Rechtsprechung entwickelten Grundsätze. Entgegen der ursprünglichen Einschätzung, die Gerichtspraxis neige im Bereich des Raumplanungsrechts einer unsystematischen fallbezogenen Billigkeitsrechtsprechung zu[104], haben während der letzten Jahrzehnte vor allem die mittlerweile gefestigten Aussagen der Rechtsprechung – zentriert um das verallgemeinerte und rechtsstaatliche überhöhte Abwägungsgebot – den Grundstein für eine systematische Erschließung dieses Rechtsgebietes gelegt[105], in dem der Gesetzgeber den Forderungen der Gesetzgebungslehre nach Bildung einheitlicher Grundstrukturen[106] kaum nachgekommen ist.[107] Nicht nur im Hinblick auf das Abwägungsgebot, sondern gerade

---

[103] Vgl. zur Aufgabe einer Systematisierung des Rechts durch Aufzeigen gemeinsamer Grundstrukturen exemplarisch *Kloepfer*, Systematisierung des Umweltrechts, 1978, S. 11f.

[104] So noch *Badura*, in: FS für den BayVerfGH, 1972, S. 157, 169.

[105] *Bartlsperger*, in: Erbguth/Oebbecke/Rengeling/Schulte (Hrsg.), Abwägung im Recht, 1995, S. 79, spricht von einer »durch die Rechtsprechung ohne erkennbare norm- und entscheidungstheoretische Anleitung geprägten« Struktur des Planungsermessens und bezeichnet das – von ihm freilich kritisierte – Abwägungsgebot auf den folgenden Seiten als richterrechtliche »Erfolgsstory« von »geradezu atemberaubendem Innovationsanspruch«, dessen alleinige Urheberschaft durch die Rechtsprechung allerdings eine »Legende« sei. Vgl. dazu auch mit unterschiedlichen Akzenten *Hoppe*, DVBl. 2003, 697ff.; *Kühling/Hermann*, Fachplanungsrecht, 2. Aufl. 2000, Rn. 15ff.; *Ronellenfitsch*, in: FS für Blümel, 1999, S. 497ff., besonders auf S. 501ff.; *Schmidt-Aßmann*, in: FS für Weyreuther, 1993, S. 73, 83; *Schulze-Fielitz*, Jura 1992, 201, 204ff.; *Sendler*, in: FS für Weyreuther, 1993, S. 3, 6ff.

[106] Vgl. statt vieler etwa *Noll*, Gesetzgebungslehre, 1973, S. 222; konkret für den Bereich der Raumplanung *Blümel*, Die Planfeststellung im geltenden Recht, Bd. 1 1967/1994, S. 41ff.

[107] Hervorzuheben ist immerhin die weitgehende Vereinheitlichung des Planfeststellungsrechts

auch im Bereich der Kompetenzen enthält die Rechtsprechung eine Fülle interessanter Aussagen, die allerdings selten auf allgemeine Prinzipien zurückgeführt oder systematisierend gegenübergestellt werden. Zudem stellen einige der durch die Rechtsprechung vorgenommenen Weichenstellungen – etwa die Anerkennung einer durch Art. 28 GG abgesicherten Planungshoheit der Gemeinden – bereits rechtshistorische Tatsachen dar, die zu ignorieren einer planungsrechtlichen Studie jede praktische Relevanz nehmen würde.

VIII. Geltung und Bedeutung allgemeiner planungsrechtlicher Konfliktregeln

Als Vorfrage der Suche nach allgemeinen Rechtssätzen für das Zusammentreffen kollidierender Raumplanungen ist zu klären, welche Bedeutung allgemeinen Regeln und Prinzipien in einer gesetzlich geregelten Materie wie dem Raumplanungsrecht überhaupt zukommt.

1. Anwendbarkeit allgemeiner Prinzipien im Raumplanungsrecht

Ausgangspunkt der Lösung von Konflikten räumlicher Planungen müssen zunächst die einschlägigen gesetzlichen Regelungen sein, die im zweiten Kapitel vorzustellen sind. Neben der Existenz dieser Vorschriften ist der Rückgriff auf ungeschriebene allgemeine Prinzipien methodisch begründungsbedürftig, obwohl die Rechtsprechung den Geltungsgrund und die Bedeutung dieser Grundsätze nur selten problematisiert.

Selbst das Bundesverwaltungsgericht betont zwar gelegentlich, auch auf dem Gebiet des Raumplanungsrechts seien die gesetzlichen Regelungen gegenüber allgemeinen Prinzipien wie dem Prioritätsprinzip, dem Veranlassungsprinzip oder dem Interessenprinzip vorrangig. Diese Prinzipien hätten rechtsverbindliche Wirkung nicht aus sich selbst heraus, sondern immer nur insoweit, als sie in der jeweiligen gesetzlichen Regelung konkret zum Ausdruck gebracht sind.[108] Grundlage eines planerischen Vorrangs sei daher die diesen Vorrang gewährende Norm selbst und nicht ein darin zum Ausdruck kommendes allgemeines Prinzip.[109] Wenn das Bundesverwaltungsgericht andererseits in ständiger Rechtsprechung, jedoch ohne nähere Begründung erklärt, daß im Verhältnis von Fachplanung und Bauleitplanung

---

in den Verwaltungsverfahrensgesetzen des Bundes und der Länder. Vgl. dazu *Blümel*, in: FS für Hoppe, 2000, S. 3, 14f.

[108] So im Zusammenhang des Kreuzungsrechts BVerwG, Urt. v. 12.10. 1973 – IV C 56.70 –, Buchholz 407.2 EKrG Nr. 6 S. 7, 13; Urt. v. 28.2. 1975 – IV C 37.72 –, Buchholz 445.5 § 41 WaStrG Nr. 1 S. 1, 3; Urt. v. 4.6. 1982 – 4 C 28/79 –, BVerwGE 65, 346, 352f.

[109] Demgemäß stellt BVerwG, Urt. v. 9.11. 1984 – 7 C 15/83 –, BVerwGE 70, 242, 243f., fest, § 38 S. 1 BauGB setze einen Ausschluß der Bindungen an den Bebauungsplan nicht etwa voraus, sondern ordne diesen erst an. Ebenso z.B. *Papier*, NJW 1977, 1714, anders etwa *Heinze*, BBauG, 2. Aufl. 1980, § 38 Rn. 1.

nach dem planerischen Prioritätsprinzip grundsätzlich demjenigen Planungsträger der Vorrang gebühre, der seine Planung zuerst konkretisiere und verfestige[110], so ist von den in den erstgenannten Entscheidungen angesprochenen methodischen Maßstäben allerdings wenig zu erkennen. Vielmehr werden allgemeine ungeschriebene Prinzipien, wie etwa der Grundsatz des Vorrangs verfestigter Planungen, in der Rechtsprechung und auch im Schrifttum meist selbstverständlich herangezogen, obwohl nach den Grundsätzen der Methodenlehre allgemeinen Rechtsprinzipien neben ihren Ausprägungen im geschriebenen Recht grundsätzlich keine selbständige Bedeutung zukommen dürfte.[111]

Auch die Aussagen im Schrifttum sind disparat: Teilweise werden allgemeine Grundsätze ganz selbstverständlich als tragende Grundstrukturen des Raumplanungsrechts reklamiert – entsprechende Aussagen im Schrifttum wurden bereits oben vorgestellt.[112] Andere Stimmen bringen demgegenüber der Geltung und Tragfähigkeit allgemeiner Kollisionsregeln generelle Skepsis entgegen.[113] Angesichts mancher Stellungnahmen, die ohne Bezug auf gesetzliche Vorgaben wie § 7 BauGB generell einen Vorrang einzelner Planungsarten behaupten[114], ist solche Vorsicht grundsätzlich durchaus angebracht. Die Frage bleibt zu beantworten, unter welchen Voraussetzungen und nach welchem Geltungsgrund auf allgemeine Grundsätze zurückgegriffen werden kann.

2. Der Geltungsgrund allgemeiner Prinzipien im Raumplanungsrecht

Der Geltungsgrund allgemeiner Grundsätze ist im Raumplanungsrecht ein zweifacher: Einerseits greifen Rechtsprechung und Schrifttum – vor allem im gesetzlich nicht geregelten Bereich – auf verfassungsrechtliche Vorgaben zurück, andererseits verallgemeinern sie gesetzliche Regelungen. Sie gehen somit methodisch gesehen einerseits *deduktiv* vor, indem aus den allgemeinen Vorgaben der Verfassung, etwa aus Art. 28 GG, Folgerungen für Planungskonflikte gezogen werden, andererseits *induktiv*[115], wenn durch eine Gesamtschau der bestehenden Vorschriften allgemeine Prinzipien entwickelt und diese auf neue Sachverhalte übertragen werden.[116] Wäh-

---

110 So etwa BVerwG, Urt. v. 22. 3. 1985 – 4 C 63.80 –, BVerwGE 71, 150, 156; Urt. v. 22. 5. 1987 – 4 C 33 – 35/83 –, BVerwGE 77, 285, 292; Urt. v. 21. 3. 1996 – 4 C 26/94 –, BVerwGE 100, 388, 392ff.; Urt. v. 27. 8. 1997 – 11 A 18/96 –, UPR 1998, 112f. Näher zu diesem Prioritätsprinzip im dritten Kapitel S. 171ff.

111 Vgl. dazu die Beobachtungen von *Hoppe*, DVBl. 2000, 1637, 1638.

112 Vgl. etwa die Aussagen von *Grigoleit*, *Otto*, *Ronellenfitsch* und *Shin* bei und in den Fn. 87 und 102.

113 *Kraft*, BauR 1999, 829, 830f.; *ders.*, UPR 2001, 294, 295 und öfter; *Paetow*, UPR 1990, 321, 322; *Wahl*, Rechtsfragen der Landesplanung und Landesentwicklung, Bd. I, 1978, S. 276, die die Existenz allgemeiner Vorrangregeln generell bestreiten bzw. erklären, keine der allgemeinen Kollisionsregeln könne auch nur in Teilbereichen Geltung beanspruchen. Ähnlich *Sandner*, DÖV 1998, 586, 587; vorsichtig auch *Forsthoff*, Lehrbuch des Verwaltungsrechts, 10. Aufl. 1973, S. 312.

114 So etwa *Ronellenfitsch*, DVBl. 1998, 653, 655 und *Redeker/von Oertzen*, VwGO, 13. Aufl. 2000, § 42 Rn. 139 (»Vorrang der Fachplanung«).

115 Vgl. auch *Jäde*, BayVBl. 1988, 385, 387.

rend es sich bei dem erstgenannten Fall schlicht um eine unmittelbare Anwendung des Verfassungsrechts auf dem Gebiet der Raumplanung handelt, stellt sich das letztgenannte Vorgehen im Ergebnis als eine Form analoger Rechtsanwendung (Prinzipienanalogie) dar[117], selbst wo dieser Befund durch Vermeidung des Begriffs »Analogie« verdeckt wird[118]. Der Rekurs auf ein vorgeblich allgemein geltendes Prinzip kann jedoch in der Sache nicht von der Notwendigkeit entbinden, in jedem einzelnen Fall den Nachweis für die Voraussetzungen und die Zulässigkeit einer solchen Analogie zu führen.

Die wichtigste dieser Voraussetzungen, das Vorliegen einer Regelungslücke, bildet jedoch im Raumplanungsrecht eher die Regel als die Ausnahme. Wie das zweite Kapitel belegen soll, sind die Normen über den Vorrang einzelner Raumplanungen höchst punktuell und unvollständig. Der Gesetzgeber hat, wie das Bundesverwaltungsgericht zutreffend bemerkt, im Hinblick auf die Frage der materiellen Koordination verschiedener Planungen »bislang von einer grundsätzlichen Klärung abgesehen und nur in Einzelbereichen eine Regelung getroffen«.[119] Außerhalb des Anwendungsbereichs solcher gesetzlicher Regelungen sind Konflikte verschiedener Planungen nur durch Rückgriff auf die verfassungsrechtlichen Vorgaben – etwa die kommunale Planungshoheit nach Art. 28 Abs. 2 GG –, auf Kompetenzen und Aufgabenzuweisungen sowie auf allgemeine Rechtsgrundsätze zu lösen.[120] Der Rekurs auf allgemeine Grundsätze ist daher in einem durch den Gesetzgeber derart lückenhaft geregelten Bereich wie der Raumplanung jedenfalls in Teilbereichen unvermeidlich und daher im Grundsatz methodisch nicht zu beanstanden.

3. Der Anwendungsbereich allgemeiner Prinzipien

Der Anwendungsbereich solcher allgemeiner Prinzipien liegt zwar vor allem im nicht gesetzlich geregelten Bereich des Raumplanungsrechts, ist jedoch hierauf nicht beschränkt. Zwar wird auch im Raumplanungsrecht der allgemeine Grundsatz durch eine konkrete gesetzliche Bestimmung verdrängt[121], da in diesem Fall eine planwidrige gesetzliche Lücke und damit eine rechtliche Voraussetzung für eine Prinzipienanalogie nicht vorhanden ist. Dies gilt jedoch nur, soweit der allgemeine

---

[116] Die methodische Unterscheidung der induktiven und der deduktiven Bildung von Rechtssätzen trifft für das Völkerrecht besonders klar *Schwarzenberger*, The Inductive Approach to International Law, 1965, S. 8ff.

[117] *Larenz*, Methodenlehre der Rechtswissenschaft, 6. Aufl. 1991, S. 383ff., m.w.N., spricht dabei von einer »Gesamtanalogie«, bei der nicht eine konkrete Vorschrift als Analogiebasis herangezogen, sondern aus mehreren gleichen Regelungsanordnungen ein neuer Tatbestand mit derselben Rechtsfolge gebildet wird.

[118] Vgl. kritisch *Kunig*, Das Rechtsstaatsprinzip, 1986, S, 93ff., m.w.N.

[119] BVerwG, Urt. v. 12.2. 1988 – 4 NB 4/88 –, Buchholz 310 § 47 VwGO Nr. 22; *Schmidt-Aßmann*, Grundfragen des Städtebaurechts, 1972, S. 137.

[120] So zusammenfassend *Dörries*, Das Verhältnis der Bauleitplanung zur raumbeanspruchenden Fachplanung, 2000, S. 197f.; *Schmidt-Aßmann*, VerwArch 1980, 117, 123.

[121] *Erbguth*, NVwZ 1989, 608, 610f.; *Löhr*, in: Battis/Krautzberger/Löhr, BauGB, 8. Aufl. 2002, § 38 Rn. 5.

Grundsatz nicht verfassungsrechtlich vorgegeben ist und damit auch gegenüber einfachgesetzlichen Konkretisierungen Geltung beansprucht. Neben der Ausfüllung von Lücken können allgemeine Konfliktregeln zudem auch als Auslegungshilfen bei der Interpretation gesetzlicher Vorschriften herangezogen werden.

Ein besonderes Problem stellt dabei die Frage nach dem Verhältnis und gegebenenfalls der Hierarchie der Konfliktregeln und Vorrangprinzipien dar. Im Einzelfall können die in Rechtsprechung und Literatur genannten Vorrangregelungen, etwa der Vorrang der überörtlichen vor der örtlichen Planung oder der Vorrang der Norm vor dem Verwaltungsakt, in Fällen wie dem Zusammentreffen eines überörtlichen Planfeststellungsbeschlusses (Verwaltungsakt) mit einem örtlichen Bebauungsplan (Satzung) zu unterschiedlichen Ergebnissen führen.[122] Dies macht es erforderlich, die Konflikt- und Kollisionsregeln untereinander zu harmonisieren oder hierarchisch zu ordnen und in die Form eines schlüssigen Systems zu bringen. Dabei wird die oben getroffene Unterscheidung zwischen der deduktiven Ableitung von Kollisionsregeln aus den allgemeinen Vorgaben der Verfassung und der induktiven Entwicklung von Kollisionsregeln durch eine Gesamtschau der gesetzlichen Vorschriften von Bedeutung sein: Jedenfalls soweit es sich um zwingende Vorgaben der Verfassung handelt, hat das deduktive Vorgehen Vorrang vor der induktiven Verallgemeinerung von Normen.

IX. Zum Aufbau

Das nachfolgende erste Kapitel dient der thematischen und terminologischen Grundlegung für die weitere Untersuchung und behandelt die wichtigsten Begriffe und Strukturen des Raumplanungsrechts. Den Ausgangspunkt der rechtlichen Analyse bilden dann die einfachgesetzlichen Vorgaben. Hierzu untersucht das zweite Kapitel im Überblick die wichtigsten gesetzlichen Bestimmungen für das Zusammentreffen von Raumplanungen. Dabei soll keine umfassende Darstellung oder Kommentierung der Einzelbestimmungen geleistet, sondern vor allem die Frage untersucht werden, ob die gesetzlichen Vorgaben zentrale Konfliktkonstellationen abdecken und ob in ihnen systematische Gemeinsamkeiten oder gar ein System zu erkennen sind. Das dritte Kapitel skizziert eine Reihe historischer Lösungsansätze, die – wie der »Vorrang der Bundesplanung« oder das »planerische Prioritätsprinzip« – oft jahrzehntelang für die Lösung von Plankonflikten herangezogen wurden und werden, bei genauerer Prüfung jedoch zumindest unter den heutigen gesetzlichen Rahmenbedingungen zumeist keine tragfähige Grundlage für dieses Problem zu liefern vermögen.

Die Kapitel vier bis sieben entwickeln drei allgemeingültige verfassungsrechtlich fundierte Vorgaben für die Vermeidung und Lösung von Raumplanungskonflikten. Das vierte Kapitel behandelt zunächst die grundgesetzliche Kompetenzordnung als

[122] *Kauch/Roer*, Das Verhältnis von Bauleitplanung und Fachplanung, 1997, S. 50.

System zur Vermeidung von Planungskonflikten, das nachfolgende fünfte Kapitel das rechtsstaatliche Abwägungsgebot als grundlegende planerische Koordinationsregel. Die in diesen beiden Kapiteln entwickelten Thesen werden in dem anschließenden sechsten Kapitel anhand der Referenzgebiete des Bergbaus und der Braunkohlenplanung überprüft und zur Anwendung gebracht. Das siebte Kapitel behandelt als dritte verfassungsrechtliche Vorgabe den Grundsatz der Normenhierarchie und seine Bedeutung im Raumplanungsrecht.

Das achte Kapitel untersucht die Möglichkeiten zur Durchsetzung der in den vorherigen Kapiteln entwickelten Koordinationsregeln, namentlich im Hinblick auf die Verfügbarkeit von Rechtsschutz. Das neunte Kapitel wendet sich schließlich der Existenz und der besonderen Stellung gemeinschaftsrechtlicher Raumplanungen zu, auf die sich die bis dahin entwickelten Grundsätze nicht ohne weiteres übertragen lassen.

Erstes Kapitel

Grundlagen und Strukturen der Raumplanung

I. Zu den Begriffen »Raumplanungsrecht« und »Raumplanung«

Das *Raumplanungsrecht* wird gemeinhin als Summe jener Normen definiert, die die hoheitliche, förmlich-systematische Nutzung des Raums festlegen.[1] Sein Regelungsgegenstand entspricht im wesentlichen der Definition der »raumbedeutsamen Planungen« in §3 Nr.6 ROG[2], wobei die Raumbedeutsamkeit die beiden Aspekte der Raumbeanspruchung und der bloßen Raumbeeinflussung einschließt[3]. Die Definition erfaßt damit auf örtlicher und auf überörtlicher Ebene sämtliche gebietsbezogenen Planungen der Gebietskörperschaften Bund, Länder und Gemeinden, sonstiger öffentlicher Stellen sowie in gewissem Umfang auch die raumbedeutsamen Planungen und Maßnahmen Privater, namentlich dann, wenn solche Planungen der Wahrnehmung öffentlicher Aufgaben dienen oder über sie im Wege der Planfeststellung oder Plangenehmigung entschieden wird.[4] Der zweite durch das Kompositum »Raum-Planung« in Bezug genommene Begriff der *Planung* ist demgegenüber trotz zahlreicher Definitionsversuche unscharf geblieben.[5] Er wird vor allem durch die Elemente der Zukunftsbezogenheit, der Zielorientiertheit, der Prognostik und des Bestehens eines konkreten Zeithorizonts charakterisiert.[6] Als weitere Kennzeichen

---

[1] So mit unterschiedlichen Akzenten etwa *Breuer*, Die hoheitliche raumgestaltende Planung, 1968, S.36ff., 42f.; *Hendler*, JuS 1979, 618; *Peine*, Öffentliches Baurecht, 4. Aufl. 2003, Rn. 1; *Ronellenfitsch*, Einführung in das Planungsrecht, 1986, S. 4.

[2] Diese Definition bezieht sich allerdings auf »raumbedeutsame Planungen *und Maßnahmen*« und erfaßt »Planungen einschließlich der Raumordnungspläne, Vorhaben und sonstige Maßnahmen, durch die Raum in Anspruch genommen oder die räumliche Entwicklung oder Funktion eines Gebietes beeinflußt wird, einschließlich des Einsatzes der hierfür vorgesehenen öffentlichen Finanzmittel«.

[3] Näher etwa *Brummund*, DVBl. 1988, 77, 81ff.; *Eusterbrock*, Raumverträglichkeitsprüfung auf Bundesebene, 1987, S.70ff.; *Koch/Hendler*, Baurecht, Raumordnungs- und Landesplanungsrecht, 3.Aufl. 2001, §1 Rn.10ff.

[4] Bezeichnend für die zunehmende Einbeziehung Privater in den Bereich der Raumplanung ist die partielle Bindung ihrer raumbedeutsamen Planungen und Maßnahmen an Ziele der Raumordnung nach §4 Abs.1 Nr.2, Abs.3 und Abs.4 ROG. Vgl. dazu im zweiten Kapitel S.87.

[5] Vgl. ganz beispielhaft und aus unterschiedlichen Perspektiven *Badura*, in: FS für den BayVerfGH, 1972, S.157, 165; *Breuer*, Die hoheitliche raumgestaltende Planung, 1968, S.37ff.; *Faber*, in: AK-GG, Bd.1, 2.Aufl. 1989, Art.20 Abs.1–3 V Rn.2ff.; *Hoppe*, in: HStR III, 1988, §71 Rn.3ff.; *Ibler*, Die Schranken planerischer Gestaltungsfreiheit, 1988, S.19f.; *Kloepfer*, in: FS für Hoppe, 2000, S.111ff.; *Kühling/Hermann*, Fachplanungsrecht, 2.Aufl. 2000, Rn.9; *Roellecke*, DÖV 1994, 1024ff.; *Schmidt-Aßmann/Schoch*, Bergwerkseigentum und Grundeigentum im Betriebsplanverfahren, 1994, S.154ff.; *Ule/Laubinger*, Verwaltungsverfahrensrecht, 4.Aufl. 1995, §39 Rn.2ff.

[6] *Peine*, Öffentliches Baurecht, 4.Aufl. 2003, Rn.5ff.; vgl. auch *Schmidt-Aßmann*, DÖV 1974,

wird man zudem die Berücksichtigung einer Vielzahl von räumlichen Nutzungsansprüchen sowie das Ziel eines räumlichen Ordnungsrahmens ansehen müssen.[7] Dennoch bleiben die Randbereiche der sich in eine Vielzahl von Gesamtplanungen und Fachplanungen gliedernden Raumplanung oft unscharf.

Ebenso wenig wie vom Gegenstand her läßt sich der Begriff der Raumplanung mit den Kategorien der verwaltungsrechtlichen Handlungsformenlehre eingrenzen. Ganz im Gegenteil bereitet die Ermittlung der gebotenen Rechtsform staatlicher Planungen von jeher erhebliche Schwierigkeiten. Obwohl sich Pläne und Planfeststellungen einer klaren Einordnung in das liberalstaatliche Instrumentarium Gesetz – Verwaltungsakt entziehen, sehen verschiedene Gesetze für bestimmte Raumpläne eine ausdrückliche Rechtsform vor. So beschließt nach §10 Abs. 1 BauGB die Gemeinde den Bebauungsplan als Satzung, während §75 Abs. 2 VwVfG die Planfeststellungsentscheidung als Verwaltungsakt behandelt. Da sich staatliche Planung auch weder eindeutig der Legislative noch eindeutig der Exekutive zuordnen läßt, werden einige besonders bedeutsame Raumpläne – manche Landesentwicklungsprogramme, aber auch Nationalparkgesetze – als förmliches Landesgesetz erlassen. Andere Planungen – etwa Schutzgebietsverordnungen – ergehen nach ihrer äußeren Gestalt als Rechtsverordnung, so daß von einer einheitlichen Handlungsform »Plan« nicht die Rede sein kann. Einige der mit dieser Formenvielfalt aufgeworfenen Rechtsfragen und ihre Implikationen für das Zusammentreffen von Raumplanungen in unterschiedlicher Rechtsform werden noch näher zu untersuchen sein.[8] Trotz solcher Zuordnungsprobleme besteht jedoch Einigkeit, daß Planung keinesfalls eine der Gewaltenteilung und Kompetenzordnung des Grundgesetzes entzogene »vierte Gewalt« darstellt, sondern an eben diesen Vorgaben der Verfassung zu messen ist.[9]

II. Überblick zu den Arten und Ebenen der Raumplanung

Der übliche Sprachgebrauch impliziert mit der Formel vom »System der Raumplanung«[10] eine geschlossene Ordnung und Gliederung, die jedoch der Realität kaum gerecht wird. Die Bildung umfassender allgemeiner raumplanerischer Kategorien steht bis heute aus[11], und vor diesem Hintergrund ist es unabdingbar, zunächst den Untersuchungsgegenstand der folgenden Studie genauer zu umreißen. Nahezu allgemein anerkannt ist die grundlegende Unterscheidung räumlicher Gesamtplanun-

---

541, 542; *Wagener*, in: FS für die Hochschule für Verwaltungswissenschaften Speyer, 1972, S. 571; *Wolff*, in: Sodan/Ziekow (Hrsg.), VwGO, §114 Rn. 205, Stand: Jan. 2003.

[7] So besonders *Breuer*, Die hoheitliche raumgestaltende Planung, 1968, S. 38f.

[8] Vgl. dazu die Darstellung im siebten Kapitel S. 402ff. sowie im achten Kapitel S. 467ff.

[9] So statt vieler *Czybulka*, Die Legitimation der öffentlichen Verwaltung, 1989, S. 229.

[10] Vgl. etwa *Depenbrock/Reiners*, Landesplanungsgesetz NW, 1985, Einführung Erl. 2ff., S. 82ff.; *Lautner*, Städtebaurecht, Landes- und Regionalplanungsrecht, 3. Aufl. 1990, S. 226; *Manner*, Grundlagen des Planfeststellungsverfahrens, 1976, S. 15; *Peine*, Öffentliches Baurecht, 4. Aufl. 2003, Rn. 24.

[11] So bereits *Blümel*, Die Planfeststellung im geltenden Recht, Bd. 1 1967/1994, S. 42f.

gen und Fachplanungen[12], obwohl auch insoweit Kritik und Alternativvorschläge bis heute nicht verstummt sind.[13]

1. Gesamtplanungen

Weitgehende Einigkeit besteht innerhalb dieser beiden Kategorien über den Bereich der Gesamtplanung: Die Gesamtplanung umfaßt auf überörtlicher Ebene die als *Raumordnung und Landesplanung*[14] bezeichnete Gesamtplanung des Staates und auf örtlicher Ebene die *Bauleitplanung* der Kommunen. Im Grundgesetz ist diese Unterscheidung durch die unterschiedlichen Gesetzgebungszuständigkeiten des Bundes vorgezeichnet, nämlich der konkurrierenden für das Bodenrecht – also die Bauleitplanung – nach Art. 74 Abs. 1 Nr. 18 und seiner Rahmengesetzgebungszuständigkeit für die Raumordnung nach Art. 75 Abs. 1 Nr. 4 Alt. 2 GG.

Die Aufgabe der *Raumordnung* besteht nach § 1 Abs. 1 ROG darin, den Gesamtraum der Bundesrepublik durch zusammenfassende, übergeordnete Raumordnungspläne und durch die Abstimmung raumbedeutsamer Planungen und Maßnahmen zu entwickeln, zu ordnen und zu sichern. Dabei sind weitere drei räumliche Stufen zu unterscheiden: Die in den §§ 18ff. ROG geregelte *Bundesraumordnung* beschränkt sich im wesentlichen auf die Entwicklung gewisser Leitbilder der räumlichen Entwicklung des Bundesgebietes. Die Länder schaffen nach § 6 ROG Rechtsgrundlagen für eine Raumordnung in ihrem Gebiet (die *Landesplanung*) und haben

---

12 Vgl. *Breuer*, Die hoheitliche raumgestaltende Planung, 1968, S. 42f.; *Bülter*, Raumordnungspläne als hoheitliche Handlungsformen, 1987, S. 5; *Forsthoff*, Lehrbuch des Verwaltungsrechts, 10. Aufl. 1973, S. 309; *ders./Blümel*, Raumordnungsrecht und Fachplanungsrecht, 1970, S. 17f.; *Koch/Hendler*, Baurecht, Raumordnungs- und Landesplanungsrecht, 3. Aufl. 2001, § 1 Rn. 8ff.; *Papier*, NJW 1977, 1714; *ders.*, Freihaltung von Leitungstrassen durch die Regionalplanung, 1983, S. 12; *Peine*, Öffentliches Baurecht, 4. Aufl. 2003, Rn. 24ff.; *Ronellenfitsch*, Einführung in das Planungsrecht, 1986, S. 5f.; *ders.*, VerwArch 1999, 467, 474.; auch in der Rechtsordnung der Schweiz ist diese Unterscheidung anerkannt, vgl. dazu *Ruch*, Das Recht in der Raumordnung, 1997, S. 100ff.

13 Ein Gegenvorschlag ist etwa die durch *Czybulka*, Die Legitimation der öffentlichen Verwaltung, 1989, S. 229ff., getroffene Unterscheidung in »universale Planungen« und »Sonderplanungen«. *Czybulka* ordnet im Sinne seiner Definition beispielsweise auch die eisenbahnrechtliche Planfeststellung als universale Planung ein und folgert daraus, daß eine solche Planung legitimerweise nicht durch die für die Eisenbahn zuständigen Bundesbehörden, sondern nur durch die allgemeine »Universalverwaltung« erfolgen könne (a.a.O. S. 234ff., 237). Die den Bundesbehörden obliegende grundgesetzliche Verwaltungskompetenz im Eisenbahnbereich wird dabei nicht angesprochen. Näher zu diesem Punkt im vierten Kapitel S. 198f. und 233ff.

14 Über die Abgrenzung der Begriffe »Raumordnung« und »Landesplanung« konnte bis heute keine Einigkeit erzielt werden. Vgl. dazu statt vieler etwa die Ausführungen und Nachweise bei *Gaentzsch*, in: Schlichter/Stich (Hrsg.), Berliner Kommentar zum BauGB, 2. Aufl. 1995, § 1 Rn. 23; *Lücke*, VerwArch 1979, 293f.; *Schulte*, Raumplanung und Genehmigung bei der Bodenschätzegewinnung, 1996, S. 50ff., m.w.N. Mit der wohl herrschenden Lehre wird hier von einer synonymen Bedeutung beider Begriffe ausgegangen. Vgl. in diesem Sinne etwa *Erbguth/Schoeneberg*, Raumordnungs- und Landesplanungsrecht, 2. Aufl. 1992, Rn. 43; *Hoppe/Bönker/Grotefels*, Öffentliches Baurecht, 2. Aufl. 2002, § 1 Rn. 9; *Schultze*, Raumordnungspläne und gemeindliche Selbstverwaltung, 1970, S. 15.

gem. den §§ 8 und 9 ROG Raumordnungspläne für das gesamte Landesgebiet sowie *Regionalpläne* aufzustellen.

Die *Bauleitplanung* als unterste Stufe der räumlichen Gesamtplanung soll nach § 1 Abs. 1 BauGB die bauliche und sonstige Nutzung der Grundstücke in der Gemeinde vorbereiten und leiten. Ihre spezifische Aufgabe besteht darin, parzellenscharfe Festsetzungen im Gemeindegebiet zu treffen und so die Bodennutzung unmittelbar vorzubereiten. Sie gliedert sich in die vorbereitende *Flächennutzungsplanung* und die verbindliche Bauleitplanung durch den *Bebauungsplan* und obliegt nach § 1 Abs. 3 BauGB den Gemeinden.

2. Fachplanungen

Im Vergleich zu dem klar umrissenen System der Gesamtplanung ist die Kategorie der »Fachplanung« als Rechtsbegriff unscharf und umfaßt eine Reihe vielgestaltiger raumbeanspruchender Gestaltungsformen.[15] Kennzeichnend ist jedenfalls die Beschränkung auf konkrete – gegebenenfalls auch flächendeckende[16] – sektorale Einzelmaterien und Projekte sowie die Festsetzung der Planung – nicht hingegen notwendigerweise ihre Ausarbeitung und Durchführung – durch spezielle Behörden des Bundes und der Länder. Weitere gemeinsame Kennzeichen lassen sich nicht ermitteln. Bei Fachplanungen, auch wenn sie regelmäßig parzellenscharfe Festsetzungen enthalten, handelt es sich im Hinblick auf Umfang und Aufgabenstellung nicht notwendigerweise um örtliche Planungen[17], wie bereits die Existenz von Planfeststellungsverfahren mit »überörtlicher Bedeutung« in § 38 BauGB belegt[18].

Abgesehen von den genannten, recht allgemeinen Merkmalen, bleibt der genaue Anwendungsbereich der Kategorie »Fachplanung« umstritten: Ein verbreiteter enger Fachplanungsbegriff beschränkt sie auf die Planfeststellung bzw. auf die Planung einzelner Vorhaben und grenzt die Fachplanung in diesem Sinne bewußt von Schutzgebietsfestlegungen oder Ressourcenplanungen ab.[19] Vor allem *Breuer* hat demgegenüber verdeutlicht, daß neben Planfeststellungen für die Errichtung spezieller Anlagen auch Nutzungsregelungen, die raumbedeutsame Fachbelange sichern, einen materiellen Planungscharakter aufweisen. Solche Regelungen entscheiden wie jeder Plan über die Zulässigkeit einer Vielzahl räumlicher Nutzungen, streben einen der Bauleitplanung funktional vergleichbaren Ordnungsrahmen an, und ihre Urheber werden zudem durch 7 BauGB als »öffentliche Planungsträger«

---

[15] Vgl. nur *Dörries*, Das Verhältnis der Bauleitplanung zur raumbeanspruchenden Fachplanung, 2000, S. 28ff.; *Schmidt-Aßmann*, VerwArch 1980, 117, 119ff.

[16] Eine flächendeckende Fachplanung ist beispielsweise die Landschaftsplanung, vgl. *Baumeister*, Die Integration der örtlichen Landschaftsplanung in die Bauleitplanung, 1992, S. 51, m.w.N.

[17] A.A. *Schink*, in: Kormann (Hrsg.), Das neue Bundesbaurecht, 1994, S. 103, 106.

[18] Näher dazu im zweiten Kapitel S. 113ff.

[19] Vgl. etwa *Forsthoff*, Lehrbuch des Verwaltungsrechts, 10. Aufl. 1973, S. 304; *Kühling/Hermann*, Fachplanungsrecht, 2. Aufl. 2000, Rn. 8ff.; *Kraft*, BauR 1999, 829, 830; *Steinberg/Berg/Wikkel*, Fachplanung, 3. Aufl. 2000, § 1 Rn. 3; i. E. auch *Hoppe/Bönker/Grotefels*, Öffentliches Baurecht, 2. Aufl. 2002, § 1 Rn. 4.

angesehen.[20] Dem ist hinzuzufügen, daß auch die den Nutzungsregelungen zugrundeliegende Abwägung dem planerischen Abwägungsgebot unterliegt.[21] Schließlich behandelt auch der Gesetzgeber Nutzungsregelungen vielfach als Planungen, etwa in der bereits erwähnten Definition der »raumbedeutsamen Planungen« in § 3 Nr. 6 ROG[22] oder in § 5 Abs. 4 BauGB, wonach die Gemeinden im Flächennutzungsplan nach anderen Vorschriften festgesetzte »Planungen und sonstige Nutzungsregelungen« nachrichtlich vermerken sollen. Auch in der Literatur findet *Breuers* Unterscheidung daher überwiegend Zustimmung, wobei allerdings meist zwischen den *drei* Untergruppen der Planfeststellung, der Nutzungsregelung und der sonstigen sektoralen Fachplanung unterschieden wird.[23]

Da die vorliegende Arbeit die Fragestellung nach dem Zusammentreffen unterschiedlicher planerischer Raumansprüche im weitesten Sinne verfolgt, soll hier der weite Fachplanungsbegriff *Breuers* herangezogen werden. Zu dem Bereich der Fachplanung zählen daher im Rahmen dieser Studie zunächst sämtliche *Planfeststellungsverfahren*[24], vor allem die besonders wichtigen Fachplanungen im Verkehrsbereich.[25] Die zweite Untergruppe der *Nutzungsregelungen* für bestimmte Gebiete umfaßt etwa die Festlegung von Wasserschutzgebieten nach § 19 WHG, Bodenschutzgebieten nach § 21 Abs. 3 BBodSchG, Schutzgebieten im Sinne des § 22 Abs. 1 BNatSchG oder von Immissionsschutzgebieten nach § 49 BImSchG, aber im Einzelfall auch so spezielle Nutzungsregime wie eine Verordnung zum Tauchen in einem Baggersee[26]. Hinzu treten als dritte Untergruppe unter dem unscharfen Sammelbegriff der *»sonstigen Fachplanungen«* sektorale Planungen wie die Abfallwirtschaftsplanung gem. §§ 29ff. KrW-/AbfG, die wasserwirtschaftliche Rahmenplanung nach §§ 36ff. WHG oder die Krankenhausbedarfsplanung. Dabei handelt es sich um nach

---

20 *Breuer*, Die hoheitliche raumgestaltende Planung, 1968, S. 38ff. und 156, m.w.N. zu älteren Aussagen in Fn. 29; vgl. dazu zuletzt etwa *Hoppe/Beckmann/Kauch*, Umweltrecht, 2. Aufl. 2000, § 7 Rn. 24ff.; *Hönig*, Fachplanung und Enteignung, 2001, S. 34f.

21 Näher dazu im fünften Kapitel S. 277ff.

22 Vgl. oben S. 31.

23 Vgl. mit zum Teil schwankenden Begrifflichkeiten *Dörries*, Das Verhältnis der Bauleitplanung zur raumbeanspruchenden Fachplanung, 2000, S. 37ff., 52ff.; *Kim*, Gemeindliche Planungshoheit und überörtliche Planungen, 1998, S. 107ff.; *Koch/Hendler*, Baurecht, Raumordnungs- und Landesplanungsrecht, 3. Aufl. 2001, § 1 Rn. 18ff.; *Langer*, VerwArch 80 (1988), 352, 360ff.; *Peters*, DVBl. 1987, 990, 991; *Ronellenfitsch*, Einführung in das Planungsrecht, 1986, S. 6; *Schmidt-Aßmann*, Grundfragen des Städtebaurechts, 1972, S. 136; *Wagner*, UPR 1997, 387, 390f.; differenzierend *Kühling/Hermann*, Fachplanungsrecht, 2. Aufl. 2000, Rn. 11. Andere Einteilungen finden sich demgegenüber etwa bei *Christ*, Raumordnungsziele und Zulässigkeit privater Vorhaben, 1990, S. 5ff., der Fachplanungen nach ihrer Außenverbindlichkeit kategorisiert, *Erbguth*, Die Abfallwirtschaftsplanung, 1997, S. 29, der zwischen ökonomisch orientierten Fachplanungen und solchen des Umweltbereichs unterscheidet, oder *Wagner*, Die Harmonisierung der Raumordnungsklauseln, 1990, S. 13ff., m.w.N., der die Obergruppen der vorbereitenden und der projektorientierten Fachplanungen entwickelt; ähnliche Modelle auch bei *Ahrens-Salzsieder*, VR 1988, 88; *Brohm*, JuS 1986, 776, 778.

24 Näher *Ronellenfitsch*, VerwArch 80 (1989), 92ff.

25 Vgl. *Lange*, Verkehr und öffentliches Recht, 1974, S. 271ff.

26 Zum letztgenannten Beispiel VGH Mannheim, Urt. v. 22. 12. 2000 – 8 S 269/00 –, DVBl. 2001, 1778f.

Rechtsform und Inhalt unterschiedliche Planungen, die zum Teil parzellenscharf (Schutzgebiete), zum Teil nur standortscharf (Krankenhausplanung) Festlegungen für bestimmte sektorale Fragestellungen treffen, ohne ein umfassendes Nutzungsregime festzulegen. Als vierte Untergruppe sollen schließlich genehmigungsfreie *planfeststellungsähnliche Vorhaben* – etwa kleinere Fernwasserleitungen – mit behandelt werden, die den Planfeststellungen strukturell vergleichbar sind, ohne daß der Gesetzgeber dafür ein förmliches Planrechtsverfahren vorgesehen hat.

Zur Klarstellung ist anzufügen, daß sich aus diesen Begrifflichkeiten keine unmittelbaren rechtlichen Folgerungen ableiten lassen. Bei dem Begriff »Fachplanung« handelt es sich lediglich um ein klassifizierendes *Rechtsinstitut*, zumindest im Rahmen des Planungsrechts hingegen nicht um einen mit bestimmten Rechtsfolgen verbundenen Rechtsbegriff.[27] Die für das Rechtsinstitut wesensgemäße, auf sachverhaltliche Lebensverhältnisse bezogene Bündelung mehrerer Fallnormen[28] stellt keine abschließende Gliederung des gesamten Rechtsstoffs dar.[29] Daher handelt es sich bei der Bildung von Instituten in erster Linie um Fragen der sinnvollen Klassifikation, nicht aber um Rechtsfragen, die nach festen methodischen Kriterien zu entscheiden wären und konkrete Rechtsfolgen nach sich ziehen würden. Die Einordnung als Fachplanung besagt daher zunächst insbesondere auch nichts über das Rangverhältnis gegenüber anderen Planungsarten.[30]

III. Grundstrukturen der Raumplanung

Ehe diese Planungsarten näher vorgestellt werden, sind einige Überlegungen über die rechtlichen Grundstrukturen der Raumplanung vorwegzuschicken. Die verschiedenen Planungsarten sind aus historischen und funktionalen Gründen ganz unterschiedlich ausgestaltet und weisen erhebliche verfahrens- und materiell-rechtliche Unterschiede auf. Widersprechende planerischen Aussagen werfen jedoch grundsätzliche Fragen im Schnittbereich aller räumlichen Planungen auf und weisen über das jeweilige Fachrecht hinaus. Die Frage nach allgemeinen Grundsätzen über das Zusammentreffen konfligierender Raumplanungen steht daher in engem Zusammenhang mit der allgemeineren Frage nach der Existenz von Gemeinsamkeiten und Grundstrukturen des Raumplanungsrechts überhaupt.

---

[27] Im Bundesrecht findet sich der Begriff »Fachplanung« lediglich außerhalb des Raumplanungsrechts im engeren Sinne, etwa in § 2 Abs. 1 Nr. 1 Buchst. e des Investitionszulagengesetzes 1999 oder in § 37 Abs. 2 Nr. 3 der Honorarordnung für Architekten und Ingenieure, wonach das »Leistungsbild Flächennutzungsplan« auch das »Berücksichtigen von Fachplanungen« umfaßt. Insoweit ist die Existenz eines oder mehrerer Rechtsbegriffe der »Fachplanung« zu bejahen.

[28] So die Definition des Begriffs »Institut« durch *Fikentscher*, Methoden des Rechts in vergleichender Darstellung, Bd. IV, 1977, S. 212, m.w.N.

[29] Die Unterhaltspflicht etwa ist ein Bestandteil des bürgerlich-rechtlichen Instituts der Ehe, obwohl Unterhaltspflichten auch in anderen Zusammenhängen des BGB auftauchen.

[30] Vgl. aber *Erbguth*, NVwZ 1989, 608, 609, m.w.N.

1. Gemeinsame Grundstrukturen der Raumplanungen

Das offensichtlichste gemeinsame Kennzeichen aller Planungen ist ihr Raumbezug, der trotz der nach Kompetenz, Entstehungsgeschichte und Zielsetzung ganz unterschiedlichen Ausgestaltung der einzelnen Raumplanungsgesetze die Grundlage für eine Reihe gemeinsamer Grundstrukturen und allgemeine Grundsätze bildet:[31] Alle hoheitlichen Planungen sind als Teile einer vielgestaltigen öffentlichen Planungstätigkeit geprägt durch eine räumliche Gestaltungsfreiheit, die dem Ansatz nach die richterliche Kontrolle begrenzt[32], sowie im weitesten Sinne durch die Verfolgung von Gemeinwohlbelangen.

Neben diesen auf der tatsächlichen Seite angesiedelten Merkmalen lassen sich auch bei den rechtlichen Anforderungen an die Raumplanung – dies vor allem aufgrund ihrer Erschließung durch die höchstrichterliche Judikatur – gemeinsame Grundstrukturen nachweisen. Kennzeichnend ist zunächst das dem Fachplanungsrecht entlehnte Erfordernis der *Planrechtfertigung*, die der planerischen Ausgestaltung vorgelagerte Prüfung also, ob und unter welchen Umständen ein Plan überhaupt zugelassen werden darf.[33] Eine Raumplanung und ihre Auswirkungen sind regelmäßig dann gerechtfertigt, wenn sie zur Verwirklichung der Ziele des jeweiligen Planungsgesetzes vernünftigerweise geboten erscheinen.[34] Bei Straßen sind beispielsweise die Verbesserung der Verkehrsverbindungen, die Erschließung von Gebieten, die Beseitigung von Gefahrenstellen oder die Entlastung innerörtlicher Verkehrsverhältnisse als Rechtfertigungstatbestände anerkannt.[35] Auch die Bauleitplanung ist in diesem Sinne durch ein »konditionales« Zielprogramm – die städtebauliche Erforderlichkeit nach § 1 Abs. 3 BauGB – vorstrukturiert und bedarf einer Planrechtfertigung[36], ebenso wie im Rahmen überörtlicher Gesamtplanungen dar-

---

[31] Vgl. *Ronellenfitsch*, Einführung in das Planungsrecht, 1986, § 2.

[32] *Badura*, in: FS für Bachof, 1984, S. 169, 180.

[33] Vgl. etwa BVerwG, Urt. v. 6. 12. 1985 – 4 C 59.82 –, BVerwGE 72, 282, 288; *Badura*, in: Rüthers/Stern (Hrsg.), Freiheit und Verantwortung im Verfassungsstaat, 1984, S. 27, 29f., spricht plastisch von einem »Grundsatz rechtsstaatlichen Planens« in Gestalt der »Rechtfertigungsbedürftigkeit planungsbedingter Rechtsbeeinträchtigungen«; *Kühling/Hermann*, Fachplanungsrecht, 2. Aufl. 2000, Rn. 270ff., m.w.N.; *Manssen*, in: Ziekow (Hrsg.), Flughafenplanung, 2002, S. 307ff.; *Wolff*, in: Sodan/Ziekow (Hrsg.), VwGO, § 114 Rn. 218ff., Stand: Jan. 2003; *Ziekow*, in: ders. (Hrsg.), Praxis des Fachplanungsrechts, 2004, Rn. 613ff.

[34] Näher dazu BVerwG, Urt. v. 22. 3. 1985 – 4 C 15.83 –, BVerwGE 71, 166; Urt. v. 6. 12. 1985 – 4 C 59.82 –, BVerwGE 72, 285; für Landschafts- und Wasserschutzgebietsverordnungen auch VGH München, Urt. v. 28. 5. 2001 – 9 N 99.2580 –, BayVBl. 2002, 272ff.; Urt. v. 26. 6. 2002 – 22 N 01.2625 –, BayVBl. 2003, 146; *Schmidt-Räntsch*, in: Gassner/Bendomir-Kahlo/Schmidt-Räntsch, BNatSchG, 2. Aufl. 2003, § 23 Rn. 22, m.w.N.; *Wahl*, NVwZ 1990, 426, 434f. Zur Frage von Einschränkungen dieses Erfordernisses im Falle von »privatnützigen« Vorhaben *Ramsauer/Bieback*, NVwZ 2002, 277, 280ff., und dazu kritisch nachfolgend V. 1. b).

[35] Vertiefend zu dem ganzen Komplex *Tzschaschel*, Rechtfertigungserfordernisse für die straßenrechtliche Planfeststellung, 1994.

[36] *Di Fabio*, in: FS für Hoppe, 2000, S. 75, 79; näher zum Erfordernis einer städtebaulichen Zielsetzung im vierten Kapitel S. 221; vgl. jedoch die Ausführungen im fünften Kapitel S. 318f., wo dargelegt werden soll, daß ohnehin kein grundsätzlicher dogmatischer Unterschied zwischen konditional und final strukturierten Normen besteht.

auf abgestellt wird, ob eine Festsetzung nach dem jeweils verfolgten überfachlichen Ziel »vernünftigerweise geboten« ist.[37] Daneben ist ein hervorstechendes gemeinsames Erfordernis aller Raumplanungen das planerische *Abwägungsgebot*.[38] Da dieses Gebot hohe Relevanz für das Zusammentreffen konfligierender Planungen aufweist, wird ihm im Rahmen dieser Studie breiter Raum gewidmet. Hinzu tritt als – weniger charakteristisches, gleichwohl aber nicht zu vernachlässigendes – Kennzeichen die *Bindung* jeder Raumplanung an *zwingendes Recht*.[39] Aufgrund dieser gemeinsamen Erfordernisse folgt beispielsweise die Rechtmäßigkeitsprüfung eines Planfeststellungsbeschlusses, eines Bebauungsplans oder einer Schutzgebietsverordnung unabhängig von den zur Verfügung stehenden Rechtsschutzmöglichkeiten identischen Grundstrukturen. Erst diese gemeinsamen Strukturmerkmale rechtfertigen es, überhaupt von einem einheitlichen Rechtsgebiet »Raumplanungsrecht« zu sprechen.[40]

2. Strukturelle Unterschiede zwischen den einzelnen Raumplanungen

Trotz solcher gemeinsamer Grundstrukturen bestehen jedoch zwischen den einzelnen Raumplanungen ganz erhebliche Unterschiede sowohl im Hinblick auf die Planungsträger, ihre Kompetenzen, die Zweckrichtungen der einschlägigen Rechtsgrundlagen, das Verfahren als auch auf die planerischen Handlungs- und Rechtsformen und die hiergegen eröffneten Rechtsschutzmöglichkeiten.[41]

a) Augenfällig ist zunächst, daß mit dem Tätigwerden höchst unterschiedlicher Planungsträger zumindest potentiell auch unterschiedliche und divergierende *Interessen* im Spiele sind. Gesamt- und Fachplanungsgesetze verfolgen unterschiedliche Zweckrichtungen und stellen unterschiedliche Planungsaufgaben.[42] Dem gesamthaften örtlichen Gestaltungsauftrag der Bauleitplanung steht die fachlich begrenzte, jedoch gegebenenfalls überörtliche Ziel- und Zweckrichtung der einzelnen Fachplanungen gegenüber.[43] Daher richtet sich beispielsweise das Erfordernis einer Planrechtfertigung nach unterschiedlichen Maßstäben, je nachdem auf welcher Grundlage geplant wird[44], und auch die erforderlichen Abwägungsentscheidungen zu kon-

---

[37] Vgl. etwa OVG Koblenz, Urt. v. 2.3. 2001 – 1 A 11447/00 –, NVwZ-RR 2001, 714, 716.

[38] Vgl. nur *Bell/Hermann*, LKV 2002, 393, 400; *Wolff*, in: Sodan/Ziekow (Hrsg.), VwGO, § 114 Rn. 206 und 231ff., Stand: Jan. 2003.

[39] Vgl. *Wahl/Dreier*, NVwZ 1999, 606, 615f.

[40] Zu entsprechenden Maßstäben für die Anerkennung eines Rechtsgebietes »Umweltrecht« *Kloepfer*, Umweltrecht, 2. Aufl. 1998, § 4 Rn. 4.

[41] *Gaentzsch*, in: FS für Schlichter, 1995, S. 517, 525f.; *Stüer*, in: FS für Blümel, 1999, S. 565, 568ff.

[42] Vgl. *Badura*, in: FS für Hoppe, 2000, S. 167, 173; *Brohm*, in: Ein Vierteljahrhundert Straßenrechtsgesetzgebung, 1980, S. 343, 346ff.; *Gaentzsch*, WiVerw 1985, 235; nach *Czybulka*, Die Legitimation der öffentlichen Verwaltung, 1989, S. 236, weist daher auch der planerische Gemeinwohlbezug Unterschiede auf.

[43] *Wahl*, DVBl. 1993, 517, 525 spricht von der »selektiven Aufmerksamkeit« der planaufstellenden Fachbehörde.

[44] So explizit BVerwG, Urt. v. 14.2. 1975 – IV C 21.74 –, BVerwGE 48, 56, 60f.; im Schrifttum *Erbguth*, NVwZ 1989, 608; *Kraft*, BauR 1999, 829, 830; *Wahl*, DÖV 1981, 597, 598. 598. Daher be-

fligierenden Raumansprüchen können unterschiedlich ausfallen, je nachdem in welche Planung diese Abwägung eingebettet ist. Den unterschiedlichen räumlichen Ansprüchen der einzelnen Planungsträger entsprechen daher bereits auf der Gesetzesebene Zielkonflikte, etwa zwischen Naturschutz- und Infrastrukturbelangen, die erst auf der Ebene der konkreten Planung ausgetragen werden können. Bereits aufgrund dieser planungsimmanenten Interessengegensätze sind Konflikte wie die in der Einleitung beispielhaft vorgestellten vielfach vorprogrammiert.[45]

Allerdings wäre es eine einseitige Sichtweise, einerseits die Fachplanungen wegen ihrer Orientierung an der optimalen Verwirklichung eines sektoralen fachlichen Belanges als Verfahren zur Durchsetzung egoistischer Sonderinteressen und andererseits die Gesamtplanungen wegen ihres Anspruchs eines gesamträumlichen Ausgleichs als Verwirklichung eines umfassenden Gemeinwohls zu charakterisieren, wie dies im Schrifttum bisweilen geschieht[46]. Oft sind auch Gesamtplanungen ökonomisch motiviert oder repräsentieren ein sehr begrenztes Gemeinwohl: Wenn daher etwa eine Kommune zur Schonung allein ihres Gemeindegebiets ein Fachplanungsvorhaben zu verdrängen sucht, wenn die Landesplanung eines Bundeslandes die Bundesbelange ausblendet oder wenn Belange des Landschaftsschutzes – also einer Fachplanung – einer Bauleitplanung nach § 12 BauGB entgegenstehen, durch die ein Industrievorhaben angesiedelt und Gewerbesteuer eingebracht werden soll, kann der Gemeinwohlanspruch der Gesamtplanung gewiß nicht von vornherein als der wichtigere angesehen werden.[47]

b) Neben den unterschiedlichen planerischen Zielen und Zwecken sind die Unterschiede in der äußeren *Rechtsform* besonders augenfällig. Oben bereits wurde erwähnt, daß der Gesetzgeber für eine Reihe von Raumplanungen die verschiedensten Handlungsformen vorgesehen hat und daher von einer einheitlichen Handlungsform »Plan« nicht die Rede sein kann. Auf diesen Formenreichtum der Raumplanung und seine Implikationen für die Fragestellung dieser Studie wird vor allem im siebten Kapitel einzugehen sein. An dieser Stelle bleibt festzuhalten, daß die Vielfalt der planerischen Handlungsformen und die damit verbundenen Unterschiede im Rechtsschutz und im Erlaßverfahren auch die Entwicklung gemeinsamer rechtlicher raumplanerischer Grundstrukturen erschweren.

c) Erhebliche Unterschiede bestehen schließlich im Hinblick auf die *Rechtswirkungen* der Planung, die teilweise lediglich Festsetzungen und Vorgaben für künftige Nutzungen aufstellen, andererseits jedoch – wie der Planfeststellungsbeschluß – selbst planerische Zulassungsentscheidungen für bestimmte Vorhaben darstellen.

---

dürfen auch Bauleitpläne mit planfeststellungsersetzender Wirkung, die Verkehrsvorhaben zum Gegenstand haben, gleichwohl einer *städtebaulichen* Planrechtfertigung. Vgl. dazu etwa *Menke*, NVwZ 1999, 950, 951, m.w.N.

[45] *Kraft*, BauR 1999, 829, 830.

[46] Vgl. z.B. *Ahrens-Salzsieder*, VR 1988, 88ff.; *Kraft*, BauR 1999, 829, 830; *Lindemann*, in: Braese/Dick/Lindemann/Möcklinghoff, Verplante Gemeinden, 1980, S. 33, 35.

[47] Vgl. auch *Sening*, NuR 1988, 78, 79f.

Innerhalb dieses planerischen Stufensystems sind jedoch die Übergänge fließend[48], insbesondere in den Bereichen, in denen Bebauungspläne eine Planfeststellung ersetzen (vgl. etwa § 17 Abs. 3 FStrG, § 28 Abs. 3 PBefG)[49] oder Gesamtpläne einen isolierten Projektcharakter entwickeln, wie dies etwa bei der im sechsten Kapitel zu untersuchenden Braunkohlenplanung in den Ländern Brandenburg, Nordrhein-Westfalen und Sachsen der Fall ist. Bauleitplanung und Fachplanung weisen daher namentlich im Übergangsbereich von Planungs- und Zulassungsentscheidung zahlreiche Parallelen und Überschneidungen auf.[50] Auch die Gesamtplanung trägt zudem zumindest mittelbare Projektbezüge[51], so daß dieses Merkmal Fach- und Gesamtplanung nicht eindeutig abzugrenzen vermag[52].

Die dargestellten zum Teil erheblichen Unterschiede zwischen den einzelnen Raumplanungen bilden zweifelsohne Hindernisse bei der Suche nach allgemeinverbindlichen Regeln für das Zusammentreffen inkompatibler Raumnutzungsansprüche. Andererseits teilen die einzelnen Raumplanungen auch eine Reihe anerkannter gemeinsamer Strukturen. Insgesamt wird man vorsichtig formulieren können, daß Raumplanungen doch »mehr Gemeinsamkeiten als Trennendes« aufweisen[53] und daher die Existenz einheitlicher Regeln für das Zusammentreffen inkompatibler Raumplanungen nicht von vornherein ausgeschlossen erscheint.

IV. Räumliche Gesamtplanungen

Vor diesem Hintergrund sollen nunmehr die einzelnen Planungsarten näher vorgestellt werden. Die Darstellung folgt dabei der erwähnten Unterscheidung von räumlichen Gesamt- und Fachplanungen und untersucht zunächst die überörtliche Gesamtplanung, um sich im Anschluß auf örtlicher Stufe der Bauleitplanung zuzuwenden.

---

48 Vgl. bereits *Forsthoff/Blümel*, Raumordnungsrecht und Fachplanungsrecht, 1970, S. 22f.

49 Vgl. nur *Ronellenfitsch*, DVBl. 1998, 653, 658, m.w.N., der eine zunehmende Annäherung von Fach- und isolierter Bauleitplanung beobachtet. Eingehend zum planfeststellungsersetzenden Bebauungsplan *Fickert*, BauR 1988, 678, 681ff.; *Hoppe/Schlarmann/Buchner*, Rechtsschutz bei der Planung von Straßen, 3. Aufl. 2001, Rn. 228ff.; *Menke*, NVwZ 1999, 950ff.; *Ronellenfitsch*, DVBl. 1998, 653, 658ff.; *Stich*, in: Kormann (Hrsg.), Aktuelle Fragen der Planfeststellung, 1994, S. 65ff., sowie im siebten Kapitel S. 404.

50 *Erbguth*, NVwZ 1989, 608, 609.

51 Näher *Di Fabio*, in: FS für Hoppe, 2000, S. 75, 79f.; *Weyreuther*, DÖV 1977, 419, 421.

52 Eine Abgrenzung nach diesem Kriterium ist indes sehr verbreitet, vgl. etwa *Rieger*, in: Blümel/Kühlwetter (Hrsg.), Aktuelle Probleme des Eisenbahnrechts, 1996, S. 191, 196f.

53 *Stüer*, UPR 1998, 408, 413f.; *Ronellenfitsch*, bei *Stüer*, DVBl. 1998, 224, 225; vgl. auch *Kuschnerus*, ZfBR 2000, 300, 302.

1. Geschichtliche und strukturelle Grundlagen der Gesamtplanung

a) Geschichtliche Grundlagen

Im Hinblick auf die Ursprünge der Gesamtplanung findet sich vielfach die Vorstellung, die überörtliche Raumordnung habe sich aus der örtlichen Stufe des Städtebaurechts entwickelt[54], ursprünglich sei also nur auf der Ortsstufe geplant worden, und erst später habe die überörtliche Planung unter größeren Gesichtspunkten eingesetzt. Diese These ist zumindest ergänzungsbedürftig. In der Tat bildet die älteste Stufe der Gesamtplanung das Städtebaurecht, das als Korrektiv zu dem liberalstaatlichen Grundsatz der Baufreiheit entstand und zunächst als polizeiliche Aufgabe begriffen wurde.[55] Das Recht der Fluchtlinienplanung, vor allem durch das preußische Fluchtliniengesetz von 1875, das den Gemeinden erstmals die Steuerung einer einheitlichen Straßenrandbebauung ermöglichte[56], war daher weniger Ausdruck einer städtebaulichen Planung als vielmehr staatlicher baupolizeilicher Gefahrenabwehr durch örtliche Polizeiverordnungen. Hieraus entwickelten sich im Zuge der industriellen Revolution diverse Landesbauordnungen, die verschiedene Bauzonen oder Klassen festlegten und Regelungen zur Gefahrenabwehr sowie Höchstmaße für die Gebäude enthielten.[57]

Bis in die Weimarer Republik gab es jedoch keine reichseinheitlichen gesetzlichen Grundlagen: Zwar konnte das Reich nach Art. 10 Nr. 4 WRV gesetzliche Grundsätze u.a. für »das Bodenrecht, die Bodenverteilung, das Ansiedlungs- und Heimstättenwesen, die Bindung des Grundbesitzes, das Wohnungswesen« aufstellen, der entsprechende Referentenentwurf für ein Reichsstädtebaugesetz, der auch Regelungen zur Landesplanung enthielt, blieb jedoch im Entwurfsstadium stecken.[58] Erst im Dritten Reich erfolgte auf der Grundlage des Siedlungsneuordnungsgesetzes der Erlaß der Bauregelungsverordnung[59], die eine erste reichseinheitliche Grundlage für den Erlaß von Baupolizeiverordnungen schuf.[60] In der Bundesrepublik Deutschland setzte die gemeindliche Bauleitplanung dann rasch auf Grundlage von Aufbau-

---

[54] So namentlich das Baugutachten des BVerfG v. 16.6. 1954 – 1 PBvV 2/52 –, BVerfGE 3, 407, 425; diese Bemerkung wohl überbewertend *Czybulka*, Die Legitimation der öffentlichen Verwaltung, 1989, S. 197, 228, 231; im Schrifttum weiter *Appold*, in: FS für Hoppe, 2000, S. 21 ff.; *Breuer*, Die hoheitliche raumgestaltende Planung, 1968, S. 215; *Erbguth/Schoeneberg*, Raumordnungs- und Landesplanungsrecht, 2. Aufl. 1992, S. 1 ff., jeweils m.w.N.

[55] Näher *Ehebrecht-Stüer*, in: FS für Hoppe, 2000, S. 39 ff.; *Ernst/Hoppe*, Das öffentliche Bau- und Bodenrecht, 1978, § 3 Rn. 146 ff.; *Hoppe/Bönker/Grotefels*, Öffentliches Baurecht, 2. Aufl. 2002, § 1 Rn. 14 ff. und 24 ff.; *Koch/Hendler*, Baurecht, Raumordnungs- und Landesplanungsrecht, 3. Aufl. 2001, § 11 Rn. 8 ff.; *Stüer*, Handbuch des Bau- und Fachplanungsrechts, 2. Aufl. 1998, Rn. 12 ff.

[56] Vgl. dazu *Ehebrecht-Stüer*, in: FS für Hoppe, 2000, S. 39, 41 ff.; *Ernst/Hoppe*, Das öffentliche Bau- und Bodenrecht, 1978, § 3 Rn. 147 f.; *Schmidt-Aßmann*, Grundfragen des Städtebaurechts, 1972, S. 22 ff.

[57] *Ehebrecht-Stüer*, in: FS für Hoppe, 2000, S. 39, 42 f.

[58] *Appold*, in: FS für Hoppe, 2000, S. 21, 22; *Ehebrecht-Stüer*, in: FS für Hoppe, 2000, S. 39, 44 f.

[59] Verordnung über die Regelung der Bebauung v. 15.2. 1936, RGBl. I, S. 104 ff.

[60] Dazu *Ehebrecht-Stüer*, in: FS für Hoppe, 2000, S. 39, 45 ff., m.w.N. Für die Zulässigkeit von Außenbereichsvorhaben löste erst das Bundesbaugesetz von 1960 die Bauregelungsverordnung ab.

gesetzen der Länder ein. Das Bundesbaugesetz übertrug schließlich den Kommunen 1960 bundeseinheitlich die Aufgabe einer umfassenden Bauleitplanung.[61]

Auch die ersten Beispiele überörtlicher Gesamtplanung finden sich in der Zeit des späten Kaiserreichs und der frühen Weimarer Republik[62] in Gestalt einiger durch preußische Sondergesetze geschaffener Planungsverbände – namentlich des 1920 errichteten Zweckverbandes Groß-Berlin[63] und des Siedlungsverbands Ruhrkohlebezirk[64]. Die Zuständigkeiten des Reichs beschränkten sich jedoch auch in der Weimarer Republik auf den Bereich der Fachplanung. Zu Beginn des Dritten Reichs vollzog sich – der allgemeinen Gleichschaltung der Länder entsprechend – eine Zentralisierung aller Planungszuständigkeiten, in der auch die Grundlagen für eine umfassende überörtliche Gesamtplanung geschaffen und erstmals der Begriff »Raumordnung« verwendet wurden[65]. Das Gesetz über die Regelung des Landbedarfs der öffentlichen Hand vom 29. März 1935[66] errichtete eine »Reichsstelle für Raumordnung« mit der Aufgabe, reichseinheitlich »die zusammenfassende, übergeordnete Planung und Ordnung des deutschen Raumes« zu gewährleisten. Bereits zuvor waren im September 1933 ein Wohnsiedlungsgesetz und im Juli 1934 ein Siedlungsneuordnungsgesetz erlassen worden, die eine überörtliche Wirtschaftsplanung durch die Regierungspräsidenten sowie eine Anzeigepflicht für größere Bauvorhaben einführten.[67] Eine 1938 erlassene Verordnung zur Durchführung der Reichs- und Landesplanung sah eine – wohl vor allem militärisch motivierte – systematische Beplanung des Reichsgebiets durch staatliche Planungsbehörden und nachgeord-

---

[61] Näher *Ehebrecht-Stüer*, in: FS für Hoppe, 2000, S. 39, 48ff.; *Ernst/Hoppe*, Das öffentliche Bau- und Bodenrecht, 1978, § 3 Rn. 154ff.; *Ernst/Suderow*, Zulässigkeit raumordnerischer Festlegungen für Gemeindeteile, 1976, S. 21ff.; *von der Heide*, in: FS für Ernst, 1980, S. 185ff.

[62] Vgl. *Dörr*, in: Achterberg/Püttner/Würtenberger (Hrsg.), Besonderes Verwaltungsrecht, Bd. I, 2. Aufl. 2000, § 7 Rn. 8ff.; *Evers*, Recht der Raumordnung, 1973, S. 15ff.; *Koch/Hendler*, Baurecht, Raumordnungs- und Landesplanungsrecht, 3. Aufl. 2001, § 2; *Umlauf*, Zur Entwicklungsgeschichte der Landesplanung und Raumordnung, 1986, S. 1ff.; *von der Heide*, in: Cholewa/Dyong/von der Heide/Arenz (Hrsg.), Raumordnung in Bund und Ländern, Bd. 1, Einf. II Rn. 1ff. und 12, Stand: Jan. 1999.

[63] Vgl. *Ernst*, in: Kaiser (Hrsg.), Planung III, 1968, S. 129, 132ff.

[64] Vgl. zu diesen und weiteren Planungsverbänden für industrielle Großräume *Ehebrecht-Stüer*, in: FS für Hoppe, 2000, S. 39, 43f.; *Erbguth/Schoeneberg*, Raumordnungs- und Landesplanungsrecht, 2. Aufl. 1992, S. 1ff.; *Ernst*, in: Kaiser (Hrsg.), Planung III, 1968, S. 129, 124ff.; *Evers*, Regionalplanung als gemeinsame Aufgabe von Staat und Gemeinden, 1976, S. 119ff.

[65] Vgl. bereits das Baugutachten des BVerfG v. 16. 6. 1954 – 1 PBvV 2/52 –, BVerfGE 3, 407, 426f.

[66] RGBl. I, S. 468ff., ergänzt durch einen Erlaß über die Reichsstelle für Raumordnung v. 26. 6. 1935, RGBl. I, S. 793ff.; vgl. dazu *Dörr*, in: Achterberg/Püttner/Würtenberger (Hrsg.), Besonderes Verwaltungsrecht, Bd. I, 2. Aufl. 2000, § 7 Rn. 11; *Ernst*, in: Kaiser (Hrsg.), Planung III, 1968, S. 129, 130, 137; *Umlauf*, Zur Entwicklungsgeschichte der Landesplanung und Raumordnung, 1986, S. 5ff.; *von der Heide*, in: Cholewa/Dyong/von der Heide/Arenz (Hrsg.), Raumordnung in Bund und Ländern, Bd. 1, Einf. II Rn. 21, Stand: Jan. 1999.

[67] *Appold*, in: FS für Hoppe, 2000, S. 21, 22; *Dörr*, in: Achterberg/Püttner/Würtenberger (Hrsg.), Besonderes Verwaltungsrecht, Bd. I, 2. Aufl. 2000, § 7 Rn. 11; *von der Heide*, in: Cholewa/Dyong/von der Heide/Arenz (Hrsg.), Raumordnung in Bund und Ländern, Bd. 1, Einf. II Rn. 16, 20, Stand: Jan. 1999.

nete Landesplanungsgemeinschaften vor.[68] Eine derartige hierarchisch gegliederte Raumordnung scheint bis zum Beginn des Zweiten Weltkriegs über die Anlaufphase nicht hinausgekommen zu sein. Die Erfahrung mit diesen »totalitären Planungen«[69] trug dazu bei, die Entstehung einer ressortübergreifenden Landesplanung in der Bundesrepublik erheblich zu verzögern.[70] Raumplanung in der Bundesrepublik war daher in der Tat zunächst die auf Grundlage der Aufbaugesetze der Länder eintretende Bauleitplanung der Kommunen. Die Grundlagen für eine bundesweite überörtliche Gesamtplanung wurden nur zögerlich und gegen erhebliche Widerstände der Länder durch das Raumordnungsgesetz 1965 geschaffen.[71]

b) Die Unterscheidung von Bodenrecht und Raumordnung

Gesamtplanung wird in Anlehnung an die Funktionsbeschreibung der Reichsstelle noch heute als die zusammenfassende, übergeordnete Planung und Ordnung des Raumes definiert, die vielfältige Fachplanungen zusammenfaßt und aufeinander abstimmt.[72] Ihr Kennzeichen liegt also nicht etwa in dem Bezug auf den Gesamt*raum* – auch Fachplanungen können ihre sektoralen Interessen durch flächendeckende Festsetzungen verfolgen –, sondern in der fachübergreifenden Orientierung an der Gesamtheit der räumlichen Nutzungsansprüche.[73] Das Grundgesetz unterscheidet in seinen Kompetenztiteln zwischen zwei Ebenen der Gesamtplanung: Es weist dem Bund einerseits in Art. 74 Abs. 1 Nr. 18 GG die konkurrierende Gesetzgebungszuständigkeit für das »Bodenrecht«, andererseits in Art. 75 Nr. 4 GG eine bloße Rahmengesetzgebungszuständigkeit für die »Raumordnung« zu und stellt zudem beiden Gesamtplanungstiteln eine Reihe von Gesetzgebungszuständigkeiten für verschiedenste Fachplanungen – etwa für Wasserstraßen oder Eisenbahnen – gegenüber. Auf dieser kompetenzrechtlichen Weichenstellung beruht die Untergliederung der räumlichen Gesamtplanung in eine überörtliche Planungsebene – die Raumordnung und Landesplanung auf der Grundlage des Raumordnungsgesetzes und der Landesplanungsgesetze der Flächenstaaten – sowie die den Gemeinden

---

[68] *Appold*, in: FS für Hoppe, 2000, S. 21, 22.

[69] *Müller*, Konzeptbezogenes Verwaltungshandeln, 1992, S. 203.

[70] Vgl. *Evers*, Regionalplanung als gemeinsame Aufgabe von Staat und Gemeinden, 1976, S. 84; *Püttner/Riffel*, Örtliche und überörtliche Planung, 1978, S. 23ff.; *Umlauf*, Zur Entwicklungsgeschichte der Landesplanung und Raumordnung, 1986, S. 10ff.

[71] Näher *Appold*, in: FS für Hoppe, 2000, S. 21, 23ff.; *Dörr*, in: Achterberg/Püttner/Würtenberger (Hrsg.), Besonderes Verwaltungsrecht, Bd. I, 2. Aufl. 2000, § 7 Rn. 13ff.; *Evers*, Regionalplanung als gemeinsame Aufgabe von Staat und Gemeinden, 1976, S. 84ff.; *Umlauf*, Zur Entwicklungsgeschichte der Landesplanung und Raumordnung, 1986, S. 26ff.; *von der Heide*, in: Cholewa/Dyong/von der Heide/Arenz (Hrsg.), Raumordnung in Bund und Ländern, Bd. 1, Einf. II Rn. 40ff. und Einf. V, Rn. 1ff., 28ff., Stand: Jan. 1999.

[72] So die Definition des Baugutachtens des BVerfG v. 16. 6. 1954 – 1 PBvV 2/52 –, BVerfGE 3, 407, 425, dort bezogen auf die überörtliche Raumordnung.

[73] *Gassner*, NuR 1993, 118, der daher zu Recht die flächendeckende Landschaftsplanung nicht als Gesamt-, sondern als Fachplanung ansieht.

zugewiesene örtliche Ebene der Bauleitplanung nach dem Baugesetzbuch.[74] Da die für diese Unterscheidung maßgeblichen Begriffe »Bodenrecht« und »Raumordnung« nur in geringem Maß auf ältere Verfassungstraditionen zurückgreifen[75] und der Wortsinn beider Titel nur begrenzte Aussagekraft hat, kommt bis zum heutigen Tag den stark an der Entstehungsgeschichte orientierten Aussagen des Baurechtsgutachtens des Bundesverfassungsgerichts aus dem Jahr 1954 erhebliche Bedeutung zu, obwohl die Interpretation dieser grundlegenden Entscheidung in vieler Hinsicht umstritten geblieben ist.[76] Soweit sich aus diesen verfassungsrechtlichen Grundlagen inhaltliche Beschränkungen der Raumordnung ergeben, sind diese im vierten Kapitel näher zu untersuchen.

c) *Der hierarchische Stufenbau der Gesamtplanung*

Die von der Rahmengesetzgebungszuständigkeit für die »Raumordnung« nach Art. 75 Abs. 1 Nr. 4 GG erfaßte überörtliche Gesamtplanung untergliedert sich nach den Vorgaben der §§ 8, 9 und 18ff. ROG in die Ebenen der Raumordnungsplanung des Bundes, der hochstufigen Landesplanung (Raumordnungsplanung der Länder) sowie die Regionalplanung. Daher sind, wenn man die Bauleitplanung mit einbezieht und soweit nicht landesrechtlich eine zusätzliche Planungsstufe auf Kreisebene vorgesehen ist oder in den Stadtstaaten einzelne Planungsstufen entfallen[77], im System der räumlichen Gesamtplanung vier Ebenen zu unterscheiden.[78] Innerhalb dieser vier Ebenen ist die Gesamtplanung durch einen Stufenaufbau gekennzeichnet, in dem sich einerseits die Bindungen grundsätzlich von oben nach unten entfalten, andererseits jedoch die zunächst eher allgemeinen Vorgaben immer schärfer und konkreter werden. Die verschiedenen Ebenen der Gesamtplanung ermöglichen somit einen stufenförmigen Konkretisierungsprozeß innerhalb eines einheitlichen, hierarchisch gegliederten Plansystems.[79]

Der hierarchische Vorrang der jeweils höheren vor den niedrigeren Stufen besteht zudem nur nach Maßgabe des § 1 Abs. 3 ROG, wonach sich einerseits die Entwicklung, Ordnung und Sicherung der Teilräume in die Gegebenheiten und Erfordernisse des Gesamtraums einfügen, andererseits jedoch die Entwicklung, Ordnung und Sicherung des Gesamtraums die Gegebenheiten und Erfordernisse seiner Teil-

[74] Eingehend hierzu *Bielenberg/Runkel/Spannowsky*, Raumordnungs- und Landesplanungsrecht des Bundes und der Länder, Kommentar J 610 Rn. 8ff.

[75] Vgl. bereits oben S. 41ff.

[76] Vgl. nur *Bielenberg/Runkel/Spannowsky*, Raumordnungs- und Landesplanungsrecht des Bundes und der Länder, Kommentar J 610 Rn. 53ff., 58ff., Stand: VIII.1986; *Runkel*, ebenda, Kommentar K, § 1 ROG Rn. 14ff., Stand: V.2001; *Forsthoff/Blümel*, Raumordnungsrecht und Fachplanungsrecht, 1970, S. 78ff.; *Peine*, Öffentliches Baurecht, 4. Aufl. 2003, Rn. 19ff.

[77] Vgl. § 8 Abs. 1 S. 2 ROG.

[78] Näher etwa *Dammert*, in: Bauer/Breuer/Degenhart/Oldiges (Hrsg.), 100 Jahre Allgemeines Baugesetz Sachsen, 2000, S. 411, 414f.; *Forsthoff/Blümel*, Raumordnungsrecht und Fachplanungsrecht, 1970, S. 19; *Krieger*, NuR 1983, 257f.; *Papier*, NJW 1977, 1714; *Püttner/Riffel*, Örtliche und überörtliche Planung, 1978, S. 28ff.; *Ronellenfitsch*, Einführung in das Planungsrecht, 1986, S. 6.

[79] Vgl. *Schmidt-Aßmann*, Grundfragen des Städtebaurechts, 1972, S. 140ff.

räume berücksichtigen sollen. Dieses *Gegenstromprinzip*, eine der grundlegendsten Vorschriften des Raumplanungsrechts[80], findet sich in zahlreichen weiteren Vorschriften konkretisiert. So sind zwar nach §9 Abs. 2 ROG die Regionalpläne aus dem Raumordnungsplan für das Landesgebiet – also aus der höheren Ebene – zu entwickeln, dabei jedoch die Flächennutzungspläne und die Ergebnisse der von Gemeinden beschlossenen sonstigen städtebaulichen Planungen in der Abwägung zu berücksichtigen. Soweit die übergeordnete Planungsstufe das Gegenstromprinzip berücksichtigt, vermag sie jedoch in dem hierarchischen System der räumlichen Gesamtplanung die jeweils untergeordnete Planung durch Ziele und Grundsätze der Raumordnung zu binden. Das bedeutet, daß sich die Vorgaben der hochstufigen Landesplanung über die Planungsebenen der Regional- und Bauleitplanung letztlich auch auf ein einzelnes Bauvorhaben auswirken können.

d) Formelle Koordination im Rahmen der Gesamtplanung

Das Verfahren zur Aufstellung der Gesamtpläne ist durch umfassende Beteiligungsrechte betroffener Planungsträger geprägt.[81] So hat das Landesrecht nach §7 Abs. 5 ROG dafür zu sorgen, daß bei der Aufstellung von Zielen der Raumordnung jene öffentlichen und privaten Planungsträger beteiligt werden, für die eine Beachtenspflicht nach §4 ROG begründet werden soll. Soweit die Regionalplanung nicht durch Zusammenschlüsse von Kommunen zu regionalen Planungsgemeinschaften erfolgt, sind zudem auch die Gemeinden und Gemeindeverbände nach §9 Abs. 4 ROG in einem förmlichen Verfahren zu beteiligen. Im Verhältnis der Planungsträger untereinander hat diese Beteiligung durchaus auch materiell-rechtliche Konsequenzen: Bei raumbedeutsamen Planungen und Maßnahmen von öffentlichen Stellen des Bundes besteht eine Bindung an die Ziele der Raumordnung nach §5 Abs. 1 Buchst. a ROG neben anderen Voraussetzungen nur dann, wenn die zuständige Stelle oder Person nach §7 Abs. 5 ROG beteiligt worden ist. Für die Bauleitplanung ergeben sich entsprechende Vorgaben aus der Vorschrift über die Beteiligung der Träger öffentlicher Belange in §4 BauGB.

e) Die Steuerungsinstrumente der Gesamtplanung

Die Gesamtplanung steuert andere raumbedeutsame Maßnahmen – etwa die Errichtung von Gebäuden oder sonstigen Anlagen – durch räumliche Festsetzungen ganz unterschiedlicher Art und Intensität. Die Pläne selbst bestehen in der Regel aus einer

---

80 Umfassend zu dieser Vorschrift *Braese*, Das Gegenstromverfahren in der Raumordnung, 1982, sowie *Runkel*, in: Bielenberg/Runkel/Spannowsky, Raumordnungs- und Landesplanungsrecht des Bundes und der Länder, Kommentar K, §1 ROG Rn. 97ff., Stand: V.2001; knapper auch *Hoppe*, in: Hoppe/Menke, Raumordnungs- und Landesplanungsrecht, 1986, Rn. 536ff., 546ff.; *Koch/Hendler*, Baurecht, Raumordnungs- und Landesplanungsrecht, 3. Aufl. 2001, §1 Rn. 31 und 33; vgl. dazu auch im fünften Kapitel S. 346f., wo die Verankerung im Abwägungsgebot dargestellt wird.

81 Näher im zweiten Kapitel S. 79f.

oder mehreren zweidimensionalen Karten, die in Symbolen, Zeichnungen und textlichen Aussagen den eigentlichen Planinhalt ausmachen, und aus einer Begründung bzw. einem Erläuterungsbericht, der Ziel, Zweck und Auswirkungen der Planung behandelt und die dargestellten Entwicklungsabsichten und die Abwägung nachvollziehbar macht. Die Aussagekraft und Verbindlichkeit der Festsetzungen bestimmt sich nach den zugrundeliegenden Rechtsvorschriften über den zulässigen Inhalt gesamtplanerischer Festsetzungen und den Kreis der Adressaten.

Auf der überörtlichen Ebene stellt das Raumordnungsgesetz ein in seiner Verbindlichkeit abgestuftes Instrumentarium zur Verfügung: Die »Leitvorstellungen der Raumordnung« bilden als lediglich konzeptionelle Vorgaben einen eher programmatischen Handlungsrahmen für die räumliche Entwicklung. »Grundsätze der Raumordnung« enthalten normative Aussagen, die bei nachgelagerten Planungen im Rahmen der Abwägung zu berücksichtigen sind. Die stärkste Form der landesplanerischen Festsetzungen, die »Ziele der Raumordnung«, definiert das Raumordnungsgesetz in §3 Nr.2 als »verbindliche Vorgaben«, die »bei allen raumbedeutsamen Planungen und Maßnahmen beachtet werden müssen«. Mit dem letztgenannten Instrument entwickelt die Raumordnung zwar bindende Vorgaben für nachgelagerte Planungsstufen und andere Planungsarten, soweit diese der Bindung nach §4 ROG unterliegen[82], das auf Ziele und Grundsätze der Raumordnung beschränkte Steuerungsinstrumentarium ermöglicht jedoch keine umfassende Gestaltung des Raums. Zudem stellt die Raumordnung zwar verbindliche Vorgaben für andere Planungen auf, solche Festsetzungen bilden jedoch grundsätzlich nicht die Voraussetzung für die Zulassung eines raumbedeutsamen Vorhabens. Ein Gesamtplanungsvorbehalt ist daher – abgesehen von Nordrhein-Westfalen[83] – nicht anerkannt.

Für die Bauleitplanung legt §1 Abs.2 BauGB die seinem Normcharakter entsprechende allgemeine Verbindlichkeit des Bebauungsplans fest, während sich die Bindungen an den Flächennutzungsplan aus §7 und aus §8 Abs.2 S.1 BauGB ergeben. Inhaltlich eröffnen die §§5 und 9 BauGB der Gemeinde ein breites Spektrum an Festsetzungsmöglichkeiten, das dem Auftrag der Bauleitplanung entspricht, die Bodennutzung durch die Allgemeinheit unmittelbar vorzubereiten. Im Bebauungsplan sind nach §9 Abs.1 BauGB u.a. Festsetzungen über die Art und das Maß der baulichen Nutzung, die Bauweise, überbaubare und nicht überbaubare Grundstücksflächen oder die mit Geh-, Fahr- und Leitungsrechten zu belastenden Flächen möglich. Damit verfügt die Bauleitplanung über weitreichende, jedoch nicht unbeschränkte Steuerungsinstrumente.[84]

---

[82] Näher zu der Bedeutung der Begriffe »Ziele der Raumordnung« und »Grundsätze der Raumordnung« und der personellen Bindung im zweiten Kapitel S.83f. und 86ff.

[83] In Nordrhein-Westfalen ersetzt die Gesamtplanung auch das Raumordnungsverfahren. Vgl. dazu bereits die Einleitung S.11ff.

[84] Zu den immanenten Grenzen der bauleitplanerischen Festsetzungsmöglichkeiten im vierten Kapitel S.237ff.

2. Die Raumordnungsplanung des Bundes

Die oberste Stufe der Raumordnungsplanung bildet die Bundesraumordnungsplanung als zusammenfassende, übergeordnete Planung zur Ordnung und Entwicklung des Raumes auf Bundesebene. Das Bundesverfassungsgericht hatte in dem Bodengutachten dem Bund mit der Erwägung, Raumordnung stelle »eine notwendige Aufgabe des modernen Staates« dar, aus der Natur der Sache eine – freilich grundsätzlich wie dem Inhalt nach umstrittene – ausschließliche Vollkompetenz zur Raumplanung für den Gesamtstaat zuerkannt.[85] Diese Aussage bezog sich zwar nur auf das Bestehen einer Gesetzgebungskompetenz, argumentativ ergibt sich jedoch aus denselben Erwägungen auch eine Verwaltungskompetenz des Bundes.[86]

Auf dieser Rechtsauffassung beruhen auch die Vorschriften in Abschnitt 3 des Raumordnungsgesetzes über die Raumordnung des Bundes. Nach § 18 Abs. 1 S. 2 ROG entwickelt das Bundesministerium für Raumordnung auf der Grundlage der Raumordnungspläne der Länder und in Zusammenarbeit mit diesen abstrakte »Leitbilder der räumlichen Entwicklung des Bundesgebietes« als Grundlage für die Abstimmung raumbedeutsamer Planungen und Maßnahmen des Bundes und der Gemeinschaft. Eine solche Bundesraumordnung wird bereits seit 1974 praktiziert, als der Bund ein erstes Bundesraumordnungsprogramm mit programmatischen Aussagen für die gesamträumliche Entwicklung auf Bundesebene erließ, das in seiner Wirksamkeit jedoch beschränkt blieb.[87] Der statt dessen 1993 in Zusammenarbeit mit den Ländern erarbeitete »Raumordnungspolitische Orientierungsrahmen«, eine konzeptionelle Grundlage für die weitere räumliche Entwicklung des Bundes-

---

[85] Baugutachten des BVerfG v. 16. 6. 1954 – 1 PBvV 2/52 –, BVerfGE 3, 407, 427f.; Urt. v. 30. 10. 1962 – 1 BvF 2/60, 1, 2, 3/31 »Seewasserstraßen« –, BVerfGE 15, 1, 16; vgl. dazu *Bielenberg/Runkel/Spannowsky*, Raumordnungs- und Landesplanungsrecht des Bundes und der Länder, Kommentar J 610 Rn. 50ff., Stand: VIII.1986; *Bleicher*, DVBl. 1982, 433, 442f.; *Breuer*, VerwArch 69 (1978), 1, 12; *Bülter*, Raumordnungspläne als hoheitliche Handlungsformen, 1987, S. 9; *Bullinger*, AöR 96 (1971) 237, 272ff.; *David*, in: FS für Lendi, 1998, S. 47, 56f.; *Forsthoff*, Lehrbuch des Verwaltungsrechts, 10. Aufl. 1973, S. 308; *ders./Blümel*, Raumordnungsrecht und Fachplanungsrecht, 1970, S. 77ff.; *Krautzberger*, DÖV 1992, 911, 912ff.; *Rozek*, in: v. Mangoldt/Klein/Starck (Hrsg.), GG, Bd. 2, 4. Aufl. 2000, Art. 75 Rn. 50; *ders.*, in: Dreier (Hrsg.), GG, Bd. II, 1998, Art. 70 Abs. 1 Rn. 41; *Schmidt-Aßmann*, in: FS für Weyreuther, 1993, S. 73, 76f.; *Scholz*, in: Bundesverfassungsgericht und Grundgesetz, Bd. II, 1976, S. 252, 142; *Suderow*, Rechtsprobleme des Bundesraumordnungsprogramms, 1975, S. 15ff.; *von der Heide*, in: Cholewa/Dyong/von der Heide/Arenz (Hrsg.), Raumordnung in Bund und Ländern, Bd. 1, Einf. VIII Rn. 1ff.

[86] Wie hier etwa *Blümel*, DVBl. 1977, 301, 313ff., m. w. N. in Fn. 268; *Breuer*, VerwArch 69 (1978), 1, 12; *Faber*, in: AK-GG, Bd. 1, 2. Aufl. 1989, Art. 20 Abs. 1 – 3 V Rn. 27; *Maunz*, in: Maunz/Dürig u. a., GG, Art. 75 Rn. 138, Stand: Mai 1986; *Spannowsky*, UPR 2000, 418, 422; *Wahl*, Rechtsfragen der Landesplanung und Landesentwicklung, Bd. I, 1978, S. 277; den zulässigen Gegenstand solcher Bundesraumordnung sachlich eingrenzend *Erbguth*, BayVBl. 1981, 577, 580, m. w. N.; *Evers*, Recht der Raumordnung, 1973, S. 93, 102ff.; a. A. etwa *Moersch*, BayVBl. 2004, 40, 43; *Schmidt-Aßmann*, in: FS für Weyreuther, 1993, S. 73, 78ff., m. w. N.

[87] BT-Drs. 7/3584; vgl. dazu *Evers*, Recht der Raumordnung, 1973, S. 100ff.; *Peine*, Öffentliches Baurecht, 4. Aufl. 2003, Rn. 172ff.; *Runkel*, in: Bielenberg/Runkel/Spannowsky, Raumordnungs- und Landesplanungsrecht des Bundes und der Länder, Kommentar K, § 1 ROG Rn. 19ff., Stand: V.2001; *Suhr/Anderl*, Rechtsfragen der raumbeeinflussenden Bundesplanung, 1980, S. 90ff.

gebietes, stellt zwar Perspektiven, Leitbilder und Strategien auf, entfaltet jedoch erneut keine rechtlichen Bindungen.[88]

Die effektive Steuerungskraft der Raumordnungsplanung des Bundes ist damit äußerst begrenzt.[89] Insbesondere enthält der Orientierungsrahmen keine bindenden Ziele der Raumordnung, obwohl solche Festlegungen im Rahmen eines Bundesraumordnungsplanes verfassungsrechtlich zulässig wären.[90] Die Bundesraumordnung bleibt damit in ihrem Geltungsanspruch gegenüber anderen Raumansprüchen deutlich hinter der Durchsetzungs- und Aussagekraft der hierarchisch nachfolgenden Landesplanungen zurück[91], und namentlich die Gemeinden als konkreteste und letzte Planungsebene werden innerhalb des Systems der Gesamtplanung von räumlichen Durchgriffen und Anpassungsforderungen des Bundes weitgehend abgeschirmt[92]; dies dürfte der eigentliche Grund dafür sein, daß es gerade im Verhältnis von Bundesfachplanungen und der kommunalen Bauleitplanung oft zu erheblichen Planungskonflikten kommt.[93] Gegenüber der Gesamtplanung der Länder vermag sich der Bund letztlich nur im Rahmen der Fachplanung, namentlich durch seine Bedarfsgesetzgebung, durch die Privilegierungen gegenüber der Bauleitplanung nach §38 BauGB sowie durch sein Widerspruchsrecht gegen bestimmte bundesunverträgliche Ziele der Raumordnung durchzusetzen.[94] Im Vergleich zu diesen Instrumenten bildet die Raumordnungsplanung des Bundes hingegen ein insgesamt stumpfes Schwert, das dem auf Bundesebene bestehenden räumlichen Koordinationsbedarf kaum gerecht zu werden vermag.

3. Die hochstufige Landesplanung

Nach der Rahmenvorschrift des §8 Abs. 1 S. 1 ROG ist für das Gebiet jedes Landes ein zusammenfassender und übergeordneter Plan aufzustellen. Die unmittelbaren Rechtsgrundlagen für diese zweite raumordnerische Planungsebene sowie für die Regionalplanung enthalten die Landesplanungsgesetze[95]. §8 ROG sieht für die hochstufige Landesplanung keine besondere Rechtsform vor. In den Landespla-

---

[88] Abgedruckt in: *Bielenberg/Runkel/Spannowsky*, Raumordnungs- und Landesplanungsrecht des Bundes und der Länder, Textsammlung B 420, Stand: VI.1994; vgl. dazu *Baumheier/Wagner*, VerwArch 83 (1992), 97, 109f.; *Krautzberger*, DÖV 1992, 911ff.; *Schmidt-Aßmann*, in: FS für Weyreuther, 1993, S. 73, 74, 86f.

[89] Vgl. dazu *Runkel*, in: Bielenberg/Runkel/Spannowsky, Raumordnungs- und Landesplanungsrecht des Bundes und der Länder, Kommentar K, §1 ROG Rn. 102, Stand: V.2001.

[90] So die h. L.; vgl. zum Streitstand nur *Forsthoff/Blümel*, Raumordnungsrecht und Fachplanungsrecht, 1970, S. 80ff.; *Suderow*, Rechtsprobleme des Bundesraumordnungsprogramms, 1975, S. 15ff., sowie bereits die Nachweise oben in Fn. 86 zur Zulässigkeit einer Bundesraumordnung.

[91] *Erbguth*, BayVBl. 1981, 577, 578ff.; kritisch etwa *Wahl*, in: FS für Hoppe, 2000, S. 913, 919f., m. w. N.

[92] *Czybulka*, Die Legitimation der öffentlichen Verwaltung, 1989, S. 231f., m. w. N.

[93] Vgl. dazu etwa die Darstellung der Transrapidplanung in der Einleitung S. 16ff.

[94] Vgl. dazu im siebten Kapitel S. 422ff., im zweiten Kapitel S. 109ff. sowie S. 87f.

[95] Vgl. die Übersicht bei *Steiner*, in: ders. (Hrsg.), Besonderes Verwaltungsrecht, 6. Aufl. 1999, Kap. VI Rn. 7.

nungsgesetzen ist oft die Gesetzesform vorgeschrieben[96], während andere Bundesländer zumindest eine Mitwirkung der Landesparlamente vorsehen[97].

Die Landesraumordnungsprogramme bauen auf den Raumordnungsgrundsätzen des Bundes auf. Sie enthalten für das gesamte Landesgebiet weiter gehende Grundsätze, allerdings auch bereits konkrete Ziele für die räumliche Entwicklung des Landes, insbesondere im Bereich der Standortvorsorge für landesbedeutsame Großvorhaben. Auf dieser Ebene werden also einerseits die bundesrechtlich vorgegebenen Grundsätze verwirklicht und ergänzt, andererseits erstmalig verbindliche Ziele der Raumordnung aufgestellt, die andere Planungen und vor allem die nachgeordneten Stufen der Gesamtplanung unmittelbar binden. Regelmäßig führen die Landesraumordnungsprogramme alle wichtigen Fachplanungen der verschiedenen Planungsträger auf – also Staats- und Fernstraßen, Eisenbahnen, Wirtschaftsplanungen – und stimmen diese untereinander ab. Die Landesplanung stellt somit im System der räumlichen Gesamtplanung zwischen der auf Empfehlungscharakter beschränkten Bundesraumordnung und der hierarchisch nachgeordneten Regionalplanung die potentiell durchsetzungsfähigste Stufe dar, so daß den Landesregierungen und den beteiligten Landesparlamenten als Trägern der hochstufigen Landesplanung insoweit die stärkste Position zukommt.

4. Die Regionalplanung

Die lediglich in den Flächenstaaten vorgesehene Regionalplanung, die dritte Stufe der Gesamtplanung, dient vor allem der räumlichen und sachlichen Präzisierung und Ergänzung der Vorgaben aus den übergeordneten Planungsstufen für die Ebene der jeweiligen Planungsregion.[98] Der Regionalplan benennt die zentralen Orte, weist Orten bestimmte Entwicklungsaufgaben zu und stellt fachliche Ziele auf, die bis auf Gemeindeebene konkret sein können.[99]

Erneut sind die Vorgaben des Bundesrechts – vor allem organisatorisch – vergleichsweise allgemein. § 9 ROG schreibt in Abs. 1 lediglich vor, daß in den Ländern, deren Gebiet die Verflechtungsbereiche mehrerer zentraler Orte oberster Stufe umfaßt, Regionalpläne aufzustellen sind. Das Raumordnungsgesetz besagt insbesondere nichts über die Träger der Regionalplanung. § 9 Abs. 4 ROG sieht lediglich die förmliche Beteiligung der Gemeinden und Gemeindeverbände vor, »soweit die Regionalplanung nicht durch Zusammenschlüsse von Gemeinden und Gemeindeverbänden zu regionalen Planungsgemeinschaften erfolgt«. Im letztgenannten Fall

[96] Näher dazu im siebten Kapitel S. 403.

[97] Vgl. etwa Art. 14 Abs. 3 BayLPlG (»Die im Landesentwicklungsprogramm enthaltenen Ziele der Raumordnung und Landesplanung werden von der Staatsregierung mit Zustimmung des Landtags als Rechtsverordnung beschlossen«) oder § 5 Abs. 3 LPlG BW (»Der Entwurf eines Entwicklungsplans, für den ein Beteiligungsverfahren nach Absatz 3 eingeleitet wird, ist dem Landtag zuzuleiten, um ihm Gelegenheit zur Stellungnahme zu geben«).

[98] Näher *Fürst/Ritter*, Landesentwicklungsplanung und Regionalplanung, 2. Aufl. 1993, S. 158ff.; *Steiner*, in: ders. (Hrsg.), Besonderes Verwaltungsrecht, 6. Aufl. 1999, Kap. VI Rn. 26ff.

[99] Näher *Peine*, Öffentliches Baurecht, 4. Aufl. 2003, Rn. 274ff.

kann nach §9 Abs.6 ROG in verdichteten Räumen oder bei sonstigen raumstrukturellen Verflechtungen zugelassen werden, daß ein Regionalplan zugleich die Funktion eines gemeinsamen Flächennutzungsplans übernimmt, die beiden untersten Stufen der räumlichen Gesamtplanung also partiell zusammenfallen. Im übrigen haben sich ganz unterschiedliche landesrechtliche Modelle herausgebildet, die sich durch einen unterschiedlichen Grad an selbstverantwortlicher Einbindung der Kommunen und damit – zumindest indirekt – auch durch einen unterschiedlichen Grad an Wehrfähigkeit auszeichnen.[100]

In Bayern etwa ist eine weitgehende Übertragung auf die Kommunen vorgesehen, wo über Regionalpläne sowie deren Fortschreibung nach Art.6 Abs.1 und 2 BayLPlG regionale Planungsverbände beschließen, die als Zusammenschlüsse der Gemeinden und Landkreise einer Region deren Interessen im Rahmen der Landesplanung abstimmen, diese Aufgaben allerdings lediglich im übertragenen Wirkungskreis erfüllen. Sie entstehen durch die Einteilung des Staatsgebiets in Regionen und unterliegen der Aufsicht der für ihren Sitz zuständigen Regierung als höherer Landesplanungsbehörde (Art.7 und Art.9 Abs.1 BayLPlG).[101] Diesem Modell folgen u.a. das Landesrecht Thüringens (§§4ff. ThürLPlG) und Sachsens (§§19ff. SächsLPlG)[102]. Demgegenüber ist in Nordrhein-Westfalen nach §3 Abs.1 LPlG die Bezirksregierung, also eine staatliche Behörde, als »Bezirksplanungsbehörde« für die Landesplanung im Regierungsbezirk zuständig. Allerdings werden gem. §5 LPlG NW in jeder dieser Behörden Bezirksplanungsräte errichtet, deren Mitglieder durch die Vertretungen der kreisfreien Städte und Kreise gewählt bzw. berufen werden und die nach §7 Abs.1 LPlG NW die sachlichen und verfahrensmäßigen Entscheidungen zur Erarbeitung und Aufstellung des Gebietsentwicklungsplans treffen. Die Bezirksplanungsbehörde selbst ist an die Weisungen des Planungsrates gebunden, so daß die Vertreter der Kreise faktisch trotz der vollständigen Eingliederung in ein staatliches Gremium über maßgebliche Entscheidungsbefugnisse verfü-

---

[100] Umfassend – wenngleich zum Teil überholt – hierzu *Bielenberg/Runkel/Spannowsky*, Raumordnungs- und Landesplanungsrecht des Bundes und der Länder, Kommentar M 250 Rn. 1ff., Stand: XI 1985; *Henrich*, Kommunale Beteiligung in der Raumordnung und Landesplanung, Bd.2 (Landesplanungsrecht der Länder), 1981, besonders S.166ff.; ferner etwa *Ernst*, in: Kaiser (Hrsg.), Planung III, 1968, S.129, 158ff.; *Evers*, Regionalplanung als gemeinsame Aufgabe von Staat und Gemeinden, 1976, S.99ff.; *ders.*, Recht der Raumordnung, 1973, S.93, 102f. 117ff.; *Niemeier*, in: FS für Ernst, 1980, S.335ff.; zusammenfassend auch *Steiner*, in: ders. (Hrsg.), Besonderes Verwaltungsrecht, 6.Aufl. 1999, Kap. VI Rn.27; kritisch zu dieser Vielfalt der Modelle *Knemeyer*, NJW 1980, 1140, 1145; allgemeiner zur Stellung der Regionalplanung im Grenzbereich zwischen Landesplanung und Bauleitplanung auch *Mattes*, Rechtsnatur und Aufgaben der Regionalverbände, 1978, S.22ff.; *Schmidt-Aßmann*, Fortentwicklung des Rechts im Grenzbereich zwischen Raumordnung und Städtebau, 1977, S.60ff.; zur Durchsetzbarkeit und Wehrfähigkeit der Regionalplanung nachfolgend im achten Kapitel S.500ff.

[101] Vgl. etwa *Henrich*, Kommunale Beteiligung in der Raumordnung und Landesplanung, Bd.2, 1981, S.45ff.; *Heigl/Hosch/Höhnberg*, Raumordnung und Landesplanung in Bayern, Art.6 BayLPlG Rn.8f., Stand: Feb. 1984; *Knemeyer*, in: Berg/Knemeyer/Papier/Steiner, Staats- und Verwaltungsrecht in Bayern, 6.Aufl. 1996, S.281, 290f.

[102] Vgl. *Dammert*, in: Bauer/Breuer/Degenhart/Oldiges (Hrsg.), 100 Jahre Allgemeines Baugesetz Sachsen, 2000, S.411, 415.

gen. Der staatliche Einfluß wird jedoch dadurch sichergestellt, daß die Gebietsentwicklungspläne nach § 16 Abs. 1 S. 1 LPlG NW der Genehmigung der Landesplanungsbehörde bedürfen und diese nach § 19 Abs. 1 LPlG NW Planungspflichten des Bezirksrates »feststellen« kann. Damit bleibt die Landesplanung auch in Nordrhein-Westfalen trotz des personellen Einflusses der Gebietskörperschaften staatlich organisiert und daher staatliche Planung.[103]

5. Die Bauleitplanung

Den Schlußstein des Systems der räumlichen Gesamtplanungen bildet als unterste Stufe die Bauleitplanung. Sie soll nach § 1 Abs. 1 BauGB die bauliche und sonstige Nutzung der Grundstücke in der Gemeinde vorbereiten und hat damit die spezifische Aufgabe, parzellenscharfe Festsetzungen im Gemeindegebiet zu treffen und so eine unmittelbare Bodennutzung zu ermöglichen. Aus dieser Aufgabe der städtebaulichen Entwicklung des Gemeindegebiets folgen die spezifischen rechtlichen Anforderungen an die Bauleitplanung.[104]

a) Grundlagen

Obwohl die Bauleitplanung die unterste Stufe des Systems der räumlichen Gesamtplanung bildet, beruht sie auf einem anderen gesetzgeberischen Kompetenztitel als die Raumordnung, bildet also zumindest kompetentiell ein *aliud* zu dieser.[105] Mag daher die Bauleitplanung in örtlicher Hinsicht auf den kommunalen Bereich beschränkt und hierarchisch in ein System übergeordneter Gesamtplanungen eingebunden sein, so geht doch ihre Aufgabenstellung über die der Raumordnung hinaus.

Die Bauleitplanung gliedert sich in die beiden Planungsstufen des Flächennutzungsplans als vorbereitendem Bauleitplan und des Bebauungsplans als nach außen verbindlichem Bauleitplan (§ 1 Abs. 2 BauGB). Der Flächennutzungsplan gilt für das gesamte Gemeindegebiet und stellt in Grundzügen die beabsichtigte städtebauliche Entwicklung und die sich daraus ergebende Art der Bodennutzung dar. Er bildet nicht nur die rechtliche Voraussetzung für die außenwirksame Bebauungsplanung, sondern hat darüber hinaus die Funktion, die Ziele von Raumordnung und Landesplanung auf der Ebene der Bauleitplanung umzusetzen. Auf diese Weise werden vielfach die örtlichen und überörtlichen Fachplanungen in die Bauleitplanung integriert. Auf der zweiten Stufe der Bauleitplanung sind aus dem Flächennutzungsplan die außenwirksamen Bebauungspläne zu entwickeln (§ 8 Abs. 2 BauGB). Sie setzen die bauliche Nutzbarkeit der Grundstücke im Plangebiet verbindlich fest (§ 9 Abs. 1 BauGB).

---

[103] Vgl. *Hoppe*, in: Grimm/Papier (Hrsg.), Nordrhein-westfälisches Staats- und Verwaltungsrecht,1986, S. 305, 332ff., 347ff., 364ff., m.w.N.; *Scheipers*, Ziele der Raumordnung, 1995, S. 17ff.

[104] Vgl. *Badura*, in: FS für den BayVerfGH, 1972, S. 157, 176f.; *Schlarmann*, DVBl. 1980, 275, 282.

[105] Vgl. bereits oben S. 43f.; kritisch zu dieser Sichtweise *Schmidt-Aßmann*, FS für Weyreuther, 1993, S. 73ff.

b) Das Verfahren der Bauleitplanung

Das Verfahren der Bauleitplanung ist abschließend in den §§ 2ff. BauGB geregelt.[106] Es wird durch den Beschluß eingeleitet, einen Bauleitplan aufzustellen (Aufstellungsbeschluß), der nach § 2 Abs. 1 S. 2 BauGB ortsüblich bekanntzumachen ist. Im Verfahren der frühzeitigen Bürgerbeteiligung nach § 3 Abs. 1 BauGB sind die Bürger möglichst vorab über allgemeine Ziele und Zwecke der Planung zu unterrichten. In der anschließenden förmlichen Bürgerbeteiligung nach § 3 Abs. 2 BauGB werden die Entwürfe der Bauleitpläne samt Begründung einen Monat öffentlich ausgelegt. Während der Auslegung können Bedenken und Anregungen vorgebracht werden, die die Gemeinde zu prüfen hat. Außerdem sind gem. § 4 BauGB die Träger öffentlicher Belange zu beteiligen (Trägerverfahren).[107] Anschließend erfolgt gem. § 10 BauGB der Beschluß der Gemeinde über den Bauleitplan, die Genehmigung der höheren Verwaltungsbehörde für den Flächennutzungsplan und nicht aus dem Flächennutzungsplan entwickelte Bebauungspläne (§ 6 Abs. 1 und § 11 Abs. 1 BauGB) oder deren bloße Anzeige sowie die öffentliche Bekanntgabe der Genehmigung nach § 6 Abs. 5 und § 12 BauGB.

c) Materielle Anforderungen

Nach § 1 Abs. 3 BauGB haben die Gemeinden die Bauleitpläne in eigener Verantwortung (§ 2 Abs. 1 BauGB) aufzustellen, sobald und soweit es für die städtebauliche Entwicklung und Ordnung erforderlich ist. Die Planungskompetenz der Gemeinde ist nach herrschender Lehre über das kommunale Selbstverwaltungsrecht des Art. 28 GG verfassungsrechtlich abgesichert.[108] Ihre Planungsfreiheit wird jedoch durch Bindung an die Ziele der überörtlichen Gesamtplanung, durch die materiellen Vorgaben des Baugesetzbuches sowie durch die Privilegierung überörtlicher Fachplanungen erheblich eingeschränkt.[109] Insbesondere sind die Bauleitpläne nach § 1 Abs. 4 BauGB den einschlägigen Zielen der Raumordnung anzupassen und bei der Aufstellung der Bauleitpläne nach § 1 Abs. 6 BauGB die öffentlichen und privaten Belange gegeneinander und untereinander gerecht abzuwägen.[110]

---

[106] Vgl. im einzelnen *Finkelnburg/Ortloff*, Öffentliches Baurecht, Bd. I, 5. Aufl. 1998, S. 46ff.; *Gaentzsch*, in: Schlichter/Stich/Driehaus/Paetow (Hrsg.), Berliner Kommentar zum BauGB, 3. Aufl., § 2 Rn. 14ff. und § 3 Rn. 1ff., Stand: Aug. 2002; *Hoppe/Bönker/Grotefels*, Öffentliches Baurecht, 2. Aufl. 2002, § 5 Rn. 273ff.; *Koch/Hendler*, Baurecht, Raumordnungs- und Landesplanungsrecht, 3. Aufl. 2001, § 15 Rn. 1ff.

[107] Näher dazu im zweiten Kapitel S. 95ff.

[108] Vgl. dazu auch – mit Blick auf die resultierenden Rechtsschutzmöglichkeiten – im achten Kapitel S. 484ff. und 491ff.

[109] *Rothe*, in: FS für Werner Weber, 1974, S. 893, 902.

[110] Vgl. dazu im einzelnen im zweiten Kapitel S. 102ff. sowie im fünften Kapitel S. 270ff.

V. *Räumliche Fachplanungen*

Wie einleitend ausgeführt wurde, folgt die vorliegende Untersuchung dem auf *Breuer* zurückgehenden Fachplanungsbegriff und unterscheidet die vier Untergruppen der Planfeststellungen (1.), planfeststellungsähnlichen Vorhaben (2.), der Nutzungsregelungen (3.) und der sonstigen Fachplanungen (4.).

1. Planfeststellungen

Nach Häufigkeit und Bedeutung die wichtigste, zugleich die älteste und daher am stärksten dogmatisch erschlossene Untergruppe der Fachplanungen bildet die Planfeststellung. Daß sie im folgenden vergleichsweise ausführlich dargestellt werden soll, beruht jedoch auf weiteren Erwägungen: Zunächst dürfte die Planfeststellung aufgrund ihrer eminenten Bedeutung, des hohen Flächenverbrauchs, der erheblichen Umweltauswirkungen der von ihr erfaßten Vorhaben und der oft ins Spiel kommenden Interessendivergenzen im Bund-Länder-Verhältnis die Fachplanung mit dem weitaus größten Konfliktpotential darstellen.[111] Zugleich wird mittlerweile vielfach in Frage gestellt, ob es sich bei Planfeststellungen überhaupt um planerische Gestaltung des Raumes oder nicht um einen Unterfall der gewöhnlichen Vorhabenzulassung handelt.

a) Übersicht

Der Katalog der planfeststellungsfähigen Vorhaben hat von jeher geschwankt und unterliegt einem fortwährenden Wandel.[112] Die älteste Form der Planfeststellung für die Telegraphenverwaltung[113] ist mit dem Außerkrafttreten des Telegraphenwegegesetzes zum 31. Juli 1996 entfallen. Größere Bedeutung kam im 19. und der ersten Hälfte des 20. Jahrhunderts der eisenbahnrechtlichen Planfeststellung zu, die bereits damals ein hohes Konfliktpotential entfaltete.[114] Das Eisenbahnrecht nimmt für die Entwicklung des Raumplanungsrechts überhaupt eine Sonderstellung ein. Mit dem Preußischen Eisenbahngesetz aus dem Jahr 1838[115] und den Elementen der Konzentrationswirkung von Genehmigungen und der Schutzauflagen für Betroffene lieferte es ein Grundmodell, das zum Vorbild für alle nachfolgenden Planfeststellungs-

---

[111] Vgl. etwa *Laubinger*, VerwArch 85 (1994), 291.

[112] *Breuer*, Die hoheitliche raumgestaltende Planung, 1968, S. 92; *Manner*, Grundlagen des Planfeststellungsverfahrens, 1976, S. 9ff.

[113] Näher *Blümel*, Die Bauplanfeststellung I, 1961, S. 127ff.; *Breuer*, Die hoheitliche raumgestaltende Planung, 1968, S. 67ff.

[114] Von den 26 während der Weimarer Republik beim Staatsgerichtshof für das Deutsche Reich anhängigen Bund-Länder-Streitsachen betrafen zehn den Eisenbahn- und drei den Wasserstraßenbereich. Vielfach ging es dabei um die Reichweite der Planfeststellung und ihrer Konzentrationswirkung. Vgl. *Huber*, Deutsche Verfassungsgeschichte, Bd. VI, 1981, S. 550.

[115] Preußisches Eisenbahngesetz v. 3. 11. 1838 (GS S. 505).

gesetze werden sollte.[116] Aufgrund ihrer Flexibilität und Durchsetzungskraft sowie der Fähigkeit zur Berücksichtigung einer Vielzahl von Belangen, die auf den Merkmalen der Konzentrationswirkung, der Privilegierung gegenüber der Bauleitplanung und des Abwägungsgebots beruhen, wurde die Planfeststellung zum regelungstechnischen Erfolgsmodell, obwohl auch insoweit eine umfassende Planungsgesetzgebung erst im Zuge der Fachplanungskodifikationen der Nachkriegszeit erfolgte.[117] Bis in die jüngste Vergangenheit hat der Gesetzgeber der Planfeststellung immer wieder neue Anwendungsgebiete erschlossen, so durch das 1990 eingeführte bergrechtliche Planfeststellungsverfahren[118] sowie zuletzt im Jahr 2002 im Bereich der Leitungsanlagen[119]. Gegenläufige Entwicklungen sind die aus Beschleunigungsgründen zeitweilig betriebene Ausweitung des Anwendungsbereichs der Plangenehmigung anstelle der Planfeststellung[120] und im Abfallrecht die Begrenzung der Planfeststellung auf Deponien.[121]

Im Bundesrecht finden sich drei Gruppen Planfeststellungen[122]: Im Zentrum steht von jeher der Infrastrukturbereich: Planfeststellungserfordernisse für den Bau oder die Änderung von Verkehrswegen bestehen hier nach § 18 AEG für Eisenbahnanlagen[123], nach § 17 FStrG für Bundesstraßen[124], nach § 28 PBefG für Straßenbahnen[125], nach § 2 und § 12 SpurVerkErprG für Versuchsanlagen für den spurgeführten Verkehr[126], nach § 1 MBPlG für Magnetschwebebahnen[127], nach § 8 LuftVG für Flug-

[116] Grundlegend dazu *Blümel*, Die Bauplanfeststellung I, 1961, besonders S. 84ff.; *ders.*, in: FS für Hoppe, 2000, S. 3, 5ff.; ferner *Breuer*, Die hoheitliche raumgestaltende Planung, 1968, S. 66; *Ronellenfitsch*, VerwArch 80 (1989), 92, 97ff.

[117] Vgl. *Blümel.*, in: FS für Hoppe, 2000, S. 3, 11ff.; *Ronellenfitsch*, VerwArch 80 (1989), 92, 98ff.

[118] Näher dazu *Gaentzsch*, in: FS Sendler, S. 403ff. sowie im sechsten Kapitel S. 356 und 365f.

[119] Vgl. dazu *Durner*, in: Ziekow (Hrsg.), Praxis des Fachplanungsrechts, 2004, Rn. 2511ff.; *Hermes/Pöcker*, RdE 2002, 85ff.; *Krieglstein*, UPR 2003, 17ff.

[120] Näher *Ringel*, Die Plangenehmigung im Fachplanungsrecht, 1996, besonders S. 17ff. Durch die gemeinschaftsrechtliche Ausweitung der Pflicht zur Durchführung einer Umweltverträglichkeitsprüfung mit akzessorischer Öffentlichkeitsbeteiligung dürfte dieser Trend nunmehr zu einem Schlußpunkt gekommen sein.

[121] Vgl. das Investitionserleichterungs- und Wohnbaulandgesetz v. 22.4. 1993, BGBl. I, 466ff.

[122] Vgl. auch die – zum Teil nicht mehr aktuellen oder vollständigen – Überblicke bei *Ronellenfitsch*, VerwArch 80 (1989), 92, 107ff. und *Breuer*, Die hoheitliche raumgestaltende Planung, 1968, S. 66ff.

[123] Vgl. *Heinze*, Eisenbahn-Planfeststellung, 1997; *Kühling/Hermann*, Fachplanungsrecht, 2. Aufl. 2000, Rn. 93ff.; *Seegmüller*, in: Ziekow (Hrsg.), Praxis des Fachplanungsrechts, 2004, Rn. 1378ff.; *Steinberg/Berg/Wickel*, Fachplanung, 3. Aufl. 2000, § 1 Rn. 80ff.

[124] Vgl. *Kühling/Hermann*, Fachplanungsrecht, 2. Aufl. 2000, Rn. 82ff.; *Ronellenfitsch*, in: Marschall/Kastner, FStrG, § 17 Rn. 1ff.; *Sauthoff*, in: Ziekow (Hrsg.), Praxis des Fachplanungsrechts, 2004, Rn. 1277ff.; *Steinberg/Berg/Wickel*, Fachplanung, 3. Aufl. 2000, § 1 Rn. 69ff.

[125] Vgl. *Bidinger*, Personenbeförderungsrecht. § 28 PBefG Erl. 1ff., Stand: Jan. 02; *Breuer*, Die hoheitliche raumgestaltende Planung, 1968, S. 73ff.; *Siegel*, in: Ziekow (Hrsg.), Praxis des Fachplanungsrechts, 2004, Rn. 1449ff.; *Steinberg/Berg/Wickel*, Fachplanung, 3. Aufl. 2000, § 1 Rn. 85ff.

[126] *Steinberg/Berg/Wickel*, Fachplanung, 3. Aufl. 2000, § 1 Rn. 303.

[127] Dazu *Geiger*, in: Ziekow (Hrsg.), Praxis des Fachplanungsrechts, 2004, Rn. 561ff.; *Steinberg/Berg/Wickel*, Fachplanung, 3. Aufl. 2000, § 1 Rn. 98ff.

plätze[128], nach § 14 WaStrG für Bundeswasserstraßen[129] sowie nach § 9 WaStrG für Maßnahmen in Landflächen an Bundeswasserstraßen, die notwendig sind, um nachteilige Veränderungen des Gewässerbettes zu beseitigen.

Im Anlagenbereich sind hervorzuheben die Planfeststellung nach § 9b AtomG für Anlagen zur Sicherstellung und zur Endlagerung radioaktiver Abfälle[130], die Planfeststellung nach § 31 Abs. 2 KrW-/AbfG für Deponien[131], die Planfeststellung nach § 52 Abs. 2a bis 2c BBergG für UVP-pflichtige bergbauliche Vorhaben[132] sowie im Bereich der Versorgungsanlagen seit dem Jahr 2001 die Planfeststellung nach § 11a EnWG für Hochspannungsfreileitungen und Gasversorgungsleitungen einer bestimmten Größe sowie nach § 20 UVPG für Rohrleitungsanlagen und künstliche Wasserspeicher, soweit diese Vorhaben UVP-pflichtig sind.[133]

Als dritte Gruppe der sonstigen Planfeststellungen sind schließlich die Planfeststellungsverfahren über einen Wege- und Gewässerplan mit landschaftspflegerischem Begleitplan nach § 41 FlurBG zur Schaffung, Änderung, Verlegung oder Einziehung der gemeinschaftlichen und öffentlichen Anlagen[134] und die Planfeststellung nach § 31 WHG zur Herstellung, Beseitigung und wesentlichen Umgestaltung eines Gewässers oder seiner Ufer[135] zu erwähnen.

---

128 *Breuer*, Die hoheitliche raumgestaltende Planung, 1968, S. 75ff.; *Geiger*, NuR 1982, 127, 128ff.; *Kühling/Hermann*, Fachplanungsrecht, 2. Aufl. 2000, Rn. 99ff.; *Steinberg/Berg/Wickel*, Fachplanung, 3. Aufl. 2000, § 1 Rn. 93ff.; *Wysk*, in: Ziekow (Hrsg.), Praxis des Fachplanungsrechts, 2004, Rn. 1649ff.

129 Vgl. *Aschermann*, in: Ziekow (Hrsg.), Praxis des Fachplanungsrechts, 2004, Rn. 1873ff.; *Friesecke*, WaStrG, 4. Aufl. 1999, § 14 Rn. 2ff. und § 9 Rn. 5; *Kühling/Hermann*, Fachplanungsrecht, 2. Aufl. 2000, Rn. 97ff.; *Steinberg/Berg/Wickel*, Fachplanung, 3. Aufl. 2000, § 1 Rn. 89ff.

130 Näher *Dörpmund*, in: Ziekow (Hrsg.), Praxis des Fachplanungsrechts, 2004, Rn. 2299ff.; *Kühling/Hermann*, Fachplanungsrecht, 2. Aufl. 2000, Rn. 121ff.; *Steinberg/Berg/Wickel*, Fachplanung, 3. Aufl. 2000, § 1 Rn. 102ff.

131 Dazu *Frenz*, in: Ziekow (Hrsg.), Praxis des Fachplanungsrechts, 2004, Rn. 2144ff.; *Steinberg/Berg/Wickel*, Fachplanung, 3. Aufl. 2000, § 1 Rn. 100ff.; vgl. auch *Paetow*, in: FS für Sendler, 1991, S. 425ff.

132 Näher *Beckmann*, in: Hoppe (Hrsg.), UVPG, 2. Aufl. 2002, § 18 Rn. 24ff.; *Boldt/Weller*, BBergG, Nachtrag 1992, § 57a Rn. 1ff.; *Frenz*, in: Ziekow (Hrsg.), Praxis des Fachplanungsrechts, 2004, Rn. 2455ff.; *Gaentzsch*, in: FS für Sendler, 1991, S. 403ff.; *Steinberg/Berg/Wickel*, Fachplanung, 3. Aufl. 2000, § 1 Rn. 114ff.

133 Zu der Planfeststellung nach § 11a EnWG *Durner*, in: Ziekow (Hrsg.), Praxis des Fachplanungsrechts, 2004, Rn. 2516ff.; *Hermes/Pöcker*, RdE 2002, 85ff.; *Krieglstein*, Die staatliche Aufsicht über die Elektrizitätswirtschaft nach dem EnWG, 2002, S. 207ff.; *ders.* UPR 2003, 17ff., sowie die Kommentierungen der §§ 11a und 11b EnWG durch *Büdenbender*, EnWG, 2003, und *Leipelt*, in: Danner (Hrsg.), Energiewirtschaftsrecht, Stand: März 2002; zur Planfeststellung nach § 20 UVPG *Durner*, a.a.O. Rn. 2529ff.; *Peters*, ZfW 2002, 146ff., sowie die Kommentierung der §§ 20ff. durch *Beckmann*, in: Hoppe (Hrsg.), UVPG, 2. Aufl. 2002.

134 Vgl. *Breuer*, Die hoheitliche raumgestaltende Planung, 1968, S. 81ff.; *Heckenthaler*, in: Ziekow (Hrsg.), Praxis des Fachplanungsrechts, 2004, Rn. 2355ff.; *Steinberg/Berg/Wickel*, Fachplanung, 3. Aufl. 2000, § 1 Rn. 105ff.

135 Vgl. dazu *Breuer*, in: FS für Hoppe, 2000, S. 667ff.; *Czychowski*, WHG, 7. Aufl. 1998, § 31 Rn. 27ff.; *Guckelberger*, in: Ziekow (Hrsg.), Praxis des Fachplanungsrechts, 2004, Rn. 2054ff.; *Kühling/Hermann*, Fachplanungsrecht, 2. Aufl. 2000, Rn. 125ff.; *Steinberg/Berg/Wickel*, Fachplanung, 3. Aufl. 2000, § 1 Rn. 109ff.

Im Landesrecht bestehen Planfeststellungserfordernisse fast durchweg im Straßenrecht und zum Teil für Versorgungsleitungen. Die ebenfalls in fast allen Bundesländern vorgesehenen enteignungsrechtlichen Planfeststellungen stellen hingegen Verfahren dar, die nach Inhalt und Zweck nicht der Raumplanung zugehören, da die Planung und die Zulässigkeit des enteignungsbedürftigen Vorhabens nicht den Gegenstand, sondern lediglich eine Vorfrage der Planfeststellungsentscheidung bilden.[136] Daneben findet sich eine Reihe landesrechtlicher Besonderheiten wie das Planfeststellungsverfahren für den Bau eines Hauptdeichs, Hochwasserdeichs oder eines Sperrwerkes nach § 12 Abs. 1 des Niedersächsischen Deichgesetzes.[137] Der Freistaat Sachsen kennt das Institut Planfeststellung für bestimmte Abwasserbehandlungsanlagen nach § 67 Abs. 7 SächsWG, für den Ausbau eines Gewässers oder seiner Ufer oder eines Deiches oder Dammes nach § 80 Abs. 1 SächsWG, für Staatsstraßen sowie für Kreisstraßen und Gemeindeverbindungsstraßen von besonderer Bedeutung nach § 39 Abs. 1 SächsStrG – mit der Möglichkeit der Ersetzung der Planfeststellung durch Bebauungsplan nach § 39 Abs. 4 SächsStrG – sowie für Seilbahnen nach § 7 Abs. 1 des Landesseilbahngesetzes. In Nordrhein-Westfalen findet sich eine Planfeststellung für Landesstraßen und Kreisstraßen gem. § 38 Abs. 1 StrWG NW – erneut mit der Möglichkeit der Ersetzung der Planfeststellung nach § 38 Abs. 4 StrWG NW –, für Enteignungsverfahren (§ 23 EEG) sowie in § 13 des – mittlerweile wohl nichtigen – Landeseisenbahngesetzes für Landeseisenbahnen.[138]

b) Zur Stellung des Vorhabenträgers

Planfeststellungen werden traditionell als »Instrument des planenden Staates«[139] angesehen, stellen also in der Regel hoheitliche Planungen dar. Eine Reihe der soeben aufgeführten Planfeststellungen – etwa jene nach § 52 Abs. 2a bis 2c BBergG oder nach § 31 WHG – betrifft jedoch die Zulässigkeit der Planungen Privater. Daß es sich bei all diesen Verfahren um Planungen im materiellen Sinne handelt, wird beispielsweise aus § 4 Abs. 1 S. 2 ROG deutlich, wonach die Bindungswirkung der

---

[136] *Breuer*, Die hoheitliche raumgestaltende Planung, 1968, S. 83ff., m.w.N. besonders S. 85 Fn. 163; *Ibler*, Die Schranken planerischer Gestaltungsfreiheit, 1988, S. 22.

[137] Nds. Deichgesetz i. d. F. v. 16.7. 1974, Nds. GVBl., 387ff.; vgl. dazu OVG Lüneburg, Urt. v. 28.8. 1995 – 3 L 14/90 –; *Guckelberger*, in: Ziekow (Hrsg.), Praxis des Fachplanungsrechts, 2004, Rn. 2142 m.w.N.

[138] Vgl. das offenbar weiterhin nicht aufgehobene Landeseisenbahngesetz NW v. 5.2. 1957, GV. NW 1957, S. 238ff. Diese eisenbahnrechtliche Planfeststellung ist freilich durch den Erlaß des Allgemeinen Eisenbahngesetzes des Bundes verdrängt worden, das nunmehr – anders als das frühere Bundesbahngesetz – auf der Grundlage von Art. 74 Abs. 1 Nr. 23 GG für alle Eisenbahnen gilt. Wenn also das Landeseisenbahngesetz (oder auch das Eisenbahngesetz für das Land Schleswig-Holstein v. 27.6. 1995, GVBl. SH 1995, 266ff.) weiterhin vorsieht, daß neue nicht zum Netz der Deutschen Bundesbahn gehörende Eisenbahnen nur gebaut und bestehende nur geändert werden dürfen, wenn der Plan vorher festgestellt ist, so ist diese Regelung durch § 18 AEG überlagert und daher nichtig. So für das Land Rheinland-Pfalz auch OVG Koblenz, Urt. v. 2.3. 2001 – 1 A 11447/00 –, NVwZ-RR 2001, 714ff., Leitsatz 1.

[139] *Burgi*, JZ 1994, 654, 655; *Gaentzsch*, in: FS für Schlichter, 1995, S. 517ff.

Raumordnungsziele neben den öffentlichen Planungen auch »Planfeststellungen und Genehmigungen mit der Rechtswirkung der Planfeststellung über die Zulässigkeit raumbedeutsamer Maßnahmen von Personen des Privatrechts« erfaßt. Ebenso gilt die Bindungswirkung gem. §4 Abs. 3 ROG bei bestimmten Planungen, die Personen des Privatrechts in Wahrnehmung öffentlicher Aufgaben durchführen.

Es wäre daher – entgegen einer bis heute verbreiteten Sichtweise – unzutreffend, Planfeststellungen im eigentlichen Sinn auf »die Genehmigung der Planungen öffentlicher Stellen« zu beschränken[140] und die »privatnützige Planfeststellung« als dogmatischen Sonderfall einer gebundenen Vorhabenzulassung im verfahrensrechtlichen Gewand einer Planfeststellung anzusehen.[141] Zwar fanden und finden sich auch in der Rechtsprechung Aussagen, die der privatnützigen Planfeststellung eine solche – freilich vage – dogmatische Sonderrolle zusprechen.[142] Bereits die eisenbahnrechtliche Planfeststellung nach preußischem Recht, das gesetzgeberische Modell sämtlicher nachfolgenden Planfeststellungsgesetze, war indes zunächst ein Gestattungsverfahren zur Beleihung Privater mit dem Enteignungsrecht.[143] Andere Planfeststellungsverfahren wie das für die wasserrechtliche Auskiesung betreffen noch heute überwiegend Private.[144] Zudem ist die Erfüllung öffentlicher Aufgaben – namentlich durch die Privatisierung von Post und Bahn – in den vergangenen Jahrzehnten zunehmend auf Private übergegangen, so daß etwa der Entsorgungspflichtige im Abfallrecht im Zuge seiner Planungen durchaus öffentliche Aufgaben wahrnimmt[145]. Andere planerische Vorhaben dienen zwar nicht der Erfüllung öffentlicher Aufgaben, liegen aber zumindest im öffentlichen Interesse, wie die Betriebspläne der Bergbauunternehmer, die einen Beitrag zur Rohstoffsicherung leisten.[146] Aber auch ohne das Vorliegen eines öffentlichen Interesses ist die Planfeststellung für die Anlagen Privater – etwa für eine Privatbahn – zulässig[147], auch wenn

---

140 So aber *Schmidt-Aßmann/Schoch*, Bergwerkseigentum und Grundeigentum im Betriebsplanverfahren, 1994, S. 161; ähnlich *Grigoleit/Otto*, DÖV 2000, 182ff.

141 Siehe für diese Sicht etwa *Badura*, in: Erichsen (Hrsg.), Allgemeines Verwaltungsrecht, 12. Aufl. 2002, §39 Rn. 29, m.w.N.; *Redeker/von Oertzen*, VwGO, 13. Aufl. 2000, §42 Rn. 139a; *Thurn*, Schutz natürlicher Gewässerfunktionen durch räumliche Planung, 1986, S. 37; *Wahl/Dreier*, NVwZ 1999, 606, 609f.

142 BVerwG, Urt. v. 10.2. 1978 – 4 C 25.75 –, BVerwGE 55, 220, 227ff.; Urt. v. 13.4. 1984 – 4 C 69/ 80 –, NVwZ 1985, 340f.; wohl auch Urt. v. 18.5. 1990 – 7 C 3/90 –, BVerwGE 85, 155, 156ff. Die in diesen Entscheidungen behaupteten »Besonderheiten« der privatnützigen Planfeststellung, wonach das Vorhaben bei Vorliegen zwingender Versagungsgründe automatisch abzulehnen und darüber hinaus noch eine umfassende planerische Abwägung der berührten öffentlichen und privaten Belange vorzunehmen sei, sind freilich Kennzeichen jeder Planfeststellung. Diese Aussagen sind nur vor dem Hintergrund der veralteten Theorie von der materiellen Konzentrationswirkung der Planfeststellung verständlich.

143 Vgl. nur *Evers*, Recht der Raumordnung, 1973, S. 17; *Kühling*, in: FS für Sendler, 1991, S. 391, 394f.; *Papier*, in Maunz/Dürig u.a., GG, Art. 14 Rn. 581f., Stand: Juni 2002.

144 Vgl. *Breuer*, in: FS für Hoppe, München 2000, S. 667, 682; *Czychowski*, WHG, 7. Aufl. 1998, §31 Rn. 1 c; *Kühling*, in: FS für Sendler, 1991, S. 391, 392; *Wahl/Dreier*, NVwZ 1999, 606, 609.

145 Vgl. *Burgi*, JZ 1994, 654, 659.

146 Vgl. *Kühling*, in: FS für Sendler, 1991, S. 391, 395.

147 Vgl. BVerfG, Beschl. v. 11.11. 2002 – 1 BvR 218/99 –, UPR 2003, 106ff.; *Steinberg/Berg/Wikkel*, Fachplanung, 3. Aufl. 2000, §1 Rn. 15ff.

sie dem Privaten kein Enteignungsrecht vermittelt. Aus diesen Gründen hat das Bundesverwaltungsgericht auf die Kritik des Schrifttums[148] hin die These von der angeblichen Sonderrolle der »privatnützigen Planfeststellung« mittlerweile stark relativiert, obwohl das Institut noch nicht als überwunden gelten kann.[149] Auch für private Vorhaben mit materiellem Planungscharakter ist die Planfeststellung daher ein zulässiges und angemessenes Instrument.

Nach alledem stellt die Existenz eines öffentlichen Planungsträgers keineswegs ein zwingendes Kennzeichen der Raumplanung im materiellen Sinne dar. Gegenüber der einfachen Anlagengenehmigung zeichnen sich die Anwendungsfälle dieser Verfahren durch die Komplexität der Sachverhalte aus. Der damit in Bezug genommene materielle Planungsbegriff wird im Zusammenhang mit dem planerischen Abwägungsgebot zu vertiefen sein.[150]

c) *Die Planfeststellung als Fachplanung*

Noch unter einem weiteren Gesichtspunkt wird die Qualität der Planfeststellung als Fachplanung in Frage gestellt. Obwohl vor allem die eisenbahnrechtliche Planfeststellung den ältesten Anwendungsfall einer flächenumspannenden staatlichen Planung darstellt[151], deren Strukturmerkmale für das Planungsrecht insgesamt Modellcharakter entfalteten, findet sich im neueren Schrifttum oft die These, die Planfeststellung sei ihrer Natur nach eine gesetzlich gebundene Entscheidung und keine »Fachplanung« in einem der Gesamtplanung vergleichbaren Sinn. Planerische Entscheidungen, die im überörtlichen Interesse eine Beschränkung der gemeindlichen Planungshoheit rechtfertigen könnten, seien lediglich die der Planfeststellung vorgelagerten Schritte, etwa die Bedarfs- oder Linienbestimmungsplanung im Straßenrecht oder die Abfallwirtschaftsplanung nach den §§29ff. KrW-/AbfG als Vorstufe der abfallrechtlichen Planfeststellung.[152] Die Planfeststellung sei demgegenüber letztlich nichts als eine besonders ausgestaltete Unternehmergenehmigung und

148 Zuletzt *Bartunek*, Probleme des Drittschutzes bei der Planfeststellung, 2000, S. 69ff., und *Breuer*, in: FS für Hoppe, 2000, S. 667, 677ff., 680, m.w.N.; ferner *Achenbach*, Zur Frage der selbständigen rechtlichen Bedeutung der privatnützigen Planfeststellung, 1992; *Kühling*, in: FS für Sendler, 1991, S. 391ff.; *Paetow*, in: FS für Sendler, 1991, S. 425, 433f.; *Schmidt-Preuß*, Kollidierende Privatinteressen, 1992, S. 147, 331f., 341f.

149 Vgl. namentlich BVerwG, Urt. v. 4.5. 1988 – 4 C 22.87 –, BVerwGE 79, 318, 322f. mit erklärter Abweichung von BVerwGE 55, 220ff.; neuerdings aber dennoch wieder VG Hamburg, Beschl. v. 18.12. 2000 – 15 VG 3923/00 –, NordÖR 2001, 34ff.; OVG Hamburg, Urt. v. 9.2. 2001 – 2 Bs 370/00 –, NVwZ 2001, 1173ff., Leitsatz 1: »Im Luftverkehrsrecht ist zwischen gemeinnützigen und privatnützigen Planfeststellungen zu unterscheiden«; dem folgend und Kriterien zu der vermeintlich erforderlichen Abgrenzung von gemein- und privatnützigen Planfeststellungen entwickelnd *Prall*, NordÖR 2001, 187ff.; vgl. auch *Ramsauer*, in: Ziekow (Hrsg.), Schutz vor Fluglärm – Regionalplanung – Planfeststellungsverfahren, 2003, S. 163ff.; *ders./Bieback*, NVwZ 2002, 277ff.

150 Vgl. im fünften Kapitel S. 317f.

151 *Radecke*, in: Haustein (Hrsg.), Die Eisenbahnen im deutschen öffentlichen Recht, 1960, S. 335.

152 *Erbguth*, DVBl. 1992, 398ff.; ders., NVwZ 1995, 243, 245; im Ansatz auch *Beckmann*, DÖV 1987, 944, 947ff.

daher nicht dem System der Raumplanungen, sondern dem der Kontrollerlaubnisse zuzurechnen.[153]

Diese Argumentation ist in der Sache keineswegs neu – mit ähnlichen Argumenten hatte die ältere Literatur bezeichnenderweise gerade den Bebauungsplan als »Vollzugsnorm« angesehen.[154] Sie vermag jedoch im Ergebnis nicht zu überzeugen. Zwar steht der Planfeststellungsbeschluß von jeher im Schnittfeld von Planung und Eröffnungskontrolle.[155] Dennoch ist mit der herrschenden Lehre und in Übereinstimmung mit dem gesetzgeberischen Sprachgebrauch daran festzuhalten, daß die Planfeststellung als »planerische Endentscheidung«[156] gegenüber der bloßen Kontrollerlaubnis erhebliche Unterschiede aufweist.[157] Kennzeichnend hierfür sind nicht allein der regelmäßig öffentliche Charakter der Planung – auch private Vorhaben unterliegen der Planfeststellung, auch die öffentliche Hand bedarf zudem vielfach einfacher Kontrollerlaubnisse. Hinzu treten vor allem der nach Komplexität und Gestaltungsfreiheit materielle Planungscharakter sowie die zumeist explizite Anordnung einer planerischen Abwägung, die das Entscheidungsprogramm der Planfeststellung von einer unbeschränkt überprüfbaren gebundenen Entscheidung und von Abwägungen im Rahmen unbestimmter Tatbestandsmerkmale deutlich abheben.[158] Die erwähnte Sichtweise verkennt zudem, daß die Planfeststellung mit den ihr vorgelagerten Planungen einen einheitlichen stufenförmigen Konkretisierungs- und Planungsprozeß bildet, der in dem Planfeststellungsbeschluß lediglich seinen rechtsverbindlichen Abschluß findet. Es ist also nicht stichhaltig, der Bauleitplanung die Qualität einer planerischen Entscheidung gerade deshalb zuzuerkennen, weil ihr mit der Baugenehmigung »ein vorhabenbezogenes Zulassungsverfahren nachfolgt«[159], und die Planfeststellung mit dieser Erwägung auf der Zulassungsebene anzusiedeln. Das mehrstufige städtebauliche Verfahren findet nämlich in der dem Planfeststellungsbeschluß nachfolgenden Baudurchführungsgenehmigung durchaus eine Parallele[160], während umgekehrt die zunehmende Ausweitung der

---

[153] So etwa *Finke*, Die Privilegierung von Fachplanungen nach §38 BauGB, 2001, S. 13ff., 42ff.; *Jarass*, Wirtschaftsverwaltungsrecht und Wirtschaftsverfassungsrecht, 3. Aufl. 1997, §9 Rn. 4ff.; *ders.*, DVBl. 1998, 1202, 1203f. und öfter; *Löwer*, DVBl. 1981, 528, 529, m.w.N.; *Sandner*, Investitionserleichterung und Planungshoheit, 1997, S. 24ff., 49ff., 141ff.; ähnlich auch *Gaentzsch*, in: FS für Schlichter, 1995, S. 517ff., besonders S. 525.

[154] So insbesondere *Forsthoff*, Lehrbuch des Verwaltungsrechts, 10. Aufl. 1973, S. 310f.; dem folgend *Brohm*, Verkehrsberuhigung in Städten, 1985, S. 71f.; vgl. dazu *Breuer*, Die hoheitliche raumgestaltende Planung, 1968, S. 56ff., m.w.N.

[155] Vgl. *Burgi*, JZ 1994, 654, 655; *Kloepfer*, Umweltrecht, 2. Aufl. 1998, §5 Rn. 28ff.; *Schink*, in: Kormann (Hrsg.), Das neue Bundesbaurecht, 1994, S. 103, 106, der richtig darauf abstellt, daß es sich hierbei um eine Frage der Wirkungsweise, nicht jedoch der planerischen Aufgabenstellung handelt.

[156] So die Formulierung bei *Scherg*, Beteiligungsrechte der Gemeinden, 1982, S. 51.

[157] Vgl. nur *Burgi*, JZ 1994, 654, 655, 661; *Ipsen*, VVDStRL 48 (1990), 177, 182f.; *Thurn*, Schutz natürlicher Gewässerfunktionen durch räumliche Planung, 1986, S. 36ff.

[158] Vgl. zum folgenden besonders *Burgi*, JZ 1994, 654, 655f.; *Wahl*, DVBl. 1982, 51ff.; *ders.*, NVwZ 1990, 426f.; in Auseinandersetzung mit den vorgenannten Stimmen auch *Blümel*, in: FS für Hoppe, 2000, S. 3, 19.

[159] So jedoch *Erbguth*, NVwZ 1989, 608, 609.

[160] Näher *Rieger*, in: Blümel/Kühlwetter (Hrsg.), Aktuelle Probleme des Eisenbahnrechts, 1996,

genehmigungsfreien Bauvorhaben[161] die These zu Fall bringt, der Planungscharakter des Bebauungsplanes folge gerade aus der Existenz nachgelagerter Zulassungen.

Insgesamt ist damit festzuhalten, daß die Planfeststellung in strukturell ähnlicher Weise wie die Bauleitplanung eine – sektoral begrenzte – raumgestaltende Planung darstellt, die sich von einfachen Kontrollerlaubnissen kategorisch unterscheidet. Auch wenn – etwa mit der vormaligen atomrechtlichen Genehmigung – verschiedene Zwischenformen von Planungsentscheidung und Kontrollerlaubnis existieren mögen[162], ist an dieser Unterscheidung festzuhalten.

d) Das Planfeststellungsverfahren

Das in §73 VwVfG geregelte Planfeststellungsverfahren hat im Regelfall folgenden Ablauf[163]: Nach der Einreichung des Plans – also eines Konvoluts von Zeichnungen und Erläuterungen über das Vorhaben, seinen Anlaß, die betroffenen Grundstücke und Anlagen – durch den Vorhabenträger bei der Anhörungsbehörde[164] muß diese innerhalb eines Monats die betroffenen Träger öffentlicher Belange beteiligen und die einmonatige öffentliche Auslegung des Plans in den betroffenen Gemeinden veranlassen. Bis zwei Wochen nach Ablauf der Auslegungsfrist können die Betroffenen Einwendungen erheben. Auch die Träger öffentlicher Belange haben innerhalb einer dreimonatigen Frist ihre Stellungnahmen abzugeben. Innerhalb von drei Monaten nach Ablauf der Einwendungsfrist hat die Anhörungsbehörde die rechtzeitig erhobenen Einwendungen und Stellungnahmen mit dem Vorhabenträger, den Behörden, den Einwendungsführern und den Betroffenen zu erörtern.[165] Anschließend leitet die Anhörungsbehörde den Plan, die Behördenstellungnahmen und die nicht erledigten Einwendungen mit einer eigenen Stellungnahme zum Ergebnis des Anhö-

S. 191, 195ff.; *Buchner*, in: Ronellenfitsch/Schweinsberg (Hrsg.), Aktuelle Probleme des Eisenbahnrechts VII, 2002, S. 105, 110ff.; informaler indes die Sicht bei *Lautner/Metz*, VR 1996, 253, 260.

161 In Bayern, das insoweit eine Vorreiterrolle einnimmt, ist nach Art. 70 Abs. 1 BayBauO u.a. die Errichtung oder Änderung von Wohngebäuden geringer Höhe, auch in Form von Doppelhäusern oder Hausgruppen, im Geltungsbereich eines qualifizierten Bebauungsplans genehmigungsfrei. Ein breiter Katalog von Ausnahmen von der Genehmigungspflicht findet sich zudem in Art. 69 BayBauO; vgl. zu diesem Trend insgesamt *Ortloff*, NVwZ 1995, 112ff.

162 Näher *Wahl*, DVBl. 1982, 51, 57ff., sowie umfassend *Börger*, Genehmigungs- und Planungsentscheidungen, 1987.

163 Näher zum Folgenden *Allesch/Häußler*, in: Obermayer, VwVfG, 3. Aufl. 1999, §73 Rn. 8ff.; *Badura*, in: Erichsen (Hrsg.), Allgemeines Verwaltungsrecht, 12. Aufl. 2002, §39 Rn. 32ff.; *Bonk/Neumann*, in: Stelkens/Bonk/Sachs, VwVfG, 6. Aufl. 2001, §73 Rn. 14ff.; *Dürr*, in: Knack, VwVfG, 7. Aufl. 2000, §73 Rn. 12ff.; *Kirchberg*, in: Ziekow (Hrsg.), Praxis des Fachplanungsrechts, 2004, Rn. 1ff.; *Kühling/Hermann*, Fachplanungsrecht, 2. Aufl. 2000, Rn. 477ff.; *Steinberg/Berg/Wickel*, Fachplanung, 3. Aufl. 2000, §2 Rn. 11ff.; *Stüer*, Handbuch des Bau- und Fachplanungsrechts, 2. Aufl. 1998, Rn. 2065ff.

164 Manche Fachgesetze, etwa §1 Abs. 3 MBPlG, gehen davon aus, daß der Plan zunächst bei der Planfeststellungsbehörde eingereicht und durch diese der Anhörungsbehörde übermittelt wird. Dieses Modell soll der Planfeststellungsbehörde eine Vorprüfung der Planfeststellungsunterlagen ermöglichen.

165 Näher zur Funktion dieses Beteiligungsverfahrens als einer formellen planerischen Koordinationsregel nachfolgend im zweiten Kapitel S. 120f.

rungsverfahrens der Planfeststellungsbehörde zu. Die Planfeststellungsbehörde tritt dann in die konkrete Prüfung und Abwägung des vorgelegten Plans ein und schließt das Planfeststellungsverfahren durch Planfeststellungsbeschluß bzw. durch die Ablehnung des Antrags ab.

e) Materielle Anforderungen

Ausgangspunkt für die materiell-rechtlichen Anforderungen an den Planfeststellungsbeschluß ist die der Behörde bzw. dem Vorhabenträger eingeräumte planerische Gestaltungsfreiheit. Rechtliche Schranken ergeben sich insbesondere aus der Erfordernissen der Planrechtfertigung, der Berücksichtigung des materiellen Rechts und des Abwägungsgebots. Der Vorhabenträger muß in den Planfeststellungsunterlagen darlegen, daß das beantragte Vorhaben diesen Anforderungen entspricht, um der Planfeststellungsbehörde die Feststellung des Planes zu ermöglichen.[166]

Wie erwähnt, ist ein Vorhaben bereits dann planerisch gerechtfertigt, wenn es am Maßstab des jeweiligen Fachplanungsgesetzes »vernünftigerweise« geboten ist.[167] Ebenso wie bei der Bauleitplanung sind zudem die berührten Belange gegeneinander und untereinander abzuwägen. Hieraus ergibt sich dabei die Notwendigkeit, für das Vorhaben räumliche und technische *Planungsalternativen* zu entwickeln, soweit sie sich nach Lage der Dinge aufdrängen oder sich anderweitig hätten anbieten müssen.[168] Im Rahmen der Abwägung können entgegenstehende Belange zwar überwunden werden, Grenze und Ausgleichsgebot zugleich bilden jedoch das zwingende materielle Recht[169], erforderliche Schutzauflagen nach § 74 Abs. 2 S. 2 VwVfG sowie die Ziele der Raumordnung, die nach § 4 Abs. 1 Nr. 2 ROG bei sämtlichen Planfeststellungen zu beachten sind.

2. Planfeststellungsähnliche Vorhaben

Die Planfeststellung bildet gleichsam den Idealtyp der projektbezogenen Planung komplexer räumlicher Vorhaben. Die dargestellten planfeststellungsrechtlichen Rechtsgrundlagen decken zwar im Verkehrsbereich den größten Teil der raumbedeutsamen Vorhaben ab, bieten jedoch im Hinblick auf sonstige Infrastrukturvorhaben ein sehr lückenhaftes Bild. Obwohl beispielsweise für Stromfreileitungen, Versorgungsanlagen und ähnliche Einrichtungen seit langem die Einführung der förmli-

---

[166] Näher dazu und zu dem behördlichen Kontrollmaßstab einer »die Planung nachvollziehenden Abwägung« und der Aufgabenverteilung zwischen Vorhabenträger und Planfeststellungsbehörde im fünften Kapitel S. 312ff.

[167] Vgl. bereits oben S. 37f.

[168] Näher BVerwG, Urt. v. 22.3. 1985 – 4 C 15.83 –, BVerwGE 71, 166; BVerwG, Urt. v. 5.12.86 – 4 C 13.85 –, BVerwGE 75, 214; *Forschbach*, Die Pflicht zur Standortalternativenprüfung in der Planfeststellung, 1998, m.w.N.

[169] Dieses zwingende Recht wird nicht etwa »materiell konzentriert« oder zu bloßem Abwägungsmaterial abgestuft; vgl. dazu im zweiten Kapitel S. 121ff.

chen Planfeststellung diskutiert und gefordert wird[170], erfolgten die meisten Planungen für solche Vorhaben bis vor kurzem ohne jede formale Eröffnungskontrolle oder planerische Genehmigung.[171] So sind beispielsweise Fernwärme- oder (Ab-) Wasserleitungen als Leitungsanlagen ebenso wie die Anlagen des öffentlichen Verkehrs von dem Anwendungsbereich der Landesbauordnungen – gewöhnlich in deren § 1 Abs. 2 – ausgenommen[172], bedürfen also keiner Baugenehmigung. In den meisten Fällen hat der Landesgesetzgeber jedoch auch außerhalb des Baurechts kein Genehmigungsverfahren für solche Leitungsanlagen vorgesehen.[173]

Insgesamt hat der Gesetzgeber auf diesem Gebiet eine angemessene Systematik lange vermissen lassen und die Vorhaben nicht ihrer tatsächlichen Bedeutung entsprechend eingestuft. Besonders augenfällig werden gesetzgeberische Wertungswidersprüche, wenn für bestimmte Infrastrukturvorhaben zwar wegen ihrer Raumbedeutsamkeit zunächst ein Raumordnungsverfahren durchzuführen ist, um die Auswirkungen des Vorhabens auf den Raum förmlich zu ermitteln, sich diesem aber keine Planfeststellung oder sonstige Genehmigung anschließt. Die landesplanerische Beurteilung, die das Raumordnungsverfahren in der Regel zum Abschluß bringt und in dem anschließenden Zulassungsverfahren im Rahmen der Abwägung zu berücksichtigen ist[174], läuft weitgehend leer, wo solche Verfahren nicht existieren. Ebenso wenig kommt dann die Pflicht zum Ausgleich von Eingriffen in Natur und Landschaft nach § 19 BNatSchG zum Tragen, da für den Eingriff keine behördliche Entscheidung oder eine Anzeige an eine Behörde vorgeschrieben ist.[175] Auch die Betroffenen, andere Behörden oder andere Planungsträger erhalten keine Gelegenheit, ihre Belange oder konkurrierende Raumansprüche vorzutragen.

Die mangelnde Systemgerechtigkeit im Anwendungsbereich der Planfeststellungen führte im Schrifttum bereits früh zu der These, der allgemeine Gleichheitssatz des

[170] Vgl. etwa *Börner*, Planungsrecht für Energieanlagen, 1973, S. 42ff., m.w.N.; *Breuer*, Die hoheitliche raumgestaltende Planung, 1968, S. 92 (Mineralölfernleitungen); *Evers*, Das Recht der Energieversorgung, 2. Aufl. 1983, S. 81, 263 und öfter; *von Götz*, DVBl. 1999, 1413ff.; *Steiner*, in: FS für Fabricius, 1989, S. 271, 285ff.; *Weidemann*, RdE 1995, 181ff. (für Freileitungen).

[171] Vgl. nur *Kühling/Hermann*, Fachplanungsrecht, 2. Aufl. 2000, Rn. 103ff., 143ff., m.w.N.; einzelne Beispiele auch bei *Kollmer*, DVBl. 1996, 841ff.; *Papier*, Freihaltung von Leitungstrassen durch die Regionalplanung, 1983, S. 1ff.; *Steinberg*, DVBl. 1982, 13, 14; *Wahl*, NVwZ 1990, 426, 427; zu den begrenzten staatlichen Einflußnahmemöglichkeiten im Bereich der Elektrizitätswirtschaft generell *Papier*, in: FS für die Juristische Gesellschaft zu Berlin, 1984, S. 529, 538ff. Vgl. auch *Thurn*, Schutz natürlicher Gewässerfunktionen durch räumliche Planung, 1986, S. 103ff., zu gesetzesfreien Planungen im Wasserrecht.

[172] So etwa Art. 1 Abs. 2 Nr. 3 BayBauO und dazu *Labbé/Wölfel*, BayVBl. 1990, 161, 164; *Lechner*, in: Simon/Busse (Hrsg.), BayBauO, Art. 1 Rn. 93ff., Stand: Mai 1999; ebenso bzw. ähnlich § 1 Abs. 2 LBO BW, § 1 Abs. 2 BauO Bln, § 1 Abs. 2 LBauO RhPf. Vgl. allgemein auch *Langer*, BayVBl. 1989, 641f.; *Steiner*, in: FS für Fabricius, 1989, S. 271, 280ff.

[173] Eine Ausnahme bildet die landesplanerische Trassengenehmigung in Baden-Württemberg. Vgl. dazu *Rieger*, Der Bau von Hochspannungsfreileitungen im Planungsrecht, 1993, S. 69ff.

[174] Vgl. dazu bereits die Nachweise in der Einleitung S. 11.

[175] Vgl. § 20 Abs. 1 BNatSchG und dazu etwa *Louis*, BNatSchG, Bd. 1, 2. Aufl. 2000, § 8 Rn. 59f.; *Lorz/Müller/Stöckel*, BNatSchG, 2. Aufl. 2003, § 20 Rn. 3ff.; *Marzik/Wilrich*, BNatSchG, 2004, § 20 Rn. 2f.

Art. 3 GG verpflichte den Gesetzgebers, umgehend ein energierechtliches Planfeststellungsverfahrens für Freileitungen einzuführen.[176] Noch im Jahr 2002 entschied das Bundesverwaltungsgericht demgegenüber, das Verfassungsrecht und insbesondere die Eigentumsgarantie zwängen den Gesetzgeber nicht, den Bau und Betrieb einer Energieleitung generell einem fachplanerischen Planfeststellungsverfahren mit enteignungsrechtlicher Vorwirkung zu unterwerfen.[177] Diese Rechtsprechung verlagert indes die rechtliche Überprüfung eines solchen Vorhabens im wesentlichen in das Enteignungsverfahren.[178] Seit dem 3. August 2001 ist nach § 11a EnWG und den §§ 20ff. UVPG zumindest für die wichtigsten Versorgungsleitungen ab einer bestimmten Größe ein Planfeststellungsverfahren vorgesehen, wenn und soweit diese Vorhaben einer Umweltverträglichkeitsprüfung bedürfen, während ansonsten eine Plangenehmigung erforderlich ist.[179] Dennoch verbleibt ein Bereich planfeststellungsähnlicher Vorhaben – etwa Gasversorgungsleitungen mit einem Durchmesser von 300 mm oder weniger –, die auch künftig ohne Planfeststellung und meist überhaupt ohne jedes förmliche Genehmigungsverfahren errichtet werden.[180]

Da sich die Planung solcher Vorhaben – unbeschadet der Gesetzeslage – nach der planerischen Aufgabenstellung und in tatsächlicher Hinsicht kaum von den planfeststellungspflichtigen Infrastrukturanlagen unterscheidet, versuchen Rechtsprechung und Schrifttum den Begriff der Fachplanung zunehmend in den Bereich genehmigungsfreier Vorhaben auszudehnen: Fachplanerische Grundsätze sollen mittlerweile auch bei verwaltungsinternen Entscheidungen über genehmigungsfreie Vorhaben zur Anwendung kommen, wenn diese dem materiellen Leitbild der Fachplanung entsprechen.[181] Dies zeigt sich besonders augenfällig in der Übertragung des Abwägungsgebots auf solche Vorhaben und in der damit verbundenen Entwicklung eines materiellen Planungsbegriffes.[182] An dieser Stelle gilt es zunächst nur festzuhalten, daß die Existenz planfeststellungsähnlicher Vorhaben zunehmend anerkannt wird und auch diese materiellen Planungen der Gruppe der Fachplanungen zuzurechnen sind.

3. Nutzungsregelungen

Nutzungsregelungen errichten ein auf konkreten Geboten und Verboten basierendes Nutzungsregime für bestimmte Räume.[183] Typische Beispiele sind die Festset-

[176] So wohl erstmals *Börner*, Planungsrecht für Energieanlagen, 1973, S. 42; vgl. weiter *Hermes*, Infrastrukturverantwortung, 1998, S. 431ff. Allgemeine Kritik an der Rechtslage etwa in BMU (Hrsg.), Umweltgesetzbuch, 1998, S. 1344ff., 1348ff., m. w. N.

[177] BVerwG, Urt. v. 11. 7. 2002 – 4 C 9/00 –, NJW 2003, 230, 232, für die Planung einer 110-kV-Stromfreileitung.

[178] Näher dazu im fünften Kapitel S. 287ff.

[179] Vgl. bereits die Nachweise bereits oben S. 55.

[180] Vgl. dazu *Durner*, in: Ziekow (Hrsg.), Praxis des Fachplanungsrechts, 2004, Rn. 2515, 2545ff.

[181] Dazu besonders *Wahl*, NVwZ 1990, 426, 427; dem folgend *Hermes*, Infrastrukturverantwortung, 1998, S. 369f.; vgl. auch *Steinberg*, DVBl. 1982, 13, 14.

[182] Näher dazu im fünften Kapitel S. 287ff. und S. 315f.

[183] Vgl. zu den einzelnen Fallgruppen *Peine*, Öffentliches Baurecht, 4. Aufl. 2003, Rn. 1286ff.

zung von Wasserschutzgebieten nach §19 WHG und den konkretisierenden Bestimmungen der Landeswassergesetze, von Schutzgebieten nach §22 BNatSchG und den Bestimmungen der Landesnaturschutzgebiete, von Immissionsschutzgebieten nach §49 BImSchG, militärischen Schutzbereichen nach §2 Abs. 1 SchBerG, von Überschwemmungsgebieten nach §32 WHG oder von Lärmschutzbereichen gem. §4 FlugLärmG.

a) Grundlagen

Nutzungsregelungen zielen zwar nicht auf die Zulassung eines Vorhabens, sichern aber ebenso wie die Planfeststellung auf konkreten Flächen durch gestaltende Festsetzungen raumbedeutsame Fachbelange. Vor allem im Bereich des Naturschutzrechts reicht dieser planende und konservierende »Reservatgedanke« zurück bis in die Anfänge des deutschen Umweltschutzes.[184] Auch raumbezogene Nutzungsregelungen zeichnen sich daher durch einen materiellen Planungscharakter aus, da sie über die Zulässigkeit einer Vielzahl räumlicher Nutzungen entscheiden und einen Ordnungsrahmen vorgeben, der andere Raumnutzungsansprüche erheblich beschränkt. Wie bei der Planfeststellung dienen die in Nutzungsregelungen aufgestellten Ge- und Verbote der Sicherung sektoraler Fachbelange. Die Sachgerechtigkeit der gemeinsamen Kategorie der Fachplanung verdeutlicht auch die Tatsache, daß die Rechtswirkungen beider Planungsarten oft identisch sind: Planfeststellungen bilden beispielsweise vielfach die Grundlage für Anbauverbote, die sich etwa aus §16 FStrG oder §16 des Niedersächsischen Deichgesetzes ergeben. Ähnliche Bauverbote folgen aber auch aus zahlreichen Nutzungsregelungen, etwa aus der Festsetzung von Überschwemmungsgebieten nach §32 Abs. 2 S. 1 WHG[185], die in gleicher Weise wie Planfeststellungen in der Nähe bestimmter Gewässer die Zulässigkeit baulicher Nutzungen beschränken.

b) Die Verfahren zum Erlaß von Nutzungsregelungen

Die Verfahren für den Erlaß solcher Nutzungsregelungen und die jeweils beachtlichen materiellen Schranken sind angesichts der Vielfalt der zugrundeliegenden Rechtsgrundlagen wenig einheitlich. Da Nutzungsregelungen meist in Gestalt von Rechtsnormen erlassen werden, ist das Festsetzungsverfahren zumeist in ein entsprechendes Normsetzungsverfahren eingebettet. Nur vereinzelt ist ein plantypisches Verfahren vorgesehen: Ein Beispiel liefert in Hessen der Erlaß der Rechtsver-

---

[184] Vgl. *Kloepfer/Franzius/Reinert*, Zur Geschichte des deutschen Umweltrechts, 1994, S. 70ff.; zur aktuellen Bedeutung etwa *Hoppe/Beckmann/Kauch, Umweltrecht*, 2. Aufl. 2000, §15 Rn. 111ff.; *Kloepfer*, Umweltrecht, 2. Aufl. 1998, §11 Rn. 57ff.; *Louis*, in: Dolde (Hrsg.), Umweltrecht im Wandel, 2001, S. 493, 503ff.; *Sparwasser/Engel/Voßkuhle*, Umweltrecht, 5. Aufl. 2003, §6 Rn. 181ff.

[185] Konkret sind die Überschwemmungsgebiete entsprechend den landesrechtlichen Vorgaben und meist durch Rechtsverordnung festzusetzen, so etwa in Hessen nach §69 HWG.

ordnungen zur Feststellung von Überschwemmungsgebieten nach §69 HWG.[186] Nach §110 Abs. 1 S. 1 HWG sind vor dem Erlaß einer solchen Rechtsverordnung die betroffenen Körperschaften des öffentlichen Rechts sowie die Träger öffentlicher Belange zu hören.[187] Zugleich ist der Entwurf der Rechtsverordnung mit den zugehörigen Plänen einen Monat lang in den betroffenen Gemeinden öffentlich auszulegen, damit Bedenken und Anregungen vorgebracht werden können. Nicht berücksichtigte Einwender sind über das Ergebnis und die Gründe zu unterrichten. In der Praxis findet zudem meist ein Erörterungstermin statt, der im Gesetz allerdings nicht vorgesehen ist.[188] Die Rechtsverordnung soll nach §110 Abs. 2 HWG in den betroffenen Gemeinden ortsüblich bekanntgemacht werden. Diese modernen Vorschriften entsprechen strukturell den Verfahren der Bauleitplanung und der Planfeststellung und unterstreichen damit den raumplanerischen Charakter der zu erlassenden Rechtsverordnung.

c) *Materielle Anforderungen*

Auch materiell ist der Erlaß von Nutzungsregelungen an ganz unterschiedliche Vorgaben gebunden. Die erste und wesentlichste Voraussetzung bildet regelmäßig die nach den Zielsetzungen des einschlägigen Fachgesetzes zu bewertende fachliche Wertigkeit des betroffenen Gebiets: Nach §16 Abs. 1 LNatSchG SH etwa sind Teile der Natur als Naturschutzgebiet, Landschaftsschutzgebiet usw. besonders zu schützen, sofern ein solcher Schutz nach den in den folgenden Bestimmungen genannten ökologischen Kriterien erforderlich ist. Nach §32 Abs. 1 S. 2 WHG setzt die Festlegung von Überschwemmungsgebieten voraus, daß dies zum Erhalt oder zur Verbesserung der ökologischen Strukturen der Gewässer und ihrer Überflutungsflächen, zur Verhinderung erosionsfördernder Eingriffe, zum Erhalt oder zur Rückgewinnung natürlicher Rückhalteflächen oder zur Regelung des Hochwasserabflusses erforderlich ist. Zumeist sind diese Vorgaben jedoch durch allgemeine und unbestimmte Rechtsbegriffe sehr weit gehalten und berücksichtigen weitere räumliche Belange nicht, so daß sich – auch durch die Zuerkennung behördlicher Beurteilungsspielräume – erhebliche planerische Gestaltungsfreiheiten ergeben.[189] Die gemeinsame, mittlerweile für die meisten Nutzungsregelungen anerkannte Schranke bildet wie bei Planfeststellungen und Bauleitplänen das noch zu untersuchende Abwägungsgebot.[190]

---

[186] Näher dazu die eingehende Darstellung in dem Verfahrensbuch des Regierungspräsidiums Gießen, Die wasserrechtlichen Verfahren zur Feststellung von Überschwemmungsgebieten, 2000.

[187] Vgl. zum konkreten Umfang Regierungspräsidium Gießen, Verfahren zur Feststellung von Überschwemmungsgebieten, 2000, S. 12f.

[188] Regierungspräsidium Gießen, Verfahren zur Feststellung von Überschwemmungsgebieten, 2000, S. 8, 13, 17.

[189] Ob es sich um eine Planungsentscheidung handelt, ist freilich umstritten. Vgl. an dieser Stelle nur die Nachweise bei *Dörries*, Das Verhältnis der Bauleitplanung zur raumbeanspruchenden Fachplanung, 2000, S. 49ff. sowie auch nachfolgend im fünften Kapitel S. 279ff. und 284.

[190] Auch dazu näher im fünften Kapitel S. 277ff.

4. Sonstige sektorale Fachplanungen

Gem. §7 Abs. 1 S. 2 ROG ist im Landesplanungsrecht die Aufstellung räumlicher und sachlicher Teilpläne möglich; auf dieser Grundlage ergehen hochstufige fachliche Programme und Pläne, bei denen es sich – ungeachtet ihrer fachlichen Spezialisierung – um einen sachlichen Teilausschnitt der Gesamtplanung handeln soll.[191] Im sechsten Kapitel wird mit der Braunkohlenplanung ein problematischer Anwendungsfall dieser fachbezogenen Gesamtplanung kritisch untersucht werden.[192]

Von diesen nach Darstellung und Inhalt, nicht jedoch von der Aufgabenstellung her fachlich begrenzten *Gesamt*planungen sind – trotz erheblicher Abgrenzungsprobleme in manchen Übergangsbereichen[193] – die sektoralen *Fach*planungen zu unterscheiden, die keine gesamträumlichen Zielsetzungen, sondern fachspezifische Interessen verfolgen. Die Vielzahl dieser sektoralen Fachplanungen wird vielfach als Wildwuchs empfunden.[194] Beispiele sind etwa die Abfallwirtschaftsplanung gem. §§29ff. KrW-/AbfG[195], die wasserwirtschaftliche Rahmenplanung nach §§36ff. WHG[196], die landwirtschaftlichen Fachplanungen[197], forstliche Rahmenpläne nach §7 BWaldG[198], die Krankenhausbedarfsplanung nach §6 des Krankenhausfinanzierungsgesetzes oder die durch die kassenärztlichen Vereinigungen aufzustellende Bedarfsplanung zur Sicherstellung der vertragsärztlichen Versorgung.[199]

Das Wesen dieser »sonstigen Fachplanungen« bleibt zumeist recht unscharf, da das Schrifttum diese Gruppe für gewöhnlich nur durch die negative Abgrenzung von den Planfeststellungen und Nutzungsregelungen umreißt:[200] »Sonstige Fachplanungen« lassen keine Projekte zu und stellen auch kein verbindliches Nutzungsre-

---

[191] *Erbguth/Schoeneberg*, Raumordnungs- und Landesplanungsrecht, 2. Aufl. 1992, Rn. 52, 74; *Hoppe*, in: Hoppe/Menke, Raumordnungs- und Landesplanungsrecht, 1986, Rn. 720ff.; umfassend dazu *Zoubek*, Sektoralisierte Landesplanung, 1983.

[192] Vgl. im sechsten Kapitel S. 377ff.

[193] Vgl. beispielsweise im Agrarbereich die Ausführungen bei *Maichel*, Agrarstrukturelle Planung und räumliche Gesamtplanung, 1982, S. 98f.

[194] Vgl. nur *Köstering*, DÖV 1981, 689, 695; *Wagener*, VVDStRL 37 (1979), 215, 250ff.

[195] *Dammert*, Abfallentsorgungsplanung, 1991, S. 162, m.w.N. zu landesrechtlichen Besonderheiten; *Erbguth*, Die Abfallwirtschaftsplanung, 1997, S. 28f. (Fachplanung des Umweltbereichs); *Sinner*, Die Suche, Festlegung und Durchsetzung von Standorten für Abfallentsorgungsanlagen, 1995, S. 13ff.

[196] Dazu etwa *Thurn*, Schutz natürlicher Gewässerfunktionen durch räumliche Planung, 1986, S. 105ff.

[197] Dazu umfassend *Maichel*, Agrarstrukturelle Planung und räumliche Gesamtplanung, 1982.

[198] Vgl. etwa *Hoppe/Beckmann/Kauch*, Umweltrecht, 2. Aufl. 2000, §16 Rn. 10ff.; *Klose/Orf*, Waldrecht des Bundes und der Länder, 2. Aufl. 1998, §§6 und 7, besonders §6 Rn. 6 zur Stellung der forstlichen Rahmenplanung als Fachplanung. Art. 5 BayWaldG verwendet sogar ausdrücklich den Begriff »Fachplanung«, um den Charakter der bayerischen »Waldfunktionspläne« zu verdeutlichen.

[199] Zum Charakter der vertragsärztlichen Bedarfsplanung als sektorale Fachplanung *Schirmer*, in: Hauck (Hrsg.), Sozialgesetzbuch, §99 SGB V Rn. 3 und 5, Stand: VII/89; weitere Beispiele bei *Dörries*, Das Verhältnis der Bauleitplanung zur raumbeanspruchenden Fachplanung, 2000, S. 41f.

[200] Vgl. etwa *Hoppe*, Grundfragen des Planungsrechts, 1998, S. 293f.; *Peine*, Öffentliches Baurecht, 4. Aufl. 2003, Rn. 28; *Koch/Hendler*, Baurecht, Raumordnungs- und Landesplanungsrecht, 3. Aufl. 2001, §1 Rn. 21.

gime auf, sondern zielen auf die sektorale Beeinflussung durch Integration in andere Planungsverfahren. Daher mag ein gemeinsames Kennzeichen in der für gewöhnlich fehlenden oder nur partiellen Außenverbindlichkeit liegen.[201] Die Verfahren zur Erarbeitung solcher Planungen haben jedenfalls oft informalen Charakter, und auch die – sehr uneinheitlichen – Rechtsformen der sektoralen Fachplanungen sind meist oft auf bloßes Innenrecht beschränkt, obwohl ihre Festsetzungen – etwa als Grundlage nachfolgender Investitionsentscheidungen – eine erhebliche tatsächliche Bedeutung entfalten können.[202]

Das wohl am häufigsten erwähnte Beispiel einer sektoralen Fachplanung ist die Landschaftsplanung:[203] Landschaftspläne sollen nach § 16 Abs. 1 S. 1 BNatSchG die überörtlichen Erfordernisse und Maßnahmen zur Verwirklichung der Ziele des Naturschutzes und der Landschaftspflege für den Bereich eines Landes in Landschaftsprogrammen oder Landschaftsrahmenplänen darstellen. Sie liefern damit eine Art sektorales Fachgutachten für nachfolgende Pläne und Einzelentscheidungen. Das Bundesrecht läßt die Rechtswirkungen dieser Pläne offen und überantwortet die Entscheidung über ihre Verbindlichkeit in § 16 Abs. 2 S. 1 BNatSchG den Ländern. Verbindlichkeit gewinnen die in verschiedenen Stufen zu erstellenden Landschaftspläne in aller Regel nicht aus sich selbst, sondern erst durch ihre Integration in die Raumordnung und in die Bauleitplanung. Dabei finden sich im Landesrecht vor allem die Modelle der Primärintegration und der Sekundärintegration.[204] So legt beispielsweise § 6 Abs. 4 S. 2 LNatSchG SH fest, daß die zur Übernahme geeigneten Inhalte der Landschaftspläne, die bereits die sektorale Abwägung nach § 1 Abs. 2 BNatSchG a.F. (§ 2 Abs. 1 BNatSchG 2002) durchlaufen haben[205], »nach Maßgabe des § 1 Abs. 6 BauGB« – also erst nach erneuter Abwägung mit allen anderen relevanten Belangen und Planungen – in die Bauleitpläne zu übernehmen sind.[206]

Demnach müssen die ökologischen Festsetzungen der Landschaftsplanung wie bei jeder anderen Raumplanung auch zunächst durch das »Nadelöhr der allseitigen Abwägung aller Raumansprüche« gehen, ehe sie rechtliche Verbindlichkeit erlan-

---

[201] Vgl. *Brohm*, JuS 1986, 776, 778; *Dörries*, Das Verhältnis der Bauleitplanung zur raumbeanspruchenden Fachplanung, 2000, S. 42ff.

[202] *Brohm*, DVBl. 1980, 653, 654f.

[203] Vgl. etwa aus neuerer Zeit *Bönsel*, LKV 2002, 218ff.; *Hoppe/Beckmann/Kauch*, Umweltrecht, 2. Aufl. 2000, § 15 Rn. 40ff.; *Finkelnburg/Ortloff*, Öffentliches Baurecht, Bd. I, 5. Aufl. 1998, S. 302ff.; *Gassner*, NuR 1993, 118ff.; *Louis*, BNatSchG, Bd. 1, 2. Aufl. 2000, Einführung zu den §§ 5–7 Rn. 1; *Peine*, Öffentliches Baurecht, 4. Aufl. 2003, Rn. 1338; *Ramsauer*, NuR 1993, 108, mit Ausführungen zur Figur der »querschnittsorientierten Fachplanung« auf S. 109.

[204] Näher dazu *Baumeister*, Die Integration der örtlichen Landschaftsplanung in die Bauleitplanung, 1992, S. 65ff.; *Gassner*, in: Gassner/Bendomir-Kahlo/Schmidt-Räntsch, BNatSchG, 2. Aufl. 2003, § 16 Rn. 11ff.; *Hoppe/Beckmann/Kauch*, Umweltrecht, 2. Aufl. 2000, § 15 Rn. 54ff.; *Kloepfer*, Umweltrecht, 2. Aufl. 1998, § 11 Rn. 28; *Pfeifer*, Landschaftsplanung und Bauleitplanung, 1989, S. 21ff.; *Pohl*, in: Himmelmann/Pohl/Tünnesen-Harmes, Handbuch des Umweltrechts, Stand: 1995, Kap. B 7 Rn. 21; *Ramsauer*, NuR 1993, 108, 109ff., 114ff.

[205] Vgl. zur Geltung des Abwägungsgebots für die Landschaftsplanung nachfolgend im fünften Kapitel S. 278f.

[206] Vgl. zu dieser Auslegung BVerfG, Beschl. v. 7. 5. 2001 – 2 BvK 1/00 –, BVerfGE 103, 332, 379ff.

gen.[207] In einigen Ländern besitzen Landschaftspläne zwar ausnahmsweise Allgemeinverbindlichkeit, nämlich dann, wenn sie als selbständige Satzungen oder Rechtsverordnungen erlassen werden.[208] Auch in diesem Fall ist indes eine Abwägung der konkurrierenden Raumnutzungsansprüche geboten.[209] Entsprechendes gilt für alle sektoralen Fachpläne, etwa für forstliche Rahmenpläne, deren Festsetzungen gem. §7 Abs. 3 BWaldG erst »unter Abwägung mit den anderen raumbedeutsamen Planungen und Maßnahmen« nach Maßgabe der landesplanungsrechtlichen Vorschriften der Länder in die Raumordnungspläne aufgenommen werden.[210] Auch an diesem Kennzeichen beweist sich somit die strukturelle Einheit der hier behandelten fachplanerischen Untergruppen.

VI. Das Ineinandergreifen der Planungen in mehrstufigen Planungsprozessen

1. Raumplanung als mehrstufiger Konkretisierungsprozeß

Damit sind die wesentlichen im Rahmen der vorliegenden Studie behandelten Planungsarten in ihren Grundzügen vorgestellt. Was dieser Überblick allerdings vielleicht noch nicht in ausreichendem Maß vermittelt, ist das zeitliche und rechtliche Zusammenspiel der einzelnen Planungsarten sowie die Tatsache, daß die einzelnen Fachplanungen und Gesamtplanungen nicht beziehungslos nebeneinanderstehen, sondern neben einem Konkurrenz- auch in ein Stufenverhältnis treten können. Raumplanung zieht sich über einen längeren Zeitraum und verschiedene Konkretisierungsstufen hin, ist zudem auf künftige Verwirklichung angelegt und daher nur als dynamischer Prozeß zu verstehen.[211] Dieser Prozeß findet zwar im Regelfall in einer bestimmten Planungsentscheidung seinen Niederschlag, durchläuft jedoch bereits vorher rechtlich relevante Zwischenstadien. Die hierarchische und zeitliche Abfolge einzelner planerischer Festlegungen und der damit verbundene Konkretisierungsprozeß sind bei der gesamträumlichen Planung, die sich in dem hierarchischen Aufbau der vier Gesamtplanungsebenen durch immer konkretere und räumlich schärfere Festlegungen auszeichnet, besonders augenfällig. Dieselben Merkmale gelten jedoch auch für die Fachplanung, besonders dann, wenn sie in besonderer

---

[207] So etwa *Hahn*, Das Recht der Landschaftsplanung, 1991, S. 60ff.; *Ramsauer*, NuR 1993, 108, 109.

[208] Vgl. *de Witt/Dreier*, in: Hoppenberg (Hrsg.), Handbuch des öffentlichen Baurechts, Stand: März 1999, Kap. E. Rn. 204; *Kloepfer*, Umweltrecht, 2. Aufl. 1998, § 11 Rn. 31; *Pohl*, in: Himmelmann/Pohl/Tünnesen-Harmes, Handbuch des Umweltrechts, Stand: 1995, Kap. B 7 Rn. 32.

[209] *Runkel*, DVBl. 1992, 1402, 1406; vgl. auch *Louis*, BNatSchG, Bd. 1, 2. Aufl. 2000, § 5 Rn. 11.

[210] Näher *Klose/Orf*, Waldrecht des Bundes und der Länder, 2. Aufl. 1998, § 7 Rn. 6ff., mit Behandlung der landesrechtlichen Besonderheiten in Rn. 11. In Bayern können die als Waldfunktionspläne bezeichneten forstlichen Pläne gem. Art. 6 S. 2 BayWaldG i.V.m. Art. 15 S. 1 BayLPlG auch selbst Ziele der Raumordnung enthalten. Vgl. dazu und zu den besonderen Anforderungen *Zerle/Hein/Brinkmann/Foerst/Stöckel*, Forstrecht in Bayern, Art. 6 BayWaldG Erl. 6ff., Stand: Jan. 2000.

[211] *Ronellenfitsch*, Einführung in das Planungsrecht, 1986, S. 3.

Beziehung zur Gesamtplanung steht. Eine Brückennorm dieser Art ist beispielsweise Art. 10 Abs. 2 S. 1 BayNatSchG, wonach Landschaftsschutzgebiete vornehmlich in Gebieten festgesetzt werden sollen, in denen nach den Zielen im Regionalplan den Belangen des Naturschutzes und der Landschaftspflege besonderes Gewicht zukommt.[212]

2. Das Beispiel der Fernstraßenplanung

Das Verfahren der Fernstraßenplanung verdeutlicht diesen stufenförmigen Planungsprozeß besonders plastisch und soll hier ganz beispielhaft und lediglich im Überblick anstelle anderer Fachplanungen und planerischer gestufter Verwaltungsverfahren vorgestellt werden.[213]

a) Die gesetzliche Bedarfsplanung

Die Planung von Bundesfernstraßen erfolgt in mehreren Stufen und nimmt in der Regel ein bis zwei Jahrzehnte in Anspruch.[214] Auf der ersten Planungsstufe, der gesetzlichen Bedarfsplanung, erstellt der Bund auf der Grundlage von Bedarfsanmeldungen der Länder einen Bedarfsplan, der in den Bundesverkehrswegeplan der Bundesregierung integriert wird. Anschließend schreibt der Gesetzgeber durch die förmliche Aufnahme des Bedarfsplans in das Fernstraßenausbaugesetz den Bedarf für das einzelne Vorhaben für nachfolgende Linienbestimmungen und Planfeststellungen verbindlich fest (§ 1 Abs. 2 FStrAbG).[215]

b) Die Ausbauplanung

Im Zuge der anschließenden straßenrechtlichen Ausbauplanung stellt das Bundesverkehrsministerium gem. § 5 Abs. 1 FStrAbG konkrete Ausbaupläne auf, die die Verwirklichung der Vorhaben der Bedarfspläne nach ihrer Dringlichkeit steuern.[216]

---

212 Näher *Egner*, in: Engelhardt/Brenner/Fischer-Hüftle (Hrsg.), Naturschutzrecht in Bayern, Art. 10 BayNatSchG Erl. 6, Stand: Sept. 1993.

213 Vgl. zu Flughafenplanungen, die sich durch vergleichbare Mehrstufigkeit auszeichnen, etwa *Bäumler*, DÖV 1981, 43, 44ff.; weitere Beispiele bei *Salis*, Gestufte Verwaltungsverfahren, 1991, S. 83ff.

214 Vgl. zum folgenden BMU (Hrsg.), Umweltgesetzbuch (UGB-KommE), 1998, S. 1324ff.; *Bogs*, Die Planung transeuropäischer Verkehrsnetze, 2002, S. 201ff.; *Gottschewski*, Zur rechtlichen Durchsetzung von europäischen Straßen, 1998, S. 19ff.; *Jürgensen*, Gemeinschaftsrechtlicher und nationaler Grundrechtsschutz bei der Realisierung transeuropäischer Verkehrsnetze, 1998, S. 117ff. (die drei Letztgenannten unter zusätzlicher Berücksichtigung der transeuropäischen Vorgaben); *Lautner/Metz*, VR 1996, 253ff.; *Steinberg/Berg/Wickel*, Fachplanung, 3. Aufl. 2000, § 7 Rn. 41ff.; *Wagner*, NVwZ 1992, 232ff.; vgl. auch *Rinke*, in: Kodal/Krämer (Hrsg.), Straßenrecht, 6. Aufl. 1999, Kap. 32 Rn. 7.8ff.; *Spannowsky*, UPR 2000, 418, 423ff.; vor allem tatsächliche Defizite dieses Vorgehens untersucht zuletzt *Lewin*, Gestufte Planung von Bundesverkehrswegen, 2003, S. 32ff.

215 Näher zu dieser gesetzlichen Bedarfsplanung im siebten Kapitel S. 422ff.

216 Näher *Gottschewski*, Zur rechtlichen Durchsetzung von europäischen Straßen, 1998, S. 20ff.;

Auf Bundesebene bilden diese Fünfjahrespläne den Rahmen für die dem jährlichen Haushaltsgesetz gemäß Art. 3 StrFinG beizufügenden Straßenbaupläne.

c) Das Raumordnungsverfahren

Dem folgt auf einer dritten Stufe das bereits erwähnte Raumordnungsverfahren. Um die gesamträumlichen Belange im Rahmen einer konkreten Fachplanung zu sichern, soll das Raumordnungsverfahren ermitteln, ob das Fernstraßenvorhaben mit den Erfordernissen der Raumordnung übereinstimmt und wie es auf andere Raumbelange abgestimmt werden kann. Die das Raumordnungsverfahren abschließende landesplanerische Beurteilung entfaltet keine Wirkung nach außen, ist jedoch in dem anschließenden Planfeststellungsverfahren im Rahmen der Abwägung zu berücksichtigen.[217]

d) Die Linienbestimmung

Anschließend oder auch parallel dazu erfolgt die Linienbestimmung durch das Bundesverkehrsministerium nach § 16 Abs. 1 FStrG, die durch eine Grobtrassierung den Anfang und das Ende, den grundsätzlichen Verlauf der Trasse sowie die Verknüpfung der Fernstraße mit dem vorhandenen Netz festlegt.[218] Der Neubau von Ortsumgehungen ist vom Anwendungsbereich dieses Instituts mittlerweile ausgenommen. Wie die landesplanerische Beurteilung geht die – verwaltungsintern verbindliche – Linienbestimmung in den nachfolgenden Planfeststellungsbeschluß ein und ist nur mit diesem gerichtlich überprüfbar; eine Außenwirkung für Dritte entfaltet sie nicht.[219] In den Landesstraßengesetzen ist eine – auch für Wasserstraßen[220] und bis 1999 zum Teil auch für Eisenbahnen erforderliche[221] – der Planfeststellung voraus-

---

Steinberg/Berg/Wickel, Fachplanung, 3. Aufl. 2000, § 7 Rn. 58ff.; vgl. auch *Lautner/Metz*, VR 1996, 253, 254; *Ronellenfitsch*, in: Marschall/Kastner, FStrG, § 16 Rn. 20.

[217] Umfassend dazu *Dickschen*, Das Raumordnungsverfahren im Verhältnis zu den fachlichen Genehmigungs- und Planfeststellungsverfahren, 1987; *Numberger*, in: Zeitler (Hrsg.), BayStrWG, Art. 35 Rn. 23, Stand: Dez. 1994; *Schlosser*, in: Marschall/Kastner, FStrG, 5. Aufl. 1998, § 9a Rn. 13ff.; für eine Bindungswirkung etwa *Bussek*, Die Wirksamkeit von Raumordnungsverfahren, 1987, S. 51ff., 57ff., m.w.N.; zum systematischen Standort des Raumordnungsverfahrens auch *Eusterbrock*, Raumverträglichkeitsprüfung auf Bundesebene, 1987, S. 32ff.; vgl. auch bereits in der Einleitung S. 11.

[218] Näher *Ibler*, DVBl. 1989, 76ff.; *Lautner/Metz*, VR 1996, 253, 256f.; *Kühling/Hermann*, Fachplanungsrecht, 2. Aufl. 2000, Rn. 247ff.; *Rinke*, in: Kodal/Krämer (Hrsg.), Straßenrecht, 6. Aufl. 1999, Kap. 33 Rn. 1ff.; *Ronellenfitsch*, in: Marschall/Kastner, FStrG, § 16 Rn. 19ff., 23, 30; *Steiner*, NVwZ 1994, 313, 315.

[219] Vgl. zu dieser sehr strittigen Frage die Ausführungen und Nachweise im zweiten Kapitel S. 128f. sowie im achten Kapitel S. 472.

[220] Vgl. § 13 Abs. 1 S. 1 WaStrG und dazu *Friesecke*, WaStrG, 4. Aufl. 1999, § 13 Rn. 1ff.

[221] Bis zum 31. 12. 1999 bestimmte nach § 2 Abs. 1 VerkPBG der Bundesverkehrsminister in den neuen Ländern auch für die Schienenwege die Linienführung. Vgl. dazu BVerwG, Urt. v. 29. 11. 1995 – 11 VR 15/95 –, NVwZ 1997, 165ff.; *Heinze*, Eisenbahn-Planfeststellung, 1997, S. 170. Allgemeiner zu der – mittlerweile allein auf Bundesfernstraßen anwendbaren und weitgehend überflüssigen –

laufende Linienbestimmung nur vereinzelt vorgesehen.[222] Soweit das Fachplanungsrecht das Institut nicht erwähnt, bildet die Linienbestimmung jedoch einen Bestandteil der internen Planung.[223]

e) Der Vorentwurf

Hohe praktische Bedeutung hat der im Schrifttum meist unerwähnte Vorentwurf. Nach §24 Abs. 1 S. 1 BHO dürfen Ausgaben und Verpflichtungsermächtigungen für Baumaßnahmen erst veranschlagt werden, wenn Pläne und Unterlagen vorliegen, aus denen u.a. die Kosten der Baumaßnahme, die vorgesehene Finanzierung und der Zeitplan ersichtlich sind. Nach §54 Abs. 1 BHO dürfen zudem größere Baumaßnahmen nur begonnen werden, wenn ausführliche Entwurfszeichnungen und Kostenberechnungen vorliegen.[224] Hierzu werden auf Grundlage einer Reihe von Richtlinien die Kosten abgeschätzt, die zur Verwirklichung der Fernstraße in den Haushalt einzustellen sind, und die Entwürfe der Planfeststellungsunterlagen erarbeitet.

f) Flankierende (Gesamt-)Planungen

Gewöhnlich werden in diesem Stadium auch verschiedene flankierende Planungen durchgeführt, um das Vorhaben zu sichern. Als in Aussicht genommene Planung soll die Fernstraße nach §5 Abs. 4 BauGB in den Flächennutzungsplan nachrichtlich übernommen werden.[225] Auf der Ebene der hochstufigen Landesplanung können bindende Ziele der Raumordnung aufgestellt werden, um die Trasse freizuhalten[226], die über das hierarchische System der Gesamtplanung auch gegen den Willen betroffener Kommunen in die nachfolgenden Regional- und Flächennutzungspläne zu übernehmen sind.[227] Als flankierende Nutzungsregelungen können nach §9a Abs. 3 FStrG durch Rechtsverordnung der Landesregierungen Planungsgebiete festgesetzt werden, die die betreffenden Flächen wie eine Veränderungssperre nach §9a Abs. 1

Vorschrift über die Linienbestimmung für Verkehrswege des Bundes in §2 Abs. 1 S. 1 VerkPBG *Ronellenfitsch*, in: Blümel (Hrsg.), Verkehrswegerecht im Wandel, 1994 S. 179, 188f., *Wickel*, NVwZ 2001, 16, 17f.

222 Vgl. *Steinberg/Berg/Wickel*, Fachplanung, 3. Aufl. 2000, §7 Rn. 79. So geht nach §37 Abs. 2 S. 1 StrWG NW dem Bau neuer oder der wesentlichen Änderung bestehender Landesstraßen und Kreisstraßen eine Linienabstimmung voraus, die den grundsätzlichen Verlauf, die Streckencharakteristik und die Netzverknüpfung beinhaltet. Sie erfolgt in einem Verfahren, an dem die Bürger und Träger öffentlicher Belange zu beteiligen sind. Näher dazu *Walprecht/Cosson*, StrWG NW, 1984, Rn. 328f., 372.

223 Vgl. *Krämer*, in: Kodal/Krämer (Hrsg.), Straßenrecht, 6. Aufl. 1999, Kap. 33 Rn. 5.3; *Numberger*, in: Zeitler (Hrsg.), BayStrWG, Art. 35 Rn. 12a, Stand: Dez. 1994.

224 Näher dazu *Piduch*, Bundeshaushaltsrecht, §24 BHO Erl. 3ff., Stand: Juli 1992, und §54 BHO Erl. 1ff., Stand: Jan. 1996.

225 Vgl. zur Bedeutung dieser Regelung im zweiten Kapitel S. 99ff.

226 *Kühling/Hermann*, Fachplanungsrecht, 2. Aufl. 2000, Rn. 251.

227 Vgl. oben S. 44f. sowie im zweiten Kapitel S. 102ff.

FStrG gegen Veränderungen absichern.[228] Die Straße ist dann bereits Gegenstand zahlreicher planerischer Festsetzungen, ehe das eigentliche Planfeststellungsverfahren beginnt.

g) *Die Planfeststellung*

Erst als siebte Stufe folgt die eigentliche Planfeststellung nach §17 FStrG, die für gewöhnlich in einzelne Planfeststellungsabschnitte untergliedert wird[229], die jedoch im Regelfall eine selbständige Verkehrsfunktion erfüllen müssen, um Gegenstand einer eigenständigen Planung zu sein.[230] Vom Beginn der Auslegung der Pläne im Planfeststellungsverfahren greift die Veränderungssperre nach §9a Abs. 1 FStrG. Der Planfeststellungsbeschluß stellt die Zulässigkeit des Vorhabens im Hinblick auf alle von ihm berührten öffentlichen Belange fest (§75 Abs. 1 VwVfG) und kann von Betroffenen gerichtlich angefochten werden. Die nachfolgende Baudurchführungsgenehmigung als Freigabe der Bauausführungsplanung[231] ist demgegenüber im Regelfall lediglich für das Verhältnis zwischen dem Vorhabenträger und der Planfeststellungsbehörde relevant.

3. Ausblick

Das Beispiel der Fernstraßenplanung verdeutlicht einige weitere Charakteristika der Raumplanung, namentlich ihren Prozeßcharakter, ihre Komplexität und die Interdependenz der einzelnen Planungen: Die Fernstraßenplanung konkretisiert sich in stufenförmigen Schritten, wobei die einzelnen Konkretisierungen teilweise in rechtswirksamen Festsetzungen (Planungsgebiete), teilweise in rein verwaltungsinternen Schritten wie der Linienbestimmung erfolgen. Obwohl es sich um ein fachplanerisches Vorhaben handelt, bestehen Schnittstellen zur Gesamtplanung, die dazu führen, daß einerseits die Gesamtplanung Vorgaben für die Straßenplanung entwickelt, andererseits die Straßenplanung an verschiedenen Stellen Eingang in die Gesamtpläne findet. Dabei unterliegt ein konkretes Fernstraßenvorhaben den planerischen Festsetzungen verschiedener Entscheidungsträger, so daß u.a. der Bundestag, der Bundesverkehrsminister und die Länder – bei der Aufnahme des Vorhabens in das Landesraumordnungsprogramm vielfach auch die Landtage – auf die Gestaltung des Vorhabens einwirken. Diese Beteiligung verschiedener Planungsträger erhöht nicht nur die Anfälligkeit des Planungsprozesses für Interessenkonflikte. Vielmehr müssen Interessendivergenzen und Konflikte in einem derart komplexen,

---

[228] Näher dazu *Schlosser*, in: Marschall/Kastner, FStrG, 5. Aufl. 1998, §9a Rn. 13ff.

[229] Vgl. nur *Kühling/Hermann*, Fachplanungsrecht, 2. Aufl. 2000, Rn. 256ff.

[230] Vgl. BVerwG, Beschl. v. 26. 6. 1992 – 4 B 1 bis 11/92 –, NVwZ 1993, 572, 573; Urt. v. 2. 11. 1992 – 4 B 205/92 –, NVwZ 1993, 887, 889; einschränkend VGH München, Urt. v. 6. 8. 2001 – 15 N 99.463 –, DVBl. 2002, 720; vgl. auch *Kühling/Hermann*, Fachplanungsrecht, 2. Aufl. 2000, Rn. 259; *Steinberg/Berg/Wickel*, Fachplanung, 3. Aufl. 2000, §3 Rn. 44f., alle m.w.N.

[231] Vgl. dazu bereits oben S. 59f.

multipolaren Entscheidungsprozeß auch juristisch kompliziertere Fragen aufwerfen als sie in einem homogenen, hierarchischen Entscheidungssystem zu bewältigen wären. Vor diesem Hintergrund stellt sich die Frage, welche Mechanismen und Instrumente der Gesetzgeber vorgesehen hat, um Konflikte innerhalb des durch ihn selbst entworfenen Raumplanungssystems zu lösen. Dieser einfachgesetzliche Rahmen soll im anschließenden zweiten Kapitel untersucht werden.

Zweites Kapitel

Der einfachgesetzliche Rahmen

I. Die Bewältigung von Raumplanungskonflikten durch einfaches Recht

Die Regelung von Planungskonflikten ist ebenso wie die Schaffung von angemessenen Mitwirkungsrechten und Beteiligungsformen vornehmlich Aufgabe des Gesetzgebers.[1] In erster Linie sollte sich dabei der Bund zu gesetzgeberischem Handeln aufgerufen fühlen, nachdem das Bundesverfassungsgericht in seinem Bodengutachten vom 16. Juni 1954 feststellte, daß die Einpassung der verschiedenen Pläne ineinander dem Kompetenztitel der Raumordnung zuzuordnen sei.[2] Die Fragen der Rechtswirkung der Pläne verschiedener Stufen oder verschiedenen Inhaltes könnten somit rahmenrechtlich durch den Bundesgesetzgeber geregelt werden, und der Bund wäre kompetenzrechtlich in der Lage, im Rahmen seiner Gesetzgebungszuständigkeit für das Bodenrecht und unter Beachtung der in den folgenden Kapiteln noch zu erörternden materiell-rechtlichen Vorgaben jedenfalls das Verhältnis der Gesamtplanung zu sämtlichen Fachplanungen zu normieren.[3]

Dieser Aufgabe kommt der Gesetzgeber freilich nur schleppend nach und hat – ähnlich wie bei der Frage des Verhältnisses konkurrierender Vorhabengenehmigungen[4] – von einer grundsätzlichen Klärung abgesehen und statt dessen die Konkurrenzen und Konflikte räumlicher Planungen lediglich durch zumeist punktuelle Regelungen angesprochen.[5] Die gesetzgeberische Zurückhaltung mag darauf zurückzuführen sein, daß das Verhältnis bestimmter Planungen lange Zeit durch die Verfassung vordeterminiert erschien und beispielsweise der Vorrang der Straßen- und Eisenbahnplanungen des Bundes lange Zeit ganz selbstverständlich auf den Grundsatz »Bundesrecht bricht Landesrecht« sowie auf den Spezialitätsgrundsatz gestützt wurde.[6] Als diese Regeln ihre allgemeine Akzeptanz verloren, scheinen

---

1 Vgl. OVG Münster, Urt. v. 11. 1. 1999 – 7 A 2377/96 –, NuR 1999, 704, 707; *Schmidt-Aßmann*, Grundfragen des Städtebaurechts, 1972, S. 133.

2 BVerfG, Gutachten v. 16. 6. 1954 – 1 PBvV 2/52 –, BVerfGE 3, 407, 428.

3 *Breuer*, Die hoheitliche raumgestaltende Planung, 1968, S. 199, m.w.N.

4 Vgl. dazu *Jarass*, Konkurrenz, Konzentration und Bindungswirkung von Genehmigungen, 1983, der zusammenfassend auf S. 103 eine »echte Rechtslücke« diagnostiziert.

5 So etwa BVerwG, Urt. v. 12. 2. 1988 – 4 NB 4/88 –, Buchholz 310 § 47 VwGO Nr. 22; *Dörries*, Das Verhältnis der Bauleitplanung zur raumbeanspruchenden Fachplanung, 2000, zusammenfassend S. 197f.; *Jäde*, BayVBl. 1988, 385; *Paetow*, UPR 1990, 321, 322; *Ronellenfitsch*, Einführung in das Planungsrecht, 1986, S. 12.

6 So im älteren Schrifttum etwa noch *Marschall*, FernStrG, 3. Aufl. 1972, § 17 Rn. 8; *Radecke*, in: Haustein (Hrsg.), Die Eisenbahnen im deutschen öffentlichen Recht, 1960, S. 339f., m.w.N.; vgl.

jedoch auch Meinungsverschiedenheiten im Gesetzgebungsprozeß zwischen Bund, Ländern und Gemeinden im Hinblick auf ihre Rolle als Planungsträger den Erlaß klarstellender Kollisions- und Koordinationsregeln verhindert zu haben.[7] Vielfach beschränkte sich der Gesetzgeber daher auf die – verzögerte – Übernahme der zuvor durch die Rechtsprechung entwickelten Grundsätze. Da die Gerichte, um ein Beispiel zu nennen, unmittelbar aus Art. 28 Abs. 2 GG einen Anspruch der Gemeinden auf Anhörung und Berücksichtigung ihrer Interessen bei Eingriffen in ihre Planungshoheit anerkannt hatten[8], hielt der Gesetzgeber offenbar eine explizite Regelung dieser Anhörung jahrzehntelang für überflüssig. Erst im Zuge der Vereinheitlichung des Planfeststellungsverfahrens im Verwaltungsverfahrensgesetz regelte der Bund schließlich auf der Grundlage des durch Rechtsprechung und Wissenschaft Erarbeiteten die zwingend vorgegebene Beteiligung der Gemeinde an Fachplanungen auf ihrem Gemeindegebiet.[9]

Trotz solcher und anderer gesetzgeberischen Fortschritte[10] gelten viele Kollisionsprobleme des Raumplanungsrechts als weiterhin noch nicht ausreichend geklärt[11] bzw. – soweit gesetzliche Regelungen existieren – als unbefriedigend

zum Kontext auch *März*, in: Dreier (Hrsg.), GG, Bd. II, 1998, Art. 31 Rn. 8ff. Näher behandelt diese zum Teil historischen allgemeinen Grundsätze das nachfolgende dritte Kapitel.

[7] Vgl. etwa die Darstellung der Schwierigkeiten und Widerstände gegen den Erlaß des § 7 BauGB bzw. dessen Vorgängerregelung im Bundesbaugesetz bei *Bielenberg/Runkel*, in: Ernst/Zinkahn/Bielenberg (Hrsg.), BauGB, § 7 Rn. 1, Stand: Feb. 2000.

[8] BVerfG, Beschl. v. 7.10. 1980 – 2 BvR 584, 598, 599 und 604/76 –, BVerfGE 56, 298, 315f.; Beschl. v. 17.7. 1996 – 2 BvF 2/93 –, BVerfGE 95, 1, 26f.; Beschl. v. 7.1. 1999 – 2 BvR 929/97 –, NVwZ 1999, 520, 521, m.w.N. Vor diesen Urteilen war ein solcher Anspruch auch in der Literatur nicht anerkannt. *Lange*, Verkehr und öffentliches Recht, 1974, S. 300f., hielt eine Anhörung der Gemeinden immerhin für »sinnvoll«. Mittlerweile findet die Rechtsprechung jedoch breite Zustimmung. Vgl. etwa *Brockmeyer*, in: Schmidt-Bleibtreu/Klein, GG, 9. Aufl. 1999, Art. 28 Rn. 13c; *Czybulka*, Die Legitimation der öffentlichen Verwaltung, 1989, S. 244f.; *Dürr*, in: Brügelmann (Hrsg.), BauGB, § 38 Rn. 10, Stand: Mai 1990; *Gern*, Kommunalrecht, 2. Aufl. 1997, Rn. 170; *Hendler*, JuS 1979, 618, 622; *Henrich*, Kommunale Beteiligung in der Raumordnung und Landesplanung, Bd. 1, 1981, S. 39ff.; *Kim*, Gemeindliche Planungshoheit und überörtliche Planungen, 1998, S. 163ff.; *Koch*, in: FS für Schlichter, S. 461, 475; anders *Braese*, Das Gegenstromverfahren in der Raumordnung, 1982, S. 176f., der das Beteiligungsrecht unabhängig von Art. 28 GG für alle Planverfahren aus dem Raumordnungsgesetz ableitet. Mit dem Rechtsstaatsprinzip argumentiert hingegen *Langer*, VerwArch 80 (1988), 352, 355, 357, m.w.N. Kritisch zum weiten Anwendungsbereich des so zugestandenen Rechts *Lerche*, in: FS für den BayVGH, 1979, S. 223, 225ff.

[9] Soweit es an fachgesetzlichen Regelungen, wie beispielsweise in § 17 Abs. 3a FStrG, fehlt, greift nunmehr nach § 72 Abs. 1 VwVfG die allgemeine Regelung über die Beteiligung der Träger öffentlicher Belange in § 73 Abs. 2 und 3 VwVfG bzw. der Betroffenen nach § 73 Abs. 1 und 4 VwVfG (vgl. dazu nachfolgend S. 120f. Eines Rückgriffs auf die Verfassung bedarf es daher – entgegen der Auffassung von *Sandner*, DÖV 1998, 586, 587, – nicht mehr.

[10] Weitere Beispiele liefern die Übernahme der durch die höchstrichterliche Judikatur entwickelten Abwägungsgrundsätze, etwa die Unterscheidung von Abwägungsvorgang und Abwägungsergebnis, die der Gesetzgeber in den § 214 Abs. 3 BauGB, § 75 Abs. 1a VwVfG, § 10 Abs. 2 Nr. 2 ROG oder § 17 Abs. 6c FStrG der Sache nach lediglich rezipiert hat (näher dazu im fünften Kapitel S. 324), oder der Erlaß des § 78 VwVfG im Jahr 1973, der die bis dahin höchst umstrittene Frage des Zusammentreffens von Planfeststellungen (zur alten Rechtslage etwa noch *Börner*, Planungsrecht für Energieanlagen, 1973, S. 38ff.) geregelt hat.

[11] Vgl. etwa *Erbguth*, NVwZ 1989, 608; *Heinze*, BBauG, 2. Aufl. 1980, § 38 Rn. 2; *Paetow*, UPR

gelöst.[12] Manche Vorgaben des Gesetzgebers erscheinen zudem nicht widerspruchsfrei und lassen kaum eine hinreichende Systematik erkennen: Öffentliche Planungsträger etwa haben einerseits ihre privilegierten Fachplanungen einem konkurrierenden Flächennutzungsplan gem. § 7 S. 1 BauGB anzupassen, falls sie diesem Plan nicht widersprochen haben, sind aber andererseits gem. § 38 S. 1 BauGB von den Vorgaben des Bebauungsplanes generell freigestellt und müssen die darin verkörperten städtebauliche Belange lediglich in der Abwägung berücksichtigen. Daß somit der nach der Unterscheidung des § 1 Abs. 2 BauGB lediglich *vorbereitende* Flächennutzungsplan stärkere Bindungen entfaltet als der abschließende, nach außen *verbindliche* Bebauungsplan, ist ein überraschendes Ergebnis, für das der Gesetzgeber eine überzeugende systematische Begründung schuldig geblieben ist.[13] Eine ganze Reihe von Wertungswidersprüchen beanstandet das Schrifttum ferner dort, wo identische Planungen in unterschiedlichen Einkleidungen zugelassen werden, wie dies etwa bei dem planfeststellungsersetzenden Bebauungsplan nach § 17 Abs. 3 S. 1 FStrG und § 28 Abs. 3 S. 1 PBefG der Fall ist.[14] Hier ergeben sich je nach der gewählten Rechtsform ganz unterschiedliche Verfahrensanforderungen, Festsetzungs- und Rechtsschutzmöglichkeiten.[15]

Unbefriedigend an dem einfachgesetzlichen Rahmen erscheint auch der systematische Standort, den der Gesetzgeber der Frage der Konflikte räumlicher Planungen zuweist. Als eine über die konkrete Planung hinausgehende Fragestellung wäre die Kollision von Raumplanungsansprüchen an sich eine Frage des allgemeinen Verwaltungsrechts[16], so daß der Vorschlag der Literatur, die Materie durch ein allgemeines Koordinationsverfahren für räumliche Planungen auf der Ebene des Verwaltungsverfahrensgesetzes zu regeln[17], dieses Problem richtig verortet. Das allgemeine Planungsrecht ist jedoch – vergleichbar etwa dem Recht der öffentlichen Sachen[18] – einer der Bereiche, in denen die Kodifikation des allgemeinen Verwaltungsrechts

---

1990, 321, 322, 326, der das Fehlen eines einheitlichen Systemgedankens hervorhebt; *Schmidt-Aßmann*, Grundfragen des Städtebaurechts, 1972, S. 137; *Brohm*, in: FS für Blümel, 1999, S. 79, 82, erklärt gar, die Diskussion habe in Teilen »bis heute noch kaum begonnen«.

12 *Czybulka*, Die Legitimation der öffentlichen Verwaltung, 1989, S. 233, diagnostiziert ein »Kompetenzgewirr gegenseitiger Mitwirkung und Verhinderung«. Dementsprechend fordert *Erbguth*, NVwZ 1995, 243, 245, das Verhältnis von Bauleitplanung und Fachplanung grundlegend neu zu ordnen.

13 Vgl. zu den Lösungen dieser Konkurrenz *Dörries*, Das Verhältnis der Bauleitplanung zur raumbeanspruchenden Fachplanung, 2000, S. 124; *Dürr*, in: Kodal/Krämer (Hrsg.), Straßenrecht, 6. Aufl. 1999, Kap. 36 Erl. 16.1, jeweils m.w.N.

14 Vgl. zu diesem Institut bereits die Nachweise im ersten Kapitel S. 40.

15 Zum letztgenannten Aspekt etwa *Hoppe/Schlarmann/Buchner*, Rechtsschutz bei der Planung von Straßen, 3. Aufl. 2001, Rn. 228ff.; *Stich*, in: Kormann (Hrsg.), Aktuelle Fragen der Planfeststellung, 1994, S. 65, 76; zu weiteren Wertungswidersprüchen *Melchior*, Fachplanung im Sozialstaat, 2000, S. 141f.

16 Vgl. *Voigt*, Die Rechtsformen staatlicher Pläne, 1979, S. 40f.

17 *Dörries*, Das Verhältnis der Bauleitplanung zur raumbeanspruchenden Fachplanung, 2000, S. 226ff.

18 Vgl. *Papier*, Recht der öffentlichen Sachen, 3. Aufl. 1998, S. V: »Allgemeingültige, d.h. für alle »öffentlichen Sachen« geltende Grundsätze, Regeln oder Institutionen gibt es nur wenige.«

über bloße Einzelfallregelungen kaum hinausgekommen ist. Die einzigen der im folgenden zu untersuchenden Vorschriften, die der Gesetzgeber im Rahmen des allgemeinen Verwaltungsrechts erlassen hat, finden sich in Teil V Abschnitt 2 der Bundes- und Landes-Verwaltungsverfahrensgesetze über das »Planfeststellungsverfahren«.[19] Im übrigen sind die einschlägigen Vorgaben für das Zusammentreffen von Planungen über die einzelnen Planungsgesetze verstreut.

Eine Systematisierung dieser gesetzlichen Regelungen ist bislang nur in Ansätzen erkennbar. Im Schrifttum wird zwar allgemein zwischen Verfahrensregeln und materiellen Regeln unterschieden, die in diesem Zusammenhang zumeist als »Regeln formeller Koordination« und »Regeln materieller Koordination« bezeichnet werden.[20] Diese Unterscheidung zwischen Koordinationsregeln mit überwiegend verfahrensrechtlichem Charakter einerseits und andererseits solchen mit materiellem Gehalt ist zwar naheliegend und soll daher dem folgenden Überblick gliederungstechnisch zugrunde gelegt werden. Für die inhaltliche Systematisierung ist diese Kategorisierung jedoch kaum weiterführend, so daß eine systematische Erschließung der einzelnen Vorschriften weiterhin aussteht. Der nachfolgende Überblick orientiert sich daher nicht an bestimmten gesetzlichen Typen oder Grundmodellen – ob und wieweit solche existieren, wird zum Ende dieses Kapitels zu klären sein –, sondern an den gesetzlichen Regelungszusammenhängen und den einzelnen Planungsarten.

Daher sollen zunächst die gesetzlichen Bestimmungen im Bereich der räumlichen Gesamtplanung untersucht werden, und zwar zuerst auf überörtlicher Ebene im Raumordnungsgesetz (II.) und anschließend auf örtlicher Ebene im Baugesetzbuch (III.) Die Darstellung des gesetzlichen Instrumentariums der Fachplanungen (IV.) muß angesichts der Vielzahl der einschlägigen Fachplanungsgesetze notwendigerweise exemplarisch bleiben und führt von den Planfeststellungen, die neben den allgemeinen Regelungen in den §§ 72ff. VwVfG (1.) beispielhaft an den Vorschriften des Fernstraßengesetzes (2.) und des Bundeswasserstraßengesetzes (3.) vorgestellt werden, über Nutzungsregelungen (4.) zu den sonstigen Fachplanungen (5.). Bei dieser Durchsicht geht es nicht um eine kommentierende oder gar erschöpfende Darstellung sämtlicher Normen, sondern um ihre Aussagekraft für das Verhältnis unterschiedlicher konfligierender Planungen. Im Anschluß soll versucht werden, die gesetzlichen Regelungen typologisch zu ordnen und den einfachgesetzlichen Befund zu bewerten (V. und VI.).

---

[19] Vgl. nachfolgend S. 119ff.

[20] So etwa *Dörries*, Das Verhältnis der Bauleitplanung zur raumbeanspruchenden Fachplanung, 2000, S. 58; *Kauch/Roer*, Das Verhältnis von Bauleitplanung und Fachplanung, 1997, S. 55; *Kraft*, BauR 1999, 829, 831; *Paetow*, UPR 1990, 321, 322; terminologisch anders, in der Sache identisch etwa *Braese*, Das Gegenstromverfahren in der Raumordnung, 1982, S. 139 und öfter, der »Beteiligungsrechte« und »Bindungspflichten« unterscheidet.

II. Die Regelungen des Raumordnungs- und Landesplanungsrechts

Eine ganze Reihe von Regelungen des Raumordnungs- und Landesplanungsrechts behandelt die Koordination der überörtlichen Gesamtplanung mit anderen Planungen. Da die Gesamtplanung bereits von ihrer Aufgabenstellung her auf eine Koordination anderer Raumansprüche abzielt, liegt der Schwerpunkt vor allem auf Regelungen, die den Steuerungs- und Verbindlichkeitsanspruch der Raumordnung und Landesplanung ausgestalten.

Den Rahmen der landesrechtlichen Regelungen bilden die Bestimmungen des Raumordnungsgesetzes. Gem. § 6 ROG schaffen die Länder Rechtsgrundlagen für eine Raumordnung in ihrem Gebiet (Landesplanung) und können weiter gehende landesrechtliche Vorschriften erlassen, soweit diese den §§ 7 bis 16 nicht widersprechen. Im einzelnen bestehen zwischen den jeweiligen Landesplanungsgesetzen erhebliche Unterschiede.[21] Allerdings gibt das Bundesrecht mit den Begriffsbestimmungen des § 3 ROG und den in § 4 ROG normierten Bindungswirkungen der Raumordnung gegenüber anderen Planungen bereits Wesentliches vor.

1. Formelle Koordinationsregeln

Für das Verfahren zur Aufstellung landesplanerischer Festsetzungen ist eine umfassende Beteiligung anderer Planungsträger vorgesehen.[22] Bereits die in erster Linie empfehlende Bundesraumordnung entwickelt ihre abstrakten Leitbilder räumlicher Entwicklung nach § 18 Abs. 1 S. 2 ROG »in Zusammenarbeit mit den für Raumordnung zuständigen obersten Landesbehörden«. Für die Aufstellung verbindlicher Ziele der Raumordnung schreibt § 7 Abs. 5 ROG vor, daß die Beteiligung derjenigen öffentlichen Stellen und Personen des Privatrechts vorzusehen ist, für die eine Beachtenspflicht nach § 4 Abs. 1 oder 3 begründet werden soll.[23] Dies ist im Landesrecht in unterschiedlicher Intensität und teilweise nur unvollständig geschehen.[24] Art. 18 Abs. 1 S. 1 BayLPlG beispielsweise sieht lediglich vor, daß Regionalpläne »im Benehmen mit den anderen öffentlichen Planungsträgern, deren Aufgaben berührt werden«, ausgearbeitet und beschlossen werden. Demgegenüber normiert § 15 Abs. 1 und 2 LPLG NW ein detailliertes, auf weitestgehende Abstimmung abzielendes Beteiligungsverfahren: Die Beteiligten sind schriftlich von der Planung zu benachrichtigen und zur Abgabe einer Stellungnahme aufzufordern. In einem anschließenden Erörterungstermin ist ein »Ausgleich der Meinungen« anzustreben.

---

21 Kritisch dazu bereits *Breuer*, VerwArch 69 (1978), 1, 11f.

22 Vgl. etwa *Peine*, Öffentliches Baurecht, 4. Aufl. 2003, Rn. 222ff.

23 Dazu *Runkel*, in: Ernst/Zinkahn/Bielenberg (Hrsg.), BauGB, § 1 Rn. 60, Stand: Nov. 1999.

24 Vgl. etwa die umfassende Beteiligungsregelung in § 6 Abs. 2 und § 8 Abs. 2 NROG oder in § 5 Abs. 3 und § 9 Abs. 2 LPlG BW; im Schrifttum *Hoppe*, in: Hoppe/Menke, Raumordnungs- und Landesplanungsrecht, 1986, Rn. 215, 219ff.; *Hoppe/Grotefels*, Öffentliches Baurecht, 1995, § 4 Rn. 21ff.; *Hoppe/Bönker/Grotefels*, Öffentliches Baurecht, 2. Aufl. 2002, § 3 Rn. 54ff.; *Wickrath*, Bürgerbeteiligung im Recht der Raumordnung und Landesplanung, 1992, S. 33ff.

Nach §44 Abs. 1 Nr. 2 LPLG NW wird der Kreis der Beteiligten durch Rechtsverordnung festgelegt, wobei sämtliche Planungsträger und Träger öffentlicher Belange zu berücksichtigen sind.[25] Demgegenüber spricht §7 Abs. 2 SaarlLPlG davon, daß bei der Aufstellung der Landesentwicklungspläne die betroffenen Gemeinden und Gemeindeverbände mitwirken und möglichst frühzeitig in die Erarbeitung der Pläne einzuschalten sind. Die Kommunen sind zudem »während des Verfahrens in der Weise zu beteiligen, daß ihnen eine begleitende Einwirkung auf die grundsätzlichen Entscheidungen« möglich ist. Eine Beteiligung anderer Behörden oder Planungsträger ist hingegen lediglich dann vorgesehen, wenn Belange von Bundesbehörden berührt werden. Während das saarländische Recht somit im Hinblick auf die Intensität der Beteiligung der Kommunen über das bundesrechtlich gebotene Maß hinausgeht, dürfte es bezüglich des Kreises der zu beteiligenden Planungsträger hinter den Vorgaben des Bundesrechts zurückbleiben.

Die Beteiligung betroffener Stellen und vor allem der Fachplanungsträger und -behörden korrespondiert dem landesplanerischen Anspruch, diese Planungen zu koordinieren. Eine Beteiligung der Öffentlichkeit ist demgegenüber bei der Aufstellung von Raumordnungsplänen in §7 Abs. 6 ROG bislang lediglich fakultativ vorgesehen und bildet auch im Landesrecht derzeit noch die Ausnahme[26]. Eine solche Beteiligung dürfte aus Gründen der Ergebnisoptimierung und Akzeptanzförderung empfehlenswert erscheinen[27], ist aber im Hinblick auf die fehlende Außenwirkung raumordnerischer Festsetzungen verfassungsrechtlich nicht geboten[28].

2. Materielle Koordinationsregeln

Das Raumordnungsgesetz enthält zwei Gruppen materieller Koordinationsregeln für das Verhältnis der Raumordnung zu anderen Raumplanungen. Zum einen finden sich allgemeine Abstimmungspflichten, die in der Allgemeinheit ihrer Formulierungen zum Teil über die eigentliche Raumordnung hinausgehen und allgemeingültige Vorgaben über die »Abstimmung raumbedeutsamer Planungen und Maßnahmen« aufstellen (a). Im wesentlichen handelt es sich dabei um Abwägungsaufträge und -direktiven. Weiter gehende Vorgaben enthalten zum anderen die Regelungen über die Verbindlichkeit der Ziele und Grundsätze der Raumordnung für Bau- und Fachplanungen (b). Der strikten Bindung an die Ziele der Raumordnung korrespondieren jedoch ein im wesentlichen auf öffentliche Planungsträger beschränkter Adressatenkreis sowie eine Reihe von Verfahren, mit denen sich namentlich der Bund

[25] Vgl. *Depenbrock/Reiners*, LPlG NW, 1985, §15 Erl. 5.1f.

[26] Dazu umfassend *Wickrath*, Bürgerbeteiligung im Recht der Raumordnung und Landesplanung, 1992; *Ziekow*, NuR 2002, 701, 703ff., besonders zum Reformbedarf vor dem Hintergrund neuer europa- und völkerrechtlicher Entwicklungen; zu den aktuellen Umsetzungsplänen *Krautzberger*, UPR 2004, 41, 49f.

[27] Vgl. etwa *Umlauf*, in: Becker-Marx (Hrsg.), Korrekturen bei Raumordnung und Landesplanung, 1982, S. 97, 110ff.; *Ziekow*, NuR 2002, 701ff., m.w.N.

[28] Näher *Wickrath*, Bürgerbeteiligung im Recht der Raumordnung und Landesplanung, 1992, S. 68ff.

unter bestimmten Voraussetzungen von der Bindung an raumordnerische Vorgaben zu lösen vermag.

a) Die allgemeine Abstimmungspflicht gem. § 14 ROG

Eine Generalklausel zur materiellen Koordination räumlicher Planungen enthält § 14 ROG über die »Abstimmung raumbedeutsamer Planungen und Maßnahmen«, wonach im Landesrecht vorzusehen ist, daß die öffentlichen Planungsträger ihre raumbedeutsamen Planungen und Maßnahmen aufeinander und untereinander abzustimmen haben. Nach ihrem Wortlaut, der sich auf die breite Definition in § 3 Nr. 6 ROG und damit auf sämtliche Planungen und Maßnahmen bezieht, »durch die Raum in Anspruch genommen oder die räumliche Entwicklung oder Funktion eines Gebietes beeinflußt wird«[29], beschränkt sich diese Abstimmungspflicht nicht auf den Anwendungsbereich des Raumordnungsgesetzes. § 14 ROG wird daher beispielsweise auch für das Verhältnis der Bauleitplanung zur naturschutzrechtlichen Fachplanung als relevant angesehen.[30] Die subsidiäre, die Abstimmung von Planungen aller Art gebietende Generalklausel des § 14 ROG hat allerdings im Vergleich zu ihrer als zentrale Norm des Planungsrechts geltenden Vorgängerregelung in § 4 Abs. 5 ROG a. F.[31] dadurch an Bedeutung verloren, daß die Neufassung keine unmittelbar anwendbare Norm darstellt.[32] Unmittelbar anwendbare Konkretisierungen finden sich im Bundesrecht jedoch in einer ganzen Reihe von Bestimmungen des Bau- und Fachplanungsrechts.[33] Die durch den Begriff des »Abstimmens« begründeten allseitigen Pflichten zur Unterrichtung betroffener Planungsträger[34], des Einbringens ihrer Belange sowie ihrer Abwägung mit dem Ziel eines inhaltlichen Ausgleichs haben teils formellen und teils materiellen Gehalt und vermitteln den erfaßten anderen Planungsträgern insoweit ein »Recht auf Abstimmung«[35]. Sie lassen sich in einen verfahrensrechtlichen Abstimmungsvorgang und ein materiell-rechtliches

---

[29] Vgl. zu dieser Definition der »raumbedeutsamen Planungen« bereits im ersten Kapitel S. 31.

[30] *Weiblen*, Bauleitplanung und Flächen- und Objektschutz, 2001, S. 32ff.

[31] Vgl. zu dieser bis 1998 geltenden Bestimmung aus verschiedensten Perspektiven etwa *Bleicher*, Das Verfahren zur Anpassung der Bauleitplanung an die Ziele der Raumordnung, 1983, S. 36ff.; *Eusterbrock*, Raumverträglichkeitsprüfung auf Bundesebene, 1987, S. 154ff.; *Funke*, Bund-Länder-Abstimmung, 1987, S. 60; *Henrich*, Kommunale Beteiligung in der Raumordnung und Landesplanung, Bd. 1, 1981, S. 142ff.; *Hoppe*, in: Hoppe/Menke, Raumordnungs- und Landesplanungsrecht, 1986, Rn. 691; *Maichel*, Agrarstrukturelle Planung und räumliche Gesamtplanung, 1982, S. 141ff.; *Papier*, Freihaltung von Leitungsstrassen durch die Regionalplanung, 1983, S. 6f.; zu § 14 ROG n. F. *Peine*, Öffentliches Baurecht, 4. Aufl. 2003, Rn. 133, der von einem Verbot »isolierten Planens« spricht.

[32] Vgl. nur *Weiblen*, Bauleitplanung und Flächen- und Objektschutz, 2001, S. 32.

[33] Vgl. ganz beispielhaft § 2 Abs. 2 BauGB (Bauleitpläne benachbarter Gemeinden), § 29 Abs. 6 KrW-/AbfG (Abfallwirtschaftsplanungen der Länder), § 3 Abs. 2 BSWAG (Bedarfspläne für Bundesschienenwege und für andere Verkehrsträger), § 9 Abs. 3 ROG (Regionalpläne benachbarter Planungsräume).

[34] Vgl. etwa *Maichel*, Agrarstrukturelle Planung und räumliche Gesamtplanung, 1982, S. 142f.

[35] *Suhr/Anderl*, Rechtsfragen der raumbeeinflussenden Bundesplanung, 1980, S. 105ff., sprechen von den »Abstimmungsberechtigten«.

Abstimmungsergebnis untergliedern[36], stehen damit ersichtlich in engem Zusammenhang mit dem Abwägungsgebot und dürften diesem inhaltlich weitgehend entsprechen.[37]

Die Länder haben die Vorgabe des § 14 ROG bislang nur zum Teil und auch dann sehr unterschiedlich umgesetzt. Dabei lassen sich verschiedene Mechanismen unterscheiden[38], die freilich dem materiell-rechtlichen Gehalt nach kaum Unterschiede aufweisen. Nach Art. 17 Abs. 6 BayLPlG etwa sind Regionalpläne benachbarter Regionen aufeinander abzustimmen und im übrigen in den Regionalplänen die Interessen benachbarter Gebiete sowie raumbedeutsame Planungen außerhalb der Region angemessen zu berücksichtigen. § 13 SächsLPlG enthält demgegenüber ähnlich wie in anderen Bundesländern[39] eine umfassende Regelung über die »Unterrichtung und Beratung von Planungsträgern« sowie über die »Abstimmung raumbedeutsamer Planungen und Maßnahmen«, die allumfassende Unterrichtungs-, Benehmens- und Beratungspflichten zwischen den Planungsträgern begründet und der obersten Landesplanungsbehörde eine spezifische Koordinationsrolle zuweist: Sie berät andere Staatsministerien bei raumbedeutsamen Planungen, unterrichtet sie über die Erfordernisse der Raumordnung und Landesplanung und wirkt darauf hin, daß raumbedeutsame Planungen miteinander in Einklang stehen. Trotz des Umfangs dieser Vorschrift läßt sich ihr materieller Gehalt weitgehend auf die erwähnte Pflicht zur Information, Abstimmung und gegenseitigen Berücksichtigung zurückführen.[40] Hier deutet sich an, daß der Gesetzgeber zwar das Abstimmungsverfahren zu regeln vermag, der materielle Gehalt einer Abstimmung mehrerer Planungen sich jedoch einer detaillierten gesetzlichen Ausgestaltung entzieht. Eine bereichsspezifische Konkretisierung der allgemeinen Abstimmungspflicht findet sich in § 8 Abs. 2 ROG, wonach die Raumordnungspläne benachbarter Bundesländer aufeinander abzustimmen sind. Diese intraföderale Abstimmung erfolgt zumeist durch Länderstaatsverträge oder in informellen Arbeitsgruppen und Planungskonferenzen.[41] Im Landesrecht finden sich zum Teil detaillierte Umsetzungen.[42]

---

[36] So *Hoppe*, in: Hoppe/Menke, Raumordnungs- und Landesplanungsrecht, 1986, Rn. 694 f., m.w.N.; vgl. auch *Eusterbrock*, Raumverträglichkeitsprüfung auf Bundesebene, 1987, S. 159 ff., m.w.N.; *Ruch*, Das Recht in der Raumordnung, 1997, S. 112; *Weiblen*, Bauleitplanung und Flächen- und Objektschutz, 2001, S. 33 f., 36 ff., der auch eine Erörterungs- und Kooperationspflicht bejaht. Vgl. auch *Siegel*, Verfahrensbeteiligung von Behörden, 2001, S. 81 ff.

[37] Diese Gesichtspunkte sind im fünften Kapitel zu vertiefen, wo insbesondere auf S. 343 ff. darzulegen ist, daß § 14 ROG letztlich eine verfassungsrechtlich vorgegebene Pflicht zum Ausdruck bringt.

[38] Vgl. *Hoppe/Grotefels*, Öffentliches Baurecht, 1995, § 4 Rn. 22.

[39] Vgl. etwa § 21 NROG oder § 12 LPlG BW.

[40] Die durch *Ruch*, Das Recht in der Raumordnung, 1997, S. 113, in dem Zusammenhang des schweizerischen Raumordnungsrechts erhobene Kritik, der Gesetzgeber ordne Koordination und Abstimmung lediglich in allgemeiner Weise an, überlasse aber sämtliche Einzelheiten dem Handeln der Verwaltung, läßt sich daher zumindest in materiell-rechtlicher Hinsicht durchaus auf das deutsche Recht übertragen.

[41] Vgl. *Gaentzsch*, WiVerw 1985, 235, 239; *Hennecke*, Die Bedeutung der Fachplanung und der Raumordnung für die Bauleitplanung, 1994, S. 6, m.w.N.

[42] Vgl. etwa § 2 NROG. Die Abstimmung mit raumbedeutsamen Planungen und Maßnahmen

Letztlich akzentuieren all diese generellen Abstimmungsappelle vor allem die gebotene planerische Abwägung. Als eine Direktive für den durch die Abstimmung bezeichneten Abwägungsauftrag stellt sich auch das in § 1 Abs. 3 ROG normierte *Gegenstromprinzip* dar, wonach zwar einerseits die Entwicklung, Ordnung und Sicherung der Teilräume sich in die Gegebenheiten und Erfordernisse des Gesamtraums einfügen soll, andererseits jedoch die Entwicklung, Ordnung und Sicherung des Gesamtraums die Gegebenheiten und Erfordernisse seiner Teilräume berücksichtigen soll.[43] § 7 Abs. 3 NROG schreibt dementsprechend explizit vor, bei der Aufstellung der regionalen Raumordnungsprogramme Flächennutzungspläne und die Ergebnisse der von den Gemeinden des Planungsraumes beschlossenen sonstigen städtebaulichen Planungen in der Abwägung zu berücksichtigen.

b) Die Bindung an die Ziele und Grundsätze der Raumordnung gem. § 4 ROG

Das im Hinblick auf den Steuerungs- und Koordinierungsanspruch der Gesamtplanung eigentliche Kernstück des Raumplanungsrechts bildet die abgestufte Bindung anderer Raumplanungen an die Ziele und Grundsätze der Raumordnung.[44] Vor allem die Bindung an Ziele der Raumordnung stellt das stärkste Instrument zur Verwirklichung des raumordnerischen Steuerungsanspruchs dar. Um so mehr gilt es zu beachten, daß die entsprechenden Vorschriften keine eigenständigen Planungskompetenzen eröffnen[45], sondern lediglich die Bindungswirkung kompetenzgemäß erlassener Raumordnungsziele regeln.

Die zentrale Vorschrift über die Bindungswirkungen der Erfordernisse der Raumordnung gegenüber anderen räumlichen Planungen ist § 4 ROG. Nach § 4 Abs. 1 S. 1 ROG sind Ziele der Raumordnung von öffentlichen Stellen bei ihren raumbedeutsamen Planungen und Maßnahmen zu beachten. Bloße Grundsätze und sonstige Erfordernisse der Raumordnung sind dagegen nach § 4 Abs. 2 ROG lediglich in der Abwägung oder bei der Ermessensausübung nach Maßgabe der dafür geltenden Vorschriften zu berücksichtigen. Die Pflicht zur »Beachtung« der Ziele der Raumordnung und Landesplanung schließt nach Wortlaut und Entstehungsgeschichte

---

benachbarter Gebiete außerhalb der Bundesrepublik Deutschland bleibt für gewöhnlich der Regelung durch zwischenstaatliche Vereinbarungen vorbehalten. Vgl. etwa Art. 17 Abs. 6 S. 3 BayLPlG, § 12 Abs. 1 S. 2 LPlG BW, § 2 Abs. 2 NROG.

[43] Vgl. etwa VGH München, Urt. v. 8. 7. 1993 – 22 N 92.2522 –, BayVBl. 1994, 176, 177, wonach das Gegenstromprinzip einen »Planungsgrundsatz« darstellt, »der in der Abwägung zum Tragen kommt«; ebenso *Erbguth/Schoeneberg*, Raumordnungs- und Landesplanungsrecht, 2. Aufl. 1992, Rn. 92; allgemeiner zu dem für die Gesamtplanung grundlegenden Gegenstromprinzip *Henrich*, Kommunale Beteiligung in der Raumordnung und Landesplanung, Bd. 1, 1981, S. 139ff.; *Hoppe/Menke*, Raumordnungs- und Landesplanungsrecht, 1986, Rn. 536ff.; *Runkel*, in: Bielenberg/Runkel/Spannowsky, Raumordnungs- und Landesplanungsrecht des Bundes und der Länder, Kommentar K, § 1 ROG Rn. 8ff., Stand: V.2001, sowie vertiefend *Braese*, Das Gegenstromverfahren in der Raumordnung, 1982.

[44] *Runkel*, NuR 1998, 449, 450f.

[45] *Spannowsky*, UPR 2000, 418, 428.

eine Abwägung des Ziels durch den Adressaten aus[46], so daß Ziele in der Bauleitplanung zwar konkretisiert, nicht aber abwägend überwunden werden können.[47] Dieser kategorialen Unterscheidung einer strikten Bindung an Raumordnungsziele und der bloßen Berücksichtigung der Grundsätze steht nicht entgegen, daß angesichts der Abstraktheit mancher Ziele der Raumordnung oft weite Konkretisierungsspielräume bestehen, die einer gestalterischen Abwägung nahekommen mögen[48]. Einen Dispens von der strikten Zielbindung ermöglicht lediglich § 11 ROG, wonach von einem Ziel der Raumordnung in einem besonderen »Zielabweichungsverfahren« entbunden werden kann, wenn dies unter raumordnerischen Gesichtspunkten vertretbar ist und die Grundzüge der Planung nicht berührt werden.[49]

c) Die speziellen Raumordnungsklauseln der Fachplanungsgesetze

Eine Reihe ähnlicher Koordinierungs- und Verfahrensregelungen oder Öffnungsklauseln in den Fachplanungsgesetzen soll nach § 4 Abs. 5 ROG von der allgemeinen Raumordnungsklausel unberührt bleiben, soweit sie »weiter gehende Bindungswirkungen der Erfordernisse der Raumordnung« enthalten. Diese fachgesetzlichen Raumordnungsklauseln weisen eine verwirrende Vielzahl von Formulierungen auf und normieren zum Teil lediglich verfahrensrechtliche, zum Teil materiell-rechtliche Bindungen der jeweiligen Fachplanung an die Raumordnung.[50] Ihre formulierungstechnischen Verschiedenheiten sind letztlich nur historisch zu erklären. Einige Fachklauseln sind ihrem Wortlaut nach mehr oder weniger identisch mit § 4 Abs. 1 ROG: So sind gem. § 16 Abs. 1 S. 3 BNatSchG bei der Aufstellung der Landschaftspläne die Ziele der Raumordnung zu *beachten*, die Grundsätze und sonstigen Erfordernisse der Raumordnung sind zu *berücksichtigen*.[51]

Vielfach bleiben die Raumordnungsklauseln der Fachplanungsgesetze ihrem Wortlaut nach hinter der Bindung nach § 4 ROG zurück. Bei der Planung und Linienführung von Bundeswasserstraßen sind zwar nach § 13 Abs. 2 WaStrG die

---

[46] Vgl. nur *Busse*, BayVBl. 1998, 293, 298; *Erbguth*, LKV 1994, 89, 91f.; *Goppel*, BayVBl. 1998, 289, 290; *Höhnberg*, ZfBR 1986, 214, 215; *Hoppe*, Grundfragen des Planungsrechts, 1998, S. 372f.; *Schroeder*, UPR 2000, 52ff.; *Suhr/Anderl*, Rechtsfragen der raumbeeinflussenden Bundesplanung, 1980, S. 78ff.; *Wolff*, BayVBl. 2001, 737f., jeweils m.w.N.

[47] Vgl. *Schroeder*, UPR 2000, 52, 58, der diese Unterscheidung kritisch als »rechtlichen Spagat« charakterisiert.

[48] So *David*, Zum Verhältnis zwischen Raumordnungsbindung und Abwägungsgebot, in: FS für Ernst, 1980, S. 73, 77f., der den Zielen auf S. 84 letztlich nur die Funktion eines Gewichtungsprivilegs zugesteht; ähnlich auch *Kamphausen*, DÖV 1984, 146, 152; *Wahl*, DÖV 1981, 597, 602ff.

[49] Dazu *Rieger*, in: Ronellenfitsch/Schweinsberg (Hrsg.), Aktuelle Probleme des Eisenbahnrechts V, 2000, S. 17, 45ff. Vgl. zu der Frage, ob die Zielabweichung auch im Rahmen der Konzentrationswirkung genehmigt werden kann, die Ausführungen im achten Kapitel S. 465f.

[50] Vgl. dazu vor allem *Wagner*, Die Harmonisierung der Raumordnungsklauseln, 1990, S. 19ff. mit Übersicht nach S. 184, sowie bereits *Forsthoff/Blümel*, Raumordnungsrecht und Fachplanungsrecht, 1979, S. 29ff.; vor allem zu den Verfahrensaspekten *Eusterbrock*, Raumverträglichkeitsprüfung auf Bundesebene, 1987, S. 176ff.

[51] In diese Gruppe fällt auch die Regelung in § 1 Abs. 4 BauGB. Vgl. dazu nachfolgend S. 102ff.

Erfordernisse der Raumordnung und der Landesplanung zu beachten, soweit keine Raumordnungspläne vorhanden sind. Wenn der Bundesminister für Verkehr hingegen die Linienführung der Bundesfernstraßen bestimmt, sind nach § 16 Abs. 2 S. 1 FStrG die von dem Vorhaben berührten öffentlichen Belange lediglich im Rahmen der Abwägung zu berücksichtigen. Auch § 29 Abs. 5 KrW-/AbfG schrieb in der bis zum 3. August 2001 geltenden Fassung vor, bei der Abfallwirtschaftsplanung die Ziele und Erfordernisse der Raumordnung und Landesplanung »zu berücksichtigen«.[52] Eine noch schwächere Formulierung verwendet das Schutzbereichsgesetz: Soll ein Gebiet zum militärischen Schutzbereich erklärt werden, so ist gem. § 1 Abs. 3 SchBerG die Landesregierung zu hören, die »unter angemessener Berücksichtigung der Erfordernisse der Raumordnung« zu dem Vorhaben Stellung nimmt. Dagegen finden sich etwa in § 47 Abs. 1 S. 5 BImSchG für Luftreinhaltepläne, in § 2 Nr. 5 HSchulBG im Bereich der Hochschulplanung, in § 2 Abs. 1 S. 2 AgrStruktG für den Agrarbereich oder in § 99 Abs. 1 S. 2 SGB V für den Bedarfsplan zur Sicherstellung der vertragsärztlichen Versorgung scheinbar weiter gehende Pflichten zur Beachtung sowohl der Ziele als auch der Erfordernisse der Raumordnung.

Die seit langem geforderte gesetzgeberische Harmonisierung dieser Raumordnungsklauseln steht weiterhin aus.[53] Die Praxis hat demgegenüber einen Weg des »stillen Gesetzeswandels« beschritten: Trotz der Vielzahl von Formulierungen, die ein abgestuftes System aufzustellen scheint, entsprechen nach herrschender Lehre alle fachgesetzlichen Raumordnungsklauseln der Generalklausel in § 4 ROG oder bleiben hinter dieser zurück. Sie haben daher lediglich deklaratorische Bedeutung[54] und führen zu keiner schwächeren oder stärkeren Bindung an die Vorgaben der Raumordnung.[55] Auch die über § 4 Abs. 1 ROG scheinbar hinausgehenden Rege-

---

[52] Nach der Neufassung sind nunmehr auch bei der Abfallwirtschaftsplanung die Ziele der Raumordnung zu beachten, die Grundsätze und sonstigen Erfordernisse der Raumordnung zu berücksichtigen. § 7 Abs. 3 S. 1 und 2 Nr. 3 ROG bleiben unberührt.

[53] Entsprechende Forderungen erheben etwa *Baumheier/Wagner*, VerwArch 83 (1992), 97, 117f., m.w.N., *Klinger*, Die militärische Fachplanung, 2002, S. 97ff., oder *Wagner*, Die Harmonisierung der Raumordnungsklauseln, 1990. Dennoch hat der Gesetzgeber im Jahr 2001 in § 21 Abs. Nr. 3 UVPG eine weitere überflüssige Raumordnungsklausel geschaffen, vgl. dazu *Durner*, in: Ziekow (Hrsg.), Praxis des Fachplanungsrechts, 2004, Rn. 2539. Freilich will *Wahl*, Rechtsfragen der Landesplanung und Landesentwicklung, Bd. I, 1978, S. 160f., in diesen Bestimmungen »überhaupt das einzige umfassende durchkonstruierte Planungssystem« des deutschen Raumplanungsrechts erkennen.

[54] So *Wagner*, Die Harmonisierung der Raumordnungsklauseln, 1990, S. 138ff.; die dort als eigenständig bedeutsam behandelte Einvernehmensregelung des § 16 Abs. 5 FStrG a.F. ist weggefallen. *Runkel*, in: Bielenberg/Runkel/Spannowsky, Raumordnungs- und Landesplanungsrecht des Bundes und der Länder, Kommentar K, § 4 ROG Rn. 264ff., Stand: VII/1999, der allerdings – im Baurecht – § 1 Abs. 4 und § 35 Abs. 3 S. 3 BauGB als über § 4 Abs. 1 ROG hinausgehend ansieht. Vgl. dazu sogleich S. 103f. bei Fn. 146.

[55] Obwohl also beispielsweise der Wortlaut des erwähnten § 29 Abs. 5 KrW-/AbfG a.F. gegen eine starre Zielbindung nach § 4 Abs. 1 ROG sprach, gingen Rechtsprechung und h. L. auch insoweit von einer uneingeschränkten Bindung der Abfallwirtschaftsplanung an die Ziele der Raumordnung aus. Vgl. dazu die Ausführungen und Nachweise bei *Erbguth*, Die Abfallwirtschaftsplanung, 1997, S. 68ff.; *Paetow*, in: Kunig/Paetow/Versteyl, KrW-/AbfG, 1998, § 29 Rn. 52, m.w.N.; *Runkel*, in:

lungen werden in diesem Sinne restriktiv ausgelegt.[56] Letztlich leisten damit Rechtsprechung und Literatur jene Gesetzesharmonisierung, die eigentlich dem Gesetzgeber obliegen sollte. Die Unberührtheitsklausel des §4 Abs. 5 ROG ist so durch Auslegung letztlich obsolet geworden.

d) Der personelle Geltungsbereich der Zielbindung

Die in §4 Abs. 1 ROG angeordnete Bindung an die Vorgaben der Raumordnung gilt nicht allgemein, sondern nur gegenüber einem beschränkten Adressatenkreis. Dabei ist zwischen öffentlichen und privaten Planungsträgern zu unterscheiden.[57]

aa) Öffentliche Stellen

Öffentliche Stellen haben gem. §4 Abs. 1 S. 1 ROG bei ihren raumbedeutsamen Planungen die Ziele der Raumordnung ohne Einschränkung zu beachten. §3 Nr. 5 ROG definiert sie als »Behörden des Bundes und der Länder, kommunale Gebietskörperschaften, bundesunmittelbare und die der Aufsicht eines Landes unterstehenden Körperschaften, Anstalten und Stiftungen des öffentlichen Rechts« und gewährleistet damit eine lückenlose Zielbindung der öffentlichen Verwaltung.[58] Entsprechend gilt diese Bindungswirkung gem. §4 Abs. 3 ROG bei raumbedeutsamen Planungen und Maßnahmen, die Personen des Privatrechts in Wahrnehmung öffentlicher Aufgaben durchführen, wenn – wie etwa im Falle der Eisenbahn des Bundes – öffentliche Stellen mehrheitlich beteiligt sind oder die Planungen überwiegend mit öffentlichen Mitteln finanziert werden.[59]

Bielenberg/Runkel/Spannowsky, Raumordnungs- und Landesplanungsrecht des Bundes und der Länder, Kommentar K, §4 ROG Rn. 271ff., 295f., Stand: VII/1999.

[56] Entgegen ihrem Wortlaut soll damit auch nach diesen Vorschriften die strikte Beachtenspflicht nur für die Ziele, nicht aber für die Grundsätze der Raumordnung gelten. Vgl. in diesem Sinne etwa *Jarass*, BImSchG, 5. Aufl. 2002, §47 Rn. 15. Vielfach wird das Problem jedoch als solches überhaupt nicht angesprochen – so etwa bei *Schirmer*, in: Hauck (Hrsg.), Sozialgesetzbuch, §99 SGB V Rn. 5, Stand: VII/89.

[57] Vgl. besonders *Hendler*, in: Hoppe/Kauch (Hrsg.), Raumordnungsziele nach Privatisierung öffentlicher Aufgaben, 1996, S. 35, 37ff.

[58] Näher zum Begriff *Siegel*, Verfahrensbeteiligung von Behörden, 2001, S. 44f., m.w.N. Zusätzlich zu den planenden Verwaltungsträgern selbst werden nach §4 Abs. 1 S. 2 Nr. 2 ROG auch Genehmigungen und behördliche Entscheidungen über die Zulässigkeit raumbedeutsamer Maßnahmen öffentlicher Stellen von der Bindungswirkung der Raumordnungsziele erfaßt. Die Voraussetzung einer Bindung ist freilich, daß bei der Beteiligung der einzelnen Planungsträger das entsprechende Verfahren eingehalten wird. Vgl. dazu etwa HessStGH, Beschl. v. 15. 1. 1982 – P.St. 947 –, DVBl. 1982, 491, 494.

[59] Näher *Hendler*, in: Hoppe/Kauch (Hrsg.), Raumordnungsziele nach Privatisierung öffentlicher Aufgaben, 1996, S. 35, 39ff. Hier ist im einzelnen vieles strittig, u.a. die Frage, ob private Energieversorgungsunternehmen wegen der durch sie wahrgenommenen Aufgaben der Daseinsvorsorge an die Ziele der Raumordnung gebunden sind. Vgl. die Nachweise bei *Hermes*, Staatliche Infrastrukturverantwortung, 1998, S. 61, 415ff., 430f. Dieser Streit verliert allerdings durch die seit 2001 bestehende Planfeststellungspflicht nach §11a EnWG für bestimmte Hochspannungsfreileitungen und Gasversorgungsleitungen an Bedeutung.

bb) Private Planungsträger

Bei Genehmigungen und sonstigen behördlichen Entscheidungen über die Zulässigkeit raumbedeutsamer Maßnahmen Privater sind die Erfordernisse der Raumordnung gem. § 4 Abs. 4 ROG lediglich »nach Maßgabe der für diese Entscheidungen geltenden Vorschriften zu berücksichtigen«, also nur, soweit die Privaten »raumbedeutsame Maßnahmen« durchführen[60] und die einschlägigen Zulassungstatbestände durch behördliche Ermessensspielräume oder ausfüllungsbedürftige Tatbestandsmerkmale eine solche Berücksichtigung ermöglichen.[61] Eine strikte Zielbindung ergibt sich allerdings nach § 4 Abs. 1 S. 2 Nr. 2 ROG auch für Privatvorhaben bei Planfeststellungen und Genehmigungen mit der Rechtswirkung der Planfeststellung. Im Landesrecht finden sich noch weiter gehende Vorgaben, etwa die in den Bundesländern Brandenburg, Nordrhein-Westfalen und Sachsen erlassenen Vorschriften, wonach bergrechtliche Betriebspläne an die jeweils geltenden Braunkohlenpläne anzupassen sind.[62] Die zunehmende Ausweitung der Bindungswirkung der Ziele der Raumordnung auf Private wird im Schrifttum aus kompetenzrechtlichen Gründen zu Recht vielfach skeptisch gesehen.[63] Allerdings erlangen Raumordnungsziele im Ergebnis regelmäßig auch für Private über Bebauungspläne, über § 35 Abs. 3 S. 2 BauGB und durch die erwähnten fachgesetzlichen Raumordnungsklauseln mittelbare Verbindlichkeit[64].

cc) Besonderheiten für besondere Bundesmaßnahmen

Besonders regelt der unmittelbar geltende § 5 ROG die Bindungswirkungen bei raumbedeutsamen Planungen des Bundes, die entweder nach ihrer besonderen Zweckbestimmung einen bestimmten Standort oder eine bestimmte Linienführung erfordern oder über die in einem Verfahren nach bestimmten Fachplanungsgesetzen zu entscheiden ist.[65] In diesen Fällen entfalten die Ziele der Raumordnung nur eine Bindungswirkung, wenn der Planungsträger ordnungsgemäß beteiligt wird und nicht innerhalb einer Frist von zwei Monaten widerspricht.[66] Der Widerspruch kann

---

[60] Eng hierzu etwa *Hendler*, in: Hoppe/Kauch (Hrsg.), Raumordnungsziele nach Privatisierung öffentlicher Aufgaben, 1996, S. 35, 45.

[61] Vgl. *Hendler*, in: Hoppe/Kauch (Hrsg.), Raumordnungsziele nach Privatisierung öffentlicher Aufgaben, 1996, S. 35, 48ff.; *Kment*, NVwZ 2004, 155ff.; *Steiner*, in ders. (Hrsg.), Besonderes Verwaltungsrecht, 6. Aufl. 1999, Kap. VI Rn. 50f.

[62] Die Zulässigkeit dieser Regelungen wird noch zu untersuchen sein. Vgl. dazu im sechsten Kapitel S. 378ff.

[63] Näher dazu im vierten Kapitel S. 217f.

[64] Vgl. dazu bereits im ersten Kapitel S. 52 sowie nachfolgend S. 102ff.

[65] Dies sind die Verfahren nach dem Bundesfernstraßengesetz, dem Allgemeinen Eisenbahngesetz, dem Magnetschwebebahnplanungsgesetz, dem Bundeswasserstraßengesetz, dem Luftverkehrsgesetz, dem Atomgesetz und dem Personenbeförderungsgesetz. Außerdem hebt § 5 Abs. 1 ROG die Inanspruchnahme von Grundstücken nach dem Landbeschaffungsgesetz und dem Schutzbereichsgesetz hervor.

[66] Hier besteht eine gewisse Parallele zu der noch zu behandelnden Regelung in § 7 BauGB. Vgl. *Runkel*, in: Bielenberg/Runkel/Spannowsky, Raumordnungs- und Landesplanungsrecht des

nach § 5 Abs. 4 ROG bei einer »Veränderung der Sachlage«, die ein Abweichen von den Zielen der Raumordnung erforderlich macht, auch noch nachträglich erhoben werden; eine modifizierte oder konkretisierte Planungsabsicht wird insoweit als »Änderung der Sachlage« zu verstehen sein.[67] Dieses Widerspruchsrecht steht selbständig neben dem in § 11 ROG geregelten Zielabweichungsverfahren.

Gem. § 5 Abs. 3 ROG läßt der Widerspruch des Bundes die Bindungswirkung des Ziels der Raumordnung dann nicht entstehen, wenn das Ziel entweder auf einer fehlerhaften Abwägung beruht oder mit der Zweckbestimmung des Vorhabens nicht in Einklang steht und das Vorhaben nicht auf einer anderen geeigneten Fläche durchgeführt werden kann. Nur unter diesen materiellen Voraussetzungen vermag sich also der Bund durch Widerspruch von der strikten Bindung an die Landesraumordnungsziele zu lösen.[68] Daraus wird im Schrifttum gefolgert, auch ein – etwa wegen Abwägungsmängeln – rechtswidriges Ziel der Raumordnung binde den Bund, falls dieser nicht rechtzeitig Widerspruch eingelegt habe.[69] Diesem zweifelhaften Ansatz, der die Vorschriften über den Widerspruch des Bundes als eine Art Bestandskraftsklausel für rechtswidrige Ziele interpretiert, kann allenfalls mit der Einschränkung gefolgt werden, daß das fragliche Ziel zumindest die begrifflichen materiellen Anforderungen an »Ziele der Raumordnung« erfüllen und auf einer abschließenden gesamträumlichen Abwägung beruhen muß.[70] Ein Abwägungsausfall würde nämlich nicht nur zur Rechtswidrigkeit des »Zieles der Raumordnung« führen, sondern bereits dessen Zielcharakter und damit jeden durch § 4 Abs. 1 ROG vermittelten Bindungsanspruch entfallen lassen. Im übrigen dürfte § 5 Abs. 3 ROG wohl keine in jeder Hinsicht abschließende Regelung des Problems rechtswidriger Ziele der Raumordnung im Bund-Länder-Verhältnis darstellen.[71]

Bundes und der Länder, Kommentar K, § 5 ROG Rn. 4, Stand: VII/2000, sowie nachfolgend S. 107f.

[67] *Runkel*, in: Bielenberg/Runkel/Spannowsky, Raumordnungs- und Landesplanungsrecht des Bundes und der Länder, Kommentar K, § 5 ROG Rn. 80, Stand: VII/2000.

[68] Näher *Runkel*, in: Bielenberg/Runkel/Spannowsky, Raumordnungs- und Landesplanungsrecht des Bundes und der Länder, Kommentar K, § 5 ROG Rn. 5, 66ff., Stand: VII/2000; *Rieger*, in: Ronellenfitsch/Schweinsberg (Hrsg.), Aktuelle Probleme des Eisenbahnrechts V, 2000, S. 17, 31ff., 34ff., besonders auch zu den an einen Widerspruch anschließenden Prüfpflichten der Planfeststellungsbehörde.

[69] *Runkel*, in: Bielenberg/Runkel/Spannowsky, Raumordnungs- und Landesplanungsrecht des Bundes und der Länder, Kommentar K, § 5 ROG Rn. 69, Stand: VII/2000, mit der Erwägung, andernfalls würde dem Bund ein unzulässiges Normverwerfungsrecht eingeräumt; a. A. wohl *Papier*, Freihaltung von Leitungstrassen durch die Regionalplanung, 1983, S. 32; anders – aus Sicht der Gemeinden – auch noch *Brohm*, DVBl. 1980, 653, 658.

[70] So zuletzt *Kment*, NuR 2003, 69, 71, m. w. N.; für eine generelle Unwirksamkeit rechtswidriger Ziele jedoch etwa *Hoppe/Bönker/Grotefels*, Öffentliches Baurecht, 2. Aufl. 2002, § 5 Rn. 169, m. w. N.

[71] Das durch die erwähnten Stellungnahmen aufgeworfene Problem der Zulässigkeit einer Verwerfung rechtswidriger konkurrierender Raumpläne behandelt die vorliegende Studie im achten Kapitel insbesondere auf S. 459ff. Unabhängig von dem in § 5 Abs. 3 ROG geregelten Widerspruchsrecht des Bundes dürfte ihm ein Recht zur verwaltungsgerichtlichen Normenkontrolle des entgegenstehenden Ziels sowie die Möglichkeit eröffnet sein, im Rahmen einer bundesrechtlichen Planfeststellung nach § 75 Abs. 1 VwVfG auch Zielabweichungen nach § 11 ROG auszusprechen, die ein

e) Materielle Anforderungen an Ziele und Grundsätze der Raumordnung

Die Beachtenspflicht gem. §5 Abs.1 ROG setzt nach herrschender Lehre – unabhängig vom Willen der Planungsbehörde und der formalen Bezeichnung einer Festsetzung als »Ziel« – voraus, daß es sich im rechtsbegrifflichen Sinne um ein »Ziel der Raumordnung« handelt. Daher bildet die materielle Definition des »Ziels« einen Schlüsselbegriff des gesamten Planungsrechts.[72] Die Bezeichnung in dem jeweiligen Raumordnungsplan selbst liefert lediglich indizielle Hinweise für die Auslegung des Plans; ausschlaggebend ist jedoch stets der materielle Gehalt der jeweiligen Festsetzung.

§3 Nr.2 ROG definiert »Ziele der Raumordnung« als verbindliche Vorgaben »in Form von räumlich und sachlich bestimmten oder bestimmbaren, vom Träger der Landes- oder Regionalplanung abschließend abgewogenen textlichen oder zeichnerischen Festlegungen in Raumordnungsplänen zur Entwicklung, Ordnung und Sicherung des Raums«. Demgegenüber beschreibt §3 Nr.3 ROG die Grundsätze der Raumordnung als »allgemeine Aussagen zur Entwicklung, Ordnung und Sicherung des Raums ... als Vorgaben für nachfolgende Abwägungs- oder Ermessensentscheidungen«. Diese Definitionen stellen zentrale begriffliche Voraussetzungen für das Vorliegen eines Ziels der Raumordnung auf, die zugleich Bedingungen für den Bindungsanspruch einer raumordnerischen Festlegung gegenüber anderen Planungen darstellen und in der landesplanerischen Praxis erstaunlich oft mißachtet werden.[73] Raumordnungsziele sind nach der Definition in §3 Nr.2 ROG als *raumplanerische Letztentscheidungen* das Ergebnis einer abschließenden, auch untereinander konfliktbereinigten gesamträumlichen Abwägung, also Festsetzungen, die bereits durch das Nadelöhr der abschließenden Abwägung aller berührten Raumansprüche gegangen sind.[74] Bei dieser Abwägung kommt auch das erwähnte, in §1 Abs.3 ROG normierte Gegenstromprinzip zum Tragen.[75]

Abgehen von der grundsätzlich strikten Zielbindung ermöglichen. Vgl. auch dazu im achten Kapitel S.465f. und 506f.

[72] Vgl. statt vieler *Hoppe*, DVBl. 1999, 1457ff.; *ders./Scheipers*, in: FS für Stern, 1997, S.1117, 1118f.; anders aber noch *Schultze*, Ziele der Raumordnung und Landesplanung als Rechtsbegriff, 1973, S.28ff., 94f., der den Charakter eines Rechtsbegriffes oder das Vorliegen inhaltlicher Maßstäbe ganz ablehnt.

[73] Vgl. zum folgenden *Runkel*, in: Ernst/Zinkahn/Bielenberg (Hrsg.), BauGB, §1 Rn.47ff., Stand: Nov. 1999; *Spiecker*, Raumordnung und Private, 1999, S.66ff.

[74] BVerwG, Beschl. v. 20.8.1992 – 4 NB 20/91 –, BVerwGE 90, 329, 333ff.; OVG Lüneburg, Urt. v. 30.7.1995 – 1 L 894/94 –, NVwZ 1996, 271; *Erbguth*, LKV 1994, 89, 91; *Grooterhorst*, NuR 1986, 276, 277f.; *Hoppe*, BayVBl. 2002, 129f.; *ders.*, Grundfragen des Planungsrechts, 1998, S.370ff., m.w.N.; *ders./Scheipers*, in: FS für Stern, 1997, S.1117, 1120ff.; *Funke*, Bund-Länder-Abstimmung, 1987, S.11ff.; *Lehners*, Raumordnungsgebiete, 1998, S.7f., 35; *Runkel*, in: Bielenberg/Runkel/Spannowsky, Raumordnungs- und Landesplanungsrecht des Bundes und der Länder, Kommentar K, §3 ROG Rn.56ff., 139ff., Stand: IX/1998; *Schmidt-Aßmann*, DÖV 1981, 237, 239f.; *Steiner*, in: ders. (Hrsg.), Besonderes Verwaltungsrecht, 6.Aufl. 1999, Kap. VI Rn.12; *von der Heide*, in: Cholewa/Dyong/von der Heide/Arenz (Hrsg.), Raumordnung in Bund und Ländern, Bd.1, §3 ROG Rn.15, 17, 20f., Stand: April 1998; *Wagner*, Die Harmonisierung der Raumordnungsklauseln, 1990, S.9; *Ziekow*, in: ders. (Hrsg.), Praxis des Fachplanungsrechts, 2004, Rn.588ff.

[75] Vgl. oben S.83.

Nach diesen Kriterien lassen sich Ziele der Raumordnung von anderen Planinhalten abgrenzen, die – wie bloße Abwägungsdirektiven, nachrichtlich übernommene Fachplanungen[76] oder zeichnerische Wiedergaben tatsächlicher Gegebenheiten – nicht abschließend gesamträumlich abgewogen sind und daher von vornherein keine Bindungswirkung entfalten.[77] Festsetzungen, die lediglich unverbindliche Empfehlungen, Hinweise, Abwägungsaufträge und -direktiven oder Berücksichtigungspflichten enthalten, verlieren allein schon dadurch den Charakter einer landesplanerischen Letztentscheidung.[78] Richtigerweise sind daher »Soll«-Festsetzungen in Raumordnungsplänen entgegen der vorherrschenden Sichtweise nicht als Ziele, sondern lediglich als Grundsätze der Raumordnung anzusehen.[79] Zielqualität hat nach diesen Maßstäben etwa die Ausweisung von Vorranggebieten nach §7 Abs. 4 Nr. 1 ROG, die das Gesetz als Gebiete definiert, die für bestimmte raumbedeutsame Funktionen oder Nutzungen reserviert und wo unvereinbare raumbedeutsame Nutzungen ausgeschlossen sind. Da das maßgebliche Tatbestandsmerkmal der »Vereinbarkeit« keine Abwägungsspielräume mehr eröffnet, der Plan also die entsprechenden Belange insoweit bereits selbst abschließend abgewogen hat, wird der Festsetzung von Vorranggebieten überwiegend Zielcharakter zuerkannt.[80] Demgegenüber mißt die Festsetzung eines Vorbehaltsgebiets nach §7 Abs. 4 S. 1 Nr. 2 ROG den privilegierten Raumnutzungen lediglich ein besonderes Gewicht in der nachfolgenden Abwägung mit konkurrierenden Nutzungen bei; daher handelt es sich erneut lediglich um einen Grundsatz, nicht aber um ein Ziel der Raumordnung.[81] An einer man-

[76] *Erbguth*, BayVBl. 1981, 577, 581; *Papier*, Freihaltung von Leitungstrassen durch die Regionalplanung, 1983, S. 31.

[77] So statt vieler *Christ*, Raumordnungsziele und Zulässigkeit privater Vorhaben, 1990, S. 16ff.

[78] A.A. *Runkel*, in: Bielenberg/Runkel/Spannowsky, Raumordnungs- und Landesplanungsrecht des Bundes und der Länder, Kommentar K, §5 ROG Rn. 70, Stand: VII/2000.

[79] So auch *Erbguth*, LKV 1994, 89, 92; *Hoppe*, BayVBl. 2002, 129, 131ff., m.w.N.; *ders.*, BayVBl. 2002, 754f.; *Schroeder*, UPR 2000, 52, 53, m.w.N.; a.A. VGH München, Urt. v. 22.5. 2002 – 26 B 01.2234 –, BayVBl. 2002, 600ff.; *Dammert*, in: Bauer/Breuer/Degenhart/Oldiges (Hrsg.), 100 Jahre Allgemeines Baugesetz Sachsen, 2000, S. 411, 419; *Goppel*, BayVBl. 1998, 289, 291f. und öfter; *Hendler*, UPR 2003, 256, 260f.; *Koch/Hendler*, Baurecht, Raumordnungs- und Landesplanungsrecht, 3. Aufl. 2001, §3 Rn. 54; *Spiecker*, Raumordnung und Private, 1999, S. 91; *von der Heide*, in: Cholewa/Dyong/von der Heide/Arenz (Hrsg.), Raumordnung in Bund und Ländern, Bd. 1, §3 ROG Rn. 24d, Stand: April 1998; differenzierend *Runkel*, in: Ernst/Zinkahn/Bielenberg (Hrsg.), BauGB, §1 Rn. 50, Stand: Nov. 1999, m.w.N.; vgl. auch *Kment*, NVwZ 2004, 155, 156f. Dieser Streit ist von großer praktischer Bedeutung. Vgl. etwa zu entsprechender Praxis in Rheinland-Pfalz *Hennecke*, Die Bedeutung der Fachplanung und der Raumordnung für die Bauleitplanung, 1994, S. 11.

[80] So etwa BVerwG, Beschl. v. 20. 8. 1992 – 4 NB 20.91 –, BVerwGE 90, 329, 330; Urt. v. 18. 9. 2003 – 4 CN 20.02 –, UPR 2004, 115, 116; *Lehners*, Raumordnungsgebiete, 1998, S. 26ff.; *Runkel*, NuR 1998, 449, 452; *Schroeder*, UPR 2000, 52, 54.

[81] *Appold*, in: FS für Hoppe, 2000, S. 21, 36; *Bell/Hermann*, LKV 2002, 393, 394; *Hoppe*, DVBl. 1998, 1008, 1010f., m.w.N. in Fn. 11; *Lehners*, Raumordnungsgebiete, 1998, S. 52ff.; *Runkel*, in: Bielenberg/Runkel/Spannowsky, Raumordnungs- und Landesplanungsrecht des Bundes und der Länder, Kommentar K, §3 ROG Rn. 56ff., 185, Stand: IX/1998; *ders.*, NuR 1998, 449, 452; *Schroeder*, UPR 2000, 52, 53; *Wolff*, BayVBl. 2001, 737ff., m.w.N.; ähnlich mittlerweile auch VGH München, Urt. v. 21. 1. 1998 – 26 N 95.1632 –, BayVBl. 1998, 436, 437 und Urt. v. 17. 12. 1998 – 9 N 93.1261 –, BayVBl. 1999, 691ff.; a.A. VGH München, Urt. v. 14. 10. 1996 – 14 N 94.4159 –, BayVBl. 1997, 178, 179; *Goppel*, BayVBl. 1984, 229, 232; *ders.*, BayVBl. 1998, 289, 291; *Hendler*, UPR 2003, 256, 258f.

gelnden gesamträumlichen Abwägung scheitern viele als Ziel bezeichnete Festlegungen. Setzt etwa ein Raumordnungsplan Vorrangflächen für die Landwirtschaft mit der Begründung fest, die Ausweisung erfasse sämtliche Nutzflächen mit Ackerwertzahlen von 35 und höher[82], so lassen diese ausschließlich sektoral aus Sicht der Landwirtschaft definierten Auswahlkriterien keine Abwägung mit den verdrängten Nutzungen und Planungen erkennen.[83] Damit liegt bereits begrifflich kein bindendes Ziel der Raumordnung vor. Ein Widerspruch des Bundes oder ein Zielabweichungsverfahren wären daher im Falle eines Plankonflikts mit einer solchen Festsetzung nicht erforderlich.

Neben dem Erfordernis einer gesamträumlichen Abwägung müssen Ziele der Raumordnung nach dem Gebot der Normenklarheit zudem räumlich und sachlich bestimmt sein, so daß für die Adressaten der Gegenstand und die Reichweite der Beachtenspflicht erkennbar sind.[84] Die Ziele müssen sich daher geographisch auf einen bestimmten Raum beziehen und für diesen eine konkrete raumordnerische Entscheidung treffen. Abstrakt generelle Vorgaben ohne konkreten Raumbezug drohen hingegen zu einer regionalen entwicklungsplanerischen Gesetzgebung zu transformieren und die Kompetenzen der Landesplanung zu überschreiten.[85] Festlegungen, die lediglich normative Vorgaben ohne Raumbezug oder fachgesetzliche Anforderungen aufstellen oder gar modifizieren, können daher ebenfalls keine bindenden Ziele der Raumordnung darstellen. Dem entspricht die Feststellung des Bundesverwaltungsgerichts, Ziele der Raumordnung könnten »nicht wie Rechtssätze gehandhabt werden« und stellten vor allem eine »Unterstützung und einleuchtende Fortschreibung bestimmter tatsächlicher Gegebenheiten« dar.[86] Von diesen Maßstäben hat sich die Verwaltungspraxis oft weit entfernt.[87]

Schließlich ergeben sich weitere Grenzen im Hinblick auf den Gegenstand, die Aussageschärfe und die Dichte von Zielen der Raumordnung aus der Aufgabenstellung der überörtlichen Gesamtplanung und ihrer Abgrenzung gegenüber anderen

---

[82] Dieses Beispiel entstammt dem am 11.9. 1998 verkündeten brandenburgischen Regionalplan Havelland-Fläming (ABl. 37/98, Beilage AAnz. Nr. 36, S. 1022ff.). In dem Erläuterungsbericht findet sich zudem der Hinweis, daß die Gebiete in Abstimmung mit den Landwirtschaftsämtern der Kreise und den Ämtern für Agrarordnung ausgewiesen wurden. Auch dies deutet auf rein sektorale, nicht gesamträumliche Kriterien.

[83] Vgl. *Erbguth*, BayVBl. 1981, 577, 580, m.w.N.; *Runkel*, in: Ernst/Zinkahn/Bielenberg (Hrsg.), BauGB, § 1 Rn. 51c, Stand: Nov. 1999; *ders.*, NuR 1998, 449, 452.

[84] Näher *Evers*, Recht der Raumordnung, 1973, S. 144f.; *Goppel*, BayVBl. 1998, 289; *Grooterhorst*, NuR 1986, 276, 282f.; *Lehners*, Raumordnungsgebiete, 1998, S. 11f.; *Runkel*, in: Ernst/Zinkahn/Bielenberg (Hrsg.), BauGB, § 1 Rn. 50a ff., Stand: Nov. 1999; *Schlarmann*, DVBl. 1980, 275, 279f.; *Schmidt-Aßmann*, DÖV 1981, 237, 239, m.w.N.; *Schultze*, Ziele der Raumordnung und Landesplanung als Rechtsbegriff, 1973, S. 20ff.; *von der Heide*, in: Cholewa/Dyong/von der Heide/Arenz (Hrsg.), Raumordnung in Bund und Ländern, Bd. 1, § 3 ROG Rn. 14f., Stand: April 1998.

[85] *Erbguth*, LKV 1994, 89, 92; *Funke*, Bund-Länder-Abstimmung am Beispiel der Raumordnung, 1987, S. 5ff., m.w.N. zum Streit um das erforderliche Maß an Raumbeeinflussung.

[86] BVerwG, Urt. v. 20.1. 1984 – 4 C 43/81 –, BVerwGE 68, 311, 313f.; VGH Kassel, Urt. v. 16.8. 2002 – 4 N 3272/01 –, NuR 2003, 115, 117.

[87] Vgl. dazu auch im vierten Kapitel S. 262ff. sowie im sechsten Kapitel S. 384ff.

konkurrierenden Raumplanungen.[88] Gegenüber der Bauleitplanung und den Fachplanungen müssen sich raumordnerische Zielfestlegungen auf überörtliche und überfachliche Festsetzungen beschränken[89] und können lediglich einen gestalterischen Rahmen vorgeben.[90] Insoweit handelt es sich um das allgemeine Problem der Abgrenzung der Kompetenzbereiche räumlicher Planungen.[91]

3. Instrumente der Durchsetzung raumordnerischer Vorgaben

Die bisherige Darstellung orientierte sich an der in der Literatur üblichen Unterscheidung zwischen Verfahrensregeln »formeller Koordination« und »Regeln materieller Koordination«. Mit der in § 12 ROG sowie den konkretisierenden Landesgesetzen normierten Untersagung raumordnungswidriger Planungen und Maßnahmen findet sich ein dritter Typ von Koordinationsregeln, der hier als Instrument der Durchsetzung bezeichnet werden soll.[92] Die Durchsetzung planerischer Vorgaben erfolgt jedoch zumeist durch allgemeinere Instrumente, etwa über die Kommunalaufsicht, die eine Durchsetzung der Pflicht der Gemeinden zur Übernahme der Ziele der Raumordnung ermöglicht.[93]

Nach § 12 Abs. 1 ROG ist in den Landesplanungsgesetzen vorzusehen, daß raumbedeutsame Planungen und Maßnahmen, die von den Bindungswirkungen der Ziele der Raumordnung erfaßt werden, im Falle entgegenstehender gültiger Ziele zeitlich unbefristet und im Falle der drohenden Vereitelung oder Erschwerung von in Aufstellung, Änderung, Ergänzung oder Aufhebung befindlichen Zielen zeitlich befristet untersagt werden können.[94] Die zur Umsetzung erlassenen landesgesetzlichen Regelungen, die noch immer nicht vollständig vorliegen, folgen diesen Vorgaben

---

88 Vgl. im einzelnen *Runkel*, in: Ernst/Zinkahn/Bielenberg (Hrsg.), BauGB, § 1 Rn. 50 b, Stand: Nov. 1999.

89 BVerfG, Rechtsgutachten v. 16. 6. 1954 – 1 PBvV 2/52 –, BVerfGE 3, 407, 425; *Lehners*, Raumordnungsgebiete, 1998, S. 11f.; *Schink*, in: Kormann (Hrsg.), Das neue Bundesbaurecht, 1994, S. 103, 105f.

90 *Funke*, Bund-Länder-Abstimmung am Beispiel der Raumordnung, 1987, S. 7 und 25, der auf S. 12 zu Recht darauf hinweist, daß diese Erfordernisse zu dem Charakter der Ziele als planerische Letztentscheidungen in einem gewissen Spannungsverhältnis stehen.

91 Näher dazu im vierten Kapitel insbesondere S. 214ff.

92 Die meisten Autoren, etwa *Goppel*, BayVBl. 1991, 266, *Hoppe*, in: Hoppe/Menke, Raumordnungs- und Landesplanungsrecht, 1986, Rn. 827, *Schink*, in: Kormann (Hrsg.), Das neue Bundesbaurecht, 1994, S. 103, 115, *Zoubek*, Sicherungsinstrumente in der Landesplanung, 1986, besonders S. 9ff., sprechen von einem Instrument der »Plansicherung«. Dieser Sprachgebrauch bezieht sich allerdings noch auf die Zeit, als sich die raumordnerische Untersagung nach § 7 ROG a. F. auf in Aufstellung befindliche Ziele beschränkte. Das BVerwG, Urt. v. 3. 9. 1997 – 11 VR 20/96 –, NVwZ-RR 1998, 289f., umschreibt die Funktion der Norm als die »Sicherung der Einhaltung bereits geltender Raumordnungsprogramme«, was der Sache nach ihrer Durchsetzung entspricht. Von einer »Durchsetzung im Vorfeld der Bindungswirkung dieser Ziele« spricht das OVG Lüneburg, Urt. v. 15. 4. 1996 – 1 M 1464/96 –, NVwZ-RR 1997, 690ff.; ähnlich *Ahrens-Salzsieder*, VR 1988, 88.

93 Allgemein zur Durchsetzung planerischer Festsetzungen das achte Kapitel.

94 Vgl. dazu neben den bereits in Fn. 92 Genannten *Goppel*, BayVBl. 2002, 617ff.; *Niemeier*, RuR 1979, 121, 123ff.; *Schoen*, Landesplanerische Untersagung, 1999; *ders.*, NuR 2000, 138ff.; *Steiner*, in: ders. (Hrsg.), Besonderes Verwaltungsrecht, 6. Aufl. 1999, Kap. VI Rn. 82ff.

und den bundesrechtlich vorgegebenen Voraussetzungen der Untersagung[95] zumeist sehr genau.[96] Die Regelung besagt nichts über das materielle Verhältnis der Raumordnung und Landesplanung zu anderen räumlichen Planungen, sondern regelt allein die Durchsetzung und Sicherung der landesplanerischen Festsetzungen gegenüber anderen Planungsträgern, wenn und soweit diese an die Vorgaben der Raumordnung gebunden sind.[97]

4. Bewertung des einfachgesetzlichen Befunds

Insgesamt fällt der einfachgesetzliche Befund auf dem Gebiet des Raumordnungs- und Landesplanungsrechts positiv aus. Wesentliche Fragen des Verhältnisses zu anderen Planungen und Planungsträgern werden bereits in den rahmenrechtlichen Vorgaben des Bundes angesprochen. Daß die formellen Koordinationsregeln nicht in allen Bundesländern befriedigen, ist auf Schwächen der Umsetzung zurückzuführen. Detaillierte materielle Vorgaben finden sich namentlich für das zentrale Instrument der Bindung an die Ziele der Raumordnung, vor allem im Hinblick auf den Adressatenkreis und die Besonderheiten bei Bundesplanungen.

Allerdings gewährleisten die vorgestellten Regelungen keine abschließende rechtliche Lösung der möglichen Konflikte zwischen der Raumordnung und anderen Planungen. Insbesondere die grundlegende Frage nach den zulässigen Inhalten der Ziele der Raumordnung und deren Grenzen wird im Raumordnungsgesetz so gut wie nicht angesprochen. Solche Grenzen müssen daher durch die Definition in § 3 Nr. 2 ROG – die aber nur die Modalitäten der Festsetzung als Ziel und nicht die möglichen Inhalte behandelt –, durch Rückgriff auf die Aufgabenstellung der Raumordnung und durch Abgrenzung gegenüber anderen Planungsarten – besonders der Bauleitplanung – ermittelt werden. Insbesondere enthält das Gesetz keine Aussage darüber, wieweit die Raumordnung fachplanerische Aussagen treffen und Fachplanungen ersetzen oder parzellenscharfe Festsetzungen treffen kann.[98] Die in der Einleitung angesprochenen projektbezogenen Raumordnungsziele in Bayern etwa wären nach dem isolierten Wortlaut des Raumordnungsgesetzes durchaus zulässig.[99] Gerade in diesem Punkt besteht somit weiterhin die Notwendigkeit, auf allge-

[95] Zu diesen *Hoppe*, in: Hoppe/Menke, Raumordnungs- und Landesplanungsrecht, 1986, Rn. 827ff.; *Menke*, ebenda Rn. 1268ff.; *Schoen*, Landesplanerische Untersagung, 1999, S. 25ff.; *ders.*, NuR 2000, 138, 139ff.

[96] Vgl. etwa Art. 24 BayLPlG, § 24 LPlG NW, § 11 LPlG LSA, § 11 SaarlLPlG, und dazu *Schoen*, NuR 2000, 138, 139; zur Rechtslage in Hessen besonders auch *Lautner*, VR 1987, 336ff.; einen umfassenden – zum Teil freilich überholten – Überblick zur Ausgestaltung in den Ländern bietet *Zoubek*, Sicherungsinstrumente in der Landesplanung, 1986.

[97] VGH München, Urt. v. 26. 4. 1990 – 22 B 88.3351 –, BayVBl. 1991, 273, 274; *Runkel*, NuR 1998, 449, 453; *Schoen*, NuR 2000, 138, 142; vgl. auch *Goppel*, BayVBl. 1991, 266, 267; *ders.*, DVBl. 2000, 86, 90f.

[98] *Spannowsky*, UPR 2000, 418, 427; vgl. zu diesen Fragen im vierten Kapitel S. 214ff.

[99] Vgl. dazu bereits in der Einleitung S. 9 und zu der Lösung des Konflikts nachfolgend im vierten Kapitel S. 262ff.

meine Grundsätze und verfassungsrechtliche Vorgaben zu rekurrieren. Anlaß zur Kritik geben ferner die erwähnten speziellen Raumordnungsklauseln der Fachplanungsgesetze, deren Existenzberechtigung im Hinblick auf die Generalklausel in §4 ROG kaum einsichtig wird.

III. Die Regelungen des Baugesetzbuchs

In größerer Zahl und Regelungsdichte, aber auch in stärkerer Komplexität und Kasuistik als das Raumordnungsgesetz und die Landesplanungsgesetze der Länder behandelt das Baugesetzbuch für die örtliche Ebene der Gesamtplanung die Koordination mit anderen Planungen. Ganz oder teilweise als Kollisions- bzw. Koordinationsregeln angesehen werden in diesem Zusammenhang im allgemeinen Städtebaurecht insbesondere die §1 Abs.4, §2 Abs.2, §5 Abs.4, §7, §8 Abs.2 bis 4, §9 Abs.6, §26 Nr.2 und §38 BauGB.[100] Unter kompetentiellen Gesichtspunkten sind zudem die Aufgabenstellung der Bauleitplanung in §1 Abs.1 und ihre Festsetzungsmöglichkeiten nach §5 und §9 sowie als formelle Koordinationsregel die Vorschrift in §4 über die Beteiligung der Träger öffentlicher Belange zu erwähnen. Sieht man von Regelungen zu solchen Spezialproblemen wie dem Zusammentreffen unterschiedlicher Grunderwerbsansprüche in §26 Nr.2 oder dem nur die Stufung innerhalb der Bauleitplanung betreffenden Verhältnis des Bebauungsplans zum Flächennutzungsplan in §8 Abs.2 bis 4 ab, so ergeben sich folgende Gruppen von Regelungen: die formellen Beteiligungs- und Koordinationsregeln in §4, die Regeln über den Gegenstand und die Festsetzungsmöglichkeiten der Bauleitplanung in §5 und §9, die Vorschriften in §5 Abs.4 und §9 Abs.6 über die nachrichtliche Übernahme anderer Planungen, deren Charakter umstritten ist, die Anpassungspflicht an die Ziele der Raumordnung in §1 Abs.4, die Bindung der Fachplanung an den Flächennutzungsplan nach §7, die bauplanungsrechtliche Privilegierung der Fachplanung – gemeint sind hier allein Planfeststellungen – nach §38 und die Pflicht zur interkommunalen Abstimmung gem. §2 Abs.2. Damit enthält das Baugesetzbuch auf den ersten Blick scheinbar flächendeckende Regelungen über die formelle und materielle Koordination der Bauleitplanung mit der überörtlichen Gesamtplanung, mit der Fachplanung sowie mit anderen Bauleitplanungen. Bei genauerer Analyse sind die gesetzlichen Vorgaben freilich jedenfalls in materiell-rechtlicher Hinsicht sehr viel lückenhafter, als man annehmen möchte.

---

[100] So der Überblick bei *Runkel*, in: Ernst/Zinkahn/Bielenberg (Hrsg.), BauGB, §38 Rn.16, Stand: Feb. 2000.

1. Formelle Koordinationsregeln des Baugesetzbuchs

a) Die Beteiligung der Träger öffentlicher Belange bei der Bauleitplanung gem. § 4 BauGB

Die zentrale Vorschrift des Baugesetzbuches zur formellen Koordination der Bauleitplanung mit anderen Raumplanungen ist die Regelung in § 4 BauGB über die Beteiligung der Träger öffentlicher Belange, die vor allem der vollständigen Ermittlung des Abwägungsmaterials dient[101]. Demnach holt die Gemeinde möglichst frühzeitig – gegebenenfalls gleichzeitig mit dem Verfahren zur Beteiligung der Öffentlichkeit – die Stellungnahmen der Behörden und sonstigen Träger öffentlicher Belange ein, deren Aufgabenbereich durch die Planung berührt wird. Wie auch im Planfeststellungsverfahren nach § 73 Abs. 2 VwVfG ist dieser Kreis weit zu fassen[102] und schließt beispielsweise auch betroffene Nachbargemeinden ein. Planungsträger im Sinne des § 7 BauGB werden in jedem Fall erfaßt[103], insbesondere die Träger möglicherweise betroffener Fachplanungen.[104] Die zu beteiligenden Träger öffentlicher Belange sind nach Sinn und Zweck der Regelung in angemessenem Umfang über die Bauleitplanung zu informieren.[105] Ein Verstoß gegen diese Pflicht bildet einen nach Maßgabe des § 214 Abs. 1 Nr. 1 i.V.m. § 215 Abs. 1 Nr. 1 BauGB beachtlichen Verfahrensfehler.[106] Die beteiligten Stellen haben anschließend ihre Stellungnahmen gem. § 4 Abs. 2 BauGB grundsätzlich innerhalb eines Monats abzugeben und sollen sich dabei auf ihren Aufgabenbereich beschränken.

Das Beteiligungsverfahren dient neben der Schaffung von Akzeptanz und der Effektivierung des Verfahrens vor allem der Planungskoordination.[107] Diesen Cha-

[101] BGH, Urt. v. 23. 1. 1992 – III ZR 265/89 –, NVwZ 1992, 913f.; *Hoppe/Bönker/Grotefels*, Öffentliches Baurecht, 2. Aufl. 2002, § 5 Rn. 325f.; *Manssen*, in: Becker/Heckmann/Kempen/Manssen, Öffentliches Recht in Bayern, 2. Aufl. 2001, S. 337, 345; *Peine*, Öffentliches Baurecht, 4. Aufl. 2003, Rn. 403.

[102] Näher vor allem *Siegel*, Verfahrensbeteiligung von Behörden, 2001, S. 20ff., m. w. N.; vgl. darüber hinaus etwa *Bielenberg*, in: Ernst/Zinkahn/Bielenberg (Hrsg.), BauGB, § 4 Rn. 5ff., 13, Stand: Nov. 1997; *Dörries*, Das Verhältnis der Bauleitplanung zur raumbeanspruchenden Fachplanung, 2000, S. 60f.; *Finkelnburg/Ortloff*, Öffentliches Baurecht, Bd. I, 5. Aufl. 1998, S. 49; *Gaentzsch*, in: Schlichter/Stich/Driehaus/Paetow (Hrsg.), Berliner Kommentar zum BauGB, 3. Aufl., § 4 Rn. 3ff., Stand: Aug. 2002; *W. Schrödter*, in: Schrödter (Hrsg.), BauGB, 6. Aufl. 1998, § 4 Rn. 3ff.; *Stüer*, Handbuch des Bau- und Fachplanungsrechts, 2. Aufl. 1998, Rn. 511; vgl. auch *Korbmacher*, UPR 1994, 325, 329f.

[103] Vgl. nur *Bielenberg*, in: Ernst/Zinkahn/Bielenberg (Hrsg.), BauGB, § 4 Rn. 5, 8 und 10, Stand: Nov. 1997.

[104] *Lange*, Verkehr und öffentliches Recht, 1974, S. 283.

[105] BVerwG, Urt. v. 7. 11. 1997 – 4 NB 48/96 –, NVwZ 1998, 956ff., wonach die bloße Benachrichtigung über die Auslegung des Planentwurfs diesen Anforderungen auch bei der Parallelbeteiligung der Träger öffentlicher Belange gem. § 4 Abs. 2 BauGB nicht genügt; *Stüer*, Handbuch des Bau- und Fachplanungsrechts, 2. Aufl. 1998, Rn. 512f.

[106] *Dörries*, Das Verhältnis der Bauleitplanung zur raumbeanspruchenden Fachplanung, 2000, S. 65.

[107] Vgl. *Bell/Hermann*, LKV 2002, 393, 396; *Bielenberg*, in: Ernst/Zinkahn/Bielenberg (Hrsg.), BauGB, § 4 Rn. 21, Stand: Nov. 1997; umfassend zu den Zwecken der Trägerbeteiligung *Siegel*, Verfahrensbeteiligung von Behörden, 2001, S. 63ff., 66f.; empirische Befunde zur tatsächlichen Effekti-

rakter unterstreicht die Pflicht der beteiligten Träger öffentlicher Belange in §4 Abs. 2 S. 2 Halbs. 2 BauGB, der Gemeinde im Rahmen der Stellungnahme »Aufschluß über von ihnen beabsichtigte oder bereits eingeleitete Planungen und sonstige Maßnahmen sowie deren zeitliche Abwicklung zu geben«. Da sich allerdings die gesetzlichen Sanktionen im Falle eines Verstoßes gegen diese Norm darauf beschränken, die Rüge einer nicht ausreichenden Beteiligung oder Berücksichtigung der Belange des Trägers auszuschließen, begründet diese »Pflicht« der Sache nach wohl nur eine Obliegenheit des beteiligten Planungsträgers.[108]

Das Bindeglied der Trägerbeteiligung zum materiellen Recht bildet §4 Abs. 3 S. 1 BauGB, wonach die Stellungnahmen der Träger öffentlicher Belange in der planerischen Abwägung zu berücksichtigen sind. Bei dieser Vorgabe handelt es sich allerdings nach Wortlaut, Stellung und Entstehungsgeschichte um eine lediglich deklaratorische Feststellung, die der Gemeinde ihre Bindungen aus §1 Abs. 6 BauGB verdeutlichen soll.[109] Die Bedeutung des Vorbringens der beteiligten Träger kann zudem über eine bloße Berücksichtigungspflicht hinausgehen[110], wenn diesen Planungen oder Belangen nach besonderen Vorschriften (etwa in §38 BauGB) oder allgemeinen Grundsätzen – etwa aus Gründen der Normenhierarchie – der Vorrang gegenüber der Bauleitplanung gebührt.[111] Ein solcher Fall liegt beispielsweise vor, wenn die Gemeinde durch die Stellungnahme erfährt, daß für eine als Baugebiet vorgesehene Fläche bereits eine straßenrechtliche Planfeststellung oder eine Schutzgebietsverordnung vorliegt und einer Ausweisung als Baugebiet entgegensteht. Entgegen dem Wortlaut des §4 Abs. 3 S. 1 BauGB könnten diese rechtlichen Hindernisse durch Abwägung nicht überwunden werden.

Gesichtspunkte, die die beteiligten Träger öffentlicher Belange nicht fristgemäß vortragen, werden nach der durch das BauGB-Maßnahmengesetz eingefügten Regelung über die Behördenpräklusion in §4 Abs. 3 S. 2 BauGB »in der Abwägung nicht berücksichtigt, es sei denn, die verspätet vorgebrachten Belange sind der Gemeinde bekannt oder hätten ihr bekannt sein müssen oder sind für die Rechtmäßigkeit der Abwägung von Bedeutung«.[112] Der Anwendungsbereich dieses Einwendungsausschlusses ist bereits nach seinem Wortlaut sehr eng: Da die betroffenen Träger öffentlicher Belange in den meisten Fällen ohnehin nicht über klagefähige Rechtspositio-

---

vität des Instruments bei *Ziekow/Siegel*, Gesetzliche Regelungen der Verfahrenskooperation von Behörden und anderen Trägern öffentlicher Belange, 2001.

108 *Gaentzsch*, in: Schlichter/Stich/Driehaus/Paetow (Hrsg.), Berliner Kommentar zum BauGB, 3. Aufl., §4 Rn. 11, Stand: Aug. 2002; a. A. unter Berufung auf den Wortlaut *Bielenberg*, in: Ernst/Zinkahn/Bielenberg (Hrsg.), BauGB, §4 Rn. 17, Stand: Nov. 1997.

109 *Battis*, in: Battis/Krautzberger/Löhr, BauGB, 8. Aufl. 2002, §4 Rn. 7, m. w. N.

110 Vgl. auch BGH, Urt. v. 23. 1. 1992 – III ZR 265/89 –, NVwZ 1992, 913f.

111 *Bielenberg*, in: Ernst/Zinkahn/Bielenberg (Hrsg.), BauGB, §4 Rn. 23, Stand: Nov. 1997; *Stüer*, Handbuch des Bau- und Fachplanungsrechts, 2. Aufl. 1998, Rn. 515 und 517f.

112 Näher dazu – überwiegend kritisch – *Peine*, in: *Ziekow* (Hrsg.), Beschleunigung von Planungs- und Genehmigungsverfahren, 1998, S. 249ff.; *Röhl/Ladenburger*, Materielle Präklusion im raumbezogenen Verwaltungsrecht, 1997, S. 84ff.; *Siegel*, Verfahrensbeteiligung von Behörden, 2001, S. 180ff., der auch belegt, daß die Regelung im Kern bereits in der vorherigen Rechtsprechung zum Abwägungsgebot angelegt war.

nen verfügen[113], ist nicht die »materielle Präklusion« der entsprechenden Einwendungen entscheidend, sondern die inhaltliche und zeitliche Begrenzung der Ermittlungspflicht bei der Zusammenstellung des Abwägungsmaterials. Die nicht vorgebrachten Belange unberücksichtigt zu lassen ist dabei nur in den engen Grenzen möglich, die sich aus den materiell-rechtlichen Vorgaben des Abwägungsgebots ergeben, im wesentlichen bei Belangen, die weder bekannt noch erkennbar waren und daher die Rechtmäßigkeit der Abwägung nicht berühren.[114] Verspätet vorgetragene Belange können zudem nach dem gemeindlichen Beurteilungsspielraum dennoch als abwägungsrelevant in die Planung eingestellt werden.[115] Damit hält sich die praktische Relevanz der Behördenpräklusion in der Bauleitplanung in engen Grenzen. Größere Bedeutung kommt jedenfalls den in §215a BauGB enthaltenen Heilungsvorschriften zu.[116]

Zusammenfassend läßt sich festhalten, daß §4 BauGB die planende Gemeinde zur Beteiligung sämtlicher durch das Vorhaben betroffenen Planungsträger verpflichtet, die ihrerseits gehalten sind, der Gemeinde im Rahmen der Trägerbeteiligung umfassende Auskunft über konfligierende oder betroffene Planungen zu geben. Diese Informationen finden, wie §4 Abs. 3 S. 2 BauGB deklaratorisch verdeutlicht, Eingang in die materielle Planung und sind – soweit sie nicht auf Planungshindernisse oder zwingende Vorgaben verweisen – im Rahmen der Abwägung zu berücksichtigen. Mit dieser Struktur bildet §4 BauGB das Grundmodell einer formellen Koordinationsregel[117], die sich in ähnlicher Weise auch in vielen, wenngleich nicht allen Fachplanungsgesetzen und verallgemeinert in §73 VwVfG findet und über die entsprechenden Regelungen des Raumordnungsgesetzes deutlich hinausgeht.

Die übrigen formellen Koordinationsregeln des Baugesetzbuches haben einen beschränkten Anwendungsbereich und stellen den Modellcharakter des §4 nicht in Frage: Nach §3 Abs. 2 S. 3 BauGB sollen die nach §4 Abs. 1 und §4a Abs. 2 beteiligten Stellen von der öffentlichen Auslegung der Entwürfe der Bauleitpläne benachrichtigt werden. Damit erfolgt für die Träger öffentlicher Belange, falls nicht das Parallelverfahren nach §4 Abs. 1 S. 2 BauGB gewählt wird, eine zweite Stufe der Beteiligung.[118] §13 Nr. 3 BauGB sieht demgegenüber ein vereinfachtes Verfahren

[113] Näher dazu das achte Kapitel S. 478ff.

[114] Vgl. zu diesem im einzelnen sehr umstrittenen Fragenkomplex *Battis*, in: Battis/Krautzberger/Löhr, BauGB, 8. Aufl. 2002, §4 Rn. 8; *Finkelnburg/Ortloff*, Öffentliches Baurecht, Bd. I, 5. Aufl. 1998, S. 51; *Peine*, in: *Ziekow* (Hrsg.), Beschleunigung von Planungs- und Genehmigungsverfahren, 1998, S. 249, 265ff.; *Röhl/Ladenburger*, Materielle Präklusion im raumbezogenen Verwaltungsrecht, 1997, S. 91f.; *Siegel*, Verfahrensbeteiligung von Behörden, 2001, S. 186, 196ff.; *W. Schrödter*, in: Schrödter (Hrsg.), BauGB, 6. Aufl. 1998, §4 Rn. 13ff.; *Stüer*, Handbuch des Bau- und Fachplanungsrechts, 2. Aufl. 1998, Rn. 521ff.; weiter gehend indes *Bielenberg*, in: Ernst/Zinkahn/Bielenberg (Hrsg.), BauGB, §4 Rn. 29ff., Stand: Nov. 1997; vgl. ferner im fünften Kapitel S. 341.

[115] So *Dörries*, Das Verhältnis der Bauleitplanung zur raumbeanspruchenden Fachplanung, 2000, S. 64.

[116] *Stüer*, Handbuch des Bau- und Fachplanungsrechts, 2. Aufl. 1998, Rn. 516.

[117] *Siegel*, Verfahrensbeteiligung von Behörden, 2001, S. 19f., spricht von einer »Mutternorm«.

[118] Vgl. im einzelnen *Battis*, in: Battis/Krautzberger/Löhr, BauGB, 8. Aufl. 2002, §3 Rn. 15; *Dörries*, Das Verhältnis der Bauleitplanung zur raumbeanspruchenden Fachplanung, 2000, S. 66f.; *Ga-*

der Trägerbeteiligung für einfache Änderungen und Ergänzungen eines Bauleitplanes vor, das u.a. kürzere Fristen ermöglicht.[119] Die Regelung in §4a BauGB über die »grenzüberschreitende Beteiligung« ergänzt diese Vorgaben für Bauleitpläne, die erhebliche Auswirkungen auf Nachbarstaaten haben können; in diesen Fällen sind die Gemeinden und Träger öffentlicher Belange des Nachbarstaates nach den Grundsätzen der Gegenseitigkeit und Gleichwertigkeit zu unterrichten.[120]

b) Die Möglichkeit von gemeinsamer Bauleitplanung und Planungsverbänden

Für die Fälle, in denen die Koordination zwischen benachbarten Gemeinden nach §4 BauGB nicht ausreicht, ermöglicht das in §204 Abs. 1 BauGB vorgesehene Instrument des gemeinsamen Flächennutzungsplans[121] eine weiter gehende, allerdings durch das Erfordernis eines gemeinsamen identischen Beschlusses zweier Gemeinden an anspruchsvolle Voraussetzungen geknüpfte Form der Koordination. Eine nochmals intensivere formelle Koordination ist die Schaffung von Planungsverbänden nach §205 BauGB.[122] Solche Zusammenschlüsse von Gemeinden und sonstigen öffentlichen Planungsträgern zu einem Planungsverband, der durch eine gemeinsame Bauleitplanung den Ausgleich der verschiedenen Belange erreichen soll, können gem. §205 Abs. 1 S. 1 BauGB auf freiwilliger Basis und gem. §205 Abs. 2 BauGB aus Gründen der Raumordnung auch gegen den Willen der beteiligten Gemeinden geschaffen werden, wenn dies zum Wohl der Allgemeinheit dringend geboten ist. Gem. §205 Abs. 2 S. 4 und 5 BauGB ist – auf der Grundlage entsprechender Vereinbarungen – auch ein Zusammenschluß von Planungsträgern verschiedener Länder sowie eine Beteiligung des Bundes oder bundesunmittelbarer Körperschaften oder Anstalten an dem Planungsverband möglich.

Der Planungsverband tritt gem. §205 Abs. 1 S. 2 BauGB nach Maßgabe seiner Satzung für die Bauleitplanung und ihre Durchführung an die Stelle der Gemeinden, so daß die Planungshoheit der Einzelgemeinde insoweit auf den Verband übergeht[123]. Demgegenüber bleibt das Planungsrecht der Fachplanungsträger, die in der Praxis ohnehin höchst selten an Planungsverbänden beteiligt sind, mangels abweichender gesetzlicher Regelung erhalten.[124] Kann sich der Verband über einen Plan nicht eini-

---

entzsch, in: Schlichter/Stich/Driehaus/Paetow (Hrsg.), Berliner Kommentar zum BauGB, 3. Aufl., §3 Rn. 22, Stand: Aug. 2002.

[119] Näher etwa *W. Schrödter*, in: Schrödter (Hrsg.), BauGB, 6. Aufl. 1998, §13 Rn. 11f.

[120] Näher *Battis*, in: Battis/Krautzberger/Löhr, BauGB, 8. Aufl. 2002, §4a Rn. 1ff.

[121] Vgl. etwa *Gaentzsch*, in: Schlichter/Stich/Driehaus/Paetow (Hrsg.), Berliner Kommentar zum BauGB, 3. Aufl., §204 Rn. 1ff., Stand: Aug. 2002; *Peine*, Öffentliches Baurecht, 4. Aufl. 2003, Rn. 440; *Schmidt-Eichstaedt*, NVwZ 1997, 846ff., 851ff., auch zu den landesrechtlichen Besonderheiten; *W. Schrödter*, in: Schrödter (Hrsg.), BauGB, 6. Aufl. 1998, §204 Rn. 1ff.

[122] Umfassend dazu *Dörries*, Das Verhältnis der Bauleitplanung zur raumbeanspruchenden Fachplanung, 2000, S. 71ff.; *Evers*, Regionalplanung als gemeinsame Aufgabe von Staat und Gemeinden, 1976, S. 93ff.; vgl. auch schon *Wesemann*, Der Planungsverband nach §4 Bundesbaugesetz, 1970.

[123] VG Neustadt, Urt. v. 2.11. 1998 – 5 K 3173/97.NW –, ZfB 1999, 70ff.

[124] *Dörries*, Das Verhältnis der Bauleitplanung zur raumbeanspruchenden Fachplanung, 2000, S. 76f., m.w.N.

gen, so sieht §205 Abs. 3 BauGB ein Ersatzvornahmeverfahren vor, nach dem die zuständige Landesbehörde einen Plan aufstellen, dem Verband zur Beschlußfassung vorlegen und im Falle des Scheiterns einer Einigung selbst festsetzen kann.[125] Insgesamt stellt die Bildung von Planungsverbänden damit ein sehr weit reichendes Koordinationsinstrument dar, das in der Praxis allerdings nur selten zur Anwendung kommt.

c) Formelle Koordination zwischen Bauleitplanung und Flurbereinigung

Besondere Regelungen finden sich schließlich im sechsten Teil des Baugesetzbuchs im Zusammenhang mit städtebaulichen Maßnahmen zur Verbesserung der Agrarstruktur, insbesondere solchen der Flurbereinigung. Für diesen Bereich wird das Verhältnis der Bauleitplanung zur Fachplanung abweichend von dem Grundmodell des §4 BauGB im Sinne einer besonders intensiven formellen Koordination geregelt: Gem. §187Abs. 3 BauGB hat die Gemeinde die Flurbereinigungsbehörde und gegebenenfalls andere durchführende Stellen bereits »bei den Vorarbeiten zur Aufstellung der Bauleitpläne« möglichst frühzeitig zu beteiligen. Diese Pflicht geht hinsichtlich des Zeitpunkts der Beteiligung über die allgemeine Regelung in §4 hinaus.[126]

Daneben begründet §188 Abs. 2 für das Verhältnis von Bauleitplanung und Flurbereinigung eine gemeinsame Pflicht der Flurbereinigungsbehörde und der Gemeinde, ihre das Gemeindegebiet betreffenden Absichten möglichst frühzeitig aufeinander abzustimmen und die Planungen bis zum Abschluß der Flurbereinigung grundsätzlich nur einvernehmlich zu ändern. Der Inhalt dieser Abstimmungspflicht wird im Schrifttum als ein Mehr gegenüber der Anhörung, jedoch ein Weniger gegenüber dem Erfordernis eines Einvernehmens charakterisiert.[127] Verfahrensrechtlich soll sie ein besonders intensives Maß an Kooperation gebieten.[128]

d) Die nachrichtliche Übernahme anderer Planungen und ihre Bedeutung

Nach §5 Abs. 4 BauGB sollen Planungen und sonstige Nutzungsregelungen, die nach anderen gesetzlichen Vorschriften festgesetzt sind, sowie bestimmte Denkmal-

---

[125] Näher *Gaentzsch*, in: Schlichter/Stich/Driehaus/Paetow (Hrsg.), Berliner Kommentar zum BauGB, 3. Aufl., §205 Rn. 26ff., Stand: Aug. 2002; *W. Schrödter*, in: Schrödter (Hrsg.), BauGB, 6. Aufl. 1998, §205 Rn. 19ff.

[126] *Dörries*, Das Verhältnis der Bauleitplanung zur raumbeanspruchenden Fachplanung, 2000, S. 69; *Fislake*, in: Schlichter/Stich/Driehaus/Paetow (Hrsg.), Berliner Kommentar zum BauGB, 3. Aufl., §187 Rn. 17, Stand: Aug. 2002; *Krautzberger*, in: Battis/Krautzberger/Löhr, BauGB, 8. Aufl. 2002, §187 Rn. 21ff.

[127] So etwa *Dörries*, Das Verhältnis der Bauleitplanung zur raumbeanspruchenden Fachplanung, 2000, S. 70, m.w.N.

[128] *Fislake*, in: Schlichter/Stich/Driehaus/Paetow (Hrsg.), Berliner Kommentar zum BauGB, 3. Aufl., §188 Rn. 5f., Stand: Aug. 2002; *Krautzberger*, in: Battis/Krautzberger/Löhr, BauGB, 8. Aufl. 2002, §188 Rn. 4. Damit entspricht die Vorgabe letztlich im wesentlichen der allgemeinen Abstimmungspflicht nach §14 ROG. Vgl. dazu bereits oben S. 81ff.

schutzfestsetzungen nach Landesrecht in den Flächennutzungsplan nachrichtlich übernommen werden. Sind derartige Festsetzungen lediglich in Aussicht genommen, sollen sie im Flächennutzungsplan vermerkt werden. Im Regelfall folgt aus diesen Soll-Bestimmungen eine entsprechende Übernahmepflicht der Gemeinde.[129] Für den nachfolgenden Bebauungsplan sieht § 9 Abs. 6 BauGB vor, daß nach anderen gesetzlichen Vorschriften getroffene Festsetzungen in den Bebauungsplan nachrichtlich übernommen werden sollen, soweit sie zu seinem Verständnis oder für die städtebauliche Beurteilung von Baugesuchen notwendig oder zweckmäßig sind. Anders als beim Flächennutzungsplan ist eine Übernahme lediglich beabsichtigter Planungen nicht vorgesehen.[130] Die nachrichtlichen Übernahmen sind nach § 2 Abs. 1 S. 5 Alt. 2 PlanzV 90 als solche kenntlich zu machen.

Aus der Summe dieser Pflichten der Gemeinde, anderweitig getroffene planerische Festsetzungen im Regelfall nachrichtlich zu übernehmen, leiten zahlreiche Stimmen im Schrifttum – zumeist ganz selbstverständlich – einen Vorrang der überörtlichen vor der örtlichen Planung ab.[131] Der Schluß liegt in der Tat nahe, daß die Gemeinde, wenn sie solche Festsetzungen in ihre Pläne aufzunehmen hat, auch keine widersprechenden eigenen Aussagen treffen kann und daher zumindest mittelbar einer materiell-rechtlichen Anpassungspflicht unterliegt.

Berücksichtigt man jedoch, daß in den §§ 5 und 9 BauGB – anders als in § 1 Abs. 4 oder in § 7 BauGB – von einer Anpassungspflicht nicht die Rede ist und daß das Baugesetzbuch demgegenüber in § 7 und § 38 explizite und durchaus differenzierte Regelungen über materielle Anpassungspflichten verschiedener Planungen untereinander trifft, so erscheint dieser Schluß nicht tragfähig. Die nachrichtliche Übernahme stellt zudem keine planerische Bestätigung durch die Gemeinde und somit keine konstitutive Festsetzung dar.[132] Zu Recht hält daher die Gegenansicht die Regelungen über die nachrichtliche Übernahme für reine Verfahrensvorschriften, aus denen sich kein materieller Vorrang der übernommenen Planungen ergibt und die die Gemeinde nicht an abweichenden Festsetzungen hindern.[133] Dennoch brin-

---

[129] Vgl. zuletzt OVG Lüneburg, Urt. v. 4. 5. 2000 – 1 L 2995/98 –, NuR 2000, 709, 710f.; im Schrifttum etwa *Löhr*, in: Battis/Krautzberger/Löhr, BauGB, 8. Aufl. 2002, § 5 Rn. 44; allgemein zur Bedeutung von Soll-Vorschriften statt vieler *Maurer*, Allgemeines Verwaltungsrecht, 14. Aufl. 2002, § 7 Rn. 11f.

[130] Vgl. *Löhr*, in: Battis/Krautzberger/Löhr, BauGB, 8. Aufl. 2002, § 9 Rn. 118.

[131] So im neueren Schrifttum u.a. *Dürr*, in: Kodal/Krämer (Hrsg.), Straßenrecht, 6. Aufl. 1999, § 36 Rn. 26, der zudem auf die Regelungen in § 38 BauGB und in § 16 Abs. 3 S. 3 FStrG verweist; *Erbguth*, NVwZ 1989, 608, 610f.; *Schlarmann*, Verhältnis der Fachplanungen zur Bauleitplanung, 1980, S. 40; *W. Schrödter*, in: Schrödter (Hrsg.), BauGB, 6. Aufl. 1998, § 9 Rn. 180 (es dürfe nichts der fremden Planung Widersprechendes festgesetzt werden); wohl auch *Schink*, in: Kormann (Hrsg.), Das neue Bundesbaurecht, 1994, S. 103, 108ff., 117; *Wahl*, Rechtsfragen der Landesplanung und Landesentwicklung, Bd. I, 1978, S. 117, der von Kollisionsnormen spricht; vgl. auch *Bielenberg/Söfker*, in: Ernst/Zinkahn/Bielenberg (Hrsg.), BauGB, § 5 Rn. 70, Stand: Mai 2001.

[132] BVerwG, Urt. v. 16. 12. 1988 – 4 C 48.86 –, BVerwGE 81, 111, 116; *Gaentzsch*, WiVerw 1985, 235, 243. Dies gilt auch für nachrichtliche Übernahmen im Rahmen anderer Planverfahren, etwa bei der Raumordnung. Vgl. dazu *Schlarmann*, DVBl. 1980, 275, 281f.

[133] *Breuer*, Die hoheitliche raumgestaltende Planung, 1968, S. 201; *Dörries*, Das Verhältnis der Bauleitplanung zur raumbeanspruchenden Fachplanung, 2000, S. 105 und 127f.; *Dürr*, in: Brügel-

gen § 5 Abs. 4 und § 9 Abs. 6 BauGB wohl die implizite Vorstellung des Gesetzgebers zum Ausdruck, daß die Gemeinde anderweitig getroffene planerische Festsetzungen als vorgegeben hinzunehmen hat.[134] Die Pflicht zur nachrichtlichen Übernahme mag daher zwar selbst keine materielle Vorrangregel darstellen, liefert jedoch Hinweise auf das Bestehen bestimmter Hierarchien. Vor allem der Bezug auf »nach anderen gesetzlichen Vorschriften getroffene Festsetzungen« verdeutlicht, daß die zu übernehmenden Festsetzungen bereits kompetentiell nicht dem Bauplanungsrecht, sondern speziellen Fachplanungsgesetzen unterliegen und der Bauleitplanung daher gegenständlich entzogen sind. Damit verweist diese Regelung auf die inhaltlichen Grenzen der Bauleitplanung, die sich aus ihrer Aufgabenstellung ergeben und in den erwähnten Vorschriften über den Gegenstand und die Festsetzungsmöglichkeiten der Bauleitplanung einen – freilich eher unscharfen – Ausdruck gefunden haben. Dies ändert jedoch nichts an dem rein formellen Charakter der Vorschriften über die nachrichtliche Übernahme.

2. Der Gegenstand und die Festsetzungsmöglichkeiten der Bauleitplanung

§ 1 Abs. 1 BauGB weist der Bauleitplanung die Aufgabe zu, die bauliche und sonstige Nutzung der Grundstücke in der Gemeinde nach Maßgabe dieses Gesetzbuchs vorzubereiten und zu leiten. Hierzu verfügt die Gemeinde für den Flächennutzungsplan über die in § 5 Abs. 2 bis 3 und für den Bebauungsplan über die in § 9 genannten Festsetzungsmöglichkeiten. Gegenüber den beiden landesplanerischen Festsetzungsmodalitäten der Ziele und der Grundsätze bieten diese Vorschriften ein breites Spektrum an Festsetzungsmöglichkeiten u.a. über die Art und das Maß der baulichen Nutzung, die Bauweise, die überbaubaren und nicht überbaubaren Grundstücksflächen sowie die Stellung der baulichen Anlagen, Mindest- und Höchstmaße für die Größe der Baugrundstücke oder Flächen für die soziale Wohnraumförderung.

Trotz des breiten Instrumentariums an Festsetzungsmöglichkeiten sind die Kataloge in den §§ 5 und 9 nach Wortlaut und Systematik (Umkehrschluß aus § 9 Abs. 4) abschließend[135], so daß die Gemeinde andere als die aufgeführten Festsetzungen

---

mann (Hrsg.), BauGB, § 38 Rn. 14, Stand: Mai 1990; *Gaentzsch*, WiVerw 1985, 235, 243; *Milhahn*, Koordinierung der Bauleitplanung mit Planungen nach dem Bundesfernstraßengesetz, 1971, S. 77f.; *Schlarmann*, Das Verhältnis der privilegierten Fachplanungen zur kommunalen Bauleitplanung, 1980, S. 51ff. (anders dort S. 39f.); *Schmidt-Aßmann*, Grundfragen des Städtebaurechts, 1972, S. 137; *ders.*, VerwArch 1980, 117, 122, alle m.w.N. auch zur Gegenauffassung. Im Grundsatz auch die eingehende Darstellung bei *Kauch/Roer*, Das Verhältnis von Bauleitplanung und Fachplanung, 1997, S. 117ff.

[134] *Bell/Hermann*, LKV 2002, 393, 398; vgl. auch *Kauch/Roer*, Das Verhältnis von Bauleitplanung und Fachplanung, 1997, S. 124, m.w.N.

[135] BVerwG, Urt. v. 24.4. 1970 – IV C 53.67 –, BRS 23 Nr. 6; Urt. v. 31.1. 1995 – 4 NB 48/93 –, NVwZ 1995, 696, 697; *Gaentzsch*, in: Schlichter/Stich/Driehaus/Paetow (Hrsg.), Berliner Kom-

nicht treffen kann und daher im Rahmen der Planung nur solche Probleme zu lösen vermag, deren Bewältigung ihr durch die städtebaulichen Festsetzungsmöglichkeiten möglich ist.[136] So kann die Gemeinde in einem Bebauungsplan schon mangels entsprechender Darstellungsmöglichkeiten keine auf § 19 WHG gestützten Festsetzungen zur Sicherung von Wasserschutzgebieten treffen[137] und ist bei der Festsetzung eines Straßenbauwerkes im Rahmen der Höhenplanung auf die Festsetzung der Höhenlage nach § 9 Abs. 2 beschränkt.[138] Durch diesen Aufzählungscharakter grenzen die §§ 5 und 9 die Bauleitplanung auch im Hinblick auf ihre spezifischen städtebaulichen Festsetzungsmöglichkeiten gegenüber anderen Planungsarten ab. Im Zusammenspiel mit der erwähnten Aufgabenstellung in § 1 Abs. 1 BauGB ergeben sich damit immanente inhaltliche Schranken der Bauleitplanung und eine erste materielle Vorgabe für die Lösung der Konflikte zwischen der Bauleitplanung und anderen Raumplanungen.[139]

3. Die Pflicht zur Anpassung an die Ziele der Raumordnung

Während sich der planerische Konfliktvermeidungscharakter der §§ 5 und 9 erst im systematischen Zusammenhang erschließt, stellt § 1 Abs. 4 BauGB eine offensichtliche planerische Koordinationsregel dar. Im Vergleich zu den verfahrensrechtlichen Pflichten zur nachrichtlichen Übernahme in § 5 Abs. 4 und § 9 Abs. 6 regelt § 1 Abs. 4 das Verhältnis der örtlichen zur überörtlichen Gesamtplanung eindeutig im Sinne eines materiell-rechtlichen Über- und Unterordnungsverhältnisses[140] und ordnet an, daß Bauleitpläne den Zielen der Raumordnung anzupassen sind. Die Integration der Ziele in den Bebauungsplan vermittelt ihnen Verbindlichkeit für alle baulichen Vorhaben. Damit erfüllt § 1 Abs. 4 eine wichtige Transformations- und Gelenkfunktion[141], da der Bebauungsplan als Schlußstein der räumlichen Gesamtplanung den auf höheren Ebenen festgelegten Zielen verbindliche Außenwirkung verleiht.[142]

---

mentar zum BauGB, 3. Aufl., § 9 Rn. 4, Stand: Aug. 2002; *Löhr*, in: Battis/Krautzberger/Löhr, BauGB, 8. Aufl. 2002, § 9 Rn. 5; *Ramsauer*, NuR 1993, 108, 117.

136 Vgl. BVerwG, Beschl. 28. 8. 1987 – 4 N 1.86 –, NVwZ 1988, 351; *Gierke*, DVBl. 1984, 149, 152ff.

137 OVG Münster, Urt. v. 7. 10. 1996 – 7a D 122/94.NE –, BRS 58 Nr. 30.

138 Diesen Aufzählungscharakter des § 9 BauGB verkennt *Ronellenfitsch*, DVBl. 1998, 653, 660, nach dem auch im Rahmen der Bauleitplanung geeignete Übersichtskarten, Höhenpläne und Bauwerksverzeichnisse gefertigt und der Planung zugrunde gelegt werden könnten; vgl. aber auch *ders.*, in: Marschall/Kastner, FStrG, 5. Aufl. 1998, § 17 Rn. 210, und besonders *Stich*, in: Kormann (Hrsg.), Aktuelle Fragen der Planfeststellung, 1994, S. 65, 69ff., der die Grenzen der bauplanungsrechtlichen Festsetzungsmöglichkeiten für die Straßenplanung erläutert.

139 Näher dazu im vierten Kapitel S. 219ff. und 237ff.

140 So statt vieler *Höhnberg*, ZfBR 1986, 214.

141 *Krautzberger*, in: Battis/Krautzberger/Löhr, BauGB, 8. Aufl. 2002, § 1 Rn. 40; *Papier*, Freihaltung von Leitungstrassen durch die Regionalplanung, 1983, S. 29f.; vgl. auch *Brohm*, DVBl. 1980, 653, 654ff.

142 Die Länder haben hierfür verschiedenste Verfahrensregelungen erlassen. Näher am Beispiel des nordrhein-westfälischen Rechts *Bleicher*, Das Verfahren zur Anpassung der Bauleitplanung an

»Anpassen« bedeutet wie in § 4 Abs. 1 ROG, daß die Ziele der Raumordnung und Landesplanung in der Bauleitplanung zwar – je nach dem Grad ihrer Aussageschärfe – konkretisierungsfähig sein mögen, nicht aber durch Abwägung nach § 1 Abs. 6 BauGB überwunden werden können.[143] Auch vorhandene Bauleitpläne sind innerhalb einer angemessenen Anpassungsfrist an nachfolgende Ziele der Raumordnung anzupassen.[144] Nach vorherrschender Sicht folgt aus § 1 Abs. 4 gegebenenfalls auch eine Erstplanungspflicht der Gemeinde, die über die staatliche Gemeindeaufsicht durchgesetzt werden kann.[145] Damit bestätigt § 1 Abs. 4 die in § 4 Abs. 1 S. 1 ROG normierte Pflicht öffentlicher Stellen, bei raumbedeutsamen Planungen die Ziele der Raumordnung zu beachten.[146]

Die Bindung an die Vorgaben der Raumordnung ist freilich weniger absolut, als es die erwähnten Regelungen nahelegen mögen. Zum einen wird der Vorrang der überörtlichen Gesamtplanung – auch im Verhältnis von Bauleitplanung und Landesplanung[147] – durch das Gegenstromprinzip des § 1 Abs. 3 ROG überlagert. Bauleitpläne

---

die Ziele der Raumordnung, 1983. Zu den tatsächlich bestehenden Umsetzungsdefiziten *Spiecker*, Raumordnung und Private, 1999, S. 44ff., m.w.N.

143 BVerwG, Beschl. v. 20. 8. 1992 – 4 NB 20.91 –, BVerwGE 90, 329, 331ff.; OVG Münster, Urt. v. 11. 1. 1999 – 7 A 2377/96 –, NuR 1999, 704, 709; Urt. v. 19. 11. 1991 – 7 A 799/90 –, NVwZ-RR 1992, 536ff.; *Dürr*, in: Brügelmann (Hrsg.), BauGB, § 38 Rn. 11, Stand: Mai 1990; *Evers*, Recht der Raumordnung, 1973, S. 135ff.; *Gaentzsch*, in: Schlichter/Stich/Driehaus/Paetow (Hrsg.), Berliner Kommentar zum BauGB, 3. Aufl., § 1 Rn. 29, Stand: Aug. 2002; *Hoppe/Bönker/Grotefels*, Öffentliches Baurecht, 2. Aufl. 2002, § 5 Rn. 166ff.; *Koch/Hendler*, Baurecht, Raumordnungs- und Landesplanungsrecht, 3. Aufl. 2001, § 1 Rn. 40; *Runkel*, in: Ernst/Zinkahn/Bielenberg (Hrsg.), BauGB, § 1 Rn. 45, 62ff., Stand: Nov. 1999, m.w.N., der einzelne Unterpflichten unterscheidet; *Schroeder*, UPR 2000, 52, 54ff.; *W. Schrödter*, in: Schrödter (Hrsg.), BauGB, 6. Aufl. 1998, § 1 Rn. 47; *Schultze*, Raumordnungspläne und gemeindliche Selbstverwaltung, 1970, S. 20ff. Diese Pflicht besteht – entgegen *Hennecke*, Die Bedeutung der Fachplanung und der Raumordnung für die Bauleitplanung, 1994, S. 10f. – auch dann, wenn die Ziele der Gemeinde veraltet erscheinen.

144 *Dammert*, in: Bauer/Breuer/Degenhart/Oldiges (Hrsg.), 100 Jahre Allgemeines Baugesetz Sachsen, 2000, S. 411, 415ff.; *Krautzberger*, in: Battis/Krautzberger/Löhr, BauGB, 8. Aufl. 2002, § 1 Rn. 32, m.w.N.; vgl. weiter *Hennecke*, Die Bedeutung der Fachplanung und der Raumordnung für die Bauleitplanung, 1994, S. 10.

145 OVG Koblenz, Beschl. v. 20. 1. 1998 – 1 B 10056/98 –, besonders S. 8ff. der Beschlußausfertigung; *Brohm*, DVBl. 1980, 653, 655; *Gaentzsch*, WiVerw 1985, 235, 246; *Krautzberger*, in: Battis/Krautzberger/Löhr, BauGB, 8. Aufl. 2002, § 1 Rn. 32, m.w.N.; *Peine*, Öffentliches Baurecht, 4. Aufl. 2003, Rn. 347; *Runkel*, in: Ernst/Zinkahn/Bielenberg (Hrsg.), BauGB, § 1 Rn. 65b, Stand: Nov. 1999; *Schmidt-Aßmann*, Fortentwicklung des Rechts im Grenzbereich zwischen Raumordnung und Städtebau, 1977, S. 20f.; *Schink*, in: Kormann (Hrsg.), Das neue Bundesbaurecht, 1994, S. 103, 108f., m.w.N.; etwas anders *Kment*, Rechtsschutz im Hinblick auf Raumordnungspläne, 2002, S. 151ff.; a.A. *Braese*, Das Gegenstromverfahren in der Raumordnung, 1982, S. 111f., m.w.N.; *Schlarmann*, DVBl. 1980, 275, 278f.; *W. Schrödter*, in: Schrödter (Hrsg.), BauGB, 6. Aufl. 1998, § 1 Rn. 65, m.w.N.

146 Vgl. eingehend *Runkel*, in: Ernst/Zinkahn/Bielenberg (Hrsg.), BauGB, § 1 Rn. 46, 62ff., Stand: Nov. 1999, der § 1 Abs. 4 BauGB im wesentlichen als *Lex-specialis*-Regelung versteht; *ders.*, in: Bielenberg/Runkel/Spannowsky, Raumordnungs- und Landesplanungsrecht des Bundes und der Länder, Kommentar K, § 4 ROG Rn. 268, 278ff., Stand: VII/1999; ähnlich *Braese*, Das Gegenstromverfahren in der Raumordnung, 1982, S. 112ff.; *Erbguth/Schoeneberg*, Raumordnungs- und Landesplanungsrecht, 2. Aufl. 1992, Rn. 79; *Evers*, Recht der Raumordnung, 1973, S. 137; *Grooterhorst*, NuR 1986, 276, 277; das BVerwG, Beschl. v. 20. 8. 1992 – 4 NB 20.91 –, BRS 54 Nr. 12, läßt die Identität beider Regelungen offen, *Höhnberg*, ZfBR 1986, 214, 215 hält § 1 Abs. 4 BauGB für weiter gehend.

147 *Runkel*, in: Ernst/Zinkahn/Bielenberg (Hrsg.), BauGB, § 1 Rn. 44, Stand: Nov. 1999; weiter

sind daher bei der Aufstellung übergeordneter Raumordnungspläne und -programme zu berücksichtigen[148], und die Bauleitplanung muß sich nur solchen Zielen der Raumordnung anpassen, die sich ihrerseits in der Abwägung mit den betroffenen bauleitplanerischen Belangen auseinandergesetzt haben.

Zum anderen genießt gerade die Bauleitplanung erhebliche Konkretisierungs- und Verfeinerungsspielräume, die sich aus dem Rahmencharakter der Landesplanung, ihren kompetenzrechtlichen Grenzen und vor allem aus der grundsätzlich unzulässigen Parzellenschärfe der landesplanerischen Festlegungen ergeben.[149] Zu diesen Aspekten trifft § 1 Abs. 4 BauGB keine Aussage: Da die Kompetenzfrage der Vorrangfrage logisch vorgeordnet ist, läßt sich aus der gesetzlich angeordneten materiellen Bindung der Bauleitplanung an die überörtliche Gesamtplanung nicht entnehmen, in welchem Umfang die überörtliche Planung überhaupt Vorgaben für die Bauleitplanung aufstellen darf.[150] § 1 Abs. 4 kann daher keineswegs als Lösung des Kompetenzkonfliktes zwischen Raumordnung und Bauleitplanung verstanden werden[151], sondern gilt überhaupt nur für kompetenzgemäße und ordnungsgemäß abgewogene raumordnerische Vorgaben und ermächtigt die Träger der Raumordnung nicht, in den spezifischen städtebaulichen Aufgabenbereich der Bauleitplanung überzugreifen.[152]

4. Die Bindung der Fachplanung an den Flächennutzungsplan gem. § 7 BauGB

a) Grundlagen

Während § 1 Abs. 4 BauGB das Verhältnis der örtlichen zur überörtlichen Planung im Sinne eines eindeutigen Über- und Unterordnungsverhältnisses regelt, sind der Anwendungsbereich und die Aussagekraft der §§ 7 und 38 BauGB über das Verhältnis der Bauleitplanung zur Fachplanung widersprüchlich, lückenhaft und auslegungsbedürftig. Daß beide Regelungen wenig abgestimmt sind und kein geschlossenes System bilden, zeigt bereits das unterschiedliche Verständnis von »Fachpla-

---

gehend *Braese*, Das Gegenstromverfahren in der Raumordnung, 1982, S. 35ff.; vgl. bereits im ersten Kapitel S. 44f.

[148] So etwa OVG Greifswald, Urt. v. 19. 1. 2001 – 4 K 9/99 –, NVwZ 2001, 1063ff., m. w. N.

[149] Vgl. VGH München, Urt. v. 24. 5. 2000 – 26 N 99.969 –, BayVBl. 2000, 722, 723f.; OVG Münster, Urt. v. 11. 1. 1999 – 7 A 2377/96 –, NuR 1999, 704, 707; *David*, in: FS für Ernst, 1980, S. 73, 74; *Gaentzsch*, in: Schlichter/Stich/Driehaus/Paetow (Hrsg.), Berliner Kommentar zum BauGB, 3. Aufl., § 1 Rn. 35, Stand: Aug. 2002; *Runkel*, in: Ernst/Zinkahn/Bielenberg (Hrsg.), BauGB, § 1 Rn. 50b ff., 68, Stand: Nov. 1999; *Schmidt-Aßmann*, Grundfragen des Städtebaurechts, 1972, S. 140ff., 153ff.; *ders.*, Fortentwicklung des Rechts im Grenzbereich zwischen Raumordnung und Städtebau, 1977, S. 103, 109.

[150] *Stüer*, Handbuch des Bau- und Fachplanungsrechts, 2. Aufl. 1998, Rn. 145.

[151] So aber *Spannowsky*, DÖV 1997, 757, 763.

[152] *Krautzberger*, in: Battis/Krautzberger/Löhr, BauGB, 8. Aufl. 2002, § 1 Rn. 39; *Runkel*, in: Ernst/Zinkahn/Bielenberg (Hrsg.), BauGB, § 1 Rn. 56, Stand: Nov. 1999, jeweils m. w. N. Diese Fragen sind im vierten Kapitel, vor allem S. 214ff. zu vertiefen.

nung«, das den Normen zugrunde liegt. Angesichts des nur teilweise identischen Anwendungsbereichs beider Vorschriften scheint zumindest der Streit müßig, ob § 7 BauGB einen »Regelfall« der Bindung aller Fachplanungen an die Bauleitplanung normiert, der durch § 38 BauGB überlagert wird[153], oder ob § 7 die Ausnahme von einem allgemeinen Grundsatz des Vorrangs überörtlicher Planungen darstellt[154], der in § 38 seinen Ausdruck gefunden haben soll.[155]

Der zunächst anzusprechende § 7 BauGB über die »Anpassung an den Flächennutzungsplan«, die nach verbreiteter Ansicht wichtigste Koordinationsvorschrift im Baugesetzbuch[156], verpflichtet öffentliche Planungsträger, ihre Pläne dem Flächennutzungsplan anzupassen, soweit sie am Aufstellungsverfahren beteiligt werden und dem Plan nicht widersprochen haben. Diesen Anpassungsanspruch kann die Gemeinde gerichtlich durchsetzen.[157] Ein Widerspruch ist bis zum Satzungsbeschluß bei der Gemeinde einzulegen und zu begründen, was die konkrete Darstellung des Plankonfliktes voraussetzt.[158] In diesem Fall entfällt die strenge Bindung an den Flächennutzungsplan, während die unabdingbare Pflicht zur Berücksichtigung städtebaulicher Belange im Rahmen der planerischen Abwägung bestehen bleibt[159].

b) Inhalt und Reichweite der Anpassungspflicht

Die in § 7 BauGB normierte Bindung der Fachplanung an den – an sich nicht außenwirksamen – Flächennutzungsplan unterstreicht dessen Standort als unterste Stufe der integrativen Gesamtplanung[160] und bestätigt deren Koordinierungs- und Steuerungsanspruch. Mit dem Geltungsanspruch gegenüber den Fachplanungen nach § 7 BauGB bildet der Flächennutzungsplan eine Nahtstelle zwischen kommunalem Städtebau und staatlicher Planung.[161]

Inhaltlich entspricht die Anpassungspflicht nach § 7 S. 1 BauGB dem Gebot der Entwicklung von Bebauungsplänen aus dem Flächennutzungsplan nach § 8 Abs. 2 S. 1 BauGB[162], erlaubt also eine Ausgestaltung und konkretisierende Verfeinerung

---

153 Vgl. *Kraft*, BauR 1999, 829, 831ff.; *Papier*, Freihaltung von Leitungstrassen durch die Regionalplanung, 1983, S. 28f.

154 So *Wagner*, UPR 1997, 387, 392.

155 Vgl. *Dürr*, in: Kodal/Krämer (Hrsg.), Straßenrecht, 6. Aufl. 1999, § 36 Rn. 26; *Heinze*, BBauG, 2. Aufl. 1980, Vorb. 1 Rn. 5 und § 38 Rn. 1ff.; *Spannowsky*, UPR 2000, 418, 420.

156 Vgl. *Kraft*, BauR 1999, 829, 831ff.; *W. Schrödter*, in: Schrödter (Hrsg.), BauGB, 6. Aufl. 1998, § 7 Rn. 1.

157 *W. Schrödter*, in: Schrödter (Hrsg.), BauGB, 6. Aufl. 1998, § 7 Rn. 9f.

158 *Bielenberg/Runkel*, in: Ernst/Zinkahn/Bielenberg (Hrsg.), BauGB, § 7 Rn. 7, Stand: Feb. 2000.

159 Vgl. *Dörries*, Das Verhältnis der Bauleitplanung zur raumbeanspruchenden Fachplanung, 2000, S. 114f.; *Gaentzsch*, in: Schlichter/Stich/Driehaus/Paetow (Hrsg.), Berliner Kommentar zum BauGB, 3. Aufl., § 7 Rn. 17f., Stand: Aug. 2002.

160 Vgl. *Gaentzsch*, in: Schlichter/Stich/Driehaus/Paetow (Hrsg.), Berliner Kommentar zum BauGB, 3. Aufl., § 7 Rn. 1, Stand: Aug. 2002; *Kraft*, UPR 2001, 294, 295; *Schmidt-Aßmann*, Grundfragen des Städtebaurechts, 1972, S. 122.

161 Vgl. bereits soeben S. 102.

162 BVerwG, Beschl. v. 20. 7. 1990 – 4 N 3/88 –, NVwZ 1991, 262f.; VGH Mannheim, Urt. v. 8. 11.

mit Abweichungen im Detail, wenn sich diese aus dem Übergang in eine konkretere Planstufe rechtfertigen und die Grundkonzeption des Flächennutzungsplanes unberührt lassen[163]. Als unzulässig wurde insoweit beispielsweise angesehen, eine im Flächennutzungsplan als »Grünfläche, Parkanlagen, Landschaftspark« dargestellte Fläche in den Geltungsbereich einer Landschaftsschutzverordnung einzubeziehen, die die Erhaltung von Streuobstwiesen bezweckt.[164]

Die Anpassungspflicht richtet sich – ähnlich wie bei der detaillierten Regelung in §4 Abs. 1 ROG – nur an öffentliche Planungsträger, so daß §7 BauGB als Fall »verwaltungsinterner Wirkung« angesehen werden mag.[165] Der Begriff des »öffentlichen Planungsträgers« ist im Hinblick auf privatrechtlich organisierte Unternehmen wie die Deutsche Bahn AG weiterhin umstritten[166], aus Gründen der Stimmigkeit sollten allerdings die Träger aller durch §38 BauGB privilegierten Fachplanungen – und hierzu zählt auch die eisenbahnrechtliche Planfeststellung – von der Bindungswirkung des §7 S. 1 BauGB erfaßt werden.[167] Gegenständlich wendet sich §7 BauGB an Fachplanungen im weitesten Sinne[168] und gilt nicht nur für Planfeststellungen oder privilegierte Vorhaben nach §38 BauGB, sondern auch für Nutzungsregelungen und andere raumbedeutsame Maßnahmen wie die naturschutzrechtliche Festsetzung von Schutzgebieten[169], die Planungen der Flurbereinigungsbehörden[170] sowie raumbedeutsame Genehmigungsentscheidungen mit materiellem Planungscharakter[171]. Nicht erfaßt werden soll nach der Rechtsprechung mangels Raumbeanspru-

---

1996 – 5 S 432/96 –, NuR 1997, 248ff.; OVG Münster, Urt. v. 11. 1. 1999 – 7 A 2377/96 –, NuR 1999, 704, 706; *Bielenberg/Runkel*, in: Ernst/Zinkahn/Bielenberg (Hrsg.), BauGB, §7 Rn. 10, Stand: Feb. 2000; *Dörries*, Das Verhältnis der Bauleitplanung zur raumbeanspruchenden Fachplanung, 2000, S. 114; *Gaentzsch*, in: Schlichter/Stich/Driehaus/Paetow (Hrsg.), Berliner Kommentar zum BauGB, 3. Aufl., §7 Rn. 4f., m. w. N., Stand: Aug. 2002; *Paetow*, UPR 1990, 321, 323; *Schmidt-Aßmann*, Grundfragen des Städtebaurechts, 1972, S. 120; tendenziell noch weiter *Kühling/Hermann*, Fachplanungsrecht, 2. Aufl. 2000, Rn. 212ff., m. w. N.

163 Grundlegend BVerwG, Beschl. v. 28. 2. 1975 – IV C 74.72 –, BVerwGE 48, 70ff.

164 VGH Mannheim, Urt. v. 8. 7. 1991 – 5 S 271/90 –, NuR 1992, 186f.

165 *Gaentzsch*, WiVerw 1985, 235, 247f.; *Schmidt-Aßmann*, Grundfragen des Städtebaurechts, 1972, S. 119; vgl. aber kritisch zu diesem Begriff *Erbguth*, DVBl. 1981, 557, 560, und *Hoppe*, Grundfragen des Planungsrechts, 1998, S. 373.

166 Vgl. nur *Kühling/Hermann*, Fachplanungsrecht, 2. Aufl. 2000, Rn. 211; *Schmidt-Eichstaedt*, NVwZ 2003, 129, 131, alle m. w. N.; zum Kontext auch *Siegel*, Verfahrensbeteiligung von Behörden, 2001, S. 58ff.

167 *Gaentzsch*, in: Schlichter/Stich/Driehaus/Paetow (Hrsg.), Berliner Kommentar zum BauGB, 3. Aufl., §7 Rn. 8, Stand: Aug. 2002; *Löhr*, in: Battis/Krautzberger/Löhr, BauGB, 8. Aufl. 2002, §7 Rn. 1.

168 *Dörries*, Das Verhältnis der Bauleitplanung zur raumbeanspruchenden Fachplanung, 2000, S. 112ff.; *Kauch/Roer*, Das Verhältnis von Bauleitplanung und Fachplanung, 1997, S. 150ff.

169 Vgl. nur VGH München, Urt. v. 28. 10. 1994 – 9 N 87.03911 –, BayVBl. 1995, 242ff.; *Hönig*, in: Stüer (Hrsg.), Planung von Großvorhaben, 1999, S. 143, 155ff.

170 Dies gilt allerdings nur, soweit diese Planungen eine Bodennutzung regeln. Vgl. dazu *Gaentzsch*, in: Schlichter/Stich/Driehaus/Paetow (Hrsg.), Berliner Kommentar zum BauGB, 3. Aufl., §7 Rn. 8, Stand: Aug. 2002; *W. Schrödter*, in: Schrödter (Hrsg.), BauGB, 6. Aufl. 1998, §7 Rn. 7.

171 VGH Mannheim, Urt. v. 31. 1. 1997 – 8 S 991/96 –, zit. nach Juris (Änderungsgenehmigung für ehemaligen Militärflugplatz als Verkehrsflughafen).

chung die Festlegung von Flugrouten durch Rechtsverordnung[172]; zumindest in den Start- und Landebereichen muß § 7 S. 1 BauGB jedoch zur Anwendung kommen, da die Routenauswahl planerischen Charakter aufweist, den entsprechenden Raum erheblich beansprucht und andere Raumnutzungsansprüche verdrängt. Eher abzulehnen ist auch die Erfassung der Festlegung von Tarifgrenzen im Fernsprechverkehr.[173]

Die Anpassungspflicht nach § 7 S. 1 BauGB tritt von vornherein nur ein, soweit die angesprochenen Planungsträger beteiligt werden und dem Flächennutzungsplan nicht widersprechen. § 7 S. 3 BauGB ermöglicht es dem Fachplanungsträger zudem, sich unter bestimmten Voraussetzungen auch nachträglich von einer bereits eingetretenen Bindung an den Flächennutzungsplan zu lösen.[174] Macht nämlich eine Veränderung der Sachlage eine abweichende Planung erforderlich[175], etwa wenn die Naturschutzbehörde erst nachträglich die Schutzwürdigkeit eines Gebietes erkennt[176], so hat sich der Fachplanungsträger mit der Gemeinde ins Benehmen zu setzen. Falls kein Einvernehmen erreicht wird, kann der öffentliche Planungsträger dem Flächennutzungsplan nachträglich widersprechen. Der Widerspruch ist freilich nur zulässig, wenn die für die abweichende Planung sprechenden Belange die in dem Flächennutzungsplan verkörperten städtebaulichen Belange »nicht nur unwesentlich überwiegen«. Für den Regelfall genießt daher der zeitlich vorlaufende Flächennutzungsplan Vorrang.[177] Auch ohne das Vorliegen dieser Voraussetzungen kann der Fachplanungsträger jedoch von dem Flächennutzungsplan abweichen, wenn die Gemeinde zustimmt.[178] Dieser sind aber nach § 7 S. 6 BauGB Aufwendungen und Kosten zu ersetzen, die durch eine erforderliche Änderung oder Ergänzung der Bauleitpläne entstehen.

---

172 VGH Kassel, Beschl. v. 18. 4. 2001 – 2 Q 1064/01 –, NVwZ 2001, 826f.; *Bohl*, NVwZ 2001, 764, 765; für einen planerischen Charakter der Flugroutenfestlegung demgegenüber *Pfaff/Heilshorn*, NVwZ 2004, 412ff.

173 Dafür *Suhr/Anderl*, Rechtsfragen der raumbeeinflussenden Bundesplanung, 1980, S. 37f.; dem folgend VG Augsburg, Urt. v. 2. 12. 1981 – Au 4 K 80 A.4 und Au 4 K 81 A.1369-, UPR 1982, 236ff.; anders jedoch BVerwG, Urt. v. 20. 2. 1987 – 7 C 25.85 –, DVBl. 1987, 531ff.; vgl. auch *Brummund*, DVBl. 1988, 77, 82ff.

174 Vgl. *Dörries*, Das Verhältnis der Bauleitplanung zur raumbeanspruchenden Fachplanung, 2000, S. 117ff.; *Gaentzsch*, in: Schlichter/Stich/Driehaus/Paetow (Hrsg.), Berliner Kommentar zum BauGB, 3. Aufl., § 7 Rn. 24ff., Stand: Aug. 2002.

175 Vgl. zu diesem Erfordernis *Kühling/Hermann*, Fachplanungsrecht, 2. Aufl. 2000, Rn. 218f., m.w.N.

176 So der Sachverhalt in BVerwG, Urt. v. 31. 1. 2001 – 6 CN 2.00 –, BVerwGE 112, 373, 385f.

177 Vgl. *Dörries*, Das Verhältnis der Bauleitplanung zur raumbeanspruchenden Fachplanung, 2000, S. 118f.; *Gaentzsch*, in: Schlichter/Stich/Driehaus/Paetow (Hrsg.), Berliner Kommentar zum BauGB, 3. Aufl., § 7 Rn. 28f., Stand: Aug. 2002; *Hönig*, in: Stüer (Hrsg.), Planung von Großvorhaben, 1999, S. 143, 156; *Langer*, VerwArch 80 (1988), 352, 376; *Ziekow*, in: ders. (Hrsg.), Praxis des Fachplanungsrechts, 2004, Rn. 600.

178 VGH München, Urt. v. 28. 5. 2001 – 9 N 99.2580 –, BayVBl. 2002, 272, 273f.; VGH Mannheim, Urt. v. 18. 11. 1996 – 5 S 432/96 –, NVwZ-RR 1998, 99f.; ähnlich bereits Beschl. v. 9. 5. 1995 – 5 S 2153/94 –, NVwZ-RR 1996, 17f.

c) Die Rechtsfolgen bei Einlegung eines Widerspruchs

Die in §7 BauGB normierten Rechtsfolgen beziehen sich lediglich auf den Fall, daß der Fachplanungsträger dem Flächennutzungsplan nicht widerspricht. §7 besagt hingegen nichts über die Beziehungen zwischen Bauleitplanung und Fachplanung bei Einlegung eines Widerspruchs des Fachplanungsträgers.[179] Der zulässige, form- und fristgerecht eingelegte Widerspruch beseitigt zwar die Bindung des Fachplanungsträgers an den Flächennutzungsplan, entbindet ihn aber nicht von der allgemeinen Pflicht, die durch den Flächennutzungsplan repräsentierten städtebaulichen Belange im Rahmen der Abwägung zu berücksichtigen.[180] Der Widerspruch führt zudem keineswegs automatisch zu einem Vorrang der Fachplanung und begründet auch keine Bindung der Gemeinde an den Fachplan.[181] Für den Fall der Einlegung eines Widerspruchs ist der Regelungsgehalt des §7 BauGB fragmentarisch. Eine Teilregelung für bestimmte Fachplanungen trifft insoweit §38 BauGB. Ob im übrigen generell von einem relativen Vorrang der überörtlichen Fachplanung ausgegangen werden kann[182], ist zweifelhaft. Ebenso wenig ist in §7 BauGB das Verhältnis des Flächennutzungsplanes zu bereits vorhandenen Fachplänen geregelt. Auch insoweit bedarf es jedenfalls des Rückgriffs auf allgemeine Grundsätze.[183]

d) Praktische Erfahrungen

In der Vergangenheit spielte §7 BauGB eine vergleichsweise untergeordnete Rolle[184], da die Gemeinden übergeordnete Fachplanungen zumeist in ihre Bauleitpläne integrierten. Erst die verschärften Plankonflikte des letzten Jahrzehnts verleihen der Vorschrift zunehmend praktisches Gewicht[185], so daß das Schrifttum mittlerweile auch den Voraussetzungen für die Zulässigkeit eines Widerspruchs Raum widmet.[186] Denn im Falle von Plankonflikten bildet der fachplanerische Widerspruch mittlerweile den Regelfall: Soweit die Gemeinden der Fachplanung widersprechende Festsetzungen entwerfen und der Fachplanungsträger sein Vorhaben nicht ohnehin dem

---

[179] Vgl. *Dürr*, in: Brügelmann (Hrsg.), BauGB, §38 Rn.13, Stand: Mai 1990; *Gaentzsch*, WiVerw 1985, 235, 244; *W. Schrödter*, in: Schrödter (Hrsg.), BauGB, 6. Aufl. 1998, §7 Rn.2.

[180] *Gaentzsch*, in: Schlichter/Stich/Driehaus/Paetow (Hrsg.), Berliner Kommentar zum BauGB, 3. Aufl., §7 Rn.17f., Stand: Aug. 2002.

[181] *Gaentzsch*, in: Schlichter/Stich/Driehaus/Paetow (Hrsg.), Berliner Kommentar zum BauGB, 3. Aufl., §7 Rn.15, Stand: Aug. 2002; *Schink*, in: Kormann (Hrsg.), Das neue Bundesbaurecht, 1994, S.103, 118f.

[182] Vgl. *Gaentzsch*, in: Schlichter/Stich/Driehaus/Paetow (Hrsg.), Berliner Kommentar zum BauGB, 3. Aufl., §7 Rn.15, Stand: Aug. 2002; *Ronellenfitsch*, Einführung in das Planungsrecht, 1986, S.13f., näher dazu im dritten Kapitel S.156ff.

[183] Näher *Dörries*, Das Verhältnis der Bauleitplanung zur raumbeanspruchenden Fachplanung, 2000, S.111f., m.w.N.

[184] Vgl. nur *Dammert*, Abfallentsorgungsplanung, 1991, S.194; *Gaentzsch*, WiVerw 1985, 235, 244; *Kraft*, BauR 1999, 829, 832; *Schlarmann*, Das Verhältnis der privilegierten Fachplanungen zur kommunalen Bauleitplanung, 1980, S.194.

[185] *W. Schrödter*, in: Schrödter (Hrsg.), BauGB, 6. Aufl. 1998, §7 Rn.1.

[186] Vgl. etwa *Schink*, in: Kormann (Hrsg.), Das neue Bundesbaurecht, 1994, S.103, 118.

Flächennutzungsplan anpassen will, legt er in der Praxis jedenfalls vorsorglich Widerspruch ein.[187] Um so stärker fällt die fehlende Regelung der Rechtsfolgen für den Fall der Einlegung eines Widerspruchs ins Gewicht. Oft greift dann aber die Privilegierung nach § 38 BauGB.

5. Die Privilegierung der Fachplanung gem. § 38 BauGB

a) Grundsätzliches

Obwohl der Bundesgesetzgeber nach den Feststellungen des Baurechtsgutachtens in der Lage wäre, das Verhältnis der Bauleitplanung zu sämtlichen Fachplanungen zu regeln[188], enthält auch § 38 BauGB lediglich eine Teilregelung für die sog. »privilegierte Fachplanung«. Trotz ihres beschränkten Anwendungsbereiches stellt diese Vorschrift jedoch – zumindest im Baugesetzbuch – die wohl bedeutendste planerische Kollisionsregel dar.[189] Nach § 38 BauGB sind auf »Planfeststellungsverfahren und sonstige Verfahren mit den Rechtswirkungen der Planfeststellung für Vorhaben von überörtlicher Bedeutung sowie auf die aufgrund des Bundes-Immissionsschutzgesetzes für die Errichtung und den Betrieb öffentlich zugänglicher Abfallbeseitigungsanlagen geltenden Verfahren« die §§ 29 bis 37 nicht anzuwenden, wenn die Gemeinde beteiligt wurde. Städtebauliche Belange sind dann lediglich in der Abwägung zu berücksichtigen. Andererseits bleibt eine gegebenenfalls eingetretene Bindung an den Flächennutzungsplan nach § 7 BauGB unberührt. Außerdem ist § 37 Abs. 3 anzuwenden, so daß der Vorhabenträger der Gemeinde Aufwendungen für Entschädigungen nach dem Baugesetzbuch, die ihr infolge der Durchführung der privilegierten Maßnahmen entstehen, sowie die Kosten für die Aufstellung oder Änderung eines Bebauungsplans infolge dieser Maßnahmen ersetzen muß.

b) Die Bedeutung der Regelung

Die Verbindlichkeit der Bauleitplanung gegenüber anderen Raumansprüchen verwirklicht sich in der Unterwerfung der entsprechenden Vorhaben unter die §§ 30ff. BauGB und damit unter die Vorgaben der Bebauungspläne.[190] Indem § 38 BauGB bestimmte Vorhaben von eben diesen Bindungen freistellt, begründet die Vorschrift einen echten relativen Vorrang der darin aufgeführten Fachplanungen vor der Bau-

---

[187] Vgl. *Gaentzsch*, WiVerw 1985, 235, 244; *Kraft*, BauR 1999, 829, 832; *Langer*, VerwArch 80 (1988), 352, 358; *Schink*, in: Kormann (Hrsg.), Das neue Bundesbaurecht, 1994, S. 103, 116; kritisch zu dieser Praxis *Bielenberg/Runkel*, in: Ernst/Zinkahn/Bielenberg (Hrsg.), BauGB, § 7 Rn. 7, Stand: Feb. 2000, die Anforderungen an die Zulässigkeit des vorsorglichen Widerspruchs entwickeln; *Dammert*, Abfallentsorgungsplanung, 1991, S. 194, m.w.N., der diese Praxis für unzulässig hält.

[188] Vgl. oben S. 75.

[189] Vgl. *Schmidt-Aßmann*, Fortentwicklung des Rechts im Grenzbereich zwischen Raumordnung und Städtebau, 1977, S. 41; umfassend zu der Vorschrift zuletzt *Finke*, Die Privilegierung von Fachplanungen nach § 38 BauGB, 2001.

[190] *Birk*, NVwZ 1989, 905, 906.

leitplanung[191] und beschneidet insoweit die gemeindliche Planungshoheit erheblich.[192] Dies wird in der geltenden Fassung der Vorschrift deutlich zum Ausdruck gebracht, entsprach aber auch bereits der früheren Rechtslage nach dem Bundesbaugesetz.[193] §38 BauGB hebt für die privilegierten Vorhaben die nach §29 BauGB bestehende strikte Bindung an den Bebauungsplan auf und transformiert dessen Festsetzungen zu bloßem Abwägungsmaterial der Fachplanung. Der Nachsatz, daß städtebauliche Belange zu berücksichtigen sind, entspricht dem unmittelbar aus Art. 28 Abs. 2 GG folgenden Recht der Gemeinden auf Anhörung und Berücksichtigung ihrer Interessen bei Eingriffen in ihre Planungshoheit[194] und wird von dem planfeststellungsrechtlichen Abwägungsgebot uneingeschränkt umfaßt.[195]

Sofern es die städtebaulichen Belange ordnungsgemäß abwägt, kann sich das privilegierte Fachplanungsvorhaben somit auch über einen bereits bestehenden Bebauungsplan hinwegsetzen.[196] Der durch den Planfeststellungsbeschluß überlagerte Bebauungsplan wird dann insoweit unvollziehbar.[197] §38 BauGB entfaltet jedoch keine Vorwirkungen und verhindert keine Festsetzungen des Bebauungsplans, die lediglich künftigen privilegierten Fachplanungen zuwiderlaufen. Welche Planung letztlich den Vorrang beansprucht, entscheidet sich vielmehr erst bei der abschließenden Abwägung aller von der Fachplanung berührten gegenläufigen Belange.[198] Sinngemäß gilt §38 BauGB auch für das Verhältnis einer bereits festgesetzten privilegierten Fachplanung zu einem nachfolgenden Bebauungsplan, der somit keine der Planfeststellung entgegenstehenden Festsetzungen treffen kann.[199] Die Rechtsprechung erkennt darüber hinaus für sämtliche planfeststellungspflichtigen Vorhaben einen umfassenden »Fachplanungsvorbehalt« nach §38 BauGB an, und zwar unab-

---

[191] Vgl. in diesem Sinne *Hoppe*, DVBl. 1983, 1077, 1078; *ders./Busch*, Fragen des städtebaulichen Entwicklungsrechts unter besonderer Berücksichtigung von Bahnflächen, 2001, S. 129ff.; *Kirchberg/Boll/Schütz*, NVwZ 2002, 550, 552 (kein »absoluter« Vorrang); *Numberger*, in: Zeitler (Hrsg.), BayStrWG, Art. 38 Rn. 60, Stand: Juni 2001; *Peine*, Öffentliches Baurecht, 4. Aufl. 2003, Rn. 390; *Schink*, in: Kormann (Hrsg.), Das neue Bundesbaurecht, 1994, S. 103, 119; *Wagner*, UPR 1997, 387, 391.

[192] Vgl. *Runkel*, in: Ernst/Zinkahn/Bielenberg (Hrsg.), BauGB, §38 Rn. 21, Stand: Feb. 2000.

[193] Eingehend hierzu – auf Grundlage der alten Fassung von §38 BBauG – *Breuer*, Die hoheitliche raumgestaltende Planung, 1968, S. 199, 201ff.; *Schlarmann*, Das Verhältnis der privilegierten Fachplanungen zur kommunalen Bauleitplanung, 1980, S. 60ff.; *Schmidt-Aßmann*, Fortentwicklung des Rechts im Grenzbereich zwischen Raumordnung und Städtebau, 1977, S. 42; a.A. namentlich *Blümel*, DVBl. 1960, 702f.

[194] Vgl. BVerfG, Beschl. v. 7. 1. 1999 – 2 BvR 929/97 –, NVwZ 1999, 520, 521; Beschl. v. 17. 7. 1996 – 2 BvF 2/93 –, BVerfGE 95, 1, 26f., beide m.w.N.

[195] BVerwG, Beschl. v. 31. 10. 2000 – 11 VR 12/00 –, NVwZ 2001, 90, 91.

[196] So statt vieler *Schmaltz*, in: Schrödter (Hrsg.), BauGB, 6. Aufl. 1998, §38 Rn. 16; a.A. *Dürr*, in: Brügelmann (Hrsg.), BauGB, §38 Rn. 24, Stand: Mai 1990; vgl. jedoch auch die Ausführungen und Nachweise zu dem planerischen Prioritätsprinzip im dritten Kapitel S. 175ff.

[197] So etwa *Dörries*, Das Verhältnis der Bauleitplanung zur raumbeanspruchenden Fachplanung, 2000, S. 123ff., m.w.N.; *Fickert*, BauR 1988, 678, 687, m.w.N.; *Steinberg*, DVBl. 1982, 13, 15.

[198] VGH München, Urt. v. 24. 5. 2000 – 26 N 99.969 –, BayVBl. 2000, 722, 723.

[199] *Dörries*, Das Verhältnis der Bauleitplanung zur raumbeanspruchenden Fachplanung, 2000, S. 104ff., m.w.N.; *Erbguth*, NVwZ 1989, 608, 610; *Kühling/Hermann*, Fachplanungsrecht, 2. Aufl. 2000, Rn. 190, m.w.N.

hängig davon, ob eine Planfeststellung tatsächlich stattgefunden hat oder nicht.[200] Damit sind diese mit Fachplanungsvorhaben bebauten Flächen der gemeindlichen Planungshoheit weitgehend entzogen.[201]

Obwohl die rechtspolitischen Bewertungen des § 38 BauGB angesichts der erheblichen Beschränkung der gemeindlichen Planungshoheit auseinandergehen und die Vorschrift je nach Präferenz als »Einfallstor für weitere Einschnürungen der kommunalen Planungshoheit« oder als Gegenstand »fachressortlicher Begehrlichkeiten« kritisiert oder gelobt wird[202], finden sich nur vereinzelt verfassungsrechtliche Bedenken[203]. Stärker ins Gewicht fällt hingegen eine Reihe auch verfassungsrechtlich bedeutsamer Auslegungsfragen, vor allem im Hinblick auf den Anwendungsbereich, den § 38 durch das BauROG 1998 erhalten hat.[204]

c) *Die nicht privilegierte Fachplanung*

Nicht in § 38 geregelt ist das Verhältnis jener nicht privilegierten Fachplanungen zur Bauleitplanung, bei denen es sich nicht um Planfeststellungsverfahren »von überörtlicher Bedeutung« oder um die Errichtung öffentlich zugänglicher Abfallbeseitigungsanlagen handelt. Eine analoge Anwendung dürfte angesichts des enumerativen Charakters der in § 38 BauGB genannten Verfahren regelmäßig ausscheiden.[205] Die Einschätzung, daß sich planfeststellungsbedürftige Vorhaben auch ohne die Privilegierung in § 38 BauGB praktisch immer durchsetzen würden, weil sie nach § 35 Abs. 1 Nr. 4, 5 und 6 BauGB regelmäßig im Außenbereich privilegiert seien[206], verkennt, daß diese Regeln nur für den *unbeplanten* Außenbereich gelten, die Gemeinde also ein nicht privilegiertes Fachplanungsvorhaben durch eine entsprechende Bauleitplanung verhindern kann. Obwohl § 38 für diese Konstellation keine

---

200 BVerwG, Urt. v. 16. 12. 1988 – 4 C 48.86 –, BVerwGE 81, 111, 113; vgl. dazu *Blümel*, Fragen der Entwidmung von Eisenbahnbetriebsanlagen, 2000, S. 12ff.

201 Vgl. dazu im einzelnen im vierten Kapitel S. 234f.

202 Vgl. *Birk*, NVwZ 1989, 905, 909; *Czybulka*, Die Legitimation der öffentlichen Verwaltung, 1989, S. 238; *Schlarmann*, DVBl. 1980, 275, 276.

203 Vgl. etwa *Brohm*, NVwZ 1985, 1, 5f.; *Schmidt-Aßmann*, Fortentwicklung des Rechts im Grenzbereich zwischen Raumordnung und Städtebau, 1977, S. 42f.

204 Zu diesen nachfolgend S. 113ff.

205 Anders aber z.B. *Ebsen*, Militärische Bodennutzung, 1988, S. 141, der § 38 BauGB auch für Schutzgebietserklärungen nach § 2 Abs. 1 SchBerG heranziehen will. Vgl. auch im dritten Kapitel S. 157f.

206 So *Langer*, VerwArch 80 (1988), 352, 357, der den Streit um die Möglichkeit der Verallgemeinerung des § 38 BauGB daher für bedeutungslos hält. *Langer* stellt zudem darauf ab, daß nach dem früheren § 36 Abs. 1 S. 2 Halbs. 2 BauGB das gemeindliche Einvernehmen für Vorhaben im Rahmen von Planfeststellungen nicht erforderlich war. Die Streichung dieser Regelung durch das BauROG 1998 soll nach *Krautzberger*, in: Battis/Krautzberger/Löhr, BauGB, 7. Aufl. 1999, § 36 Rn. 4 (in der 8. Aufl. entfallen) »rein redaktioneller Natur« gewesen sein, da Planfeststellungen ohnehin nach § 38 BauGB privilegiert seien. Dies gilt freilich nur für Planfeststellungen »überörtlicher Bedeutung«, so daß die Gemeinde nach dieser »redaktionellen« Streichung nunmehr entsprechende örtliche Vorhaben entgegen der These *Langers* durch die Versagung ihres Einvernehmens verhindern kann. So auch VGH München, Urt. v. 20. 10. 1998 – 20 A 98.40022 –, BayVBl. 1999, 147ff.; *Otto*, NJ 1999, 160f.

Aussage trifft, ist der Umkehrschluß wohl vorherrschend, daß die in §38 BauGB nicht aufgeführten nicht privilegierten Fachplanungen an die Festsetzungen des Bebauungsplans gebunden[207] oder diesem zumindest gleichrangig sein sollen[208]. Dieser Umkehrschluß ist allerdings präzisierungsbedürftig und erscheint nur für Planfeststellungen örtlicher Bedeutung tragfähig, nicht jedoch für sonstige Fachplanungen im weiteren Sinne – wie für Schutzgebietsverordnungen –, die in §38 überhaupt nicht erwähnt sind[209]. Auch für Planfeststellungen örtlicher Bedeutung kann der Umkehrschluß nur insoweit den Ausschlag geben, als sich nicht aus anderen gesetzlichen Vorgaben im Einzelfall ein Vorrang der nicht privilegierten Fachplanungen ergibt. Ein sachlicher Vorrang dürfte beispielsweise auch den vorbereitenden Planungsstufen der privilegierten Vorhaben zuzugestehen sein, also etwa den Festsetzungen eines Abfallentsorgungsplanes, der die Errichtung einer öffentlich zugänglichen Abfallbeseitigungsanlage vorbereiten soll; hier ist bereits für die vorbereitende Planungsstufe eine analoge Anwendung des §38 BauGB geboten.[210] So bleibt die Aussagekraft des §38 BauGB für die nicht privilegierte Fachplanung insgesamt sehr unscharf. Symptomatisch hierfür ist eine weitere – wenig Rechtssicherheit vermittelnde – Lösung, wonach für nicht privilegierte Fachplanungen zwar im Regelfall eine Bindung an den Bebauungsplan bestehen, letztlich jedoch eine Abwägung der widerstreitenden Planungen geboten sein soll.[211] Ebenso wenig geregelt ist in §38 BauGB auch der Fall der einer Bauleitplanung zeitlich *vorhergehenden nicht privilegierten* Planfeststellung, die Frage also, ob sich die Bauleitplanung über bereits bestandskräftige Planfeststellungsbeschlüsse hinwegsetzen kann. Die herrschende Lehre bejaht in diesem Fall mit zum Teil ganz unterschiedlichen Begründungen eine Bindung der Bauleitplanung an die bestehende Fachplanung.[212] Dem ist im Ergebnis zuzustimmen, wie an anderer Stelle noch zu untersuchen sein wird.[213]

---

[207] Vgl. nur *Birk*, in: FS für Gelzer, 1991, S. 1, 2; *Breuer*, Die hoheitliche raumgestaltende Planung, 1968, S. 205; *ders.*, DVBl. 1981, 971, 973; *Klinger*, Die militärische Fachplanung, 2002, S. 21; *Lasotta*, DVBl. 1998, 255, 259, m.w.N.; *Papier*, Freihaltung von Leitungstrassen durch die Regionalplanung, 1983, S. 28; *Runkel*, in: Ernst/Zinkahn/Bielenberg (Hrsg.), BauGB, §38 Rn. 38, Stand: Feb. 2000; *Schirmer*, BayVBl. 1992, 513, 516f.; *Schink*, in: Kormann (Hrsg.), Das neue Bundesbaurecht, 1994, S. 103, 120f.; *Stüer*, UPR 1998, 408, 409; *Ziekow*, in: ders. (Hrsg.), Praxis des Fachplanungsrechts, 2004, Rn. 608.

[208] So *Schmidt-Aßmann*, Grundfragen des Städtebaurechts, 1972, S. 138f., m.w.N., der bei Konflikten i. E. auf das Prioritätsprinzip und auf die Grundsätze der Normenhierarchie zurückgreifen will.

[209] So aber *Gaentzsch*, BauGB, 1991, §38 Rn. 5; *Schink*, in: Kormann (Hrsg.), Das neue Bundesbaurecht, 1994, S. 103, 121.

[210] Vgl. *Dammert*, Abfallentsorgungsplanung, 1991, S. 191f., m.w.N.

[211] So *Dörries*, Das Verhältnis der Bauleitplanung zur raumbeanspruchenden Fachplanung, 2000, S. 124ff., m.w.N.

[212] Vgl. etwa *Schink*, in: Kormann (Hrsg.), Das neue Bundesbaurecht, 1994, S. 103, 117, m.w.N., der dies aus den Pflichten der Gemeinde zur nachrichtlichen Übernahme anderer Planungen ableitet. Näher dazu bereits oben S. 99ff.; vgl. auch *Breuer*, Die hoheitliche raumgestaltende Planung, 1968, S. 205f.; *Dörries*, Das Verhältnis der Bauleitplanung zur raumbeanspruchenden Fachplanung, 2000, S. 110; *Finger*, Kommentar zum Allgemeinen Eisenbahngesetz und Bundesbahngesetz, 1982, §36 BBahnG Erl. 4 d).

[213] Vgl. im siebten Kapitel S. 454f.

Eine Lösung dieser im Gesetz nicht geregelten Konflikte kann sich letztlich erneut nur durch Rückgriff auf allgemeine Planungsgrundsätze ergeben. So vermögen sich beispielsweise Nutzungsregelungen in Form von Rechtsverordnungen gegenüber den Bebauungsplansatzungen als höherrangige Rechtsnormen durchzusetzen, ohne daß es einer speziellen Regelung bedarf.[214] Dennoch erscheint das Schweigen des Baugesetzbuchs zu diesen Fragen regelungstechnisch unbefriedigend. Vor dem Hintergrund solcher Regelungslücken kommt dem Anwendungsbereich der Privilegierung in §38 BauGB besondere Bedeutung zu. Gerade hier bestehen jedoch weiterhin erhebliche Auslegungsprobleme.

d) Auslegungsprobleme

Durch die Beschränkung der Privilegierung in §38 auf Planfeststellungsverfahren »von überörtlicher Bedeutung« kommt dem Begriff der »Überörtlichkeit« besondere Bedeutung zu, der maßgeblichen Einfluß auf die Frage hat, ob und wie die Gemeinde ein Vorhaben beeinflussen oder verhindern kann. Es hat daher entscheidende städtebauliche Relevanz, ob beispielsweise ein Vorhaben zum Abbau von Kies und Sand als überörtlich bedeutsam angesehen wird oder nicht.[215] Der Begriff der Überörtlichkeit war allerdings von jeher umstritten.[216] Teilweise wird er auch im neueren Schrifttum unter Berufung auf die gemeindliche Planungshoheit derart eng ausgelegt, so daß selbst großstädtische Bahnhöfe von »im Kern örtlicher Bedeutung« sein sollen.[217] Demgegenüber hat die Rechtsprechung bestätigt, daß dem Bau von Betriebsanlagen der Eisenbahn in aller Regel überörtliche Bedeutung im Sinne des §38 S. 1 BauGB zukommt.[218] Die Überörtlichkeit wird auch nicht dadurch ausgeschlossen, daß ein Vorhaben bereits raumordnerisch beurteilt oder landesplanerisch festgelegt wurde[219], da im Gegenteil gerade überörtliche Vorhaben ein Raumordnungsverfahren erforderlich machen und daher nach dieser Auffassung §38 BauGB weitgehend leerlaufen würde.

Im Hinblick auf den in der alten Fassung des §38 BauGB verwandten Begriff der »überörtlichen Planung« stellte die Rechtsprechung zunächst ohne Rücksicht auf die Ausdehnung des konkreten Planvorhabens darauf ab, ob das jeweils anwendbare Planungsrecht dem Fachplanungsträger generell Planungen überörtlicher Bedeu-

---

214 Näher im siebten Kapitel S. 450ff.

215 Vgl. *Gaentzsch*, NVwZ 1998, 889, 893ff.

216 Vgl. nur *Badura*, in: FS für Werner Weber, 1974, S. 911, 930, m.w.N.; zuletzt etwa *Dippel*, NVwZ 1999, 921, 926; *Kirchberg*, UPR 2001, 12ff., m.w.N.; *Runkel*, in: Ernst/Zinkahn/Bielenberg (Hrsg.), BauGB, §38 Rn. 30ff., Stand: Feb. 2000; zu vereinfacht daher die Darstellung bei *Kuschnerus*, ZfBR 2000, 300, 301.

217 So *Grigoleit/Otto*, DÖV 2000, 182, 187ff.

218 BVerwG, Beschl. v. 31.7. 2000 – 11 VR 5/00 –, UPR 2001, 33f.; Beschl. v. 31.10. 2000 – 11 VR 12/00 –, NVwZ 2001, 90, 91; *Heldwein*, BayVBl. 2000, 65, 66ff.; noch weiter gehend *Hoppe/Busch*, Fragen des städtebaulichen Entwicklungsrechts unter besonderer Berücksichtigung von Bahnflächen, 2001, S. 134f.; vgl. zu diesem Konfliktfeld auch im vierten Kapitel S. 231ff.

219 So aber *Grigoleit/Otto*, DÖV 2000, 182, 189; *Schmitz-Valckenberg*, Entwidmung und bahnfremde Nutzung von Bahnanlagen, 2002, S. 205.

tung übertrug.[220] Allein die übergeordnete Planungszuständigkeit indizierte damit bereits die überörtliche Bedeutung des Vorhabens und damit seinen Vorrang vor der Bauleitplanung. Diese abstrakte Betrachtungsweise drängte die Bauleitplanung erheblich zurück[221] und wurde daher später durch das Kriterium ersetzt, daß das planfestzustellende Vorhaben das Gebiet von zumindest zwei Gemeinden tatsächlich berührt.[222] Auch diese Rechtsprechung wurde vielfach als überformal kritisiert und statt dessen eine einzelfallbezogene, am überörtlichen Koordinierungsbedarf orientierte Betrachtung gefordert.[223] Nach der Neufassung des §38 BauGB durch das BauROG 1998 kommt es nicht mehr auf die Überörtlichkeit der Planung, sondern auf die überörtliche Bedeutung des Vorhabens an. Der veränderte Wortlaut spricht nach Auffassung des Bundesverwaltungsgerichts dafür, nicht mehr auf die planerische Kraft der konkret betroffenen Gemeinde, sondern auf die überörtlichen Bezüge des Vorhabens abzustellen.[224] Andere Stimmen fordern demgegenüber eine das jeweilige Planungsvorhaben typisierende Betrachtungsweise.[225] Vor dem Hintergrund des Verfassungsrechts wäre der maßgebliche Gesichtspunkt vor allem das in der Fachplanung verkörperte überörtliche *Interesse* an dem Vorhaben, das allein den Eingriff in die gemeindliche Planungshoheit zu rechtfertigen vermag[226].

Dogmatische Schwierigkeiten bereitet neben dem Begriff der »Überörtlichkeit« vor allem die kontrovers diskutierte Ausweitung des Anwendungsbereichs der in §38 BauGB normierten Privilegierung durch das BauROG 1998.[227] Im Zentrum der Kritik steht die Einbeziehung der Errichtung »öffentlich zugänglicher Abfallbeseitigungsanlagen aufgrund des Bundesimmissionsschutzgesetzes«, die früher der abfallrechtlichen Planfeststellung unterlagen, in den Kreis der privilegierten Fachplanungen. Bei diesem Typ der Vorhabenzulassung handelt es sich nach herkömmlicher Sicht um eine strikt gebundene Kontrollerlaubnis, die keinerlei planerische Spielräume eröffnet. Aus diesem Grund ist strittig, ob und wie bei der Zulassung von Abfallentsorgungsanlagen das Gebot des §38 S.2 BauGB erfüllt werden kann, städtebauliche Belange »in der Abwägung zu berücksichtigen«. Die entsprechenden Vorschläge reichen von der Annahme der Nichtigkeit der Regelung in §38 BauGB bis zur erweiternden Auslegung einzelner Tatbestandsmerkmale des Bundesimmis-

[220] BVerwG, Urt. v. 3.4. 1981 – 4 C 11/79 –, DVBl. 1981, 930f.; VGH München, Urt. v. 24.11. 1981 – 8 B 80 A.1129 –, BayVBl. 1982, 309f.; vgl. im Schrifttum auch *Dippel*, NVwZ 1999, 921, 926; *Gaentsch*, NVwZ 1998, 889, 896.

[221] *Roeser*, in: Schlichter/Stich/Driehaus/Paetow (Hrsg.), Berliner Kommentar zum BauGB, 3. Aufl., §38 Rn. 14, Stand: Aug. 2002.

[222] BVerwG, Urt. v. 4.5. 1988 – 4 C 22/87 –, BVerwGE 79, 318ff.

[223] So etwa *Gaentzsch*, NVwZ 1998, 889, 896, m.w.N.; *Löhr*, in: Battis/Krautzberger/Löhr, BauGB, 8. Aufl. 2002, §38 Rn. 30, m.w.N.; umfassend zu der ganzen Diskussion *Finke*, Die Privilegierung von Fachplanungen nach §38 BauGB, 2001, S. 64ff.

[224] BVerwG, Beschl. v. 31.10. 2000 – 11 VR 12/00 –, NVwZ 2001, 90, 91.

[225] *Runkel*, in: Ernst/Zinkahn/Bielenberg (Hrsg.), BauGB, §38 Rn. 33ff., Stand: Feb. 2000; *Schmaltz*, in: Schrödter (Hrsg.), BauGB, 6. Aufl. 1998, §38 Rn. 7, m.w.N.; *Ziekow*, in: ders. (Hrsg.), Praxis des Fachplanungsrechts, 2004, Rn. 605; wohl auch *Heldwein*, BayVBl. 2000, 65, 68.

[226] Näher dazu – vor allem unter Rechtsschutzgesichtspunkten – im achten Kapitel S. 489ff.

[227] Vgl. *Ehebrecht-Stüer*, in: FS für Hoppe, 2000, S. 39, 73.

sionsschutzgesetzes.[228] Richtigerweise wird das Zulassungsverfahren für privilegierte Abfallbeseitigungsanlagen um ein Abwägungselement zu ergänzen sein[229], wie auch § 4 Abs. 4 S. 2 ROG bestätigt, wonach bei Genehmigungen über die Errichtung und den Betrieb solcher Abfallbeseitigungsanlagen durch Personen des Privatrechts die Erfordernisse der Raumordnung zu berücksichtigen sind.

6. Die Pflicht zur interkommunalen Abstimmung gem. § 2 Abs. 2 BauGB

Im Vergleich zu den komplizierten, nach Anwendungsbereich und Rechtsfolgen fragmentarischen Vorschriften über das Verhältnis von Fachplanung und Bauleitplanung sind die Vorgaben des Baugesetzbuches für das Verhältnis einzelner Bauleitplanungen zueinander sehr viel weniger komplex. Ein Hauptgrund dafür liegt in dem Umstand, daß es unter benachbarten Kommunen nicht um den Zugriff auf identische Flächen, sondern lediglich um die Auswirkungen benachbarter Planungen geht. § 2 Abs. 2 BauGB verpflichtet benachbarte Gemeinden apodiktisch, ihre Bauleitpläne aufeinander abzustimmen. Kern dieser materiell-rechtlichen interkommunalen Abstimmungspflicht ist die gerechte planerische Abwägung der gegenläufigen Interessen der Nachbargemeinde. Jeder Bauleitplan, der eine unmittelbare erhebliche Auswirkung auf Nachbargemeinden haben kann, muß demnach auf diese und ihre Bevölkerung Rücksicht nehmen. Verfahrensrechtlich wird dieses »Nachbarrecht auf abgestimmte Bauleitplanung«[230] durch die Pflicht aus § 4 Abs. 1 BauGB abgesichert, die Nachbargemeinden bei der Aufstellung der Pläne zu beteiligen.[231] Die interkommunale Abstimmungspflicht bildet damit auf der untersten Ebene der Gesamtplanung das Gegenstück zur raumordnerischen Abstimmung der Länder nach § 4 Abs. 4 ROG[232] bzw. der Regionalpläne benachbarter Planungsräume nach § 9 Abs. 3 ROG.

Die Pflicht zur interkommunalen Abstimmung läßt sich auf zwei Grundgedanken zurückführen: Zum einen stellt § 2 Abs. 2 BauGB eine gesetzliche Ausformung

---

[228] Vgl. etwa *Dippel*, NVwZ 1999, 921, 928; *Runkel* in: Ernst-Zinkahn-Bielenberg, BauGB, § 38 Rn. 83, Stand: Feb. 2000, der darauf hinweist, daß jedenfalls insoweit eine Abwägung stattfinden muß; *Gaßner/Schmitt*, NVwZ 1993, 946, 949, die eine weite Auslegung des früheren § 2 Abs. 1 Nr. 5 AbfG für ausreichend ansehen; vgl. jedoch auch *Engel*, UPR 1993, 209, 211, und *Erbguth*, NVwZ 1995, 243, 244, m.w.N., die eine verfassungskonforme Auslegung des geltenden Rechts nicht für möglich halten; weitere zum Teil sehr unterschiedliche Stellungnahmen bei *Finke*, Die Privilegierung von Fachplanungen nach § 38 BauGB, 2001, S. 161ff.; *Lasotta*, DVBl. 1998, 255, 259; *Schink*, in: Kormann (Hrsg.), Das neue Bundesbaurecht, 1994, S. 103, 120; *Weidemann*, DVBl. 1994, 263, 267ff., sowie – mit umfassenden Nachweisen – *Sandner*, Investitionserleichterung und Planungshoheit, 1997, S. 22ff., 145ff., 174ff.

[229] So etwa *Kraft*, BauR 1999, 829, 835; *Löhr*, in: Battis/Krautzberger/Löhr, BauGB, 8. Aufl. 2002, § 38 Rn. 25; *Schmaltz*, in: Schrödter (Hrsg.), BauGB, 6. Aufl. 1998, § 38 Rn. 13; *Wagner*, UPR 1997, 387, 391f.; a.A. *Bartunek*, Probleme des Drittschutzes bei der Planfeststellung, 2000, S. 249ff., m.w.N. zum Diskussionsstand.

[230] *Rauch*, BayVBl. 1980, 612, 613.

[231] Vgl. bereits oben S. 95ff.

[232] Vgl. *Ronellenfitsch*, VerwArch 88 (1997), 175, 177.

der gemeindlichen Planungshoheit und namentlich des Rechtes dar, sich gegen solche Planungen anderer Stellen zur Wehr zu setzen, die die eigene Planungshoheit rechtswidrig beeinträchtigen.[233] Sie findet damit ihre Parallelen in entsprechenden Ansprüchen gegenüber überörtlichen Gesamt- und Fachplanungen: Im wesentlichen kann die Gemeinde gegenüber dem Bebauungsplan einer Nachbarkommune das gleiche Recht auf Berücksichtigung ihrer Belange geltend machen wie gegenüber einem Fachplan.[234] Obwohl dieser Anspruch nach dem Wortlaut des § 2 Abs. 2 nur für die Aufstellung von Bauleitplänen gilt, hat die Rechtsprechung ein Abwehrrecht auch unmittelbar gegen einzelne Vorhaben anerkannt, sofern die Zulassungsentscheidung auf einem nicht abgestimmten Bauleitplan der Nachbargemeinde beruht.[235]

Neben ihrer Verwurzelung in der gemeindlichen Planungshoheit stellt die Abstimmungspflicht zugleich eine Ausprägung des in § 1 Abs. 6 BauGB verankerten Abwägungsgebots dar, das durch eine nicht abgestimmte Bauleitplanung automatisch mitverletzt wird.[236] Man darf daher entgegen der allgemeinen Sichtweise kritisch zweifeln, ob § 2 Abs. 2 neben § 1 Abs. 6 überhaupt nennenswerte eigenständige Bedeutung zukommt oder ob es sich nicht – wie bei § 4 Abs. 3 S. 1[237] – lediglich um einen deklaratorischen Hinweis auf die Pflicht handelt, in die bereits nach § 1 Abs. 6 BauGB gebotene planerische Abwägung auch die relevanten Belange betroffener Nachbargemeinden einzustellen.

Als Instrument zum Schutz und zur Wehrfähigkeit der gemeindlichen Planungshoheit müßte ein Abstimmungsanspruch vor allem das Vorliegen einer durch das Konkurrenzvorhaben gestörten, hinreichend konkreten eigenen Planung der betroffenen Nachbargemeinde voraussetzen.[238] Bereits zu der Vorgängerregelung

---

233 BVerwG, Urt. v. 16. 12. 1989 – 4 C 36.86 –, BVerwGE 84, 209, 215ff.; BayVerfGH, Urt. v. 21. 2. 1986 – Vf 6 und 7-VII-85 –, NVwZ 1986, 633ff.; *Bielenberg*, in: Ernst/Zinkahn/Bielenberg (Hrsg.), BauGB, § 2 Rn. 65, Stand: März 1998; *Dreier*, in: ders. (Hrsg.), GG, Bd. II 1998, Art. 28 Rn. 131; *Fingerhut*, Die planungsrechtliche Gemeindenachbarklage, 1976, S. 10ff.; *Hoppe*, Grundfragen des Planungsrechts, 1998, S. 262f.; *Janning*, Städte- und Gemeinderat Nr. 12/1999, 34.

234 A. A. *Stüer*, Handbuch des Bau- und Fachplanungsrechts, 2. Aufl. 1998, Rn. 131, der das durch § 2 Abs. 2 BauGB vermittelte Recht für weiter gehend hält. Demgegenüber dürfte den abwägungsrelevanten Belangen einer Gemeinde bei Fachplanungen auf ihrem Gebiet größeres Gewicht zukommen als bei lediglich benachbarten Bauleitplänen.

235 Vgl. BVerwG, Urt. v. 15. 12. 1989 – 4 C 36.86 –, BVerwGE 84, 209, 214; Urt. v. 11. 2. 1993 – 4 C 15/92 –, NVwZ 1994, 285, 288.

236 BVerwG, Urt. v. 8. 9. 1972 – 4 C 17.71 –, BVerwGE 40, 323, 331; Beschl. v. 9. 5. 1994 – 4 NB 18/94 –, NVwZ 1995, 266f.; Urt. v. 1. 8. 2002 – 4 C 5/01 –, NVwZ 2003, 86, 87; VGH München, Urt. v. 4. 9. 1984 – 1 B 82 A.439 –, NVwZ 1985, 837ff.; *Battis*, in: Battis/Krautzberger/Löhr, BauGB, 8. Aufl. 2002, § 2 Rn. 9; *Bielenberg*, in: Ernst/Zinkahn/Bielenberg (Hrsg.), BauGB, § 2 Rn. 65 a. E., Stand: März 1998; *Fingerhut*, Die planungsrechtliche Gemeindenachbarklage, 1976, S. 37ff.; *Gaentzsch*, WiVerw 1985, 235, 236; *Halama*, in: FS für Schlichter, 1995, S. 201, 224; *Peine*, Öffentliches Baurecht, 4. Aufl. 2003, Rn. 389; *Wagner*, ZfBR 2000, 21, 22.

237 Vgl. bereits oben S. 96.

238 So etwa noch VGH Mannheim, Urt. v. 27. 2. 1987 – 5 S 2472/86 –, NVwZ 1987, 1088f., wonach eine Gemeinde durch den Bebauungsplan einer Nachbargemeinde nicht nachteilig betroffen ist, wenn sie keine eigene hinreichend konkrete Planung hat, die eine materielle Abstimmung des Plans

entschied jedoch das Bundesverwaltungsgericht, der damalige § 2 Abs. 4 BBauG vermittele benachbarten Gemeinden einen generellen Anspruch auf Abstimmung, Rücksichtnahme und Vermeidung unzumutbarer Auswirkungen.[239] Die Abstimmungspflicht setzt daher voraus, daß entweder Bauleitpläne oder hinreichend konkrete planerische Vorstellungen der Nachbargemeinde nachhaltig gestört werden oder daß – unabhängig von der Existenz solcher Planungen – auf dem Gebiet der Nachbargemeinde »unmittelbare Auswirkungen gewichtiger Art« drohen.[240] Diese Rechtsprechung hat für die Planung von Großprojekten wie »Factory Outlet Centern« oder Multiplex-Kinos erhebliche Bedeutung erlangt[241], gegen die Nachbargemeinden auch ohne die konkrete Beeinträchtigung eigener Pläne vorgehen können. Hier werden unmittelbare Auswirkungen gewichtiger Art bereits dann bejaht, wenn die entsprechenden Vorhaben in der Nachbargemeinde erhebliche Umsatzrückgänge verursachen.[242]

Ein Abstimmungsanspruch ist freilich nicht gegeben, wenn keine planerische Beeinträchtigung der Gemeinde vorliegt, sondern allein ihr allgemeines Interesse an der Freihaltung von Flächen für zukünftige Planungen betroffen ist.[243] Auch dann, wenn ein Abstimmungsanspruch besteht, verleiht die Regelung des § 2 Abs. 2 BauGB der betroffenen Gemeinde zudem keinen Anspruch darauf, die gegenläufige Planung der Nachbargemeinde zu verhindern. Inhaltlich gewährt das Abstimmungsgebot vielmehr lediglich einen Anspruch auf sachgerechte Abwägung.[244] Sind die Interessen der Nachbargemeinde in die Abwägung eingestellt und angemessen berücksichtigt, so ist das Ergebnis nur dann abwägungsfehlerhaft, wenn schlechthin unzumutbare Auswirkungen auf die Nachbargemeinde verursacht werden.[245] Die Stellung der Nachbargemeinde ist daher gegenüber einer beeinträchtigenden Bau-

---

der Nachbargemeinde ermöglicht und erfordert. Ebenso *Ziekow*, in: Sodan/Ziekow (Hrsg.), VwGO, § 47 Rn. 216, Stand: Juli 1998, m. w. N.

239 BVerwG, Urt. v. 8. 9. 1972 – IV C 17.71 –, BVerwGE 40, 323 ff.; vgl. dazu *Rauch*, BayVBl. 1980, 612 ff.

240 Vgl. zuletzt etwa den Überblick des OVG Weimar, Beschl. v. 23. 4. 1997 – 1 EO 241/97 –, UPR 1997, 376, 377, m. w. N.; *Battis*, in: Battis/Krautzberger/Löhr, BauGB, 8. Aufl. 2002, § 2 Rn. 9; *Bielenberg*, in: Ernst/Zinkahn/Bielenberg (Hrsg.), BauGB, § 2 Rn. 68, Stand: März 1998; *Gaentzsch*, in: Schlichter/Stich/Driehaus/Paetow (Hrsg.), Berliner Kommentar zum BauGB, 3. Aufl., § 2 Rn. 21 ff., Stand: Aug. 2002; *Rauch*, BayVBl. 1980, 612, 613, m. w. N. zum Schrifttum.

241 Vgl. dazu *Büchner*, NVwZ 1999, 345, 348 f.; *Otting*, DVBl. 1999, 595 ff., jeweils m. w. N. zur Rspr.

242 Vgl. im einzelnen die Rechtsprechungsnachweise bei *Wagner*, ZfBR 2000, 21, 22, wonach die kritische Grenze bei Umsatzverlusten von 10% beginnt.

243 BVerwG, Urt. v. 6. 10. 1989 – 4 C 28.86 –, ZfBR 1990, 41; Beschl. v. 26. 2. 1990 – 4 B 31/90 –, NVwZ 1990, 657 f.; *Gaentzsch*, WiVerw 1985, 235, 237.

244 BVerwG, Beschl. v. 9. 5. 1994 – 4 NB 18/94 –, NVwZ 1995, 266; *Gaentzsch*, in: Schlichter/Stich/Driehaus/Paetow (Hrsg.), Berliner Kommentar zum BauGB, 3. Aufl., § 2 Rn. 22, Stand: Aug. 2002; *Wagner*, ZfBR 2000, 21, 22; auf Grundlage der alten Fassung in § 2 Abs. 4 BBauG noch *Wesemann*, Der Planungsverband nach § 4 Bundesbaugesetz, 1970, S. 12 f., m. w. N.

245 Vgl. *Hoppe/Bönker/Grotefels*, Öffentliches Baurecht, 2. Aufl. 2002, § 7 Rn. 178 f.; *Janning*, Städte- und Gemeinderat Nr. 12/1999, 34, 35 f., jeweils m. w. N.

leitplanung ungleich schwächer ausgeprägt als die eines privilegierten Fachplanungsträgers.

7. Bewertung des einfachgesetzlichen Befunds

Auf dem Gebiet des Bauplanungsrechts fällt das Urteil zu den vorhandenen planerischen Koordinationsregeln insgesamt sehr viel weniger positiv aus als im Bereich der Raumordnung und Landesplanung. Zwar finden sich in §4 BauGB detaillierte Verfahrensregeln, die eine hinreichende formelle Abstimmung mit anderen Raumplanungen gewährleisten. Ein tragendes materiell-rechtliches Prinzip wie die durchgehende Bindung an die Ziele der Raumordnung ist im Bauplanungsrecht hingegen nicht verwirklicht. Statt dessen ist die Bauleitplanung gegenüber der übergeordneten Landesplanung zur Anpassung, gegenüber anderen Gemeinden zur bloßen Abstimmung verpflichtet, während das Verhältnis zu Fachplanungen nur ausschnitthaft und nicht frei von normativen Widersprüchen geregelt ist.

IV. Die Regelungen im Fachplanungsrecht

Die herrschende Lehre unterscheidet für den Bereich der Fachplanung zwischen Planfeststellungsverfahren, Nutzungsregelungen für bestimmte Gebiete sowie »sonstigen Fachplanungen« wie der Abfallwirtschaftsplanung.[246] Angesichts der Fülle der durch diesen typisierenden Oberbegriff erfaßten Regelungskomplexe würde ein Überblick zu sämtlichen einschlägigen Rechtsgrundlagen den Rahmen dieser Arbeit sprengen. Die meisten Fachplanungsgesetze enthalten vereinzelte Regelungen über die Koordination mit anderen Raumplanungen und behandeln dabei – meist aus historischen Gründen – bisweilen sehr spezielle Aspekte. So findet sich in §124 BBergG eine besondere Vorrangregelung für Nutzungskonflikte zwischen dem Bergbau und öffentlichenVerkehrsanlagen.[247] Die Errichtung und der Betrieb von öffentlichen Verkehrsanlagen und von bergbaulichen Gewinnungsbetrieben sind in gegenseitiger Rücksichtnahme zu planen und durchzuführen. Demnach sind die gegenläufigen Planungsinteressen nicht nur in die planerische Abwägung einzustellen, sondern im Sinne eines Optimierungsgebots möglichst weitgehend aufeinander abzustimmen.[248] Im Falle unlösbarer Konflikte gehen jedoch nach §124 Abs.3 BBergG die Errichtung und der Betrieb der Verkehrsanlagen der Gewinnung von Bodenschätzen vor, es sei denn, daß das öffentliche Interesse an der

---

[246] Näher dazu im ersten Kapitel S.34ff.

[247] Vgl. dazu neben den entsprechenden Kommentaren zum BBergG *Boujong*, in: FS für Blümel, 1999, S.67ff.; *Finger*, Kommentar zum Allgemeinen Eisenbahngesetz und Bundesbahngesetz, 1982, §36 BBahnG Erl. 11; *Kühne*, in: ders./Baur/Baron/Büdenberger, Das deutsche Berg- und Energierecht auf dem Wege nach Europa, 2002, S.77, 85f.; *Stüer*, in: ders. (Hrsg.), Planung von Großvorhaben, 1999, S.203, 208ff.

[248] BVerwG, Beschl. v. 14.10. 1996 – 4 VR 14.96 –, Buchholz 407.4 §17 FStrG Nr.123.

Gewinnung der Bodenschätze überwiegt. Diese in ähnlicher Form bereits in dem Allgemeinen Berggesetz für die preußischen Staaten aus dem Jahr 1865 enthaltene Regelung wurde vor ihrer Übernahme in das Bundesberggesetz als »Rücksichtnahmepflicht« des Bergunternehmers bei der Führung des Betriebs nach eigenem Ermessen verstanden.[249] Der durch § 124 BBergG vermittelte relative Vorrang der Verkehrsanlagen[250] gilt unabhängig von der zeitlichen Priorität, so daß gegebenenfalls auch ein bestehender Bergbaubetrieb einer künftigen Straßenplanung zu weichen hat.[251] Für diesen Fall räumt jedoch § 124 Abs. 4 BBergG dem Unternehmer gegenüber dem Träger der öffentlichen Verkehrsanlage einen Anspruch auf Ersatz in Geld ein. Ähnliche Privilegierungen bestehender Anlagen finden sich auch in anderen Gesetzen, etwa in der Regelung des § 7 S. 1 SchBerG, wonach bei Maßnahmen nach dem Schutzbereichsgesetz die Unterhaltung und der Betrieb der Verkehrs-, Nachrichten- und Versorgungsanlagen sowie der Anlagen der Abwasserwirtschaft, der Wasser- und Bodenwirtschaft und des Bergbaus gesichert bleiben müssen.[252] Nach § 45 BWaldG sind bestimmte Landesvorschriften u.a. über forstliche Rahmenpläne auf Flächen, die Zwecken der Verteidigung, des Bundesgrenzschutzes oder des zivilen Luftverkehrs dienen, nur anzuwenden, soweit dadurch die bestimmungsgemäße Nutzung nicht beeinträchtigt wird. Bereits diese wenigen Beispiele dürften verdeutlichen, daß die Regelungen über Planungskonflikte im Fachplanungsrecht gelegentlich sehr wenig System aufweisen und daß eine Darstellung gemeinsamer Grundstrukturen insoweit zwangsläufig zu starken Vereinfachungen führen muß. Dennoch können im folgenden nur die einschlägigen Regelungen einiger ausgewählter Planungsarten dargestellt werden, die stellvertretend für den jeweiligen Typus der Fachplanung die Art und Dichte der planerischen Koordinationsregelungen im Fachplanungsrecht verdeutlichen sollen. Besonders wichtig sind dabei die für alle Planfeststellungen geltenden Vorschriften des Verwaltungsverfahrensgesetzes.

1. Die Planfeststellung im Verwaltungsverfahrensgesetz

Im Zuge der Vereinheitlichung des Verwaltungsverfahrens und der Stärkung des Verwaltungsverfahrensgesetzes wurden auch die Regelungen über die Planfeststellung in erheblichem Maß harmonisiert.[253] Wesentliche Vorschriften über die Koordination der Planfeststellung mit anderen räumlichen Planungen sowie Grundsätze über die materielle Kollision finden sich jetzt in allgemeiner Form in den §§ 72ff.

---

[249] *Mogk*, Das Verhältnis zwischen Bergbau und öffentlichen Verkehrsanstalten, 1961, S. 38f.

[250] Näher zur Reichweite des Vorranges BVerwG, Urt. v. 30.7. 1998 – 4 A 1/98 –, NVwZ-RR 1999, 162ff.; *Stüer*, in: ders. (Hrsg.), Planung von Großvorhaben, 1999, S. 203, 210.

[251] BVerwG, Urt. v. 26.3. 1998 – 4 A 2/97 –, BVerwGE 106, 290, 292f.; *Boldt/Weller*, BBergG, 1984, § 124 Rn. 71; *Boujong*, in: FS für Blümel, 1999, S. 67, 70ff.

[252] Ob ein Verstoß gegen diese Pflicht die Entscheidung anfechtbar macht, wie *Bauch/Schmidt*, Kommentar zum LBG/SchBerG, 1957, § 7 SchBerG Erl. 2, annehmen, ist im Hinblick auf die Klagerechte der Baulastträger der in § 7 S. 1 SchBerG genannten Anlagen zweifelhaft. Vgl. dazu im achten Kapitel S. 478ff.

[253] Näher *Blümel*, in: FS für Hoppe, 2000, S. 3, 14f., m.w.N.

VwVfG und den entsprechenden Vorschriften der Länder. § 72 Abs. 1 VwVfG sieht für alle gesetzlich angeordneten Planfeststellungsverfahren die subsidiäre Anwendung der §§ 73 bis 78 vor, soweit sich aus dem Fachrecht nichts Abweichendes ergibt.

a) Formelle Koordination durch Verfahrensbeteiligung

Ein fast durchweg vereinheitlichter Komplex ist dabei die formelle Koordination der Planfeststellung mit anderen hoheitlichen Raumplanungen durch das in § 73 VwVfG normierte Anhörungsverfahren. Nach § 73 Abs. 2 VwVfG sind binnen eines Monats, nachdem der Träger des Vorhabens den Plan bei der Anhörungsbehörde eingereicht hat[254], diejenigen Behörden zur Stellungnahme aufzufordern, deren Aufgabenbereich das Vorhaben berührt. Nach Sinn und Zweck der Regelung sind ihnen dabei ausreichende Unterlagen über das Vorhaben zu übersenden.[255] In ihrem Aufgabenbereich berührt sind unter anderem alle öffentlichen Planungsträger, deren Möglichkeiten zur Gestaltung des in Anspruch genommenen Raums durch das Vorhaben verdrängt werden.[256] Zugleich ist für das Verfahren der Öffentlichkeitsbeteiligung der Plan in den Gemeinden auszulegen, in denen sich das Vorhaben auswirkt, so daß neben öffentlichen auch private Planungsträger beteiligt werden. Damit ist die Einbeziehung sämtlicher konkurrierender Planungsträger in das Planfeststellungsverfahren gewährleistet. Diese erhalten Gelegenheit, zu der vorgesehenen Fachplanung Stellung zu nehmen und die Berücksichtigung ihrer Belange im Rahmen der Abwägung sicherzustellen. Ihre Stellungnahmen sind Gegenstand des Erörterungstermins nach § 73 Abs. 6 VwVfG.

Nach der Beschleunigungsvorschrift des § 73 Abs. 3a VwVfG haben die beteiligten Behörden ihre Stellungnahme innerhalb einer von der Anhörungsbehörde zu setzenden Frist abzugeben, die drei Monate nicht überschreiten darf. Während Verspätungen, die sich nur auf die Frist als solche beziehen, folgenlos bleiben, werden Stellungnahmen, die nach Ablauf des Erörterungstermins eingehen, nicht mehr berücksichtigt, es sei denn, die vorgebrachten Belange sind der Planfeststellungsbehörde bekannt oder hätten ihr bekannt sein müssen oder sind für die Rechtmäßigkeit der Entscheidung von Bedeutung. Diese sog. Behördenpräklusion hat – ähnlich wie die entsprechende Regelung in § 4 Abs. 3 S. 2 BauGB[257] und anders als die materielle Verwirkungspräklusion der verspäteten Einwendungen Privater nach § 73 Abs. 4 S. 3

[254] Vgl. zum Ablauf des Planfeststellungsverfahrens bereits im ersten Kapitel S. 60f.

[255] *Kühling/Hermann*, Fachplanungsrecht, 2. Aufl. 2000, Rn. 484, m. w. N.; *Steinberg/Berg/Wickel*, Fachplanung, 3. Aufl. 2000, § 2 Rn. 49.

[256] Vgl. im einzelnen *Allesch/Häußler*, in: Obermayer, VwVfG, 3. Aufl. 1999, § 73 Rn. 28ff.; *Dörries*, Das Verhältnis der Bauleitplanung zur raumbeanspruchenden Fachplanung, 2000, S. 80f.; *Kirchberg*, in: Ziekow (Hrsg.), Praxis des Fachplanungsrechts, 2004, Rn. 135ff.; *Steinberg/Berg/Wickel*, Fachplanung, 3. Aufl. 2000, § 2 Rn. 44ff.; *Stüer*, Handbuch des Bau- und Fachplanungsrechts, 2. Aufl. 1998, Rn. 2093; *Ule/Laubinger*, Verwaltungsverfahrensrecht, 4. Aufl. 1995, § 40 Rn. 13; wohl enger *Kühling/Hermann*, Fachplanungsrecht, 2. Aufl. 2000, Rn. 484.

[257] Vgl. bereits die Ausführungen und Nachweise oben S. 96f.

VwVfG – wenig praktische Bedeutung und kann eine Zurückstellung der verspäteten Einwände nur insoweit rechtfertigen, als die materiellen Anforderungen des Abwägungsgebots erfüllt werden.[258] Die Gemeinden, deren Planungen zur Klage berechtigen[259], werden von der Rechtsprechung hingegen als Betroffene angesehen und auf das allgemeine planfeststellungsrechtliche Anhörungsverfahren verwiesen.[260]

Diese Vorschriften gewährleisten eine weitreichende, dem Verfahren der Bauleitplanung vergleichbare formelle Koordination zwischen den betroffenen Planungsträgern. Soweit die Planfeststellung durch eine Plangenehmigung ersetzt wird, finden die erwähnten Verfahrensregelungen zwar nach § 74 Abs. 6 VwVfG keine Anwendung. Voraussetzung hierfür ist jedoch, daß mit den betroffenen Trägern öffentlicher Belange das Benehmen hergestellt worden ist.[261] Obwohl weniger formal als im Planfeststellungsverfahren, wird somit doch eine formelle Koordination zumindest der öffentlichen Planungen sichergestellt.[262]

b) Die Konzentrationswirkung nach § 75 Abs. 1 S. 1 VwVfG

§ 75 Abs. 1 VwVfG stellt eine das Institut der Planfeststellung prägende Bestimmung dar, die in Rechtsprechung und Literatur über nahezu ein Jahrhundert hinweg auch als zentrale materiell-rechtliche Kollisionsnorm zwischen der Planfeststellung und anderen Raumplanungen angesehen wurde.[263] Nach § 75 Abs. 1 S. 1 VwVfG wird durch die Planfeststellung die Zulässigkeit des Vorhabens »im Hinblick auf alle von ihm berührten öffentlichen Belange« festgestellt. Neben der Planfeststellung sind andere Entscheidungen wie öffentlich-rechtliche Genehmigungen, Erlaubnisse usw. nicht erforderlich. Diese Rechtswirkungen kommen nach § 74 Abs. 6 S. 2 Halbs. 1 VwVfG auch der Plangenehmigung zu.

Über Jahrzehnte wurde – auf der Grundlage der »Theorie der materiellen Konzentrationswirkung«[264] – aus dieser Regelung gefolgert, das gesamte materielle

---

[258] *Kirchberg*, in: Ziekow (Hrsg.), Praxis des Fachplanungsrechts, 2004, Rn. 141; *Kügel*, in: Obermayer, VwVfG, 3. Aufl. 1999, § 75 Rn. 41; *Steinberg/Berg/Wickel*, Fachplanung, 3. Aufl. 2000, § 2 Rn. 51; *Stüer*, Handbuch des Bau- und Fachplanungsrechts, 2. Aufl. 1998, Rn. 2095; vgl. schon oben S. 96f. sowie im fünften Kapitel S. 341.

[259] Vgl. dazu sowie zu den durch die Rechtsprechung verneinten Klagemöglichkeiten im Bund-Länder-Verhältnis im achten Kapitel S. 491ff. und 503ff.

[260] Ebenso etwa *Allesch/Häußler*, in: Obermayer, VwVfG, 3. Aufl. 1999, § 73 Rn. 27; ablehnend *Steinberg/Berg/Wickel*, Fachplanung, 3. Aufl. 2000, § 2 Rn. 47f., 85, m.w.N.

[261] Ebenso etwa § 17 Abs. 1a Nr. 2 FStrG, § 18 Abs. 2 Nr. 2 AEG, Art. 38 Abs. 2 Nr. 2 BayStrWG.

[262] Näher *Allesch/Häußler*, in: Obermayer, VwVfG, 3. Aufl. 1999, § 74 Rn. 157ff.; *Dörries*, Das Verhältnis der Bauleitplanung zur raumbeanspruchenden Fachplanung, 2000, S. 84ff.; *Ringel*, Die Plangenehmigung im Fachplanungsrecht, 1996, S. 166ff.

[263] Vgl. zu der historischen Bedeutung der Vorstellung einer materiellen Konzentration der Planfeststellung für die Konkurrenz zu anderen Planungen besonders *Blümel*, Die Bauplanfeststellung I, 1961, S. 84ff., 90ff., 121.

[264] Zum Begriff und zu anderen, hier nicht behandelten Typen und Formen der Konzentration *Jarass*, Konkurrenz, Konzentration und Bindungswirkung von Genehmigungen, 1983, S. 50ff.

Recht werde über die in §75 Abs. 1 S. 1 VwVfG angeordnete Konzentrationswirkung in seiner bindenden Form verdrängt, durch das jeweilige Fachrecht ersetzt und transformiere somit zu bloßem Abwägungsmaterial für die planerische Abwägung.[265] Daraus resultiere ein Vorrang der Planfeststellung vor anderen Planungen.[266] Andere Stimmen gingen sogar davon aus, daß durch die Konzentrationswirkung die gesamte Planungshoheit für die entsprechende Fläche auf die Planfeststellungsbehörde übergehe.[267] Obwohl die Rechtsprechung diesen Ansatz mittlerweile ausdrücklich aufgegeben hat[268], wird noch heute im Schrifttum vielfach erklärt, gerade aus der gesetzlich angeordneten Konzentrationswirkung der Planfeststellung resultiere die Möglichkeit, die Vorgaben der Bauleitplanung zu überwinden.[269]

Die mittlerweile herrschende und auf gefestigter Rechtsprechung beruhende »Theorie der Verfahrenskonzentration« bejaht eine Bindung der Planfeststellung an alle einschlägigen materiellen Vorschriften des Bundes- oder Landesrechts.[270] Sie

---

[265] Vgl. etwa *Brohm*, Landeshoheit und Bundesverwaltung, 1968, S. 9f., mit umfassenden Nachweisen in Fn. 12; *Kügel*, Der Planfeststellungsbeschluß und seine Anfechtbarkeit, 1985, S. 65ff., m.w.N.; *Manner*, Grundlagen des Planfeststellungsverfahrens, 1976, S. 47ff.; wohl auch *Finger*, Kommentar zum Allgemeinen Eisenbahngesetz und Bundesbahngesetz, 1982, §36 BBahnG Erl. 17 d), und *Johlen*, DÖV 1989, 204, 208 (das materielle Recht werde durch den Charakter der Planfeststellung als planerische Entscheidung »modifiziert«); zuletzt wieder *Spannowsky*, ZfBR 2000, 239, 245, und *Peine*, Öffentliches Baurecht, 4. Aufl. 2003, Rn. 390, der den Zweck des §38 BauGB darin sieht, die planfeststellungsrechtliche »Konzentrationswirkung zu erhalten«. Irreführend ist die Aussage bei *Schlarmann*, Das Verhältnis der privilegierten Fachplanungen zur kommunalen Bauleitplanung, 1980, S. 59f., die Rechtsprechung habe stets lediglich eine rein formelle Konzentrationswirkung angenommen. Die Judikatur war demgegenüber bis in die jüngste Vergangenheit uneinheitlich. Vgl. zuletzt etwa noch BVerwG, Urt. v. 14. 4. 1989 – 4 C 31/88 –, BVerwGE 82, 17, 19: »Der Bund hat der Bundesbahn ohne jede Einschränkung die Befugnis zur umfassenden Planfeststellung eingeräumt und hierfür durch die angeordnete Konzentrationswirkung die rechtliche Möglichkeit eröffnet, landesrechtlich normierte Belange abwägend zu überwinden.« Vgl. i. ü. die Darstellungen der Entwicklung der Rspr. bei *Ibler*, Die Schranken planerischer Gestaltungsfreiheit, 1988, S. 57ff.; *Laubinger*, VerwArch 77 (1986), 77, 81ff., sowie die Nachweise bei *Wahl*, NVwZ 1990, 426, 430.

[266] Vgl. die Nachweise bei *Schlarmann*, Das Verhältnis der privilegierten Fachplanungen zur kommunalen Bauleitplanung, 1980, S. 53ff.

[267] So offenbar *Maichel*, Agrarstrukturelle Planung und räumliche Gesamtplanung, 1982, S. 247, wonach allerdings mit Abschluß der Planfeststellung die Planungshoheit wieder an die Gemeinden zurückfallen soll.

[268] Vgl. BVerwG, Urt. v. 9. 11. 1984 – 7 C 15/83 –, BVerwGE 70, 242, 243f.: Der Gesetzgeber »ging dabei offenbar von der – inzwischen überholten ... Vorstellung aus, daß Planfeststellungsbeschlüssen eine materielle Konzentrationswirkung eigen sei ... Auf der Grundlage dieser Annahme bedeutet ein Unberührtbleiben der Vorschriften über die fachgesetzliche Planfeststellung in der Tat deren Vorrang und führt damit zu einer Berücksichtigung der durch die §§29ff. BBauG geschützten Belange allein im Rahmen der der Planfeststellungsbehörde obliegenden planerischen Abwägung.« Vgl. zu späteren Aussagen des Gerichts, die durchaus erneut auf dem Boden dieser »überholten Vorstellung« stehen, oben Fn. 265.

[269] So *Engel*, UPR 1993, 209, 211 (»in Verbindung mit §38 BauGB«); *Klett/Gerhold*, NuR 1998, 421, 428; wohl auch *Roeser*, in: Schlichter/Stich/Driehaus/Paetow (Hrsg.), Berliner Kommentar zum BauGB, 3. Aufl., §38 Rn. 12, Stand: Aug. 2002; *Ronellenfitsch*, DVBl. 1998, 653, 654f. Vgl. auch bereits die Nachweise oben in Fn. 265.

[270] BVerwG, Urt. v. 9. 11. 1984 – 7 C 15/83 –, BVerwGE 70, 242, 244; Urt. v. 26. 6. 1992 – 4 B 1-11/92 –, NVwZ 1993, 572ff.; Urt. v. 26. 3. 1998 – 4 A 7/97 –, UPR 1998, 382ff., Leitsatz 4, m.w.N.; im Schrifttum mit teils unterschiedlichen Akzenten i. E. auch *Bonk/Neumann*, in: Stelkens/Bonk/

geht – auch mit Rücksicht auf die grundgesetzliche Kompetenzordnung[271] – davon aus, daß im Planfeststellungsverfahren zwar alle gegebenenfalls erforderlichen Genehmigungen, Zuständigkeiten und Verfahrensregelungen verdrängt werden[272], daß jedoch der Planfeststellungsbeschluß sämtliche von seinem Regelungsbereich berührten materiell-rechtlichen Rechtsvorschriften – etwa das Denkmalschutzrecht – beachten muß. Welchen Umfang die Bindung an die einschlägigen Rechtsnormen hat, hängt vom ihrem Inhalt und Verbindlichkeitsanspruch ab. Unverbindliche Landschaftspläne etwa müssen lediglich in der Abwägung berücksichtigt werden.[273] Enthält demgegenüber eine dem Vorhaben entgegenstehende verbindliche Wasser- oder Naturschutzgebietsverordnung Ausnahmetatbestände, so kann die Planfeststellungsbehörde das Vorhaben zulassen, wenn sie die Voraussetzungen für die ausnahmsweise Zulassung der Baumaßnahme bejaht. In diesem Fall schließt der Planfeststellungsbeschluß die gegebenenfalls erforderliche Ausnahmegenehmigung ein.[274] Ein Vorrang gegenüber anderen Rechtsnormen kommt hingegen nur in Betracht, soweit dies ausdrücklich gesetzlich angeordnet ist[275].

Auch nach dieser beschränkten Auslegung hat §75 Abs. 1 S. 1 VwVfG eine eminente praktische Bedeutung und stellt eine wichtige – allerdings rein verfahrensrechtliche – planerische Konfliktregel dar.[276] Materiell-rechtlich vermittelt die Konzentrationswirkung dem Vorhaben zwar keine erhöhte Durchsetzungskraft, da der Planfeststellungsbeschluß alle von seinem Regelungsbereich berührten materiell-rechtlichen Rechtsvorschriften beachten muß. Das entsprechende Verfahrensrecht – etwa zur Erteilung der erwähnten naturschutzrechtlichen Ausnahmegenehmigung – wird demgegenüber durch die »Verfahrenskonzentration« des Planfeststellungsver-

Sachs, VwVfG, Kommentar 6. Aufl. 2001, §75 Rn. 19, m.w.N.; *Büllesbach/Diercks*, DVBl. 1991, 469f.; *Erbguth/Schink*, UVPG, 2. Aufl. 1996, §12 Rn. 34; *Geiger*, in: Redeker/Uechtritz (Hrsg.), Verwaltungsverfahren, Kap. 11 Rn. 56, Stand: Juni 1999; *Heinze*, Eisenbahn-Planfeststellung, 1997, S. 170ff.; *Jarass*, Konkurrenz, Konzentration und Bindungswirkung von Genehmigungen, 1983, S. 55f.; *Koch*, in: FS für Schlichter, S. 461, 466; *Kopp/Ramsauer*, VwVfG, 8. Aufl. 2003, §74 Rn. 11ff.; *Kügel*, in: Obermayer, VwVfG, 3. Aufl. 1999, §75 Rn. 15ff.; *Kühling/Hermann*, Fachplanungsrecht, 2. Aufl. 2000, Rn. 521; *Lasotta*, DVBl. 1998, 255, 259, m.w.N.; *Ossenbühl*, in: FS für Sendler, 1991, S. 107, 109; *Paetow*, UPR 1990, 321, 322, 324; *Runkel*, in: Bielenberg/Runkel/Spannowsky, Raumordnungs- und Landesplanungsrecht des Bundes und der Länder, Kommentar K, §4 Rn. 152, Stand: VI/1999; *Schlarmann*, Das Verhältnis der privilegierten Fachplanungen zur kommunalen Bauleitplanung, 1980, S. 60; *Schmaltz*, in: Schrödter (Hrsg.), BauGB, 6. Aufl. 1998, §38 Rn. 4; *Steinberg/Berg/Wickel*, Fachplanung, 3. Aufl. 2000, §3 Rn. 15ff.; *Wahl*, NVwZ 1990, 426, 430f.; *Weidemann*, DVBl. 1994, 263, 267, 269; im Grundsatz auch *Gassner*, UPR 1989, 254f.; umfassend zu der ganzen Frage *Laubinger*, VerwArch 77 (1986), 77ff.

[271] Vgl. *Bothe*, in: AK-GG, Bd. 1, 2. Aufl. 1989, Art. 30 Rn. 34.

[272] Anders – auch das Verfahrensrecht der eingeschlossenen Entscheidungen müsse beachtet werden – etwa noch *Börner*, Planungsrecht für Energieanlagen, 1973, S. 36f., m.w.N.

[273] Vgl. etwa BVerwG, Beschl. v. 30. 10. 1992 – 4 A 4.92 –, NuR 1993, 125, 127.

[274] BVerwG, Urt. v. 27. 9. 1990 – 4 C 44.87 –, BVerwGE 85, 348; Beschluß v. 26. 6. 1992 – 4 B 1 – 11.92 –, Buchholz 407.4 §17 FStrG Nr. 89; Urt. v. 18. 6. 1997 – 4 C 3/95 –, NuR 1998, 251, 253; *Kopp/Ramsauer*, VwVfG, 8. Aufl. 2003, §75 Rn. 7b.

[275] Als Vorschrift über eine materielle Konzentration in diesem Sinne kann namentlich §38 BauGB verstanden werden. Vgl. *Stüer*, UPR 1998, 408, 409; *ders.*, DVBl. 1998, 224, 225.

[276] Vgl. *Breuer*, Die hoheitliche raumgestaltende Planung, 1968, S. 174f.

fahrens verdrängt. § 75 Abs. 1 verlagert zudem sämtliche Zuständigkeiten, so daß die eigentliche Fachbehörde ihre Kompetenz für den Gegenstand der Planfeststellung zugunsten der Planfeststellungsbehörde vollständig verliert[277] und – sofern es sich nicht um eine andere Planfeststellung handelt[278] – lediglich nach § 73 Abs. 2 VwVfG zu beteiligen ist. Obwohl vergleichende Statistiken nicht vorliegen, scheinen die Planfeststellungsbehörden – etwa im Bereich des Natur- oder Denkmalschutzes – Ausnahmegenehmigungen durchaus großzügiger zu erteilen als die verdrängten Fachbehörden.[279]

Die durch diese Zuständigkeitsverlagerung vermittelte, zumindest faktisch erhöhte Durchsetzungskraft bildet auch den Hintergrund der seit einiger Zeit wieder verstärkt erhobenen bundesstaatlichen Bedenken gegen § 75 Abs. 1 S. 1 VwVfG, soweit landesrechtliche Verfahren bundesrechtliche Verwaltungszuständigkeiten oder umgekehrt bundesrechtliche Verfahren landesrechtliche Zuständigkeiten konzentrieren.[280] Die Rechtsprechung hat diese intraföderale Konzentration allerdings jedenfalls für bundesrechtliche Verfahren stets als kompetenzgemäß angesehen.[281] Angesichts der seit der Weimarer Republik praktizierten mehrfach verfassungsgerichtlich bestätigten Zulässigkeit der Konzentration von Länderzuständigkeiten durch Bundesplanungen dürfte dieses Institut mittlerweile auch eine verfassungsgewohnheitsrechtliche Grundlage erlangt haben.[282] Die ursprünglich sehr strittige Frage, ob umgekehrt auch bei landesrechtlichen Planfeststellungen bundesrechtlich vorgesehene Genehmigungserfordernisse konzentriert werden können[283], wurden durch den Erlaß der Regelungen in den § 75 Abs. 1 S. 1 (»notwendige Folgemaßnah-

[277] Vgl. nur *Busch*, in: Knack (Hrsg.), VwVfG, 6. Aufl. 1998, § 75 Erl. 3.1; *Kügel*, in: Obermayer (Hrsg.), VwVfG, 3. Aufl. 1999, § 75 Rn. 19.

[278] Dazu bereits *Blümel*, DVBl. 1960, 697, 708, sowie nachfolgend d).

[279] Empirische Daten und kritische Anmerkungen hierzu bei *Burmeister*, Der Schutz von Natur und Landschaft, 1988, S. 84ff., 151ff.

[280] Vgl. dazu die verschiedenen Stellungnahmen bei *Bonk/Neumann*, in: Stelkens/Bonk/Sachs, VwVfG, 6. Aufl. 2001, § 72 Rn. 51f.; *Bullinger*, Archiv PT 1998, 105, 118ff.; *Gassner*, UPR 1989, 254, 256; *Hoppe/Schulte*, Rechtsschutz der Länder in Planfeststellungsverfahren des Bundes, 1993, S. 33ff., 52ff.; *Kopp*, NuR 1991, 449, 451f.; *Ossenbühl*, in: FS für Sendler, 1991, S. 107, 112ff.; *Treffer*, UPR 1994, 378ff., alle m.w.N.; ältere Nachweise zu solchen zum Teil bereits in den 50er Jahren erhobenen Bedenken bei *Blümel*, Die Bauplanfeststellung I, 1961, S. 28ff. Vgl. auch bereits in der Einleitung S. 72.

[281] BVerwG, Urt. v. 29. 6. 1967 – IV C 36.66 –, BVerwGE 27, 253, 256f.; Urt. v. 14. 4. 1989 – 4 C 31/88 –, BVerwGE 82, 17, 22 (dort mit dem oft überbetonten einschränkenden Zusatz, die Konzentrationswirkung sei »jedenfalls« dort zulässig, wo eine ausschließliche Zuständigkeit des Landesgesetzgebers nicht gegeben ist); Urt. v. 9. 5. 2001 – 6 C 4.00 –, BVerwGE 114, 232, 239; OVG Münster, Urt. v. 18.81994 – 20 A 2935/92 –, UPR 1995, 319; wohl auch BVerfG, Beschl. v. 15. 7. 1969 – 2 BvF 1/64 –, BVerfGE 26, 338, 377; vgl. aber auch die kritischen Zweifel bei den vorgenannten Autoren.

[282] *Ossenbühl*, in: FS für Sendler, 1991, S. 107, 116f. In diesem Sinne lassen sich bereits die Aussagen des BVerfG, Beschl. v. 15. 7. 1969 – 2 BvF 1/64-, BVerfGE 26, 338, 373ff., verstehen, die auf einer weiten Auslegung der entsprechenden Bundeskompetenzen beruhen (vgl. dazu auch *Bullinger*, Archiv PT 1998, 105, 120). Ähnlich ist auch der historische Ansatz bei *Blümel*, Die Bauplanfeststellung I, 1961, S. 27ff. Vgl. dazu auch nachfolgend im dritten Kapitel S. 158ff., 161f.

[283] Ablehnend insbesondere *Blümel*, DVBl. 1960, 697, 707ff., und *Breuer*, Die hoheitliche raumgestaltende Planung, 1968, S. 115ff.

men«), § 78 (»Zusammentreffen von Vorhaben«) und § 100 Nr. 2 VwVfG (»Zulässigkeit der Konzentrationswirkung von Landesplanfeststellungen gegenüber bundesrechtlichen Genehmigungen«) im wesentlichen ausgeräumt.[284]

c) *Die Miterledigung notwendiger Folgemaßnahmen*

Nach § 75 Abs. 1 VwVfG bezieht sich die Planfeststellung auf die Zulässigkeit des Vorhabens »einschließlich der *notwendigen Folgemaßnahmen* an anderen Anlagen«. Diese Regelung erweitert nicht nur – wie die Konzentrationswirkung – die rechtliche Reichweite, sondern auch den Gegenstand der Planfeststellung über das dem Fachrecht unterliegende Vorhaben hinaus auf »notwendige Folgemaßnahmen an anderen Anlagen«.[285] Praktisch relevant ist dabei in erster Linie der Fall, daß zur Herstellung der Funktionsfähigkeit der planfestgestellten Anlage Anpassungs- und Anschlußmaßnahmen an einer anderen Anlage erfolgen müssen. Solche Änderungen sind nach § 75 Abs. 1 VwVfG und entsprechend dem Gebot umfassender Problembewältigung im Rahmen der Planfeststellung »mit zu erledigen«. Wird zum Beispiel aufgrund der Planfeststellung einer Eisenbahnstrecke erforderlich, daß eine Kreuzung mit einer Fernstraße geändert wird oder erst entsteht, darf diese Änderung nach § 75 Abs. 1 VwVfG im Rahmen der Planfeststellung der Eisenbahnstrecke festgesetzt werden. Vor allem der Bau von Ersatzstraßen gilt als typisches Beispiel einer derartigen Folgemaßnahme.[286]

Durch den in § 75 Abs. 1 VwVfG angeordneten *Zuständigkeitswechsel* bestimmt der Fachplanungsträger anstelle des nach der normalen Kompetenzordnung zuständigen Verwaltungsträgers, welche Änderungen und Anpassungen an den vorhandenen Anlagen vorzunehmen sind.[287] Damit hat § 75 Abs. 1 VwVfG im Verhältnis beider Planungsträger die Funktion einer planerischen Konfliktregelung. Die Zulässigkeit dieser Kollisionsnorm ist zwar anerkannt, allerdings hat die Rechtsprechung ihren scheinbar sehr weiten Anwendungsbereich aus verfassungsrechtlichen Erwägungen erheblich eingeschränkt. Die dadurch aufgeworfenen Fragen stellen sich als Ausdruck des Kompetenzgrundsatzes dar und sollen daher im Zusammenhang mit den kompetenzrechtlichen Grenzen der Raumplanung dargestellt werden.[288]

---

[284] Vgl. *Blümel*, in: FS für Hoppe, 2000, S. 3, 12f., m.w.N.

[285] Vgl. dazu *Bonk/Neumann*, in: Stelkens/Bonk/Sachs, VwVfG, 6. Aufl. 2001, § 75 Rn. 8; *Dürr*, in: Kodal/Krämer, Straßenrecht, 6. Aufl. 1999, Kap. 34 Anm. 4.3ff.; *Runkel*, in: Ernst/Zinkahn/Bielenberg (Hrsg.), BauGB, § 38 Rn. 25, Stand: Feb. 2000; *Stüer*, Handbuch des Bau- und Fachplanungsrechts, 2. Aufl. 1998, Rn. 2146.

[286] Vgl. etwa BVerwG, Urt. v. 9. 3. 1979 – BVerwG 4 C 41.75 –, BVerwGE 57, 297, 301; OVG Saarlouis, Urt. v. 28. 4. 1998 – 2 M 2/98 –, zit. nach Juris; *Bender*, VerwArch 1992, 576, 585f.; *Boldt/Weller*, BBergG, Nachtrag 1992, § 52a Rn. 67; *Steinberg/Berg/Wickel*, Fachplanung, 3. Aufl. 2000, § 1 Rn. 133.

[287] BVerwG, Urt. v. 1. 7. 1999 – 4 A 27/98 –, BVerwGE 109, 192, 201f., m.w.N. Näher zu diesem Urteil aber im vierten Kapitel S. 230f.

[288] Vgl. im vierten Kapitel S. 228ff.

d) Das Zusammentreffen von Planfeststellungen gem. § 78 VwVfG

Die Regelung für das »Zusammentreffen mehrerer Vorhaben« in §78 VwVfG gilt trotz der Weite, die ihre Überschrift nahelegt, nur für das Zusammentreffen mehrerer förmlicher Planfeststellungsverfahren[289], dessen Bewältigung bis dahin umstritten war[290]. Während sich die Vorschrift in dem Verwaltungsverfahrensgesetz des Bundes aus Kompetenzgründen auf die Fälle beschränkt, in denen mindestens eines dieser Verfahren bundesrechtlich geregelt ist, enthalten die entsprechenden Normen der Länder identische Regelungen für das Zusammentreffen landesrechtlicher Planfeststellungen.[291]

Treffen Planfeststellungen derart zusammen, daß für die betroffenen Vorhaben oder Teile von ihnen nur eine einheitliche Entscheidung möglich ist, so findet nach §78 Abs. 1 VwVfG insoweit nur ein Planfeststellungsverfahren statt. Zuständigkeiten und Verfahren richten sich gem. §78 Abs. 2 nach den Rechtsvorschriften über das Planfeststellungsverfahren derjenigen Anlage, »die einen größeren Kreis öffentlich-rechtlicher Beziehungen berührt«. Damit folgt der Gesetzgeber dem sog. »Schwerpunktprinzip«.[292] Bestehen Zweifel, welche Rechtsvorschrift anzuwenden ist, so entscheidet – je nach Ausgestaltung der Parallelvorschriften im jeweiligen Landesrecht – die zuständige oberste Landes- oder Bundesbehörde oder gegebenenfalls die Landes- oder Bundesregierung.

Den Anwendungsbereich dieser höchst praktikablen Vorschrift sehen Rechtsprechung und herrschende Lehre weit und beziehen sämtliche Fälle ein, in denen das Zusammentreffen zweier Planfeststellungen – etwa aufgrund von Verflechtungen oder räumlichen Überschneidungen – einen deutlich gesteigerten Koordinierungsbedarf auslöst.[293] Die Vorschrift soll auch dann zur Anwendung kommen, wenn sich die Standorte oder Trassen nicht überschneiden oder kreuzen.[294] Zunehmend wird

---

[289] Dazu neben der Kommentarliteratur besonders *Kirchberg*, in: Ziekow (Hrsg.), Praxis des Fachplanungsrechts, 2004, Rn. 124ff.; *Knöpfle*, in: FS für Maunz zum 80. Geburtstag, 1981, S. 187ff., sowie *Ronellenfitsch*, in: Ipsen/Rengeling/Mössner/Weber (Hrsg.), Verfassungsrecht im Wandel, 1995, S. 167, 177ff., m.w.N.; *ders.*, VerwArch 88 (1997), 175, 178ff.

[290] Noch auf die alte Rechtslage stellt ab die Darstellung bei *Bidinger*, Personenbeförderungsrecht, §28 PBefG Erl. 5, Stand: Jan. 02, die eine vertragliche Lösung zwischen den Planungsträgern für geboten hält; vgl. zur Rechtslage vor Erlaß des §78 VwVfG auch bereits in der Einleitung S. 20ff. und 24.

[291] *Allesch/Häußler*, in: Obermayer, VwVfG, 3. Aufl. 1999, §78 Rn. 4, 32, 35ff.; *Dürr*, in: Knack, VwVfG, 7. Aufl. 2000, §78 Rn. 3 und 7; *Ule/Laubinger*, Verwaltungsverfahrensrecht, 4. Aufl. 1995, §44 Rn. 3.

[292] *Allesch/Häußler*, in: Obermayer, VwVfG, 3. Aufl. 1999, §78 Rn. 25; *Dürr*, in: Knack, VwVfG, 7. Aufl. 2000, §78 Rn. 19f.; *Kopp/Ramsauer*, VwVfG, 8. Aufl. 2003, §78 Rn. 9; *Ule/Laubinger*, Verwaltungsverfahrensrecht, 4. Aufl. 1995, §44 Rn. 4.

[293] BVerwG, Beschl. v. 28. 11. 1995 – 11 VR 38/95 –, NVwZ 1996, 389, 390f.; Urt. v. 18. 4. 1996 – 11 A 86/95 –, BVerwGE 101, 73, 78f. (Verkehrsanlagen im zentralen Bereich Berlin); *Dürr*, in: Knack, VwVfG, 7. Aufl. 2000, §78 Rn. 11f.; *Ronellenfitsch*, VerwArch 88 (1997), 175, 186; *Kopp/Ramsauer*, VwVfG, 8. Aufl. 2003, §78 Rn. 5; *Ule/Laubinger*, Verwaltungsverfahrensrecht, 4. Aufl. 1995, §44 Rn. 3 (»aus praktischen Gründen«).

[294] BVerwG, Urt. v. 27. 11. 1996 – 11 A 99/95 –, LKV 1997, 213ff.; vgl. dazu *Ronellenfitsch*, Ver-

versucht, §78 auch auf andere Verfahrensarten zu übertragen.[295] Die Kompetenzfrage, so formuliert das Bundesverwaltungsgericht in diesem Zusammenhang in großer Offenheit, dürfe »sich nicht als Schranke für eine in jeder Hinsicht optimale Planung erweisen«.[296] Allerdings besteht keine Notwendigkeit einer »einheitlichen Entscheidung« im Sinne des §78 Abs. 1 VwVfG, wenn planerisch erhebliche Belange des einen Verfahrens im anderen durch Verfahrensbeteiligung und durch Berücksichtigung im Rahmen planerischer Abwägung angemessen erfaßt werden können.[297]

2. Das Beispiel des Bundesfernstraßengesetzes

Die soeben vorgestellten Regelungen des Verwaltungsverfahrensgesetzes gelten nach §72 Abs. 1 VwVfG lediglich subsidiär, soweit sich aus den Fachgesetzen nichts Abweichendes ergibt. Die meisten Sonderregelungen sind mittlerweile gestrichen, vereinzelt finden sich aber weiterhin Besonderheiten, etwa in §87 und §88 FlurBG für das Flurbereinigungsverfahren.[298] Beispielhaft sollen hier die Regelungen des Bundesfernstraßengesetzes und des Wasserstraßengesetzes vorgestellt werden, die vor allem im Hinblick auf die Beteiligung des Bundes – im Falle der Bundeswasserstraßen als Planungsträger, im Falle der Bundesfernstraßen als Auftraggeber und Träger der finanziellen Straßenbaulast – besondere Koordinationsvorschriften aufweisen. Die Planung der Bundesfernstraßen erfolgt – wie bereits ausgeführt – in verschiedenen Stufen.[299] Das Bundesfernstraßengesetz hat für diese Ebenen unterschiedliche Koordinationsregeln aufgestellt.

---

wArch 88 (1997), 175, 183; *Sellmann/Blume*, NVwZ 1999, 250, 252; anders etwa *Knöpfle*, in: FS für Maunz, 1981, S. 187, 195.

[295] Vgl. VGH Mannheim, Urt. v. 14. 2. 2000 – 8 S 2852/99 –, NVwZ 2000, 1188ff., wonach bei der objektiven Notwendigkeit einer einheitlichen Entscheidung §78 VwVfG auch auf Fälle entsprechend anwendbar sein soll, in denen ein Vorhaben, für das ein Planfeststellungsverfahren vorgeschrieben ist, mit einem anderen Vorhaben zusammentrifft, für das ein solches Verfahren – obwohl gesetzlich nicht erforderlich – »zulässigerweise nach dem Willen der zuständigen Behörde stattfinden soll«.

[296] BVerwG, Urt. v. 18. 4. 1996 – 11 A 86/95 –, BVerwGE 101, 73, 79, unter Bezug auf das Urt. v. 26. 5. 1994 – 7 A 21/93 –, NVwZ 1994, 1002, 1003f., das allerdings sehr viel vorsichtiger formuliert.

[297] BVerwG, Beschl. v. 23. 12. 1992 – 4 B 188/92 –, NVwZ 1993, 980ff.; vgl. auch *Bullinger*, Archiv PT 1998, 105, 119 in Fn. 59.

[298] Vgl. dazu *Allesch/Häußler*, in: Obermayer, VwVfG, 3. Aufl. 1999, §78 Rn. 34. Ein anderes Beispiel aus dem Landesrecht ist die formelle Beteiligungsregel in §39 Abs. 2 StrWG SH: »Die Landesplanungsbehörde hat bei überörtlichen Planungen, die die Änderung oder den Bau neuer Straßen zur Folge haben können, unbeschadet weiter gehender Vorschriften rechtzeitig das Benehmen mit den beteiligten Trägern der Straßenbaulast herzustellen. Die Träger der Straßenbaulast haben die Landesplanungsbehörde bei Straßenplanungen zu beteiligen, die für die Landesplanung von Bedeutung werden können.«

[299] Vgl. bereits im ersten Kapitel S. 69ff.

a) Die Regelungen des Bundesfernstraßengesetzes über die Linienbestimmung

Hervorzuheben ist zunächst die formelle Koordinationsregel über »Planungen« in § 16 FStrG, die sich nicht auf die Planfeststellung, sondern auf die vorgelagerte Linienbestimmung des Bundes bezieht, die für die Erstellung der Planfeststellungsunterlagen durch die Länderbehörden den wesentlichen Verlauf der Straßenführung vorgibt. Als verwaltungsinterne vorbereitende Grundentscheidung ist die Linienbestimmung zwar für die nachfolgende Planfeststellung verbindlich, entfaltet jedoch keine unmittelbare Außenwirkung und ist keine Rechtmäßigkeitsvoraussetzung des Planfeststellungsbeschlusses.[300] Bereits für diese Planungsstufe enthält das Fernstraßengesetz formelle und materiell-rechtliche Koordinationsregeln. Gem. § 16 Abs. 1 FStrG bestimmt der Bundesminister für Verkehr die Planung und Linienführung im Benehmen mit den Landesplanungsbehörden der beteiligten Länder. Umgekehrt ist nach § 16 Abs. 3 S. 1 und 2 FStrG die Straßenbaubehörde zu beteiligen, wenn Ortsplanungen oder Landesplanungen die Änderung oder den Bau von Bundesfernstraßen zur Folge haben können, um die entsprechenden Belange bereits in diesem Verfahren zu vertreten.

b) Der Vorrang der Bundesplanung nach § 16 Abs. 3 S. 3 FStrG

Im Hinblick auf eine entsprechende materielle Koordination sieht § 16 Abs. 2 FStrG vor, daß bereits bei der Bestimmung der Linienführung die von dem Vorhaben berührten öffentlichen Belange im Rahmen der Abwägung zu berücksichtigen sind. Neben diesem Verweis auf das Abwägungsgebot legt § 16 Abs. 3 S. 3 FStrG ausdrücklich fest, daß die entsprechenden »Bundesplanungen grundsätzlich Vorrang vor Orts- und Landesplanungen« haben. Die in dieser Form einzigartige und auf den ersten Blick auch eindeutige Regelung, die mit der Bezugnahme auf die Landesplanung in einem wichtigen Punkt über den Regelungsgehalt der Parallelvorschrift in § 13 Abs. 3 WaStrG hinausgeht, erkennt der Fernstraßenplanung einen generellen materiellen Vorrang vor anderen Planungen zu, ohne zwischen den verschiedenen Einkleidungen oder Stadien zu unterscheiden, gilt also für die Linienbestimmung ebenso wie für die Planfeststellung[301]. Der Vorrang der Bundesplanung gilt auch gegenüber den Gemeinden[302], wird jedoch dadurch erheblich abgemindert, daß für Ortsumgehungen nach § 16 Abs. 1 S. 2 FStrG keine Linienbestimmung mehr erfolgt.

[300] Näher BVerwG, Urt. v. 14. 2. 1975 – IV C 21.74 –, BVerwGE 48, 56, 60; Urt. v. 26. 6. 1981 – 4 C 5/78 –, BVerwGE 62, 342ff.; *Kühling/Hermann*, Fachplanungsrecht, 2. Aufl. 2000, Rn. 247ff.; *Rinke*, in: Kodal/Krämer (Hrsg.), Straßenrecht, 6. Aufl. 1999, Kap. 33; *Ronellenfitsch* in Marschall/ Schroeter/ Kastner, § 16 Rn. 6ff.; *Steinberg/Berg/Wickel*, Fachplanung, 3. Aufl. 2000, § 7 Rn. 62ff.; *Stüer*, Handbuch des Bau- und Fachplanungsrechts, 2. Aufl. 1998, Rn. 1653; vgl. zu den mit diesem Institut verbundenen kompetenzrechtlichen Fragen auch im vierten Kapitel S. 259ff., zu den Fragen des Rechtsschutzes im achten Kapitel S. 472.

[301] Vgl. *Schlarmann*, Das Verhältnis der privilegierten Fachplanungen zur kommunalen Bauleitplanung, 1980, S. 50f.; a. A. *Finke*, Die Privilegierung von Fachplanungen nach § 38 BauGB, 2001, S. 9f.

[302] *Lange*, Verkehr und öffentliches Recht, 1974, S. 275.

Einschränkungen des Instituts im Hinblick auf die gemeindliche Planungshoheit[303] dürften sich daher erübrigen. Für andere Fernstraßen haben die Gemeinden jedoch den Vorrang der Bundesplanung im Rahmen ihrer Bauleitplanung zu respektieren; geschieht dies nicht, kann eine durch das Vorhaben hervorgerufene Betroffenheit der Gemeinde keine Rechtsverletzung begründen.[304]

Mit dem in § 16 Abs. 3 S. 3 FStrG angeordneten prinzipiellen Vorrang der fernstraßenrechtlichen Planung vor der Landesplanung behält das Fernstraßengesetz nach der Auslegung des Bundesverwaltungsgerichts der bundesrechtlichen Planung die Entscheidung vor, ob sie sich gegenüber der Landesplanung – und abgemildert durch die Grundsätze des länderfreundlichen Verhaltens – durchsetzen soll oder nicht.[305] Diese – kaum rezipierte und wenig bekannte – Rechtsprechung geht damit über die in der Literatur fast allgemein vertretene Auffassung hinaus, § 16 Abs. 2 S. 3 FStrG begründe – ebenso wie § 13 Abs. 3 WaStrG – keinen absoluten Vorrang der Bundesplanung, sondern stelle als materieller Abwägungsgrundsatz lediglich eine konkretisierungsbedürftige Regelvermutung auf.[306]

Auslegungsbedürftig ist auch der Anwendungsbereich des § 16 Abs. 3 S. 3 FStrG und namentlich der dort gebrauchte Begriff der »Landesplanungen«, der seinem Wortsinn nach auch die Raumordnung auf Landesebene erfaßt. Damit scheint, wie das Bundesverwaltungsgericht ohne weiteres annimmt, § 16 Abs. 3 S. 3 FStrG auch einen Vorrang gegenüber den Zielen der Raumordnung auf Landesebene anzuordnen.[307] Demnach wäre § 16 Abs. 3 S. 3 FStrG als lex specialis zu den §§ 4 und 5 ROG anzusehen, so daß die Länder keine zwingenden Vorgaben gegenüber der fernstraßenrechtlichen Planung festsetzen könnten. Für diese Auslegung spricht neben dem Wortlaut auch die Entstehungsgeschichte des § 16 Abs. 3 S. 3 FStrG, da im Gesetzgebungsverfahren ein Ländervorstoß scheiterte, den Vorrang auf Bundesplanungen zu beschränken, »die mit den Erfordernissen der Raumordnung und Landesplanung abgestimmt sind«.[308] Daraus wäre zu folgern, daß im Bereich der Bundesfernstraßenplanung der Planungsträger sich grundsätzlich auch gegenüber kollidierenden Zielen der Raumordnung durchzusetzen vermag.[309]

---

303 Dafür etwa *Schmaltz*, in: Schrödter (Hrsg.), BauGB, 6. Aufl. 1998, § 38 Rn. 1.

304 BVerwG, Urt. v. 15. 4. 1977 – IV C 100.74 –, BVerwGE 52, 237, 247.

305 BVerwG, Urt. v. 20. 10. 1989 – 4 C 12/87 –, BVerwGE 84, 31, 37f. Daher führe eine Änderung der Landesplanung nicht automatisch zu einer Anpassung der Planungen des Bundes. Dem folgend OVG Lüneburg, Urt. v. 17. 1. 2001 – 7 K 100/98 –, zit. nach Juris (insoweit nicht in DVBl. 2001, 671).

306 *Breuer*, Die hoheitliche raumgestaltende Planung, 1968, S. 41, 201; *Dörries*, Das Verhältnis der Bauleitplanung zur raumbeanspruchenden Fachplanung, 2000, S. 127; *Dürr*, in: Brügelmann (Hrsg.), BauGB, § 38 Rn. 12, Stand: Mai 1990; *Gaentzsch*, WiVerw 1985, 235, 241; *ders.*, in: Schlichter/Stich/Driehaus/Paetow (Hrsg.), Berliner Kommentar zum BauGB, 3. Aufl., § 7 Rn. 15, Stand: Aug. 2002; *Kauch/Roer*, Das Verhältnis von Bauleitplanung und Fachplanung, 1997, S. 116f.; *Milhahn*, Koordinierung der Bauleitplanung mit Planungen nach dem Bundesfernstraßengesetz, 1971, S. 77, m. w. N. Näher dazu im fünften Kapitel S. 347.

307 BVerwG, Urt. v. 20. 10. 1989 – 4 C 12/87 –, BVerwGE 84, 31, 37f.; kritisch dazu *Gruber*, DÖV 1995, 488, 491.

308 *Spannowsky*, UPR 2000, 418, 424f., m. w. N.

309 So i. E. auch *Funke*, Bund-Länder-Abstimmung, 1987, S. 35.

Im Widerspruch zu dieser Auslegung steht allerdings, daß §5 Abs. 1 Nr. 3 ROG unter den »besonderen Bundesmaßnahmen«, für welche die Bindungswirkungen der Ziele der Raumordnung nur unter besonderen Voraussetzungen gelten, auch Planungen und Maßnahmen nach dem Bundesfernstraßengesetz aufführt; solche Planungen können daher nicht bereits von vornherein von jeder Bindung an die Ziele der Raumordnung ausgeschlossen sein. Diese Regelung soll §16 Abs. 3 S. 3 FStrG dahin gehend »modifiziert« haben, daß die im Raumordnungsgesetz vorgesehene strikte Bindung an die Ziele der Raumordnung zum Tragen kommt und der Vorrang der Bundesplanung lediglich gegenüber den – ohnehin nicht bindenden – Grundsätzen und sonstigen Erfordernissen der Raumordnung besteht.[310] Obwohl wenig darauf deutet, daß mit dem Erlaß des BauROG 1998 eine Änderung des §16 Abs. 3 S. 3 FStrG beabsichtigt gewesen sein sollte, wird sich das Verhältnis beider Normen in der Tat nur im Sinne einer Bindung des Bundes an die Ziele der Raumordnung auflösen lassen. Im Rahmen der Aufstellung und Änderung der einschlägigen Ziele muß freilich der prinzipielle Vorrang nach §16 Abs. 3 S. 3 FStrG den Planungsabsichten des Bundes ein erhebliches Gewicht verleihen; Ziele der Raumordnung, die von einer Linienbestimmung des Bundes abweichen, sind daher im Falle eines Widerspruchs des Bundes nach §5 Abs. 3 ROG besonders streng auf die Rechtmäßigkeit ihrer Abwägung zu überprüfen. Im Zusammenspiel mit dem Recht des Bundes, im Falle einer geänderten Planungsabsicht nach §5 Abs. 4 ROG wegen einer »Veränderung der Sachlage« auch noch nachträglich Widerspruch zu erheben[311], dürfte §16 Abs. 3 S. 3 FStrG somit den strikten Geltungsanspruch der Landesraumordnung gegenüber der Bundesfernstraßenplanung doch in nicht unerheblichem Maß relativieren.

c) Die Planungsstufe der Planfeststellung

Für die der Linienbestimmung nachfolgende fernstraßenrechtliche Planfeststellung gelten im wesentlichen die allgemeinen Bestimmungen des Verwaltungsverfahrensgesetzes. Die Vorschriften über die Behördenbeteiligung in §17 Abs. 3a und 3b FStrG weichen inhaltlich nicht von §73 VwVfG ab. Spezielle materielle Koordinationsregeln enthält das Fernstraßengesetz – abgesehen von der bereits behandelten Regelung in §16 Abs. 3 S. 3 FStrG – für diese Planungsstufe nicht.

d) Die Straßenplanung durch planfeststellungsersetzende Bauleitplanung

Nach §17 Abs. 3 S. 1 FStrG ersetzen qualifizierte Bebauungspläne die fernstraßenrechtliche Planfeststellung.[312] Wird eine solche bauleitplanerische Fernstraßenpla-

---

310 *Rinke*, in: Kodal/Krämer (Hrsg.), Straßenrecht, Kap. 32 Rn. 15.6 und Kap. 33 Rn. 20.1; i. E. auch *Forsthoff/Blümel*, Raumordnungsrecht und Fachplanungsrecht, S. 165f.; *Gruber*, DÖV 1995, 488, 491f., mit umfassenden Nachweisen zum Meinungsstand; *Ronellenfitsch* in Marschall/ Schroeter/ Kastner, §16 Rn. 40 und 70; *Spannowsky*, UPR 2000, 418, 425.

311 Vgl. oben S. 87f.

312 Näher zu dem Institut des planfeststellungsersetzenden Bebauungsplans im siebten Kapitel S. 404 und 416.

nung betrieben, so richten sich das Verfahren, die Festsetzungsmöglichkeiten und der mögliche Inhalt des Plans nach den Vorschriften des Baugesetzbuchs. Ebenso gelten im Hinblick auf Entschädigungen die §§40ff. BauGB. Erhöhte Durchsetzungsmöglichkeiten vermittelt die Form des Bebauungsplans dem Vorhaben nicht. Wird eine Ergänzung notwendig oder soll von dem Bebauungsplan abgewichen werden, so ist gem. §17 Abs. 3 S. 2 FStrG insoweit zusätzlich eine Planfeststellung durchzuführen. Mit dieser Regelung hat der Gesetzgeber der Fachplanung, wie noch darzustellen sein wird, ein planerisches Letztentscheidungsrecht vorbehalten.[313] Damit führt die Straßenplanung durch planfeststellungsersetzenden Bebauungsplan zu keiner nennenswerten Kräfteverschiebung zwischen den beteiligten Planungsträgern.

3. Das Beispiel des Wasserstraßengesetzes

Ähnliche Spezialregelungen wie für die Planung der Bundesfernstraßen finden sich auch im Bundeswasserstraßengesetz. Der Ausbau und der Neubau der Bundeswasserstraßen als Verkehrswege sind nach §12 Abs. 1 WaStrG Hoheitsaufgaben des Bundes, so daß die Planfeststellung zum Ausbau oder Neubau von Bundeswasserstraßen eine hoheitliche Planung darstellt.

a) Die Regelungen des Wasserstraßengesetzes über die Linienbestimmung

Ebenso wie das Bundesfernstraßengesetz enthält auch das Wasserstraßengesetz in §13 Abs. 1 Regelungen über eine der Planfeststellung vorgelagerte Linienbestimmung, die das Bundesministerium für Verkehr im Einvernehmen mit der zuständigen Landesbehörde bestimmt. Dabei findet sich in §13 Abs. 3 WaStrG eine §16 Abs. 3 S. 3 FStrG vergleichbare Koordinationsregel, wonach »diese Bundesplanung« – also die Planung und Linienführung der Bundeswasserstraßen – »Vorrang vor der Ortsplanung« hat. Entstehen jedoch der Gemeinde infolge der Durchführung solcher Bundesplanungen Aufwendungen – namentlich durch ein erforderliches Bauleitplanverfahren –, so sind sie ihr vom Träger der Maßnahmen zu ersetzen.

Die herrschende Lehre legt diese auf den ersten Blick weitreichende Regelung – wie sich zeigen wird zu Recht[314] – ähnlich wie §16 Abs. 3 FStrG restriktiv und als bloße Gewichtungsvorgabe aus: Weder soll §13 Abs. 3 WaStrG eine nach §7 BauGB eingetretene Bindung an den Flächennutzungsplan verhindern[315] noch die Wasserstraßenplanung von der Pflicht zur Berücksichtigung der städtebaulichen Aspekte in der planerischen Abwägung entbinden[316]. Da der Wasserstraßenplanung bereits

---

[313] Vgl. im vierten Kapitel S. 245f.

[314] Vgl. im fünften Kapitel S. 347.

[315] *Kühling/Hermann*, Fachplanungsrecht, 2. Aufl. 2000, Rn. 210. Vgl. zu §7 BauGB schon oben S. 104ff.

[316] Vgl. *Gaentzsch*, WiVerw 1985, 235, 241; *Schmaltz*, in: Schrödter (Hrsg.), BauGB, 6. Aufl. 1998, §38 Rn. 27.

nach der in § 38 BauGB normierten Privilegierung überörtlicher Planfeststellungen ein Vorrang vor dem Bebauungsplan zukommt, läuft § 13 Abs. 3 WaStrG damit weitgehend leer.[317] Eine eigenständige Bedeutung käme der Regelung dann zu, wenn man sie auf das Verhältnis zur Gesamtplanung insgesamt ausdehnen wollte. Anders als in § 16 FStrG stehen dem jedoch der enge Wortlaut »Vorrang vor der Ortsplanung« sowie eine ausdrückliche Raumordnungsklausel in § 13 Abs. 2 WaStrG entgegen, wonach bei der Planung und Linienführung die Erfordernisse der Raumordnung und der Landesplanung zu beachten sind. Die Bindung der Linienführung einer Bundeswasserstraße an die Ziele der Raumordnung der Länder steht damit außer Frage, zumal § 5 Abs. 1 Nr. 3 ROG unter den »besonderen Bundesmaßnahmen«, für die im Grundsatz eine solche Bindung besteht, auch Planungen und Maßnahmen nach dem Bundeswasserstraßengesetz aufführt[318] und § 13 Abs. 1 S. 1 WaStrG die Linienführung der Bundeswasserstraßen ohnehin an das Einvernehmen mit der zuständigen Landesbehörde bindet. Will man § 13 Abs. 3 WaStrG gegenüber § 38 BauGB überhaupt eine eigenständige Bedeutung zusprechen, wird man ihn wie bereits § 16 Abs. 3 S. 3 FStrG erneut als Abwägungsdirektive aufzufassen haben, die den Belangen der Bundesplanung besonderes Gewicht verleiht.[319]

b) Die Planungsstufe der Planfeststellung

Was die formelle Koordination mit anderen hoheitlichen Planungen im Rahmen der Planfeststellung betrifft, erklärt § 17 WaStrG für das Anhörungsverfahren und damit auch für die Beteiligung der Träger öffentlicher Belange die allgemeine Regelung des § 73 VwVfG mit einer Reihe kleinerer Modifikationen und Maßgaben für anwendbar. Insoweit folgt das Wasserstraßengesetz den allgemeinen Grundsätzen des Verwaltungsverfahrensgesetzes.[320]

c) Weitere Koordinationsregeln

Weitere Koordinationsregeln enthält das Wasserstraßengesetz in § 4, wonach bei der Verwaltung, dem Ausbau und dem Neubau von Bundeswasserstraßen die Bedürfnisse der Landeskultur und der Wasserwirtschaft im Einvernehmen mit den Ländern zu wahren sind. Diese Vorgabe entspricht der Regelung in Art. 89 Abs. 3 GG, die ihrerseits in nahezu wortgleicher Form bereits in Art. 97 Abs. 3 WRV enthalten

---

[317] Vgl. *Friesecke*, WaStrG, 4. Aufl. 1999, § 13 Rn. 16 und § 14 Rn. 3 und 46, sowie *Schmaltz*, in: Schrödter (Hrsg.), BauGB, 6. Aufl. 1998, § 38 Rn. 1; anders – noch aufgrund der alten Fassung des § 38 BauGB – *Dürr*, in: Brügelmann (Hrsg.), BauGB, § 38 Rn. 48, Stand: Mai 1990, der die Vorschrift für unanwendbar hält.

[318] Vgl. nur *Ernst*, DVBl. 1982, 495, 496; *Funke*, Bund-Länder-Abstimmung, 1987, S. 39f., mit der zutreffenden Einschränkung, daß die Gesamtplanung ihre kompetentiellen Grenzen beachten muß; *Lange*, Verkehr und öffentliches Recht, 1974, S. 284; *Spannowsky*, UPR 2000, 418, 427; vgl. weiter die Ausführungen und Nachweise bei *Gruber*, DÖV 1995, 488, 492 in Fn. 36.

[319] Vgl. zu § 16 Abs. 3 S. 3 FStrG bereits oben S. 128ff.

[320] Zu diesen oben S. 119ff.

war.[321] Die Vorschrift wird als »verfahrensrechtliches Rücksichtnahmegebot« verstanden[322], hat jedoch ihrem Wortlaut nach auch materiellen Gehalt und stellt letztlich eine Ausprägung der Bundestreuepflicht dar[323]. Das im Hinblick auf die Beeinträchtigung der Bedürfnisse der »Landeskultur« – dieser Begriff umfaßt die land- und forstwirtschaftliche Nutzung der Landschaft[324] – und der Wasserwirtschaft bestehende *Einvernehmenserfordernis* verleiht den Ländern insoweit gegenüber der Bundesplanung ein faktisches Vetorecht[325], das sich jedoch allein auf die genannten Belange und nicht etwa auf eine abweichende verkehrspolitische Bewertung des Vorhabens o.ä. stützen kann.[326] Eine darüber hinausgehende materielle Überprüfung der Einwände des betroffenen Landes – gegebenenfalls am Maßstab des Abwägungsgebots – soll allerdings nicht in Betracht kommen.[327]

Weitere materielle Koordinationsregeln finden sich in den Verordnungen des Bundes über das Befahren der Bundeswasserstraßen in Nationalparks, in denen der Verkehr im Hinblick auf den Schutzzweck beschränkt oder untersagt werden kann.[328] Die zugrundeliegende Verordnungsermächtigung in § 5 S. 3 WaStrG eröffnet der Bundesregierung die Möglichkeit, für diesen Fall des Zusammentreffens einer Naturschutz- und einer Infrastrukturplanung einen Ausgleich zwischen den Belangen der Ökologie und des Verkehrs zu finden. Auch für den Erlaß dieser Verordnungen gilt das planerische Abwägungsgebot.[329]

---

[321] Näher dazu im nachfolgenden dritten Kapitel S. 162f.

[322] So eher beiläufig BVerfG, Beschl. v. 11. 4. 1967 – 2 BvG 1/62 –, BVerfGE 21, 312, 320; *Hermes*, in: Dreier (Hrsg.), GG, Bd. III, 2000, Art. 89 Rn. 24; *Ibler*, in: v. Mangoldt/Klein/Starck (Hrsg.), GG, Bd. 3, 4. Aufl. 2001, Art. 89 Rn. 74; *Schmidt-Bleibtreu*, in: ders./Klein, GG, 9. Aufl. 1999, Art. 89 Rn. 8.

[323] *Bull*, in: AK-GG, 3. Aufl., Art. 89 Rn. 16, Stand: GW 2001; *Dittmann*, Die Bundesverwaltung, 1983, S. 187; *Friesecke*, NuR 2000, 81, 82.

[324] BVerwG, Urt. v. 17. 4. 2002 – 9 A 24/01 –, NVwZ 2002, 1239, 1240f., in Anknüpfung an die an in Art. 89 Abs. 3 GG getroffene Kompetenzabgrenzung zwischen Bund und Ländern; *Friesecke*, NuR 2000, 81ff.; weiter, auch Denkmal- und Naturschutz einschließend hingegen *Zeitler*, in: Sieder/Zeitler/Dahme/Knopp (Hrsg.), WHG, § 31 WHG Rn. 448, Stand: Juli 2000, beide m.w.N.

[325] *Hermes*, in: Dreier (Hrsg.), GG, Bd. III, 2000, Art. 89 Rn. 25; vgl. allgemein zur Figur des Einvernehmens statt vieler *Sachs*, in: Stelkens/Bonk/Sachs, VwVfG, 6. Aufl. 2001, § 44 Rn. 185; für die Raumplanung besonders *Braese*, Das Gegenstromverfahren in der Raumordnung, 1982, S. 102.

[326] BVerwG, Urt. v. 17. 4. 2002 – 9 A 24/01 –, NVwZ 2002, 1239, 1240, 1241; *Friesecke*, WaStrG, 4. Aufl. 1999, Art. 13 Rn. 10; *Ibler*, in: v. Mangoldt/Klein/Starck (Hrsg.), GG, Bd. 3, 4. Aufl. 2001, Art. 89 Rn. 80; *Maunz*, in: Maunz/Dürig u.a., GG, Art. 89 Rn. 66, Stand: 1962; *Sachs*, in: ders., GG, 3. Aufl. 2003, Art. 89 Rn. 35.

[327] Vgl. *Ibler*, in: v. Mangoldt/Klein/Starck (Hrsg.), GG, Bd. 3, 4. Aufl. 2001, Art. 89 Rn. 84, sowie im achten Kapitel S. 503ff.

[328] Vgl. die Verordnung über das Befahren der Bundeswasserstraßen in bestimmten Naturschutzgebieten – Naturschutzgebietsbefahrensverordnung v. 8. 12. 1987, BGBl. I 1987, 2538ff.; Verordnung über das Befahren der Bundeswasserstraßen in dem Naturschutzgebiet »Dassower See, Inseln Buchhorst und Graswerder (Plönswerder)« v. 9. 10. 1991, BGBl. I 1991, 1974ff.; Verordnung über das Befahren der Bundeswasserstraßen in Nationalparken im Bereich der Nordsee v. 12. 2. 1992, BGBl. I 1992, 242ff.; Verordnung über das Befahren der Bundeswasserstraßen in Nationalparken und Naturschutzgebieten im Bereich der Küste von Mecklenburg-Vorpommern v. 24. 6. 1997, BGBl. I 1997, 1542ff. Vgl. zum Geltungsgrund dieser Regelungen nachfolgend im dritten Kapitel S. 167f.

[329] *Friesecke*, WaStrG, 4. Aufl. 1999, § 5 Rn. 13, m.w.N. zur Rspr.

Die beispielhaft vorgestellten Koordinations- und Kollisionsregeln des Bundesfernstraßengesetzes sowie des Wasserstraßengesetzes zeichnen sich durch eine ganze Reihe von zwar detaillierten, aber eher punktuellen Vorgaben für das Verhältnis zu konkurrierenden Planungen aus. Sie lassen jedoch keinen einheitlichen Systemgedanken erkennen und werfen zudem vor allem in den Vorrangregelungen in § 16 Abs. 3 S. 3 FStrG und § 13 Abs. 3 WaStrG schwierige Auslegungsfragen auf. Bei einigen Regelungen drängt sich der Eindruck auf, daß es sich um »Relikte« aus der Zeit vor der Vereinheitlichung des Instituts der Planfeststellung in den Verwaltungsverfahrensgesetzen des Bundes und der Länder handelt.

4. Nutzungsregelungen am Beispiel des Bundesnaturschutzgesetzes

Als zweite Untergruppe der Fachplanungen haben neben den Planfeststellungsverfahren außenverbindliche Nutzungsregelungen für bestimmte Gebiete die größte Bedeutung. Angesichts der Vielfalt dieser meist landesrechtlich geregelten Planungsarten soll hier exemplarisch der wohl bekannteste und praktisch bei weitem bedeutsamste Anwendungsfall vorgestellt werden, die Gebietsausweisungen nach dem Bundesnaturschutzgesetz und den konkretisierenden Bestimmungen der Landesnaturschutzgesetze, die andere Planungen regelmäßig stark einschränken. Auch im Naturschutzrecht lassen sich formelle und materielle Koordinationsregeln unterscheiden, während der Aspekt der planerischen Koordination in den übrigen nutzungsbezogenen Fachplanungsgesetzen oft nur lückenhaft normiert ist.[330]

a) Formelle Koordinationsregeln bei Nutzungsregelungen

Mit § 6 BNatSchG findet sich zunächst eine allgemeine Regel für die formelle Koordination naturschutzrechtlicher und anderer Raumplanungen.[331] Nach § 6 Abs. 2 S. 2 haben sämtliche Behörden und öffentliche Stellen die Naturschutzbehörden »bereits bei der Vorbereitung aller öffentlichen Planungen und Maßnahmen, die die Belange des Naturschutzes und der Landschaftspflege berühren können, zu unterrichten und anzuhören«, soweit nicht eine weiter gehende Form der Beteiligung vorgeschrieben ist. Diese Vorschrift ist nach § 11 S. 1 unmittelbar geltendes Recht. Ihr liegt ein weiter Planungsbegriff zugrunde[332], der Raumplanungen jeder Art erfaßt. Für die entsprechenden Planverfahren stellt § 6 BNatSchG somit eine subsidiäre formelle Koordinationspflicht auf. Reziprok verpflichtet § 6 Abs. 3 S. 2 BNatSchG

[330] Näher *Dörries*, Das Verhältnis der Bauleitplanung zur raumbeanspruchenden Fachplanung, 2000, S. 86ff.

[331] Zu den durch diese Regelung begründeten gesteigerten Kooperationspflichten *Gassner*, in: ders./Bendomir-Kahlo/Schmidt-Räntsch, BNatSchG, 2. Aufl. 2003, § 6 Rn. 13ff., 22ff.; *Lorz*, Naturschutzrecht, 1984, § 3 BNatSchG Erl. 3; *ders./Müller/Stöckel*, BNatSchG, 2. Aufl. 2003, § 6 Rn. 5; *Marzik/Wilrich*, BNatSchG, 2004, § 6 Rn. 22ff.; vgl. auch BVerwG, Urt. v. 12. 2. 1988 – 4 NB 4/88 –, Buchholz 310 § 47 VwGO Nr. 22.

[332] Vgl. nur *Louis*, BNatSchG, Bd. 1, 2. Aufl. 2000, § 3 Rn. 14.

jedoch die Naturschutzbehörden zur entsprechenden Beteiligung solcher Behörden, deren Aufgabenbereich durch Planungen des Naturschutzes und der Landschaftspflege berührt werden kann. Dies ist etwa bei der Landschaftsplanung, der Ausweisung von Schutzgebieten oder der Meldung von FFH-Gebieten der Fall.[333] Die landesrechtlichen Regelungen über die Beteiligung von Behörden, Gemeinden und sonstigen Trägern öffentlicher Belange bei der Landschaftsplanung etwa[334] sind Ausprägungen dieses Grundsatzes. Eine Sonderregelung findet sich in §22 Abs. 4 S. 2 BNatSchG, wonach die Erklärung eines Gebietes zum Nationalpark im Benehmen mit den Bundesministerien für Umwelt und für Raumordnung ergeht.

b) *Materielle Koordinationsregeln*

Während das Bundesnaturschutzgesetz in §15 Abs. 2 und §16 Abs. 1 und 2 für die Landschaftsplanung auch materielle Koordinationsregeln aufstellt, bildet für den praktisch bedeutsameren besonderen Flächenschutz, den das Bundesnaturschutzgesetz durch die unmittelbar außenwirksame Ausweisung von Schutzgebieten ermöglicht[335], das allgemeine planerische Abwägungsgebot die wichtigste materielle Koordinationsregel.[336] Spezielle planerische Koordinationsregeln finden sich hingegen nur für einige eng begrenzte Anwendungsfelder: Für Bundesplanungen enthält §20 Abs. 3 BNatSchG eine funktional §38 BauGB vergleichbare Privilegierung, wonach allein die fachlich zuständige Behörde des Bundes über solche Eingriffe in Natur und Landschaft entscheidet, denen Entscheidungen von Behörden des Bundes vorausgehen oder die von Behörden des Bundes durchgeführt werden. Nach der Rechtsprechung des Bundesverwaltungsgerichts ordnet diese Vorschrift im Hinblick auf Eingriffe in Natur und Landschaft das Verhältnis von Bundes- und Landesbehörden abschließend, so daß den Ländern insoweit kein Mandat zu einem eigenständigen Vollzug des von ihnen gesetzten Naturschutzrechtes verbleibt.[337] Freilich handelt es sich hier nur um die Anwendung der Eingriffsregelung, nicht um die Anwendung oder den Vollzug der naturschutzrechtlichen Pläne. Eine thematisch verknüpfte Bestimmung stellt die auf §6 RNatSchG zurückgehende[338] Übergangsvorschrift in §63 BNatSchG dar, wonach Naturschutz und Landschaftspflege die bestimmungsgemäße Nutzung von Flächen gewährleisten müssen, die bei Inkrafttreten des Gesetzes bestimmten öffentlichen Zwecken – wie der Landesverteidigung, dem öffentlichen Verkehr – dienen oder in einem verbindlichen Plan für solche Zwecke

---

[333] *Louis*, BNatSchG, Bd. 1, 2. Aufl. 2000, §3 Rn. 20; vgl. zur Meldung von FFH-Gebieten auch im neunten Kapitel S. 531ff.

[334] Vgl. dazu *Dörries*, Das Verhältnis der Bauleitplanung zur raumbeanspruchenden Fachplanung, 2000, S. 88.

[335] Vgl. nur *Kloepfer*, Umweltrecht, 2. Aufl. 1998, §11 Rn. 57ff.; *Soell*, NuR 1993, 301ff., sowie im ersten Kapitel S. 63ff.

[336] Näher dazu im fünften Kapitel S. 279ff.

[337] BVerwG, Urt. v. 14.4. 1989 – 4 C 31/88 –, NuR 1990, 404; vgl. zu den damit aufgeworfenen Rechtsschutzfragen im achten Kapitel S. 503ff.

[338] Dazu besonders *Breuer*, Die hoheitliche raumgestaltende Planung, 1968, S. 177.

ausgewiesen sind. Die Vorschrift schützt solche Flächen vor naturschutzrechtlicher Überplanung und stellt eine enge Teilprivilegierung der öffentlichen Verwaltung im Bereich des Naturschutzrechts dar.[339]

c) Schutzgebiete europäischer Bedeutung

Detaillierte formelle und materielle Koordinationsregeln enthält das Bundesnaturschutzgesetz für eine besondere Gruppe von Plankonflikten, nämlich für das Zusammentreffen räumlicher Planungen und Vorhaben mit den Gebietsausweisungen für das europäische Schutzgebietssystem »Natura 2000«. Diese durch die Vogelschutzrichtlinie[340] und die Flora-Fauna-Habitat-Richtlinie[341] im wesentlichen europarechtlich vorgegebenen Nutzungsregelungen für bestimmte naturräumliche Flächen stellen die insgesamt wohl bedeutendste gemeinschaftsrechtlich initiierte Fachplanung dar.[342]

Nach §34 Abs. 1 S. 1 BNatSchG sind »Projekte« – also auch projektbezogene Zulassungen wie Planfeststellungen – vor ihrer Zulassung oder Durchführung auf ihre Verträglichkeit mit den Erhaltungszielen eines Gebiets von gemeinschaftlicher Bedeutung zu überprüfen. Diese Pflicht besteht nach §35 BNatSchG auch für Linienbestimmungen und sonstige »Pläne«, mithin für alle Planungsakte, die Grund und Boden in Anspruch nehmen oder die – wie Raumordnungspläne – die räumliche Entwicklung eines Gebietes lenken und in der Lage sind, konkrete Standorte für Projekte festzulegen oder zumindest nachfolgende Verfahren zu beeinflussen.[343] Die Prüfungspflicht setzt bereits ein, wenn nur die ernsthafte Möglichkeit besteht, daß der Plan oder das Projekt zu einer erheblichen Gebietsbeeinträchtigung führen könnte.[344] Ergibt die Prüfung der Verträglichkeit, daß Beeinträchtigungen eines solchen Gebiets nicht ausgeschlossen werden können, so ist der Plan oder das Projekt nach §34 Abs. 2 BNatSchG unzulässig. Ausnahmen sind nach §34 Abs. 3 und 4 BNatSchG nur möglich, wenn das Vorhaben aus zwingenden Gründen des überwiegenden öffentlichen Interesses notwendig ist, zumutbare Alternativen, den mit dem Projekt verfolgten Zweck an anderer Stelle ohne oder mit geringeren Beeinträchti-

---

339 Vgl. *Lorz*, Naturschutzrecht, 1984, §38 BNatSchG Erl. 1; die Bedeutung der Bestimmung relativierend *ders./Müller/Stöckel*, BNatSchG, 2. Aufl. 2003, §63 Rn. 1ff.; *Marzik/Wilrich*, BNatSchG, 2004, §6 Rn. 1ff.

340 Richtlinie 79/409/EWG des Rates über die Erhaltung der wildlebenden Vogelarten v. 2.4. 1979, Abl.EG 1979 L 103 S. 1.

341 Richtlinie 92/43/EWG des Rates zur Erhaltung der natürlichen Lebensräume sowie der wildlebenden Tiere und Pflanzen (FFH-Richtlinie) v. 21.5.1992, ABl.EG L 206, S. 7.

342 Näher dazu im neunten Kapitel S. 524ff.

343 Vgl. *Freytag/Iven*, NuR 1995, 109, 112; *Gellermann*, NuR 1996, 548, 551, m.w.N.; *Iven*, NuR 1996, 373, 378; *Louis*, BNatSchG, Bd. 1, 2. Aufl. 2000, §19d Rn. 5; noch weiter *Freiburg*, Die Erhaltung der biologischen Vielfalt, 1998, S. 119f.; zu älteren engeren Gesetzentwürfen der Bundesregierung *Rödiger-Vorwerk*, Die Fauna-Flora-Habitat-Richtlinie, 1998, S. 180f.

344 Näher *Durner*, in: Ziekow (Hrsg.), Praxis des Fachplanungsrechts, 2004, Rn. 792ff.; *Erbguth/Stollmann*, DVBl. 1997, 453, 457; *Frenz*, Europäisches Umweltrecht 1997, S. 130; *Müller-Terpitz*, NVwZ 1999, 26, 28; *Rödiger-Vorwerk*, Die Fauna-Flora-Habitat-Richtlinie, 1998, S. 117.

gungen zu erreichen, nicht gegeben sind und – im Falle der Betroffenheit sog. prioritärer Biotope oder Arten – eine Stellungnahme der EG-Kommission eingeholt wurde. In diesem Fall bestehen zudem Kompensationspflichten nach §34 Abs. 5 BNatSchG.[345]

All diese Regelungen verleihen den Schutzgebietsausweisungen für Natura 2000 ein ganz erhebliches Gewicht und Durchsetzungsvermögen gegenüber anderen Raumnutzungsansprüchen. Mit der FFH-Verträglichkeitsprüfung liegt damit eine detaillierte, allerdings gemeinschaftsrechtlich vorgegebene Koordinationsregel für das Verhältnis von Nutzungsregelungen über Gebiete von gemeinschaftlicher Bedeutung zu anderen raumbeanspruchenden Planungen vor, die in auffälligem Kontrast zu den ansonsten eher fragmentarischen Vorgaben des Naturschutzrechts steht.

5. Sonstige Fachplanungen am Beispiel der Abfallwirtschaftsplanung

Neben Planfeststellungen und Nutzungsregelungen erfaßt der Oberbegriff der »Fachplanung« noch weitere sektorale »sonstige Fachplanungen«.[346] Diese sonstigen Fachplanungen stellen kein umfassendes verbindliches Nutzungsregime für ein bestimmtes Gebiet auf, beinhalten auch nicht die Zulassung von Vorhaben, zielen aber gleichwohl auf eine Gliederung des Raumes und formulieren hierzu bestimmte planerische Raumnutzungsansprüche. Ein bereits mehrfach erwähntes Beispiel bietet die im Kreislaufwirtschafts- und Abfallgesetz vorgesehene Abfallwirtschaftsplanung[347], die in Teilbereichen – vor allem im Hinblick auf die Festlegung von Standorten für Abfallentsorgungsanlagen – durchaus konkrete Raumnutzungsansprüche formuliert: Gem. §29 Abs. 1 KrW-/AbfG stellen die Länder für ihren Bereich nach überörtlichen Gesichtspunkten Abfallwirtschaftspläne auf, die Ziele der Abfallvermeidung und -verwertung sowie die zur Sicherung der Inlandsbeseitigung erforderlichen Abfallbeseitigungsanlagen darstellen und geeignete Flächen für Endablagerungsdeponien und sonstige Abfallbeseitigungsanlagen ausweisen. Vor allem die letztgenannte Ausweisung geeigneter Flächen kann gem. §29 Abs. 4 KrW-/AbfG für verbindlich erklärt werden und stellt dann eine außenwirksame, gegenüber anderen Planungsträgern verbindliche planerische Festsetzung dar.[348] Auch wenn eine solche Flächenausweisung gem. §29 Abs. 3 S. 2 KrW-/AbfG in sich selbst kein umfassendes Nutzungsregime und auch keine Voraussetzung für die Planfeststellung oder Genehmigung von Abfallbeseitigungsanlagen darstellt, bilden die Abfall-

---

[345] Näher zu alledem etwa *Durner*, in: Ziekow (Hrsg.), Praxis des Fachplanungsrechts, 2004, Rn. 800ff.; *Louis*, BNatSchG, Bd. 1, 2. Aufl. 2000, §19c Rn. 13ff.

[346] Vgl. zu dem dieser Studie zugrundeliegenden Fachplanungsbegriff bereits im ersten Kapitel S. 34ff.

[347] Vgl. dazu (bzw. zu der früheren Abfallentsorgungsplanung) *Bryde*, NVwZ 1991, 1152ff.; *Dammert*, Abfallentsorgungsplanung, 1991; *Erbguth*, Abfallwirtschaftsplanung, 1997; *Hoppe/Beckmann/Kauch*, Umweltrecht, 2. Aufl. 2000, §30 Rn. 157ff.; *Kloepfer*, Umweltrecht, 2. Aufl. 1998, §18 Rn. 154ff.

[348] Vgl. *Kloepfer*, Umweltrecht, 2. Aufl. 1998, §18 Rn. 158, 160.

wirtschaftspläne als »vorbereitende Fachpläne«[349] eine wichtige planerische Vorstufe, die Bindungen für nachgeordnete Planungen und Zulassungen entfaltet.[350]

a) Formelle Koordinationsregeln

Für das Verfahren zur Aufstellung der Abfallwirtschaftspläne sieht das Bundesrecht in §29 Abs.7 KrW-/AbfG lediglich vor, daß Gemeinden, Gemeindezusammenschlüsse und die Entsorgungsträger zu beteiligen sind[351], überläßt jedoch die weiteren Einzelheiten über das Verfahren zur Aufstellung der Pläne und zu deren Verbindlicherklärung in §29 Abs. 8 KrW-/AbfG dem Landesrecht. Abgesehen von der bundesrechtlich zwingend vorgesehenen formellen Abstimmung mit den Trägern der Bauleitplanung, bleibt die formelle Koordination mit anderen Raumplanungen somit dem Landesgesetzgeber vorbehalten.[352]

Das Landesabfallgesetz Baden-Württemberg[353], das hier als Beispiel einer Umsetzungsregelung vorgestellt werden soll, enthält eine konkretisierende Regelung über Abfallwirtschaftspläne, die nach §10 Abs. 1 LAbfG BW von der obersten Abfallrechtsbehörde aufzustellen sind und nach §10 Abs. 3 LAbfG BW durch Rechtsverordnung für verbindlich erklärt werden können. Dabei sieht das Landesabfallgesetz eine umfassende Behördenbeteiligung vor und gewährleistet damit eine angemessene formelle Koordination der Abfallwirtschaftsplanung mit anderen Raumplanungen: Nach §10 Abs. 2 LAbfG BW sind an der Aufstellung der Abfallwirtschaftspläne zahlreiche Träger öffentlicher Belange zu beteiligen, soweit deren Aufgaben berührt sein können, darunter die Entsorgungsträger, die Gemeinden, die übrigen Träger der Bauleitplanung und die Landkreise, die Regionalverbände, allgemein die fachlich berührten Behörden sowie nach den Grundsätzen der Gegenseitigkeit und Gleichwertigkeit die Nachbarstaaten. Hinzu tritt die Regelung in §6 b Nr. 1 LAbfG BW, wonach Entscheidungen der obersten Abfallrechtsbehörde zu Abfallwirtschaftsplänen im Benehmen mit den Regionalverbänden zu treffen sind, soweit sie erhebliche Bedeutung für die Region haben. Mit diesen umfassenden Beteiligungspflichten entspricht das württembergische Abfallrecht somit dem allgemeinen Modell einer umfassenden Behördenbeteiligung, wie es sich in §4 BauGB oder in §73 VwVfG findet[354].

---

[349] So die Formulierung in BVerwG, Beschl. v. 14.5. 1996 – 7 NB 3/95 –, BVerwGE 101, 166, 169.

[350] Näher *Erbguth*, Die Abfallwirtschaftsplanung, 1997, S. 32ff.; *Frenz*, KrW-/AbfG, 3. Aufl. 2002, §29 Rn. 4ff.; *Hoppe/Beckmann/Kauch*, Umweltrecht, 2. Aufl. 2000, §30 Rn. 159f.; *Kloepfer*, Umweltrecht, 2. Aufl. 1998, §18 Rn. 159f.; *Paetow*, in: Kunig/Paetow/Versteyl, KrW-/AbfG, 1998, §29 Rn. 15ff.; *Schink*, DVBl. 1994, 245, 246ff.; *Steinberg/Berg/Wickel*, Fachplanung, 3. Aufl. 2000, §7 Rn. 80ff., 86ff.

[351] Vgl. *Erbguth*, Die Abfallwirtschaftsplanung, 1997, S. 73ff.; *Frenz*, KrW-/AbfG, 3. Aufl. 2002, §29 Rn. 36ff., 40.

[352] Vgl. dazu *Steinberg/Berg/Wickel*, Fachplanung, 3. Aufl. 2000, §7 Rn. 83.

[353] Gesetz über die Vermeidung und Entsorgung von Abfällen und die Behandlung von Altlasten in Baden-Württemberg (Landesabfallgesetz) i.d.F. v. 15.10. 1996, GBl. S. 617ff., zuletzt geändert durch Gesetz v. 14.3. 2001, GBl. S. 185.

[354] Vgl. bereits oben S. 95ff. und 120f.

Ähnlich regelt die formelle Koordination auch das niedersächsische Abfallgesetz[355], das in §21 Abs.4 bei der Aufstellung oder wesentlichen Änderung von Abfallwirtschaftsplänen eine Beteiligung der Entsorgungsträger, der anerkannten Naturschutzverbände sowie aller Behörden und Stellen vorsieht, »die als Träger öffentlicher Belange von der Planung berührt werden können«, also insbesondere die Gemeinden. Für diese Beteiligung sind eine Übersendung der Planentwürfe an die beteiligten Stellen sowie ein förmliches Auslegungs- und Anhörungsverfahren mit Einwendungsmöglichkeiten und einem Erörterungstermin vorgesehen. Das Landesabfallwirtschafts- und Altlastengesetz Rheinland-Pfalz[356] sieht in §11 Abs.1 S.1 lediglich vor, daß der Abfallwirtschaftsplan für das Land »nach überörtlichen Gesichtspunkten im Benehmen mit den Entsorgungsträgern und den Standortgemeinden« aufgestellt wird. Soweit allerdings Raumordnungsverfahren erforderlich sind, sollen sie nach §11 Abs.1 S.4 vor Aufnahme der Abfallbeseitigungsanlage in den Abfallwirtschaftsplan durchgeführt werden, so daß insoweit eine angemessene Beteiligung anderer Planungsträger sichergestellt ist. Andere Akzente setzt schließlich das Abfallgesetz Nordrhein-Westfalen[357], das in §17 Abs.1 LAbfG NW vorsieht, daß der Abfallwirtschaftsplan von der oberen Abfallwirtschaftsbehörde im Benehmen mit dem Bezirksplanungsrat aufgestellt und bekanntgegeben wird. Bei der Aufstellung sind lediglich die betroffenen Kommunen sowie Abfallentsorgungsverbände zu beteiligen. Andere »Körperschaften des öffentlichen Rechts«, deren Belange von den Plänen berührt werden, sollen nach §17 Abs.1 S.4 LAbfG NW vor Aufstellung der Abfallwirtschaftspläne gehört werden; bei dieser Vorschrift wird eine weite Auslegung erforderlich sein, um eine Beteiligung aller betroffenen Planungsträger zu gewährleisten.[358] Dabei ist »ein Ausgleich der Interessen anzustreben«. Mit der letztgenannten Regelung wird die materielle Bedeutung der Beteiligungspflichten unterstrichen, die die vorgebrachten Belange namentlich über das auch für die Abfallwirtschaftsplanung geltende Abwägungsgebot[359] erhalten.

b) Materielle Koordinationsregeln

Das im Kreislaufwirtschafts- und Abfallgesetz nicht ausdrücklich geregelte planerische Abwägungsgebot bildet auch im Bereich der Abfallwirtschaftsplanung die wohl wichtigste Koordinationsregel für das Verhältnis zu anderen Raumplanungen. Daneben findet sich jedoch auch eine Reihe ausdrücklicher materiell-rechtlicher Koordinationsregeln. Für das Verhältnis zur überörtlichen Gesamtplanung enthält

355 Nds. Abfallgesetz v. 14.10. 1994, zuletzt geändert durch Art. 2 d. Gesetzes v. 19.2. 1999, Nds. GVBl., 4.

356 Landesabfallwirtschafts- und Altlastengesetz Rheinland-Pfalz v. 2.4. 1998, GVBl. RP, 97.

357 Abfallgesetz für das Land Nordrhein-Westfalen (Landesabfallgesetz) v. 21.6. 1988, GV. NW. S.250.

358 Vgl. auch *Steinberg/Berg/Wickel*, Fachplanung, 3. Aufl. 2000, §7 Rn. 84.

359 Vgl. zur Geltung des Abwägungsgebots für die Abfallwirtschaftsplanung im fünften Kapitel S.285f.

§29 Abs. 5 S. 1 KrW-/AbfG zunächst eine inhaltlich §4 Abs. 1 S. 1 ROG entsprechende Raumordnungsklausel, wonach bei der Abfallwirtschaftsplanung die Ziele der Raumordnung zu beachten und die Grundsätze und sonstigen Erfordernisse der Raumordnung zu berücksichtigen sind. Bereits die enger gefaßte Vorgängerregelung wurde im Lichte des §4 ROG in diesem Sinne ausgelegt.[360] Das erwähnte Landesabfallgesetz Baden-Württemberg bleibt daher hinter den bundesrechtlichen Vorgaben zurück, wenn nach §10 Abs. 1 LAbfG BW Abfallwirtschaftspläne lediglich unter »Berücksichtigung« der Ziele und Erfordernisse der Raumordnung und Landesplanung aufgestellt werden sollen. Diese einschränkende Regelung ist im Lichte des Bundesrechts so zu verstehen, daß im Hinblick auf Ziele der Raumordnung eine strikte Bindung besteht, wie dies z.B. in §16 Abs. 3 LAbfG NW ausdrücklich vorgeschrieben ist.

Eine weitere Abstimmungsregelung bildet §29 Abs. 6 KrW-/AbfG, wonach die Länder ihre Abfallwirtschaftsplanungen aufeinander und untereinander abstimmen sollen.[361] Im wesentlichen handelt es sich hier um eine Konkretisierung der allgemeinen Abstimmungspflicht in §14 ROG. Im Landesrecht finden sich weitere materiell-rechtliche Koordinationsregeln. Nach §17 Abs. 2 LAbfG NW sind auch Abfallentsorgungspläne benachbarter Regierungsbezirke untereinander abzustimmen. Kommt eine Einigung nicht zustande, entscheidet die oberste Abfallwirtschaftsbehörde. Insgesamt geben jedoch auch die materiellen Koordinationsregeln für die Abfallwirtschaftsplanung ein uneinheitliches, bisweilen fragmentarisches Bild.

V. Zur Typologie der raumplanerischen Koordinationsregeln

Der – noch keineswegs abschließende – Überblick über die Koordinationsvorschriften des einfachen Rechts läßt bei den formellen Koordinationsregeln durchaus gewisse gemeinsame Grundstrukturen erkennen. Versucht man die vorgestellten Regelungen zu systematisieren, so bietet es sich neben der bereits erwähnten kategorialen Unterscheidung von formellen und materiell-rechtlichen Koordinationsregeln sowie Koordinations-Durchsetzungsregelungen an, die materiellen Vorgaben nach den unterschiedlichen Formen der Bindung und der Verdrängung zu ordnen. Formelle und materielle Bindungen können dabei je nach Ausgestaltung durchaus vergleichbare Rechtswirkungen entfalten: Ob ein Fachplanungsvorhaben materiellrechtlich der Bindung an gemeindliche Bauleitplanungen unterworfen wird oder ob seine Zulassung verfahrensrechtlich – etwa nach §36 BauGB – des Einvernehmens der Gemeinde bedarf, ist letztlich nur eine Frage der gesetzgebungstechnischen Modalität, wie der Gemeinde ein bestimmender Einfluß auf das Vorhaben zu gewähren ist.

---

360 Vgl. oben S. 85f.

361 Näher *Erbguth*, Die Abfallwirtschaftsplanung, 1997, S. 71ff.

1. Formelle Koordinationsregeln

Der Gesetzgeber kann ein abgestuftes System der formellen Mitwirkungsrechte einzelner Planungsträger vorsehen.[362] Auch wenn die durch eine Beteiligung vermittelten Möglichkeiten der Einflußnahme bei komplexen Verfahren bisweilen überschätzt werden mögen[363], korrespondiert diesen Abstufungen doch auch faktisch ein unterschiedlicher Grad an Einflußnahmemöglichkeiten. Systematisch lassen sich dabei die Grundmodelle der Konsultation, das Erfordernis des Einvernehmens sowie die verfahrensrechtliche Integration unterscheiden.

a) Konsultation und Benehmen

Die einfachste Form der Beteiligung anderer Planungsträger bildet die schlichte Konsultation. Als inhaltliches Minimum ist dabei für gewöhnlich die Information betroffener Planungsträger und die Möglichkeit zur Stellungnahme erforderlich.[364] Als graduelle Abstufungen dieses Grundmodells lassen sich weiter die bloße Information, das Verfahren der Anhörung und Stellungnahme, die Erörterung sowie die noch weiter gehende Beratung bis hin zu einem Vorschlagsrecht unterscheiden[365], die im Rahmen der Verfahrensgestaltung des einzelnen Planungsverfahrens unter Berücksichtigung der Umstände des Einzelfalles oft variiert werden. Ein förmlicher Erörterungstermin etwa kann vor allem bei komplexen und groß angelegten Planverfahren sinnvoll sein. Das Grundmodell der planerischen Konsultation bildet die Vorschrift über die Beteiligung der Träger öffentlicher Belange in § 4 BauGB, wonach die Gemeinde frühzeitig die Stellungnahmen der Behörden und sonstigen Träger öffentlicher Belange einholt, deren Aufgabenbereich durch die Planung berührt wird. Hervorzuheben sind insoweit das weite Verständnis des Kreises der betroffenen Träger öffentlicher Belange, der alle »öffentlichen Planungsträger« im Sinne des § 7 BauGB einschließt, die Pflicht zur angemessenen Information dieser Planungsträger sowie deren Möglichkeit zur Abgabe einer Stellungnahme mit der damit verbundenen Obliegenheit, der Gemeinde ihrerseits nach § 4 Abs. 2 S. 2 Halbs. 2 BauGB Aufschluß über von ihnen beabsichtigte oder bereits eingeleitete Planungen und sonstige Maßnahmen zu geben.

---

362 Vgl. die verschiedenen Kategorienbildungen bei *Braese*, Das Gegenstromverfahren in der Raumordnung, 1982, S. 82ff.; *Henrich*, Kommunale Beteiligung in der Raumordnung und Landesplanung, Bd. 1, 1981, S. 12ff., m.w.N.; *Schmidt-Aßmann*, Grundfragen des Städtebaurechts, 1972, S. 133f.; *Siegel*, Verfahrensbeteiligung von Behörden, 2001, S. 71ff.; allgemeiner zu dem abgestuften System der Mitwirkungshandlungen im Verwaltungsrecht etwa *Sachs*, in: Stelkens/Bonk/Sachs, VwVfG, 6. Aufl. 2001, § 44 Rn. 185, m.w.N.

363 Vgl. etwa *Brohm*, VVDStRL 30 (1972), 245, 281.

364 *Siegel*, Verfahrensbeteiligung von Behörden, 2001, S. 73ff., unterscheidet insoweit die nicht auf Rückäußerung abzielende bloße *Mitteilung* und die auf Rekommunikation angelegte *Mitwirkung*.

365 Vgl. im einzelnen *Braese*, Das Gegenstromverfahren in der Raumordnung, 1982, S. 84ff.; *Siegel*, Verfahrensbeteiligung von Behörden, 2001, S. 78ff., beide mit Beispielen.

Zwar nur deklaratorisch, gleichwohl die Funktion dieses Verfahrens verdeutlichend ist schließlich die Regelung in § 4 Abs. 3 BauGB über die Berücksichtigung der Stellungnahmen in der planerischen Abwägung. Inhaltlich entspricht die Konsultation einem Benehmenserfordernis, wie es sich etwa in § 16 Abs. 1 FStrG für die Planung und Linienführung der Bundesfernstraßen findet. Für den Bereich der Planfeststellungen enthält § 73 Abs. 2 VwVfG vergleichbare formelle Anforderungen. Demgegenüber sind die Vorschriften über die formelle Koordination im Bereich der Nutzungsregelungen und sonstigen Fachplanungen bislang unterentwickelt. Die Idee der Systemgerechtigkeit erfordert hier eine stärkere Vereinheitlichung.

b) *Einvernehmen*

Eine sehr viel intensivere Form der Kooperation stellt das Erfordernis des Einvernehmens anderer Planungsträger dar. Das Einvernehmenserfordernis gewährt dem berechtigten Planungsträger faktisch ein Vetorecht gegenüber der betreffenden Planung. Eine solche Regelung findet sich in § 4 WaStrG, wonach bei der Verwaltung, dem Ausbau und dem Neubau von Bundeswasserstraßen die Bedürfnisse der Landeskultur und der Wasserwirtschaft im Einvernehmen mit den Ländern zu wahren sind.[366] Ein vergleichbares Zustimmungserfordernis besteht auch, wenn ein Fachplanungsträger von einem für ihn bindenden Flächennutzungsplan abweichen will, ohne daß die Voraussetzungen des § 7 S. 3 BauGB vorliegen.[367]

c) *Die verfahrensrechtliche Integration der Planungen*

Die stärkste Form der formellen Koordination, die im Zuge dieses Überblicks vorgestellt wurde, bildet die Regelung in § 78 VwVfG über das Zusammentreffen mehrerer Planfeststellungsverfahren, die im Rahmen ihres Anwendungsbereichs für sämtliche Planungen ein einheitliches Planfeststellungsverfahren mit einer einheitlichen Zuständigkeit vorsieht, die sich nach dem Planfeststellungsverfahren mit dem größeren Kreis öffentlich-rechtlicher Beziehungen richtet.[368] Eine ähnliche Zuständigkeitsverlagerung findet sich im Planfeststellungsrecht auch in § 75 Abs. 1 S. 1 VwVfG, der eine Konzentration sämtlicher Zuständigkeiten für das verfahrensgegenständliche Planfeststellungsverfahren bei der Planfeststellungsbehörde vorsieht und zudem deren Zuständigkeit auf die notwendigen Folgemaßnahmen an anderen Anlagen erweitert.[369] Vergleichbare Funktionen erfüllen im Rahmen der Bauleitplanung die in § 204 Abs. 1 und § 205 BauGB normierten Instrumente des gemeinsamen

---

366 Vgl. schon oben S. 132f.

367 Vgl. VGH Mannheim, Urt. v. 18.11. 1996 – 5 S 432/96 –, NVwZ-RR 1998, 99f., und bereits oben S. 107.

368 Vgl. oben S. 126f.

369 Vgl. oben S. 121ff. und 125ff.

Flächennnutzungsplans und des Planungsverbandes.[370] In all diesen Fällen werden Konflikte zwischen unterschiedlichen Planungen durch die Integration in ein einheitliches Planungsverfahren gelöst. An die Stelle der Koordination zweier Verfahren tritt dann das materiell-rechtsstaatliche Erfordernis der Widerspruchs- und Konfliktfreiheit des einheitlichen Plans.[371]

d) *Die Pflicht zur nachrichtlichen Übernahme*

Eine rein verfahrensrechtliche Koordinationsvorschrift bildet schließlich nach dem hier vertretenen Verständnis auch die Pflicht zur nachrichtlichen Übernahme, die sich nach § 5 Abs. 4 und § 9 Abs. 6 BauGB in erster Linie an die Bauleitplanung richtet, jedoch auch im Rahmen anderer Planungen praktiziert wird. Nachrichtliche Übernahmen stellen keine eigene planerische Entscheidung des jeweiligen Planungsträgers dar und werden von diesem keiner eigenen Abwägung unterzogen. Auf der Grundlage der Auffassung, daß diesen Vorschriften kein eigenständiger materieller Gehalt zukommt[372], handelt es sich damit um eine nur schwache Form planerischer Koordination.

2. Materielle Koordinationsregeln

Die materiellen Koordinationsregeln des einfachen Rechts lassen sich im wesentlichen auf die beiden Grundmodelle des »Vorrangs« und der bloßen »Berücksichtigung« zurückführen. Bei genauerer Analyse ist jedoch auch hier ein abgestuftes System erkennbar, das unterschiedliche Grade an gegenseitiger Bindung und Beeinflussung vorsieht.[373] Im einzelnen lassen sich dabei die folgenden Abstufungen unterscheiden:

a) *Erstplanungspflichten*

Die wohl weitreichendste Form des materiellen Vorrangs ist die Verpflichtung eines Planungsträgers, selbst planend tätig zu werden, um fremde planerische Vorgaben zu übernehmen oder konkretisierend umzusetzen.[374] Eine solche (Erst-)Planungspflicht ist ausdrücklich etwa in § 19 LPlG NW vorgesehen[375] und ergibt sich nach Maßgabe des § 1 Abs. 3 BauGB auch aus § 1 Abs. 4 BauGB[376].

---

370 Vgl. oben S. 98f.

371 Vgl. zu diesem Gesichtspunkt im vierten Kapitel S. 189ff. und 193.

372 Vgl. oben S. 99ff.

373 Vgl. – mit zum Teil anderen Kategorien – etwa *Braese*, Das Gegenstromverfahren in der Raumordnung, 1982, S. 103ff., der in Anknüpfung an *Wahl* »offene« und »flexible Ableitungsnormen« unterscheidet.

374 Vgl. zu dieser Planerzwingung *Braese*, Das Gegenstromverfahren in der Raumordnung, 1982, S. 111ff.; *Schmidt-Aßmann*, Grundfragen des Städtebaurechts, 1972, S. 135; *ders.*, Fortentwicklung des Rechts im Grenzbereich zwischen Raumordnung und Städtebau, 1977, S. 15ff.

375 Näher *Depenbrock/Reiners*, LPlG NW, 1985, § 19 Erl. 1ff., die § 19 allerdings als praktisch be-

b) *Anpassungs- und Beachtenspflichten*

Der Pflicht zur Erstplanung kommt jene zur Anpassung nahe, die einem Planungsträger die Anpassung an andere planerische Vorgaben gebietet, ohne jedoch eigenständige Planungspflichten zu begründen. Die terminologischen Varianten des Gesetzgebers, der im gleichen Zusammenhang u.a. von Anpassungs- und Beachtenspflichten oder von Bindungswirkungen spricht[377], lassen jedenfalls im Hinblick auf die Intensität der Bindung kaum ein relevant abgestuftes System erkennen:[378] Gemeint ist stets die Pflicht, externe planerische Vorgaben der eigenen Planung ohne die Möglichkeit einer abwägenden Modifikation als verbindlich zugrunde zu legen. Der wichtigste Fall einer solchen Bindung ist die in §4 Abs.1 ROG normierte Pflicht öffentlicher Planungsträger, bei ihren raumbedeutsamen Planungen die Ziele der Raumordnung zu beachten.[379] Entsprechende Pflichten finden sich in §1 Abs.4 BauGB.

c) *Entwicklungsgebote*

Lediglich graduell sind von solchen Anpassungspflichten die Entwicklungsgebote zu unterscheiden, die der gebundenen Planung eine Pflicht zur Anpassung an die planerischen Grundvorstellungen abverlangen, jedoch eine konkretisierende Verfeinerung mit Abweichungen von geringem planerischen Gewicht zulassen.[380] Während dies bereits im Wortlaut des Entwicklungsgebots in §8 Abs.2 S.1 BauGB zum Ausdruck kommt, soll auch §7 BauGB, der seinem Wortlaut nach ein striktes Anpassungsgebot beinhaltet, nach ganz herrschender Lehre lediglich ein derartiges

---

deutungslose Vorschrift ansehen. Die Begründung von Erstplanungspflichten entsprach auch dem Ansatz des Städtebauförderungsgesetzes, nach dem die Landesregierung durch Erklärung per Rechtsverordnung zum Entwicklungsgebiet die Gemeinde zwingen konnte, Bauleitpläne für ein Gebiet aufzustellen. Vgl. dazu *Schmidt-Aßmann*, Grundfragen des Städtebaurechts, 1972, S.135.

[376] Vgl. oben S.102ff.

[377] Vgl. neben den bereits oben S.84ff. behandelten speziellen Raumordnungsklauseln in §4 ROG einerseits die Überschrift, andererseits die Regelung in Abs.1 S.1. Ferner §5 Abs.1 ROG a.E., §1 Abs.4 BauGB, sowie §7 S.1 BauGB, der jedoch – vgl. oben S.105ff. – einschränkend ausgelegt wird.

[378] So bereits *Blümel*, Die Planfeststellung im geltenden Recht, Bd.1 1967/1994, S.42. Vgl. auch die Kritik an unterschiedlichen Textfassungen in BVerwG, Urt. v. 12.12. 1969 – IV C 105.66 –, BVerwGE 34, 301, 306, m.w.N.: »Der Wechsel einerseits zwischen ›Bedürfnissen‹, ›Erfordernissen‹ und ›Belangen‹ sowie andererseits zwischen ›sich ... richten‹, ›dienen‹, ›fördern‹, ›berücksichtigen‹ und ›beachten‹ läßt kein System erkennen, aus dem auf das Gewicht der einzelnen Grundsätze oder auch auf die (unterschiedliche) Art, in der sie bei der Planung eine Rolle spielen sollen, Schlüsse gezogen werden könnten.« Dagegen aber *Braese*, Das Gegenstromverfahren in der Raumordnung, 1982, S.105ff.

[379] Vgl. oben S.83ff.

[380] Näher BVerwG, Beschl. v. 28.2. 1975 – IV C 74.72 –, BVerwGE 48, 70ff.; Beschl. v. 26.2. 1999 – 4 CN 6/98 –, NVwZ 2000, 197f., m.w.N.; *Braese*, Das Gegenstromverfahren in der Raumordnung, 1982, S.114ff.; *Gaentzsch*, in: Schlichter/Stich/Driehaus/Paetow (Hrsg.), Berliner Kommentar zum BauGB, 3.Aufl., §8 Rn.13f., Stand: Aug. 2002; *W. Schrödter*, in: Schrödter (Hrsg.), BauGB, 6.Aufl. 1998, §4 Rn.7ff.

Entwicklungsgebot darstellen.[381] Da letztlich auch die Bindung an die Ziele der Raumordnung den nachgeordneten Planungen gewisse Konkretisierungsspielräume beläßt[382], sind die Übergänge zwischen Anpassungspflichten und Entwicklungsgeboten jedoch fließend.

d) Vorrangregelungen und Freistellungen

Das Gegenstück zu den Anpassungspflichten und Entwicklungsgeboten sind Regelungen, die einer Raumplanung ausdrücklich den Vorrang gegenüber anderen Planungen zuerkennen oder sie von deren Bindungen freistellen. Ein Kennzeichen solcher Regelungen ist erneut, daß die herrschende Lehre einen Vorrang der durch sie privilegierten Planungen erst nach ordnungsgemäßer Abwägung mit den verdrängten Raumnutzungsansprüchen anerkennt.

Materielle Vorrangregelungen in diesem Sinne finden sich namentlich in § 16 Abs. 3 S. 3 FStrG, wonach Bundesplanungen grundsätzlich Vorrang vor Orts- und Landesplanungen haben, in § 13 Abs. 3 WaStrG, wonach die Planung und Linienführung der Bundeswasserstraßen Vorrang vor der Ortsplanung hat, oder in § 124 Abs. 3 BBergG, wonach die Errichtung, Erweiterung und der Betrieb öffentlicher Verkehrsanlagen der Gewinnung von Bodenschätzen im Konfliktfall vorgehen. Auch wo diese Vorrangregelungen ihrem Wortlaut nach absolut sind, wie im Falle des § 13 Abs. 3 WaStrG, werden sie durch die h. L. relativiert und als Abwägungsvorgaben interpretiert.[383] Einem solchen ausdrücklichen materiellen Vorrang kommt im Ergebnis die *Freistellung* gleich, die – wie § 38 S. 1 BauGB für das Verhältnis der privilegierten Planfeststellungsverfahren zum Planungsrecht – bestimmte Raumplanungen von der Bindung an die Festsetzungen anderer Planungen freistellt. Solche Normen finden sich auch für die Widerspruchsmöglichkeit in § 7 BauGB, die im Falle des nachträglichen Widerspruchs freilich voraussetzt, daß die für die abweichende Planung geltend gemachten Belange die sich aus dem Flächennutzungsplan ergebenden »nicht nur unwesentlich überwiegen«, sowie für die Träger »besonderer Bundesmaßnahmen« nach § 5 ROG.

e) Abstimmungs- und Berücksichtigungspflichten

Im Vergleich zu den bislang vorgestellten Regelungen, die durchweg zumindest in begrenzten Bereichen bestimmten Planungen einen relativen Vorrang zuerkennen, stellen Pflichten zur bloßen Abstimmung und Berücksichtigung anderer Raumansprüche keine auch nur für den Regelfall abschließende Form der Konfliktbereinigung dar: Abstimmungs- und Berücksichtigungspflichten räumen keiner der konkurrierenden Planungen den Vorrang ein, sondern verpflichten lediglich dazu, sol-

---

381 Vgl. oben S. 105ff.

382 Vgl. *Schroeder*, UPR 2000, 52, 58, sowie oben S. 83f. und 103f.

383 Vgl. oben S. 129 und 131f.

che Planungen in die Abwägung einzustellen.[384] Entsprechende Pflichten zur Abstimmung und Rücksichtnahme finden sich in zahlreichen Regelungen und für alle Planungsarten, in allgemeiner Form vor allem in § 14 ROG und in speziellen Ausprägungen etwa in § 4 Abs. 4, § 8 Abs. 2 und § 9 Abs. 3 ROG, § 2 Abs. 2 und § 188 Abs. 2 BauGB oder in § 29 Abs. 6 KrW-/AbfG. Auch wenn die Abstimmungspflicht oft als ein Mehr gegenüber der Anhörung, jedoch ein Weniger gegenüber dem Erfordernis eines Einvernehmens charakterisiert wird[385], unterscheidet sie sich in ihrer materiellen Aussagekraft allenfalls graduell, nicht aber qualitativ von der Pflicht zur bloßen Berücksichtigung anderer Planungen. Die Pflicht zur Berücksichtigung externer planerischer Vorgaben betont das Gesetz auch dann, wenn einer Planung ein Vorrang eingeräumt oder sie von einer Bindung an solche Vorgaben freigestellt wird, wie in § 38 Abs. 1 S. 1 BauGB a.E. All diese Regelungen haben neben ihrem materiellen Gehalt auch verfahrensrechtliche Implikationen und sind eng mit dem Abwägungsgebot verwandt oder erscheinen gar als dessen Spielarten.

Abstimmungs- und Berücksichtigungspflichten bleiben hinter der materiellen Bindung an andere Planungen oder der verfahrensmäßigen Bindung an das Einvernehmen des entsprechenden Planungsträgers erheblich zurück. Um so mehr gilt es zu vergegenwärtigen, daß sich gesetzliche Zwischenlösungen zwischen strikter Bindung und bloßer Berücksichtigung in Form subsumtionsfähiger abstrakt-genereller Regelungen nur sehr schwer formulieren lassen. Praktikabel erscheinen insoweit allenfalls verfahrensrechtliche Bindungen wie in § 188 Abs. 2 BauGB, wonach die Flurbereinigungsbehörde und die Gemeinde ihre Planungen bis zum Abschluß der Flurbereinigung nur einvernehmlich ändern sollen.[386] Jene verbreiteten Vorschläge, die Bestimmungen wie § 38 BauGB für unzulässig halten und statt dessen »Planungspartnerschaft statt Konfrontation«[387], ein »optimales Zusammenwirken« aller Planungsträger[388] oder ein Gebot gegenseitiger Anpassung«[389] fordern, müssen sich demgegenüber dem Vorwurf stellen, daß eine normative Umsetzung solcher Modelle zu unbestimmten Generalklauseln führen müsste, die für den Konfliktfall weder Rechtssicherheit noch normative Steuerungskraft gewährleisten können. Die zwischen Bindung und Einvernehmen einerseits und bloßer Abstimmung andererseits angesiedelte Alternative der »Mitentscheidung« hat – aller Befürwortung im Schrifttum zum Trotz – bislang ihre praktikable normative Ausformulierung noch nicht gefunden und dürfte für die Praxis auch kaum tragfähig sein.

---

384 Vgl. *Braese*, Das Gegenstromverfahren in der Raumordnung, 1982, S. 117ff.

385 So etwa *Dörries*, Das Verhältnis der Bauleitplanung zur raumbeanspruchenden Fachplanung, 2000, S. 70, m.w.N.

386 Vgl. bereits oben S. 99.

387 *Stüer*, UPR 1998, 408, 414.

388 *Kim*, Gemeindliche Planungshoheit und überörtliche Planungen, 1998, S. 158ff.

389 *Pfaff*, VerwArch 70 (1979), 1, 22.

VI. Zur Tragfähigkeit und Reichweite der Konfliktlösung durch einfaches Recht

Sowohl bei den formellen als auch bei den materiellen Koordinationsregeln läßt sich somit durch Typisierung einfachgesetzlicher Bestimmungen ein Spektrum von nach Intensität abgestuften Beteiligungs- und Bindungsformen ausmachen. Jene stark vereinfachten Modelle, die etwa von einem generellen Vorrang der Fachplanung oder einer generellen Überordnung der Raumordnung ausgehen, werden daher den Differenzierungen des Gesetzgebers kaum gerecht. Allerdings hinterläßt der einfachgesetzliche Befund Zweifel, ob und wieweit es dem Gesetzgeber gelingt, das abgestufte Instrumentenspektrum innerhalb des Raumplanungsrechts insgesamt bewußt und ausgewogen einzusetzen, die praktisch auftretenden Probleme systematisch anzusprechen und einheitliche Strukturen der Raumplanung zu entwickeln, die als systemgerechtes Ganzes angesehen werden könnten.

Diese Aufgabe dürfte im Hinblick auf die formellen Koordinationsregeln insgesamt besser gelungen sein als bei den materiellen. Viele Regelungen des Gesamt- und Fachplanungsrechts über die förmliche Beteiligung anderer Planungsträger an Raumplanungsverfahren weisen vergleichbare Grundstrukturen auf. Vor allem im Bereich der Gesamtplanungen und der Planfeststellungen wird dabei eine umfassende Beteiligung aller konkurrierenden Planungsträger gewährleistet. Weniger einheitlich ist das Bild jedoch im übrigen Fachplanungsrecht, wo eine formelle Koordination mit anderen Raumplanungen zwar für die meisten, keineswegs aber für alle Planverfahren vorgesehen ist.[390] Während sich beispielsweise im Bereich des Naturschutzrechts[391], für das Flurbereinigungsverfahren[392] oder auch im sonstigen Landesrecht[393] zahlreiche spezielle Koordinationsregeln finden, liegen für den Erlaß der meisten Nutzungsregelungen und für sonstige Fachplanungen keine gesetzlichen Koordinationsinstrumente vor.

Weniger Gemeinsamkeiten lassen sich bei den materiell-rechtlichen Koordinationsregeln nachweisen. Gerade in diesem Bereich wirft der teilweise ganz unterschiedlich geregelte Grad der Bindung der einzelnen Planungen untereinander Fragen der Verhältnismäßigkeit und Systemgerechtigkeit auf. Die Gefahr planungs-

---

[390] *Dörries*, Das Verhältnis der Bauleitplanung zur raumbeanspruchenden Fachplanung, 2000, S. 100; verfahrensmäßige Defizite für das Verhältnis von Fach- und Gesamtplanung belegt auch *Suderow*, Das Verhältnis der Fachplanungen zur Raumordnung und Landesplanung, 1976, S. 79ff., 94ff., zusammenfassend S. 113. Vgl. auch *Paetow*, UPR 1990, 321, 322.

[391] Vgl. bereits oben S. 134f.

[392] Vgl. § 2 Abs. 1 FlurBG (»Die Flurbereinigung wird in einem behördlich geleiteten Verfahren ... unter Mitwirkung der Gesamtheit der beteiligten Grundeigentümer und der Träger öffentlicher Belange ... durchgeführt«) und dazu näher *Maichel*, Agrarstrukturelle Planung und räumliche Gesamtplanung, 1982, S. 144ff.

[393] Siehe ganz beispielhaft § 39 Abs. 2 StrWG SH: »Die Landesplanungsbehörde hat bei überörtlichen Planungen, die die Änderung oder den Bau neuer Straßen zur Folge haben können, unbeschadet weiter gehender Vorschriften rechtzeitig das Benehmen mit den beteiligten Trägern der Straßenbaulast herzustellen. Die Träger der Straßenbaulast haben die Landesplanungsbehörde bei Straßenplanungen zu beteiligen, die für die Landesplanung von Bedeutung werden können.«

rechtlicher Privilegierungen besteht darin, daß andere Planungen verdrängt oder gar »ausgebeutet« werden.[394] Der Gesetzgeber kann den verfassungsrechtlichen Bindungen mit Konfliktregelungen unterschiedlicher Intensität nachkommen, sollte jedoch Wertungswidersprüche ebenso vermeiden wie unnötige Verdoppelungen. Insoweit vermag der einfachgesetzliche Befund kaum zu befriedigen: Die vorgestellten materiellen Koordinationsregeln sind unterschiedlich detailliert, vielfach unvollständig und zudem auf verschiedenste Gesetze verteilt. Teilweise sind Wertungswidersprüche vorhanden, etwa in dem bereits angesprochenen Verhältnis zwischen §7 BauGB und §38 BauGB[395] oder zwischen den zahlreichen speziellen Raumordnungsklauseln der Fachgesetze einerseits und der weiter gehenden Generalklausel in §4 ROG andererseits.[396] Bemerkenswert ist die Vielzahl deklaratorischer Regelungen, vor allem der zahlreichen überflüssigen Raumordnungsklauseln. Ein Teil der Regelungen behandelt kasuistisch isolierte Einzelaspekte und ist systematisch kaum erklärlich, etwa die Vorrangbestimmungen in §16 Abs. 3 S. 3 FStrG, §13 Abs. 3 WaStrG und §124 BBergG, isolierte Rücksichtnahmepflichten wie in §7 Abs. 1 SchBerG oder die – allerdings gemeinschaftsrechtlich vorgegebenen – umfassenden Regelungen zur Koordination von Raumplanungen mit den Fachplanungen für Schutzgebiete von europäischer Bedeutung. Schwerer noch als die fehlende Systematik wiegen die Lückenhaftigkeit des Fachrechts und die Erkenntnis, wie viele Planungskonflikte überhaupt keine gesetzliche Regelung erfahren haben. Selbst jene Gesetze, die entsprechende Fragen ansprechen, lösen die Planungskonflikte oft nur punktuell. Im Anwendungsbereich des §7 BauGB etwa sind die Rechtsfolgen lediglich für den Fall geregelt, daß ein Fachplanungsträger den Festsetzungen des Flächennutzungsplans nicht widerspricht, nicht hingegen für den Fall des Widerspruchs. Auch die Privilegierung nach §38 BauGB regelt nur einen Teilausschnitt des Zusammentreffens von Bauleitplanung und Fachplanung. Aussagen über die kompetenzrechtlichen Grenzen und den zulässigen Inhalt der einzelnen Planungen finden sich nur vereinzelt. Von einem »System der Raumplanungen«[397] oder einem ausgereiften Kollisionsrecht läßt sich daher kaum sprechen, obwohl auch gesetzgeberische Erfolge zu beobachten sind wie die Kodifikation des Planfeststellungsrechts in den Verwaltungsverfahrensgesetzen des Bundes und der Länder.

Trotz solcher Mängel und Lücken ist der Vorrang einfachgesetzlicher Regelungen bei der Bewältigung von Raumplanungskonflikten zu unterstreichen: Soweit der Gesetzgeber – etwa in §7 und §38 BauGB – eine einfachgesetzliche Regelung getroffen hat, ist diese im Rahmen der verfassungsrechtlichen Vorgaben zu beachten. Mit einer dichter werdenden gesetzlichen Durchnormierung des Raumplanungsrechts

[394] So *Faber*, in: AK-GG, Bd. 1, 2. Aufl. 1989, Art. 20 Abs. 1 – 3 V Rn. 15, mit Kritik an der seines Erachtens zu privilegierten Stellung der Verkehrsplanung.

[395] Vgl. oben S. 104f.

[396] Vgl. oben S. 83ff.

[397] Auf ein solches System bezieht sich etwa *Peine*, Öffentliches Baurecht, 4. Aufl. 2003, Rn. 24; vgl. demgegenüber *Erbguth*, NVwZ 1989, 608, und *Paetow*, UPR 1990, 321, 322, 326, der das Fehlen eines einheitlichen Systemgedankens hervorhebt.

schwindet daher die Bedeutung allgemeiner Grundsätze. Wie das folgende Kapitel jedoch verdeutlichen soll, lag zumindest historisch der Hauptakzent von Rechtsprechung und Lehre weniger in der Auslegung des vorgestellten einfachen Planungsrechts als auf allgemeinen planungsrechtlichen Theorien und Modellen.

Drittes Kapitel

Historische Lösungsansätze

I. Ursprünge der Konflikte verschiedener Raumplanungen und ihre Bewältigung

Die flächendeckende systematische hoheitliche Beplanung des Raums, ebenso wie die umfassende planerische Gestaltung staatlicher Tätigkeit, ist im wesentlichen ein Phänomen der Nachkriegszeit.[1] Gleichwohl stellte sich das Problem des Aufeinandertreffens verschiedener planerischer Raumansprüche bereits in den Anfängen der Raumplanung. Erste Konflikte dieser Art bildeten sich zwischen der gemeindlichen Fluchtlinienplanung einerseits, namentlich aufgrund des preußischen Fluchtliniengesetzes von 1875, und andererseits den staatlichen Planfeststellungen, vor allem im Eisenbahnbereich. Die Übertragung der Planfeststellung auf andere Bereiche, die enorme Ausweitung staatlicher Planungstätigkeit überhaupt und insbesondere die Entstehung einer flächendeckenden überörtlichen Gesamtplanung ließen die Zahl und Intensität solcher Konflikte seit den sechziger Jahren zwar deutlich anwachsen, damit jedoch letztlich nur ein bereits bekanntes rechtliches Problem verschärft hervortreten.

Soweit in dem frühen Raumplanungssystem Konflikte räumlicher Planungen überhaupt aktuell wurden, schienen die Grundparameter für ihre Lösung durch verfassungsrechtliche Kollisionsregeln und allgemeine planungsrechtliche Prinzipien eindeutig vorgegeben: Die Reichs- bzw. Bundesplanungen gingen städtebaulichen Plänen nach allgemeiner Auffassung ebenso vor wie den Planungen der Länder.[2] Dieser Vorrang wurde für den besonders wichtigen Eisenbahnbereich auf die alle anderen Zuständigkeiten verdrängende »Eisenbahn-Planhoheit« gestützt.[3] Auch

---

[1] Vgl. *Forsthoff*, Lehrbuch des Verwaltungsrechts, 10. Aufl. 1973, S. 59ff., 302ff., sowie bereits die historischen Exkurse im ersten Kapitel S. 41ff. und 53ff.

[2] *Blümel*, Die Bauplanfeststellung I, 1961, S. 122f.; *ders.*, DVBl. 1960, 697, 704; *Forsthoff/Blümel*, Raumordnungsrecht und Fachplanungsrecht, 1970, S. 92; *Ronellenfitsch*, DVBl. 1998, 653, 656; vgl. etwa noch *Radecke*, in: Haustein (Hrsg.), Die Eisenbahnen im deutschen öffentlichen Recht, 1960, S. 335ff. und 391.

[3] Vgl. zur sich wandelnden Bedeutung der nach überkommenem Verständnis sämtlichen anderweitigen Planungen übergeordneten »*Eisenbahnhoheit*« die Ausführungen des StGH, Entsch. v. 18. 10. 1924 – StGH 5/23 –, in: *Lammers/Simons*, Die Rechtsprechung des Staatsgerichtshofs für das Deutsche Reich, Bd. I 1929, S. 56, 60; RG, Beschl. v. 17. 12. 1932 – V Tgb. 4/32 –, RGZ 139, 136, 144; BVerwG, Urt. v. 29. 8. 1961 – I C 167/59 –, DÖV 1962, 142, 144; auch noch BVerfG, Beschl. v. 15. 7. 1969 – 2 BvF 1/64 –, BVerfGE 26, 338, 372f.; *Kilian/Hesse*, Verw 27 (1994), 175, 181, 185f.; *Kruchen*, in: Haustein (Hrsg.), Die Eisenbahnen im deutschen öffentlichen Recht, 1960, S. 41ff.

für die übrigen Bereiche der Bundesplanungen wurde ganz überwiegend die Auffassung vertreten, die Bundesverwaltung sei in ihren Planungen von den Bindungen an das Landesrecht freigestellt. Literatur und Rechtsprechung beriefen sich hierfür auf allgemeine, zumeist verfassungsrechtliche Grundsätze, namentlich auf die Überordnung des Bundes über die Gliedstaaten, die ausschließlichen Gesetzgebungs- und Planungskompetenzen des Bundes auf den betreffenden Gebieten, den Spezialitätsgrundsatz, den »Vorrang der Fachplanung« sowie den Grundsatz »Bundesrecht bricht Landesrecht«.[4]

Solange den Fachplanungen des Bundes weder eine flächendeckende Bauleitplanung der Gemeinden noch eine systematische Raumordnung der Länder gegenüberstand, waren diese Aussagen eher grundsätzlicher Natur als von großer praktischer Tragweite. Aktuell wurden solche Konflikte erst mit dem Entstehen einer zunehmend flächendeckenden städtebaulichen Planung nach dem Zweiten Weltkrieg, die vor allem den Fragen der Konkurrenz zu den Fachplanungen eine weit größere praktische Bedeutung verlieh.[5] Dabei wurde zunächst überwiegend auf die oben genannten, im wesentlichen bereits im Kaiserreich und in der Weimarer Republik entwickelten Grundsätze zurückgegriffen und angenommen, daß eine Kommune durch eine übergeordnete Bundes- oder Landesplanung nicht in eigenen Rechten verletzt sein könne.[6] Ebenso wurde als Selbstverständlichkeit angesehen, daß die Gemeinden auch ohne besondere gesetzliche Regelung die für Bahnanlagen erforderlichen Flächen von anderweitiger Beplanung freizuhalten hätten.[7] Im Verhältnis von Bund und Ländern hatten die Länder trotz der Befugnis zur Stellungnahme traditionell keine Möglichkeit, Planungen der Bundesbahn maßgeblich zu beeinflussen[8], wenn auch die Rechtsprechung zu diesem Punkt bereits in den sechziger Jahren kaum mehr einheitlich war[9]. Noch im Jahre 1962 erklärte jedoch das Bundesverwaltungsgericht – zum Teil unter Berufung auf die problematische Figur der eisenbahnrechtlichen Widmung –, die Bundesbahn sei »zweifelsfrei« von allen Einwirkungen des Landesgesetzgebers ausgeschlossen, soweit dies die Planfeststellung und den

[4] Näher zu diesen Theorien *Blümel*, Die Bauplanfeststellung I, 1961, S. 116, 118; *Brohm*, Landeshoheit und Bundesverwaltung, 1968, S. 14ff.; *ders.*, in: FS für Blümel, 1999, S. 79, 83. Aussagen in diesem Sinne finden sich etwa noch bei *Marschall*, FStrG, 3. Aufl. 1972, § 17 Rn. 8; *Radecke*, in: Haustein (Hrsg.), Die Eisenbahnen im deutschen öffentlichen Recht, 1960, S. 339f., m. w. N.; allgemeiner für das Bund-Länder-Verhältnis auch *Kölble*, DÖV 1962, 661, 663.

[5] Vgl. *Ronellenfitsch*, VerwArch. 1999, 467, 470ff., m. w. N.; *Schmidt-Aßmann*, Grundfragen des Städtebaurechts, 1972, S. 137.

[6] *Lange*, Verkehr und öffentliches Recht, 1974, S. 300f.

[7] *Radecke*, in: Haustein (Hrsg.), Die Eisenbahnen im deutschen öffentlichen Recht, 1960, S. 339, der darauf hinweist, daß einzelne Aufbaugesetze der Länder dies ausdrücklich vorsahen und daß die Bahn mit anderen Ländern entsprechende Verwaltungsvereinbarungen getroffen hatte.

[8] *Lange*, Verkehr und öffentliches Recht, 1974, S. 297.

[9] Näher *Brohm*, Landeshoheit und Bundesverwaltung, 1968, S. 15ff.; vgl. als Ausschnitt aus der Entwicklung etwa BVerwG, Urt. v. 23. 6. 1967 – VII C 54.66 –, BVerwGE 27, 225ff., wo eine Bindung der Bundesbahn an Satzungen der Gemeinden bejaht wird. In dem Urt. v. 20. 9. 1989 – 7 B 135/89 –, NVwZ 1990, 563f., wird eine Bindung der Bundesbahn an gemeindliche Satzungen bestätigt, die Zulässigkeit von Kontrollmaßnahmen jedoch verneint.

Betrieb von Bundesbahnanlagen betreffe.[10] Aber auch dann, wenn von einer Planfeststellung abgesehen wurde, sollte die Bundesbahn nicht den landesrechtlichen Erlaubnisverfahren für den Natur- und Denkmalschutz unterliegen.[11]

Die erwähnten juristischen Begründungen, auf die sich die Rechtsprechung und das Schrifttum beriefen, bezogen sich in den seltensten Fällen auf konkrete planungsrechtliche Bestimmungen, sondern zumeist auf allgemeine Prinzipien und Grundsätze, die entweder aus der Verfassung abgeleitet oder aus der Natur der Sache begründet wurden. Bereits in der Einleitung wurde darauf hingewiesen, daß der Geltungsgrund allgemeiner Grundsätze im Raumplanungsrecht entweder in der deduktiven Ableitung und Anwendung von Rechtsfolgen aus abstrakten verfassungsrechtlichen Vorgaben – etwa aus Art. 28 GG – auf einen konkreten Planungskonflikt oder in der induktiven Verallgemeinerung gesetzlicher Regelungen zu finden ist.[12] Auf der Grundlage dieser Unterscheidung behandelt das vorliegende Kapitel zunächst die verfassungsrechtlichen Lösungsansätze für das Problem der Kollision von Raumplanungen (I.) und anschließend solche mit dem Rang einfachen Rechts (II.).

II. Verfassungsrechtliche Lösungen

1. Die Rolle des Grundgesetzes bei der Lösung von Raumplanungskonflikten

Bereits der einleitende historische Abriß verdeutlicht, in welchem Maß bei der Lösung von Raumplanungskonflikten auf verfassungsrechtliche Argumente zurückgegriffen wurde. Obwohl dies vor allem mit Blick auf das Bund-Länder-Verhältnis kaum überraschen wird, erscheint die unmittelbare Relevanz des Grundgesetzes für die Fragestellung der vorliegenden Studie begründungsbedürftig. Nicht umsonst liegt der Schwerpunkt von Rechtsprechung und Wissenschaft auf der Auslegung und Anwendung der im vorigen Kapitel vorgestellten einfachgesetzlichen Regelungen. In der Literatur findet sich dementsprechend vor allem in der Praxis die Einschätzung, daß die verfassungsrechtlichen Vorgaben, die in der Vergangenheit eine so große Rolle gespielt haben, für planerische Kompetenzüberschneidungen

---

[10] BVerwG, Urt. v. 29. 8. 1961 – I C 167.59 –, DÖV 1962, 142, 144. Das Gericht verwies dabei auf die bereits für die Reichsbahn geltende Rechtslage, die sich auch unter dem Grundgesetz und dem Bundesbahngesetz nicht geändert habe. Ähnlich BayObLG, Urt. v. 15. 3. 1957 – RReg. 3 St. 244a, b/1956 –, BayVBl. 1957, 295, 296. Eingehend zur eisenbahnrechtlichen Widmung und der Stellung der Eisenbahn als öffentliche Sache *Koch*, in: Haustein (Hrsg.), Die Eisenbahnen im deutschen öffentlichen Recht, 1960, S. 156ff.; zuletzt *Schmitz-Valckenberg*, Entwidmung und bahnfremde Nutzung von Bahnanlagen, 2002, m. w. N. zur neueren Rspr. und Literatur; kritisch zu der Figur *Durner*, UPR 2000, 255ff.; *Papier*, in: Erichsen (Hrsg.), Allgemeines Verwaltungsrecht, 12. Aufl. 2002, § 41 Rn. 45ff.

[11] VG Bayreuth, Urt. v. 23. 2. 1978 – B 258-II/77 –, zit. nach Juris.

[12] Vgl. bereits in der Einleitung S. 27f.

und sonstige Planungskonflikte angesichts der zunehmenden Normierung des Raumplanungsrechts weiter an Gewicht verlieren werden.[13]

Diesem Befund könnte nur dann gefolgt werden, wenn tatsächlich die wesentlichen Grundsätze über Konflikte räumlicher Planungen positiv-rechtlich normiert und diese Vorschriften inhaltlich eindeutig sowie im Hinblick auf ihre verfassungsrechtliche Zulässigkeit unbestritten wären. Die Analyse der Einzelregelungen und der Rechtsprechung hat jedoch belegt, daß in diesem Bereich allgemeine Rechtsgrundsätze weiterhin eine zentrale Rolle spielen, weil der Gesetzgeber letztlich nur lückenhafte Regelungen getroffen hat.[14] Berücksichtigt man weiter, daß eine ganze Reihe der gesetzlichen Konfliktregelungen – die Neufassung des §38 BauGB durch das BauROG 1998 liefert hier ein anschauliches Beispiel – zumindest im Schrifttum aus verfassungsrechtlichen Gründen in Zweifel gezogen werden[15], so fällt die These von der allenfalls marginalen Bedeutung des Verfassungsrechts für räumliche Planungskonflikte. Auch in der Rechtsprechungspraxis müssen immer wieder zur Schließung von Regelungslücken oder bei der Auslegung des einfachen Rechts wesentliche Maßstäbe aus den einschlägigen verfassungsrechtlichen Vorgaben abgeleitet werden. Ein allgemeiner Verfassungsgrundsatz, der einen Maßstab für Konflikte räumlicher Planungen abgeben könnte, existiert zwar in der Tat nicht.[16] Dennoch läßt sich eine Reihe verfassungsrechtlicher Normen ermitteln, die konfliktlösende Vorgaben für das Aufeinandertreffen räumlicher Planungen enthalten.

Dabei ist freilich zu beobachten, daß die Lösung konkreter Planungskonflikte in den seltensten Fällen durch eine systematische Auslegung des Verfassungsrechts erfolgt.[17] Der Verweis auf das Grundgesetz hat oft nur die Funktion, eine Einzelfallentscheidung ohne vertiefte Auslegung des Fachrechts zu begründen oder bloßen Behauptungen besonderen Nachdruck zu verleihen: Ganz beispielhaft erwähnt seien etwa die noch heute verbreitete Aussage im Schrifttum, der Vorrang der überörtlichen Fachplanung vor der Bauleitplanung ergebe sich »unmittelbar aus dem Grundgesetz«[18], das Vorgehen des Bundesverwaltungsgerichts, ohne nähere Begründung für das Verhältnis von Bauleitplanung und Fachplanung das angeblich verfassungsrechtlich verankerte »Gebot der Rücksichtnahme« heranzuziehen[19],

---

[13] So etwa die beiden Bundesrichter *Kühling*, Fachplanung, 1988, Rn. 155, und *Paetow*, UPR 1990, 321, 326.

[14] Vgl. etwa *Dörries*, Das Verhältnis der Bauleitplanung zur raumbeanspruchenden Fachplanung, 2000, zusammenfassend S. 197, sowie bereits im zweiten Kapitel S. 147ff.

[15] Vgl. nur die Kontroverse zur Notwendigkeit und Möglichkeit einer verfassungskonformen Auslegung des §38 BauGB im Hinblick auf Art. 28 GG durch *Engel*, UPR 1993, 209ff.; *Erbguth*, NVwZ 1995, 243, 244f.; *Gaßner/Schmidt*, NVwZ 1993, 946, 949ff.; *Lasotta*, DVBl. 1998, 255, 259; *Sandner*, DÖV 1998, 586ff.; *ders.*, Investitionserleichterung und Planungshoheit, 1997, besonders S. 174ff.; *Weidemann*, DVBl. 1994, 263, 267ff.; vgl. auch bereits im zweiten Kapitel S. 114f.

[16] *Paetow*, UPR 1990, 321, 322.

[17] Ähnliche Beobachtungen, allerdings mit eigenwilligen verfassungsrechtlichen Lösungsvorschlägen, bei *Brohm*, in: Ein Vierteljahrhundert Straßenrechtsgesetzgebung, 1980, S. 343, 375; vgl. auch die Kritik bei *Badura*, in: FS für den BayVerfGH, 1972, S. 157, 169.

[18] *Ronellenfitsch*, DVBl. 1998, 653, 656.

[19] BVerwG, Beschl. v. 21.5. 1976 – IV C 38.74 –, BVerwGE 51, 6, 14.

oder in späteren Entscheidungen die Begründung einer Pflicht zur Berücksichtigung gemeindlicher Bauleitplanungen durch übergeordnete Fachplanungen aus der Geltung des »zum Wesen einer rechtsstaatlichen Planung gehörenden und deshalb unabhängig von einer gesetzlichen Positivierung aus dem Bundesverfassungsrecht herleitbaren Abwägungsgebotes«.[20] Zwar mag manchen dieser weitreichenden Aussagen in der Sache beizupflichten sein, ihre Begründung zeichnet sich jedoch durch ebenjene Kombination von »hohem Rang« und »Floskelhaftigkeit« aus, die *Kunig* für eine Vielzahl der aus dem Rechtsstaatsprinzip abgeleiteten Aussagen nachgewiesen hat.[21] Diese oft allzu kasuistische Vorgehensweise läßt eine systematische Erschließung der raumplanungsrechtlichen Grundstrukturen vermissen, die Bedeutung und Reichweite der allgemeinen Vorgaben bleiben unscharf, und die Begründungsdichte der Einzelfallentscheidung befriedigt kaum. Daher sollen die Aussagen zur Bedeutung des Grundgesetzes für Konflikte räumlicher Planungen in diesem und in den folgenden Kapiteln mit Blick auf ihre verfassungsrechtliche Begründbarkeit und ihre praktische Tragfähigkeit kritisch hinterfragt werden.

Aufbautechnisch richtet der vorliegende Abschnitt den Blick zunächst auf zwei jener Lösungsansätze, die historisch über Jahrzehnte hinweg eine besondere Rolle gespielt haben, nämlich auf das Hierarchiemodell und den Grundsatz »Bundesrecht bricht Landesrecht«. Im Anschluß wird eine weitere Reihe verfassungsrechtlicher Vorgaben untersucht, die für die Lösung von Raumplanungskonflikten Relevanz entfalten. Mit dieser Beschränkung seiner Fragestellung zielt dieses Kapitel keineswegs darauf ab, sämtliche verfassungsrechtlichen Vorgaben für die Raumplanung zu behandeln oder auch nur anzusprechen.[22] Die herausragende Bedeutung etwa der Grundrechte für den Bereich der Planung[23] verdeutlichen die folgenden Abschnitte gewiß kaum in ausreichendem Maße, da Grundrechte nur in seltenen Fällen Vorgaben für die Lösung von Konflikten beim Zusammentreffen räumlicher Planungen liefern.[24] Ebenso stellt etwa das rechtsstaatliche Bestimmtheitsgebot eine wichtige verfassungsrechtliche Anforderung an die Ermächtigungsgrundlagen, den Inhalt und die möglichen Festsetzungen von Raumplänen auf[25], liefert jedoch keine besonderen Vorgaben für das spezifische Konkurrenzverhältnis unter verschiedenen Planungsträgern und wird daher im folgenden nur am Rande thematisiert. Soweit zudem verfassungsrechtliche Normen in den nachfolgenden Kapiteln der Studie

---

[20] So etwa BVerwG, Urt. v. 29.1. 1991 – 4 C 51.89 –, BVerwGE 87, 332, 341ff.

[21] *Kunig*, Das Rechtsstaatsprinzip, 1986, S.231ff.; ähnlich bereits *Schneider*, in: Bundesverfassungsgericht und Grundgesetz, Bd.II, 1976, S.390ff.

[22] Allgemeine Darstellungen zur »Planung unter dem Grundgesetz« finden sich bei *Hoppe*, Grundfragen des Planungsrechts, 1998, S.3ff.; *Ossenbühl*, Gutachten B zum 50. Deutschen Juristentag, 1974; *Schmidt-Aßmann*, DÖV 1974, 541ff.

[23] Näher *Schmitt Glaeser*, DÖV 1980, 1ff.; *Ossenbühl*, Gutachten B für den 50. Deutschen Juristentag, 1974, S. B144ff., B150ff.; für das Eigentum *Hoppe*, Grundfragen des Planungsrechts, 1998, S.82ff.; *Papier*, in: FS für Hoppe, 2000, S.213ff.; *Söfker*, in: Ernst/Zinkahn/Bielenberg (Hrsg.), BauGB, §1 Rn.207ff., Stand: Sept. 2000.

[24] Jedoch bilden auch die Grundrechte eine der normativen Grundlagen des verfassungsrechtlichen Gebots planerischer Abwägung. Vgl. dazu im fünften Kapitel S.301 und 303f.

[25] Vgl. etwa *Kaiser*, Referat zum 50. Deutschen Juristentag, München 1974, S.I9, I18.

genauer untersucht werden, sollen sie in diesem Abschnitt lediglich kurz angesprochen werden. Abschließend behandelt werden hingegen vor allem diejenigen Lösungsansätze, die sich unter den mittlerweile maßgeblichen Rahmenbedingungen als nicht tragfähig ausscheiden lassen.

2. Raumplanerische Hierarchiemodelle

Von jeher wurde versucht, das Problem des Aufeinandertreffens konkurrierender Raumplanungen durch die Entwicklung eines Systems von Planungshierarchien zu bewältigen. Da jedoch der einfache Gesetzgeber – sieht man von der mittelbaren Zuweisung einer Stellung in der Normenhierarchie durch die Festlegung einer bestimmten Rechtsform für eine Planung ab[26] – nur wenigen Raumplanungen einen ausdrücklichen Vorrang einräumt[27], gehen manche Vorschläge dahin, unmittelbar aus dem Grundgesetz allgemeine Aussagen zum Verhältnis verschiedener Gruppen von Planungen zu entwickeln. Denkbar wäre etwa, ein Planungssystem nach dem Grundsatz der Subsidiarität zu gestalten und die Aufgabe planerischer Festsetzungen grundsätzlich der »niedrigeren« Ebene – also primär der Bauleitplanung – und nur, wenn diese zur Erfüllung nicht in der Lage ist, der »höheren« Planungsstufe zuzuweisen. Trotz ungebrochener Zustimmung in Teilen des Schrifttums[28] ist jedoch die Geltung eines verfassungsrechtlichen Subsidiaritätsprinzips nicht als Strukturprinzip des Grundgesetzes anerkannt[29], so daß auch der Versuch scheitern muß, ohne eine ausdrückliche Anerkennung dieses Prinzips durch den Gesetzgeber planungsrechtliche Konflikte auf diese Weise zu lösen.[30] Verbreiteter ist demgegenüber die ganz entgegengesetzte Vorstellung einer allgemeinen Hierarchie der Planungen von oben nach unten.

a) Die These von der allgemeinen Hierarchie der Planungen

Einer der ältesten Ansätze, der jedenfalls im Schrifttum noch heute vielfach Unterstützung findet, besteht darin, der überörtlichen bzw. höherstufigen Planung prinzipiellen Vorrang vor der örtlichen oder niedrigstufigeren Planung einzuräumen.[31]

---

[26] Näher dazu im siebten Kapitel S. 397ff. und 402.

[27] Entsprechende Vorschriften wurden im zweiten Kapitel vorgestellt, etwa S. 83f., 109ff., 128ff. und öfter.

[28] Vgl. vor allem die grundlegende Studie von *Isensee*, Subsidiaritätsprinzip und Verfassungsrecht, 1968, und zusammenfassend zur aktuellen Diskussion *ders.*, in: HStR III, 1988, §57 Rn. 165ff.; *Rupp*, in: HStR II, 3. Aufl. 2004, §28 Rn. 51ff., m.w.N.

[29] Umfassend dazu aus Sicht der herrschenden Lehre zuletzt *Moersch*, Leistungsfähigkeit und Grenzen des Subsidiaritätsprinzips, 2001, besonders S. 85ff. und zusammenfassend S. 210ff., m.w.N., der die These zurückweist, ein Ordnungsprinzip der Subsidiarität sei als ungeschriebener Grundsatz Bestandteil des Grundgesetzes.

[30] Vgl. *von der Groeben*, in: Kaiser (Hrsg.), Planung III, 1968, S. 173, 179; *Schmidt-Aßmann*, Grundfragen des Städtebaurechts, 1972, S. 125.

[31] So im neueren Schrifttum etwa *Badura*, Staatsrecht, 3. Aufl. 2003, Abschn. D Rn. 98 a.E.; *Bell/Hermann*, LKV 2002, 393, 399 (»... ist als Bundesfachplanung gegenüber der örtlichen Bauleitpla-

Die überwiegend verfassungsrechtlichen Begründungen und der jeweils angenommene Anwendungsbereich für den allgemeinen Vorrang der überörtlichen Fachplanung vor der gemeindlichen Bauleitplanung sind dabei ganz unterschiedlich. Soweit das Verhältnis von Planungen des Bundes gegenüber solchen der Länder betroffen ist, wird der Hierarchiegrundsatz vielfach auf – wohl mißverständliche – frühe Aussagen des Bundesverfassungsgerichts zurückgeführt, wonach der Bund als Oberstaat den Ländern prinzipiell übergeordnet sei.[32] Daraus wird gefolgert, die Hoheitsverwaltung und somit auch die hoheitliche Raumplanung des Bundes sei als den Gliedstaaten übergeordnete Verwaltungstätigkeit von den Bindungen des Landesrechts – und damit zugleich von der räumlichen Planung der Länder und Kommunen – grundsätzlich ausgenommen[33] oder diesen übergeordnet.[34] Insoweit stellt sich der Hierarchiegrundsatz als Ausschnitt aus der allgemeineren Debatte um die Bindung des Bundes an Landesrecht[35] dar. Teilweise wird jedoch auch unabhängig von dem Bund-Länder-Verhältnis von einer Bindung an »höherstufige«[36] oder »überörtliche« Planungen[37] gesprochen. Vielfach werden Bestimmungen wie § 38 BauGB als Ausdruck eines übergeordneten Grundsatzes des prinzipiellen Vorrangs der Planfeststellung verstanden[38], auf andere Fallgruppen erweitert[39], ein Vorrang auch aus

---

nung vorrangig«), 401; *Birk*, NVwZ 1989, 905, 911; *Ronellenfitsch*, Einführung in das Planungsrecht, 1986, S. 13f.; *Shin*, Planungsermessen, 1989, S. 78; vgl. die umfangreichen Nachweise zur älteren Literatur bei *Breuer*, Die hoheitliche raumgestaltende Planung, 1968, S. 200f., und *Schlarmann*, Das Verhältnis der privilegierten Fachplanungen zur kommunalen Bauleitplanung, 1980, S. 49ff., die diesen Grundsatz – ebenso wie auch *Gaentzsch*, in: Schlichter/Stich/Driehaus/Paetow (Hrsg.), Berliner Kommentar zum BauGB, 3. Aufl., § 7 Rn. 15, Stand: Aug. 2002 – in der abgeschwächten Form des Gegenstromprinzips grundsätzlich ebenfalls anerkennen. Vgl. dazu bereits im zweiten Kapitel S. 83.

[32] Vgl. BVerfG, Beschl. v. 11.7. 1961 – 2 BvG 2/58 »Neugliederung Hessen« –, BVerfGE 13, 54, 78: »Wenn das Grundgesetz vom Bund im Gegensatz zu den Ländern spricht und insbesondere Bund und Länder als mögliche Parteien eines Verfassungsstreites vor dem Bundesverfassungsgericht bezeichnet, dann versteht es unter Bund den Oberstaat, der durch die Verbindung der Länder zu einem Bundesstaat bewirkt wird. Dieser Oberstaat ist den Ländern prinzipiell übergeordnet ... nur in den Bereichen, die die Bundesverfassung nicht geordnet hat, besteht Gleichordnung. Den Organen des Bundes sind Kompetenzen zugewiesen, die die Überordnung der Gesamtgewalt über die Gliedstaatsgewalt erkennen lassen, insbesondere die Kompetenz-Kompetenz ...«.

[33] So oder ähnlich etwa *Gaentzsch*, WiVerw 1985, 235, 241; *Kölble*, DÖV 1962, 661, 666; dazu *Breuer*, Die hoheitliche raumgestaltende Planung, 1968, S. 103, m.w.N. zum damaligen Meinungsstand.

[34] *Friesecke*, WaStrG, 4. Aufl. 1999, Art. 13 Rn. 16.

[35] Näher dazu im vierten Kapitel S. 199f.

[36] *Bryde*, NVwZ 1991, 1152.

[37] So etwa *Badura*, Staatsrecht, 3. Aufl. 2003, Abschn. D Rn. 98 a.E. (»Fachplanungen«); *Birk*, NVwZ 1989, 905, 911; *Ronellenfitsch*, Einführung in das Planungsrecht, 1986, S. 13f.; *Shin*, Planungsermessen, 1989, S. 78.

[38] So etwa *Dürr*, in: Kodal/Krämer (Hrsg.), Straßenrecht, 6. Aufl. 1999, § 36 Rn. 26, der zudem auf die Regelungen § 16 Abs. 3 S. 3 FStrG und § 9 Abs. 6 BauGB verweist; *Heinze*, BBauG, 2. Aufl. 1980, Vorb. 1 Rn. 5 und § 38 Rn. 1ff.; *Spannowsky*, ZfBR 2000, 239, 243; *ders.*, UPR 2000, 418, 420; im Ansatz auch *Bell/Hermann*, LKV 2002, 393, 397 (»... beruht auf dem in fachlicher und räumlicher Hinsicht erweiterten Horizont einer hierarchisch höher stehenden Staatsbehörde«); a.A. etwa *Papier*, Freihaltung von Leitungstrassen durch die Regionalplanung, 1983, S. 28f., der die Bindung an den

einer Gesamtschau dieser Regelung und ähnlicher Vorschriften begründet[40] oder erklärt, dieser Vorrang ergebe sich aus der Natur der Sache[41] und unmittelbar aus dem Grundgesetz.[42] Das Verfassungsrecht wird damit zur Grundlage einer allgemeinen Hierarchie der räumlichen Planungen.

b) Exkurs: Verfassungsgewohnheitsrechtlicher Vorrang der Bundesplanung?

Da die Kompetenztitel des Grundgesetzes auch im Bereich der Raumplanungen historisch ausgelegt werden und zum Kernbereich der Verwaltungszuständigkeiten des Bundes alles gerechnet wird, was herkömmlicherweise auf der Grundlage dieser Kompetenztitel abgedeckt wurde[43], soll zunächst in einem verfassungsgeschichtlichen Rückblick untersucht werden, ob sich eine möglicherweise gar gewohnheitsrechtsbildende Verfassungstradition für einen Vorrang bestimmter Planungen ermitteln läßt. In Betracht kommt dabei in erster Linie ein Vorrang der Bundesplanungen vor denen der Länder und Kommunen.

Entsprechende Traditionen finden sich vor allem für das Eisenbahnwesen, dem als erstem Anwendungsfall einer flächenumspannenden staatlichen Planung[44] besondere historische Bedeutung zukommt. Straßen, Eisenbahnen und Wasserstraßen unterlagen bei der Gründung des Norddeutschen Bundes der unbeschränkten Hoheit der deutschen Staaten.[45] Vor allem auf dem Gebiet des Eisenbahnwesens bestand daher erheblicher Koordinierungsbedarf: Da der Bund und der Deutsche Zollverein keine gemeinsame Eisenbahnpolitik betrieben hatten[46], galten in den

---

Bebauungsplan als den Grundsatz und § 38 BauGB daher als Ausnahmeregelung ansieht. Vgl. dazu bereits im zweiten Kapitel S. 105.

39 So galt etwa die alte Fassung des § 38 BauGB nach h. L. auch für die dort nicht aufgeführten wasserrechtlichen Planungen auf bundesgesetzlicher Grundlage. Näher *Schlarmann*, DVBl. 1980, 275, 276, m. w. N. in Fn. 2.

40 Vgl. etwa *Dürr*, in: Kodal/Krämer (Hrsg.), Straßenrecht, 6. Aufl. 1999, § 36 Rn. 26; *Jäde*, BayVBl. 1988, 385, 387; *Kirchberg*, UPR 2001, 12, 16; *Ronellenfitsch*, DVBl. 1998, 653, 655.

41 So *Breuer*, Die hoheitliche raumgestaltende Planung, 1968, S. 41, m. w. N.; (der aber zumindest eine materielle Abwägung im Einzelfall für geboten hält); *Gaentzsch*, WiVerw 1985, 235, 241; *Ronellenfitsch*, in: Marschall/Kastner, FStrG, § 16 Rn. 69; *ders.*, VerwArch 88 (1997), 175, 177; *ders.*, DVBl. 1998, 653, 655; vgl. auch die Nachweise bei *Weidemann*, DVBl. 1994, 263, 267, 269, wonach der Vorrang aus dem »Wesen der Planfeststellung« folgen soll.

42 *Hamann*, DVBl. 1961, 394, 397; *Ronellenfitsch*, DVBl. 1998, 653, 656.

43 Am deutlichsten wird dies in der Entscheidung zur Zulässigkeit des Eisenbahnkreuzungsgesetzes, BVerfG, Beschl. v. 15. 7. 1969 – 2 BvF 1/64 –, BVerfGE 26, 338, 373ff.; allgemeiner zur Bedeutung der Verfassungstradition bei der Auslegung von Kompetenznormen *Rengeling*, in: HStR IV, 1990, § 100 Rn. 35f., m. w. N.; *Schmidt-Aßmann/Fromm*, Aufgaben und Organisation der Deutschen Bundesbahn in verfassungsrechtlicher Sicht, 1986, S. 65ff., m. w. N.; vgl. zu diesem Punkt auch nachfolgend im vierten Kapitel S. 223.

44 *Radecke*, in: Haustein (Hrsg.), Die Eisenbahnen im deutschen öffentlichen Recht, 1960, S. 335.

45 Näher zum folgenden *Haenel*, Deutsches Staatsrecht, Erster Band, 1892, S. 638ff.; *Laband*, Das Staatsrecht des Deutschen Reiches, Bd. III, 5. Aufl. 1913, S. 109f.; *Friesecke*, Recht der Bundeswasserstraßen, 1962, S. 17ff.

46 Vgl. *Huber*, Deutsche Verfassungsgeschichte, Bd. IV, 1969, S. 1058; auch *Badura*, Das Verwaltungsmonopol, 1963, S. 209ff.

Ländern für die Planung und den Bau von Eisenbahnen ganz unterschiedliche Vorgaben.[47] In Preußen entwickelte sich dabei durch die Ministergenehmigung der eingereichten Baupläne das Rechtsinstitut der eisenbahnrechtlichen Planfeststellung, das zum Vorbild der meisten modernen Fachplanungsgesetze werden sollte.[48] Die Reichsverfassung von 1871, die dem »Eisenbahnwesen« in Abschnitt VII detaillierte Regelungen widmete[49], unterstellte daher in Art. 4 Nr. 8 das Verkehrswesen der Gesetzgebung und Beaufsichtigung des Reiches[50] und schuf in einigen Bereichen beschränkte Reichskompetenzen zum Bau von Verkehrswegen, namentlich für Eisenbahnen. Für diese Aufgaben bestand seit 1873 ein Reichseisenbahnamt[51], dem sämtliche Planentwürfe zur Prüfung und Genehmigung vorzulegen waren[52]. Zwar unterstanden die bereits vorhandenen Eisenbahnen keiner reichseinheitlichen Verwaltung, erlaubt war dem Reich jedoch die Anlage neuer Eisenbahnstrecken. Nach Art. 41 Abs. 1 RV konnten nämlich

»Eisenbahnen, welche im Interesse der Vertheidigung Deutschlands oder im Interesse des gemeinsamen Verkehrs für nothwendig erachtet werden, kraft eines Reichsgesetzes auch gegen den Widerspruch der Bundesglieder, deren Gebiet die Eisenbahnen durchschneiden, unbeschadet der Landeshoheitsrechte, für Rechnung des Reichs angelegt oder an Privatunternehmer zur Ausführung konzessionirt und mit dem Expropriationsrechte ausgestattet werden«.

Obwohl die Regelung nie zur praktischen Anwendung kam, war allgemein anerkannt, daß Art. 41 Abs. 1 keinerlei materielle Schranken für den Bau von Reichsei-

[47] Dazu *Koehne*, Grundriß des Eisenbahnrechts, 1906, S. 47ff., 52ff.; umfassende Nachweise bei *Kruchen*, in: Haustein (Hrsg.), Die Eisenbahnen im deutschen öffentlichen Recht, 1960, S. 27ff. In Bayern galt beispielsweise bis in die Nachkriegszeit (vgl. noch *Breuer*, Die hoheitliche raumgestaltende Planung, 1968, S. 69 Fn. 48) eine »Verordnung, die Erbauung von Eisenbahnen betreffend« vom 20. 6. 1855 (Regierungsblatt 1855, S. 654ff.), die für die Vorarbeiten und die Planung eine durch die Staatsregierung zu erteilende »Projektierungskonzession«, für den eigentlichen Bau und Betrieb der Bahn eine königliche »Eisenbahnkonzession« voraussetzte.

[48] *Blümel*, Die Bauplanfeststellung I, 1961, S. 84ff.; *Koehne*, Grundriß des Eisenbahnrechts, 1906, S. 17ff., 24ff., 45ff., 54ff. Vgl. dazu bereits im ersten Kapitel S. 53f.

[49] Diese Regelungen stellten den Kern eines reichseinheitlichen Eisenbahnrechts dar, obwohl das mehrfach in Angriff genommene konkretisierende Reichseisenbahngesetz nie verabschiedet wurde. Vgl. *Laband*, Das Staatsrecht des Deutschen Reiches, Bd. III, 5. Aufl. 1913, S. 111ff., der den Abschnitt VII der Reichsverfassung als »ein Eisenbahn-Notgesetz« bezeichnet. *Haenel*, Deutsches Staatsrecht, Erster Band, 1892, S. 636, spricht von »Vorgriffen auf künftige Reichsgesetzgebung«. Ein Überblick zu der eher dürftigen tatsächlich erfolgten Gesetzgebung findet sich bei *von Seydel*, Commentar zur Verfassungs-Urkunde für das Deutsche Reich, 2. Aufl. 1897, S. 88ff.

[50] Näher *Bock*, Das Staatsrecht des Deutschen Reiches, 1902, S. 467ff.; *Zorn*, Das Reichs-Staatsrecht. Zweiter Band, 1897, S. 292ff., m. w. N. In Bayern galt dies nur vorbehaltlich der Bestimmung im Artikel 46 RV. Zum Institut der Beaufsichtigung *Dittmann*, Die Bundesverwaltung, 1983, S. 26ff.; *Haenel*, Deutsches Staatsrecht, Erster Band, 1892, S. 299ff.

[51] Gesetz v. 27. 6. 1873, RGBl., I S. 164ff.; *Bock*, Das Staatsrecht des Deutschen Reiches, 1902, S. 477f.; *Koehne*, Grundriß des Eisenbahnrechts, 1906, S. 23.

[52] *Laband*, Das Staatsrecht des Deutschen Reiches, Bd. III, 5. Aufl. 1913, S. 114. Diese Befugnisse gingen 1919 auf den Reichsverkehrsminister über, vgl. *Finger*, Das Staatsrecht des Deutschen Reiches, 1923, S. 508.

senbahnen aufstellte[53], zumal die Vorschrift nach verbreiteter Auffassung lediglich die allgemeine Überordnung des Reichs über seine Glieder zum Ausdruck brachte[54]. Das Reich hätte daher in jedem Einzelfall durch ein konkretes Reichsgesetz[55] unbeschränkt und auch gegen den Willen der Bundesländer Eisenbahnen anlegen und dabei selbst festlegen können, in welchem Umfang die Landeshoheit noch zur Geltung kommen sollte.[56] Auf dieser Grundlage wäre bereits im Kaiserreich der Aufbau eines Reichseisenbahnnetzes möglich gewesen[57], für den ein Vorrang der Reichsplanung gegolten hätte. Eisenbahnen aufgrund besonderer Reichsgesetze wurden jedoch lediglich in dem 1871 an das Deutsche Reich abgetretenen »Reichsland« Elsaß und Lothringen geschaffen, das ohnehin direkter kaiserlicher Verwaltung unterstand[58] und in dem 1879 ein »Reichsamt für die Verwaltung der Reichs-Eisenbahnen« errichtet wurde.[59] Demgegenüber scheiterten die Versuche Bismarcks zur Übertragung der gesamten Verwaltungszuständigkeiten für das Eisenbahnwesen auf das Reich.[60]

Die Weimarer Reichsverfassung bestätigte in Art. 7 Nr. 19 die konkurrierende Gesetzgebung des Reichs über die Eisenbahnen und ordnete in Art. 89 S. 1 die Übernahme der dem allgemeinen Verkehr dienenden Eisenbahnen durch das Reich an.[61]

---

[53] *Laband*, Das Staatsrecht des Deutschen Reiches, Bd. III, 5. Aufl. 1913, S. 111ff., 114f.; *von Seydel*, Commentar zur Verfassungs-Urkunde für das Deutsche Reich, 2. Aufl. 1897, S. 269.

[54] *Zorn*, Das Reichs-Staatsrecht. Zweiter Band: Das Verwaltungsrecht, 1897, S. 298ff., m.w.N.

[55] Vorgesehen war damit eine parlamentarische Maßnahmeplanung, wie sie bis in die Weimarer Zeit auch in anderen fachplanerischen Bereichen – etwa beim Bau des Saaletalsperrensystems – üblich war. Näher zu der Unterscheidung von Programm- und Maßnahmenplanung *Hoppe*, in: HStR III, 1988, § 71 Rn. 11, m.w.N. Vgl. dazu auch im siebten Kapitel S. 422ff. und 434ff.

[56] *Finger*, Das Staatsrecht des Deutschen Reiches, 1923, S. 507; *Laband*, Das Staatsrecht des Deutschen Reiches, Bd. III, 5. Aufl. 1913, S. 115f.; *von Seydel*, Commentar zur Verfassungs-Urkunde für das Deutsche Reich, 2. Aufl. 1897, S. 269; enger *Haenel*, Deutsches Staatsrecht, Erster Band, 1892, S. 649, wonach sich der Vorrang nur auf die zum eigenen Betrieb oder zur konzessionsmäßigen Beaufsichtigung der Bahn erforderlichen Hoheitsrechte erstrecken konnte.

[57] Vgl. *Dittmann*, Die Bundesverwaltung, 1983, S. 21 (»vorsichtige Option«).

[58] Näher *Dittmann*, Die Bundesverwaltung, 1983, S. 22f., m.w.N.

[59] Erlaß v. 27. 5. 1878, RGBl. 1879, S. 193ff.; *Koehne*, Grundriß des Eisenbahnrechts, 1906, S. 45; *Laband*, Das Staatsrecht des Deutschen Reiches, Bd. II, 5. Aufl. 1911, S. 258ff.; zur Vorbildwirkung der hierfür geltenden Regelungen für das deutsche Recht vgl. BVerfG, Beschl. v. 15. 7. 1969 – 2 BvF 1/64 –, BVerfGE 26, 338, 370f.

[60] Vgl. die Nachweise bei *Badura*, Das Verwaltungsmonopol, 1963, S. 211; ausführlich dazu *Huber*, Deutsche Verfassungsgeschichte, Bd. IV, 1969, S. 1060ff.; *Kruchen*, in: Haustein (Hrsg.), Die Eisenbahnen im deutschen öffentlichen Recht, 1960, S. 49.

[61] Dies erfolgte hinsichtlich der Staatsbahnen durch den mit Reichsgesetz vom 30. 4. 1920 (RGBl. II, S. 961ff.) genehmigten Staatsvertrag zwischen dem Reich und den acht betroffenen Reichsländern, der jedoch Kleinbahnen (Straßenbahnen, Lokalbahnen, Kleinanschlußbahnen) nicht erfaßte und einzelnen Staaten gewisse Einflußrechte erhielt. Der Erwerb der Privateisenbahnen war dem Reich angesichts seiner angespannten Finanzlage und der defizitären Situation der Reichsbahn freilich nur teilweise möglich. Näher zu alledem StGH, Entsch. v. 21. 6. 1924 – StGH 2/23 –, in: *Lammers/Simons*, Die Rechtsprechung des Staatsgerichtshofs für das Deutsche Reich, Bd. I 1929, S. 65ff.; *Anschütz*, Die Verfassung des deutschen Reiches, 14. Aufl. 1933, Art. 89 Erl. 2; *Dittmann*, Die Bundesverwaltung, 1983, S. 43; *Finger*, Das Staatsrecht des Deutschen Reiches, 1923, S. 509; *Hamann*, DVBl. 1961, 394, 395; *Kruchen*, in: Haustein (Hrsg.), Die Eisenbahnen im deutschen öffentlichen Recht, 1960, S. 50f.; *Lange*, Verkehr und öffentliches Recht, 1974, S. 9. Unter dem Gesichtspunkt

Durner, DVBl 08, 69 (77)

Damit erwarb das Reich nach Art. 90 S. 1 WRV auch die entsprechenden staatlichen Hoheitsrechte, namentlich für den Bereich sämtlicher Eisenbahnneubauten.[62] Berührte ein solcher Bau den Geschäftsbereich der Landespolizei – dieser umfaßte sämtliche öffentliche Interessen des Landes, also auch die von Landesfachplanungen erfaßten Fragen des Wege- und Wasserrechts und des Landschaftsbildes[63] –, so waren die Landesbehörden nach Art. 94 Abs. 1 S. 2 WRV lediglich anzuhören.[64] Abgesehen von dieser verfassungsrechtlichen Verfahrensvorschrift, konnte das Reich nach Art. 94 Abs. 2 WRV kraft Reichsgesetzes als notwendig erachtete Eisenbahnen auch gegen den Widerspruch und damit nach Sinn und Zweck auch unbeschadet etwaiger kollidierender Planungen der Länder errichten, deren Gebiet durchschnitten wurde. Das Reichsgericht folgerte aus diesen Bestimmungen, dem Reich stehe nach der Reichsverfassung die »volle Eisenbahnhoheit« sowie die Befugnis zur »uneingeschränkten Planfeststellung« zu, und es könne daher nach Anhörung der Länder auch über alle von der Planfeststellung berührten landespolizeilichen Interessen selbständig entscheiden, während den Ländern für Reichseisenbahnanlagen kein bestimmender Einfluß verbleibe.[65] § 37 Abs. 2 S. 1 des Reichsbahngesetzes[66] sah daher vor, daß die Pläne für den Bau oder die Veränderung von Reichseisenbahnanlagen, »soweit darüber zwischen der Gesellschaft und der Landespolizeibehörde Meinungsverschiedenheiten bestehen, ... von der Reichsregierung endgültig festzustellen« sind. Ähnlich formulierte der Staatsgerichtshof für das Deutsche Reich, es sei Sache des Reiches, »einen gerechten Ausgleich der eisenbahnpolitischen und eisenbahntechnischen Interessen einerseits, der landespolizeilichen und der Anliegerinteressen andererseits« herbeizuführen.[67] Damit war auf Verfassungsebene für das Eisenbahnwesen, namentlich für die wichtige Frage der Linienführung[68], ein Vorrang der Reichsplanung festgeschrieben.

Man mag dem Bundesverfassungsgericht in seiner stark historisch orientierten Argumentation in der Entscheidung über die Rechtmäßigkeit des Eisenbahnkreuzungsgesetzes folgen, daß das Grundgesetz durch die Zuweisung eisenbahnrechtli-

---

historischer Begriffsbildung für die Kompetenzen unter dem Grundgesetz besonders auch *Schmidt-Aßmann/Fromm*, Aufgaben und Organisation der Deutschen Bundesbahn in verfassungsrechtlicher Sicht, 1986, S. 14f., 69ff.

62 *Anschütz*, Die Verfassung des deutschen Reiches, 14. Aufl. 1933, Art. 90 Erl. 3. Nach Art. 94 WRV konnten neue, dem allgemeinen Verkehr dienende Eisenbahnen nur noch durch das Reich oder mit seiner Zustimmung gebaut werden. Hierzu konnte die Reichsregierung nach Art. 91 WRV die erforderlichen Verordnungen erlassen.

63 *Anschütz*, Die Verfassung des deutschen Reiches, 14. Aufl. 1933, Art. 94 Erl. 4; weitere Nachweise in BVerfG, Beschl. v. 15. 7. 1969 – 2 BvF 1/64 –, BVerfGE 26, 338, 373.

64 Näher *Lassar*, in: Anschütz/Thoma (Hrsg.), Handbuch des deutschen Staatsrechts, Bd. I, 1930, S. 345, 348, der dieses Recht auf Anhörung als einziges Mitwirkungsrecht der Länder ansieht.

65 RG, Beschl. v. 17. 12. 1932 – V Tgb. 4/32 –, RGZ 139, 136, 143ff.; ebenso der Befund in BVerfG, Beschl. v. 15. 7. 1969 – 2 BvF 1/64 –, BVerfGE 26, 338, 371ff., m. w. N.

66 Reichsbahngesetz v. 30. 8. 1924, RGBl. II, S. 272ff.

67 StGH, Entsch. v. 30. 6. 1923 – StGH 4/21 –, in: *Lammers/Simons*, Die Rechtsprechung des Staatsgerichtshofs für das Deutsche Reich, Bd. I 1929, S. 43, 56.

68 Vgl. *Badura*, Das Verwaltungsmonopol, 1963, S. 213.

cher Gesetzgebungs- und Verwaltungskompetenzen an den Bund diesen Rechtszustand aufrechterhalten und »die Befugnisse des Bundes hinsichtlich der bundeseisenbahnrechtlichen Planfeststellung gegenüber denen des Reichs nicht mindern wollte«[69], obwohl die erwähnten materiellen Vorgaben der Weimarer Reichsverfassung in den Verfassungstext des Grundgesetzes gerade keinen Eingang gefunden haben. Zu weitgehend und argumentativ unzulässig wäre es dann allerdings, diese Maßstäbe unbesehen auf andere Fachplanungen des Bundes zu übertragen, namentlich auf die ursprünglich nahezu identischen Regelungen zu den Bundeswasserstraßen oder auf das Fernstraßenwesen. Bei diesen Fachplanungen des Reiches stellt sich nämlich die verfassungsrechtliche Tradition ganz anders dar.

Anders als für Eisenbahnen enthielt die Reichsverfassung von 1871 für Wasserstraßen und Seehäfen nur knappe Bestimmungen.[70] Wie im Eisenbahnwesen unterlagen Wasserstraßen nach Art. 4 Nr. 9 RV »im Interesse der Landesvertheidigung und des allgemeinen Verkehrs« der Gesetzgebung und Beaufsichtigung seitens des Reichs. Das Reich machte von diesen Rechten jedoch nur wenig Gebrauch, und die Verhältnisse auf den wichtigsten Wasserstraßen waren durch Staatsverträge geregelt.[71] Die Weimarer Reichsverfassung normierte neben der konkurrierenden Gesetzgebungszuständigkeit des Reichs über die Binnenschiffahrt nach Art. 7 Nr. 19 eine Reihe von Verwaltungskompetenzen über die schiffbaren Wasserstraßen in den Art. 97 bis 100. Die Stellung des Reichs war im Bereich der Planung von Wasserstraßen deutlich schwächer als im Eisenbahnwesen: Zwar hatte das Reich die dem allgemeinen Verkehr dienenden Wasserstraßen in sein Eigentum und seine Verwaltung zu übernehmen[72], so daß gem. Art. 97 Abs. 2 WRV neue Wasserstraßen nur durch das Reich oder mit seiner Zustimmung angelegt oder ausgebaut werden konnten. Trotz dieses Bau- und Planungsmonopols normierte Art. 97 Abs. 3 WRV eine vom

---

[69] So BVerfG, Beschl. v. 15. 7. 1969 – 2 BvF 1/64-, BVerfGE 26, 338, 373ff., mit umfangreichen Nachweisen und Ausführungen zur Entstehungsgeschichte des Art. 87 GG; ähnlich zuvor bereits *Kruchen*, in: Haustein (Hrsg.), Die Eisenbahnen im deutschen öffentlichen Recht, 1960, S. 55f.

[70] Nach Art. 54 Abs. 3 wurden die »Kauffahrteischiffe sämtlicher Bundesstaaten« in den Seehäfen und auf allen natürlichen und künstlichen Wasserstraßen gleichmäßig zugelassen und behandelt. Abgaben mußten sich im Rahmen der zur Unterhaltung und gewöhnlichen Herstellung dieser Anstalten erforderlichen Kosten halten. Näher zu den entsprechenden Bestimmungen der Reichsverfassung *Koch-Schweisfurth*, Aufgaben und Befugnisse des Bundes an den Bundeswasserstraßen, 1973, S. 16ff.

[71] Vgl. *Finger*, Das Staatsrecht des Deutschen Reiches, 1923, S. 517; *Finger* erwähnt jedoch nicht den durch das Reich verwalteten Nordostseekanal und den Kaiser-Wilhelm-Kanal. Näher dazu *von Seydel*, Commentar zur Verfassungs-Urkunde für das Deutsche Reich, 2. Aufl. 1897, S. 90; vgl. ferner *Laband*, Das Staatsrecht des Deutschen Reiches, Bd. III, 5. Aufl. 1913, S. 265ff., 272, und *Friesekke*, Recht der Bundeswasserstraßen, 1962, S. 17ff.

[72] Art. 97 Abs. 1 WRV. Dies erfolgte durch den mit Reichsgesetz vom 29. Juli 1921 (RGBl. II, S. 773ff.) genehmigten Staatsvertrag, den weitere Abkommen ergänzten, aufgrund von Widerständen der Länder nur im Hinblick auf die oberste Verwaltungsstufe. Vgl. im einzelnen *Anschütz*, Die Verfassung des deutschen Reiches, 14. Aufl. 1933, Art. 97 Erl. 2; *Dittmann*, Die Bundesverwaltung, 1983, S. 49f.; *Finger*, Das Staatsrecht des Deutschen Reiches, 1923, S. 517; *Friesecke*, Recht der Bundeswasserstraßen, 1962, S. 21ff.; *Hamann*, DVBl. 1961, 394, 395; *Koch-Schweisfurth*, Aufgaben und Befugnisse des Bundes an den Bundeswasserstraßen, 1973, S. 31ff.; *Lassar*, in: Anschütz/Thoma (Hrsg.), Handbuch des deutschen Staatsrechts, Bd. I, 1930, S. 345, 350.

Bereich der Eisenbahnplanung abweichende Kollisionsregel, deren S. 1 später in Art. 89 Abs. 3 GG aufging:

»Bei der Verwaltung, dem Ausbau oder dem Neubau von Wasserstraßen sind die Bedürfnisse der Landeskultur und der Wasserwirtschaft im Einvernehmen mit den Ländern zu wahren. Auch ist auf deren Förderung Rücksicht zu nehmen.«

Dieses Einvernehmenserfordernis sollte verhindern, daß das Reich im Rahmen seines Wasserstraßenmonopols einseitige verkehrspolitische Gesichtspunkte durchsetzte. In Kollisionsfällen sollte ein billiger Ausgleich gewährleistet sein.[73] Darüber hinaus wurde die gesamte Ausübung der Befugnisse des Reichsverkehrsministers nach Art. 97 Abs. 3 WRV überhaupt staatsvertraglich an die Zustimmung der Länder gebunden.[74] Die auf einfachgesetzlicher Ebene gem. § 13 Abs. 1 S. 1 WaStrG noch heute bestehende Abhängigkeit jeder Linienbestimmung für Bundeswasserstraßen von dem Einvernehmen der Länder, die im Hinblick auf die Zuständigkeitsverteilung des Grundgesetzes nicht unumstritten ist[75], war daher bereits seit der Weimarer Zeit ein fester Bestandteil der Verkehrswegeplanung in Deutschland.

Die Herstellung von Landstraßen unterlag bereits nach Art. 4 Nr. 8 der Reichsverfassung von 1871 der Beaufsichtigung und Gesetzgebung des Reichs. Diese Ermächtigung wurde jedoch kaum genutzt.[76] Eigene Planungszuständigkeiten des Reichs bestanden nicht. Auch der nach Artikel 7 Nr. 19 WRV bestehenden Gesetzgebungszuständigkeit des Reichs über den Bau von Landstraßen, soweit es sich um den allgemeinen Verkehr und die Landesverteidigung handelte, korrespondierten keinerlei Vollzugs- oder Verwaltungskompetenzen. Erst das am 27. Juni 1933 erlassene, im Zusammenhang der Gleichschaltung der Länder und der Reichsbahn zu sehende[77] Gesetz über die Errichtung eines Unternehmens »Reichsautobahnen«[78] ordnete dieses als Zweigunternehmen der Deutschen Reichsbahngesellschaft dem Reichseisenbahnwesen zu. Nach § 5 dieses Gesetzes war nunmehr für die Linienbestimmung und Ausgestaltung ein »Generalinspekteur für das deutsche Straßenwesen« zuständig, der gem. § 8 nach Anhörung der Landesbehörden die Baupläne feststellte[79] und dem außerdem nach § 11 zur Sicherung der Einheitlichkeit der Planung ein Einspruchsrecht gegen Straßenplanungen der Länder eingeräumt wurde. Das Gesetz vom 26. März 1934 über die Neuregelung des Straßenwesens und der Straßenverwal-

---

[73] *Anschütz*, Die Verfassung des deutschen Reiches, 14. Aufl. 1933, Art. 97 Erl. 7.

[74] *Finger*, Das Staatsrecht des Deutschen Reiches, 1923, S. 518, m. w. N.

[75] Vgl. *Lange*, Verkehr und öffentliches Recht, 1974, S. 298f., sowie zu der Regelung in § 13 WaStrG bereits im zweiten Kapitel S. 131f.

[76] Näher *Baumeister*, Zur Geschichte und Problematik des deutschen Straßen- und Wegerechts, 1957, S. 20ff.

[77] Vgl. *Kruchen*, in: Haustein (Hrsg.), Die Eisenbahnen im deutschen öffentlichen Recht, 1960, S. 51; *Schmidt-Aßmann/Fromm*, Aufgaben und Organisation der Deutschen Bundesbahn in verfassungsrechtlicher Sicht, 1986, S. 18f.

[78] RGBl. II, S. 509ff., auch bei *Baumeister*, Zur Geschichte und Problematik des deutschen Straßen- und Wegerechts, 1957, S. 44. Näher zum folgenden *Lange*, Verkehr und öffentliches Recht, 1974, S. 12f.

[79] Näher *Blümel*, Die Bauplanfeststellung I, 1961, S. 210ff.

tung[80] unterstellte dann die gesamte Planung und Verwaltung des Straßennetzes im Reich der Aufsicht und Weisung des Generalinspekteurs.[81] Die erforderlichen straßenrechtlichen Planfeststellungen folgten weitestgehend dem Vorbild des Eisenbahnrechts.[82] Damit wurde nicht nur ein weiterer wichtiger Anwendungsfall der Planfeststellung geschaffen, der das Dritte Reich überdauern sollte, sondern wie im Eisenbahnwesen auch im Bereich der Autobahn- und Landstraßenplanung ein – freilich für den demokratischen Rechtsstaat kaum traditionsbildender – Vorrang der Reichsplanung begründet.

Insgesamt bietet der verfassungsgeschichtliche Rückblick somit ein uneinheitliches Bild: Während im Bereich des Eisenbahnwesens tatsächlich bereits nach der Reichsverfassung von 1871 und auch nach der Weimarer Reichsverfassung ein »Vorrang der Reichsplanung« gegenüber abweichenden planerischen Vorstellungen der Länder galt, waren die entsprechenden Planungskompetenzen für den Bereich der Wasserstraßen von jeher an Zustimmungsvorbehalte der Länder gebunden. Ein umfassender Vorrang der Reichsplanung für den gesamten Infrastrukturbereich, den manche Darstellungen in das ältere Verfassungsrecht hineinlesen, wurde erst im Zuge der Gleichschaltung der Länder nach 1933 und im Zusammenhang einer umfassenden Zentralisierung aller Planungszuständigkeiten eingeführt. So mag zwar das Institut der Planfeststellungen des Bundes durch die von einer Rechtsüberzeugung getragene Verwaltungspraxis seit dem Kaiserreich auch unter föderativen Gesichtspunkten verfassungsgewohnheitsrechtlich anerkannt sein[83], es besteht jedoch gewiß kein Verfassungsgewohnheitsrecht über einen allgemeinen Vorrang jeder Bundesfachplanung gegenüber den Planungen der Länder und Kommunen. Das Hierarchiemodell muß sich daher – jedenfalls außerhalb des Bereichs der eisenbahnrechtlichen Planfeststellung – an den konkreten Bestimmungen des Grundgesetzes messen lassen.

c) *Zur Kritik des Hierarchiemodells*

Mit diesem Befund ist bereits der Stab über ein allgemeines Modell der Hierarchie räumlicher Planungen gebrochen. Die Lehre von dem generellen Vorrang überörtlicher bzw. höherstufiger Planungen beruht auf der Vorstellung, die gesamte Raumplanung bilde ein geschlossenes und hierarchisch nach Planungsebenen gegliedertes

---

[80] RGBl. I, S. 243ff., auch bei *Baumeister*, Zur Geschichte und Problematik des deutschen Straßen- und Wegerechts, 1957, 44f.

[81] *Kluge/Krüger*, Verfassung und Verwaltung im Dritten Reich, 1937, S. 221ff., 292; *Lange*, Verkehr und öffentliches Recht, 1974, S. 12.

[82] Das Planfeststellungsverfahren nach dem Reichsautobahngesetz entsprach im wesentlichen dem des Reichsbahngesetzes. Näher *Aufderheide*, Der Bau der Reichsautobahnen, 1938, S. 11ff. und S. 32ff., zu den »Besonderheiten für das Recht der Reichsautobahnen«; vgl. auch *Fickert*, Planfeststellung für den Straßenbau, 1978, S. 6.

[83] So mit Blick auf die Konzentrationswirkung der Planfeststellung im Bund-Länder-Verhältnis *Ossenbühl*, in: FS für Sendler, 1991, S. 107, 116f.; ähnlich wohl auch bereits BVerfG, Beschl. v. 15. 7. 1969 – 2 BvF 1/64 –, BVerfGE 26, 338, 369ff.

System. Davon kann jedoch, wie bereits die Analyse der einschlägigen einfachgesetzlichen Regelungen belegt hat[84], auch im Verhältnis des Bundes zu den Ländern nicht die Rede sein. Ein derart mehrstufig angelegtes Planungssystem besteht lediglich auf dem Gebiet der räumlichen Gesamtplanung kraft der ausdrücklichen Anordnung in § 1 Abs. 3 ROG. Im übrigen ist auch im Verfassungsrecht keine normative Grundlage für eine allgemeine Hierarchie verschiedener Planungsstufen ersichtlich. Daher wird dem Hierarchiemodell zu Recht entgegengehalten, daß es ohne entsprechende gesetzliche Regelungen einen generellen Vorrang der Fach- vor der Bauleitplanung oder der überörtlichen vor der örtlichen Planung gleichsam aus der Natur der Sache heraus vor dem Maßstab der verfassungsrechtlich abgesicherten gemeindlichen Planungshoheit nicht geben kann[85] und daß auch im Verhältnis des Bundes zu den Ländern und vor allem auch den Kommunen kein generelles Über- und Unterordnungsverhältnis besteht[86]. Die einer überörtlichen Planung zugrundeliegenden überörtlichen Interessen mögen, falls sie im konkreten Fall von höherem Gewicht sind, Eingriffe in die durch Art. 28 GG geschützte gemeindliche Planungshoheit *rechtfertigen*[87], keineswegs ist jedoch eine staatliche Planung bei Vorliegen eines solchen Interesses automatisch und ohne gesetzliche Grundlage von jeder Bindung an eine rechtmäßige Bauleitplanung freigestellt. Mangels einer abweichenden gesetzlichen Regelung ist vielmehr von einer generellen Gleichrangigkeit aller Planungen auszugehen.[88]

Auch in bezug auf die Raumordnung läßt sich ohne die ausdrückliche gesetzliche Normierung bestimmter Bindungen nicht von vornherein von einer naturgemäßen Über- oder Unterordnung gegenüber anderen räumlichen Planungen sprechen. Ein »Vorrang der Raumordnung« ergibt sich nicht aus dem »Selbstverständnis dieser Disziplin«[89], sondern besteht nur, soweit sie der Bund im Raumordnungsgesetz vorgesehen hat und dies durch die Gesetzgebungszuständigkeit für Raumordnung abgedeckt ist. Für ein sich gleichsam aus der Natur der Sache ergebendes System von Planungshierarchien fehlt es demgegenüber an jeder normativen Grundlage.

---

[84] Vgl. bereits im zweiten Kapitel S. 147ff.

[85] *Badura*, in: FS für Werner Weber, 1974, S. 911, 917; *Brohm*, in: Ein Vierteljahrhundert Straßenrechtsgesetzgebung, 1980, S. 343, 358ff.; *ders.*, NVwZ 1985, 1, 5; *Dörries*, Das Verhältnis der Bauleitplanung zur raumbeanspruchenden Fachplanung, 2000, S. 127; *Dürr*, in: Brügelmann (Hrsg.), BauGB, § 38 Rn. 17, Stand: Mai 1990; *Erbguth*, NVwZ 1989, 608, 610, 614; *ders.*, NVwZ 1995, 243, 244; *Funke*, Bund-Länder-Abstimmung, 1987, S. 15ff.; *Kauch/Roer*, Das Verhältnis von Bauleitplanung und Fachplanung, 1997, S. 116f.; *Kraft*, BauR 1999, 829, 831; *Löhr*, in: Battis/Krautzberger/Löhr, BauGB, 8. Aufl. 2002, § 38 Rn. 2; *Paetow*, UPR 1990, 321, 322; *Riedwelski*, SächsVBl. 1995, 196, 202f.

[86] So etwa *Blumenwitz*, AöR 96 (1971), 161, 175f.; *Breuer*, Die hoheitliche raumgestaltende Planung, 1968, S. 104f.; *Brohm*, Landeshoheit und Bundesverwaltung, 1968, S. 21ff.; *Salzwedel*, NuR 1984, 165, 167; *Schoenenbroicher*, DVBl. 1990, 811, 813; *Zielfleisch*, Landeshoheit und bundeseigene Verwaltung, 1972, S. 17ff.

[87] Vgl. nur BVerfG, Beschl. v. 7. 10. 1980 – 2 BvR 584, 598, 599 und 604/76 –, BVerfGE 56, 298, 313f.; Beschl. v. 23. 6. 1987 – 2 BvR 826/83 –, BVerfGE 76, 107ff.

[88] Vgl. *Köstering*, DÖV 1981, 689ff., 695.

[89] So offenbar *Goppel*, UPR 2000, 431, 432.

3. Der Grundsatz »Bundesrecht bricht Landesrecht« in der Raumplanung

Die einzige Vorschrift des Grundgesetzes, die zumindest für das Bund-Länder-Verhältnis die Grundlage für eine Planungshierarchie liefern könnte, ist die explizite Kollisionsregel des Art. 31 GG. Der hier normierte, ähnlich bereits in Art. 13 WRV enthaltene Grundsatz »Bundesrecht bricht Landesrecht« wurde in der Tat im älteren Schrifttum jahrzehntelang herangezogen, um eine umfassende Vorrangstellung der bundesrechtlichen Fachplanung namentlich gegenüber der ursprünglich landesrechtlich geregelten Bauleitplanung zu begründen.[90] Auch im neueren Schrifttum klingt der Gedanke gelegentlich noch an[91], obwohl die Bedeutung der Norm in diesem Zusammenhang stark zurückgegangen ist.

Nach mittlerweile ganz herrschender Lehre läßt sich nämlich auch aus Art. 31 GG zumindest ein genereller Vorrang der Fachplanung vor der Bauleitplanung nicht herleiten. Zum einen beruhen nach geltendem Recht sowohl der nach dem Baugesetzbuch erlassene Bauleitplan als auch weite Teile der Fachplanungen zwar meist gleichermaßen auf Bundesrecht, sind aber selbst dem Landesrecht zuzuordnen, so daß beide Planungen nach Rechtsgrundlage und eigener Stellung als gleichrangig anzusehen wären.[92] Anwendbar wäre die Regel daher allenfalls für das Zusammentreffen von einerseits durch Bundesgesetz, andererseits durch Landesgesetz geregelten Planungen[93], also etwa der Bauleitplanung mit einer landesrechtlich geregelten Fachplanung. Kein Normwiderspruch in diesem Sinn ist hingegen dann gegeben, wenn eine bundesrechtliche Planung zusätzlich zu dem einschlägigen Fachrecht auch allgemeine landesrechtliche Vorgaben in Form widersprechender Pläne zu beachten hat.[94]

---

[90] Vgl. etwa noch *Marschall*, FernStrG, 3. Aufl. 1972, § 17 Rn. 8; *Radecke*, in: Haustein (Hrsg.), Die Eisenbahnen im deutschen öffentlichen Recht, 1960, S. 339f., umfassende Nachweise zu dieser Auffassung bei *Breuer*, Die hoheitliche raumgestaltende Planung, 1968, S. 198; *Dörries*, Das Verhältnis der Bauleitplanung zur raumbeanspruchenden Fachplanung, 2000, S. 120 Fn. 421; *Schlarmann*, Das Verhältnis der privilegierten Fachplanungen zur kommunalen Bauleitplanung, 1980, S. 45 in Fn. 1.

[91] Vgl. etwa *Gaentzsch*, NuR 1990, 1, 2; für einen generellen Vorrang der Bundesplanung vor der des Landes auch *Ronellenfitsch*, Einführung in das Planungsrecht, 1986, S. 13f.; *Shin*, Planungsermessen, 1989, S. 78.

[92] *Dörries*, Das Verhältnis der Bauleitplanung zur raumbeanspruchenden Fachplanung, 2000, S. 125; *Erbguth*, NVwZ 1989, 608, 613; *Finke*, Die Privilegierung von Fachplanungen nach § 38 BauGB, 2001, S. 7f.; *Kauch/Roer*, Das Verhältnis von Bauleitplanung und Fachplanung, 1997, S. 115; *Roeser*, in: Schlichter/Stich/Driehaus/Paetow (Hrsg.), Berliner Kommentar zum BauGB, 3. Aufl., § 38 Rn. 8, Stand: Aug. 2002; *Schlarmann*, Das Verhältnis der privilegierten Fachplanungen zur kommunalen Bauleitplanung, 1980, S. 45; für das Verhältnis von Bauleitplänen und Naturschutzverordnungen auch *Weiblen*, Bauleitplanung und Flächen- und Objektschutz, 2001, S. 133ff.

[93] *Blümel*, DVBl. 1960, 697, 709, bringt das Beispiel des Zusammentreffens einer Planfeststellung nach dem Bundesfernstraßengesetz und einer Planfeststellung nach einem Landeseisenbahngesetz (heute also etwa die Planfeststellung einer Bergbahn).

[94] Instruktiv hierzu OVG Münster, Urt. v. 26. 6. 1996 – 10 B 722/96 –, NVwZ-RR 1997, 471f., wo für den Fall der Behinderung einer Planfeststellung nach § 7 TWG durch ein Verbot in einem Landschaftsplan ein Fall des Art. 31 GG zu Recht verneint wird.

Hinzu kommt, daß der Planfeststellungsbeschluß als Verwaltungsakt keine abstrakt generelle Rechtsnorm im Sinne des Artikels 31 GG darstellt[95] und daher nicht in den Anwendungsbereich dieser Kollisionsregel fällt.[96] Ein Vorrang über Art. 31 GG ließe sich demnach im Bereich räumlicher Planungen nur dann begründen, wenn ein Plan in Form einer landesrechtlichen Rechtsnorm einem Plan in Form einer bundesrechtlichen Norm entgegenstünde. Solche Fälle sind zwar recht selten, angesichts des Formenreichtums staatlicher Raumplanung jedoch durchaus denkbar und keineswegs nur auf Investitionsmaßnahmengesetze beschränkt[97], die gegenüber sämtlichen untergesetzlichen Plänen ohnehin in der Regel bereits unter dem Gesichtspunkt der Normenhierarchie Vorrang beanspruchen[98]. Ein weiteres Beispiel dieser Art stellt etwa das Zusammentreffen von Nutzungsregelungen von Bund und Ländern für Bundeswasserstraßen in bestimmten Nationalparks dar. Die Nutzungsregelungen in den förmlichen Landesnationalparkgesetzen zum Schutz des schleswig-holsteinischen Wattenmeeres[99], über den Nationalpark »Hamburgisches Wattenmeer«[100] und über den Nationalpark »Niedersächsisches Wattenmeer«[101] werden durch eine auf § 5 S. 3 WaStrG gestützte Verordnung des Bundes über das Befahren der Bundeswasserstraßen in Nationalparks im Bereich der Nordsee überlagert.[102] Hier stellt sich die Frage, wie die widersprechenden Normkomplexe in Einklang gebracht werden können. Denkbar wäre, beide Bereiche nach den jeweiligen Gesetzgebungskompetenzen abzugrenzen – mit der Folge, daß die Nationalparkgesetze das Befahren der Bundeswasserstraßen implizit von ihrem Anwendungsbereich ausnehmen würden.[103] Falls man eine derartige lückenlose Abgrenzung beider Kompetenzen im Hinblick auf die Gesetzgebungskompetenz der Länder für die Reinhaltung der Bundeswasserstraßen[104] ablehnt, würde insoweit Art. 31 GG mit der Folge des Vorrangs der Bundesverordnung zur Anwendung kommen. Die untergesetzliche Verordnung des Bundes ist dann zwar nach dem Grundsatz der

---

[95] BVerwG, Urt. v. 23. 6. 1967 – VII C 54.66 –, BVerwGE 27, 225, 228; *Gubelt*, in: v. Münch/Kunig (Hrsg.), GG, Bd. 2, 5. Aufl. 2001, Art. 31 Rn. 4; *Huber*, in: Sachs (Hrsg.), GG, 3. Aufl. 2003, Art. 31 Rn. 4, m.w.N.

[96] *Dörries*, Das Verhältnis der Bauleitplanung zur raumbeanspruchenden Fachplanung, 2000, S. 126, m.w.N.; *Dürr*, in: Brügelmann (Hrsg.), BauGB, § 38 Rn. 15, Stand: Mai 1990; *Finke*, Die Privilegierung von Fachplanungen nach § 38 BauGB, 2001, S. 7; *Milhahn*, Koordinierung der Bauleitplanung mit Planungen nach dem Bundesfernstraßengesetz, 1971, S. 74; *Schmalz*, in: Schrödter (Hrsg.), BauGB, 6. Aufl. 1998, § 38 Rn. 1.

[97] So aber *Schmalz*, in: Schrödter (Hrsg.), BauGB, 6. Aufl. 1998, § 38 Rn. 1.

[98] Näher dazu im siebten Kapitel S. 449f.

[99] Gesetz v. 22. 7. 1985, GVBl. SH 1985, 202.

[100] Gesetz v. 9.4. 1990, Hamb. GVBl. I, 63.

[101] Gesetz v. 11. 7. 2001, Nds. GVBl., 443.

[102] Verordnung über das Befahren der Bundeswasserstraßen in Nationalparken im Bereich der Nordsee v. 12. 2. 1992, BGBl. I 1992, 242; Fundstellen zu weiteren ähnlichen Verordnungen bereits im zweiten Kapitel S. 133.

[103] Näher zu diesem Ansatz im vierten Kapitel S. 194ff.

[104] BVerfG, Urt. v. 30. 10. 1962 – 1 BvF 2/60, 1, 2, 3/31 »Seewasserstraßen« –, BVerfGE 15, 1, 9ff.

Normenhierarchie den förmlichen Landesnationalparkgesetzen nachgeordnet[105], bricht jedoch das entgegenstehende Landesrecht nach Art. 31 GG.

Ein weiterer Anwendungsfall für Art. 31 GG könnte gegeben sein, wenn der Bund ein Bedarfsgesetz ändert und damit in Konflikt zu den Festsetzungen eines Landesraumordnungsprogramms tritt.[106] Sofern dieses Programm – wie im Fall des Gesetzes über das Landes-Raumordnungsprogramm Niedersachsen – formellen Gesetzesrang hat, stünde es normenhierarchisch mit dem Bedarfsgesetz des Bundes auf gleicher Stufe, würde jedoch durch Art. 31 GG gebrochen. Abgesehen von diesen eher seltenen Fällen, liefert jedoch auch Art. 31 GG keine normative Grundlage für ein allgemeines planungsrechtliches Hierarchiemodell.

III. Einfachgesetzliche Lösungsmodelle

Die bisherige Untersuchung hat gezeigt, daß zwei der wichtigsten Lösungsansätze der älteren Rechtsprechung und Literatur – das Hierarchiemodell und der Grundsatz »Bundesrecht bricht Landesrecht« – jedenfalls unter der Herrschaft des Grundgesetzes keine bzw. nur selten eine Grundlage für die Lösung von Raumplanungskonflikten zu liefern vermögen. Obwohl das Grundgesetz dennoch Vorgaben für die Raumplanung enthält, die für das Zusammentreffen widersprechender Raumplanungen ein erhebliches Maß an Konfliktlösungskraft entfalten – einige von diesen sind in den anschließenden Kapiteln zu behandeln –, wird doch bereits an dieser Stelle deutlich, daß sich aus der Verfassung schwerlich »Großformeln«[107] im Sinne einer abschließenden Planungshierarchie oder spezifisch planungsrechtlicher subsumtionsfähiger Konflikt- und Koordinationsregeln ableiten lassen.[108] Allgemeingültige Konfliktlösungsmodelle werden jedoch auch auf einfachgesetzlicher Ebene angesiedelt. Dementsprechend sind nunmehr zwei Konfliktregeln in den Blick zu nehmen, deren Geltungsgrund sich im Fall des zunächst zu behandelnden Spezialitätsgrundsatzes aus den Grundsätzen der Methodenlehre, im Fall des anschließend zu untersuchenden planerischen Prioritätsprinzips hingegen im wesentlichen aus der induktiven Verallgemeinerung gesetzlicher Regelungen ergibt. Während das erstgenannte Problemlösungsmodell im Schrifttum bereits mehrfach behandelt wurde und sich mittlerweile zu Recht eine – ablehnende – herrschende Lehre herausgebildet hat, finden sich zu dem in der Rechtsprechung ungleich bedeutenderen planerischen Prioritätsprinzip kaum wissenschaftliche Stellungnahmen, die über eine befürwortende Darstellung der Aussagen der Rechtsprechung hinausgehen würden.

---

[105] Vgl. im siebten Kapitel S. 449f.

[106] Dieses Beispiel erwähnt *Spannowsky*, UPR 2000, 418, 426; vgl. dazu auch im vierten Kapitel S. 262ff.

[107] Dazu bereits in der Einleitung S. 7.

[108] Vgl. auch *Paetow*, UPR 1990, 321, 322.

1. Der Spezialitätsgrundsatz

Die Vorstellung, im Verhältnis konkurrierender Planungen die speziellere – etwa ein Fachplanungsvorhaben gegenüber der Bauleitplanung – nach dem Spezialitätsgrundsatz zu privilegieren, ist eng mit der Idee des hierarchischen »Vorrangs« der Fachplanung verknüpft und kommt dieser Figur im Ergebnis nahezu gleich. Der in dem Satz »*lex specialis derogat legi generali*« angeordnete Vorrang der spezielleren vor der allgemeineren Norm, ein anerkannter und unverzichtbarer Grundsatz der juristischen Methodenlehre[109], dient beispielsweise der Abgrenzung unterschiedlicher Gesetzgebungskompetenzen.[110] Dabei ist davon auszugehen, daß die Lex-specialis-Regel grundsätzlich nur für Normkollisionen auf der gleichen Stufe der Normenhierarchie gilt.[111]

Im Bereich des Raumplanungsrechts wurde der Spezialitätsgrundsatz lange Zeit herangezogen, um einen Vorrang der – »speziell« auf eine sektorale Materie bezogenen – Fachplanung vor der überfachlichen, also »allgemeinen« Gesamtplanung zu begründen.[112] Noch heute wird vertreten, der in §38 BauGB formulierte Vorrang der privilegierten Fachplanung vor der Bauleitplanung bestätige nur einen Grundsatz, der sich nach allgemeinen Auslegungsregeln bereits aus dem »Vorrang« der speziellen Beurteilungsmaßstäbe eines Fachvorhabens vor der allgemeineren Bauleitplanung ergebe.[113] Nach diesem Ansatz ist auch §38 BauGB – entgegen der herrschenden Lehre[114] – keine konstitutive Privilegierung bestimmter Raumplanungen, sondern lediglich Ausdruck eines allgemeinen Grundsatzes der Spezialität, nach dem Fachplanungen, die außerhalb der Entscheidungskompetenz der Gemeinde liegen, nicht an die Festsetzungen eines Bebauungsplanes gebunden seien. Die Abwägungs- und Festsetzungsmöglichkeiten der gemeindlichen Bauleitplanung müssten somit im Lichte anderer fachrechtlicher Bestimmungen gesehen und einschränkend ausgelegt werden.

---

[109] Näher *Larenz*, Methodenlehre der Rechtswissenschaft, 6. Aufl. 1991, S. 267f.; *Schneider*, Gesetzgebung, 3. Aufl. 2002, Rn. 554, 647; *Zippelius*, Juristische Methodenlehre, 5. Aufl. 1990, §7 Erl. c).

[110] Vgl. etwa *Maunz*, in: Maunz/Dürig u.a., GG, Art. 74 Rn. 13ff., m.w.N.

[111] *Ossenbühl*, in: HStR III, 1988, §61 Rn. 71.

[112] So etwa die Ausführungen *Forsthoff/Blümel*, Raumordnungsrecht und Fachplanungsrecht, 1970, S. 92, m.w.N.; *Heinze*, BBauG, 2. Aufl. 1980, Vorb. 1 Rn. 5 und Vorb. 2 Rn. 7; *Mlitzko*, Die polizeilichen Aufgaben und Befugnisse des Bundes im Eisenbahnwesen, 1959, S. 144ff.; *Radecke*, in: Haustein (Hrsg.), Die Eisenbahnen im deutschen öffentlichen Recht, 1960, S. 339f., m.w.N. Weitere Belege auch zur Rspr. bei *Schlarmann*, Das Verhältnis der privilegierten Fachplanungen zur kommunalen Bauleitplanung, 1980, S. 46.

[113] *Weidemann*, DVBl. 1994, 263, 269, 272. So gehe etwa die Gemeinwohlklausel in §2 Abs. 1 Nr. 5 des Abfallgesetzes a.F. als Spezialregelung für das Verhältnis von Abfallrecht und Städtebaurecht den »allgemeinen« Regeln der §29ff. BauGB vor. Der Spezialitätsgrundsatz sei daher die allgemeine »Kollisionsregel«, die für Abfallentsorgungsanlagen durch §38 BauGB nur bestätigt würde. Ähnlich *Ronellenfitsch*, DVBl. 1998, 653, 655, und *Redeker/von Oertzen*, VwGO, 13. Aufl. 2000, §42 Rn. 139, die daher von einem »Vorrang der Fachplanung« sprechen.

[114] Vgl. statt vieler *Runkel*, in: Ernst/Zinkahn/Bielenberg (Hrsg.), BauGB, §38 Rn. 9, Stand: Feb. 2000, und dazu bereits oben S. 157f. sowie im zweiten Kapitel S. 105.

In dieser Argumentation steckt ein wahrer Kern, soweit es um die *gegenständliche* Abgrenzung der einzelnen Planungen geht. Die Aufgabenstellung und die Festsetzungsmöglichkeiten der Gesamtplanungen sind – wie noch zu zeigen ist – durch die zugrundeliegenden Gesetzgebungskompetenzen begrenzt, die ihrerseits gegenüber den spezielleren fachplanerischen Kompetenztiteln abgegrenzt werden müssen.[115] Soweit diese Fachplanungskompetenzen reichen, kann die Gesamtplanung mangels eigener Kompetenz keine eigenständigen Festsetzungen treffen, und insoweit gilt in der Tat ein »Vorrang« der spezielleren Fachplanung.[116] Dasselbe gilt auf einfachgesetzlicher Ebene und auch für das Verhältnis verschiedener Fachplanungen untereinander, so daß beispielsweise das Magnetschwebebahnplanungsgesetz für die Planung und Errichtung von Magnetschwebebahnen gegenüber dem Allgemeinen Eisenbahngesetz die speziellere Norm darstellt und das letztgenannte daher selbst dann nicht zur Anwendung kommen würde, wenn man eine Magnetschwebebahn begrifflich als Eisenbahn ansehen wollte[117]. Im Hinblick auf diese gegenständliche Abgrenzung der einzelnen Planungen untereinander ist die Anwendung der Lex-specialis-Regel nicht nur zulässig, sondern für eine funktionsgerechte Auslegung der einzelnen Kompetenzen sogar unabdingbar.

Bedenken bestehen allerdings deshalb, weil die erwähnten Stimmen im Schrifttum beanspruchen, den Spezialitätsgrundsatz auch für Plankonflikte zwischen jeweils kompetenzgemäßen Planungen heranzuziehen und damit im Fall unterschiedlicher Festsetzungen zwischen ganz unterschiedlichen Raumplanungen eine planungsrechtliche Hierarchie zu begründen. Hält man den Spezialitätsgrundsatz auf das Verhältnis unterschiedlicher Raumplanungen – bei denen es sich nicht unbedingt um gleichrangige Rechtsnormen handeln muß – überhaupt für anwendbar, so ergeben sich jedenfalls massive Schwierigkeiten bei der entscheidenden Frage, welche Norm im konkreten Fall als die »speziellere« angesehen werden soll. So haben Gerichte die Frage unterschiedlich beantwortet, ob die Planfeststellungsvorschriften des Fernstraßengesetzes im Verhältnis zu einem Bebauungsplan, der sich auf dieselbe Bundesfernstraße bezieht, die speziellere oder die allgemeinere Norm darstellt.[118] Im übrigen ist dem Spezialitätsgrundsatz vor allem für das Verhältnis von Raumordnung und Fachplanung entgegenzuhalten, daß es gerade dem Zweck und dem gesetzlichen Auftrag der Gesamtplanung entspricht, sektorale Planungen zu steuern und zu koordinieren. Bereits aus diesem Grund erscheint die Annahme widersinnig, daß die Vorschriften über die örtliche und überörtliche Gesamtplanung und die auf dieser Grundlage erlassenen Pläne gegenüber sämtlichen Fachplanungen und ohne ausdrückliche gesetzli-

---

[115] Näher dazu im vierten Kapitel S. 201ff.

[116] In diesem Sinne verwendet den Begriff etwa *Stadler*, Die Enteignung zur Verwirklichung von Festsetzungen des Bebauungsplans, 2001, S. 61.

[117] Daß Magnetschwebebahnen begrifflich als Eisenbahnen anzusehen sind, entsprach der Rechtsprechung des Reichsgerichts. Dem folgt beispielsweise noch die Darstellung der Voraussetzungen für den Bau einer Magnetschnellbahn bei *Rath*, Möglichkeiten und Grenzen der Durchsetzung neuer Verkehrstechnologien, 1993, S. 273ff.

[118] Vgl. die Nachweise bei *Forsthoff/Blümel*, Raumordnungsrecht und Fachplanungsrecht, 1970, S. 92 in Fn. 428.

che Regelung von vornherein als *leges generales* zurücktreten würden.[119] Der Spezialitätsgrundsatz bildet zwar wie dargestellt einen Schlüssel für die gegenständliche Abgrenzung der einzelnen Raumplanungen untereinander. Das Verhältnis kompetenzgemäß konkurrierender Raumplanungen ist demgegenüber richtigerweise von vornherein von dem Anwendungsbereich dieser Regel ausgeschlossen.

2. Der Prioritätsgrundsatz

Vor dem Hintergrund dieser Überlegungen kann nicht verwundern, daß der Spezialitätsgrundsatz zwar bis heute im Schrifttum eine Reihe von Anhängern findet, in der Rechtsprechung jedoch nur selten aufgegriffen wurde. Dies ist ganz anders bei dem planerischen Prioritätsgrundsatz, der in der Rechtsprechung seit Jahrzehnten eine beherrschende Rolle spielt[120] und inhaltlich darauf abzielt, der früheren vor der nachfolgenden Planung einen – wohl nur relativen – Vorrang zu verleihen. Die sehr vereinzelte Kritik der Schrifttums an diesem in der Rechtsprechung des Bundesverwaltungsgerichts oft maßgeblichen Rechtsprinzip bezieht sich fast durchweg auf die Frage der Sachgerechtigkeit einer Privilegierung der zeitlich vorrangigen Planung, selten jedoch auf den Geltungsgrund oder die Aussagekraft dieser Regel. Bei genauerer Analyse der Rechtsprechung lassen deren scheinbar so klare Aussagen jedoch viele Fragen offen.

a) *Herkunft und Bedeutung des Prioritätsgrundsatzes*

Das als Rechtssprichwort »Wer zuerst kommt, mahlt zuerst« bereits im Sachsenspiegel niedergelegte, trotz vielfacher Kritik noch immer in vielen Zusammenhängen maßgebende Prioritätsprinzip findet in den verschiedensten Bereichen der deutschen Rechtsordnung Anwendung. Eine zentrale Rolle kommt ihm vor allem bei der Lösung von Verteilungskonflikten zu.[121] Auf dem Gebiet des öffentlichen Rechts

---

[119] So für die ablehnende h. L. etwa *Breuer*, Die hoheitliche raumgestaltende Planung, 1968, S. 200, 207; *Dörries*, Das Verhältnis der Bauleitplanung zur raumbeanspruchenden Fachplanung, 2000, S. 126f.; *Dürr*, in: Brügelmann (Hrsg.), BauGB, § 38 Rn. 16, Stand: Mai 1990; *Finke*, Die Privilegierung von Fachplanungen nach § 38 BauGB, 2001, S. 9f.; *Forsthoff/Blümel*, Raumordnungsrecht und Fachplanungsrecht, 1970, S. 94; *Kauch/Roer*, Das Verhältnis von Bauleitplanung und Fachplanung, 1997, S. 115f.; *Milhahn*, Koordinierung der Bauleitplanung mit Planungen nach dem Bundesfernstraßengesetz, 1971, S. 76; *Roeser*, in: Schlichter/Stich/Driehaus/Paetow (Hrsg.), Berliner Kommentar zum BauGB, 3. Aufl., § 38 Rn. 9, Stand: Aug. 2002; *Runkel*, in: Ernst/Zinkahn/Bielenberg (Hrsg.), BauGB, § 38 Rn. 14, Stand: Feb. 2000; *Schlarmann*, Das Verhältnis der privilegierten Fachplanungen zur kommunalen Bauleitplanung, 1980, S. 47f., m. w. N.

[120] *Grigoleit/Otto*, DÖV 2000, 182, 186, halten ihn für die zentrale Koordinationsregel überhaupt.

[121] Dazu besonders für den Bereich des öffentlichen Rechts eingehend und kritisch *Voßkuhle*, Das Prioritätsprinzip als antiquierter Verteilungsmodus einer modernen Rechtsordnung, Verw 32 (1999), 21ff. Zur Bedeutung des Prioritätsprinzips im Bereich des Zivilrechts vgl. die kritischen Ausführungen bei *Schlosser*, ZZP 1984, 121ff.; *Schöne/Wüllrich*, WRP 1997, 514ff.; zur Herkunft des Rechtssatzes aus dem römischen Recht *Schmidt-Wiegand*, in: dies. (Hrsg.), Deutsche Rechtsregeln und Rechtssprichwörter, Neuausgabe 2002, S. 13.

folgt beispielsweise die Zulassung von Parteien zu öffentlichen Einrichtungen regelmäßig dem Prioritätsprinzip.[122] Im Personenbeförderungsrecht spielt der Grundsatz u.a. bei der Vergabe von Taxi-Konzessionen eine tragende Rolle.[123] Auch im Bereich des Hochschulrechts soll das Prioritätsprinzip für eine sachgerechte Vergabe von Plätzen in Lehrveranstaltungen anwendbar sein.[124] Gesetzlich normiert findet es sich regelmäßig für die Kostentragung bei der durch andere Planungen veranlassten Verlegung von Anlagen, etwa für kabelgebundene Telekommunikationslinien in § 56 TKG.

b) Das Prioritätsprinzip als ausnahmefähiger Rechtsgrundsatz

Nicht zuletzt liefert der Prioritätsgrundsatz auch auf dem Gebiet des Planungsrechts ein wichtiges Grundmodell. Im Bereich des Rechts räumlicher Planungen folgt namentlich § 7 BauGB dem Grundsatz des Prioritätsprinzips.[125] Weitere Anwendungsfälle sind verschiedene Kostenverteilungsregeln des Kreuzungsrechts[126], die zahlreichen Vorschriften über Veränderungssperren in bestimmten Planungsräumen[127], in der Rechtsprechung u.a. die Figur der planerischen Vorbelastung sowie die Idee erworbener Rechte. Der Gesetzgeber und die Rechtsprechung gehen also – anders als die Kritiker des Prioritätsprinzips im Schrifttum – zu Recht keineswegs davon aus, daß es sich bei der Priorität um einen »rein zufälligen« Umstand handele, der für den Geltungsanspruch einer Planung keine Aussagekraft habe.[128] Vielmehr bringen die zitierten Regelungen den Gedanken zum Ausdruck, daß Planungen mit zunehmender Konkretisierung und Verfestigung schutzwürdiger werden und auch rechtlich größeres Durchsetzungsvermögen erlangen sollen. Dieser Vorstellung entspricht die Prämisse der Rechtsprechung, daß das unkonkre-

---

[122] Vgl. etwa VGH Mannheim, Beschl. v. 5.10. 1993 – 1 S 2333/93 –, VBl.BW 1994, 146f.

[123] Vgl. nur OVG Münster, Urt. v. 11.6. 1990 – 13 B 1283/90 –, NVwZ-RR 1991, 147f.; BVerwG, Urt. v. 23.11. 1981 – 7 C 57/79 –, BVerwGE 64, 238ff.

[124] VGH Mannheim, Urt. v. 9.11. 1997 – 9 S 3034/96 –, WissR 1998, 57ff.

[125] *Hennecke*, Die Bedeutung der Fachplanung und der Raumordnung für die Bauleitplanung, 1994, S. 14; *Kraft*, BauR 1999, 829, 831; demgegenüber sehen *Grigoleit/Otto*, DÖV 2000, 182, 186, diese Regelung als Ausnahme von dem Prioritätsgrundsatz an. Näher zum Regelungsgehalt der Vorschrift im zweiten Kapitel S. 104ff.

[126] Vgl. etwa § 11 Abs. 1 S. 1 EKrG: »Wird eine neue Kreuzung hergestellt, so hat der Beteiligte, dessen Verkehrsweg neu hinzukommt, die Kosten der Kreuzungsanlage zu tragen.« Näher zur Bedeutung des Prioritätsprinzips im Kreuzungsrecht *Marschall/Schweinsberg*, EKrG 5. Aufl. 2000, Einführung S. 24f., sowie § 11 Erl. 2. Ebenso beispielsweise § 12 Abs. 1 S. 1 FStrG, § 9 Abs. 1 und 2 MBPlG sowie § 41 Abs. 1 und 2 WaStrG.

[127] Vgl. etwa § 9g AtomG, § 14 BauGB, § 9a FStrG oder § 36a WHG und dazu *Breuer*, Die Bodennutzung, 1976, S. 223ff.

[128] So aber etwa *Dürr*, in: Brügelmann (Hrsg.), BauGB, § 38 Rn. 16, Stand: Mai 1990; *Dörries*, Das Verhältnis der Bauleitplanung zur raumbeanspruchenden Fachplanung, 2000, S. 122; *Roeser*, in: Schlichter/Stich/Driehaus/Paetow (Hrsg.), Berliner Kommentar zum BauGB, 3. Aufl., § 38 Rn. 11, Stand: Aug. 2002; vgl. zu dieser Kritik auch *Kauch/Roer*, Das Verhältnis von Bauleitplanung und Fachplanung, 1997, S. 114, m.w.N.; anders – und zu weitgehend – demgegenüber *Finke*, Die Privilegierung von Fachplanungen nach § 38 BauGB, 2001, S. 10, der das Prioritätsprinzip als im Rechtsstaatsgebot verankert ansieht.

tisierte Interesse an der Flächenfreihaltung für künftige Planungen grundsätzlich keinen Schutz verdient und sich die Schutzwürdigkeit einer konkurrierenden Planung in der planerischen Abwägung nach dem Grad ihrer Konkretisierung bemißt.[129]

In anderen Bereichen hat sich der Gesetzgeber freilich auch bewußt gegen das Prioritätsprinzip entschieden[130], so etwa im Bereich des Bergrechts für die Vorrangentscheidung bei konkurrierenden Bewilligungsanträgen nach §14 Abs.2 BBergG[131] oder bei der – ebenfalls unabhängig von einer zeitlichen Priorität geltenden[132] – Privilegierung bestimmter Fachplanungen gegenüber der Bauleitplanung nach §38 BauGB. Die Rechtsprechung bezeichnet solche Vorschriften oft als »Durchbrechung des Prioritätsprinzips«, um zu verdeutlichen, daß diese aus ihrer Sicht die allgemeine Geltung des Grundsatzes nicht in Frage stellen.[133] Auch wenn man dem im Ergebnis zustimmen mag, wird aus solchen Formulierungen deutlich, daß sich die induktive Verallgemeinerung der auf dem Grundsatz zeitlicher Priorität beruhenden Regelungen zu einem allgemeinen Rechtsprinzip angesichts einer uneinheitlichen Gesetzeslage erhöhtem methodischen Begründungszwang ausgesetzt sieht.

Fehlt es an einfachgesetzlichen Bestimmungen, so wird das Prioritätsprinzip in der Rechtsprechungs- und Verwaltungspraxis auch bei konfligierenden räumlichen Ansprüchen regelmäßig herangezogen oder argumentativ genutzt.[134] Im Hinblick auf widerstreitende bzw. sich gegenseitig ausschließende Bauanträge privater Bauherrn für zwei durch Vereinigungsbaulast miteinander verbundene Grundstücke hält es beispielsweise das Oberverwaltungsgericht Lüneburg für sachgerecht, das Prioritätsprinzip heranzuziehen und somit nach der zeitlichen Reihenfolge des Eingangs der Bauanträge zu entscheiden.[135] Insgesamt erscheint das Prioritätsprinzip somit auch auf dem Gebiet des Raumplanungsrechts in Gesetzgebung, Rechtsprechung und Verwaltungspraxis als allgemeiner, ausnahmefähiger Rechtsgrundsatz.

c) *Die Bedeutung des Prinzips für gleichrangige Raumplanungen*

Rechtsprechung und Schrifttum bewegen sich daher auf scheinbar gefestigtem Terrain, wenn sie das Prioritätsprinzip auch im Bereich konkurrierender Raumplanungen heranziehen. Jedenfalls im Verhältnis »gleichartiger« oder »gleichstufiger« Pla-

---

129 Näher dazu im fünften Kapitel S. 337ff.

130 Vgl. die Beispiele bei *Runkel*, in: Ernst/Zinkahn/Bielenberg (Hrsg.), BauGB, §38 Rn. 12, Stand: Feb. 2000.

131 Vgl. dazu die Ausführungen des VG Leipzig, Urt. v. 3.3. 1994 – 5 K 763/93 –, ZfB 135, 143, 149.

132 So statt vieler *Breuer*, Die hoheitliche raumgestaltende Planung, 1968, S. 204.

133 So BVerwG, Urt. v. 15.4. 1988 – 7 C 48/87 –, BVerwGE 79, 218, 222ff., m.w.N. (zu §6 Abs. 3 TWG).

134 Vgl. etwa *von Holleben*, DVBl. 1981, 903, 908, der das Prioritätsprinzip auf Konflikte zwischen Gewerbebetrieben und heranrückender Wohnbebauung übertragen will.

135 OVG Lüneburg, Urt. v. 26.9. 1991 – 1 L 74/91 –, zit. nach Juris.

nungen gilt demnach grundsätzlich ein Vorrang der Planung zeitlicher Priorität[136], sofern nicht – wie in § 124 BBergG – eine abweichende gesetzliche Kollisionsregelung vorliegt oder – wie in § 78 VwVfG oder in § 2 Abs. 2 BauGB – für das Zusammentreffen mehrerer Planungen andere Koordinationsinstrumente vorgesehen sind.[137] Der für den Anwendungsbereich des Prinzips maßgebliche Begriff der »Gleichstufigkeit« wird freilich selten erläutert und bleibt sehr unscharf – gemeint sein dürfte vor allem der gleiche Rang in der Hierarchie der Rechtsquellen. Dann sind aber nur vergleichsweise wenige praktisch relevante Fallgruppen denkbar, in denen gleichstufige Plankonflikte auftreten können.

Als Privilegierung des zeitlich früheren Raumnutzungsanspruches vor dem nachfolgenden stellt das Prioritätsprinzip das konträre Gegenstück zu der für das Verhältnis gleichrangiger Rechtsnormen geltenden Lex-posterior-Regel[138] dar. Befremdlich erscheint vor diesem Hintergrund eine Feststellung des Bundesverwaltungsgerichts im Jahr 1991, der gewohnheitsrechtlich anerkannte, »für alle Arten von Normsetzung geltende« Rechtssatz, daß die spätere Norm die frühere verdrängt, sei auch auf das Verhältnis zwischen einem Bebauungsplan und einer mit diesem unvereinbaren Landschaftsschutzverordnung anzuwenden.[139] Abgesehen davon, daß für dieses konkrete Konkurrenzverhältnis richtigerweise auf den Grundsatz der Normenhierarchie zurückzugreifen wäre und sich die Landschaftsschutzverordnung daher gegenüber der nachrangigen Satzung durchzusetzen vermag, während umgekehrt die Gemeinde bei Erlaß eines Bebauungsplanes an die Vorgaben höherrangiger staatlicher Verordnungen gebunden ist[140], dürfte das Gericht an dieser Stelle seine eigene Rechtsprechung zum planerischen Prioritätsprinzip geradezu ins Gegenteil verkehren. Soll das Prioritätsprinzip im Raumplanungsrecht weiter zur Anwendung kommen, so muß sich diesem gegenüber der Anwendungsbereich der Lex-posterior-Regel auf jene Fälle beschränken, in denen derselbe Planungsträger zeitlich versetzt in identischer Rechtsform widersprüchliche Planaussagen trifft,

---

136 So etwa BVerwG, Urt. v. 27. 8. 1997 – 11 A 18.96 –, NuR 1998, 199f., m. w. N. zur Rspr.; *Erbguth*, NVwZ 1989, 608, 610; *Finke*, Die Privilegierung von Fachplanungen nach § 38 BauGB, 2001, S. 11; *Grigoleit/Otto*, DÖV 2000, 182, 186; *Kauch/Roer*, Das Verhältnis von Bauleitplanung und Fachplanung, 1997, S. 114; *Löhr*, in: Battis/Krautzberger/Löhr, BauGB, 8. Aufl. 2002, § 38 Rn. 4; *Peters*, DVBl. 1987, 990, 992; *Roeser*, in: Schlichter/Stich/Driehaus/Paetow (Hrsg.), Berliner Kommentar zum BauGB, 3. Aufl., § 38 Rn. 7, Stand: Aug. 2002; *Ronellenfitsch*, Einführung in das Planungsrecht, 1986, S. 12; *ders.*, in: *Ipsen/Rengeling/Mössner/Weber* (Hrsg.), Verfassungsrecht im Wandel, 1995, S. 167, 185; *Schmaltz*, in: Schrödter (Hrsg.), BauGB, 6. Aufl. 1998, § 38 Rn. 1; *Schmidt-Aßmann*, Grundfragen des Städtebaurechts, 1972, S. 138f.

137 Vgl. *Gaentzsch*, WiVerw 1985, 235, 237, der das Prioritätsprinzip zwar durch § 2 Abs. 2 BauGB (bzw. § 2 Abs. 3 BBauG) für verdrängt hält, jedoch auf das zunehmende Gewicht der Planung im Rahmen ihres Konkretisierungsprozesses verweist.

138 Zum Lex-posterior-Grundsatz vgl. nur *Zippelius*, Juristische Methodenlehre, 5. Aufl. 1990, § 7 Erl. f); zu den historischen, dogmatischen und legitimatorischen Grundlagen *Schneider*, Gesetzgebung, 3. Aufl. 2002, Rn. 553f.; für den Kontext des Planungsrechts auch *Spannowsky*, UPR 2000, 418, 425.

139 BVerwG, Beschl. v. 24. 10. 1990 – 4 NB 29/90 –, NVwZ 1991, 1074, 1075.

140 Näher dazu im siebten Kapitel S. 450ff.

also etwa für das Verhältnis zeitlich nachfolgender Bebauungspläne untereinander[141].

d) Zur Geltung des Prinzips für das Verhältnis von Bauleitplanung und Fachplanung

Während die Geltung des Prioritätsprinzips für das Verhältnis identischer oder der äußeren Handlungsform nach gleichartiger Planungen weitgehend anerkannt ist, erscheint der in der Rechtsprechung wohl bedeutendste Anwendungsfall des Grundsatzes durchaus zweifelhaft.[142] Auch dann, wenn eine Fachplanung und eine Bauleitplanung konkurrieren, ist nach ständiger Rechtsprechung des Bundesverwaltungsgerichts und ganz herrschender Lehre im Schrifttum grundsätzlich auf diejenige konkurrierende Planung Rücksicht zu nehmen, die den zeitlichen Vorrang genießt.[143] Dies soll auch für das Verhältnis der Bauleitplanung zu Nutzungsregelungen, also etwa zu Schutzgebietsverordnungen gelten.[144] Entscheidend ist danach, welche Planung zuerst einen *hinreichenden Grad der Konkretisierung* und Verfestigung erreicht hat. Für die Fachplanung tritt eine solche Verfestigung in der Regel mit der Auslegung der Planunterlagen im Anhörungsverfahren ein[145], möglich ist aber auch die vorzeitige Verfestigung bestimmter fachplanerischer Ziele durch die verbindlichen Vorgaben einer gesetzlichen Bedarfsfeststellung im Rahmen eines gestuf-

---

[141] Vgl. dazu die Entscheidungen des BVerwG, Urt. v. 10.8. 1990 – 4 C 3/90 –, BVerwGE 85, 289, 292; Beschl. v. 24.10. 1990 – 4 NB 29/90 –, NVwZ 1991, 1074f., wo namentlich auf den Gesichtspunkt der Widerspruchsfreiheit planerischer Festsetzungen abgestellt wird. Näher hierzu im vierten Kapitel S. 189ff.

[142] So i. E. auch *Kauch/Roer*, Das Verhältnis von Bauleitplanung und Fachplanung, 1997, S. 114, deren Kritik jedoch auf der – unzureichenden – Erwägung beruht, bei der zeitlichen Priorität einer Planung handele es sich um einen »rein zufälligen« Umstand. Zweifelnd auch OVG Saarlouis, Urt. v. 24.11. 1998 – 2 N 1/97 –, zit. nach Juris, für das Verhältnis der bergrechtlichen Fachplanung zur Bauleitplanung (»Die Konkurrenz zweier Planungen, die für ein und dieselbe Fläche unterschiedliche Nutzungen vorsehen, läßt sich nicht generell durch Zubilligung eines Vorranges für diejenige Planung bewältigen, die zuerst einen hinreichenden Grad an Konkretisierung und Verfestigung erreicht hat«).

[143] BVerwG 22.3. 1985 – 4 C 63.80 –, BVerwGE 71,150, 156; Urt. v. 22.5. 1987 – 4 C 33 – 35/83 –, BVerwGE 77, 285, 292; Urt. v. 14.7.94 – 4 NB 25/94 –, Buchholz 406.11 § 1 BauGB Nr. 75; Urt. v. 21.3. 1996 – 4 C 26/94 –, BVerwGE 100, 388, 392ff.; Urt. v. 27.8. 1997 – 11 A 18/96 –, UPR 1998, 112f.; Urt. v. 27.8. 1997 – 11 A 18.96 –, NuR 1998, 199f.; zuletzt Beschl. v. 5.11. 2002 – 9 VR 14/02 –, NVwZ 2003, 207ff., m.w.N.; im Schrifttum auch *Erbguth*, NVwZ 1989, 608, 610; *Jaschinski*, LKV 1999, 295, 297f.; *Löhr*, in: Battis/Krautzberger/Löhr, BauGB, 8. Aufl. 2002, § 38 Rn. 4, der sich auf die »Tatbestandswirkung von Hoheitsakten« beruft; *Runkel*, in: Ernst/Zinkahn/Bielenberg (Hrsg.), BauGB, § 38 Rn. 12, Stand: Feb. 2000; für nicht privilegierte – also nicht von § 38 BauGB erfaßte – Planfeststellungen auch *Breuer*, Die hoheitliche raumgestaltende Planung, 1968, S. 205f.; ähnlich *Hennecke*, Die Bedeutung der Fachplanung und der Raumordnung für die Bauleitplanung, 1994, S. 14.

[144] So etwa *Gaentzsch*, BauGB, 1991, § 38 Rn. 5; *Stich*, in: Kormann (Hrsg.), Das neue Bundesbaurecht, 1994, S. 103, 121.

[145] Vgl. die Nachweise soeben Fn. 143.

ten Planungsvorgangs.[146] Auch für die Bauleitplanung ist grundsätzlich der Zeitpunkt der Offenlegung nach §4 Abs.2 BauGB maßgeblich. Ob es ausreicht, wenn lediglich ein Gemeinderatsbeschluß zur Aufstellung oder Veränderung eines Flächennutzungsplans vorliegt, läßt das Bundesverwaltungsgericht ausdrücklich offen.[147]

Diese Rechtsprechung hat – zumindest auf den ersten Blick – erhebliche praktische Bedeutung und nicht nur positive Auswirkungen auf die Planungspraxis. Selbst in der Judikatur finden sich Hinweise auf Fälle, in denen ein regelrechter Verfahrenswettlauf z.B. der zuständigen Naturschutzbehörde mit dem Träger einer konkurrierenden Bauleitplanung stattfindet, um eine umstrittene Landschaftsschutzverordnung vor dem Beschluß über den hiermit unvereinbaren Bebauungsplan zu erlassen bzw. zu verfestigen.[148] Dabei stellt sich allerdings die Frage, ob in einem solchen »Wettlauf der Planungsträger« die planerische Verfestigung wirklich ein solches Mehr an Durchsetzungskraft vermittelt, wie es die Formulierungen der Rechtsprechung zunächst nahelegen.

e) Die Zweideutigkeit der Aussagen der Rechtsprechung

Die Rechtsfolgen, die namentlich das Bundesverwaltungsgericht mit einer planerischen Verfestigung im Fall konkurrierender Planungen verbindet, sind nämlich bei genauerer Betrachtung bemerkenswert zweideutig. Die aus dem Prioritätsprinzip abgeleitete Pflicht, auf eine andere Planung »grundsätzlich Rücksicht« zu nehmen, wenn diese zeitlichen Vorrang genießt, scheint zu implizieren, daß in den übrigen Fällen eine Pflicht zur Berücksichtigung nicht bestehen soll. Tatsächlich gilt jedoch – wie im Laufe dieser Studie noch zu zeigen sein wird – auch nach den Maßstäben der Rechtsprechung, unabhängig von dem Gesichtspunkt der zeitlichen Verfestigung, bereits aufgrund des rechtsstaatlichen Abwägungsgebots eine Pflicht, sämtliche konkurrierenden Raumnutzungsansprüche – und damit gegebenenfalls erst nachträglich verfestigte – im Zeitpunkt der verbindlichen planerischen Abwägung in diese einzustellen.[149] Angesichts dieser allgemeinen Pflicht, auch auf nachfolgende räumliche Planungen Rücksicht zu nehmen, bleibt die in den zitierten Aussagen des Bundesverwaltungsgerichts umschriebene Bedeutung des Prioritätsprinzips unklar.

Wenig eindeutig sind auch die konkreten Rechtsfolgen, die das Bundesverwaltungsgericht mit der planerischen Verfestigung verknüpft. Zwar fordert das Gericht, daß beispielsweise eine Planfeststellungsbehörde bei der Abwägung auf eine hinreichend verfestigte städtebauliche Planung soweit wie möglich Rücksicht zu neh-

[146] Dazu Beschl. v. 5.11.2002 – 9 VR 14/02 –, NVwZ 2003, 207, 208; vgl. zur Bedarfsgesetzgebung im siebten Kapitel S.422ff.

[147] BVerwG, Urt. v. 27.8.1997 – 11 A 18/96 –, NuR 1998, 199, 200.

[148] VGH Mannheim, Urt. v. 11.1.1995 – 5 S 227/94 –, zit. nach Juris, insoweit nicht in NuR 1996, 152ff.; weitere Beispiele finden sich in der Einleitung S.2f.

[149] Vgl. im fünften Kapitel besonders S.337f.

men[150] und die entsprechenden Vorstellungen der Gemeinde mit dem ihnen objektiv zukommenden Gewicht bei der Planungsentscheidung sachlich zu berücksichtigen habe[151]. Andererseits muß die Behörde jedoch auch auf noch nicht verfestigte konkrete Planungsabsichten einer Gemeinde im Rahmen der Abwägung soweit wie möglich Rücksicht nehmen, so daß durch die Fachplanung von der Gemeinde konkret in Betracht gezogene städtebauliche Planungsmöglichkeiten nicht unnötigerweise »verbaut« werden.[152] Ebenso muß die Bauleitplanung ihrerseits eine unverfestigte Fachplanung berücksichtigen.[153] Der Unterschied zwischen dem gebotenen Maß der Berücksichtigung einerseits planerisch verfestigter und andererseits noch nicht verfestigter, aber konkreter Planungsabsichten der Gemeinde bleibt in diesen Aussagen – insbesondere durch die in beiden Fällen teilidentische Formulierung »soweit wie möglich Rücksicht nehmen« – vage, zumal auch auf der Ebene des Rechtsschutzes nicht erst die Verfestigung, sondern bereits die hinreichende Konkretisierung der Planungsabsichten einer Gemeinde ausreicht, um ihre Klagebefugnis gegenüber einem Fachplan zu begründen[154]. So kann man diesen Aussagen allenfalls entnehmen, daß der Grad an Verfestigung das Gewicht einer Planung erhöht. Die Schwelle, die überwunden werden muß, um eine konkurrierende Planung »wegzuwägen«, liegt also bei einem in Kraft getretenen Bebauungsplan höher als bei einem bloßen Gemeinderatsbeschluß zur Aufstellung eines Bauleitplanes oder einem Flächennutzungsplan im Entwurfsstadium.[155] Es handelt sich jedoch lediglich um einen graduellen Unterschied, ohne daß einem konkret bestimmbaren Zeitpunkt der »planerischen Verfestigung« im Konfliktfall entscheidendes Gewicht zukommen würde. Entgegen einem absolut verstandenen Prioritätsprinzip werden sämtliche konkret dargelegten Planungsabsichten dem Schutz des Abwägungsgebots unterstellt. Die grundlegende Bedeutung, die dem Prioritätsprinzip im allgemeinen zugesprochen wird, verflüchtigt sich somit bei einer genaueren Analyse seiner Rechtsfolgen.

f) Bedenken gegen den weiten Anwendungsbereich des Prinzips

Der Haupteinwand gegen die von der Rechtsprechung behauptete Geltung des Prioritätsprinzips im Verhältnis von Fachplanung und Bauleitplanung bezieht sich allerdings nicht auf die skizzierte Unklarheit der Rechtsfolgen, sondern auf die Tatsache,

---

[150] BVerwG, Urt. v. 21.3. 1996 – 4 C 26/94 –, BVerwGE 100, 388, 394f.

[151] BVerwG, Beschl. v. 21.5. 1976 – IV C 38.74 –, BVerwGE 51, 6, 14.

[152] BVerwG, Urt. v. 21.3. 1996 – 4 C 26.94 –, BVerwGE 100, 388, 394; *Gaentzsch*, in: Schlichter/Stich/Driehaus/Paetow (Hrsg.), Berliner Kommentar zum BauGB, 3. Aufl., §7 Rn. 3, Stand: Aug. 2002; *Koch*, in: FS für Schlichter, S. 461, 473; *Kraft*, UPR 2001, 294, 297f.; *Sandner*, UPR 1997, 279, 280f.; *Ziekow*, in: ders. (Hrsg.), Praxis des Fachplanungsrechts, 2004, Rn. 611f., jeweils m.w.N.

[153] *Stüer*, UPR 1998, 408, 411, der darauf hinweist, daß im Hinblick auf die Schwierigkeit der bauleitplanerischen Abwägung solcher Belange von Großvorhaben wie dem Transrapid faktisch die Wirkungen einer Bausperre ausgingen.

[154] Näher im achten Kapitel S. 490.

[155] Vgl. VerfGH NW, Urt. v. 9.2. 1993 – VerfGH 18/91 und 2/92 –, NuR 1993, 386, 387.

daß es sich bei diesen beiden Planungsarten keineswegs um hierarchisch »gleichstufige« oder gar »gleichartige« Planungen handelt und daß ihr Verhältnis für die meisten Anwendungsfälle in § 38 BauGB eine ausdrückliche gesetzliche Regelung erfahren hat[156], die einen Rückgriff auf ungeschriebene allgemeine Grundsätze ausschließt.

Nach der Regelung in § 38 S. 1 Halbs. 1 BauGB haben die dort aufgeführten Fachplanungen Vorrang vor den Festsetzungen eines Bebauungsplans. Dies muß erst recht gelten, wenn derartige Festsetzungen noch nicht in Kraft getreten, sondern lediglich planerisch verfestigt sind. Zugleich legt § 38 S. 1 Halbs. 2 BauGB fest, daß auch im Rahmen dieser Fachplanungen »städtebauliche Belange zu berücksichtigen« sind. Dies entspricht inhaltlich der durch die Rechtsprechung aus dem Prioritätsgrundsatz abgeleiteten Pflicht zur Rücksichtnahme. Die These, daß gerade im Rahmen dieser Abwägung auf das Prioritätsprinzip abzustellen sei[157] oder daß die in § 38 BauGB verankerte Privilegierung der Fachplanung aus Gründen der Rechtssicherheit nicht auf bereits bestehende »prioritäre« Bauleitpläne erstreckt werden könne[158], widerspricht der nach Wortlaut und Entstehungsgeschichte eindeutigen gesetzgeberischen Entscheidung, der privilegierten Fachplanung die Möglichkeit einzuräumen, sich über einen bereits bestehenden – also zeitlich prioritären – Bebauungsplan abwägend hinwegzusetzen.

Dasselbe gilt für das Verhältnis der Bauleitplanung zu Schutzgebietsverordnungen, für das der Prioritätsgrundsatz ebenfalls gelten soll;[159] dem ist entgegenzuhalten, daß staatliche Verordnungen gegenüber dem Bebauungsplan höherrangige Rechtsvorschriften darstellen, nach den Grundsätzen der Normenhierarchie gegenüber der Rechtsquelle »Satzung« Vorrang beanspruchen und sich über diese nach ordnungsgemäßer Abwägung hinwegsetzen können.[160] Welche Bedeutung die Aussagen der Rechtsprechung für diese Fallkonstellation neben dem durch die Rechtsform vermittelten Vorrang noch haben sollen, ist nicht einsichtig.

g) Der Inhalt des durch die Priorität vermittelten Vorranges

Diese Widersprüche lassen sich allein dadurch auflösen, daß man das Prioritätsprinzip und den Inhalt des durch die Priorität vermittelten Vorranges auf eine Gewichtungsvorgabe für die planerische Abwägung reduziert. Richtigerweise dürfte – entgegen den mißverständlichen Formulierungen der Rechtsprechung – die Bedeutung der Verfestigung einer Planung nicht in der Konsequenz liegen, *daß* sie berücksichtigt werden muß oder daß gerade der später planende Planungsträger auf den ande-

---

[156] So zu Recht *Roeser*, in: Schlichter/Stich/Driehaus/Paetow (Hrsg.), Berliner Kommentar zum BauGB, 3. Aufl., § 38 Rn. 7, Stand: Aug. 2002.

[157] So offenbar VGH München, Urt. v. 24.5. 2000 – 26 N 99.969 –, BayVBl. 2000, 722, 723, m.w.N.

[158] So besonders *Dürr*, in: Brügelmann (Hrsg.), BauGB, § 38 Rn. 24, Stand: Mai 1990, m.w.N.; vgl. zu diesem Argument auch die weiteren Nachweise im vierten Kapitel S. 189ff.

[159] Vgl. oben S. 175f.

[160] Vgl. dazu im siebten Kapitel S. 450ff.

ren Rücksicht zu nehmen hat, sondern allein in dem einer gegenläufigen Planung im Rahmen einer solchen Rücksichtnahme zugewiesenen Gewicht.

Diese Sichtweise wird durch die Genese des Prioritätsprinzips in der Rechtsprechung bestätigt. Der Sache nach wie auch durch seine eigenen Rechtsprechungszitate[161] knüpft das Bundesverwaltungsgericht mit der Figur der »planerischen Verfestigung« nämlich an ältere Aussagen zur »planerischen Vorbelastung« an[162], die sich namentlich bei der Festsetzung von Schutzauflagen auf die Situation eines Eigentümers schutzmindernd auswirken soll, auch wenn das Gericht eine Identität beider Konzepte verneint hat[163]. In den erstgenannten Urteilen spricht das Bundesverwaltungsgericht von einer durch bestimmte planerische Erwägungen oder Vorentscheidungen bereits verfestigten konkreten Planung, die allein die Annahme einer plangegebenen Vorbelastung rechtfertigen könne.[164] Genau diese Erwägungen rechtfertigen jedoch auch eine Pflicht, auf eine entsprechend verfestigte Planung Rücksicht zu nehmen.

Letztlich geht es wohl auch dem Bundesverwaltungsgericht bei der »Pflicht zur Rücksichtnahme« gegenüber dem zeitlich vorrangigen Plan nicht um das Ob einer Berücksichtigung, sondern – genau wie bei der Figur der planerischen Vorbelastung – um eine Erhöhung oder Verminderung des Schutzniveaus der zeitlich nachrangigen Planungen.[165] So stellt das Gericht fest, im Hinblick auf Schutzauflagen zur Sicherung der gemeindlichen Planungshoheit sei für ein Baugebiet, das sich angesichts einer verfestigten Straßenplanung in Richtung auf die zukünftige Straße weiterentwickele, nicht von einem erhöhten Maß an Schutzwürdigkeit gegenüber der Straße, sondern im Gegenteil von einer entsprechenden Erhöhung der Zumutbarkeitsschwelle auszugehen.[166] Auch eine solche zeitlich nachrangige und damit vermindert schutzwürdige Planung ist somit in die fachplanerisch gebotene Abwägung einzustellen, aber nach dem Prioritätsgrundsatz mit geringerem Gewicht.

Daher stellt das Verständnis des Gesichtspunktes der Priorität als einer bloßen Gewichtungsvorgabe für die Abwägung gegenüber den scheinbar weitreichenden Aussagen der Rechtsprechung im Ergebnis wohl eher eine relativierende Akzentverschiebung als einen absoluten Neuansatz dar. Die in der Rechtsprechung übliche

---

[161] Vgl. die – die eigentliche Aussage des Gerichts freilich nicht tragenden – Rechtsprechungszitate in BVerwG, Urt. v. 27.8. 1997 – 11 A 18.96 –, NuR 1998, 199, 200.

[162] Vgl. vor allem BVerwG, Urt. v. 22.3. 1985 – 4 C 63/80 –, BVerwGE 71, 150, 156, und Urt. v. 22.5. 1987 – 4 C 33–35/83 –, BVerwGE 77, 285, 292.

[163] Vgl. BVerwG, Urt. v. 23.11. 1992 – 4 B 188/92 –, NVwZ 1993, 980: »Die zur sog. plangegebenen Vorbelastung entwickelte Rechtsprechung ist – darin ist der Beschwerde zu folgen – nicht ohne weiteres übertragbar«.

[164] Vgl. BVerwG, Urt. v. 21.5. 1976 – IV C 80.74 –, BVerwGE 51, 15, 32; Urt. v. 14.12. 1979 – IV C 10.77 –, BVerwGE 59, 253, 264.

[165] So wohl auch OVG Saarlouis, Urt. v. 24.11. 1998 – 2 N 1/97 –, zit. nach Juris, sowie neuerdings beiläufig auch BVerwG, Beschl. v. 5.11. 2002 – 9 VR 14/02 –, NVwZ 2003, 207, 208 (»Im Falle konkurrierender Planungsvorstellungen ist der Prioritätsgrundsatz ein wichtiges Abwägungskriterium«); vgl. auch *Gaentzsch*, WiVerw 1985, 235, 237.

[166] BVerwG, 21.5. 1976 – IV C 38.74 –, zit. nach Juris und insoweit nicht in BVerwGE 51, 6ff. wiedergegeben.

Definition des Prioritätsprinzips besagt, daß »grundsätzlich« derjenige Planungsträger den Vorrang hat, der seine Planung zuerst konkretisiert und verfestigt.[167] Wie schon die Bezeichnung als Grundsatz verdeutlicht, impliziert diese Kollisionsregel keinen ausnahmslosen Vorrang[168], sondern ermöglicht die Berücksichtigung der jeweils anderen Planung in der Abwägung. Freilich hat nicht nur derjenige Planungsträger Rücksicht zu nehmen, der auf eine bereits verfestigte andere Planung trifft, sondern *beide Planungsträger* haben im Rahmen der von ihnen zu treffenden Planungsentscheidungen die jeweils anderen Raumansprüche abwägend und unter Einbeziehung des Gesichtspunktes der zeitlichen Priorität zu berücksichtigen.

So wird man dem Prioritätsgrundsatz im Rahmen der ohnehin bereits verfassungsrechtlich gebotenen planerischen Berücksichtigung gegenläufiger Planungen in erster Linie eine Bedeutung als Abwägungsgesichtspunkt zusprechen können.[169] Damit entfaltet der Prioritätsgesichtspunkt jedoch gegenüber dem – noch näher zu behandelnden – Abwägungsgebot keine eigenständige Bedeutung, sondern akzentuiert lediglich die Pflicht zur planerischen Berücksichtigung gegenläufiger Planungen, die sich aus dem Gebot planerischer Abwägung ergibt. Die tragende Bedeutung, die dem Prioritätsgrundsatz meist zugeschrieben wird, überzeichnet daher seine tatsächliche Aussagekraft.

IV. Ergebnis und Ausblick

Nach dem Überblick zu den historischen Lösungsansätzen ist den meisten vorgestellten Theorien jedenfalls unter den Rahmenbedingungen des Grundgesetzes kein nennenswertes Konfliktlösungspotential für Raumplanungskonflikte zu entnehmen. Während den Hierarchiemodellen – jedenfalls außerhalb des Eisenbahnbereichs – mangels jeder normativen Grundlage die rechtliche Anerkennung zu versagen ist und der Spezialitätsgrundsatz lediglich für die gegenständliche Abgrenzung unterschiedlicher Planungen Relevanz entfaltet, kommt der Grundsatz »Bundesrecht bricht Landesrecht« nur in den sehr seltenen Fällen des Aufeinandertreffens kompetenzgemäßer normativer Pläne von Bund und Ländern in Rechtssatzform zur Anwendung. Das die Rechtsprechung beherrschende Prioritätsprinzip schließlich hat bei genauerer Betrachtung sehr viel weniger Aussagekraft, als dies die prominenten Obersätze vieler verwaltungsgerichtlicher Entscheidungen nahelegen, und ist richtigerweise als bloße Gewichtungsvorgabe für die planerische Abwägung zu verstehen. Allerdings weisen sowohl der Spezialitätsgrundsatz als auch das Prioritätsprinzip auf weitere verfassungsrechtliche Vorgaben: Während der Grundsatz der Spezialität von Raumplanungen auf die grundgesetzlich gebotene Abgrenzung der

[167] So etwa BVerwG, Urt. v. 27.8. 1997 – 11 A 18.96 –, NuR 1998, 199, 200; VGH München zitiert in BVerwG, Urt. v. 21.3. 1996 – 4 C 26/94 –, BVerwGE 100, 388, 393.

[168] Instruktiv hierzu OVG Saarlouis, Urt. v. 24.11. 1998 – 2 N 1/97 –, zit. nach Juris.

[169] Vgl. auch *Gaentzsch*, in: Schlichter/Stich/Driehaus/Paetow (Hrsg.), Berliner Kommentar zum BauGB, 3. Aufl., § 2 Rn. 22, Stand: Aug. 2002.

einzelnen Planungen nach den ihnen zugrundeliegenden Gesetzgebungs- und Verwaltungskompetenzen verweist, akzentuiert das Prioritätsprinzip das Gebot der gerechten planerischen Abwägung aller betroffenen Raumbelange. Diese beiden Koordinationsregeln bilden den Gegenstand der folgenden Kapitel.

Viertes Kapitel

Planungskompetenz und Konfliktvermeidung

I. Die Bedeutung von Kompetenznormen für das Raumplanungsrecht

Jede hoheitlich autorisierte Raumplanung stellt eine Form der Ausübung verfassungsrechtlicher Kompetenzen dar.[1] Obwohl im Bereich des Planungsrechts räumliche Überschneidungen verschiedener Planungen unvermeidbar sind, ist daher allgemein anerkannt, daß Planungskonflikte auch als Zuständigkeitskonflikte gesehen und unter Berücksichtigung der vorgegebenen Kompetenzordnung beurteilt werden müssen.[2] Da im Bereich der Raumplanung die oft nur durch das Abwägungsgebot begrenzte Gestaltungsfreiheit ein breites Spektrum zulässiger Lösungen ermöglicht, das materiell-rechtliche Entscheidungsprogramm von Raumplanungen sich also regelmäßig gerade durch eine vergleichsweise geringe Determiniertheit auszeichnet[3] und die Planungszuständigkeit somit in mancher Hinsicht mit über den Inhalt der Festsetzungen entscheiden wird, kommt der Person des Planungsträgers und damit den Zuständigkeitsregelungen sogar besondere Bedeutung zu.[4] Hinter planungsrechtlichen Kompetenzkonflikten stehen daher vielfach »handfeste Machtfragen«, wer über die Bodennutzung für eine bestimmte Fläche zu entscheiden vermag.[5]

Vor diesem Hintergrund sollte es eine vordringliche Aufgabe des Gesetzgebers sein, räumlichen Planungskonflikten durch geeignete Zuständigkeitsregelungen vorzubeugen und die einzelnen Planungsräume und -kompetenzen sinnvoll abzugrenzen.[6] Gerade im Hinblick auf diesen Aspekt führte jedoch die im zweiten Kapi-

---

[1] BVerfG, Beschl. v. 29.3. 2000 – 2 BvL 3/96 –, NVwZ 2000, 1160, 1161, mit Verweis auf *Ossenbühl*, Gutachten B zum 50. Deutschen Juristentag 1974, S. B72; *Scholz*, VVDStRL 34 (1976), 145, 151 in Fn. 16.

[2] So aus unterschiedlichen Perspektiven etwa *Bleicher*, DVBl. 1982, 433ff.; *Breuer*, Die hoheitliche raumgestaltende Planung, 1968, S. 96ff.; *Brohm*, DÖV 1989, 429, 438; *ders.*, in: Ein Vierteljahrhundert Straßenrechtsgesetzgebung, 1980, S. 343, 364; *Kim*, Gemeindliche Planungshoheit und überörtliche Planungen, 1998, S. 155ff.; *Schmidt-Aßmann*, Fortentwicklung des Rechts im Grenzbereich zwischen Raumordnung und Städtebau, 1977, S. 41.

[3] Vgl. etwa *Ibler*, Die Schranken planerischer Gestaltungsfreiheit, 1988, S. 26ff.; allgemeiner zu der offenen »Finalstruktur« von Planungsnormen *Hoppe*, Grundfragen des Planungsrechts, 1998, S. 114ff., sowie im fünften Kapitel S. 318f.

[4] So zu Recht *Weyreuther*, BauR 1977, 293, 307f.

[5] *Wagner*, UPR 1997, 387, 390; ähnlich auch *Grigoleit/Otto*, DÖV 2000, 182; *Kraft*, UPR 2001, 294, 298f.; *Melchior*, Fachplanung im Sozialstaat, 2000, S. 117; *Weiblen*, Gemeindliche Bauleitplanung und naturschutzrechtlicher Flächen- und Objektschutz, 2001, S. 189.

[6] So die Forderung von *Schmidt-Aßmann*, Grundfragen des Städtebaurechts, 1972, S. 125.

tel vorgenommene Analyse des einfachen Rechts zu enttäuschenden Ergebnissen: Der Gesetzgeber hat zwar gelegentliche Hinweise auf die begrenzende Funktion der Kompetenzordnung gegeben, etwa in der Regelung des §4 Abs.2 S.2 BauGB, wonach die an einer Bauleitplanung beteiligten Träger öffentlicher Belange in ihren Stellungnahmen, die der Gemeinde Aufschluß über beabsichtigte oder bereits eingeleitete Planungen geben, »sich auf ihren Aufgabenbereich beschränken« sollen.[7] Insgesamt kann jedoch von einer befriedigenden Systematik nicht die Rede sein.[8] Die meisten Planungsarten bedürfen daher kompetenzrechtlicher Korrektur durch Rückgriff auf die einschlägigen verfassungsrechtlichen Kompetenzgrundlagen.

1. Die Bedeutung der Kompetenzregeln für Planungskonflikte

Die Geltung der Kompetenzordnung für das Planungsrecht ist im Grundsatz unbestritten. Skepsis besteht freilich bei zahlreichen Autoren gegenüber der Möglichkeit, diesem »Kompetenzgrundsatz« in einem notwendigerweise von weitreichenden räumlichen und sachlichen Überschneidungen geprägten »Wirrwarr der Planungsräume«[9], die zueinander im Verhältnis sich überschneidender Kreise stünden[10], und angesichts der das Raumplanungsrecht prägenden »Kompetenzvielfalt und Interessendivergenz«[11] überhaupt konkrete Handlungsanweisungen zu entnehmen.[12] So wird etwa festgestellt, das Verhältnis von Fachplanung und Gesamtplanung lasse sich zwar trefflich theoretisch abgrenzen, in konkreten Planungskonflikten sei jedoch in aller Regel eine Überschneidung der Kompetenzbereiche gegeben und eine Bereinigung des Konfliktes auf der Zuständigkeitsebene kaum möglich.[13] Den wenigen Stimmen, die Überlegungen zur Kompetenz und zum Aufgabenbereich der

---

[7] Vgl. zur Bedeutung dieser praktisch oft nicht beachteten Regelung *Ziekow/Siegel*, Gesetzliche Regelungen der Verfahrenskooperation von Behörden und anderen Trägern öffentlicher Belange, 2001, S.65ff.

[8] Näher dazu im zweiten Kapitel S.147ff.

[9] *Blümel*, VVDStRL 36 (1978), 171, 257.

[10] *Forsthoff*, Lehrbuch des Verwaltungsrechts, 10. Aufl. 1973, S.308; *Ronellenfitsch*, in: Marschall/Kastner, FStrG, 5. Aufl. 1998, §16 Rn.13.

[11] *Brohm*, in: Ein Vierteljahrhundert Straßenrechtsgesetzgebung, 1980, S.343, 346ff.

[12] Vgl. etwa *Brohm*, in: FS für Blümel, 1999, S.79, 82ff.; *Finke*, Die Privilegierung von Fachplanungen nach §38 BauGB, 2001, S.11; *Goppel*, UPR 2000, 431, 432; *Ronellenfitsch*, DVBl. 1998, 653, 661; *Voigt*, Die Rechtsformen staatlicher Pläne, 1979, S.215. Von ähnlicher Skepsis zeugt die verbreitete auf *Ossenbühl* zurückgehende These, Planung wirke gleichsam aus der Natur der Sache heraus »kompetenzverklammernd, -auflösend und -verschiebend« (so etwa *Langer*, VerwArch 80 (1988), 352, 365, m.w.N.; ähnlich *Breuer*, VerwArch 69 (1978), 1, 7ff.), in der eine deutliche Relativierung der Kompetenzordnung anklingt. Weitreichende Vorschläge zu einer »Neuinterpretation« der Kompetenzordnung wegen geänderter Rahmenbedingungen finden sich bei *Schmidt-Aßmann*, in: FS für Weyreuther, 1993, S.73f., 83ff., mit der an *Lerche* angelehnten und durchaus gewagten These auf S.86, im Bereich der Raumordnung transformierten Kompetenzschranken von strikten Verboten zu »bloßen topoi«. Plastisch auch *Stüer/Hönig*, UPR 2002, 333, 337 (»Jeder entscheidet ein bisschen, aber keiner so richtig«).

[13] *Erbguth*, NVwZ 1995, 243; vgl. auch ähnliche Aussagen bei *Brohm*, Landeshoheit und Bundesverwaltung, 1968, S.33ff.; *Erbguth*, NVwZ 1989, 608, 609; *Runkel*, in: Spannowsky/Mitschang (Hrsg.), Bauleitplanung auf Bahnflächen, 2001, S.99, 102.

einzelnen Planungen zumindest in Teilbereichen als brauchbaren oder gar zentralen Lösungsansatz ansehen[14], steht daher die weit überwiegende Mehrzahl der einschlägigen Veröffentlichungen gegenüber, die kaum oder überhaupt keine Aussagen zur Bedeutung der Kompetenzordnung für raumplanerische Kollisionen enthalten.[15]

Solche Skepsis ist allerdings zu pauschal: Zweifelsohne ist der Kompetenzgrundsatz im Raumplanungsrecht nicht ausreichend, um die Zuständigkeiten sämtlicher Planungsträger in jeder Hinsicht lückenlos abzugrenzen und Kollisionsregelungen generell überflüssig zu machen. Überschneidungen räumlicher Art ergeben sich immer schon dann, wenn Zuständigkeitsnormen verschiedenen Planungsträgern das Recht zuweisen, dieselbe Fläche zu überplanen und sich diese gegebenenfalls gegenseitig zu entziehen.[16] Solche indirekten »Negativplanungen«, die lediglich als Folge einer positiven planerischen Festsetzung dazu führen, daß eine Fläche für einen anderen Planungsträger nicht mehr zur Verfügung steht, sind kompetenzrechtlich grundsätzlich nicht zu beanstanden[17], obwohl auch hier gewisse Einschränkungen zu beachten sind.[18] Dennoch lassen sich aus der Kompetenzordnung durchaus relevante Vorgaben und Lösungen für bestimmte Arten von Konflikten ableiten, und wie das folgende Kapitel zeigen wird, spielt die Kompetenzordnung bei genauerer Analyse zumindest in der Rechtsprechung zum Planungsrecht eine maßgebliche Rolle. Da in nahezu allen Bereichen räumlicher Planungen derzeit ein Trend ersichtlich ist, im Rahmen einzelner Planungen den Gegenstand und die Festsetzungen der jeweiligen Planungsarten zu erweitern und den eigenen Planungsauftrag auszudehnen[19], wird dieser Gesichtspunkt in Zukunft eher noch stärkere Bedeutung erlangen als bisher. Als Grundlage der Vermeidung von Planungskonflikten[20] haben Kompetenznormen zudem vorrangige Bedeutung gegenüber eigentlichen Kollisionsregeln. Insgesamt wäre es erstrebenswert, daß Gegenstand und Reichweite der Planungskompetenzen nicht erst dann genauer ins Auge gefaßt werden, wenn sich ein anderer Planungsträger in seinem Aufgabenfeld verletzt fühlt, sondern daß diese Gesichtspunkte als immanente Rechtmäßigkeitsvoraussetzung jeder staatlichen Planung stärker in den Vordergrund treten würden.

---

[14] Hervorzuheben sind namentlich die Arbeiten von *Funke*, Bund-Länder-Abstimmung am Beispiel der Raumordnung, 1987, und *Schulte*, Raumplanung und Genehmigung bei der Bodenschätzegewinnung, 1996; vgl. auch *Kopp*, NuR 1991, 449, 451f.

[15] Nahezu ohne jeden Bezug zu Kompetenzfragen sind im neueren Schrifttum beispielsweise die monographischen Darstellungen durch *Dörries*, Das Verhältnis der Bauleitplanung zur raumbeanspruchenden Fachplanung, 2000, sowie durch *Kauch/Roer*, Das Verhältnis von Bauleitplanung und Fachplanung, 1997.

[16] Vgl. statt vieler *Ronellenfitsch*, in: Ipsen/Rengeling/Mössner/Weber (Hrsg.), Verfassungsrecht im Wandel, 1995, S.167, 183.

[17] Vgl. etwa VGH München, Urt. v. 24.5. 2000 – 26 N 99.969 –, BayVBl. 2000, 722f.

[18] Wie im fünften Kapitel zu zeigen ist, setzt ein solcher Entzug eines Planungsraums stets voraus, daß die Interessen des anderen Planungsträgers ordnungsgemäß abgewogen werden.

[19] Vgl. bereits in der Einleitung S. 9.

[20] *März*, in: Dreier (Hrsg.), GG, Bd. II, 1998, Art. 31 Rn. 21 spricht plastisch von verfassungsrechtlichen Kompetenzvorschriften als »Kollisionsvermeidungsnormen«. Diese Funktion setzt sich auf der Ebene der Raumplanung fort. Vgl. dazu sogleich nachfolgend S. 187f.

2. Kompetenzregeln als Rechtmäßigkeitsvoraussetzung der Planung

Kompetenzregeln stellen nämlich der Sache nach keine bloßen Koordinations-, Konflikt- oder Kollisionsregeln im eigentlichen Sinn dar, sondern eine im Ausgangspunkt verfassungsrechtlich vorgegebene Rechtmäßigkeitsvoraussetzung der Planung als solche. Kompetenz, also die Zuweisung von staatlichen Aufgaben und Befugnissen an einen Träger öffentlicher Gewalt[21], begrenzt im Bereich des Planungsrechts das Zugriffsobjekt und den Gegenstand zulässiger Planungen. Jede staatliche Planung oder Zulassung einer privaten Planung muß sich demnach in den räumlichen und sachlichen Grenzen halten, die durch die ihr zugrundeliegenden Gesetzgebungs- und Verwaltungskompetenzen gesetzt sind. Planung stellt keine eigenständige Kompetenzform, sondern lediglich eine bestimmte Form der Ausübung von Kompetenzen dar und kann sich somit den Vorgaben der Kompetenzordnung nicht entziehen.[22]

Aus diesem Grund können sich etwa Festsetzungen in Raumordnungsplänen, um dem weiteren Gedankengang beispielhaft vorzugreifen, nur auf solche Gegenstände beziehen, die von der Rahmengesetzgebungszuständigkeit des Bundes für die »Raumordnung« in Art. 75 Abs. 1 Nr. 4 GG als Grundlage des Raumordnungsgesetzes abgedeckt werden[23], auch wenn der zulässige Gegenstand der Planung nach Maßgabe des einfachen Rechts natürlich hinter dem Umfang der Gesetzgebungskompetenz zurückbleiben kann.[24] Der Bund selbst darf solche raumordnerischen Festsetzungen im Rahmen seines Verwaltungshandelns nur treffen, soweit seine aus der Natur der Sache bestehende Kompetenz zur Raumordnung für den Gesamtstaat reicht.[25] Eine Planung, die diese kompetenzrechtlichen Grundlagen nicht beachtet, ist – unabhängig von gesetzlichen oder sonstigen Kollisionsregeln – rechtswidrig und damit im Fall eines Konflikts mit anderen planerischen Festsetzungen grundsätzlich unbeachtlich und nachrangig. Ausnahmen von diesem Grundsatz gelten nur, wenn spezielle gesetzliche Regeln die Bestandskraft oder die Unbeachtlichkeit bestimmter Rechtsverstöße vorsehen, wie dies in den §§ 214f. BauGB oder in § 10 ROG der Fall ist, oder falls im Wege der Auslegung der Festsetzung eine kompe-

---

[21] So die verbreitete Definition von *Hesse*, Grundzüge des Verfassungsrechts der Bundesrepublik Deutschland, 20. Aufl. 1995, Rn. 27, 490f.; weitere Definitionsansätze bei *Stettner*, Grundfragen einer Kompetenzlehre, 1983, S. 31ff., 439, sowie *Hoppe/Schulte*, Rechtsschutz der Länder in Planfeststellungsverfahren des Bundes, 1993, S. 38f., m.w.N.

[22] Grundlegend *Ossenbühl*, Gutachten B für den 50. Deutschen Juristentag, 1974, S. B62, B72; vgl. auch *Müller*, Inhalt und Formen der Rechtssetzung als Problem der demokratischen Kompetenzordnung, 1979, S. 41f., sowie bereits die Nachweise in Fn. 1.

[23] *Funke*, Bund-Länder-Abstimmung am Beispiel der Raumordnung, 1987, S. 5ff., 20ff.; *Halama*, in: FS für Schlichter, 1995, S. 201, 217f.; *Hoppe/Scheipers*, in: FS für Stern, 1997, S. 1117, 1122f.; *Lehners*, Raumordnungsgebiete, 1998, S. 11f.; *Paßlick*, Die Ziele der Raumordnung und Landesplanung, 1986, S. 68ff.; *Scheipers*, Ziele der Raumordnung und Landesplanung, 1995 S. 87ff.; *Schulte*, Raumplanung und Genehmigung bei der Bodenschätzegewinnung, 1996, S. 49ff.; *Spannowsky*, DÖV 1997, 757, 763.

[24] So zu Recht bereits *Mlitzko*, DÖV 1964, 730.

[25] Vgl. zu dieser ungeschriebenen Kompetenz nachfolgend S. 213f.

tenzgemäße geltungserhaltende Reduktion der planerischen Festsetzung möglich ist, worauf namentlich die Figur vom »überschießenden Erklärungsgehalt« planerischer Festsetzungen abzielt[26].

3. Kompetenzregeln als Grundlage der Vermeidung von Planungskonflikten

Seine eigentliche Bedeutung für die hier interessierenden Planungskonflikte gewinnt der Kompetenzgrundsatz als allgemeine Rechtmäßigkeitsvoraussetzung jeder hoheitlichen Raumplanung dadurch, daß eine Überschreitung der Zuständigkeiten eines Planungssubjekts regelmäßig zugleich eine *Verletzung der Kompetenz* anderer Planungsträger darstellt. Die kompetentiellen Grenzen der Raumordnung, um bei dem erwähnten Beispiel zu bleiben, bilden zugleich »Trennlinien«[27], »Schnittstellen«[28] oder »Schranken«[29] zu den Aufgabenstellungen der Bauleitplanung und Fachplanung. Daß die Raumordnung ihre sachlichen Aufgaben nicht überschreiten und keine Festsetzungen städtebaulicher oder fachplanerischer Art treffen darf, dient also auch dem Schutz der Aufgabenbereiche dieser Planungen. Damit stellt der Kompetenzgrundsatz im Kontext der Raumplanung den wichtigsten rechtlichen Ausgangsparameter zur Vermeidung von Planungskonflikten dar. Rechtlich wie logisch hat der Kompetenzgrundsatz dabei *Vorrang* vor eigentlichen Kollisions- oder Koordinationsvorschriften. Bei der Pflicht zur Beachtung der einschlägigen Kompetenzen handelt es sich also nicht etwa um eine Kollisionsregel unter vielen, sondern der Kompetenzgrundsatz geht sämtlichen geschriebenen oder ungeschriebenen Regeln über das Verhältnis konfligierender Planungen voraus.

Um sich gegenüber einer anderen Planung durchzusetzen, muß nämlich eine Planung – egal in welcher Rechtsform sie ergehen mag – zunächst selbst Gültigkeit haben[30] und nicht nur den sonstigen Rechtmäßigkeitsvoraussetzungen entsprechen, sondern auch durch den sachlich und örtlich zuständigen Planungsträger ergehen. So wie bei Konflikten von Normen der in Art. 31 GG niedergelegte Grundsatz »Bundesrecht bricht Landesrecht« nur im Verhältnis von kompetenzgemäßem Bundesrecht zu kompetenzgemäßem Landesrecht gilt[31], können daher auch gesetzliche

[26] Dazu nachfolgend S. 266ff.

[27] *Forsthoff/Blümel*, Raumordnungsrecht und Fachplanungsrecht, 1970, S. 27.

[28] *Birk*, in: FS für Gelzer, 1991, S. 1.

[29] BVerwG, Urt. v. 30. 1. 2003 – 4 CN 14/01 –, NVwZ 2003, 742, 744, spricht von den »kompetenziellen Schranken der Regionalplanung im Verhältnis zu den Naturschutzfachbehörden«.

[30] Vgl. *Hoppe/Bönker/Grotefels*, Öffentliches Baurecht, 2. Aufl. 2002, § 5 Rn. 169; *Maurer*, in: FS für Obermayer, 1986, S. 95, 100; *Pietzcker*, in: HStR IV, 1990, § 99 Rn. 26ff.; *Steiner*, in: ders. (Hrsg.), Besonderes Verwaltungsrecht, 6. Aufl. 1999, Kap. VI Rn. 16; *Ziekow*, in: ders. (Hrsg.), Praxis des Fachplanungsrechts, 2004, Rn. 591.

[31] Vgl. nur *Bothe*, in: AK-GG, Bd. 1, 2. Aufl. 1989, Art. 31 Rn. 10; *Dreier*, in: ders. (Hrsg.), GG, Bd. II 1998, Art. 31 Rn. 19 und 23; *Huber*, in: Sachs (Hrsg.), GG, 3. Aufl. 2003, Art. 31 Rn. 8; *März*, Bundesrecht bricht Landesrecht, 1989, S. 109ff.; *ders.*, in: Dreier (Hrsg.), GG, Bd. II, 1998, Art. 31 Rn. 21ff.; *Rozek*, in: Dreier (Hrsg.), GG, Bd. II, 1998, Art. 70 Abs. 1 Rn. 10.

planerische Konfliktregelungen wie §5 ROG oder §38 BauGB, ebenso entsprechende allgemeine Grundsätze wie das Prioritätsprinzip, grundsätzlich nur bei Konflikten zwischen jeweils kompetenzgemäßen Planungen zum Tragen kommen. Denn die Funktion von Kompetenzregeln besteht gerade darin, widersprechendes hoheitliches Verhalten zu vermeiden und Konfliktregeln bereits auf der Ebene der Aufgabenzuweisung vorzugreifen. Treffen also beispielsweise eine staatliche Schutzgebietsverordnung und ein gemeindlicher Bebauungsplan mit widersprechenden Festsetzungen aufeinander, so ist auf Fragen des Ranges des Plans und insbesondere auf das Rangverhältnis von Satzung und Verordnung[32] dann nicht abzustellen, wenn eine dieser Planungen kompetenzwidrig ist.[33] Wenn weite Teile der Literatur und planungsrechtlichen Praxis demgegenüber nahezu sämtliche Raumplanungskonflikte über die erwähnten gesetzlichen Regelungen zu lösen versuchen[34], vernachlässigt dies allzu oft die verfassungsrechtlich gebotene vorgelagerte Aufgabe einer kompetentiellen Abgrenzung der konfligierenden Planungen.

4. Die Zulässigkeit widersprechender planerischer Festsetzungen

Allerdings muß im Hinblick auf die Tragweite des Kompetenzgrundsatzes als Regel zur Vermeidung von Planungskonflikten sogleich eine weitreichende, mittlerweile freilich höchst umstrittene Einschränkung vorweggeschickt werden: Aus dem Erfordernis, eine Raumplanung auf die ihr zugrundeliegenden räumlichen und sachlichen Grenzen zu beschränken und die kompetentiellen »Trennlinien« zu den Aufgaben anderer räumlicher Planungen zu beachten, läßt sich nicht ohne weiteres das Postulat einer Widerspruchsfreiheit der Raumplanung insgesamt ableiten, nach dem jede Raumplanung generell gehindert wäre, räumliche Festsetzungen aufzustellen, die im Widerspruch zu den Festsetzungen anderer Raumplanungen stünden. Es ist durchaus üblich, daß identische Flächen durch mehrere verschiedene Pläne erfaßt werden[35] und daß es dabei zu Zielkonflikten kommt. So sind etwa Naturschutzbehörden nicht von vornherein daran gehindert, im Geltungsbereich bestehender Bebauungspläne ein Schutzgebiet festzusetzen, selbst wenn durch eine solche Ausweisung die nach dem Bauleitplan vorgesehene Nutzung der betreffenden Flächen unmöglich wird[36], sofern sie diese Pläne mit dem ihnen zukommenden Gewicht

---

32 Vgl. dazu im siebten Kapitel S. 450ff.

33 *Heintzen*, Verw 29 (1996), 17, 43f.; vgl. auch *Schilling*, Rang und Geltung von Normen in gestuften Rechtsordnungen, 1994, S. 193.

34 Vgl. die Nachweise oben S. 184f.

35 Vgl. nur *Bender*, VerwArch 83 (1992), 576, 582ff., 590f., m.w.N.; *Birk*, in: FS für Gelzer, 1991, S. 1, 2, 7.

36 Näher etwa *Egner*, in: Engelhardt/Brenner/Fischer-Hüftle (Hrsg.), Naturschutzrecht in Bayern, Art. 10 BayNatSchG Erl. 1b, Stand: Sept. 1993; *Steinberg*, DVBl. 1982, 13, 16; *Weiblen*, Gemeindliche Bauleitplanung und naturschutzrechtlicher Flächen- und Objektschutz, 2001, S. 214ff.; zur reziproken Konstellation – Bebauungsplanung im Naturschutzgebiet – vgl. BVerwG, Beschl. v. 23.7. 2003 – 4 BN 40.03 –, UPR 2004, 74f.

angemessen in der Abwägung berücksichtigen[37]. Umgekehrt kann die Gemeinde bei ordnungsgemäßer Abwägung sogar einen bereits zugelassenen Bergbaubetrieb durch die Festsetzungen in einem Bebauungsplan Beschränkungen unterwerfen, wenn dies städtebaulich erforderlich ist, und sich damit zu dem bestehenden (einfachen) bergrechtlichen Betriebsplan in Widerspruch setzen.[38] Ebenso kann der Nutzbarkeit einer im Bebauungsplan als überbaubar festgesetzten Grundstücksfläche eine benachbarte Bundesstraßenplanung entgegenstehen, da nach §9 Abs. 1 Nr. 1 FStrG in der Umgebung von Bundesstraßen Hochbauten jeder Art nicht errichtet werden dürfen.[39] In all diesen Fällen steht die grundsätzliche Zulässigkeit widersprechender planerischer Festsetzungen jedenfalls unter dem Gesichtspunkt der Kompetenzordnung außer Frage. Trotz ihrer strikt voneinander abzugrenzenden Rechtsgrundlagen sind vielmehr die Planungsräume der unterschiedlichen Planungsträger potentiell auf dieselben Flächen bezogen, so daß sich das Raumplanungsrecht als ein notwendig von weitreichenden räumlichen Überschneidungen geprägtes System darstellt.

5. Widerspruchsfreiheit der Raumplanung?

Obwohl somit ein Postulat der Widerspruchsfreiheit der Raumplanung zumindest auf die grundgesetzliche Kompetenzordnung als solche nicht gestützt werden kann, ließe sich ein solcher Grundsatz jedoch möglicherweise aus dem Rechtsstaatsgebot ableiten. In der Tat wäre denkbar, daß das Rechtsstaatsgebot aus Gründen der Rechtssicherheit widersprechende planerische Festsetzungen für ein und dieselbe Fläche untersagt. In diesem Sinne hatte ursprünglich *Schmidt-Aßmann* ein »Gebot der Planungsklarheit und Planungsübersichtlichkeit« entwickelt, das ein »Minimum an einheitlichem Systemgedanken« erforderlich machen soll.[40]

Diese zunächst wenig aufgegriffene Forderung gewinnt neue Aktualität vor dem Hintergrund des erstmalig durch das Bundesverfassungsgericht in dem vieldiskutierten Urteil über die Unzulässigkeit kommunaler Verpackungssteuern entwickelten rechtsstaatlichen Postulats der *Widerspruchsfreiheit der Rechtsordnung*, wonach Regelungen mit Auswirkungen in einem anderweitig geregelten Sachbereich nicht dazu führen dürfen, daß »dadurch die Rechtsordnung widersprüchlich wird«. Die bislang anerkannte »Verpflichtung zur Beachtung der bundesstaatlichen Kompetenzgrenzen und zur Ausübung der Kompetenz in wechselseitiger bundesstaatlicher Rücksichtnahme« wird demnach »durch das Rechtsstaatsprinzip in ihrem Inhalt verdeutlicht und in ihrem Anwendungsbereich erweitert.«[41] Diese durch den

[37] Vgl. zuletzt etwa BVerwG, Urt. v. 31.1. 2001 – 6 CN 2.00 –, BVerwGE 112, 373, 380ff.

[38] BVerwG, Urt. v. Beschl. v. 16.3. 2001 – 4 BN 15/01 –, NVwZ-RR 2002, 8, m.w.N.; näher dazu nachfolgend im sechsten Kapitel S. 376f.

[39] VGH Kassel, Urt. v. 22.7. 1999 – 4 N 1598/93 –, BRS 62 Nr. 53.

[40] *Schmidt-Aßmann*, Fortentwicklung des Rechts im Grenzbereich zwischen Raumordnung und Städtebau, 1977, S. 82; vgl. auch *ders.*, DÖV 1974, 541ff.

[41] BVerfG, Urt. v. 7.5. 1998 – 2 BvR 1991/95 und 2 BvR 2004/95 –, BVerfGE 98, 106, 118f., 123ff.

Gesichtspunkt der (kompetenzrechtlichen) Einheit der Verfassung[42] inspirierte Figur des Bundesverfassungsgerichts konnte zwar an Vorüberlegungen in Rechtsprechung und Schrifttum anknüpfen, in dieser Tragweite war aber ein solcher Grundsatz bis dahin nicht anerkannt.[43]

Auch in der Rechtsprechung zum Raumplanungsrecht finden sich seit einigen Jahren vergleichbare Aussagen, wonach »einander widersprechende planerische Aussagen verschiedener Planungsträger in bezug auf ein und dieselbe Fläche« rechtlich unzulässig sein sollen[44] und die Gemeinde daher für eine Fläche mit dem planungsrechtlichen Charakter einer Bahnanlage keine der besonderen Zweckbestimmung dieser Anlage widersprechenden Festsetzungen in einem Bebauungsplan treffen darf[45]. In späteren Entscheidungen argumentierte das Bundesverwaltungsgericht mit etwas anderem Akzent, jedoch ebenfalls auf dem Boden des Rechtsstaatsprinzips, es sei »ein Gebot der Rechtsklarheit«, daß die Gemeinde in den Flächennutzungsplan keine Darstellung aufnehme, die gegen eine Verordnung über die Festsetzung eines Landschaftsschutzgebietes verstoße und daher aus Rechtsgründen nicht verwirklicht werden könne.[46] Im Verhältnis zeitlich nachfolgender Bebauungspläne untereinander hält das Gericht eine Auslegung für geboten, die zu dem »gewünschte(n) und auch gebotene(n) Ergebnis der Widerspruchsfreiheit planerischer Festsetzungen« führt.[47] Im Schrifttum wird aus solchen Aussagen[48] vielfach gefolgert, daß – ohne daß dies den einfachgesetzlichen Regelungen so zu entnehmen wäre – die Abweichung einer Planung von einer für dieselbe Fläche bereits festge-

(»rechtsstaatliche Grenze der Kompetenzausübung); ebenso Urt. v. 7. 5. 1998 – 2 BvR 1876/91 u.a. –, BVerfGE 98, 83, 97f.; Urt. v. 22. 12. 1999 – 11 C 9/99 –, BVerwGE 110, 248ff.; vgl. diesem kontrovers diskutierten Ansatz zustimmend etwa *Di Fabio*, NVwZ 1999, 1153, 1156f.; *Weidemann*, DVBl. 1999, 73, 74; wohl auch *Sodan*, JZ 1999, 864, 871ff.; kritisch hingegen *Brüning*, NVwZ 2002, 33ff.; *Jarass*, UPR 2001, 5ff., m.w.N.; *Papier*, in: Umweltschutz, Wirtschaft und kommunale Selbstverwaltung, 2001, S. 11, 25ff., 30f.; *Rodi*, StuW 1999, 105ff.; *Schmidt/Diederichsen*, JZ 1999, 37ff.; *Sendler*, NJW 1998, 2875ff.

[42] Vgl. nur *Hesse*, Grundzüge des Verfassungsrechts der Bundesrepublik Deutschland, 20. Aufl. 1995, Rn. 20 und 71; *Scholz*, in: Bundesverfassungsgericht und Grundgesetz, Bd. II, 1976, S. 252, 271; *Stettner*, Grundfragen einer Kompetenzlehre, 1983, S. 404f. Ablehnend zu der Figur *Müller*, Juristische Methodik, 6. Aufl. 1995, S. 215ff.

[43] Vgl. namentlich die unmittelbar vor dem Urteil des Gerichts entstandene Studie von *Felix*, Die Einheit der Rechtsordnung, 1998, besonders S. 189ff., 238ff., die dieser »Argumentationsfigur« in Übereinstimmung mit der bis dahin herrschenden Lehre insgesamt nur geringe verfassungsrechtliche Relevanz zuspricht (zusammenfassend a.a.O. S. 265f., 396ff., 399ff., m.w.N.), andererseits jedoch bereits die Ausführungen und Nachweise bei *Degenhart*, Systemgerechtigkeit und Selbstbindung des Gesetzgebers, 1976, besonders S. 41f.

[44] Grundlegend insoweit BVerwG, Urt. v. 16. 12. 1988 – 4 C 48.86 –, BVerwGE 81, 111, 117; ähnlich OVG Münster, Urt. v. 11. 1. 1999 – 7 A 2377/96 –, NuR 1999, 704, 705.

[45] BVerwGE 81, 111, 115ff. Dieses Ergebnis stützt sich aber letztlich auf eine Auslegung von § 38 BauGB.

[46] BVerwG, Urt. v. 21. 10. 1999 – 4 C 1.99 –, BVerwGE 109, 371, 377.

[47] BVerwG, Urt. v. 10. 8. 1990 – 4 C 3/90 –, BVerwGE 85, 289, 292; Beschl. v. 24. 10. 1990 – 4 NB 29/90 –, NVwZ 1991, 1074f.

[48] Abgestellt wird fast durchweg auf die Passage in BVerwGE 81, 111, 117.

setzten anderweitigen Planung unzulässig sein soll[49], und sogar die weiter gehende Frage aufgeworfen, ob dem Rechtsstaatsgebot nicht ein Gebot eindeutiger Zuweisung von Kompetenzen entnommen werden kann, so daß für jede Fläche nur eine Stelle eine Abwägungsentscheidung zu treffen vermag.[50]

Der durch das Bundesverfassungsgericht entwickelte Grundsatz widerspruchsfreier Normgebung hätte somit – gerade auf dem Gebiet des Planungsrechts – potentiell weitreichende Folgen.[51] Die verbreitete Kritik an diesem Ansatz, wonach entsprechende Konflikte besser über die Kompetenzordnung[52] oder über die Bundestreue[53] zu lösen wären, kommt zudem auf dem Gebiet des Raumplanungsrechts weniger zum Tragen, da hier mit der mehrfachen Zuständigkeit zur Beplanung identischer Flächen Kompetenzkonflikte schwieriger zu entscheiden sind als bei der abstrakten Abgrenzung unterschiedlicher Materien.[54] Wenn beispielsweise eine Naturschutzbehörde eine bestimmte Fläche als Landschaftsschutzgebiet festsetzt, auf der die Gemeinde ein Gewerbegebiet ausweisen will, läßt sich dieser Konflikt – wie bereits gezeigt – auf der Grundlage des Kompetenzrechts allein nicht lösen. In solch einem Fall könnte ein rechtsstaatliches Verbot widersprüchlicher Planaussagen in der Tat eine wichtige Koordinationsregel darstellen.

Trotz der mit beiläufiger Selbstverständlichkeit vorgetragenen Bemerkungen des Bundesverwaltungsgerichts zur »Widerspruchsfreiheit planerischer Festsetzungen« erscheint es jedoch zweifelhaft, ob ein rechtsstaatliches Verbot widersprüchlicher Planaussagen in dieser Schärfe wirklich bestehen kann. Abgesehen von den grundsätzlichen verfassungsrechtlichen Einwänden gegenüber dem weit über Art. 31 GG hinausgehenden rechtsstaatlichen Postulat der Widerspruchsfreiheit der Rechtsordnung, läßt sich ein solches Verbot im einfachgesetzlichen Raumplanungsrecht nicht nachweisen. Der Gesetzgeber geht in verschiedenen Regelungen ganz im Gegenteil eindeutig von der Möglichkeit widersprechender raumplanerischer Festsetzungen aus, so etwa in § 7 BauGB für den Fall, daß ein Fachplanungsträger den Festsetzungen eines Flächennutzungsplanes widersprochen hat und daher keiner Bindung unterliegt.[55] Im welchem Maße die bisherige Rechtsprechung und die Planungspraxis von der Zulässigkeit widersprechender planerischer Festsetzungen ausgehen,

---

[49] So *Dürr*, in: Brügelmann (Hrsg.), BauGB, § 38 Rn. 23f., Stand: Mai 1990, m.w.N.; *ders.*, in: Kodal/Krämer (Hrsg.), Straßenrecht, 6. Aufl. 1999, Kap. 36 Erl. 19.5; i. E. ebenso *Bönker/Matuschak*, Bundes- und Landesrecht im Städtebau, 1996, S. 49f.; *Dammert*, Abfallentsorgungsplanung, 1991, S. 191f.; *Dörries*, Das Verhältnis der Bauleitplanung zur raumbeanspruchenden Fachplanung, 2000, S. 111; *Finke*, Die Privilegierung von Fachplanungen nach § 38 BauGB, 2001, S. 6; *Jaschinski*, LKV 1999, 295, 298; *Weiblen*, Gemeindliche Bauleitplanung und naturschutzrechtlicher Flächen- und Objektschutz, 2001, S. 139; wohl auch *Gassner*, NVwZ 1991, 26, 29.

[50] *Kraft*, UPR 2001, 294, 298f., der dies aber i. E. verneint.

[51] Vgl. nur *Frenz*, DÖV 1999, 41ff.

[52] *Huber*, ThürVBl. 1999, 97, 104.

[53] *Weidemann*, DVBl. 1999, 73, 74.

[54] Vgl. bereits oben S. 188f.

[55] Vgl. bereits im zweiten Kapitel S. 108; allgemein zur Möglichkeit von Widersprüchen zwischen Bebauungsplan und Fachplan auch *Dörries*, Das Verhältnis der Bauleitplanung zur raumbeanspruchenden Fachplanung, 2000, S. 106, 128, 130.

wurde bereits einleitend anhand einiger Beispiele belegt. Die Rechtsprechung hat daher beispielsweise eine Gemeinde als rechtlich nicht von vornherein gehindert angesehen, eine unerwünschte bergrechtliche Betriebsplanung zum Anlaß zu nehmen, ein Bebauungsplanverfahren mit einem anderen Nutzungskonzept für die zur Realisierung des Vorhabens vorgesehene Fläche einzuleiten und diese Planung mittels einer Veränderungssperre zu sichern.[56] In diesen Fällen können somit durchaus widersprüchliche räumliche Aussagen vorliegen. Eine gewisse raumplanerische Stimmigkeit wird zwar in der Tat durch die verfassungs- und einfachgesetzliche Kompetenzordnung gewährleistet[57], ohne daß damit jedoch eine flächenmäßige Aufteilung der Planungsräume verbunden wäre. Das Rechtsstaatsgebot kann demgegenüber schwerlich ein Instrument darstellen, um die grundgesetzliche Kompetenzordnung und das einfache Recht raumplanerisch zu »perfektionieren«. In der kompetenzrechtlich vorgegebenen Möglichkeit der Überplanung identischer Flächen durch verschiedene Planungsträger ist die Möglichkeit gewisser Plankonflikte von vornherein angelegt.

Zudem wäre ein Gebot der Widerspruchsfreiheit raumplanerischer Festsetzungen als materielle Kollisionsregel nur von begrenzter Aussagekraft: Ein Verbot widersprüchlicher Planaussagen besagt nämlich nichts über die vorrangig interessierende Frage, welche von zwei sich widersprechenden Planaussagen sich im Einzelfall durchsetzen soll. So folgte in dem der Ausgangsentscheidung des Bundesverwaltungsgerichts zugrundeliegenden Fall des Zusammentreffens widersprechender Festsetzungen in einer eisenbahnrechtlichen Planfeststellung einerseits und in einem Bebauungsplan andererseits der Vorrang der erstgenannten Planung keineswegs aus einem allgemeinen rechtsstaatlichen Gebot der Planungsklarheit, sondern vielmehr aus der einfachgesetzlichen Vorrangregel des §38 BauGB. Ein raumplanerisches Verbot widersprüchlicher Planaussagen würde daher wesentliche Fragen offenlassen und wäre nur von geringer Konfliktlösungskraft. Wollte man hingegen streng auf den zeitlichen Ablauf abstellen und aus dem Verbot widersprüchlicher Planaussagen folgern, daß beispielsweise eine Landschaftsschutzverordnung von den Festsetzungen eines bereits wirksamen Bebauungsplans generell nicht abweichen kann[58], so würde diese pauschale Privilegierung des zeitlich ersten Plans auf eine fragwürdige Verabsolutierung des planerischen Prioritätsprinzips hinauslaufen[59] und zugleich spezifisch einschlägige Koordinations- und Kollisionsregeln verkennen – in dem erwähnten Fall namentlich das Abwägungsgebot und die Regeln über die Normenhierarchie.[60] Die Vorstellung schließlich, der spätere Planungsträger

---

56 OVG Saarlouis, Urt. v. 24.11. 1998 – 2 N 1/97 –, zit. nach Juris.

57 Näher nachfolgend S. 197ff. und 211ff.

58 So in der Tat *Dürr*, UPR 1991, 81, 83, und dem folgend *Bönker/Matuschak*, Bundes- und Landesrecht im Städtebau, 1996, S. 49f.

59 In diesem Sinne etwa *Finke*, Die Privilegierung von Fachplanungen nach §38 BauGB, 2001, S. 6; vgl. demgegenüber bereits im dritten Kapitel S. 171ff.

60 Vgl. dazu die Ausführungen im fünften und siebten Kapitel. Der Fall ist so zu lösen, daß sich die Verordnung nach ordnungsgemäßer Abwägung über den Bebauungsplan hinwegsetzen kann.

könne und müsse immer erst die Aufhebung des anderen Planes erzwingen, unterstellt einen Perfektionismus der Rechtsaufsicht und der Einheit der Verwaltungshierarchie, der kaum der Realität entsprechen dürfte[61].

Beizupflichten ist dem Postulat der Widerspruchsfreiheit der Raumplanung allerdings für identische Planungen, also beispielsweise für das Verhältnis zweier nachfolgender Bauleitpläne. Für diese Konstellation war allerdings von jeher anerkannt, daß die Aufhebung oder Änderung eines Plans auch konkludent durch einen nachfolgenden abweichenden Bauleitplan erfolgen kann[62], so daß der Gesichtspunkt der Widerspruchsfreiheit insoweit lediglich einen neuen Begründungsakzent darstellt. Damit bleibt festzuhalten, daß gegen die Figur der Widerspruchsfreiheit der Raumplanung grundsätzliche dogmatische Bedenken bestehen und daß die einfachgesetzliche Raumplanung und die bisherige Rechtsprechung eindeutig von anderen Prämissen ausgehen.

Die Rechtsprechung ist daher, soweit sie das Postulat der Widerspruchsfreiheit der Raumplanung nicht ohnehin geflissentlich übergeht[63], zumeist sehr zurückhaltend, einen mit Nichtigkeitsfolgen sanktionierten Widerspruch zwischen unterschiedlichen Plänen anzunehmen.[64] Einen solchen Widerspruch wird man allerdings dort bejahen können, wo die widersprechenden Festsetzungen zweier Pläne zugleich eine Normkollision[65] bewirken. In diesen Fällen ist mangels anderweitiger gesetzlicher Vorgaben auf die Regeln über die Normenhierarchie zurückzugreifen, die im siebten Kapitel zu vertiefen sind. Im übrigen ist jedoch ein absolut geltender Grundsatz der »Widerspruchsfreiheit planerischer Festsetzungen« im Raumplanungsrecht nicht nachweisbar, entspricht insbesondere nicht den einfachgesetzlichen Vorschriften und wird auch in der Rechtsprechung trotz der erwähnten, eher isolierten Aussagen keineswegs konsequent herangezogen.

---

[61] Näher zu diesen Aspekten *Dreier*, Hierarchische Verwaltung im demokratischen Staat, 1991, S. 159ff., 211ff., 297ff.

[62] BVerwG, Urt. v. 10. 8. 1990 – 4 C 3/90 –, BVerwGE 85, 289ff.; *Battis*, in: Battis/Krautzberger/Löhr, BauGB, 8. Aufl. 2002, §2 Rn. 6; *Gaentzsch*, in: Schlichter/Stich/Driehaus/Paetow (Hrsg.), Berliner Kommentar zum BauGB, 3. Aufl., §2 Rn. 29f., Stand: Aug. 2002; *W. Schrödter*, in: Schrödter (Hrsg.), BauGB, 6. Aufl. 1998, §2 Rn. 56.

[63] Vgl. etwa die Beispiele oben S. 188f. und in Fn. 56.

[64] Dieses Motiv erklärt etwa die bemerkenswerte Aussage in OVG Münster, Urt. v. 11. 1. 1999 – 7 A 2377/96 –, NuR 1999, 704, 705: »Bauflächendarstellungen im Flächennutzungsplan und Bauverbote in einer Landschaftsschutzverordnung stehen zueinander nicht in einem derartigen Widerspruch, daß sie einander ausschließen.« Ähnlich auch bereits OVG Hamburg, Urt. v. 1. 2. 1990 – Bf II 2/86 N –, NuR 1991, 239, 240; vgl. auch VGH München, Urt. v. 22. 3. 2001 – 22 ZS 01.738 –, BayVBl. 2002, 470f., wonach eine Verordnung über einen geschützten Landschaftsbestandteil und eine für dieselbe Fläche geltende bauplanungsrechtliche Ausweisung als Grünfläche einander nicht ausschließen sollen.

[65] Vgl. zu dem engen Begriff des Normwiderspruchs *Brüning*, NVwZ 2002, 33, 36, m.w.N.

6. Die Notwendigkeit der sachlichen Abgrenzung von Raumplanungen

Obwohl somit die grundgesetzliche Kompetenzordnung die Zulässigkeit widersprechender planerischer Festsetzungen nicht grundsätzlich ausschließt und ein generelles Postulat der Widerspruchsfreiheit planerischer Festsetzungen nicht anzuerkennen ist, hat die Kompetenzordnung im Raumplanungsrecht für die Abgrenzung des sachlichen *Gegenstandes* der einzelnen Raumplanungen ganz erhebliche Bedeutung. Jenen Stellungnahmen, die keine Aussagen zur Bedeutung der Kompetenzordnung für raumplanerische Kollisionen enthalten oder dem Kompetenzgrundsatz in diesem Zusammenhang jede Bedeutung absprechen, scheint – zumeist unausgesprochen – die fragwürdige Prämisse zugrunde zu liegen, daß im Fall einer räumlichen Überschneidung von Planungskompetenzen eine *gegenständliche* Abgrenzung der einzelnen Planungen entbehrlich sei. Neuere Urteile formulieren eine solche Vorstellung zum Teil sogar ausdrücklich.[66] Diese These greift deutlich zu kurz und verkennt, daß die grundgesetzliche Kompetenzordnung die Möglichkeit der Inanspruchnahme identischer Flächen nicht nur voraussetzt, sondern gerade für diesen Fall erhöhte Bedeutung gewinnt: Auch wenn sich konkurrierende Planungen in zulässiger Weise auf identische Räume beziehen mögen, sind in jedem Fall die gegenständlichen Vorgaben der Kompetenzordnung zu beachten.

Kein Urteil verdeutlicht diese grundlegende Unterscheidung von räumlichen und sachlichen Kompetenzen im Planungsrecht und damit die verfassungsrechtliche Dimension des Kompetenzgrundsatzes für die Raumplanung besser als das Urteil des Bundesverfassungsgerichts über die Verfassungswidrigkeit der Planungen der Bad Dürkheimer Gondelbahn.[67] In dem durch das Gericht entschiedenen Sachverhalt beabsichtigten die Stadt Bad Dürkheim und ein privater Investor, gemeinsam eine Seilbahn zu errichten. Die auf der Grundlage des Landeseisenbahn- und Seilbahngesetzes eingereichten Enteignungsanträge auf Dienstbarkeiten zum Überfliegen der Grundstücke hatte jedoch das zuständige Landratsamt auf Weisung der Regierung mit der Begründung abgelehnt, daß die Enteignungen unter Würdigung aller Gesichtspunkte nicht zum Gemeinwohl erforderlich seien und ihnen der

---

[66] So namentlich VGH München, Urt. v. 20.10. 1998 – 20 A 98.40022 –, BayVBl. 1999, 147ff., wo die Zulässigkeit der eisenbahnrechtlichen Plangenehmigung eines FC-Bayern-Fanshops im Münchner Hauptbahnhof bejaht wird, obwohl das Geschäft unzweifelhaft keine Betriebsanlage der Eisenbahn darstellte und – anders als beispielsweise Geschäfte für den Reisebedarf – auch nicht mittelbar dem Eisenbahnbetrieb diente. Im Zentrum der Urteilsbegründung steht dabei die Erwägung, kompetenzrechtliche Zuständigkeitsgrenzen könnten jedenfalls im Regelfall nicht »ein baulich einheitliches Bahnhofsgebäude durchschneiden«; dem zustimmend *Heinze*, BayVBl. 1999, 697; *Otto*, NJ 1999, 160f., sowie bereits *Freise/Wittenberg*, GewArch 1996, 353, 357; ablehnend *Durner*, in: Bauschke/Becker u.a. (Hrsg.), Pluralität des Rechts, 2003, S. 225, 248; *Jäde*, BayVBl. 1999, 149f.

[67] BVerfG, Urt. v. 10.3. 1981 – 1 BvR 92/71 und 1 BvR 96/71 –, BVerfGE 56, 249ff.; näher zu diesem grundlegenden Urteil *Breuer*, DVBl. 1981, 971ff.; *Brohm*, DÖV 1983, 525ff.; *Brugger*, ZfBR 1987, 61ff.; *Müller*, NJW 1981, 1254f.; *Stadler*, Die Enteignung zur Verwirklichung von Festsetzungen des Bebauungsplans, 2001, S. 16ff.; eine umfassende, über die veröffentlichte Urteilsfassung hinausgehende Schilderung des Sachverhalts findet sich in der Besprechung durch *Fromm*, UPR 1983, 46ff.

Grundsatz der Verhältnismäßigkeit entgegenstehe. Nachdem somit die Realisierung des Vorhabens auf der Grundlage des Fachrechts gescheitert war, erließ die Stadt einen Bebauungsplan, in dem die Trasse der Seilbahn ausgewiesen war. Anschließend wurden nach den Vorschriften des damaligen Bundesbaugesetzes durch Enteignung die Überflugrechte an denjenigen Grundstücken begründet, deren Eigentümer sich bisher geweigert hatten, solche Dienstbarkeiten einzuräumen.

Auf die Verfassungsbeschwerde dieser Eigentümer hob das Bundesverfassungsgericht die durch das Oberlandesgericht Zweibrücken und den Bundesgerichtshof bestätigten Enteignungsbeschlüsse auf und stellte die Verletzung des Grundsatzes der Gesetzmäßigkeit der Enteignung im Sinne des Art. 14 Abs. 3 S. 2 GG fest, da die nach den Vorschriften des Bundesbaugesetzes durchgeführten Enteignungen nach der grundgesetzlichen Kompetenzabgrenzung für den Bau einer Seilbahn keine ausreichende gesetzliche Grundlage darstellten. Das Land Rheinland-Pfalz habe durch Erlaß des Landesgesetzes über Eisenbahnen, Bergbahnen, Seilschwebebahnen die Zulässigkeit des Baus einer Gondelbahn nur nach vorheriger Planfeststellung zugelassen. Die Zulässigkeit von Enteignungen zur Planverwirklichung richte sich daher allein nach dem Landesenteignungsgesetz, das mit dem Fachgesetz selbst in einem unlösbaren Zusammenhang stehe. Die von der Enteignungsbehörde herangezogenen Vorschriften des Bundesbaugesetzes ließen zwar möglicherweise zu, daß in einem Bebauungsplan eine Fläche für eine Bergbahn *freigehalten* werde, ermächtigten aber nicht zu Enteignungen für die Errichtung der Bahn.[68]

Obwohl sich diese Ausführungen allein auf die Zulässigkeit der Enteignung für das Vorhaben richteten, wird man daraus – auch im Hinblick auf den betonten »unlösbaren Zusammenhang« zwischen Planungs- und Enteignungsrecht – zu folgern haben, daß das Gericht auch die verbindliche Gestaltung und Festsetzung der Bahn auf Grundlage des Bauplanungsrechts für unzulässig hielt.[69] In seinem lediglich in der Begründung abweichenden Sondervotum verwies der Verfassungsrichter *Böhmer* darauf, die Enteignungen seien jedenfalls auch deshalb nicht zum Wohle der Allgemeinheit erfolgt, weil das Enteignungsrecht mißbraucht worden sei:

»Es ist eindeutig, daß die Verwirklichung der Gondelbahn mit Hilfe des Bundesbaugesetzes erst angestrebt und eingeleitet wurde, als der Weg über das allein einschlägige Fachplanungsrecht durch den Kabinettsbeschluß der Landesregierung versperrt war. Anstatt gegen die Ablehnung der Enteignungsanträge Rechtsmittel einzulegen, wurde die Gemeinde zur Aufstellung eines Bebauungsplanes veranlaßt, um auf diesem Wege die Anwendung der enteignungsrechtlichen Vorschriften des Bundesbaugesetzes zu erreichen und mit deren Hilfe die Gondelbahn entgegen dem Beschluß der Landesregierung dennoch durchzusetzen. Das ist nicht nur Formenmißbrauch, sondern Mißbrauch staatlicher Befugnisse überhaupt.«[70]

---

[68] BVerfGE 56, 249, 261 ff.; bestätigt durch das sog. Boxberg-Urteil v. 24. 3. 1987 – 1 BvR 1046/85 –, BVerfGE 74, 264, 291, und zuletzt durch Beschl. v. 18. 2. 1999 – 1 BvR 1367/88 und 146, 147/91 –, DVBl. 1999, 701, 702.

[69] *Brohm*, DÖV 1983, 525, 529; i. E. auch *Stadler*, Die Enteignung zur Verwirklichung von Festsetzungen des Bebauungsplans, 2001, S. 61.

[70] Abweichende Meinung des Richters *Böhmer* zur Begründung des Urteils des Ersten Senats vom 10. 3. 1981 – 1 BvR 92, 96/71 –, BVerfGE 56, 266, 295; sehr kritisch zu diesem Sondervotum un-

Besonders ist hervorzuheben, daß das Bundesverfassungsgericht nicht etwa die grundsätzliche Zuständigkeit der Stadt Bad Dürkheim für den Bau der Gondelbahn in Frage stellte, sondern allein die Wahrnehmung dieser Aufgabe in der hierfür unzulässigen *Form* der Bauleitplanung. Insofern bedürfen die allzu pauschalen Aussagen des Bundesverwaltungsgerichts, wonach jede Gemeinde »durch bauplanerische Festsetzungen im Rahmen der Selbstverwaltung eine gemeindliche Verkehrspolitik« betreiben könne[71], der einschränkenden Korrektur, daß sich diese Verkehrspolitik im Rahmen der städtebaulichen Aufgabenstellung der Bauleitplanung halten und nicht auf den Aufgabenbereich der verkehrsbezogenen Fachplanungsgesetze übergreifen darf. Der Gegenstand und die Festsetzungsmöglichkeiten der Bauleitplanung sind also, entgegen einer vielfach geäußerten Sichtweise, nicht von der weiten Allzuständigkeit des kommunalen Selbstverwaltungsrechts her zu bestimmen[72], sondern nach dem Maßstab der zugrundeliegenden Gesetzgebungszuständigkeiten.[73] Das Bauplanungsrecht konnte jedoch keine Grundlage für den Bau der Dürkheimer Gondelbahn bieten, da hierfür landesgesetzliche Gesetzgebungszuständigkeiten und Rechtsgrundlagen bestanden.

Die in der Literatur an dieser Entscheidung geübte Kritik, wonach für die Planung der Gondelbahn sowohl eine Kompetenz des Bundesgesetzgebers für die Bauleitplanung als auch des Landesgesetzgebers für die entsprechende Fachplanung bestanden habe und damit der Planungskonflikt allein auf der Ebene des Vollzugs bzw. des einfachen Rechts zu lösen gewesen sei[74], vermag im Hinblick auf das von der ganz

---

ter hier nicht behandelten Gesichtspunkten *Breuer*, DVBl. 1981, 971, 974f., und *Fromm*, UPR 1983, 46, 49ff.; zustimmend hingegen *Müller*, NJW 1981, 1254f.

[71] BVerwG, Beschl. V. 22.4. 1997 – 4 BN 1.97 –, NVwZ-RR 1998, 217f.; Urt. v. 7.6. 2001 – 4 CN 1/01 –, BVerwGE 114, 301, 306, dort mit dem möglicherweise eine Akzentverschiebung andeutenden Zusatz »oder mit anderen Mitteln«.

[72] So aber *Krämer*, in: Kodal/Krämer (Hrsg.), Straßenrecht, 6. Aufl. 1999, Kap. 2 Erl. 23.41ff., wonach das Selbstverwaltungsrecht der expliziten Verteilung der Verwaltungskompetenzen im Grundgesetz vorgehen soll; dem folgend etwa *Hermes*, in: Dreier (Hrsg.), GG, Bd. III, 2000, Art. 90 Rn. 18; ähnlich *Birk*, NVwZ 1989, 905, 909ff.; *ders.*, in: FS für Gelzer, 1991, S. 1, 3; *Breuer*, VerwArch 69 (1978), 1, 22; *Langer*, VerwArch 80 (1988), 352, 370ff.; differenzierend *Schulte*, Raumplanung und Genehmigung bei der Bodenschätzegewinnung, 1996, S. 80ff.; kritisch dazu *Ibler*, in: v. Mangoldt/Klein/Starck (Hrsg.), GG, Bd. 3, 4. Aufl. 2001, Art. 90 Rn. 15.

[73] So i. E. *Battis*, in: Umweltschutz, Wirtschaft und kommunale Selbstverwaltung, 2001, S. 35, 45f., und *Schmehl*, in: Lange (Hrsg.), Nachhaltigkeit im Recht, 2003, S. 39, 48, die auf die Aufgabenstellung des BauGB abstellen; ähnlich *Schink*, in: Kormann (Hrsg.), Das neue Bundesbaurecht, 1994, S. 103, 111, und in der Sache wohl auch BVerwG, Urt. v. 18.5. 2001 – 4 CN 4/00 –, BVerwGE 114, 247, 250f., wo die zulässige Reichweite bauleitplanerischer Festsetzungen nach den unterschiedlichen Zielen und der Aufgabenteilung »des Städtebaus und des (landesrechtlichen) Denkmalschutzes« bestimmt wird. Umgedreht stellt VGH München, Urt. v. 30.5. 2003 – M 8 K 01/886 –, zutreffend fest, daß es den Gemeinden verwehrt ist, im Gewand örtlicher Bauvorschriften städtebauliche Planung zu betreiben. Vgl. auch *Blümel*, Das Selbstgestaltungsrecht der Städte und Gemeinden, 1986, S. 17f., der zwischen der gemeindlichen »Planungshoheit«, die sich »auf die Nutzung des Bodens unter städtebaulichen und nach sonstigen Gesichtspunkten des öffentlichen Interesses« bezieht, und einem weiteren, auf der Selbstverwaltungsgarantie beruhenden »Selbstgestaltungsrecht« der Gemeinden unterscheidet.

[74] So *Breuer*, DVBl. 1981, 971, 973f.; *Fromm*, UPR 1983, 44, 49; im Ansatz auch *Brugger*, ZfBR 1987, 61ff., der allerdings dem Gericht unterstellt, allein auf die Wesentlichkeitstheorie abgestellt

herrschenden Lehre anerkannte Postulat der Überschneidungsfreiheit der grundgesetzlichen Kompetenzordnung[75] nicht zu überzeugen[76]: Die Planung einer Gondelbahn kann nur einer Gesetzgebungskompetenz zugeordnet sein; entweder war das Landeseisenbahngesetz insoweit verfassungswidrig, oder das Bauleitplanungsrecht kann eine solche Planung nicht ermöglichen.

Somit ist als Zwischenergebnis festzuhalten, daß die Zulässigkeit weitreichender räumlicher Überschneidungen keinesfalls von der verfassungsrechtlich vorgegebenen Notwendigkeit entbindet, die einzelnen Raumplanungen ihrem sachlichen *Gegenstand* nach voneinander abzugrenzen, auch wenn ein Postulat der Widerspruchsfreiheit planerischer Festsetzungen nicht anzuerkennen ist. Angesichts der sogleich zu vertiefenden Überschneidungsfreiheit der grundgesetzlichen Kompetenzordnung können Raumplanungen allenfalls in Ausnahmefällen über ihren originären Aufgabenbereich hinaus in den anderer Planungen eingreifen.[77] Dies hat beispielsweise zur Folge, daß das Baugesetzbuch als Bundesrecht für Planungen auf den Gebieten des Landesstraßenrechts, für das allein die Länder zuständig sind, oder des Naturschutzrechts, für das der Bund lediglich über eine Rahmengesetzgebungszuständigkeit verfügt, bereits aus verfassungsrechtlichen Gründen heraus keine zulässige Planungsgrundlage bieten kann, auch wenn das Baugesetzbuch die Übernahme anderweitig getroffener Planungen ermöglichen mag. Die durch dieses Urteil umrissenen kompetenzrechtlichen Vorgaben sollen nunmehr systematisch entwickelt werden.

II. Kompetentielle Vorgaben für das Raumplanungsrecht

1. Die verfassungsrechtliche Kompetenzordnung

Im Zentrum der Überlegungen zu der Bedeutung der verfassungsrechtlichen Kompetenzordnung stehen von jeher das Bund-Länder-Verhältnis und vor allem die Frage der Steuerbarkeit der Bundesplanungen durch die Landesplanung. In diesem Komplex überschneiden sich bundesstaatliche und einfachgesetzliche Fragestellungen.[78] Auch hier sollen die Vorgaben des Grundgesetzes zunächst vor allem für das Verhältnis von Bundes- zu Landesplanungen in den Blick genommen werden, obwohl – wie noch zu vertiefen sein wird – der Kompetenzgrundsatz auch für das Verhältnis anderer Planungsarten weitestgehend verfassungsrechtlich abgesichert ist.[79]

---

und das BBauG als zu unbestimmt angesehen zu haben und der damit das streitentscheidende Kompetenzproblem verkennt.

[75] Vgl. dazu sogleich S. 201.

[76] Zu Recht ablehnend *Brohm*, DÖV 1983, 525, 527ff.; letztlich ist der Feststellung von *Müller*, NJW 1981, 1254, 1255, beizupflichten, daß die Gondelbahn-Entscheidung in kompetenzrechtlicher Hinsicht nichts grundlegend Neues enthält.

[77] Ähnlich *Kopp*, NuR 1991, 449, 451; zu scheinbaren Ausnahmen in den Überschneidungsbereichen vgl. nachfolgend S. 228ff. und 244ff.

[78] Vgl. bereits *Forsthoff/Blümel*, Raumordnungsrecht und Fachplanungsrecht, 1970, S. 26ff.

[79] Dazu nachfolgend S. 204f.

a) Vollzugs – und Gesetzgebungszuständigkeiten als Voraussetzung der (Bundes-)planung

Soweit es das Verhältnis von Bundes- zu Landesplanungen betrifft, ist die bundesstaatliche Kompetenzordnung des Grundgesetzes[80] (Art. 30, 70ff., 83ff., 92ff. GG) von jeher der Ausgangspunkt aller kompetentiellen Überlegungen zum rechtmäßigen Inhalt einer Planung.[81] Dabei wird die räumliche Planung in erster Linie – aber nicht nur – dem Aufgabenbereich der Verwaltung zugeordnet, so daß für die Wahrnehmung einer Planungszuständigkeit auf die entsprechende Vollzugskompetenz abzustellen wäre. Dieser Ausgangspunkt wird jedoch mittlerweile durch die Feststellung des Bundesverfassungsgerichts in Frage gestellt, daß das Grundgesetz die staatliche Planung weder eindeutig der Legislative noch eindeutig der Exekutive zuordne.[82] Letztlich kann freilich die Zuweisung des planerischen Bereichs zur Gesetzgebung oder Verwaltung zunächst offenbleiben: Auch die Verwaltungskompetenzen des Bundes orientieren sich nämlich im System der Zuständigkeitsverteilung des Grundgesetzes an den entsprechenden Gesetzgebungszuständigkeiten der Art. 74ff. GG.[83] Zudem ist das Bundesverfassungsgericht in ständiger Rechtsprechung der Auffassung, daß ein Vollzug von Landesgesetzen durch den Bund verfassungsrechtlich schlechthin unzulässig sein soll[84], so daß eine gesetzesakzessorische Vollzugskompetenz des Bundes – und damit auch eine Planungskompetenz – jedenfalls nicht weiter gehen könne als seine Gesetzgebungszuständigkeiten. Diese ganz vorherrschende Sichtweise erscheint zwar in einzelnen Fällen eher zweifelhaft[85], wird jedoch zumindest als ausnahmefähiger Grundsatz anzuerkennen sein. Räumliche Planungen des Bundes setzen daher regelmäßig[86] sowohl die Gesetzgebungs- als auch die Vollzugszuständigkeit für die jeweilige Planungsmaterie voraus. Da somit

---

[80] Vgl. dazu *Pietzcker*, in: HStR IV, 1990, § 99 Rn. 1ff.; *Scholz*, in: Bundesverfassungsgericht und Grundgesetz, Bd. II, 1976, S. 252ff.

[81] Vgl. etwa *Funke*, Bund-Länder-Abstimmung, 1987, S. 20ff.

[82] BVerfG, Beschl. v. 17.7. 1996 – 2 BvF 2/93 –, BVerfGE 91, 1; näher zum Standort der Raumplanung zwischen Gesetzgebung und Verwaltung im siebten Kapitel S. 419ff.

[83] Vgl. nur *Erbguth*, DVBl. 1988, 317, 319.

[84] BVerfG, Urt. v. 28.2. 1961 – 2 BvG 1, 2/60 »Deutschland-Fernsehen« –, BVerfGE 12, 205, 221; Urt. v. 11.7. 1967 – 2 BvG 1/62 –, BVerfGE 21, 312, 325; BVerwG, Urt. v. 3.3. 1989 – 8 C 98/85 –, BayVBl. 1990, 249, 250; Urt. v. 9.5. 2001 – 6 C 4.00 –, BVerwGE 114, 232, 238; *Badura*, Staatsrecht, 3. Aufl. 2003, Abschn. G Rn. 54; *Firgau*, Exekutivgesetze, 1996, S. 81f.; *Stern*, Staatsrecht II, 1980, S. 783ff.; *Zeidler*, DVBl. 1960, 573ff.; *Zeitler*, in: Sieder/Zeitler/Dahme/Knopp (Hrsg.), WHG, § 31 WHG Rn. 443, Stand: Juli 2000; wohl auch *Bullinger*, Archiv PT 1998, 105, 119; weitere Nachweise bei *Salzwedel*, in: FS für Partsch, 1981, S. 581ff.

[85] Vgl. nur *Gassner*, UPR 1989, 254, 256. Eine nach der Rechtsprechung des Bundesverfassungsgerichts kaum zu erklärende Verwaltungspraxis ist namentlich die durch die Rechtsprechung mehrfach bestätigte Anwendung der naturschutzrechtlichen Eingriffsregelung bei Planfeststellungen des Bundes. Vgl. dazu *Laubinger*, VerwArch 85 (1994), 291, 308f.; *Salzwedel*, in: FS für Partsch, 1981, S. 581ff., der konsequent für die Zulässigkeit des Vollzugs von Landesrecht durch Bundesbehörden plädiert; ähnlich bereits *ders.*, DÖV 1968, 103, 104ff.; allgemeiner *Blümel*, in: HStR IV, 1990, § 101 Rn. 11ff., sowie *Heinze*, Eisenbahn-Planfeststellung, 1997, S. 135.

[86] Eine Ausnahme hiervon gilt im Fall der Planung durch Gesetz. Vgl. dazu im siebten Kapitel S. 417ff.

eine Vollzugskompetenz des Bundes grundsätzlich stets an eine korrespondierende Gesetzgebungskompetenz gekoppelt ist, obliegt allein dem Bund der Erlaß der speziellen gesetzlichen Regelungen für die Aufgabenwahrnehmung seiner Verwaltung.

b) Die Bindung an fachfremde Vorgaben

Nach nahezu einhelliger Auffassung ist jedoch der Bund auch beim Vollzug der Bundesgesetze und damit auch in seiner Rolle als verwaltender Planungsträger an kompetenzgemäß erlassenes Landesrecht gebunden, ebenso wie die Länder stets das anwendbare Bundesrecht beachten müssen. Die Bindung des Bundes beinhaltet demzufolge zwar nicht die Zuständigkeit, das Landesrecht zu vollziehen oder auszuführen, wohl aber die Pflicht, die Ge- und Verbote des Landesrechts bei der Ausführung anderer Gesetze zu beachten.[87] Diese Beachtenspflicht folgt nach der älteren Rechtsprechung unmittelbar aus der grundgesetzlichen Zuständigkeitsverteilung[88], nach der überwiegenden Argumentation des Schrifttums hingegen aus der Bindung der vollziehenden Gewalt an Recht und Gesetz gem. Art. 20 Abs. 3 GG und damit auch an Landesrecht[89] und soll nach Auffassung des Bundesverwaltungsgerichts der Einschränkung unterliegen, daß gegebenenfalls die im Einzelfall kollidierenden öffentlichen Interessen gegeneinander abzuwägen sind.[90] Teilweise wird

---

[87] BVerwG, Urt. v. 16.1. 1968 – I A 1.67 –, BVerwGE 29, 52, 58 m. Anm. *Scholz*, DVBl. 1969, 115ff.

[88] BVerwG, Urt. v. 8.2. 1974 – VII C 16.71 –, BVerwGE 44, 351, 357f. Neuere Entscheidungen stellen jedoch auch auf die Gesetzmäßigkeit der Verwaltung ab. Vgl. etwa BVerwG, Urt. v. 9.5. 2001 – 6 C 4.00 –, BVerwGE 114, 232, 238f., m.w.N.

[89] *Bothe*, in: AK-GG, Bd. 1, 2. Aufl. 1989, Art. 30 Rn. 30; *Blumenwitz*, AöR 96 (1971), 161, 169; *Brohm*, Landeshoheit und Bundesverwaltung, 1968, S. 29; *Dittmann*, Die Bundesverwaltung, 1983, S. 104f.; *Eckardt*, NuR 1979, S. 133, 134; *Herzog*, in: Maunz/Dürig u.a., GG, Art. 20 Abschn. VI, Rn. 90; *März*, Bundesrecht bricht Landesrecht, 1989, S. 201; *Reigl*, DÖV 1967, S. 397, 398; *Riedwelski*, SächsVBl. 1995, 196, 202f.; *Salzwedel*, NuR 1984, 165ff. (mit Nachweisen auch zur älteren Rechtsprechung); *Schoenenbroicher*, Bundesverwaltung unter Landesgewalt, 1995, S. 150ff.; zu der für diese Auffassung vorausgesetzten Möglichkeit der Unterscheidung von Beachtung und Vollzug auch *Lerche*, in: Maunz/Dürig u.a., GG, Art. 83 Rn. 57, und *Maunz*, in: Maunz/Dürig u.a., GG, Art. 89 Rn. 12; a.A. (für eine Exemtion des Bundes) etwa *Kölble*, DÖV 1962, 661, 663ff.; neuerdings auch *Fluck*, NJW 1987, 2352, 2353, der diese Grundsätze sogar auf den Bundestag ausweitet.

[90] Vgl. zusammenfassend BVerwGE 44, 351, 357f., m.w.N.: »Das widerspricht nicht dem Grundsatz, daß der Bund zum Vollzug von Landesrecht nicht zuständig sein kann. Im vorliegenden Fall geht es nicht um den *Vollzug*, sondern um die *Beachtung* von Landesrecht ... Das Bundesverwaltungsgericht hat die Bindung der Bundesbehörden an Landesrecht bei Ausübung hoheitlicher Tätigkeit durch den Vorbehalt eingeschränkt, daß die im Einzelfall kollidierenden öffentlichen Interessen gegeneinander abzuwägen sind. Diese Abwägung kann dazu führen, daß sich fachfremde Gesetze auf die hoheitliche Tätigkeit materiell nur in beschränktem Umfang oder überhaupt nicht auswirken.« Aus der neueren Rechtsprechung auch BVerwG, Urt. v. 14.4. 1989 – 4 C 31/88 –, BVerwGE 82, 17, 21, und Urt. v. 28.7. 1989 – 7 C 65/88 –, BVerwGE 82, 266, 270 m. Anm. *Schoenenbroicher*, DVBl. 1990, 811ff.; Urt. v. 9.5. 2001 – 6 C 4.00 –, BVerwGE 114, 232, 239. Vgl. ferner *Blumenwitz*, AöR 96 (1971), 161, 177ff.; kritisch zu dem Abwägungsvorbehalt des BVerwG etwa *Menger/Erichsen*, VerwArch 60 (1969), 89, 95; vgl. jedoch auch *Scholz*, DVBl. 1969, 116, und *Salzwedel*, NuR 1984, 165, 168, der diese Figur mit dem Gesichtspunkt der Bundestreue begründen will.

auch vertreten, der Bund könne durch förmliches Gesetz vorsehen, daß bestimmtes Landesrecht nicht für den Bund gelten solle.[91]

Die Pflicht zur Beachtung des Landesrechts gilt auch für die räumlichen Planungen des Bundes[92] und auch im Rahmen solcher Planverfahren, die auf ausschließlichen Gesetzgebungskompetenzen des Bundes beruhen[93], da sich aus der Verwaltungskompetenz kein Rückschluß darauf ziehen läßt, welches Recht die Verwaltungsbehörde bei dem Vollzug der ihr zugewiesenen Aufgaben zu beachten hat.[94] Unterliegen solche Planungen allerdings der Bundesauftragsverwaltung, dann werden die Auslegung und Anwendung der landesrechtlichen Vorgaben von der Weisungskompetenz des Bundes eingeschlossen, weil diese Weisungskompetenz die gesamte entsprechende Vollzugstätigkeit des Landes erfaßt.[95]

Bund und Länder unterliegen damit bei Wahrnehmung ihrer räumlichen Planungszuständigkeiten grundsätzlich in jeder Hinsicht sowohl dem Bundes- als auch dem Landesrecht. Daher stellt es keinen Eingriff in den Zuständigkeitsbereich anderer Planungsträger dar, wenn die Behörde gegenüber ihrer eigenen Planungskompetenz *fachfremde* normative Planungen zu beachten hat[96], wenn also beispielsweise im Rahmen einer Straßenplanung auch Vorgaben des Naturschutzrechts und entsprechende Schutzgebietsausweisungen beachtet werden müssen. Vor allem die Raumordnung und Landesplanung bezweckt in erster Linie eine koordinierende Einflußnahme auf andere raumbedeutsame Planungen und Maßnahmen.[97] Die daraus resultierende Möglichkeit, Planungen des Bundes bzw. der Länder durch rechtliche Vorgaben – und damit auch durch Pläne in normativer Rechtsform – zu beeinflussen, darf jedoch zu keiner Verletzung der diesen Planungen zugrundeliegenden Kompetenzen führen. Damit stellt sich die Aufgabe, die verfassungsrechtlichen und einfachgesetzlichen Kompetenztitel voneinander abzugrenzen.

---

91 So i. E. *Brohm*, Landeshoheit und Bundesverwaltung, 1968, S. 41 (das Gesetz sei zulässig, wenn die Exemtion zur Wahrnehmung der Bundeskompetenzen erforderlich sei); *Schoenenbroicher*, DVBl. 1990, 811, 812; wohl auch *Mlitzko*, DÖV 1964, 730, 731. Das Bundesverwaltungsgericht ist dem nur insoweit gefolgt, als es der Bundesgesetzgeber kompetenzrechtlich in der Hand haben soll, für Bundesplanungen jedwede *Zuständigkeit* des Landes auszuschließen (BVerwG, Urt. v. 14. 4. 1989 –4 C 31/88 –, BVerwGE 82, 17, 19; Urt. v. 9. 5. 2001 – 6 C 4.00 –, BVerwGE 114, 232, 239). Eine gesetzliche Exemtion von materiellen landesrechtlichen *Anforderungen* folgt hieraus jedoch nicht automatisch.

92 Vgl. nur BVerwG, Urt. v. 14. 4. 1989 – 4 C 31/88 –, BVerwGE 82, 17, 21; *Salzwedel*, NuR 1984, 165, 167.

93 A. A. noch *Breuer*, Die hoheitliche raumgestaltende Planung, 1968, S. 125, 176, m. w. N.: »Ist die Bundesgesetzgebungskompetenz eine ausschließliche wie im Fall der Bundeseisenbahnen, kann der Landesgesetzgeber von vornherein keine materiell-rechtlichen Bindungen und keine Genehmigungsvorbehalte mit Wirkung für den Anlagenbau – z. B. den Bau von Bundesbahnanlagen – aufstellen.«

94 BVerwG, Urt. v. 16. 1. 1968 – I A 1.67 –, BVerwGE 29, 52, 58; *Brohm*, Landeshoheit und Bundesverwaltung, 1968, S. 29, m. w. N.; *Salzwedel*, NuR 1984, 165, 167; *Schoenenbroicher*, DVBl. 1990, 811, 813.

95 BVerfG, Urt. v. 10. 4. 1991 – 2 BvG 1/91 »Schacht Konrad« –, BVerfGE 84, 25, 32.

96 *Breuer*, Die hoheitliche raumgestaltende Planung, 1968, S. 115.

97 So etwa *Book*, Bodenschutz durch räumliche Planung, 1986, S. 32; näher zur Aufgabenstellung und den Grenzen der Raumordnung sogleich S. 213 ff. und 251 ff.

c) Zur Abgrenzung einzelner Kompetenztitel des Grundgesetzes

Obwohl zwischen den Materien der Art. 73ff. und 84ff. GG vielfältige Überschneidungen bestehen, sind die einzelnen Kompetenztitel grundsätzlich voneinander abzugrenzen und Doppelzuständigkeiten nur in seltenen Fällen zuzulassen.[98] Für das besonders interessierende Verhältnis von Bund und Ländern lehnt das Bundesverfassungsgericht Doppelzuständigkeiten prinzipiell ab und fordert, daß jede Materie im Sinne einer Überschneidungsfreiheit der Kompetenzordnung stets allein einem Kompetenzbereich zuzuordnen ist.[99] Dasselbe gilt für unterschiedliche Gesetzgebungsarten des Bundes.[100] Demnach sind die Kompetenzen in den Überschneidungsbereichen einzelner Materien[101] nach Spezialität und überwiegendem Sachzusammenhang abzugrenzen[102], so daß jeweils im Einzelfall zu entscheiden ist, ob eine konkrete Regelung eine unerläßliche Voraussetzung für die einem bestimmten Kompetenztitel unterliegende Aufgabe darstellt und die Regelung des einen zwingend von der Regelung des anderen abhängt.[103] Ob es sich dabei um die Ermittlung ungeschriebener Kompetenzen oder nicht vielmehr um die Auslegung der kon-

98 *Breuer*, Die hoheitliche raumgestaltende Planung, 1968, S. 213; *Maunz*, in: Maunz/Dürig u.a., GG, Art. 73 Rn. 18, m.w.N.; vgl. zur Abgrenzung von Zuständigkeiten des Bundes untereinander auch *Rengeling*, in: HStR IV, 1990, § 100 Rn. 49.

99 BVerfG, Beschl. v. 28. 11. 1973 – 2 BvL 42/71 –, BVerfGE 36, 193, 202f.; Urt. v. 19. 10. 1982 – 2 BvF 1/81 –, BVerfGE 61, 149, 204; Beschl. v. 9. 10. 1984 – 2 BvL 10/82 –, BVerfGE 67, 299, 321; im Schrifttum etwa *Degenhart*, in: Sachs (Hrsg.), GG, 3. Aufl. 2003, Art. 70, Rn. 53; *Gubelt*, in: v. Münch/Kunig (Hrsg.), GG, Bd. 2, 5. Aufl. 2001, Art. 30 Rn. 20; *Maunz*, in: Maunz/Dürig u.a., GG, Art. 74 Rn. 9, m.w.N., Stand: Okt. 1984; *März*, Bundesrecht bricht Landesrecht, S. 123; *ders.*, in: Dreier (Hrsg.), GG, Bd. II, 1998, Art. 30 Rn. 25; *Rozek*, in: Dreier (Hrsg.), GG, Bd. II, 1998, Art. 70 Abs. 1 Rn. 10ff.; kritisch etwa *Rengeling*, in: HStR IV, 1990, § 100 Rn. 53, m.w.N.

100 BVerfGE 36, 193, 203, und BVerfGE 61, 149, 204, sprechen von der Unzulässigkeit, denselben Gegenstand »in unterschiedlicher Weise« zu regeln; vgl. dazu *Rozek*, in: Dreier (Hrsg.), GG, Bd. II, 1998, Art. 70 Rn. 10 und 56 in Fn. 1; *Maunz*, in: Maunz/Dürig u.a., GG, Art. 71 Rn. 5, Stand: Okt. 1984; zu den Konsequenzen für das Raumplanungsrecht *Bielenberg/Runkel/Spannowsky*, Raumordnungs- und Landesplanungsrecht des Bundes und der Länder, Kommentar J 610 Rn. 13, m.w.N., Stand: VIII.1986; *Bönker/Matuschak*, Bundes- und Landesrecht im Städtebau, 1996, S. 33.

101 Vgl. zu diesen Überschneidungsbereichen im Recht der Raumplanung besonders *Schink*, in: Kormann (Hrsg.), Das neue Bundesbaurecht, 1994, S. 103, 107f.

102 BVerfG, Beschl. v. 29. 4. 1958 – 2 BvO 3/56 –, BVerfGE 8, 143, 149ff.; Beschl. v. 30. 10. 1961 – 1 BvR 833/59 –, BVerfGE 13, 181, 196ff.; Beschl. v. 28. 11. 1973 – 2 BvL 42/71 –, BVerfGE 36, 193, 205; *Bullinger*, AöR 96 (1971) 237, 246ff.; *ders.*, Archiv PT 1998, 105, 121; *Jarass*, NVwZ 2000, 1089, 1090f.; *Kunig*, Jura 1996, 254, 257; *Maunz*, in: Maunz/Dürig u.a., GG, Art. 74 Rn. 12; *Rengeling*, in: HStR IV, 1990, § 100 Rn. 56ff.; *Scholz*, in: Bundesverfassungsgericht und Grundgesetz, Bd. II, 1976, S. 252, 272ff.

103 BVerfG, Urt. v. 9. 7. 1969 – 2 BvL 25 und 26/64 –, BVerfGE 26, 281, 297, 300, wo eine Kompetenz des Bundes über die Gebührenpflicht der Deutschen Bundesbahn und der Deutschen Bundespost abgelehnt und diese Frage dem Landesrecht zugeordnet wird. Zuletzt Urt. v. 28. 5. 1993 – 2 BvF 2/90 und 4, 5/92 »Schwangerschaftsabbruch II« –, BVerfGE 88, 203, 330, und Urt. v. 27. 10. 1998 – 1 BvR 2306, 2314/96, 1108, 1109, 1110/97 »Schwangerenhilfe« –, BVerfGE 98, 265ff.; vgl. auch *Bönker/Matuschak*, Bundes- und Landesrecht im Städtebau, 1996, S. 36f.; *Rengeling*, in: HStR IV, 1990, § 100 Rn. 28ff., 37ff., der in Rn. 32 auf die Maximen der Spezialität und der Tradition verweist. Umfassende Rechtsprechungsnachweise aus planungsrechtlicher Perspektive auch bei *Bielenberg/Runkel/Spannowsky*, Raumordnungs- und Landesplanungsrecht des Bundes und der Länder, Kommentar J 610 Rn. 19, Stand: VIII.1986.

kurrierenden Kompetenznormen selbst handelt, bei welcher der Sachzusammenhang lediglich ein Auslegungsmittel darstellt, spielt für das Ergebnis keine Rolle.[104] Diese Vorgaben sind auch für den Gesetzgeber verbindlich.[105]

Die Abgrenzung der gesetzgeberischen Kompetenztitel setzt sich aber auf der Ebene des Gesetzesvollzugs fort. Denn wenn einzelne Materien bereits auf der Ebene der Gesetzgebung voneinander abzugrenzen sind, so darf auch im Rahmen des auf entsprechenden Gesetzen beruhenden Verwaltungshandelns nicht in die Aufgabenbereiche anderer Gesetze übergegriffen werden. Damit ergibt sich aus dem Gebot der Abgrenzung einzelner Kompetenztitel des Grundgesetzes die Notwendigkeit, in gleicher Weise auch das entsprechende *Verwaltungshandeln* voneinander abzugrenzen.

d) Die Bedeutung dieser Maßstäbe für die Abgrenzung der Raumplanungen

Die soeben dargestellten Maßstäbe gelten grundsätzlich auch für den Bereich räumlicher Planungen.[106] Wie bereits im ersten Kapitel dargestellt wurde, sind die entsprechenden raumplanerischen Gesetzgebungs- und Verwaltungskompetenzen zwischen Bund, Ländern und Gemeinden verteilt: Im Bereich der Gesamtplanung sind vor allem die konkurrierende Gesetzgebungszuständigkeit des Bundes für das Bodenrecht – also die Bauleitplanung – nach Art. 74 Abs. 1 Nr. 18 GG sowie seine Rahmengesetzgebungszuständigkeit für die Raumordnung nach Art. 75 Abs. 1 Nr. 4 Alt. 2 GG hervorzuheben. Bei den Fachplanungen weist das Grundgesetz dem Bund u.a. die ausschließliche Gesetzgebung für den Verkehr von Eisenbahnen des Bundes nach Art. 73 Nr. 6a GG, die konkurrierende Gesetzgebungszuständigkeit über den Bau und die Unterhaltung von Landstraßen für den Fernverkehr nach Art. 74 Abs. 1 Nr. 22 GG und die Rahmengesetzgebungszuständigkeit für den Naturschutz und die Landschaftspflege nach Art. 75 Abs. 1 Nr. 3 GG zu. Den Ländern verbleiben neben der Ausfüllung des Bundesrahmenrechts vor allem die Gesetzgebungszuständigkeiten für Landesstraßen, Seilbahnen und weitere im Bundesrecht nicht geregelte Fachplanungsvorhaben. Im Hinblick auf die Vollzugszuständigkeiten beschränken sich die Aufgaben des Bundes auf eine Reihe zentraler Kompetenzen des Fachplanungsrechts, vor allem im Bereich der Infrastrukturplanungen.[107] Das raumplaneri-

[104] Ablehnend gegenüber einer selbständigen Kompetenzform u.a. *Breuer*, Die hoheitliche raumgestaltende Planung, 1968, S. 117f.; *Bullinger*, AöR 96 (1971) 237ff.; *Stettner*, Kompetenzlehre, S. 423ff.; *ders.*, in: Dreier (Hrsg.), GG, Bd. II, 1998, Art. 70 Rn. 60ff., m.w.N.; *Stettners* Einschätzung, die Figur der »Kompetenz kraft Sachzusammenhangs« werde sich aus der Judikatur des Bundesverfassungsgerichts stillschweigend verabschieden (a.a.O. S. 427), hat sich angesichts der in Fn. 103 genannten neueren Urteile freilich nicht bewahrheitet.

[105] Vgl. statt vieler *Rozek*, in: Dreier (Hrsg.), GG, Bd. II, 1998, Art. 70 Abs. 1 Rn. 14.

[106] Vgl. *Erbguth*, DVBl. 1988, 317, 321; *Bielenberg/Runkel/Spannowsky*, Raumordnungs- und Landesplanungsrecht des Bundes und der Länder, Kommentar J 610 Rn. 24ff., Stand: VIII.1986.

[107] Vgl. den Überblick bei *Ronellenfitsch*, DÖV 1991, 771, 779; bereits *Weber*, in: ders./Haustein, Rechtsgrundlagen des deutschen und zwischenstaatlichen Verkehrs, 1956, S. 7, spricht davon, dem Bund seien »alle wesentlichen Gebiete des Verkehrswesens zugängig«.

sche Schwergewicht liegt hier allerdings mit der Landesplanung und zentralen Fachplanungen – etwa im Bereich der Landesstraßen und der Ausweisung von Schutzgebieten – bei den Ländern und Kommunen.

Da all diese Planungskompetenzen potentiell die gleichen Flächen betreffen, sind die Überschneidungsbereiche besonders stark ausgeprägt.[108] Dennoch ist es auch auf dem Gebiet des Raumplanungsrechts seit langem ein anerkannter Grundsatz, daß Gesetzgebungs- und Verwaltungskompetenzen voneinander abzugrenzen sind und einzelne Kompetenztitel herangezogen werden, um den Inhalt anderer zu begrenzen.[109] Das Bundesverfassungsgericht hat sich erstmals in dem Baugutachten von 1954 bemüht, die planungsrechtlichen Kompetenztitel des Grundgesetzes voneinander abzugrenzen, und diesen Ansatz auch später weiterverfolgt.[110] Die dabei entwickelten Aussagen zur Kompetenzlage werden vom Gesetzgeber noch heute als maßgeblich angesehen.[111]

Die nach diesem Ansatz gebotene Abgrenzung nach *Spezialität* und *Sachzusammenhang* hat zur Folge, daß weit definierte Materien wie die Raumordnung in Art. 75 Abs. 1 Nr. 4 GG durch Abgrenzung von der zugrundeliegenden Gesetzgebungszuständigkeit für das Bodenrecht nach Art. 74 Abs. 1 Nr. 18 GG und von anderen, spezielleren oder enger definierten Titeln inhaltliche Beschränkungen erfahren.[112] Auch das Bodenrecht selbst und damit das Recht und der Regelungsbereich der Bauleit-

---

[108] Vgl. nur *Ronellenfitsch*, in: *Ipsen/Rengeling/Mössner/Weber* (Hrsg.), Verfassungsrecht im Wandel, 1995, S. 167, 183.

[109] Vgl. bereits *Hamann*, Bundes- oder Länderkompetenzen für Verkehrswege, DVBl. 1961, 394, 396.

[110] Vgl. das Baugutachten des BVerfG v. 16. 6. 1954 – 1 PBvV 2/52 –, BVerfGE 3, 407, 414: »Alle Materien, die Art. 74 Abs. 1 Nr. 18 aufführt, sind völlig gleichgewichtig nebeneinandergestellt. Mithin können alle nur als *selbständige Sondermaterien* gemeint sein. Noch weniger können die in Art. 75 Nr. 4 GG genannten Materien ›Bodenverteilung‹ und ›Raumordnung‹ Bestandteile des Bodenrechts im Sinne des Grundgesetzes sein; denn sie sind in einem anderen Verfassungsartikel aufgeführt, und überdies ist die Gesetzgebungszuständigkeit des Bundes für diese Materien auf Rahmenvorschriften beschränkt ...«. Vgl. auch das Urt. v. 30. 10. 1962 – 1 BvF 2/60, 1, 2, 3/31 »Seewasserstraßen« –, BVerfGE 15, 1, 10: »Daraus ist zu schließen, daß Regelungen für die ›Wasserstraßen‹ nach Art. 74 Abs. 1 Nr. 21 GG etwas anderes sein müssen als die rechtliche Ordnung des ›Wasserhaushaltes‹ nach Art. 75 Nr. 4 GG.« Vgl. dazu auch *Koch-Schweisfurth*, Aufgaben und Befugnisse des Bundes an den Bundeswasserstraßen, 1973, S. 47f.; *Pestalozza*, in: v. Mangoldt/Klein/Starck (Hrsg.), GG, Bd. 8, 3. Aufl. 1996, Art. 74 Rn. 1548; *Schmidt-Aßmann*, in: FS für Weyreuther, 1993, S. 73ff.

[111] Dies galt zuletzt für den Erlaß des Bau- und Raumordnungsgesetzes 1998, vgl. *Appold*, in: FS für Hoppe, 2000, S. 21, 32; *Krautzberger*, DÖV 1992, 911, 912; zur geschichtlichen Einordnung des Gutachtens für die deutsche Planungsgesetzgebung besonders *Ehebrecht-Stüer*, in: FS für Hoppe, 2000, S. 39, 50ff., m.w.N.; *Umlauf*, Zur Entwicklungsgeschichte der Landesplanung und Raumordnung, 1986, S. 22ff. Kritisch sieht die Aussagen des Gutachtens mittlerweile *Schmidt-Aßmann*, in: FS für Weyreuther, 1993, S. 73, 75ff.; auch *Busse*, BayVBl. 1998, 293 weist darauf hin, daß die Aufgabenstellungen von Landesplanung und Bauleitplanung einer klareren definitorischen Abgrenzung bedürften.

[112] Vgl. etwa *Bielenberg/Runkel/Spannowsky*, Raumordnungs- und Landesplanungsrecht des Bundes und der Länder, Kommentar J 610 Rn. 9ff., Stand: VIII.1986; *Runkel*, ebenda, Kommentar K, § 1 ROG Rn. 39ff., Stand: V.2001; *Ernst*, in: Kaiser (Hrsg.), Planung III, 1968, S. 129, 130; *Halama*, in: FS für Schlichter, 1995, S. 201, 217ff.; *Pestalozza*, in: v. Mangoldt/Klein/Starck (Hrsg.), GG, Bd. 8, 3. Aufl. 1996, Art. 74 Rn. 1281ff.; *Rengeling*, in: HStR IV, 1990, § 100 Rn. 205 und 277.

planung sind ihrerseits durch Abgrenzung von spezielleren Kompetenztiteln zu bestimmen.[113] Ähnliches gilt auch in Bereichen außerhalb des Planungsrechts.[114]

Sind die auf diesen Kompetenztiteln beruhenden Planungsgesetze danach lückenlos voneinander abzugrenzen, so müssen auch die Inhalte der entsprechenden Raumplanungen, selbst dort, wo sie dieselben Flächen betreffen, in gegenständlicher Hinsicht überschneidungsfrei bleiben.[115] Das bedeutet nicht, daß die Festsetzungen ihrer Art nach nicht identisch sein können – Bauverbote etwa können im Rahmen unterschiedlichster Fachplanungsarten festgelegt werden[116] – oder daß identische Gesichtspunkte wie der sparsame Umgang mit Grund und Boden nicht in ganz unterschiedlichen Planungszusammenhängen zu berücksichtigen wären.[117] Die Kompetenzordnung schließt aber eine originäre Planung ein und desselben sachlichen Gegenstandes auf der Grundlage unterschiedlicher Planungsgesetze jedenfalls insoweit kategorisch aus, als diese Gesetze auf unterschiedlichen Gesetzgebungszuständigkeiten beruhen. So kann, um nochmals das Beispiel der Gondelbahn-Entscheidung des Bundesverfassungsgerichts aufzugreifen, die Planung einer Gondelbahn nur einem gesetzgeberischen Kompetenztitel unterfallen, nämlich entweder dem Bundesbaurecht oder dem Landesfachplanungsrecht. Aus denselben Gründen ist eine Abgrenzung des bundesrechtlich geregelten Bauplanungsrechts und des Landesstraßenrechts geboten.[118]

Dasselbe gilt für unterschiedliche Gesetzgebungskompetenzarten des Bundes[119], so daß beispielsweise zwischen der auf der Rahmenkompetenz des Art. 75 Abs. 1 Nr. 4 GG beruhenden Raumordnung des Bundes, der ausschließlichen Gesetzgebung über den Bau von Schienenwegen der Eisenbahnen des Bundes nach Art. 73 Nr. 6a GG und seiner konkurrierenden Zuständigkeit über das Bodenrecht nach Art. 74 Abs. 1 Nr. 18 GG keine Überschneidungen zuzulassen sind. In aller Regel ist

---

[113] BVerfGE 3, 407, 424: »Der Begriff ›Bodenrecht‹ kann, wie im Abschnitt C II 1 des Gutachtens ausgeführt worden ist, nicht diejenigen Materien mitumfassen, die in Art. 74 Abs. 1 Nr. 18 selbständig neben dem ›Bodenrecht‹ aufgeführt sind.« Ähnlich *Gierke*, DVBl. 1984, 149, 150f.; *Hennecke*, Die Bedeutung der Fachplanung und der Raumordnung für die Bauleitplanung, 1994, S. 6f.; *Kim*, Gemeindliche Planungshoheit und überörtliche Planungen, 1998, S. 156f.

[114] So beispielsweise auch für den Auffangtatbestand »Recht der Wirtschaft« in Art. 74 Abs. 1 Nr. 11 GG, der von den übrigen Kompetenztiteln des Grundgesetzes besonders sorgfältig abzugrenzen ist. Vgl. dazu *Degenhart*, in: Sachs (Hrsg.), GG, 3. Aufl. 2003, Art. 74 Rn. 37ff., und besonders *Kunig*, JR 1986, 491, 496, der plastisch von einer »Ausklammerung dieser Materien« aus dem Regelungsbereich des »Rechts der Wirtschaft« spricht.

[115] So bereits *Durner*, in: Bauschke/Becker u.a. (Hrsg.), Pluralität des Rechts, 2003, S. 225, 243f.

[116] Vgl. im ersten Kapitel S. 64.

[117] Näher dazu *Book*, Bodenschutz durch räumliche Planung, 1986, die zu dem Ergebnis gelangt, daß nach damals geltendem Recht der Bodenschutz als Querschnittsaufgabe gleichermaßen in die Aufgabenbereiche der Raumordnung und Landesplanung, der Bauleitplanung, der naturschutzrechtlichen und sonstigen umweltschützenden Fachplanungen sowie der projektbezogenen Fachplanungen fiel (zusammenfassend a.a.O., S. 176ff.). Demgegenüber dient die Ausweisung von Bodenschutzgebieten als Fachplanung *ausschließlich* dem Bodenschutz, vgl. *Hendrischke*, in: Feldwisch/Hendrischke/Schmehl, Gebietsbezogener Bodenschutz, 2003, Rn. 180.

[118] *Uerpmann*, Das öffentliche Interesse, 1999, S. 158, m.w.N.

[119] Vgl. bereits oben S. 201.

damit eine überschneidungsfreie gegenständliche Abgrenzung aller Raumplanungen geboten. In den seltenen Fällen, in denen Planungen aufeinandertreffen, die auf kompatiblen Gesetzgebungstiteln beruhen – also beispielsweise reine Landesfachplanungen –, dürfte im wesentlichen dasselbe Ergebnis aus Gründen der begrifflichen Abgrenzung sowie im Hinblick auf die einfachgesetzliche Kompetenzordnung folgen.[120] Ohne Bedeutung ist dabei, daß für beide Planungen im konkreten Fall derselbe Planungsträger zuständig sein mag – in dem genannten Fall also beispielsweise die Stadt Bad Dürkheim.

e) Die Zulässigkeit der gegenseitigen Beeinflussung einzelner Planungen

Im Verhältnis von Planungen, die einerseits auf Bundes- und andererseits auf Landesrecht oder die auf unterschiedlichen Kompetenzarten des Bundes beruhen, ist somit grundsätzlich und zwingend eine klare kompetentielle Abgrenzung erforderlich. Dennoch ist es nach den dargestellten Maßstäben keineswegs unzulässig, daß sich solche räumlichen Planungen gegenseitig beeinflussen.[121] Die Ausweisung eines Landschaftsschutzgebietes durch eine Landesbehörde beispielsweise ist ein erheblicher influenzierender Faktor für die Planung einer Bundeswasserstraße auf derselben Fläche. Diese Möglichkeit der gegenseitigen Beeinflussung unterschiedlicher Planungen folgt aus der oben dargestellten Bindung jedes Verwaltungsvollzugs an fachfremde rechtliche Vorgaben, so daß die Bejahung einer ausschließlichen Planungskompetenz auf der Grundlage eines bestimmten Gesetzgebungs- und Verwaltungstitels keineswegs impliziert, daß die entsprechende Tätigkeit nicht auch den Vorgaben anderer Materien unterliegen könnte. So wie der Bund in seiner Verwaltungstätigkeit grundsätzlich an Landesrecht gebunden ist[122], können alle Raumplanungen auf der Grundlage fachfremder Kompetenztitel beeinflußt werden und damit den Auswirkungen konkurrierender Planungen unterliegen, die auf anderen Kompetenzen beruhen.[123]

f) Das Verbot des zielgerichteten Übergriffs auf andere Planungskompetenzen

Grenzen ergeben sich jedoch insoweit nach herrschender Lehre aus der sog. Kernbereichslehre. Demnach sind die *Kernbereiche* verfassungsrechtlicher Zuständigkeiten einer Regelung auf Grundlage anderer Kompetenztitel gänzlich entzogen. Der Kernbereich einer Kompetenz, so die Folgerung, könne daher niemals Gegenstand einer zulässigen Beeinflussung durch andere Hoheitsträger sein.[124] Dogmatisch

---

[120] Näher zum letztgenannten Aspekt nachfolgend S. 211f.

[121] Vgl. zum folgenden bereits oben S. 199f.

[122] Auch dazu bereits oben S. 199f.

[123] Vgl. *Bönker/Matuschak*, Bundes- und Landesrecht im Städtebau, 1996, S. 35, 45ff.; *Suhr/Anderl*, Rechtsfragen der raumbeeinflussenden Bundesplanung, 1980, S. 36f. (»sachliche Wechselwirkung«).

[124] Vgl. *Blumenwitz*, AöR 96 (1971), 161, 179ff.; *Bothe*, in: AK-GG, Bd. 1, 2. Aufl. 1989, Art. 30

knüpft diese Figur an die im Rahmen der Wortlautauslegung praktizierte Abgrenzung der semantischen Kern- und Randbereiche von Tatbestandsmerkmalen an, die eine weithin übliche Methode zur Auslegung juristischer Tatbestände darstellt: Die Unterscheidung eines Begriffskerns, der den sicheren negativen und positiven Anwendungsbereich abdecken soll, und eines weiteren Begriffshofes ist seit Philipp *Hecks* grundlegender Abhandlung über »Gesetzesauslegung und Interessenjurisprudenz«[125] auch im öffentlichen Recht anerkannt.[126] Das Bundesverfassungsgericht hat diese Figur vor allem für den Bereich der Abgrenzung der Aufgabenbereiche der drei Staatsgewalten entwickelt.[127] Im Kontext der Privatisierungsbestrebungen in der Bundesverwaltung wird Art. 87 Abs. 1 GG weithin die Pflicht des Bundes entnommen, die darin normierten Funktionen zumindest in »Kernbereichen« in der vorgesehenen Organisationsform zu erfüllen.[128] Auch im Rahmen von Art. 28 Abs. 2 GG ist das Abstellen auf den »Kernbereich der Selbstverwaltungsgarantie« ein fester Bestandteil der Rechtsprechung.[129]

Kritische Stimmen bestreiten demgegenüber im Bereich der Kompetenzabgrenzung die Tragfähigkeit der Kernbereichslehre und die Möglichkeit, für jede einzelne Gesetzgebungskompetenz die Kern- und Randbereiche klar zu definieren und voneinander zu unterscheiden.[130] Die damit angesprochenen praktischen Schwierigkei-

---

Rn. 33; *Breuer*, Die hoheitliche raumgestaltende Planung, 1968, S. 123ff.; *Pernice*, in: Dreier (Hrsg.), GG, Bd. II, 1998, Art. 30 Rn. 25; *Schmidt-Aßmann/Fromm*, Aufgaben und Organisation der Deutschen Bundesbahn in verfassungsrechtlicher Sicht, 1986, S. 66ff.; *Schoenenbroicher*, DVBl. 1990, 811, 814, alle m.w.N. Der »Kernbereich« der Aufgabenzuweisung in diesem interkompetentiellen Sinne geht über die bei *Pestalozza*, Der Staat 1972, 161, 183f. und *ders.*, in: v. Mangoldt/Klein/Starck (Hrsg.), GG, Bd. 8, 3. Aufl. 1996, Art. 70 Rn. 64, diskutierte Figur des »Begriffskerns« oder »Begriffsminimums« der Kompetenznormen hinaus. Zu den organisationsrechtlichen Implikationen der Kernbereichslehre – zum Teil kritisch – *Traumann*, Die Organisationsgewalt im Bereich der bundeseigenen Verwaltung, 1998, S. 179ff., m.w.N.

[125] *Heck*, AcP Bd. 112 (1914), 1, 46f., der die Begriffe »Vorstellungskern« und »Vorstellungshof« verwendet. Vgl. dazu weiter *Schiffauer*, Wortbedeutung und Rechtserkenntnis, 1979, S. 36ff., m.w.N. zum Diskussionsstand.

[126] Näher für das öffentliche Recht *Jesch*, AöR 82 (1957), 163, 172ff., besonders 177f., 182ff., m.w.N.; *Koch*, Unbestimmte Rechtsbegriffe, 1979, S. 40ff.; *Müller*, Juristische Methodik, 6. Aufl. 1995, S. 183ff.; in historischem Rückblick *Storost*, in: GS für Nagelmann, 1984, S. 461ff.; vgl. allgemeiner *Larenz*, Methodenlehre der Rechtswissenschaft, 6. Aufl. 1991, S. 320ff., 343ff., m.w.N.

[127] Vgl. etwa BVerfG, Urt. v. 27.4. 1959 – 2 BvF 2/58 –, BVerfGE 9, 268, 280; Urt. v. 10. 10. 1972 – 2 BvL 51/69 –, BVerfGE 34, 52, 59; Urt. v. 12. 6. 1994 – 2 BvE 3/92, 5/93, 7/93, 8/93 –, BVerfGE 90, 286, 389f.; *Schneller*, ZG 1998, 179, 181ff.; *Schulze-Fielitz*, in: Dreier (Hrsg.), GG, Bd. II, 1998, Art. 20 – Rechtsstaat Rn. 66, m.w.N.; kritisch etwa *Czybulka*, Die Legitimation der öffentlichen Verwaltung, 1989, S. 105ff., m.w.N.

[128] So etwa *Dreier*, Hierarchische Verwaltung, 1991, S. 264ff.; *Hermes*, in: Dreier, GG, Bd. III, 2000, Art. 87 Rn. 17 und 24; *Sachs*, in: ders., GG, 3. Aufl. 2003, Art. 87 Rn. 22; vgl. zu der Entwicklung des Meinungsbildes *Traumann*, Die Organisationsgewalt im Bereich der bundeseigenen Verwaltung, 1998, S. 177f., m.w.N.

[129] Vgl. etwa BVerfG, Beschl. v. 20.3. 1952 – 1 BvR 267/51 –, BVerfGE 1, 167, 174f.; *Faber*, in: AK-GG, Bd. 1, 2. Aufl. 1989, Art. 28 Abs. 1 II Rn. 28ff. Vgl. dazu auch nachfolgend im achten Kapitel S. 486f.

[130] Vgl. etwa *Achterberg*, Probleme der Funktionenlehre, 1970, S. 189ff.; *Brohm*, Landeshoheit und Bundesverwaltung, 1968, S. 32ff.; *Zielfleisch*, Landeshoheit und bundeseigene Verwaltung,

ten einer klaren Unterscheidung von Kern- und Randbereichen einzelner Kompetenztitel sind kaum ernsthaft zu leugnen.[131] Denselben Schwierigkeiten begegnet ein anderer Ansatz, der die Grenzen der gegenseitigen Beeinflussung von Kompetenztiteln nach dem Schwerpunkt der jeweiligen Maßnahme zu bestimmen sucht.[132] Die Praxis hat sich daher weniger an begrifflichen Unterscheidungen als an dem Kriterium der *Finalität* orientiert: Nach der Rechtsprechung des Bundesverfassungsgerichts liegt im Verhältnis von Bund und Ländern eine Kompetenzüberschreitung und damit ein Eingriff in diesen Kernbereich so lange nicht vor, als eine Norm für eine bestimmte Materie als allgemeines, insoweit für alle geltendes Recht Geltung beansprucht.[133] Somit besteht die Bindung des Bundes an Landesrecht von vornherein allein im Hinblick auf »fachfremde und allgemeine« Gesetze des Landesrechts.[134] Demgegenüber wird der Kompetenzübergriff gerade dadurch indiziert, daß eine Ländermaßnahme darauf abzielt, auf eine einem anderen Kompetenztitel zugewiesene Bewältigung einer Sachaufgabe einzuwirken und hierfür spezielle Vorgaben zu entwickeln.[135] Insoweit bestehen dogmatische Parallelen zu der Lehre vom »klassischen« Grundrechtseingriff, derzufolge auch die Beeinträchtigung des Schutzbereichs von Grundrechten gerade durch die Finalität staatlichen Verhaltens ihren Eingriffscharakter gewinnt.[136]

Mit dem Kriterium der Finalität als Indiz eines Eingriffes in den Kernbereich anderer Kompetenzen gewinnt die Kernbereichslehre erheblich an praktischer Relevanz und wird insoweit zu einem durchaus tragfähigen Instrument zur Abgrenzung unterschiedlicher Zuständigkeiten. Im Ergebnis stellt sich jedoch der »Kernbereich« nicht als semantisch fest definierter Bereich einer Kompetenz dar, sondern als – begrifflich mißverständliche – Kurzformel für das Verbot des zielgerichteten Übergriffs auf den Aufgabenbereich anderer Kompetenzen. Selbst Kritiker der Kernbereichslehre erkennen insoweit namentlich für den Bereich des Planungsrechts trotz aller terminologischen Vorbehalte an, daß eine Verletzung der grundgesetzlichen Planungskompetenzen des Bundes jedenfalls dann gegeben ist, wenn die Länder

---

1972, S. 26ff.; vgl. für den verwandten Bereich der Gewaltenteilung auch die Darstellung des Meinungsbildes bei *Schneller*, Objektbezogene Legalplanung, 1999, S. 122ff.

131 Vgl. die Zusammenstellung unterschiedlicher Auffassungen zu der Frage, was den Kernbereich einer Kompetenz ausmacht, bei *Zielfleisch*, Landeshoheit und bundeseigene Verwaltung, 1972, S. 12ff., 26ff.

132 *Kopp*, NuR 1991, 449, 451.

133 BVerfG, Beschl. v. 18.3. 1970 – 2 BvO 1/65 –, BVerfGE 28, 119, 149; *Salzwedel*, NuR 1984, 165, 167; *Scholz*, in: Bundesverfassungsgericht und Grundgesetz, Bd. II, 1976, S. 252, 267ff., m.w.N.; *ders.*, DVBl. 1969, 116.

134 BVerwG, Urt. v. 16.1. 1968 – 1 A 1.67 –, DÖV 1968, 653; Beschl. v. 23.3. 1984 – 4 B 43.84 –, DVBl. 1984, 638.

135 BVerfG, Urt. v. 30.7. 1958 – 2 BvF 3 und 6/58 –, BVerfGE 8, 104, 117; Urt. v. 30.7. 1958 – 2 BvG 1/58 –, BVerfGE 8, 122, 135ff.; ähnlich HessStGH, Beschl. v. 15.1. 1982 – P.St. 947 –, DVBl. 1982, 491, 493ff.; VGH München, Urt. v. 30.5. 2003 – M 8 K 01/886 –, wo darauf abgestellt wird, daß »die Zielsetzung der Satzung primär städtebaulich motiviert und geprägt ist«; im Schrifttum *Funke*, Bund-Länder-Abstimmung am Beispiel der Raumordnung, 1987, S. 18f.; *Salzwedel*, NuR 1984, 165, 167; vgl. auch *Bismark*, DVBl. 1983, 829, 830ff.

136 Vgl. etwa *Dreier*, in: ders. (Hrsg.), GG, Bd. I 1996, Vorb. Rn. 80ff.

andere Kompetenztitel zielgerichtet dazu verwenden, spezielle gesetzliche Regelungen für die Tätigkeit der zuständigen Bundesbehörden zu erlassen.[137] In gleicher Weise muß es unzulässig sein, wenn die Länder und Kommunen mit Blick auf solche Zuständigkeiten zwar nicht gesetzgeberisch tätig werden, jedoch spezielle planerische Vorgaben entwickeln, um damit final und zielgerichtet das Verhalten anderer Planungsträger zu steuern.[138] Damit besteht der Sache nach über das maßgebliche Abgrenzungskriterium der Kernbereichslehre weitgehende Einigkeit.

Das Verbot des zielgerichteten Übergriffs auf andere Kompetenzen ist auch für das Verhältnis konkurrierender Raumplanungen anwendbar. Daher ist es Planungsträgern verwehrt, außerhalb ihrer Gesetzgebungszuständigkeiten final auf die Tätigkeit der jeweils anderen Behörden ausgerichtete Regelungen zu erlassen. Landesgesetze und Verhinderungsplanungen etwa, die zielgerichtet in die Raumplanung anderer Behörden übergreifen und Teilbereiche der entsprechenden Entscheidung vorwegnehmen, vermögen als Regelungen *ultra vires* keine Bindungen des Bundes zu erzeugen. Diese Grundsätze dürften für die Planungstätigkeit aller Planungsträger Geltung beanspruchen: In solchen Fällen indiziert bereits die Finalität der Vorgabe den Eingriff in den »Kernbereich« der anderen Planungskompetenz.[139]

g) *Zwischenergebnis*

Die aus der grundgesetzlichen Kompetenzordnung abgeleiteten Vorgaben für das Verhältnis konkurrierender Raumplanungen lassen sich damit wie folgt zusammenfassen: Jede Planung muß sich in den räumlichen und sachlichen Grenzen halten, die durch die ihr zugrundeliegenden Gesetzgebungs- und Verwaltungskompetenzen gesetzt sind. Die Frage nach Kollisionsregeln stellt sich nur im Verhältnis zwischen kompetenzgemäßen Planungen.

Bereits aus begrifflichen Erwägungen und – im Verhältnis von Bund und Ländern sowie für unterschiedliche Kompetenzarten des Bundes – aus Gründen der Überschneidungsfreiheit der Kompetenzordnung ist es daher in aller Regel geboten, die den einzelnen Planungsarten zugrundeliegenden Kompetenzen vollständig voneinander abzugrenzen. Sind jedoch die auf diesen Kompetenztiteln beruhenden Planungsgesetze grundsätzlich lückenlos voneinander abzugrenzen, so müssen auch die entsprechenden Raumplanungen, selbst dort, wo sie dieselben Flächen betreffen, in gegenständlicher Hinsicht überschneidungsfrei bleiben. Zwar ist es keineswegs

---

[137] So etwa *Brohm*, Landeshoheit und Bundesverwaltung, 1968, S. 31, der diesen Grundsatz als unstrittig bezeichnet.

[138] Im Ansatz findet sich diese Vorstellung auch bei *Brohm*, DÖV 1983, 525, 529, der erklärt, eine Planzuständigkeit dürfe jedenfalls nicht »die Funktionsfähigkeit der Spezialkompetenzen aufheben oder wesentlich beeinträchtigen«.

[139] Ähnlich, wenngleich mit anderen dogmatischen Akzenten, neuerdings auch BVerwG, Beschl. v. 5. 11. 2002 – 9 VR 14/02 –, NVwZ 2003, 207, 208: »Ebenso wenig wie von der Gemeinde bereits konkret in Betracht gezogene Planungsmöglichkeiten durch die Fachplanung unnötigerweise ›verbaut‹ werden dürfen ... darf umgekehrt auch die Gemeinde nicht versuchen, der Fachplanung, die eine hinreichende Verfestigung erfahren hat, unüberwindliche Hindernisse in den Weg zu legen«.

unzulässig, daß sich diese räumlichen Planungen gegenseitig beeinflussen, diese Möglichkeit wird jedoch durch das Verbot des zielgerichteten Übergriffs auf andere Planungskompetenzen begrenzt.

2. Das Ressortprinzip

Eng verknüpft mit der soeben dargestellten verfassungsrechtlichen Kompetenzordnung ist das in Art. 65 S. 2 GG festgelegte Ressortprinzip, dem zufolge jeder Bundesminister im Rahmen der durch den Bundeskanzler bestimmten Richtlinien der Politik seinen Geschäftsbereich selbständig und unter eigener Verantwortung leitet. Für die Staatsregierungen der Länder enthalten die Länderverfassungen entsprechende Bestimmungen.[140] Das Ressortprinzip gibt der Organisationsgewalt der Regierungen eine Untergliederung in rechtlich verselbständigte Handlungseinheiten mit abgegrenzten Zuständigkeitsbereichen und damit verbundenen Letztentscheidungsbefugnissen vor, die sich in den nachgeordneten Behörden fortsetzt.[141] Damit enthält bereits die Verfassung selbst über die Verteilung von Zuständigkeiten zwischen Bund und Ländern hinausgehend den Kern einer fachlichen Kompetenzordnung[142], die auch für die Abgrenzung der zulässigen Inhalte räumlicher Planungen von grundlegender Bedeutung ist.[143]

Abgesehen von dieser gegenständlichen Abgrenzung der einzelnen Geschäftsbereiche, sind Inhalt und Reichweite des Ressortprinzips in vieler Hinsicht noch ungeklärt. Gerade im Hinblick auf die Bedeutung für das Planungsrecht sind kaum greifbare Aussagen zu ermitteln. Teilweise wird im Verhältnis der verschiedenen Vorhabengenehmigungen untereinander diskutiert, ob das Ressortprinzip die Zulassungsbehörde zwinge, sich auf die Prüfung der ihr speziell zugewiesenen fachlichen Belange zu beschränken oder ob – vor allem im Hinblick auf die verbreiteten Gemeinwohlklauseln – auf der tatbestandlichen Ebene auch weitere Gesichtspunkte berücksichtigt werden können.[144] Mittlerweile ist freilich weitgehend anerkannt, daß jedenfalls diejenigen Planungsträger, die an das Abwägungsgebot gebunden sind, auch dann den gesamten Sachverhalt berücksichtigen müssen, wenn ihre sachliche Entscheidungskompetenz – etwa durch örtliche Zuständigkeitsgrenzen – eingeschränkt ist.[145] Auf das Ressortprinzip gestützte Bedenken wurden teilweise auch

---

[140] Vgl. etwa Art. 50 und 51 BayVerf., Art. 102 S. 2 HessVerf., Art. 37 Abs. 1 S. 2 NiedersVerf., Art. 76 Abs. 1 S. 2 ThürVerf.

[141] Näher *Hermes*, in: Dreier (Hrsg.), GG, Bd. II, 1998, Art. 65 Rn. 28ff.; *Herzog*, in: Maunz/Dürig u. a., GG, Art. 65 Rn. 53ff.; *Loschelder*, in: HStR III, 1988, § 68 Rn. 43f.; *Oldiges*, in: Sachs (Hrsg.), GG, 3. Aufl. 2003, Art. 65 Rn. 20ff.; *Stern*, Staatsrecht II, 1980, S. 276ff.

[142] Vgl. *Achterberg*, Allgemeines Verwaltungsrecht, 2. Aufl. 1986, § 12 Rn. 19ff.; *Wolff/Bachof/Stober*, Verwaltungsrecht I, 11. Aufl. 1999, § 30 Rn. 11.

[143] Näher *Hopf*, in: Kaiser (Hrsg.), Planung VI, 1972, S. 63ff.; *Jochimsen*, ebenda, S. 35, 37ff.

[144] Zu Recht im letztgenannten Sinne *Beckmann*, DÖV 1987, 944, 952f., m. w. N.; näher zu diesem Problemkreis vor allem *Jarass*, Konkurrenz, Konzentration und Bindungswirkung von Genehmigungen, 1983.

[145] Vgl. dazu das nachfolgende fünfte Kapitel. Diese Maßstäbe gelten auch für das Wasserhaushaltsrecht, wo die heute herrschende Lehre den in § 6 WHG verwandten Begriff »Wohl der Allge-

gegenüber der Möglichkeit der Konzentration und Miterledigung ressortfremder Aufgaben im Rahmen von Planfeststellungsverfahren entwickelt.[146] Auch diese Institute sind jedoch mittlerweile anerkannt.

Im Hinblick auf das eigentliche Raumplanungsrecht sind im Schrifttum aus dem Ressortprinzip Bedenken gegen die Zulässigkeit der Raumordnung und Landesplanung als einer ressortübergreifenden räumlichen Gesamtplanung abgeleitet worden[147], die sich unmittelbar gegen das verbreitete Selbstverständnis der Raumordnungsbehörden als Wahrer des räumlichen Gemeinwohls gegenüber den »Ressortegoismen« der Fachministerien[148] richten. Auch diese Bedenken sind letztlich nicht stichhaltig: Nach nahezu einhelliger Auffassung wird das Ressortprinzip nämlich als bloße Grundsatznorm durch das in Art. 65 S. 3 GG nur unvollkommen formulierte *Kollegialprinzip* überlagert, wonach besonders wichtige Angelegenheiten der Behandlung im Kabinett bedürfen.[149] Da auf dieser Grundlage auch außerhalb des Bereichs der Raumplanung verschiedene Formen ressortübergreifender Planung praktiziert werden[150], steht das Ressortprinzip richtigerweise einer die Einzelbereiche koordinierenden Raumplanung nicht entgegen, sofern die Raumordnung sich auf die ihr obliegende Koordinierung unterschiedlicher Raumnutzungsansprüche beschränkt[151]. Konsequenzen ergeben sich jedoch aus der Zuordnung dieser Aufgaben innerhalb des Regierungsbereiches: Während die Erarbeitung dieser Gesamtpläne nach herrschender Lehre ressortfähig ist, soll die Beschlußfassung eine Aufgabe der Gesamtregierung darstellen.[152]

---

meinheit« als alle Interessen umfassend versteht, so daß die Wasserbehörde bei Entscheidungen nach den §§ 1a, 6, 7 und 31 WHG umfassend alle durch das Vorhaben berührten Belange zu betrachten haben, obwohl ihre planerischen Festsetzungsmöglichkeiten verschiedenen kompetentiellen Restriktionen unterliegen. Vgl. in diesem Sinne mit unterschiedlichen Akzenten *Czychowski*, WHG, 7. Aufl. 1998, § 6 Rn. 20ff., m. w. N.; *Hoppe/Beckmann/Kauch*, Umweltrecht, 2. Aufl. 2000, § 18 Rn. 62ff.; *Kloepfer*, Umweltrecht, 2. Aufl. 1998, § 13 Rn. 92; *Knopp*, in: Sieder/Zeitler/Dahme/Knopp (Hrsg.), WHG, § 6 WHG Rn. 6ff., Stand: März 1999, m. w. N.; für die wasserrechtliche Planfeststellung auch *Zeitler*, ebenda, § 31 WHG Rn. 159, Stand: Juli 2000. Eine Ausnahme gilt nur für durch andere Verfahren geregelte Belange, vgl. etwa *Uerpmann*, Das öffentliche Interesse, 1999, S. 218.

146 Vgl. *Ossenbühl*, in: FS für Sendler, 1991, S. 107, 112.

147 Vgl. *Kölble*, DÖV 1973, 1, 9f.; *Brockmeyer*, in: Schmidt-Bleibtreu/Klein, GG, 9. Aufl. 1999, Art. 65 Rn. 5, m. w. N.; *Erbguth*, BayVBl. 1981, 577, 584; *Schönemann/Witte*, RuR 1979, 143, 144; *Timmer/Erbguth*, RuR 1980, 143ff.; kritisch zu dieser »extensiven Interpretation des Ressortprinzips« *Wahl*, Rechtsfragen der Landesplanung und Landesentwicklung, Bd. I 1978, S. 130f., 282f., m. w. N. und Bd. 2 S. 149ff. mit umfassenden Nachweisen zu der Diskussion.

148 In diesem Sinne etwa *Buchner*, BayVBl. 1986, 641, 643; vgl. auch *David*, in: FS für Lendi, 1998, S. 47, 63.

149 Näher *Brockmeyer*, in: Schmidt-Bleibtreu/Klein, GG, 9. Aufl. 1999, Art. 65 Rn. 6; *Oldiges*, in: Sachs (Hrsg.), GG, 3. Aufl. 2003, Art. 65 Rn. 26ff.; *Stern*, Staatsrecht I, 2. Aufl. 1984, S. 1012ff. und Staatsrecht II, 1980, S. 310ff.

150 Näher *Wussow*, DVP 1982, 23ff.

151 Vgl. dazu nachfolgend S. 213ff.

152 So *Erbguth/Schoeneberg*, Raumordnungs- und Landesplanungsrecht, 2. Aufl. 1992, Rn. 28; *Finckenstein*, DÖV 1969, 56, 57ff.; *Forsthoff/Blümel*, Raumordnungsrecht und Fachplanungsrecht, 1970, S. 170ff.; *Hoppe*, in: Hoppe/Menke, Raumordnungs- und Landesplanungsrecht, 1986,

3. Die einfachgesetzliche Kompetenzordnung

Die verfassungsrechtlichen Grundsätze über das Verhältnis der Gesetzgebungs- und Vollzugszuständigkeiten von Bund und Ländern finden ihre Parallele auf der Ebene des einfachen Rechts. Ebenso wie die Kompetenztitel selbst sind auch die einzelnen Verwaltungszuständigkeiten voneinander abzugrenzen. Dies folgt zunächst aus der bereits behandelten verfassungsrechtlichen Kompetenzordnung: Da eine einfachgesetzliche Zuständigkeit nicht weiter gehen kann als der Kompetenztitel, auf dessen Grundlage eine Behörde tätig wird, sind auch die auf der Grundlage der einzelnen Gesetze ergangenen Planungsgesetze und die korrespondierenden Aufgabenstellungen entsprechend ihren verfassungsrechtlichen Grundlagen voneinander abzugrenzen.[153]

Die einfachgesetzliche Kompetenzordnung hat jedoch über ihre Funktion als Konkretisierung der verfassungsrechtlichen Zuständigkeiten hinaus auch eigenständige Bedeutung: Auch im Hinblick auf einfachgesetzliche Kompetenznormen ist nämlich die gesetzgeberische Zuschreibung einer Kompetenz und zugleich einer entsprechenden Aufgabe an die zuständige Behörde nach Art. 20 Abs. 3 GG durch andere Verwaltungsträger zu respektieren. Die entsprechende behördliche Letztentscheidungsbefugnis darf somit nicht durch Übergriffe anderer Entscheidungsträger entleert werden.[154] Nach dem allgemeinen Grundsatz der Abgrenzung hoheitlicher Zuständigkeiten und des Verbots von Kompetenzübergriffen sind Verwaltungsverfahren auch auf der einfachgesetzlichen Ebene grundsätzlich so ausgestaltet, daß Widersprüche und *Doppelzuständigkeiten* vermieden werden.[155] Behördliche *Übergriffe* in die Kompetenz anderer Hoheitsträger sind daher auch nach der einfachgesetzlichen Kompetenzordnung unzulässig.[156]

Diese Grundsätze gelten auch für das Raumplanungsrecht.[157] Kein Planungsträger darf daher in den räumlichen oder sachlichen Aufgabenbereich der Planungen eines anderen Hoheitsträgers übergreifen. Soweit die entsprechenden Gesetzgebungs- oder Vollzugskompetenzen zwischen Bund, Ländern und Kommunen verteilt oder unterschiedlichen Gesetzgebungsverfahren zugeordnet sind, ist die einfachgesetzliche Kompetenzordnung bereits durch die Verfassung vorstrukturiert. Aber selbst wo nicht bereits aus verfassungsrechtlichen Gründen eine lückenlose

Rn. 80ff., 266ff.; *Timmer/Erbguth*, RuR 1980, 143, 148ff., jeweils m.w.N.; vgl. auch *Jochimsen*, in: Kaiser (Hrsg.), Planung VI, 1972, S. 35, 46ff.

[153] So etwa das Vorgehen bei *Schink*, in: Kormann (Hrsg.), Das neue Bundesbaurecht, 1994, S. 103, 105ff.

[154] Vgl. dazu vor allem mit Blick auf die Einschaltung Privater eingehend *Seidel*, Privater Sachverstand und staatliche Garantenstellung, 2000, S. 89ff., m.w.N.; allgemeiner etwa *Meyer*, in: Knack, VwVfG, 7. Aufl. 2000, Vor § 3 Rn. 5ff.

[155] Vgl. etwa BVerwG, Urt. v. 12.2. 1988 – 4 NB 4/88 –, Buchholz 310 § 47 VwGO Nr. 22; Urt. v. 20.7. 1990 – 4 C 30/87 –, NVwZ 1991, 66, 68; *Meyer*, in: Knack, VwVfG, 7. Aufl. 2000, Vor § 3 Rn. 7.

[156] BVerwG, Urt. v. 16.1. 1968 – I A 1.67 –, BVerwGE 29, 52, 59, m.w.N.

[157] Illustrativ etwa BVerwG, Urt. v. 30.1. 2003 – 4 CN 14/01 –, NVwZ 2003, 742, 744, wo ein Kompetenzübergriff der Regionalplanung »im Verhältnis zu den Naturschutzfachbehörden und den ihnen im Bundesnaturschutzgesetz zugewiesenen Befugnissen« festgestellt wird.

Abgrenzung der einzelnen Planungen geboten ist, sind die entsprechenden Aufgabenzuweisungen zumindest auf einfachgesetzlicher Ebene gegeneinander abzugrenzen. Der Gesetzgeber will grundsätzlich keine Doppelzuständigkeiten begründen. Sieht er für die Zulassung bestimmter Anlagen und Einrichtungen fachplanerische Verfahren vor und weist deren Durchführung bestimmten Behörden zu, die mit besonderer Sachkunde und Fachkenntnis ausgestattet sind, dann soll die Bewältigung der mit solchen Verfahren einhergehenden spezifischen Probleme gerade im Rahmen dieses fachplanerischen Verfahrens und nicht durch andere Raumplanungen erfolgen.[158] Die zielgerichtete Beeinflussung eines solchen Verfahrens durch andere Planungen kann daher nicht dazu führen, daß Fragen, die der Gesetzgeber auch in verfahrensrechtlicher Hinsicht dadurch hervorhebt, daß er sie besonderen Behörden und besonderen Verfahrensanforderungen unterwirft, bereits im Vorfeld der eigentlichen Entscheidung durch allgemeine anders strukturierte Verfahren präjudiziert werden.[159] So hat der Gesetzgeber beispielsweise die Festsetzung schalltechnischer Schutzvorkehrungen beim Straßenbau gerade dem Entscheidungsprogramm der Straßenplanung zugewiesen. Insgesamt wird damit die verfassungsrechtlich gebotene inhaltliche Abgrenzung der einzelnen Raumplanungsarten nach den ihnen zugrundeliegenden Kompetenztiteln durch die einfachgesetzliche Kompetenzordnung abgerundet.

III. Planerische Aufgabenstellungen als Konkretisierung der Kompetenzordnung

Als Zwischenergebnis ist damit aus den verfassungsrechtlichen und einfachgesetzlichen Vorgaben zu folgern: Konkurrierende Planungen sind ihrem Gegenstand nach grundsätzlich und – von den seltenen Fällen abgesehen, in denen sie auf identischen Gesetzgebungsarten und Verwaltungskompetenzen des Bundes oder der Länder beruhen – lückenlos voneinander abzugrenzen. Kompetentielle Überschneidungen bleiben jedoch insoweit bestehen, als verschiedene Planungsträger um dieselben Flächen konkurrieren und im Rahmen jedes Planungsverfahrens das allgemein geltende Recht und damit gegebenenfalls auch rechtlich verbindliche fachfremde planerische Vorgaben beachtet werden müssen. Daher können und dürfen sich die einzelnen Raumplanungen zwar gegenseitig beeinflussen und berücksichtigen. Unzulässig sind jedoch zielgerichtete Übergriffe, deren Funktion gerade darin besteht, auf die Aufgabenbereiche anderer Raumplanungen einzuwirken. Konkretisiert wird diese verfassungsrechtlich gebotene Abgrenzung durch die einfachgesetzlichen Aufga-

---

[158] *Jäde*, BayVBl. 1988, 385, 387; *Gierke*, DVBl. 1984, 149, 151; im Ansatz auch VGH München, Urt. v. 29. 1. 1988 – 22 N 85 A.2635 –, BayVBl. 1988, 332ff.; OVG Lüneburg, Urt. v. 12. 3. 1980 – 6 C 12/78 –, BRS 36 Nr. 32; anders jedoch OVG Berlin, Urt. v. 29. 8. 1983 – OVG 2 A 3.81 –, DVBl. 1984, 147ff.; *Hofmann*, NVwZ 1989, 225, 229.

[159] Vgl. *Blümel*, DVBl. 1977, 301, 318; *Funke*, Bund-Länder-Abstimmung, 1987, S. 18f.; *Jäde*, BayVBl. 1988, 385, 387.

benstellungen der einzelnen Planungsarten. Die Aufgaben, die der Gesetzgeber einzelnen Planungen zuweist, und die unterschiedlichen Zielsetzungen, denen die Planungsgesetze verpflichtet sind, dienen in Umsetzung der skizzierten Vorgaben der Kompetenzordnung der Abgrenzung dieser Planungsarten untereinander.[160]

1. Die Aufgabenstellungen der Raumordnung und Landesplanung

a) Einfachgesetzliche und verfassungsrechtliche Aufgaben der Raumordnung

§ 8 Abs. 1 und § 9 Abs. 1 ROG weisen insoweit den Ländern die Aufgabe zu, für das Landesgebiet einen zusammenfassenden und übergeordneten Plan aufzustellen und hieraus für die Verflechtungsbereiche mehrerer zentraler Orte oberster Stufe Regionalpläne zu entwickeln. Nach § 4 Abs. 1 S. 1 ROG sind die hierbei festgelegten Ziele der Raumordnung von allen öffentlichen Stellen und auch vom Bund bei ihren raumbedeutsamen Planungen und Maßnahmen zu beachten. Den Ländern ist damit schlechthin die Aufgabe der übergeordneten und zusammenfassenden Gesamtplanung aufgegeben, ohne daß – über das Erfordernis der Raumbedeutsamkeit hinaus – in dem gesetzlichen Planungsauftrag sachliche Beschränkungen ersichtlich wären.[161]

Inhaltlich zielt diese Planung allerdings auf die in § 1 Abs. 1 ROG definierte raumordnerische Aufgabe, den Gesamtraum der Bundesrepublik und seine Teilräume durch zusammenfassende, übergeordnete Raumordnungspläne und durch die Abstimmung raumbedeutsamer Planungen und Maßnahmen zu entwickeln, zu ordnen und zu sichern. Dabei sind unterschiedliche Anforderungen an den Raum aufeinander abzustimmen, die auf der jeweiligen Planungsebene auftretenden Konflikte auszugleichen und Vorsorge für einzelne Raumfunktionen und Raumnutzungen zu treffen. Einerseits die Entwicklung übergeordneter und zusammenfassender Konzeptionen, andererseits die Abstimmung raumbedeutsamer Planungen und Maßnahmen bilden also die beiden zentralen Aufgabenaspekte der Raumordnung.[162]

Diese gesetzliche Aufgabenstellung geht auf die Definition des Bundesverfassungsgerichts zurück, das in seinem Bodengutachten den »Verfassungsbegriff der Raumordnung«[163] im Sinne des Art. 75 Abs. 1 Nr. 4 GG als die »zusammenfassende, übergeordnete Planung und Ordnung des Raumes« bestimmte. Raumordnung sei demnach »übergeordnet, weil sie überörtliche Planung ist und weil sie vielfältige Fachplanungen zusammenfaßt und aufeinander abstimmt«.[164] Das Gericht betonte, daß dem Bund für die Raumordnung in Art. 75 Abs. 1 Nr. 4 GG nur eine Rahmenkompetenz eingeräumt ist, erkannte ihm jedoch aus der Natur der Sache eine aus-

---

160 Vgl. BVerwG, Urt. v. 18.5. 2001 – 4 CN 4/00 –, BVerwGE 114, 247, 250f.

161 *Ernst*, DVBl. 1982, 495, 496.

162 Vgl. zuletzt *Runkel*, in: Bielenberg/Runkel/Spannowsky, Raumordnungs- und Landesplanungsrecht des Bundes und der Länder, Kommentar K, § 1 ROG Rn. 20ff., Stand: V.2001, m.w.N.

163 *Breuer*, VerwArch 69 (1978), 1, 2.

164 BVerfGE 3, 407, 425; vgl. dazu etwa *Pestalozza*, in: v. Mangoldt/Klein/Starck (Hrsg.), GG, Bd. 2, 4. Aufl. 2000, Art. 75 Rn. 50; zur mangelnden Aussageschärfe der Begriffe »örtlich« und »überörtlich« *Spannowsky*, DÖV 1997, 757ff.

schließliche Vollkompetenz zur Regelung der Raumplanung »für den Gesamtstaat« zu. Obwohl dem Bund ausdrücklich lediglich eine Gesetzgebungskompetenz zugewiesen wurde, ergibt sich richtigerweise aus denselben Erwägungen nach der Natur der Sache auch eine ausschließliche Verwaltungskompetenz des Bundes.[165]

Die Schwierigkeit der Bestimmung der Grenzen der Aufgabenstellung der Raumordnung und Landesplanung liegt darin, daß diese Raumplanung einerseits gerade darauf angelegt ist, andere Raumplanungen zusammenzufassen und zu steuern, andererseits jedoch gegenüber diesen Planungen aufgrund der ihnen zugrundeliegenden inkompatiblen Gesetzgebungskompetenzen eine lückenlose gegenständliche Abgrenzung zu fordern ist. § 1 ROG und die Ausführungen des Baurechtsgutachtens liefern für eine solche Abgrenzung der Raumordnungskompetenz gegenüber den Fachplanungstiteln des Grundgesetzes verschiedene Ansatzpunkte: Die wesentlichen Kriterien bilden dabei nach allgemeiner Auffassung – vor allem mit Blick auf die Fachplanungen – der unter dem Begriff der »Überordnung« erfaßte Aspekt der *Überfachlichkeit*, mit Blick auf die Bauleitplanung hingegen vor allem die *Überörtlichkeit* der Raumordnung.[166] Durch diese beiden Kennzeichen, die bereits im Zusammenhang mit der Auslegung des Begriffes und der zulässigen Inhalte der »Ziele der Raumordnung« angesprochen wurden[167], hebt sich die Raumordnung und Landesplanung deutlich von der Konzeption einer integrierten Gesamtplanung ab, für die das Grundgesetz keine Kompetenz liefert[168]: Die Raumordnungsplanung bildet nach dem Baurechtsgutachten geradezu ein Aliud zur Bauleitplanung und Fachplanung.[169] Sie muß sich inhaltlich auf das beschränken, was zur Verwirklichung ihres übergeordneten Koordinierungsauftrags erforderlich ist[170], und kann nicht – auch nicht als »Auffanglinie«[171] – in die Aufgabenbereiche dieser auf anderen Gesetzgebungs- und Vollzugszuständigkeiten beruhenden Planungen übergreifen. Raumordnerische Festsetzungen dürfen sich nicht in das origi-

[165] BVerfGE 3, 407, 427f.; BVerfG, Urt. v. 30. 10. 1962 – 1 BvF 2/60, 1, 2, 3/31-, BVerfGE 15, 1, 16; vgl. dazu bereits die Nachweise im ersten Kapitel S. 47.

[166] Vgl. etwa *Lehners*, Raumordnungsgebiete, 1998, S. 11f.; *Schink*, in: Kormann (Hrsg.), Das neue Bundesbaurecht, 1994, S. 103, 105f.; *Steiner*, in: ders. (Hrsg.), Besonderes Verwaltungsrecht, 6. Aufl. 1999, Kap. VI Rn. 3.

[167] Vgl. im zweiten Kapitel S. 91f.

[168] Vgl. bereits *Püttner/Riffel*, Örtliche und überörtliche Planung, 1978, S. 37.

[169] Vgl. nochmals BVerfGE 3, 407, 413ff., 424: »Der Begriff ›Bodenrecht‹ kann ... nicht diejenigen Materien mitumfassen, die in Art. 74 Abs. 1 Nr. 18 selbständig neben dem ›Bodenrecht‹ aufgeführt sind. Zur Materie ›Bodenrecht‹ gehören vielmehr nur solche Vorschriften, die den Grund und Boden unmittelbar zum Gegenstand rechtlicher Ordnung haben, also die rechtlichen Beziehungen des Menschen zum Grund und Boden regeln«; *Schultze*, Ziele der Raumordnung und Landesplanung als Rechtsbegriff, 1973, S. 27.

[170] *Braese*, in: ders./Dick/Lindemann/Möcklinghoff, Verplante Gemeinden, 1980, S. 39ff.; *Brohm*, DÖV 1989, 429, 439f.; *Erbguth/Schoeneberg*, Raumordnungs- und Landesplanungsrecht, 2. Aufl. 1992, Rn. 92; *Halama*, in: FS für Schlichter, 1995, S. 201, 218ff.; *Hennecke*, Die Bedeutung der Fachplanung und der Raumordnung für die Bauleitplanung, 1994, S. 11f.; *Schink*, in: Kormann (Hrsg.), Das neue Bundesbaurecht, 1994, S. 103, 106.

[171] So aber *Grigoleit/Otto*, DÖV 2000, 182.

näre Aufgabenfeld der Bauleitplanung und Fachplanung hinein ausbreiten, auf das sich die Steuerungsberechtigung der Raumordnung nicht erstreckt.[172]

b) Die notwendige Überfachlichkeit der Raumordnung

Als gleichermaßen alle Fachbereiche betreffende und zugleich flächendeckende Raumplanung ist die Gesamtplanung in besonderem Maße anfällig für Kompetenzüberschreitungen.[173] Bereits aus den Formulierungen des Baurechtsgutachtens, wonach die Raumordnung die einzelnen Fachplanungen lediglich »zusammenfaßt und aufeinander abstimmt«, ist zu entnehmen, daß die Raumordnung diese Planungen nicht etwa ersetzt, daß also den Trägern der Raumordnung und Landesplanung keine eigenständigen Fachplanungskompetenzen zukommen. Dies entspricht der verfassungsrechtlich gebotenen Abgrenzung des Raumordnungstitels mit den eigentlichen Fachplanungskompetenzen: Soll das Postulat einer eindeutigen und widerspruchsfreien Kompetenzordnung nicht in Frage gestellt werden, so kann der Kompetenztitel der Raumordnung keine räumliche Überkompetenz darstellen, die zu jeglichen räumlichen Vorgaben gegenüber anderen Planungsträgern berechtigen würde.[174] Art. 75 Abs. 1 Nr. 4 GG vermittelt daher keinerlei Zuständigkeiten für den Bereich der Fachplanungen[175] und stellt keine rechtliche Grundlage für die Entwicklung eigenständiger fachlicher Ziele, losgelöst von oder gar entgegen den Vorstellungen der hierfür zuständigen Planungsträger, dar.[176] So ist es der Gesamtplanung verwehrt, »im Gewande überörtlicher Gesamtplanung Regelungen einer Natur- oder Landschaftsschutzverordnung durch eigene Zielfestlegung zu ersetzen.«[177] Raumordnung erfüllt gegenüber den Fachplanungen vielmehr die Funktion eines spezifischen Koordinierungsinstruments[178], das lediglich berufen ist, die einzelnen Fach-

[172] *Spannowsky*, UPR 2000, 418, 421. Daher kann auch ein Raumordnungsverfahren keine Festlegungen treffen, die über den Gesichtspunkt der räumlichen Verträglichkeit des Vorhabens hinausgehen und die technischen Einzelheiten des Vorhabens betreffen. Vgl. dazu *Friesecke*, WaStrG, 3. Aufl. 1994, § 13 Erl. 14.

[173] *Breuer*, VerwArch 69 (1978), 1, 7ff., spricht von einem »Spannungsverhältnis zwischen der überkommenen Verfassungsstruktur und der gesamtplanerischen Lenkungsfunktion der Raumordnung«. Vgl. auch *Gaentzsch*, WiVerw 1985, 235, 247; Beispiele etwa bei *Hoppe/Scheipers*, in: FS für Stern, 1997, S. 1117, 1124ff.

[174] *Breuer*, Die hoheitliche raumgestaltende Planung, 1968, S. 213; *Christ*, Raumordnungsziele und Zulässigkeit privater Vorhaben, 1990, S. 21f.; *Maunz*, in: Maunz/Dürig u.a., GG, Art. 75 Rn. 142, Stand: Mai 1986; *Rengeling*, in: HStR IV, 1990, § 100 Rn. 277; *Schulte*, NVwZ 1999, 942, 943.

[175] *Kunig*, in: v. Münch/Kunig (Hrsg.), GG, Bd. 3, 5. Aufl. 2003, Art. 75 Rn. 34; *Maunz*, in: Maunz/Dürig u.a., GG, Art. 75 Rn. 135, Stand: Mai 1986; *Rozek*, in: v. Mangoldt/Klein/Starck (Hrsg.), GG, Bd. 2, 4. Aufl. 2000, Art. 75 Rn. 50; *Stettner*, in: Dreier (Hrsg.), GG, Bd. II, 1998, Art. 75 Rn. 30.

[176] *Rengeling*, in: HStR IV, 1990, § 100 Rn. 277; *Schulte*, NVwZ 1999, 942, 943; *Spannowsky*, UPR 2000, 418, 422; weiter jedoch *Pestalozza*, in: v. Mangoldt/Klein/Starck (Hrsg.), GG, Bd. 8, 3. Aufl. 1996, Art. 75 Rn. 551.

[177] BVerwG, Urt. v. 30. 1. 2003 – 4 CN 14/01 –, NVwZ 2003, 742 (Leitsatz 2), 744.

[178] So mit unterschiedlichen Akzenten BVerwG, Beschl. v. 20. 8. 1992 – 4 NB 20.91 –, BVerwGE 90, 329, 333; *Breuer*, Die hoheitliche raumgestaltende Planung, 1968, S. 211; *Erbguth*, BayVBl. 1981, 577ff.; *Ernst*, in: Kaiser (Hrsg.), Planung III, 1968, S. 129, 169 (»Raumordnung ist ihrem Wesen nach

planungen zusammenzufassen und aufeinander abzustimmen. Sie bezieht gerade aus der Abstimmungsbedürftigkeit der anderen Planungen ihre Aufgabenstellung und ihre Grenzen. Festlegungen zu fachplanerischen Planungen und Maßnahmen Dritter sollen dementsprechend nach §7 Abs. 3 ROG auch nur dann in die Raumordnungspläne aufgenommen werden, wenn sie hierfür geeignet und »zur Koordinierung von Raumansprüchen erforderlich« sind und durch Ziele oder Grundsätze der Raumordnung gesichert werden können. Fachliche oder technische Festsetzungen sind daher grundsätzlich unzulässig und müssen jeweils im Einzelfall der Prüfung standhalten, ob sie nicht bereits in den Aufgabenbereich der Fachplanung fallen.

Neben diese Koordinierungsfunktion tritt, wie dies namentlich §7 Abs. 2 ROG zum Ausdruck bringt, die allgemeine Gestaltung der Raumstrukturen, also der durch Raumkategorien, zentrale Orte und Achsen gegliederten Siedlungsstruktur und der anzustrebenden Freiraumstruktur durch großräumig übergreifende Freiräume. Hierbei dient die Landesplanung auch der »vorsorgenden Sicherung« von Standorten für Rohstoffe und der Trassen für Infrastruktur (§7 Abs. 2 Nr. 2 und 3 ROG). Auch bei dieser Aufgabenstellung handelt es sich um eine überfachliche allgemeine Gliederung des Raumes, nicht um eine vorweggenommene Fachplanung.

c) Die Überörtlichkeit der Raumordnung

Die zweite grundsätzliche Beschränkung des zulässigen Inhalts der Raumordnung ergibt sich aus ihrem überörtlichen, großräumig koordinierenden Charakter.[179] Die Schaffung parzellenscharfer und unmittelbar außenwirksamer Festsetzungen und damit die unmittelbare Vorbereitung der Bodennutzung im Gemeindegebiet ist die spezifische Aufgabe der Bauleitplanung[180] bzw. – im Hinblick auf die jeweiligen Einzelvorhaben – Aufgabe der Fachplanung[181]. Gegenüber diesen Planungen muß sich die Raumordnung daher kompetentiell auf ihren spezifischen Aufgaben- und Sachbereich beschränken und darf daher beispielsweise keine spezifisch städtebaulichen Vorgaben entwickeln.[182] Auch wenn eine Abgrenzung beider Stufen der

---

Koordinierung«.); *Finckenstein*, DÖV 1969, 56ff.; *Peine*, Öffentliches Baurecht, 4. Aufl. 2003, Rn. 253 (»Abstimmungsplanung«); *Schlarmann*, DVBl. 1980, 275, 282; *W. Schrödter*, in: Schrödter (Hrsg.), BauGB, 6. Aufl. 1998, §1 Rn. 36; *Wagner*, Die Harmonisierung der Raumordnungsklauseln, 1990, S. 6f.; vgl. auch *Hennecke*, Die Bedeutung der Fachplanung und der Raumordnung für die Bauleitplanung, 1994, S. 15ff.; *Stüer/Hönig*, UPR 2002, 333, 336; *Suhr/Anderl*, Rechtsfragen der raumbeeinflussenden Bundesplanung, 1980, S. 32ff.; *Weyl*, in: Becker-Marx (Hrsg.), Korrekturen bei Raumordnung und Landesplanung, 1982, S. 37, 55.

[179] Vgl. etwa *Spannowsky*, DÖV 1997, 757, 760ff., m.w.N.; *Wahl*, Rechtsfragen der Landesplanung und Landesentwicklung, Bd. I, 1978, S. 122.

[180] *Brohm*, DVBl. 1980, 653, 655; *ders.*, DÖV 1989, 429, 439f.; *Halama*, in: FS für Schlichter, 1995, S. 201, 218ff.; *Lehners*, Raumordnungsgebiete, 1998, S. 31f.; *Oeter*, in: v. Mangoldt/Klein/Starck (Hrsg.), GG, Bd. 2, 4. Aufl. 2000, Art. 74 Rn. 160; *Schlarmann*, DVBl. 1980, 275, 282; vgl. dazu nachfolgend S. 219ff.

[181] *Funke*, Bund-Länder-Abstimmung am Beispiel der Raumordnung, 1987, S. 9f.; *Schink*, in: Kormann (Hrsg.), Das neue Bundesbaurecht, 1994, S. 103, 106.

[182] *Hendler*, Gemeindliches Selbstverwaltungsrecht und Raumordnung, 1972, S. 45; *Krautzber-*

Gesamtplanung vor allem im Schnittbereich der Regionalplanung zur Flächennutzungsplanung im Einzelfall schwierige Probleme aufwirft[183], müssen sich überörtliche Planungen im Grundsatz gegenüber der Bauleitplanung bei ihren Festlegungen nach Art und Konkretisierungsgrad auf das beschränken, was zur Verwirklichung des überörtlichen Interesses erforderlich ist. Demgegenüber sind Konflikte, die in kleinräumigen Bereichen aufgeworfen werden – also etwa der Vollzug der naturschutzrechtlichen Eingriffsregelung, städtebauliche oder fachplanerische Fragen des Schallschutzes usw. –, grundsätzlich im Rahmen der letztgenannten Verfahren zu bewältigen. Dementsprechend erläutert das Bundesverwaltungsgericht, daß die Ziele der Raumordnung und Landesplanung für andere Planungen im allgemeinen nur einen grobmaschigen Rahmen vorgeben, der schon von sich aus Planungsspielräume offenläßt. Insoweit seien für eine konkrete Bauleit- oder Fachplanung in der Regel keine strengeren als die für die Fachplanung sich aus dem Abwägungsgebot ergebenden Anforderungen verbunden.[184]

Der überörtliche Koordinierungsauftrag der Raumordnungsplanung ermöglicht im Grundsatz weder eine unmittelbare Bindung Privater[185] noch detaillierte gebiets- oder gar parzellenscharfe planerische Festsetzungen.[186] Beide Kriterien sind jedoch im Laufe der letzten Jahrzehnte nach und nach durch Gesetzgebung und Rechtsprechung aufgeweicht worden. Nach § 4 Abs. 1 S. 2 Nr. 2 ROG gilt mittlerweile auch für Private wie für öffentliche Planungsträger im Bereich der Planfeststellungen und Genehmigungen mit der Rechtswirkung der Planfeststellung eine strikte Bindung an die Ziele der Raumordnung und Landesplanung. Im Schrifttum findet sich vor

ger, in: Battis/Krautzberger/Löhr, BauGB, 8. Aufl. 2002, § 1 Rn. 39; *Papier*, Freihaltung von Leitungstrassen durch die Regionalplanung, 1983, S. 30ff.; *Runkel*, in: Ernst/Zinkahn/Bielenberg (Hrsg.), BauGB, § 1 Rn. 56, Stand: Nov. 1999, jeweils m.w.N.

183 Vgl. nur *Umlauf*, in: Becker-Marx (Hrsg.), Korrekturen bei Raumordnung und Landesplanung, 1982, S. 97, 106ff., mit einem Plädoyer für eine staatliche Übernahme der Flächennutzungsplanung.

184 BVerwG, Urt. v. 20. 11. 1984 – 4 C 43/81 –, BVerwGE 68, 311, 316; Urt. V. 12. 7. 1985 – 4 C 40/83 –, BVerwGE 72, 15, 19; ähnlich *Ahrens-Salzsieder*, VR 1988, 88, der die zulässigen Auswirkungen auf die Fachplanung als »in der Praxis ausgesprochen gering« einschätzt, oder *Ronellenfitsch*, in: Marschall/Kastner, FStrG, 5. Aufl. 1998, § 16 Rn. 61; vgl. auch *Ziekow*, in: ders. (Hrsg.), Praxis des Fachplanungsrechts, 2004, Rn. 590.

185 *Christ*, Raumordnungsziele und Zulässigkeit privater Vorhaben, 1990, S. 81ff., 104f.; *Hendler*, in: Hoppe/Kauch (Hrsg.), Raumordnungsziele nach Privatisierung öffentlicher Aufgaben, 1996, S. 35, 40f., 46; *Paßlick*, Die Ziele der Raumordnung und Landesplanung, 1986, S. 68f.; *Roer*, Die Bindungswirkung von Zielen der Raumordnung und Landesplanung, 1996, S. 97f.; *Wahl*, in: Hoppe/Kauch (Hrsg.), Raumordnungsziele nach Privatisierung öffentlicher Aufgaben, 1996, S. 11, 24ff. Teilweise wird sogar plastisch von einem »Verbot eines Durchgriffs auf Private« gesprochen, vgl. etwa *Hoppe*, in: Hoppe/Menke, Raumordnungs- und Landesplanungsrecht, 1986, Rn. 70f.

186 *Busse*, BayVBl. 1998, 293, 296; *Christ*, Raumordnungsziele und Zulässigkeit privater Vorhaben, 1990, S. 20f.; *Evers*, Recht der Raumordnung, 1973, S. 139f.; *Goppel*, BayVBl. 1984, 229, 230; *Papier*, Freihaltung von Leitungstrassen durch die Regionalplanung, 1983, S. 31f.; *Paßlick*, Die Ziele der Raumordnung und Landesplanung, 1986, S. 90, 96; *Runkel*, in: Ernst/Zinkahn/Bielenberg (Hrsg.), BauGB, § 1 Rn. 56, Stand: Nov. 1999; *Schmidt-Aßmann*, DÖV 1981, 237, 243; weitere Nachweise bei *Braese*, in: ders./Dick/Lindemann/Möcklinghoff, Verplante Gemeinden, 1980, S. 39, 45ff., und bei *Funke*, Bund-Länder-Abstimmung am Beispiel der Raumordnung, 1987, S. 8.

allem aus kompetenzrechtlichen Gründen Kritik an dieser zunehmenden Ausweitung der Bindungswirkung der Ziele der Raumordnung auf Private.[187] Daß sich diese in §4 Abs. 1 S. 2 Nr. 2 ROG angeordnete Bindung dem Wortlaut nach nur an die Genehmigungsbehörde richtet, der Private also lediglich mittelbar an die Raumordnungsziele gebunden ist[188], ändert dabei wenig an dem Umstand, daß die Ausweitung auf Private den spezifischen Auftrag der Bauleitplanung zur unmittelbaren Leitung der Bodennutzung zunehmend in Frage stellt. Allerdings sind bei »Planfeststellungen und Genehmigungen mit der Rechtswirkung der Planfeststellung« weniger die Grenzen der Gesamtplanung zur Bauleitplanung als vielmehr diejenigen zu den entsprechenden Fachplanungen betroffen; insoweit hat der Gesetzgeber §4 Abs. 1 S. 2 Nr. 2 ROG kompetenzrechtlich »sowohl auf die Zuständigkeit des Bundes aus der Natur der Sache für die gesamtstaatliche Raumplanung als auch auf die dem jeweiligen Fachrecht zugrundeliegenden Kompetenztitel« gestützt.[189] Eine allgemeine Bindung gegenüber raumbedeutsamen Maßnahmen Privater könnte der Bund jedenfalls nur auf der Grundlage seiner Gesetzgebungskompetenz für das Bodenrecht vorschreiben.

Auch das Merkmal der Darstellungsschärfe hat über die Jahre an Aussagekraft verloren und vermag Bauleitplanung und Raumordnung nur noch im Grundsätzlichen voneinander abzugrenzen. Während die Zulässigkeit parzellenscharfer Festlegungen lange Zeit höchst umstritten war[190], hat sich mittlerweile unter dem Einfluß der Rechtsprechung die kompetenzrechtlich problematische, in erster Linie wohl pragmatisch motivierte Auffassung durchgesetzt, daß gebiets- oder gar parzellenscharfe Darstellungen in überörtlichen Gesamtplänen in Ausnahmefällen zulässig sein sollen. Sie bedürfen aber stets einer besonderen planerischen Rechtfertigung, die den Postulaten der Erforderlichkeit und Verhältnismäßigkeit und damit den

---

[187] Vgl. etwa *Christ*, Raumordnungsziele und Zulässigkeit privater Vorhaben, 1990, S. 81ff., 104f.; *Hendler*, in: Hoppe/Kauch (Hrsg.), Raumordnungsziele nach Privatisierung öffentlicher Aufgaben, 1996, S. 35, 40f., 46, 52; *Wahl*, ebenda S. 11, 24ff., sowie die Nachweise bei *Stüer*, DVBl. 1998, 224, 225; andererseits jedoch *Baumheier/Wagner*, VerwArch 83 (1992), 97, 116f.

[188] *Runkel*, in: Bielenberg/Runkel/Spannowsky, Raumordnungs- und Landesplanungsrecht des Bundes und der Länder, Kommentar K, §4 Rn. 145, Stand: VI.1999; vgl. zu diesem Gesichtspunkt auch *Hendler*, in: Hoppe/Kauch (Hrsg.), Raumordnungsziele nach Privatisierung öffentlicher Aufgaben, 1996, S. 35, 45ff.; *Spiecker*, Raumordnung und Private, 1999, S. 129.

[189] Begründung zum BauROG 1998, BT-Drs. 13/7589, S. 23; vgl. dazu *Runkel*, UPR 1997, 1, 4; *ders.*, in: Bielenberg/Runkel/Spannowsky, Raumordnungs- und Landesplanungsrecht des Bundes und der Länder, Kommentar K, §4 Rn. 17ff., Stand: VI.1999, mit dem zutreffenden Hinweis, daß nach diesem Begründungsansatz §4 Abs. 1 S. 2 Nr. 2 ROG keine Bindung gegenüber einer nach Landesrecht vorgesehenen Planfeststellung zu einem Vorhaben entfalten kann, da der Bund für solche Planungen über keine Gesetzgebungskompetenz verfügt. Dem folgend auch *Spiecker*, Raumordnung und Private, 1999, S. 129f. und 352f.

[190] Vgl. einerseits das Gutachten von *Ernst/Suderow*, Zulässigkeit raumordnerischer Festlegungen für Gemeindeteile, 1976, die die Zulässigkeit solcher Festlegungen generell bejahen, andererseits *Breuer*, Die hoheitliche raumgestaltende Planung, 1968, S. 213, der dies ablehnt, oder *Siedentopf*, Gemeindliche Selbstverwaltung im Verhältnis zur Raumordnung und Landesplanung, 1977, der parzellenscharfe Festlegungen nur in Ausnahmefällen für zulässig hält. Vgl. zum Streitstand auch *Funke*, Bund-Länder-Abstimmung am Beispiel der Raumordnung, 1987, S. 12f., und *Schultze*, Ziele der Raumordnung und Landesplanung als Rechtsbegriff, 1973, S. 25ff.

Anforderungen des Art. 28 Abs. 2 GG genügt.[191] Ein Regionalplan etwa darf solche Festlegungen nach der Rechtsprechung dann enthalten, wenn landesbedeutsame Gesichtspunkte eine solche detaillierte Darstellung erfordern und sie auf der unteren Planungsebene nicht sachgerecht vorgenommen werden können.[192] Im Hinblick darauf, daß zwischen der Bauleitplanung und der Raumordnung nach Gesetzgebungskompetenz und -verfahren keine Überschneidungen zulässig sind und beide Raumplanungen daher aus verfassungsrechtlichen Gründen klar voneinander abzugrenzen sind, bewegt sich diese Rechtsprechung an der Grenze des kompetentiell Zulässigen. Soweit die herrschende Lehre im Einzelfall parzellenscharfe Festlegungen in Regionalplänen zuläßt, kann nur noch das Merkmal der mittelbaren Außenwirkung eine ausreichende Abgrenzung zwischen Raumordnung und Bauleitplanung gewährleisten.

d) Zwischenergebnis

Damit ist zusammenfassend festzustellen, daß sich die Aufgabenstellung der Raumordnung verfassungsrechtlich und einfachgesetzlich gegenüber anderen Planungen auf die Vorstrukturierung des Raumes durch übergeordnete und zusammenfassende Konzeptionen sowie auf die Koordination der raumbeeinflussenden Tätigkeit der fachlichen Stellen mit dem Ziel einer ausgeglichenen Ordnung des Gesamtraums beschränkt. Festsetzungen müssen sich mit Blick auf die Fachplanungen durch Überfachlichkeit, vor allem mit Blick auf die Bauleitplanung hingegen durch Überörtlichkeit und fehlende unmittelbare Außenwirkung auszeichnen, um diesen kompetentiellen Rahmen nicht zu überschreiten.

2. Die Aufgabenstellung der Bauleitplanung

a) Der Auftrag der Bauleitplanung zur unmittelbaren Leitung der Bodennutzung

Nach § 1 Abs. 1 BauGB ist es Aufgabe der Bauleitplanung, die bauliche und sonstige Nutzung der Grundstücke in der Gemeinde nach Maßgabe des Baugesetzbuchs vorzubereiten und zu leiten. Dies entspricht der Auslegung des Begriffes »Bodenrecht« in Art. 74 Abs. 1 Nr. 18 GG durch das Baurechtsgutachten als Summe jener Vorschriften, die allgemein »den Grund und Boden unmittelbar zum Gegenstand rechtlicher Ordnung haben, also die rechtlichen Beziehungen des Menschen zum Grund

---

191 Vgl. zuletzt etwa BVerwG, Urt. v. 15.5. 2003 – 4 CN 9.01 –, UPR 2003 358ff., m.w.N.; im Schrifttum statt vieler *Dammert*, Abfallentsorgungsplanung, 1991, S. 198f.; *Schink*, in: Kormann (Hrsg.), Das neue Bundesbaurecht, 1994, S. 103, 115, m.w.N.; großzügiger (»keine Bedenken«) *Höhnberg*, ZfBR 1986, 214, 216.

192 So etwa OVG Münster, Urt. v. 19.11. 1991 – 7 A 799/90 –, NVwZ-RR 1992, 536; vgl. weiter *Braese*, in: ders./Dick/Lindemann/Möcklinghoff, Verplante Gemeinden, 1980, S. 39, 51; *Erbguth*, BayVBl. 1981, 577, 584; *Kamphausen*, DÖV 1984, 146, 152; *Schmidt-Aßmann*, DÖV 1981, 237, 244; *Würtenberger*, BayVBl. 1982, 673, 676; kritisch zur Praxis insofern *Blümel*, DVBl. 1977, 301, 318.

und Boden regeln«.[193] Die unmittelbare Vorbereitung der Nutzung der Grundstücke und die Gewährleistung einer geordneten städtebaulichen und bodenrechtlichen Entwicklung der Gemeinden stellen somit originäre Aufgaben der Bauleitplanung dar, die der Gesetzgeber unter Inanspruchnahme der Kompetenz aus Art. 74 Abs. 1 Nr. 18 GG als eine dezentrale, räumlich auf den örtlichen Bereich bezogene und beschränkte Planung ausgestaltet hat.[194] Gegenüber der überörtlichen Gesamtplanung zeichnet sich die Bauleitplanung bereits auf kompetenzrechtlicher Ebene durch die Merkmale der unmittelbaren Außenwirksamkeit und der Parzellenschärfe aus.[195]

Anders als die überörtliche Gesamtplanung kann die Bauleitplanung zudem durchaus Projektcharakter annehmen und – vergleichbar der Fachplanung – die unmittelbare Rechtsgrundlage für den Bau bestimmter Vorhaben liefern. Damit ist nicht das bauordnungsrechtliche Institut der Genehmigungsfreistellung gemeint[196], das letztlich nur eine verfahrensrechtliche Besonderheit darstellt, ohne den Charakter der zugrundeliegenden Bebauungspläne zu modifizieren. Einen fachplanerischen Projektcharakter zeigt die Bauleitplanung jedoch im Hinblick auf das örtliche Straßennetz, das nach den Landesstraßengesetzen für gewöhnlich ohne weiteres Planrechtsverfahren auf Grundlage bauleitplanerischer Festsetzungen hergestellt wird.[197] Dies gilt nicht nur für Fern- und Staatsstraßen, bei denen der Bebauungsplan – auf straßenrechtlicher Grundlage – planfeststellungsersetzende Wirkung entfalten kann[198], sondern vor allem auch für die Herstellung von Ortsstraßen, die als Erschließungsanlagen im Sinne des § 127 Abs. 2 BauGB in den originären Anwendungsbereich der Bauleitplanung fallen[199]. Einen der Fachplanung vergleichbaren Projekteinschlag haben zudem vorhabenbezogene Bebauungspläne nach § 12

[193] Vgl. bereits die Nachweise oben in Fn. 169 und 180.

[194] Vgl. BVerfG, Beschl. v. 8. 11. 1972 – 1 BvL 15/68, 26/69 –, BVerfGE 34, 139, 144; Urt. v. 24. 3. 1987 – 1 BvR 1046/85 –, BVerfGE 74, 264, 291; Beschl. v. 9. 12. 1987 – 2 BvL 16/84 –, BVerfGE 77, 288, 299.

[195] *Koch/Hendler*, Baurecht, Raumordnungs- und Landesplanungsrecht, 3. Aufl. 2001, § 1 Rn. 23. Vgl. dazu bereits oben S. 217ff.

[196] Vgl. etwa *Brohm*, Öffentliches Baurecht, 3. Aufl. 2002, § 4 Rn. 14 und § 28 Rn. 3ff.; *Ortloff*, NVwZ 1995, 112ff.

[197] Illustrativ OVG Lüneburg, Urt. v. 2. 6. 1993 – 12 L 6/90 –, UPR 1994, 107: »Aus diesem Konzept des Baugesetzbuches und des Niedersächsischen Straßengesetzes ist zu schließen, daß – regelmäßig – das Erfordernis einer förmlichen Planung nicht besteht, wenn im innerstädtischen Bereich eine Verkehrsanlage ohne überörtliche Bedeutung eingerichtet wird ... Der Bebauungsplan ermöglicht es, die bestehenden Konflikte umfassend zu bewältigen und widerstreitende Interessen auszugleichen. Ist der Interessenausgleich gelungen, so stehen den betroffenen Anliegern Abwehransprüche gegen Verkehrsimmissionen nicht mehr zu ...«. Näher zu der Bauleitplanung als Grundlage des örtlichen Straßennetzes *Dürr*, in: Kodal/Krämer (Hrsg.), Straßenrecht, 6. Aufl. 1999, Kap. 36; *Hoppe/Schlarmann/Buchner*, Rechtsschutz bei der Planung von Straßen, 3. Aufl. 2001, Rn. 228ff.; *Papier*, in: Achterberg/Püttner/Würtenberger (Hrsg.), Besonderes Verwaltungsrecht I, 2. Aufl. 2000, § 10 Rn. 46ff.

[198] Etwa nach § 17 Abs. 3 S. 1 FStrG, Art. 38 Abs. 3 BayStrWG, und dazu im zweiten Kapitel S. 130f. sowie im siebten Kapitel S. 404.

[199] Näher etwa *W. Schrödter*, in: Schrödter (Hrsg.), BauGB, 6. Aufl. 1998, § 9 Rn. 49ff.; *Quaas*, ebenda § 123 Rn. 5, § 127 Rn. 9ff., § 131 Rn. 10ff., jeweils m.w.N.

BauGB, mit denen sich die Gemeinde die fremde Planung eines privaten Vorhabenträgers zu eigen machen kann und die damit auch verfahrenstechnisch eine der Planfeststellung ähnliche Struktur aufweisen[200], oder Bauleitplanungen, die räumlich auf nur eines oder ganz wenige Grundstücke beschränkt sind.[201]

b) Die Notwendigkeit einer städtebaulichen Zielsetzung

Nach herrschender und zutreffender Sicht handelt es sich bei der Bauleitplanung trotz der Weite ihres Gestaltungsauftrages dennoch zwar um eine Gesamt-, nicht jedoch um eine Totalplanung, die sämtliche denkbaren Ausweisungen ermöglichen würde: Bauleitpläne können nur städtebaulich begründete Festsetzungen enthalten[202], sind also schon aus kompetenzrechtlichen Gründen keineswegs ein Instrument der »allgemeinen Bodennutzungsregelung«[203]. Die Bauleitplanung umfaßt zwar namentlich diejenigen Festsetzungen, die sich auf den verfassungsrechtlich gewährleisteten Kernbereich gemeindlicher Daseinsvorsorge durch städtebauliche Planung beziehen, etwa auf die Planung des örtlichen Verkehrsnetzes oder örtlicher Schulen und Kindergärten, nicht aber jene Materien, die anderen Kompetenztiteln, insbesondere solchen der Fachplanung unterliegen.[204] Auch die Aufgabenstellung der Bauleitplanung muß somit neben der erwähnten positiven Bestimmung ihres Aufgabenbereichs negativ von anderen (Fach-)Planungen – wie etwa der Landschaftsplanung[205] – abgegrenzt werden.[206] Aus ebendiesen Erwägungen war im Fall der Bad Dürkheimer Gondelbahn die verbindliche Festsetzung der Bahn auf Grundlage des Bauplanungsrechts unzulässig.[207] Ebensowenig ermöglicht das Bauplanungsrecht einen kommunalen »Ausstieg« aus der Atomenergie, da insoweit Kompetenzbereiche des Bundes betroffen sind.[208] In all diesen Fällen ist es zunächst erforderlich, die spezifische Aufgabenstellung der konkurrierenden Fachplanungen zu bestimmen und dann durch Subtraktion den verbleibenden Anwendungsbereich der Bauleitplanung zu bestimmen.

---

[200] Vgl. nur *Quaas*, in: Schrödter (Hrsg.), BauGB, 6. Aufl. 1998, § 12 Rn. 9ff.

[201] Zur Zulässigkeit solcher Bauleitpläne BVerwG, Beschl. v. 24. 8. 1993 – 4 NB 12/93 –, ZfBR 1994, 100f.

[202] Grundlegend BVerwG, Urt. v. 12.12. 1969 – IV C 105.66 –, BVerwGE 34, 301, 305f.; Urt. v. 5.7. 1974 – IV C 50.72 –, BVerwGE 45, 309, 312; vgl. weiter etwa *Krautzberger*, in: Battis/Krautzberger/Löhr, BauGB, 8. Aufl. 2002, § 1 Rn. 26; *Ronellenfitsch*, in: Marschall/Kastner, FStrG, 5. Aufl. 1998, § 17 Rn. 205; *Wagner*, UPR 1997, 387, 388.

[203] So aber *Brohm*, DVBl. 1980, 653, 656, der die Orientierung des Bauplanungsrechts am Städtebau nur als durch die historische Genese bedingt ansieht und in der Novellierung des BBauG im Jahr 1996 einen begrüßenswerten Schritt zu einem allgemeinen Bodennutzungsregime sieht.

[204] BVerfG, Beschl. v. 18. 2. 1999 – 1 BvR 1367/88 und 146, 147/91 –, DVBl. 1999, 701, 702.

[205] Vgl. etwa *Baumeister*, Die Integration der örtlichen Landschaftsplanung in die Bauleitplanung, 1992, S. 83ff., sowie nachfolgend S. 248.

[206] So zu Recht *Lerche*, in: FS für den BayVGH, 1979, S. 223, 231f.

[207] Siehe bereits oben S. 193ff.

[208] Vgl. zu diesem vieldiskutierten Problemkreis nur *Püttner*, NVwZ 1988, 121, 124; stärker differenzierend *Seewald*, DV 1992, 175ff. m.w.N. auch zur Rspr.

Wird somit der Aufgabenbereich der Bauleitplanung neben dem notwendigen städtebaulichen Bezug vor allem durch eine Abgrenzung von den Fachplanungen bestimmt, so kommt für die Fixierung der Trennlinien zwischen beiden Planungsarten die entscheidende Rolle der Ermittlung der spezifischen Aufgabenstellung der jeweiligen Fachplanung zu.

3. Die Aufgabenstellungen der Fachplanungen

§1 Abs. 1 ROG und §1 Abs. 1 BauGB definieren die überörtliche und die örtliche Gesamtplanung jeweils über ihre spezifische räumliche *Aufgabe*, nicht jedoch über die möglichen zulässigen Gegenstände. Bei Fachplanungen und insbesondere bei Planfeststellungen hingegen wird die fachplanerische Aufgabenstellung in der Regel durch eine bestimmte Materie eingegrenzt – wie das Eisenbahnwesen, den Bergbau oder den Naturschutz. Eine derart sachlich beschränkte Planung läßt sich leichter aus ihrer eigenen begrifflichen Aufgabenstellung heraus bestimmen als die scheinbar sachlich unbegrenzte und lediglich durch den Gesichtspunkt der Überfachlichkeit begrenzte Materie der Raumordnung oder das weit definierte Gebiet des Städtebaus. Die Aufgabenstellungen der Fachplanungen lassen sich daher weithin positiv durch die Reichweite des jeweiligen gesetzlichen Auftrags bestimmen, ohne daß es eines negativen Abgrenzungsmerkmales wie der Überfachlichkeit bei der Raumordnung bedürfe. Auch hierbei sind freilich die anderweitigen Kompetenztitel als Grenze und Auslegungshilfe zu berücksichtigen.

a) Fachplanungen des Bundesrechts

Fachplanungen beruhen vielfach auf – teilweise ausschließlichen – Gesetzgebungskompetenzen des Bundes. So erkennt Art. 73 Nr. 6a GG dem Bund die ausschließliche Gesetzgebung über den Verkehr von Eisenbahnen des Bundes einschließlich ihres Baus und ihrer Unterhaltung zu, Art. 74 Abs. 1 Nr. 22 GG nennt unter den konkurrierenden Gesetzgebungszuständigkeiten den Bau und die Unterhaltung von Landstraßen für den Fernverkehr. Bei diesen Aufgaben handelt es sich meist um herausragend wichtige Planungen, vor allem im Hinblick auf die hierauf verwandten Mittel.[209] Die entsprechenden Kompetenztitel ermächtigen den Bund zum Erlaß abschließender und unmittelbar anwendbarer Regelungen. Nach den oben dargestellten Maßstäben sind sie bereits auf der Ebene der Gesetzgebung nicht nur von den landesrechtlichen Kompetenzen, sondern auch von den Rahmengesetzgebungszuständigkeiten des Bundes für die Raumordnung nach Art. 75 Abs. 1 Nr. 4 GG oder den Naturschutz und die Landschaftspflege im Sinne des Art. 75 Nr. 3 GG sowie von den konkurrierenden Zuständigkeiten über das Bodenrecht nach Art. 74 Abs. 1

---

[209] *Wagener*, in: FS für die Hochschule für Verwaltungswissenschaften Speyer, 1972, S. 571, 575.

Nr. 18 GG oder für die nicht bundeseigenen Schienenbahnen nach Art. 74 Abs. 1 Nr. 23 GG lückenlos abzugrenzen.[210]

Vor allem diejenigen fachplanerischen Kompetenztitel, die auf den Bau bestimmter Anlagen gerichtet sind, werden traditionell weit ausgelegt: Zum Aufgabenbereich einer durch einen solchen Kompetenztitel abgedeckten Materie zählt alles, was herkömmlicherweise auf der Grundlage dieser Kompetenztitel abgedeckt wurde und für die Erfüllung der Aufgabe als unverzichtbar erscheint.[211] So umfaßt das Begriffsmerkmal des »Baus« von Straßen oder Eisenbahnanlagen in der Terminologie des Grundgesetzes von jeher auch deren Planung sowie die Normierung der entsprechenden Genehmigungsvoraussetzungen.[212] Aber auch soweit sich nach Art. 74 GG die konkurrierende Gesetzgebung auf die Seewasserstraßen und die dem allgemeinen Verkehr dienenden Binnenwasserstraßen (Nr. 21) sowie auf Schienenbahnen, die nicht Eisenbahnen des Bundes sind (Nr. 23), erstreckt, umfassen diese Kompetenzen nach Zweck und Entstehungsgeschichte auch Regelungen über die Planung, den Bau und die Genehmigung solcher Anlagen[213] sowie »alle für ihre Aufrechterhaltung und Durchführung unerläßlichen Fragen«[214], insbesondere die Kon-

[210] Vgl. neben den Ausführungen oben S. 201 ff. *Spannowsky*, UPR 2000, 418, 421; *Wagner*, UPR 1997, 387, 388; allgemeiner zur Problematik von »Doppelzuständigkeiten« bei sich ausschließenden Gesetzgebungsarten *Rengeling*, in: HStR IV, 1990, § 100 Rn. 50ff., 52.

[211] Die Berücksichtigung der Verfassungstradition bei der Auslegung von Kompetenznormen entspricht der h. L. und auch der Rechtsprechung des Bundesverfassungsgerichts, etwa in BVerfG, Urt. v. 9. 7. 1969 – 2 BvL 25 und 26/64 –, BVerfGE 26, 281, 299. Näher dazu *Jarass*, NVwZ 2000, 1089; *Lerche*, in: FS für Dürig, 1990, S. 401, 404, m. w. N.; *Scholz*, in: Bundesverfassungsgericht und Grundgesetz, Bd. II, 1976, S. 252, 265f.; *ders./Aulehner*, Archiv PT 1993, 221, 248f.; allgemeiner auch *Badura*, in: FS für Lorenz, 1991, S. 3, 15; anders jedoch *Pestalozza*, in: v. Mangoldt/Klein/Starck (Hrsg.), GG, Bd. 8, 3. Aufl. 1996, Art. 70 Rn. 59ff., wonach Geschichte und Staatspraxis bei der Auslegung der Kompetenztitel des Grundgesetzes weitgehend irrelevant sein sollen; dort auch umfassende Nachweise zu der kritisierten Rechtsprechung. Relativierend sieht die Bedeutung der Verfassungstradition auch *Kunig*, JR 1986, 491, 495; vgl. dazu bereits im dritten Kapitel S. 158.

[212] *Bartlsperger*, in: BK-GG, Art. 90 Rn. 63, Stand: Juli 1969; *Finger*, DÖV 1985, 227, 228; *Heintzen*, in: v. Mangoldt/Klein/Starck (Hrsg.), GG, Bd. 2, 4. Aufl. 2000, Art. 73 Rn. 60; *Oeter*, in: v. Mangoldt/Klein/Starck (Hrsg.), GG, Bd. 2, 4. Aufl. 2000, Art. 74 Rn. 200; *Pestalozza*, in: v. Mangoldt/Klein/Starck (Hrsg.), GG, Bd. 8, 3. Aufl. 1996, Art. 73 Rn. 404f. und Art. 74 Rn. 1611, m. w. N.; *Schmidt-Aßmann*, in: FS für Weyreuther, 1993, S. 73, 77.

[213] BVerfG, Beschl. v. 15. 7. 1969 – 2 BvF 1/64 »Eisenbahnkreuzungsgesetz« –, BVerfGE 26, 338, 382; *Badura*, Das Verwaltungsmonopol, 1963, S. 213, 216; *Breuer*, Die hoheitliche raumgestaltende Planung, 1968, S. 122, m. w. N.; *Finger*, Kommentar zum Allgemeinen Eisenbahngesetz und Bundesbahngesetz, 1982, § 36 BBahnG Erl. 1; *Hamann*, DVBl. 1961, 394, 396f.; *Klein*, in: Bundesverfassungsgericht und Grundgesetz, Bd. II, 1976, S. 277, 295; *Sachs*, in: ders. (Hrsg.), GG, 3. Aufl. 2003, Art. 90 Rn. 18; *Faber*, in: AK-GG, Bd. 1, 2. Aufl. 1989, Art. 20 Abs. 1 – 3 V Rn. 28. Dementsprechend weist *Papier*, Freihaltung von Leitungstrassen durch die Regionalplanung, 1983, S. 50ff., und RdE 1986, 194, 195f., darauf hin, daß nach der mit dem Energiewirtschaftsgesetz voll ausgeschöpften Kompetenz für das Recht der Energiewirtschaft allein der Bund in der Lage wäre, ein Planfeststellungsverfahren für Stromleitungen einzuführen.

[214] BVerfG, Urt. v. 9. 7. 1969 – 2 BvL 25 und 26/64 –, BVerfGE 26, 281, 298; *Brohm*, Landeshoheit und Bundesverwaltung, 1968, S. 34; *Finger*, DÖV 1985, 227, 228; *Küchler*, DÖV 1977, 187, 189; *Rengeling*, in: HStR IV, 1990, § 100 Rn. 90f., 229, 233, 235, jeweils m. w. N.; vgl. auch *Koch-Schweisfurth*, Aufgaben und Befugnisse des Bundes an den Bundeswasserstraßen, 1973, S. 47, der auf die Gewährleistung der Verkehrsfunktion abstellt.

zeption und der Ausbau des überregionalen Verkehrsnetzes[215], Vor- und Unterfragen wie die Bedarfsermittlung, die Verknüpfung eines einzelnen Vorhabens mit dem Gesamtnetz sowie zeitliche und planerische Prioritätssetzungen und Finanzierungsfragen.[216]

Dementsprechend enthalten das Bundesfernstraßengesetz, das Allgemeine Eisenbahngesetz, das Magnetschwebebahnplanungsgesetz und das Bundeswasserstraßengesetz umfassende Regelungen zur Planung und zum Bau solcher Anlagen. Für diese weite Auslegung spricht neben der jahrzehntelangen Staatspraxis auch die Entstehungsgeschichte der einschlägigen Kompetenztitel, wonach die Kompetenz über den »Bau und die Unterhaltung« solcher Anlagen dem Bund auch das Bestimmungsrecht über die Netzgestaltung, die Art und den Umfang der Ausbau- und Unterhaltungsmaßnahmen sowie über die Verwendung der bereitgestellten Mittel gewähren sollte.[217] Nicht unter die erwähnten Kompetenzen fallen jedoch allgemeine Regelungen ohne Bezug zur Verkehrsfunktion der Anlage.[218]

Vergleichsweise weit wird auch die Rahmengesetzgebungszuständigkeit des Bundes für den »Naturschutz und Landschaftspflege« nach Art. 75 Abs. 1 Nr. 3 GG verstanden. Diese Kompetenz beschränkt sich nicht auf die Abwehr von Gefahren für Naturschutz und Landschaft, sondern ermöglicht auch eine gestalterische Beeinflussung der entsprechenden Räume und damit den Erlaß fachplanerischer Nutzungsregelungen wie Naturschutzplanungen und Schutzgebietsverordnungen.[219]

b) Vollzugszuständigkeiten für die Fachplanungen des Bundes

Soweit für die Fachplanungen des Bundesrechts entsprechende Vollzugskompetenzen des Bundes bestehen, folgt die verfassungsrechtliche Pflicht zur Abgrenzung der Kompetenztitel des Grundgesetzes auch aus diesen Grundgesetzbestimmungen. Dies gilt in erster Linie für die Fachplanungen des Bundes, für die das Grundgesetz freilich ganz unterschiedliche und wenig einheitliche Verwaltungsmodelle vor-

---

[215] *Schmidt-Aßmann/Fromm*, Aufgaben und Organisation der Deutschen Bundesbahn in verfassungsrechtlicher Sicht, 1986, S. 65, m. w. N.

[216] Vgl. *Eusterbrock*, Raumverträglichkeitsprüfung auf Bundesebene, 1987, S. 115ff.; *Spannowsky*, UPR 2000, 418, 422f.; *Hamann*, DVBl. 1961, 394, 397, nennt Erweiterungen der Betriebspflicht oder die beamtenrechtlichen Verhältnisse der Bahn als Materien, die den Ländern entzogen worden sind, geht jedoch zudem davon aus, auch die allgemeinen Gesetze der Länder seien bei der Planung und Verwaltung der Bundesverkehrswege nicht anwendbar, wo sie in Gegensatz mit der Hoheitsgewalt des Bundes treten könnten.

[217] *Pestalozza*, in: v. Mangoldt/Klein/Starck (Hrsg.), GG, Bd. 8, 3. Aufl. 1996, Art. 74 Rn. 1573, m. w. N.

[218] Urt. v. 30. 10. 1962 – 1 BvF 2/60, 1, 2, 3/31 »Seewasserstraßen« –, BVerfGE 15, 1, 9ff. (Nichtigkeit des »Gesetzes zur Reinhaltung der Bundeswasserstraßen«); vgl. zu diesem Problemkreis auch BVerfG, Beschl. v. 11. 4. 1967 – 2 BvG 1/62 –, BVerfGE 21, 312, 320ff.; *Koch-Schweisfurth*, Aufgaben und Befugnisse des Bundes an den Bundeswasserstraßen, 1973, S. 17, 47ff., sowie zur bis dahin vorherrschenden Sichtweise *Friesecke*, Recht der Bundeswasserstraßen, 1962, S. 35ff., 90ff., m. w. N.

[219] Vgl. etwa *Maunz*, in: Maunz/Dürig u. a., GG, Art. 75 Rn. 123f., Stand: Mai 1986; *Rozek*, in: v. Mangoldt/Klein/Starck (Hrsg.), GG, Bd. 2, 4. Aufl. 2000, Art. 75 Rn. 47; *Stettner*, in: Dreier (Hrsg.), GG, Bd. II, 1998, Art. 75 Rn. 28; vgl. weiter *Kloepfer*, Umweltrecht, 2. Aufl. 1998, § 11 Rn. 9ff.

sieht[220]: Gem. Artikel 87 Abs. 1 S. 1 i.V.m. Art. 89 Abs. 2 S. 1 GG unterliegen »die Verwaltung der Bundeswasserstraßen« bzw. nach Art. 87e Abs. 1 S. 1 GG »die Eisenbahnverkehrsverwaltung für Eisenbahnen des Bundes« bundeseigener Verwaltung. Nach Art. 90 Abs. 2 GG verwalten die Länder oder die nach Landesrecht zuständigen Selbstverwaltungskörperschaften die Bundesautobahnen und sonstigen Bundesstraßen des Fernverkehrs im Auftrage des Bundes. Die dem jeweiligen (Fach-) Planungsträger zugewiesene Planungskompetenz begründet für diese das Recht zur eigenständigen Gestaltung des Vorhabens[221] und entfaltet eine »Sperrwirkung« für andere Verwaltungsträger[222]. Damit sind diese Planungen grundsätzlich auch der Ebene der Vollzugskompetenzen einer Substitution und zielgerichteten Übergriffen durch Planungen der Länder und Gemeinden – also etwa durch die Raumordnung oder die Bauleitplanung – verfassungsrechtlich entzogen.

Nach mittlerweile ganz herrschender Lehre stellen die eben zitierten Vollzugszuständigkeiten vor allem im Infrastrukturbereich nicht nur Kompetenzen, sondern auch verfassungsrechtliche Aufgabenzuweisungen dar, die den Bund in den Kernbereichen der jeweiligen Titel zur Bereitstellung eines angemessenen Leistungsniveaus verpflichten.[223] Generelle Zweifel an der Legitimität der Planung entsprechender Anlagen durch Bundesbehörden[224] finden daher im Grundgesetz keine Grundlage. Nach dem Grundsatz der kompetentiellen Überschneidungsfreiheit beschränken diese Bundeskompetenzen zugleich entsprechende Zuständigkeiten der Länder und Gemeinden: Planungen, die dem Bund durch das Grundgesetz zugewiesen sind, können daher von vornherein nicht Gegenstand der gemeindlichen Selbstverwaltung sein[225], auch wenn gegenüber solchen Planungen aus Art. 28 Abs. 2 GG Anhö-

---

220 Vgl. bereits *Weber*, in: ders./Haustein, Rechtsgrundlagen des deutschen und zwischenstaatlichen Verkehrs, 1956, S. 8ff.

221 *Brohm*, in: FS für Blümel, 1999, S. 79, 88.

222 *Spannowsky*, UPR 2000, 418, 422.

223 *Blümel*, in: HStR IV, 1990, § 101 Rn. 89; *Dittmann*, Die Bundesverwaltung, 1983, S. 88ff.; *Dreier*, Hierarchische Verwaltung im demokratischen Staat, 1991, S. 264ff.; *Ehlers*, Verwaltung in Privatrechtsform, 1984, S. 117ff.; *Freise/Wittenberg*, GewArch 1996, 353, 354; *Hermes*, in: Dreier (Hrsg.), GG, Bd. III, 2000, Art. 87 Rn. 17; *Sachs*, in: ders., GG, 3. Aufl. 2003, Art. 87 Rn. 22; *Schmidt*, in: FS für Lerche, 1993, S. 965; *Schmidt-Aßmann/Fromm*, Aufgaben und Organisation der Deutschen Bundesbahn, 1986, S. 56ff.; *Scholz/Aulehner*, Archiv PT 1993, 221, 227ff.; *Traumann*, Die Organisationsgewalt im Bereich der bundeseigenen Verwaltung, 1998, S. 177f.

224 Vgl. namentlich *Czybulka*, Die Legitimation der öffentlichen Verwaltung, 1989, S. 234ff., 239, der »legitimatorische Bedenken hinsichtlich des Planungsträgers Bundesbahn« entwickelt. *Czybulka* verkennt dabei ferner, daß im Fall der Eisenbahnen die Planungsinitiative keineswegs allein von angeblich nur eingeschränkt legitimierten Fachressorts ausgeht, sondern über das Schienenwegeausbaugesetz durch den Bundestag autorisiert wird. Allgemeine kompetentielle Einwände gegen die eisenbahnrechtliche Planfeststellung auch bei *Meyer*, Das Planfeststellungsrecht der Bundesbahn und sein Zusammentreffen mit Landesplanungsrecht, 1960, S. 42ff., 61, der § 36 BBahnG sogar für verfassungswidrig hielt. Ähnliche Bedenken hinsichtlich der privatisierten Deutsche Bahn AG nunmehr bei *Grigoleit/Otto*, DÖV 2000, 182ff.

225 So ausdrücklich BVerfG, Beschl. v. 7. 1. 1999 – 2 BvR 929/97 –, NVwZ 1999, 520, 521: »Den Gemeinden wird dadurch, daß sie auf die Planung der Infrastruktur von Telekommunikation für das Gemeindegebiet keinen Einfluß haben, keine Aufgabe mit örtlichem Charakter entzogen. Da hoheitliche Aufgaben im Bereich der Telekommunikation durch die Verfassung (Art. 87f Abs. 2 S. 2

rungs-, Berücksichtigungs und gegebenenfalls auch Abwehrrechte folgen mögen.[226] Da insoweit Kompetenzübertragungen an die Länder ebenso unzulässig sind[227] wie an die Gemeinden[228], vermag sich der Bund dieser Aufgaben weder durch Verzicht noch durch Übertragung auf die Länder zu entziehen[229], ebensowenig wie in Planungsbereichen ohne eine Verwaltungskompetenz des Bundes durch Bundes- oder auch Landesgesetz Mitplanungs- oder sonstige Mitwirkungsbefugnisse des Bundes begründet werden können.[230]

An der grundgesetzlich vorgegebenen Kompetenzordnung ändert sich auch nichts, wo sich der Bund privatrechtlicher Organisations- und Handlungsformen bedient.[231] Im Fall der privatisierten Staatsbetriebe bestehen dementsprechend weiterhin »infrastrukturelle Verfassungsaufträge«[232] an den Bund, der etwa nach Art. 87e Abs. 4 GG gewährleistet, daß dem Wohl der Allgemeinheit, insbesondere den Verkehrsbedürfnissen, beim Ausbau und Erhalt des Schienennetzes der Eisenbahnen des Bundes sowie bei deren Verkehrsangeboten Rechnung getragen wird

---

GG) der bundeseigenen Verwaltung zugewiesen werden, scheiden sie als Angelegenheiten der örtlichen Verwaltung nach Art. 28 Abs. 2 S. 1 GG aus. Auch hinsichtlich der gemeindlichen Bauleitplanung kommt weder ein Aufgabenentzug in Betracht noch ist ersichtlich, daß die Wegenutzungsberechtigung aus § 50 Abs. 1 S. 1 TKG Auswirkungen hätte, die einen spezifischen Bezug zur Erfüllung dieser Aufgabe aufwiesen.« Vgl. zu dieser Entscheidung *Koenig/Siewer*, NVwZ 2000, 609ff., besonders 613, und zu der Abgrenzung von gemeindlicher Planungshoheit und Fachplanungskompetenzen allgemein *Birk*, NVwZ 1989, 905ff. Wie das BVerfG bereits *Brohm*, in: Ein Vierteljahrhundert Straßenrechtsgesetzgebung, 1980, S. 343, 365.

[226] Vgl. dazu im zweiten Kapitel S. 76, im fünften Kapitel S. 304 sowie im achten Kapitel S. 484ff.

[227] Vgl. nur BVerfG, Urt. v. 21. 10. 1971 – 2 BvR 367/69 »Beförderungsteuer« –, BVerfGE 32, 145, 156, wo das Gericht den Grundsatz bestätigt, »daß weder der Bund noch die Länder über ihre im Grundgesetz festgelegten Kompetenzen verfügen können (und) daß Kompetenzverschiebungen zwischen Bund und Ländern auch nicht mit Zustimmung der Beteiligten zulässig sind«. Ebenso u.a. Beschl. v. 12. 1. 1983 – 2 BvL 23/81 »Schornsteinfegerversorgung« –, BVerfGE 63, 1, 39.

[228] A.A. offenbar *Czybulka*, Die Legitimation der öffentlichen Verwaltung, 1989, S. 225.

[229] Eingehend dazu am Beispiel der Bahn *Schmidt-Aßmann/Fromm*, Aufgaben und Organisation der Deutschen Bundesbahn, 1986, S. 53ff.; speziell für Raumplanungen *Breuer*, Die hoheitliche raumgestaltende Planung, 1968, S. 122ff.; *Funke*, Bund-Länder-Abstimmung, 1987, S. 13f., 17f.; allgemein zur grundsätzlichen Unzulässigkeit der Übertragung verfassungsrechtlicher Kompetenzen *Blümel*, in: HStR IV, 1990, § 101 Rn. 5; *Pietzcker*, in: HStR IV, 1990, § 99 Rn. 18ff., im Bereich der Gesetzgebung auch *Rengeling*, in: HStR IV, 1990, § 100 Rn. 12; vgl. demgegenüber die Darstellung der bereits in den Anfängen oft zweifelhaften Praxis bei *Weber*, in: ders./Haustein, Rechtsgrundlagen des deutschen und zwischenstaatlichen Verkehrs, 1956, S. 9f.; vgl. auch unten nachfolgend S. 244ff. zu scheinbaren Ausnahmen von diesem Grundsatz.

[230] Vgl. nur BVerfG, Urt. v. 4. 3. 1975 – 2 BvF 1/72 »Bundesfinanzhilfe nach dem Städtebauförderungsgesetz« –, BVerfGE 39, 96, 122.

[231] Vgl. *Freise/Wittenberg*, GewArch 1996, 353, 356, 358; *Klein*, in: Bundesverfassungsgericht und Grundgesetz, Bd. II, 1976, S. 277, 296.

[232] Ähnlich Art. 87f Abs. 1 GG, wonach der Bund »im Bereich des Postwesens und der Telekommunikation flächendeckend angemessene und ausreichende Dienstleistungen« gewährleistet. Näher dazu *Lerche*, in: FS für Friauf, 1996, S. 251ff., *Scholz/Aulehner*, Archiv PT 1993, 221, 228, verwenden den inhaltsgleichen Begriff des »*Infrastrukturauftrages*«, ähnlich die Begrifflichkeit bei *Hermes*, Staatliche Infrastrukturverantwortung, 1998.

und der dabei über dieselben planungsrechtlichen Kompetenzen und Privilegien verfügt wie zuvor als Staatsbetrieb.[233]

c) Fachplanungen der Länder und Kommunen

Da die Grundlage für die Notwendigkeit der Abgrenzung unterschiedlicher Planungsarten in der Notwendigkeit einer überschneidungsfreien Abgrenzung inkompatibler Gesetzgebungszuständigkeiten liegt, gelten die oben dargestellten Maßstäbe auch dann, wenn für bundesrechtliche Fachplanungen keine Vollzugskompetenzen des Bundes bestehen, sondern diese durch die Länder oder Kommunen wahrgenommen werden. Lediglich für den Bereich der nach Landesrecht vorgesehenen Fachplanungen wäre nach den Maßstäben des Grundgesetzes eine Erfassung ein und desselben Gegenstandes durch mehrere Planungsverfahren denkbar. Einer solchen Überschneidung steht jedoch die nach den Grundsätzen der einfachgesetzlichen Kompetenzordnung gebotene Abgrenzung der einzelnen Planungen entgegen.[234] Im übrigen sind auch diese Fachplanungen lückenlos von den bundes(rahmen)rechtlich geregelten Fachplanungen abzugrenzen.

4. Fazit

Insgesamt sind so bereits auf der Ebene der verfassungsrechtlichen und einfachgesetzlichen Aufgabenstellungen hinreichende Abgrenzungsmerkmale erkennbar, mit denen sich konkurrierende Raumplanungen in gegenständlicher Hinsicht voneinander abgrenzen lassen. Mit diesen Maßstäben werden sich Planungskonflikte keineswegs immer oder vollständig auf der Ebene der Kompetenzordnung bewältigen lassen. Dennoch können Fallgruppen ermittelt werden, in denen planerische Kompetenzüberschreitungen vorliegen. Einerseits handelt es sich um Fälle, in denen planerische Festsetzungen bereits vom Gegenstand her ihren jeweiligen Aufgabenbereich überschreiten – diese Problematik wird oft unter dem Stichwort der »*fachfremden Vorhaben*« oder Festsetzungen behandelt. Andererseits handelt es sich um Sachverhalte, in denen eine an sich vom Gegenstand her kompetenzgemäße Festsetzung im Ergebnis eine unzulässige Einwirkung auf einen anderen Kompetenztitel darstellt – das Stichwort für diese Problematik ist der unscharfe Begriff der »*Verhinderungsplanung*«. Im Hinblick auf die letztgenannte Fallgruppe bietet insbesondere das Tatbestandsmerkmal der »Finalität« im Planungsrecht einen leistungsfähigen Maßstab, um den Übergriff in eine andere Planungsaufgabe zu indizieren. Vor dem Hintergrund der bislang deduktiv entwickelten Maßstäbe soll nunmehr eine Reihe von Beispielsfällen vorgestellt werden, die sich bei genauerer Analyse als Anwen-

---

[233] *Ronellenfitsch*, DÖV 1996, 1028, 1032; für Telekommunikationsnetze ebenso *Bullinger*, Archiv PT 1998, 105, 122f.; a.A. unter Verkennung dieser verfassungsrechtlichen Parameter *Grigoleit/Otto*, DÖV 2000, 182ff., welche die Deutsche Bahn AG der Sache nach auf ein einfaches Wirtschaftsunternehmen reduzieren. Ähnlich bereits *Schoeneck*, ZUR 1993, 233.

[234] Vgl. oben S. 211f.

dungsfälle des bislang deduktiv entwickelten Kompetenzgrundsatzes darstellen. Angesichts der Vielfalt der denkbaren Konstellationen soll dabei kein Anspruch auf Vollständigkeit erhoben werden.

IV. Beispiele für die Grenzen der Fachplanung

1. Grenzen der Miterledigung notwendiger Folgemaßnahmen

Ein erster Anwendungsfall für die oben entwickelten Maßstäbe bildet die Frage nach der Zulässigkeit der Miterledigung von Folgemaßnahmen im Planfeststellungsverfahren.[235] Die Maßstäbe, welche die Rechtsprechung für die Zulässigkeit einer solchen Miterledigung entwickelt hat, entsprechen im Ergebnis im wesentlichen den oben entwickelten Vorgaben des Kompetenzgrundsatzes.

a) Die Planung und Erledigung notwendiger Folgemaßnahmen

Nach §75 Abs. 1 VwVfG wird durch die Planfeststellung die Zulässigkeit des Vorhabens »einschließlich der notwendigen Folgemaßnahmen an anderen Anlagen« im Hinblick auf alle von ihm berührten öffentlichen Belange festgestellt. Die Bedeutung dieser Regelung als raumplanungsrechtliche Kollisionsnorm wurde bereits im Zusammenhang mit den einfachgesetzlichen Grundlagen dargestellt.[236] §75 Abs. 1 VwVfG erweitert den Gegenstand der Planfeststellung über die dem Fachrecht unterliegenden Anlagen hinaus auf Maßnahmen an anderen Anlagen.[237] Der durch §75 Abs. 1 VwVfG gesetzlich angeordnete Zuständigkeitswechsel hat zur Folge, daß der Planungsträger in die Position des nach der normalen Kompetenzordnung zuständigen Verwaltungsträgers einrückt. Dabei wird auf der Grundlage einer Gesetzgebungs- und Verwaltungskompetenz für eine bestimmte Fachplanung ein anderes fachfremdes Projekt »mit erledigt«, das sich diesen Kompetenztiteln gerade nicht zuordnen läßt.

b) Grenzen des Instruments

Damit scheint die Planung und Erledigung notwendiger Folgemaßnahmen von vornherein dem Postulat einer grundsätzlich überschneidungsfreien gegenständli-

---

[235] Vgl. dazu *Bonk/Neumann*, in: Stelkens/Bonk/Sachs, VwVfG, 6. Aufl. 2001, §75 Rn. 8f.; *Dürr*, in: Kodal/Krämer, Straßenrecht, 6. Aufl. 1999, Kap. 34 Anm. 4.3ff.; *Kühling/Hermann*, Fachplanungsrecht, 2. Aufl. 2000, Rn. 525f.; *Heinze*, Eisenbahn-Planfeststellung, 1997, S. 170f.; *Ronellenfitsch*, DVBl. 1998, 653, 660; *Runkel*, in: Ernst/Zinkahn/Bielenberg (Hrsg.), BauGB, §38 Rn. 25, Stand: Feb. 2000; *Steinberg/Berg/Wickel*, Fachplanung, 3. Aufl. 2000, §1 Rn. 129ff.; *Stüer*, Handbuch des Bau- und Fachplanungsrechts, 2. Aufl. 1998, Rn. 2146.

[236] Vgl. dazu bereits im zweiten Kapitel S. 125.

[237] So besonders deutlich BVerwG, Urt. v. 9.3. 1979 – BVerwG 4 C 41.75 –, BVerwGE 57, 297, 301; *Bender*, VerwArch 83 (1992), 576, 585f.; *Steinberg/Berg/Wickel*, Fachplanung, 3. Aufl. 2000, §1 Rn. 133.

chen Abgrenzung der einzelnen Raumplanungen zu widersprechen. Verfassungsrechtlich wird sich eine derartige Folgemaßnahme allerdings als Annex einem fachfremden Kompetenztitel zuordnen lassen, wenn sie aufgrund des engen sachlichen Zusammenhanges zu der Hauptplanung eine unerläßliche Voraussetzung für diese Hauptplanung darstellt und die Hauptplanung zwingend von der Möglichkeit einer solchen Folgemaßnahme abhängt. Die Rechtsprechung sieht die Rechtfertigung des Instituts dementsprechend in dem planerischen Gebot der Problem- und Konfliktbewältigung, wonach durch eine Planung hervorgerufene nachhaltige Funktionsstörungen an anderen Anlagen notwendig auszugleichen sind[238]: Die sachliche Notwendigkeit einer umfassenden Planungsentscheidung führt in diesem Fall dazu, daß Regelungsbereiche, die an sich anderen Kompetenztiteln unterliegen, kraft Sachzusammenhanges in die auf der Grundlage der fachplanerischen Gesetzgebungskompetenz ergehende Planung einbezogen werden können.[239]

Ein derart enger Sachzusammenhang zu einer Fachplanung ist nur bei solchen Folgemaßnahmen zu bejahen, bei denen eine fehlende Bewältigung im Zuge der Hauptplanung diese als fehlerhaft erscheinen lassen müßte und die nach Art und Umfang deutlich untergeordnet erscheinen. Insoweit mögen zwar bloße Anpassungs- und Anschlußmaßnahmen an fremden Anlagen kompetenzrechtlich zulässig sein, größere Planungen fachfremder Vorhaben werden sich auf der Grundlage einer Annexkompetenz jedoch kaum mehr rechtfertigen lassen. Zugleich ist es dem Planungsträger der Planfeststellung verwehrt, durch dieses Instrument zielgerichtet den originären Entscheidungsbereich der anderen Planung zu beeinflussen.

Daher erscheint es nur konsequent, daß die Rechtsprechung dieses Instrument restriktiv handhabt. Die Zulässigkeit der Planung und Miterledigung notwendiger Folgemaßnahmen ist nach der Rechtsprechung aus teleologischen Gründen und wegen der damit bewirkten »kompetenzerweiternden Wirkung«[240] räumlich und sachlich zu begrenzen. Die »Notwendigkeit« einer Folgemaßnahme setzt demnach zunächst das Vorliegen einer erheblichen *Funktionsstörung* an einer anderen Anlage voraus, wobei strittig ist, ob es sich dabei um eine unmittelbare Folge des Vorhabens handeln muß[241] oder auch mittelbar ausgelöste Funktionsstörungen in den Anwendungsbereich des §75 Abs. 1 VwVfG fallen.[242]

Auch bei Vorliegen einer solchen Funktionsstörung liegt jedoch dann keine bloße »Folgemaßnahme« nach §75 Abs. 1 VwVfG mehr vor, wenn sie von der Bedeutung, Dimension und Komplexität des Vorhabens her eine eigene Planung darstellt und

---

238 Näher zu diesem Gebot der planerischen Konfliktbewältigung im fünften Kapitel S. 327ff.

239 BVerwG, Urt. v. 9. 3. 1979 – BVerwG 4 C 41.75 –, BVerwGE 57, 297, 300f., m.w.N. zur älteren Rspr.; Urt. v. 12. 2. 1988 – 4 C 54/84 –, NVwZ 1989, 153f.; vgl. auch Beschl. v. 24. 3. 1999 – 11 B 38/98 –, zit. nach Juris; im Schrifttum *Bonk/Neumann*, in: Stelkens/Bonk/Sachs, VwVfG, 6. Aufl. 2001, §72 Rn. 54, m.w.N., sowie historisch *Kilian/Hesse*, Verw 27 (1994), 175, 185f.

240 BVerwG, Urt. v. 26. 5. 1994 – 7 A 21/93 –, NVwZ 1994, 1002, 1003.

241 So *Dürr*, in: Kodal/Krämer, Straßenrecht, 6. Aufl. 1999, Kap. 34 Anm. 4.3 und 5.2

242 *Steinberg/Berg/Wickel*, Fachplanung, 3. Aufl. 2000, §1 Rn. 132, m.w.N. Nach der Rechtsprechung hängt es stets von den tatsächlichen Umständen des Einzelfalles ab, wann eine erhebliche Funktionsstörung vorliegt (BVerwG, Beschl. v. 24. 3. 1999 – 11 B 38/98 –, zit. nach Juris).

nur durch eine umfassende eigene Konzeption des anderen Planungsträgers bewältigt werden kann.[243] Dies führt nicht erst dann zur Unzulässigkeit einer Miterledigung, wenn die andere Planung geradezu den Schwerpunkt des Gesamtvorhabens ausmacht[244], sondern setzt insgesamt eine qualitativ und quantitativ deutlich untergeordnete Bedeutung der Folgemaßnahme im Vergleich zu dem Gesamtvorhaben voraus.[245] Die Miterledigung solcher Vorhaben im Rahmen der Planfeststellung darf in keinem Fall die für die andere Anlagen bestehende originäre Planungskompetenz in ihrem Kern antasten, was vor allem bei längeren Ersatzstraßen mehrfach bejaht wurde[246]. Die in der Literatur vielfach als Beispiel einer angeblich zulässigen Folgemaßnahme genannte Verlegung ganzer Bahnlinien und Straßen durch die Wasserbehörde beim Bau einer Talsperre[247] kann nach diesen Maßstäben rechtlich nicht zulässig sein. Zudem fordert die Rechtsprechung, daß auch bei der Miterledigung einer Folgemaßnahme nach §75 Abs. 1 VwVfG auf die hinreichend konkreten Planungen des für die andere Anlage zuständigen Planungsträgers Rücksicht zu nehmen ist.[248]

Vor dem Hintergrund der einleitenden kompetenzrechtlichen Überlegungen ist dieser restriktiven Judikatur entgegen manchen kritischen Stimmen im Schrifttum in vollem Umfang beizupflichten. Auch wenn die Rechtsprechung ihre Maßstäbe dogmatisch seit langem nicht mehr ausdrücklich auf die gebotene Abgrenzung der den Planungen zugrundeliegenden Gesetzgebungskompetenzen zurückführt, bilden eben diese die verfassungsrechtliche Grundlage der dargestellten Judikatur. Allerdings ist der verfassungsrechtliche Ausgangspunkt dieser restriktiven Rechtsprechung mittlerweile etwas in den Hintergrund getreten. Kritik müssen neuere Aussagen des Bundesverwaltungsgerichts hervorrufen, welche die bisherigen Maximen relativieren: Aus dem durch §75 Abs. 1 VwVfG angeordneten Zuständigkeitswechsel wird nunmehr gefolgert, daß allein der für das Planfeststellungsverfahren zuständige Planungsträger zu entscheiden habe, welche zur Problembewältigung erforderlichen Änderungen und Anpassungen an vorhandenen Anlagen vorzunehmen sind. Auf die Vorstellungen des an sich zuständigen Planungsträgers komme es daher nicht mehr an, dieser habe die Änderungen seiner Anlage so hinzunehmen und die

[243] BVerwG, Urt. v. 12.2. 1988 – 4 C 54/84 –, NVwZ 1989, 153f.; Urt. v. 12.2. 1988 – 4 C 55/84 –, Buchholz 316 §78 VwVfG Nr. 2; Urt. v. 26.5. 1994 – 7 A 21/93 –, NVwZ 1994, 1002, 1003f.; VGH München, Urt. v. 19.7. 1989 – 8 A 87.40015 –, DVBl. 1990, 166; im Schrifttum *Allesch/Häußler*, in: Obermayer, VwVfG, 3. Aufl. 1999, §78 Rn. 11ff.; *Kühling*, DVBl. 1989, 228; *Ronellenfitsch*, VerwArch 88 (1997), 175, 180; *Steinberg/Berg/Wickel*, Fachplanung, 3. Aufl. 2000, §1 Rn. 136; kritisch indes *Fromm*, DÖV 1988, 1035, 1038.

[244] So im Ansatz *Kopp*, NuR 1991, 449, 451.

[245] OVG Koblenz, Urt. v. 5.4. 2000 – 8 C 11634/98 –, NVwZ 2001, 104f. (Ablagerung der Überschußmassen im Verhältnis zu dem Bau der ICE-Strecke untergeordnet).

[246] Vgl. etwa BVerwG, Urt. v. 3.8. 1995 – 11 VR 22/95 –, NVwZ 1996, 266; *Dürr*, in: Knack, VwVfG, 7. Aufl. 2000, §75 Rn. 8.

[247] Dieses Beispiel findet sich u.a. bei *Allesch/Häußler*, in: Obermayer, VwVfG, 3. Aufl. 1999, §78 Rn. 9; *Fickert*, Planfeststellung für den Straßenbau, 1978, S. 96; *Ule/Laubinger*, Verwaltungsverfahrensrecht, 4. Aufl. 1995, §44 Rn. 1f.

[248] BVerwG, Urt. v. 12.2. 1988 – 4 C 54/84 –, NVwZ 1989, 153ff.; Beschl. v. 18.12. 1989 – 4 B 224/89 –, NVwZ 1990, 463f.; *Steinberg/Berg/Wickel*, Fachplanung, 3. Aufl. 2000, §1 Rn. 135.

geänderte Anlage so zu unterhalten, als hätte er selbst sie veranlaßt.[249] Diese Aussagen stellen in der Rechtsprechung zu notwendigen Folgemaßnahmen einen Fremdkörper dar, widersprechen der Anerkennung der erwähnten Rücksichtnahmepflichten der Planfeststellungsbehörde gegenüber den planerischen Vorstellungen der an sich zuständigen Behörde und sind aus den maßgeblichen kompetenzrechtlichen Erwägungen heraus abzulehnen.

Trotz dieser fragwürdigen neuen Entwicklungen verdeutlicht die Rechtsprechung zu den notwendigen Folgemaßnahmen, daß Bestimmungen wie §75 Abs. 1 VwVfG im Lichte der grundgesetzlichen Kompetenzordnung einschränkend auszulegen sind. Die Maßstäbe für die Planung und Erledigung notwendiger Folgemaßnahmen bilden somit einen ersten, vor allem für das Verhältnis der einzelnen Fachplanungen untereinander bedeutsamen Anwendungsfall des Kompetenzgrundsatzes.

2. Die Grenzen der Fachplanung im Verhältnis zur Bauleitplanung

In gleicher Weise, wie nach der Gondelbahn-Entscheidung die bauleitplanerischen Festsetzungsmöglichkeiten der §§5 und 9 BauGB im Lichte des Kompetenzgrundsatzes von anderen Fachplanungen abzugrenzen und daher einschränkend auszulegen sind, bedarf auch die Fachplanung einer Abgrenzung im Verhältnis zur Bauleitplanung. Die Kompetenzordnung begrenzt den Gegenstand der Fachplanungen gegenüber den städtebaulichen Aufgaben der Gemeinden, so daß im Gewand der Fachplanung keine Festsetzungen getroffen werden können, die dem spezifischen Aufgabenbereich der Bauleitplanung zuzuordnen sind. Dieser Grundsatz, obwohl er in der allgemeinen Form kaum jemals formuliert wird, liegt bei genauerer Analyse einer ganzen Reihe höchstrichterlicher Entscheidungen zugrunde.

a) Die Abgrenzung von eisenbahnrechtlicher Planfeststellung und Bauleitplanung

Ein besonderer Anwendungsfall dieser Maxime beschäftigt Rechtsprechung und Literatur seit über einem Jahrzehnt, nämlich die zahlreichen Konflikte zwischen der eisenbahnrechtlichen Planfeststellung und der Bauleitplanung.[250] Obwohl die entsprechenden Urteile kaum explizit auf die Kompetenzordnung Bezug nehmen, stellt sich dieses vieldiskutierte Problemfeld mit der Frage nach der Reichweite des Fachplanungsprivilegs von Eisenbahnanlagen und dem Verbot »bahnfremder Nutzungen« bei Licht betrachtet vor allem als planerische Kompetenzfrage dar.

Nach §18 Abs. 1 S. 1 AEG dürfen Schienenwege von Eisenbahnen einschließlich der für den Betrieb der Schienenwege notwendigen Anlagen und der Bahnstromfernleitungen (Betriebsanlagen der Eisenbahn) nur gebaut oder geändert werden,

---

[249] BVerwG, Urt. v. 1.7. 1999 – 4 A 27/98 –, BVerwGE 109, 192, 201f., m.w.N.

[250] Näher *Bender*, VerwArch 83 (1992), 576, 582ff.; *Brohm*, in: FS für Blümel, 1999, S. 79, 88ff.; *Czybulka*, Die Legitimation der öffentlichen Verwaltung, 1989, S. 234ff.; *Grigoleit/Otto*, DÖV 2000, 182ff.; *Gruber*, BauR 2000, 499ff.; *Koch*, in: FS für Schlichter, S. 461, 466ff.; *Kuschnerus*, ZfBR 2000, 300ff.; *Runkel*, in: Ernst/Zinkahn/Bielenberg (Hrsg.), BauGB, §38 Rn. 23ff., Stand: Feb. 2000.

wenn der Plan zuvor festgestellt wurde. Für die Anlagen der Deutsche Bahn AG als Eisenbahn des Bundes ist dabei nach § 3 Abs. 2 S. 1 Nr. 1 und Abs. 3 S. 2 EVerkVerwG das Eisenbahn-Bundesamt als Planfeststellungsbehörde zuständig. Vor allem in Siedlungsgebieten treffen solche Vorhaben regelmäßig auf umfangreiche kommunale Bauleitplanungen und geben Anlaß zu planerischem Widerstand. Zudem führte die Bahnreform vielfach zur Neugestaltung und Umnutzung bestehender Bahnhöfe und ihres Umfeldes. Die Deutsche Bahn AG ist sich mittlerweile des Wertes ihrer Innenstadtimmobilien bewußt und versucht, Bahnhofsgebäude verstärkt für gewerbliche Zwecke zu nutzen. Dies weckt das Interesse der Kommunen zur Nutzung und Überplanung entbehrlich gewordener Bahnanlagen. In diesem Kontext stellt sich die Frage, ob und wieweit die Bahn in der Lage ist, ihre planerischen Vorstellungen im Wege der eisenbahnrechtlichen Fachplanung zu verwirklichen, oder ob dies der gemeindlichen Bauleitplanung vorbehalten ist.[251]

Zunächst scheint das Verhältnis zwischen eisenbahnrechtlicher Planfeststellung und Bauleitplanung durch den in § 38 BauGB angeordneten Vorrang der eisenbahnrechtlichen Planfeststellung als privilegierter Fachplanung abschließend gelöst.[252] Auch im Rahmen der Kollisionsregel des § 38 BauGB hält es das Bundesverwaltungsgericht indes zutreffenderweise für geboten, die Aufgabenbereiche beider Planungen zunächst in gegenständlicher Hinsicht sorgfältig voneinander abzugrenzen. Denn nur eine kompetenzgemäße Eisenbahnplanung kann legitimerweise den Vorrang des § 38 BauGB beanspruchen. Die Festsetzung »bahnfremder Nutzungen« oder fachfremde Vorhaben im Rahmen einer eisenbahnrechtlichen Planfeststellung wäre hingegen auch innerhalb von Bahnanlagen ein unzulässiger Eingriff in das gemeindliche Selbstverwaltungsrecht.[253] Aus diesem Grund kann der Bund keine Planungen im Hinblick auf eine künftige Folgenutzung durchführen. Jeder Versuch, der Gemeinde durch eisenbahnrechtliche Vorentscheidungen eine städtebauliche Nutzung aufzuzwingen, die nicht ihren planerischen Vorstellungen entspricht, wäre mit ihrer Planungshoheit unvereinbar.[254] Damit ist für das Verhältnis beider Planungsarten vorrangig die zugrundeliegende kompetentielle Trennlinie maßgeblich. Nur im Rahmen ihres kompetentiellen Aufgabenbereichs kann die Bahn die Privilegierung nach § 38 BauGB beanspruchen. Die eisenbahnrechtliche Fachplanung und die Bauleitplanung sind dabei wegen der Unvereinbarkeit der zugrundeliegenden

---

[251] Vgl. zu der Problematik neben den Vorgenannten *Birk*, in: FS für Gelzer, 1991, S. 1ff.; *Hoppe/ Busch*, Fragen des städtebaulichen Entwicklungsrechts unter besonderer Berücksichtigung von Bahnflächen, 2001, S. 1ff.; *Metzler*, Die Privatisierung von Personenbahnhöfen, 1999, S. 291ff.; *Portz*, in: Spannowsky/Mitschang (Hrsg.), Bauleitplanung auf Bahnflächen, 2001, S. 3ff., sowie die weiteren Beiträge in diesem Sammelband; *Schmidt-Eichstaedt*, NVwZ 2003, 129ff.; *Steinfort*, in: Deutscher Städtetag (Hrsg.), Die Städte und die Bahn, 1999, S. 73ff., sowie die »Gemeinsame Erklärung von BDA, DB AG und DST«, ebenda. S. 9ff.

[252] Zu dieser Regelung bereits im zweiten Kapitel S. 109ff.

[253] So etwa *Birk*, NVwZ 1989, 905, 909f.; *ders.*, in: FS für Gelzer, 1991, S. 1, 5f.; *Ferraz*, in: Blümel/ Kühlwetter (Hrsg.), Aktuelle Probleme des Eisenbahnrechts, 1996, S. 231, 239; *Kuschnerus*, ZfBR 2000, 300, 302f.; *Spannowsky*, ZfBR 2000, 239, 244; vgl. jedoch die weiter gehenden Überlegungen bei *Ronellenfitsch*, DVBl. 1998, 653, 661.

[254] BVerwG, Urt. v. 27. 4. 1998 – 4 B 33/98 –, NVwZ-RR 1998, 542f.

Gesetzgebungsarten lückenlos voneinander abzugrenzen, obwohl die genaue Schnittstelle von jeher umstritten war.[255]

Kompetenzrechtlich ist dabei von folgenden Parametern auszugehen: Nach Art. 73 Nr. 6a GG steht dem Bund die ausschließliche Gesetzgebung über den Bau, die Unterhaltung und den Verkehr von »Eisenbahnen des Bundes« zu, die nach Art. 87e zudem bundeseigener Verwaltung unterstehen. Nach den oben entwickelten Maßstäben ist diese Aufgabe weit zu verstehen.[256] Im Zuge der Bahnreform hat der Bund nach der Privatisierung der Bahn sämtliche hoheitlichen Aufgaben im Bereich der Eisenbahnen des Bundes dem neugeschaffenen Eisenbahn-Bundesamt übertragen.[257] Diese Kompetenzen sind von der konkurrierenden Zuständigkeit über das Bodenrecht nach Art. 74 Abs. 1 Nr. 18 GG abzugrenzen und haben auch Auswirkungen auf den möglichen Inhalt der Bauleitpläne. Obwohl § 9 Abs. 1 Nr. 11 BauGB im Bebauungsplan »aus städtebaulichen Gründen« die Festsetzung oder Darstellung von Verkehrsflächen ermöglicht, kann daher die verbindliche Ausweisung von Eisenbahnanlagen – namentlich solchen des Bundes – schon kompetenzrechtlich nicht zulässiger Gegenstand von Bauleitplänen sein.

Allerdings beschränkt sich diese Zuständigkeit des Eisenbahn-Bundesamtes – insbesondere zur eisenbahnrechtlichen Planfeststellung – gerade auf spezifisch eisenbahnbezogene Planfeststellungen und Tätigkeiten, also – entsprechend dem Gegenstand der eisenbahnrechtlichen Planfeststellung nach § 18 Abs. 1 AEG – auf »Betriebsanlagen der Eisenbahnen«. Der Inhalt dieses Begriffs ist umstritten[258]: Nach der amtlichen Begründung des Regierungsentwurfes zur Neufassung des Allgemeinen Eisenbahngesetzes soll § 18 Abs. 1 AEG in seinem Anwendungsbereich dem früheren § 36 Abs. 1 BBahnG entsprechen[259], dessen Auslegung freilich ebenso wie die seiner Vorläuferbestimmungen ebenfalls umstritten war.[260] Neuerdings wird zwar angesichts des engen Wortlauts »Betriebsanlagen« vertreten, daß nunmehr Bahnhofsgebäude nicht mehr Gegenstand der eisenbahnrechtlichen Planfeststellung sein könnten.[261] Die herrschende Lehre weist eine solche Reduktion des Anwen-

---

[255] Vgl. *Kraft*, DVBl. 2000, 1326, 1328f., m.w.N.

[256] Vgl. oben S. 223f.

[257] Vgl. *Grupp*, DVBl. 1996, 591, 593, m. w. N; *Heinze*, Eisenbahn-Planfeststellung, 1997, S. 135ff.; *Studenroth*, VerwArch 1996, 97, 102ff.; *ders.*, in: Blümel/Kühlwetter (Hrsg.), Aktuelle Probleme des Eisenbahnrechts II, 1997, S. 329, 342; vgl. zu den hoheitlichen Aufgaben der Bahn bereits *Mlitzko*, DÖV 1964, 730f.

[258] Vgl. dazu *Hoppe/Busch*, Fragen des städtebaulichen Entwicklungsrechts unter besonderer Berücksichtigung von Bahnflächen, 2001, S. 133f., m.w.N.; *Heinze*, Eisenbahn-Planfeststellung, 1997, S. 32ff.; *Kuschnerus*, ZfBR 2000, 300, 301f.; umfassend zu der ganzen Frage *Kühlwetter*, in: Blümel/Kühlwetter (Hrsg.), Aktuelle Probleme des Eisenbahnrechts III, 1999, S. 7ff.

[259] BR-Drucks. 131/93, S. 102; vgl. dazu auch *Freise/Wittenberg*, GewArch 1996, 353, 357f.

[260] Vgl. dazu *Bender*, VerwArch 83 (1992), 576, 580ff.; *Finger*, Kommentar zum Allgemeinen Eisenbahngesetz und Bundesbahngesetz, 1982, § 36 BBahnG Erl. 2 a) ff., jeweils m.w.N.; *Johlen*, DÖV 1989, 204, 208; *Küchler*, DÖV 1977, 187, 189, 193; vergleichbare Ausführungen finden sich bereits zu dem Begriff der »Reichseisenbahnanlagen« in RG, Beschl. v. 17.12. 1932 – V Tgb. 4/32 –, RGZ 139, 136, 147ff.

[261] *Grigoleit/Otto*, DÖV 2000, 182, 183ff., auch mit den Erwägungen, für solche Anlagen sei die Gesetzgebungskompetenz des Bundes verengt und ein Vorhaben habe nach raumordnerischer Be-

dungsbereichs des Eisenbahnrechts mangels jeglicher Anhaltspunkte für einen entsprechenden Willen des Gesetzgebers und angesichts der funktionalen Unangemessenheit einer solchen Ausgrenzung zu Recht zurück.[262] Entscheidend für die Eigenschaft einer Anlage als Bahnanlage ist weiterhin das objektive Kriterium der Eisenbahnbetriebsbezogenheit, also die Verkehrsfunktion und der räumliche Zusammenhang mit dem Eisenbahnbetrieb.[263] Somit verbleibt es für Bahnanlagen einschließlich der betriebsbezogenen Bahnhofsgebäude bei dem Vorrang der eisenbahnrechtlichen Fachplanung.

Soweit diese Aufgabenstellung reicht, wird das Bauplanungs- und Bauordnungsrecht sachlich durch die Kompetenzabgrenzung und räumlich durch §38 BauGB nahezu umfassend verdrängt. Gerade im Spannungsfeld von Bauleitplanung und eisenbahnrechtlicher Fachplanung hat das Bundesverwaltungsgericht jene Auslegung des §38 S. 1 BauGB entwickelt, wonach der Vorbehalt zugunsten von Fachplanungen nicht nur das Fachplanungsvorhaben von der Bindung an die §§29ff. BauGB freistellt, sondern die Gemeinde in bezug auf bereits vorhandene Anlagen der Fachplanung von vornherein im Gebrauch ihrer Planungshoheit beschränkt.[264] Soweit diese ausschließliche Zuständigkeit des Bahnrechts reicht, ist mithin eine abweichende Bauleitplanung der Gemeinde schlechterdings ausgeschlossen[265] und würde einen Übergriff in die Kompetenz der Fachplanung darstellen.[266] Zulässig sind jedoch auch auf solchen der Fachplanung unterliegenden Flächen bauleitplanerische Aussagen, die – wie etwa das Verbot der Ausübung der Prostitution – die Zweckbindung des privilegierten Vorhabens nicht beeinträchtigen.[267] Die entsprechenden Flächen sind also der Planungshoheit der Gemeinden nicht – wie dies in der älteren Literatur angenommen wurde[268] – vollständig entzogen, wohl aber durch

wältigung keine überörtliche planerische Bedeutung mehr; dem folgend *Schmitz-Valckenberg*, Entwidmung und bahnfremde Nutzung von Bahnanlagen, 2002, S. 201ff., m.w.N., alle jedoch mit Ausführungen, welche die konkurrierende Gesetzgebungskompetenz des Bundes aus Art. 74 Abs. 1 Nr. 23 GG übersehen.

262 Für die Einbeziehung von Bahnhöfen in die eisenbahnrechtliche Fachplanungskompetenz etwa VGH München, Urt. v. 20. 10. 1998 – 20 A 98.40022 –, BayVBl. 1999, 147ff.; *Heldwein*, BayVBl. 2000, 65, 66; *Heintzen*, in: v. Mangoldt/Klein/Starck (Hrsg.), GG, Bd. 2, 4. Aufl. 2000, Art. 73 Rn. 60; *Heinze*, Eisenbahn-Planfeststellung, 1997, S. 33; *Ronellenfitsch*, DÖV 1996, 1028, 1033ff.; *ders.*, in: König/Benz (Hrsg.), Privatisierung und staatliche Regulierung, 1997, S. 118, 129ff.; *ders.*, VerwArch 88 (1997), 175, 196f. und öfter; *Runkel*, in: Ernst/Zinkahn/Bielenberg (Hrsg.), BauGB, §38 Rn. 25, Stand: Feb. 2000; *Wegener*, DÖV 1996, 305, 309f.

263 BVerwG, Urt. v. 27. 11. 1996 – 11 A 2.96 –, NVwZ 1997, 920, 921; OVG Münster, Urt. v. 27. 4. 1998 – 7 A 3818/96 –, BauR 1999, 383ff.

264 BVerwG, Urt. v. 16. 12. 1988 – 4 C 48/86 –, BVerwGE 81, 111ff.; ebenso bereits *Fickert*, BauR 1988, 678, 684, m.w.N.

265 BVerwG, Urt. v. 16. 12. 1988 – 4 C 48.86 –, BVerwGE 81, 111, 113.

266 *Kraft*, BauR 1999, 829, 837.

267 Vgl. etwa *Birk*, in: FS für Gelzer, 1991, S. 1, 4ff.; *Stüer*, UPR 1998, 408, 410; *Heyl/Steinfort*, DVBl. 1999, 1311, 1315f.; *Schmidt-Eichstaedt*, NVwZ 2003, 129, 130.

268 So erklärte *Hamann*, DVBl. 1961, 394, 395, die Anlagen des Bundes seien als »bundesunmittelbare Territoren« geradezu aus dem Staatsgebiet der Länder ausgegrenzt. Vgl. aber bereits BVerwG, Urt. v. 29. 8. 1961 – I C 167.59 –, DÖV 1962, 142, 144, wo für die Reichweite der Freistellung von Landesrecht auf die Beeinträchtigung der Tätigkeit der Bahn des Bundes abgestellt wird.

den Fachplanungsvorbehalt überlagert.[269] Ausdrücklich verworfen hat die Rechtsprechung die von *Brohm* vorgeschlagene Konstruktion einer »subsidiären Bauleitplanung«[270], die die Möglichkeit einer vorsorglichen Überplanung fachplanerisch privilegierter Flächen ermöglicht hätte. Eine gemeindliche Beplanung von privilegiert planfestgestellten Flächen soll vielmehr erst nach »Entwidmung« der entsprechenden Anlage möglich sein[271], wobei unter »Entwidmung« in diesem Zusammenhang wohl die Entlassung aus den Wirkungen der Planfeststellung zu verstehen ist.[272]

Wieweit dieser Fachplanungsvorbehalt reicht und wann »widmungsfremde« Gebäude aufgrund der begrenzten Reichweite der Widmung der allgemeinen Bauaufsicht unterliegen, wird je nach den Umständen des Einzelfalls beantwortet.[273] Manches deutet jedoch darauf hin, daß der Rechtsprechung die erforderliche Grenzziehung nicht immer glückt. Kritik muß etwa die These des Bayerischen Verwaltungsgerichtshofs hervorrufen, die eisenbahnrechtliche Planfeststellung erstrecke sich auch auf solche Nutzungen innerhalb eines Bahnhofsgebäudes, die überhaupt keinen Bezug zum Eisenbahnbetrieb aufweisen, jedenfalls sofern sie der Größe nach untergeordnet sind.[274] Dabei bejahte das Gericht die Zulässigkeit der eisenbahnrechtlichen Plangenehmigung eines FC-Bayern-Fanshops im Münchner Hauptbahnhof, obwohl das Geschäft selbst unzweifelhaft keine Betriebsanlage der Eisenbahn darstellt und – anders als beispielsweise Geschäfte für den Reisebedarf – auch nicht mittelbar dem Eisenbahnbetrieb dient. Die Erwägung des Verwaltungsgerichtshofes, kompetenzrechtliche Zuständigkeitsgrenzen könnten im Regelfall nicht »ein baulich einheitliches Bahnhofsgebäude durchschneiden«, beruht auf der bereits erwähnten unzutreffenden Prämisse, im Fall einer räumlichen Überschneidung von Planungskompetenzen sei eine gegenständliche Abgrenzung der einzelnen Planun-

[269] Näher *Grigoleit/Otto*, DÖV 2000, 182, 187; *Ronellenfitsch*, VerwArch 1999, 467, 483ff.; *Schmaltz*, in: Schrödter (Hrsg.), BauGB, 6. Aufl. 1998, § 38 Rn. 15; *Steinfort*, in: Deutscher Städtetag (Hrsg.), Die Städte und die Bahn, 1999, S. 73, 74ff., m.w.N. zur Rspr.

[270] *Brohm*, NVwZ 1985, 1ff.; ähnlich, *von Heyl/Steinfort*, DVBl. 1999, 1311, 1315ff., m.w.N.

[271] Vgl. BVerwGE 81, 111, 118; BVerwG, Urt. v. 27.4. 1998 – 4 B 33/98 –, UPR 1998, 356; VGH Kassel, Urt. v. 29.4. 1997 – 4 UE 1349/92 –, ZfBR 1998, 163f.; *Bender*, VerwArch 1992, 575, 588; *Löhr*, in: Battis/Krautzberger/Löhr, BauGB, 8. Aufl. 2002, § 38 Rn. 14.

[272] Vgl. insoweit kritisch zur Rechtsprechung des BVerwG *Blümel*, Fragen der Entwidmung von Eisenbahnbetriebsanlagen, 2000, S. 38ff.; *Durner*, UPR 2000, 255ff.; umfassend zu dem ganzen Komplex *Schmitz-Valckenberg*, Entwidmung und bahnfremde Nutzung von Bahnanlagen, 2002.

[273] Vgl. etwa OVG Lüneburg, Urt. v. 31.5. 1996 – 6 L 3564/93 –, NVwZ 1997, 602, 603, das die Zulässigkeit allgemeiner bauaufsichtlicher Maßnahmen gegenüber Läden in Bahnhofsgebäuden bejaht, sowie die Rechtsprechungsbeispiele bei *Blümel*, Fragen der Entwidmung von Eisenbahnbetriebsanlagen, 2000, S. 9, und *Schmitz-Valckenberg*, Entwidmung und bahnfremde Nutzung von Bahnanlagen, 2002, S. 208ff., 249ff.; differenzierend auch *Brohm*, in: FS für Blümel, 1999, S. 79, 91f.; *von Heyl/Steinfort*, DVBl. 1999, 1311, 1313f.; *Kuschnerus*, ZfBR 2000, 300, 303; *Steinfort*, in: Deutscher Städtetag (Hrsg.), Die Städte und die Bahn, 1999, S. 89ff.

[274] VGH München, Urt. v. 20.10. 1998 – 20 A 98.40022 –, BayVBl. 1999, 147ff.; *Heinze*, BayVBl. 1999, 697; ablehnend *Durner*, in: Bauschke/Becker u.a. (Hrsg.), Pluralität des Rechts, 2003, S. 225, 248; *Jäde*, BayVBl. 1999, 149f.; *Schmitz-Valckenberg*, Entwidmung und bahnfremde Nutzung von Bahnanlagen, 2002, S. 254ff.

gen entbehrlich. Richtigerweise wäre für den FC-Bayern-Fanshop eine ergänzende Bauleitplanung zulässig und erforderlich gewesen.

Zusammenfassend ist festzuhalten, daß mit der Rechtsprechung über das Verhältnis vor allem der eisenbahnrechtlichen Planfeststellung zur Bauleitplanung ein weiterer Anwendungsfall des Kompetenzgrundsatzes gefunden ist. Diese Rechtsprechung, die im Grundsatz auf das Verhältnis sämtlicher Planfeststellungen zur Bauleitplanung übertragen werden kann, belegt, daß die Maßstäbe des Kompetenzgrundsatzes praktische Relevanz haben, tragfähige Ergebnisse zu liefern vermögen und daß die kompetentielle Abgrenzung von Planungen durch die Existenz einer Kollisionsnorm wie §38 BauGB nicht etwa entbehrlich wird, sondern der Anwendung solcher Vorschriften vorgelagert ist.

b) Die Bindung der Fachplanung an Wertungen anderer Planungen

Ein weiteres Beispiel für die Bestimmung der kompetentiellen Trennlinie zwischen den Aufgabenbereichen der Fachplanung und der Bauleitplanung bildet die Rechtsprechung zu der Bindung der Fachplanung an städtebauliche Wertungen der Bauleitplanung. Dort, wo eine konkurrierende (Fach-)Planung nach §38 BauGB von den unmittelbaren Bindungen an den Bebauungsplan freigestellt ist, muß sie gem. §38 S.1 Halbs. 2 BauGB im Rahmen der Abwägung die städtebaulichen Belange berücksichtigen.[275] Bei dieser Berücksichtigung verwehrt es die Rechtsprechung dem Fachplanungsträger, eigenständige städtebauliche Vorstellungen zu entwickeln; er muß vielmehr von den städtebaulichen Vorgaben ausgehen, die in den Bauleitplänen oder sonstigen Planungsabsichten der Gemeinde konkretisiert sind. Fehlt eine solche Konkretisierung, darf er ohne Bezug zu der spezifischen der Fachplanung eingeräumten Gestaltungsfreiheit keine eigenen städtebaulichen Konzeptionen entwickeln und in die Abwägung einbringen.[276] Dies bestätigt die Unzulässigkeit aller Versuche, der Gemeinde eine städtebauliche Konzeption aufzuzwingen, die nicht ihren planerischen Vorstellungen entspricht.[277]

Ähnliche Pflichten bestehen im übrigen wohl nicht nur gegenüber der Gemeinde, sondern auch gegenüber anderen Fachplanungsträgern, deren spezifische Planungskonzepte jeder Träger einer konkurrierenden Planfeststellung zu respektieren hat. Obwohl die Ermittlung des einschlägigen Sachverhalts der Planfeststellungsbehörde bzw. zunächst dem Planungsträger obliegt, müssen diese daher Vorentscheidungen der Denkmalschutzbehörden respektieren, soweit diese planerischen Gehalt haben. Hat die Denkmalschutzbehörde ein Objekt unter Schutz gestellt oder die Gemeinde die Schutzwürdigkeit eines Ensembles in ihren Planungen bejaht, muß

[275] Vgl. bereits im zweiten Kapitel S. 110.

[276] BVerwG, Urt. v. 11.4. 1986 – 4 C 51.83 –, BVerwGE 74, 124, 132; Urt. v. 18.5. 1990 – 7 C 3/90 –, BVerwGE 85, 155, 161; *Paetow*, UPR 1990, 321, 325; *Schmaltz*, in: Schrödter (Hrsg.), BauGB, 6. Aufl. 1998, §38 Rn. 12; vgl. auch *Weiblen*, Gemeindliche Bauleitplanung und naturschutzrechtlicher Flächen- und Objektschutz, 2001, S. 187f.

[277] Vgl. BVerwG, Urt. v. 27.4. 1998 – 4 B 33/98 –, NVwZ-RR 1998, 542f.

die Fachplanungsbehörde ihrer Planung diese Denkmaleigenschaft zugrunde legen und darf insoweit keine abweichende Beurteilung vornehmen[278], auch wenn mit dieser Vorentscheidung die Erteilung von Ausnahmen und Befreiungen im Rahmen der Planfeststellung noch nicht präjudiziert ist. Die Aussage ist daher zu weitgehend, durch die Bündelungsfunktion der Planfeststellung gehe die Planungshoheit »als umfassendes Hoheitsrecht auf die Planfeststellungsbehörde über«[279]. § 38 BauGB und die übrigen fachrechtlichen Kollisionsvorschriften wie § 13 Abs. 3 WaStrG räumen zwar bestimmten Fachplanungen einen relativen Vorrang vor der gemeindlichen Bauleitplanung ein; diese Normen ermächtigen den Fachplanungsträger jedoch in keinem Fall, im Zusammenhang mit dem privilegierten Vorhaben im Gewand der Fachplanung Städtebau oder planerischen Denkmalschutz zu betreiben.

V. Beispiele für die Grenzen der Bauleitplanung

1. Grenzen der Bauleitplanung im Verhältnis zur Verkehrsfachplanung

Die Abgrenzung zu den Aufgabenbereichen der Fachplanung wird als allgemeine Rechtmäßigkeitsvoraussetzung einer zulässigen Bauleitplanung eher selten erwähnt. Beispiele für die kompetentiellen Grenzen der Bauleitplanung wurden jedoch mit dem Fall der Dürkheimer Gondelbahn oder dem Verbot der Festsetzung von Eisenbahnanlagen durch Bebauungsplan bereits angesprochen. Daß Bauleitplanungen und Fachplanungen gegenständlich voneinander abzugrenzen sind, ist allerdings im Grundsatz unbestritten. Die zweifelhaften Bereiche werden vor allem dann deutlich, wenn man sich den Katalog der möglichen bauplanungsrechtlichen Festsetzungsmöglichkeiten vor Augen führt.

a) Fachplanerische Festsetzungsmöglichkeiten in den §§ 5 und 9 BauGB

Die bereits im Rahmen des einfachgesetzlichen Befundes angesprochene Regelung des § 9 BauGB[280] legt in einem abschließenden Katalog den möglichen Inhalt des Bebauungsplanes fest. Ähnliche Einschränkungen wie für den Bebauungsplan gelten für den Inhalt des Flächennutzungsplans nach § 5 BauGB. Der Katalog der bauplanungsrechtlichen Festsetzungsmöglichkeiten und die damit verbundene Beschränkung von Darstellungs- und Festsetzungsmöglichkeiten ist auf die spezifische städtebauliche Aufgabenstellung der Bauleitplanung zugeschnitten und soll nach Entstehung und Funktion gerade auch Konflikte mit anderen Planungen verhindern. Das in den §§ 5 und 9 BauGB vorgesehene bauleitplanerische Instrumentarium geht jedoch seit der Erweiterung der Kataloge im Jahr 1976 deutlich über die klassischen Instrumente rein städtebaulicher Gestaltung hinaus. Seitdem kann die

---

278 So zu Recht *Spannowsky*, ZfBR 2000, 239, 246.
279 So aber *Ronellenfitsch*, DVBl. 1998, 653, 654.
280 Dazu im zweiten Kapitel S. 101f.

Gemeinde nach den §§5 und 9 BauGB in gewissem Umfang auch Festsetzungen treffen, die sich auf fachplanerische Vorhaben beziehen:[281]

Namentlich können nach §5 Abs. 2 BauGB im Flächennutzungsplan Flächen für den überörtlichen Verkehr (Nr. 3), Flächen für Versorgungsanlagen, für die Abfallentsorgung und für die Abwasserbeseitigung (Nr. 4), Flächen für Nutzungsbeschränkungen oder für Vorkehrungen zum Schutz gegen schädliche Umwelteinwirkungen im Sinne des BImSchG (Nr. 6), Wasserflächen und Häfen (Nr. 7) sowie Flächen für Maßnahmen zum Schutz, zur Pflege und zur Entwicklung von Boden, Natur und Landschaft (Nr. 10) dargestellt werden. Im Bebauungsplan ermöglicht §9 Abs. 1 BauGB »aus städtebaulichen Gründen« insbesondere die Festsetzung oder Darstellung von Verkehrsflächen (Nr. 11), Versorgungsflächen (Nr. 12), die Führung von Versorgungsanlagen und -leitungen (Nr. 13), Flächen für die Abfall- und Abwasserbeseitigung (Nr. 14), Wasserflächen (Nr. 16), Flächen für Abgrabungen oder für die Gewinnung von Steinen, Erden und anderen Bodenschätzen (Nr. 17), Flächen oder Maßnahmen zum Schutz, zur Pflege und zur Entwicklung von Boden, Natur und Landschaft (Nr. 20) sowie Gebiete, in denen zum Schutz vor schädlichen Umwelteinwirkungen im Sinne des Bundesimmissionsschutzgesetzes bestimmte luftverunreinigende Stoffe nicht oder nur beschränkt verwendet werden dürfen (Nr. 23).

b) Parallelplanung der Kommunen zur Fachplanung?

All diese Regelungen beziehen sich auf Materien, die zugleich auch Gegenstand eigener fachplanerischer Verfahren sind, und stellen daher gegenständliche Schnittstellen zwischen Fachplanungs- und Bauplanungsrecht dar.[282] Durch die Möglichkeit, auch bestimmte fachplanerische Darstellungen oder Festsetzungen vorzunehmen, steht der Gemeinde – scheinbar – ein Instrumentarium zur Verfügung, um im Rahmen der Bauleitplanung eine Art paralleler Fachplanung für Bundesautobahnen und Bundeswasserstraßen, die Abfallwirtschaft, die Landschaftspflege oder den Bergbau zu betreiben. In bestimmten Bereichen – insbesondere bei der Planung des örtlichen Straßennetzes – ist dies tatsächlich eine originäre Aufgabe der Bauleitplanung, die insoweit auch begrenzte fachliche Aufgabenstellungen erfüllt.[283] Voraussetzung und Korrektiv einer solchen Planung ist jedoch stets das Vorliegen einer städtebaulichen Rechtfertigung nach §1 Abs. 3 BauGB.

---

[281] Eingehend zu diesen Festsetzungsmöglichkeiten *Kauch/Roer*, Das Verhältnis von Bauleitplanung und Fachplanung, 1997, S. 130ff.

[282] Vgl. *Baumeister*, Die Integration der örtlichen Landschaftsplanung in die Bauleitplanung, 1992, S. 80; *Kauch/Roer*, Das Verhältnis von Bauleitplanung und Fachplanung, 1997, S. 125.

[283] Näher *Fickert*, Straßenplanung durch Bebauungsplan, BauR 1988, 678ff.; vgl. dazu bereits oben S. 220f.

c) Verfassungsrechtliche Grenzen der Bauleitplanung

Abgesehen von dem allgemein anerkannten Erfordernis einer städtebaulichen Rechtfertigung, sind jedoch die Aussagen von Rechtsprechung und Schrifttum zu den Grenzen möglicher Festsetzungen nach §5 und §9 BauGB sehr uneinheitlich. Ehe dieses Problem nachfolgend am Beispiel der Festsetzung von »Verkehrsflächen« nach §9 Abs. 1 Nr. 11 BauGB erläutert wird, soll daher nochmals an die Ausführungen des Bundesverfassungsgerichts in der Gondelbahn-Entscheidung erinnert werden[284], die wie kein anderes Judiz die verfassungsrechtlichen Grenzen einer solchen Parallelplanung unterstreicht. Die Gondelbahn-Entscheidung, auch wenn sie inhaltlich allein Zulässigkeitsfragen des Enteignungsrechts betreffen mag, verdeutlicht, daß das Recht der Bauleitplanung gegenüber dem einschlägigen Fachplanungsrecht rechtliche Grenzen zu beachten hat und damit bereits auf der Ebene der Verfassung Einschränkungen für die Nutzung der in den §§5 und 9 BauGB enthaltenen Festsetzungsmöglichkeiten bestehen[285]. Für Planungen etwa auf dem Gebiet des Naturschutzrechts, für das der Bund lediglich über eine Rahmengesetzgebungszuständigkeit verfügt, kann das Baugesetzbuch bereits aus verfassungsrechtlichen Gründen keine zulässige Planungsgrundlage bieten, auch wenn das Gesetz die Übernahme anderweitig getroffener Planungen oder eine Freihaltung der erforderlichen Flächen ermöglichen mag.[286] Das anschließende Beispiel der »Verkehrsflächen« legt indes nahe, daß diese Grenzen nicht allen Stimmen in der baurechtlichen Literatur bewußt sein mögen.

d) Das Beispiel der »Verkehrsflächen«

Die teilweise recht widersprüchlichen Aussagen im Schrifttum über die Zulässigkeit und die Grenzen einer solchen Parallelplanung beziehen sich zumeist auf die Möglichkeit der Festsetzung von »Verkehrsflächen« und spiegeln teilweise das Unbehagen wider, der Gemeinde eine eigene Planung zu den Regelungsgegenständen der Verkehrsfachplanung zu ermöglichen. Einigkeit besteht, daß die Gemeinde an einen bestehenden straßen- oder eisenbahnrechtlichen Planfeststellungsbeschluß gebunden und insoweit lediglich berechtigt ist, die Festsetzung einer Fläche als Bahnanlage nach §9 Abs. 6 BauGB in den Bebauungsplan nachrichtlich zu übernehmen.[287]

Strittig sind hingegen die Möglichkeiten und Grenzen einer eigenständigen Festsetzung der Gemeinde: Einerseits findet sich die – dem Ansatz der Gondelbahn-Ent-

---

[284] BVerfG, Urt. v. 10.3. 1981 – 1 BvR 92/71 und 1 BvR 96/71 –, BVerfGE 56, 249ff. vgl. dazu oben S. 194ff.

[285] So auch *Schink*, in: Kormann (Hrsg.), Das neue Bundesbaurecht, 1994, S. 103, 111; *Wagner*, UPR 1997, 387, 388.

[286] Eine originäre Festsetzung solcher Planungen durch Bebauungsplan wäre lediglich nach §9 Abs. 4 BauGB möglich, wonach die Länder bestimmen können, daß auf Landesrecht beruhende Regelungen in den Bebauungsplan als Festsetzungen aufgenommen werden können und inwieweit auf diese Festsetzungen die Vorschriften dieses Gesetzbuchs Anwendung finden. Näher dazu etwa *W. Schrödter*, in: Schrödter (Hrsg.), BauGB, 6. Aufl. 1998, §9 Rn. 173ff.

[287] Vgl. bereits im zweiten Kapitel S. 110f. sowie im siebten Kapitel S. 454f.

scheidung entsprechende – Auffassung, daß Festsetzungen nach §5 Abs. 2 Nr. 3 BauGB oder §9 Abs. 1 Nr. 11 BauGB dort ausgeschlossen sind, wo für die Errichtung oder Änderung von Verkehrsanlagen ausschließlich eine fachgesetzliche Planfeststellung vorgesehen ist. Insoweit sei der Regelungsgegenstand der gemeindlichen Planungshoheit entzogen, so daß im wesentlichen nur nachrichtliche Übernahmen in Betracht kämen.[288] Dies gelte namentlich für Anlagen, der – vormaligen – Deutschen Bundesbahn sowie für andere Eisenbahnen des öffentlichen Verkehrs wie Anschlußbahnen oder Bergbahnen.[289] Dem kommt die wohl vorherrschende Auffassung im Schrifttum nahe, wonach die Planung von überörtlichen Staats- und Bundesfernstraßen grundsätzlich keinen Bezug zu den örtlichen Angelegenheiten und zur städtebaulichen Ordnung der Gemeinde aufweist und daher bereits nach einfachem Recht nicht mehr zulässiger Gegenstand der Bauleitplanung sein kann.[290] Die nach den §§5 und 9 BauGB möglichen Festsetzungen werden daher durch den spezifischen Planungsauftrag der Gemeinde sowie die speziellen Planungskompetenzen der Fachplanungsträger begrenzt. Diese aufgaben- und kompetenzbezogene Argumentation entspricht im Ergebnis der Aussage, für die Festlegung fachplanerischer Vorhaben fehle es regelmäßig an der erforderlichen Planrechtfertigung nach § 1 Abs. 3 BauGB, wonach die Bauleitpläne nur aufzustellen sind, sobald und soweit es für die städtebauliche Entwicklung und Ordnung erforderlich ist.[291]

Eine andere Auffassung hält die Gemeinde demgegenüber zur Ausweisung von Verkehrsflächen jeglicher Verkehrsart befugt; die Gemeinde soll dabei auch in der Lage sein, Flächen für überörtliche Straßen sowie den Schienenverkehr und den Luftverkehr auszuweisen. Die im Straßen- und Personenbeförderungsrecht bestehenden Regelungen über die planfeststellungsersetzende Wirkung von Bauleitplänen seien keine Rechtmäßigkeitsvoraussetzung für die Zulässigkeit einer entsprechenden Festsetzung im Bebauungsplan, sondern besagten nur, daß der Plan als ein der Planfeststellung im Ergebnis gleichwertiges Instrument sei und diese ersetze. Bereits durch §9 Abs. 1 Nr. 11 BauGB selbst hingegen werde die Gemeinde zur Festlegung von Flächen für eine Eisenbahn oder einen Verkehrsflughafen ermächtigt.[292]

---

288 Vgl. *Löhr*, in: Battis/Krautzberger/Löhr, BauGB, 8. Aufl. 2002, §5 Rn. 18; *Schrödter*, in: ders. (Hrsg.), BauGB, 6. Aufl. 1998, §5 Rn. 28

289 *Gierke*, in: Brügelmann (Hrsg.), BauGB, §9 Rn. 219, Stand: Aug. 1989.

290 So besonders VGH München, Urt. v. 8. 8. 2001 – 8 N 00.690 –, BayVBl. 2002, 495, 496f., wo die Planung einer überörtlichen Straße durch Bebauungsplan als nach § 1 Abs. 3 BauGN unzulässig und zugleich als kompetenzwidrig angesehen wird; im Schrifttum mit unterschiedlichen Akzenten auch *Brohm*, in: Ein Vierteljahrhundert Straßenrechtsgesetzgebung, 1980, S. 343, 376; *Christ*, Raumordnungsziele und Zulässigkeit privater Vorhaben, 1990, S. 12f.; *Fickert*, BauR 1988, 678, 682ff.; *Kühling/Hermann*, Fachplanungsrecht, 2. Aufl. 2000, Rn. 224ff.; *Steinberg/Berg/Wickel*, Fachplanung, 3. Aufl. 2000, §5 Rn. 77ff. und 206ff., m.w.N.; *Uerpmann*, Das öffentliche Interesse, 1999, S. 158f.; dagegen jedoch *Ronellenfitsch*, in: Marschall/Kastner, FStrG, 5. Aufl. 1998, §17 Rn. 205.

291 So *Ronellenfitsch*, VerwArch 88 (1997), 175, 196 (zu Bahnhöfen und anderen Betriebsanlagen der Bahn).

292 *Gaentzsch*, WiVerw 1985, 235, 243f.; *ders.*, BauGB, 1991, §9 Rn. 15; *ders.*, in: Schlichter/Stich (Hrsg.), Berliner Kommentar zum BauGB, 2. Aufl. 1995, §9 Rn. 31, etwas abgeschwächt auch in der 3. Aufl., §9 Rn. 33ff., Stand: Aug. 2002; *Kühling/Hermann*, Fachplanungsrecht, 2. Aufl. 2000,

Daher soll die Gemeinde einen bestehenden Planfeststellungsbeschluß nach § 9 Abs. 1 Nr. 11 BauGB auch als eigene Planung – also nicht nur nachrichtlich – übernehmen und damit planerisch absichern können.[293] In diesem Fall wäre die Gemeinde beispielsweise auch in der Lage, eine solche Planung durch eine Veränderungssperre nach § 14 BauGB abzusichern. Die Rechtsprechung freilich hat es bislang vorsichtig offengelassen, ob für ein planfestgestelltes Vorhaben mit konstitutiver Wirkung auch eine Planung gleichen Inhalts – etwa durch Ausweisung eines »Sondergebietes Bahn« – zulässig wäre.[294]

Einige dieser Stellungnahmen werden immerhin durch die einschränkende Forderung relativiert, wonach derartige Festsetzungen stets unter dem einschränkenden Erfordernis stehen, daß sie nach § 1 Abs. 3 BauGB für die städtebauliche Entwicklung und Ordnung erforderlich sind. Nach anderen Aussagen soll es sich bei dieser Planung in erster Linie um einen Vorgriff auf die künftige Fachplanung durch eine bloße *Sicherung* der geeigneten Flächen handeln. Nur dann stelle der Gebrauch des Bebauungsplans keinen rechtlich unzulässigen Formenmißbrauch, auch keine Kompetenzüberschreitung dar.[295] Im Zusammenhang mit Bundesfernstraßen ist eine solche »Freihalteplanung« durchaus üblich und zumindest in der Rechtsprechung weitgehend anerkannt.[296]

e) *Möglichkeit der Bindung der Fachplanung?*

Versteht man die Festsetzung von Verkehrsflächen in dem letztgenannten Sinne lediglich als Instrument der *Flächensicherung* und damit als bloße Angebotsplanung an den eigentlich zuständigen Fachplanungsträger, der diese Angebotsfestsetzung freilich im Rahmen der Abwägung angemessen zu berücksichtigen hat[297], so erübrigt sich die Frage der Bindungswirkung einer solchen Ausweisung für den Träger der künftigen Fachplanung ebenso wie die Frage nach einer Verletzung seiner Zuständigkeiten. Denn eine Festsetzung, die einem anderen Planungsträger lediglich Möglichkeiten offenhalten soll, kann dessen Kompetenzen nicht verletzen. Teilweise findet sich in der Literatur freilich die Auffassung, durch eine entsprechende Bauleitplanung sei die Gemeinde in der Lage, verbindlich den Standort oder die

---

Rn. 223; *Löhr*, in: Battis/Krautzberger/Löhr, BauGB, 8. Aufl. 2002, § 9 Rn. 43 ff.; wohl auch *Püttner/Riffel*, Örtliche und überörtliche Planung, 1978, S. 20 f.; *W. Schrödter*, in: Schrödter (Hrsg.), BauGB, 6. Aufl. 1998, § 9 Rn. 49, und i. E. auch *Schirmer*, BayVBl. 1992, 513, 514; *Paetow*, UPR 1990, 321, 325 f.; vgl. auch die Nachweise in den folgenden Fußnoten.

293 *W. Schrödter*, in: ders. (Hrsg.), BauGB, 6. Aufl. 1998, § 9 Rn. 52.

294 BVerwG, Urt. v. 16. 12. 1988 – 4 C 48.86 –, BVerwGE 81, 111, 116; zu vertiefen sogleich S. 243 f.

295 *Bielenberg/Söfker*, in: Ernst-Zinkahn-Bielenberg (Hrsg.), BauGB, § 9 Rn. 102, Stand: Sept. 2001; *Brohm*, DÖV 1983, 525, 529 f.; *Ronellenfitsch*, in: Marschall/Kastner, FStrG, 5. Aufl. 1998, § 17 Rn. 206; vgl. auch *Gaentzsch*, in: Schlichter/Stich/Driehaus/Paetow (Hrsg.), Berliner Kommentar zum BauGB, 3. Aufl., § 9 Rn. 35, Stand: Aug. 2002.

296 Vgl. nur BVerwG, Urt. v. 18. 10. 1985 – 4 C 21.80 –, BVerwGE 72, 172.

297 Vgl. nur *Birk*, NVwZ 1989, 905, 911, 912; *Kühling/Hermann*, Fachplanungsrecht, 2. Aufl. 2000, Rn. 227.

Trasse der künftigen Fachplanung festzulegen.[298] Der Fachplanungsträger sei daher jedenfalls dann, wenn das vorgesehene Projekt verwirklicht werden solle, an die gemeindliche Festsetzung – etwa eine Trassenentscheidung – gebunden.

Diese Auffassung vermag jedenfalls im Hinblick auf die Festsetzungen des Bebauungsplans von vornherein nicht zu überzeugen. Bebauungsplanung ist nach dem gesetzgeberischen Konzept des Baugesetzbuchs in erster Linie »Angebotsplanung« und verpflichtet insbesondere die Träger der Fachplanung keineswegs zur Herstellung der entsprechenden Anlagen; dies ist selbst für den Fall des planfeststellungsersetzenden Bebauungsplans anerkannt[299] und muß erst recht im Fall von Planungen durch einen einfachen Bebauungsplan gelten. Der Gesetzgeber hat eine solche Bindungswirkung der Fachplanung an den Bebauungsplan – anders als im Fall des Flächennutzungsplans nach § 7 BauGB – nirgends normiert. Statt dessen hat das Verhältnis von Bauleitplanung und Fachplanung zumindest für die sog. privilegierten Vorhaben in § 38 BauGB eine ausdrückliche Regelung erfahren.[300] In den Fällen, in denen der Gesetzgeber dem Bebauungsplan ausdrücklich planfeststellungsersetzende Wirkung zuerkennt, hat er explizit klargestellt, daß eine nachfolgende Planfeststellung von den Festsetzungen des Bebauungsplanes abweichen kann.[301] Dies muß für die Fälle, in denen der Bebauungsplan schon keine planfeststellungsersetzende Wirkung entfaltet, nach dem Grundsatz des *a majore ad minus* erst recht gelten: Eine Bindung der Fachplanung an die Bauleitplanung kann daher richtigerweise allein über § 7 BauGB begründet werden, nicht aber durch die Festsetzung in einem Bebauungsplan.[302] Damit ist die städtebaulich begründete Festsetzung einer Trasse oder eines Standorts für eine künftige Fachplanung in einem Bebauungsplan zwar grundsätzlich denkbar. Eine solche Festlegung hat jedoch lediglich die Freihaltung der überplanten Flächen zur Folge und ist im Rahmen der nachfolgenden Abwägung zwar zu berücksichtigen, ohne jedoch die Entscheidung des Fachplanungsträgers bindend vorwegzunehmen.

Gewichtiger stellt sich dieses Problem im Hinblick auf den Flächennutzungsplan dar. Denn insoweit handelt es sich – anders als bei dem Bebauungsplan – nicht allein um eine bloße Angebotsplanung: § 7 BauGB über die »Anpassung an den Flächennutzungsplan« verpflichtet öffentliche Planungsträger, die nach § 4 oder § 13 beteiligt worden sind, ihre Planungen dem Flächennutzungsplan insoweit anzupassen, als sie diesem Plan nicht widersprochen haben.[303] Damit könnte insoweit – ähnlich

---

[298] So vor allem *Brohm*, DVBl. 1980, 653, 659; *ders.*, DÖV 1983, 525, 531 und öfter; *Löhr*, in: Battis/Krautzberger/Löhr, BauGB, 8. Aufl. 2002, § 9 Rn. 43.

[299] Vgl. etwa *Dürr*, in: Kodal/Krämer (Hrsg.), Straßenrecht, 6. Aufl. 1999, Kap. 36 Erl. 27.2; *Menke*, NVwZ 1999, 950, 952.

[300] Vgl. im zweiten Kapitel S. 109ff.

[301] Vgl. etwa § 17 Abs. 3 S. 2 FStrG, § 28 Abs. 3 S. 2 PBefG, § 40 Abs. 8 S. 2 StrWG SH, Art. 36 Abs. 4 BayStrWG.

[302] *Schrödter*, in: ders. (Hrsg.), BauGB, 6. Aufl. 1998, § 9 Rn. 52; vgl. auch *Menke*, NVwZ 1999, 950, 952.

[303] Vgl. zu der Regelung in § 7 BauGB bereits im zweiten Kapitel S. 104ff.

wie bei den Zielen der Raumordnung – durchaus eine Bindung des Vorhabenträgers an eine bestimmte Trassenwahl herbeigeführt werden.[304]

f) Kompetenzrechtliche Einwände

Obwohl §7 BauGB somit in der Tat eine rechtstechnische Möglichkeit liefert, die Träger überörtlicher Fachplanungen an die Festsetzung der Trassenführung eines Verkehrsträgers in einem Flächennutzungsplan zu binden, ist erneut zunächst die vorgelagerte Frage zu entscheiden, ob eine Festlegung diesen Inhalts kompetenzrechtlich zulässig wäre. Das Bundesverwaltungsgericht hat im Zusammenhang des Fernstraßenrechts darauf hingewiesen, daß ein Flächennutzungsplan als Instrument der städtebaulichen Entwicklung nicht gewissermaßen vorab eine verbindliche Entscheidung über die Planrechtfertigung eines Verkehrsvorhabens treffen könne.[305] Nach den entsprechenden Maßstäben der Gondelbahn-Entscheidung kann es auch nicht zulässig sein, wenn die Gemeinde durch den Flächennutzungsplan die konkrete Standort- oder Trassenentscheidung des eisenbahnrechtlichen Planfeststellungsverfahrens vorwegnimmt: Wenn die Standortentscheidung Gegenstand der entsprechenden Fachplanungskompetenz ist, so kann die Bauleitplanung diese Frage zwar durch ihre städtebaulichen Festsetzungen beeinflussen, nicht aber substituieren. Kompetenzrechtlich zulässig ist somit lediglich eine bloße Freihalteplanung, die dem anderen Planungsträger Flächen und Spielräume für dessen Planungen erhält, ohne dessen Planungen zu präjudizieren.[306]

Aus denselben Erwägungen ist auch die durch das Bundesverwaltungsgericht bislang offengelassene Möglichkeit abzulehnen, daß eine fachplanerische Planung durch einen Bauleitplan zu einer eigenen Planung der Gemeinde aufgewertet und durch eine Veränderungssperre nach §14 BauGB abgesichert werden könnte. Die Zulässigkeit zur Regelung von plansichernden Veränderungssperren als vorübergehenden Beschränkungen der Bodennutzung ist – ebenso wie das Recht der Enteignung – keineswegs speziell der Bauleitplanung zugeordnet, sondern bildet einen Annex zur für das jeweilige Planvorhaben bestehenden Gesetzgebungskompetenz.[307] Ebenso wie die Enteignung für ein fachplanerisches Vorhaben daher allein nach dem einschlägigen Enteignungsgesetz erfolgen kann, wäre es unzulässig, das nach Art. 14 GG geschützte Eigentum durch eine fachfremde Veränderungssperre zu belasten. Noch grundsätzlicher wird man feststellen müssen, daß die Übernahme einer fachplanerischen Festsetzung mit konstitutiver Wirkung als eigene Planung

---

[304] So konsequent *Gaentzsch*, WiVerw 1985, 235, 244.

[305] BVerwG, Beschl. v. 30. 10. 1992 »Sachsendamm« – 4 A 4/92 –, zit. nach Juris.

[306] So für die Raumordnung *Funke*, Bund-Länder-Abstimmung, 1987, S. 26f.; für die Bauleitplanung *Stadler*, Die Enteignung zur Verwirklichung von Festsetzungen des Bebauungsplans, 2001, S. 62; ähnlich *Hoppe/Beckmann*, NuR 1988, 6, 8, m.w.N.

[307] Näher zu den unterschiedlichen Veränderungssperren und ihren jeweiligen planungsrechtlichen Grundlagen vor allem *Dürr*, in: Kodal/Krämer (Hrsg.), Straßenrecht, 6. Aufl. 1999, Kap. 33 Erl. 26ff., Kap. 35 Erl. 24ff., Kap. 36 Erl. 30 und besonders Kap. 34 Erl. 8.22; *Papier*, in: Maunz/Dürig u.a., GG, Art. 14 Rn. 466ff., Stand: Juni 2002.

der Gemeinde nur möglich wäre, wenn die entsprechende Planung sowohl der Gesetzgebungsmaterie des Bodenrechts als auch der des jeweiligen Fachplanungstitels zuzuordenen wäre. Da dies wegen der – jedenfalls für das Verhältnis von Städtebau und Eisenbahnwesen absolut geltenden – Überschneidungsfreiheit der grundgesetzlichen Kompetenzordnung jedoch ausgeschlossen erscheint[308], ist die durch die Rechtsprechung offengelassene Möglichkeit einer solchen konstitutiven Übernahme abzulehnen.

Soweit die Gemeinde ihre Festsetzungsmöglichkeiten nutzen möchte, um bestehende Planfeststellungsbeschlüsse nicht nur zu übernehmen, sondern im gemeindlichen Interesse zu korrigieren, steht dem ohnehin die Rechtsprechung entgegen. Das Bundesverwaltungsgericht hat in den Urteilen zur »eisenbahnrechtlichen Widmung« entschieden, daß lediglich solche Festsetzungen eines Bebauungsplans zulässig sind, die der bestehenden Zweckbestimmung einer Fläche als Bahnanlage inhaltlich nicht entgegenstehen, und dabei auf die Möglichkeit verwiesen, eisenbahnrechtlich getroffene Festsetzungen nach §9 Abs.6 BauGB in den Bebauungsplan nachrichtlich zu übernehmen.[309]

g) *Ergebnis*

Zusammenfassend ist festzuhalten, daß die Festsetzungsmöglichkeiten für Verkehrsflächen in den §§5 und 9 BauGB im Lichte des Kompetenzgrundsatzes einschränkend auszulegen sind. In aller Regel wird die Planung von außerörtlichen Staats- und Bundesfernstraßen – ebenso wie die Planung von Eisenbahnen, Bergwerken oder Flugplätzen – keinen Bezug zu der städtebaulichen Ordnung der Gemeinde aufweisen und daher kein zulässiger Gegenstand der Bauleitplanung sein. Soweit im Einzelfall eine städtebauliche Rechtfertigung gegeben ist, können solche Flächen jedoch für nachfolgende Planverfahren freigehalten werden. In diesem Fall sind die Festsetzungen im Bebauungsplan für den Fachplanungsträger allerdings unverbindlich. Eine Bindung ist allenfalls nach Maßgabe des §7 BauGB im Fall eines unterbliebenen Widerspruches gegen den Flächennutzungsplan denkbar. Nachträgliche Korrekturen einer bereits vorliegenden Planfeststellung scheiden von vornherein aus.

2. Durchbrechungen des Verhältnisses zur Verkehrsfachplanung?

a) *Die Einbindung der Gemeinden in die Fachplanung*

Scheinbar eine vollständige Durchbrechung der bislang entwickelten Maßstäbe, die im Ergebnis zur einer partiellen Übertragung fachplanerischer Aufgaben auf die Bauleitplanung und zu einem Verstoß gegen die verfassungsrechtlich vorgesehene Bundesauftragsverwaltung durch die Länder zu führen scheint, stellen die bereits

[308] Vgl. bereits oben S.196f. und 201ff.

[309] BVerwG, Urt. v. 16.12. 1988 – 4 C 48.86 –, BVerwGE 81, 111, 116; vgl. dazu bereits oben S.234f.; zu §9 Abs.6 BauGB auch bereits im zweiten Kapitel S.99ff.

mehrfach erwähnten Regelungen über den planfeststellungsersetzenden Bebauungsplan dar.[310] Für Planungen des Bundes ist dabei in erster Linie § 17 Abs. 3 FStrG einschlägig, wonach Bebauungspläne eine straßenrechtliche Planfeststellung ersetzen. In diesen Fällen ermöglicht das Fachrecht selbst eine Planung in Form des Bebauungsplans: Die Planung und Gestaltung dieser Straßen erfolgen damit kraft Bundesrechts in eigener Verantwortung durch die Gemeinden, obwohl nach Art. 90 Abs. 2 GG die Länder oder die *nach Landesrecht* zuständigen Selbstverwaltungskörperschaften die Bundesautobahnen und sonstigen Bundesstraßen des Fernverkehrs im Auftrage des Bundes verwalten. Die Möglichkeit einer solchen Straßenplanung steht einer Gemeinde auch dann offen, wenn sie nicht nach § 5 Abs. 2 FStrG Trägerin der Straßenbaulast für das betreffende Straßenstück ist.[311] So scheint in diesen Fällen dem nach dem Grundgesetz zuständigen Planungsträger die Verantwortung für das Vorhaben durch einfaches Recht entzogen zu werden.

Dieser Befund wird freilich durch die tatsächliche Handhabung der entsprechenden Regelungen erheblich relativiert. Nach herrschender Lehre genügen planfeststellungsersetzende Bebauungspläne den Anforderungen des Abwägungsgebots des § 1 Abs. 6 BauGB in der Regel nur dann, wenn auch der zuständige Vorhabenträger die vorgesehene Planung gerade in der festgesetzten Weise verwirklichen will.[312] Denn die Festsetzung etwa einer Fernstraße, deren Verwirklichung durch den Baulastträger nicht zu erwarten ist, sei weder städtebaulich geboten noch in der Abwägung zu begründen. Bei bloßen Freihalteplanungen hat die Rechtsprechung demgegenüber einen Bebauungsplan zur Sicherung der Trasse einer Bundesfernstraße bereits dann als zulässig angesehen, wenn dieser eine Alternative zu einer im straßenrechtlichen Planfeststellungsverfahren in Aussicht genommenen oder festgestellten Trasse bevorzugt, solange die Alternativplanung noch realisierbar erscheint und die Planung städtebaulich gerechtfertigt ist.[313] Unabhängig von diesen Einschränkungen durch das Abwägungsgebot ist der Fachplanungsträger an die Festsetzungen der Bauleitplanung jedenfalls nicht gebunden, sondern kann gem. § 17 Abs. 3 S. 2 FStrG – ebenso wie nach § 28 Abs. 3 S. 2 PBefG und den entsprechenden Vorschriften der Länder – von dem Bebauungsplan durch eine zusätzliche Planfeststellung abwei-

---

310 Vgl. dazu im zweiten Kapitel S. 130f. sowie im siebten Kapitel S. 404.

311 Vgl. BVerwG, Urt. v. 5. 1. 1999 – 4 BN 28/98 –, NVwZ-RR 1999, 426f.; *Dürr*, in: Kodal/Krämer (Hrsg.), Straßenrecht, 6. Aufl. 1999, Kap. 36 Erl. 27.2, m. w. N

312 Vgl. VGH München, Urt. v. 8. 8. 2001 – 8 N 00.690 –, BayVBl. 2002, 495, 496; *Dürr*, in: Kodal/Krämer (Hrsg.), Straßenrecht, 6. Aufl. 1999, Kap. 36 Erl. 27.2; *Menke*, NVwZ 1999, 950, 952; ähnlich OVG Münster, Urt. v. 10. 8. 2000 – 7a D 162/98.NE –, UPR 2001, 119f., das auf die Einhaltung der Vorgaben des Linienabstimmungsverfahren nach § 37 Abs. 2 StrWG NW abstellt; tendenziell a. A. *Gaentzsch*, WiVerw 1985, 235, 245.

313 BVerwG, Urt. v. 18. 10. 1985 – 4 C 21/80 –, BVerwGE 72, 172ff. Dieses Urteil gibt freilich aus anderem Grund Anlaß zu Kritik: In dem zugrundeliegenden Sachverhalt war für die strittige Bundesfernstraße eine der Planfeststellungstrasse entsprechende Linienführung nach § 16 Abs. 1 FStrG vorhanden. Unabhängig von der Möglichkeit, von der Planfeststellung abzuweichen, war die Gemeinde an die vorhergegangene Linienbestimmung jedoch nach allgemeiner Auffassung gebunden (vgl. nur *Rinke*, in: Kodal/Krämer, Straßenrecht, 6. Aufl. 1999, Kap. 33 Anm. 20.3), so daß eine abweichende Bauleitplanung aus diesem Grund unzulässig war.

chen.[314] § 17 Abs. 3 S. 2 FStrG stellt somit sicher, daß der Bund und die Auftragsverwaltungsbehörden im Fall von Planungskonflikten ihre planerische Konzeption gegebenenfalls auch gegen den Willen der Länder und Kommunen durchsetzen können. Die Festsetzungsmöglichkeiten der Gemeinde reduzieren sich damit inhaltlich auf eine – wegen der Bindungen aus § 1 Abs. 6 BauGB im wesentlichen mit der Fachbehörde abzustimmende – *Angebotsplanung* und entbinden den Planungsträger lediglich von der fachplanerischen Bestätigung der Festsetzungen der Bauleitplanung. Eine Selbstentäußerung der den Ländern zugewiesenen Fachplanungskompetenzen ist daher nicht zu befürchten und wäre auch nicht zulässig[315]. Die restriktiven Maßstäbe der Rechtsprechung zur Fachplanung durch Bebauungsplan erweisen sich damit im Ergebnis als eine im Hinblick auf die Kompetenzordnung gebotene verfassungskonforme Auslegung der entsprechenden Vorschriften.

b) Die Einbindung der Gemeinden bei Ortsdurchfahrten

Eine scheinbar noch weiter reichende Durchbrechung der in Art. 90 Abs. 2 GG vorgesehenen Verwaltung der Bundesfernstraßen durch die Länder im Auftrag des Bundes stellt die Regelung über die Straßenbaulast für Ortsdurchfahrten in § 5 Abs. 2 S. 1 FStrG dar, wonach in Gemeinden mit mehr als 80.000 Einwohnern diese und nicht der Bund Träger der Straßenbaulast für die Ortsdurchfahrten im Zuge von Bundesstraßen sind. Das Bundesverfassungsgericht hat diese Regelung mehrfach angewandt, ohne ihre Zulässigkeit jemals kompetenzrechtlich zu hinterfragen.[316] Problematisch erscheint zum einen, daß den Gemeinden unmittelbar durch Bundesrecht eine Verwaltungsaufgabe zugewiesen wird, obwohl in Art. 90 Abs. 2 GG lediglich von der Verwaltung durch die Länder oder die *nach Landesrecht* zuständigen Selbstverwaltungskörperschaften die Rede ist.[317] Zum anderen erwähnt § 5 Abs. 2 S. 1 FStrG keinerlei Weisungsrechte des Bundes. Eine verfassungsrechtliche Begründung für diese Regelung ist nicht ohne weiteres ersichtlich. Die verkehrliche und straßenrechtliche Doppelfunktion der Ortsdurchfahrt, die § 5 Abs. 4 S. 2 FStrG als jenen Teil einer Bundesstraße definiert, der innerhalb der geschlossenen Ortslage liegt und auch der Erschließung der anliegenden Grundstücke oder der mehrfachen Verknüpfung des Ortsstraßennetzes dient, macht die Ortsdurchfahrten entgegen einer verbreiteten Literaturauffassung[318] nicht zu bloßen Erschließungsanlagen, die dem Anwendungsbereich des Art. 90 Abs. 2 GG entzogen wären und die bereits auf

---

[314] Vgl. bereits oben S. 242; zu dem umgekehrten Fall der Änderung eines Planfeststellungsbeschlusses durch Bebauungsplan, für die das Einverständnis des Baulastträgers zu fordern ist, *Menke*, NVwZ 1999, 950ff.

[315] So zu Recht *Bartlsperger*, in: BK-GG, Art. 90 Rn. 76, Stand: Juli 1969; *Brohm*, in: Ein Vierteljahrhundert Straßenrechtsgesetzgebung, 1980, S. 343, 375ff.

[316] Vgl. BVerfG, Beschl. v. 8. 11. 1972 – 1 BvL 15/68, 26/69 –, BVerfGE 34, 139ff.; Urt. v. 10. 3. 1976 – 1 BvR 355/67 –, BVerfGE 42, 20ff.

[317] Vgl. dazu *Maunz*, in: Maunz/Dürig u.a., GG, Art. 90 Rn. 26.

[318] *Hermes*, in: Dreier (Hrsg.), GG, Bd. III, 2000, Art. 90 Rn. 18; *Krämer*, in: Kodal/Krämer (Hrsg.), Straßenrecht, 6. Aufl. 1999, Kap. 2 Erl. 23ff.; *Zech*, DVBl. 1987, 1089, 1095, m.w.N.

Verfassungsebene in den Kompetenzbereich der Bauleitplanung fallen würden.[319] Wie läßt sich also die Regelung in § 5 Abs. 2 S. 1 FStrG mit der in Art. 90 Abs. 2 GG vorgeschriebenen Bundesauftragsverwaltung vereinbaren?

Den Schlüssel für eine verfassungskonforme Auslegung des Bundesfernstraßengesetzes dürfte die – inhaltlich schwer verständliche – Regelung in § 21 S. 1 FStrG darstellen, wonach auch für die Ortsdurchfahrten die eigentliche »Verwaltung« nach Landesrecht erfolgen soll.[320] Hieraus ist vor dem Hintergrund der verfassungsrechtlichen Vorgaben zu folgern, daß auch die Gemeinden die sich gem. § 3 FStrG aus der Straßenbaulast ergebenden Verwaltungskompetenzen gem. Art. 90 Abs. 2 GG im Auftrag des Bundes wahrnehmen und wie die Länderbehörden dessen Weisungen unterworfen sind.[321] Auch insofern bleibt daher die Erfüllung des fernstraßenrechtlichen Verwaltungs- und Planungsauftrages durch den Bund und damit die grundgesetzliche Kompetenzordnung gewahrt.

3. Grenzen der Bauleitplanung im Verhältnis zum Naturschutz

Die soeben am Beispiel der »Verkehrsflächen« entwickelten Ausführungen zum Verhältnis der Bauleitplanung zur Straßenplanung gelten grundsätzlich auch für das Verhältnis zu anderen Fachplanungen. So ist es den Kommunen verwehrt, »im Gewande des Städtebaurechts Denkmalschutz zu betreiben«. Bauplanerische Festsetzungen, die tatsächlich Zwecken eines planerischen Denkmalschutzes dienen, sind daher rechtswidrig.[322] Diese Einschränkung gilt auch gegenüber solchen Planungen, die – wie die Landschaftsplanung – nach dem einschlägigen Landesrecht in der Planungsträgerschaft der Gemeinde stehen. Selbst wenn man eine »Umweltschutzhoheit« der Gemeinde als Bestandteil des kommunalen Selbstverwaltungsrechts anerkennen[323] und die Landschaftsplanung diesem Bereich zuordnen wollte, kann nämlich diese Aufgabe keineswegs automatisch in den Formen der Bauleitplanung ausgeübt werden.[324] Wegen der unterschiedlichen kompetentiellen Grundla-

---

[319] So i. E. bereits BVerfG, Beschl. v. 8. 11. 1972 – 1 BvL 15/68, 26/69 –, BVerfGE 34, 139, 149ff.; ablehnend zur Ausnahme der Ortsdurchfahrten auch *Bull*, in: AK-GG, 3. Aufl., Art. 90 Rn. 7, m. w. N., Stand: GW 2001; *Hoog*, in: v. Münch/Kunig (Hrsg.), GG, Bd. 3, 5. Aufl. 2003, Art. 90, Rn. 6; *Tschentscher*, Bundesaufsicht in der Bundesauftragsverwaltung, 1992, S. 117ff., m. w. N.

[320] Diese Regelung gilt bereits deshalb als mißlungen, weil auch die aus der Straßenbaulast resultierenden Aufgaben von jeher als »Verwaltung« der Fernstraßen i. S. v. Art. 90 Abs. 2 GG angesehen werden. Vgl. dazu nur *Bartlsperger*, in: BK-GG, Art. 90 Rn. 65, m. w. N., Stand: Juli 1969, und *Ibler*, in: v. Mangoldt/Klein/Starck (Hrsg.), GG, Bd. 3, 4. Aufl. 2001, Art. 90 Rn. 40.

[321] Ebenso *Bartlsperger*, in: BK-GG, Art. 90 Rn. 62, Stand: Juli 1969; *Blumberg*, Die Ortsdurchfahrten nach dem Bundesfernstraßengesetz und dem Bayerischen Straßen- und Wegegesetz, 1967, S. 94ff.; *Grupp*, in: Marschall/Kastner, FStrG, 5. Aufl. 1998, § 20 Rn. 3 und § 21 Rn. 2; *Ibler*, in: v. Mangoldt/Klein/Starck (Hrsg.), GG, Bd. 3, 4. Aufl. 2001, Art. 90 Rn. 39; *Tschentscher*, Bundesaufsicht in der Bundesauftragsverwaltung, 1992, S. 119; ähnlich *Wolst*, Die Bundesauftragsverwaltung, 1974, S. 56f.; wohl auch *Steiner*, in: HStR III, 1988, § 81 Rn. 24. A. A. die in Fn. 318 Genannten.

[322] BVerwG, Urt. v. 18. 5. 2001 – 4 CN 4/00 –, BVerwGE 114, 247ff., Leitsatz 1.

[323] Ablehnend etwa *Gern*, Kommunalrecht, 2. Aufl. 1997, Rn. 179, m. w. N.; *Papier*, in: Umweltschutz, Wirtschaft und kommunale Selbstverwaltung, 2001, S. 11, 14ff.

[324] Vgl. bereits oben S. 196.

gen und mit Blick auf die Zuständigkeit der Landschaftsschutzbehörden kann die Möglichkeit zur Festsetzung von Flächen oder Maßnahmen zum Schutz, zur Pflege und zur Entwicklung von Boden, Natur und Landschaft gem. § 9 Abs. 1 Nr. 20 BauGB der Gemeinde keine Befugnis eröffnen, im Rahmen des Bebauungsplans eine von den fachplanerischen Vorgaben und Rechtsgrundlagen losgelöste eigenständige Landschaftsplanung zu betreiben.[325] Im einzelnen ergeben sich jedoch auch hier erhebliche Abgrenzungsschwierigkeiten.

a) Die Aufgabenstellungen von Landschaftsplanung und Bauleitplanung

In den Bestimmungen des zweiten Abschnitts des Bundesnaturschutzgesetzes ist eine Landschaftsplanung der Länder vorgesehen, die Grundlagen für die überfachliche Gesamtplanung, insbesondere für die Bauleitplanung, liefern soll und mit den Darstellungen des Leitbildes und der Schutz-, Pflege- und Entwicklungsmaßnahmen Vorgaben für die Umsetzung von Kompensationsmaßnahmen in der Bauleitplanung aufstellt. Im Sinne der im ersten Kapitel entwickelten Kategorien handelt es sich um eine *sonstige sektorale Fachplanung*. Ihre Integration in die räumliche Gesamtplanung ist bundesrechtlich nur rahmenhaft geregelt, so daß die einzelnen landesrechtlichen Lösungen erheblich differieren.[326] Als Bindeglied zu dieser Fachplanung soll die Festsetzungsmöglichkeit § 9 Abs. 1 Nr. 20 BauGB der Gemeinde die Möglichkeit eröffnen, eigenständig aufgestellte Landschaftspläne in die Landschaftsplanung zu integrieren oder *aus städtebaulichen Gründen* Grünflächen auszuweisen oder Ausgleichsmaßnahmen festzusetzen. Auch diese Regelung ist jedoch auf bodenrechtlicher Grundlage erlassen worden. Daher kann diese Festsetzungsmöglichkeit es nicht rechtfertigen, die Landschaftsplanung zu verdrängen oder zu ersetzen.[327] Insofern ergeben sich erneut aus der grundgesetzlichen Kompetenzordnung verfassungsrechtliche Grenzen, die eine restriktive Interpretation des § 9 Abs. 1 Nr. 20 BauGB gebieten.

---

[325] Eingehend hierzu unter Rekurs auf die verfassungsrechtliche Kompetenzordnung *Baumeister*, Die Integration der örtlichen Landschaftsplanung in die Bauleitplanung, 1992, S. 77ff., 83ff., m. w. N. zum Streitstand auf S. 81f.; *Hahn*, Das Recht der Landschaftsplanung, 1991, S. 66f.; vgl. zum Meinungsstand auch *Bönker/Matuschak*, Bundes- und Landesrecht im Städtebau, 1996, S. 22ff.

[326] Vgl. § 15 Abs. 2 BNatSchG: »Die raumbedeutsamen Erfordernisse und Maßnahmen der Landschaftsprogramme und Landschaftsrahmenpläne sollen unter Abwägung mit den anderen raumbedeutsamen Planungen und Maßnahmen nach Maßgabe der landesplanungsrechtlichen Vorschriften der Länder in die Raumordnungspläne aufgenommen werden«, und dazu *Bönsel*, LKV 2002, 218f.; *Hoppe/Beckmann/Kauch*, Umweltrecht, 2. Aufl. 2000, § 15 Rn. 50ff.; *Kloepfer*, Umweltrecht, 2. Aufl. 1998, § 11 Rn. 22ff.; *Louis*, BNatSchG, Bd. 1, 2. Aufl. 2000, § 14 Rn. 10ff.; *Pfeifer/Wagner*, DVBl. 1989, 789ff.; *Ramsauer*, NuR 1993, 108, 109ff.; zur Landschaftsplanung als »sonstige Fachplanung« bereits im ersten Kapitel S. 67f.

[327] *Löhr*, in: Battis/Krautzberger/Löhr, BauGB, 8. Aufl. 2002, § 9 Rn. 70; *Schrödter*, in: ders. (Hrsg.), BauGB, 6. Aufl. 1998, § 9 Rn. 88; a. A. offenbar *Kloepfer*, Umweltrecht, 2. Aufl. 1998, § 11 Rn. 30.

b) Abgrenzung nach den zugrundeliegenden Gesetzgebungskompetenzen

Dabei besteht im Grundsatz und in Übereinstimmung mit den oben entwickelten Maßstäben weitgehende Einigkeit, daß die Abgrenzung beider Planungen nach Maßgabe der zugrundeliegenden Gesetzgebungskompetenzen erfolgen muß.[328] Im Vergleich zu einigen der bislang diskutierten Fallgruppen besteht daher für das Verhältnis von Landschaftsplanung und Bauleitplanung ein ausgeprägtes Bewußtsein von der begrenzenden Funktion der Kompetenzordnung. Die Abgrenzungskriterien im einzelnen sind freilich umstritten.

Das Bundesverwaltungsgericht versuchte zunächst, eine Abgrenzung durch die Unterscheidung eines »funktionalen« und eines »optischen« Landschaftsschutzes zu entwickeln und diese Aspekte jeweils unterschiedlichen Gesetzgebungskompetenzen zuzuweisen. Unter den »funktionellen« Landschaftsschutz falle neben dem Schutz der naturgemäßen Bodennutzung vor allem der Schutz der Erholungsfunktion des Außenbereichs.[329] Dieser »funktionelle« Landschaftsschutz sei unter den Begriff des Bodenrechts im Sinne des Art. 74 Abs. 1 Nr. 18 GG zu subsumieren, da es sich um Regelungen handele, die den Grund und Boden unmittelbar zum Gegenstand rechtlicher Ordnung haben. Funktioneller Landschaftsschutz sei daher ein originärer Gegenstand der Bauleitplanung[330], und der Landesgesetzgeber könne insoweit den Vorschriften des damaligen Bundesbaugesetzes durch das Instrument der Landschaftsplanung keine weiteren einschränkenden bodenrechtlichen Regelungen hinzufügen. Der »optische« Landschaftsschutz falle hingegen unter die Klausel »Naturschutz und Landschaftspflege« im Sinne des Art. 75 Abs. 1 Nr. 3 GG und sei daher allein der Landschaftsplanung vorbehalten.

Von diesen zwar eindeutigen, wegen ihrer Reduktion des Naturschutzes auf rein optische Aufgabenstellungen jedoch stark kritisierten[331] Aussagen ist das Bundesverwaltungsgericht in späteren Entscheidungen stillschweigend abgerückt[332], ohne daß die nunmehr relevanten Abgrenzungsmerkmale deutlich würden. Die verbrei-

---

[328] So etwa *Baumeister*, Die Integration der örtlichen Landschaftsplanung in die Bauleitplanung, 1992, S. 83ff.; *Bönker/Matuschak*, Bundes- und Landesrecht im Städtebau, 1996, S. 26ff.; *Grooterhorst*, NuR 1985, 222ff.; *Pfeifer*, Landschaftsplanung und Bauleitplanung, 1989, S. 41ff., alle m.w.N.

[329] BVerwG, Beschl. v. 16. 12. 1966 – IV B 114.66 – Buchholz 406.11 § 35 BBauG Nr. 33, S. 82, 84; Beschl. v. 30.5. 1968 – IV B 175.67 – Buchholz 406.11 § 35 BBauG Nr. 67, S. 228, 229.

[330] BVerwG, Beschl. v. 24.2. 1978 – IV C 12.76 –, BVerwGE 55, 272, 275ff.

[331] Vgl. nur *Baumeister*, Die Integration der örtlichen Landschaftsplanung in die Bauleitplanung, 1992, S. 44f., m.w.N.; *Grooterhorst*, NuR 1985, 222, 224; *Pfeifer*, Landschaftsplanung und Bauleitplanung, 1989, S. 44ff.; *Ramsauer*, NuR 1993, 108, 113; zuletzt eingehend *Weiblen*, Gemeindliche Bauleitplanung und naturschutzrechtlicher Flächen- und Objektschutz, 2001, S. 162ff., m.w.N. auf S. 166ff.

[332] BVerwG, Urt. v. 13.4. 1983 – 4 C 21.79 –, BVerwGE 67, 84, 86: »Ist jedoch ein solches Vorhaben nach Landschaftsschutzrecht, wie hier nach der Landschaftsschutzverordnung, nicht genehmigungsfähig, vermag sich auch die bebauungsrechtliche Privilegierung des Vorhabens im Außenbereich nicht durchzusetzen. Das Bundesbaugesetz hat in § 35 die Zulässigkeit von Außenbereichsvorhaben nicht in jeder Beziehung abschließend geregelt, sondern Raum für einschränkende oder die Zulässigkeit ausschließende landesrechtliche Regelungen im nicht-bodenrechtlichen Bereich gelassen. Das gilt insbesondere für das Natur- und Landschaftsschutzrecht ...«.

tete Feststellung im Schrifttum, die Wahrnehmung der Belange des Natur- und Landschaftsschutzes sei »nicht primär« Aufgabe der Bauleitplanung[333], verdeutlicht das Fehlen klarer Abgrenzungsmaßstäbe seit der Aufgabe der Unterscheidung von »funktionalem« und »optischem« Landschaftsschutz. Vermutlich ist vor allem auf den Primärzweck beider Materien abzustellen, so daß jedenfalls Maßnahmen, deren Schwerpunkt auf dem Landschaftsschutz liegt, nicht Gegenstand der Bauleitplanung sein können.[334] Daher wird es beispielsweise zulässig sein, aus städtebaulichen Gründen Festsetzungen zu treffen, um innerhalb von Siedlungsgebieten Grünzonen zu erhalten.[335] Nach diesen Maßstäben kann die Festsetzung von Flächen nach § 9 Abs. 1 Nr. 20 BauGB auch alleiniger Inhalt eines Bebauungsplans sein, soweit die Festsetzung eine positive planerische Aussage der Gemeinde über die Funktion der betreffenden Fläche in ihrem städtebaulichen Gesamtkonzept zum Gegenstand hat und sich nicht auf die bloße Abwehr anderweitiger Veränderungen beschränkt.[336] Die Planung muß daher auf ein Ziel gerichtet sein, das mit den Mitteln der Bauleitplanung zulässigerweise erreicht werden kann. Keinesfalls darf die Bauleitplanung hingegen den Charakter eines Umweltschutzinstrumentes annehmen und damit auf den Aufgabenbereich anderer Planungen übergreifen.

c) *Bauleitplanung und naturschutzrechtliche Gebietsverordnungen*

Diese Aspekte spielen in der Rechtsprechung auch außerhalb des Bereichs der Landschaftsplanung eine wichtige Rolle für die Abgrenzung von Naturschutz und Bauleitplanung. Angesichts der lückenhaften Regelungen des einfachen Rechts griff das Bundesverwaltungsgericht immer wieder auch auf Kompetenz- und Aufgabenstellungsgesichtspunkte zurück, um in diesem Bereich die Aufgaben konkurrierender Planungen voneinander abzugrenzen. In einem Urteil aus dem Jahr 1988 erklärte das Gericht, es sei nicht Aufgabe der Bauleitplanung, jene Belange des Naturschutzes und der Landschaftspflege wahrzunehmen, die nach dem Bundesnaturschutzgesetz in erster Linie den staatlichen Naturschutzbehörden zugewiesen sind. Spezifische Planungen auf diesem Bereich hätten daher Vorrang vor der Bauleitplanung. Erkennbar stützte das Gericht diese Entscheidung auf Erwägungen, die über den Einzelfall hinausdeuten:

»Es handelt sich um die allgemeine Frage der materiellen Koordination zwischen Bauleitplanung und sondergesetzlicher Planung. Der Bundesgesetzgeber hat bislang von einer grundsätzlichen Klärung abgesehen und nur in Einzelbereichen eine Regelung getroffen (vgl. etwa

[333] Vgl. etwa *W. Schrödter*, in: Schrödter (Hrsg.), BauGB, 6. Aufl. 1998, § 1 Rn. 126.

[334] So etwa *Pfeifer*, Landschaftsplanung und Bauleitplanung, 1989, S. 46ff.; vgl. auch *Ramsauer*, NuR 1993, 108, 113.

[335] Vgl. *Louis/Klatt*, NuR 1987, 347, 352; *Pfeifer/Wagner*, DVBl. 1989, 789, 794; wohl zu weit demgegenüber *Louis/Wolf*, NuR 2002, 455, 463, nach deren Auffassung auch die Festsetzung von Flächen zur Erhaltung von Nist-, Brut- und Zufluchtsstätten durch städtebauliche Gründe gerechtfertigt sein kann.

[336] BVerwG, Beschl. v. 27.7. 1990 – 4 B 156/89 –, NVwZ 1991, 62ff.

§§4, 7, 38 BauGB). In der Rechtsprechung des Bundesverwaltungsgerichts ist geklärt, daß die kommunale Planungshoheit keinen absoluten Vorrang besitzt ... Entgegen der Ansicht der Beschwerde folgt auch aus §1 Abs. 5 S. 2 Nr. 7 BauGB nicht, daß die Gemeinde eine ›originäre‹ Abwägungskompetenz hinsichtlich der Belange des Naturschutzes und der Landschaftspflege besitzt. Vielmehr ergibt sich aus dem Bundesnaturschutzgesetz, daß die Wahrnehmung der in diesem Gesetz genannten Belange grundsätzlich eine Aufgabe der staatlichen Naturschutzbehörden ist (vgl. §§3 Abs. 1, 4 S. 3 BNatSchG). Halten diese eine verordnungsrechtliche Maßnahme für geboten, so kann sich diese Entscheidung gegenüber der gemeindlichen Bauleitplanung durchsetzen.«[337]

In der diesem Urteil zugrundeliegenden Fallkonstellation konnte sich die Naturschutzverordnung gegenüber dem Bebauungsplan richtigerweise bereits nach dem Grundsatz der Normenhierarchie durchsetzen.[338] Die Erwägungen des Gerichts stellen jedoch klar, daß der Erlaß einer naturschutzrechtlichen Schutzverordnung in einem bauleitplanerisch beanspruchten Gebiet auch kompetenzrechtlich nicht zu beanstanden ist, und verdeutlichen zugleich, daß die Kompetenzfrage solchen Konfliktregelungen vorgelagert ist. Ob die durch die Rechtsprechung entwickelten Maßstäbe stets eine trennscharfe Abgrenzung ermöglichen, sei dahingestellt. Wichtiger als die Lösung im Einzelfall ist der übereinstimmende dogmatische Ausgangspunkt von Rechtsprechung und Lehre: Maßgebend für die Zulässigkeit einer bauplanerischen Festsetzung von Flächen oder Maßnahmen zum Schutz, zur Pflege und zur Entwicklung von Boden, Natur und Landschaft ist nicht die isolierte Auslegung der Bestimmungen des Baugesetzbuchs, sondern der verfassungsrechtlich vorgegebene Rahmen des Aufgabenbereichs der Bauleitplanung und die Abgrenzungen von anderen planerischen Kompetenzbereichen.

Die Beispiele der »Verkehrsflächen« und der »Flächen oder Maßnahmen zum Schutz, zur Pflege und zur Entwicklung von Boden, Natur und Landschaft« haben somit gezeigt, daß trotz der scheinbar weitreichenden Festsetzungsmöglichkeiten, die das Baugesetzbuch zur Verfügung stellt, die Grenzen der dem Planungsgesetz zugrundeliegenden Gesetzgebungskompetenz sowie die gebotene Abgrenzung zu anderen Planungsarten auch im Fall der Bauleitplanung erhebliche Einschränkungen zur Folge haben. Auch die Bauleitplanung bildet somit entgegen einer verbreiteten Sichtweise kein Instrument zur umfassenden kommunalen Planung in allen Selbstverwaltungsangelegenheiten, sondern muß die Grenzen der zugrundeliegenden Gesetzgebungszuständigkeit respektieren.

VI. Beispiele für die Grenzen der Raumordnung

Das Verhältnis der Fachplanungen zu den landesrechtlichen Vorgaben der Raumordnung bildet einen unter Abgrenzungsgesichtspunkten besonders schwierigen Anwendungsfall des Kompetenzgrundsatzes. Praktische Konflikte ergeben sich ins-

---

337 BVerwG, Urt. v. 12.2. 1988 – 4 NB 4/88 –, Buchholz 310 §47 VwGO Nr. 22.

338 Vgl. dazu nachfolgend im siebten Kapitel S. 450f.

besondere für das Verhältnis der Landesraumordnung zu den Verkehrsfachplanungen des Bundes, die hier als Beispiel für die Darstellung der Grenzen der Raumordnung dienen sollen.

1. Die Bindung der Bundesfachplanungen an die Landesraumordnung

Der Bundesgesetzgeber selbst hat im Raumordnungsgesetz den Lenkungsanspruch der Raumordnung auch gegenüber Bundesplanungen ausdrücklich bestätigt und vorgesehen, daß im Grundsatz auch der Bund an die Vorgaben der Raumordnung gebunden ist.[339] Damit wird der Landesplanung die Möglichkeit eingeräumt, Planungen des Bundes über Ziele der Raumordnung zu binden[340], die zu einer erheblichen Beeinflussung der Bundesplanungen durch landesplanerische Vorgaben führt.[341] Die Bindung an die Ziele der Raumordnung bei besonderen Bundesmaßnahmen nach §5 Abs. 1 ROG erfaßt auch Linienbestimmungen und Trassenfestlegungen, sofern der Bund nach §7 Abs. 5 ROG beteiligt wurde und nicht von seinem Widerspruchsrecht Gebrauch macht.[342] Über die Bindung an die Ziele der Raumordnung können die Länder daher die Standort- und Trassenwahl von Bundesvorhaben beeinflussen, indem sie beispielsweise auf einer möglichen Trasse Vorbehaltsgebiete für Naturschutz oder Bergbau ausweisen und daher an dieser Stelle eine Infrastrukturplanung erschweren oder gar ausschließen. Dabei hält es das Bundesverwaltungsgericht für möglich, daß auch positive raumordnerische Standortziele unter bestimmten Voraussetzungen für andere Standorte eine Ausschlußwirkung entfalten können.[343]

Diese Weichenstellung ist kompetenzrechtlich letztlich nicht zu beanstanden: Da der Bund bei Wahrnehmung seiner räumlichen Planungszuständigkeiten an kompetenzgemäß erlassenes Landesrecht gebunden ist, sind für ihn auch normative Planungsentscheidungen der Länder – etwa die Ausweisung von Naturschutzgebieten – grundsätzlich verbindlich.[344] Ebenso kann sich der Bund in den Bereichen seiner

[339] Näher dazu im zweiten Kapitel S. 83f. und 87f.

[340] Zur grundsätzlichen rechtlichen Zulässigkeit dieser Bindung etwa *Eusterbrock*, Raumverträglichkeitsprüfung auf Bundesebene, 1987, S. 110ff.; *Forsthoff/Blümel*, Raumordnungsrecht und Fachplanungsrecht, 1970, S. 93ff.

[341] Vgl. zum herkömmlichen Maß an Beeinflussung die Darstellung durch das Institut für Raumordnung, Raumordnung als Grundlage der Bundesfernstraßenplanung, 1970, besonders S. 33ff., die noch in erster Linie auf durch die Landesplanung vorgegebene Bevölkerungs- und Verkehrsprognosen und Zielvorstellungen abstellt.

[342] *Friesecke*, WaStrG, 4. Aufl. 1999, §13 Rn. 12; *Ronellenfitsch*, in: Marschall/Kastner, FStrG, 5. Aufl. 1998, §16 Rn. 12f.; *Spannowsky*, UPR 2000, 418, 425. Vgl. dazu auch die klarstellende Regelung in §13 Abs. 2 WaStrG, die jedoch als statische Verweisung funktionslos geworden sein dürfte (*Friesecke*, a.a.O. Rn. 13).

[343] BVerwG, Beschl. v. 7. 11. 1996 – 4 B 170/96 –, NVwZ-RR 1997, 523. Die negative Aussage, daß die Ausweisung eines bestimmten Standorts zugleich die Wahrnehmung der Funktion auf einer anderen Fläche untersagt, muß dem Plansatz freilich tatsächlich zu entnehmen sein. Vgl. auch BVerwG, Urt. v. 22. 5. 1987 – 4 C 57/84 –, NVwZ 1988, 54, für die Darstellungen eines entsprechenden Flächennutzungsplans.

[344] Vgl. jedoch im zweiten Kapitel S. 123f. zur Konzentrationswirkung im Rahmen von Planfeststellungsverfahren.

Verwaltungszuständigkeiten die Bundesverwaltung gewissen Einflüssen des Landesrechts unterwerfen[345] und die Fachplanungen des Bundes in den Kontext der Landesplanung einbinden[346], so wie sich Raumplanungen generell gegenseitig beeinflussen und berücksichtigen können und dürfen. Um eine Durchbrechung der Planungszuständigkeiten des Bundes im eigentlichen Sinn handelt es sich hierbei nicht, zumal die Raumordnung und Landesplanung bereits kompetenzrechtlich nicht zur Aufstellung genuin fachplanerischer Ziele der Raumordnung befugt ist.

Dennoch wurden im Schrifttum gegen die Selbstbindung des Bundes an die Raumordnungsziele der Länder mit Blick auf die grundgesetzliche Kompetenzordnung verfassungsrechtliche Bedenken erhoben.[347] Nach §5 Abs. 1 Buchst. c ROG gilt freilich bei den wichtigsten raumbedeutsamen Planungen und Maßnahmen des Bundes die Bindungswirkung der Ziele der Raumordnung nach §4 Abs. 1 oder 3 ROG nur dann, wenn dieser nach ordnungsgemäßer Beteiligung innerhalb einer Frist von zwei Monaten nach Mitteilung des rechtsverbindlichen Ziels nicht widersprochen hat.[348] Mit dieser verfassungsrechtlich wohl nicht zwingend gebotenen[349], jedoch zweifelsohne zulässigen[350] Regelung ist der Bund – unter den Voraussetzungen des §4 Abs. 3 ROG – in der Lage, sich den Bindungen der Landesplanung wieder zu entziehen. Dieses Widerspruchsrecht ist freilich nach §5 Abs. 3 ROG auf Fälle begrenzt, in denen eine landesplanerische Aussage auf einer fehlerhaften Abwägung beruht oder – was im Ergebnis zumeist ebenfalls eine fehlerhafte Abwägung indizieren wird – mit der Zweckbestimmung eines Bundesvorhabens nicht in Einklang steht und das Vorhaben nicht auf einer anderen geeigneten Fläche durchgeführt werden kann.[351]

---

345 *Schoenenbroicher*, DVBl. 1990, 811, 815f.

346 Vgl. nur BayVerfGH, Entsch. v. 15.7. 2002 – Vf. 10-VII-00 u.a. –, DÖV 2003, 78, 79; *Ernst*, DVBl. 1982, 495, 496.

347 So erklärt *Lange*, Verkehr und öffentliches Recht, 1974, S. 298f., m.w.N., ein über das Benehmenserfordernis hinausgehender Einfluß der Länder auf die Planung und Linienbestimmung von Bundesfernstraßen sei im Hinblick auf das Kompetenzgefüge des Grundgesetzes verfassungsrechtlich unzulässig, und äußert insoweit Bedenken gegen die Regelung des §13 WaStrG. Vgl. auch *Schmidt-Aßmann/Fromm*, Aufgaben und Organisation der Deutschen Bundesbahn in verfassungsrechtlicher Sicht, 1986, S. 131; weitere Nachweise bei *Funke*, Bund-Länder-Abstimmung, 1987, S. 21 in Fn. 3; *Eusterbrock*, Raumverträglichkeitsprüfung auf Bundesebene, 1987, S. 111; *Schultze*, Ziele der Raumordnung und Landesplanung als Rechtsbegriff, 1973, S. 91.

348 Näher dazu im zweiten Kapitel S. 87f.

349 So jedoch *Forsthoff/Blümel*, Raumordnungsrecht und Fachplanungsrecht, 1970, S. 145, und *Ronellenfitsch*, Einführung in das Planungsrecht, 1986, S. 12, sowie *ders.*, VerwArch 88 (1997), 175, 177, die die Bindung der Ziele der Raumordnung für Planungen des Bundes überhaupt nur im Hinblick auf das dem Bund vorbehaltene Widerspruchsrecht für verfassungsrechtlich zulässig halten. Ähnlich auch *Suderow*, Das Verhältnis der Fachplanungen zur Raumordnung und Landesplanung, 1976, S. 91ff., m.w.N., und *Eusterbrock*, Raumverträglichkeitsprüfung auf Bundesebene, 1987, S. 111.

350 So entgegen den Vorgenannten zu Recht *Runkel*, in: Bielenberg/Runkel/Spannowsky, Raumordnungs- und Landesplanungsrecht des Bundes und der Länder, Kommentar K, §5 ROG Rn. 8ff., Stand: VII/2000.

351 Vgl. *Funke*, Bund-Länder-Abstimmung, 1987, S. 23.

Aus diesen Vorgaben kann allerdings nicht gefolgert werden, daß das Widerspruchsrecht Ziele der Raumordnung legitimieren würde, die aus kompetentieller Sicht eine Überschreitung des Aufgabenbereiches der Raumordnung bzw. einen Eingriff in die Zuständigkeiten des Bundes darstellen[352]: Einer solchen influenzierenden Landesplanung sind nämlich bereits von Verfassungs wegen Grenzen gesetzt: Ein den Aufgabenbereich der Raumordnung zu Lasten des Bundes überschreitendes Ziel der Raumordnung ist bereits von Verfassungs wegen rechtswidrig und kann auch nicht dadurch rechtmäßig werden, daß der Bund dagegen Widerspruch einlegen kann.

Richtigerweise stellen sich die konkreten Probleme im Bereich der Bindung des Bundes an Raumordnungsziele daher weniger als generelle denn als solche des Einzelfalles dar. Die aus §4 ROG resultierende Möglichkeit der Länder, Planungen des Bundes bzw. der Länder durch Raumordnungsziele zu beeinflussen, darf in keinem Fall zu einer Verletzung der diesen Planungen zugrundeliegenden Kompetenzen führen. Insoweit, ebenso wie im Zusammenhang der Beeinflussung einzelner Planungen untereinander, bedarf es daher einer gegenständlichen Abgrenzung der einschlägigen Kompetenztitel.

2. Grenzen der Steuerung der Bundesplanungen durch die Landesraumordnung

Grenzen der Steuerung der (Bundes-)Fachplanungen durch die Landesraumordnung ergeben sich zum einen aus dem Erfordernis einer Planrechtfertigung und dem planerischen Abwägungsgebot[353], wobei die Planungsabsichten des Bundes auch im Rahmen der Raumordnungsplanung zum notwendigen Abwägungsmaterial zählen.[354] Eine mangelnde Berücksichtigung der Interessen des Bundes an der planerischen Freihaltung einer bestimmten Fläche kann diesen nach §5 Abs.3 Nr.1 ROG zum Widerspruch berechtigen.

Darüber hinaus stellt sich jedoch bereits auf der kompetentiellen Ebene die Frage, ob und wieweit die Raumordnung durch detaillierte planerische Festlegungen, namentlich durch die gezielte Sperrung einzelner und die Freihaltung anderer Standorte oder Trassen, in der Lage sein kann, die Standortentscheidungen und Linienführungen des Bundes an sich zu ziehen. Bildeten das Abwägungsgebot und das Erfordernis einer Planrechtfertigung die einzigen Grenzen derartiger raumordnerischer Festsetzungen[355], so könnten die Länder letztlich unter denselben Voraussetzungen, unter denen der Bund selbst planen kann, dessen Aufgaben an sich ziehen. Die Raumordnung vermag jedoch die originären Aufgabenbereiche der Fachplanung

---

[352] Wohl a.A. *Funke*, Bund-Länder-Abstimmung, 1987, S.22ff.; vgl. auch dazu bereits die Kritik im zweiten Kapitel S.88.

[353] Vgl. bereits im ersten Kapitel S.37f. sowie zum Abwägungsgebot das nachfolgende fünfte Kapitel.

[354] So statt vieler *Ernst*, DVBl. 1982, 495.

[355] So *Ernst*, DVBl. 1982, 495ff.

nicht zu substituieren.[356] Daher kann die Raumordnung keinen Kompetenztitel darstellen, mit dem die Länder die Linienbestimmung für Verkehrsvorhaben des Bundes an sich ziehen könnten. Raumordnerische Abstimmung ist vielmehr nur dort und auch nur in der Regelungstiefe zulässig, die aus dem konkreten überörtlichen Abstimmungsbedarf der Bundesplanung mit anderen räumlichen Ansprüchen resultiert.

Diese rechtlichen und verfassungsrechtlichen Grundlagen geraten auf der Ebene der eigentlichen Planung oft etwas in Vergessenheit. Aus Sicht mancher Vertreter der Raumordnung stellt die explizite Beschränkung der Raumordnung auf die Abstimmung konkurrierender Raumansprüche und Fachplanungen kein Hindernis dar, um trotzdem im Rahmen der Gesamtplanung auch selbständige Fachplanungen zu entwickeln. Auch ohne spezielle Ermächtigungen könne die Raumordnung im Rahmen ihres allgemeinen Entwicklungsauftrages an die Stelle der Fachplanungen treten, entsprechende fachplanerischen Belange selbständig formulieren und dabei beispielsweise Aussagen etwa zum Verkehrsbedarf von Infrastrukturvorhaben treffen, solange nur einer nachfolgenden, diese Festlegungen ausführenden Fachplanung überhaupt noch ein eigener Spielraum verbleibe.[357] Raumordnung in diesem Sinne wird verstanden als eine umfassende Kompetenz zur »Entwicklung und Ordnung räumlicher Strukturen im Sinne der grundgesetzlichen Werte«.[358] Das Erfordernis der Überfachlichkeit stellt aus dieser Sicht nicht mehr dar als das Verbot einer abschließenden planerischen Regelung der Materie, vergleichbar etwa der Forderung, daß im Bereich der Rahmengesetzgebung des Bundes nach Art. 75 GG für die Länder noch etwas von substantiellem Gewicht zur Regelung übrigbleiben muß[359].

Dieses weite Verständnis von Raumordnung, das auf die den 70er Jahren entstammende Idee einer aktiven Entwicklungsplanung zurückgeht und der allgemeinen Planungseuphorie dieser Zeit verhaftet ist[360], geht über den Kompetenztitel des

[356] Plastisch BayVerfGH, Entsch. v. 15. 7. 2002 – Vf. 10-VII-00 u.a. –, DÖV 2003, 78, 79f. (»keine Ersatzfachplanung«); BVerwG, Urt. v. 30. 1. 2003 – 4 CN 14/01 –, NVwZ 2003, 742, 744; *Book*, Bodenschutz durch räumliche Planung, 1986, S 32; *Hoppe/Bönker/Grotefels*, Öffentliches Baurecht, 2. Aufl. 2002, § 1 Rn. 10; *Runkel*, in: Bielenberg/Runkel/Spannowsky, Raumordnungs- und Landesplanungsrecht des Bundes und der Länder, Kommentar K, § 3 Rn. 118ff., Stand: IX/1998 und § 5 ROG Rn. 8, 74, 76, Stand: VII/2000; *Stüer/Hönig*, UPR 2002, 333, 336; *Suhr/Anderl*, Rechtsfragen der raumbeeinflussenden Bundesplanung, 1980, S. 33f.; vgl. auch bereits oben S. 205ff., 225ff. sowie S. 243f.

[357] So die Auffassung von *Goppel*, DVBl. 2000, 86, 87f.; *ders.*, UPR 2000, 431, 432; ähnlich die Forderungen bei *Ahrens-Salzsieder*, VR 1988, 88, 89f., und *Gruber*, DÖV 1995, 488ff.; enger hingegen *Bielenberg/Runkel/Spannowsky*, Raumordnungs- und Landesplanungsrecht des Bundes und der Länder, Kommentar J 610 Rn. 27, Stand: VIII.1986.

[358] *Goppel*, UPR 2000, 431; ähnlich weit die Definitionen bei *Lautner*, Städtebaurecht, Landes- und Regionalplanungsrecht, 3. Aufl. 1990, S. 226; *Peine*, Öffentliches Baurecht, 4. Aufl. 2003, Rn. 125ff.

[359] Vgl. etwa *Stettner*, in: Dreier (Hrsg.), GG, Bd. II, 1998, Art. 75 Rn. 7, m.w.N. zur Rspr.; *Bielenberg/Runkel/Spannowsky*, Raumordnungs- und Landesplanungsrecht des Bundes und der Länder, Kommentar J 610 Rn. 47, Stand: VIII.1986, weisen demgegenüber zu Recht darauf hin, daß dieser Gesichtspunkt im Verhältnis von Raumordnung und Fachplanung nicht einschlägig ist.

[360] Näher *Schulte*, Raumplanung und Genehmigung bei der Bodenschätzegewinnung, 1996,

Art. 75 Abs. 1 Nr. 4 GG weit hinaus und ist auf der Grundlage des geltenden Rechts vor dem Maßstab der oben dargestellten verfassungsrechtlichen Anforderungen zurückzuweisen.[361] Könnten im Wege der Raumordnung gezielt fachplanerische Belange formuliert und – mit Bindung für die nachfolgende Fachplanung – festgesetzt werden, so würde dies die Raumordnung zu einer integrativen Überkompetenz aufwerten, die sich über sämtliche konkurrierenden Gesetzgebungs- und Vollzugskompetenzen hinweg nahezu alle Materien aneignen könnte. Für das Bestehen einer solchen Überkompetenz finden sich jedoch weder im Grundgesetz noch im einfachen Recht irgendwelche Hinweise.[362]

Im Gegenteil hat das Raumordnungsgesetz etwa in § 7 Abs. 3 Nr. 1 ROG, wonach Raumordnungspläne auch die Funktion von Landschaftsprogrammen und Landschaftsrahmenplänen übernehmen können, die Möglichkeit der Substitution von Fachplänen durch Gesamtpläne an einigen isolierten Stellen ausdrücklich als Ausnahmeregelung zugelassen[363]; im Umkehrschluß ist zu folgern, daß das Gesetz eine allgemeine »Fachplanung durch Raumordnungsplan« gerade nicht zuläßt und es den Raumordnungsbehörden nicht gestattet ist, im Gewand der Gesamtplanung eine eigenständige Schutzgebiets-, Infrastruktur- oder sonstige Fachplanung zu betreiben. Dementsprechend verneinte der Hessische Staatsgerichtshof in der Entscheidung zum Volksbegehren »Startbahn West« die Kompetenz des Landesgesetzgebers zum Erlaß eines Gesetzes, das zur Anpassung eines nach den Bestimmungen des Luftverkehrsgesetzes erlassenen Planfeststellungsbeschlusses führen oder zu seiner Aufhebung verpflichten sollte und damit in den Kernbereich der Gesetzgebungsmaterie »Luftverkehr« einwirke. Dies gelte auch dann, wenn es in der Form eines Landesplanungsgesetzes ergehe, da bei dem Gesetz zur Startbahn West der Sache nach keine »allgemeine Landesplanung«, sondern Luftverkehrsgesetzgebung betrieben werde.[364]

Eine Kompetenzüberschreitung liegt dabei nicht erst vor, wenn die Gesamtplanung ein fachplanerisches Vorhaben vollständig ersetzt – etwa durch die eigenständige Ausweisung von Immissions- oder Wasserschutzgebieten –, sondern kann auch lediglich in dem Übergriff auf einzelne Ausschnitte der genuin fachplanerischen Regelungsbereiche bestehen, also etwa in der Festlegung konkreter technischer Schallschutzmaßnahmen für ein bestimmtes Verkehrsvorhaben. Die raumordneri-

S. 54ff.; vgl. auch *Breuer*, VerwArch 69 (1978), 1, 2f., *Hoppe*, in: Hoppe/Menke, Raumordnungs- und Landesplanungsrecht, 1986, Rn. 114ff., sowie bereits das skeptische Resümee bei *Ossenbühl*, Gutachten B zum 50. Deutschen Juristentag 1974, S. B44f., oder eher beiläufig *Rengeling*, in: FS für Hoppe, 2000, S. 883, 885f.; kritisch zu dieser skeptischen Sicht jedoch *Fisahn*, UPR 2002, 258f.

361 Vgl. für die h. L. etwa *Bielenberg/Runkel/Spannowsky*, Raumordnungs- und Landesplanungsrecht des Bundes und der Länder, Kommentar J 610 Rn. 11, 24, 26, Stand: VIII.1986, sowie umfassend *Schulte*, Raumplanung und Genehmigung bei der Bodenschätzegewinnung, 1996, S. 48ff.; deutlich auch *Steinberg/Steinwachs*, NVwZ 2004, 530, 535f., m.w.N.

362 *Pestalozza*, in: v. Mangoldt/Klein/Starck (Hrsg.), GG, Bd. 2, 4. Aufl. 2000, Art. 75 Rn. 50, m.w.N.; *Rengeling*, in: HStR IV, 1990, § 100 Rn. 277.

363 Weitere Beispiele bei *Fürst/Ritter*, Landesentwicklungsplanung und Regionalplanung, 2. Aufl. 1993, S. 130.

364 HessStGH, Beschl. v. 15. 1. 1982 – P.St. 947 –, DVBl. 1982, 491ff.; kritisch dazu *Ernst*, DVBl. 1982, 495.

sche Aufgabenstellung, »die verschiedenen Fachinteressen, die auf dieser Stufe zusammentreffen, zu koordinieren«[365], ist stets überschritten, wenn Maßnahmen der Raumordnung sich einseitig auf fachliche, sektoral zu erledigende Angelegenheiten richten und diese in Ausschnitten bereits vorentscheiden.[366] Die Raumordnung vermag demgegenüber lediglich gesamträumliche Entwicklungsziele unter Ausschluß der Einzelprojektplanung zu entwickeln.[367] Die eigenständige Formulierung einzelfachlicher räumlicher Belange kann allenfalls dann zulässig sein, wenn dies im Einvernehmen mit dem zuständigen Fachplanungsträger erfolgt[368], die raumordnerische Festsetzung bloßen Vorschlagscharakter hat[369] oder wenn eine entsprechende Fachplanung nicht existiert[370] und die durch sie repräsentierten Belange ermittelt werden müssen, um sie mit anderen räumlichen Ansprüchen abzuwägen.

3. Die Standortfrage zwischen Raumordnung und Fachplanung

Einen zentraler Streitpunkt zwischen Raumordnung und (Bundes-)Fachplanung bildet – insbesondere bei Verkehrsplanungen – regelmäßig die Frage des Vorhabenstandortes bzw. der Trassenführung. Die Festlegung der Lage und des Umgriffes eines Schutzgebiets oder der genaue Verlauf eines Verkehrsträgers bilden zumeist einen der Schwerpunkte des fachplanerischen Verfahrens und werden meist den entsprechenden fachlichen Gesetzgebungskompetenzen zugeordnet. So ist beispielsweise im Hinblick auf die Gesetzgebungs- und Verwaltungskompetenz für Postwesen und Telekommunikation nach Art. 73 Nr. 7 und Art. 87f Abs. 2 GG gerichtlich entschieden, daß diese wie bei den Vorgängerbestimmungen über das »Post- und Fernmeldewesen« auch die Bestimmung der Standorte der Sendeanlagen und Kabel umfaßt.[371]

Andererseits soll die Standortplanung nach verbreiteter Sichtweise nicht nur eine fachplanerische Frage, sondern auch einen legitimen Gegenstand der Raumordnung darstellen[372], während dem Fachplanungsträger gerade im Hinblick auf die Stand-

---

365 So die Beschreibung der Aufgabe der Raumordnung in BVerwG, Beschl. v. 20. 8. 1992 – 4 NB 20.91 –, BVerwGE 90, 329, 333.

366 *Funke*, Bund-Länder-Abstimmung, 1987, S. 10f., 12ff.; *Rieger*, in: Ronellenfitsch/Schweinsberg (Hrsg.), Aktuelle Probleme des Eisenbahnrechts V, 2000, S. 17, 62; *Runkel*, in: Bielenberg/Runkel/Spannowsky, Raumordnungs- und Landesplanungsrecht des Bundes und der Länder, Kommentar K, § 3 ROG Rn. 118ff., Stand: IX/1998.

367 *Paßlick*, Die Ziele der Raumordnung und Landesplanung, 1986, S. 95, m.w.N.

368 *Schmidt-Aßmann*, DÖV 1981, 237, 244.

369 *Runkel*, in: Bielenberg/Runkel/Spannowsky, Raumordnungs- und Landesplanungsrecht des Bundes und der Länder, Kommentar K, § 1 ROG Rn. 42, Stand: V.2001.

370 *Gruber*, DÖV 1995, 488, 489f.; *Hoppe*, DVBl. 2001, 81, 84f.; *Schulte*, NVwZ 1999, 943 944; wohl auch *Spannowsky*, UPR 2000, 418, 425.

371 BVerfG, Urt. v. 28. 2. 1961 – 2 BvG 1, 2/60 –, BVerfGE 12, 205, 230; BVerwG, Urt. v. 18. 3. 1987 – 7 C 28/85 –, BVerwGE 77, 128, 132; *Papier*, DÖV 1990, 217f.; ähnlich *Heintzen*, in: v. Mangoldt/Klein/Starck (Hrsg.), GG, Bd. 2, 4. Aufl. 2000, Art. 73 Rn. 72 (»Netzinfrastruktur«) und 78.

372 Vgl. etwa *Badura*, BayVBl. 1976, 515, 517; *Blümel*, DVBl. 1977, 301ff.; *Erbguth*, NVwZ 2003, 144, 146f.; *Listl*, DVBl. 1978, 10, 15; *Schmidt-Aßmann*, DÖV 1981, 237, 244; *Stüer/Hönig*, UPR 2002, 333; *Wahl*, DÖV 1981, 597, 600ff.; Beispiele aus der Infrastrukturplanung bei *Hermes*, Staatli-

ortfrage oft der Einwand der fachlichen Befangenheit entgegengehalten wird[373]. Diese Konkurrenz von Fach- und Gesamtplanung bleibt so lange unproblematisch, als sich landesplanerische Festlegungen auf bloße Angebots- und Freihalteplanungen sowie zulässige indirekte »Negativplanungen« beschränken, die den Fachplanungsträger nicht davon abhalten, anders als auf der freigehaltenen Trasse zu planen.[374] Wenn jedoch die Raumordnung den Anspruch erhebt, auch gegenüber dem Fachplanungsträger verbindliche Trassenentscheidungen zu treffen, muß entschieden werden, welchem Kompetenztitel diese Frage letztverantwortlich zuzuordnen ist.[375] Im Hinblick auf die Fachplanungen des Bundes allerdings dürfte eine Kompetenz des Bundes unter beiden Gesichtspunkten bestehen: Selbst wenn man nämlich die Entscheidung über den Standort oder die Trasse eines Fachplanungsvorhabens dem Aufgabenbereich der Raumordnung zurechnen will, müßte dies jedenfalls im Fall von die Ländergrenzen übergreifenden Bundesplanungen konsequenterweise auf der Ebene der Bundesraumordnung erfolgen[376], für die dem Bund aus der Natur der Sache bestehende ungeschriebene Gesetzgebungs- und Verwaltungskompetenzen zustehen[377].

Gerade im Hinblick auf die Verkehrsfachplanungen des Bundes findet sich jedoch mit dem Institut der Linienbestimmung ein Präzedenzfall, der für die gesamte Zuordnung der Standortfrage zwischen Raumordnung und Fachplanung von Bedeutung sein dürfte. Für den Bereich des Fernstraßenrechts sieht § 16 Abs. 1 FStrG eine Linienbestimmung durch das Bundesverkehrsministerium vor, die die Grobtrassierung, den grundsätzlichen Verlauf der Trasse, die Verkehrsbestimmung und ihre Verknüpfung mit dem vorhandenen Straßennetz festlegt.[378] Diese Norm steht prima facie im Widerspruch zu Art. 90 Abs. 2 GG, wonach die Länder oder die nach Landesrecht zuständigen Selbstverwaltungskörperschaften die Bundesautobahnen und sonstigen Bundesstraßen im Auftrage des Bundes verwalten. Trotz dieser durch das gegenüber dem Bund bestehende Auftragsverhältnis modifizierten Länderzuständigkeit entscheidet jedoch über die Trassenführung der Bundesfernstraßen der Bund selbst, da nach § 16 Abs. 1 S. 1 FStrG das Bundesministerium für Verkehr, Bau- und Wohnungswesen im Benehmen mit den Landesplanungsbehör-

---

che Infrastrukturverantwortung, 1998, S. 411ff.; aus der Rechtsprechung etwa VGH München, Urt. v. 8. 7. 1993 – 22 N 92.2522 –, BayVBl. 1994, 176ff.; skeptisch im Hinblick auf die tatsächliche Lenkungskraft jedoch *Papier*, in: FS für die Jur. Gesellschaft zu Berlin, 1984, S. 529, 544.

373 Vgl. *Di Fabio*, in: FS für Hoppe, 2000, S. 75, 80.

374 So charakterisiert *Hermes*, Infrastrukturverantwortung, 1998, S. 413, die Rolle der Raumordnung und Landesplanung.

375 Anders *Pestalozza*, in: v. Mangoldt/Klein/Starck (Hrsg.), GG, Bd. 8, 3. Aufl. 1996, Art. 75 Rn. 551 und Art. 74 Rn. 758, der *beide* Kompetenztitel für einschlägig hält und unterschiedliche Auffassungen dokumentiert.

376 *Runkel*, in: Bielenberg/Runkel/Spannowsky, Raumordnungs- und Landesplanungsrecht des Bundes und der Länder, Kommentar K, § 1 ROG Rn. 19, Stand: V.2001; vgl. auch *Schmidt-Aßmann*, in: FS für Weyreuther, 1993, S. 73, 86.

377 Vgl. bereits oben S. 213f. sowie die Nachweise im ersten Kapitel S. 47.

378 Näher dazu bereits im ersten Kapitel S. 70f.

den der beteiligten Länder die Planung und Linienführung der Bundesfernstraßen bestimmt.

Nach der Rechtsprechung des Bundesverwaltungsgerichts rechtfertigt sich das Institut der Linienbestimmung durch den Bund entgegen verschiedener in der Literatur geäußerter Bedenken[379] aus der Erwägung, daß die »generelle Planung und Linienbestimmung der Bundesfernstraßen« von überregionaler Bedeutung ist und durch die in ihrer Zuständigkeit auf die Landesgrenzen beschränkten Länder allein nicht sachgerecht wahrgenommen werden könne. Wegen dieser notwendigerweise überregionalen Koordinierung erachtet das Gericht die umstrittene Linienbestimmung durch die Bundesregierung mit der herrschenden Lehre im Schrifttum unter dem Gesichtspunkt einer »Kompetenz aus der Natur der Sache« als zulässig.[380] Nach anderer Auffassung rechtfertigt sich die Linienbestimmung aus der dem Bund in Bundesauftragsangelegenheiten eingeräumten Möglichkeit, den Ländern Weisungen zu erteilen.[381] Gegenüber dieser etwas konstruierten Deutung der gesetzlich vorgeschriebenen Linienbestimmung als einem Bündel verwaltungsinterner Weisungen erscheint die erstgenannte Argumentation vorzugswürdig, zumal sie sich mit neueren Aussagen des Bundesverfassungsgerichts deckt, wonach im Rahmen der Auftragsverwaltung die von der Wahrnehmungskompetenz zu unterscheidende Sachkompetenz zur Sachbeurteilung und Sachentscheidung von vornherein unter dem Vorbehalt ihrer Inanspruchnahme durch den Bund steht.[382] Doch rechnen beide Auffassungen die Linienbestimmung als solche ohne weiteres dem Bereich des Fernstraßenrechts und nicht dem der Raumordnung und Landesplanung zu.

Wenn selbst im Bereich der Bundesauftragsverwaltung die Linienführung als »Kompetenz aus der Natur der Sache« dem Bund zusteht, muß auch bei der in bundeseigener Verwaltung stehenden Planung von Eisenbahnen des Bundes, für die eine

---

[379] Vgl. die kritischen Ausführungen bei *Czybulka*, Die Legitimation der öffentlichen Verwaltung, 1989, S. 235; *Redeker*, NJW 1980, 1593, 1596; *Tzschaschel*, Rechtfertigungserfordernisse für die straßenrechtliche Planfeststellung, 1994, S. 81f.; zweifelnd auch *Sachs*, in: ders. (Hrsg.), GG, 3. Aufl. 2003, Art. 90 Rn. 20f.

[380] BVerwG, Urt. v. 26. 6. 1981 – 4 C 5/78 –, BVerwGE 62, 342, 344, unter Berufung auf *Bartlsperger*, in: BK-GG, Art. 90 Rn. 75; apodiktisch auch VGH Mannheim, Urt. v. 14. 12. 1992 – 8 S 1741/92 –, NuR 1994, 84, 85 (dient der »Sicherung der bundesstaatlichen Mitverantwortlichkeit des Bundes«); dem folgend u. a. *Blümel*, in: HStR IV, 1990, § 101 Rn. 118, m. w. N.; *Hoog*, in: v. Münch/Kunig (Hrsg.), GG, Bd. 3, 5. Aufl. 2003, Art. 90, Rn. 9; *Mecklenburg*, UPR 1997, 394, 395f.; *Riedwelski*, SächsVBl. 1995, 196, 200; *Rinke*, in: Kodal/Krämer (Hrsg.), Straßenrecht, Kap. 33 Rn. 10f.; *Ronellenfitsch*, in: Marschall/Kastner, FStrG, 5. Aufl. 1998, § 16 Rn. 4 in Fn. 14 und Rn. 15, m. w. N.; *Rozek*, in: Dreier (Hrsg.), GG, Bd. II, 1998, Art. 70 Abs. 1 Rn. 41; *Spannowsky*, UPR 2000, 418, 422; *Steinberg*, NVwZ 1983, 209ff.; *Zech*, DVBl. 1987, 1089, 1090; ebenso wohl auch *Steinberg/Berg/Wickel*, Fachplanung, 3. Aufl. 2000, § 7 Rn. 63, m. w. N., und *Wilke*, in: Ein Vierteljahrhundert Straßenrechtsgesetzgebung, 1980, S. 541, 553f.; vgl. auch *Papier*, in: Achterberg/Püttner/Würtenberger (Hrsg.), Besonderes Verwaltungsrecht I, 2. Aufl. 2000, § 10 Rn. 22, der von einer politischen Entscheidung spricht.

[381] *Dürr*, UPR 1992, 241, 245, m. w. N.; *Funke*, Bund-Länder-Abstimmung, 1987, S. 36ff.; *Ibler*, DVBl. 1989, 76, 79ff., m. w. N.

[382] BVerfG, Urt. v. 22. 5. 1990 – 2 BvG 1/88 »Kalkar II« –, BVerfGE 81, 310, 332; Urt. v. 19. 2. 2002 – 2 BvG 2/00 »Biblis« –, BVerfGE 104, 249, 264f.; vgl. dazu *Frenz*, NVwZ 2002, 561, 562f.; kritisch *Lange*, NVwZ 1990, 928, 929.

Linienbestimmung nicht (mehr) vorgesehen ist[383], sowie für Bundeswasserstraßen die Trassenentscheidung dem Aufgabenbereich der Bundeskompetenzen zugeordnet werden. Auch die historische Auslegung unterstützt dieses Ergebnis, da die Standortfrage traditionell auf der Grundlage der einschlägigen Fachplanungstitel entschieden wurde.[384]

Die hier am Beispiel der Standortfrage entwickelten Grenzen der Steuerung der Bundesplanungen durch die Landesraumordnung lassen sich wie folgt zusammen fassen: Die Raumordnung und Landesplanung vermag durch überfachliche und überörtliche räumliche Vorgaben den fachplanerischen Entscheidungsspielraum erheblich einzugrenzen und durch die Sperrung einzelner und die Freihaltung anderer Flächen auch den Standort oder die Trasse einer Bundesfachplanung erheblich zu beeinflussen. Sie kann jedoch nicht die für die fachplanerische Aufgabenstellung relevanten Fragen in der Weise vollständig an sich ziehen, daß dem Fachplanungsträger verbindlich die Wahl eines bestimmten Standortes vorgeschrieben wird.

Aktuell werden diese Grundsätze im Hinblick auf den trotz der Kritik im Schrifttum[385] regelmäßig erhobenen Anspruch der Raumordnung, Fachplanungen nicht nur überfachlich zu steuern und zu koordinieren, sondern einzelne Fachplanungen namentlich im Infrastrukturbereich »zum ganz speziellen Anliegen ihres Entwicklungsauftrages« zu machen[386]. Dabei entspricht die Praxis der Raumplanung in den Ländern den dargestellten Maßstäben oft nicht. Wie die Literatur vielfach angeprangert hat[387], finden sich vor allem in Regionalplänen zahllose fachliche Festsetzungen, die als »Ziel der Raumordnung« vorschreiben, eine bestimmte Schule, ein Kammerorchester oder ein Dreispartentheater zu erhalten, Erziehungs- und Bildungseinrichtungen in freier Trägerschaft öffentlich zu fördern, bei der Betonherstellung Kies durch Splitt zu substituieren[388], die der Bahn den Bau bestimmter S-Bahnen aufgeben oder die für Flughäfen Nachtflugverbote verhängen. In all diesen Fällen wird der Sache nach im Gewand der Raumordnung eine eigenständige sektorale

---

383 Vgl. dazu die Nachweise im ersten Kapitel S. 70f.

384 Für das Eisenbahnwesen hielt bereits *Radecke*, in: Haustein (Hrsg.), Die Eisenbahnen im deutschen öffentlichen Recht, 1960, S. 337, auch ohne gesetzliche Regelung die Zuständigkeit des Bundes für die Trassenwahl für verfassungsrechtlich vorgegeben. Vgl. auch bereits StGH, Entsch. v. 20. 6. 1923 – StGH 4/21 –, in: *Lammers/Simons*, Die Rechtsprechung des Staatsgerichtshofs für das Deutsche Reich, Bd. I 1929, S. 43, 45.

385 Vgl. bereits *Forsthoff/Blümel*, Raumordnungsrecht und Fachplanungsrecht, 1970, S. 26ff.; *Blümel*, VVDStRL 36 (1978), 171, 254ff.; *Papier*, Freihaltung von Leitungstrassen durch die Regionalplanung, 1983, S. 24.

386 *Goppel*, DVBl. 2000, 86, 87; ähnlich auch bereits *Schmidt-Aßmann*, Grundfragen des Städtebaurechts, 1972, S. 141 und 154f., der den Übergang der Landesplanung von einem die Fachplanungen koordinierenden Verfahren zu einem selbständigen einheitlichen Planungssystem konstatiert. Dem zunächst offenbar folgend, dann aber relativierend auch BayVerfGH, Entsch. v. 15. 7. 2002 – Vf. 10-VII-00 u.a. –, DÖV 2003, 78, 79ff.

387 Vgl. namentlich *Hoppe*, DVBl. 2001, 81, 82ff.; *ders./Scheipers*, in: FS für Stern, 1997, S. 1117, 1124ff.; *Scheipers*, Ziele der Raumordnung und Landesplanung, 1995, S. 87ff., 131ff.; *Schulte*, Raumplanung und Genehmigung bei der Bodenschätzegewinnung, 1996, S. 56ff., 214ff.

388 Diese Beispiele finden sich bei *Hoppe*, DVBl. 2001, 81, 83; *Schulte*, NVwZ 1999, 942, 943; *ders.*, Raumplanung und Genehmigung bei der Bodenschätzegewinnung, 1996, S. 215ff.

Fachplanungspolitik betrieben, der Kompetenzbereich der Raumordnung verlassen und damit die Kompetenz der eigentlich zuständigen Entscheidungsträger verletzt.[389]

4. Das Beispiel des bayerischen Landesentwicklungsprogramms

Ein illustratives Beispiel für diese Transformation der Raumordnung zu einer – unzulässigen – Form regionaler Gesetzgebung liefert das – mittlerweile überarbeitete – Landesentwicklungsprogramm Bayern (LEP 94). Das Landesentwicklungsprogramm wird nach Art. 14 Abs. 1 BayLplG von der obersten Landesplanungsbehörde im Benehmen mit den übrigen Staatsministerien ausgearbeitet. Die darin enthaltenen Ziele der Raumordnung und Landesplanung werden anschließend nach Art. 14 Abs. 3 BayLplG von der Staatsregierung mit Zustimmung des Landtags als Rechtsverordnung beschlossen, haben also Rechtsnormcharakter.[390]

a) Die Tendenz zur regionalen Gesetzgebung

Das landesplanerische Gesamtkonzept der bayerischen Staatsregierung enthält eine Reihe von vorgeblichen »Zielen der Raumordnung«, die sich nur schwer dem Bereich der räumlichen Gesamtplanung als einer »zusammenfassenden Planung und Ordnung des Raumes« zuordnen lassen. So fand sich im Teil A »überfachliche Ziele« unter LEP AI 5 bis zum Jahr 2000 die folgende, als »übergeordnetes Ziel« bezeichnete Festlegung:

»Bayern ist kein Einwanderungsland. Angesichts der großen Probleme, die sich durch eine anhaltende oder noch steigende Zuwanderung für die Landesentwicklung ergeben, etwa für die Bereitstellung zusätzlich erforderlicher kommunaler und staatlicher Infrastruktur, für die Schaffung von Wohnraum oder durch den zunehmenden Flächenverbrauch, soll die Einwanderung von Ausländern restriktiv gehandhabt werden. Insbesondere Siedlungsentwicklung sowie staatlicher und kommunaler Infrastrukturausbau sollen nicht am Bedarf einer weiteren Zuwanderung von Ausländern orientiert werden. Auch soll eine unverhältnismäßig große Zuwanderung aus anderen Ländern der Bundesrepublik Deutschland nicht angestrebt werden.«

In der Neufassung wurde dieses Ziel dahin gehend abgeschwächt, daß »einer überproportionalen Zuwanderung entgegengewirkt werden« solle, wobei diese Akzentverschiebung der in demselben Ziel manifestierten Einsicht zu entsprechen scheint, daß »negative Folgen altersstruktureller Verschiebungen möglichst gering gehalten

[389] Vgl. neben den Vorgenannten auch *Rieger*, in: Ronellenfitsch/Schweinsberg (Hrsg.), Aktuelle Probleme des Eisenbahnrechts V, 2000, S. 17, 62; *Ronellenfitsch*, in: Marschall/Kastner, FStrG, 5. Aufl. 1998, § 16 Rn. 4; *Spannowsky*, UPR 2000, 418, 429.

[390] Verordnung über das Landesentwicklungsprogramm Bayern (LEP) vom 25. 1. 1994, GVBl., 25; vgl. *Dörr*, in: Achterberg/Püttner/Würtenberger (Hrsg.), Besonderes Verwaltungsrecht, Bd. I, 2. Aufl. 2000, § 7 Rn. 98; *Heigl/Hosch/Höhnberg*, Raumordnung und Landesplanung in Bayern, Art. 14 BayLPlG Rn. 43, Stand: Jan. 1985; *Knemeyer*, in: Berg/Knemeyer/Papier/Steiner, Staats- und Verwaltungsrecht in Bayern, 6. Aufl. 1996, S. 281, 291.

Durner, DVBl 08, 69

werden« sollen. Im Wohnsiedlungsbereich umfaßt die organische Siedlungsentwicklung einer Gemeinde nunmehr nach Ziel B VI 1.3 die Deckung des Bedarfs ihrer Bevölkerung sowie »einer angemessenen Bevölkerungszuwanderung«. Diese Ziele werden durch das Referat »Raumbeobachtung, Controlling und Berichtswesen« im Bayerischen Staatsministerium für Wirtschaft, Infrastruktur, Verkehr und Technologie durch Datenerhebungen zur Immigration in ähnlicher Weise wie eine gesetzgeberische Zielvorgabe überwacht.

Bei derart programmatischen Festsetzungen dürften bereits nach Wortlaut und Bestimmtheit entgegen der Kennzeichnung des Programmsatzes als »übergeordnetes Ziel« die Anforderungen an ein Ziel der Raumordnung nicht gegeben sein, wie sie sich durch die Definition in §3 Nr. 2 ROG als einer räumlich und sachlich bestimmten, abschließend abgewogenen textlichen oder zeichnerischen Festlegung zur Entwicklung, Ordnung und Sicherung des Raums ergeben.[391] Unabhängig davon stellt sich jedoch kompetenzrechtlich die Frage, ob es sich bei einer solchen Festsetzung überhaupt um Raumordnung – bzw. überhaupt noch um Raumplanung im weitesten Sinne – oder nicht um Einwanderungsgesetzgebung in landesplanerischer Einkleidung handelt. Dabei ist zu berücksichtigen, daß sich nach Art. 74 Abs. 1 Nr. 4 GG die konkurrierende Gesetzgebung des Bundes auf »das Aufenthalts- und Niederlassungsrecht der Ausländer« erstreckt und der Bund mit dem Gesetz über die Einreise und den Aufenthalt von Ausländern im Bundesgebiet von dieser Kompetenz umfassend Gebrauch gemacht hat[392], so daß eine abweichende oder auch nur ausfüllende Regelung im Wege der Landesgesetzgebung unzulässig wäre. Vor diesem Hintergrund kann die zitierte Festlegung auch dann nicht kompetenzgemäß sein, wenn sie in der Einkleidung eines Landesentwicklungsprogramms erfolgt.

b) Die projektbezogenen Ziele des bayerischen Landesentwicklungsprogramms

Die vorgestellte Festsetzung des bayerischen Landesentwicklungsprogramms verdeutlichen zwar in besonderer Weise die Anfälligkeit der Gesamtplanung für Kompetenzüberschreitungen, haben aber letztlich kaum noch Bezug zur Raumplanung im engeren Sinne. Spezifische Abgrenzungsprobleme zu den räumlichen Fachplanungen des Bundes wirft hingegen die neue Figur der »projektbezogenen Ziele der Raumordnung« des bayerischen Landesentwicklungsprogrammes auf, die der Freistaat erstmals im Frühjahr 2000 vorstellte. Hintergrund waren anstehende Änderungen in den Bedarfsgesetzen des Bundes: Zur Überarbeitung des Bundesschienenwegeausbaugesetzes und des Fernstraßenausbaugesetzes erstellt das Verkehrsministerium auf der Grundlage von Bedarfsanmeldungen der Länder einen Bedarfsplan, der in den breiteren Kontext des Bundesverkehrswegeplans eingebettet wird, einem Beschluß der Bundesregierung, der zugleich die Gesetzesvorlage für die Bedarfs-

---

[391] Näher dazu im zweiten Kapitel S. 89ff.

[392] Vgl. etwa *Hailbronner*, in: Achterberg/Püttner/Würtenberger (Hrsg.), Besonderes Verwaltungsrecht II, 2. Aufl. 2000, §22 Rn. 4ff.; *Oeter*, in: v. Mangoldt/Klein/Starck (Hrsg.), GG, Bd. 2, 4. Aufl. 2000, Art. 74 Rn. 51ff.

und Ausbaugesetze bildet.[393] Einige der in den Bedarfsplänen enthaltenen, in den 90er Jahren projektierten Verkehrsvorhaben des Bundes erwiesen sich gegen Ende des Jahrzehnts als nicht oder nur schwer finanzierbar. Zu den Projekten, die aufgegeben wurden, gehören u.a. die Magnetschnellbahnverbindung Berlin-Schwerin-Hamburg sowie die bereits bestandskräftig planfestgestellte Eisenbahnlinie München-Nürnberg-Erfurt-Berlin. Der Bund beschloß daher, diese Vorhaben innerhalb der Ausbaugesetze von der höchsten Prioritätsstufe auszunehmen. In den betroffenen Bundesländern stieß dieses Vorgehen zum Teil auf starke Widerstände.

In Bayern wurde daraufhin »zur Wahrung der entwicklungspolitischen Interessen Bayerns« eine am 1. Mai 2000 in Kraft getretene Teilfortschreibung des Landesentwicklungsprogramms 1994 vorgezogen, die projektbezogene Ziele zu »für die Landesentwicklung herausragend bedeutsamen Verkehrsprojekten« festlegt.[394] Inhaltlich zielt diese Fortschreibung darauf ab, durch die Ausweisung bestimmter Ziele der Raumordnung unabhängig und teilweise auch offen gegen den Willen der zuständigen Planungsträger des Bundes eine von dessen Vorstellungen abweichende Infrastrukturpolitik zu betreiben. Die in dem Landesentwicklungsprogramm festgelegten »Ziele der Raumordnung«, im wesentlichen Bedarfsfestlegungen sowie Zeit- und konkrete Trassenaussagen zu Verkehrsvorhaben des Bundes, sollen diesen über die Regelung zur Bindungswirkungen bei besonderen Bundesmaßnahmen in § 5 ROG zur Planung und zum Bau bestimmter Verkehrswege verpflichten.[395] Ähnliche Ziele finden sich mittlerweile auch in anderen Bundesländern.[396]

---

[393] Näher dazu im ersten Kapitel S. 69 sowie im siebten Kapitel S. 422ff.

[394] Dies erfolgte durch ein zum Teil die Verordnung über das Landesraumordnungsprogramm direkt änderndes Gesetz v. 25. 4. 2000, GVBl., 280ff.; vgl. zu diesem – nach h.L. zulässigen – Vorgehen VGH München, Urt. v. 29. 10. 2000 – 8 N 00.1599 –, BayVBl. 2001, 83f., wo festgestellt wird, daß eine derart geänderte landesrechtliche Verordnung insoweit nicht mit der verwaltungsgerichtlichen Normenkontrolle angegriffen werden könne. Die aus dieser Annahme folgende Aufspaltung des Rechtswegs bei der Änderung von Landesverordnungen durch den Gesetzgeber bildet den Hintergrund der nachfolgend zu behandelnden Entscheidung des BayVerfGH. Vgl. demgegenüber BVerwG, Urt. v. 16. 1. 2003 – 4 CN 8.01 –, UPR 2003, 228ff., das die Zulässigkeit der Normenkontrolle bejaht.

[395] So *Goppel*, DVBl. 2000, 86ff. und UPR 2000, 431ff.; ablehnend *Spannowsky*, UPR 2000, 418ff.; *Runkel*, in: Bielenberg/Runkel/Spannowsky, Raumordnungs- und Landesplanungsrecht des Bundes und der Länder, Kommentar K, § 1 ROG Rn. 19 und 42, Stand: V.2001, der darauf hinweist, daß insoweit lediglich eine Raumordnung des Bundes selbst Bindungen entfalten könnte.

[396] Das Ziel 7.4 des Hessischen Landesentwicklungsplans aus dem Jahr 2000 »Der Flughafen Frankfurt Main soll auch künftig den zu erwartenden Entwicklungen gerecht werden und seine Funktion als bedeutende Drehscheibe im internationalen Luftverkehr sowie als wesentliche Infrastruktureinrichtung für die Rhein/Main-Region erfüllen. *Hierzu ist eine Erweiterung über das bestehende Start- und Landebahnsystem hinaus zu planen und zu realisieren.*« wurde durch den VGH Kassel, Urt. v. 16. 8. 2002 – 4 N 455/02 -, NVwZ 2003, 229, 231, wegen der fehlenden Berücksichtigung der einem Ausbau möglicherweise entgegenstehenden Belange als »in Ermangelung einer ordnungsgemäßen Abwägung ungültig« verworfen. Die der Abwägung vorgelagerte Kompetenzfrage ließ das Gericht unerwähnt, obwohl ein solches Ziel typischerweise Gegenstand eines Luftverkehrsbedarfsgesetzes sein könnte. Einen Kompetenzverstoß bejahen *Steinberg/Steinwachs*, NVwZ 2004, 530, 532, 535f. Für die Zulässigkeit der Festsetzung hingegen *Hendler*, UPR 2003, 256, 261f.; allgemein zur Bedeutung der Raumordnung für die Flughafenplanung *Erbguth*, NVwZ 2003, 144ff.

Das erklärte Ziel solcher Festsetzung ist die Steuerung der Infrastrukturplanungen des Bundes. Die Festlegung in Ziel B V 1.3.5 beispielsweise, wonach der Aus- und Neubau der ICE-Strecke Nürnberg-Lichtenfels-Erfurt »mit besonderer Dringlichkeit zu verwirklichen« und der Ausbau der Eisenbahnstrecke (Stuttgart-Ulm) -Augsburg-München als wichtiger Bestandteil des nationalen sowie des europäischen Hochgeschwindigkeitsnetzes »umgehend zu verwirklichen« sind, soll die Pflicht des Bundes begründen, entgegen seiner aktuellen Planungen diese Projekte im Bundesverkehrswegeplan und damit faktisch auch in den Bedarfsgesetzen zu belassen. Mittelbar soll damit sogar der Bundesgesetzgeber im Rahmen seiner Bedarfsgesetzgebung durch die Landesplanung gebunden sein. Nach §4 ROG sind nämlich »Ziele der Raumordnung« von allen öffentlichen Stellen bei ihren raumbedeutsamen Planungen zu beachten. Diese Vorschrift statuiert eine strikte Beachtenspflicht, die eine eigene Abwägung des Adressaten ausschließt.[397] Als raumbedeutsame öffentliche Planung kann man jedoch auch den Bundesverkehrswegeplan ansehen, der wiederum faktisch die Gesetzesvorlage für die Bedarfsgesetze bildet. Mit einer gewissen verfassungsrechtlichen Kühnheit folgert hieraus der zuständige Ministerialdirigent Prof. Konrad *Goppel*:

»Der Bundesverkehrswegeplan bildet zugleich die Grundlage für das Gesetz zur Änderung des Fernstraßenausbaugesetzes bzw. des Schienenwegeausbaugesetzes. Demnach ist die Bundesregierung über die Bindung des Bundesverkehrswegeplans an die projektbezogenen Ziele gehindert, die in den Zielen verfestigten Verkehrsprojekte aus dem Bundesverkehrswegeplan und damit zugleich aus den Ausbaugesetzen herauszunehmen.«[398]

Um diesen erstaunlichen Gedankengang zu widerlegen, nach dem eine Landesregierung den Bundesgesetzgeber im Verordnungsweg zu verpflichten vermag, bestimmte Eisenbahnstrecken in die Bedarfsgesetze des Bundes aufzunehmen oder darin zu belassen, muß nicht erst auf den Vorrang des Gesetzes und auf die naheliegende Erwägung verwiesen werden, daß auch die in den §§4 und 5 ROG angeordnete Bindungswirkung der Erfordernisse der Raumordnung für Bundesmaßnahmen zur Disposition des Bundesgesetzgebers steht, der durch sein eigenes Gesetz nicht gebunden sein kann.[399] Denn bereits auf der Ebene der Kompetenzordnung ist die Rechtswidrigkeit der projektbezogenen Ziele der Raumordnung des bayerischen Landesentwicklungsprogramms mit den Händen zu greifen[400]: Die Teilfortschreibung des Landesentwicklungsprogramms zielt explizit darauf ab, Kernfragen der Infrastrukturfachplanung des Bundes durch Landesplanung vorzuentscheiden. Diese landesrechtlichen Festsetzungen sind daher kompetenzwidrig und nichtig.

---

[397] Vgl. bereits im zweiten Kapitel S. 83ff.

[398] *Goppel*, DVBl. 2000, 86, 90.

[399] *Brummund*, DVBl. 1988, 77, 83f.; eingehend auch *Roer*, Die Bindungswirkung von Zielen der Raumordnung und Landesplanung, 1996, S. 56ff.

[400] Vgl. auch *Runkel*, in: Bielenberg/Runkel/Spannowsky, Raumordnungs- und Landesplanungsrecht des Bundes und der Länder, Kommentar K, §5 ROG Rn. 76, Stand: VII/2000; *Eusterbrock*, Raumverträglichkeitsprüfung auf Bundesebene, 1987, S. 116ff.; *Steinberg/Steinwachs*, NVwZ 2004, 530, 535f., m.w.N. in Fn. 68.

Der Bayerische Verfassungsgerichtshof hat diese Konsequenz in einer Entscheidung vom Juli 2002 über eine Popularklage gegen eines der projektbezogenen Ziele durch eine die Bedeutung und Aussagekraft der Festsetzung relativierende Auslegung zu vermeiden gesucht: Angesichts der unterschiedlichen Aussagen im Schrifttum verstoße die Festlegung solcher Ziele zumindest nicht »in offensichtlicher, schwerwiegender, besonders krasser Weise gegen die Rechtsordnung«, wie dies für den Erfolg einer Popularklage erforderlich ist[401]. Zur Vermeidung »kompetenzrechtlicher Zweifel« könnten die entsprechenden Ziele zudem so interpretiert werden, daß sie gegenüber der Fachplanung keine Bindungen beanspruchten, sondern lediglich »eine dem legitimen Interesse eines Landes entsprechende appelative Mitteilung der raumordnerischen Vorstellungen des Landes gegenüber dem Bund« darstellten.[402] Damit verweist das Gericht auf die sogleich zu behandelnde Möglichkeit der geltungserhaltenden Reduktion kompetenzwidriger Planinhalte. Allerdings wirft die »Auslegung« eines Ziels der Raumordnung, welche die projektbezogene Festsetzungen entgegen den erklärten gesetzgeberischen Vorstellungen[403] und ihrem Wortlaut (»sind umgehend zu verwirklichen«) auf eine unverbindliche »appellative Mitteilung« reduziert, ihres Rechtscharakters als bindendes Ziel beraubt und damit einer Verwerfung denkbar nahekommt[404], die Frage nach den Grenzen einer sinnhaften Gesetzesinterpretation auf.

5. Fazit

Das Beispiel des Zusammentreffens der Landesraumordnung mit Verkehrsfachplanungen des Bundes hat in besonderer Weise die Grenzen der Raumordnung und Landesplanung und deren Relevanz für die Praxis verdeutlicht. Die Kompetenz zur Raumordnung beinhaltet keine Zuständigkeit für die Entwicklung eigenständiger fachlicher Ziele. Zwar vermag die Raumordnung und Landesplanung überfachliche Vorgaben zu entwickeln, die nachfolgende Fachplanungen beeinflussen und steuern können. Ebenso bleibt es der räumlichen Gesamtplanung unbenommen, für die Fachplanung Angebote zu entwickeln, Räume freizuhalten oder Alternativen als Angebotsplanung in das Verfahren einzubringen. Allerdings dürfen raumordnerische Festsetzungen nicht in das originäre Aufgabenfeld der Bauleitplanung und Fachplanung übergreifen. An diesem Befund vermag auch nichts zu ändern, daß – wie in der Literatur schon mehrfach hervorgehoben und auch in diesem Kapitel belegt wurde – die derzeitige Praxis der überörtlichen Gesamtplanung die Grenzen ihres Kompetenzbereichs oft überschreitet.

---

[401] Vgl. zu den einschlägigen Maßstäben in der neueren Judikatur des BayVerfGH, Beschl. v. 14.2. 1995 – Vf.6-VII-93 –, NVwZ-RR 1996, 123, 124f., m.w.N.

[402] BayVerfGH, Entsch. v. 15.7. 2002 – Vf. 10-VII-00 u.a. –, DÖV 2003, 78, 80f.

[403] Dies konzediert auch BayVerfGH, Entsch. v. 15.7. 2002 – Vf. 10-VII-00 u.a. –, DÖV 2003, 78, 81.

[404] Nach der Begründung des BayVerfGH könnte auch ein Ziel der Raumordnung, das den Bund zur sofortigen Verlegung des Bundestages verpflichtet, als unverbindlicher Appell Kompetenzen des Bundes nicht verletzen.

VII. Die geltungserhaltende Reduktion kompetenzwidriger Planinhalte

Kompetentielle Beschränkungen haben nicht nur für den Gegenstand einer Raumplanung Bedeutung, sondern beeinflussen auch ihre zulässige Intensität und Darstellungsdichte. Dies zeigt sich besonders im Verhältnis der Raumordnung zur Bauleitplanung, da sich diese beiden Gesamtplanungen gerade durch ihre Überörtlichkeit bzw. Örtlichkeit voneinander unterscheiden: Wie bereits dargestellt wurde, muß sich daher die Raumordnung gegenüber der Bauleitplanung nach Art und Konkretisierungsgrad auf ihren spezifischen überörtlichen Aufgaben- und Sachbereich beschränken und darf daher keine spezifisch städtebaulichen Vorgaben entwickeln. In überörtlichen Gesamtplänen sind gebiets- oder gar parzellenscharfe Darstellungen grundsätzlich unzulässig und bedürfen jedenfalls einer besonderen planerischen Rechtfertigung.[405]

Hält ein Raumordnungsplan diese inhaltliche Beschränkungen nicht ein, so hat dies allerdings nicht zwangsläufig die Rechtswidrigkeit seiner Festsetzungen zur Folge. Gegebenenfalls können die unzulässigen Darstellungen und Details auch durch Auslegung auf ein kompetenzrechtlich zulässiges Maß reduziert werden. Ein Beispiel für dieses Vorgehen wurde bereits mit der Auslegung der projektbezogenen Ziele der Raumordnung in der Teilfortschreibung des bayerischen Landesentwicklungsprogramms durch den bayerischen Verfassungsgerichtshof vorgestellt.[406] Dieselbe Funktion erfüllt die durch das Bundesverwaltungsgericht entwickelte Figur vom *überschießenden Erklärungsgehalt* planerischer Aussagen ohne rechtliche Bindungswirkung. Unter diesem Schlagwort wird planerischen Festsetzungen, die nach Art und Intensität über das in dem jeweiligen Planverfahren Zulässige hinausgehen, mit Blick auf die begrenzte gesetzliche Aufgabenstellung der konkreten Planung ihre Verbindlichkeit versagt. Obwohl die Rechtsprechung die Figur des überschießenden Erklärungsgehalts argumentativ selten mit der Kompetenzordnung in Verbindung bringt, handelt es sich der Sache nach doch um eine geltungserhaltende Reduktion von Planungen unter Elimination solcher Festlegungen, die von dem Aufgabenbereich der Planung nicht mehr abgedeckt sind.

Ausgangspunkt dieser Reduktion ist die Erwägung, daß sich eine Parzellenschärfe raumordnerischer Festsetzungen oft nur mittelbar und gegebenenfalls ungewollt ergibt, etwa durch die Bezugnahme auf Straßen, Flüsse oder auf naturschutzrecht-

---

405 Vgl. bereits oben S. 217ff.

406 Ähnlich BVerwG, Urt. v. 30. 1. 2003 – 4 CN 14/01 –, NVwZ 2003, 742, 744 zur Auslegung eines Raumordnungsziels durch den VGH Kassel: »Damit legt die Vorinstanz der Vorrangklausel ... einen Inhalt bei, der die kompetenziellen Schranken der Regionalplanung ... überschreitet«; näher zu diesem Vorgehen auch *Hendler*, UPR 2003, 256, 261, der das oben in Fn. 396 erwähnte Urteil des VGH Kassel v. 16. 8. 2002 – 4 N 455/02 -, NVwZ 2003, 229, 231, insoweit kritisiert, als man in das Ziel 7.4 des Hessischen Landesentwicklungsplans im Wege der »zielerhaltenden Auslegung« den Vorbehalt hätte hineinlesen können, daß dem Ausbau des Flughafens »keine unüberwindbaren Belange entgegenstehen dürfen«.

lich festgesetzte Gebiete, die auch den raumplanerischen Aussagen einen höheren Genauigkeitsgrad vermittelt.[407] Diese Möglichkeit ändert jedoch nichts an dem Grundsatz, daß die Raumordnung kompetentiell auf die Angabe der ungefähren Lage beschränkt ist und der darüber hinausgehende, technisch bedingte Schärfegrad zu einem rechtlich unzulässigen »überschießenden Erklärungsgehalt« führt. Solche Festlegungen können im Hinblick auf die Parzellenschärfe als rechtlich unverbindlich angesehen werden, so daß nachfolgenden Planungen im Parzellenbereich Abweichungen von den vorgegebenen Festsetzungen möglich sind und die spezifische Aufgabe dieser Planungen gewahrt bleibt.[408]

Eine ähnliche »Relativierung«[409] der vorgegebenen Festsetzungen hat die Rechtsprechung für die zeichnerischen Aussagen in gesetzlichen Bedarfsplänen vorgenommen. Der aufgrund von Prognosen über Verkehrsströme festgestellte Bedarfsplan – so das Bundesverwaltungsgericht – solle nach §1 Abs.1 S.2 und Abs.2 S.1 FStrAbG lediglich festlegen, daß ein bestimmter Verkehrsbedarf überhaupt besteht, und zugleich ein bestimmtes, grobmaschiges Verkehrsnetz für »einen weiträumigen Verkehr« darstellen, das dem prognostizierten Bedarf gerecht wird. Der Gesetzgeber beanspruche jedoch für die zeichnerische Darstellung des Bedarfsplans keine weiter gehende Bindung.[410] Der Bedarfsplan als globales und grobmaschiges Konzept belasse für die Ausgestaltung im einzelnen den nachfolgenden Verfahren der Linienbestimmung und der Planfeststellung planerische Spielräume. Die zeichnerisch dargestellte Trassenwahl selbst nehme – auch wenn sie detailgetreu ermittelbar sei – als *überschießender Erklärungsgehalt* an der Bindung des Bedarfsgesetzes nicht teil. Die in einem solchen Plan vorgesehene Trassenführung – etwa die Umfahrung einer bestimmten Gemeinde – ist daher für das nachfolgende Planverfahren nicht

---

[407] *Goppel*, BayVBl. 1984, 229, 231; *Schmidt-Aßmann*, DÖV 1981, 237, 244. Zu unterscheiden ist diese Figur von den überschießenden Inhalten solcher unverbindlichen Fachpläne, die zwar in die Gesamtpläne aufgenommen, aber im Rahmen der räumlichen Gesamtabwägung nicht berücksichtigt wurden. Vgl. dazu *Pfeifer/Wagner*, DVBl. 1989, 789, 796.

[408] Vgl. VGH Mannheim, Urt. v. 21. 11. 2000 – 10 S 1322/99 –, NuR 2001, 399ff., m.w.N., wo festgestellt wird, die Ausweisung eines »schutzbedürftigen Bereichs für Naturschutz und Landschaftspflege« im Maßstab 1 : 100. 000 sei auch bei ausreichender Genauigkeit des Plans regelmäßig nicht parzellenscharf verbindlich, sofern nicht klar ein entsprechender Wille des Plangebers zum Ausdruck komme. Näher zu der Figur auch *Christ*, Raumordnungsziele und Zulässigkeit privater Vorhaben, 1990, S.20; *Schmidt-Aßmann*, Fortentwicklung des Rechts im Grenzbereich zwischen Raumordnung und Städtebau, 1977, S.62; terminologisch anders (»Richtlinien-Charakter«) aber der Sache nach ähnlich auch *Brohm*, DVBl. 1980, 653, 659.

[409] So charakterisiert *Schmidt-Aßmann*, in: FS für Weyreuther, 1993, S.73, 82 die nachfolgend dargestellte Rechtsprechung.

[410] Vgl. vor allem BVerfG, Beschl. v.19.7. 1995 – 2 BvR 2397/94 –, NuR 1996, 506f.; Beschl. v. 9.2. 1996 – 1 BvR 1752/95 –, zit. nach Juris; BVerwG, Beschl. v. 5.12. 1996 – 11 VR 8/96 –, NVwZ-RR 1997, 339f.; Beschl. v. 22.9. 1997 –4 B 147/97 –, NVwZ-RR 1998, 300f.; Beschl. v. 5.11. 2002 – 9 VR 14/02 –, NVwZ 2003, 207, 208, m.w.N.; VGH München, Urt. v. 20.7. 1999 – 8 A 98.40036 –, zit. nach Juris; *Gaentzsch*, in: FS für Schlichter, 1995, S.517, 533; *Papier*, Freihaltung von Leitungstrassen durch die Regionalplanung, 1983, S.32, spricht in ähnlichem Zusammenhang von der Beschränkung auf eine »Grobtrasse«.

verbindlich[411], und auch die nachfolgende Linienbestimmung muß insoweit nicht aus dem Ausbauplan entwickelt werden.[412] Ob diese Reduktion der Aussagen der Bedarfspläne tatsächlich aus Gründen der Gewaltenteilung geboten ist, wie dies die Rechtsprechung anzunehmen scheint, ist zwar der Sache nach eher zweifelhaft.[413] Wenn man dieser Auffassung jedoch folgt, stellt auch insoweit die Figur des überschießenden Erklärungsgehalts einen Anwendungsfall dar, um die Bedarfspläne durch eine geltungserhaltende Reduktion auf das nach der Kompetenzordnung Zulässige zurückzuführen.

---

[411] BVerwG, Urt. v. 12.12. 1996 – 4 C 29/94 –, BVerwGE 102, 331, 343ff.; *Kühling/Hermann*, Fachplanungsrecht, 2. Aufl. 2000, Rn. 245.

[412] BVerwG, Beschl. v. 22.9. 1997 – 4 B 147/97 –, NVwZ-RR 1998, 300f.

[413] Näher zu der Frage der Zulässigkeit einer Raumplanung durch den Gesetzgeber selbst im siebten Kapitel S. 417ff.

Fünftes Kapitel

Abwägungsgebot und Plankoordination

Wird im Schrifttum das Raumplanungsrecht durch allgemeine Merkmale als eigenständiges Rechtsgebiet umschrieben, so erscheint regelmäßig die durch das Abwägungsgebot begrenzte planerische Gestaltungsfreiheit – die vielfach auch als »Planungsermessen« bezeichnet[1] oder als »integrierende Interessenberücksichtigung« charakterisiert wird[2] – als das grundlegendste Kennzeichen aller räumlichen Planungen.[3] Diese These ist für die Lösung von Konflikten räumlicher Planungen von herausragender Bedeutung. Das Abwägungsgebot stellt nämlich – was noch zu vertiefen sein wird – in sich selbst eine materielle Koordinationsregel für das Verhältnis konkurrierender räumlicher Planungen dar: Auch dann, wenn eine Bindung an oder ein Vorrang gegenüber anderen räumlichen Planungen nicht besteht, wird aus dem Abwägungsgebot und dem hieraus resultierenden Gebot planerischer Konfliktbewältigung eine Pflicht des Planungsträgers erwachsen, die Planungsabsichten anderer Plansubjekte mit angemessenem Gewicht in seine Abwägung einzustellen. Sollte die vielfach geäußerte These von der universellen Geltung des Abwägungsgebots für alle räumlichen Planungen zutreffen, so stünde somit neben dem Kompetenzgrundsatz ein zweites allgemeingültiges Instrument zur Lösung raumplanerischer Konflikte zur Verfügung.

---

[1] So etwa von *Badura*, in: FS für den BayVerfGH, 1972, S. 157ff. und öfter; *Brohm*, Öffentliches Baurecht, 3. Aufl. 2002, § 11 Rn. 1ff.; *Pache*, Tatbestandliche Abwägung und Beurteilungsspielraum, 2001, S. 30f.; *Papier*, in: FS für Hoppe, 2000, S. 213, 227; *Rubel*, Planungsermessen, 1982; *Schmidt-Aßmann*, in: Maunz/Dürig u.a., GG, Art. 19 Abs. IV Rn. 208, Stand: Feb. 2003; *Scholz*, VVDStRL 34 (1976), 145, 166; *Shin*, Planungsermessen, 1989, besonders S. 69; kritisch zu diesem Begriff indes u.a. *Erbguth*, in: Achterberg/Püttner/Würtenberger (Hrsg.), Besonderes Verwaltungsrecht, Bd. I, 2. Aufl. 2000, § 8 Rn. 147, und *Weyreuther*, BauR 1977, 293, 295.

[2] *Di Fabio*, in: FS für Hoppe, 2000, S. 75, 78; weitere Varianten bei *Wolff*, in: Sodan/Ziekow (Hrsg.), VwGO, § 114 Rn. 205, Stand: Jan. 2003.

[3] Vgl. beispielsweise *Börger*, Genehmigungs- und Planungsentscheidungen, 1987, S. 147; *Gassner*, DVBl. 1981, 4; *Hendler*, JuS 1979, 618, 622; *Hoppe/Beckmann/Kauch*, Umweltrecht, 2. Aufl. 2000, § 7 Rn. 7; *Kühling/Hermann*, Fachplanungsrecht, 2. Aufl. 2000, Rn. 24ff.; *Ronellenfitsch*, Einführung in das Planungsrecht, 1986, S. 7f.; *Wegener*, DV 1981, 305, 312 (»ein immanenter Bestandteil jeglicher Planung«). Dabei knüpft die Literatur vielfach an die sogleich zu vertiefenden Ausführungen der Rechtsprechung zur Existenz eines »rechtsstaatlichen Abwägungsgebots« an.

I. Die Existenz eines einheitlichen Abwägungsgebots für alle Raumplanungen

Vor diesem Hintergrund ist im folgenden die Existenz eines einheitlichen Abwägungsgebots aller Raumplanungen näher zu untersuchen. Dabei liegt der Schwerpunkt zunächst auf einer Analyse der Rechtsprechung, um zu verdeutlichen, in welchem Umfang – manchen dogmatischen Bedenken zum Trotz – planerische Gestaltungsfreiheit und das Abwägungsgebot mittlerweile die Rechtswirklichkeit prägen. Damit soll nicht unkritisch das von der Rechtsprechung zum Abwägungsgebot Entwickelte und in den Grundpositionen Gefestigte als gegeben hingenommen werden.[4] Dennoch ist kaum bestreitbar, daß die im wesentlichen durch die Dritte Gewalt entwickelten Aussagen zum Abwägungsgebot dem Planungsrecht erst einheitliche Konturen verliehen haben und trotz vielfacher Kritik im Schrifttum eine Abkehr von diesen Grundstrukturen wenig wahrscheinlich erscheint. Wie die folgende Übersicht belegen soll, zeigt das einheitlich geltende Abwägungsgebot mittlerweile in verschiedensten Zusammenhängen und Konstellationen als materielle planerische Kollisionsregel ganz erhebliche praktische Konsequenzen.

1. Die Bauleitplanung

Ausgangspunkt für die historische Entwicklung des Abwägungsgebots war das Recht der Bauleitplanung. Nach der mittlerweile in § 1 Abs. 6 BauGB enthaltenen Grundnorm sind bei der Aufstellung der Bauleitpläne die öffentlichen und privaten Belange gegeneinander und untereinander gerecht abzuwägen. Dieses bauplanungsrechtliche Abwägungsgebot gilt allgemein als sichtbarer Ausdruck und mittelbare Anerkennung der den Gemeinden eingeräumten Gestaltungsfreiheit[5], schränkt diese jedoch – in Ergänzung zu der Pflicht zur Beachtung zwingenden Rechts und der Anpassung an die Ziele der Raumordnung – zugleich auch in erheblichem Maße ein. Das Abwägungsgebot definiert die Planung somit zwar von ihren Grenzen her[6] und nicht – was ebenfalls denkbar wäre – von der Zuständigkeit eines kommunalen Satzungsgebers[7], setzt jedoch eine korrespondierende Gestaltungsfreiheit denknot-

---

[4] Vgl. dazu die Diskussionsbeiträge von *Stüer* und *Bartlsperger*, in: Erbguth/Oebbecke/Rengeling/Schulte (Hrsg.), Abwägung im Recht, 1995, S. 110f. und 113, sowie in allgemeinerer Form bereits in der Einleitung S. 25f.

[5] Vgl. nur *Blumenberg*, DVBl. 1989, 86f.; *Erbguth*, in: Achterberg/Püttner/Würtenberger (Hrsg.), Besonderes Verwaltungsrecht, Bd. I, 2. Aufl. 2000, § 8 Rn. 146, m.w.N.; *Gaentzsch*, in: Schlichter/Stich/Driehaus/Paetow (Hrsg.), Berliner Kommentar zum BauGB, 3. Aufl., § 1 Rn. 78, Stand: Aug. 2002; *Stüer*, Handbuch des Bau- und Fachplanungsrechts, 2. Aufl. 1998, Rn. 792.

[6] *Ibler*, Die Schranken planerischer Gestaltungsfreiheit, 1988, S. 42; *Sendler*, UPR 1995, 41; *ders.*, in: FS für Schlichter, 1995, S. 55, 56.

[7] Kritisch daher *Papier*, DVBl. 1975, 461, 463ff.; dem hält *Weyreuther*, BauR 1977, 293, 296, entgegen, daß die Entscheidung, den Bebauungsplan als Satzung anzusehen, wenig über dessen inhaltliche Rechtsnatur und damit die gerichtliche Nachprüfung aussage. Vgl. demgegenüber allerdings im achten Kapitel S. 467ff.

wendig voraus. Dieser Ansatz ist später unter anderem auf Planungen in Form staatlicher Verordnungen und schließlich sogar auf formelle Gesetze übertragen worden.[8]

Während die Rechtsprechung zunächst oft den Anspruch erhob, die gemeindliche Bauleitplanung nach den Maßstäben einer einfachen Ermessensentscheidung zu überprüfen[9] und neuerdings zu Recht wieder verstärkt von einer zumindest strukturellen Identität von Ermessen und planerischem Gestaltungsfreiraum ausgegangen wird[10], setzte sich in den 60er Jahren die Auffassung durch, daß die Kontrolle der der Gemeinde zustehenden Gestaltungsfreiheit nach eigenständigen Grundsätzen und in weiteren Grenzen erfolgen müsse.[11]

Das Abwägungsgebot verpflichtet die planende Gemeinde zur sorgfältigen Ermittlung und Berücksichtigung aller von der Planung berührten Belange. Zu den Belangen, die stets in die Abwägung einzustellen sind, zählen namentlich das durch die Eigentumsgarantie geschützte betroffene Grundeigentum sowie etwaige Auswirkungen des Plans auf Wohl und Gesundheit der planbetroffenen Bevölkerung. Das Gebot ist verletzt, wenn überhaupt keine sachliche Abwägung stattfindet, Belange in der Abwägung fehlen, die einzustellen sind, die Bedeutung bestimmter Anliegen verkannt wird oder wenn der Ausgleich der betroffenen Güter in einer Weise vorgenommen wird, der zur objektiven Gewichtung einzelner Belange außer Verhältnis steht.[12] Die Geltung dieser »Abwägungsfehlerlehre« wird freilich durch

---

[8] Vgl. nachfolgend S. 277ff. und 296ff.

[9] Diese Auffassung vertrat besonders nachdrücklich der Verwaltungsgerichtshof Baden-Württemberg. Vgl. dazu die umfassenden Nachweise bei *Wiedmann*, Das Planungsermessen des § 1 Abs. 7 BBauG, 1977 S. 20ff., sowie *Dreier*, Die normative Steuerung der planerischen Abwägung, 1995, S. 44.

[10] So mit unterschiedlichen Akzenten VGH München, Urt. v. 8.7.1993 – 22 N 92.2522 –, BayVBl. 1994, 176, 177; *Bartlsperger*, in: Erbguth/Oebbecke/Rengeling/Schulte (Hrsg.), Abwägung im Recht, 1995, S. 79, 102ff.; *Bartunek*, Probleme des Drittschutzes bei der Planfeststellung, 2000, S. 33ff.; *Börger*, Genehmigungs- und Planungsentscheidungen, 1987, S. 149; *Kühling/Hermann*, Fachplanungsrecht, 2. Aufl. 2000, Rn. 29ff.; *Papier*, NJW 1977, 1714, 1715; *Redeker/von Oertzen*, VwGO, 13. Aufl. 2000, § 13a; *Rubel*, Planungsermessen, 1982, S. 60ff.; *Scholz*, VVDStRL 34 (1976), 145, 183f. in Fn. 154; *Shin*, Planungsermessen, 1989, S. 73ff.; *Weitzel*, Justitiabilität des Rechtssetzungsermessens, 1998, S. 99ff.; *Wiedmann*, Das Planungsermessen des § 1 Abs. 7 BBauG, 1977, S. 40; *Wolff/Bachof/Stober*, Verwaltungsrecht I, 11. Aufl. 1999, § 31 Rn. 63f., m. w. N.; vgl. auch *Pache*, Tatbestandliche Abwägung und Beurteilungsspielraum, 2001, S. 32; *Schmidt-Aßmann*, Das allgemeine Verwaltungsrecht als Ordnungsidee, 1998, S. 180ff., 192f.

[11] Grundlegend waren insoweit die durch *Bartlsperger*, in: Erbguth/Oebbecke/Rengeling/Schulte (Hrsg.), Abwägung im Recht, 1995, S. 79, 80, als »rechtsdogmatischer Überraschungsschlag« charakterisierte Entscheidung des BVerwG, Urt. v. 12.12. 1969 – IV C 105.66 –, BVerwGE 34, 301ff. (dazu zuletzt *Hoppe*, DVBl. 2003, 697ff.) sowie das zusammenfassende »Flachglasurteil« v. 5.7. 1974 – IV C 50.72 –, BVerwGE 45, 309 (dazu *Schröder*, DÖV 1975, 308ff.; *Schulze-Fielitz*, Jura 1992, 201ff.); zu den Unterschieden von einfachem Ermessen und planerischer Abwägung besonders *Hoppe*, in: HStR III, 1988, § 71 Rn. 121f., 124f.; *Ibler*, JuS 1990, 7ff.; *Keppeler*, Die Grenzen des behördlichen Versagungsermessens, 1989, S. 25ff.; *Ossenbühl*, Gutachten B für den 50. Deutschen Juristentag, 1974, S. B184f.; *Papier*, in: HStR VI, 1990, § 154 Rn. 73f.; *Söfker*, in: Ernst/Zinkahn/Bielenberg (Hrsg.), BauGB, § 1 Rn. 181 Stand: Sept. 2000; *Starck*, in: FS für Sendler, 1991, S. 167, 181; *Weyreuther*, DÖV 1977, 419, 422f.

[12] Näher zu dieser sog. Abwägungsfehlerlehre nachfolgend S. 324f.

neuere Einschränkungen des Baugesetzbuchs relativiert. Lediglich deklaratorisch stellt die Regelung in §214 Abs.3 S.1 BauGB fest, daß für die Abwägung der Zeitpunkt der Beschlußfassung über den Bauleitplan maßgeblich ist. Von eigenständiger, großer praktischer Bedeutung sind jedoch die auf Verallgemeinerungen der Rechtsprechung beruhenden Regelungen zur sog. »Planerhaltung«[13]: Verstöße gegen das Abwägungsgebot sind nach §214 Abs.3 S.2 BauGB für die Rechtswirksamkeit der Bauleitpläne und sonstigen Satzungen nach dem BauGB nur beachtlich, wenn sie offensichtlich und auf das Abwägungsergebnis von Einfluß gewesen sind. Fehler sind demnach im Rahmen der gerichtlichen Nachprüfung unbeachtlich, solange sich zumindest das Ergebnis im vorgegebenen rechtlichen Rahmen hält. Lediglich die Aufsichtsbehörde kann solche Verstöße nach §216 BauGB rügen, was in der Praxis angesichts der hohen Fehleranfälligkeit des Abwägungsgebots sehr oft geschieht.[14] Ähnliche Regelungen finden sich mittlerweile vielfach auch im Fachplanungsrecht, u.a. für die straßenrechtliche Planfeststellung etwa in §17 Abs.6c S.1 FStrG und §41 Abs.8 StrWG SH, für Naturschutzgebietsverordnungen in Schleswig-Holstein in §54a Abs.2 Nr.1 LNatSchG SH[15], für Braunkohlenpläne des Landes Brandenburg in §2a des RegBkPlG und in verallgemeinerter Form für sämtliche Planfeststellungsverfahren in §75 Abs.1a VwVfG[16].

Die Rechtsprechung hat das baurechtliche Abwägungsgebot schon frühzeitig als einen dem Wesen jeder rechtsstaatlichen Planung innewohnenden Grundsatz angesehen, dem die Bauleitplanung auch ohne ausdrückliche gesetzliche Vorgaben Rechnung tragen müsse, und das Gebot daher auf die damalige Baulinienfestsetzung übertragen.[17] Dies wurde zum Ausgangspunkt für die schrittweise Ausdehnung der Figur auf das gesamte Raumplanungsrecht.

2. Die Raumordnung

Die Raumordnung soll nach §1 Abs.1 ROG den Gesamtraum der Bundesrepublik Deutschland und seine Teilräume durch zusammenfassende, übergeordnete Raumordnungspläne und durch Abstimmung raumbedeutsamer Planungen und Maßnahmen entwickeln, ordnen und sichern. Raumordnung und Landesplanung sind damit

---

[13] Näher *Dolde*, in: Bauer/Breuer/Degenhart/Oldiges (Hrsg.), 100 Jahre Allgemeines Baugesetz Sachsen, 2000, S.429ff.; *Gaentzsch*, DVBl. 2000, 741ff. (besonders zur Rechtsprechung); *Gerhardt*, in: Schoch/Schmidt-Aßmann/Pietzner (Hrsg.), VwGO, Vorb. §47 Rn.12ff., Stand: Mai 1997; *Hoppe*, Grundfragen des Planungsrechts, 1998, S.390ff.; *Wolff*, in: Sodan/Ziekow (Hrsg.), VwGO, §114 Rn.280ff., Stand: Jan. 2003.

[14] Vgl. die Ausführungen und Statistiken bei *von Nicolai*, Typische Beanstandungen von Bauleitplänen in der Genehmigungspraxis, NordÖR 2001, 55, 58, der bei der Abwägung von Flächennutzungsplänen eine Fehlerquote von über 25% dokumentiert.

[15] Näher zu Inhalt und Verfassungsmäßigkeit dieser Vorschrift BVerfG, Beschl. v. 7.5. 2001 – 2 BvK 1/00 –, BVerfGE 103, 332, 387ff.

[16] Vgl. dazu etwa *Bonk/Neumann*, in: Stelkens/Bonk/Sachs, VwVfG, Kommentar 6. Aufl. 2001, §75 Rn.33ff.; *Dürr*, in: Knack, VwVfG, 7. Aufl. 2000, §75 Rn.19ff.; *Kopp/Ramsauer*, VwVfG, 8. Aufl. 2003, §75 Rn.14ff.

[17] BVerwG, Urt. v. 30.4. 1969 – IV C 6.68 –, DVBl. 1969, 697ff.

bereits von der Aufgabenstellung her durch Abwägung und Abstimmung charakterisiert. Nach § 7 Abs. 7 S. 1 und 2 ROG ist im Landesplanungsrecht für die Aufstellung der Raumordnungspläne vorzusehen, daß die Grundsätze der Raumordnung gegeneinander und untereinander abzuwägen sind. Sonstige öffentliche Belange sowie private Belange sind in der Abwägung zu berücksichtigen, soweit sie auf der jeweiligen Planungsebene erkennbar und von Bedeutung sind.

Für die derart angeordnete Abwägung im Rahmen der Raumordnung und Landesplanung gelten im wesentlichen die gleichen Grundsätze wie für die Bauleitplanung, da es sich wesensmäßig in beiden Fällen um eine Gesamtplanung handelt und lediglich die Stufe eine jeweils andere ist.[18] Die raumordnerische Abwägungsdogmatik entspricht somit strukturell derjenigen der Bauleitplanung, auch wenn die raumordnerischen Abwägungsspielräume durch die überörtliche Betrachtungsweise und das höhere Abstraktionsniveau insgesamt noch ausgeprägter sind.[19] Die im Schrifttum vertretene These allerdings, die landesplanerische Abwägung könne sich auf einzelne sektorale Belange beschränken und beispielsweise die Umweltschutzbelange komplett ausblenden[20], würde jeder verwaltungsgerichtlichen Überprüfung landesplanerischer Festsetzungen am Maßstab des Abwägungsgebots den Boden entziehen und ist daher bislang zu Recht auf die Ablehnung der Rechtsprechung gestoßen.[21] Auch für das Recht der räumlichen Gesamtplanung ist damit sowohl auf

---

[18] Vgl. dazu bereits im ersten Kapitel S. 44f. und 51.

[19] Näher *Dörr*, in: Achterberg/Püttner/Würtenberger (Hrsg.), Besonderes Verwaltungsrecht, Bd. I, 2. Aufl. 2000, § 7 Rn. 46f.; *Erbguth/Schoeneberg*, Raumordnungs- und Landesplanungsrecht, 2. Aufl. 1992, Rn. 185ff.; *Hoppe*, in: Hoppe/Menke, Raumordnungs- und Landesplanungsrecht, 1986, Rn. 129ff., 481ff.; *ders./Spoerr*, Bergrecht und Raumordnung,1999, S. 142ff.; *Peine*, Öffentliches Baurecht, 4. Aufl. 2003, Rn. 238ff.; *Runkel*, in: Ernst/Zinkahn/Bielenberg (Hrsg.), BauGB, § 1 Rn. 51b, Stand: Nov. 1999; *Schmidt-Aßmann*, DÖV 1981, 237, 240ff.; vgl. auch *Wahl*, Rechtsfragen der Landesplanung und Landesentwicklung, Bd. I, 1978, S. 208f., sowie aus der Rechtsprechung BVerwG, Beschl. v. 20. 8. 1992 – 4 NB 20/91 –, BVerwGE 90, 329, 333f.; VGH München, Urt. v. 7. 7. 1983 – 22 N 82 A 772 –, DVBl. 1983, 1157, 1160f. Illustrativ für die Weite der Spielräume, die der Raumordnung aus der Natur der Sache heraus zugestanden werden, auch EGMR, Entsch. v. 25. 5. 2000 – Beschwerde Nr. 46346/99 –, LKV 2001, 69ff. (Auflösung Gemeinde Horno).

[20] So besonders *Hendler*, UPR 2003, 256, 259 und 261 m. w. N., der sich auf den Wortlaut des § 35 Abs. 3 S. 2 BauGB beruft, wonach öffentliche Belange raumbedeutsamen Vorhaben nicht entgegenstehen, »soweit die Belange bei der Darstellung dieser Vorhaben als Ziele der Raumordnung ... abgewogen worden sind«, und hieraus auf die Zulässigkeit einer sektoralen raumordnerischen Abwägung schließt. Ähnlich *Schmaltz*, in: Schrödter (Hrsg.), BauGB, 6. Aufl. 1998, § 35 Rn. 100f., m. w. N. Diese Vorschrift dürfte jedoch im Zusammenhang des § 7 Abs. 7 S. 2 ROG zu sehen sein, wonach sonstige öffentliche Belange sowie private Belange in der Abwägung zu berücksichtigen sind, »soweit sie auf der jeweiligen Planungsebene erkennbar und von Bedeutung sind«, rein örtliche Belange also auf der Ebene der Landesplanung ausgeblendet bleiben. Vgl. zu der ganzen Frage auch *Hoppe*, DVBl. 1993, 1109, 1115f., m. w. N.

[21] VGH Kassel, Urt. v. 16. 8. 2002 – 4 N 455/02 -, NVwZ 2003, 229, 231, stellt die Nichtigkeit eines Ziels zum Ausbau des Flughafens Frankfurt/Main fest, bei dem die einem Flughafenausbau möglicherweise entgegenstehenden Belange nicht ermittelt wurden. Der Planungsträger machte geltend, er habe »ebenenspezifisch« abgewogen und die entgegenstehenden Gesichtspunkte könnten im Planfeststellungsverfahren geprüft werden. Damit wurde jedoch, wie das Gericht zutreffend entschied, das Gebot gerechter Abwägung verletzt.

örtlicher (Bauleitplanung) wie auf überörtlicher Ebene (Raumordnung) die Geltung eines einheitlichen planerischen Abwägungsgebots anzuerkennen.

3. Ausdrücklich geregelte Fälle in der Planfeststellung

Die Anerkennung planerischer Gestaltungsfreiheit und die gleichzeitige Bindung an das Abwägungsgebot ist daneben – mit einer Ausnahme – ein gemeinsames Kennzeichen sämtlicher Planfeststellungsverfahren. Die Mehrzahl der Fachplanungsgesetze sieht mittlerweile ausdrücklich vor, daß bei der Planfeststellung ebenso wie bei der Bauleitplanung nach § 1 Abs. 6 BauGB die von dem Vorhaben berührten öffentlichen und privaten Belange abzuwägen sind.[22] Andere gesetzliche Regelungen setzen eine solche Abwägung offensichtlich voraus, wie z.B. die Regelung zur Unerheblichkeit bestimmter »Mängel bei der Abwägung der von dem Vorhaben berührten öffentlichen und privaten Belange« in § 19 Abs. 4 S. 1 WaStrG oder die bereits erwähnten Vorschriften zur »Planerhaltung«[23], so daß insoweit zumindest von einer mittelbaren Anerkennung des Abwägungsgebots durch den Gesetzgeber auszugehen ist. Auch in der Regelung des § 38 S. 1 Halbs. 2 BauGB über die bauplanungsrechtliche Privilegierung überörtlicher Planfeststellungsverfahren und öffentlich zugänglicher Abfallbeseitigungsanlagen wird unterstellt, daß eine Berücksichtigung der städtebaulichen Belange im Rahmen der entsprechenden Zulassungstatbestände möglich sein muß.[24]

Die sachliche und terminologische Verwandtschaft all dieser Bestimmungen zu § 1 Abs. 6 BauGB ist unverkennbar. Das Bundesverwaltungsgericht hat dementsprechend relativ früh die zunächst für die gerichtliche Überprüfung der Bauleitplanung entwickelten Grundsätze der Abwägungsfehlerlehre auf Planfeststellungen übertragen. Das Abwägungsgebot verlangt demnach auch im Planfeststellungsverfahren, die von dem Vorhaben berührten Belange vollständig zu ermitteln, ihrem objektiven Gewicht nach zu bewerten, gegeneinander und untereinander abzuwägen und die durch das Vorhaben ausgelösten Konflikte im Planfeststellungsbeschluß zu bewältigen und in einer Weise auszugleichen, daß es nicht zu einer unverhältnismäßigen Hintanstellung einzelner Belange kommt.[25] Die Struktur der fachplanerischen

---

[22] So im Bundesrecht etwa § 2 Abs. 2 S. 1 SpurVerkErprG, § 17 Abs. 1 S. 2 FStrG, § 28 Abs. 1 S. 2 PBefG, § 18 Abs. 1 S. 2 AEG oder § 8 Abs. 1 S. 2 LuftVG.

[23] Vgl. oben S. 271f.

[24] Näher zu den damit verbundenen Auslegungsfragen bereits im zweiten Kapitel S. 113ff.

[25] Vgl. nur BVerwG, Urt. v. 14. 2. 1975 – IV C 21.74 –, BVerwGE 48, 56, 63f.; Beschl. v. 10. 2. 1978 – 4 C 25/75 –, BVerwGE 55, 220, 225; Urt. v. 7. 7. 1978 – 4 C 79.76 –, BVerwGE 56, 110, 117; im Schrifttum *Gerhardt*, in: Schoch/Schmidt-Aßmann/Pietzner (Hrsg.), VwGO, § 114 Rn. 37ff., Stand: GW April 1996; *Jarass*, DVBl. 1998, 1202, 1207f.; *Kühling/Hermann*, Fachplanungsrecht, 2. Aufl. 2000, Rn. 311ff.; *Steinberg/Berg/Wickel*, Fachplanung, 3. Aufl. 2000, § 3 Rn. 57ff.; *Sendler*, in: FS für Schlichter, 1995, S. 55, 72ff.; *Stüer*, Handbuch des Bau- und Fachplanungsrechts, 2. Aufl. 1998, Rn. 2172ff.; *Wegener*, DV 1981, 305, 312; *Ziekow*, in: ders. (Hrsg.), Praxis des Fachplanungsrechts, 2004, Rn. 649ff.

Abwägung ist daher die gleiche wie bei der Bauleitplanung und Raumordnung.[26] Ausschlaggebend für die Geltung des Abwägungsgebots ist somit nicht die Form – sei es Satzung, Verordnung oder Verwaltungsakt –, sondern die besondere Struktur der planerischen Entscheidung.[27]

Diese in der Literatur und gelegentlich auch von den Instanzgerichten zwar vielfach kritisierte[28], mittlerweile jedoch weitgehend anerkannte Übertragung der bauleitplanerischen Abwägungsdogmatik auf sämtliche Bereiche des Planfeststellungsrechts findet nach den obigen Vorschriftenzitaten im Gesetz durchaus ihre Berechtigung, ist sachgerecht und entsprach Überlegungen im Schrifttum[29]. Zudem wurde dogmengeschichtlich zur Begründung der planerischen Gestaltungsfreiheit der Bauleitplanung ursprünglich gerade auf den Bereich der Planfeststellung verwiesen, wo diese Gestaltungsfreiheit bereits seit langem anerkannt war.[30] Vor diesem Hintergrund und angesichts der erwähnten ausdrücklichen fachplanerischen Abwägungsgebote im Gesetz kann jedenfalls von einer willkürlichen Vorgehensweise bei der Übertragung des Abwägungsgebots auf die Fachplanung im Ausgangspunkt keine Rede sein.[31]

Fraglich mag allenfalls sein, ob der Anwendungsbereich des so umrissenen fachplanerischen Abwägungsgebots sich auf die ausdrücklich genannten gesetzlichen Bestimmungen beschränkt. Nach der Rechtsprechung ergibt sich jedoch die planerische Gestaltungsfreiheit auch ohne eine ausdrückliche gesetzliche Bestimmung dieser Art »aus der Übertragung der Planfeststellungsbefugnis auf die Planfeststellungsbehörde«.[32] Mit diesem Begründungsansatz kommt das Bundesverwaltungsgericht zu einer einheitlichen Geltung des Abwägungsgebots für alle Planfeststellungen. Zugleich ist damit jedoch ein Begründungsansatz entwickelt, der weniger auf die Struktur und den Wortlaut der Planungsnormen als auf planerische Sachgesetzlichkeiten abstellt und daher potentiell auch auf andere Planungen übertragbar ist.

---

[26] So statt vieler *Stüer*, Handbuch des Bau- und Fachplanungsrechts, 2. Aufl. 1998, Rn. 2172, m.w.N.

[27] Näher zu diesen Aspekten nachfolgend S. 301ff.

[28] Vgl. etwa *Bartunek*, Probleme des Drittschutzes bei der Planfeststellung, 2000, S. 94, m.w.N.; *Blumenberg*, DVBl. 1989, 86, 87; *Börger*, Genehmigungs- und Planungsentscheidungen, 1987, S. 153ff.; *Erbguth*, DVBl. 1992, 398, 399ff.; *Gaentzsch*, in: FS für Schlichter, 1995, S. 517, 523ff.; *Ibler*, Die Schranken planerischer Gestaltungsfreiheit, 1988, S. 26ff.; *Melchior*, Fachplanung im Sozialstaat, 2000, S. 34ff.; *Ule/Laubinger*, Verwaltungsverfahrensrecht, 4. Aufl. 1995, § 41 Rn. 10ff.; *Weidemann*, DVBl. 1994, 263, 264ff., jeweils m.w.N.; vgl. auch *Erbguth*, NVwZ 1995, 243, der – in Verkennung der soeben im Text aufgeführten Bestimmungen – von vornherein keinen originären Gestaltungsauftrag der Planfeststellung anerkennen will.

[29] So zusammenfassend auch *Dreier*, Die normative Steuerung der planerischen Abwägung, 1995, S. 390; *Sendler*, in: FS für Schlichter, 1995, S. 55, 72ff.; *Stüer*, in: FS für Blümel, 1999, S. 565, 574f.; vgl. ferner bereits die Ausführungen zu einem »gleichartigen Planungsermessen« aller Planungen bei *Badura*, in: FS für den BayVerfGH, 1972, S. 157, 164.

[30] *Breuer*, Die hoheitliche raumgestaltende Planung, 1968, S. 186; *Wiedmann*, Das Planungsermessen des § 1 Abs. 7 BBauG, 1977 S. 31f.

[31] Vgl. auch *Hermes*, Staatliche Infrastrukturverantwortung, 1998, S. 368f.; *Papier*, in: Bitburger Gespräche. Jahrbuch 1980/1981, S. 81, 85.

[32] BVerwG, Urt. v. 14. 2. 1975 – IV C 21.74 –, BVerwGE 48, 56, 59.

4. Weitere Planfeststellungen

Wie erwähnt, enthalten zwar einige, keineswegs jedoch alle Planfeststellungsgesetze eine ausdrückliche Verpflichtung auf das Abwägungsgebot, was im Schrifttum im Hinblick auf die unzulängliche Berücksichtigung der gemeindlichen Selbstverwaltungsgarantie als ein »bedenklicher Zustand« kritisiert wurde[33]. Nach der Rechtsprechung des Bundesverwaltungsgerichts beruht freilich die Entscheidung über die Vornahme oder die Versagung der Planfeststellung von vornherein niemals auf einfachem Verwaltungsermessen; die Behörde müsse vielmehr stets ein spezifisches »Planungsermessen« ausüben und dabei die der Planfeststellung entgegenstehenden Belange mit den für sie sprechenden abwägen, insbesondere mit dem öffentlichen Interesse an dem Vorhaben oder mit den privaten Belangen des Antragstellers. Dies gelte auch dann, wenn das Gesetz der Behörde oder dem Planungsträger weder ausdrücklich eine planerische Gestaltungsfreiheit einräumt noch eine Bindung an das Abwägungsgebot statuiert. Auch die Regelung in § 31 WHG etwa, in der weder von Abwägung noch von Gestaltung die Rede ist, räume als Rahmenermächtigung zur wasserrechtlichen Planfeststellung der zuständigen Behörde über den Gesetzeswortlaut hinaus planerische Gestaltungsfreiheit ein. Zwar werde

> »... die mit dieser planerischen Gestaltungsfreiheit gegebene Entscheidungsbefugnis der Planfeststellungsbehörde im Wasserhaushaltsgesetz weder mit diesen Worten noch überhaupt ausdrücklich erwähnt. Das ist jedoch ohne sachliche Bedeutung. Die planerische Gestaltungsfreiheit ergibt sich – auch ohne solche ausdrückliche Erwähnung – aus der Übertragung der Planungsbefugnis auf die Planfeststellungsbehörde in Verbindung mit der Erkenntnis, daß die Befugnis zur Planung – hier wie anderweit – einen mehr oder weniger ausgedehnten Spielraum an Gestaltungsfreiheit einschließt und einschließen muß, weil Planung ohne Planungsfreiheit ein Widerspruch in sich wäre«.[34]

Diesen Ansatz hat das Bundesverwaltungsgericht in ständiger Rechtsprechung und mit nahezu wortgleichen Formulierungen auf fast alle Bereiche des Fachplanungsrechts übertragen.[35] Die einzige nach der Rechtsprechung weiterhin bestehende Ausnahme hiervon, die bergrechtliche Planfeststellung, soll im nachfolgenden sechsten Kapitel näher untersucht werden. Dieser die rechtlichen Bindungen für das Vorhaben zunächst scheinbar lockernden Gestaltungsfreiheit korrespondiert freilich als rechtsstaatliches Korrektiv die Anwendbarkeit

---

[33] *Püttner/Riffel*, Örtliche und überörtliche Planung, 1978, S. 18 in Fn. 15.

[34] BVerwG, Beschl. v. 10.2. 1978 – 4 C 25/75 –, BVerwGE 55, 220, 225; ähnlich bereits Urt. v. 12.12. 1969 – IV C 105.66 –, BVerwGE 34, 301, 304 (zum Bauplanungsrecht); eingehend zur Geltung des Abwägungsgebots für die wasserrechtliche Planfeststellung *Böttcher*, Umweltverträglichkeitsprüfung und planerisches Abwägungsgebot in der wasserrechtlichen Fachplanung, 1983, S. 193 ff.; *Thurn*, Schutz natürlicher Gewässerfunktionen durch räumliche Planung, 1986, S. 86f., 170f.

[35] Vgl. insbesondere BVerwG, Urt. v. 14.2. 1975 – IV C 21.74 –, BVerwGE 48, 56, 59 (zum Fernstraßenrecht) sowie Urt. v. 7.7. 1978 – 4 C 79.76 –, BVerwGE 56, 110, 116, m.w.N.; *Gassner*, DVBl. 1981, 4, 5; *Paetow*, in: Kunig/Paetow/Versteyl, KrW-/AbfG, 1998, § 29 Rn. 44 (Abfallrecht); näher zu diesem Ansatz *Bertrams*, in: FS für Hoppe, 2000, S. 975, 986; *Brohm*, in: FS für Blümel, 1999, S. 79, 81; *Sendler*, in: FS für Schlichter, 1995, S. 55, 72f.; *Stüer*, UPR 1998, 408, 413f.; *Wahl*, NVwZ 1990, 426ff.

»... des für jede hoheitliche Planung geltenden Abwägungsgebots. Nach diesem, zum Wesen einer rechtsstaatlichen Planung gehörenden und deshalb unabhängig von einer gesetzlichen Positivierung aus dem Bundesverfassungsrecht herleitbaren Gebot sind – bei der gemeinnützigen wie bei der privatnützigen Planfeststellung gleichermaßen – die von der Planung berührten öffentlichen und privaten Interessen gegeneinander und untereinander gerecht abzuwägen mit dem dem Abwägen materiell gesetzten Ziel, eine inhaltlich in sich abgewogene Planung zu erreichen.«[36]

Die Geltung des Abwägungsgebots hängt demnach

»... weder von seiner fachgesetzlichen Normierung noch von einer bestimmten Handlungs- oder Verfahrensform ab. Das Abwägungsgebot folgt vielmehr bereits aus dem Wesen einer rechtsstaatlichen Planung und gilt dementsprechend allgemein. Es begrenzt die planerische Gestaltungsfreiheit, die einerseits unerlässlich ist, um entgegengesetzte private und/oder öffentliche Belange auszugleichen, andererseits im Rechtsstaat nicht schrankenlos, sondern nur rechtlich gebunden und gerichtlich kontrollierbar sein kann.«[37]

Die durch das Bundesverwaltungsgericht vorgenommene Ausweitung des Abwägungsgebots auf sämtliche Planfeststellungen (mit Ausnahme der bergrechtlichen) ist mittlerweile in Rechtsprechung und Schrifttum nahezu anerkannt und durch eine Reihe gesetzlicher Bestimmungen im nachhinein sanktioniert worden.[38] Mit dem Rückgriff auf das Rechtsstaatsgebot hatte das Gericht freilich den Boden dafür bereitet, um das Abwägungsgebot über die Planfeststellung hinaus auch auf andere räumliche Planungen zu übertragen. Die Rechtsprechung der 80er und 90er Jahre war daher geprägt von einem Siegeszug des Abwägungsgebots. Obwohl die entsprechenden Rechtsentwicklungen noch nicht in jeder Hinsicht abgeschlossen sind, ist erkennbar, daß letztlich sämtliche von der vorliegenden Studie erfaßten Planungen dem Abwägungsgebot unterfallen sollen.

5. Nutzungsregelungen

Nutzungsregelungen als neben den Planfeststellungen wichtigste Gruppe der Fachplanungen ergehen überwiegend in der Form der Rechtsverordnung. So werden Lärmschutzbereiche nach §4 des Gesetzes zum Schutz gegen Fluglärm (FlugLärmG) durch den Bundesminister für Umwelt, Naturschutz und Reaktorsicherheit mit Zustimmung des Bundesrates durch Rechtsverordnung festgesetzt. Auch die Festsetzung von Naturschutzgebieten erfolgt nach Landesrecht und in aller Regel durch Rechtsverordnung.[39]

Soweit beim Erlaß von Rechtsverordnungen in Form eines Regelungs- oder »*Verordnungsermessens*« Gestaltungsspielräume bestehen, sind diese nach allgemeinen

[36] BVerwGE 55, 220, 227; ähnlich BVerwGE 56, 110, 116, 122ff., jeweils m.w.N.; Urt. v. 29.1. 1991 – 4 C 51.89 –, BVerwGE 87, 332, 341ff.

[37] BVerwG, Urt. v. 28.6. 2000 – 11 C 13. 99 –, NJW 2000, 3584, 3585, m.w.N.

[38] Vgl. etwa den nachträglich eingefügten §17 Abs.1 S.2 FStrG sowie bereits oben S.274 in Fn.22.

[39] Vgl. hier nur *Langer*, VerwArch 80 (1988), 352, 360; näher zum Formenreichtum der Raumplanung im siebten Kapitel S.402ff.

Grundsätzen durch die Verordnungsermächtigung vorgegeben und grundsätzlich nicht planerischer Natur. Innerhalb des durch die Ermächtigung abgesteckten Rahmens ist die gebotene richterliche Kontrolle nach vorherrschender Sichtweise sehr viel weniger intensiv als bei Plänen.[40] Demgegenüber soll nach der Rechtsprechung für normativ erlassene Nutzungsregelungen ein planerisches Abwägungsgebot gelten, das in seinen Grundstrukturen dem der Bauleitplanung entspricht. Da es sich insoweit um »als Norm ergangene Pläne« handelt, unterscheide sich die Kontrolle der Entscheidungsfindung in materieller Hinsicht nicht von anderen raumbedeutsamen Planungen – Maßstab ist in beiden Fällen das planerische Abwägungsgebot.[41] Nicht die Rechtsform, sondern der Inhalt der Planung soll demnach für die materiell-rechtlichen Bindungen einer Planverordnung entscheidend sein.[42] Der wichtigste Anwendungsfall solcher Nutzungsregelungen ist das Naturschutzrecht.

a) Naturschutzrecht

Im Naturschutzrecht ist ein besonderes Abwägungsgebot in §2 Abs.1 BNatSchG ausdrücklich als Zielsetzung verankert[43]; demnach sind bei Schutz von Natur und

---

[40] So vor allem BVerwG, Urt. v. 13.12. 1984 – 7 C 3, 6, 8 und 13.83 –, BVerwGE 70, 318, 328; im Schrifttum ebenso *Badura*, in: GS für Martens, 1987, S.25, 29ff.; *Breuer*, NVwZ 1988, 104, 110; *Ossenbühl*, in: HStR III, 1988, §64 Rn.33ff.; *Schneider*, in: Bundesverfassungsgericht und Grundgesetz, Bd.II, 1976, S.390, 396ff., 399; besonders eingehend *von Danwitz*, Die Gestaltungsfreiheit des Verordnungsgebers, 1989, S.33ff., 134ff., 161ff. Zum Verhältnis des »Planungsermessens« zum »Verordnungsermessen« dort S.172ff. Den Gegenpol zu dieser Unterscheidung bildet der Vorschlag von *Schmidt-Aßmann*, in: Maunz/Dürig u.a., GG, Art.19 Abs. IV Rn.217f., Stand: Feb. 2003, der das Verordnungsermessen in Anlehnung an das Planungsermessen bestimmen will; so auch *ders.*, Kommunale Rechtssetzung im Gefüge der administrativen Handlungsformen, 1981, S.11ff., 59f.; ähnlich *Gerhardt*, in: Schoch/Schmidt-Aßmann/Pietzner (Hrsg.), VwGO, Vorb. zu §47 Rn.5, Stand: Mai 1997; *Kloepfer*, DVBl. 1995, 441ff.; *Meßerschmidt*, Gesetzgebungsermessen, 2000, S.241ff., 288ff., 294ff., m.w.N., die mit unterschiedlichen Akzenten für Annäherung der Kontrolle des Normsetzungsermessens an den Maßstab des Abwägungsgebots plädieren. Ablehnend zur strukturellen Unterscheidung von Verordnungs- und Planungsermessen auch *Weitzel*, Justitiabilität des Rechtssetzungsermessens, 1998, S.99ff., der allerdings auf S.107 die erhöhte Komplexität als Besonderheit der Planungsentscheidung anerkennt. Differenzierend auch *Schröder*, DÖV 1975, 308, 310f.

[41] So allgemein BVerwG, Beschl. v. 19.7. 1995 – 6 NB 1/95 –, NVwZ 1997, 61, 65, m.w.N.; im Schrifttum *Badura*, in: GS für Martens, 1987, S.25, 32f.; *von Danwitz*, Die Gestaltungsfreiheit des Verordnungsgebers, 1989, S.173; *Hoppe*, in: FS für Redeker, 1993, S.377, 381; *Langer*, VerwArch 80 (1988), 352, 361; *Wagner*, UPR 1997, 387, 391. In der älteren Rechtsprechung und Literatur war diese Frage durchaus umstritten. Teilweise wurde angenommen, der Entscheidungsspielraum des Plangebers werde gerade durch die Rechtsform der Planung determiniert. Vgl. dazu die Darstellung und die Nachweise bei *Wiedmann*, Das Planungsermessen des §1 Abs.7 BBauG, 1977, S.32ff., sowie zuletzt wieder *Steinberg/Steinwachs*, NVwZ 2004, 530, 533.

[42] Vgl. *Sendler*, in: FS für Schlichter, 1995, S.55, 76ff.; *Wolff*, in: Sodan/Ziekow (Hrsg.), VwGO, §114 Rn.209, Stand: Jan. 2003.

[43] Näher etwa *Gassner*, in: ders./Bendomir-Kahlo/Schmidt-Räntsch, BNatSchG, 2. Aufl. 2003, §2 Rn.19ff.; *Hoppe/Beckmann/Kauch*, Umweltrecht, 2. Aufl. 2000, §15 Rn.15; *Kloepfer*, Umweltrecht, 2.Aufl. 1998, §11 Rn.11, 18; *Lorz/Müller/Stöckel*, Naturschutzrecht, 2.Aufl. 2003, §2 BNatSchG Rn.2; *Louis*, BNatSchG, Bd.1, 2. Aufl. 2000, §1 Rn.22ff.

Landschaft die sich aus § 1 BNatSchG ergebenden Anforderungen untereinander und gegen die sonstigen Anforderungen der Allgemeinheit an Natur und Landschaft abzuwägen. Ob dieses Gebot inhaltlich dem allgemeinen Abwägungsgebot nach § 1 Abs. 6 BauGB entspricht und dieses damit für den Bereich des Naturschutzrechts lediglich konkretisiert, ob es sich mithin wie in der Bauleitplanung um ein umfassendes oder lediglich um ein sektorales, auf naturschutzrechtliche Belange beschränktes Abwägungsgebot handelt, ist in der Rechtsprechung nicht geklärt[44], obwohl überwiegend die Notwendigkeit einer umfassenden Abwägung angenommen wird.[45] Für die Landschaftsplanung beschränkt § 2 Abs. 1 BNatSchG daher zwar die abwägungserheblichen Belange auf die sektoralen Erfordernisse des Naturschutzes und der Landschaftspflege, ermöglicht jedoch die gebotene Berücksichtigung gegenläufiger Belange und damit beispielsweise auch konkurrierender Planungen der Gemeinde.[46] Zudem werden die Ergebnisse der Landschaftsplanung anschließend im Rahmen ihrer Integration in die Gesamtplanung nochmals gesamträumlich abgewogen[47], ehe sie Bindungen nach außen entfalten. Nach Inhalt und Begründungsstruktur finden daher durchaus vergleichbare Abwägungen wie in der räumlichen Gesamtplanung statt.

Auf der Grundlage dieser Bestimmungen haben Rechtsprechung und Literatur die Grundsätze des planerischen Abwägungsgebots generell und losgelöst von den erwähnten einzelgesetzlichen Bestimmungen auf den Erlaß von Schutzverordnungen übertragen: Der Erlaß von Schutzgebietsverordnungen unterliegt daher nach herrschender Lehre dem planerischen Abwägungsgebot.[48] Dabei wird die Rechtsprechung zu § 1 Abs. 6 BauGB ohne weiteres auf den Erlaß der Verordnung übertragen[49], auch wenn beide Formen der Abwägung nach gelegentlichen Aussagen

---

[44] Vgl. die Nachweise bei OVG Münster, Urt. v. 26. 4. 1995 – 7 A 4018/92 –, NuR 1996, 98, 99, wo die Frage offengelassen wird.

[45] So etwa *Louis*, BNatSchG, Bd. 1, 2. Aufl. 2000, § 1 Rn. 23ff., m. w. N.; ähnlich *Gassner*, in: ders./Bendomir-Kahlo/Schmidt-Räntsch, BNatSchG, 2. Aufl. 2003, § 2 Rn. 28ff. (Übernahme der Abwägungsfehlerlehre); *Hoppe/Beckmann/Kauch*, Umweltrecht, 2. Aufl. 2000, § 7 Rn. 8.

[46] *Baumeister*, Die Integration der örtlichen Landschaftsplanung in die Bauleitplanung, 1992, S. 60ff., m. w. N. besonders in Fn. 197; *Stenschke*, BayVBl. 1987, 644, 648.

[47] Vgl. etwa *Hahn*, Das Recht der Landschaftsplanung, 1991, S. 60ff., für das Beispiel der Integration in die Bauleitplanung. *Runkel*, DVBl. 1992, 1402, 1406, verweist insoweit auf Lücken im brandenburgischen Recht, die wegen der verfassungsrechtlichen Grundlagen das Abwägungsgebot nicht in Frage stellen dürften.

[48] So zuletzt BVerfG, Beschl. v. 7. 5. 2001 – 2 BvK 1/00 –, BVerfGE 103, 332, 378; besonders ausführlich OVG Berlin, Beschl. v. 26. 9. 1991 – 2 A 5/91 –, NVwZ-RR 1992, 406ff., m. w. N.; im Schrifttum etwa *Hofmann*, NuR 1980, 65, 66f. (unter Kritik der früheren Rechtsprechung des VGH München); *Hoppe/Beckmann/Kauch*, Umweltrecht, 2. Aufl. 2000, § 15 Rn. 133 (»gestalterisches Ermessen«); *Kloepfer*, Umweltrecht, 2. Aufl. 1998, § 11 Rn. 63; *Louis*, BNatSchG, Bd. 1, 2. Aufl. 2000, § 12 Rn. 77ff.; *Peters*, DÖV 1988, 56, 58, 60f.; *Schmidt-Aßmann*, NuR 1979, 1, 3, 6; *Soell*, NuR 1993, 301, 302ff.; *Stenschke*, BayVBl. 1987, 644, 648ff., jeweils m. w. N.; ähnlich auch *Lorz/Müller/Stöckel*, Naturschutzrecht, 2. Aufl. 2003, § 22 BNatSchG Rn. 6f.

[49] Vgl. etwa die Nachweise in VGH Mannheim, Urt. v. 24. 6. 1999 – 5 S 2967/97 –, NVwZ-RR 2000, 488ff., die sich größtenteils auf Rechtsprechung zur Bauleitplanung beziehen. Ebenso OVG Münster, Urt. v. 6. 10. 1988 – 11 A 372/87 –, NVwZ-RR 1989, 465ff. Ausdrücklich auch *Schmidt-Aßmann*, NuR 1979, 1, 6.

nicht in jeder Hinsicht identisch sein sollen.[50] Die Unterschutzstellung von Gebieten erfordert demnach zunächst – vergleichbar einer Planrechtfertigung[51] –, daß die Flächen unter Berücksichtigung der Ziele und Grundsätze des Naturschutzes, also nach naturschutzfachlichen Kriterien überhaupt schutzwürdig und schutzbedürftig sind.[52] In einem zweiten Schritt sind dann die betroffenen Interessen und Auswirkungen mit den Anforderungen der Allgemeinheit an Natur und Landschaft abzuwägen, wobei sich dieses Abwägungsgebot über den gesetzlichen Wortlaut hinaus auch auf rechtlich geschützte Positionen wie die Eigentumsgarantie nach Art. 14 Abs. 1 GG und die Garantie der kommunalen Selbstverwaltung aus Art. 28 Abs. 2 GG erstreckt.[53] Diese Ausweitung des gesetzlichen Abwägungsprogramms kann sich auch auf das Bundesverfassungsgericht berufen. Das Gericht hält es bei dem Erlaß einer Landschaftsschutzgebietsverordnung für geboten, daß der Verordnungsgeber im Normsetzungsverfahren Einsprüche der betroffenen Eigentümer abwägt.[54] Daher erfordert das beim Erlaß einer Landschaftsschutzverordnung zu beachtende Abwägungsgebot nach § 2 Abs. 1 BNatSchG über seinen Wortlaut hinaus auch die Beachtung aller privaten Belange.[55] Als öffentliche Planungsträger unterliegen die Naturschutzbehörden zudem der Anpassungspflicht nach § 7 BBauG, wenn sie Landschaftsschutz- oder Naturschutzgebietsverordnungen erlassen wollen, die sich auf den Bereich eines Flächennutzungsplans erstrecken.[56]

Zumindest im Hinblick auf die gerichtliche Überprüfung der Planungsentscheidung sind damit die Unterschiede zwischen Planfeststellung und Schutzgebietsausweisung weitgehend eingeebnet. Dogmatische Zweifel an diesem Vorgehen finden

---

[50] Vgl. etwa BVerwG, Beschl. v. 16. 6. 1988 – 4 B 102/88 –, NVwZ 1988, 1020f., und dazu *Kühling*, DVBl. 1989, 221.

[51] Vgl. *Ronellenfitsch*, Einführung in das Planungsrecht, 1986, S. 208. Auch VGH München, Urt. v. 28. 5. 2001 – 9 N 99.2580 –, BayVBl. 2002, 272ff., stellt darauf ab, daß die Unterschutzstellung nach ökologischen Kriterien »vernünftig geboten erscheint«.

[52] *Louis*, BNatSchG, Bd. 1, 2. Aufl. 2000, § 12 Rn. 67ff.

[53] VGH Mannheim, Urt. v. 11. 10. 1993 – 5 S 1266/92 –, VBl.BW 1994, 233/235, m.w.N.; Urt. v. 11. 1. 1995 – 5 S 227/94 –, NuR 1996, 152, 153ff. (»War der Erlaß der Landschaftsschutzverordnung danach in dem oben beschriebenen Sinne für das Gemeinwohl erforderlich, ist sie gleichwohl nur dann mit höherrangigem Recht vereinbar, wenn ihre Auswirkungen in Abwägung mit den übrigen Zielen des Naturschutzes und der Landschaftspflege und gegen die sonstigen Anforderungen der Allgemeinheit ... zu einem gerechten Ausgleich gebracht sind«); Urt. v. 8. 11. 1996 – 5 S 432/96 –, NuR 1997, 248, 249; OVG Schleswig, Urt. v. 31. 10. 1995 – 1 K 5/95 –, zit. nach Juris; näher *Egner*, in: Engelhardt/Brenner/Fischer-Hüftle (Hrsg.), Naturschutzrecht in Bayern, Art. 10 BayNatSchG Erl. 6, Stand: Sept. 1993; *Hoppe/Beckmann/Kauch*, Umweltrecht, 2. Aufl. 2000, § 15 Rn. 134ff.; *Louis*, BNatSchG, Bd. 1, 2. Aufl. 2000, § 12 Rn. 81ff., 107f.; *Soell*, NuR 1993, 301, 302f., 306f.

[54] BVerfG, Beschl. v. 10. 10. 1997 – 1 BvR 310/84 –, NJW 1998, 367, 368, zum Landschaftsschutzgebiet »Untere Isar«.

[55] VGH Mannheim, Urt. v. 16. 12. 1983 – 5 S 297/83 –, NJW 1984, 1700; Urt. v. 24. 6. 1999 – 5 S 2967/97 –, NVwZ-RR 2000, 488ff.

[56] VGH München, Urt. v. 28. 10. 1994 – 9 N 87.03911 –, BayVBl. 1995, 242ff.; Urt. v. 18. 5. 1999 – 9 N 97.2491 –, BayVBl. 2001, 434f.; VGH Mannheim, Beschl. v. 28. 7. 1986 – 5 S 2110/85 –, NuR 1986, 340; Beschl. v. 9. 5. 1995 – 5 S 2153/94 –, VBl.BW 1995, 483; Urt. v. 11. 1. 1995 – 5 S 227/94 –, NuR 1996, 152, 153; Urt. v. 8. 11. 1996 – 5 S 432/96 –, NuR 1997, 248ff.; zu § 7 BauGB vgl. bereits die Ausführungen im zweiten Kapitel S. 104ff.

sich mittlerweile nur noch vereinzelt, etwa in einem Urteil des Oberverwaltungsgerichts Mecklenburg-Vorpommern zur Wirksamkeit einer Biosphärenreservats-Verordnung »Südost-Rügen« aus dem Jahr 1994. Das Gericht folgt zwar der übrigen Rechtsprechung im Ergebnis, will aber die Entscheidung über das Biosphärenreservat nicht als planerische ansehen:

»Ist die Unterschutzstellung des betreffenden Gebietes nach den erörterten Kriterien erforderlich, so sind ihre Auswirkungen mit den übrigen Zielen des Naturschutzes und der Landschaftspflege und gegen die sonstigen Anforderungen der Allgemeinheit an Natur und Landschaft abzuwägen. In diesen Vorgang sind auch andere von der Maßnahme berührte rechtliche, insbesondere verfassungsrechtlich geschützte Positionen einzubeziehen, wie etwa die privaten Eigentümerbelange oder die Garantie der kommunalen Selbstverwaltung. Diese Abwägung ist allerdings nicht ohne weiteres vergleichbar mit einer Planungsentscheidung und dem dort geltenden Abwägungsgebot. Da hier §§12f. und §15 BNatSchG die Unterschutzstellung von Landschaftsteilen an die genannten normativ vorgegebenen Kriterien und Voraussetzungen knüpft, deren Vorliegen die Behörden zu prüfen haben, besteht der Handlungsspielraum der Behörden in erster Linie in einer dem Verhältnismäßigkeitsgrundsatz verpflichteten Würdigung der sich gegenüberstehenden Interessen des Landschaftsschutzes auf der einen und der Nutzungsinteressen und der Eigentümer auf der anderen Seite.«[57]

Wenig überzeugend ist die in dieser Passage entwickelte These, die Entscheidung über den Erlaß der Schutzverordnung habe deshalb keinen Planungscharakter, weil dieser an normativ vorgegebene Kriterien und Voraussetzungen geknüpft sei; demgegenüber setzen viele Planungsnormen – etwa §32 Abs. 1 KrW-/AbfG – für die Ausübung der planerischen Gestaltungsfreiheit das Vorliegen tatbestandlicher Vorgaben voraus. Zudem liefert das Urteil keine inhaltliche Alternative zum planerischen Abwägungsgebot: Der Sache nach überprüft das Oberverwaltungsgericht die Verordnung nämlich exakt nach den Maßstäben einer Planungsentscheidung. Es unterscheidet die Überprüfung der Schritte des »Abwägungsvorgangs« und des »Abwägungsergebnisses« und stellt fest, es dürfe die Zielvorstellungen, Beurteilungen und Abwägungen des Verordnungsgebers nicht durch eigene ersetzen, sondern lediglich prüfen, ob die Einschätzungen des Normgebers offensichtlich fehlerhaft oder eindeutig widerlegbar seien.[58] Ein greifbarer Inhalt des Vorbehalts, wonach »diese Abwägung« einer Planungsentscheidung und dem dort geltenden Abwägungsgebot »nicht ohne weiteres vergleichbar« sein soll, ist somit nicht ersichtlich. Der Sache nach bestätigt vielmehr auch dieses Urteil die Geltung des planerischen Abwägungsgebots für den Erlaß naturschutzrechtlicher Schutzgebietsverordnungen.

---

[57] OVG Greifswald, Urt. v. 20.4. 1994 – 4 K 25/93 –, NuR 1995, 149, 154f.; ähnliche Ausführungen finden sich auch in älteren Entscheidungen des Bundesverwaltungsgerichts, vgl. dazu *Kühling*, DVBl. 1989, 221, m.w.N.

[58] OVG Greifswald, NuR 1995, 149, 155.

b) An- und Abflugstrecken

Mit ähnlichen Erwägungen hat das Bundesverwaltungsgericht das Bestehen planerischer Gestaltungsfreiheit und die Geltung des Abwägungsgebots zuletzt auf die durch Rechtsverordnung des Luftfahrt-Bundesamtes erfolgende Festlegung von An- und Abflugstrecken von und zu Flugplätzen gemäß § 27 a Abs. 2 S. 1 LuftVO übertragen. Solche Bundesverordnungen sind vielfach Gegenstand gerichtlicher Normenkontrollen, wobei sich namentlich klagende Gemeinden regelmäßig auf die Verletzung ihrer Planungshoheit berufen.[59] Der Bayerische Verwaltungsgerichtshof[60] und ihm folgend das Oberverwaltungsgericht Lüneburg sahen gegen Rechtsverordnungen des Bundes eine fachgerichtliche Rechtsschutzmöglichkeit zunächst nicht als eröffnet an und verwiesen auf die Möglichkeit der Verfassungsbeschwerde. Das daraufhin angerufene Bundesverfassungsgericht erklärte in einer durchaus überraschenden Entscheidung die Verfassungsbeschwerde dennoch für unzulässig, da gegen die Lärmimissionen ein einfachgerichtlicher Rechtsschutz und dabei eine Inzidentkontrolle zulässig seien.[61] Damit stellte sich die »große Frage«, nach welchen Maßstäben der so verordnete einfachgerichtliche Rechtsschutz gegen die Festlegung von Flugrouten zu gewähren sein würde.[62]

Auch in diesem Zusammenhang erfolgte die Lösung über das planerische Abwägungsgebot. Die Vorschrift des § 27 a Abs. 2 S. 1 LuftVO umschreibt nach neuen Erkenntnissen des Bundesverwaltungsgerichts das Entscheidungsprogramm für den Erlaß der Flugstreckenverordnungen nämlich nicht abschließend, sondern enthält über ihren Wortlaut hinaus ein materielles Abwägungsgebot, das Dritten ein subjektives Recht auf gerechte Abwägung ihrer rechtlich geschützten Interessen vermittele. Dieses Recht folgt – wie bei den Planfeststellungen – auch bei der Festlegung von Abflugstrecken erneut aus dem Charakter dieser Entscheidung als »rechtsstaatliche Planung« und hängt weder von seiner fachgesetzlichen Normierung noch von einer bestimmten Handlungs- oder Verfahrensform ab.[63] Prozessual ist bei Verletzungen des Abwägungsgebots Rechtsschutz gegen Flugroutenverordnungen nunmehr im Wege der Feststellungsklage verfügbar.[64]

---

[59] Vgl. zuletzt *Bohl*, Zum Rechtsschutz der Gemeinden gegen Flugroutenfestlegungen, NVwZ 2001, 764f.

[60] VGH München, GB v. 30. 11. 1993 – 20 A 93.40022 –, NVwZ-RR 1995, 114, 115; Urt. v. 12. 4. 1994 – 20 A 93.40022 –, NVwZ-RR 1995, 117f.

[61] BVerfG, Beschl. d. 1. Kammer d. 1. Senats v. 2. 4. 1997 – 1 BvR 446/96 –, NVwZ 1998, 169f.

[62] *Kilian*, NVwZ 1998, 142.

[63] BVerwG, Urt. v. 28. 6. 2000 – 11 C 13. 99 –, NJW 2000, 3584, 3585, m. w. N; VGH Kassel, Beschl. v. 18. 4. 2001 – 2 Q 1064/01 –, NVwZ 2001, 826; vgl. zur Geltung des Abwägungsgebots bei der Flugroutenfestlegung der Rechtsprechung folgend auch *Czybulka*, in: Ziekow (Hrsg.), Flughafenplanung, 2002, S. 9, 17ff., der im Hinblick auf den Lärmschutz von der Geltung eines Optimierungsgebots ausgeht; *Kukk*, NVwZ 2001, 408ff.; *Pfaff/Heilshorn*, NVwZ 2004, 412ff. (mit Kritik an der aus ihrer Sicht zu geringen Prüfungstiefe der Rspr.); *Sellner/Scheidmann*, NVwZ 2004, 267, 271f. (die eine »eine strenge Abwägungskontrolle« demgegenüber für zu weitgehend erachten); *Stüer*, Handbuch des Bau- und Fachplanungsrechts, 2. Aufl. 1998, Rn. 791.

[64] Näher *Czybulka*, in: Ziekow (Hrsg.), Flughafenplanung, 2002, S. 9, 19ff.

c) Lärmschutzbereiche

Weniger abwägungsfreundlich und damit im Vergleich zu anderen Nutzungsregelungen bemerkenswert inkonsistent ist die Rechtsprechung des Bundesverwaltungsgerichts im Bereich der Lärmschutzbereiche. Solche Bereiche werden gem. § 4 FlugLärmG durch den Bundesminister für Umwelt, Naturschutz und Reaktorsicherheit in der Umgebung von Flugplätzen festgesetzt und beschränken dort die Errichtung baulicher Anlagen, um potentielle Bewohner vor Gefahren und erheblichen Belästigungen durch Fluglärm zu schützen. Sie beschneiden somit die kommunale Bauleitplanung nicht unerheblich.[65]

Im Hinblick auf diese Festsetzung von Lärmschutzbereichen war es nicht die Verwaltungsgerichtsbarkeit, sondern das Bundesverfassungsgericht, das den Anwendungsbereich des planerischen Abwägungsgebots auf diese Fallkonstellation übertrug. In einem Beschluß zu der Verordnung über die Festsetzung des Lärmschutzbereichs für den militärischen Flugplatz Memmingen wurde deren Nichtigkeit mit der fehlenden Abwägung durch den Verordnungsgeber begründet. Dieser genieße zwar bei der Festsetzung von Lärmschutzbereichen eine Gestaltungs- und Entscheidungsfreiheit, der jedoch die Pflicht korrespondiere, den für die Entscheidung erheblichen Sachverhalt vollständig zu ermitteln und der Verordnung abwägend zugrunde zu legen.[66]

Diese Aussagen entsprechen im wesentlichen dem Ansatz, den das Bundesverwaltungsgericht im Bereich der Planfeststellungen und naturschutzrechtlichen Nutzungsregelungen verfolgt hat. Vor diesem Hintergrund hätte man eine positive Rezeption dieses Urteils durch die Verwaltungsgerichtsbarkeit erwarten können. Erstaunlicherweise befand jedoch der Vierte Senat des Bundesverwaltungsgerichts ein Jahr nach dieser durch ein ehemaliges Mitglied des Senats kritisch kommentierten[67] Entscheidung, für die Festsetzung eines Lärmschutzbereichs durch Rechtsverordnung gem. § 4 FlugLärmG genieße der Bundesminister weder hinsichtlich der Grenzen des Lärmschutzbereichs selbst noch hinsichtlich der räumlichen Abgrenzung der Schutzzonen innerhalb des Lärmschutzbereichs einen Gestaltungsspielraum.[68] Es fällt schwer, diese offensichtliche Mißachtung der mit Gesetzeskraft ergangenen Entscheidung des Bundesverfassungsgerichts als bloßes Übersehen einzustufen.[69] Obwohl daher eine Verfassungsbeschwerde gegen das Urteil gute Aussichten auf Erfolg gehabt hätte, scheint das Thema die Rechtsprechung seitdem nicht weiter beschäftigt zu haben. Angesichts der seitdem durch das Bundesverwaltungsgericht und namentlich durch den Vierten Senat selbst vorangetriebenen Auswei-

---

[65] Näher *Stüer*, Handbuch des Bau- und Fachplanungsrechts, 2. Aufl. 1998, Rn. 1722, m.w.N.

[66] BVerfG, Beschl. v. 7. 10. 1980 – 2 BvR 584, 598, 599 und 604/76 –, BVerfGE 56, 298 (Leitsatz 3), 319; kritisch insoweit das Sondervotum der Richter *Wand* und *Niebler* BVerfGE 56, 324, 336ff., 343.

[67] *Weyreuther*, DÖV 1982, 173ff.; vgl. zu der Problematik ferner die Beiträge von *Bethge*, DVBl. 1981, 914f.; *Blümel*, VerwArch 73 (1982), 329ff.; *Geiger*, JA 1982, 211ff.; *Steinberg*, JuS 1982, 578ff.

[68] BVerwG, Beschl. v. 15. 9. 1981 – 4 B 117/81 –, DÖV 1982, 198f.; dem folgend *Ronellenfitsch*, Einführung in das Planungsrecht, 1986, S. 152f., und ähnlich bereits *Weyreuther*, DÖV 1982, 173ff.

[69] Kritisch daher *Blümel*, VerwArch 73 (1982), 329, 332.

tung des Anwendungsbereichs der planerischen Abwägung mag es sich jedoch bei der zuletzt genannten Entscheidung um eine Episode handeln.

d) *Weitere Nutzungsregelungen*

Ähnliche Maßstäbe wie für den Erlaß naturschutzrechtlicher Schutzgebietsverordnungen gelten für den freilich nicht unumstrittenen Bereich der Festsetzung von *Wasserschutzgebieten* nach § 19 WHG.[70] Die Rechtsprechung, die in diesem Bereich teilweise zunächst keinerlei Entscheidungsspielräume der Verwaltung anerkennen wollte[71], ist schrittweise[72] und jedenfalls im Hinblick auf den praktischen Maßstab der gerichtlichen Kontrolle ganz auf die Linie des Bundesverwaltungsgerichts eingeschwenkt und geht auch in diesem Bereich von der Geltung des planerischen Abwägungsgebots aus[73], wobei weiterhin bestehende Verbalvorbehalte eher terminologischer als inhaltlicher Natur sein dürften.[74]

---

[70] Vgl. zum Streitstand Ermessen – planerische Abwägung bei der Festsetzung solcher Gebiete *Peters*, DVBl. 1987, 990, 991f.; für eine planerische Abwägung etwa *Ronellenfitsch*, Einführung in das Planungsrecht, 1986, S. 208f.; *Thurn*, Schutz natürlicher Gewässerfunktionen durch räumliche Planung, 1986, S. 30ff.

[71] Hervorzuheben ist insoweit die Auffassung des VGH Mannheim, Urt. v. 21.12. 1982 – 5 S 1359/81 –, DVBl. 1983, 638ff., Leitsatz 1: »Die Festsetzung eines Wasserschutzgebietes ist keine fachplanerische Entscheidung, die wesensnotwendig eine Gestaltungsfreiheit (Planungsermessen) der Wasserbehörde voraussetzte. Die Frage, ob das Wohl der Allgemeinheit eine solche Festsetzung erfordert, unterliegt grundsätzlich unbeschränkter verwaltungsgerichtlicher Prüfung«; ebenso bereit Urt. v. 25.3. 1971 – II 504/69 –, ZfW 1972, 182.

[72] Vgl. VGH Mannheim, Beschl. v. 25.10. 1991 – 8 S 1543/91 –, ZfW 1992, 496ff.: »Zwar handelt es sich nach der Rechtsprechung des erkennenden Gerichtshofs bei der Festsetzung eines Wasserschutzgebiets nicht um eine spezifisch fachplanerische Entscheidung, für die der zuständigen Behörde eine planerische Gestaltungsfreiheit (Planungsermessen) eingeräumt wäre. Gleichwohl verlangt die Feststellung, ob das Wohl der Allgemeinheit die Festsetzung eines Wasserschutzgebiets im Sinne von § 19 Abs. 1 Nr. 1 WHG erfordert, eine Gegenüberstellung und Abwägung der für die Maßnahme sprechenden öffentlichen Interessen und der durch sie beeinträchtigten Belange anhand des Maßstabs des rechtsstaatlichen Übermaßverbotes. Es handelt sich insoweit um ein ›nachvollziehendes Abwägen‹ ...«. Bezeichnend ist, daß das Gericht hier die aus dem Planfeststellungsrecht entlehnte Formulierung »nachvollziehendes Abwägen« gebraucht und nach Feststellung des Abwägungsmangels nicht etwa selbst überprüft, ob die Voraussetzungen für die Festsetzung des Schutzgebietes vorliegen oder nicht. Der Sache nach wird damit die dogmatisch nur unter Vorbehalten akzeptierte Abwägungsfehlerlehre ohne jede inhaltliche Einschränkung praktiziert.

[73] So eingehend VGH Mannheim, Urt. v. 3.8. 1998 – 3 S 990/98 –, VBl.BW 1999, 97, 99ff., mit etwas unvermittelter Verwendung der Begriffs »nachvollziehendes Abwägen«; ähnlich, aber knapper Urt. v. 5.8. 1998 – 8 S 1906/97 –, NVwZ 1999, 1249, 1251; ähnlich auch OVG Koblenz, Urt. v. 9.3. 2000 – 1 C 12087/98 –, NuR 2000, 387ff.; ohne weiteres von Abwägung spricht VGH München, Urt. v. 13.6.1996 – 22 N 93.2863 –, BayVBl. 1997, 111, 113; Urt. v. 11.4. 2000 – 22 N 99.2159 –, UPR 2001, 108, 109; ähnlich auch Urt. v. 26.6. 2002 – 22 N 01.2652 –, BayVBl. 2003, 146, 147, m.w.N.; im Schrifttum unter Verweis auf den Vorsorgegrundsatz ebenso *Kloepfer*, Umweltrecht, 2. Aufl. 1998, § 13 Rn. 158; *Peine*, in: Achterberg/Püttner/Würtenberger (Hrsg.), Besonderes Verwaltungsrecht, Bd. I, 2. Aufl. 2000, § 11 Rn. 179; *Peters*, DVBl. 1987, 990, 991; differenzierend *Hoppe/Beckmann/Kauch*, Umweltrecht, 2. Aufl. 2000, § 7 Rn. 24ff.

[74] Das BVerwG, Beschl. v. 30.9. 1996 – 4 NB 31 und 32/96 –, NVwZ 1997, 887, 888, erklärt, daß sich Divergenzen mit der Rechtsprechung des VGH Mannheim im Streit um die Existenz eines be-

Auch die Anordnung militärischer *Schutzbereiche* nach § 2 Abs. 1 des Schutzbereichsgesetzes (SchBerG) wurde in Übereinstimmung mit Aussagen des älteren Schrifttums[75] durch die Rechtsprechung »unbeschadet ihrer Eigenschaft als Allgemeinverfügung« als eine Planungsentscheidung angesehen, die den Anforderungen an rechtsstaatliche Planungen und damit des Abwägungsgebots genügen muß.[76] In der Entscheidung zur Wittstocker Heide erweiterte das Bundesverwaltungsgericht diese Grundsätze sogar auf die »Änderung« von Schutzbereichen und stellte fest, Liegenschaften, die auf der Grundlage des Verteidigungsgesetzes der DDR in Anspruch genommen und den sowjetischen Streitkräften für militärische Zwecke zur Verfügung gestellt wurden, seien nach Art. 21 Abs. 1 S. 1 des Einigungsvertrags zwar Verwaltungsvermögen des Bundes geworden und dürften grundsätzlich von der Bundeswehr nach Maßgabe des materiellen Rechts weiter militärisch genutzt werden, ohne daß ein Verfahren nach dem Landbeschaffungsgesetz[77] durchgeführt zu werden bräuchte. Entwickele der Bund jedoch aufgrund einer veränderten Bedarfslage ein neues Konzept für die Nutzung solcher vorhandener Truppenübungsplätze, so müsse er die betroffenen Gemeinden anhören und die gemeindlichen Belange in seine Entscheidung einstellen.[78] Damit werden selbst solche Entscheidungen in materieller Hinsicht dem Abwägungsgebot unterstellt, die in keine förmliche Planungsentscheidung einmünden. Parallelen zu diesem Ansatz finden sich im Bereich genehmigungsfreier Infrastrukturplanungen.[79]

Im wesentlichen ist damit die Rechtsprechung zum Planungsrecht auf sämtliche Nutzungsregelungen übertragen worden, auch wenn die Rechtsprechung diese allgemeine Aussage so noch nicht getroffen hat. Dasselbe läßt sich auch für sonstige Fachpläne feststellen.

6. Sonstige Fachpläne

a) *Abfallwirtschaftspläne*

Die früher als Abfallentsorgungspläne nach § 6 Abs. 1 AbfG und heute auf der Grundlage von § 29 KrW-/AbfG erlassenen Abfallwirtschaftspläne sind überörtliche Fachplanungen der Länder, die in dem kreislaufwirtschaftsrechtlichen Modell

---

sonderen Planungsermessens beim Erlaß einer Wasserschutzgebietsverordnung im Ergebnis kaum niederschlagen würden, daß aber diese Rechtsprechung gegebenenfalls als überholt anzusehen sei.

[75] Eingehend begründet den Planungscharakter der Schutzbereichsanordnung *Breuer*, Die hoheitliche raumgestaltende Planung, 1968, S. 170ff., m.w.N.; vgl. auch *Bauch/Schmidt*, Kommentar zum LBG/SchBerG, 1957, § 2 SchBerG Erl. 4.

[76] VGH Mannheim, Urt. v. 15.11.1988 – 10 S 751/88 –, NVwZ 1989, 978, 980; auch das BVerwG, Beschl. v. 19.5.1998 – 4 B 49/98 –, Buchholz 406.34 § 2 SchBG Nr. 3, prüft die Schutzbereichsanordnung ganz selbstverständlich am Maßstab des Abwägungsgebots und hält § 7 BauGB für anwendbar. Vgl. auch *Kühling/Hermann*, Fachplanungsrecht, 2. Aufl. 2000, Rn. 69; *Ronellenfitsch*, Einführung in das Planungsrecht, 1986, S. 214ff.; *Tiemann*, NVwZ 1984, 759, 760f.

[77] Vgl. dazu nachfolgend S. 290ff.

[78] BVerwG, Urt. v. 14.12.2000 – 4 C 13/99 –, DVBl. 2001, 395 (Leitsatz 3), 399ff.

[79] Vgl. dazu nachfolgend S. 292ff.

eines mehrstufigen Planungsverfahrens mit abschichtender Problemlösung Bindungen für nachgeordnete Planungen und Zulassungen entfalten.[80] Nach Rechtsprechung und herrschender Lehre ist auch diese abfallrechtliche Planung – wie jede räumliche Planung – einerseits durch die grundsätzliche Gestaltungsfreiheit der zuständigen Planungsbehörde gekennzeichnet, unterliegt aber andererseits bestimmten rechtlichen Bindungen, insbesondere den Anforderungen des rechtsstaatlichen Abwägungsgebots. Die Rechtsprechung zur Normenkontrolle von Bebauungsplänen gilt daher jedenfalls in den Grundzügen auch für die Normenkontrolle von rechtssatzmäßig für verbindlich erklärten Abfallentsorgungsplänen.[81] Ein maßgebender Teil des planerischen Gestaltens findet demnach auf der Ebene des Aufstellens von Abfallwirtschaftsplänen statt, und zwar um so mehr, je konkreter die Festlegungen des Abfallwirtschaftsplanes sind.[82]

b) Weitere Fachpläne

In gleicher Weise wie für die Abfallwirtschaftsplanung gilt das Abwägungsgebot grundsätzlich für sämtliche sektoralen raumbedeutsamen Fachplanungen. Auch bei der Krankenhausbedarfsplanung beispielsweise handelt es sich nach der Rechtsprechung um eine Planungsmaßnahme, für die der zuständigen Behörde ein planerischer Gestaltungsspielraum eingeräumt ist und für deren Nachprüfung die für räumliche Planungsentscheidungen und Bebauungsplänen entwickelten Abwägungsgrundsätze heranzuziehen sind.[83] Da der Krankenhausbedarfsplan jedoch wie die meisten sektoralen Fachplanungen nicht als Rechtsnorm oder Verwaltungsakt anzusehen ist, sondern als rein verwaltungsinterner Akt keine unmittelbare Außenwirkung entfaltet[84] und erst nach weiteren Abwägungen über die Gesamtplanung

---

[80] Vgl. nur *Erbguth*, Die Abfallwirtschaftsplanung, 1997, besonders S. 32ff.; *Hoppe/Beckmann/Kauch*, Umweltrecht, 2. Aufl. 2000, § 30 Rn. 158ff.; *Kloepfer*, Umweltrecht, 2. Aufl. 1998, § 18 Rn. 154ff.; *Paetow*, in: Kunig/Paetow/Versteyl, KrW-/AbfG, 1998, § 29 Rn. 15ff.; *Steinberg/Berg/Wickel*, Fachplanung, 3. Aufl. 2000, § 7 Rn. 80ff., jeweils m.w.N.; noch zur Rechtslage nach dem Abfallgesetz *Schink*, DVBl. 1994, 245, 246ff.

[81] BVerwG, Beschl. v. 20. 12. 1988 – 7 NB 2.88 –, BVerwGE 81, 128, 132f.; Beschl. v. 14. 5. 1996 – 7 NB 3/95 –, BVerwGE 101, 166ff.; OVG Münster, Urt. v. 16. 3. 1995 – 15 B 2839/93 –, UPR 1995, 452, 453; Urt. v. 3. 4. 1995 – 15 B 947/95 –, NuR 1996, 308, 309; im Schrifttum *Dammert*, Abfallentsorgungsplanung, 1991, S. 73ff., 79ff. (der von »planerischer Gestaltungsfreiheit« spricht); *Erbguth*, Abfallwirtschaftsplanung, 1997, S. 31f.; *Hoppe/Beckmann/Kauch*, Umweltrecht, 2. Aufl. 2000, § 30 Rn. 158; *Jörgensen*, BayVBl. 1992, 353, 357; *Paetow*, in: Kunig/Paetow/Versteyl, KrW-/AbfG, 1998, § 29 Rn. 44ff., m.w.N.; *Sandner*, Investitionserleichterung und Planungshoheit, 1997, S. 206f.; *Schink*, DVBl. 1994, 245, 248, jeweils m.w.N.; *Sinner*, Die Suche, Festlegung und Durchsetzung von Standorten für Abfallentsorgungsanlagen, 1995, S. 13ff., 35; *Steinberg/Berg/Wickel*, Fachplanung, 3. Aufl. 2000, § 7 Rn. 95; kritisch zu dem Ausgangsurteil des Bundesverwaltungsgerichts *Weidemann*, NVwZ 1989, 1033ff.

[82] Zu dieser Differenzierung der Abwägungsintensität nach Verbindlichkeit des Plans besonders *Beckmann*, DVBl. 1994, 236. 242f., m.w.N.; *Sinner*, Die Suche, Festlegung und Durchsetzung von Standorten für Abfallentsorgungsanlagen, 1995, S. 15ff.

[83] VGH Mannheim, Urt. v. 24. 1. 1995 – 9 S 2821/92 –, zit. nach Juris.

[84] So BVerwG, Urt. v. 26. 3. 1981 – 3 C 134.79 –, BVerwGE 62, 86, 96.

Verbindlichkeit erlangen kann, ist das Abwägungsgebot insofern von geringerer praktischer Erheblichkeit. Entsprechendes gilt für forstliche Rahmenpläne[85]: Nach §7 Abs. 3 BWaldG werden die raumbedeutsamen Erfordernisse und Maßnahmen der forstlichen Rahmenpläne »unter Abwägung mit den anderen raumbedeutsamen Planungen und Maßnahmen« in die landesplanerischen Programme oder Pläne aufgenommen, unterliegen also einem weiteren Abwägungsprozeß, ehe sie Verbindlichkeit nach außen erlangen.[86]

7. Sonstige Vorhaben

a) Das Abwägungsgebot im Enteignungsverfahren

Obwohl für Versorgungsanlagen und ähnliche Einrichtungen seit langem die Einführung der förmlichen Planfeststellung diskutiert wurde, erfolgen – wie bereits dargestellt wurde – verschiedene öffentliche Planungen dieser Art bis heute ohne staatliche Eröffnungskontrolle.[87] Erst seit dem 3. August 2001 ist nach §11a EnWG und §20 UVPG zumindest für die wichtigsten Leitungsleitungen ein Planfeststellungsverfahren erforderlich, soweit für diese Vorhaben eine Umweltverträglichkeitsprüfung durchzuführen ist.[88] Für die sonstigen Leitungsanlagen hat in den meisten Fällen auch der Landesgesetzgeber kein anderweitiges Genehmigungsverfahren vorgesehen.[89] Die Prüfung durch die Energieaufsichtsbehörde nach §12 EnWG stellt lediglich fest, daß das Vorhaben einen energiewirtschaftlichen Bedarf abdeckt, somit dem Wohl der Allgemeinheit dient und generell den Entzug oder die Beschränkung von Grundeigentum für eine Stromfreileitung rechtfertigt.[90] Im übrigen erfolgt die einzige staatliche Kontrolle solcher Planungen – sofern nicht ein Raumordnungsverfahren vorausgeht, dessen Ergebnis jedoch unverbindlich ist[91] – dann, wenn für solche Anlagen enteignet werden soll. Anderweitige Betroffenheiten, etwa die der Standortgemeinden, drohen daher durch die Maschen des Rechtsschutzsystems zu fallen.[92]

Soweit die Herstellung öffentlicher Versorgungsanlagen – wie dies dem Regelfall entspricht – im öffentlichen Interesse liegt, kann zu ihrer Herstellung grundsätzlich auch enteignet werden.[93] Die Landesenteignungsgesetze setzen den Vorgaben des

---

[85] Dazu *Hoppe/Beckmann/Kauch*, Umweltrecht, 2. Aufl. 2000, §15 Rn. 10ff.

[86] Vgl. dazu und insbesondere zu den Modellen der Primär- und der Sekundärintegration im ersten Kapitel S. 67f.

[87] Vgl. dazu bereits die Ausführungen und Nachweise im ersten Kapitel S. 61ff.

[88] Vgl. bereits die Nachweise im ersten Kapitel S. 55.

[89] Nachweise bei *Kühling/Hermann*, Fachplanungsrecht, 2. Aufl. 2000, Rn. 103ff., 143ff.; *Kollmer*, DVBl. 1996, 841ff.; vgl. auch *Durner*, in: Ziekow (Hrsg.), Praxis des Fachplanungsrechts, 2004, Rn. 2545ff.

[90] BVerwG, Urt. v. 11.7. 2002 – 4 C 9/00 –, NJW 2003, 230ff.

[91] Vgl. dazu bereits in der Einleitung S. 11f. sowie im ersten Kapitel S. 70.

[92] Vgl. *Labbé/Wölfel*, BayVBl. 1990, 161ff.; *Langer*, BayVBl. 1989, 641ff.; *Würtenberger*, BayVBl. 1982, 673, 678.

[93] Näher *Papier*, in: Maunz/Dürig u.a., GG, Art. 14 Rn. 577ff., Stand: Juni 2002.

Art. 14 Abs. 3 GG entsprechend voraus, daß das Vorhaben rechtlich *zulässig* sein muß, sind jedoch auf den Fall zugeschnitten, daß regelmäßig bereits vor dem Enteignungsverfahren über die Zulässigkeit des Vorhabens entschieden ist.[94] Vor diesem Hintergrund stellt sich die Frage, in welchem Umfang eine Enteignungsbehörde das enteignungsberechtigte Vorhaben – insbesondere hinsichtlich des Standorts und der Trassenführung – auf seine Vereinbarkeit mit dem geltenden Recht hin zu überprüfen hat. Das Bundesverwaltungsgericht gelangt dabei zu dem Ergebnis, daß in den auch aus rechtsstaatlichen Gründen gebotenen Prüfungsverfahren – in diesem Fall zunächst die damals noch erforderliche Investitionsprüfung nach dem Energiewirtschaftsgesetz[95] und anschließend dem Landesenteignungsgesetz – die Enteignungsbehörde die Rechtmäßigkeitsvoraussetzungen der beantragten Enteignung zu prüfen und die schonendste Trassenführung zu gewährleisten habe. Dabei könne die Enteignungsbehörde ihre Entscheidung mit entsprechenden Nebenbestimmungen versehen. Eine spätere gerichtliche Überprüfung der Entscheidung, ob das Vorhaben geboten sei oder auch anders verwirklicht werden könnte, sei jedoch beschränkt. Soweit dabei wertende Einschätzungen, Prognosen und Abwägungen erforderlich würden, könne das Gericht diese nicht durch eigene ersetzen, sondern müsse die Vorgaben des Planungsträgers mangels methodischer Fehler als rechtmäßig hinzunehmen.[96] Dies entspricht der Sache nach dem planerischen Abwägungsgebot, das in dieser ersten Entscheidung freilich noch nicht explizit als solches benannt wurde.

Beruhte dieses Urteil noch auf der Ausgangsprämisse, daß jedenfalls dem Vorhabenträger kein Planungsermessen zuzubilligen sei[97], so folgern Rechtsprechung und Schrifttum im Anschluß an die dargestellten Ausführungen, daß im Rahmen eines Enteignungsverfahrens die Enteignungsbehörde eine umfassende planerische Abwägung der für und gegen das Vorhaben sprechenden öffentlichen Belange untereinander sowie im Verhältnis zu den entgegenstehenden privaten Belangen vorzunehmen hat. So ist – ähnlich wie bei der Planfeststellung – zu prüfen, ob Alternativen vorliegen, durch die sich das Vorhaben in zumutbarer Weise ohne oder mit einem

[94] Vgl. nur *Hönig*, Fachplanung und Enteignung, 2001, S. 63ff. und 143f.; *Molodovsky/Bernstorff*, Enteignungsrecht in Bayern, Art. 3 BayEG Rn. 3.1.2.1, Stand: März 1999. Insbesondere die vorhergehende Planfeststellung beinhaltet zugleich die »Entscheidung über die Zulässigkeit der Enteignung«; vgl. dazu *Gaentzsch*, in: FS für Schlichter, 1995, S. 517ff.

[95] Zu diesem aufgehobenen und daher nicht vertieften energiewirtschaftlichen Anzeigeverfahren *Ossenbühl*, Rechtliche Probleme der Investitionskontrolle gemäß § 4 EnWG, 1988, der auf S. 49ff. eine Berücksichtigung raumplanerischer Fragen insoweit ablehnte; *Ronellenfitsch*, Einführung in das Planungsrecht, 1986, S. 202ff.

[96] BVerwG, Urt. v. 17. 1. 1986 – 4 C 6 und 7/84 –, BVerwGE 72, 365, 367; bestätigt zuletzt durch Urt. v. 11. 7. 2002 – 4 C 9/00 –, NJW 2003, 230, 232; dazu *Kühling*, DVBl. 1989, 221, 224; vgl. auch BVerfG, Beschl. v. 16. 12. 2002 – 1 BvR 171/02 –, NVwZ 2003, 726ff. zur Überprüfung einer Enteignung zum Zweck der Errichtung einer im Bebauungsplan festgesetzten Erschließungsstraße mit Bestätigung der Geltung des planerischen Abwägungsgebots.

[97] BVerwGE 72, 365, 366: »Mit Recht beanstandet die Revision, daß das Berufungsgericht dem beigeladenen Energieversorgungsunternehmen ein Planungsermessen zubilligt«.

geringeren Eingriff in das Privateigentum verwirklichen läßt.[98] Dabei steht der Enteignungsbehörde jedoch – in den Grenzen des Abwägungsgebots – eine planerische Gestaltungsfreiheit zu.[99] Das dieser Gestaltungsfreiheit korrespondierende Abwägungsgebot verpflichtet die Enteignungsbehörde zur Einstellung aller von der Planung betroffenen Interessen. Die umstrittene und durch das Bundesverwaltungsgericht zunächst noch offengelassene Frage, ob im Rahmen der Investitionskontrolle nur energiewirtschaftliche Zielsetzungen oder darüber hinaus auch Belange der Raumordnung und der Landesplanung zu beachten sind[100], ist damit jedenfalls für die eigentliche, im Rahmen der Enteignung zu prüfende Anlagenentscheidung im letztgenannten Sinne beantwortet. Diese Anforderungen gelten in entsprechender Weise bei einer Enteignung im Wege der enteignungsrechtlichen Planfeststellung.[101]

Der Sache nach wird die Enteignungsbehörde so zu einer Planfeststellungsbehörde aufgewertet, das Enteignungsrecht transformiert zu einem »Instrument der Planung selbst«[102], und die Planung wird durch das »ungeeignete Mittel der Enteignung« in verbindlicher Form festgesetzt.[103] Ist für ein raumbedeutsames Vorhaben keine Planfeststellung oder ein sonstiges Zulassungsverfahren vorgesehen und wird auch kein fakultatives enteignungsrechtliches Planfeststellungsverfahren durchgeführt, so gestaltet der Enteignungsbeschluß im Rahmen der Prüfung der objektiven Rechtmäßigkeit der Planung diese in rechtsverbindlicher Weise.[104] Insbesondere ist die Enteignungsbehörde auch zur Alternativenprüfung verpflichtet und setzt in der Praxis sogar Ausgleichs- und Schutzauflagen fest.

Die im Anschluß an das Bundesverwaltungsgericht oft betonte Aussage, daß die so eröffneten Abwägungsspielräume der Enteignungsbehörde und nicht dem Vorhabenträger zustehen sollen[105], dürfte dabei – wie auch bei Planfeststellungsverfahren – der Realität der Planung kaum gerecht werden. Praktisch wird die Enteignungsbehörde zwar in der Lage sein, das durch den Vorhabenträger entwickelte enteignungsberechtigte Vorhaben am Maßstab des Abwägungsgebots zu überprüfen und durch gegebenenfalls erforderliche Ausgleichs- und Ersatzmaßnahmen sowie

---

[98] OVG Lüneburg, Urt. v. 28.2. 1991 – 3 A 291/88 –, NJW 1991, 3233; *Geiger*, BayVBl. 1987, 106, 109; *Zeitler*, in: Sieder/Zeitler/Dahme/Knopp, BayWG, Art. 72 Rn. 22b, m.w.N., Stand: Mai 1994.

[99] VGH Mannheim Urt. v. 6.8. 1993 – 10 S 1425/93 –, NVwZ 1994, 1022ff.; bestätigend Urt. v. 14.5. 1996 – 10 S 1/96 –, NVwZ 1997, 90, 92f. mit detaillierter Überprüfung einer Trassenentscheidung anhand des Abwägungsgebots; VGH München, Urt. v. 30.11. 1993 – 8 B 92.762 –, DVBl. 1994, 293f.; Urt. v. 14.5. 1997 – 22 B 96.2932 –, BayVBl. 1998, 468f.; *Molodovsky/Bernstorff*, Enteignungsrecht in Bayern, Art. 3 BayEG Rn. 3.2.1, Stand: März 1999, jeweils m.w.N.; *Wahl/Dreier*, NVwZ 1999, 606, 608, m.w.N.

[100] Vgl. dazu BVerwG, Urt. v. 9.9. 1988 – 4 B 37/88 –, BVerwGE 80, 201, 205ff., m.w.N., sowie bereits die Nachweise oben in Fn. 95.

[101] *Stuchlik*, UPR 1998, 1, 4f.

[102] *Papier*, Freihaltung von Leitungstrassen durch die Regionalplanung, 1983, S. 4.

[103] *Börner*, Planungsrecht für Energieanlagen, 1973, S. 30f.; BMU (Hrsg.), Umweltgesetzbuch, 1998, S. 1344f.; vgl. auch *Hönig*, Fachplanung und Enteignung, 2001, S. 64ff., 66 (das Enteignungsverfahren werde »zusätzlich mit der Planungsentscheidung« belastet).

[104] *Zeitler*, in: Sieder-Zeitler, BayWG, Art. 72 Rn. 22a, m.w.N., Stand: Mai 1994.

[105] So besonders VGH München, Urt. v. 30.11. 1993 – 8 B 92.762 –, DVBl. 1994, 293f.

durch Schutzauflagen die Rechtmäßigkeit der Planung sicherzustellen. Für die Gestaltung des Vorhabens im Sinne einer in fachlicher Hinsicht optimalen Planung – etwa im Fall einer Abwasserleitung – fehlt der Enteignungsbehörde jedoch der spezifische Sachverstand. Auch rechtlich ist diese Ausgangsprämisse des Bundesverwaltungsgerichts eher fragwürdig: Materiell planungsverpflichtet ist keineswegs die Enteignungsbehörde, sondern der Hoheitsträger, dem die Baulast für die Anlage gesetzlich zugewiesen ist. Wenn keine Enteignung notwendig wird, bleibt der öffentliche Vorhabenträger ohnehin selbst für die Durchführung des Vorhabens verantwortlich. Diese Fragen werden noch näher zu untersuchen sein.[106]

Entgegen der Rechtsprechung dürfte daher dem Vorhabenträger der planerische Gestaltungsspielraum einzuräumen und die Enteignungsbehörde auf eine Kontrolle des Planes durch »abwägendes Nachvollziehen« beschränkt sein. Vor allem verdeutlicht diese Lückenbüßerfunktion des Enteignungsverfahrens jedoch die Tatsache, daß die Genehmigungsfreiheit der von den §§20ff. UVPG und §11 EnWG ausgenommenen raumbedeutsamen Versorgungsanlagen einen gesetzgeberischen Systembruch darstellt, der durch eine entsprechende Ausweitung der Planfeststellung behoben werden sollte.[107] Materiell sind die entsprechenden Planungen jedoch schon heute dem planerischen Abwägungsgebot unterworfen.

b) Der Sonderfall der Enteignung nach dem Landbeschaffungsgesetz

Ein Sonderfall der Enteignung findet sich in den Regelungen des sog. Landbeschaffungsgesetzes. Das »Gesetz über die Landbeschaffung für Aufgaben der Verteidigung« (LBG) vom 23. Februar 1957 dient dem Erwerb von Grundstücken für die Bundeswehr. Ist ein solcher Erwerb bestimmter Grundstücke beabsichtigt, so werden in einem behördeninternen Verfahren nach §1 Abs.2 LBG die Landesregierung und durch diese die betroffene Gemeinde angehört, wobei das Land »unter angemessener Berücksichtigung der Erfordernisse der Raumordnung« zu dem Vorhaben im Sinne einer landesplanerischen Beurteilung Stellung nimmt. Nach §1 Abs.3 S.1 LBG bezeichnet alsdann »der zuständige Bundesminister im Einvernehmen mit den beteiligten Bundesministern die Vorhaben, für die Grundstücke nach den Vorschriften dieses Gesetzes zu beschaffen sind, und sorgt in geeigneten Fällen für öffentliche Bekanntmachung«. Die so bezeichneten Flächen werden anschließend nach Möglichkeit freihändig erworben oder gegebenenfalls auf Grundlage der §§10ff. LBG enteignet. Eine Beteiligung der betroffenen Bürger und die Möglichkeit zur Erhebung von Einwendungen sind erst im Enteignungsverfahren vorgesehen.[108]

[106] Vgl. nachfolgend S.312ff.

[107] Vgl. bereits *Börner*, Planungsrecht für Energieanlagen, 1973, S.42, sowie im ersten Kapitel S.61ff.

[108] Eingehend zu diesem Verfahren *Ebsen*, Militärische Bodennutzung, 1988, S.48ff., sowie *Klinger*, Die militärische Fachplanung, 2002, S.89ff.; zur Einbettung dieser Entscheidung in weitere Genehmigungs- und Planungsverfahren auch *Stüer/Hermanns*, DVBl. 2002, 514, 524f., m.w.N. zur Rspr.

Von jeher umstritten ist vor allem die Rechtsform der »Bezeichnung« der zu beschaffenden Flächen nach § 1 Abs. 3 S. 1 LBG.[109] Teilweise wird vertreten, die Bezeichnung sei eine abschließende planerische Entscheidung der Bundesbehörden und als Verwaltungsakt von den betroffenen Grundstückseigentümern und Gemeinden anfechtbar.[110] Nach der Rechtsprechung handelt es sich demgegenüber bei der Bezeichnung nach § 1 Abs. 3 LBG gegenüber Privaten um keinen angreifbaren Verwaltungsakt, so daß die Bezeichnung dem Privaten auch keine enteignungsrechtliche Vorwirkung entfaltet. Rechtswirkungen entfalte die Bezeichnung allerdings gegenüber den Gemeinden, da sie in deren grundgesetzlich geschützte Planungshoheit eingreife, so daß *insoweit* ein Verwaltungsakt vorliegen soll.[111]

Materiell ist die Bezeichnung nach § 1 Abs. 3 LBG im Schrifttum schon früh als eine Form hoheitlicher Planung angesehen worden.[112] Dies entspricht auch der Auffassung der Rechtsprechung, die hier erneut auf allgemeine planungsrechtliche Grundsätze zurückgreift:

»In der Sache könnte die angefochtene Bezeichnung des Vorhabens einer rechtlichen Prüfung nur standhalten, wenn sie den rechtsstaatlichen (Mindest-)Anforderungen genügt, die an staatliche Planungsentscheidungen zu stellen sind. Derartige Entscheidungen sind dadurch gekennzeichnet, daß der planenden Behörde durch ein Gesetz die Befugnis übertragen wird, für ein bestimmtes Vorhaben, das dem Wohle der Allgemeinheit dient, private und öffentliche Belange in einem Akt planender Gestaltung durch Abwägung zum Ausgleich zu bringen und erforderlichenfalls zu überwinden. Eine solche Planungsermächtigung ist dem Landbeschaffungsgesetz für die in § 1 Abs. 1 genannten Vorhaben sinngemäß zu entnehmen, da es die Voraussetzungen für eine formelle Enteignung privater Grundstücke und darüber hinaus, wie bereits gezeigt, auch für die Überwindung von etwa entgegenstehenden Planungsbefugnissen der Gemeinde schaffen will. Zu den rechtsstaatlichen Mindestanforderungen an eine solche Planungsentscheidung gehört nach ständiger Rechtsprechung des Senats, daß sie auf einer gerechten Abwägung der für und gegen das Vorhaben streitenden öffentlichen und privaten Belange beruht. Wegen der Einzelheiten kann auf die zahlreichen Entscheidungen des Bundesverwaltungsgerichts zum planerischen Abwägungsgebot verwiesen werden ...«.[113]

---

[109] Umfassende Nachweise zu dieser Debatte bei *Salis*, Gestufte Verwaltungsverfahren, 1991, S. 129ff.

[110] *Geiger*, BayVBl. 1981, 641, 642ff., m.w.N. zu Rechtsprechung und Schrifttum.

[111] BVerwG, Urt. v. 11. 4. 1986 – 4 C 51.83 –, BVerwGE 74, 124ff.; Urt. v. 28. 10. 1993 – 4 C 15/93 –, DVBl. 1994, 697ff.; VGH München, Urt. v. 21. 5. 1980 – 9B-2007/79 –, BayVBl. 1981, 241f.; umfangreiche Nachweise zu der bis zu den Leitentscheidungen des BVerwG nicht immer einheitlichen Rechtsprechung bei *Laubinger*, VerwArch 77 (1986), 421ff.; aus dem Schrifttum der Rechtsprechung folgend u.a. *Ebsen*, Militärische Bodennutzung, 1988, S. 60ff., 99f., 102f.; *Klinger*, Die militärische Fachplanung, 2002, S. 110ff.; *Kühling/Hermann*, Fachplanungsrecht, 2. Aufl. 2000, Rn. 572; *Paal*, BayVBl. 1981, 242, 244; *Ronellenfitsch*, Einführung in das Planungsrecht, 1986, S. 213f.; etwas unklar *Bauch/Schmidt*, Kommentar zum LBG/SchBerG, 1957, § 2 LBG Erl. 6f.

[112] So *Breuer*, Die hoheitliche raumgestaltende Planung, 1968, S. 84f.; *Ebsen*, Militärische Bodennutzung, 1988, S. 48; *Geiger*, BayVBl. 1981, 641, 645; vgl. auch *Bauch/Schmidt*, Kommentar zum LBG/SchBerG, 1957, § 2 SchBerG Erl. 5.

[113] BVerwG, Urt. v. 11. 4. 1986 – 4 C 51/83 –, BVerwGE 74, 124, 133; dem folgend OVG Münster, Urt. v. 15. 12. 1988 – 23 A 103/86 –, NVwZ 1989, 981ff.

Dementsprechend bejaht auch das Schrifttum ganz überwiegend den Planungscharakter und eine Bindung an das Abwägungsgebot.[114] Die Stimmigkeit der Rechtsprechung, die Bezeichnung entfalte trotz der Pflicht zur Berücksichtigung der Belange des Eigentümers diesem gegenüber keine Außenwirkung, sei also insoweit kein Verwaltungsakt, wohl aber im Verhältnis zu der Gemeinde, kann freilich mit gutem Grund in Zweifel gezogen werden.[115] Festzuhalten ist jedenfalls, daß wie im allgemeinen Enteignungsrecht dem Eigentümer das Recht auf eine planerische Berücksichtigung seiner Belange zugestanden wird.

Ähnliche Maßstäbe wendet die Rechtsprechung mittlerweile auch bei der Landbeschaffung im Rahmen der Flurbereinigung nach den §§ 40, 45 FlurBG an. Auch hier gilt das rechtsstaatliche Abwägungsgebot, obwohl dessen Geltung dem Flurbereinigungsgesetz so nicht zu entnehmen ist.[116] In gleicher Weise unterliegt das bergrechtliche Grundabtretungsverfahren der Geltung des Abwägungsgebots, das jedoch wegen der Standortgebundenheit der Bodenschätze modifiziert ist.[117] Insgesamt hat somit der Eigentümer, der aufgrund einer öffentlichen Planung enteignet werden soll, in praktisch allen verfahrensrechtlichen Einkleidungen ein Recht auf die planerische Abwägung seiner Belange, sofern der Enteignung nicht ein förmliches Planrechtsverfahren vorgeschaltet ist.

c) *Versorgungsleitungen und sonstige genehmigungsfreie Baumaßnahmen*

Mit der Entscheidung über den Gestaltungsspielraum der Enteignungsbehörde ist zudem inzident die Frage nach dem Charakter des Baus von Versorgungsleitungen als solchem gefallen. Nicht nur unter Enteignungsgesichtspunkten, sondern auch im übrigen stellen solche Vorhaben materielle Planungsentscheidungen dar. Auch ohne förmliche Eröffnungskontrolle ist die baulastpflichtige Behörde daher an die Anforderungen des Abwägungsgebots gebunden, das den Inhabern der abwägungspflich-

---

[114] So etwa *Geiger*, BayVBl. 1987, 106, 108f.; *Kühling*, DVBl. 1989, 221, 224f.; *ders./Hermann*, Fachplanungsrecht, 2. Aufl. 2000, Rn. 134ff., 138, 201, 569, 710; *Paal*, BayVBl. 1981, 242, 243f.; vgl. auch bereits die Nachweise soeben in Fn. 112 zum Planungscharakter der Entscheidung.

[115] Kritisch unter dem Gesichtspunkt des Abwägungsgebots *Geiger*, BayVBl. 1987, 106, 108f.; *Laubinger*, VerwArch 77 (1986), 421, 427ff., tritt zudem mit guten Gründen der Auffassung entgegen, daß eine Maßnahme zugleich Verwaltungsakt und Dritten gegenüber ein bloßes Verwaltungsinternum sein könne. Näher zu solcher Kritik an der Figur der Doppelnatur von Rechtsakten nachfolgend im achten Kapitel S. 475f.

[116] BVerwG, Urt. v. 16. 12. 1992 – 11 C 3/92 –, NVwZ 1993, 1105f.; VGH Mannheim, Urt. v. 15. 11. 1993 – 7 S 1452/92 –, zit. nach Juris, wo wegen der Einzelheiten der Abwägung auf die Rechtsprechung zur Bauleitplanung verwiesen wird. Ebenso *Schwantag*, in: Seehusen/Schwede (Hrsg.), FlurBG, 7. Aufl. 1997, § 41 Rn. 8, m.w.N., der das Abwägungsgebot in § 37 Abs. 1 S. 1 FlurBG verankert, die planungsrechtliche Rechtsprechung jedoch unmittelbar heranzieht. Vgl. auch seine Kommentierung zu § 44 Abs. 2 FlurBG (das Abwägungsgebot bei der Landabtretung), ebenda § 44 Rn. 30ff.

[117] BVerwG, Urt. v. 14. 12. 1990 – 7 C 5.90 –, BVerwGE 87, 241, 250f.; OVG Münster, Urt. v. 1. 7. 1997 – 21 A 651/93 –, ZfB 1998, 35ff. Vgl. zur Kritik am Topos der Standortgebundenheit als Grundlage einer Einschränkung des Abwägungsgebots im Bergrecht nachfolgend im sechsten Kapitel S. 353f.

tigen Belange insofern Drittschutz vermittelt.[118] Dementsprechend erklärt der Bayerische Verwaltungsgerichtshof in ständiger Rechtsprechung, die Trassenauswahl für den Bau von Abwasserkanälen stelle eine auf Wertungs-, Abwägungs- und Einschätzungsvorgängen beruhende Planungsentscheidung dar, für die eine gewisse Gestaltungsfreiheit bestehe und die daher verwaltungsgerichtlich nur eingeschränkt überprüfbar sei. Die gerichtliche Kontrolle beschränkt sich daher auf die Fragen, ob die abzuwägenden Gesichtspunkte, insbesondere die widerstreitenden öffentlichen und privaten Belange, tatsächlich und rechtlich zutreffend und vollständig bestimmt wurden und ob für den Ausgleich sachgerechte, der objektiven Gewichtigkeit der einzelnen Belange angemessene Erwägungen maßgebend waren.[119]

Auch bei anderen raumrelevanten genehmigungsfreien Baumaßnahmen der öffentlichen Hand, zu denen eine ausdrückliche Einräumung planerischen Ermessens ebensowenig vorliegt, geht die Rechtsprechung mittlerweile regelmäßig davon aus, daß Verwaltungsentscheidungen, die ihrer Natur nach planerischer Art sind, auf der Grundlage planerischer Gestaltungsfreiheit getroffen werden, den Grundsätzen des Abwägungsgebots unterliegen und durch die Rechtsprechung nach den Maßstäben der Abwägungsfehlerlehre überprüfbar sind.[120] So erklärt das Oberverwaltungsgericht Rheinland-Pfalz, daß bei verkehrsberuhigenden baulichen Maßnahmen an einer Straße der von der Erhöhung des Lärmpegels betroffene Straßenanlieger einen Anspruch auf gerechte Abwägung der widerstreitenden Belange hat. Solche Maßnahmen stünden zwar im »planerischen Ermessen« des Straßenbaulastträgers, dieser habe jedoch das Abwägungsgebot zu beachten, das dem Wesen rechtsstaatlicher Planung auch ohne ausdrückliche gesetzliche Positivierung immanent sei; unterbleibe eine entsprechende Abwägung, habe der betroffene Anlieger einen Anspruch auf Unterlassung der Baumaßnahme.[121] Ähnliche Aussagen finden sich u.a. für die Einrichtung einer Bushaltestelle im Hinblick auf den Lärmschutz der

---

[118] OVG Lüneburg, Urt. v. 2.6.1993 – 12 L 6/90 –, UPR 1994, 107, 108: »Entschließt sich eine Gemeinde – wie hier die Beklagte –, ohne förmliche Planung eine Verkehrsanlage zu errichten, so kann sich der Anlieger gegen ihre Herstellung und ihren Betrieb wenden, wenn er in seinen Rechten beeinträchtigt ist. In diesem Zusammenhang wiederum ist von Bedeutung, ob die – nicht förmliche – Planung fehlerfrei ist und die Gemeinde im Rahmen ihrer planerischen Gestaltungsfreiheit diejenigen Erwägungen angestellt hat, die sie hat anstellen müssen.« So im Schrifttum namentlich *Kühling*, Fachplanungsrecht, 1988, Rn. 13, 380, und *Sauthoff*, NVwZ 1995, 119, 120, 124f., m.w.N., der aus diesem Grund in der Regel auch eine Behörden- und Betroffenenbeteiligung für geboten hält. Ähnlich auch *Ossenbühl*, Rechtliche Probleme der Investitionskontrolle gemäß § 4 Energiewirtschaftsgesetz, 1988, S. 52.

[119] VGH München, Urt. v. 30.11.1993 – 8 B 92.762 –, BayVBl. 1994, 245f.; Urt. v. 14.5.1997 – 22 B 96.2932 –, BayVBl. 1998, 468f., m.w.N., st. Rspr.

[120] Vgl. aus dem Schrifttum *Hermes*, Staatliche Infrastrukturverantwortung, 1998, S. 368f.; *Wahl*, NVwZ 1990, 426, 427.

[121] OVG Koblenz, Urt. v. 11.5. 1999 – 7 A 10095/99 –, NJW 2000, 234ff., m.w.N. Das Abwägungsgebot wird hier erneut durch die Erfordernisse charakterisiert, eine Abwägung überhaupt vorzunehmen, zu berücksichtigen, was nach Lage der Dinge einzustellen ist, die Bedeutung der öffentlichen und privaten Belange zu erkennen und den Ausgleich zwischen den von der Planung berührten Belangen in einer Weise vorzunehmen, die im Verhältnis zur objektiven Gewichtigkeit einzelner Belange steht.

Anwohner durch Anordnung des entsprechenden Verkehrszeichens[122], für den Bau von Parkplätzen ohne Planfeststellung oder Bauleitplanung[123] und für die Einrichtungen von Friedhöfen nach dem Bayerischen Bestattungsgesetz[124], die allesamt durch planerische Gestaltungsfreiheit und Bindungen an das Abwägungsgebot geprägt sein sollen. Selbst ohne behördliche Eröffnungskontrolle besteht damit bei planerischen Entscheidungen eine materiell-rechtliche Bindung des Planungsträgers an das Abwägungsgebot. Läßt sich in diesen Fällen eine Einräumung planerischer Gestaltungsfreiheit nicht bereits aus dem Gesetz entnehmen, so wird auf die materielle Natur des Vorhabens als planerische Entscheidung abgestellt.

8. Verkehrsberuhigende Maßnahmen

Zunehmend überträgt die Rechtsprechung das Abwägungsgebot zudem auf Bereiche, die bislang kaum als räumliche Planungen angesehen worden sind. Ein geradezu überraschender Anwendungsfall des Abwägungsgebots findet sich im Straßenverkehrsrecht. Nach §45 Abs. 1 Nr. 3 StVO können die Straßenverkehrsbehörden die Benutzung bestimmter Straßen oder Straßenstrecken »zum Schutz der Wohnbevölkerung vor Lärm und Abgasen« beschränken oder verbieten und den Verkehr umleiten. Hierzu dienen in der StVO die Vorschriftenzeichen Nr. 325 und 326 über verkehrsberuhigte Bereiche nach §42 StVO. Genauere tatbestandliche Voraussetzungen enthält das Gesetz seit dem Auslaufen der versuchsweise für einen Zeitraum von fünf Jahren erlassenen Zonengeschwindigkeitsverordnung aus dem Jahr 1985 nicht mehr.[125] Problematisch an dem Erlaß solcher Beschränkungen ist, daß sie in aller Regel den Kraftfahrzeugverkehr insgesamt nicht reduzieren. Die Fahrzeuge, die durch die Verkehrsberuhigungsmaßnahmen aus den geschützten Wohngebieten verdrängt werden, suchen sich vielmehr in aller Regel eine andere Route, so daß die Verkehrsberuhigungsmaßnahme in den meisten Fällen zu einer Lärmverlagerung zu anderen betroffenen Straßen und Bürgern führt.[126]

Die Rechtsprechung versteht die straßenverkehrsrechtliche Verlagerung von Verkehrsströmen und Lärmbelastungen vor diesem Hintergrund ebenso wie bei vergleichbaren straßenrechtlichen Maßnahmen[127] als eine »planerisch zu bewältigende Konfliktsituation«[128], die der zuständigen Behörde gestalterische Lösungen ermöglichen soll. Bei einer Verkehrsberuhigungsmaßnahme besteht daher keine Verpflichtung, für eine absolut oder auch nur annähernd gleiche Belastung der betroffenen

---

[122] VG Meiningen, Urt. v. 12.10. 1998 – 2 E 968/98.Me –, VwRR MO 1999, 70ff.

[123] OVG Lüneburg, Urt. v. 2.6. 1993 – 12 L 6/90 –, UPR 1994, 107f.

[124] VGH München, Urt. v. 2.7. 1980 – 9 B 1834/79 –, BayVBl. 1981, 18, 19.

[125] Zu dieser Verordnung *Jahn*, NZV 1990, 209, 210ff., der ihre Voraussetzungen auch nach deren Auslaufen für maßgeblich hält. Die Rechtsprechung hat freilich einen anderen Weg genommen.

[126] Näher zu den damit verbundenen Interessenkonflikten *Geißler*, DAR 1999, 345ff.

[127] Dazu etwa *Brohm*, Verkehrsberuhigung in Städten, 1985, S. 56f.; *Grote*, in: Kodal/Krämer (Hrsg.), Straßenrecht, 6. Aufl. 1999, Kap. 24 Erl. 62.2.

[128] BVerwG, Urt. v. 26.9. 1993 – 4 C 24/91 –, BVerwGE 94, 100, 118.

Straßen zu sorgen.[129] Vielmehr ist der Ausgleich zwischen den Belangen der Anwohner und entgegenstehenden Interessen so vorzunehmen, daß er zur objektiven Gewichtigkeit der widerstreitenden Interessen nicht außer Verhältnis steht.[130] Die Kontrolle dieser Vorgaben folgt nicht etwa den Maßstäben einer einfachen Ermessensentscheidung[131], sondern entspricht der Abwägungsfehlerlehre und setzt damit einen planerischen Gestaltungsspielraum der Behörde voraus. Aus dem Abwägungsgebot ergeben sich umfangreiche Ermittlungspflichten der Behörde. Ein gemeindliches Verkehrskonzept, das zu Verlagerungen führen kann, bedarf stets planerischer Erwägungen zu den Fragen, ob, inwieweit und zu Lasten welcher Straßen Verkehrsverlagerungen stattfinden werden, ob diese Straßen geeignet sind, den zusätzlichen Verkehr aufzunehmen, und ob dies ihren Anliegern zugemutet werden kann. Diese Erwägungen setzen geeignetes empirisches Material (etwa Verkehrszählungen, Verkehrsbefragungen und darauf basierende Verkehrsverlagerungsprognosen) voraus. Läßt die Gemeinde die planerische Aufarbeitung und Abwägung dieser Fragen offen, so begründet dies ein Abwägungsdefizit.[132] Wird diesen Maßstäben jedoch genügt, so ist den Anwohnern einer Straße eine Erhöhung der Verkehrsstärke durch Verlagerungsverkehr grundsätzlich zuzumuten.[133] Andererseits darf die zuständige Behörde auch bei erheblichen Lärmbeeinträchtigungen von verkehrsbeschränkenden Maßnahmen absehen, wenn dies mit Rücksicht auf die damit verbundenen Nachteile gerechtfertigt erscheint.[134] Insgesamt ist so das Gebot planerischer Abwägung auch in diesem Bereich weitgehend verwirklicht.

9. Das verfassungsrechtliche Abwägungsgebot

Für einen großen Teil der bislang behandelten raumbedeutsamen Planungen liegen keine Regelungen vor, die ausdrückliche Vorgaben über eine Gestaltungsfreiheit des Vorhabenträgers oder der Zulassungsbehörde oder über eine komplementäre Bindung an das Abwägungsgebot enthalten würden. Während zur Begründung der Gestaltungsfreiheit vielfach entweder auf die planerische Natur der Entscheidung abgestellt oder schlichtweg auf die Normen verwiesen wird, die einer öffentlichen Stelle die Durchführung des Vorhabens zur Aufgabe machen[135], haben die Fachgerichte zur Begründung der Bindung an das Abwägungsgebot zumeist unmittelbar

---

[129] VGH Mannheim, Urt. v. 14.9. 1988 – 5 S 33/88 –, UPR 1989, 232

[130] OVG Koblenz, Urt. v. 5.6. 1984 – 7 A 99/83 –, WuM 1984, 341f.; *Dürr*, UPR 1992, 241, 249; *Hentschel*, Straßenverkehrsrecht, 35. Aufl. 1999, § 45 StVO Rn. 26, 28a, 29, m. w. N.

[131] So freilich *Dürr*, UPR 1992, 241, 249.

[132] VGH Mannheim, Urt. v. 23.6. 1995 – 5 S 646/93 –, NZV 1996, 253ff.

[133] VGH Mannheim, Beschl. v. 26.10. 1994 – 5 S 2344/94 –, VBl.BW 1995, 237ff.

[134] BVerwG, Urt. v. 4.6. 1986 – 7 C 76.84 –, BVerwGE 74, 234, 240; VGH Mannheim, Urt. v. 16.5. 1997 – 5 S 1842/95 –, NVwZ-RR 1998, 682ff.

[135] Vgl. nur *Dreier*, Die normative Steuerung der planerischen Abwägung, 1995, S. 42, m. w. N. sowie oben S. 276f.

auf das Rechtsstaatsgebot zurückgegriffen.[136] Damit liegt die Frage nahe, ob und wieweit die Aussagen der Verfassungsgerichtsbarkeit mit diesem Ansatz übereinstimmen.

Das Bundesverfassungsgericht und die Verfassungsgerichte der Länder haben in der Tat im wesentlichen für zwei Grundkonstellationen ganz entsprechende Maßstäbe entwickelt. Zum einen wurden verschiedene Formen der Planung unmittelbar durch Gesetz (Legalplanung) einem Abwägungsgebot unterworfen, das materiell den zuvor durch die Fachgerichte entwickelten Bindungen einer Planungs*behörde* vergleichbar ist. Zum anderen wurde eine Reihe einfacher Planungen im Hinblick auf die Abwägung verfassungsrechtlich geschützter Belange einer verfassungsgerichtlichen Kontrolle unterworfen, die weithin den verwaltungsrechtlichen Maßstäben entspricht und damit dem Abwägungsgebot Verfassungsrang verleiht.

a) Das Abwägungsgebot bei der Planung durch Gesetz

Bei der Planung durch Gesetz gelten, soweit diese als verfassungsrechtlich zulässig anzusehen ist[137], unter Abwägungsgesichtspunkten ähnliche Maßstäbe wie bei der behördlichen Planung. Die Literatur folgt der Rechtsprechung jedenfalls in der Ausgangsprämisse, daß auch der gesetzgeberische Planungsakt einem rechtsstaatlichen Abwägungsgebot unterworfen ist und die Abwägung bei der Planung durch Gesetz somit im wesentlichen denselben Grenzen unterliegt, die sich aus der Verfassung auch gegenüber planerischen Entscheidungen von Behörden ergeben.[138]

Zunächst in der Entscheidung zur Verfassungsbeschwerde der Stadt Wilhelmshaven gegen das Landes-Raumordnungsprogramm Niedersachsen und anschließend in der Entscheidung zur Südumfahrung Stendal hat das Bundesverfassungsgericht für die verfassungsrechtliche Überprüfung gesetzlicher Planungsentscheidungen Maßstäbe entwickelt, die sich strukturell weitgehend an dem verwaltungsgerichtlichen Abwägungsgebot orientieren. Das Bundesverfassungsgericht geht davon aus, daß dem Gesetzgeber bei einer räumlichen Planungsentscheidung eine Gestaltungsbefugnis und damit die Kompetenz eingeräumt sei, die erforderliche Abwägung selbst vorzunehmen.[139] Es beschränkt sich insoweit auf die Prüfung, ob sich die gesetzgeberische Abwägung in den verfassungsrechtlich vorgezeichneten Grenzen

---

[136] Vgl. etwa BVerfG, Beschl. v. 14.5. 1985 – 2 BvR 397 – 399/82 –, BVerfGE 70, 35, 50; *Hoppe/Bönker/Grotefels*, Öffentliches Baurecht, 2. Aufl. 2002, § 7 Rn. 7.

[137] Näher zur Zulässigkeit einer Legalplanung vor allem unter Gesichtspunkten der Gewaltenteilung im siebten Kapitel S. 417ff.

[138] Näher *Badura*, in: FS für Hans Huber, 1981, S. 15, 23; *ders.*, in: FS für Hoppe, 2000, S. 167, 173; *Gottschewski*, Zur rechtlichen Durchsetzung von europäischen Straßen, 1998, S. 34f. und 50ff.; *Hoppe/Schlarmann/Buchner*, Rechtsschutz bei der Planung von Straßen, 3. Aufl. 2001, Rn. 279f.; *Schneller*, Objektbezogene Legalplanung, 1999, S. 113ff.; für Nationalparkgesetze auch *Schmidt-Räntsch*, in: Gassner/Bendomir-Kahlo/Schmidt-Räntsch, BNatSchG, 2. Aufl. 2003, § 22 Rn. 17; zu den einzelnen möglichen Abwägungsfehlern *Bertrams*, in: FS für Hoppe, 2000, S. 975, 987ff., m.w.N.

[139] BVerfG, Beschl. v. 17.7. 1996 – 2 BvF 2/93 »Südumfahrung Stendal« –, BVerfGE 95, 1, 22f.

hält. Diese Grenzen entsprechen im wesentlichen den Maßstäben des Flachglasurteils:

»Das Bundesverfassungsgericht kann nicht seine eigene Abwägung an die Stelle derjenigen des Normgebers setzen; es hat nur zu prüfen, ob sich diese in den verfassungsrechtlich vorgezeichneten Grenzen hält. Hierfür ist maßgebend, ob der erhebliche Sachverhalt zutreffend und vollständig ermittelt und ob anhand dieses Sachverhalts alle sachlich beteiligten Belange und Interessen der Entscheidung zugrunde gelegt sowie umfassend und in nachvollziehbarer Weise abgewogen worden sind. Soweit hierbei über Wertungen und Prognosen zu befinden ist, hat das Bundesverfassungsgericht seine Nachprüfungen darauf zu beschränken, ob diese Einschätzungen und Entscheidungen offensichtlich fehlerhaft oder eindeutig widerlegbar sind oder der verfassungsrechtlichen Ordnung widersprechen.«[140]

Diese Maßstäbe unterscheiden sich erheblich von den allgemeinen verfassungsrechtlichen Anforderungen an die Gesetzgebung: Würde es sich bei dem überprüften Rechtsakt nicht um eine Planungsentscheidung, sondern um ein schlichtes Gesetz handeln, so wäre eine derartige Überprüfung, die über den allgemeinen gesetzgeberischen Gestaltungsspielraum hinausgeht[141], nicht geboten. Die im Schrifttum erhobene Forderung nach einer erhöhten verfassungsrechtlichen Kontrolldichte der gesetzgeberischen Entscheidung im Fall der Legalplanung[142] findet sich daher in der Rechtsprechung des Bundesverfassungsgerichts eben durch die Anwendung des Gebots planerischer Abwägung bereits erfüllt.

b) Verfassungsrechtliche Vorgaben für Planungen der Verwaltung

An die Planungen der Verwaltung stellt die Verfassungsgerichtsbarkeit im wesentlichen dieselben grundgesetzlich fundierten Anforderungen wie für den Gesetzgeber selbst. Das Bundesverfassungsgericht hat zwar Bedenken gegen die dem Planungsträger eingeräumte Gestaltungsfreiheit unter dem Gesichtspunkt von Art. 14 GG zurückgewiesen und statt dessen den »flexiblen Maßstab des planerischen Abwägungsgebots« als Instrument bestätigt, das in besonderer Weise einen dem Einzelfall gerecht werdenden Interessenausgleich unter maßgeblicher Berücksichtigung des Verhältnismäßigkeitsgrundsatzes gewährleiste.[143] Dieser Flexibilität korrespondieren freilich die spezifischen Anforderungen des Abwägungsgebots.[144] Bei dem Erlaß eines Bebauungsplans beispielsweise, der bestehende Baurechte aufhebt oder modifiziert, muß der Planungsträger bereits von Verfassungs wegen im Rahmen einer pla-

---

140 BVerfG, Beschl. v. 23. 6. 1987 – 2 BvR 826/83 – BVerfGE 76, 107, 121f.; ebenso BVerfGE 95, 1, 23.

141 Näher zur Unterscheidung von gesetzgeberischem Gestaltungsspielraum und Verwaltungsermessen *Weitzel*, Justitiabilität des Rechtssetzungsermessens, 1998, S. 27ff., und bereits oben S. 271.

142 So *Huber*, in: v. Mangoldt/Klein/Starck (Hrsg.), GG, Bd. 1, 4. Aufl. 1999, Art. 19 Rn. 442; *Ossenbühl*, in: FS für Hoppe, 2000, S. 183, 193; ähnlich auch für die Pflicht zur Annahme einer entsprechenden Verfassungsbeschwerde *Schneller*, Objektbezogene Legalplanung, 1999, S. 179; vgl. auch *Ronellenfitsch*, DÖV 1991, 771, 779f.

143 BVerfG, Beschl. v. 30. 11. 1988 – 1 BvR 1301/84 –, BVerfGE 79, 174, 198f.

144 So zuletzt BVerfG, Beschl. v. 7. 5. 2001 – 2 BvK 1/00 –, BVerfGE 103, 332, 380.

nerischen Abwägung das private Interesse am Erhalt bestehender baulicher Nutzungsrechte mit dem öffentlichen Interesse an einer städtebaulichen Neuordnung des Planungsgebiets abwägen; dabei verweist das Gericht ohne weiteres auf seine Ausführungen zu der durch Art. 14 GG gebotenen Abwägungspflicht des Gesetzgebers.[145] Damit hat das Bundesverfassungsgericht der Sache nach die Abwägungsfehlerlehre des Bundesverwaltungsgerichts ohne nennenswerte inhaltliche Abstriche auf die Ebene der Verfassung übertragen.[146]

Um den Anwendungsbereich dieses verfassungsrechtlichen Abwägungsgebots zu umreißen, stellt das Bundesverfassungsgericht weniger auf die rechtstechnische Einkleidung der Verwaltungsentscheidung oder auf eine ausdrückliche gesetzgeberische Einräumung planerischer Gestaltungsfreiheit als vielmehr auf den materiellen *planerischen Charakter* der Entscheidung ab. So erklärt das Gericht in dem Beschluß zur Nichtigkeit der Bundesverordnung über die Festsetzung des Lärmschutzbereichs für den Militärflugplatz Memmingen, bei der Festsetzung von Lärmschutzbereichen nach §4 FlugLärmG habe der Verordnungsgeber im Rahmen seiner Gestaltungs- und Entscheidungsfreiheit den für seine Entscheidung erheblichen Sachverhalt vollständig zu ermitteln und der Verordnung zugrunde zu legen. Diese Entscheidung sei inhaltlich geprägt durch Abwägungsspielräume und eine damit verbundene Abwägungspflicht.[147] Ähnlich wird in dem Beschluß über das »Reiten im Walde« festgestellt, die Entscheidung, welche Waldwege als Reitwege zur Verfügung stehen sollen, erweise sich »letztlich als Akt staatlicher (Wege-)Planung«. Daraus ergäben sich der Gestaltungsspielraum der Behörde und ihre Bindung an das Abwägungsgebot:

»Derartige Planungsakte können nicht im Wege eines Konditionalprogramms normativ vorherbestimmt werden. Jedoch bietet insoweit das planerische Abwägungsgebot einen sachgerechten Maßstab, der es erlaubt, die sich aus den konkreten Verhältnissen ergebenden öffentlichen Interessen und die privaten Belange der betroffenen Eigentümer in einen gerechten Ausgleich zu bringen ... Bei der Entscheidung, welche privaten Waldwege als Reitwege ausgewiesen und damit nach der Konzeption des Gesetzes zugleich den Wanderern entzogen werden sollen, müssen sich die hierzu berufenen Behörden mit einer Vielzahl berechtigter Interessen auseinandersetzen. Regelmäßig werden zumindest das Interesse der Reiter an einem möglichst umfassenden Reitwegenetz und das entgegengesetzte Interesse der Wanderer, daneben aber auch das Interesse des Grundstückseigentümers an der Erhaltung und an der ungestörten eigenen Nutzung seines Weges berührt und gegenwärtig abzuwägen sein. Das sachliche Gewicht jedes einzelnen dieser Belange kann sich von Fall zu Fall unterschiedlich darstellen. Eine sachgerechte Bewältigung dieser Konflikte entzieht sich einer detaillierten Regelung durch das

---

[145] BVerfG, Beschl. v. 22.2. 1999 – 1 BvR 565/91 –, NVwZ 1999, 979, 980, mit Verweis auf den Beschl. v. 9.1. 1991 – 1 BvR 929/89 –, BVerfGE 83, 201, 212f., zur Rechtmäßigkeit der bundeseinheitlichen Neuregelung des Bergrechts durch das Bundesberggesetz.

[146] *Steinberg*, JuS 1982, 578, 581. Dieser Vorgang bildet einen plastischen Beleg für die Richtigkeit des Befunds von *Kunig*, VVDStRL 61 (2002), 34, 45f., daß die Fachgerichte durch argumentativen Rückgriff auf das Grundgesetz erheblich zu der »Konstitutionalisierung des einfachen Rechts« und damit zu potentiellen Interventionen durch die Verfassungsgerichtsbarkeit beitragen.

[147] BVerfG, Beschl. v. 7.10. 1980 – 2 BvR 584, 598, 599 und 604/76 –, BVerfGE 56, 298 (Leitsatz 3), 319; kritisch insoweit das Sondervotum der Richter *Wand* und *Niebler* BVerfGE 56, 324, 336ff., 343.

Gesetz. Eine solche kann danach auch unter dem Gesichtspunkt des Vorbehalts des Gesetzes von Verfassungs wegen nicht verlangt werden.«[148]

Es wurde zu Recht hervorgehoben[149], daß das Gericht in diesem Urteil auf seine Rechtsprechung zum bauleitplanerischen Abwägungsgebot[150] Bezug nimmt und so die Identität beider Erscheinungsformen der planerischen Abwägung unterstreicht. Entsprechende Maßstäbe wendet das Bundesverfassungsgericht auch für die Beurteilung von Bestandsänderungen und Gebietsänderungen von Gemeinden am Maßstab des Art. 28 Abs. 2 S. 1 GG an[151], die somit der Sache nach ebenfalls als Planungsakte behandelt werden. Im Rahmen der dabei erfolgenden Abwägung muß sich der Gesetzgeber über die tatsächlichen Grundlagen seiner Abwägung aufgrund verläßlicher Quellen ein eigenes Bild verschaffen.[152]

Einige Landesverfassungsgerichte haben – vielfach unter Berufung auf das Bundesverfassungsgericht – vergleichbare Maßstäbe entwickelt. So lehnte der Verfassungsgerichtshof für das Land Nordrhein-Westfalen[153] – der gegenüber den Festsetzungen der Gebietsentwicklungspläne die kommunale Verfassungsbeschwerde für zulässig hält[154] – eine Verletzung des landesverfassungsrechtlich garantierten gemeindlichen Selbstverwaltungsrechts durch die Ausweisung einer Sondermülldeponie in einem Raumordnungsplan ab, weil dieser Plan auf einer rechtmäßigen Abwägung des Plangebers sowie einer vollständigen Sachverhaltsermittlung beruhte und die Belange der Gemeinde ohne Abwägungsmangel berücksichtigt wurden.[155] Nach denselben Maßstäben beurteilt das Gericht die – gegebenenfalls auch gebiets- und funktionsscharfe – Ausweisung von Flächen als Agrarbereich oder als Erholungsbereich und Bereich für den Schutz der Landschaft. Verfassungs-

---

[148] BVerfG, Beschl. v. 6. 6. 1989 – 1 BvR 921/85 »Reiten im Walde« –, BVerfGE 80, 137, 162f.

[149] *Sauthoff*, NVwZ 1995, 119.

[150] BVerfG, Beschl. v. 30. 11. 1988 – 1 BvR 1301/84 –, BVerfGE 79, 174, 198f.

[151] BVerfG, Beschl. v. 27. 11. 1978 – 2 BvR 165/75 »Laatzen« –, BVerfGE 50, 50, 51: »Das Verfassungsgericht hat insbesondere nachzuprüfen, ob der Gesetzgeber den für seine Maßnahmen erheblichen Sachverhalt zutreffend und vollständig ermittelt und dem Gesetz zugrunde gelegt hat, ob er alle Gemeinwohlgründe sowie die Vorteile und Nachteile der gesetzlichen Regelung umfassend und in nachvollziehbarer Weise abgewogen hat und ob der gesetzgeberische Eingriff geeignet, erforderlich und verhältnismäßig ist und die Gebote der Sachgerechtigkeit und Systemgerechtigkeit beachtet. Soweit indessen über die Zielvorstellungen, Sachabwägungen, Wertungen und Prognosen des Gesetzgebers zu befinden ist, darf sich das Verfassungsgericht nicht an die Stelle des Gesetzgebers setzen, sondern hat seine Nachprüfung darauf zu beschränken, ob die Einschätzungen und Entscheidungen des Gesetzgebers offensichtlich fehlerhaft oder eindeutig widerlegbar sind oder der verfassungsrechtlichen Wertordnung widersprechen.« Dem folgend *Sauthoff*, NVwZ 1995, 119, 120.

[152] BVerfG, Beschl. v. 12. 5. 1992 – 2 BvR 470, 650 707/90 »Papenburg« –, BVerfGE 86, 90ff., Leitsatz 3; *Badura*, in: FS für Hoppe, 2000, S. 167, 173.

[153] Umfangreiche Nachweise zu der Rechtsprechung des VerfGH NW zum planungsrechtlichen Abwägungsgebot finden sich in dem Beitrag seines Präsidenten *Bertrams*, in: FS für Hoppe, 2000, S. 975, 987; vgl. auch bereits *Hoppe*, in: FS für Redeker, 1993, S. 377, 379ff.

[154] Näher *Hoppe*, in: FS für Redeker, 1993, S. 377f., m.w.N.; vgl. dazu auch im achten Kapitel S. 471ff.

[155] VerfGH NW, Urt. v. 18. 6. 1991 – VerfGH 5/90 –, NVwZ 1991, 1173, 1174; ebenso Urt. v. 11. 2. 1992 – VerfGH 6/91 –, NVwZ 1992, 874f.; Urt. v. 28. 1. 1992 – VerfGH 2/91 –, NVwZ 1992, 875ff.

rechtlich sei der Plangeber in der Lage, im Rahmen seiner Abwägung den entsprechenden Belangen dem Freiraumschutz Vorrang vor der von der Gemeinde gewünschten Ausweisung als Gewerbe- und Industrieansiedlungsgebiet zu geben.[156] Auch bei der Festsetzung von Naturschutzgebieten handele es sich um eine »Planungsentscheidung«, bei der dem Normgeber eine Gestaltungsbefugnis und damit die Kompetenz eingeräumt sei, die erforderliche Abwägung selbst vorzunehmen. Insoweit habe der Verfassungsgerichtshof lediglich

»... zu prüfen, ob sich diese in den verfassungsrechtlich vorgezeichneten Grenzen hält. Hierfür ist maßgebend, ob der erhebliche Sachverhalt zutreffend und vollständig ermittelt und ob anhand dieses Sachverhaltes alle sachlich beteiligten Belange und Interessen der Entscheidung zugrundegelegt sowie umfassend und in nachvollziehbarer Weise abgewogen worden sind.«[157]

Bereits in den 70er Jahren hatte auch der Bayerische Verfassungsgerichtshof anerkannt, daß der Verordnungsgeber bei der Festsetzung von Wasserschutzgebieten planerische Gestaltungsspielräume genieße. Er sei jedoch »im Rahmen seines Planungsermessens« gehalten, eine sachgerechte Abwägung und Gewichtung aller jener Belange vorzunehmen, die nach Lage der Dinge und nach der Art des zu gestaltenden Lebensbereiches Berücksichtigung erfordern. Insbesondere müsse er die örtlichen Gegebenheiten berücksichtigen und sich auf wasserwirtschaftliche und hydrogeologische Erkenntnisse stützen.[158]

Im übrigen folgen die Landesverfassungsgerichte im wesentlichen der Rechtsprechung des Bundesverfassungsgerichts zur Geltung des Abwägungsgebots auch bei der Bestands- und Gebietsänderung von Gemeinden, die als prognostische räumliche Entscheidung mit planerischem Einschlag[159] ebenfalls den Charakter einer Raumplanung trägt. So überprüft der Bayerische Verfassungsgerichtshof eine Gemeindegebietsreform nur unter Berücksichtigung der weiten planerischen und organisatorischen Gestaltungsfreiheit des Normgebers und der mannigfachen Abwägungskriterien, so daß eine Maßnahme nicht beanstandet wird, wenn der Normgeber den für seine Maßnahmen erheblichen Sachverhalt zutreffend und vollständig ermittelt und abgewogen hat.[160] Auch das Verfassungsgericht des Landes Brandenburg will sich bei der Neuordnung von Kommunen nicht an die Stelle des Gesetzgebers setzen und beschränkt sich daher auf die Prüfung, ob der Gesetzgeber im Abwägungsvorgang den entscheidungserheblichen Sachverhalt umfassend ermittelt, seiner Regelung zugrunde gelegt, die mit ihr einhergehenden Vor- und

[156] VerfGH NW, Urt. v. 15.12. 1989 – VerfGH 5/88 –, NVwZ 1990, 456ff., m.w.N.

[157] VerfGH NW, Urt. v. 9.2. 1993 – VerfGH 18/91 und 2/92 –, NuR 1993, 386; diesem Ansatz grundsätzlich zustimmend auch die Anmerkung von *Erbguth*, DVBl. 1993, 649ff.

[158] BayVerfGH, Urt. v. 30.6. 1977 – Vf.4-VII-76 –, BayVBl. 1977, 727ff.; ähnlich das Urt. v. 22.7. 1987 – Vf.23-VII-85 –, BayVBl. 1987, 589f., zur Frage der Einbeziehung der Umgebung des Hofbräuhauses in München in den Anwendungsbereich der Landesverordnung über Ausnahmevorschriften für den Ladenschluß in Kur-, Erholungs- Ausflugs- und Wallfahrtsorten.

[159] Näher *Grupp*, in: FS für Stern, 1997, S.1099, 1101ff., m.w.N.

[160] BayVerfGH, Urt. v. 9.4. 1980 – Vf 18-VII-77 S 32 –, VerfGH 33, 47, 56f.; Urt. v. 27.6. 1997 – Vf.10-VII-95 –, BayVBl. 1997, 751, 752, m.w.N.

Nachteile gewichtet und in die Abwägung eingestellt hat und ob das Abwägungsvorgang frei von Fehlgewichtungen, willkürlichen Erwägungen und Differenzierungen ist.[161] Verallgemeinert läßt sich zusammenfassen, daß die Verfassungsgerichtsbarkeit materielle Planungsentscheidungen – seien es solche des Gesetzgebers oder der Verwaltung – durchweg einem rechtsstaatlichen Abwägungsgebot unterwirft.

II. Rekonstruktion des rechtsstaatlichen Abwägungsgebots

1. Grundlagen

Die Grundlagen des eben dargestellten verfassungsrechtlichen Abwägungsgebots erscheinen nach fast einhelliger Auffassung in Rechtsprechung und Schrifttum weitgehend unproblematisch: Das rechtsstaatliche Gebot der Abwägung aller betroffenen Belange ergibt sich demnach bereits aus dem Grundgesetz, insbesondere aus dem aus dem Rechtsstaatsprinzip abgeleiteten Verhältnismäßigkeitsgrundsatz und den betroffenen Grundrechten.[162] Es hat somit Verfassungsrang.[163] Der Grundsatz

---

[161] VerfG Brandenburg, Urt. v. 15.9. 1994 – VfGBbg Az: 3/93 –, LKV 1995, 221f., unter Verweis auf BVerfGE 86, 90, 109.

[162] Vgl. BVerwG, Urt. v. 11.12. 1981 – 4 C 69/78 –, BVerwGE 64, 270, 273: »In seinem Anwendungsbereich trägt das Abwägungsgebot in einer für planerische Entscheidungen spezifischen Weise dem Verhältnismäßigkeitsgrundsatz Rechnung, dem bei planerischen Entscheidungen gerade durch die Beachtung des Abwägungsgebots genügt wird und dessen Einhaltung daneben keiner eigenen Prüfung bedarf.« Ähnlich Urt. v. 9.9. 1988 – 4 B 37/88 –, NuR 1990, 111, 113: »Das Berufungsgericht hat offenkundig nicht verkannt, daß jede planerische Entscheidung dem Grundsatz der Verhältnismäßigkeit zu genügen hat. Dieser Grundsatz ist indes nicht in der Weise eindeutig, daß ihm jeweils ein genaues Ergebnis zu entnehmen ist. Die Vorteile und die Nachteile einer planerischen Entscheidung unter Berücksichtigung der maßgebenden Umstände abzuwägen, bleibt unverändert Inhalt der planerischen Gestaltungsfreiheit.« Vgl. ferner BVerfG, Beschl. v. 14.5. 1985 – 2 BvR 397 – 399/82 –, BVerfGE 70, 35, 50. Im Schrifttum *Bertrams*, in: FS für Hoppe, 2000, S.975, 992; *Blumenberg*, DVBl. 1989, 86, 87; *Böttcher*, Umweltverträglichkeitsprüfung und planerisches Abwägungsgebot in der wasserrechtlichen Fachplanung, 1983, S.206ff.; *Brohm*, in: Ein Vierteljahrhundert Straßenrechtsgesetzgebung, 1980, S.343, 354; *Gaentzsch*, in: Schlichter/Stich/Driehaus/Paetow (Hrsg.), Berliner Kommentar zum BauGB, 3. Aufl., § 1 Rn. 78, Stand: Aug. 2002; *Hendler*, JuS 1979, 618, 622; *Hoppe*, in: HStR III, 1988, § 71 Rn. 96f.; *Meßerschmidt*, Gesetzgebungsermessen, 2000, S.297; *Ossenbühl*, Gutachten B für den 50. Deutschen Juristentag, 1974, S. B160, B183ff.; *ders.*, in: Erbguth/Oebbecke/Rengeling/Schulte (Hrsg.), Abwägung im Recht, 1995, S.25, 29; *Paetow*, UPR 1990, 321; *Papier*, in: FS für Hoppe, 2000, S.213, 220; *Rennert*, in: Eyermann (Hrsg.), VwGO, 11. Aufl. 2000, § 114 Rn. 39 und 50; *Röhl/Ladenburger*, Materielle Präklusion im raumbezogenen Verwaltungsrecht, 1997, S.98f.; *Schmidt-Aßmann*, in: Maunz/Dürig u.a., GG, Art. 19 Abs. IV Rn. 209, Stand: Feb. 2003; *Sobota*, Das Prinzip Rechtsstaat, 1997, S.216f., m.w.N. und S.514; *Söfker*, in: Ernst/Zinkahn/Bielenberg (Hrsg.), BauGB, § 1 Rn. 179ff., Stand: Sept. 2000; *Tsevas*, Die verwaltungsgerichtliche Kontrollintensität bei der materiell-rechtlichen Nachprüfung des Planfeststellungsbeschlusses, 1992, S.124f.; *Weyreuther*, DÖV 1977, 419; *Zeitler*, in: Sieder/Zeitler/Dahme/Knopp (Hrsg.), WHG, § 31 WHG Rn. 225, Stand: Juli 2000; vgl. auch schon *Lerche*, Übermaß und Verfassungsrecht, 2. Aufl. 1999, S.279f. (insofern identisch mit der 1. Aufl. 1961); *Hirschberg*, Der Grundsatz der Verhältnismäßigkeit, 1981, S.28, 83ff., 101ff.; konstruktiv, nicht aber im Ergebnis anders *Stern*, Staatsrecht III/2, S.814ff., der den Verhältnismäßigkeitsgrundsatz als Bestandteil des Abwägungsgebots

der Verhältnismäßigkeit verbietet nach dieser Argumentation öffentliche Planungen, die in gebundener Form ergehen, ohne eine Berücksichtigung betroffener verfassungsrechtlich geschützter Belange zu ermöglichen.[164] Gebundene Planungstatbestände sind demnach gegebenenfalls im Wege verfassungskonformer Auslegung durch das rechtsstaatliche Abwägungsgebot zu ergänzen.

Die meist eher apodiktisch gehaltene[165] Herleitung des Abwägungsgebots aus dem Rechtsstaatsprinzip mag freilich mit einer gewissen Skepsis betrachtet werden[166], weil gegenüber der Funktion des – im Grundgesetz nur im Zusammenhang mit der Europäischen Union und den Länderverfassungen erwähnten – Rechtsstaatsprinzips als Sammel- und Kurzbezeichnung für einzelne verfassungsrechtliche Normen Zurückhaltung geboten ist. Vor allem *Kunig* hat darauf hingewiesen, daß die gewöhnlich unter Berufung auf das Rechtsstaatsprinzip abgeleiteten Aussagen sich zumeist konkreter aus geschriebenen Verfassungsbestimmungen begründen lassen.[167] So dürfte namentlich der für gewöhnlich aus dem Rechtsstaatsgebot abgeleitete, als Grundlage des Abwägungsgebots geltende Grundsatz der Verhältnismäßigkeit letztlich in der Struktur der Grundrechtsnormen selbst zu verorten sein.[168] Auch wurde mit gutem Grund davor gewarnt, den Grundsatz der Verhältnismäßigkeit als eine Generalklausel zu betrachten, die sämtliche Aussagen der Rechtsordnung einem Abwägungs- und Gerechtigkeitsvorbehalt unterwirft.[169] Die in der

---

ansieht. Nach *Brohm*, Öffentliches Baurecht, 3. Aufl. 2002, § 13 Rn. 14, findet die Ableitung des Abwägungsgebots aus dem Rechtsstaatsgebot die »allgemeine Zustimmung der Literatur«.

[163] BVerwG, Urt. v. 23.1. 1981 – BVerwG 4 C 4.78 –, BVerwGE 61, 295, 301, m.w.N.; Urt. v. 11.12. 1981 – 4 C 69/78 –, BVerwGE 64, 270 (Leitsatz 1), 272f.; *Sobota*, Das Prinzip Rechtsstaat, 1997, S. 514; vgl. auch *Gerhardt*, in: Schoch/Schmidt-Aßmann/Pietzner (Hrsg.), VwGO, Vorb. zu § 113 Rn. 23, Stand: Mai 1997.

[164] BVerfG, Beschl. v. 7.10. 1980 – 2 BvR 584, 598, 599 und 604/76 –, BVerfGE 56, 298, 315f.: »Ein solches Verfahren, bei dem kein Raum für eine Abwägung mit den Entwicklungsinteressen der vom Lärmschutzbereich betroffenen Gemeinden und damit für die Prüfung wäre, ob der vom Gesetz erstrebte Schutz der Allgemeinheit vor dem von bestimmten Flugplätzen ausgehenden Fluglärm auf andere Weise nicht oder nur mit unverhältnismäßigen Mitteln erreicht werden kann, wäre unvereinbar mit dem Übermaßverbot.«

[165] Vgl. nur den ersten Satz bei *Sendler*, UPR 1995, 41ff.

[166] Explizite Kritik an der h. L. bei *Koch*, DVBl. 1983, 1125, 1132, der aus dem Rechtsstaatsprinzip lediglich das Erfordernis rechtsstaatlich vertretbarer Begründungen ableitet. Dies wäre freilich – anders als das Abwägungsgebot – ein rein formelles Erfordernis. Woran sich die von *Koch* geforderte gerichtliche »Kontrolle der materiellen Planbegründung« orientieren soll, bleibt daher unklar. Grundsätzliche Einwände auch bei *Bartlsperger*, in: Erbguth/Oebbecke/Rengeling/Schulte (Hrsg.), Abwägung im Recht, 1995, S. 79ff., dazu sogleich S. 309f.; weitere Nachweise zur Kritik an dem subjektiven »Recht auf Abwägung« bei *Bartunek*, Probleme des Drittschutzes bei der Planfeststellung, 2000, S. 95ff.

[167] *Kunig*, Das Rechtsstaatsprinzip, 1986, zusammenfassend auf S. 458; dem folgend etwa *Schmidt-Aßmann*, in: HStR I, 1987, § 24, Rn. 7; ähnlich bereits *Schneider*, in: Bundesverfassungsgericht und Grundgesetz, Bd. II, 1976, S. 390f.

[168] Näher *v. Arnauld*, JZ 2000, 276ff., der auf das dynamische Regel-Ausnahme-Verhältnis zwischen Grundrecht und Beschränkung abstellt und den Verhältnismäßigkeitsgrundsatz auf vergleichbare Konstellationen übertragen will.

[169] *Koch*, in: Erbguth/Oebbecke/Rengeling/Schulte (Hrsg.), Abwägung im Recht, 1995, S. 9, 10f.; 21; *Lerche*, Übermaß und Verfassungsrecht, 2. Aufl. 1999, S. XVff., 7, 21; *Ossenbühl*, in: Erbguth/

Abwägungsdogmatik entwickelten Rechtswidrigkeitsformen (Abwägungsmängel) gehen zudem über den Aspekt der Unverhältnismäßigkeit hinaus[170], so daß das Gebot der Abwägung in seiner heutigen Form als ein spezifisch planerisches Institut erscheint. Daher kann durchaus hinterfragt werden, ob das planerische Abwägungsgebot beispielsweise einen angemessenen Maßstab für die gerichtliche Kontrolle verwaltungsorganisatorischer Entscheidungen über die Privatisierung einzelner Verwaltungsaufgaben liefert, wie dies in der Literatur vertreten wird.[171]

2. Konflikte vielfältiger Verfassungsbelange als Kennzeichen der Raumplanung

Freilich ist nicht zu leugnen, daß die Verfassung in verschiedensten Situationen, insbesondere im Grundrechtsbereich, eine Abwägung von Verfassungsgütern unter- und gegeneinander fordert.[172] Nach Norm- und Begründungsstruktur sind solche verfassungsrechtlichen Güterabwägungen einer planerischen Abwägung in mancher Hinsicht vergleichbar: Es geht jeweils um den Nachweis, daß der einzelnen Belangen zuerkannte Vorrang dem Grundsatz der Verhältnismäßigkeit entspricht.[173] Ferner ist zu konzedieren, daß – soweit eine Abwägung überhaupt stattzufinden hat – diese Abwägung meist durch verfassungsrechtliche Vorgaben geprägt ist.

Derartige Betroffenheiten widerstrebender verfassungsrechtlich geschützter Belange sind gerade im Fall räumlicher Planungen nahezu immer gegeben: Da Raumplanungen unmittelbar oder mittelbar stets die Nutzung der erfaßten oder benachbarten Grundstücke betreffen, zählt vor allem das durch Art. 14 GG geschützte Eigentum, dem für die verfassungsrechtliche Herleitung des Abwägungsgebots eine besonderes historische Bedeutung zukommt[174], stets zu den »in herausragender Weise« abwägungserheblichen privaten Belangen[175], dies besonders

---

Oebbecke/Rengeling/Schulte (Hrsg.), Abwägung im Recht, 1995, S. 25, 34ff., m.w.N.; vgl. jedoch demgegenüber auch *Stern*, Staatsrecht III/2, S. 812.

[170] *Lerche*, in: FS für den BayVGH, 1979, S. 223, 235.

[171] So namentlich *Ehlers*, Verwaltung in Privatrechtsform, 1984, S. 375; *Schmidt*, in: FS für Lerche, 1993, S. 965, 975; für eine Anwendung auf »konzeptbezogenes Verwaltungshandeln« verschiedenster Art plädiert *Müller*, Konzeptbezogenes Verwaltungshandeln, 1992, S. 263ff.; insoweit ist die grundsätzliche Kritik an einem Zuviel an Abwägung durch *Leisner*, Der Abwägungsstaat, 1997, berechtigt. Vgl. zum Anwendungsbereich des Abwägungsgebots auch nachfolgend S. 315ff.

[172] *Müller*, Juristische Methodik, 6. Aufl. 1995, S. 67ff.; *Ossenbühl*, in: Erbguth/Oebbecke/Rengeling/Schulte (Hrsg.), Abwägung im Recht, 1995, S. 25, 26ff.; *Stern*, Staatsrecht III/2, S. 814ff.; vgl. allgemein auch *Schlink*, Abwägung im Verfassungsrecht, 1976, mit einer umfassenden Darstellung der Rspr.

[173] Grundlegend *Rubel*, Planungsermessen, 1982, S. 77ff., 123ff.

[174] *Meßerschmidt*, Gesetzgebungsermessen, 2000, S. 296f.; *Schmidt-Aßmann*, in: FS für Redeker, 1993, S. 225, 227, m.w.N.

[175] *Papier*, in: FS für Hoppe, 2000, S. 213; vgl. weiter *ders.*, in: Maunz/Dürig u.a., GG, Art. 14 Rn. 92, Stand: Juni 2002; *Hoppe*, Grundfragen des Planungsrechts, 1998, S. 82ff.; *Korbmacher*, DÖV 1982, 517, 525ff.; *Söfker*, in: Ernst/Zinkahn/Bielenberg (Hrsg.), BauGB, § 1 Rn. 207ff., Stand: Sept.

im Hinblick auf die Ungleichbehandlung des in Anspruch genommenen Eigentums und damit vor dem Maßstab des Art. 3 Abs. 1 GG.[176] Dasselbe gilt für die gemeindliche Planungshoheit, soweit diese durch eine überörtliche Planung beschränkt wird; insofern gebietet Art. 28 GG nach ganz herrschender Lehre die Berücksichtigung der gemeindlichen Entwicklungsinteressen und die vorgelagerte Anhörung der Gemeinden.[177] Bei umweltrelevanten Planungen werden sich planungsrechtlich relevante Belange auch aus anderen Grundrechtspositionen ergeben[178], insbesondere aus Art. 2 Abs. 2 GG im Hinblick auf den Gesundheitsschutz[179], so daß auch ohne normative gesetzliche Vorgaben beispielsweise die durch eine Planung hervorgerufene Lärmbelastung stets angemessen in die Abwägung einzustellen ist.[180] Im Fall eines privaten Vorhabenträgers sind schließlich auch die Grundrechte des Antragstellers aus Art. 12 und 14 GG zu beachten.

Insgesamt werden daher räumliche Planungen in der Regel durch vielfältige Konflikte verfassungsrechtlich geschützter Belange geprägt, so daß die planerische Entscheidung der Zulassungsbehörde zugleich eine verfassungsrechtlich relevante Abwägung beinhaltet. Soweit das Abwägungsgebot einfachgesetzlich geregelt ist – etwa in § 18 Abs. 1 S. 2 AEG –, schließt dieses gesetzliche Erfordernis die verfassungsrechtlich vorgegebenen Abwägungsaufträge uneingeschränkt ein.[181] Die Konflikte vielfältiger Verfassungsbelange werden so zum dogmatischen Ausgangspunkt der fachlichen raumplanerischen Abwägung.

Ungelöst an dieser Argumentation erscheint jedoch der naheliegende Einwand, daß die dargestellten Kollisionen verfassungsrechtlich relevanter Belange sich keineswegs auf räumliche Planungen beschränken, sondern in ähnlicher Weise auch bei einfachen Vorhabenzulassungen und auch bei nicht unmittelbar raumbezogenen Sachverhalten auftreten. Daher ist auch das Versagungsermessen im Rahmen repressiver Verbotsnormen auf die Abwägung der im Einzelfall konkurrierenden Interessen bezogen.[182] Nicht jedes Aufeinandertreffen von Verfassungsbelangen führt jedoch zur Anerkennung planerischer Gestaltungsfreiheiten, so daß die Konflikte

---

2000; *Weiblen*, Bauleitplanung und Flächen- und Objektschutz, 2001, S. 234ff.; *Weyreuther*, DÖV 1977, 419, 423ff.

176 *Weyreuther*, DÖV 1977, 419, 421f.

177 Vgl. BVerfG, Beschl. v. 7. 10. 1980 – 2 BvR 584, 598, 599 und 604/76 –, BVerfGE 56, 298, 315f.; Beschl. v. 17. 7. 1996 – 2 BvF 2/93-, BVerfGE 95, 1, 26f.; Beschl. v. 7. 1. 1999 – 2 BvR 929/97 –, NVwZ 1999, 520, 521; *Brockmeyer*, in: Schmidt-Bleibtreu/Klein, GG, 9. Aufl. 1999, Art. 28 Rn. 13c; *Gern*, Kommunalrecht, 2. Aufl. 1997, Rn. 170; *Henrich*, Kommunale Beteiligung in der Raumordnung und Landesplanung, Bd. 1, 1981, S. 72ff.; *Kim*, Gemeindliche Planungshoheit und überörtliche Planungen, 1998, S. 163ff.; *Langer*, VerwArch 80 (1988), 352, 359.

178 Vgl. *Schmitt Glaeser*, DÖV 1980, 1ff.

179 *Berkemann*, in: FS für Schlichter, 1995, S. 27, 40; *Papier*, in: FS für Hoppe, 2000, S. 213, 214; *Weyreuther*, BauR 1977, 293, 295; *Ziekow*, in: ders. (Hrsg.), Praxis des Fachplanungsrechts, 2004, Rn. 670.

180 Näher etwa *Quaas*, NVwZ 1991, 16, 18ff.; *Schütz*, in: Ziekow (Hrsg.), Praxis des Fachplanungsrechts, 2004, Rn. 873.

181 BVerwG, Beschl. v. 31. 10. 2000 – 11 VR 12/00 –, UPR 2001, 77f.

182 *Keppeler*, Die Grenzen des behördlichen Versagungsermessens, 1989, S. 17.

vielfältiger Verfassungsbelange zwar eine notwendige, keineswegs jedoch eine hinreichende Vorbedingung für die Geltung des Abwägungsgebots darstellen. Dies wirft die nachfolgend zu erörternde Frage nach dem *Anwendungsbereich* des rechtsstaatlichen Abwägungsgebots auf. Logisch vorrangig ist jedoch zunächst die dem Anwendungsbereich des Abwägungsgebots vorgelagerte Frage nach der grundsätzlichen Legitimation der Einräumung planerischer *Gestaltungsfreiheit* zu untersuchen, und zwar einerseits aus der Sicht betroffener Dritter, andererseits aus Sicht des Vorhabenträgers.

3. Grundlage und Bedeutung planerischer Gestaltungsfreiheit

Ein naheliegender Einwand gegen die Ableitung des Planungsermessens aus der Notwendigkeit einer Abwägung der Konflikte vielfältiger Verfassungsbelange liegt in der Erwägung, daß das aus den Grundrechten abgeleitete Abwägungsgebot erst auf einer zweiten Stufe herangezogen wird, um die in einem ersten Schritt eingeräumte planerische Gestaltungsfreiheit zu relativieren. Einige der oben diskutierten, durch die Rechtsprechung dem Abwägungsgebot unterworfenen Entscheidungen sind nach dem Wortlaut des Gesetzes bloße gebundene Zulassungsentscheidungen oder lediglich Ermessensentscheidungen, ohne daß – jedenfalls dem Gesetzeswortlaut – eine Ermächtigung der Verwaltung oder des Vorhabenträgers zu entnehmen wäre, das Vorhaben unter Gewichtung und gegebenenfalls Zurückstellung der betroffenen Belange frei zu gestalten. Es ist daher in zahlreichen Fällen zunächst lediglich eine Rechtsbehauptung, wenn apodiktisch festgestellt wird, daß bei Planungsentscheidungen »kraft gesetzgeberischer Ermächtigung Gestaltungsaufgaben wahrzunehmen sind«.[183]

a) Rechtfertigung der »Einräumung« planerischer Gestaltungsfreiheit?

Wenn in diesen Fällen festgestellt wird, die planerische Gestaltungsfreiheit ergebe sich auch ohne ausdrückliche Erwähnung im Gesetz »aus der Übertragung der Planungsbefugnis auf die Planfeststellungsbehörde in Verbindung mit der Erkenntnis, daß die Befugnis zur Planung einen mehr oder weniger ausgedehnten Spielraum an Gestaltungsfreiheit einschließt und einschließen muß, weil Planung ohne Planungsfreiheit ein Widerspruch in sich wäre«[184], so scheint dieser Schritt zunächst weitreichender als die anschließende – verfassungsrechtlich gewiß begründbare – »Bändi-

[183] So zuletzt etwa *Sobota*, Das Prinzip Rechtsstaat, 1997, S. 216.

[184] BVerwG, Urt. v. 12.12.1969 – IV C 105.66 –, BVerwGE 34, 301, 304; Beschl. v. 10.2.1978 – 4 C 25/75 –, BVerwGE 55, 220, 225 und öfter. Im Schrifttum wird diese Formel meist ohne weitere Problematisierung zustimmend wiedergegeben, so etwa bei *Hoppe*, Grundfragen des Planungsrechts, 1998, S. 109; *Kleinschnittger*, Die abfallrechtliche Planfeststellung, 1992, S. 116; *Pache*, Tatbestandliche Abwägung und Beurteilungsspielraum, 2001, S. 31; *Rennert*, in: Eyermann (Hrsg.), VwGO, 11. Aufl. 2000, § 114 Rn. 35; von einer »Planungs- und Gestaltungsvollmacht« spricht *Badura*, in: Rüthers/Stern (Hrsg.), Freiheit und Verantwortung im Verfassungsstaat, 1984, S. 27, 35.

gung« dieser Gestaltungsfreiheit durch das rechtsstaatliche Abwägungsgebot. Denn vor dem Maßstab der Wesentlichkeitstheorie würden die betroffenen Grundrechte grundsätzlich eher ein hohes Maß an gesetzlicher Bestimmtheit der Planung erfordern als eine Einräumung von Gestaltungsfreiheit.[185] Das Gesamtergebnis beider Schritte – der Einräumung planerischer Gestaltungsfreiheit und ihrer anschließenden Bindung an das Abwägungsgebot – scheint daher in der Tat – zumindest aus Sicht der in ihren Grundrechten betroffenen Bürger – eher ein Weniger als ein Mehr an Rechten zu sein.[186] Zugleich stellt sich bei dieser Argumentation erneut die Frage nach dem Anwendungsbereich jener Planungen, die »einen mehr oder weniger ausgedehnten Spielraum an Gestaltungsfreiheit« gleichsam aus der Natur der Sache heraus einschließen müssen.

b) Das Abwägungsgebot als Verschärfung der Zulassungstatbestände

Solche Bedenken halten jedoch einer genaueren Überprüfung nicht stand. Sie verkennen, daß das Abwägungsgebot gegenüber den zwingenden Voraussetzungen des Planungs- und Zulassungstatbestandes eine *ergänzende* Anforderung und damit im Ergebnis eine Verschärfung darstellt. Dies gilt im Recht der Planfeststellung – jedenfalls seit Überwindung der Theorien über eine materielle Konzentrationswirkung – in gleicher Weise wie bei den Nutzungsregelungen etwa im Naturschutzrecht: Die Zulassungs- oder Anordnungstatbestände des jeweils einschlägigen Rechts – etwa für den Erlaß einer Naturschutzverordnung – werden nicht »wegkonzentriert«, sondern bleiben bestehen und durch das Abwägungsgebot lediglich überhöht.[187]

Zusätzlich begrenzt wird damit eine Gestaltungsfreiheit, die räumlichen Entscheidungen und Projekten auch dann immanent ist, wenn sie in ein gebundenes Genehmigungsverfahren eingekleidet sind. Denn unzweifelhaft gehen auch den im traditionellen Sinne gebundenen räumlichen Zulassungen – etwa solchen nach dem Bundesimmissionsschutzgesetz – stets eigenverantwortliche und oft durchaus komplexe planerische Entscheidungen des Planungs- oder Vorhabenträgers voraus.[188] Eigenverantwortliche Planung in diesem Sinne liegt selbst der Baugenehmigung als dem Prototyp einer gebundenen Verwaltungsentscheidung zugrunde, ohne daß die im Rahmen der bauplanungsrechtlichen Vorgaben bestehende architektonische Gestaltungsfreiheit des Bauherrn als weiter reduzierungsbedürftig erscheint. Die zusätzliche Bindung an das Abwägungsgebot ist aus dieser Sicht keineswegs eine Erleichterung der Vorhabenzulassung, sie räumt nicht etwa – wie oft mißverständlich formuliert wird – erst eine planerische Gestaltungsfreiheit ein[189], sondern setzt diese

[185] Vgl. nur BVerfG, Beschl. v. 12.6. 1979 – 1 BvL 19/76 »Kleingarten« –, BVerfGE 52, 1, 27ff.; *Börger*, Genehmigungs- und Planungsentscheidungen, 1987, S. 153ff.

[186] Vgl. *Bartlsperger*, in: Erbguth/Oebbecke/Rengeling/Schulte (Hrsg.), Abwägung im Recht, 1995, S. 79, 99.

[187] Näher dazu bereits im zweiten Kapitel S. 121ff.

[188] So zu Recht *Burgi*, JZ 1994, 654, 658; vgl. zum Element der Komplexität und der Planungsentscheidung als komplexer Verwaltungsentscheidung auch nachfolgend S. 320ff.

[189] Vgl. zuletzt etwa *Stüer*, Handbuch des Bau- und Fachplanungsrechts, 2. Aufl. 1998, Rn. 2173.

voraus und bildet eine ergänzende Hürde des Zulassungstatbestandes.[190] Dieses zusätzliche Erfordernis ist gerade eine Konzession an den Umstand, daß in bestimmten komplexen räumlichen Sachverhalten der Gesetzgeber nicht in der Lage ist, sämtliche konkret betroffenen – und gegebenenfalls verfassungsrechtlich geschützten – Belange im Rahmen eines abschließenden Zulassungstatbestands zu berücksichtigen. Mit dieser Pflicht zur tatbestandsübergreifenden Berücksichtigung der Belange Dritter und der räumlichen Auswirkungen, auf die das Abwägungsgebot abzielt, ist es tendenziell an insgesamt strengere Voraussetzungen geknüpft als ein vergleichbarer gebundener Zulassungstatbestand.[191] Dies belegen auch die Dauer und Komplexität der Planfeststellungsverfahren, der Umfang ihrer Begründungen, die auf das »Recht auf Abwägung« gestützten umfassenden Anfechtungsmöglichkeiten und nicht zuletzt die hohe Fehleranfälligkeit im Recht der Fachplanungen eindrücklich.

Dabei soll nicht verkannt werden, daß der Gesetzgeber manche Zulassungstatbestände – namentlich im Planfeststellungsrecht – mit Blick auf das Abwägungsgebot normativ bereits vergleichsweise »dünn« ausgestaltet hat und dabei der Vorstellung gefolgt sein mag, daß das, was im Zulassungstatbestand unbehandelt bleibt, zumindest im Rahmen der Abwägung angemessen berücksichtigt wird. Jedenfalls dort, wo umweltbelastende Vorhaben der öffentlichen Hand gänzlich genehmigungsfrei sind[192], darf insoweit die Systemgerechtigkeit des gesetzlichen Instrumentariums sicher bezweifelt werden.

c) *Das Beispiel des Verkehrslärms*

Dennoch ist festzuhalten, daß die – unter Umständen richterliche – Ergänzung einer oft nur durch wenige tatbestandliche Voraussetzungen geprägten Zulassungsentscheidung um die Geltung des Abwägungsgebots aus Sicht Dritter ein Mehr und nicht ein Weniger an Rechtsschutz darstellt. Dies zeigt sich besonders deutlich bei der Frage des Schallschutzes im Verkehrswegebereich: Für den Bau von Straßen und Schienenwegen gelten sowohl im Rahmen der straßenrechtlichen oder eisenbahnrechtlichen Planfeststellung als auch im Fall der Ausweisung durch einen – gegebenenfalls planfeststellungsersetzenden – Bebauungsplan die Vorgaben der §§ 41ff. des Bundesimmissionsschutzgesetzes. Nach § 41 Abs. 1 BImSchG ist bei dem Bau oder der wesentlichen Änderung öffentlicher Straßen sicherzustellen, daß hierdurch keine schädlichen Umwelteinwirkungen durch Verkehrsgeräusche hervorgerufen werden können. Konkretisiert werden diese – durch die aus Art. 1 Abs. 1 S. 2 und Art. 2 Abs. 2 S. 1 GG resultierende Schutzpflicht für Leben und Gesundheit verfassungsrechtlich fundierten – Vorgaben durch die sog. Verkehrslärmschutzverordnung (16. BImSchV).[193] Die in der Verordnung enthaltenen Grenzwerte sind striktes

[190] *Kühling*, in: FS für Sendler, 1991, S. 391, 401.

[191] Grundlegend VGH Mannheim, Urt. v. 16.7. 1984 – 5 S 579/83 –, NuR 1986, 174, 175; dazu *Breuer*, in: FS für Hoppe, 2000, S. 667, 682.

[192] Vgl. oben S. 292ff. sowie bereits im ersten Kapitel S. 61ff.

[193] Näher etwa *Hoppe/Schlarmann/Buchner*, Rechtsschutz bei der Planung von Straßen, 3. Aufl.

Recht und können im Rahmen der planerischen Abwägung *nicht* überwunden werden. Insoweit haben der Gesetz- und der Verordnungsgeber somit die Rechte Dritter bereits vergleichsweise detailliert berücksichtigt.

Allerdings bildet dieses immissionsschutzrechtliche System keine abschließende Regelung. Das daneben geltende Abwägungsgebot bezieht sich nämlich auch auf Geräuschbelästigungen, die unterhalb der immissionsschutzrechtlichen Erheblichkeitsschwelle liegen[194], und verpflichtet daher den Planungsträger und die Planfeststellungsbehörde nach mittlerweile gefestigter Rechtsprechung *zusätzlich*, die Schallbetroffenheit der Anwohner auch unterhalb der Grenzwerte der Verkehrslärmschutzverordnung oder außerhalb ihres Anwendungsbereichs zu berücksichtigen und ihnen in atypischen Fällen auch dann Schallschutz zu gewähren, wenn ein Anspruch hierauf nach der Verkehrslärmschutzverordnung nicht besteht.[195] Das Abwägungsgebot *verstärkt* somit die Position Dritter über den bindenden Zulassungstatbestand hinaus und verleiht ihnen vor allem auch prozessual eine Klagebefugnis gegenüber Planungsakten, ohne daß neben der Beeinträchtigung eines abwägungsrelevanten Belangs die Verletzung einer speziellen drittschützenden Rechtsnorm erforderlich wäre.[196]

Ebenso deutlich zeigt sich die durch das Abwägungsgebot vermittelte Verschärfung des Zulassungstatbestandes in der Pflicht des Vorhabenträgers zur Standortalternativenprüfung. Während selbst extrem umweltbelastende Großvorhaben im

---

2001, Rn. 835ff.; *Kühling/Hermann*, Fachplanungsrecht, 2. Aufl. 2000, Rn. 418ff.; *Michler*, Rechtsprobleme des Verkehrsimmissionsschutzes, 1993, S. 148ff.; *Steinberg/Berg/Wickel*, Fachplanung, 3. Aufl. 2000, §4 Rn. 32ff.

[194] BVerwG, Urt. v. 4.5. 1988 – 4 C 2/85 –, NVwZ 89, 151; Urt. v. 28.1. 1999 – 4 CN 5.98 –, BVerwGE 108, 248, 253; näher zu dieser Rechtsprechung *Vallendar*, UPR 1999, 121, 122ff., m.w.N. Erforderlich ist allerdings auch insoweit eine über der Geringfügigkeitsschwelle liegende Betroffenheit. Vgl. dazu nur *Scherg*, Beteiligungsrechte der Gemeinden, 1982, S. 190ff.; *Schütz*, in: Ziekow (Hrsg.), Praxis des Fachplanungsrechts, 2004, Rn. 873 und 870ff.; *Ziekow*, in: ders. (Hrsg.), Praxis des Fachplanungsrechts, 2004, Rn. 662f.

[195] So für die Planfeststellung VGH Mannheim, Urt. v. 13.3. 1996 – 5 S 1743/95 –, DVBl. 1996, 929f.; Urt. v. 28.3. 1996 – 5 S 1338/95 –, DÖV 1996, 1004f.; *Bartunek*, Probleme des Drittschutzes bei der Planfeststellung, 2000, S. 108ff.; *Michler*, VerwArch 1999, 21, 40f.; *Papier*, Recht der öffentlichen Sachen, 3. Aufl. 1998, S. 166; *Steinberg/Berg/Wickel*, Fachplanung, 3. Aufl. 2000, §4 Rn. 38; für die Bauleitplanung *Uechtritz*, DVBl. 1999, 198, 202; *Windhager*, in: Kolks/Fiedler (Hrsg.), Verkehrswesen in der kommunalen Praxis, Bd. I, 1997, S. 351ff.; *Ziekow*, BayVBl. 2000, 325, 326. Allgemein zur Berücksichtigung von Belangen unterhalb der Schwelle subjektiver öffentlicher Rechte *Schmidt-Preuß*, Kollidierende Privatinteressen, 1992, S. 455.

[196] Vgl. statt vieler *Bartunek*, Probleme des Drittschutzes bei der Planfeststellung, 2000, S. 227ff.; *Kopp/Schenke*, VwGO, 13. Aufl. 2003, §42 Rn. 91 und §114 Rn. 34ff., m.w.N.; *Scherg*, Beteiligungsrechte der Gemeinden, 1982, S. 123ff.; *Weyreuther*, DÖV 1977, 419, 423f. (für das Eigentum); kritisch *Gaentzsch*, in: FS für Schlichter, 1995, S. 517, 524, sowie *Bartlsperger*, in: Erbguth/Oebbecke/Rengeling/Schulte (Hrsg.), Abwägung im Recht, 1995, S. 79, 85, der auf S. 88 dem Recht auf Abwägung eine lediglich prozessuale Bedeutung beimessen will. Diese Auffassung wird durch das im Text erläuterte Beispiel widerlegt. Das Bundesverwaltungsgericht hat den Grundsatz, daß das Recht auf Abwägung automatisch eine Klagebefugnis begründet, für die Bauleitplanung auch nach der Änderung des §47 VwGO durch das 6. VwGOÄndG und damit gegen den ausdrücklichen Willen des Gesetzgebers beibehalten. Kritisch dazu *Redeker/von Oertzen*, VwGO, 13. Aufl. 2000, §47 Rn. 31, m.w.N.

Rahmen eines gebundenen Zulassungstatbestandes bei Vorliegen der Genehmigungsvoraussetzungen zwingend zuzulassen sind, ohne daß der Vorhabenträger die Wahl des Standortes planerisch rechtfertigen müßte[197], ergibt sich aus dem Abwägungsgebot die Notwendigkeit, im Planverfahren räumliche *Planungsalternativen* zu entwickeln und die Wahl des konkreten Standortes planerisch zu begründen.[198] Auch dies führt praktisch zu einer erheblichen Stärkung der Rechtsstellung der durch das Vorhaben Betroffenen.

d) Unberechtigte Kritik am Abwägungsgebot

Es sind daher letztlich Relikte der an sich überwundenen Theorie von der materiellen Konzentrationswirkung[199], wenn als Wesen der planerischen Gestaltung weiterhin vielfach die Möglichkeit angesehen wird, zur Verwirklichung einer im öffentlichen Interesse liegenden Planungsaufgabe »in die Rechte Dritter eingreifen zu können«[200], wenn die Rechtsprechung zum Abwägungsgebot als Reduzierung oder »Verplanung des Individualrechts« zu einem bloßen Recht auf Abwägung und damit als »Auflösung rechtsstaatlichen Verwaltungsrechts« kritisiert[201] oder wenn gefordert wird, diese angeblich bedenkliche »Kompetenz zur Gemeinwohlkonkretisierung« aus verfassungsrechtlichen Gründen auf rein staatliche Planungen zu beschränken und den Planungen der – bislang nur formell – privatisierten Deutsche Bahn AG nicht mehr zuzuerkennen[202], weil solche »privatnützigen« Planfeststellungen »Eingriffe in die Rechte Dritter nicht rechtfertigen« könnten.[203] Solche Kri-

---

[197] Kritisch dazu die inhaltlich noch immer gültigen Ausführungen bei *Blümel*, DVBl. 1977, 301, 308f.

[198] Näher BVerwG, Urt. v. 22.3.1985 – 4 C 15.83 –, BVerwGE 71, 166; Urt. v. 5.12.86 – 4 C 13.85 –, BVerwGE 75, 214; umfassende Nachweise bei *Forschbach*, Die Pflicht zur Standortalternativenprüfung in der Planfeststellung, 1998, besonders S. 40ff., der jedoch den Kreis der zu prüfenden Alternativen weiter zieht als die Rechtsprechung.

[199] Vgl. dazu im zweiten Kapitel S. 121ff.

[200] *Badura*, in: Erichsen (Hrsg.), Allgemeines Verwaltungsrecht, 12. Aufl. 2002, § 39 Rn. 29, der daher für die sog. »privatnützige Planfeststellung« eine solche Gestaltungsmacht ablehnt; *ders.*, in: Rüthers/Stern (Hrsg.), Freiheit und Verantwortung im Verfassungsstaat, 1984, S. 27, 29; *Börger*, Genehmigungs- und Planungsentscheidungen, 1987, S. 155, 158; ähnlich *Wahl/Dreier*, NVwZ 1999, 606, 610; *Zimmer*, Funktion – Kompetenz – Legitimation, 1979, S. 176, m.w.N. in Fn. 139.

[201] *Bartlsperger*, in: Erbguth/Oebbecke/Rengeling/Schulte (Hrsg.), Abwägung im Recht, 1995, S. 79, 87ff., 96ff.; grundsätzliche Einwände dieser Art vor allem bei *Leisner*, Der Abwägungsstaat, 1997, besonders S. 127ff., 153ff., 225ff., *Schlink*, Abwägung und Verfassungsrecht, 1976, S. 125, 134ff., und bei *Schmitt Glaeser*, DÖV 1980, 1, 5f., wonach durch Raumplanung die individuelle Freiheit »in Pflegschaft« genommen werde; vgl. dazu wiederum *Schulze-Fielitz*, Jura 1992, 201, 208, der in ähnlichem Zusammenhang zu Recht von »auch kulturkritisch inspirierter« Rechtskritik am Abwägungsgebot spricht.

[202] *Grigoleit/Otto*, DÖV 2000, 182ff., die hierbei nicht zuletzt auch übersehen, daß gerade die eisenbahnrechtliche Planfeststellung als Modell sämtlicher nachfolgender Planfeststellungsgesetze ursprünglich lediglich ein Gestattungsverfahren zur Beleihung Privater mit dem Enteignungsrecht darstellte. Vgl. dazu bereits die Nachweise im ersten Kapitel S. 57.

[203] So noch BVerwG, Urt. v. 10.2.1978 – 4 C 25.75 –, BVerwGE 55, 220, 227; weiterhin vertreten

tik geht an dem Wesen des Abwägungsgebots vorbei: Zwar ist es dem Planungsträger möglich, im Rahmen der planerischen Abwägung Belange Dritter im Konflikt mit anderen Erwägungen zurückzustellen und insoweit planerisch zu überwinden. Diese Möglichkeit besteht jedoch nur, soweit sich das Recht des Dritten gerade auf einen bloßen Abwägungsanspruch beschränkt. Da der Planungsträger an zwingendes Recht – sofern er dieses im Rahmen der Entscheidung anzuwenden hat – und damit namentlich an die tatbestandlichen Voraussetzungen der Planungsentscheidung in vollem Umfang gebunden ist, findet seine Gestaltungsfreiheit an den durch die Rechtsordnung anerkannten *Rechten* Dritter von vornherein ihre Grenzen.[204] Gegenstand der Abwägung sind daher nicht in erster Linie notwendig subjektive Rechte, sondern unterhalb der Schwelle der Rechtsverletzung auch *rechtlich geschützte Belange*, die durch die Geltung des Abwägungsgebots überhaupt erst zu einem subjektiven »Recht auf Abwägung« erstarken.[205] Anders ist dies nur im Hinblick auf die bauleitplanerischen Festsetzungen der Gemeinde, soweit sie gegenüber der nach §38 BauGB privilegierten Fachplanung in der Tat zu einem »Recht auf Abwägung« abgestuft werden.[206] Dies erfolgt jedoch durch eine spezielle gesetzliche Anordnung; soweit es an einer solchen fehlt, ermöglicht auch das Abwägungsgebot keine Überwindung der bauleitplanerischen Vorgaben.[207]

Wenn überhaupt, so bedarf die mit der Geltung des Abwägungsgebots angeblich verbundene »Einräumung« von Gestaltungsfreiheit daher aus der Sicht des Vorhabenträgers und nur dann einer verfassungsrechtlichen Rechtfertigung, wenn dieser grundrechtsfähig ist. Für Dritte stellt hingegen das Abwägungsgebot ein Mehr und nicht ein Weniger an Rechten gegenüber einer durch das Abwägungsgebot nicht etwa erst eingeräumten, sondern von vornherein aus der Natur der Sache heraus bestehenden Konkretisierungsmacht des Planungsträgers dar.

---

etwa durch *Schmaltz*, in: Schrödter (Hrsg.), BauGB, 6. Aufl. 1998, §38 Rn. 28; *Zeitler*, in: Sieder/Zeitler/Dahme/Knopp (Hrsg.), WHG, §31 WHG Rn. 156, Stand: Juli 2000.

[204] *Schmidt-Preuß*, Kollidierende Privatinteressen, 1992, S. 147; *Vallendar*, UPR 1999, 121, 122ff.; *Weyreuther*, DÖV 1977, 419, 424f.

[205] Vgl. nur *Bartunek*, Probleme des Drittschutzes bei der Planfeststellung, 2000, S. 87ff.; *Gaentzsch*, in: FS für Schlichter, 1995, S. 517, 522, 524 (der freilich die Grundlagen des Gebots in Frage stellt und ein »Recht auf Abwägung« ablehnt); *Happ*, in: Eyermann (Hrsg.), VwGO, 11. Aufl. 2000, §42 Rn. 113 »Abwägung«, m. w. N.; *Huber*, Konkurrenzschutz im Verwaltungsrecht, 1991, S. 241ff., der dennoch auf die Figur des »Eingriffs« in Rechte abstellt; *Scherg*, Beteiligungsrechte der Gemeinden, 1982, S. 183ff.; *Schütz*, in: Ziekow (Hrsg.), Praxis des Fachplanungsrechts, 2004, Rn. 867ff. (mit Einschränkungen); *Vallendar*, UPR 2003, 41; *Ziekow*, in: ders. (Hrsg.), Praxis des Fachplanungsrechts, 2004, Rn. 659ff.; besonders für den wichtigen Anwendungsfall der verwaltungsgerichtlichen Normenkontrolle von Bebaungsplänen *Kopp/Schenke*, VwGO, 13. Aufl. 2003, §47 Rn. 53ff.

[206] Näher zur Funktionsweise des §38 BauGB bereits im zweiten Kapitel S. 109ff.

[207] Vgl. etwa OVG Frankfurt an der Oder, Urt. v. 24. 3. 1999 – 3 A 60/97 –, NuR 1999, 587ff., wonach für die Nutzung eines ehemals sowjetischen Truppenübungsplatzes durch die Bundeswehr eine gesetzliche Ermächtigung erforderlich ist, welche die Behörde befugt, die Planungshoheit der Gemeinde zu überwinden.

4. Zur Stellung des Vorhabenträgers

a) Die These von der Unzulässigkeit von Abwägungsvorbehalten bei Planungen Privater

Ganz andere Bedenken des Schrifttums gegen die durch die Rechtsprechung betriebene Ausweitung des Abwägungsgebots beruhen auf der in manchen Fällen grundrechtlich abgesicherten Stellung des Vorhabenträgers, die mit der Existenz planerischer Gestaltungsfreiheit unvereinbar sein soll.[208] Abwägung ist nach diesem Verständnis nur im Fall staatlicher Planung möglich und geboten. Vermag die Behörde durch Abwägung einen Antrag des Planungsträgers abzuweisen oder zu modifizieren, so liegt eine »Planungsentscheidung« vor. Gestaltet hingegen der Vorhabenträger selbst, so wird für eine Anwendung des Abwägungsgebots kein Anwendungsbereich mehr gesehen. Auch dort, wo die Rechtsordnung das Handeln Privater unter Planfeststellungsvorbehalt stelle, sei dann für eine planerische Abwägung kein Raum mehr.[209]

Auch diese Bedenken vermögen letztlich nicht zu überzeugen. Dabei soll nicht die Frage vertieft werden, ob nicht die Vorstellung einer in jeder Hinsicht durch den Zulassungstatbestand vorstrukturierten Bindung der Behördenentscheidung zumindest im Auflagenbereich von jeher eine rechtliche Fiktion dargestellt haben könnte, die der Realität der Aufgabenverteilung zwischen Vorhabenträger und Planfeststellungsbehörde ohnehin wenig gerecht wird. Die entscheidenden Gegenargumente sind jedoch rechtlicher Art.

b) Die Zulässigkeit von Abwägungsvorbehalten zur Gewährleistung des Gemeinwohls

Zunächst ist grundsätzlich zu hinterfragen, ob die Einräumung von Abwägungsspielräumen der Zulassungsbehörde wirklich stets mit der Grundrechtsposition eines Antragstellers unvereinbar wäre. Zwar mag als Leitlinie anerkannt sein, daß bei lediglich präventiven Verboten mit Erlaubnisvorbehalt der Antragsteller einen Rechtsanspruch auf Erteilung der Genehmigung hat und lediglich bei repressiven Verbotsnormen die Einräumung von Versagungsermessen zulässig ist.[210] Freilich ist die Abgrenzung dieser beiden Zulassungsformen im Einzelfall vielfach zweifelhaft[211] und die Einräumung eines Versagungsermessens außerdem selbst bei präventiven Verboten zulässig, wenn besondere Risiken oder Belastungen dies rechtferti-

---

[208] Vgl. *Erbguth*, NVwZ 1995, 243, 245; *Burgi*, JZ 1994, 654ff.; *Ronellenfitsch*, in: Hoffmann-Riem/Schmidt-Aßmann (Hrsg.), Konfliktbewältigung durch Verhandlungen, Bd. 2 1990, S. 185, 196.

[209] So besonders deutlich *Burgi*, JZ 1994, 654, 659; ferner *Badura*, in: Erichsen (Hrsg.), Allgemeines Verwaltungsrecht, 12. Aufl. 2002, § 39 Rn. 29, m. w. N.

[210] So etwa *Keppeler*, Die Grenzen des behördlichen Versagungsermessens, 1989, S. 10f., m. w. N.; *Kloepfer*, Umweltrecht, 2. Aufl. 1998, § 5 Rn. 48ff.

[211] *Burgi*, JZ 1994, 654, 655, m. w. N. in Fn. 9; *Keppeler*, Die Grenzen des behördlichen Versagungsermessens, 1989, S. 8ff.

gen.[212] Da der Gesetzgeber zudem bereits zur Gewährleistung allgemeiner Gemeinwohlbelange – etwa einer geordneten Wasserwirtschaft – und ohne das Vorliegen einer konkreten Beeinträchtigung des Allgemeinwohls anstelle eines gebundenen Erlaubnisverfahrens ein repressives Verbot mit Befreiungsvorbehalt einzuführen vermag[213] und die durch das Abwägungsgebot vermittelten zusätzlichen Bindungen des Vorhabenträgers in der Regel durch die Privilegierung des Vorhabens gegenüber der Bauleitplanung nach §38 BauGB mehr als ausgeglichen werden[214], dürfte eine planerische Form der Zulassung jedenfalls bei komplexen räumlichen Verwaltungsentscheidungen – etwa über eine Abfallbeseitigungsanlage – entgegen einer verbreiteten Sichtweise verfassungsrechtlich unbedenklich sein, zumal das Bundesverfassungsgericht selbst im Hinblick auf eine vergleichsweise eindimensionale räumliche Entscheidung wie die Festlegung von Wegen für das »Reiten im Walde« eine planerische Abwägungsentscheidung für zulässig und sachgerecht gehalten hat[215]. Diese Sonderstellung der durch die Planfeststellung erfaßten Vorhaben Privater verdeutlicht auch §4 Abs. 1 Nr. 2 ROG, der »Planfeststellungen über die Zulässigkeit raumbedeutsamer Maßnahmen von Personen des Privatrechts« unmittelbar an die Ziele der Raumordnung bindet.[216] Die durch solche Vorhaben betroffenen räumlichen Belange rechtfertigen nicht nur den im Grundsatz kompetentiell unzulässigen Durchgriff des Raumordnungsrechts auf Private, sondern zudem die Bindung auch eines privaten Vorhabenträgers an das Abwägungsgebot.[217]

c) *Der Träger der planerischen Gestaltungsfreiheit*

Zum anderen – und dieser Einwand erscheint letztlich sehr viel bedeutsamer – impliziert die Zuerkennung planerischer Gestaltungsfreiheit keineswegs automatisch, daß diese der Zulassungsbehörde zustehen müßte. Die Anerkennung planerischer Gestaltungsfreiheit und die Beschränkung gerichtlicher Kontrolle auf das Abwägungsgebot einerseits und das Bestehen eines Genehmigungsanspruches des Unternehmers andererseits sind nämlich entgegen verbreiteter Aussagen im Schrifttum[218] keineswegs zwingende Gegensätze. Auch im Planfeststellungsverfahren plant – wie

---

[212] BVerfG, Beschl. v. 8.8. 1978 – 2 BvL 8/77 –, BVerfGE 49, 89, 144ff.; *Kloepfer*, Umweltrecht, 2. Aufl. 1998, §5 Rn. 50; *Papier*, in: FS für die Jur. Gesellschaft zu Berlin, 1984, S. 529, 542.

[213] BVerfG, Beschl. v. 15.7. 1981 – 1 BvL 77/78 –, BVerfGE 58, 300, 345f.

[214] *Stüer*, in: FS für Blümel, 1999, S. 565, 575, weist darauf hin, daß in dieser Privilegierung der überörtlichen Planfeststellung zugleich eine Legitimationsgrundlage des Abwägungsgebots liegt.

[215] BVerfG, Beschl. v. 6.6. 1989 – 1 BvR 921/85 –, BVerfGE 80, 137, 161: »Im Wege eines Verbots mit Erlaubnisvorbehalt wäre jedoch das verfassungsrechtlich legitime Ziel einer Trennung des Erholungsverkehrs nicht erreichbar. Die Zuordnung der einzelnen Wege setzt jeweils eine ordnungspolitische Entscheidung voraus, die einer konkreten normativen Vorherbestimmung und der Einräumung eines Rechtsanspruchs auf Zuweisung bestimmter Wege an die Reiter nicht zugänglich ist.«

[216] Vgl. *Kühling/Hermann*, Fachplanungsrecht, 2. Aufl. 2000, Rn. 166; *Schroeder*, UPR 2000, 52, 55.

[217] So i. E. VGH Mannheim, Urt. v. 16.7. 1984 – 5 S 579/83 –, NuR 1986, 174; vgl. auch *Wahl*, DVBl. 1982, 51, 57.

[218] Vgl. nur *Wahl*, DVBl. 1982, 51ff.

dies bereits der Begriff Plan*feststellung* verdeutlicht – für gewöhnlich nicht die Planfeststellungsbehörde, sondern der Vorhabenträger. Dabei handelt es sich nicht etwa nur um eine faktische Rollenverteilung.

Während die traditionelle Sichtweise diese faktische Rollenverteilung lediglich über das Kooperationsprinzip und die Sanktionierung bestimmter Kooperationsformen durch Vorschriften wie § 11 und § 12 BauGB zu rechtfertigen vermag und im übrigen darauf beharrt, daß letztlich die Behörde »Herr der Abwägung« bleiben müsse[219], wobei zwangsläufig erhebliche Differenzen zwischen der rechtlichen und der faktischen Aufgabenverteilung zwischen Vorhabenträger und Planfeststellungsbehörde in Kauf genommen werden müssen, hat sich in den letzten Jahren in Rechtsprechung und Literatur zunehmend die Erkenntnis durchgesetzt, daß die Ausübung der planerischen Gestaltungsfreiheit bei der Planfeststellung nicht pauschal der Planfeststellungsbehörde, sondern vielmehr dem Vorhabenträger obliegt, sofern durch das einschlägige Fachgesetz gerade diesem die materielle Planungsaufgabe eigenverantwortlich zugewiesen ist. In diesem Fall kann dem Vorhabenträger gegenüber der Zulassungsbehörde ein Anspruch auf Planfeststellung zustehen: Falls der Vorhabenträger bei seiner Planung alle abwägungsrelevanten Tatsachen angemessen berücksichtigt hat und insoweit auch keine Auflagenerteilung geboten ist, hat er Anspruch auf eine – die Abwägung nachvollziehende – Genehmigung seines Planes, ohne daß der Planfeststellungsbehörde ein planerisches Versagungsermessen zustehen würde.[220] Die Aufgabe der Planfeststellungsbehörde beschränkt sich in diesen

---

[219] So *Schütz*, in: Ziekow (Hrsg.), Praxis des Fachplanungsrechts, 2004, Rn. 997ff.; besonders eingehend *Seidel*, Privater Sachverstand und staatliche Garantenstellung, 2000, S. 97ff.; *Zeitler*, in: Sieder/Zeitler/Dahme/Knopp (Hrsg.), WHG, § 31 WHG Rn. 200f., Stand: Juli 2000; vgl. auch *Di Fabio*, in: FS für Hoppe, 2000, S. 75, 81; *Schneller*, Objektbezogene Legalplanung, 1999, S. 119ff.; *Wolff*, in: Sodan/Ziekow (Hrsg.), VwGO, § 114 Rn. 212 und 214, Stand: Jan. 2003.

[220] Vgl. bereits die Ausführungen in BVerwG, Urt. v. 17. 1. 1986 – 4 C 6 und 7/84 –, BVerwGE 72, 365, 367; besonders deutlich Urt. v. 24. 11. 1994 – 7 C 25/93 –, BVerwGE 97, 143, 149: »Daraus folgt, daß der Planfeststellungsbehörde kein eigenständiges Versagungsermessen mehr zusteht, wenn dem Vorhaben unter dem Blickwinkel der planerischen Abwägung keine rechtlichen Hindernisse entgegenstehen. Auch ein privater Träger einer Abfallentsorgungsanlage wie hier die Klägerin besitzt einen solchen Anspruch.« Eingehend zu diesem Punkt ferner *Achenbach*, Zur Frage der selbständigen rechtlichen Bedeutung der privatnützigen Planfeststellung, 1992, S. 14ff.; *Bartunek*, Probleme des Drittschutzes bei der Planfeststellung, 2000, S. 54ff.; *Hoppe/Just*, DVBl. 1997, 789ff., mit umfassenden Nachweisen zum Meinungsstand; *Gaentzsch*, in: FS für Schlichter, 1995, S. 517, 519ff.; *ders.*, in: Schlichter/Stich/Driehaus/Paetow (Hrsg.), Berliner Kommentar zum BauGB, 3. Aufl., § 7 Rn. 9, Stand: Aug. 2002; *Kühling*, DVBl. 1989, 221; *ders./Hermann*, Fachplanungsrecht, 2. Aufl. 2000, Rn. 28, 42f.; *Runkel*, in: Bielenberg/Runkel/Spannowsky, Raumordnungs- und Landesplanungsrecht des Bundes und der Länder, Kommentar K, § 4 ROG Rn. 148ff., Stand: VI.1999; *Schmaltz*, in: Schrödter (Hrsg.), BauGB, 6. Aufl. 1998, § 38 Rn. 4 (anders aber Rn. 28); *Sendler*, in: FS für Schlichter, 1995, S. 55, 81ff. (die drei Letztgenannten durchweg differenzierend); *Steinberg/Berg/Wickel*, Fachplanung, 3. Aufl. 2000, § 3 Rn. 87f. (anders jedoch ebenda § 1 Rn. 11), alle m.w.N.; noch weiter gehend *Ule/Laubinger*, Verwaltungsverfahrensrecht, 4. Aufl. 1995, § 39 Rn. 8 und § 41 Rn. 11 und 18, sowie *Finke*, Die Privilegierung von Fachplanungen nach § 38 BauGB, 2001, S. 13ff., denen zufolge die Gestaltungsfreiheit *stets* dem Vorhabenträger zusteht. Zu eng interpretiert die zitierten Entscheidungen hingegen wohl *Di Fabio*, in: FS für Hoppe, 2000, S. 75, 81 in Fn. 81, wonach der Antragsteller lediglich ein Anspruch auf ermessensfehlerfreie Ausübung des Planungsermessens – durch die Behörde – zustehen soll und dabei eine intensive Vorwegabstimmung zulässig sei. Ähnlich *Stüer*,

Fällen auf die Prüfung der Frage, ob die Planung des *Vorhabenträgers* dem Abwägungsgebot entspricht.[221] Eben diese behördliche Kontrolle ist mit der verbreiteten Kurzformel vom »nachvollziehenden Abwägen« oder »abwägenden Nachvollziehen« gemeint.

Auch wenn die sehr uneinheitliche Rechtsprechung und Literatur weiterhin meist pauschal davon sprechen, daß »der Behörde« planerische Gestaltungsfreiheit eingeräumt sei[222], und sich auch innerhalb des Bundesverwaltungsgerichts widersprüchliche Aussagen finden lassen[223], plant und gestaltet somit der Sache nach in der Regel allein der Vorhabenträger.[224] Daß dieser im Verhältnis zur Planfeststellungsbehörde Anspruch auf die Feststellung eines abwägungsgerechten Planes hat, ändert nichts an der Tatsache, daß im Außenverhältnis eine planerische Entscheidung vorliegt, die die Planfeststellungsbehörde nach den Grundsätzen des Abwägungsgebots zu verantworten hat. Das Merkmal für das Vorliegen einer Planungsentscheidung ist mithin nicht die Ausübung planerischer Gestaltungsfreiheit durch eine Behörde, sondern die rechtliche Bindung der den Plan verbindlich festsetzenden Behördenentscheidung an das Abwägungsgebot.[225]

Zweifelhaft ist allerdings, ob die Rechtsprechung bei der Ermittlung der materiellen Planungsaufgabenzuweisung immer zutreffend urteilt. So mag man mit guten

---

Handbuch des Bau- und Fachplanungsrechts, 2. Aufl. 1998, Rn. 2173f.; *Zeitler*, in: Sieder/Zeitler/Dahme/Knopp (Hrsg.), WHG, § 31 WHG Rn. 156, Stand: Juli 2000; *Wahl*, DVBl. 1993, 517, 524, der jedoch zutreffend *auch* den Vorhabenträger als materiell an das Abwägungsgebot gebunden ansieht; anders als hier und im Sinne der traditionellen Sichtweise hingegen eingehend *Kleinschnittger*, Die abfallrechtliche Planfeststellung, 1992, S. 135ff., 148, m.w.N.; *Paetow*, in: FS für Sendler, 1991, S. 425, 433, sowie die in Fn. 219 Genannten.

[221] So auch BVerwG, Beschl. v. 14.5. 1996 – 7 NB 3/95 –, BVerwGE 101, 166, 175: »Hat der Vorhabenträger in Erfüllung seiner sich aus dem Abwägungsgebot ergebenden Pflichten Alternativen zu dem von ihm beabsichtigten Vorhaben untersucht, so muß er die entsprechenden Unterlagen vorlegen, damit die Behörde auf einer möglichst breiten Informationsgrundlage überprüfen kann, ob die gesetzlichen Zulassungsvoraussetzungen einschließlich der aus dem Abwägungsgebot folgenden Pflichten eingehalten sind.«

[222] So zunächst auch die in Fn. 220 zitierte Entscheidung BVerwGE 97, 143, 148f., wo es heißt, der Planfeststellungsvorbehalt in § 7 Abs. 1 S. 1 AbfG a.F. enthalte »die materielle Ermächtigung der Planfeststellungsbehörde zur abfallrechtlichen Planung. Mit dieser Ermächtigung wird der Behörde ein Planungsermessen (planerische Gestaltungsfreiheit) eingeräumt, das sich auf alle Gesichtspunkte erstreckt, die zur Verwirklichung des gesetzlichen Planungsauftrags und zugleich zur Bewältigung der von dem Vorhaben in seiner räumlichen Umgebung aufgeworfenen Probleme von Bedeutung sind.«. Zuletzt etwa wieder BVerwG, Urt. v. 27.10. 2000 – 4 A 18/99 –, DVBl. 2001, 386ff.; ebenso *Badura*, in: FS für Hoppe, 2000, S. 167, 173ff.; *Kleinschnittger*, Die abfallrechtliche Planfeststellung, 1992, S. 115f.; eingehend besonders *Melchior*, Fachplanung im Sozialstaat, 2000, S. 112f., der aus dieser Ausgangsprämisse eine rechtliche Schwäche des Vorhabens selbst ableitet.

[223] Vgl. etwa BVerwG, Urt. v. 18.5. 1990 – 7 C 3/90 –, BVerwGE 85, 155ff., wonach die wasserrechtliche Planfeststellungsbehörde befugt sein soll, ein privatnütziges Ausbauvorhaben nach § 31 WHG »ohne Prüfung etwa entgegenstehender zwingender Versagungsgründe allein aufgrund einer planerischen Abwägung« abzulehnen.

[224] Dezidiert a.A. neben den Vorgenannten zuletzt *Numberger*, in: Zeitler (Hrsg.), BayStrWG, Art. 36 Rn. 12, Stand: Juni 2000 und Art. 38 Rn. 115f., Stand: April 2001.

[225] So besonders deutlich *Hoppe* in dem Vorwort zu *Achenbach*, Zur Frage der selbständigen rechtlichen Bedeutung der privatnützigen Planfeststellung, 1992, S. Vf., sowie *dies.* ebenda S. 14.

Gründen anzweifeln, ob bei dem – zum Teil weiterhin genehmigungsfreien – Bau von Stromleitungen oder Wasserversorgungsanlagen das Planungsermessen wirklich der Enteignungsbehörde und nicht dem Energie- oder Wasserversorgungsunternehmen als dem im öffentlichen Interesse handelnden Vorhabenträger zusteht[226], zumal die Rechtsprechung auch in diesem Zusammenhang die Aufgabe der Behörde als abwägendes Nachvollziehen beschreibt.[227] Der in § 12 BauGB geregelte »vorhabenbezogene Bebauungsplan« stellt demgegenüber ein Instrument dar, bei dem der Vorhabenträger – der den zugrundeliegenden »Vorhaben- und Erschließungsplan« erstellt und damit als Planungsträger auftritt – nicht im Rechtssinne Träger der bauleitplanerischen Gestaltungsfreiheit sein kann und daher nach § 12 Abs. 2 i.V.m. § 3 Abs. 3 BauGB auch keinen Anspruch auf Erlaß eines seiner Planung entsprechenden Bebauungsplans hat.[228] Bei Planfeststellungsverfahren allerdings wird man vor allem dann, wenn der Vorhabenträger grundrechtsfähig ist und das Vorhaben im eigenen wirtschaftlichen Interesse betreibt, in aller Regel ihn und nicht die Planfeststellungsbehörde als Inhaber der planerischen Gestaltungsfreiheit anzusehen haben.[229] Soweit sein Vorhaben jedoch Einfluß auf verfassungsrechtlich geschützte Belange Dritter hat, ist es nach den oben skizzierten Maßstäben[230] dennoch zulässig, solche Vorhaben über den Zulassungstatbestand hinaus auch den Anforderungen des Abwägungsgebots zu unterwerfen, wobei im Regelfall eine Alternativenprüfung nur unter der Maßgabe erfolgen wird, daß der Antragsteller in der Lage ist, sein Vorhaben auf den zu prüfenden anderen Flächen zu verwirklichen.

Voraussetzung für eine solche Bindung ist jedoch nach den Aussagen der Rechtsprechung, daß es sich bei dem Vorhaben nach inhaltlichen Maßstäben um eine Planungsentscheidung handelt. Damit stellt sich die bereits mehrfach aufgeworfene Frage nach dem Anwendungsbereich des rechtsstaatlichen Abwägungsgebots.

5. Der Anwendungsbereich des rechtsstaatlichen Abwägungsgebots

Die Erwägungen zu den Grundlagen und dem Geltungsanspruch des rechtsstaatlichen Abwägungsgebots haben gezeigt, daß die Problematik dieser Figur weniger im Grundsätzlichen liegt als bei der Frage des Anwendungsbereichs. Wann also liegt nach den Maßstäben der Rechtsprechung eine »Planungsentscheidung« in dem Sinne vor, daß dem Träger der Planung eine durch das Abwägungsgebot begrenzte planerische Gestaltungsfreiheit eingeräumt ist? Auf diese Frage finden sich im wesentlichen zwei Gruppen von Antworten: einerseits die Aussagen der normativen Ermächtigungslehre, die letztlich auch die dogmatische Grundlage für die neuere

---

[226] Vgl. dazu bereits oben S. 290.

[227] BVerwG, Urt. v. 17. 1. 1986 – 4 C 6 und 7/84 –, BVerwGE 72, 365, 367; Urt. v. 11. 7. 2002 – 4 C 9/00 –, NJW 2003, 230, 232.

[228] Vgl. nur *Krautzberger*, in: Battis/Krautzberger/Löhr, BauGB, 8. Aufl. 2002, § 12 Rn. 22, 26.

[229] So auch *Kopp/Schenke*, VwGO, 13. Aufl. 2003, § 114 Rn. 34a.

[230] Vgl. soeben S. 311f.

Lehre von der Finalstruktur von Planungsnormen bildet, andererseits die Vorstellung eines das Abwägungsgebot auslösenden materiellen Planungsbegriffs.

a) Die normative Ermächtigungslehre

Die Aussagen der Rechtsprechung sind bei der Beantwortung dieser Frage kaum hilfreich. Im Grundsatz wird auf der Grundlage der sog. normativen Ermächtigungslehre, derzufolge behördliche Entscheidungs- und Beurteilungsspielräume nur dann bestehen, wenn und soweit sie hierzu durch Gesetz ermächtigt wird[231], eine gesetzgeberische Ermächtigung gefordert und erklärt, die Gestaltungsfreiheit der Behörde beruhe auf einem gesetzlichen Planungsauftrag bzw. einer normativ eingeräumten Planungshoheit.[232] In der Tat kann man den bereits erwähnten gesetzlichen Anordnungen des Abwägungsgebots[233] unschwer zugleich die Einräumung oder Anerkennung planerischer Gestaltungsfreiheit entnehmen. Dasselbe gilt für Regelungen, die eine planerische Abwägung eindeutig voraussetzen, namentlich also für die Anordnung der Unerheblichkeit bestimmter »Mängel bei der Abwägung der von dem Vorhaben berührten öffentlichen und privaten Belange« in § 19 Abs. 4 S. 1 WaStrG.

Soweit dieser Gestaltungsauftrag freilich bereits in der bloßen »Übertragung der Planungsbefugnis« in Verbindung mit der »Erkenntnis« gesehen wird, daß diese »einen mehr oder weniger ausgedehnten Spielraum an Gestaltungsfreiheit einschließen muß«[234], der Auftrag als in der Norm »vorausgesetzt«[235] oder als »stillschweigend mit einbegriffen« angesehen[236] oder gar »ungeschriebenen Normteilen« des Zulassungstatbestandes zugerechnet wird[237], dürften Rechtsprechung und Lehre weniger die entsprechenden Normen auslegen als vielmehr von der Natur der Sache her argumentieren, wobei sich dieses Vorgehen dogmatisch dahin gehend rechtfertigen läßt, daß die Natur der Sache als Auslegungsgrundsatz herangezogen werden

---

231 Näher *Maurer*, Allgemeines Verwaltungsrecht, 14. Aufl. 2002, § 7 Rn. 31; *Schmidt-Aßmann*, in: Maunz/Dürig u.a., GG, Art. 19 Abs. IV Rn. 185ff., Stand: Feb. 2003; allgemeiner auch *Pache*, Tatbestandliche Abwägung und Beurteilungsspielraum, 2001, S. 69ff.

232 So etwa BVerwG, Urt. v. 26. 3. 1981 – 3 C 134.79 –, BVerwGE 62, 86, 93: »In dem erstgenannten Bereich, in welchem der Verwaltung entweder als Träger staatlicher Gewalt oder im Rahmen der kommunalen Selbstverwaltung eine daraus folgende Gestaltungsgewalt zukommt oder ihr durch spezielle gesetzliche Regelungen eine Gestaltungsbefugnis eingeräumt ist, ergibt sich aus dieser Gestaltungshoheit der Verwaltung eine Gestaltungsfreiheit, die im Hinblick auf den Umfang dieser Freiheit auch als Gestaltungsermessen bezeichnet wird«; im Schrifttum etwa *Badura*, in: FS für Hoppe, 2000, S. 167, 175; *ders.*, JA 1984, 83, 90; *Burgi*, JZ 1994, 654, 655; *Kloepfer*, Umweltrecht, 2. Aufl. 1998, § 5 Rn. 30; *Müller*, Konzeptbezogenes Verwaltungshandeln, 1992, S. 211ff.; *Papier*, DÖV 1986, 621, 625f.; *Sauthoff*, NVwZ 1995, 119, 120.

233 Vgl. oben S. 270ff.

234 BVerwG, Urt. v. 12.12. 1969 – IV C 105.66 –, BVerwGE 34, 301, 304; Beschl. v. 10. 2. 1978 – 4 C 25/75 –, BVerwGE 55, 220, 225; vgl. weiter bereits die Nachweise oben in Fn. 184.

235 So BVerwG, Urt. v. 28. 6. 2000 – 11 C 13/99 –, DVBl. 2000, 1858, 1859.

236 *Suhr/Anderl*, Rechtsfragen der raumbeeinflussenden Bundesplanung, 1980, S. 44ff.

237 So *Schmidt-Aßmann*, in: Maunz/Dürig u.a., GG, Art. 19 Abs. IV Rn. 208, Stand: Feb. 2003; ähnlich *Kühling/Hermann*, Fachplanungsrecht, 2. Aufl. 2000, Rn. 70.

kann[238]. Die solchen Stellungnahmen zugrundeliegende Vorstellung von Entscheidungen, die ihrem Inhalt nach notwendig planerisch sind, ist in Rechtsprechung und Literatur implizit und manchmal auch ausdrücklich allgegenwärtig. Der Sache nach wird damit jedoch das maßgebliche Kriterium der normativen Ermächtigungslehre durch die Frage nach dem materiellen Planungscharakter der Entscheidung ersetzt.

b) Der materielle Planungsbegriff

Ein unmittelbares Abstellen auf einen materiellen Planungsbegriff wird hingegen möglich, wenn man sich der Einsicht stellt, daß die Bindung an das Abwägungsgebot zu einer Verschärfung der Zulassungstatbestände führt und letztlich nur eine von vornherein aus der Natur der Sache heraus bestehende Konkretisierungsmacht des Planungsträgers begrenzt[239], eine normative Ermächtigung zur Gestaltung des Vorhabens somit nicht erforderlich ist. Entscheidend ist demnach, ob die der Behörde oder dem Vorhabenträger zugewiesene Aufgabe der Sache nach eine »Planungsentscheidung« darstellt.[240] Grundlage der durch das Abwägungsgebot beschränkten Gestaltungsfreiheit wird damit ein *materieller Planungsbegriff* als Chiffre für die notwendige Koordination komplexer konfligierender Bodenansprüche und öffentlicher Belange.[241] Gestaltungsfreiheit wird demnach gerade dort und gegebenenfalls auch ohne ausdrückliche gesetzgeberische Entscheidung »eingeräumt« bzw. zusätzlich durch das Abwägungsgebot kontrolliert, wo ein *Bedürfnis nach spezifisch planerischer Abwägung* besteht. Der Sache nach beruht in diesem Fall jedoch die Begrenzung des gerichtlichen Kontrollmaßstabes nicht mehr auf der normativen Ermächtigungslehre, sondern folgt dem in der Natur der Sache begründeten Charakter der Planungsentscheidung.[242] Angesichts der Lückenhaftigkeit der gesetzlichen Rege-

---

238 Vgl. dazu *Dreier*, Die normative Steuerung der planerischen Abwägung, 1995, S. 47, m.w.N.; der Sache nach auch *Sauthoff*, NVwZ 1995, 119, 120, wonach sich die Frage, ob eine Norm zu planerischer Abwägung ermächtigt, auch danach entscheidet, »ob es sich um ein Sachproblem handelt, bei dem angesichts der Vielzahl der in Betracht kommenden Belange« eine Entscheidung ohne solche Abwägung »praktisch kaum möglich wäre«. Ähnlich auch BVerwG, Urt. v. 26. 3. 1981 – 3 C 134.79 –, BVerwGE 62, 86, 98f. Zu analogen Auslegungsproblemen beim Nachweis von Beurteilungsspielräumen *Papier*, DÖV 1986, 621, 626.

239 Vgl. oben S. 306f.

240 Auf den Begriff der »Planungsentscheidung«, den »Planungscharakter« und ähnliches stellen beispielsweise ab: BVerfG, Beschl. v. 6.6. 1989 – 1 BvR 921/85 –, BVerfGE 80, 137, 162f.; BVerwG, Urt. v. 11.4. 1986 – 4 C 51/83 –, BVerwGE 74, 124, 133; VGH Mannheim, Urt. v. 15.11. 1988 – 10 S 751/88 –, NVwZ 1989, 978, 980; Urt. v. 31.1. 1997 – 8 S 991/96 –, zit. nach Juris, Leitsatz 1 und 2; im Schrifttum ebenso oder ähnlich etwa *Dreier*, Die normative Steuerung der planerischen Abwägung, 1995, S. 46ff.; *Fromm*, DVBl. 1986, 121, 127; *Ibler*, JuS 1990, 7; *Ipsen*, VVDStRL 48 (1990), 177, 184; *Kopp/Schenke*, VwGO, 13. Aufl. 2003, § 42 Rn. 91 und § 114 Rn. 34b; *Kühling/Hermann*, Fachplanungsrecht, 2. Aufl. 2000, Rn. 24ff.; *Ronellenfitsch*, Einführung in das Planungsrecht, 1986, S. 7; *Sauthoff*, NVwZ 1995, 119, 120, 124; *Steinberg/Berg/Wickel*, Fachplanung, 3. Aufl. 2000, § 3 Rn. 2; *Wegener*, DV 1981, 305, 309; wohl auch *Berkemann*, in: FS für Schlichter, 1995, S. 27, 29f.; vgl. auch *Brohm*, VVDStRL 30 (1972), 245, 284.

241 Vgl. besonders *Wahl*, NVwZ 1990, 426ff., m.w.N.; *ders./Dreier*, NVwZ 1999, 606, 608f.; *Koch*, in: Erbguth/Oebbecke/Rengeling/Schulte (Hrsg.), Abwägung im Recht, 1995, S. 9, 11.

242 So *Schulze-Fielitz*, in: Dreier (Hrsg.), GG, Bd. II, 1998, Art. 19 IV Rn. 90, m.w.N.; dogmatisch

lungen und der fragwürdigen Überzeugungskraft einer Ermächtigungslehre, welche die maßgebliche Ermächtigung in weiten Teilen »ungeschriebenen Normteilen« des Zulassungstatbestandes zurechnen muß, erscheint dieser Ansatz in den Fällen, in denen der einschlägige Zulassungstatbestand keine Abwägung vorsieht, als einzig tragfähige Option, um insoweit das Anwendungsfeld des planerischen Abwägungsgebots zu bestimmen.

c) *Die Lehre von der Finalstruktur von Planungsnormen*

Ein dritter, überwiegend in der Literatur vertretener Begründungsansatz stellt auf die Struktur von Planungsnormen ab, die anders als sonstige Normen zum Handeln der Verwaltung nicht vollständig konditional im Sinne eines durch Tatbestand und Rechtsfolge gebildeten Wenn-dann-Schemas, sondern final als auf die Verwirklichung vorgegebener Ziele gerichteter Rechtsfindungsprozeß ausgestaltet seien.[243] Dieser Ansatz stellt letztlich nur eine konkretisierende Spielart der normativen Ermächtigungslehre dar, sucht also die Ermächtigung für die Planungsentscheidung erneut in der zugrundeliegenden Norm selbst. Das neuere Schrifttum hält ihm neben anderem mit Recht entgegen, daß die Normstruktur von Konditional- und Finalnormen durchaus identisch ist und lediglich unterschiedliche Formulierungsmodalitäten aufweist. Zudem sind zahlreiche Planungsnormen – etwa § 18 WaStrG oder § 32 Abs. 1 KrW-/AbfG – streng konditional formuliert und scheinbar als gebundene Entscheidungen ausgestaltet; in diesen Fällen müssen die auf ein Planungsziel bezogene Einräumung planerischer Gestaltungsfreiheit und die finale Normstruktur erst unter Bezug auf den materiellen Planungscharakter der Entscheidung in diese Regelungen hineingelesen werden.[244] Daher vermag letztlich auch die Lehre

---

ganz ähnlich, allerdings über Planungsentscheidungen hinaus gehend und auf Normkonkretisierungen aller Art bezogen auch *Pache*, Tatbestandliche Abwägung und Beurteilungsspielraum, 2001, S. 479ff., zusammenfassend S. 518ff.

[243] So insbesondere *Hoppe*, Grundfragen des Planungsrechts, 1998, S. 120ff., 126f., 161ff., 317f. und öfter; diesem Ansatz folgend etwa *Erbguth*, DVBl. 1981, 557, 561; *Kment*, NuR 2003, 69; *Maurer*, Allgemeines Verwaltungsrecht, 14. Aufl. 2002, § 7 Rn. 63; *Ossenbühl*, Gutachten B für den 50. Deutschen Juristentag, 1974, S. B184f.; *Pache*, Tatbestandliche Abwägung und Beurteilungsspielraum, 2001, S. 31; *Ronellenfitsch*, in: Hoffmann-Riem/Schmidt-Aßmann (Hrsg.), Konfliktbewältigung durch Verhandlungen, Bd. 2 1990, S. 185, 195; *Scholz*, VVDStRL 34 (1976), 145, 166; *Shin*, Planungsermessen, 1989, S. 71f.; *Uerpmann*, Das öffentliche Interesse, 1999, S. 224; *Wahl*, Rechtsfragen der Landesplanung und Landesentwicklung, Bd. I, 1978, S. 35f., 55ff., 62ff.; *Wolff*, in: Sodan/Ziekow (Hrsg.), VwGO, § 114 Rn. 207, Stand: Jan. 2003; *Wolff/Bachof/Stober*, Verwaltungsrecht I, 11. Aufl. 1999, § 31 Rn. 59ff.; vgl. auch *Di Fabio*, in: Lorz (Hrsg.), Umwelt und Recht, 1991, S. 9, 27f.; *ders.*, in: FS für Hoppe, 2000, S. 75ff. Im Ansatz folgt dieser These auch BVerfG, Beschl. v. 6. 6. 1989 – 1 BvR 921/85 –, BVerfGE 80, 137, 162f.: »Derartige Planungsakte können nicht im Wege eines Konditionalprogramms normativ vorherbestimmt werden. Jedoch bietet insoweit das planerische Abwägungsgebot einen sachgerechten Maßstab ...«. Ähnlich BVerwG, Urt. v. 1. 8. 2002 – 4 C 5/01 –, NVwZ 2003, 86, wonach das »Konditionalprogramm« einer Norm für planerische Erwägungen keinen Raum läßt. Zum Zusammenhang zwischen solch offenen Normen und Beurteilungsspielräumen *Huber*, in: Bauer/Hendler/Huber/Popowska/Rabska (Hrsg.), Entwicklungstendenzen des Allgemeinen Verwaltungsrechts, 1999, S. 73, 101.

[244] Vgl. *Bartunek*, Probleme des Drittschutzes bei der Planfeststellung, 2000, S. 54f.; H. *Dreier*,

von der Finalstruktur der Planungsnormen nicht auf den materiellen Begründungsansatz und die Frage nach dem Planungscharakter der zugrundeliegenden Entscheidung zu verzichten.

d) Das Abwägungsgebot als Erfordernis konkreter Verhältnismäßigkeit

Auf Grundlage eines materiellen Planungsbegriffs wird die Abwägungsdogmatik zu einem Modell für die Bewältigung komplexer räumlicher Entscheidungen[245] und damit zu einem Standardbeispiel für die Weiterentwicklung des Verwaltungsrechts als Antwort auf die Herausforderungen durch komplexe Verwaltungsentscheidungen überhaupt.[246] Hier fällt nun freilich besonders ins Gewicht, daß ein anerkannter materieller Rechtsbegriff der »Planung« trotz zahlreicher Definitionsversuche in Rechtsprechung und Schrifttum nicht vorhanden ist.[247] Kann somit für die Ermittlung des Anwendungsbereichs des planerischen Abwägungsgebots nicht auf einen allgemeingültigen subsumtionsfähigen Planungsbegriff zurückgegriffen werden, so lassen sich doch Kriterien entwickeln, wann das rechtsstaatliche Abwägungsgebot Geltung beansprucht.

Nach den Grundlagen des Gebots in dem im Rechtsstaatsprinzip verwurzelten Verhältnismäßigkeitsgrundsatz wird eine erste Voraussetzung für das Gebot die *Kollision einzelner Verfassungsbelange* sein, insbesondere ein Eingriff in Grundrechte oder in die gemeindliche Planungshoheit; denn nur eine derartige Konstellation begründet die Notwendigkeit einer Abwägung auf der Ebene des Verfassungsrechts. Dieses – in Rechtsprechung und Literatur für gewöhnlich nur selten erwähnte[248] – Erfordernis allein mag zwar bei den allermeisten räumlichen Planungen gegeben sein, ist aber als solches wohl eine notwendige, jedoch noch keinesfalls

---

Hierarchische Verwaltung im demokratischen Staat, 1991, S. 185; J. *Dreier*, Die normative Steuerung der planerischen Abwägung, 1995, S. 32f., 47ff.; *Ibler*, Die Schranken planerischer Gestaltungsfreiheit, 1988, S. 37ff.; *Koch/Hendler*, Baurecht, Raumordnungs- und Landesplanungsrecht, 3. Aufl. 2001, § 17 Rn. 4ff.; *Kühling/Hermann*, Fachplanungsrecht, 2. Aufl. 2000, Rn. 29ff.; *Rubel*, Planungsermessen, 1982, S. 10f.; *Weitzel*, Justitiabilität des Rechtssetzungsermessens, 1998, S. 99ff., jeweils m.w.N. zur Diskussion um die angeblich »finale Normstruktur« der Planung.

[245] *Dreier*, Die normative Steuerung der planerischen Abwägung, 1995, S. 51ff.; *Stüer*, in: FS für Blümel, 1999, S. 565, 585f.; plastisch auch *Schmidt-Preuß*, Kollidierende Privatinteressen, 1992, S. 322 (»Konfliktschlichtungsprogramm«); ähnliche Begriffe auch bei *Huber*, in: Bauer/Hendler/Huber/Popowska/Rabska (Hrsg.), Entwicklungstendenzen des Allgemeinen Verwaltungsrechts, 1999, S. 73, 100, für den multipolare Verwaltungsrechtsverhältnisse die Verwaltung »in die Rolle eines Schiedsrichters« versetzen.

[246] Zur Diskussion um »komplexe Verwaltungsentscheidungen« sei verwiesen auf *Di Fabio*, Risikoentscheidungen im Rechtsstaat, 1994, S. 24ff. und 465; *Hoppe*, Grundfragen des Planungsrechts, 1998, S. 224ff.; vgl. auch *Schmidt-Aßmann*, Das allgemeine Verwaltungsrecht als Ordnungsidee, 1998, S. 152f., *Schulze-Fielitz*, Jura 1992, 201, 208.

[247] Vgl. nur *Weyreuther*, DÖV 1977, 419, 420, und bereits oben im ersten Kapitel S. 31f.

[248] Vgl. allerdings VGH Mannheim, Urt. v. 31. 1. 1997 – 8 S 991/96 –, zit. nach Juris, Leitsatz 1 und 2, wo ausgeführt wird, eine luftverkehrsrechtliche Änderungsgenehmigung gem. § 6 LuftVG sei »jedenfalls dann als *Planung* im Sinne von § 7 BauGB anzusehen, wenn in ihr grundsätzliche Fragen des Lärmkonzepts geregelt werden und dadurch Auswirkungen auf schutzwürdige Gebiete – beispielsweise Wohngebiete – auf der Gemarkung einer benachbarten Gemeinde entstehen«.

eine hinreichende Voraussetzung für das Bestehen planerischer Gestaltungsfreiheit. Hinzutreten muß eine *besondere Komplexität*[249] der Entscheidung, die gerade im konkreten Fall eine planerische Abwägung der betroffenen Verfassungsbelange erforderlich macht[250], mithin eine »planerisch zu bewältigende Konfliktsituation«[251].

e) *Komplexität als Grund des Abwägungsbedürfnisses*

»Komplexität« wird sich in diesem Zusammenhang als Kurzformel für eine räumliche Verwaltungsentscheidung verstehen lassen, die aufgrund der Vielzahl der betroffenen Interessen so kompliziert ist, daß der eigentlich hierzu berufene Gesetzgeber den Ausgleich der betroffenen Belange durch die Schaffung eines konditionalen Zulassungstatbestandes nicht mehr vollständig herzustellen vermag, weil sich – wie das Bundesverfassungsgericht in der Entscheidung über das »Reiten im Walde« formuliert – eine »sachgerechte Bewältigung dieser Konflikte einer detaillierten Regelung durch das Gesetz« entzieht[252]. Die Vielfalt der betroffenen Belange und die Unmöglichkeit, den Vorgang und das Ergebnis der Raumgestaltung gesetzgeberisch eindeutig zu determinieren, werden von jeher als besonderes Merkmal der Planungsentscheidung angesehen.[253] Auch historisch bildete die besondere Situation einer Vielzahl »zueinander komplexer Interessen, die überdies meist in eigentümlicher Weise miteinander verschränkt sind«, so daß deren Ausgleich nach Regeln zu erfolgen hat, »die dem Wesen der Planung angemessen sind«, die Grundlage für die

---

249 Vgl. zum Begriff *Di Fabio*, in: Lorz (Hrsg.), Umwelt und Recht, 1991, S. 9, 22ff.; vertiefend zu »komplexen Verwaltungsentscheidungen« bereits die in Fn. 246 zitierten Untersuchungen.

250 So mit unterschiedlichen Akzenten etwa *Hoppe/Beckmann/Kauch*, Umweltrecht, 2. Aufl. 2000, § 7 Rn. 8; *Kühling/Hermann*, Fachplanungsrecht, 2. Aufl. 2000, Rn. 288; *Peine*, Öffentliches Baurecht, 4. Aufl. 2003, Rn. 338; *Schmidt-Aßmann*, DÖV 1974, 541, 544 (»Das Charakteristikum planerischer Vorgänge ist ihre Komplexität«); *ders.*, Kommunale Rechtssetzung im Gefüge der administrativen Handlungsformen, 1981, S. 11; *Suhr/Anderl*, Rechtsfragen der raumbeeinflussenden Bundesplanung, 1980, S. 57; ähnlich auch BVerwG, Urt. v. 28.6. 2000 – 11 C 13/99 –, DVBl. 2000, 1858, 1859 (Flugrouten); *Böttcher*, Umweltverträglichkeitsprüfung und planerisches Abwägungsgebot in der wasserrechtlichen Fachplanung, 1983, S. 213ff.

251 BVerwG, Urt. v. 26. 9. 1993 – 4 C 24/91 –, BVerwGE 94, 100, 118; vgl. auch *Zimmer*, Funktion – Kompetenz – Legitimation, 1979, S. 163, der das Kennzeichen der Planung darin sieht, verschiedene z.T. auch konträre »Subziele miteinander kompatibel zu halten oder erst zu machen«.

252 BVerfG, Beschl. v. 6.6. 1989 – 1 BvR 921/85 –, BVerfGE 80, 137, 163. Vgl. dazu bereits den Diskussionsbeitrag von *Badura*, in: VVDStRL 48 (1990), 266, 267f., der den Forderungen nach höherer normativer Dichte der Zulassungstatbestände bei komplexen Entscheidungen die Frage entgegenhält, »was denn eigentlich geregelt werden soll«, und die Einschätzung abgibt, mit dieser Forderung werde die Leistungsfähigkeit des Rechts überschätzt. Ähnlich bereits *Papier*, in: Bitburger Gespräche, Jahrbuch 1980/1981, S. 81, 96. Vgl. auch *Pache*, Tatbestandliche Abwägung und Beurteilungsspielraum, 2001, S. 474ff.

253 Vgl. etwa *Bartunek*, Probleme des Drittschutzes bei der Planfeststellung, 2000, S. 89ff.; *Brugger*, ZfBR 1987, 61, 62; *Hönig*, Fachplanung und Enteignung, 2001, S. 41ff.; *Weitzel*, Justitiabilität des Rechtssetzungsermessens, 1998, S. 107; weitere Nachweise bei *Weyreuther*, DÖV 1977, 419, 420f., sowie – über das Raumplanungsrecht hinausblickend – *Müller*, Konzeptbezogenes Verwaltungshandeln, 1992, S. 176ff., 200ff., m.w.N.

Entwicklung eines allgemein geltenden Gebots der gerechten Abwägung der von der Planung berührten öffentlichen und privaten Belange durch die Rechtsprechung.[254]

Grundsätzlich ist freilich die Abstimmung aller betroffenen Belange nicht Sache der Zulassungsentscheidung, die in der Regel lediglich auf die Anwendung der abstrakt vorgegebenen Abstimmung auf den Einzelfall beschränkt wird: So ist im Fall der Baugenehmigung eine planerische Abwägung deshalb nicht erforderlich, weil ein Ausgleich aller relevanten Belange bereits im Vorfeld durch die in § 1 Abs. 6 BauGB vorgeschriebene bauleitplanerische Abwägung im Rahmen der Bebauungsplansatzung erfolgte bzw. weil – bei Fehlen eines Bebauungsplans – die »gesetzliche Ersatzplanung«[255] durch die §§ 34 und 35 BauGB einen entsprechenden Interessenausgleich herstellt.

Läßt sich allerdings die Verhältnismäßigkeit dieser Belange nicht mehr durch abstrakte tatbestandliche Vorgaben herstellen, so wird das Abwägungsgebot als »Konfliktschlichtungsformel«[256] zu einem »Erfordernis konkreter Verhältnismäßigkeit«.[257] Zwar mag sich der Verfassung keine Pflicht entnehmen lassen, bestimmte Festlegungen und Zulassungen der Verwaltung statt in Form eines gebundenen Zulassungstatbestandes in planerischer Form auszugestalten.[258] Wenn und soweit der Gesetzgeber jedoch nicht in der Lage ist, durch eine hinreichend detaillierte Ausgestaltung des Zulassungstatbestandes die verfassungsrechtlich gebotene Abwägung aller betroffenen Belange in abstrakter Weise selbst vorzunehmen, bedarf es auf der nachgelagerten administrativen Ebene einer streitschlichtenden Verwaltungsentscheidung, die den erforderlichen Ausgleich der verfassungsrechtlichen Positionen gewährleistet.[259] In diesen Fällen muß die Herstellung eines verhältnismäßigen räumlichen Interessenausgleichs notwendig an die Verwaltung delegiert werden, und die hierfür erforderliche planerische Gestaltungsfreiheit wird, wie das Bundesverwaltungsgericht formuliert, »unerläßlich, um entgegengesetzte private und/oder öffentliche Belange auszugleichen«.[260] Das Abwägungsgebot ist somit das Instrument, um im konkreten Fall das Verfassungsgebot eines schonenden Ausgleichs grundgesetzlich geschützter Positionen zu erfüllen.[261] Besteht ein sol-

---

[254] Vgl. besonders BVerwG, Urt. v. 30. 4. 1969 – IV C 6.68 –, DVBl. 1969, 697, 699.

[255] *Krautzberger*, in: Battis/Krautzberger/Löhr, BauGB, 8. Aufl. 2002, § 34 Rn. 1.

[256] So die Begrifflichkeit bei *Schmidt-Preuß*, Kollidierende Privatinteressen, 1992, S. 247f.; *Bartunek*, Probleme des Drittschutzes bei der Planfeststellung, 2000, S. 91f.

[257] Der Verfasser übernimmt diese plastische Formulierung dem Titel des Beitrages von *Bartlsperger*, in: Erbguth/Oebbecke/Rengeling/Schulte (Hrsg.), Abwägung im Recht, 1995, S. 79ff., der diese Idee freilich gerade ablehnt. Vgl. auch BVerwG, Urt. v. 1. 8. 2002 – 4 C 5/01 –, NVwZ 2003, 86, 87: »Lässt sich die Koordination der Belange sachgerecht letztlich nur im Wege einer Abwägung sicherstellen, so ist dies auch ein hinreichendes Anzeichen für bodenrechtlich relevante Auswirkungen, die geeignet sind, ein Planungsbedürfnis auszulösen«.

[258] So jedenfalls *Burgi*, JZ 1994, 654, 655; a.A. *Stüer*, in: FS für Blümel, 1999, S. 565, 576.

[259] Vgl. *Schmidt-Preuß*, Kollidierende Privatinteressen, 1992, S. 55ff.

[260] BVerwG, Urt. v. 28. 6. 2000 – 11 C 13/99 –, DVBl. 2000, 1858, 1859.

[261] Diese etwa in BVerfG, Urt. v. 25. 2. 1975 – 1 BvF 1–6/75 –, BVerfGE 39, 1, 43, anerkannte Figur geht zurück auf *Lerche*, Übermaß und Verfassungsrecht (1961), 2. Aufl. 1999, S. 152f.

ches Bedürfnis nach planerischer Abwägung, so ist die planerische Berücksichtigung im Zulassungstatbestand nicht vollständig abgedeckter Verfassungsbelange und damit das Abwägungsgebot tatsächlich rechtsstaatlich vorgegeben. Zugleich rechtfertigt sich eben aus dieser Komplexität der konfliktlösenden Planungsaufgabe und der Notwendigkeit eines gestalterischen Interessenausgleichs die beschränkte gerichtliche Kontrolle der Abwägung.[262] Läßt sich in diesem Falle dem entsprechenden Planungsgesetz kein ausdrückliches oder implizites Abwägungsgebot entnehmen, so kommt es zu einer verfassungsrechtlich gebotenen Normergänzung durch Abwägung[263], ohne daß es hierfür einer normativen Ermächtigung bedürfte. Damit wird das Vorliegen einer materiellen Planungsentscheidung zur Grundlage des rechtsstaatlichen Abwägungsgebots.

Gegen diese Herleitung des Abwägungsgebots als einer integrierenden Verhältnismäßigkeitsprüfung bei komplexen räumlichen Einzelfallentscheidungen mit »Planungscharakter« ist eingewandt worden, daß die hierdurch gebotene Gesamtbetrachtung aller räumlichen Belange das einzelne betroffene Recht mißachte. Die Forderung, die Prüfung des Abwägungsvorganges als ein Bündel eindimensionaler Grundrechtsprüfungen durchzuführen – also für jeden betroffenen Belang und jedes einzelne betroffene Grundrecht eine gesonderte Verhältnismäßigkeitsprüfung vorzunehmen[264] –, wird jedoch der Verflochtenheit aller räumlichen Belange und der Mehrdimensionalität der Planungsentscheidung und der »polygonal angelegten Interessenabwägungen«[265] nicht gerecht: So ist beispielsweise im Bereich der Infrastrukturplanung ein wesentlicher Faktor für die planerische Rechtfertigung einer Trassenentscheidung das Anliegen, das Privateigentum insgesamt weitestmöglich zu schonen, nicht das Eigentum eines bestimmten Grundrechtsträgers.[266] Dieses Anliegen muß zudem gegenüber anderen räumlichen Belangen abgewogen werden. Bereits vor dieser einfachen Fallkonstellation versagt das theoretisch so einfach formulierte Modell der isolierten Verhältnismäßigkeitsprüfung gegenüber jedem einzelnen Grundrechtsträger.

f) Maßstäbe für das Bedürfnis nach Abwägung

Einen *materiellen Planungscharakter* in dem soeben dargestellten Sinn wird man bei Planfeststellungen grundsätzlich ebenso bejahen können wie bei planfeststellungs-

---

[262] *Schulze-Fielitz*, in: Dreier (Hrsg.), GG, Bd. II, 1998, Art. 19 IV Rn. 90.

[263] Vgl. die Diktion bei *Gerhardt*, in: Schoch/Schmidt-Aßmann/Pietzner (Hrsg.), VwGO, § 47 Rn. 51, Stand: Mai 1997.

[264] So *Bartlsperger*, in: Erbguth/Oebbecke/Rengeling/Schulte (Hrsg.), Abwägung im Recht, 1995, S. 79, 91ff., 106f., der zudem die gerichtliche Prüfung im wesentlichen auf den Abwägungs*vorgang* beschränken will.

[265] *Di Fabio*, Risikoentscheidungen im Rechtsstaat,1994, S. 24, m.w.N.; ähnlich *Bartunek*, Probleme des Drittschutzes bei der Planfeststellung, 2000, S. 89ff.; *Schmidt-Aßmann*, DÖV 1974, 541, 544; *Weyreuther*, BauR 1977, 293, 298; *Wolff*, in: Sodan/Ziekow (Hrsg.), VwGO, § 114 Rn. 207, Stand: Jan. 2003.

[266] OVG Lüneburg, Urt. v. 28. 2. 1991 – 3 A 291/88 –, NJW 1991, 3233.

ähnlichen Vorhaben, für die der Gesetzgeber ein Planrechtsverfahren systemwidrigerweise nicht vorgesehen hat. Gleiches wird für ausdrücklich als solche bezeichnete Fachpläne gelten, etwa für Abfallwirtschaftspläne nach §29 KrW-/AbfG. Für die zahlreichen Grenzfälle ist indes problematisch, daß Rechtsprechung und Literatur eine zufriedenstellende Definition des Begriffs »Planung« anhand materieller Kriterien bislang nicht gelungen ist.[267] Das Bundesverwaltungsgericht charakterisiert Planungsentscheidungen eher von ihren auf der Rechtsfolgenseite angesiedelten Grenzen her als räumliche Entscheidungen, die einerseits durch einen weiten planerischen Gestaltungsspielraum geprägt, andererseits durch das Gebot gebunden sind, die unterschiedlichen Interessen und Belange in einem einheitlichen Entscheidungsvorgang abzuwägen und grundsätzlich alle durch das Vorhaben ausgelösten Konflikte zu bewältigen.[268] Vor dem Hintergrund dieser weiten Definition kann es nicht überraschen, daß sich der potentielle Anwendungsbereich des Abwägungsgebots immer weiter ausdehnt und daß dem Bundesverwaltungsgericht beispielsweise die Frage vorgelegt wurde, ob die Grundsätze der Rechtsprechung zum Abwägungsgebot bei raumbezogenen Planungsentscheidungen auch auf rundfunkrechtliche Frequenzentscheidungen übertragbar sind.[269]

Versteht man das Abwägungsgebot in dem oben dargestellten Sinn als verfassungsrechtliches Erfordernis konkreter Verhältnismäßigkeit, so ist Maßstab einer Planungsentscheidung der Grad der Berücksichtigung der betroffenen Belange in dem der Raumentscheidung zugrundeliegenden Zulassungstatbestand. Berücksichtigt dieser Tatbestand die betroffenen Interessen umfassend oder jedenfalls in hinreichendem Maß, insbesondere dann, wenn – wie im Fall der Baugenehmigung – an vorhergegangene konfliktbewältigende Planungsentscheidungen angeknüpft wird, so ist die Herstellung einer konkreten Verhältnismäßigkeit im Einzelfall auf der Grundlage einer planerischen Abwägung jedenfalls nicht grundgesetzlich geboten. Demgegenüber ist die Grobmaschigkeit des gesetzlichen Entscheidungsprogrammes gegenüber komplexen Sachverhalten ein Indiz für das Vorliegen einer Planungsentscheidung.[270] Zahlreiche Beispiele für in diesem Sinne defizitäre Planungstatbestände finden sich unter den Normen über den Erlaß von Nutzungsregelungen. Wenn beispielsweise § 16 Abs. 1 des Landesnaturschutzgesetzes von Schleswig-Holstein vorsieht, daß Teile der Natur als Naturschutzgebiet, Landschaftsschutzgebiet, Naturdenkmal oder geschützte Landschaftsbestandteile besonders zu schützen sind, sofern nach den in den folgenden Bestimmungen genannten ökologischen Kriterien ein besonderer Schutz der Natur erforderlich ist, dann läßt dieser Tatbestand außernaturschutzrechtliche Belange – namentlich das Eigentum an diesen Flächen und die Planungsabsichten der betroffenen Kommunen – gänzlich unberücksichtigt,

---

[267] Vgl. im ersten Kapitel S. 31f. sowie bereits oben S. 317f.

[268] BVerwG, Beschl. v. 17. 12. 1985 – 4 B 214/85 –, NVwZ 1986, 640.

[269] BVerwG, Beschl. v. 19. 7. 1995 – 6 NB 1/95 –, NVwZ 1997, 61, 65. Das Gericht hat diese Frage zwar wegen ihrer Verankerung im Landesrecht als irrevisibel angesehen, jedoch keineswegs für fernliegend gehalten.

[270] Ähnlich bereits *Müller*, Konzeptbezogenes Verwaltungshandeln, 1992, S. 177.

obwohl das Verfassungsrecht insoweit eine Abwägung der widerstrebenden Belange gebietet. Das planerische Abwägungsgebot dient dann der rechtsstaatlichen Vervollständigung dieser gesetzgeberisch unvollkommen ausgestalteten Raumentscheidung.

Vor diesem Hintergrund wird sich festhalten lassen: Über jene Fälle hinaus, in denen sich bereits nach der normativen Ermächtigungslehre durch Auslegung des Planungs- oder Zulassungstatbestandes ein ausdrücklicher Abwägungsauftrag des Gesetzgebers nachweisen läßt, sind auch solche Planungen an das Abwägungsgebot gebunden, bei denen wegen der Vernachlässigung verfassungsrechtlich geschützter Positionen in dem entsprechenden Zulassungstatbestand als Erfordernis konkreter Verhältnismäßigkeit ein rechtliches Bedürfnis nach planerischer Abwägung besteht. Der Inhalt dieses Gebots planerischer Abwägung soll nunmehr – mit besonderem Blick auf die Frage der Konflikte räumlicher Planungen – näher untersucht werden.

III. Der Inhalt des Abwägungsgebots

1. Der Inhalt des planerischen Abwägungsgebots

Nach der Rechtsprechung des Bundesverwaltungsgerichts vollzieht sich die planerische Abwägung auf zwei Stufen.[271] Auf der ersten Stufe, dem Abwägungsvorgang, liegt die Ermittlung und Zusammenstellung des Abwägungsmaterials, und auf der zweiten Stufe ist dann ihre Gewichtung und damit die eigentliche Abwägung vorzunehmen, die zu einem bestimmten Abwägungsergebnis führt. Die im Schrifttum geäußerte Kritik an der Unterscheidung von Abwägungsvorgang und -ergebnis in der gerichtlichen Prüfung[272], die nach Auffassung einer Gruppe von Kritikern auf das Ergebnis der Abwägung[273], nach anderer Ansicht auf den Abwägungsvorgang beschränkt werden sollte[274], ist wohl nicht stichhaltig[275] und jedenfalls seit der ausdrücklichen Anerkennung dieser Dogmatik durch den Gesetzgeber hinfällig geworden.[276] Mängel im Abwägungsergebnis, in dem die planerische Gestaltungsfreiheit

---

[271] Vgl. nur BVerwG, Urt. v. 12.12.1969 – IV C 105/66 –, BVerwGE 34, 301, 309; *Schröder*, DÖV 1975, 308, 309; weitere Nachweise zur Rechtsprechung bei *Bertrams*, in: FS für Hoppe, 2000, S. 975, 987; *Dreier*, Die normative Steuerung der planerischen Abwägung, 1995, S. 57ff.

[272] Vgl. dazu die Rspr. zusammenfassend *Weyreuther*, BauR 1977, 293, 299ff.; *Wolff*, in: Sodan/Ziekow (Hrsg.), VwGO, § 114 Rn. 233f., Stand: Jan. 2003.

[273] So *Erbguth*, DVBl. 1986, 1230, 1232ff.; *Heinze*, NVwZ 1986, 87ff.

[274] So *Bartlsperger*, in: Erbguth/Oebbecke/Rengeling/Schulte (Hrsg.), Abwägung im Recht, 1995, S. 79, 97; *Bartunek*, Probleme des Drittschutzes bei der Planfeststellung, 2000, S. 59ff.; *Koch*, DVBl. 1983, 1125ff.

[275] Näher *Ibler*, DVBl. 1988, 469ff.; i. E. auch *Schulze-Fielitz*, Jura 1992, 201, 206.

[276] Vgl. etwa die Vorschriften der § 214 Abs. 3 BauGB, § 75 Abs. 1a VwVfG, § 10 Abs. 2 Nr. 2 ROG, § 17 Abs. 6c FStrG, § 29 Abs. 8 PBefG, § 20 Abs. 7 AEG, § 5 Abs. 7 MBPlG, § 19 Abs. 4 und § 10 Abs. 8 WaStrG, die durchweg die Unterscheidung von Abwägungsvorgang und -ergebnis übernehmen. Nach *Bartlsperger*, in: Erbguth/Oebbecke/Rengeling/Schulte (Hrsg.), Abwägung im Recht, 1995, S. 79, 107, beruhen all diese Regelungen freilich auf einer »Irreführung des Gesetzgebers durch die Planungsrechtsprechung«.

zur Geltung kommt, sind erst erheblich, wenn diese Grenzen der Gestaltungsfreiheit überschritten sind. Das ist der Fall, wenn einer der beteiligten Belange in geradezu unvertretbarer Weise zu kurz kommt, sein Gewicht verkannt wird oder wenn – auch bei Berücksichtigung der planerischen Gestaltungsfreiheit und aller sonstigen Gegebenheiten – ein Mißverhältnis zwischen der objektiven Bedeutung des Belangs und dem Planinhalt besteht.

Aus diesen Vorgaben ergeben sich nach der weithin übernommenen Systematisierung durch *Hoppe*[277] vier Gruppen von Abwägungsfehlern: Ein Abwägungsausfall ist gegeben, wenn überhaupt keine sachliche Abwägung stattfindet. Ein Abwägungsdefizit liegt vor, wenn in der Abwägung Belange fehlen, die einzustellen sind. Wird in der Abwägung die Bedeutung bestimmter Belange verkannt, führt dies zu einer Abwägungsfehleinschätzung. Die Abwägungsdisproportionalität zeichnet sich schließlich dadurch aus, daß der Ausgleich der betroffenen Belange in einer Weise vorgenommen wird, die zu der objektiven Gewichtung einzelner Belange außer Verhältnis steht. Diese vier Fehlerkategorien bilden unter dem Sammelbegriff der sog. Abwägungsfehlerlehre den weitestgehend anerkannten gemeinsamen rechtsdogmatischen Nenner des Abwägungsgebots.[278] Es handelt sich damit um eine fehlerzentrierte Handlungsformenbestimmung, die den Inhalt der Handlungsform von ihren Wirksamkeitsvoraussetzungen her definiert.[279]

2. Konkretisierungsversuche

Es hat allerdings – nicht zuletzt aufgrund der Kritik an der angeblichen Konturlosigkeit dieser Grundsätze[280] – nicht an Versuchen gefehlt, über diesen Kernbestand der Abwägungsfehlerlehre hinaus die vergleichsweise weiten Grenzen des Abwägungsgebots durch weitere rechtliche Vorgaben stärker zu strukturieren, das vorgebliche »Wegwägen« durch ein »echtes Harmonisieren« zu ersetzen, also engere rechtliche Maßstäbe für die Gewichtung zu entwickeln[281], oder für einzelne Belange eine

---

277 *Hoppe*, Grundfragen des Planungsrechts, 1998, S. 108, 111f. (ursprünglich in: BauR 1970, 15ff.).

278 Vgl. etwa *Bertrams*, in: FS für Hoppe, 2000, S. 975, 988ff.; *Blumenberg*, DVBl. 1989, 86, 92ff.; *Brohm*, Öffentliches Baurecht, 3. Aufl. 2002, § 13 Rn. 15ff.; *Dreier*, Die normative Steuerung der planerischen Abwägung, 1995, S. 55; *Erbguth*, in: Achterberg/Püttner/Würtenberger (Hrsg.), Besonderes Verwaltungsrecht, Bd. I, 2. Aufl. 2000, § 8 Rn. 150ff.; *Ibler*, JuS 1990, 7, 12ff.; *Rennert*, in: Eyermann (Hrsg.), VwGO, 11. Aufl. 2000, § 114 Rn. 43ff.; *Stüer*, Handbuch des Bau- und Fachplanungsrechts, 2. Aufl. 1998, Rn. 794ff.; *Tsevas*, Die verwaltungsgerichtliche Kontrollintensität bei der materiell-rechtlichen Nachprüfung des Planfeststellungsbeschlusses, 1992, S. 128ff.; zur Kritik etwa *Bartunek*, Probleme des Drittschutzes bei der Planfeststellung, 2000, S. 56ff. Zur Abgrenzung von der strukturell ähnlichen Ermessensfehlerlehre besonders *Ibler*, Die Schranken planerischer Gestaltungsfreiheit, 1988, S. 216ff.

279 *Di Fabio*, in: Wandel der Handlungsformen im Öffentlichen Recht, 1991, S. 47, 51ff.; *Sendler*, in: FS für Schlichter, 1995, S. 55, 56.

280 Vgl. etwa *Leisner*, Der Abwägungsstaat, 1997, S. 122ff.; zu konkreten Defiziten im Hinblick auf die Belange des Natur- und Denkmalschutzes *Funk-Draschka*, Die gerichtliche Überprüfbarkeit von Planfeststellungsbeschlüssen, 1993, S. 7ff., m.w.N.

281 So namentlich durch Erich *Gassner*, DVBl. 1981, 4ff.; *ders.*, Methoden und Maßstäbe für die

Abwägungspräponderanz zu verankern.[282] Die entsprechenden Beiträge der Rechtsprechung werden durch die – im Gesetz nicht verwandten – Figuren des einer Abwägung nicht mehr zugänglichen *Planleitsatzes* und des *Optimierungsgebots* als einer – auslegungstechnisch oft schwer nachweisbaren – Zielvorgabe mit besonderem Abwägungsgewicht und einem relativen Vorrang bezeichnet.[283]

Der Wert dieses Ansatzes ist wohl eher zweifelhaft.[284] Zum einen wurde die schillernde Figur des Planleitsatzes mittlerweile aufgegeben, da sie jedenfalls auf der Grundlage der herrschenden Theorie von der Verfahrenskonzentration mit dem Begriff des zwingenden Rechts zusammenfällt.[285] Im übrigen ist gegenüber einer stärkeren Verrechtlichung des Abwägungsgebots vor allem im Hinblick auf die Praxistauglichkeit eines solchen Ansatzes grundsätzliche Skepsis geboten[286]: Ist es wirklich sachgerecht, bereits auf der Ebene des Gesetzes festzulegen, ob und wann sich bei einem Konflikt etwa die Belange des Bodenschutzes gegenüber dem Interesse an der Gewinnung von im Boden befindlichen Mineralien durchsetzen sollen?[287] Hier stellt sich nicht nur die Frage nach dem angemessenen Maß planerischer Flexibilität. Einer korrespondierenden Intensivierung der richterlichen Kontrolle der planerischen Abwägung steht zudem die – im Ergebnis konträr verlaufende – Tendenz gegenüber, angesichts der enormen Fehleranfälligkeit des Abwägungsgebots durch einen allgemeinen »Grundsatz der Planerhaltung« die Konsequenzen der

planerische Abwägung, 1993, besonders S. 21f., 27ff.; *ders.*, UPR 1993, 241ff.; vgl. ferner *Gerhardt*, in: Schoch/Schmidt-Aßmann/Pietzner (Hrsg.), VwGO, § 114 Rn. 46ff., Stand: GW April 1996; *Hillermeier*, BayVBl. 1994, 140ff.; *Söfker*, in: Ernst/Zinkahn/Bielenberg (Hrsg.), BauGB, § 1 Rn. 186, 199ff., Stand: Sept. 2000; für den Bereich der Abfallwirtschaftsplanung auch *Dammert*, Abfallentsorgungsplanung, 1991, S. 79ff.

[282] So z.B. für die Bewertung von Bodenschutzbelangen *Bückmann/Cebulla/Patzak*, UPR 1986, 88ff. Demgegenüber wollen im Bergrecht *Boldt/Weller*, BBergG, Kommentar 1984, § 48 Rn. 4; *Hoppe*, DVBl. 1987, 757, 761ff., und *Peters*, DVBl. 1988, 227, 228, aus der sog. Rohstoffsicherungsklausel in § 48 Abs. 1 S. 2 BBergG folgern, daß sich das Interesse an der Verwirklichung bergbaulicher Vorhaben gegenüber anderen Belangen im Rahmen der Abwägung stets durchsetzen müsse. Anders zu Recht BVerwG, Beschl v. 25. 8. 1995 – 4 B 191/95 –, NVwZ-RR 1996, 140f., m.w.N., wonach auch Flächen mit grundeigenen Bodenschätzen nach ordnungsgemäßer Abwägung aller Belange unter Landschaftsschutz gestellt werden können.

[283] Vgl. etwa BVerwG, Urt. v. 22.3. 1985 – 4 C 73.82 –, BVerwGE 71, 163ff.; umfassend hierzu *Dreier*, Die normative Steuerung der planerischen Abwägung, 1995, S. 215ff., m.w.N. zur Rspr.; *Wahl/Dreier*, NVwZ 1999, 606, 617f.; auch in den Einzelbereichen des Planungsrechts werden diese Figuren diskutiert, vgl. etwa *Dammert*, Abfallentsorgungsplanung, 1991, S. 77f.; *Hahn*, Das Recht der Landschaftsplanung, 1991, S. 61f.; *Peters*, DÖV 1988, 56, 60.

[284] Vgl. etwa *Di Fabio*, in: FS für Hoppe, 2000, S. 75, 88ff.; *Hoppe*, UPR 1995, 201ff.; *Kloepfer*, in: FS für Hoppe, 2000, S. 111, 122f.; *Sendler*, UPR 1995, 41, 45ff.; *Ziekow*, in: ders. (Hrsg.), Praxis des Fachplanungsrechts, 2004, Rn. 637; auch *Tsevas*, Die verwaltungsgerichtliche Kontrollintensität bei der materiell-rechtlichen Nachprüfung des Planfeststellungsbeschlusses, 1992, S. 106ff., 118ff.

[285] Vgl. *Di Fabio*, in: FS für Hoppe, 2000, S. 75, 89; *Dreier*, Die normative Steuerung der planerischen Abwägung, 1995, S. 109ff.; *Hoppe*, UPR 1995, 201, 202; *Ule/Laubinger*, Verwaltungsverfahrensrecht, 4. Aufl. 1995, § 41 Rn. 6; *Wahl*, NVwZ 1990, 426, 435f.

[286] *Di Fabio*, in: FS für Hoppe, 2000, S. 75, 95f.; vgl. auch *Gassner*, UPR 1993, 241, 244.

[287] Vgl. die entsprechenden Vorschläge soeben in Fn. 282.

Abwägungsfehlerlehre wieder einzuschränken.[288] Mängel im Abwägungsvorgang sollen, wie etwa §214 Abs. 3 S. 3 BauGB nunmehr vorsieht, künftig nur noch dann erheblich sein, wenn sie offensichtlich und auf das Abwägungsergebnis von Einfluß gewesen sind. Auch sonst soll der fehlerhafte Plan – gegebenenfalls nach seiner Heilung durch ein ergänzendes Verfahren – weitmöglichst aufrechterhalten werden. Dieser zunächst auf dogmatisch eher zweifelhafter Grundlage durch die Rechtsprechung entwickelte[289], anschließend durch die neuere Gesetzgebung aufgegriffene und bestätigte[290], dennoch in der Rechtsprechung nicht immer konsequent befolgte[291] Grundsatz mag vielleicht nicht dem von *Bartlsperger* kritisierten »chaotischen Rückzug« der Rechtsprechung oder einer »Krise des planungsrechtlichen Abwägungsgebots« gleichkommen[292], stellt jedoch zumindest die genannten Ansätze zu einer intensiveren Kontrolle der planerischen Abwägung grundsätzlich in Frage. Denn es kann kein tragfähiger Ansatz sein, die Gestaltungsspielräume der planerischen Abwägung immer weiter zu begrenzen, um anschließend Fehler innerhalb dieses Systems in weitem Umfang für unbeachtlich zu erklären.[293]

3. Das Gebot planerischer Konfliktbewältigung

Weiterführender erscheint eine konkretisierende Anforderung an das Abwägungsergebnis, die als »Gebot der planerischen Konfliktbewältigung« umschrieben wird.[294] Demnach sind in die Planung in umfassender Weise schlechthin alle planeri-

---

[288] Vgl. zu Herkunft und Bedeutung des Grundsatzes der Planerhaltung auch bereits oben S. 272 und 274.

[289] Vgl. etwa VGH Mannheim, Urt. v. 17. 11. 1995 – 5 S 334/95 –, VBl.BW 1996, 265ff.

[290] Hervorzuheben ist im Baugesetzbuch der vierte Abschnitt »Planerhaltung«. Näher dazu *Hoppe/Henke*, DVBl. 1997, 1407ff., sowie zu den korrespondierenden Regelungen der Verwaltungsgerichtsordnung auch *Hüttenbrink*, BauR 1999, 351ff. Entsprechende Regelungen finden sich mittlerweile für die Raumordnung in § 10 ROG sowie für das Fachplanungsrecht u.a. in §75 Abs. 1a VwVfG, §17 Abs. 6c FStrG, §41 Abs. 8 StrWG SH, §54a Abs. 2 Nr. 1 LNatSchG SH oder in §2a RegBkPlG; näher dazu *Gaentzsch*, DVBl. 2000, 741ff. Vgl. zu den Wechselwirkungen von Rechtsprechung und Gesetzgebung in diesem Bereich besonders *Sendler*, in: FS für Weyreuther, 1993, S. 3, 6ff.

[291] Vgl. die kritische Urteilsanmerkung von *Sendler*, NJW 1999, 1834f., zu BVerwG, Urt. v. 3. 7. 1998 – 4 CN 2/97 –, BVerwGE 107, 123ff., der in dieser Entscheidung den Grundsatz der Planerhaltung »im Abwind« sieht.

[292] *Bartlsperger*, in: Erbguth/Oebbecke/Rengeling/Schulte (Hrsg.), Abwägung im Recht, 1995, S. 79, 82f.

[293] Vgl. bereits die Kritik bei *Papier*, DÖV 1986, 621, 628.

[294] Näher *Gaentzsch*, in: Schlichter/Stich/Driehaus/Paetow (Hrsg.), Berliner Kommentar zum BauGB, 3. Aufl., §1 Rn. 84f., Stand: Aug. 2002; *Geiger*, in: Redeker/Uechtritz (Hrsg.), Verwaltungsverfahren, Kap. 11 Rn. 66f., Stand: Juni 1999; *Hoppe/Beckmann*, NuR 1988, 6ff.; *Krautzberger*, in: Battis/Krautzberger/Löhr, BauGB, 8. Aufl. 2002, §1 Rn. 115; *Kühling/Hermann*, Fachplanungsrecht, 2. Aufl. 2000, Rn. 230 und 406; *Pfeifer*, Der Grundsatz der Konfliktbewältigung in der Bauleitplanung, 1989, der auf S. 27ff. den Grundsatz als richterliche Rechtsfortbildung ansieht; *Plogmann*, Naturschutzrechtliche Konfliktbewältigung, 2000, S. 24ff.; *Steinberg/Berg/Wickel*, Fachplanung, 3. Aufl. 2000, §3 Rn. 90ff.; *Stüer*, Handbuch des Bau- und Fachplanungsrechts, 2. Aufl. 1998, Rn. 858ff., jeweils m.w.N.; kritisch zu der Figur vor allem *Sendler*, WiVerw 1985, 211ff., sowie *Dreier*, Die normative Steuerung der planerischen Abwägung, 1995, S. 87f.

schen Gesichtspunkte einzubeziehen, die zur Bewältigung der von dem Planvorhaben in seiner räumlichen Umgebung erst aufgeworfenen Probleme von Bedeutung sind. Ein Konflikt, den der Planungsträger vorfindet oder den er durch seine Planung hervorruft oder verschärft, darf nicht letztlich ungelöst bleiben.[295] Allerdings sind die entsprechenden Maßstäbe durch die nachfolgende Judikatur namentlich für das Baurecht relativiert worden[296]: Die Verlagerung von Problemlösungen aus dem Planungsverfahren auf nachfolgendes Verwaltungshandeln – etwa auf nachfolgende Zulassungsverfahren oder auf einen nachfolgenden Planungsabschnitt – ist demnach zulässig und gegebenenfalls sogar geboten, wenn der Planungsträger objektiv davon ausgehen darf, daß der ungelöst gebliebene Konflikt im Zeitpunkt der Plandurchführung in diesem anderen Verfahren bewältigt werden wird.[297] Diese Einschränkung entlastet nicht nur die vorläufige Planung, sondern verhindert auch, daß das in anderen Planungsverfahren vorgesehene Entscheidungsprogramm vorweggenommen und damit kompetenzwidrig in den Aufgabenbereich anderer Planungen übergegriffen wird.[298] Damit werden für die örtliche und die überörtliche Gesamtplanung, die zumeist nur einen Rahmen für nachfolgende Planungs- oder Genehmigungsverfahren liefern, stärkere Entlastungen verbunden sein als für die Planfeststellung, die für ein bestimmtes Vorhaben eine zumindest nach außen hin abschließende Genehmigung beinhaltet.[299]

Das Gebot der planerischen Konfliktbewältigung gilt auch im Verhältnis verschiedener Planungen untereinander, wie namentlich die §75 Abs. 1 VwVfG vorgesehene Planung und Erledigung notwendiger Folgemaßnahmen im Rahmen der Planfeststellung verdeutlicht. Nach dem Verständnis des Bundesverwaltungsgerichts ist dieses Institut geradezu ein Ausdruck des für jede hoheitliche Planung geltenden Grundsatzes der Problembewältigung.[300] Der Anwendungsbereich dieser Vorgaben ist jedoch im Verhältnis einzelner Planungen zueinander keineswegs auf die in §75 Abs. 1 VwVfG erwähnten Anpassungs- oder Folgemaßnahmen beschränkt: Vor allem dann, wenn sich eine Planung zulässigerweise über die Festsetzungen einer anderen hinwegsetzt, kann der Grundsatz der planerischen Konfliktbewältigung gewinnbringend herangezogen werden, um die gebotenen Anforderungen an das abwägende Abweichen von einer anderen Planung näher zu bestim-

---

[295] Grundlegend BVerwG, Urt. v. 1.11. 1974 – 4 C 38.71 –, BVerwGE 47, 144, 155; Urt. v. 7.9. 1979 – IV C 58.76 –, BVerwGE 58, 281, 284, m.w.N.

[296] Vor allem unter dem Eindruck von *Sendler*, WiVerw 1985, 211ff.

[297] So etwa BVerwG, Beschl. v. 17.2. 1984 – 4 B 191.83 –, BVerwGE 69, 30, 34; Beschl. v. 30.8. 1994 – 4 B 105/94 –, NuR 1995, 139, 140, m.w.N.; Urt. v. 14.11. 2001 – 11 A 31/00 –, NVwZ 2002, 733, 736; vgl. dazu auch *Pfeifer*, Der Grundsatz der Konfliktbewältigung in der Bauleitplanung, 1989, S. 20ff.

[298] Vgl. dazu BVerwGE 69, 30, 35f.

[299] Näher *Hendler*, UPR 2003, 256, 259; *Pfeifer*, Der Grundsatz der Konfliktbewältigung in der Bauleitplanung, 1989, S. 47ff.

[300] BVerwG, Urt. v. 7.9. 1979 – IV C 58.76 –, BVerwGE 58, 281, 284, 290; vgl. zu diesem Aspekt ferner etwa *Steinberg/Berg/Wickel*, Fachplanung, 3. Aufl. 2000, § 1 Rn. 131; umfassend zum Grundsatz der Problembewältigung als Grenze der Miterledigung von Folgemaßnahmen bereits oben im vierten Kapitel S. 229f.

men. Will etwa eine Gemeinde eine Fläche durch Bauleitplanung in Anspruch nehmen, die als Überschwemmungsgebiet oder als Deichzone ausgewiesen ist, so ergeben sich auch dann, wenn keine strikte Bindung gegenüber dieser Festsetzung besteht[301], erhöhte Anforderungen an die planerische Abwägung, um den durch die Überplanung derart festgesetzter Flächen aufgeworfenen Konflikt zu lösen. In solchen Fällen muß bei der Zusammenstellung des Abwägungsmaterials gegebenenfalls unter Beteiligung von Sachverständigen ermittelt werden, welche Maßnahmen zur Abwehr entsprechender Gefahren erforderlich sind.[302] Ebenso kann es bei einer großflächigen Landschaftsschutzverordnung geboten sein, bei der Gebietsabgrenzung zukünftige Bebauungsplangebiete dynamisch vom Geltungsbereich der Verordnung auszunehmen, um den Planungsraum der betroffenen Gemeinden nicht über Gebühr einzuschränken und den Konflikt zwischen Landschaftsschutz und den gemeindlichen Entwicklungsabsichten zu entschärfen.[303] Dem wird man als allgemeine Direktive entnehmen können, daß nachteilige Auswirkungen eines Vorhabens auf die Planungsabsichten anderer Planungsträger eine Prüfung erforderlich machen, ob diese ihre Planungsziele noch auf andere Weise verwirklichen können, soweit nicht im Einzelfall eine totale Verdrängung der anderen Planung – etwa eines Tagebauvorhabens durch eine Schutzgebietsfestlegung – gerechtfertigt ist. Der Inhalt des planerischen Abwägungsgebots gewinnt damit durch das Untergebot planerischer Konfliktbewältigung den Charakter einer planerischen Koordinationsregel.

4. Der Inhalt des rechtsstaatlichen Abwägungsgebots

Die bislang vorgestellten Maßstäbe beziehen sich auf – zumeist bundesrechtlich angeordnete – Abwägungsdirektiven, wie sie namentlich durch das Bundesverwaltungsgericht ausgelegt und entwickelt worden sind. Ein nicht unerheblicher Teil der Planungsgesetze gehört jedoch – namentlich im Bereich der Fachplanung – dem irrevisiblen Landesrecht an und ist damit der Judikatur des Bundesverwaltungsgerichts entzogen. Da jedoch das rechtsstaatliche Abwägungsgebot im Grundgesetz verankert ist und damit letztlich auf Bundesrecht beruht, hat das Bundesverwaltungsgericht erwogen, daß ein bundesverfassungsrechtlich gesichertes rechtsstaatliches

---

301 Vgl. *Lüers*, UPR 1996, 241, 242f.

302 Zu diesen Konstellationen BVerwG, Beschl. v. 14.8.1989 – 4 NB 24.88 –, BRS 49 Nr. 22; OVG Koblenz, Urt. v. 17.10.1990 – 10 C 10230/90 –, BRS 50 Nr. 40; OVG Lüneburg, Urt. v. 4.5.2000 – 1 L 2995/98 –, NuR 2000, 709, 710; vgl. zu den Fragen des Hochwasserschutzes im Rahmen der Bauleitplanung auch *Lüers*, UPR 1996, 241, 243; *Steenhoff*, UPR 2003, 50, 51ff.

303 So in ständiger Rechtsprechung OVG Koblenz, Urt. v. 28.1.1987 – 10 C 31/86 –, NuR 1987, 231f.; Urt. v. 18.9.2002 – 8 C 11279/01 –, NuR 2003, 122ff., wo von einer »Öffnungsklausel« gesprochen wird; aus Sicht des Bundesrechts bestätigend BVerwG, Beschl. v. 20.5.2003 – 4 BN 57.02 –, UPR 2003, 443, 444f.; kritisch zu dieser Praxis einerseits unter Bestimmtheitsgesichtspunkten *Egner*, in: Engelhardt/Brenner/Fischer-Hüftle (Hrsg.), Naturschutzrecht in Bayern, Art. 10 BayNatSchG Erl. 6, Stand: Sept. 1993, sowie andererseits unter dem Gesichtspunkt des Abwägungsgebots *Fischer-Hüftle*, NuR 2003, 127.

Abwägungsgebot auch als Prüfungsmaßstab gegenüber einem landesrechtlichen Abwägungsmodell gelten und so auch für das Raumplanungsrecht der Länder einen bundesverfassungsrechtlichen Minimalstandard planerischer Entscheidungsstrukturen vorgeben könnte.[304] Als Bundesrecht wäre dieser Abwägungskernbestand der landesrechtlichen Bestimmungen generell revisibel. Nach früheren Aussagen des Gerichts tritt hingegen das bundesverfassungsrechtliche Abwägungsgebot gegebenenfalls ergänzend *neben* das einfache Bundesrecht oder Landesrecht, soweit dessen Regelungen die Reichweite des rechtsstaatlichen Abwägungsgebots nicht ausschöpfen. Mit dieser Begründung wurde eine auf der Grundlage von Landesstraßenrecht durchgeführte Planfeststellung im Hinblick auf das Abwägungsgebot geprüft, da dieses unmittelbar aus dem Bundesrecht Anforderungen an eine rechtsstaatliche Planung stelle.[305]

Vor diesem Hintergrund stellt sich die Frage nach dem Inhalt des rechtsstaatlichen Abwägungsgebots und seinem Verhältnis zur fachrechtlich angeordneten planerischen Abwägung. Grundsätzlich kann ein rechtsstaatliches Abwägungsgebot lediglich zur Berücksichtigung solcher Belange verpflichten, die durch die Verfassung selbst geschützt sind; es ermöglicht daher keine Kontrolle anhand einfachgesetzlicher Maßstäbe.[306] Allerdings ist auch die Begrenzung durch andere Verfassungsbelange – und damit gegebenenfalls auch öffentliche Planungsbelange – Gegenstand der verfassungsrechtlich gebotenen Abwägung.[307] Demgegenüber wird das Abwägungsprogramm auf einfachgesetzlicher Ebene durch das jeweilige Fachrecht geprägt und ist daher im Regelfall weit umfangreicher.[308] Diese Belange sind, soweit sie nicht auf Verfassungsrecht rückführbar sind, lediglich als gegenläufige Gesichtspunkte in die Abwägung einzustellen. Daher bildet das rechtsstaatliche Abwägungsgebot im Grundsatz lediglich einen Kernbereich des weiter reichenden fachgesetzlichen Abwägungsprogramms.

Untersucht man die bislang durch die Rechtsprechung entschiedenen Fälle, so sind die strukturellen und inhaltlichen Unterschiede jedoch marginal. Auch im Schrifttum wird die planungsrechtliche Dogmatik im wesentlichen unverändert auf die Ebene des Verfassungsrechts übertragen.[309] Dies ist durchaus nachvollziehbar,

---

[304] BVerwG, Urt. v. 1.7. 1988 – 4 C 15.85 –, NVwZ 1989, 247, 248; Urt. v. 9. 9. 1988 – 4 B 37/88 –, NuR 1990, 111, 113 (insoweit nicht in BVerwGE 80, 201ff.); Beschl. v. 19.7. 1995 – 6 NB 1/95 –, NVwZ 1997, 61, 65, m.w.N.

[305] BVerwG, Urt. v. 11.12. 1981 – 4 C 69/78 –, BVerwGE 64, 270, 273ff.; vgl. auch *Dreier*, Die normative Steuerung der planerischen Abwägung, 1995, S.41; *Kügel*, Der Planfeststellungsbeschluß, 1985, S.142; *Zeitler*, in: Sieder/Zeitler/Dahme/Knopp (Hrsg.), WHG, §31 WHG Rn.225, Stand: Juli 2000.

[306] *Bertrams*, in: FS für Hoppe, 2000, S.975, 993;

[307] Vgl. *Ossenbühl*, in: Erbguth/Oebbecke/Rengeling/Schulte (Hrsg.), Abwägung im Recht, 1995, S.25, 31.

[308] *Hoppe/Spoerr*, Bergrecht und Raumordnung,1999, S.143.

[309] So etwa durch *Hoppe*, in: HStR III, 1988, §71 Rn.96; *Schmidt-Aßmann*, in: Maunz/Dürig u.a., GG, Art.19 Abs. IV Rn.209ff., Stand: Feb. 2003; ; dementsprechend stellt *Schütz*, in: Ziekow (Hrsg.), Praxis des Fachplanungsrechts, 2004, Rn.868, fest, für eine Differenzierung fehlten in der bisherigen Judikatur jegliche Anhaltspunkte.

weil die wesentlichen Belange, die in die Abwägungsentscheidung einfließen, letztlich grundrechtlich abgesichert sind.[310] In weitem Umfang wird daher im Schrifttum nicht zwischen einer »rechtsstaatlichen« Abwägung und der fachgesetzlich vorgesehenen unterschieden.[311] Immerhin hält es das Bundesverwaltungsgericht für denkbar, daß das »rechtsstaatliche Abwägungsgebot« im konkreten Fall hinter seinen fachgesetzlichen Ausprägungen zurückbleiben könnte:

»Ob der durch diese zu §1 Abs. 6 BauGB ergangene Entscheidung bewirkte Wandel der Rechtsprechung über das einfachgesetzliche bau- und fachplanungsrechtliche Abwägungsgebot hinaus auch das hier maßgebliche ›rechtsstaatliche‹ Abwägungsgebot erfasst, kann offen bleiben, weil der Kläger geltend macht, in seiner Gesundheit und seinem Eigentum und mithin in (verfassungs-)rechtlich geschützten Belangen (vgl. Art. 2 Abs. 2 S. 2, Art. 14 Abs. 1 GG) verletzt zu sein. Daß diese Belange ›nach Lage der Dinge‹ in die Abwägungsentscheidung einzustellen sind, liegt auf der Hand ...«[312]

Trotz dieser Annäherung beider Abwägungsgebote bleibt festzuhalten: Zumindest die einfachgesetzlich vorgegebenen Abwägungsdirektiven, also beispielsweise die Grundsätze der Bauleitplanung nach §1 Abs. 5 BauGB, die Grundsätze der Raumordnung nach §2 ROG oder die für die Landschaftsplanung maßgeblichen Grundsätze des Naturschutzes und der Landschaftspflege nach §2 BNatSchG, haben als solche keinen Verfassungsrang und sind daher keineswegs ein notwendiger Bestandteil des rechtsstaatlichen Abwägungsgebots, sofern es sich nicht um Konkretisierungen anderer Verfassungsbelange handelt. Zwar mögen solche einfachgesetzlichen Belange ihrerseits in der Lage sein, Grundrechte und andere Verfassungsbelange einzuschränken und insoweit auch der verfassungsrechtlichen Prüfung unterliegen. Planungsentscheidungen, die solche einfachgesetzlichen Direktiven nicht beachten, sind jedoch verfassungsrechtlich nicht zu beanstanden.

IV. Das Abwägungsgebot als materielle raumplanerische Koordinationsregel

Unabhängig von der Geltung der oben diskutierten Optimierungsgebote und Planleitsätze steht fest, daß das Abwägungsgebot zur Berücksichtigung anderer Planungen und Planungsträger verpflichtet, die durch das Vorhaben betroffen sein könnten, und damit – worauf bereits zu Beginn dieses Kapitels hingewiesen wurde – in sich selbst eine materielle Koordinations- und Kollisionsregel für das Verhältnis konkurrierender räumlicher Planungen darstellt.[313] Im Verhältnis zu anderen Planungen

---

310 Vgl. *Papier*, in: FS für Hoppe, 2000, S. 213, 214,

311 Vgl. etwa *Badura.*, in: FS für Hoppe, 2000, S. 167, 175.

312 BVerwG, Urt. v. 28. 6. 2000 – 11 C 13/99 –, DVBl. 2000, 1858, 1859f.

313 Näher zu dieser Funktion des Abwägungsgebots mit unterschiedlichen Aspekten VerfGH NW, Urt. v. 9. 2. 1993 – VerfGH 18/91 und 2/92 –, NuR 1993, 386, 387; *Bell/Hermann*, LKV 2002, 393; *Di Fabio*, in: FS für Hoppe, 2000, S. 75, 78; *Dürr*, in: Brügelmann (Hrsg.), BauGB, §38 Rn. 20ff., Stand: Mai 1990; *Gaentzsch*, WiVerw 1985, 235ff.; *Kauch/Roer*, Das Verhältnis von Bauleitplanung

bildet das Abwägungsgebot jedenfalls eine Berücksichtigungspflicht.[314] Es ist insoweit im wesentlichen identisch mit zahlreichen einfachgesetzlichen Regelungen, die den Planungsträger ausdrücklich zur Rücksichtnahme auf (vgl. etwa § 124 BBergG) oder zur Abstimmung mit anderen Raumplanungen (vgl. etwa § 2 Abs. 2 BauGB und § 14 ROG) verpflichten. Diese Regelungen werden daher zu Recht vielfach als Ausprägungen des Abwägungsgebots angesehen.[315]

1. Das allgemeine Koordinationsgebot

Das Bundesverwaltungsgericht spricht dementsprechend von einem einheitlichen »Gebot der Koordination« unter mehreren Planungsträgern, das in verschiedenen Regelungen zum Ausdruck komme und sowohl im Verhältnis der Bauleitplanung gegenüber den Fachplanungen als auch für Bauleitplanungen untereinander gelten soll.[316] Nach dieser für alle materiellen Planungsentscheidungen geltenden Koordinationsregel sind im Fall ihrer Betroffenheit auch andere räumliche Planungen in den Rahmen der Abwägung von vornherein einzustellen, zu bewerten und aufgeworfene Planungskonflikte angemessen zu lösen.[317] Dabei lehnt es die Rechtsprechung ab, aus materiellen Abwägungsdirektiven eine starre oder auch nur relative Vorrangregelung abzuleiten.[318] Entscheidend ist das Verbot eines »isolierten Planens«[319], also der Nichtberücksichtigung anderer Planungen: Eine räumliche Planung, die eine andere unberücksichtigt läßt, ist bereits wegen eines Mangels im Abwägungsvorgang und damit eines Verstoßes gegen das Abwägungsgebot nichtig.[320]

---

und Fachplanung, 1997, S. 51 ff.; *Ronellenfitsch*, in: *Ipsen/Rengeling/Mössner/Weber* (Hrsg.), Verfassungsrecht im Wandel, 1995, S. 167, 185 f.; *ders.*, VerwArch 88 (1997), 175, 176; *Runkel*, in: Ernst/Zinkahn/Bielenberg (Hrsg.), BauGB, § 38 Rn. 28, Stand: Feb. 2000; *Spannowsky*, DÖV 1997, 757, 763; vgl. auch *Ruch*, Das Recht in der Raumordnung, 1997, S. 111, für das insoweit gleich strukturierte schweizerische Recht.

[314] Vgl. *Paetow*, UPR 1990, 321, 322; *Söfker*, in: Ernst/Zinkahn/Bielenberg (Hrsg.), BauGB, § 1 Rn. 204, Stand: Sept. 2000.

[315] So etwa für § 2 Abs. 2 BauGB BVerwG, Urt. v. 8. 9. 1972 – 4 C 17.71 –, BVerwGE 40, 323, 331; vgl. dazu bereits im zweiten Kapitel S. 116.

[316] BVerwG, Urt. v. 16. 12. 1988 – 4 C 40/86 –, BVerwGE 81, 95, 108, m. w. N.; vgl. auch Urt. v. 15. 12. 1989 – 4 C 36/86 –, BVerwGE 84, 209, 214 f.

[317] So etwa *Schroeder*, UPR 2000, 52, 56 f. für das Verhältnis Raumordnung – Bauleitplanung; *Runkel*, DVBl. 1992, 1402, 1406, für das Verhältnis Bauleitplanung – Fachplanung; illustrativ die Entscheidung des OVG Frankfurt an der Oder, Urt. v. 24. 2. 2000 – 4 D 13/99.NE –, NuR 2001, 161 ff., zur Nichtigkeit einer Schutzwaldverordnung, welche die kollidierende Ausweisung eines Vorranggebietes Rohstoffsicherung im Vorentwurf eines Regionalplanes unberücksichtigt und den Konflikt zwischen den Belangen der Rohstoffsicherung und des Schutzwaldes unbewältigt gelassen hatte.

[318] Vgl. etwa OVG Saarlouis, Urt. v. 21. 3. 1995 – 2 N 3/93 –, BRS 57 Nr. 47, Leitsatz 1 a. E.: »Aus der Hervorhebung der Belange des Natur- und Landschaftsschutzes in § 1 Abs. 5 S. 2 Nr. 7 BauGB läßt sich nicht abstrakt ein relativer Vorrang gegenüber anderen im Rahmen der Abwägung berücksichtigungsfähigen Belangen herleiten.«

[319] *Peine*, Öffentliches Baurecht, 4. Aufl. 2003, Rn. 133.

[320] So beispielsweise für den Fall einer Landschaftsschutzverordnung, welche die Planungen für

2. Die verfassungsrechtliche Verankerung des Koordinationsgebots

Diese Pflicht zur Berücksichtigung gegenläufiger Raumplanungen läßt sich wie das Abwägungsgebot selbst im Kern auch auf verfassungsrechtliche Grundlagen zurückführen, so daß die erwähnten Berücksichtigungspflichten im wesentlichen verfassungsrechtlich abgesichert sind. Dies gilt namentlich für die Abwägung bei Festsetzungen, die Planungen der Gemeinden beeinträchtigen. Soweit eine überörtliche Planung die gemeindliche Planungshoheit beschränkt, sind die gemeindlichen Entwicklungsinteressen bereits nach Art. 28 GG im Rahmen der planerischen Abwägung angemessen zu ermitteln, zu bewerten und zu berücksichtigen.[321]

Die verfassungsrechtliche Verankerung des Koordinationsgebots hat Bedeutung vor allem für die verfassungskonforme Auslegung des einfachen Rechts: Eine Planungsnorm, die schlechthin die Nichtbeachtung der gemeindlichen Bauleitplanung im Rahmen eines fachplanerischen Vorhabens vorsieht, wäre daher nach verbreiteter Auffassung verfassungswidrig.[322] Wenn der einschlägige Zulassungstatbestand jedoch lediglich keine explizite Berücksichtigung vorsieht, wie dies namentlich bei der nach § 38 BauGB gegenüber der Bauleitplanung privilegierten immissionsschutzrechtlichen Genehmigung für Abfallentsorgungsanlagen der Fall ist, so führt dies nicht automatisch zur Rechtswidrigkeit der privilegierten Planung.[323] Vielmehr wird in diesem Fall zunächst die Pflicht begründet, in dem durch den Wortlaut der Norm gesteckten Rahmen eine solche Berücksichtigung durch verfassungskonforme Auslegung des Zulassungstatbestandes zu gewährleisten.[324] Neben rein städtebaulichen Planungsabsichten der Gemeinde gilt diese Pflicht besonders auch im Hinblick auf eine angemessene Berücksichtigung ihrer innerörtlichen Verkehrsplanung.[325] Art. 28 GG wird somit zu einer Grundnorm der planerischen Rücksichtnahme gegenüber den Kommunen, die das Koordinationsgebot insoweit verfassungsrechtlich absichert.[326]

---

eine zuvor nach § 4 Abs. 2 EnWG unter Beteiligung der Naturschutzbehörde freigegebene Freileitung im Schutzgebiet nicht berücksichtigt, OVG Berlin, Beschl. v. 26. 9. 1991 – 2 A 5/91 –, NVwZ-RR 1992, 406ff.; für den Fall einer nicht berücksichtigten Bauleitplanung BVerwG, Urt. v. 11. 4. 1986 – 4 C 51.83 –, BVerwGE 74, 124, 132f.; vgl. auch soeben das Beispiel in Fn. 317.

321 Vgl. BVerfG, Beschl. v. 7. 10. 1980 – 2 BvR 584, 598, 599 und 604/76 –, BVerfGE 56, 298, 315f.; Beschl. v. 17. 7. 1996 – 2 BvF 2/93 –, BVerfGE 95, 1, 26f.; Beschl. v. 7. 1. 1999 – 2 BvR 929/97 –, NVwZ 1999, 520, 521; *Dreier*, in: ders. (Hrsg.), GG, Bd. II 1998, Art. 28 Rn. 98, m. w. N. (zu dem verwandten Grundsatz des »gemeindefreundlichen Verhaltens«); *Hennecke*, Die Bedeutung der Fachplanung und der Raumordnung für die Bauleitplanung, 1994, S. 16f.; *Kühling/Hermann*, Fachplanungsrecht, 2. Aufl. 2000, Rn. 193; *Löwer*, in: v. Münch/Kunig (Hrsg.), GG, Bd. 2, 5. Aufl. 2001, Art. 28 Rn. 53; vgl. auch *Macher*, Der Grundsatz des gemeindefreundlichen Verhaltens, 1971, S. 109ff., 65ff.

322 *Koch*, in: FS für Schlichter, S. 461, 471.

323 So aber ein Teil des Schrifttums; vgl. dazu bereits im zweiten Kapitel S. 114f.

324 Vgl. mit unterschiedlichen Akzenten BVerfG, Beschl. v. 7. 5. 2001 – 2 BvK 1/00 –, BVerfGE 103, 332, 380; *Löhr*, in: Battis/Krautzberger/Löhr, BauGB, 8. Aufl. 2002, § 38 Rn. 25; *Schmaltz*, in: Schrödter (Hrsg.), BauGB, 6. Aufl. 1998, § 38 Rn. 13; *Wagner*, UPR 1997, 387, 391f.; *Weidemann*, DVBl. 1994, 263, 269; *Waechter*, Kommunalrecht, 3. Aufl. 1997, Rn. 99.

325 Vgl. bereits BVerwG, Urt. v. 14. 2. 1969 – IV C 215.65 –, BVerwGE 31, 263ff.

326 Ähnlich *Czybulka*, Die Legitimation der öffentlichen Verwaltung, 1989, S. 221ff., der auf ein aus Art. 28 GG abgeleitetes Gebot gemeindefreundlichen Verhaltens abstellt.

Umgekehrt ist jedoch auch bei Planungen von Ländern und Kommunen bereits aus rechtsstaatlichen Gründen eine Berücksichtigung planerischer Bundesbelange geboten.[327] Dies läßt sich verfassungsrechtlich aus dem ungeschriebenen Gebot zu bundesfreundlichem Verhalten als einer Konsequenz aus dem Bundesstaatsprinzip des Art. 20 Abs. 1 GG ableiten, das Bund und Länder zu einem Zusammenwirken verpflichtet, um die bundesstaatliche Ordnung zu erhalten und zu fördern.[328] Der Inhalt dieser »Bundestreue« wurde oft als eine Pflicht zum »Rechnung tragen«, zur Rücksichtnahme auf und zur »Abwägung« der jeweiligen konkret betroffenen Belange von Bund und Ländern umschrieben[329], so daß der Rechtssatz zwar keine Grundlage für Haftungsansprüche oder Kompetenzen, wohl aber für Hilfs- und Mitwirkungspflichten, Pflichten zur Rücksichtnahme sowie für das Verbot missbräuchlicher Kompetenzausübung darstellt. Damit wird es das Gebot der Bundestreue auf dem Gebiet der Raumplanung erforderlich machen, Planungen des Bundes oder der Länder in deren Verhältnis untereinander angemessen zu berücksichtigen[330], und transformiert so zu einer »intraföderalen« Pflicht zur Abwägung der jeweiligen Planungsbelange.[331] Im Verhältnis von Behörden untereinander lassen sich die entsprechenden Pflichten auch auf das Gebot der Organtreue und der gegenseitigen Kooperation und Rücksichtnahme von Hoheitsträgern zurückführen.[332]

Auch die den Planungen selbst zugrundeliegenden öffentlichen Belange genießen vielfach Verfassungsrang, wie etwa die »infrastrukturellen Verfassungsaufträge«[333]

---

[327] Vgl. BVerwG, Urt. v. 9. 9. 1988 – 4 B 37/88 –, NuR 1990, 111, 113; im Schrifttum etwa *Ibler*, in: v. Mangoldt/Klein/Starck (Hrsg.), GG, Bd. 3, 4. Aufl. 2001, Art. 89 Rn. 74, 80, sowie *Friesecke*, NuR 2000, 81, 82, wonach die Länder gegenüber den Bundeswasserstraßenplanungen zur Rücksichtnahme verpflichtet sind. Restriktiv gegenüber einer Pflicht der Gemeinden zu »staatsfreundlichem Verhalten« *Macher*, Der Grundsatz des gemeindefreundlichen Verhaltens, 1971, S. 139ff.

[328] BVerfG, Urt. v. 26. 7. 1972 – 2 BvF 1/71 –, BVerfGE 34, 9, 20f.; vgl. dazu im Schrifttum *Bauer*, Bundestreue, 1992; *Faller*, in: FS für Maunz zum 80. Geburtstag, 1981, S. 53ff.; *Isensee*, in: HStR IV, 1990, § 98, Rn. 151ff.; *Jestaedt*, in: HStR II, 3. Aufl. 2004, § 29 Rn. 73ff.; *Maunz*, in: HStR IV, 1990, § 94, Rn. 20; *Stern*, Staatsrecht Bd. 1, 2. Aufl. 1984, S. 699ff., jeweils m. w. N. zur Rspr.

[329] *Bayer*, Bundestreue, 1961, S. 73; ähnlich *Bauer*, Bundestreue, 1992, 349 (»Pflicht zur Abstimmung«); *Isensee*, in: HStR IV, 1990, § 98, Rn. 158; *Stern*, Staatsrecht Bd. 1, 2. Aufl. 1984, S. 702f.

[330] So mit unterschiedlichen Akzenten der Sache nach übereinstimmend *Bauer*, Bundestreue, 1992, S. 350 (der den Bereich der Raumplanung sogar als »exemplarischen« Anwendungsfall der Bundestreue ansieht); *Brohm*, in: FS für Blümel, 1999, S. 79, 83f.; *Evers*, Recht der Raumordnung, 1973, S. 106; *Funke*, Bund-Länder-Abstimmung, 1987, S. 44ff.; *Lücke*, VerwArch 1979, 293ff., 295ff.; zur Bundestreue als Grundlage für formelle Beteiligungsrechte in der Raumplanung besonders *Allesch/Häußler*, in: Obermayer, VwVfG, 3. Aufl. 1999, § 73 Rn. 27; vgl. auch *Stettner*, Grundfragen einer Kompetenzlehre, 1983, S. 405ff., der diese Figur in einen weiteren Kontext von Regeln zur Interpretation verfassungsrechtlicher Kompetenznormen einordnet.

[331] *Funke*, Bund-Länder-Abstimmung, 1987, S. 41.

[332] *Allesch/Häußler*, in: Obermayer, VwVfG, 3. Aufl. 1999, § 73 Rn. 27; allgemeiner *Lorz*, Interorganrespekt im Verfassungsrecht, 2001, besonders S. 77ff., 84f.; näher zur Frage der Existenz einer allgemeinen Kooperationspflicht unter Behörden *Czybulka*, Die Legitimation der öffentlichen Verwaltung, 1989, S. 223. Planerisch entspricht diese Pflicht im wesentlichen dem durch *Brohm* für das Raumplanungsrecht entwickelten Grundsatz der kompetentiellen Rücksichtnahme. Vgl. dazu bereits in der Einleitung S. 23.

[333] Näher zu diesem Institut *Lerche*, in: FS für Friauf, 1996, S. 251ff., *Scholz/Aulehner*, Archiv PT

in den Art. 87e Abs. 4 und Art. 87f Abs. 1 GG oder das die umweltrechtlichen Planungen legitimierende und als Optimierungsgebot in die planerische Abwägung hineinwirkende Staatsziel Umweltschutz nach Art. 20a GG[334]. Nahezu jede hoheitliche Planung wird sich daher auf gewisse Verfassungsbelange zurückführen lassen. Das saarländische Oberverwaltungsgericht hat sogar festgestellt, Art. 60 Abs. 2 der saarländischen Verfassung enthalte über Art. 28 GG hinausgehend eine staatliche Pflicht zur Berücksichtigung grenzüberschreitender französischer Gemeindeplanungen.[335] Bei Planungen Privater sind deren Grundrechtspositionen in die Abwägung einzustellen.[336]

Grundsätzlich wird man feststellen können, daß die meisten hoheitlichen Planungen verfassungsrechtlich schutzwürdig und private Planungen jedenfalls durch die Grundrechte der Antragsteller abwägungsrelevant sind. Dem entspricht die Forderung, daß etwa im Rahmen der gemeindlichen Bauleitplanung alle Flächennutzungsansprüche anderer Planungsträger abwägend zu berücksichtigen sind.[337] Im Kern ist daher eine verfassungsrechtliche Verankerung des aus dem Abwägungsgebot folgenden Koordinationsgebots zu bejahen.

3. Zur Gewichtung gegenläufiger Planungen

Konkurrierende Planungen sind mit dem ihnen objektiv zukommenden Gewicht in die Abwägung einzustellen.[338] Dies entspricht dem allgemeinen Gebot, jedem abwägungsrelevanten Belang das ihm seiner konkreten Schutzwürdigkeit nach zukommende Gewicht beizumessen.[339] Die Grenze der »objektiven Geringwertigkeit«, die einen Belang abwägungsunerheblich macht[340], werden zumindest staatliche Planun-

---

1993, 221, 228; *Hermes*, Staatliche Infrastrukturverantwortung, 1998, sowie schon im vierten Kapitel S. 225ff.

334 Zur Bedeutung des Staatsziels Umweltschutz für die planerische Abwägung vgl. *Epiney*, in: von Mangoldt/Klein/Starck, GG, Bd. 2, 4. Aufl. 2000, Art. 20a Rn. 93; *Kloepfer*, Umweltrecht, 2. Aufl. 1998, § 3 Rn. 40f.; *Murswiek*, in: Sachs (Hrsg.), Art. 20a Rn. 70f.; *Scholz*, in: Maunz/Dürig u.a., GG, Art. 20a Rn. 57, Stand: Juni 2002; *Schulze-Fielitz*, in: Dreier (Hrsg.), GG, Bd. II, 1998, Art. 20a Rn. 42ff., der in Rn. 45 erklärt, das *rechtsstaatliche* Abwägungsgebot für alle Planungen werde damit zu einem *umweltstaatlichen* Abwägungsgebot erweitert.

335 OVG Saarlouis, Urt. v. 23. 9. 1997 – 8 M 10/93 –, AS RP-SL 27, 60ff. zit. nach Juris.

336 Zu der korrespondierenden Möglichkeit einer Verletzung dieser Rechte vgl. im achten Kapitel S. 479.

337 *Gaentzsch*, in: Schlichter/Stich/Driehaus/Paetow (Hrsg.), Berliner Kommentar zum BauGB, 3. Aufl., § 7 Rn. 1, 7 und 10, Stand: Aug. 2002.

338 Vgl. etwa BVerwG, Urt. v. 12. 12. 1969 – 4 C 105.66 –, BVerwGE 34, 301, 309f.; Urt. v. 5. 7. 1974 – 4 C 50.72 –, BVerwGE 45, 309, 325f., st. Rspr.; vgl. auch *Birk*, in: FS für Gelzer, 1991, S. 1, 7; *Braese*, Das Gegenstromverfahren in der Raumordnung, 1982, S. 119f.

339 Vgl. nur *Hoppe/Bönker/Grotefels*, Öffentliches Baurecht, 2. Aufl. 2002, § 7 Rn. 71ff., m.w.N.; *Scherg*, Beteiligungsrechte der Gemeinden, 1982, S. 183ff.; konkrete Beispiele für die Bewertung von Gewässerbelangen bei *Thurn*, Schutz natürlicher Gewässerfunktionen durch räumliche Planung, 1986, S. 47ff.

340 Dazu *Hoppe/Bönker/Grotefels*, Öffentliches Baurecht, 2. Aufl. 2002, § 7 Rn. 48f.; *Steinberg/Berg/Wickel*, Fachplanung, 3. Aufl. 2000, § 3 Rn. 107, m.w.N.; *Wolff*, in: Sodan/Ziekow (Hrsg.),

gen nur in seltenen Fällen unterschreiten.[341] Damit besteht im Grundsatz eine Abwägungspflicht gegenüber sämtlichen konkurrierenden Raumplanungsansprüchen.

a) *Maßstäbe für die Gewichtung gegenläufiger Planungen*

Die Gewichtung konkurrierender Planungen ist freilich in hohem Maße anfällig für subjektive Wertungsunterschiede.[342] Bereits aus diesem Grund ist Skepsis gegenüber der verbreiteten Forderung geboten, die Durchsetzung einer Raumplanung gegenüber anderen ausschließlich nach dem materiellen Gehalt und Gewicht einer Planung zu bestimmen[343]. Wenn auch dem entscheidungsbefugten Planungsträger insoweit erhebliche Entscheidungsspielräume eröffnet sind und die gerichtliche Kontrolle von Fehlgewichtungen im Regelfall wenig intensiv sein mag, gibt es andererseits jedoch auch Konstellationen, in denen die Anforderungen an das »Wegwägen« eines anderen Raumplanungsanspruchs deutlich gesteigert sind und die Rechtsprechung daher strengere Maßstäbe entwickelt hat. Die maßgeblichen Gesichtspunkte hierfür liegen in dem erhöhten normativen oder objektiven Gewicht der den gegenläufigen Planungen zugrundeliegenden Belange.

Erhöhte Anforderungen bestehen einerseits dann, wenn eine Rechtsvorschrift dem in der gegenläufigen Planung verkörperten Belang besonderes *normatives Gewicht* einräumt. Neben den bereits erwähnten einfachgesetzlichen Gewichtungsvorrängen und Optimierungsgeboten[344] können sich solche Gewichtungsvorgaben auch unmittelbar aus der Verfassung ergeben. So muß eine staatliche Planung, die einen Eingriff in die Planungshoheit einer Gemeinde darstellt, gerade angesichts der Bedeutung der kommunalen Selbstverwaltung verhältnismäßig sein und erfordert damit »überörtliche Interessen von höherem Gewicht«.[345]

Will umgekehrt eine Gemeinde eine Fläche überplanen, die als Überschwemmungsgebiet oder als Deichzonen ausgewiesen sind, so ergeben sich, wie bereits dar-

---

VwGO, § 114 Rn. 257ff., Stand: Jan. 2003; *Ziekow*, in: ders. (Hrsg.), Praxis des Fachplanungsrechts, 2004, Rn. 662f.

341 VGH München, Beschl. v. 16. 4. 1981 – 20 CS 80 D.61 –, BayVBl. 1981, 401, 408, behandelt einen derartigen Fall rein punktueller Beeinträchtigungen der gemeindlichen Planungshoheit; dem – zu stark verallgemeinernd – folgend *Scherg*, Beteiligungsrechte der Gemeinden, 1982, S. 191.

342 Vgl. nur *Gaentzsch*, in: Schlichter/Stich/Driehaus/Paetow (Hrsg.), Berliner Kommentar zum BauGB, 3. Aufl., § 7 Rn. 28, m.w.N., Stand: Aug. 2002.

343 So mit unterschiedlichen Akzenten etwa *Brohm*, in: Ein Vierteljahrhundert Straßenrechtsgesetzgebung, 1980, S. 343, 370, 380; *Dörries*, Das Verhältnis der Bauleitplanung zur raumbeanspruchenden Fachplanung, 2000, S. 122, 128, m.w.N. Näher zu dieser Forderung auch im siebten Kapitel S. 398f.

344 Vgl. nur *Hoppe/Bönker/Grotefels*, Öffentliches Baurecht, 2. Aufl. 2002, § 7 Rn. 73ff., sowie bereits oben S. 326.

345 BVerfG, Beschl. v. 23. 6. 1987 – 2 BvR 826/83 –, BVerfGE 76, 107, 119f.; ähnlich bereits Beschl. v. 7. 10. 1980 – 2 BvR 584, 598, 599 und 604/76 –, BVerfGE 56, 298, 313f. Bundesvorhaben von besonderer Bedeutung werden sich nach Einschätzung von *Stüer*, UPR 1998, 408, 411, dennoch zumindest faktisch zumeist gegenüber kollidierenden gemeindlichen Raumansprüchen durchsetzen.

gelegt wurde, im Hinblick auf die offensichtliche *objektive Bedeutung* des in der Ausweisung zum Ausdruck gebrachten Belangs erhöhte Anforderungen an die planerische Abwägung.[346] Im Fall verwirklichter Planungen, bei denen eine Aufhebung nicht in Betracht kommt, also beispielsweise bestandskräftiger nicht privilegierter Planfeststellungsbeschlüsse, kann sich die Gestaltungsfreiheit der Gemeinde zu einer Abstimmungs- und Anpassungspflicht verdichten[347], wie sich mittelbar auch aus §7 Abs.6 BauGB ergibt.

b) Die Gesichtspunkte der zeitlichen Verfestigung und inhaltlichen Konkretisierung

Als allgemeiner Gesichtspunkt zur Gewichtung gegenläufiger Planungen ist neben der normativen bzw. objektiven Bedeutung des in der gegenläufigen Planung verkörperten Belangs schließlich auch die zeitliche Verfestigung als Gewichtungsfaktor hervorzuheben.[348] Der Schutz einer konkurrierenden Planung in der planerischen Abwägung ist stets nach dem Grad ihrer Konkretisierung abgestuft. Je älter und konkreter die Planungsabsichten des anderen Planungsträgers sind, desto stärker müssen sie berücksichtigt werden. Insofern gewinnt das bereits dargestellte »Prioritätsprinzip«, also der Vorrang verfestigter Planungen gegenüber nachfolgenden planerischen Raumansprüchen, vor allem als Gewichtungsmaßstab im Rahmen der planerischen Abwägung an Bedeutung.[349] Eine konkurrierende Planung erhält um so mehr an Gewicht, je konkretere und verbindlichere Gestalt sie angenommen hat.[350] Aus diesem Grund kann die naturschutzrechtliche Unterschutzstellung einer bereits konkretisierten Bauleitplanung abwägungsfehlerhaft sein[351], obwohl eine formale Bindung der Naturschutzbehörde an die Festsetzungen des Bauleitplanes noch nicht einmal im Fall eines in Kraft gesetzten Bebauungsplanes besteht[352]. Allerdings können planerische Festsetzungen auch wieder an Gewicht verlieren, wenn sich ihre Realisierung im nachhinein als unwahrscheinlich darstellt.[353]

---

346 Vgl. bereits oben S. 329.

347 Näher *Dörries*, Das Verhältnis der Bauleitplanung zur raumbeanspruchenden Fachplanung, 2000, S. 115ff.; *Gaentzsch*, in: Schlichter/Stich/Driehaus/Paetow (Hrsg.), Berliner Kommentar zum BauGB, 3. Aufl., §7 Rn. 15, Stand: Aug. 2002.

348 Vgl. *Busse*, BayVBl. 1998, 293, 299; *Dörries*, Das Verhältnis der Bauleitplanung zur raumbeanspruchenden Fachplanung, 2000, S. 122; *Dürr*, in: Brügelmann (Hrsg.), BauGB, §38 Rn. 10, Stand: Mai 1990; *Ziekow*, in: ders. (Hrsg.), Praxis des Fachplanungsrechts, 2004, Rn. 609ff.

349 VGH München, Urt. v. 24. 5. 2000 – 26 N 99.969 –, BayVBl. 2000, 722, 723; näher dazu bereits im dritten Kapitel S. 178ff.

350 VGH München, Beschl. v. 16. 4. 1981 – 20 CS 80 D.61 –, BayVBl. 1981, 401, 408; *Langer*, VerwArch 80 (1988), 352, 377f.

351 VerfGH NW, Urt. v. 9.2. 1993 – VerfGH 18/91, 2/92 –, DVBl. 1993, 428, 429f.; vgl. dazu *Schink*, in: Kormann (Hrsg.), Das neue Bundesbaurecht, 1994, S. 103, 113f.

352 Vgl. dazu im siebten Kapitel S. 450ff.

353 Zu weitgehend allerdings *Scherg*, Beteiligungsrechte der Gemeinden, 1982, S. 189, wonach gemeindliche Planungen, die nicht alsbald ins Werk gesetzt worden sind, nicht mehr schutzwürdig seien und daher nicht in die Abwägung eingestellt werden bräuchten.

c) Pläne im Entwurfsstadium

Das Gebot der Koordination unter mehreren Planungsträgern besteht nach ganz herrschender Auffassung auch gegenüber hinreichend konkreten Plänen im Entwurfsstadium.[354] Auch dabei kommt jedoch die Abstufung des Schutzes konkurrierender Planungen in der planerischen Abwägung nach dem Grad ihrer Konkretisierung zum Tragen: Ebenso wenig, wie eine unkonkretisierte Planungsabsicht den Erlaß einer Veränderungssperre nach § 7 BauGB zu rechtfertigen vermag[355], begründet jede bloße Planungsabsicht automatisch einen abwägungserheblichen Belang. Sobald jedoch eine Planung zumindest in ihren Grundzügen erkennbar und die Festlegungen des Entwurfs hinreichend konkret sind, um durch eine andere Planung beeinträchtigt werden zu können, kann sie Berücksichtigung durch andere Planungsträger beanspruchen.[356] Daher ist etwa ein Flächennutzungsplan im Entwurfsstadium durch andere Planungen im Rahmen der Abwägung zu beachten und ausreichend zur Begründung einer Klagebefugnis, soweit darin die Planung ausreichend konkretisiert ist.[357] Diese Pflicht ist nicht allein auf Art. 28 GG zurückzuführen[358], sondern ist zugleich Ausdruck des Abwägungsgebots und besteht daher keineswegs nur gegenüber im Entwurfsstadium befindlichen Bauleitplänen. Vielmehr ist auch im Rahmen der Bauleitplanung selbst beispielsweise ein Bergbauvorhaben, für das eine bergrechtliche Betriebsplanzulassung noch nicht vorliegt, bei Erkennbarkeit für die planende Gemeinde als Belang in die planerische Abwägung einzustellen.[359]

---

[354] Vgl. etwa BVerwG, Urt. v. 16. 12. 1988 – 4 C 40/86 –, BVerwGE 81, 95, 106; Urt. v. 15. 12. 1989 – 4 C 36/86 –, BVerwGE 84, 209, 215; *Kühling/Hermann*, Fachplanungsrecht, 2. Aufl. 2000, Rn. 665; *Sandner*, UPR 1997, 279, 280f., m.w.N.; *Sellmann/Blume*, NVwZ 1999, 250, 253; *Vallendar*, UPR 2003, 41, 43f.; abweichend und nicht mit diesen Grundsätzen zu vereinbaren insoweit VGH Mannheim, Urt. v. 15. 11. 1991 – 5 S 615/91 –, NVwZ 1992, 995, 998, zum Konflikt zwischen Naturschutz und Denkmalschutz bei Erlaß einer Landschaftsschutzverordnung: »Es ist auch nicht abwägungsfehlerhaft, daß bei der Abwägung – wie der Antragsteller vorträgt – die vom Kreis favorisierte Anlegung eines großen Kinderspielplatzes im Bereich der Seewiese ebenso unberücksichtigt blieb wie die Anlage eines Parkplatzes nördlich des Rondells. In die Abwägung ist lediglich der vorhandene Bestand bei Erlaß der Landschaftsschutzverordnung einzustellen, nicht jedoch – wie hier – geplante bauliche Vorhaben.«

[355] Vgl. zu dem Erfordernis der Konkretisierung einer Planung als Voraussetzung für den Erlaß einer bauplanungsrechtlichen Veränderungssperre vor allem *Hauth*, BauR 1989, 271ff.; zusammenfassend *Lemmel*, in: Schlichter/Stich/Driehaus/Paetow (Hrsg.), Berliner Kommentar zum BauGB, 3. Aufl., § 14 Rn. 9, Stand: Aug. 2002; *Schmaltz*, in: Schrödter (Hrsg.), BauGB, 6. Aufl. 1998, § 14 Rn. 8ff., jeweils m.w.N. zur Rspr.

[356] Dementsprechend wird auch für die Zulässigkeit eines Widerspruchs des Bundes gegen Ziele der Raumordnung lediglich gefordert, daß der Bund sich hierbei auf hinreichend konkretisierte beeinträchtigte Planungsabsichten beruft. Vgl. dazu *Runkel*, in: Bielenberg/Runkel/Spannowsky, Raumordnungs- und Landesplanungsrecht des Bundes und der Länder, Kommentar K, § 5 ROG Rn. 14, Stand: VII.2000.

[357] VGH Kassel, Beschl. v. 28. 8. 1986 – 5 TH 3071/84 –, NVwZ 1987, 987, 989; VGH Mannheim, Urt. v. 26. 10. 1989 – 10 S 2177/88 –, NVwZ 1990, 487f.

[358] So jedoch im Ansatz *Sandner*, UPR 1997, 279, 280f.

[359] OVG Koblenz, Urt. v. 29. 1. 1993 – 10 C 10835/91 –, ZfB 134, 215ff.

d) Positivplanungen und Negativplanungen

Nicht in der Abwägung berücksichtigungsfähig sind demgegenüber nach h. L. auch bei Gemeinden die einer bloßen Verhinderungsabsicht entspringende Negativplanungen[360], da das allgemeine Interesse, das Gemeindegebiet vor einem Vorhaben der Fachplanung zu verschonen, oder das unkonkretisierte Interesse an der Freihaltung von Flächen für zukünftige Planungen eine Verletzung der Planungshoheit nicht begründen kann.[361] Die Irrelevanz solcher Verhinderungsplanungen ergibt sich, wie im vorhergehenden Kapitel gezeigt wurde, im Regelfall bereits aus der grundgesetzlichen Kompetenzordnung, da die zielgerichtete Verhinderung einer anderen Planungsabsicht regelmäßig einen Übergriff in die dieser Planung zugrundeliegende Kompetenz indiziert.[362] Zudem hängt die Schutzwürdigkeit einer Raumplanung von dem Bestehen einer Planrechtfertigung ab: Da aber nach den jeweiligen Planungsgesetzen lediglich positive planerische Aussagen, nicht aber eine lediglich auf Verhinderung ausgerichtete Negativplanung planerisch gerechtfertigt sind, müssen auch nur entsprechende positive Festsetzungen im Rahmen der Abwägung berücksichtigt werden.[363]

Dem steht im Schrifttum teilweise die Auffassung entgegen, auch das Interesse der Gemeinde an der bloßen Freihaltung ihres Gemeindegebiets oder an der Erhaltung des bestehenden Zustandes sei von Planungshoheit gedeckt.[364] Neben dem Verweis auf Art. 28 Abs. 2 GG wird dies vor allem damit begründet, daß andernfalls die gestaltende Veränderung des Raums gegenüber dem Bewahren des Status quo privilegiert und so die Inanspruchnahme und Verplanung der Umwelt gefördert werde.[365] Dem wäre entgegenzuhalten, daß die Kompetenzordnung die Aufgabe, bewahrenswerte Räume und Raumbestandteile zu erhalten, vor allem den Fachplanungen und hier in erster Linie den umweltrechtlichen Nutzungsregelungen und dem Denkmalschutz zuweist. Allerdings sollte die Möglichkeit anerkannt werden, durch geeignete Festsetzungen bestimmte Flächen freizuhalten, wenn dies aus *städ-*

---

360 So etwa BVerwG, Beschl. v. 5.2. 1990 – 4 B 191/89 –, BRS 50 Nr. 103; OVG Bautzen, Urt. v. 18.9. 1997 – 1 S 354/96 –, ZfB 1997, 314, 325f., wonach eine Negativplanung von vornherein nicht schutzwürdig ist; vgl. zum Begriff auch mit anderen Akzenten *Schulte*, Gegebenheiten und Möglichkeiten der Sicherung des Abbaus oberflächennaher Bodenschätze, 1986, S. 91f.

361 St. Rspr., zuletzt etwa BVerwG, Beschl. v. 17.4. 2000 – 11 B 19/00 –, UPR 2000, 357f.; vgl. auch Urt. v. 13.3. 2003 – 4 C 4/02 –, NVwZ 2003, 738, 739, 742 m.w.N.; *Dammert*, Abfallentsorgungsplanung, 1991, S. 193; *Gaentzsch*, WiVerw 1985, 235, 237; *Stüer*, UPR 1998, 408. 413; *Vallendar*, UPR 2003, 41, 43; solche Festsetzungen sind auch unter eigentumsrechtlichen Gesichtspunkten zweifelhaft, vgl. *Papier*, in: Maunz/Dürig u.a., GG, Art. 14 Rn. 478, Stand: Juni 2002.

362 Vgl. im vierten Kapitel S. 205ff.; ähnlich *Bell/Hermann*, LKV 2002, 393, 401, die insoweit die Planrechtfertigung verneinen.

363 Vgl. etwa BVerwG, Urt. v. 6.10. 1989 – 4 C 28.86 –, ZfBR 1990, 41; Beschl. v. 26.2. 1990 – 4 B 31/90 –, NVwZ 1990, 657f.

364 So etwa *Czybulka*, Die Legitimation der öffentlichen Verwaltung, 1989, S. 238; *Pfaff*, VerwArch 70 (1979), 1, 4ff.; *Würtenberger*, BayVBl. 1982, 673, 676; wohl auch *Langer*, VerwArch 80 (1988), 352, 359f.

365 *Birk*, NVwZ 1989, 905, 906f., 910ff.; *Blümel*, Das Selbstgestaltungsrecht der Städte und Gemeinden, 1986, S. 18f., m.w.N.

tebaulichen Gründen erforderlich ist. In diesem Fall muß jedoch der Wille zur Beibehaltung deutlich und konkret zum Ausdruck kommen und planerisch begründet werden, um durch andere Planungsträger ermittelt und im Rahmen der Abwägung gewichtet werden zu können. Die »Nichtplanung« als in der Abwägung zu berücksichtigender Belang[366] oder auch nur die begründungslose Ausweisung des Ist-Zustandes im Flächennutzungsplan stellt aber keine qualifizierte Entscheidung in diesem Sinne dar.[367]

Dementsprechend liegt nach der Rechtsprechung eine hinreichend qualifizierte planerische Entscheidung der Gemeinde dann nicht vor, wenn eine Außenbereichsfläche im Flächennutzungsplan als Fläche für die Land- oder Forstwirtschaft dargestellt wird. Denn die planerische Aussage, die sich aus einer solchen Darstellung ergibt, bestätigt lediglich die bereits in §35 BauGB vorgesehene Raumfunktion. Knüpft aber eine Darstellung des Flächennutzungsplans lediglich an die Funktion an, die dem Außenbereich nach dem Willen des Gesetzgebers ohnehin zukommt, so fehlt es an einer qualifizierten Standortzuweisung, über die sich die Planfeststellungsbehörde in einem Verfahren der Fachplanung nur im Wege der Abwägung hinwegsetzen dürfte.[368] Letztlich handelt es sich somit weniger um einen Fall der Negativplanung als vielmehr der – gleichermaßen unbeachtlichen – Nichtplanung.

e) *Rechtswidrige Planungen*

Die Negativplanung wird als Mißbrauch planerischer Gestaltungsfreiheit in aller Regel nicht den Anforderungen an die Planrechtfertigung genügen und daher rechtswidrig sein. Dies wirft die weiter gehende Frage auf, ob rechtswidrige Planungen generell im Rahmen der planerischen Abwägung unberücksichtigt bleiben können. In der Tat wird vertreten, Bauleitpläne, die gegen das Abwägungsgebot oder das Entwicklungsgebot verstießen oder verfahrensfehlerhaft zustande gekommen seien, könnten als nicht schutzwürdig von vornherein aus der Abwägung ausgeklammert werden.[369] Diese Vorstellung dürfte sich im Grundsatz bereits durch die Regeln über die Planerhaltung u.a. in den §§214ff. BauGB überholt haben und ist näher im Rahmen des achten Kapitels zu behandeln.[370]

---

[366] Dafür *Birk*, NVwZ 1989, 905, 911.

[367] BVerwG, Urt. v. 20.1. 1984 – 4 C 43/81 –, BVerwGE 68, 311ff.; Urt. v. 4.5. 1988 – 4 C 22/87 –, BVerwGE 79, 318ff.

[368] BVerwG, Urt. v. 20.1. 1984 – 4 C 43/81 –, BVerwGE 68, 311ff.; BVerwG, Urt. v. 4.5. 1988 – 4 C 22.87 –, BVerwGE 79, 318, 323, m.w.N.; Beschl. v. 22.6. 1993 – 4 B 45/93 –, zit. nach Juris; VerfGH NW, Urt. v. 18.6. 1991 – VerfGH 5/90 –, NVwZ 1991, 1173f.; OVG Koblenz, Urt. v. 20.3. 1990 – 7 A 78/89 –, ZfB 1991, 199; *Dammert*, Abfallentsorgungsplanung, 1991, S. 193; *Schulte*, Raumplanung und Genehmigung bei der Bodenschätzegewinnung, 1996, S. 118f.

[369] *Scherg*, Beteiligungsrechte der Gemeinden, 1982, S. 189.

[370] Vgl. im achten Kapitel S. 459ff.

f) Das Erfordernis der Erkennbarkeit

Nach diesen Maßstäben wird somit jeder erheblich betroffene konkurrierende Raumanspruch zwingend zum Gegenstand der planerischen Abwägung. Die Voraussetzung für eine Berücksichtigung einer konkurrierenden Planung ist allerdings ihre Erkennbarkeit durch den zur Abwägung berufenen Planungsträger. Deutlich wird diese allgemeingültige Einschränkung etwa in §7 Abs.7 S.2 ROG, wonach sonstige öffentliche Belange sowie private Belange in der Abwägung zu berücksichtigen sind, »soweit sie auf der jeweiligen Planungsebene erkennbar und von Bedeutung sind«. Rechtsprechung und Lehre haben den Planungsträger bei der Zusammenstellung des Abwägungsmaterials stets nur zur Abwägung solcher Belange verpflichtet, die für ihn erkennbar sind oder sich nach Lage der Dinge aufdrängen.[371] Vor allem in den Verfahren zum Erlaß von Bauleitplänen und Planfeststellungsbeschlüssen dienen hierzu die Vorschriften über die Beteiligung der Öffentlichkeit und der Träger öffentlicher Belange.[372] Dies führt zu der Frage, ob bei Planungsentscheidungen, bei denen trotz Geltung des Abwägungsgebots eine Beteiligung anderer Planungsträger gesetzlich nicht vorgesehen ist, dennoch eine solche Beteiligung als verfahrensrechtliche Konsequenz des Abwägungsgebots zu erfolgen hat.

4. Die Pflicht zur Beteiligung konkurrierender Planungsträger

Regelungen zur förmlichen Beteiligung anderer Planungsträger an planerischen Verfahren sind in zahlreichen Einzelregelungen des Raumplanungsrechts enthalten, beispielsweise in §4 BauGB, §73 Abs.2 VwVfG, §7 Abs.5 ROG, §6 Abs.3 S.2 BNatSchG, §20 AEG oder in §17 WaStrG. Diese Bestimmungen schreiben in allgemeiner Form eine Beteiligung der betroffenen Träger öffentlicher Belange vor und erfassen alle möglicherweise betroffenen Planungsträger. Sie sind für die meisten, keineswegs aber für alle Planverfahren vorgesehen, so daß auf einfachgesetzlicher Ebene keine lückenlose verfahrensrechtliche Koordination der einzelnen Raumplanungen gewährleistet ist[373], auch wenn dies der gängigen Verwaltungspraxis entsprechen dürfte, wo gewöhnlich praktisch alle betroffenen Planungsträger beteiligt werden.[374]

Auch insoweit hat daher die Anerkennung einer allgemeinen Geltung des Abwägungsgebots für alle Raumplanungen nicht unerhebliche rechtliche Folgen: Da das

---

371 Vgl. etwa BVerwG, Beschl. v. 5.10. 1990 – 4 B 249/89 –, NVwZ-RR 1991, 118, 120ff.; OVG Greifswald, Urt. v. 19.1. 2001 – 4 K 9/99 –, NVwZ 2001, 1063ff.; *Brohm*, Öffentliches Baurecht, 3.Aufl. 2002, §13 Rn.24ff.; *Hoppe/Bönker/Grotefels*, Öffentliches Baurecht, 2.Aufl. 2002, §7 Rn.49ff.; *Steinberg/Berg/Wickel*, Fachplanung, 3.Aufl. 2000, §3 Rn.105, jeweils m.w.N.; *Wolff*, in: Sodan/Ziekow (Hrsg.), VwGO, §114 Rn.252ff., Stand: Jan. 2003; *Zeitler*, in: Sieder/Zeitler/Dahme/Knopp (Hrsg.), WHG, §31 WHG Rn.230, Stand: Juli 2000; vgl. auch *Hoppe*, DVBl. 1983, 1077, 1081.

372 Vgl. dazu bereits im zweiten Kapitel S.95ff. und 120f.

373 Näher im zweiten Kapitel S.147; vgl. auch *Paetow*, UPR 1990, 321, 322.

374 Vgl. bereits *Finckenstein*, DÖV 1969, 56, 58.

Recht auf Verfahrensbeteiligung letztlich eine verfahrensrechtliche Konsequenz des materiell-rechtlichen Anspruchs auf Abwägung der eigenen Planungsabsichten darstellt[375], wird man aus dem Bestehen einer allgemeinen Pflicht zur Berücksichtigung anderer Planungen und der Abstimmungen räumlicher Planungen untereinander folgern müssen, daß gegenüber anderen möglicherweise durch eine Planung betroffenen Planungsträgern eine *allgemeine Pflicht zur Verfahrensbeteiligung* besteht. Zwar wird diesem Gedankengang – im Grundsatz zutreffend – entgegengehalten, die Pflicht zur Abwägung der planerischen Belange anderer Planungsträger beinhalte nicht automatisch eine Verfahrenspflicht zur förmlichen Beteiligung dieser Planungsträger, falls die betreffenden Belange auch auf andere Weise ermittelt werden können.[376] Da jedoch grundsätzlich auch Pläne im Entwurfsstadium in die Abwägung einzustellen sind[377] und die aktuellen Entwürfe in der Regel nur dem Planungsträger selbst bekannt sind, dürfte eine angemessene Ermittlung der berücksichtigungspflichtigen Belange anderer betroffener Planungsträger praktisch anders als durch eine förmliche Beteiligung kaum möglich sein[378]. Implizit ist diese Konsequenz auch in der Rechtsprechung bereits gezogen worden.[379] Daher trifft jeden Planungsträger als verfahrensrechtliche Konsequenz des Abwägungsgebots eine Pflicht zur Beteiligung konkurrierender Planungsträger. Ob allerdings unmittelbar aus dem Verfassungsrecht auch eine Erörterungspflicht sowie der Versuch einer einvernehmlichen Lösung gefordert werden kann[380], erscheint fraglich. Selbst wenn die recht verhandlungsfreundliche Verwaltungspraxis Anhaltspunkte auf die Existenz einer entsprechenden Pflicht geben mag, dürften entsprechende Forderungen den Aussagegehalt des Abwägungsgebots bzw. allgemeiner Abstimmungsgebote wie § 14 ROG überzeichnen.

---

[375] *Brohm*, in: Ein Vierteljahrhundert Straßenrechtsgesetzgebung, 1980, S. 343, 354.

[376] *Funke*, Bund-Länder-Abstimmung, 1987, S. 68ff.

[377] Vgl. dazu soeben S. 338.

[378] So beiläufig auch BVerwG, Urt. v. 14. 12. 2000 – 4 C 13/99 –, DVBl. 2001, 395, 400: »Zu einer die Belange der Gemeinden ausreichend berücksichtigenden Entscheidung war die Bekl. nur in der Lage, wenn sie die betroffenen Gemeinden im Wege der Anhörung in den Entscheidungsprozess einbezog ...«; ähnlich *Czybulka*, Die Legitimation der öffentlichen Verwaltung, 1989, S. 237; *Evers*, Recht der Raumordnung, 1973, S. 58f.; *Henrich*, Kommunale Beteiligung in der Raumordnung und Landesplanung, Bd. 1, 1981, S. 122ff.; *Stettner*, Grundfragen einer Kompetenzlehre, 1983, S. 360ff., und allgemeiner bereits *Brohm*, VVDStRL 30 (1972), 245, 279ff.; für das Verhältnis benachbarter Gemeinden auch *Wagner*, ZfBR 2000, 21, 22f.

[379] Aussagekräftig ist insoweit etwa BVerfG, Beschl. v. 7. 10. 1980 – 2 BvR 584, 598, 599 und 604/76 –, BVerfGE 56, 298, 320: »Die dem Verordnungsgeber obliegende Ermittlungspflicht gebietet im übrigen, daß die betroffenen Gemeinden ihm ihre Planungsinteressen im geplanten Lärmschutzbereich darlegen können. Hätte der Verordnungsgeber also die Belange der Beschwerdeführerinnen berücksichtigen wollen, so hätte er sie anhören müssen.« Auf S. 321 erklärt das Gericht zudem: »Die nachträglichen Erörterungen mit den betroffenen Gemeinden können den dargestellten Ermittlungs-, Anhörungs- und Abwägungsmangel nicht heilen.« Vgl. auch BVerwG, Urt. v. 18. 3. 1987 – 7 C 28/85 –, BVerwGE 77, 128, 134.

[380] So – allerdings mit Bezug auf § 14 ROG – *Weiblen*, Bauleitplanung und Flächen- und Objektschutz, 2001, S. 38ff., m. w. N. zum Schrifttum.

5. Konsequenzen für das einfache Recht

Das Abwägungsgebot als rechtsstaatlich fundierte Grundlage aller staatlichen Planungen stellt nach diesen Ausführungen neben dem Kompetenzgrundsatz eine zweite allgemeine materielle Koordinationsregel für das Verhältnis konkurrierender räumlicher Planungen dar. Folgt aber bereits aus dem Abwägungsgebot als solchem die Pflicht zur Berücksichtigung und angemessenen Rücksichtnahme auf konkurrierende räumliche Planungsansprüche, so sind die zahlreichen, wenngleich recht unsystematischen Normen, die eine Planung etwa zur »Abwägung mit den anderen raumbedeutsamen Planungen«[381], zur Berücksichtigung »städtebaulicher Belange«[382] oder zur Planung »in gegenseitiger Rücksichtnahme«[383] verpflichten, letztlich nur Konkretisierungen des verfassungsrechtlich mit dem Abwägungsgebot abgesicherten Gebots der Koordination unter mehreren Planungsträgern. Wie die Pflicht, die von dem Vorhaben berührten öffentlichen Belange im Rahmen der Abwägung zu berücksichtigen[384], sind solche Regelungen im Hinblick auf die Berücksichtigung anderer Planungen allesamt letztlich nur deklaratorisch.[385]

Dasselbe gilt für die zahlreichen und wenig systematisch normierten Pflichten zur *Abstimmung* verschiedener Planungen: Nach dem sog. interkommunalen Abstimmungsgebot in §2 Abs.2 BauGB sind die Bauleitpläne benachbarter Gemeinden aufeinander abzustimmen. Das Baugesetzbuch enthält weitere Abstimmungspflichten, etwa §187 BauGB über die Abstimmung von Maßnahmen, Bauleitplanung und Maßnahmen zur Verbesserung der Agrarstruktur oder über die Abstimmung von Bauleitplanung und Flurbereinigung[386]. Eine tragende Rolle spielt das Abstimmungsgebot auch im Raumordnungsrecht, wo raumbedeutsame Planungen und Maßnahmen allgemein abzustimmen sind[387] und dieser Grundsatz für benachbarte Planungsräume[388], das Verhältnis öffentlicher und privater Planungsträger[389] sowie für grenzüberschreitende Auswirkungen der Raumordnung[390] eigens konkretisiert

---

[381] So etwa §7 Abs.3 BWaldG, §9 Abs.2 S.2 ROG, §15 Abs.2 BNatSchG; für das Verhältnis der Bauleitplanung zu Umweltplanungen auch §1a Abs.2 Nr.1 BauGB.

[382] So für die privilegierte Fachplanung §38 S.1 Halbs. 2 BauGB.

[383] §124 Abs.1 BBergG.

[384] So beispielsweise §13 Abs.1 S.2 WaStrG für die Linienführung der Bundeswasserstraßen.

[385] Dies wurde im Schrifttum für die Regelungen in §38 BauGB bereits mehrfach festgestellt, etwa durch *Dippel*, NVwZ 1999, 921, 928; *Sandner*, Investitionserleichterung und Planungshoheit, 1997, S.222f.; vgl. auch *Kühling*, DVBl. 1989, 221, 229, wonach bereits nach der alten Fassung von §38 BauGB die Pflicht zur Berücksichtigung städtebaulicher Belange aus dem Abwägungsgebot selbst folgte.

[386] §188 Abs.2 BauGB: »Die Flurbereinigungsbehörde und die Gemeinde sind verpflichtet, ihre das Gemeindegebiet betreffenden Absichten möglichst frühzeitig aufeinander abzustimmen.«

[387] Näher §14 ROG: »Abstimmung raumbedeutsamer Planungen und Maßnahmen«.

[388] §9 Abs.3 ROG: »Die Regionalpläne benachbarter Planungsräume sind aufeinander abzustimmen.«

[389] §14 S.1 ROG: »Es ist vorzusehen, daß die öffentlichen Stellen und Personen des Privatrechts nach §4 Abs.3 ihre raumbedeutsamen Planungen und Maßnahmen aufeinander und untereinander abzustimmen haben.«

[390] §16 ROG: »Raumbedeutsame Planungen und Maßnahmen, die erhebliche Auswirkungen auf

wird. Zudem dient die Raumordnung des Bundes selbst nach § 18 Abs. 1 S. 2 ROG gerade der »Abstimmung raumbedeutsamer Planungen und Maßnahmen des Bundes und der Europäischen Gemeinschaft«. In zahlreichen anderen Bestimmungen des Fachplanungsrechts sind ebenfalls Pflichten zur Abstimmung von Plänen enthalten, etwa über die Abstimmung der Abfallwirtschaftsplanungen der Länder.[391]

Welches Verhältnis besteht zwischen diesen Abstimmungspflichten und der aus dem Abwägungsgebot folgenden Pflicht zur Rücksichtnahme? Der Sache nach handelt es sich wohl um unterschiedliche Akzentuierungen ein und desselben materiellrechtlichen Grundsatzes, die einerseits stärker auf den Schutz des einzelnen Planungsträgers und dessen Anspruch auf angemessene Abwägung seiner Belange, andererseits auf das objektive Abgestimmtsein der räumlichen Gesamtplanung abstellen. Inhaltlich sind diese beiden Pflichten jedoch kaum abzugrenzen und bilden gleichsam zwei Seiten einer Medaille. Beide Aspekte – Rücksichtnahme und Abstimmung – vermitteln der jeweils anderen Planung keinen absoluten Vorrang, stellen aber im Rahmen der Abwägungen anspruchsvolle Anforderungen an die Argumentationslast und gewähren damit durchaus einen gewissen materiellen Schutz.

Dies relativiert allerdings die Bedeutung, die einigen der soeben zitierten Bestimmungen vielfach zugemessen wird.[392] § 2 Abs. 2 BauGB etwa stellt durchaus nicht die Ausnahmevorschrift dar, als die er meist charakterisiert wird, und es ist keine Besonderheit der Bauleitplanung, sondern vielmehr ein rechtsstaatlich vorgegebenes Kennzeichen jeglicher staatlichen Planung, daß andere betroffene Raumplanungen im Rahmen der planerischen Abwägung angemessen zu berücksichtigen sind. Auch die im zweiten Kapitel angesprochene Vorschrift des § 124 BBergG[393] ist daher keine »Ausnahmevorschrift«[394], sondern lediglich Ausdruck eines bereits kraft Verfassungsrechts geltenden Grundsatzes.

Freilich bleibt der Gesetzgeber aufgerufen, dieses verfassungsrechtlich vorgegebene gemeinsame Strukturmerkmal aller Raumplanungen nicht durch eine unnötige

Nachbarstaaten haben können, sind mit den betroffenen Nachbarstaaten nach den Grundsätzen der Gegenseitigkeit und Gleichwertigkeit abzustimmen.«

391 § 29 Abs. 6 KrW-/AbfG: »Die Länder sollen ihre Abfallwirtschaftsplanungen aufeinander und untereinander abstimmen. Ist eine die Grenze eines Landes überschreitende Planung erforderlich, sollen die betroffenen Länder bei der Aufstellung der Abfallwirtschaftspläne die Erfordernisse und Maßnahmen im Benehmen miteinander festlegen.« Vgl. ferner etwa § 2 Abs. 2 S. 3 AgrStruktG: »Im übrigen sind die Maßnahmen mit anderen öffentlichen Neuordnungs- und Entwicklungsmaßnahmen abzustimmen«, oder § 6 Abs. 3 GVFG: »Vorhaben, die in die Programme aufgenommen werden sollen, sind zuvor mit städtebaulichen Maßnahmen, die mit ihnen zusammenhängen, abzustimmen.«

392 Vgl. zu § 38 BauGB etwa die Ausführungen bei *Kühling/Hermann*, Fachplanungsrecht, 2. Aufl. 2000, Rn. 192, oder *Koch*, in: FS für Schlichter, S. 461, 471.

393 Vgl. im zweiten Kapitel S. 81 ff.

394 Vgl. für diese Sicht etwa *Boujong*, in: FS für Blümel, 1999, S. 67, 69; *Piens/Schulte/Graf Vitzthum*, BBergG, 1983, § 124 Rn. 7 ff.; zu § 114 ROG zuletzt *Weiblen*, Bauleitplanung und Flächen- und Objektschutz, 2001, S. 32 ff.; vgl. jedoch auch das nachfolgende sechste Kapitel S. 363 ff. zu der Frage, wieweit das Abwägungsgebot im Bergrecht überhaupt Geltung beansprucht.

Vielzahl von Formulierungen und isolierter Einzelregelungen zu verwischen. Der Forderung der Gesetzgebungslehre, sachliche Gemeinsamkeiten durch identische oder verallgemeinerte Formulierungen zu verdeutlichen und »differenzierende Behandlung nur an(zu)ordnen, wo sie wirklich erforderlich ist«[395], ist der Gesetzgeber im Hinblick auf das planerische Abwägungs- und Abstimmungsgebot kaum gerecht geworden. Wie schon im Hinblick auf den Kompetenzgrundsatz besteht daher auch insoweit ein nicht unerhebliches Potential zur Verbesserung der Koordination von Raumplanungen durch systematische gesetzgeberische Harmonisierung.

V. Die Bedeutung des Abwägungsgebots als Planungs-Koordinationsminimum

Zusammenfassend läßt sich festhalten, daß das aus dem allgemeinen Abwägungsgebot folgende Koordinationsgebot verpflichtet, konkurrierende Raumplanungen durch Beteiligung gegebenenfalls betroffener Planungsträger zu ermitteln und mit dem ihnen objektiv zukommenden Gewicht in die Abwägung einzustellen, wobei neben der normativen oder objektiven Bedeutung des in der gegenläufigen Planung verkörperten Belangs auch die Gesichtspunkte der zeitlichen Priorität und sachlichen Verfestigung zu berücksichtigen sind. Das Abwägungsgebot enthält damit zwar auch nicht ansatzweise eine abschließende Lösung des Konflikts konkurrierender räumlicher Planungen, gewährleistet aber gleichwohl ein Minimum an materieller Koordination. Es gewährt den betroffenen Trägern konfligierender Planungen kein Recht auf Mitentscheidung, wohl aber einen Anspruch auf Beteiligung, Koordination und Rücksichtnahme sowie einen gewissen Ausgleich der entgegenstehenden Interessen, verhindert also die einseitige Überbetonung sektoraler Belange und damit extreme raumplanerische Gestaltungen.

Dennoch wird die Eignung des Abwägungsgebots als Konfliktregel unter konkurrierenden Planungen bisweilen grundsätzlich in Frage gestellt: Abwägung und Verhältnismäßigkeit seien Instrumente zur Ermittlung und Berücksichtigung *partikularer* Interessen, nicht aber für das Verhältnis von Planungen untereinander. Die Behandlung der planerischen Vorstellungen eines Vorhabenträgers als »bloßer Rechnungsposten« mit der Möglichkeit, solche konkurrierenden Planungen gegebenenfalls auch zu überwinden, vernachlässige demgegenüber die prinzipielle Eigenständigkeit und den Integrations- und Geltungsanspruch der verdrängten Planung.[396] Die statt dessen geforderten Mit- und Einwirkungsrechte, die eine »Koordination durch Anpassung« ermöglichen sollen, bleiben freilich durchweg sehr vage und teilen die Schwäche aller kondominal orientierten Lösungsansätze, für den Konfliktfall keine aussagekräftigen Maßstäbe zu liefern. Im übrigen ist die These von der angeblich wesensimmanenten Beschränkung des Abwägungsgebots auf die Berücksichti-

---

[395] *Noll*, Gesetzgebungslehre, 1973, S. 222.
[396] *Langer*, VerwArch 80 (1988), 352, 363f.

gung partikularer Privatinteressen angesichts der ausdrücklichen gesetzlichen Aufforderungen wenig nachvollziehbar, im Rahmen einer Planung die »öffentlichen und privaten Belange« abzuwägen[397] oder eine Planung »nach Abwägung mit anderen raumbedeutsamen Planungen und Maßnahmen« festzusetzen[398], in denen der Gesetzgeber die Möglichkeit einer »Abwägung mit anderen Planungen«[399] explizit für möglich hält. Auch die Formulierung in §7 S.5 BauGB, wonach der nachträgliche Widerspruch eines Fachplanungsträgers gegen den Flächennutzungsplan wegen einer Veränderung der Sachlage zulässig ist, »wenn die für die abweichende Planung geltend gemachten Belange die sich aus dem Flächennutzungsplan ergebenden städtebaulichen Belange nicht nur unwesentlich überwiegen«, verdeutlicht, daß in den Augen des Gesetzgebers eine gegenseitige Gewichtung und Abwägung unterschiedlicher Planungsbelange durchaus möglich ist. Zwar mögen sich bei der Anwendung dieser Vorschriften manche Gewichtungsprobleme ergeben[400], die Einwände gegen eine Abwägung von Planungen untereinander beziehen sich jedoch auf methodische Schwierigkeiten, die im Hinblick auf jede gesamträumliche Abwägung bestehen: Die komplexe Abwägung aller räumlichen Nutzungsansprüche und Belange verlangt von der abwägenden Stelle stets, Unvergleichbares miteinander zu vergleichen und gleichsam Äpfel mit Birnen in Relation zu setzen. Diese Schwierigkeiten dürfen indes nicht zu einem Rückzug der juristischen Dogmatik führen. Die Abwägungsfehlerlehre stellt eine für die Praxis durchaus praktikable Antwort auf diese Erfordernisse dar, die sich auch auf das Verhältnis öffentlicher Planungen untereinander übertragen läßt. Damit bildet das Abwägungsgebot neben dem Kompetenzgrundsatz eine zweite verfassungsrechtlich fundierte Koordinationsregel für das Verhältnis aller räumlichen Planungen.

Das aus dem Abwägungsgebot folgende Koordinationsminimum entspricht inhaltlich dem raumordnerischen *Gegenstromprinzip*: Das Gegenstromprinzip ist zunächst ein lediglich einfachgesetzlicher Grundsatz des Raumordnungs- und Landesplanungsrechts, der in §1 Abs.3 ROG legal definiert ist. Demnach soll sich die Entwicklung, Ordnung und Sicherung der Teilräume in die Gegebenheiten und Erfordernisse des Gesamtraums einfügen; die Entwicklung, Ordnung und Sicherung des Gesamtraums soll umgekehrt die Gegebenheiten und Erfordernisse seiner Teilräume berücksichtigen.[401] In der Literatur findet sich vielfach die Einschätzung, daß der Inhalt dieser Vorschrift als allgemeiner bzw. verfassungsrechtlich begründeter Planungsgrundsatz über den Anwendungsbereich des Raumordnungsrechts hin-

[397] Vgl. etwa §1 Abs.6 BauGB, §2 Abs.3 ROG, §17 Abs.1 S.2 FStrG.

[398] So §4a Abs.3 LNatSchG SH.

[399] So der plastische Sprachgebrauch bei BVerfG, Beschl. v. 7.5. 2001 – 2 BvK 1/00 –, BVerfGE 103, 332, 380.

[400] Vgl. bereits oben S.336ff.

[401] Näher zu dieser für die Gesamtplanung grundlegenden Vorschrift *Hoppe/Menke*, Raumordnungs- und Landesplanungsrecht, Rn.536ff.; *Runkel*, in: Bielenberg/Runkel/Spannowsky, Raumordnungs- und Landesplanungsrecht des Bundes und der Länder, Kommentar K, §1 ROG Rn.8ff., Stand: V.2001.

aus auch für das Verhältnis unterschiedlicher Planungsarten gelten soll.[402] Diese meist nicht näher begründete Aussage läßt sich unschwer aus dem rechtsstaatlichen Abwägungs- und Rücksichtnahmegebot ableiten.[403] Wenn nach § 9 Abs. 2 ROG die Regionalpläne aus dem Raumordnungsplan für das Landesgebiet zu entwickeln sind, also insoweit ein Vorrang der höheren Planungsebene besteht, dabei jedoch die Flächennutzungspläne und die Ergebnisse der von Gemeinden beschlossenen sonstigen städtebaulichen Planungen in der Abwägung berücksichtigt werden müssen, so entspricht der Stellenwert der Bauleitplanung im Rahmen der höherrangigen Regionalplanung eben jener Berücksichtigung, die den Gemeinden bereits das rechtsstaatliche Abwägungsgebot vermittelt. Dies bestätigt die Feststellung, daß auch das Gegenstromprinzip des § 1 Abs. 3 ROG letztlich nur den Bezug des planerischen Abwägungsgebots auf nachgeordnete Planungsstufen verdeutlicht[404] und daß damit in der Tat als Facette des Abwägungsgebots ein allgemeines raumplanerisches Gegenstromprinzip anzuerkennen ist.

Die Existenz dieses rechtsstaatlichen Abwägungsgebots bildet zugleich auch ein Korrektiv für einfachgesetzliche Vorrangregelungen: Welcher Planung der Gesetzgeber auch immer im konkreten Fall den Vorrang verleiht, ihr »Recht auf Abwägung« kann der zurückgestellten Planung nicht entzogen werden. Soweit etwa die Regelung in § 13 Abs. 3 WaStrG vorsieht, daß die entsprechenden Planungen des Bundes den »Vorrang« vor der Orts- und Landesplanung« genießen, steht dies also unter dem Vorbehalt einer ordnungsgemäßen Abwägung der entsprechenden Landes- und Kommunalplanungen. Insoweit ist der Literaturauffassung zuzustimmen, wonach diese Regelung und § 16 Abs. 3 S. 3 FStrG keinen absoluten Vorrang der entsprechenden Bundesplanungen vorschreiben, sondern konkretisierungsbedürftige Grundsatznormen darstellen.[405] Allerdings begründen diese gesetzlichen Vorgaben einen relativen Abwägungsvorrang zugunsten der Bundesplanung, der das Ergebnis für den Regelfall vorgibt.

---

[402] So etwa *Braese*, Das Gegenstromverfahren in der Raumordnung, 1982, S. 35ff., 177ff., der von einem allgemeinen Abstimmungsverfahren bei Planungen spricht und diese Anforderung auf S. 46ff. in dem verfassungsrechtlichen Gebot der Systemgerechtigkeit verankert sieht; mehr oder weniger apodiktisch hingegen *Bryde*, NVwZ 1991, 1152, 1154, für den Bereich der Abfallplanung; *Breuer*, Die hoheitliche raumgestaltende Planung, 1968, S. 41 und 200f.; *Paetow*, UPR 1990, 321, 323; *Ronellenfitsch*, in: *Ipsen/Rengeling/Mössner/Weber* (Hrsg.), Verfassungsrecht im Wandel, 1995, S. 167, 183 in Fn. 87; vgl. auch *Kauch/Roer*, Das Verhältnis von Bauleitplanung und Fachplanung, 1997, S. 117; *Schlarmann*, Das Verhältnis der privilegierten Fachplanungen zur kommunalen Bauleitplanung, 1980, S. 49ff.; *Schultze*, Raumordnungspläne und gemeindliche Selbstverwaltung, 1970, S. 81ff.

[403] Vgl. – ablehnend – *Braese*, Das Gegenstromverfahren in der Raumordnung, 1982, S. 44, m.w.N.

[404] *Runkel*, in: Bielenberg/Runkel/Spannowsky, Raumordnungs- und Landesplanungsrecht des Bundes und der Länder, Kommentar K, § 1 ROG Rn. 108, Stand: V.2001.

[405] So *Breuer*, Die hoheitliche raumgestaltende Planung, S. 41, 201; *Dörries*, Das Verhältnis der Bauleitplanung zur raumbeanspruchenden Fachplanung, 2000, S. 127; *Kauch/Roer*, Das Verhältnis von Bauleitplanung und Fachplanung, 1997, S. 116f.; wohl auch *Schmaltz*, in: Schrödter (Hrsg.), BauGB, 6. Aufl. 1998, § 38 Rn. 27; vgl. dazu bereits im zweiten Kapitel S. 128ff. und 131f.

Die Leistungsfähigkeit des Abwägungsgebots als materielle raumplanerische Koordinierungsregel darf schließlich nicht überschätzt werden: Das Gebot der abwägenden Berücksichtigung anderer Raumplanungen bildet eine eher grobmaschige Vorgabe zur Bewältigung von Raumplanungskonflikten und kann im Regelfall keine eindeutige Lösung vorgeben, sondern lediglich einen planerischen Minimalstandard gewährleisten.[406] Unterschiedliche Planungsträger werden daher bei Abwägungsentscheidungen über ein und dieselbe Fläche in aller Regel zu durchaus unterschiedlichen Ergebnissen gelangen.[407] Die im vorhergegangenen Kapitel behandelte Kompetenzfrage stellt sich somit als Vorfrage dar, welcher Planungsträger für die Bodennutzung einer Fläche das Letztentscheidungsrecht hat und daher gegebenenfalls andere Planungen abwägend zu überwinden vermag[408], und Forderungen aus der gemeindlichen Selbstverwaltungsgarantie des Art. 28 GG heraus richten sich vielfach über eine bloße Berücksichtigung der Gemeindebelange im Rahmen der Abwägung hinausgehend auf ein Verbot, »allein der überörtlichen Planung diese Abwägung zu überlassen«.[409] Bereits die Frage, wer zur Abwägung berufen ist, führt zu einem »relativen Vorrang«[410] des zuständigen Planungsträgers, der im Rahmen der Vorgaben des Abwägungsgebots die einzelnen raumerheblichen Belange und damit auch konkurrierende Planungen gewichtet und daher seine jeweiligen planerischen Leitvorstellungen oftmals durchsetzen kann. Als Korrektiv dieses relativen Vorrangs gewährleistet das Abwägungsgebot jedoch ein planerisches Koordinationsminimum, das unverzichtbar bleibt, solange der Gesetzgeber nicht für alle einschlägigen Konfliktkonstellationen weiter gehende konkretere Koordinationsregeln bereitstellt.

---

[406] So namentlich *Brohm*, in: Ein Vierteljahrhundert Straßenrechtsgesetzgebung, 1980, S. 343, 361 (»... läßt sich damit letztlich nur eine grobe und sachlich nicht zu rechtfertigende Mißachtung der örtlichen Interessen abwenden«). *Brohms* eigene Lösung einer »kompetentiellen Rücksichtnahme« (a.a.O. S. 367ff. und öfter, vgl. dazu bereits in der Einleitung S. 23) stellt jedoch seinerseits ebenfalls nur eine weitere Spielart des Abwägungsgebots dar und unterfällt daher dieser Kritik in gleicher Weise.

[407] Vgl. bereits die Ausführungen im vierten Kapitel S. 183.

[408] Vgl. *Funk-Draschka*, Die gerichtliche Überprüfbarkeit von Planfeststellungsbeschlüssen, 1993, S. 9f.; *Grigoleit/Otto*, DÖV 2000, 182; *Melchior*, Fachplanung im Sozialstaat, 2000, S. 113; *Wagner*, UPR 1997, 387, 390.

[409] *Püttner/Riffel*, Örtliche und überörtliche Planung, 1978, S. 17.

[410] *Paetow*, UPR 1990, 321, 323.

Sechstes Kapitel

Kompetenz und Abwägung im Recht des Bergbaus

In den beiden vorhergehenden Kapiteln wurden der *Kompetenzgrundsatz* und das *Abwägungsgebot* als zwei allgemeingültige, verfassungsrechtlich fundierte Rechtssätze zur Lösung von Raumplanungskonflikten vorgestellt: Räumliche Planungen müssen sich zum einen auf ihren jeweiligen planerischen Aufgabenbereich beschränken, dürfen also nicht in den Aufgabenbereich anderer Planungen übergreifen, und können zum anderen bei Konflikten mit anderen Raumplanungen diese rechtmäßig nur dann beeinträchtigen oder sich über sie hinwegsetzen, wenn die verdrängten Planungen nach Maßgabe des Abwägungsgebots angemessen berücksichtigt wurden. Diese beiden Vorgaben können sich auf umfangreiche, teilweise geradezu »flächendeckende« Aussagen der Rechtsprechung in Einzelbereichen der Planung berufen. In methodischer Hinsicht stellen die beiden Prinzipien daher nicht nur deduktive Folgerungen aus den verfassungsrechtlichen Vorgaben des Grundgesetzes, sondern zugleich auch induktive Verallgemeinerungen richterrechtlicher Lösungsansätze dar.

I. Das Bergrecht als Referenzgebiet zur Prüfung der entwickelten Grundsätze

Der folgende Exkurs zum Verhältnis von Planfeststellung und Landesplanung auf dem Referenzgebiet des Bergrechts dient der kritischen Überprüfung und Anwendung der beiden genannten Thesen. Mit der bundesrechtlich geregelten bergrechtlichen *Betriebsplanzulassung* einerseits und der in den Ländern Nordrhein-Westfalen, Brandenburg, Sachsen und Sachsen-Anhalt betriebenen, als Sonderform der Landesplanung angesehenen *Braunkohlenplanung* andererseits finden sich auf dem Gebiet des Bergrechts nämlich zwei Planungsverfahren, die auf der Grundlage der herrschenden Lehre die universelle Geltung der beiden bislang ermittelten Konfliktregeln in Frage stellen: Einerseits soll sich das Betriebsplanverfahren – auch in Form der bergrechtlichen Planfeststellung – nach mittlerweile praktisch einhelliger Auffassung in Rechtsprechung und Schrifttum dadurch auszeichnen, daß keinerlei planerische Gestaltungsspielräume der Behörde bestehen, das Abwägungsgebot nicht zur Anwendung kommt und damit auch eine planerische Berücksichtigung konkurrierender Planungen nicht möglich ist. Andererseits existiert im Hinblick auf die unter räumlichen Gesichtspunkten einschneidendste bergbauliche Tätigkeit – nämlich die Braunkohlenförderung – mit der Braunkohlenplanung ein landesplanerisches Instrument, das sich auf die eine Zielsetzung beschränkt, die bergrechtliche Betriebsplanung und damit eine nach Gesetzgebungs- und Verwaltungskompetenz andere Planung der Sache nach auch fachlich zu steuern. Diese beiden Kennzeichen, so sei dem folgenden Kapitel als Arbeitsthese vorausgeschickt, stehen keineswegs beziehungslos nebeneinander, sondern in einem inneren Zusammenhang: Inhaltlich nimmt sich die Braunkohlenplanung als »parallele Betriebsplanung« nämlich gerade all jener fachlichen Belange an, die wegen des Charakters der bergrechtlichen Betriebsplanzulassung als gebundene, auf wenige Voraussetzungen beschränkte Entscheidung unberücksichtigt bleiben.

Anhand der kritischen Untersuchung der beiden erwähnten Planungsverfahren muß sich nunmehr zeigen, ob an der Universalität des Abwägungsgebots und des Kompetenzgrundsatzes Abstriche vorzunehmen sind oder ob umgekehrt die bisherige Rechtsprechung zum Bergrecht im Lichte dieser beiden Grundsätze einer Korrektur bedarf. Mit einer derart begrenzten Fragestellung behandelt das Kapitel lediglich einen Ausschnitt aus einem – auch verfassungsrechtlich – kontrovers diskutierten Problemfeld: Unterliegt die bergrechtliche Betriebsplanzulassung als materiell-rechtliche »Planung« im Sinne des vorigen Kapitels dem rechtsstaatlichen Abwägungsgebot? Und wieweit vermag die überörtliche Gesamtplanung im Fall eines Verzichts auf Abwägung im Bergrecht die damit nicht gewährleistete Rücksichtnahme auf andere Belange zu substituieren und die bestehenden zulassungstechnischen Defizite des Bergrechts ausgleichen? Dies sind im Kern die beiden hier zu untersuchenden Fragestellungen.

II. Die bergrechtliche Betriebsplanung und das Abwägungsgebot

Im Vergleich zu sämtlichen bislang behandelten Planungen soll die bergrechtliche Betriebsplanung in mehrfacher Hinsicht eine Sonderstellung einnehmen. Während die Rechtsprechung bei allen sonstigen räumlichen Planungen und namentlich für alle Planfeststellungsverfahren in vergleichsweise großzügiger Weise und oft ohne vertiefende Begründung die Existenz planerischer Gestaltungsfreiheit sowie die Bindung an das Abwägungsgebot bestätigt hat, stellen die bergrechtliche Betriebsplanzulassung und auch die bergrechtliche Planfeststellung die einzige praktisch allgemein anerkannte Ausnahme vom Geltungsanspruch des Abwägungsgebots dar. Das Verfahren verdient besondere Aufmerksamkeit nicht nur wegen dieser Sonderstellung als gebundene Entscheidung, sondern auch deshalb, weil sich an der bergrechtlichen Planfeststellung die Konsequenzen eines Verzichts auf das Abwägungsgebot besonders plastisch aufzeigen lassen. Zur Erläuterung bedarf es freilich zunächst einer kurzen Darstellung einiger Grundstrukturen und -begriffe des Bergrechts.

1. Das Bergrecht und seine besonderen Sachgesetzlichkeiten

a) Überblick

Das sämtliche Regelungen des Bergbaus umfassende Bergrecht steht nach Art. 74 Nr. 11 GG in der konkurrierenden Gesetzgebungszuständigkeit des Bundes und hat im Jahr 1980 durch das Bundesberggesetz eine umfassende und abschließende bundesrechtliche Ausgestaltung erfahren. In Anknüpfung an älteres Landesrecht[1] normiert das Bundesberggesetz bestimmte *Bergbauberechtigungen*, Bodenschätze auszubeuten, die nicht Bestandteil des Oberflächeneigentums sind, sondern selbständiges Eigentum im Sinne von Art. 14 GG (Bergwerkseigentum) darstellen.[2] Die erforderliche bergbauliche Tätigkeit ist bei diesen sog. bergfreien Bodenschätzen jedoch nur auf der Grundlage einer bergrechtlichen Aufsuchungs- oder Gewinnungsberechtigung möglich und bedarf zudem eines vorherigen behördlichen Kontrollverfahrens, nämlich der bergrechtlichen *Betriebsplanzulassung*.

Dabei unterscheidet das Berggesetz verschiedene Typen von Betriebsplänen[3]: Gemäß § 51 Abs. 1 S. 1 BBergG dürfen bergrechtliche Aufsuchungsbetriebe nur aufgrund von Betriebsplänen errichtet, geführt und eingestellt werden, die vom Unternehmer aufgestellt und von der zuständigen Behörde zugelassen worden sind. Nach § 52 Abs. 1 BBergG sind für die Errichtung und Führung eines Betriebes *Hauptbetriebspläne* für einen Regelzeitraum von zwei Jahren aufzustellen. Die zuständige Behörde kann nach § 52 Abs. 2 Nr. 1 BBergG verlangen, daß zusätzlich für einen bestimmten längeren Zeitraum *Rahmenbetriebspläne* aufgestellt werden, die allgemeine Angaben über das beabsichtigte Vorhaben und den voraussichtlichen zeitlichen Ablauf enthalten müssen, oder daß für bestimmte Teile des Betriebes oder für bestimmte Vorhaben – etwa für den Eisenbahnbetrieb eines Bergwerks oder für eine Umsiedelung – *Sonderbetriebspläne* erarbeitet werden. Ein förmliches *Planfeststellungsverfahren* ist für die Zulassung besonders umweltrelevanter Rahmenbetriebspläne vorgesehen, die in § 57c BBergG sowie in der »UVP-Bergbau«-Verordnung aufgezählt sind und die nach dem Maßstab der UVP-Richtlinie der Europäischen Gemeinschaft einer förmlichen Umweltverträglichkeitsprüfung bedürfen.[4] Gerade

---

[1] Historische Darstellungen des älteren Bergrechts vor dem Inkrafttreten des Bundesberggesetzes bei *Krautschneider*, ZfB 1981, 410ff., m.w.N.; *Willecke*, Die deutsche Berggesetzgebung, 1977, besonders S. 263, 267ff.; *ders.*, Vom Preußischen Allgemeinen Berggesetz zum Bundesberggesetz, 1988.

[2] *Papier*, in Maunz/Dürig u.a., GG, Art. 14 Rn. 78, 203, 432ff., Stand: Juni 2002; *Schulte*, Bergbau und Grundeigentum, 1991, S. 56ff.; *Wieland*, in: Dreier (Hrsg.), GG, Bd. II, 1996, Art. 14 Rn. 35.

[3] Näher *Boldt/Weller*, BBergG, Kommentar 1984, § 48 Rn. 1ff.; *Frenz*, in: Ziekow (Hrsg.), Praxis des Fachplanungsrechts, 2004, Rn. 2460ff.; *Piens/Schulte/Graf Vitzthum*, BBergG, 1983, § 52 Rn. 1ff.; *Schmidt-Aßmann/Schoch*, Bergwerkseigentum und Grundeigentum im Betriebsplanverfahren, 1994, S. 137ff.; *Stiens*, Der bergrechtliche Betriebsplan, 1995, S. 56ff.; *Tettinger*, in: Schmidt (Hrsg.), Öffentliches Wirtschaftsrecht, Besonderer Teil 1, 1995, § 8 Rn. 29ff.

[4] Näher zu dieser bergrechtlichen Planfeststellung *Beckmann*, in: Hoppe (Hrsg.), UVPG, 2. Aufl. 2002, § 18 Rn. 24ff.; *Boldt/Weller*, BBergG, Nachtrag 1992, § 57a Rn. 1ff.; *Gaentzsch*, in: FS für Sendler, 1991, S. 403ff.; *Kühling/Hermann*, Fachplanungsrecht, 2. Aufl. 2000, Rn. 139ff.; *Steinberg/Berg/Wickel*, Fachplanung, 3. Aufl. 2000, § 1 Rn. 114ff.; *Stüer*, in: ders. (Hrsg.), Planung von Großvorha-

diese Vorhaben führen regelmäßig zu Konflikten mit anderen räumlichen Ansprüchen und sind daher für die vorliegende Fragestellung von besonderem Interesse.

b) Die Lehre von den bergbaulichen Sachgesetzlichkeiten

Das Betriebsplanverfahren – also das Verfahren zur Zulassung der Betriebspläne – hat wie das Bergrecht überhaupt in dem System der staatlichen Zulassungen und Eröffnungskontrollen von jeher eine Sonderrolle gespielt.[5] Zwar handelt es sich zweifellos um komplexe raumbedeutsame Entscheidungen, die mit anderen Planungen – insbesondere der Bauleitplanung der Gemeinden – in zahlreichen Fällen in Konflikt geraten können.[6] Allerdings wird der Bergbau gegenüber solchen konkurrierenden Planungen in vielfacher Hinsicht privilegiert.

Diese Sonderstellung, insbesondere auch der traditionelle sachlich beschränkte Prüfungsansatz des bergrechtlichen Zulassungsverfahrens, wird in Rechtsprechung und Literatur fast ausnahmslos auf die besonderen »Sachgesetzlichkeiten« des Bergbaubetriebs zurückgeführt.[7] Angesichts der Standortgebundenheit, der Notwendigkeit einer dynamischen Vorgehensweise beim Abbau, der großen technischen Schwierigkeiten und des besonders hohen Investitionsaufwands im Bergbau soll eine eigenständige Planung des Bergunternehmers unabdingbar und ein auf spezifisch bergrechtliche Zusammenhänge begrenztes Zulassungsverfahren geboten sein; eine planerische Gestaltungsfreiheit der Bergbehörden sei hingegen nicht angemessen, da bei der Betriebsplanzulassung im wesentlichen nur zu entscheiden sei, ob überhaupt abgebaut werde, nicht aber wie. Gestalterische Alternativen würden hingegen im Bergbau wegen der Standortgebundenheit von vornherein ausscheiden.[8] Zudem habe der Unternehmer von jeher die »Herrschaft über den Prüfungsgegen-

---

ben, 1999, S. 203, 207ff.; *ders.*, Handbuch des Bau- und Fachplanungsrechts, 2. Aufl. 1998, Rn. 1896ff., 1902ff.

[5] Vgl. dazu *systematisch* im Vergleich mit anderen Anlagengenehmigungen *Gaentzsch*, in: ders./Kühne, Wandel und Beharren im Bergrecht, 1992, S. 9ff., 33ff.; *historisch* zusammenfassend *Pfadt*, Rechtsfragen zum Betriebsplan, 1981, S. 21ff., und allgemeiner die oben in Fn. 1 genannten Arbeiten.

[6] Vgl. nur *Berkemann*, DVBl. 1989, 625, 626; *Blümel*, Das Selbstgestaltungsrecht der Städte und Gemeinden, 1986, S. 12; *Gaentzsch*, in: ders./Kühne, Wandel und Beharren im Bergrecht, 1992, S. 9, 11; zur Perspektive der Gemeinden und ihren Rechtsschutzmöglichkeiten *Abel-Lorenz*, ZUR 1995, 120ff.

[7] Näher mit unterschiedlichen Akzenten beispielsweise BMU (Hrsg.), Umweltgesetzbuch, 1998, S. 1008; *Hoppe*, UPR 1983, 105ff.; *Kühne*, Bergrechtlicher Rahmenbetriebsplan, Anlagengenehmigungsrecht und Umweltverträglichkeitsprüfung, 1993, S. 47f.; *Piens/Schulte/Graf Vitzthum*, BBergG, 1983, § 1 Rn. 4 und 9, § 55 Rn. 45 und öfter; *Schmidt-Aßmann/Schoch*, Bergwerkseigentum und Grundeigentum im Betriebsplanverfahren, 1994, S. 66ff.; *Schulte*, Kernfragen des bergrechtlichen Genehmigungsverfahrens, 1993, S. 44ff.; *Stiens*, Der bergrechtliche Betriebsplan, 1995, S. 8ff., 173ff.; distanziert hingegen der Duktus bei *Tettinger*, in: Schmidt (Hrsg.), Öffentliches Wirtschaftsrecht, Besonderer Teil 1, 1995, § 8 Rn. 25, der lediglich die Sichtweise des Gesetzgebers wiedergibt; vgl. auch *Kloepfer*, Umweltrecht, 2. Aufl. 1998, § 10 Rn. 103.

[8] So etwa *Hoppe*, DVBl. 1993, 221, 230; *Niermann*, Betriebsplan und Planfeststellung, 1992, S. 51f.; *Pellens*, NuR 1996, 281, 28; *Stiens*, Der bergrechtliche Betriebsplan, 1995, S. 163.

stand« gehabt[9], da er selbst den Betriebsplan erstelle und einreiche. Aus diesen sachlichen und historischen Besonderheiten ergeben sich nach vorherrschender Sichtweise enge Grenzen der staatlichen Bergaufsicht und der gesetzlichen Gestaltungsmöglichkeiten.[10] Im geltenden Bergrecht haben die Sachgesetzlichkeiten zweifellos in gewissem Umfang eine »normative Anerkennung« erfahren[11], vielfach erfolgt diese Anerkennung jedoch erst bei der Auslegung und Anwendung des Bergrechts, das – wie das Planungsrecht generell[12] – oft sehr abstrakt und zumal im Hinblick auf das Bestehen von Gestaltungsspielräumen wenig aussagekräftig ist, in der Spezialliteratur jedoch durchweg im Lichte der erwähnten sachlichen Besonderheiten interpretiert wird. Im Hinblick auf die bergrechtliche Betriebsplanzulassung zeigt sich dies vor allem daran, daß diese traditionell nicht als planerische Entscheidung der Behörde, sondern als eine gebundene Kontrollerlaubnis angesehen wird.[13]

Diese Feststellungen bestätigen zunächst jene allgemeine Beobachtung, daß die tatsächliche Handhabung von Planungsnormen wohl eher den Besonderheiten der Planung folgt, als daß diese Normen die Struktur der Planung beeinflussen könnten.[14] Dennoch ist es eine durchaus offene Frage, ob die dargestellten Sachgesetzlichkeiten – deren Existenz im Grundsatz nicht bestritten werden soll – wirklich in jeder Hinsicht geeignet sind, um die Angemessenheit sämtlicher rechtlicher Besonderheiten des Bergrechts zu begründen.[15] Es soll bereits an dieser Stelle vorweggeschickt werden, daß jedenfalls im Hinblick auf die Frage, ob die Betriebsplanzulassung den Charakter einer »Planungsentscheidung« trägt und daher rechtsstaatliche Abwägung gebietet, die These von der durch besondere sachliche Umstände vorgegebenen Entscheidungsstruktur einer kritischen Überprüfung schwerlich standhält: Auch andere räumliche Planungen, etwa die Änderung bestehender Anlagen im Wege der Planfeststellung (Autobahnausbau) oder die Ausweisung von Naturschutzgebieten durch Planverordnung, sind in dem Bergrecht durchaus vergleichbarer Weise standortgebunden.[16] Diese Standortgebundenheit wird im Rahmen der Abwägung berücksichtigt, ohne daß die Rechtsprechung jedoch deshalb das Bestehen planerischer Gestaltungsfreiheit grundsätzlich in Frage stellen würde[17]. Bergrechtliche

---

[9] *Kühne*, UPR 1992, 218, 219.

[10] *Glückert*, in: von Danwitz (Hrsg.), Bergbau und Umwelt, 1999, S. 13, 37, 44ff.; *Schmidt-Aßmann/Schoch*, Bergwerkseigentum und Grundeigentum im Betriebsplanverfahren, 1994, S. 122ff.

[11] *Schmidt-Aßmann/Schoch*, Bergwerkseigentum und Grundeigentum im Betriebsplanverfahren, 1994, S. 71ff.; vgl. zu den genehmigungs- und immissionsschutzrechtlichen Privilegierungen des Bergbaus auch nachfolgend S. 356ff.

[12] Näher hierzu *Burgi*, JZ 1994, 654, 655.

[13] Vgl. dazu sogleich S. 357f., 364 und 366.

[14] *Di Fabio*, in: FS für Hoppe, 2000, S. 75, 76; ähnlich und kritisch auch *Börger*, Genehmigungs- und Planungsentscheidungen, 1987, S. 151.

[15] Ähnlich – am Beispiel der Befristung des Betriebsplanes – auch die Fragestellung bei *Kühne*, Bergrechtlicher Rahmenbetriebsplan, Anlagengenehmigungsrecht und Umweltverträglichkeitsprüfung, 1993, S. 48ff.

[16] So auch *Fischer-Hüftle*, NuR 1989, 106, 112

[17] Vgl. ganz beispielhaft OVG Koblenz, Urt. v. 1.7. 1997 – 7 C 11843/93 –, DVBl. 1998, 61, Leitsatz 2: »Im Rahmen der planerischen Abwägung sind zugunsten eines Konversionsprojektes wegen

Betriebsplanzulassungen sind zudem durchweg »komplexe Verwaltungsentscheidungen«[18] und anderen Fach- und Gesamtplanungen nach Inhalt und Ausmaß durchaus vergleichbar. Namentlich im Braunkohlenbergbau sehen bergrechtliche Sonderbetriebspläne etwa Betriebseisenbahnstrecken mit zum Teil über hundert Kilometern Gesamtlänge oder die Umsiedelung ganzer Dörfer vor; zumindest diese großräumigen Betriebspläne sind ihrem Inhalt nach offensichtlich raumgestaltender Natur. Auch abbautechnisch und nicht zuletzt bei der Wahl geeigneter Schutzmaßnahmen stehen im Bergbau entgegen mancher pauschaler Behauptung nicht nur im Detail durchaus unterschiedliche Methoden und Alternativen zur Verfügung.

In der Tat wird daher auch im Bergbau trotz seiner Sachgesetzlichkeiten umfangreich geplant, und zwar überwiegend durch den Unternehmer, der aber in aller Regel jedenfalls bei größeren Vorhaben den Betriebsplan durch ständige informelle Absprachen derart intensiv mit der Bergbehörde abstimmt, daß die tatsächlichen Beiträge beider Akteure zum Betriebsplan als »paritätisch« beschrieben werden[19] und der Behörde »der Sache nach« eben doch »eine planerische Abwägung abgefordert« wird.[20] Nach seiner Planungspraxis läßt sich daher das Betriebsplanverfahren als »kooperatives Planungssystem« charakterisieren, das gerade im Energiebereich auch in anderen Zusammenhängen anzutreffen ist[21]. Wenn freilich eine dermaßen zwischen Antragsteller und Behörde »ausgehandelte« Entscheidung[22] anschließend gegenüber rechtsschutzsuchenden Dritten als gebundene Kontrollerlaubnis deklariert und diesen daher ein Anspruch auf gerechte Abwägung ihrer Belange bestritten wird, so weckt dies den Verdacht, daß die »Sachgesetzlichkeiten« des Bergrechts gelegentlich als Feigenblatt für eine unzureichende Verrechtlichung dieser Materie herhalten müssen. Jedenfalls vermag vor dem Hintergrund der eben skizzierten Betriebsplanungspraxis die – namentlich durch die Bergbauindustrie von jeher geförderte – These nicht zu überzeugen, im Bergrecht könne gleichsam aus vorgegebenen Sachzwängen heraus nur entschieden werden, ob überhaupt abgebaut werde,

---

der Standortgebundenheit geringere Anforderungen zu stellen, was die Erforderlichkeit und Dringlichkeit angeht, dem Verkehrsbedürfnis gerade dort Rechnung zu tragen.« Näher zur Rechtsprechung im Hinblick auf die ebenso durch Standortgebundenheit geprägten Schutzgebiete das fünfte Kapitel S. 279ff.

[18] So auch *Schmidt-Aßmann/Schoch*, Bergwerkseigentum und Grundeigentum im Betriebsplanverfahren, 1994, S. 140f.; vgl. zu diesem Begriff bereits im fünften Kapitel S. 320ff.

[19] *Schmidt-Aßmann/Schoch*, Bergwerkseigentum und Grundeigentum im Betriebsplanverfahren, 1994, S. 151f., die darauf hinweisen, daß die intensive Einflußnahme der Bergbehörden rein informell durch das Vorbringen von »Erwartungen«, »Hinweisen« und »Vorstellungen« im Vorfeld der Antragstellung erfolgt und sich die eigentliche Zulassung praktisch auf den Ausspruch der Zulässigkeit beschränkt. Ähnlich bewerten die beiderseitigen Beiträge von Unternehmer und Bergbehörde auch *Klaua*, in: Sächsische Regionalplanung, 1998, S. 93, 96, und *Kühne*, UPR 1992, 218, 219. Der Verfasser kann diese Einschätzungen aufgrund seiner anwaltlichen Erfahrungen bestätigen. Enger, eher an der gesetzlichen Regelung als an der tatsächlichen Zulassungspraxis orientiert hingegen *Niermann*, Betriebsplan und Planfeststellung, 1992, S. 51ff.

[20] *Wagner*, Die Harmonisierung der Raumordnungsklauseln, 1990, S. 135.

[21] Näher *Papier*, in: FS für die Juristische Gesellschaft zu Berlin, 1984, S. 529, 534ff.

[22] Vgl. allgemein zu den Problemen des Aushandelns der Zulassungsentscheidung *Kloepfer*, Umweltrecht, 2. Aufl. 1998, § 5 Rn. 197, 221ff.; *Kunig/Rublack*, Jura 1990, 1ff.

gestalterische Alternativen schieden hingegen von vornherein aus.[23] Wie immer der gebundene Charakter der Betriebsplanzulassung rechtlich zu beurteilen sein mag, er stellt gewiß keine aus der Natur der Sache vorgegebene Größe dar und beschreibt auch die Realität des Betriebsplanverfahrens nur unzureichend. Auch andere »Sachgesetzlichkeiten des Bergbaus«, etwa der hohe Investitionsaufwand und das hieraus resultierende verständliche Bedürfnis des Vorhabenträgers, das Vorhaben möglichst weitgehend eigenverantwortlich zu gestalten, dürften im Fachplanungsrecht weniger eine Ausnahme als vielmehr die Regel darstellen.

So sind wohl in erster Linie historische Besonderheiten für die rechtliche Sonderstellung der Betriebsplanzulassung verantwortlich[24], nicht zuletzt eine gewisse Vernachlässigung des komplizierten Gebiets des Bergrechts durch die allgemeine verfassungs- und planungsrechtliche Literatur, das so auch wissenschaftlich lange Zeit eine Domäne der Spezialisten und Praktiker verblieb[25] und sich gegenüber dem Geltungsanspruch des Verfassungsrechts als bemerkenswert resistent erwies.[26] Solche historischen Besonderheiten vermögen freilich eine Sonderbehandlung nur insoweit zu rechtfertigen, als sie sich im Gesetzestext niedergeschlagen haben und mit den Anforderungen der Grundrechte und des Rechtsstaatsprinzips vereinbar sind. Die überragende rechtliche Bedeutung, die den bergbaulichen Sachgesetzlichkeiten bei der Auslegung der einschlägigen Rechtsnormen zumeist zugemessen wird, bedarf demgegenüber der Relativierung.

2. Die bergrechtliche Betriebsplanzulassung

a) Gesetzliche Grundlagen der Betriebsplanzulassung

Nach §55 Abs. 1 BBergG ist die Zulassung eines Betriebsplanes im Sinne des §52 BBergG zu erteilen, wenn die in einem Katalog von 13 Punkten einzeln aufgeführten Voraussetzungen vorliegen, insbesondere die erforderliche Berechtigung nachgewiesen ist (Nr. 1), keine Zweifel an der Zuverlässigkeit des Unternehmers bestehen (Nr. 2), die erforderliche Vorsorge gegen Gefahren für Leben, Gesundheit und zum Schutz von Sachgütern, Beschäftigter und Dritter »im Betrieb« getroffen (Nr. 3) und für den Schutz der Oberfläche im Interesse der persönlichen Sicherheit und des öffentlichen Verkehrs Sorge getragen ist (Nr. 5).

Das diesen materiellen Anforderungen korrespondierende *Verfahren* bestimmt §52 BBergG. Nach §52 Abs. 1 BBergG sind für die Errichtung und Führung eines

---

[23] Bereits *Weyreuther*, DÖV 1977, 419, 420f., weist mit einleuchtenden Argumenten die Sicht als unzutreffend zurück, Planung beschränke sich auf die »eindimensionale« Abwägung der »für und gegen eine bestimmte Planung streitenden Interessen«, also auf ein Entweder-Oder. Diese Einsicht gilt auch im Hinblick auf das Betriebsplanverfahren, für das sich eine derartige Fehlvorstellung bis heute erhalten hat.

[24] *Stiens*, Der bergrechtliche Betriebsplan, 1995, S. 13ff.

[25] *Stiens*, Der bergrechtliche Betriebsplan, 1995, S. 15.

[26] Vgl. die auf die Eigentumsgarantie bezogenen Beobachtungen von *Hoppe*, DVBl. 1993, 221, 224; insoweit scheint auch im Bergrecht die durch *Grigoleit/Otto*, DÖV 2000, 182ff., diagnostizierte Devise »Verfassungsrecht vergeht – Fachplanungsrecht besteht« gegolten zu haben.

Betriebes Hauptbetriebspläne für den Regelzeitraum von zwei Jahren aufzustellen. Die zuständige Behörde kann nach §52 Abs. 2 Nr. 1 BBergG verlangen, daß für einen bestimmten längeren Zeitraum Rahmenbetriebspläne oder für bestimmte Vorhaben Sonderbetriebspläne aufgestellt werden. Verfahrensrechtlich richten sich diese Zulassungen nach dem in §54 BBergG normierten *einfachen Zulassungsverfahren*, das zumindest eine Beteiligung anderer Behörden und der Gemeinden als Träger der Bauleitplanung vorsieht, die durch die Zulassung in ihrem Aufgabenbereich berührt sind. Nach §52 Abs. 2a BBergG allerdings ist ein Rahmenbetriebsplan zwingend zu verlangen und für dessen Zulassung ein *Planfeststellungsverfahren mit Umweltverträglichkeitsprüfung* nach Maßgabe der §§57a und 57b BBergG durchzuführen, wenn ein Vorhaben nach §57c BBergG einer Umweltverträglichkeitsprüfung bedarf. Anforderungen eines vorsorgenden Umweltschutzes, die sich bei der Umweltverträglichkeitsprüfung ergeben und über die Zulassungsvoraussetzungen des §55 BBergG sowie der auf das Vorhaben anwendbaren Vorschriften in anderen Gesetzen hinausgehen, sind dabei »öffentliche Interessen im Sinne des §48 Abs. 2 BBergG«. [27]

b) Keine Bindung an das »allgemeine« Recht – relativer Vorrang der Nutzungsregelungen

Der eben wiedergegebene Zulassungstatbestand der Betriebsplanzulassung in §55 BBergG sieht nicht vor, daß – wie dies etwa bei der Erteilung einer Baugenehmigung[28] oder bei einer immissionsschutzrechtlichen Genehmigung[29] erforderlich ist – der Betriebsplan den öffentlich-rechtlichen Vorschriften entsprechen müßte oder daß andere öffentlich-rechtliche Vorschriften »unberührt« bleiben würden[30]. Eine Öffnungsklausel zu anderen Vorschriften enthält der bergrechtliche Zulassungstatbestand daher nicht, so daß auch keine allgemeine Bindung an anderweitige planerische Vorgaben besteht.

Unberührt bleiben gemäß §48 Abs. 1 S. 1 BBergG vielmehr lediglich solche Rechtsvorschriften, die auf Grundstücken bergbauliche Tätigkeiten verbieten oder beschränken, wenn diese Grundstücke durch Gesetz oder aufgrund eines Gesetzes einem öffentlichen Zweck gewidmet oder im Interesse eines öffentlichen Zwecks geschützt sind. Zu dieser begrenzten Gruppe von Vorschriften zählen etwa Landschaftsschutzverordnungen, Vorschriften über öffentliche Straßen oder militärische Schutzbereiche[31] sowie wohl auch besonders qualifizierte Bebauungspläne, die eine

---

[27] Mit diesen 1990 eingefügten Vorschriften knüpft der Gesetzgeber unmittelbar an die sogleich zu behandelnde *Moers-Kapellen*-Rechtsprechung des Bundesverwaltungsgerichts an. Näher dazu sogleich S. 362ff.

[28] Vgl. im Landesbauordnungsrecht etwa §58 LBO BW; §62 BauO Bln.; §74 BremLBO; §69 HBauO; §70 HBO; §75 NBauO; §70 ThürBO.

[29] Vgl. §6 Abs. 1 Nr. 2 BImSchG.

[30] So etwa §29 Abs. 2 BauGB.

[31] Vgl. VGH Mannheim, Urt. v. 9.6. 1988 – 6 S 2972/84 –, VBl.BW 1988, 398; *Boldt/Weller*, BBergG, Kommentar 1984, §48 Rn. 2; *Fischer-Hüftle*, NuR 1989, 106, 110ff.

öffentliche Zweckbestimmung enthalten[32]. An solche als *Nutzungsregelungen* und damit als Fachplanungen[33] einzustufende Normen über den Schutz bestimmter Grundstücke ist die Betriebsplanzulassung daher grundsätzlich gebunden. Allerdings ist nach der sog. Rohstoffsicherungsklausel in §48 Abs.1 S.2 BBergG bei Anwendung dieser Vorschriften »dafür Sorge zu tragen, daß die Aufsuchung und Gewinnung so wenig wie möglich beeinträchtigt werden«. Entgegen verbreiteter Aussagen im Schrifttum stellt die Rohstoffsicherungsklausel freilich kein grundsätzliches Hindernis für den Erlaß bergbaubeschränkender Nutzungsregelungen dar: Auch eine Fläche mit Bodenschätzen kann daher bei ordnungsgemäßer Abwägung der bergbaulichen Belange zum Naturschutzgebiet erklärt oder als militärischer Schutzbereich bezeichnet werden.[34] Die entsprechenden Festsetzungen sind dann im Rahmen einer Betriebsplanzulassung gegebenenfalls zu beachten.

Neben der Bindung an diese Nutzungsregelungen sind jedoch andere Anforderungen, insbesondere die Einhaltung des »allgemeinen« Umwelt- und Planungsrechts, keine Bedingung für die Betriebsplanzulassung nach §55 Abs. 1 BBergG. Die in §55 BBergG genannten Zulassungsvoraussetzungen, die etwa die Belange des Umwelt- und Naturschutzes nur sehr »bruchstückhaft« ansprechen[35], bilden daher nach Wortlaut und Normstruktur eine abschließende bundesrechtliche Regelung der Voraussetzungen für die Betriebsplanzulassung: Die Bergbehörde muß die Zulassung des Betriebsplanes erteilen, wenn die in §55 BBergG genannten Voraussetzungen erfüllt sind. Die Betriebsplanzulassung stellt dementsprechend nach nahezu unbestrittener Auffassung – wie gleich zu vertiefen sein wird – auch im Hin-

---

[32] So *Jaschinski*, LKV 1999, 295, 297, am Beispiel der Festlegung eines Friedhofes durch Bebauungsplan.

[33] Vgl. hierzu die Kategorisierungen im ersten Kapitel S. 34ff. und 63ff.

[34] OVG Frankfurt an der Oder, Urt. v. 24.2.2000 – 4 D 13/99.NE –, UPR 2000, 399f.; BGH, Urt. v. 23.11. 2000 – III ZR 342/99 –, UPR 2001, 185f.; BVerwG, Beschl v. 25.8. 1995 – 4 B 191/95 –, NVwZ-RR 1996, 140f., m.w.N., für den Fall einer Landschaftsschutzverordnung mit Abgrabungsverbot trotz vorhandener grundeigener Bodenschätze und dem zutreffenden Hinweis, daß dem Interesse an der Verwirklichung bergbaulicher Vorhaben mit Blick auf deren Standortgebundenheit und das in §48 Abs. 1 S. 2 BBergG zum Ausdruck gebrachte Allgemeininteresse im Rahmen der *Abwägung* bei Erlaß der Nutzungsregelung besondere Bedeutung zukommt. Diese in dem Beschl. v. 16.3. 2001 – 4 BN 15/01 –, NVwZ-RR 2002, 8, bestätigte Pflicht kann der Bergwerksunternehmer nach den Ausführungen in BVerwG, Urt. v. 17.1. 2001 – 6 CN 4/00 –, NVwZ 2001, 1038ff., gegebenenfalls im Wege der Normenkontrolle nach §47 VwGO überprüfen lassen. Damit wird die Rohstoffsicherungsklausel in außerbergrechtlichen Planungsverfahren der Sache nach als *Optimierungsgebot* behandelt. Ähnlich bereits *Fischer-Hüftle*, NuR 1989, 106, 111, und *Kühne*, DVBl. 1987, 1259, 1262; a.A. hingegen *Boldt/Weller*, BBergG, Kommentar 1984, §48 Rn. 4; *Hoppe*, DVBl. 1987, 757, 761ff.; *Peters*, DVBl. 1988, 227, 228; *Strecker*, Die Rechtsposition der Gemeinden im Betriebsplanverfahren, 1995, S. 201, die aufgrund der Rohstoffsicherungsklausel *stets* eine Abwägung zugunsten des Bergbaus für geboten halten. Abgesehen davon, daß eine solche kategorische Bevorzugung des Bergwerkseigentümers verfassungsrechtlich unzulässig sein dürfte, ist jedoch bereits fraglich, ob §48 Abs. 1 S. 2 BBergG für den Erlaß solcher Regelungen überhaupt gilt. Hiergegen mit guten Gründen *Dreier*, Die normative Steuerung der planerischen Abwägung, 1995, S. 354ff., m.w.N.; *Kolonko*, ZUR 1995, 126, 127ff.

[35] So zu Recht *Schulte*, ZfB 1987, 178, 180.

blick auf Nebenbestimmungen[36] eine gebundene Entscheidung dar[37], so daß der Antragsteller bei Vorliegen der Voraussetzungen Anspruch auf Erteilung der Genehmigung hat, der – auch praktisch – gegebenenfalls gerichtlich durchsetzbar ist.[38]

Da der Behörde daher weder ein Versagungsermessen noch ein planerischer Gestaltungsspielraum zustehen soll, besteht insofern keine Möglichkeit, bei der Zulassungsentscheidung irgendwelche in §55 oder §48 BBergG nicht erwähnten Gesichtspunkte zu berücksichtigen oder gar auf einen Ausgleich der durch das Vorhaben berührten Interessen hinzuwirken. Vielmehr stellt die im Gesetz vorgezeichnete Betriebsplanzulassung eine rein sektorale Vorhabenzulassung ohne Rücksicht auf nicht in §55 BBergG angesprochene Belange Dritter dar.[39] Das Oberflächeneigentum Dritter oder deren Schutz vor schädlichen Umwelteinwirkungen unterhalb der im Gesetz erwähnten Schwelle der Gefahren für Leben und Gesundheit bleiben daher im traditionellen System des Bergrechts ebenso unberücksichtigt wie die »fachfremden« Gesichtspunkte des Natur-, Landschafts- und Denkmalschutzes.[40] Entsprechende planerische Vorstellungen, sofern sie keine bindenden Nutzungsregelungen darstellen, finden daher in die Betriebsplanzulassung keinen Eingang.

c) Die Sonderrolle der Betriebsplanzulassung im Immissionsschutzrecht

Diese Lösung scheint in der Tat der gesetzgeberischen Intention zu entsprechen.[41] Die Sonderrolle der Betriebsplanzulassung findet namentlich im Immissionsschutzrecht ihre Entsprechung: Bergbaubetriebe sind – was im Schrifttum mit guten Gründen unter Gleichheitsaspekten als rechtssystematisch verfehlt und verfassungsrechtlich bedenklich kritisiert wird[42] – trotz teilweise ganz erheblicher Lärm- und Staub-

---

[36] *Schmidt-Aßmann/Schoch*, Bergwerkseigentum und Grundeigentum im Betriebsplanverfahren, 1994, S. 164ff.

[37] BVerwG, Urt. v. 4.7. 1986 – 4 C 31.84 –, BVerwGE 74, 315, 322f.; VG Weimar, Urt. v. 9.1. 1995 – 7 K 714/93.We –, ThürVBl. 1995, 92ff.; *Boldt/Weller*, BBergG, Kommentar 1984, §55 Rn. 4; *Degenhart*, Rechtsfragen der Braunkohlenplanung für Brandenburg, 1996, S. 32; *Hoppe*, UPR 1983, 105, 107, 109; *Kühne*, Bestandsschutz alten Bergwerkseigentums, 1998, S. 62ff.; *Niermann*, Betriebsplan und Planfeststellung, 1992, S. 49ff.; *Ronellenfitsch*, Einführung in das Planungsrecht, 1986, S. 200; *Schenke*, Bergbau contra Oberflächeneigentum, 1994, S. 19; *Schmidt-Aßmann/Schoch*, Bergwerkseigentum und Grundeigentum im Betriebsplanverfahren, 1994, S. 157ff., m.w.N. (mit gewissen Differenzierungen); *Schulte*, Kernfragen des bergrechtlichen Genehmigungsverfahrens, 1993, S. 42.

[38] Vgl. etwa BVerwG, Beschl. v. 14.4. 2000 – 4 C 13/98 –, DVBl. 2000, 1351ff. (Anspruch auf Zulassung eines Hauptbetriebsplans).

[39] Vgl. zuletzt BVerwG, Beschl. v. 16.3. 2001 – 4 BN 15/01 –, NVwZ-RR 2002, 8; *Berkemann*, DVBl. 1989, 625, 626; *Gutbrod/Töpfer*, Praxis des Bergrechts, 1996, Rn. 331ff., 363f.

[40] Vgl. insoweit die kritischen Anmerkungen bei *Leisner*, DVBl. 1988, 555, 562.

[41] So ist der Ausschluß eines Drittschutzes für Oberflächeneigentum nach der Entstehungsgeschichte eindeutig beabsichtigt. Vgl. *Schulte*, NVwZ 1989, 1138, 1139.

[42] *Jarass*, BImSchG, 5. Aufl. 2002, §4 Rn. 31; vgl. auch *Blankenagel*, in: Koch/Scheuing (Hrsg.), Gemeinschaftskommentar zum BImSchG, §4 Rn. 61, wonach das Schädigungspotential der Berganlagen über das der sonst unter §22 BImSchG fallenden Anlagen hinausgeht, und *Feldhaus*, Bundesimmissionsschutzrecht, §4 BImSchG Erl. 1 und 29, Stand: Aug. 1987.

emissionen im Sinne des Immissionsschutzrechts keine genehmigungsbedürftigen Anlagen; vielmehr nimmt § 4 Abs. 2 BImSchG bestimmte bergbauliche Anlagen, die an sich die Anforderungen einer genehmigungsbedürftigen Anlage erfüllen würden, sogar wieder von der Genehmigungspflicht aus. Der Bergunternehmer ist daher lediglich an die weniger strengen in § 22 BImSchG normierten Pflichten der Betreiber nicht genehmigungsbedürftiger Anlagen gebunden, vermeidbare schädliche Umwelteinwirkungen zu verhindern und nach dem Stand der Technik unvermeidbare schädliche Umwelteinwirkungen auf ein Mindestmaß zu beschränken.[43] Auch diese Pflichten bilden jedoch – da in § 55 BBergG nicht erwähnt – keine unmittelbaren Genehmigungsvoraussetzungen bei der Betriebsplanzulassung.[44]

Zudem hat der Normgeber auch bei der Festsetzung der wichtigsten Grenzwerte in der aufgrund des § 48 BImSchG erlassenen TA-Lärm 1998[45], die nunmehr sowohl für genehmigungsbedürftige als auch für nicht genehmigungsbedürftige Anlagen gilt, in Ziffer 1 Buchst. e »Tagebaue und die zum Betrieb eines Tagebaus erforderlichen Anlagen« ausdrücklich von der Anwendung der Anleitung ausgenommen, dies mit der beiläufigen Erwägung, daß Tagebauvorhaben aufgrund ihrer spezifischen Ortsveränderlichkeit andere Beurteilungsmaßstäbe erforderlich machen würden. Welche Maßstäbe dies sein sollen, bleibt freilich offen[46], so daß in der Praxis – etwa für Sprengungen im Rahmen eines Basaltabbaus – gewöhnlich als Notbehelf die Richtlinie VDI 2058 oder die TA-Lärm analog herangezogen werden. Die Sonderrolle der Betriebsplanzulassung ist daher nicht nur im Bergrecht, sondern auch im Immissionsschutzrecht durchaus gesetzgeberisch gewollt. Freilich wirft eine derart starke Privilegierung des Bergbaus Fragen der Verhältnismäßigkeit und Systemgerechtigkeit und damit der Verfassungsmäßigkeit dieser Regelungen auf.

3. Die Rechtsprechung zur bergrechtlichen Betriebsplanzulassung

a) Der Ausgangspunkt der gesetzgeberischen Konzeption

Die in § 55 BBergG geregelten Voraussetzungen der bergrechtlichen Betriebsplanzulassung sind sachlich beschränkt und zudem nach Rechtsprechung und herrschender Lehre namentlich im Hinblick auf Sachgüter betroffener Oberflächeneigentümern nicht drittschützend.[47] Es entsprach daher bis zu dem sog. *Moers-Kapellen*-Urteil des Bundesverwaltungsgerichts im Jahr 1989 Rechtsprechung und ganz

---

[43] BVerwG, Urt. v. 4. 7. 1986 – 4 C 31/84 –, BVerwGE 74, 315 ff.; *Feldhaus*, Bundesimmissionsschutzrecht, § 4 BImSchG Erl. 29, Stand: Aug. 1987; *Kutscheidt*, in: Hansmann (Hrsg.), Landmann/Roemer, Umweltrecht, § 4 BImSchG Rn. 47 ff., Stand: Okt. 1993.

[44] Dies übersieht *Roßnagel*, in: Koch/Scheuing (Hrsg.), Gemeinschaftskommentar zum BImSchG, § 22 Rn. 17; *Kutscheidt*, in: Hansmann (Hrsg.), Landmann/Roemer, Umweltrecht, § 4 BImSchG Rn. 49 f., Stand: Okt. 1993, fordert daher die Überwachung und Durchsetzung der Pflicht durch die Bergbehörden außerhalb des Betriebsplanverfahrens.

[45] Technische Anleitung zum Schutz gegen Lärm (TA-Lärm) v. 26. 6. 1998, GMBl. 1998, S. 503 ff.

[46] *Kutscheidt*, NVwZ 1999, 577, 578; *Schulze-Fielitz*, DVBl. 1999, 65, 66 f.

[47] BVerwG, Urt. v. 16. 3. 1989 – 4 C 36.85 –, BVerwGE 81, 329 ff., m. w. N.

herrschender Lehre, daß bei der Zulassung des Betriebsplans Belange Dritter, namentlich der Oberflächeneigentümer, nicht zu berücksichtigen seien, soweit nicht gemeinschädliche Auswirkungen im Sinne des § 55 Abs. 1 Nr. 9 BBergG drohten.[48] Die Kollision zwischen dem Grundeigentum des Oberflächeneigentümers und dem Bergwerkseigentum war nach dieser traditionellen Sicht vollständig und mit Blick auf die bergbaulichen Sachgesetzlichkeiten auch angemessen im Wege der Schadensersatzleistung seitens des Bergbaus gelöst; der Oberflächeneigentümer sei nach dem Grundsatz »Dulde und liquidiere« allein auf Wiedergutmachung seines Schadens im Rahmen des Bergschadensrechts verwiesen[49], habe keinerlei Unterlassungsansprüche[50] und sei – mangels einer materiell-rechtlichen Abwehrposition – am Zulassungsverfahren für den Betriebsplan nicht zu beteiligen.[51]

Ebenso wenig sieht das Bergrecht außerhalb von § 48 Abs. 1 BBergG eine Berücksichtigung anderer konkurrierender Planungen – etwa der gemeindlichen Bauleitplanung – vor. Solche Aspekte blieben daher nach der ursprünglichen herrschenden Sichtweise bei der Betriebsplanzulassung ausgeklammert, konnten jedoch auch in keinem anderen Zulassungsverfahren mehr berücksichtigt werden. Bei einfachen Betriebsplänen ist zwar die Gemeinde in der Lage, durch Bebauungsplan einen – gegebenenfalls sogar bergrechtlich bereits zugelassenen – Abbau von Bodenschätzen Beschränkungen zu unterwerfen und dabei Konflikte zwischen dem Tagebau und anderen Nutzungen zu entschärfen, wenn dies städtebaulich erforderlich ist und die bergwerksbetrieblichen Belange ermittelt und in der planerischen Abwägung berücksichtigt werden.[52] Für die nach § 38 BauGB privilegierte bergrechtliche Planfeststellung hingegen schreibt das Gesetz ausdrücklich vor, daß sich das Verhältnis zwischen Unternehmer und Betroffenen und der Schutz von Belangen Dritter allein »nach den dafür geltenden Vorschriften dieses Gesetzes« bestimmen soll (§ 57a Abs. 4 S. 2 BBergG) – die einen solchen Schutz indes gerade nicht vorsehen. Dennoch erstrecken sich hinsichtlich dieser vom Vorhaben berührten Belange Dritter und der Aufgabenbereiche Beteiligter die Rechtswirkungen der Planfeststellung

---

[48] Vgl. soeben Fn. 39f.; *Peter*, Die Regelung bergbaulicher Einwirkungen auf das Grundeigentum als Problem der Raumordnung, 1977, S. 147ff.; *Piens/Schulte/Graf Vitzthum*, BBergG, 1983, § 55 Rn. 45ff.; vgl. im übrigen die Nachweise bei *Schenke*, Bergbau contra Oberflächeneigentum, 1994, S. 20f.

[49] Dazu zuletzt *von Danwitz*, Staatliche Bergaufsicht, 1998, S. 48ff.

[50] Vgl. etwa *Schulte*, Bergbau und Grundeigentum, 1991, S. 45; *Tettinger*, in: Schmidt (Hrsg.), Öffentliches Wirtschaftsrecht, Besonderer Teil 1, 1995, § 8 Rn. 26; aus dem älteren Schrifttum *Mogk*, Das Verhältnis zwischen Bergbau und öffentlichen Verkehrsanstalten, 1961, S. 16ff.; als eingeschränkter Grundsatz soll dies auch weiterhin gelten, vgl. nur zuletzt BGH, Urt. v. 23. 11. 2000 – III ZR 342/99 –, UPR 2001, 185, m. w. N.

[51] *Brauner*, NuR 1994, 20, 24; *Piens/Schulte/Graf Vitzthum*, BBergG, 1983, Rn. 2 vor § 110, m. w. N.; *Schulte*, NVwZ 1989, 1138, 1139; für kleine und mittlere Schäden gilt dieser Grundsatz nach der Rechtsprechung auch weiterhin, vgl. nur *Schmidt-Aßmann/Schoch*, Bergwerkseigentum und Grundeigentum im Betriebsplanverfahren, 1994, S. 102f.

[52] BVerwG, Urt. v. Beschl. v. 16. 3. 2001 – 4 BN 15/01 –, NVwZ-RR 2002, 8, m. w. N. und dem Hinweis, daß die Beschränkungen für einen bergrechtlich bereits zugelassenen Tagebau unter den weiteren Voraussetzungen der §§ 39ff. BauGB Entschädigungsfolgen auslösen können.

auch auf sämtliche nachfolgenden Pläne, und Einwände Dritter gegen die einzelnen Betriebspläne werden insoweit abgeschnitten (§ 57a Abs. 5 BBergG).[53] Damit normiert das Bundesberggesetz in etwas verklausulierter Form im Ergebnis das ausdrückliche Recht der bergrechtlichen Planung, sich über die Belange Dritter (und damit auch anderer Planungsträger) ohne jede Berücksichtigung dieser Belange hinwegzusetzen. Demgegenüber bestand im bergrechtlichen Schrifttum stets Einigkeit, daß umgekehrt die Belange des Bergwerkseigentümers bei jeder Oberflächenplanung mit besonderem Gewicht zu berücksichtigen seien.[54] Insgesamt ist die Konzeption des Bergrechtsgesetzgebers somit von einer »bemerkenswerten Entschlossenheit« geprägt, den Abbau der Mineralien unter Zurückstellung nahezu aller konkurrierenden Raumbelange durchzusetzen.[55]

b) Verfassungsrechtliche Einwände

Mit Inkrafttreten des Bundesberggesetzes entwickelten Teile der Literatur im Laufe der achtziger Jahre gegen diese zunächst unbestrittene Sichtweise verfassungsrechtliche Bedenken, die sich vor allem auf Art. 14 GG bezogen[56] und schließlich zu einer teilweisen Öffnung des Tatbestandes der Betriebsplanzulassung für andere Belange führten. Die im Zuge dieser Entwicklungen ergangenen Urteile sind als ein langer »Abschied vom Vorrang des Bergbaus« kritisiert worden[57], stellen jedoch der Sache nach die überfällige und eher halbherzige Korrektur eines verfassungsrechtlich defizitären Rechtsgebiets dar.[58] Zwar beschränkt sich das Prüfungsprogramm der bergrechtlichen Betriebsplanzulassung auch nach geltender Rechtsprechung grundsätzlich auf die in § 55 Abs. 1 BBergG genannten, nicht drittschützenden Voraussetzungen. Allerdings hat das *Moers-Kapellen*-Urteil diesen radikalen Ansatz mit Blick auf die erwähnten verfassungsrechtlichen Bedenken im Schrifttum durch die Anerkennung eines beschränkten mittelbaren Drittschutzes teilweise relativiert.

---

[53] Daraus folgt zugleich die Notwendigkeit, diese Belange – nach Maßgabe des anwendbaren Rechts – möglichst bereits bei der Zulassung des Rahmenbetriebsplans zu berücksichtigen. Näher dazu *Himmelmann/Tünnesen-Harmes*, UPR 2002, 212ff.; vgl. auch *Bohne*, in: Tettinger (Hrsg.), Umweltverträglichkeitsprüfung bei Projekten des Bergbaus und der Energiewirtschaft, 1989, S. 13, 48.

[54] Vgl. nur *Kühne*, Bestandsschutz alten Bergwerkseigentums, 1998, S. 78ff., m.w.N., sowie oben S. 357 in und bei Fn. 34.

[55] *Berkemann*, DVBl. 1989, 625, 626; plastisch *Gutbrod/Töpfer*, Praxis des Bergrechts, 1996, Rn. 365 (»Aufgrund von Bergrecht muß eben mehr hingenommen werden als aufgrund von allgemeinem Ordnungsrecht.); vgl. auch *Jaschinski*, LKV 1999, 295, m.w.N.

[56] Vgl. besonders *Hoppe*, DÖV 1988, 893ff.; *Leisner*, DVBl. 1988, 555ff.; weitere Nachweise bei *Schenke*, Bergbau contra Oberflächeneigentum, 1994, S. 22; zusammenfassend *Hoppe*, DVBl. 1993, 221, 224ff.

[57] *Brauner*, NuR 1994, 20ff.

[58] Vgl. *Hoppe*, DVBl. 1993, 221ff.; *ders.*, in seinem Vorwort zu *Stiens*, Der bergrechtliche Betriebsplan, 1995, S. V; *Papier*, in Maunz/Dürig u.a., GG, Art. 14 Rn. 434, Stand: Juni 2002; *Tettinger*, in: Schmidt (Hrsg.), Öffentliches Wirtschaftsrecht, Besonderer Teil 1, 1995, § 8 Rn. 27 (»kaum überraschend«).

c) *Die Lösung des* Moers-Kapellen-*Urteils*

Der erste Schritt war die Erweiterung des Zulassungstatbestandes durch die sogenannte »*Öffnungsklausel*« in §48 Abs. 2 S. 1 BBergG. Nach dieser Generalklausel kann die für die Zulassung von Betriebsplänen zuständige Behörde eine Aufsuchung oder eine Gewinnung beschränken oder untersagen, soweit ihr »überwiegende öffentliche Interessen« entgegenstehen. Nach Wortlaut, Entstehungsgeschichte und Stellung im Gesetz handelt es sich dabei um keine Genehmigungsvoraussetzung des Betriebsplanverfahrens, sondern um eine unabhängig von einem Genehmigungsverfahren bestehende, auf engen Tatbestandsmerkmalen beruhende Eingriffsermächtigung, die der Bergbehörde ein Eingriffsermessen eröffnet.[59] In dem *Altenberg*-Urteil aus dem Jahr 1986 stellte das Bundesverwaltungsgericht demgegenüber fest, daß diese Regelung eine zusätzliche Voraussetzung für die – gleichwohl rechtlich gebundene – Zulassung eines Betriebsplans darstellen soll.[60] Damit war der Zulassungstatbestand des Betriebsplanverfahrens um das interpretations- und erweiterungsfähige Merkmal der überwiegenden öffentlichen Interessen angereichert.

Drei Jahre später reagierte das Bundesverwaltungsgericht in dem grundlegenden *Moers-Kapellen*-Urteil auf die Einwände des Schrifttums und konzedierte, daß es mit Art. 14 GG unvereinbar sei, die gegenläufigen Eigentümerinteressen bei der behördlichen Kontrolle bergbaulicher Tätigkeiten von vornherein außer Betracht zu lassen. Um die im Schrifttum gefolgerte Nichtigkeit weiter Teile des Bundesberggesetzes zu vermeiden, sei §48 Abs. 2 BBergG verfassungskonform dahin gehend auszulegen, daß die Behörde den Bergbaubetrieb beschränken oder untersagen und eine Zulassung ablehnen müsse, wenn nur dadurch eine unverhältnismäßige, über kleine und mittlere Schäden hinausgehende Beeinträchtigung des Oberflächeneigentums zu vermeiden sei; insoweit sei die Genehmigungsentscheidung drittschützend.[61]

Die dem *Moers-Kapellen*-Urteil zugrundeliegende Beschränkung dieses indirekten Drittschutzes auf solche Oberflächeneigentümer, die nach Lage der Dinge mit einer gewissen Wahrscheinlichkeit über kleine und mittlere Schäden hinausgehende Eigentumsbeeinträchtigungen zu erwarten haben, wird zunehmend verfassungsrechtlich angezweifelt[62], ohne daß sich die Rechtsprechung jedoch bislang im Hin-

---

[59] So etwa noch *Piens/Schulte/Graf Vitzthum*, BBergG, 1983, §48 Rn. 14, 18; *Schmidt-Preuß*, Kollidierende Privatinteressen, 1992, S. 345.

[60] BVerwG, Urt. v. 4. 7. 1986 – 4 C 31/84 –, BVerwGE 74, 315, 322; dem folgend etwa *Frenz*, in: Ziekow (Hrsg.), Praxis des Fachplanungsrechts, 2004, Rn. 2487; *Gaentzsch*, in: ders./Kühne, Wandel und Beharren im Bergrecht, 1992, S. 9, 30; *Stiens*, Der bergrechtliche Betriebsplan, 1995, S. 90ff.; vgl. zur Entwicklung des Meinungsbilds zu dieser Frage auch *Boldt/Weller*, BBergG, Nachtrag 1992, §48 Rn. 4.

[61] BVerwG, Urt. v. 16. 3. 1989 – 4 C 36.85 –, BVerwGE 81, 329ff.; OVG Saarlouis, Beschl. v. 20. 4. 1994 – 8 W 87/93 –, ZfB 1994, 217ff., st. Rspr.; kritisch hierzu im Schrifttum *Beckmann*, DVBl. 1989, 669ff., sowie – im Ergebnis ablehnend – *Schulte*, NVwZ 1989, 1138, 1139ff.; dem Bundesverwaltungsgericht folgend hingegen die ganz h. L., so etwa *Boldt/Weller*, BBergG, Nachtrag 1992, §48 Rn. 5f., 9ff., m.w.N.; *Frenz*, in: Ziekow (Hrsg.), Praxis des Fachplanungsrechts, 2004, Rn. 2488ff.

[62] Vgl. OVG Saarlouis, Urt. v. 1. 9. 1998 – 2 R 4/98 –, ZfB 1998, 171ff.; *Beckmann*, DVBl. 1989,

blick auf die Fragen des Drittschutzes weiterentwickelt hätte.[63] Im übrigen jedoch hat das *Moers-Kapellen*-Urteil zumindest im Ergebnis weitgehende Zustimmung gefunden.[64] Eine Entscheidung des siebten Senats des Bundesverwaltungsgerichts, wonach bei der Zulassung eines Betriebsplanes unabhängig von der Öffnungsklausel des §48 Abs. 2 BBergG eine Einbeziehung des Sachgüterschutzes Dritter außerhalb des Betriebs bereits nach §55 Abs. 1 S. 1 Nr. 3 BBergG denkbar sei[65], der die bergrechtliche Zulassung davon abhängig macht, daß »die erforderliche Vorsorge gegen Gefahren für Leben, Gesundheit und zum Schutz von Sachgütern, Beschäftigter und Dritter im Betrieb« getroffen ist, hat sich demgegenüber – soweit ersichtlich – wegen der ausdrücklichen Beschränkung dieser Regelung auf Leben und Sachgüter »im Betrieb« nicht durchgesetzt.[66] Die Lösung des *Moers-Kapellen*-Urteils hat daher jedenfalls für die Praxis die Maßstäbe für die Durchführung bergrechtlicher Betriebsplanzulassungen vorgegeben.

d) Zur Reichweite der bergrechtlichen »Abwägung« nach §48 Abs. 2 BBergG

§48 Abs. 2 BBergG beschränkt sich nach dieser Rechtsprechung entgegen manchen vereinfachten Darstellungen nicht auf die Berücksichtigung der Belange der Oberflächeneigentümer, sondern wird zu einem Auffangtatbestand für die Prüfung all jener Belange, die nicht bereits im Rahmen von §55 BBergG oder nach außerbergrechtlichen Verfahren – also etwa im Rahmen einer zusätzlichen wasserrechtlichen Planfeststellung – geprüft werden.[67] Dieser Auffangtatbestand regelt daher neben

---

669, 671f.; *Papier*, in Maunz/Dürig u.a., GG, Art. 14 Rn. 434, Stand: Juni 2002; *Schenke*, Bergbau contra Oberflächeneigentum, 1994, S. 25ff.; für die Vereinbarkeit der geltenden Rechtsprechung mit dem Grundgesetz demgegenüber Stimmen der Bergbauindustrie, insbesondere das Gutachten von *Schmidt-Aßmann/Schoch*, Bergwerkseigentum und Grundeigentum im Betriebsplanverfahren, 1994, S. 101ff., und – diesen folgend – *Glückert*, in: von Danwitz (Hrsg.), Bergbau und Umwelt, 1999, S. 13, 36ff.

[63] So zuletzt *Kühne*, in: ders./Baur/Baron/Büdenberger, Das deutsche Berg- und Energierecht auf dem Wege nach Europa, 2002, S. 77, 80f., der feststellt, die Rechtsprechung habe sich mittlerweile konsolidiert.

[64] *Kühne*, Braunkohlenplanung, 1999, S. 29 spricht gar – was nicht ganz zutrifft – von einhelliger Zustimmung. Vgl. jedoch demgegenüber die ablehnende Besprechung durch *Schulte*, NVwZ 1989, 1138ff., sowie die weniger am Ergebnis als an der Konstruktion geübte Kritik sogleich S. 366f.

[65] BVerwG, Urt. v. 13. 12. 1991 – 7 C 25/90 –, BVerwGE 89, 246ff., sog. »Gasspeicher-Urteil«; so auch *Beckmann*, DVBl. 1989, 669, 670, m.w.N.

[66] Vgl. zu diesem Urteil OVG Saarlouis, Beschl. v. 22. 8. 2001 – 2 W 1/01 –, ZfB 2001, 287ff.; *Gaentzsch*, DVBl. 1993, 527, 531f.; *Schenke*, Bergbau contra Oberflächeneigentum, 1994, S. 24f.; *Stiens*, Der bergrechtliche Betriebsplan, 1995, S. 122ff.; kritisch etwa *Brauner*, NuR 1994, 20ff.; *Kühne*, UPR 1992, 218ff.; *ders.*, Bestandsschutz alten Bergwerkseigentums, 1998, S. 69f.; *Schoch*, in: *Kühne/Schoch/ Beckmann*, Gegenwartsprobleme des Bergrechts, 1995, S. 63f.

[67] Näher zu dem insoweit vertretenen Spektrum an Auffassungen *Frenz*, Bergrecht und Nachhaltige Entwicklung, 2000, S. 72ff.; *Schulte*, Kernfragen des bergrechtlichen Genehmigungsverfahrens, 1993, S. 42; *ders.*, ZfB 1987, 178, 220ff. *Boldt/Weller*, BBergG, Nachtrag 1992, §57a Rn. 63, m.w.N., nennen als in die »Abwägung« einzustellende Belange u.a. das Immissionsschutz-, Bauplanungs-, Naturschutz- und Denkmalschutzrecht. Vgl. dazu auch die beispielhaften Darstellungen bei *Gerigk*, ZfB 1987, 232ff. (Naturschutzbelange), und *Seifert*, ZfB 1987, 238ff. (Denkmalschutzbelange).

den Belangen etwa des Denkmal- und Naturschutzes auch die Berücksichtigung anderer Planungen. So sollen die Ergebnisse eines Raumordnungsverfahrens über §48 Abs. 2 BBergG Eingang in die Betriebsplanzulassung finden.[68] Auch gemeindliche Bauleitplanungen stellen somit nach §48 Abs. 2 BBergG *öffentliche Belange* dar, die indirekt in die Zulassungsentscheidung der Bergbehörden einfließen.[69]

Obwohl §48 Abs. 2 BBergG der Bergbehörde dem Wortlaut nach ein Eingriffsermessen einräumt, handelt es sich nach Auffassung der herrschenden Lehre bei der im Rahmen des §48 Abs. 2 BBergG gebotenen »Abwägung« all dieser Belange um eine gebundene Entscheidung, die nicht den Grundsätzen der planerischen Gestaltungsfreiheit und der Abwägungsfehlerlehre unterliegt, sondern lediglich der gerichtlich voll überprüfbaren Abwägung im Rahmen eines unbestimmten Tatbestandsmerkmals entspricht.[70] Ähnlich wie §38 BauGB gemeindliche Bauleitpläne gegenüber der privilegierten Fachplanung zu bloßen Abwägungsbelangen transformiert, funktioniert §48 Abs. 2 BBergG somit als »Weichmacher«[71], der zwingende gesetzliche oder planerische Vorgaben des Fachrechts jedweder Art im Rahmen der bergrechtlichen Zulassung zu bloßen Abwägungsbelangen abstuft.[72] Das bedeutet beispielsweise, daß die Bergbehörden auch dann, wenn ein bergbauliches Vorhaben auf der Grundlage des eingereichten Betriebsplanes die Anforderungen des §22 BImSchG zur Verhinderung vermeidbarer schädlicher Umwelteinwirkungen nicht erfüllt, nach §48 Abs. 2 BBergG eine Abwägung durchführen, ob die Überschreitung unter Abwägung mit den für das Vorhaben sprechenden Belangen hingenommen werden kann.[73] Durch diese Abwägung wird das gesamte materielle Recht der Sache nach materiell konzentriert und transformiert zu bergrechtlichem Abwägungsmaterial. Im Ergebnis gilt damit für das Bergrecht nunmehr die ansonsten im Recht der Planfeststellung längst überwundene Theorie der materiellen Konzentrationswirkung[74].

---

[68] Näher bereits *Dickschen*, Das Raumordnungsverfahren im Verhältnis zu den fachlichen Genehmigungs- und Planfeststellungsverfahren, 1987, S. 190ff., 194f., m.w.N. zum Meinungsstand.

[69] BVerwG, Beschl. v. 15.7. 1994 – 4 B 102/94 –, NvWZ-RR 1995, 313; OVG Koblenz, Urt. v. 20.3. 1990 – 7 A 78/89 –, ZfB 1991, 199, 205; VG Greifswald, GB v. 12.6. 1996 – 4 A 495/95 –, ZfB 1997, 198; *Jaschinski*, LKV 1999, 295, 297, m.w.N.; a.A. *Abel-Lorenz*, ZUR 1995, 120, 124.

[70] Vgl. bereits oben S. 357f.; ferner – mit Blick auf die Bedeutung von §48 Abs. 2 BBergG für die Struktur der Zulassungsentscheidung – *Degenhart*, Rechtsfragen der Braunkohlenplanung für Brandenburg, 1996, S. 35, m.w.N.; *Frenz*, Bergrecht und Nachhaltige Entwicklung, 2000, S. 78; *Gaentzsch*, DVBl. 1993, 527, 531; *Niermann*, Betriebsplan und Planfeststellung, 1992, S. 53.

[71] So umschreibt *Kraft*, BauR 1999, 829, 835, die Funktion des §38 BauGB.

[72] *Hoppe*, DVBl. 1993, 221, 228, spricht insoweit in Anlehnung an Ronald *Dworkin* von dem Unterschied zwischen zwingenden *Regeln* und bloß abwägungsrelevanten *Prinzipien*.

[73] Dieses Beispiel ist der anwaltlichen Praxis des Verfassers entnommen. Auch Rechtsprechung und Literatur sprechen für gewöhnlich von einer bloßen »Berücksichtigung der immissionsschutzrechtlichen Anforderungen aus §22 BImSchG«. Näher *Boldt/Weller*, BBergG, Nachtrag 1992, §57a Rn. 63, m.w.N.; *Kühne*, Bestandsschutz alten Bergwerkseigentums, 1998, S. 65f.; *Uerpmann*, Das öffentliche Interesse, 1999, S. 218f.; ähnlich *Feldhaus*, in: ders. (Hrsg.), Bundesimmissionsschutzrecht, §4 BImSchG Rn. 29 a.E., Stand: Aug. 1987; differenzierend jedoch *Pellens*, NuR 1996, 281, 285, der eine unmittelbare Anwendbarkeit des §22 BImSchG über §57a Abs. 4 S. 1 BBergG befürwortet.

[74] Vgl. dazu im zweiten Kapitel S. 121ff.

Die *Moers-Kapellen*-Entscheidung stellt damit eine offensichtliche richterliche Kompromißlösung dar: Eine Berücksichtigung der Belange Dritter, des Naturschutzes sowie sonstiger fachlicher Belange – und hierzu zählen die nicht vorrangigen Planungen anderer Planungsträger – ist nach dieser Konstruktion allein im Rahmen des gerichtlich voll überprüfbaren Tatbestandsmerkmals »überwiegendes öffentliches Interesse« in §48 Abs. 2 BBergG möglich. Ebenso wie die Vorgaben der in §55 BBergG nicht berücksichtigten Rechtsgebiete – also etwa das Bauplanungsrecht, die Pflichten des Bergwerksbetreibers zur Unterlassung schädlicher Umwelteinwirkungen aus §22 BImSchG oder die Pflicht zur Minimierung von Eingriffen in Natur und Landschaft nach §19 BNatSchG i.V.m. den entsprechenden Umsetzungsregelungen der Länder – transformieren diese Belange zu Abwägungsmaterial innerhalb eines einzigen unbestimmten Tatbestandsmerkmals. §48 Abs. 2 BBergG hat damit die Funktion einer Generalklausel übernommen, die das Verfahren der bergrechtlichen Betriebsplanzulassung zu einer umfassenden Prüfung aller räumlichen Belange erweitert, ohne ihr jedoch den Charakter einer Planungsentscheidung zu verleihen.

e) Keine Besonderheiten bei der bergrechtlichen Planfeststellung

Ein Planfeststellungsverfahren wurde erst 1990 in das Bundesberggesetz aufgenommen, um die gemeinschaftsrechtlich vorgegebene UVP-Pflicht für bestimmte bergbauliche Vorhaben und die hieraus fließenden verfahrensrechtlichen Vorgaben sowie die Berücksichtigung der Ergebnisse der bergrechtlichen Umweltverträglichkeitsprüfung umzusetzen.[75] Da sich die Planfeststellung durch die zugrundeliegende planerische Gestaltungsfreiheit in besonderem Maße für die nach Art. 8 der UVP-Richtlinie gebotene Berücksichtigung der Ergebnisse der Anhörungen und Prüfungen beim Genehmigungsverfahren eignet[76], erscheint eine solche Lösung zunächst durchaus sachgerecht. Dogmatisch bildet freilich das Abwägungsgebot gleichsam den archimedischen Punkt der Planfeststellung. Daher wurde in manchen frühen Stellungnahmen selbstverständlich angenommen, daß die Einführung des Planfeststellungsverfahrens in das Bergrecht nunmehr eine umfassende Abwägung aller Belange erforderlich mache[77], was möglicherweise auch der Vorstellung des Gesetzgebers entsprach.[78] Für dieses Ergebnis spricht auch, daß im Fall einer überörtlich bedeutsamen

---

[75] Näher *Beckmann*, in: Hoppe (Hrsg.), UVPG, 2. Aufl. 2002, §18 Rn. 2; *Bohne*, in: Tettinger (Hrsg.), Umweltverträglichkeitsprüfung bei Projekten des Bergbaus und der Energiewirtschaft, 1989, S. 13ff.; ferner *Gaentzsch*, in: FS für Sendler, 1991, S. 403, 404; daher knüpft die Planfeststellungsbedürftigkeit an die UVP-Pflicht an, vgl. oben S. 351f.

[76] Vgl. nur *Beckmann*, in: Hoppe (Hrsg.), UVPG, 2. Aufl. 2002, §12 Rn. 81ff., m.w.N.; *Erbguth/Schink*, UVPG, 2. Aufl. 1996, §12 Rn. 33ff. (»geradezu in vorbildlicher Weise geeignet«); *Kloepfer*, Umweltrecht, 2. Aufl. 1998, §5 Rn. 101; *Wagner*, in: Hoppe (Hrsg.), UVPG, 2. Aufl. 2002, §16 Rn. 53ff.

[77] *Beckmann*, DVBl. 1989, 669, 672; *Schmidt-Preuß*, Kollidierende Privatinteressen, 1992, S. 347; *Wahl/Dreier*, NVwZ 1999, 606, 608, m.w.N.

[78] So *Hoppe*, DVBl. 1993, 221, 229. Auch die Ausführungen bei *Bohne*, in: Tettinger (Hrsg.), Umweltverträglichkeitsprüfung bei Projekten des Bergbaus und der Energiewirtschaft, 1989, S. 13, 37, 47, der als Regierungsdirektor im BMU maßgeblich an dem Gesetzgebungsverfahren beteiligt war

bergrechtlichen Planfeststellung der neugefaßte § 38 BauGB mit der Folge zur Anwendung kommt, daß das bergbauliche Vorhaben, auch soweit es als »Aufschüttung oder Abgrabung größeren Umfangs« dem Vorhabensbegriff des § 29 Abs. 1 BauGB unterfällt, nicht mehr an die Festsetzungen der Bebauungspläne gebunden ist.[79] Dementsprechend läge nahe, daß die nach § 38 S. 1 Halbsatz 2 BauGB gebotene Berücksichtigung der städtebaulichen Belange in diesem Fall im Rahmen einer planfeststellungsrechtlich erforderlichen planerischen Abwägung erfolgt.

Zweifel an dieser Einschätzung wirft jedoch § 52 Abs. 2a S. 3 BBergG auf, wonach die Anforderungen eines vorsorgenden Umweltschutzes, die sich aus der Umweltverträglichkeitsprüfung ergeben, öffentliche Interessen im Sinne des § 48 Abs. 2 BBergG darstellen sollen. Der Wortlaut des Zulassungstatbestandes in § 55 BBergG blieb demgegenüber unverändert. Der Gesetzgeber scheint mit dieser Regelung an die Lösung der *Moers-Kapellen*-Rechtsprechung anzuknüpfen. Die fast einhellige Sichtweise in Rechtsprechung und Literatur folgert daher – nicht zuletzt auch aus einem gewissen »Beharren« gegenüber den legislatorischen Entwicklungen[80] – aus der unveränderten Struktur des Zulassungstatbestandes, daß sich die eben skizzierten Maßstäbe für die Zulassung von Betriebsplänen durch die Einführung eines bergrechtlichen Planfeststellungsverfahrens nicht geändert haben sollen. Die Betriebsplanzulassung bleibt also auch im Verfahren der Planfeststellung eine gebundene Entscheidung.[81]

f) Die Betriebsplanzulassung als Fremdkörper im System der Planfeststellungen

Freilich erscheint auf dieser Grundlage die gesetzgeberische Einbeziehung der Betriebsplanzulassung in die Planfeststellung dogmatisch verfehlt.[82] Die Kontrolle

---

und mehrfach von einem »Planungsermessen der Behörde nach §§ 74, 75 Abs. 1 VwVfG« spricht, deuten sehr auf eine solche Vorstellung des Gesetzgebers. Näher auch *Strecker*, Die Rechtsposition der Gemeinden im Betriebsplanverfahren, 1995, S. 31 ff.

[79] *Jaschinski*, LKV 1999, 295, 299; vgl. zu § 38 BauGB bereits im zweiten Kapitel S. 109 ff.

[80] Diese Grundhaltung kommt in dem Titel der Arbeiten von *Gaentzsch/Kühne*, Wandel und Beharren im Bergrecht, 1992, zum Ausdruck. Kritisch dazu zuletzt *Himmelmann/Tünnesen-Harmes*, UPR 2002, 212, 213, wonach versucht werde, auch im Rahmen der bergrechtlichen Planfeststellung »weitgehend an der bisherigen Handhabung des Betriebsplanverfahrens« festzuhalten.

[81] BVerwG, Urt. v. 14.12. 1990 – 7 C 18.90 –, NVwZ 1991, 992; Urt. v. 2.11. 1995 – 4 C 14/94 –, BVerwGE 100, 1, 10, 16; BMU (Hrsg.), Umweltgesetzbuch, 1998, S. 1007; *Beckmann*, in: Hoppe (Hrsg.), UVPG, 2. Aufl. 2002, § 12 Rn. 90; *Boldt/Weller*, BBergG, Nachtrag 1992, § 48 Rn. 12 ff. und § 57a Rn. 5, m. w. N; *Degenhart*, DVBl. 1996, 773, 775; *ders.*, Rechtsfragen der Braunkohlenplanung für Brandenburg, 1996, S. 36; *Erbguth/Schink*, UVPG, 2. Aufl. 1996, § 18 Rn. 15; *Gaentzsch*, in: FS für Sendler, 1991, S. 403, 404, 407; *Hoppe*, DVBl. 1993, 221, 229 f.; *ders./Spoerr*, UPR 1997, 246; *Kühling/Hermann*, Fachplanungsrecht, 2. Aufl. 2000, Rn. 140; *Niermann*, Betriebsplan und Planfeststellung, 1992, S. 101, 186 ff.; *Pellens*, NuR 1996, 281, 282 f.; *Schoch*, in: Kühne/Schoch/Beckmann, Gegenwartsprobleme des Bergrechts, 1995, S. 25, 57, m. w. N.; *Schulte*, Kernfragen des bergrechtlichen Genehmigungsverfahrens, 1993, S. 75; *Wolf*, UPR 1998, 281, 283 ff.; ähnlich *Steinberg/Berg/Wickel*, Fachplanung, 3. Aufl. 2000, § 1 Rn. 27 (die Abwägung sei »gegen Null verkümmert.«); a. A. – soweit ersichtlich – nur *Schmidt-Preuß*, Kollidierende Privatinteressen, 1992, S. 347, der allerdings die entgegengesetzte h. L. ganz unerwähnt läßt.

[82] So zu Recht *Steinberg/Berg/Wickel*, Fachplanung, 3. Aufl. 2000, § 1 Rn. 27 und 115; *Stiens*, Der

bergrechtlicher Planfeststellung unterscheidet sich nach diesem Verständnis fundamental von sämtlichen anderen Fachplanungen, gerade auch im Hinblick auf die Berücksichtigung konkurrierender Planungen: Im Planfeststellungsverfahren zur Zulassung eines Rahmenbetriebsplans ist die Berücksichtigung beispielsweise einer nach §38 BauGB verdrängten gemeindlichen Bauleitplanung grundsätzlich nur unter engen Voraussetzungen möglich. Zwar fließen, soweit die Planungshoheit der Gemeinde in einem Planfeststellungsverfahren durch einzelne Festsetzungen der Gemeinde hinreichend konkretisiert ist, diese gemeindlichen Belange über §48 Abs. 2 BBergG als öffentliche Belange in die Zulassungsentscheidung der Bergbehörden ein und vermitteln den Kommunen insoweit Drittschutz im Rahmen der Abwägung.[83] Auf diese Abwägung sind jedoch mangels planerischer Gestaltungsfreiheit die Grundsätze der Abwägungsfehlerlehre nicht anwendbar.[84] Auch wenn solche Belange überhaupt nicht berücksichtigt oder extrem fehlgewichtet werden, kommt daher die gerichtliche Aufhebung einer solchen Betriebsplanzulassung nur in Betracht, wenn sie sich im Hinblick auf das *Ergebnis* der Abwägung nach §48 Abs. 2 BBergG als falsch darstellt. Da zudem ein »Recht auf Abwägung« durch das in §48 Abs. 2 BBergG enthaltene »Abwägungsgebot« nicht vermittelt wird, ist bereits die Klagebefugnis Dritter nach §42 Abs. 2 VwGO auf die herausgehobenen, von §48 Abs. 2 BBergG erfaßten oder auf in §55 BBergG aufgezählten Belange beschränkt und daher sehr viel enger als bei allen anderen Fachplanungen.[85]

Das *Ergebnis* der bergrechtlichen »Abwägung« wird jedoch schon deshalb selten zu beanstanden sein, weil die Rechtsprechung besonders berücksichtigt, daß der Gesetzgeber dem Bergbau gegenüber anderen abwägungsrelevanten Belangen eine hohe Priorität eingeräumt hat. Mit der sog. Rohstoffsicherungsklausel in §48 Abs. 1 S. 2 läßt das Bundesberggesetz nach Auffassung der herrschenden Lehre nämlich erkennen, daß es dem Interesse an der Aufsuchung und Gewinnung von Bodenschätzen grundsätzlich den Vorrang vor anderen Belangen eingeräumt wissen will.[86] So sollen auch Eingriffe in die gemeindliche Planungshoheit im Interesse der Rohstoffsicherung gem. §48 Abs. 1 S. 2 BBergG grundsätzlich zulässig sein und erst dann rechtswidrig werden, wenn der Kernbereich der gemeindlichen Selbstverwaltungsrechte unzumutbar beeinträchtigt wird.[87] Da somit namentlich bei Außenbereichsvorhaben in aller Regel die Zulassung des Vorhabens geboten sein soll[88], bleibt

bergrechtliche Betriebsplan, 1995, S. 165; vgl. auch *Frenz*, in: Ziekow (Hrsg.), Praxis des Fachplanungsrechts, 2004, Rn. 2508; *Gaentzsch*, in: ders./Kühne, Wandel und Beharren im Bergrecht, 1992, S. 9, 37; *Jarass*, in: Tettinger (Hrsg.), Umweltverträglichkeitsprüfung bei Projekten des Bergbaus und der Energiewirtschaft, 1989, S. 53, 60; *Kloepfer*, Umweltrecht, 2. Aufl. 1998, §10 Rn. 105.

[83] Vgl. oben S. 364.

[84] So explizit *Erbguth/Schink*, UVPG, 2. Aufl. 1996, §18 Rn. 16.

[85] *Strecker*, Die Rechtsposition der Gemeinden im Betriebsplanverfahren, 1995, S. 13, 192ff.

[86] So etwa BVerwG, Urt. v. 4.7. 1986 – 4 C 31.84 –, BVerwGE 74, 315, 318; *Schmidt-Aßmann/Schoch*, Bergwerkseigentum und Grundeigentum im Betriebsplanverfahren, 1994, S. 106ff.

[87] VG Karlsruhe, Urt. v. 25.6. 1989 – 2 K 361/88 –, ZfB 1990, 336; VG Gelsenkirchen, Urt. v. 17.10. 1991 – 8 K 3017/89 –, ZfB 1992, 143.

[88] Zuletzt etwa VG Neustadt, Urt. v. 2.11. 1998 – 5 K 3173/97.NW –, ZfB 1999, 70; *Boldt/Weller*, BBergG, Nachtrag 1992, §48 Rn. 12; *Rausch*, UPR 1996, 6, 12, alle m.w.N. zur Rspr.

eine Fehlgewichtung der entsprechenden gemeindlichen Belange, ja selbst deren komplette Nichtberücksichtigung mangels eines »Rechts auf Abwägung« für gewöhnlich folgenlos.

Die Einführung des bergrechtlichen Planfeststellungsverfahrens erweist sich daher auf der Grundlage ihrer Handhabung durch die Rechtsprechung als stumpfes Schwert, soweit es darum geht, Belange der Umwelt oder Dritter in die Betriebsplanzulassung zu integrieren. Solche Belange werden zwar im Rahmen des bergrechtlichen Anhörungs*verfahrens* formal umfassend ermittelt[89], anschließend jedoch materiell-rechtlich allenfalls in Extremfällen berücksichtigt, wenn sie nach den strengen Maßstäben der Rechtsprechung als »überwiegende öffentliche Belange« dem Vorhaben schlechthin entgegenstehen. Verfahrensrecht und materielles Entscheidungsprogramm klaffen daher bei der bergrechtlichen Planfeststellung in unverständlicher Weise auseinander. Aber auch das materielle Recht selbst ist in sich widersprüchlich, da dem Bergbauvorhaben einerseits die volle Konzentrationswirkung der Planfeststellung sowie die Privilegierung gegenüber der Bauleitplanung nach §38 BauGB zugestanden werden, andererseits jedoch keine Möglichkeit gewährleistet wird, die verdrängten Bauleitplanungen sowie die konzentrierten Fachgenehmigungen in eine planerische Gesamtabwägung zu integrieren. Die Betriebsplanzulassung wird damit zu einem Fremdkörper im System der Planfeststellungen.

4. Plädoyer für die Anerkennung des Abwägungsgebots im Bergrecht

a) Kritische Einwände gegen die herrschende Konstruktion der Betriebsplanzulassung

Mit der vollständigen Vereinheitlichung des Bergrechts auf der Ebene des Bundesrechts durch das Bundesberggesetz von 1980 hat der Bund den Anspruch erhoben, das bergrechtliche Zulassungsverfahren umfassend zu regeln.[90] Er hat damit die Aufgabe übernommen, die bergrechtlichen Genehmigungsverfahren in einer Weise auszugestalten, die im Hinblick auf die aufgeworfenen Belange eine angemessene Konfliktbewältigung gewährleistet. Bei der Genehmigung oder Nichtgenehmigung bergrechtlicher Vorhaben handelt es sich um Akte, die den Grundrechtsbereich von Bürgern einschneidend betreffen können. In diesen Bereichen unterliegt der Gesetzgeber der Pflicht, sich schützend und fördernd vor die betroffenen Rechtsgüter zu stellen und sie vor rechtswidrigen Eingriffen durch Dritte zu bewahren. Er muß dieser Schutzpflicht im Regelfall dadurch nachkommen, daß er die grundrechtsrelevanten Nutzungen von einer vorherigen staatlichen Genehmigung und die Erteilung solcher Genehmigungen von angemessenen materiell- und verfahrensrechtlichen Voraussetzungen abhängig macht.[91]

[89] Näher *Boldt/Weller*, BBergG, Nachtrag 1992, §57a Rn. 30ff.
[90] Vgl. *Pfadt*, Rechtsfragen zum Betriebsplan, 1981, S. 118, 126.
[91] Näher dazu die Rechtsprechung des BVerfG zum Atomrecht, namentlich den Beschl. v. 8.8.

Ob das Bundesberggesetz in seiner radikalen Privilegierung bergbaulicher Belange diesen Anforderungen genügt, darf mit guten Gründen bezweifelt werden. Das übliche planfeststellungsrechtliche Modell zur Regelung vergleichbarer Raumkonflikte zeichnet sich durch zwei Elemente aus: einerseits die strikte Bindung der Vorhabengenehmigung an das Immissionsschutz-, Naturschutz- und sonstige allgemeine Umweltrecht – gegebenenfalls ergänzt durch spezielle fachrechtliche Standards wie die Verkehrslärmschutzverordnung –, andererseits die diese fachlichen Standards überhöhende Bindung der verbleibenden planerischen Gestaltungsfreiheit an das Abwägungsgebot zur Gewährleistung eines umfassenden Interessenausgleichs.[92] Vor dem Vergleichsmaßstab dieses planungsrechtlichen Standardmodells und seiner Leistungskraft bei der Bewältigung der durch ein Vorhaben aufgeworfenen Konflikte weist die bergrechtliche Betriebsplanzulassung nach der Lesart der herrschenden Lehre erhebliche Defizite auf: Kann es noch als angemessene gesetzgeberische Lösung angesehen werden, die Zulassung eines so umweltrelevanten Vorhabens wie eines Bergbaubetriebs unter Beschränkung auf einen engen Katalog von Zulassungsvoraussetzungen von allen übrigen rechtlichen Bindungen freizustellen? Kann es insbesondere verfassungsrechtlich zulässig sein, dem Grundeigentümer im Bundesberggesetz einerseits umfassende Duldungspflichten aufzuerlegen[93], ihm jedoch andererseits weder einen Abwehranspruch noch ein Recht auf Beteiligung am oder Berücksichtigung seiner Interessen im Zulassungsverfahren zuzuerkennen?

Das Bundesverwaltungsgericht hat diese Fragen auf der Grundlage einer verfassungskonformen Erweiterung des § 48 Abs. 2 BBergG bejaht und ist damit auf halbem Wege stehengeblieben:[94] Denn die Konstruktion der Betriebsplanzulassung als gebundene Entscheidung, die freilich durch den Gesetzgeber im Ansatz vorgegeben ist, bleibt hinter der ausgleichenden Funktion des allgemeinen rechtsstaatlichen Abwägungsgebots zurück und wird dem materiellen planerischen Gehalt der bergrechtlichen Planfeststellung kaum gerecht. Weshalb sollte im Bergrecht auf das Abwägungsgebot verzichtet werden können, obwohl dieses nach der Rechtsprechung in anderen Bereichen des Raumplanungsrechts[95] zum Wesen »einer jeden rechtsstaatlichen Planung« gehört, unmittelbar auf Bundesverfassungsrecht beruht

---

1978 – 2 BvL 8/77 »Kalkar« –, BVerfGE 49, 89, 127f.; Beschl. v. 20. 12. 1979 – 1 BvR 385/77 »Mühlheim-Kärlich« –, BVerfGE 53, 30, 57ff.; Beschl. v. 14. 6. 1988 – 1 BvR 95/88 »Gorleben« –, BVerfGE 78, 290, 300, m. w. N.; vgl. ferner *Di Fabio*, Risikoentscheidungen im Rechtsstaat,1994, S. 224ff., und *Lorenz*, in: HStR VI, 1990, § 128 Rn. 54 und 58 zu der Frage, wieweit sich aus den materiellen Schutzpflichten des Staates eine Pflicht zur Einrichtung eines Genehmigungsverfahrens ergibt. Allgemeiner hierzu *Tsai*, Die verfassungsrechtliche Umweltschutzpflicht des Staates, 1996, besonders S. 122ff.

[92] Dabei handelt es sich um gemeinsame Kennzeichen aller Raumplanungen. Vgl. bereits im ersten Kapitel S. 37f.

[93] Näher zu diesen Duldungspflichten statt vieler *Boldt/Weller*, BBergG, Kommentar § 8 Rn. 7ff.

[94] Ähnlich auch *Jarass*, in: Tettinger (Hrsg.), Umweltverträglichkeitsprüfung bei Projekten des Bergbaus und der Energiewirtschaft, 1989, S. 53, 60.

[95] So BVerwG, Beschl. v. 10. 2. 1978 – 4 C 25/75 –, BVerwGE 55, 220, 227; Urt. v. 7. 7. 1978 – 4 C 79.76 –, BVerwGE 56, 110, 116, 122ff., Urt. v. 29. 1. 1991 – 4 C 51.89 –, BVerwGE 87, 332, 341ff., jeweils m. w. N.

und deshalb unabhängig von jeder gesetzlichen Positivierung gelten soll? Die Erwägungen der herrschenden Lehre zu den Sachgesetzlichkeiten und der Sonderstellung der bergrechtlichen Fachplanung jedenfalls, die angeblich gegen die Möglichkeit einer planerischen Gestaltung sprechen, namentlich ihre Standortgebundenheit und ihr schrittweises Fortschreiten, stehen einer planerischen Abwägung der für und gegen das Vorhaben streitenden Belange – wie bereits erläutert[96] – nicht entgegen. Daß Bergbau Gegenstand echter Planung sein kann, zeigt sich nicht zuletzt an der sogleich zu belegenden Tatsache, daß mittlerweile in großem Umfang rechtsverbindliche planerische Entscheidungen für Bergbauvorhaben getroffen werden – freilich nicht im Rahmen der Vorhabenzulassung, sondern in anderen »fachfremden« Planungen.[97]

Rechtsdogmatische Zweifel an der *Moers-Kapellen*-Rechtsprechung fordert bereits die wenig befriedigende Auffassung heraus, die Beeinträchtigung *privaten* Grundeigentums sei unter das Tatbestandsmerkmal der »überwiegenden *öffentlichen* Interessen« zu subsumieren.[98] Schwerer wiegt der Umstand, daß im Rahmen der Prüfung dieses einen Tatbestandsmerkmals nunmehr eine komplexe und – entgegen den Fiktionen der herrschenden Lehre – wohl selten vorhersehbare Gesamtabwägung geboten ist. Die Konstruktion des *Moers-Kapellen*-Urteils unterstellt die Möglichkeit einer Abwägung zahlloser räumlicher Belange ohne jede planerische Gestaltungsfreiheit, eine Rechtsgüterabwägung also, die durch das Tatbestandsmerkmal der »überwiegenden öffentlichen Interessen« derart klar vorstrukturiert ist, daß ein Gericht im Wege der bloßen Rechtskontrolle die Gewichtung der Belange durch die Zulassungsbehörde nachvollziehen und gegebenenfalls korrigieren könnte. In Wirklichkeit liest die herrschende Lehre in §48 Abs.2 BBergG ein allgemeines Abwägungsgebot hinein, das die Beschränkungen des engen Zulassungskataloges des §55 BBergG ausgleichen und dem offensichtlichen Bedürfnis nach einer Abwägung außerberglicher Belange genügen soll, ohne jedoch das Dogma der Betriebsplanzulassung als einer gebundenen Entscheidung in Frage zu stellen.[99] Da dieser Abwägungsauftrag jedoch gerade nicht der Dogmatik der Abwägungsfehlerlehre unterliegen soll, bleiben das konkrete Anforderungsprofil des §48 Abs.2 BBergG und das gebotene Maß an Berücksichtigung der außerbergrechtlichen Belange vage. Wenig konsistent erscheint schließlich auch, daß der zur Erweiterung des Zulassungstatbestandes in §55 BBergG herangezogene §48 Abs.2 BBergG,

---

96 Vgl. bereits oben S.353ff.

97 Dazu sogleich nachfolgend S.377ff.

98 Ablehnend daher *Beckmann*, DVBl. 1989, 669, 771; *Schoch*, in: Kühne/Schoch/Beckmann, Gegenwartsprobleme des Bergrechts, 1995, S.63f., weist demgegenüber darauf hin, daß die Rechtsprechung auch in anderen Vorschriften den Begriff des öffentlichen Interesses auf private Belange erweitert. Trotz gewisser Überschneidungen erfüllt die grundsätzliche Unterscheidung privater und öffentlicher Interessen jedoch eine wichtige Funktion und sollte nicht ohne Not verwischt werden. Näher etwa *Ibler*, Die Schranken planerischer Gestaltungsfreiheit, 1988, S.229ff.; *Uerpmann*, Das öffentliche Interesse, 1999, besonders S.58ff.

99 So auch der Diskussionsbeitrag von *Dammert*, in: Kühne/Schoch/Beckmann, Gegenwartsprobleme des Bergrechts, 1995, S.62.

nach Wortlaut und Stellung keine Zulassungsvoraussetzung, sondern ein Eingriffstatbestand[100], der Bergbehörde ausdrücklich ein Eingriffsermessen eröffnet, die Integration dieser Norm in den Rahmen der Betriebsplanzulassung jedoch zu einer insgesamt gebundenen Entscheidung führen soll.

Vor diesem Hintergrund überrascht nicht, daß die Konstruktion des Bundesverwaltungsgerichts, die bergrechtliche Betriebsplanzulassung durch eine extensive Auslegung des § 48 Abs. 2 BBergG anderen als den in § 55 BBergG genannten Erwägungen zu öffnen, gelegentlich als dogmatisch wenig überzeugend kritisiert wurde.[101] In der Tat stellt das *Moers-Kapellen*-Urteil kaum mehr als einen juristischen »Notbehelf«[102] dar. Das Defizit der mangelnden Berücksichtigung von Drittbelangen vermag dieses Modell nur notdürftig und konstruktiv wenig überzeugend auszugleichen.[103] De lege ferenda wurden daher der legislatorische Umbau der Betriebsplanzulassung zu einer planerischen Entscheidung[104] oder die Einführung eines – die Betriebsplanzulassung ergänzenden – echten bergbaulichen Planungsverfahrens vorgeschlagen.[105] Diese rechtspolitischen Vorschläge übergehen jedoch die Vorfrage, ob die Anerkennung eines planerischen Charakters der Betriebsplanzulassung nicht bereits auf der Grundlage des bestehenden Bergrechts möglich und geboten ist.

b) Die Notwendigkeit der Anerkennung einer Planungsentscheidung

Die *Moers-Kapellen*-Rechtsprechung ist ersichtlich von dem Bestreben getragen, die Betätigungsfreiheit des Bergunternehmers nicht weiter zu beschränken, als dies nach dem Maßstab der Verfassung unbedingt erforderlich ist. Indes erscheint es fraglich, ob mit dieser Konstruktion die Stellung des Bergunternehmers wirklich gestärkt wurde[106], zumal trotz des angeblich gebundenen Charakters der Betriebsplanzulassung der tatsächliche Einfluß der Bergbehörden auf den Inhalt des Planes ganz

---

[100] Vgl. schon oben S. 362.

[101] *Gaentzsch*, DVBl. 1993, 527, 531 (»schon eine kühne Konstruktion«); Brüche in der Argumentation des Urteils belegen auch *Schenke*, Bergbau contra Oberflächeneigentum, 1994, S. 26ff., *Schmidt-Preuß*, Kollidierende Privatinteressen, 1992, S. 344ff., und *Stiens*, Der bergrechtliche Betriebsplan, 1995, S. 115ff., m.w.N.

[102] *Schoch*, in: Kühne/Schoch/Beckmann, Gegenwartsprobleme des Bergrechts, 1995, S. 63; ähnlich *Berkemann*, DVBl. 1989, 625, 626.

[103] Positiver freilich *Frenz*, Bergrecht und Nachhaltige Entwicklung, 2000, der das Gesetz auf S. 103 zusammenfassend als als ökologisch »handhabbar« bewertet.

[104] So *Stiens*, Der bergrechtliche Betriebsplan, 1995, S. 167ff., der zudem für eine Streichung der Rohstoffsicherungsklausel in § 48 Abs. 1 S. 2 BBergG bzw. für ihre Umgestaltung zu einem Optimierungsgebot plädiert. Letzteres ist freilich im Ansatz bereits durch die Rechtsprechung erfolgt, wie die Nachweise in Fn. 34 belegen. Vgl. auch *Jarass*, in: Tettinger (Hrsg.), Umweltverträglichkeitsprüfung bei Projekten des Bergbaus und der Energiewirtschaft, 1989, S. 53, 60.

[105] So der Vorschlag der Unabhängigen Sachverständigenkommission zum Umweltgesetzbuch in: BMU (Hrsg.), Umweltgesetzbuch, 1998, S. 1008ff. (zu § 338 UGB), m.w.N. zur Kritik an der unzulänglichen Berücksichtigung von Umweltbelangen in der Betriebsplanzulassung. Ähnlich auch *Schulte*, Raumplanung, 1996, S. 284f.

[106] So auch *Schulte*, Kernfragen des bergrechtlichen Genehmigungsverfahrens, 1993, S. 43.

erheblich ist.[107] Es wäre allemal konsequenter und sachgerechter, der bergrechtlichen Zulassungsentscheidung die – der Sache nach längst praktizierte – planerische Gestaltungsfreiheit zuzuerkennen und für die gerichtliche Kontrolle die Grundsätze der Abwägungsfehlerlehre anzuwenden.[108]

(aa) Eine solche Lösung wäre zunächst vom *Ergebnis* her befriedigender als die Konstruktion der Rechtsprechung. Die der faktischen Aufgabenverteilung nach von jeher gemeinsame planerische Gestaltung des Vorhabens durch den Vorhabenträger und die Bergbehörde würde damit endlich auch juristisch zur Kenntnis genommen. Der erhöhten Flexibilität für Unternehmer und Behörde würde dann freilich die Pflicht entsprechen, die in § 55 BBergG nicht abgedeckten Interessen – u.a. auch Planungen Dritter – im Rahmen der Abwägung angemessen zu berücksichtigen.

(bb) Das Beharren der herrschenden Lehre auf dem gebundenen Charakter der bergrechtlichen Betriebsplanzulassung vermag demgegenüber bereits deshalb nicht zu überzeugen, weil sich die Betriebsplanung wie kaum eine andere Tätigkeit durch einen offensichtlichen *planerischen Charakter* auszeichnet. Bereits nach altem Recht stellte die bergrechtliche Betriebsplanzulassung ihrem materiellen Gehalt nach eine komplexe Planungsentscheidung dar, die sich nicht auf schlichten Gesetzesvollzug reduzieren läßt.[109] Die Vielfalt und das Gewicht der so betroffenen Interessen – namentlich auch im Bereich konkurrierender Planungen – begründen ein besonderes Bedürfnis nach der Herstellung einer konkreten Verhältnismäßigkeit, das in allen anderen Bereichen der Raumplanung die Grundlage für die Geltung des Abwägungsgebots liefert.[110] Vor diesem Hintergrund ist wenig nachvollziehbar, weshalb ausgerechnet im Rahmen der bergrechtlichen Planfeststellung, die ihrer Natur nach zweifelsohne in hohem Maß planerische und prognostische Entscheidungen erfordert, die Abwägungsfehlerlehre unanwendbar sein sollte.

Auch die herrschende Lehre erkennt die planerischen Gehalte der bestehenden Betriebsplanpraxis und konzediert, daß bei bergbaulichen Vorhaben oft schwierigste Prognoseentscheidungen erforderlich sind, sieht jedoch hierdurch den Charakter der bergrechtlichen Zulassung als gebundene Entscheidung nicht in Frage gestellt.[111]

---

107 Vgl. oben S. 354.

108 So im Ansatz auch *Himmelmann/Tünnesen-Harmes*, UPR 2002, 212, 214.

109 Vgl. mit unterschiedlichen Akzenten OVG Münster, Urt. v. 9.7. 1974 – 12 A 955/73 –, ZfB 1975, 245, 250 (noch zur Rechtslage vor Inkrafttreten des Bundesberggesetzes); aus dem Schrifttum *Breuer*, Die hoheitliche raumgestaltende Planung, 1968, S. 82f.; *Hönig*, Fachplanung und Enteignung, 2001, S. 40f.; *Kühling*, Fachplanungsrecht, 1988, Rn. 66ff. (unter Verweis auf den Einfluß des § 48 Abs. 2 BBergG); *Ronellenfitsch*, Einführung in das Planungsrecht, 1986, S. 200; *Seibert*, DVBl. 1986, 1273ff.; *Wahl*, NVwZ 1990, 426, 428, m.w.N. Am deutlichsten spricht *Wagner*, Die Harmonisierung der Raumordnungsklauseln, 1990, S. 135, aus, daß der Behörde »der Sache nach eine planerische Abwägung abgefordert wird«. Weitere Nachweise zu solchen Aussagen bei *Niermann*, Betriebsplan und Planfeststellung, 1992, S. 44ff. Die herrschende Lehre stuft diese Beobachtungen als Mißverständnisse oder als rein tatsächliche Feststellungen ein, die den rechtlich gebundenen Charakter der Betriebsplanzulassung nicht in Frage stellen könnten.

110 Näher dazu oben im fünften Kapitel S. 303ff. und 319ff.

111 *Hoppe*, DVBl. 1993, 221, 229f.; *Schulte*, Kernfragen des bergrechtlichen Genehmigungsverfahrens, 1993, S. 43f.

Obwohl die praktische Relevanz dieser Unterscheidung in manchen Zusammenhängen relativiert wird[112], handelt es sich bei Genehmigungs- und Planungsentscheidungen doch um zwei sehr unterschiedliche Entscheidungsmodelle.[113] Die Erforderlichkeit des bergrechtlichen Sonderweges vermag die herrschende Lehre freilich nicht zu begründen: In allen anderen Fällen, in denen die räumlichen Belange ähnlich oder weniger komplex sind, hat die Rechtsprechung auch ohne jede ausdrückliche Einräumung planerischen Ermessens ganz selbstverständlich angenommen, daß Verwaltungsentscheidungen, die ihrer Natur nach planerischer Art sind, den Grundsätzen des Abwägungsgebots unterliegen und durch die Rechtsprechung nach dem Maßstab der Abwägungsfehlerlehre überprüfbar sind. Soll dieser Grundsatz, der für den Bau einfacher Versorgungs- und Abwasserleitungen oder bei der Planung von Friedhöfen mittlerweile anerkannt ist[114], für großangelegte bergbauliche Planungen wirklich nicht gelten?

(cc) Durchgreifende Einwände gegen die Anerkennung der Betriebsplanzulassung als einer dem Abwägungsgebot unterliegenden Planungsentscheidung ergeben sich letztlich nicht aus der *Normstruktur* des §55 BBergG.[115] Zwar soll nicht verkannt werden, daß diese Bestimmung ihrem Wortlaut nach die materiellen Voraussetzungen für die Betriebsplanzulassung scheinbar abschließend aufzählt und keine weiteren zwingenden Zulassungsvoraussetzungen erwähnt. Eine derartige Normstruktur ist indes für Planungsnormen keineswegs ungewöhnlich: Auch andere Planfeststellungen stellen ihrem Wortlaut nach gebundene Entscheidungen dar[116], ohne daß die Rechtsprechung aus diesem Grund die Existenz planerischer Gestaltungsfreiheit auch nur ansatzweise in Frage gestellt hätte.[117] Daher kann auch nicht die Rede davon sein, daß der Gesetzgeber für das Bergrecht eine Abwägungsentscheidung explizit ausgeschlossen habe und eine entsprechende Auslegung des Bundesberggesetzes daher unmöglich sei.[118] Im Gegenteil ging der Gesetzgeber bei Einführung des Instituts der bergrechtlichen Planfeststellung zwar davon aus, im Rahmen des nunmehr eingeführten Planfeststellungsverfahrens sei eine Planrechtfertigung nicht erforderlich, er sah aber im übrigen vor, die Vorschriften über das Planfeststellungsverfahren »uneingeschränkt« zur Anwendung zu bringen.[119] Sollte hierbei tatsächlich nicht an das Abwägungsgebot als Kernstück der Planfeststellung

---

[112] Vgl. dazu die Beobachtungen von *Sendler*, in: FS für Schlichter, 1995, S. 55, 64ff., m.w.N.

[113] Vgl. dazu nur *Börger*, Genehmigungs- und Planungsentscheidungen, 1987.

[114] Vgl. etwa BVerwG, Urt. v. 17.1. 1986 – 4 C 6 u. 7.84 –, DÖV 1986, 840, 841; BayVGH, Urt. v. 2.7. 1980 – 9 B 1834/79 –, BayVBl. 1981, 18, 19; Urt. v. 30.11. 1993 – 8 B 92.762 –, BayVBl. 1994, 245f.; Urt. v. 14.5. 1997 – 22 B 96.2932 –, BayVBl. 1998, 468, und dazu bereits im fünften Kapitel S. 292ff.

[115] So aber *Hönig*, Fachplanung und Enteignung, 2001, S. 44.

[116] Verwiesen sei etwa auf §18 WaStrG oder §32 Abs. 1 KrW-/AbfG.

[117] Vgl. dazu die Darstellung im fünften Kapitel S. 276f.

[118] Vgl. zu diesem Kriterium *Dreier*, Die normative Steuerung der planerischen Abwägung, 1995, S. 53.

[119] Begründung zum Bundesberggesetz, ZfB 1990, 89, 93.

gedacht worden sein?[120] Ebenso ging der Gesetzgeber auch bei der Privilegierung der bergrechtlichen Planfeststellung durch §38 BauGB ersichtlich von der Vorstellung aus, eine materielle Berücksichtigung der städtebaulichen Belange sei in Planfeststellungsverfahren und Verfahren mit den Rechtswirkungen der Planfeststellung automatisch gewährleistet, so daß auf eine Aufzählung der einzelnen Fachgesetze verzichtet werden könne.[121] Die Einführung des Planfeststellungsverfahrens für die Zulassung von Rahmenbetriebsplänen setzte auch insoweit gewisse Entscheidungsspielräume voraus. Dieser gesetzgeberischen Erwartung wird das Festhalten der Rechtsprechung an der überkommenen Lösung des *Moers-Kapellen*-Urteils schwerlich gerecht.

(dd) Die bergbaulichen Sachgesetzlichkeiten, auf die sich die herrschende Lehre regelmäßig beruft, sprechen insgesamt eher für als gegen die Anerkennung planerischer Gestaltungsfreiheit und damit einer planerischen Abwägung des Betriebsplans. Auch die übrigen Besonderheiten des bergrechtlichen Zulassungsverfahrens rechtfertigen kein anderes Ergebnis. Hohe Investitionskosten sind ein Kennzeichen vieler planfeststellungsbedürftiger Vorhaben. Auch die Standortgebundenheit des Bergbetriebs ist keine ganz außergewöhnliche Eigenschaft der bergrechtlichen Fachplanungen, sondern charakterisiert in gleicher Weise auch andere Fachplanungen wie den Flächen- und Habitatschutz im Naturschutzrecht, der dennoch ebenfalls dem Abwägungsgebot unterliegt.[122]

Insgesamt hat daher die im vorigen Kapitel dargestellte Herleitung des Abwägungsgebots aus dem Verhältnismäßigkeitsgrundsatz im Kontext des Bergrechts gleiche Gültigkeit. Diese Erwägungen gelten für das Verfahren der Betriebsplanzulassung im allgemeinen, in besonderer Weise jedoch für das bergrechtliche Planfeststellungsverfahren. Da die Rechtsprechung für sämtliche übrigen Planfeststellungsverfahren die Einräumung planerischer Gestaltungsfreiheit ganz selbstverständlich bejaht, wäre es mehr als naheliegend, dies auch im Rahmen der bergrechtlichen anzuerkennen. Statt dessen stellt das Bergrecht nunmehr die über Jahrzehnte erfolgte Vereinheitlichung des Rechts der Planfeststellung[123] erneut in Frage.

(ee) Der Anerkennung planerischer Gestaltungsfreiheit kann schließlich – und dies scheint ein grundsätzliches Mißverständnis der herrschenden Lehre zu sein – nicht entgegengehalten werden, daß in diesem Fall der Genehmigungsanspruch des Unternehmers und damit seine Möglichkeit der eigenständigen Gestaltung des Abbaubetriebs aufgegeben würden. Das Vorliegen planerischer Gestaltungsfreiheit und die Beschränkung gerichtlicher Kontrolle auf das Abwägungsgebot einerseits

---

[120] Vgl. dazu auch *Hoppe*, DVBl. 1993, 221, 229, der es für denkbar hält, daß der Gesetzgeber mit dem Planfeststellungsverfahren zugleich das Abwägungsgebot im Bergrecht verankern wollte.

[121] Bundesrats-Drs. 635/96 v. 6.9. 1996 (Entwurf zum Bau- und Raumordnungsgesetz 1998 – BauROG), S.38.

[122] Vgl. dazu bereits im fünften Kapitel S.279ff.

[123] Näher *Blümel*, in: FS für Hoppe, 2000, S.3, 14f.; zur Rolle der Rechtsprechung in diesem Vereinheitlichungsprozeß durch Anerkennung eines einheitlichen Abwägungsgebots oben im fünften Kapitel S.270.

und das Bestehen eines Genehmigungsanspruchs des Unternehmers andererseits sind nämlich – wie im fünften Kapitel dargestellt wurde[124] und entgegen einer gerade im Bergrecht weitverbreiteten Annahme[125] – keine grundsätzlichen Gegensätze. Auch im Planfeststellungsverfahren, das ohnehin keineswegs auf die Genehmigung der Planungen öffentlicher Stellen beschränkt ist[126], plant zumeist nicht die Planfeststellungsbehörde, sondern der Vorhabenträger. Dabei obliegt die Ausübung der planerischen Gestaltungsfreiheit auch rechtlich nicht von vornherein der Planfeststellungsbehörde, sondern dem Vorhabenträger, soweit diesem durch das einschlägige Fachgesetz die materielle Planungsaufgabe eigenverantwortlich zugewiesen ist. In diesem Fall hat der Vorhabenträger gegenüber der Zulassungsbehörde einen Anspruch auf eine die Abwägung nachvollziehende *Planfeststellung*, falls er bei seiner Planung das Abwägungsgebot beachtet hat. Die Behörde gestaltet nur dann selbst, wenn das Vorhaben nach dem Maßstab des Abwägungsgebots einer Modifikation bedarf, namentlich im Auflagenbereich.

Eben diese Lösung dürfte auch der traditionellen Aufgabenverteilung bei der bergrechtlichen Betriebsplanung entsprechen, die – im scheinbaren Gegensatz zur Planfeststellung – als »Unternehmensplanung« charakterisiert wird[127] und die im älteren Schrifttum so beschrieben wurde, daß der Bergunternehmer im Rahmen der bergpolizeilichen Anforderungen seinen Betrieb »schlechthin nach eigenem Ermessen« führen könne.[128] Dieses unternehmerische Planungsermessen im Hinblick auf die durch das Vorhaben betroffenen Interessen Dritter – ebenso wie bei der privatnützigen Planfeststellung – den weiten gestalterischen Grenzen des Abwägungsgebots zu unterwerfen ist nur eine logische Konsequenz des Verhältnismäßigkeitsgrundsatzes. Ob darüber hinaus die faktisch bestehenden erheblichen Einflußmöglichkeiten der Bergbehörde nicht durch eine mitverantwortliche Gestaltungsmacht des Betriebsplans durch Unternehmer und Behörde anerkannt werden sollten, ist

---

[124] Vgl. im fünften Kapitel S. 311 ff.

[125] Besonders deutlich wird diese im bergrechtlichen Schrifttum allgegenwärtige Vorstellung bei *Frenz*, in: Ziekow (Hrsg.), Praxis des Fachplanungsrechts, 2004, Rn. 2508; *Stiens*, Der bergrechtliche Betriebsplan, 1995, S. 163, sowie *Schmidt-Aßmann/Schoch*, Bergwerkseigentum und Grundeigentum im Betriebsplanverfahren, 1994, S. 155f., die alle gerade deshalb, weil der Betriebsplan von privaten Unternehmern aufgestellt wird, diesem einen materiellen Plancharakter absprechen.

[126] So aber *Schmidt-Aßmann/Schoch*, Bergwerkseigentum und Grundeigentum im Betriebsplanverfahren, 1994, S. 161, die unter diesem Gesichtspunkt erneut den Planungscharaker der Betriebsplanzulassung bestreiten. Vgl. demgegenüber nur den Überblick zur Planfeststellung für die Anlagen Privater bei *Steinberg/Berg/Wickel*, Fachplanung, 3. Aufl. 2000, § 1 Rn. 15ff., wo dargelegt wird, daß die Rechtsprechung ihre These von der angeblichen Sonderrolle der »privatnützigen Planfeststellung« mittlerweile aufgegeben hat. Im übrigen stellt das Betriebsplanverfahren – ähnlich wie heute etwa die eisenbahnrechtliche Planfeststellung – ein Genehmigungsverfahren für gerade solche privaten Tätigkeiten dar, die ursprünglich oft durch den Staat ausgeübt wurden (vgl. nur den historischen Rückblick bei *Kühne*, Bergrechtlicher Rahmenbetriebsplan, Anlagengenehmigungsrecht und Umweltverträglichkeitsprüfung, 1993, S. 24f.). Auch hieraus wird deutlich, daß die These von der Sonderstellung der bergrechtlichen Planfeststellung einer kritischen Überprüfung in vielfacher Hinsicht nicht standhält.

[127] *Niermann*, Betriebsplan und Planfeststellung, 1992, S. 51, m.w.N.

[128] *Mogk*, Das Verhältnis zwischen Bergbau und öffentlichen Verkehrsanstalten, 1961, S. 38.

für diese grundsätzliche rechtsdogmatische Weichenstellung unerheblich und mag daher offenbleiben.

Jedenfalls steht entgegen der herrschenden Lehre[129] der Annahme planerischer Gestaltungsfreiheit nicht entgegen, daß die Initiative des bergrechtlichen Betriebsplanes vom Unternehmer und nicht von der Zulassungsbehörde ausgeht und diesem gegebenenfalls gegenüber der Behörde ein Anspruch auf Zulassung des Betriebsplanes zusteht. Vielmehr ist die bergrechtliche Betriebsplanzulassung strukturell ganz wie eine Planfeststellung ausgestaltet, bei welcher der Vorhabenträger die materielle Planungsaufgabe eigenverantwortlich bewältigt: Wenn daher die herrschende Lehre im bergrechtlichen Schrifttum die Entscheidung der Bergbehörde über das Entgegenstehen öffentlicher Interessen nach §48 Abs.2 BBergG als »nachvollziehendes Abwägen« beschreibt[130], entspricht dies eben der Aufgabenstellung einer nicht selbst mit der Gestaltungsfreiheit betrauten Planfeststellungsbehörde.[131]

c) Fazit

Insgesamt erscheint damit die Notwendigkeit der Anerkennung des planerischen Charakters der Betriebsplanzulassung und der Verbindlichkeit des Abwägungsgebots im Bergrecht überfällig. Die Integration aller dem Abwägungsgebot zuzuordnenden Belange in §48 Abs.2 BBergG ist demgegenüber eine ungenügende Hilfskonstruktion, die die gesamte übrige Rechtsordnung, die Belange Privater und schließlich auch die räumlichen Planungen anderer Planungsträger zu bloßen innertatbestandlichen Belangen abwertet. Die Folgen eines solchen Verzichts sind nicht nur für die betroffenen Bürger und Gemeinden wenig befriedigend; vielmehr zeigt sich in der Praxis des Bergbaus, daß andere Planverfahren, namentlich die räumlichen Gesamtplanungen, die durch die Lückenhaftigkeit des Bundesbergrechts entstandenen Freiräume längst besetzt haben und dabei beanspruchen, gerade jene Problemfelder zu regeln, die das Betriebsplanverfahren offenläßt.

Dies gilt zunächst vor allem für die kommunale Bauleitplanung, die seit der grundsätzlichen Anerkennung der Möglichkeit, im Flächennutzungsplan nach §5 Abs.2 Nr.8 BauGB sog. »Abgrabungskonzentrationszonen« mit dem Ziel darzustellen, den Abbau von Bodenschätzen am ausgewiesenen Standort zu konzentrie-

---

[129] Vgl. nur *Schulte*, Kernfragen des bergrechtlichen Genehmigungsverfahrens, 1993, S.43; *Schoch*, in: Kühne/Schoch/Beckmann, Gegenwartsprobleme des Bergrechts, 1995, S.63.

[130] So etwa *Frenz*, Bergrecht und Nachhaltige Entwicklung, 2000, S.82f.; *Kühne*, Braunkohlenplanung und bergrechtliche Zulassungsverfahren, 1999, S.29; *Schmidt-Aßmann/Schoch*, Bergwerkseigentum und Grundeigentum im Betriebsplanverfahren, 1994, S.163f.; *Schoch*, in: Kühne/Schoch/Beckmann, Gegenwartsprobleme des Bergrechts, 1995, S.25, 57; *Schulte*, Kernfragen des bergrechtlichen Genehmigungsverfahrens, 1993, S.43; ähnlich auch *Niermann*, Betriebsplan und Planfeststellung, 1992, S.101, und *Stiens*, Der bergrechtliche Betriebsplan, 1995, S.165.

[131] Vgl. nur *Achenbach*, Zur Frage der selbständigen rechtlichen Bedeutung der privatnützigen Planfeststellung, 1992, S.21; *Bartunek*, Probleme des Drittschutzes bei der Planfeststellung, 2000, S.54ff.; *Schmidt-Preuß*, Kollidierende Privatinteressen, 1992, S.146f.; *Seidel*, Privater Sachverstand und staatliche Garantenstellung, 2000, S.97ff., sowie im fünften Kapitel S.312ff.

ren und im übrigen Außenbereich zu verbieten[132], von dieser Option regen Gebrauch macht.[133] Über §35 Abs.3 Nr.1 BauGB und §48 Abs.2 BBergG kann somit die Betriebsplanzulassung in gewissem Umfang bauleitplanerisch gesteuert werden.[134] Paradoxerweise versagt diese Möglichkeit freilich gerade gegenüber besonders umweltbelastenden überörtlichen Vorhaben, die nach §52 Abs.2a BBergG als UVP-pflichtige Vorhaben planfeststellungsbedürftig und in diesem Fall gegenüber der Bauleitplanung nach §38 BauGB privilegiert sind.

Solche gegenüber der Bauleitplanung immunisierten Vorhaben werden daher gleichsam naturgemäß zum Gegenstand der überörtlichen Gesamtplanung.[135] Dabei ist die Tendenz erkennbar, es nicht bei einer der Aufgabenstellung der Raumordnung entsprechenden überfachlichen Steuerung zu belassen, sondern im Gewand der Gesamtplanung die Defizite des Betriebsplanverfahrens auszugleichen. Stellt die bergrechtliche Betriebsplanfeststellung nach dem Verständnis der herrschenden Lehre die universelle Geltung des Abwägungsgebots in Frage, so gerät somit die Gesamtplanung auf dem Gebiet des Bergbaus mit dem im vierten Kapitel behandelten Kompetenzgrundsatz in ein Spannungsverhältnis. Das am weitesten entwickelte Beispiel für diese Entwicklung ist die Braunkohlenplanung der Länder Nordrhein-Westfalen, Brandenburg, Sachsen und Sachsen-Anhalt, die für die wohl einschneidendste Form des Bergbaus[136] eine Art Parallelplanung zum Betriebsplanverfahren entwickelt haben.

III. Kompetenzfragen der Braunkohlenplanung

1. Grundlagen der Braunkohlenplanung

a) Überblick

Die Förderung von Braunkohle als insgesamt wohl umweltbelastendste Form des Bergbaus unterliegt in den Bundesländern Nordrhein-Westfalen, Brandenburg, Sachsen und Sachsen-Anhalt den auf der Grundlage landesrechtlicher Bestimmungen vorgesehenen Braunkohlenplänen.[137] Dabei handelt es sich nach dem Verständ-

---

132 BVerwG, Urt. v. 22.5. 1987 – 4 C 57/84 –, BVerwGE 77, 300ff.; OVG Münster, Urt. v. 28.10. 1997 – 10 A 4574/94 –, ZfBR 1998, 160ff., m.w.N. zur Rspr. des BVerwG.

133 Vgl. etwa die Ausführungen bei *Gaentzsch*, NVwZ 1998, 889, 893ff., m.w.N.

134 Vgl. oben S.364 und 367 sowie umfassend zur Steuerung des Bergbaus durch Bauleitplanung *Berkemann*, DVBl. 1989, 625ff.; *Schulte*, Raumplanung, 1996, S.79ff.

135 *Schulte*, Raumplanung, 1996, S.281.

136 So die Einschätzung von *Schulte*, Bergbau und Grundeigentum, 1991, S.116.

137 Einen Überblick über die rechtlichen Grundlagen und die tatsächliche Bedeutung dieser Planungsart vermittelt der von der Akademie für Raumforschung und Landesplanung herausgegebene Band: Braunkohlenplanung und Umsiedelungspolitik in der Raumordnungsplanung Brandenburgs, Nordrhein-Westfalens, Sachsens und Sachsen-Anhalts, 2000; für Sachsen ferner *Berkner/Heidenfelder*, in: Sächsische Regionalplanung, 1998, S.68ff., sowie *Dammert*, in: Bauer/Breuer/Degenhart/Oldiges (Hrsg.), 100 Jahre Allgemeines Baugesetz Sachsen, 2000, S.411ff.; für Nordrhein-

nis des Landesgesetzgebers um regionale Gesamtplanungen mit Zielen der Raumordnung, die nach den einschlägigen landesrechtlichen Bestimmungen von den zuständigen Zulassungsbehörden im Rahmen der Betriebsplanzulassung zu beachten sind. Sie haben in den § 54 Abs. 2 S. 3 und § 52 Abs. 2b S. 2 BBergG eine mittelbare bundesrechtliche Anerkennung erfahren.[138]

Braunkohlenpläne erheben den Anspruch, bindende Vorgaben für die Betriebsplanzulassungen und damit für den Bergwerksbetrieb aufzustellen. Ihre wichtigste und grundsätzlich unproblematische Aussage besteht regelmäßig darin, bestimmte Flächen festzulegen, in denen die Gewinnung von Braunkohle gegenüber anderen räumlichen Planungen und Ansprüchen Vorrang hat, und damit andere Flächen implizit von dieser Nutzung freizuhalten. Insoweit handelt es sich um eine typische raumordnerische Entscheidung im Konflikt zwischen untereinander unvereinbaren Nutzungsformen[139], die zudem der im Raumordnungsgesetz in § 7 Abs. 4 Nr. 1 vorgegebenen Kategorie der »Vorranggebiete« entspricht.[140]

Freilich beschränkt sich die Braunkohlenplanung nicht auf solch unproblematische Inhalte, die auch keine fachliche Verselbständigung gegenüber der allgemeinen Landesplanung erforderlich gemacht hätten. Daneben zeichnet sich die Braunkohlenplanung vielmehr durch einen starken fachlichen Einschlag aus, der sogleich am Beispiel des brandenburgischen Braunkohlenplanungsrechts näher verdeutlicht werden soll. Zunächst ist jedoch zu untersuchen, wieweit solche Pläne gegenüber der Betriebsplanzulassung überhaupt Bindungen entfalten.

b) Bindung der Braunkohlenplanung gegenüber der Betriebsplanzulassung?

Charakteristisch für die Braunkohlenplanung ist ihr unmittelbarer Steuerungsanspruch gegenüber dem bergrechtlichen Betriebsplanverfahren. In den drei Bundesländern Brandenburg, Nordrhein-Westfalen und Sachsen – nicht aber in Sachsen-Anhalt – sehen landesrechtliche Vorschriften ausdrücklich vor, daß geltende Betriebspläne an die Braunkohlenpläne in der jeweils geltenden Fassung anzupassen

Westfalen *Depenbrock/Reiners*, Landesplanungsgesetz NW, 1985, Einführung Erl. 4.1ff., sowie die nachfolgenden Nachweise.

[138] BMU (Hrsg.), Umweltgesetzbuch, 1998, S. 1007; *Boldt/Weller*, BBergG, Nachtrag 1992, § 52 Rn. 77.

[139] *Lautner*, Funktionen raumordnerischer Verfahren, 1999, S. 365; *Schulte*, Raumplanung, 1996, S. 279.

[140] Vgl. § 7 Abs. 4 Nr. 1 ROG, wonach die Festlegungen in Raumordnungsplänen Gebiete bezeichnen können, »die für bestimmte, raumbedeutsame Funktionen oder Nutzungen vorgesehen sind und andere raumbedeutsame Nutzungen in diesem Gebiet ausschließen, soweit diese mit den vorrangigen Funktionen, Nutzungen oder Zielen der Raumordnung nicht vereinbar sind«. Zur kompetenzrechtlichen Bedeutung dieser Regelung als Konkretisierung der verfassungsrechtlich zulässigen Festsetzungsmöglichkeiten der Raumordnung *Runkel*, in: Bielenberg/Runkel/Spannowsky, Raumordnungs- und Landesplanungsrecht des Bundes und der Länder, Kommentar K, § 1 ROG Rn. 41, Stand: V.2001; dazu sowie zu den rechtlichen Anforderungen an die Wirksamkeit der Festsetzung von Vorranggebieten auch *Lehners*, Raumordnungsgebiete, 1998, S. 29ff., 136f.

sind.[141] Sieht also der Braunkohlenplan ein bestimmtes Gebiet zur Nutzung für die Gewinnung von Braunkohle vor, so kann und soll die zuständige Zulassungsbehörde einen Betriebsplan für dieses Gebiet zulassen. Sieht der Braunkohlenplan für ein Bergwerksgebiet bestimmte Rekultivierungsmaßnahmen – wie beispielsweise die Wiederherstellung landwirtschaftlicher Flächen – vor, so hat die Bergbehörde dem Unternehmer in der Zulassung des Abschlußbetriebsplanes entsprechende Maßnahmen aufzuerlegen. Sieht ein Braunkohlenplan die Umsiedelung eines bestimmten Dorfes vor, so kann ein entsprechender Sonderbetriebsplan für die Umsiedelung zugelassen werden. Aus Sicht des Landesrechts – und weithin wohl auch der das Bergrecht vollziehenden Landes*behörden* – erscheint dieses Ergebnis eindeutig.

Ob und wieweit die erwähnten Vorschriften eine echte Bindung der Betriebsplanzulassungen zur Folge haben, ist mittlerweile allerdings äußerst umstritten. Das Oberverwaltungsgericht für das Land Brandenburg hat unter Hinweis auf entsprechende Bedenken im Schrifttum darauf hingewiesen, daß diese Regelung mit der Gesetzgebungskompetenz des Bundes für das Bergrecht aus Art. 74 Abs. 1 Nr. 11 in Konflikt steht, da das Bundesberggesetz die materiellen Voraussetzungen für die Betriebsplanzulassung abschließend regelt und daneben für weitere zwingende Zulassungsvoraussetzungen landesrechtlicher Art kein Raum ist.[142] Eine unmittelbare Bindung nach § 4 Abs. 1 oder 3 ROG scheidet bei privaten Bergbauunternehmern – abgesehen vom Fall der bergrechtlichen Planfeststellung, die als Unterfall der »Planfeststellungen über die Zulässigkeit raumbedeutsamer Maßnahmen von Personen des Privatrechts« nach § 4 Abs. 1 Nr. 2 ROG der landesplanerischen Zielbindung unterliegt[143] – in aller Regel aus, da diese keine »öffentlichen Stellen« sind und für gewöhnlich auch keine mehrheitliche öffentliche Beteiligung oder Finanzierung vorliegt.[144] Das Bundesberggesetz enthält zudem auch bei Vorliegen einer materiellen Zielbindung keine ausdrückliche Raumordnungsklausel, die die Ziele der Raumordnung zur Zulassungsvoraussetzung der bergrechtlichen Betriebsplanzulassung machen würde.[145] Bundesrechtlich ist somit eine Bindung der Betriebsplanung an die Braunkohlenplanung lediglich im Falle einer bergrechtlichen Planfeststellung vorgesehen. Daraus wird vielfach gefolgert, die Ziele der Raumordnung und Landesplanung entfalteten überhaupt keine Bindungswirkung, da gebundene behördli-

---

[141] So § 12 Abs. 6 S. 3 des bbg. Gesetzes zur Einführung der Regionalplanung und der Braunkohlen- und Sanierungsplanung (RegBkPlG) v. 13. 5. 1993, GVBl., 170ff., geändert durch Gesetz v. 6. 4. 1995, GVBl., 210. Ebenso § 36 Abs. 5 des Landesplanungsgesetzes Nordrhein-Westfalen i. d. F. v. 29. 6. 1994 (GV. NW, S. 474ff.) und § 8 Abs. 6 S. 2 Gesetz zur Raumordnung und Landesplanung des Freistaates Sachsen v. 24. 6. 1992. GVBl., 259ff., geändert durch Gesetz v. 4. 7. 1994, GVBl., S. 1262, 1279, und Gesetze v. 6. 9. 1995, GVBl., 281 und 285.

[142] OVG Frankfurt an der Oder, Urt. V. 28. 9. 2000 – 4 B 130/00 –, LKV 2001, 172, 178, m.w.N. zum Schrifttum; ebenso bereits *Erbguth*, DVBl. 1982, 1, 7f.

[143] *Frenz*, Bergrecht und Nachhaltige Entwicklung, 2000, S. 83f.; *Hoppe/Spoerr*, Bergrecht und Raumordnung,1999, S. 120; vgl. auch *Papier*, Freihaltung von Leitungstrassen durch die Regionalplanung, 1983, S. 36f.

[144] Vgl. dazu *Wagner*, Die Harmonisierung der Raumordnungsklauseln, 1990, S. 134f.

[145] *Degenhart*, DVBl. 1996, 773, 774; *Hoppe/Spoerr*, Bergrecht und Raumordnung,1999, S. 105.

che Entscheidungen und damit auch die Betriebsplanzulassungen mangels einer planenden Tätigkeit nicht in den Anwendungsbereich der Definition der »raumbedeutsamen Planungen« in §3 Nr. 6 ROG fielen, also keine »sonstige Maßnahme darstellten, durch die Raum in Anspruch genommen oder die räumliche Entwicklung oder Funktion eines Gebietes beeinflußt wird«.[146]

Die wohl vorherrschende Auffassung zieht demgegenüber erneut die oben dargestellte Öffnungsklausel in §48 Abs. 2 S. 1 BBergG[147] heran und nimmt an, daß Ziele der Raumordnung als »überwiegende öffentliche Interessen« einem Vorhaben entgegenstehen und die Beschränkung oder Untersagung einer Aufsuchung oder eine Gewinnung rechtfertigen. Die ohnehin bereits extensiv ausgelegte Vorschrift des §48 Abs. 2 S. 1 BBergG gewinnt somit der Sache nach auch die Funktion einer beschränkten Raumordnungsklausel.[148] Die Auffassung, daß die in §48 Abs. 2 BBergG genannten öffentlichen Interessen auch Ziele der Raumordnung einschließen, findet jedoch auch expliziten Widerspruch.[149] Vereinzelt findet sich schließlich auch die Auffassung, Raumordnungspläne fielen in den Anwendungsbereich der nach §48 Abs. 1 S. 1 BBergG unberührt bleibenden Rechtsvorschriften[150], die auf einem öffentlichen Zweck gewidmeten Grundstücken bergbauliche Tätigkeiten verbieten oder beschränken[151]. Angesichts der Beschränkung dieser Norm auf Nutzungsregelungen für einzelne »Grundstücke« kann diese Auffassung jedoch

---

[146] VG Weimar, Urt. v. 9. 1. 1995 – 7 K 714/93.We –, ThürVBl. 1995, 92ff.; ähnlich *Boldt/Weller*, BBergG, Kommentar 1984, §55 Rn. 53, beide noch für die Rechtslage vor Inkrafttreten des BauROG 1998, das jedoch insoweit – wie *Hoppe/Spoerr*, Bergrecht und Raumordnung, 1999, S. 108 aufzeigen – keine Änderung der Rechtslage bewirkt hat. Vgl. für diese Sichtweise i. E. auch die nachfolgend in Fn. 149 zitierten Stimmen.

[147] Vgl. dazu bereits oben S. 362ff.

[148] So *Depenbrock/Reiners*, Landesplanungsgesetz NW, 1985, Einführung Erl. 4.22.11ff., die zudem teilweise auch über §55 BBergG eine Zielbindung konstruieren wollen; *Kühne*, Braunkohlenplanung, 1999, S. 28ff., der freilich auf S. 32 zu dem Ergebnis gelangt die Ziele der Raumordnung seien über die Öffnungsklausel in §48 Abs. 2 S. 1 BBergG nicht nur zu berücksichtigen, sondern strikt zu beachten; ähnlich auch *ders.*, in: Kühne/Baur/Baron/Büdenberger, Das deutsche Berg- und Energierecht auf dem Wege nach Europa, 2002, S. 77, 87f. und öfter; eine *eingeschränkte* Wirkung als gebunden abzuwägender Belang bejahen *Berkemann*, DVBl. 1989, 625, 626; *Boldt/Weller*, BBergG, Kommentar 1984, §48 Rn. 10; *Beckmann*, in: Hoppe (Hrsg.), UVPG, 2. Aufl. 2002, §18 Rn. 23; *Hoppe/Spoerr*, Bergrecht und Raumordnung,1999, S. 107; *Niermann*, Betriebsplan und Planfeststellung, 1992, S. 174f.; *Schmidt-Aßmann/Schoch*, Bergwerkseigentum und Grundeigentum im Betriebsplanverfahren, 1994, S. 160f.; *Strecker*, Die Rechtsposition der Gemeinden im Betriebsplanverfahren, 1995, S. 119; *Wagner*, Die Harmonisierung der Raumordnungsklauseln, 1990, S. 135; dieser Lösung zuneigend wohl auch OVG Frankfurt an der Oder, Urt. V. 28. 10. 2000 – 4 B 130/00 –, LKV 2001, 172, 178, m.w.N.

[149] Vgl. *Degenhart*, DVBl. 1996, 773, 775; *ders.*, Rechtsfragen der Braunkohlenplanung für Brandenburg, 1996, S. 33ff.; *Hoppe*, in: Grimm/Papier (Hrsg.), Nordrhein-westfälisches Staats- und Verwaltungsrecht,1986, S. 305, 371f.; *Schulte*, Raumplanung, 1996, S. 282f., die daher eine Bindung verneinen; vgl. auch *Dickschen*, Das Raumordnungsverfahren im Verhältnis zu den fachlichen Genehmigungs- und Planfeststellungsverfahren, 1987, S. 195f., *Gutbrod/Töpfer*, Praxis des Bergrechts, 1996, Rn. 66, und bereits die Nachweise oben in Fn. 146.

[150] *Hoppe/Spoerr*, UPR 1997, 246, 247; *Ronellenfitsch*, Einführung in das Planungsrecht, 1986, S. 202; dagegen jedoch *Kühne*, Braunkohlenplanung, 1999, S. 30.

[151] Vgl. zu dieser Vorschrift bereits oben S. 356f.

schwerlich überzeugen. Gelegentlich wird eine Bindung der Betriebsplanzulassung an die Ziele der Raumordnung auch ohne nähere Begründung bejaht.[152] Die Rechtsprechung läßt diese Fragen bislang noch überwiegend offen.[153] Dogmatisch befriedigen kann letztlich keiner dieser Ansätze. Dessenungeachtet fordern die Behörden in der Betriebsplanpraxis die volle Übereinstimmung von Braunkohlenplänen und Betriebsplänen.[154]

Hier ist für die Fragestellung der vorliegenden Untersuchung zunächst festzuhalten: Wie auch immer eine materielle Bindung der Betriebsplanzulassungen an die Braunkohlenplanung begründet werden mag, es besteht der Sache nach Einigkeit, daß die in §12 Abs.6 S.3 RegBkPlG, §36 Abs.5 LPlG NW und §8 Abs.6 S.2 SächsPlG vorgesehenen Anpassungspflichten ohne eine korrespondierende – gegebenenfalls mit hohem juristischen Begründungsaufwand in das Bundesberggesetz hineinzulesende – Ermächtigung des Bundesgesetzgebers gegen dessen Kompetenz zur Regelung des Bergrechts verstoßen müßten.[155] Auch wenn dies selten ausgesprochen wird, wäre die Folge eines solchen Kompetenzübergriffs grundsätzlich die Verfassungswidrigkeit und Nichtigkeit des entsprechenden Landesrechts.[156] Eine ausdrückliche Ermächtigung dieser Art ist jedoch weder dem Raumordnungsgesetz noch dem Bundesberggesetz zu entnehmen. Ob es in einem solchen Fall methodisch geboten ist, das Bundesrecht zur Vermeidung der Nichtigkeit von Landesvorschriften bis an die Grenzen seines Wortlautes »landesrechtskonform« auszulegen, mag dahinstehen. Unabhängig von dem Inhalt der Braunkohlenpläne stellt die formale Ergänzung des bundesrechtlichen Betriebsplanzulassungstatbestandes jedenfalls prima facie eine Kompetenzüberschreitung des Landesgesetzgebers dar. Fraglich kann allein sein, ob eine indirekte Bindung des Betriebsplanverfahrens an die Braunkohlenplanung über §48 BBergG begründet werden kann. Gegebenenfalls könnte dann das – andernfalls als verfassungswidrig und nichtig einzustufende – Landesrecht in verfassungskonformer Auslegung als Bindeglied zu dieser Vorschrift aufrechterhalten werden.

---

[152] So etwa *Gutbrod*, NuR 1996, 74, 75; vgl. bereits *Bergen*, Bergrecht und Planungsrecht, 1959, S.59ff., 64.

[153] VGH Kassel, Urt. v. 12.9. 2000 – 2 UE 924/99 –, UPR 2001, 200; vgl. auch VerfG Brandenburg, Urt. v. 1.6. 1995 – VfGBbg 6/95 –, NuR 1995, 529, 531: »Das Gericht stellt klar, daß es mit der Erklärung der Nichtigkeit der Rechtsverordnung keine Entscheidung über konkrete durch Betriebspläne genehmigte bergbauliche Tätigkeiten im Plangebiet getroffen hat. Ob die Regelung des §12 Abs.6 S.3 RegBkPlG bei Fehlen eines verbindlichen Braunkohlenplanes ein absolutes Abbauverbot bewirkt, ist umstritten. Es handelt sich dabei um eine Frage der Auslegung einfachen Rechts. Sie gehört nicht zum Streitgegenstand dieses Verfahrens ...«.

[154] Vgl. aus Behördensicht etwa die Ausführungen bei *Klaua*, Die Umsetzung der Braunkohlenpläne in den bergrechtlichen Betriebsplanverfahren, in: Sächsische Regionalplanung, 1998, S.93ff.

[155] *Schulte*, Raumplanung, 1996, S.282.

[156] Vgl. bereits im vierten Kapitel S.186f.

c) Allgemeine verfassungsrechtliche Bedenken gegen die Braunkohlenplanung

Braunkohlenplanung ist auch in manch anderer Hinsicht verfassungsrechtlich umstritten.[157] Dies wird am Beispiel des Braunkohlenplanes Garzweiler II deutlich, der im Schrifttum mit allgemeinen, auf die Braunkohlenplanung als Ganzes übertragbaren Erwägungen als verfassungswidrig angesehen wurde, da das diesem Plan zugrundeliegende nordrhein-westfälische Braunkohlenplanungsrecht gegen das rechtsstaatliche Bestimmtheitsgebot, den Parlamentsvorbehalt und gegen die gemeindliche Selbstverwaltungsgarantie verstoße.[158] Zweifel bestehen auch hinsichtlich der Bindungswirkung des Plans für das nachfolgende bergrechtliche Betriebsplanverfahren.[159] Der Verfassungsgerichtshof für das Land Nordrhein-Westfalen hat zwar schließlich Braunkohlenpläne als zulässigen Gegenstand von Kommunalverfassungsbeschwerden angesehen[160], mochte jedoch auf der Ebene der Begründetheit den erwähnten Bedenken nicht folgen und weder einen Verstoß gegen das Selbstverwaltungsrecht der Gemeinden noch gegen das Demokratieprinzip oder das Landesplanungsgesetz anerkennen.[161] All diese Aspekte sollen hier nicht vertieft werden.

2. Das Beispiel des brandenburgischen Braunkohlenplanungsrechts

Die Problematik des Inhalts der Braunkohlenplanung soll hier an den weniger im Brennpunkt des Medieninteresses stehenden Beispielen des brandenburgischen Landesrechts und des konkreten Braunkohlenplanes »Tagebau Cottbus-Nord« erläutert werden. Der Braunkohlenabbau in Brandenburg wird im wesentlichen von einem einzigen Unternehmen betrieben, der Vattenfall Europe Mining (bis August 2002 unter dem Namen Lausitzer Braunkohle Aktiengesellschaft – LAUBAG), die auch in den Bundesländern Sachsen und Sachsen-Anhalt Braunkohle abbaut[162]. Die gesamte Braunkohlenplanung zielt daher letztlich auf die Steuerung der bergbauli-

---

[157] Vgl. dazu mit zahlreichen Nachweisen etwa *Erbguth*, DVBl. 1982, 1ff.

[158] So mit Unterschieden im Detail *Beckmann*, Städte- und Gemeinderat 1996, 269ff.; *Erbguth*, VerwArch 86 (1995), 327ff.; *Stüer*, Städte- und Gemeinderat 1996, 263ff.; *ders.*, in: ders. (Hrsg.), Planung von Großvorhaben, 1999, S. 203, 214ff.

[159] Umfassend zur Frage der Bindungswirkungen des Braunkohlenplans Garzweiler II und eventueller Änderungen für das anschließende Betriebsplanverfahren *Kühne*, Braunkohlenplanung, 1999; vgl. bereits oben S. 378ff.

[160] Vgl. dazu *Bertrams*, in: FS für Hoppe, 2000, S. 975, 982; *Hoppe/Scheipers*, in: FS für Stern, 1997, S. 1117f., jeweils m.w.N.

[161] VerfGH Münster, Urt. v. 9.6. 1997 – 20/95, 1/96, 3/96, 7/96, 8/96 –, DVBl. 1997, 1107ff.; vgl. zu dem Vorhaben Garzweiler II auch BVerwG, Urt. v. 14.12. 1990 – 7 C 18.90 –, NVwZ 1991, 992; Urt. v. 14.12. 1990 – 7 C 5.90 –, BVerwGE 87, 241ff. Aus dem Schrifttum sprechen sich für die Rechtmäßigkeit der Braunkohlenplanung in Nordrhein-Westfalen u.a. aus: *Bork*, Städte- und Gemeinderat 1980, 95ff.; *Dahlke*, VR 1980, 145ff.; *ders.*, Städte- und Gemeinderat 1980, 98f., 102; *Schleifenbaum/Kamphausen*, UPR 1984, 43ff.; *Schnapp*, in: FS für Fabricius, 1989, S. 87ff.

[162] Vgl. die Übersicht in: Akademie für Raumforschung und Landesplanung (Hrsg.), Braunkohlenplanung und Umsiedelungspolitik in der Raumordnungsplanung, 2000, S. 14.

chen Tätigkeit dieses einen Unternehmens und hat bereits von daher einen gewissen Einzelfallcharakter.

a) Grundlagen

Grundlage der Braunkohlenplanung in Brandenburg ist nicht etwa das Landesplanungsgesetz für das Land Brandenburg (BbgLPlG)[163], sondern ein spezielles Gesetz zur Einführung der Regionalplanung und der Braunkohlen- und Sanierungsplanung im Land Brandenburg (RegBkPlG)[164]. Der Abschnitt 2 des Gesetzes (§§ 12 bis 16 RegBkPlG) befaßt sich mit der Braunkohlen- und Sanierungsplanung. Nach § 12 RegBkPlG werden Braunkohlen- und Sanierungspläne auf der Grundlage des gemeinsamen Landesentwicklungsprogramms und der gemeinsamen Landesentwicklungspläne Berlin-Brandenburg aufgestellt und legen Ziele der Raumordnung und Landesplanung fest. Das Bindeglied zu dem bergrechtlichen Verfahren der Betriebsplanzulassung bildet die bereits erwähnte Bestimmung in § 12 Abs. 6 S. 2 RegBkPlG, wonach die Betriebspläne der Bergbauunternehmen mit den Braunkohlen- und Sanierungsplänen in Einklang zu bringen sind.

Nicht nur gesetzlich, sondern auch institutionell ist die Braunkohlenplanung gegenüber der allgemeinen Landesplanung verselbständigt. Träger der Braunkohlenplanung ist nach § 14 Abs. 1 RegBkPlG der *Braunkohlenausschuß* des Landes Brandenburg, dessen Zusammensetzung bis zum Jahr 2001 eine Rechtsverordnung der Landesregierung regelte.[165] Nach § 15 RegBkPlG wird zwar bei der Landesplanungsbehörde für die Braunkohlen- und Sanierungsplanung eine gesonderte Stelle eingerichtet, die die Entwürfe dieser Pläne im Auftrag des Braunkohlenausschusses erarbeitet. Zuständig für die Abwägung ist jedoch der erwähnte Braunkohlenausschuß und nicht etwa die Landesplanungsbehörde selbst, deren Einschaltung offenbar in erster Linie den formalen Charakter der Braunkohlenplanung als Unterfall der Landesplanung verdeutlichen soll. Nach Grundlage und Stellung ist die Braunkohlenplanung demgegenüber weniger durch Überfachlichkeit als vielmehr durch einen hohen Spezialisierungsgrad geprägt. Da jedoch die Pläne Verbindlichkeit erst durch eine Verordnung der Landesregierung erlangen, ist allerdings ein solches Vorgehen wohl noch mit dem Charakter einer Landesplanung vereinbar.[166]

Auch in Brandenburg begegnet die Braunkohlenplanung – ähnlich wie in Nordrhein-Westfalen – grundsätzlichen verfassungsrechtlichen Bedenken. 1995 erklärte

---

[163] Brandenburgisches Landesplanungsgesetz, verkündet als Art. 2 des Gesetzes zu dem Landesplanungsvertrag v. 20.7. 1995, GVBl. I 1995, 210ff.

[164] Gesetz zur Einführung der Regionalplanung und der Braunkohlen- und Sanierungsplanung im Land Brandenburg (RegBkPlG) v. 13.5. 1993, GVBl. I 1993, 170ff., zuletzt geändert durch Gesetz v. 15.3. 2001, GVBl. I 2001, 42.

[165] Verordnung über die Bildung des Braunkohlenausschusses des Landes Brandenburg v. 8.4. 1992, GVBl. II, 139ff.; weitere Informationen zu diesem Ausschuß in: Braunkohlenplanung und Umsiedelungspolitik in der Raumordnungsplanung, 2000, S. 20ff.; kritisch zur Zusammensetzung *Rude/Jaschinski*, LKV 2000, 242f.

[166] Vgl. *Erbguth/Schoeneberg*, Raumordnungs- und Landesplanungsrecht, 2. Aufl. 1992, Rn. 74.

das brandenburgische Landesverfassungsgericht in einem kontrovers diskutierten[167] Urteil die Verordnung über die Verbindlichkeit des Braunkohlenplanes Tagebau Jänschwalde für verfassungswidrig und nichtig, da die in diesem Plan vorgesehene vollständige Inanspruchnahme des Gebietes der Gemeinde *Horno* sich als Auflösung der Kommune im Sinne des Art. 98 Abs. 2 S. 2 der Landesverfassung darstelle und daher kraft Landesverfassungsrechts eines förmlichen Gesetzes bedürfe, das die Auflösung gerade dieser Gemeinde zum Regelungsgegenstand hat.[168] Der Landtag erließ 1997 ein entsprechendes Gesetz[169], worauf ein neuer Braunkohlenplan erarbeitet und durch Verordnung für verbindlich erklärt wurde. Am 15. Juni 2000 stellte das Verfassungsgericht freilich erneut fest, die entsprechende Rechtsverordnung sei mit der Landesverfassung unvereinbar. Diesmal verwies das Gericht darauf, daß der den Plan erarbeitende Braunkohlenausschuß weitgehend selbständig über die Einzelheiten der Planaufstellung bestimme, so daß der Landesregierung nur die Möglichkeit verbleibe, die entsprechenden Pläne ohne Abänderung zu übernehmen. Ein Teil der Mitglieder des Braunkohlenausschusses sei jedoch nicht hinreichend demokratisch legitimiert, andere wegen Interessenkonflikten möglicherweise befangen.[170] Im März 2001 wurden daraufhin die gesetzlichen Grundlagen erneut an die verfassungsgerichtlichen Vorgaben angepasst.[171] Diese Fragen sind für das Verhältnis konkurrierender Planungen nicht unmittelbar von Bedeutung und sollen daher hier nicht vertieft werden, verdeutlichen jedoch erneut den Spezialisierungsgrad und die Bedeutung und Konfliktträchtigkeit dieser Planungsart.

b) Das Beispiel des Braunkohlenplanes »Tagebau Cottbus-Nord«

Der Inhalt der Braunkohlenplanung bleibt auf Grundlage der Ermächtigungen in dem Gesetz zur Einführung der Regionalplanung und der Braunkohlen- und Sanierungsplanung sehr abstrakt – nicht umsonst wird daher im Hinblick auf die entsprechenden Bestimmungen in Nordrhein-Westfalen ein Verstoß gegen die Lehre vom Gesetzesvorbehalt, die Wesentlichkeitstheorie sowie gegen das Bestimmtheitsgebot

---

167 Zustimmend *Rude/Jaschinski*, LKV 2000, 242ff.; ablehnend besonders die kritische Monographie über dieses Urteil von *Degenhart*, Rechtsfragen der Braunkohlenplanung für Brandenburg, 1996; ferner *ders.*, DVBl. 1996, 773ff.; *Gutbrod*, NuR 1996, 74f.; *Postier*, NJ 1995, 511ff.

168 VerfG Potsdam, Urt. v. 1.6. 1995 – VfGBbg 6/95 –, NuR 1995, 529ff.

169 Gesetz zur Förderung der Braunkohle im Land Brandenburg, zur Auflösung der Gemeinde Horno und zur Eingliederung ihres Gemeindegebietes in die Gemeinde Jänschwalde sowie zur Änderung des Enteignungsgesetzes des Landes Brandenburg (Brandenburgisches Braunkohlengrundlagengesetz – BbgBkGG) v. 7.7. 1997, GVBl. I 1997, 72ff.

170 VerfG Potsdam, Urt. v. 15.6. 2000 – VfGBbg 32/99 –; für Verfassungswidrigkeit des brandenburgischen Braunkohlenausschusses aufgrund mangelhafter demokratischer Legitimation auch bereits *Rude/Jaschinski*, LKV 2000, 242f.; zu früheren entsprechenden Diskussionen in Nordrhein-Westfalen *Depenbrock/Reiners*, Landesplanungsgesetz NW, 1985, Einführung Erl. 4.32.

171 Gesetz zur Änderung des Gesetzes zur Einführung der Regionalplanung und der Braunkohlen- und Sanierungsplanung im Land Brandenburg v. 15.3. 2001, GVBl. I 2001, 42ff.

angenommen[172]. Nach §12 RegBkPlG legen Braunkohlen- und Sanierungspläne Ziele der Raumordnung und Landesplanung fest, soweit dies für eine geordnete Braunkohlen- und Sanierungsplanung erforderlich ist. Sie sollen eine langfristig sichere und zugleich umwelt- und sozialverträgliche Energieversorgung ermöglichen und regeln in textlichen und zeichnerischen Darstellungen namentlich die Minimierung des Eingriffs während und nach dem Abbau, unvermeidbare Umsiedlungen und Flächen für die Wiederansiedlung, Räume für Verkehrswege und Leitungen sowie deren Wiederherstellung.

Im Schrifttum wird über diese Pläne angemerkt, daß in ihnen der »planungsrechtliche Einschlag der Betriebsplanzulassung« deutlich werde[173], ihnen eine »auf Vorhabenverwirklichung gerichtete Tendenz« innewohne[174] oder sich bisweilen »außerordentlich dezidierte fachliche Festsetzungen« finden würden.[175] In welchem Maße diese vorgebliche Gesamtplanung tatsächlich Projektcharakter hat, soll am Beispiel des Braunkohlenplans »Tagebau Cottbus-Nord« verdeutlicht werden, der 1994 durch eine Verordnung der Landesregierung für verbindlich erklärt wurde.[176] Entsprechende Pläne und Verordnungen liegen in Brandenburg auch für die Tagebaustandorte Welzow-Süd und Jänschwalde vor[177] und finden sich mit durchaus vergleichbaren und teilweise noch weiter gehenden Inhalten auch in Sachsen und Nordrhein-Westfalen.[178]

Der Braunkohlenplan »Tagebau Cottbus-Nord« enthält umfangreiche Ziele der Raumordnung und Landesplanung. Im Vordergrund stehen dabei unter Gliederungspunkt 1 Ziele zu der »räumlichen und zeitlichen Ausdehnung der Abbaumaßnahme«, insbesondere über Sicherheitslinien, Abbaugrenzen, Abbaubereiche und Sicherheitszonen. Innerhalb der in der anliegenden Karte dargestellten Abbaugrenze hat die Gewinnung von Braunkohle grundsätzlich Vorrang vor anderen Funktions- und Nutzungsansprüchen. Die Inanspruchnahme der Flächen hat sich jedoch räumlich und zeitlich auf das tagebautechnisch unbedingt notwendige Maß zu beschränken. Diese Zielsetzungen entsprechen der Kategorie des Vorranggebiets

---

[172] *Beckmann*, Städte- und Gemeinderat 1996, 269ff.; *Erbguth*, VerwArch 1986 (1995), 327, 337ff.; *Stüer*, Städte- und Gemeinderat 1996, 263, 266ff.

[173] *Ronellenfitsch*, Einführung in das Planungsrecht, 1986, S. 201.

[174] *Kühne*, Braunkohlenplanung, 1999, S. 11.

[175] *Zoubek*, Sektoralisierte Landesplanung, 1983, S. 169; ähnlich *Bielenberg/Runkel/Spannowsky*, Raumordnungs- und Landesplanungsrecht des Bundes und der Länder, Kommentar M 250 Rn. 44a, Stand: XI. 1985 (»fachplanerische Elemente«); *Schulte*, Raumplanung, 1996, S. 281; *Berkner/Heidenfelder*, in: Sächsische Regionalplanung, 1998, S. 68, 72, sprechen über die Schwierigkeiten der in den Braunkohlenplänen zu behandelnden »fachlichen Details«.

[176] Verordnung über die Verbindlichkeit des Braunkohlenplanes Tagebau Cottbus-Nord v. 28. 2. 1994, GVBl. II 1994 114ff., ber. S. 358.

[177] Vgl. Verordnung über die Verbindlichkeit des Braunkohlenplanes Tagebau Welzow-Süd, räumlicher Teilabschnitt I, v. 23. 12. 1993, GVBl. II 1994, 4ff.; Verordnung über die Verbindlichkeit des Braunkohlenplans Tagebau Welzow-Süd, räumlicher Teilabschnitt I, sachlicher Teilplan 2, Umsiedlung Geisendorf/Sagrode, v. 2. 6. 1998, GVBl. II 1998, 440ff.; Verordnung über die Verbindlichkeit des Braunkohlenplans Tagebau Jänschwalde, sachlicher Teilplan 1, Umsiedlung Horno, v. 27. 8. 1999, GVBl. II 1999, 486ff.

[178] Vgl. die Beispiele bei *Schulte*, Raumplanung, 1996, S. 277ff.

nach §7 Abs. 4 Nr. 1 ROG und sind, wie bereits erwähnt, auch kompetenzrechtlich grundsätzlich zulässig und unproblematisch.[179]

Im Hinblick auf die Anforderungen des Vorhabens an den Umweltschutz unter Gliederungspunkt 2. »Auswirkungen des Abbaues und der Verkippung« werden hingegen der Sache nach all die Lücken geschlossen, die der begrenzte bergrechtliche Zulassungstatbestand des §55 BBergG aufweist. Dieser problematische Gliederungspunkt soll hier beispielhaft genauer wiedergegeben werden:

- Nach dem »Ziel« 2.1 »Immissionsschutz« ist der Tagebau so zu führen, daß gemäß §22 BImSchG nach dem Stand der Technik vermeidbare Umwelteinwirkungen verhindert bzw. unvermeidbare schädliche Umwelteinwirkungen auf ein Mindestmaß beschränkt werden. Dabei ist den Emissionen in erster Linie durch geeignete Maßnahmen an der Quelle zu begegnen. Wie der Tagebau selbst sollen auch die Nebenanlagen des Tagebaues den Bestimmungen des Immissionsschutzes unterliegen und müssen die Richtwerte der TA-Luft und der TA-Lärm einhalten.

  Damit wird die bergrechtliche Betriebsplanzulassung unmittelbar an das Immissionsschutzrecht gebunden, das nach der vorherrschenden Auslegung des Bundesrechts lediglich indirekt über §48 Abs. 2 BBergG auf das Betriebsplanverfahren einwirkt.[180] Ein »Ziel der Landesplanung« sieht somit vor, daß im Rahmen eines bundesrechtlich geregelten Zulassungsverfahrens entgegen der gesetzlichen Regelung eine andere bundesrechtliche Norm zur Voraussetzung der Genehmigung wird und dabei – entgegen der Regelung in der TA-Lärm[181] – deren Grenzwerte zu beachten sind. Der Sache nach handelt es sich hier um eine Korrektur sowohl des Berg- als auch des Immissionsschutzrechts.
- Das Ziel 2.2 »Natur und Landschaft im Abbaubereich« erklärt die Eingriffsregelung des §12 des BbgNatSchG für unmittelbar anwendbar und verpflichtet den Unternehmer, in Abstimmung mit den Naturschutzbehörden rechtzeitig vor der Inanspruchnahme Maßnahmen zum Ausgleich und zum Ersatz der Eingriffsfolgen festzulegen. Damit wird der Sache nach das geltende Naturschutzrecht auf die Braunkohlengewinnung für anwendbar erklärt und der bundesrechtliche Zulassungstatbestand des §55 BBergG erneut erweitert.
- Ziel 2.3 »Natur und Landschaft außerhalb des Abbaubereiches« geht über das geltende Naturschutzrecht sogar hinaus und verpflichtet den Unternehmer, wertvolle Landschaftsteile und wichtige Landschaftselemente in der Umgebung des Tagebaues zu erhalten und gegebenenfalls durch geeignete Maßnahmen naturnah zu ergänzen und aufzuwerten. Tagebaufolge- und -nachbarlandschaft sind als Einheit zu betrachten und zu behandeln.
- Nach Ziel 2.4 ist die Gewinnung anderer Rohstoffe im Abbaubereich der Kohle zu ermöglichen. Ziel 2.5 über »Deponien/Altablagerungen« verpflichtet den Bergbautreibenden u.a., das aufgenommene Deponiegut unter Beachtung der

[179] Vgl. bereits oben S. 378.
[180] Vgl. oben S. 356ff. und 364.
[181] Vgl. oben S. 359.

TA-Siedlungsabfall und der TA-Abfall nur auf zugelassenen Entsorgungsanlagen abzulagern.

- Ziel 2.6 »Archäologie und Denkmalpflege« bindet den Bergbautreibenden an die einschlägigen gesetzlichen Bestimmungen und verpflichtet ihn, die fachgerechte Untersuchung und Bergung von Bodendenkmalen sowie deren Sicherung und Dokumentation zu ermöglichen und im Rahmen des Zumutbaren zu finanzieren und zu unterstützen.

Gliederungspunkt 3 schließlich enthält weitere detaillierte Ziele über die »Auswirkungen der Grundwasserabsenkung«, Gliederungspunkt 4 normiert das Ziel, für die unvermeidliche Inanspruchnahme von Siedlungen und Grundstücken rechtzeitig angemessenen Ersatz zu schaffen, wobei »begründeten individuellen Interessen von Betroffenen auch über die pure Rechtsposition hinaus« entsprochen werden soll. Gliederungspunkt 5 normiert die »Grundzüge der Oberflächengestaltung und Wiedernutzbarmachung des Abbau- und Kippenbereiches« mit Zielen zur Flächenentwicklung, zur Wasser-Land-Verteilung und zur Kippengestaltung. Gliederungspunkt 6 stellt das Ziel auf, für die durch bergbauliche Tätigkeit unterbrochenen Trassen und Leitungen rechtzeitig dem Entwicklungsstand angepaßten Ersatz zu schaffen.

An dieser Stelle soll nicht die Frage vertieft werden, wieweit die eben wiedergegebenen, als »Ziele« bezeichneten Festlegungen jene Anforderungen erfüllen, die § 3 Nr. 2 ROG an »Ziele der Raumordnung« stellt.[182] In einigen Fällen wird diese Frage entgegen der Auffassung des Verordnungsgebers zu verneinen sein: Zum einen erscheint zweifelhaft, ob es sich bei allen in dem Braunkohlenplan festgelegten »Zielen« wirklich um abschließend abgewogene Letztentscheidungen handelt, die das Nadelöhr der abschließenden Gesamtabwägung aller raumrelevanten Belange genommen haben. Vor allem aber weisen namentlich die Festlegungen zum Natur- und Immissionsschutzrecht inhaltlich keinen spezifischen Bezug zu einem bestimmten geographischen Raum auf, wie dies für landesplanerische Festlegungen als konkrete raumordnerische Entscheidung zu fordern ist. Vielmehr haben diese Festlegungen den Charakter einer regionalen Gesetzgebung auf den Gebieten des Berg- und Umweltrechts ohne unmittelbaren Raumbezug und sind denkbar weit von den Forderungen des Bundesverwaltungsgerichts entfernt, wonach Ziele der Raumordnung und Landesplanung »nicht wie Rechtssätze gehandhabt werden« dürfen und letztlich eine »Unterstützung und einleuchtende Fortschreibung bestimmter tatsächlicher Gegebenheiten« darstellen sollen.[183] Dies deutet jedoch bereits über die Frage des Charakters dieser Festsetzungen als Ziel oder Grundsatz der Raumordnung hinaus auf die weiter reichende Frage, ob solche Festlegungen nicht ohnehin die gegenständlichen Kompetenzen der auf überfachliche Festlegungen beschränkten Landesplanung überschreiten.

---

[182] Näher dazu im zweiten Kapitel S. 89ff.; kritisch zur Braunkohlenplanung insoweit *Schulte*, Raumplanung, 1996, S. 56ff., 277, 279ff.

[183] BVerwG, Urt. v. 20. 1. 1984 – 4 C 43/81 –, BVerwGE 68, 311, 313f.; zuletzt auch VGH Kassel, Urt. v. 16. 8. 2002 – 4 N 3272/01 –, NuR 2003, 115, 117.

3. Braunkohlenplanung zwischen Landesplanung und Bergrechtsgesetzgebung

Es ist unbestritten, daß auch die Braunkohlenplanung die gegenständlichen Grenzen des ihr zugrundeliegenden Planungsrechts – also angesichts ihrer Grundlagen des Landesplanungsrechts – zu beachten hat und nicht in die Regelungsbereiche des Bergrechts übergreifen darf.[184] Bereits die bloße Wiedergabe des Inhalts des Braunkohlenplanes »Tagebau Cottbus-Nord« dürfte indes erhebliche Zweifel aufwerfen, ob hier wirklich räumliche Gesamtplanung betrieben wird, die als lediglich zusammenfassende, überfachliche und übergeordnete Planung und Ordnung des Raumes vielfältige Fachplanungen zusammenfaßt und aufeinander abstimmt.

a) Kompetenzrechtliche Bedenken gegen die Zulässigkeit der Braunkohlenplanung

Obwohl nach §7 Abs. 1 S. 2 ROG auch im Gesamtplanungsrecht die Aufstellung räumlicher und sachlicher Teilpläne für möglich und hochstufige fachliche Programme und Pläne dadurch grundsätzlich für zulässig gehalten werden[185] – sofern sie überfachlichen Charakter haben[186] –, läßt bereits die verbreitete Formulierung, es handele sich bei der Braunkohlenplanung um eine »Regionalplanung besonderer Art«[187], Zweifel an der Verortung dieser Planung als Teil der räumlichen Gesamtplanung aufkommen.[188] Der Bezug des Braunkohlenplans »Tagebau Cottbus-Nord« auf ein einzelnes Bergbauvorhaben, für gewöhnlich ein Kennzeichen der Fach- und nicht der Gesamtplanung[189], verstärkt diese Bedenken. *Hoppe* hat diese Zweifel dahin gehend formuliert, daß sich die Raumordnung mit den landesgesetzlichen Regelungen über die Braunkohlenplanung mehr und mehr von ihrem Charakter als Gesamtplanung entferne und mit fachplanerischen Momenten angereichert

---

[184] Vgl. etwa *Degenhart*, Rechtsfragen der Braunkohlenplanung für Brandenburg, 1996, S. 78f. und 102ff.; *Kühne*, Braunkohlenplanung, 1999, S. 8ff.; ähnlich schon *Bergen*, Bergrecht und Planungsrecht, 1959, S. 34f.

[185] Vgl. hierzu allgemein *Zoubek*, Sektoralisierte Landesplanung, 1983, sowie im ersten Kapitel S. 66.

[186] *Erbguth/Schoeneberg*, Raumordnungs- und Landesplanungsrecht, 2. Aufl. 1992, Rn. 74.

[187] So etwa *Bohne*, in: Tettinger (Hrsg.), Umweltverträglichkeitsprüfung bei Projekten des Bergbaus und der Energiewirtschaft, 1989, S. 13, 51; *Dahlke*, Städte- und Gemeinderat 1980, 98, 102; *Kamphausen*, DÖV 1984, 146, 149.

[188] Bezeichnend ist der Umstand, daß sich in der großangelegten, ganz dem Thema »Planung« gewidmeten Festschrift für Werner *Hoppe* aus dem Jahr 2000 der Beitrag von Christoph *Degenhart* über »Probleme der Braunkohlenplanung« im fünften Teil über »Fachplanungen« und nicht im vierten Teil über das »Recht der räumlichen Gesamtplanung« findet. Gleichwohl steht für *Degenhart* der Charakter der Braunkohlenplanung als Gesamtplanung außer Frage. Vgl. auch bereits *Schulte*, Gegebenheiten und Möglichkeiten der Sicherung des Abbaus oberflächennaher Bodenschätze, 1986, S. 119, der ein »Spezialgesetz auf dem Gebiet der Bodenschätze-Sicherung« als Gegenstand der jeweiligen Fachkompetenz ansieht. Was aber sollten die Gesetze über die Braunkohlenplanung darstellen wenn nicht Spezialgesetze in diesem Sinne?

[189] *Hoppe*, in: Hoppe/Menke, Raumordnungs- und Landesplanungsrecht, 1986, Rn. 725f.

werde.[190] Dem kann auf der Grundlage des oben dargestellten Braunkohlenplans nur zugestimmt werden: Ein Großteil der darin wiedergegebenen »Ziele der Raumordnung« beschränkt sich darauf, gesetzliche Bestimmungen für anwendbar zu erklären oder – wie in den Zielen 2.3 und 2.6 – zu verschärfen, ohne daß ein konkreter räumlicher Konflikt mit anderen Planungen oder Nutzungen erkennbar wäre. Teilweise regelt und verschärft die Verordnung Materien, deren Prüfung nach §55 Abs. 1 BBergG auch für die Betriebsplanzulassung vorgesehen ist, namentlich die Pflicht des Unternehmers aus §55 Abs. 1 Nr. 6 BBergG, die anfallenden Abfälle ordnungsgemäß zu beseitigen, und die Pflicht zur Vorsorge für die Wiedernutzbarmachung der Oberfläche nach §55 Abs. 1 Nr. 7 BBergG. Mit dem Natur- und Immissionsschutz werden hingegen Bereiche normiert, die der Bundesgesetzgeber – nach der Auslegung der herrschenden Lehre bewußt – von den Zulässigkeitsvoraussetzungen der Betriebsplanzulassung ausnehmen oder lediglich indirekt als öffentlichen Belang nach §48 Abs. 2 i.V.m. §52 Abs. 2a BBergG berücksichtigen wollte.[191] In diesen »Zielen der Raumordnung« gewinnt der Braunkohlenplan den Charakter einer projektbezogenen landesrechtlichen Ergänzungs- oder Ersatzgesetzgebung für den Tagebau »Cottbus-Nord« unter Korrektur der einschlägigen bundesrechtlichen Vorgaben.

Vor diesem Hintergrund ist erneut die Frage zu stellen: Handelt es sich bei der Braunkohlenplanung materiell um Landesplanung oder nicht vielmehr um eine Ergänzung des Bergrechts durch die Länder? *Erbguth* und *Hoppe* haben anläßlich des Inkrafttretens des Bundesberggesetzes zum 1. Januar 1982 das ungeklärte Verhältnis der Braunkohlenplanung zur Gesamtraumordnung kritisiert[192] und gefolgert, die Braunkohlenplanung des Landes Nordrhein-Westfalen sei der Sache nach Regelung und Planung im Bereich des Bergbaus und daher – da der Bund nunmehr durch den Erlaß des Bundesberggesetzes von der Gesetzgebungszuständigkeit für das Bergrecht nach Art. 74 Abs. 1 Nr. 11 GG umfassend Gebrauch gemacht habe – mangels Ländergesetzgebungszuständigkeit verfassungswidrig.[193]

b) Das herrschende Verständnis der Braunkohlenplanung als besondere Landesplanung

Die herrschende Lehre ist dieser – auch von den genannten Autoren mittlerweile nicht mehr erwähnten – Sichtweise nicht gefolgt. Sie verweist darauf, daß Bergbau regelmäßig widerstreitenden Raumnutzungsansprüchen begegne und damit origi-

---

[190] *Hoppe*, DVBl. 1982, 101ff.

[191] Vgl. oben S. 356ff.

[192] *Erbguth*, DVBl. 1982, 1ff.; *Hoppe*, UPR 1983, 105f.

[193] So – mit unterschiedlichen Akzenten – *Erbguth*, DVBl. 1982, 1, 7, 10f.; *Hoppe*, DVBl. 1982, 101ff.; ähnlich *ders.*, in: Grimm/Papier (Hrsg.), Nordrhein-westfälisches Staats- und Verwaltungsrecht,1986, S. 305, 350ff., 369ff.; dem folgend *Piens/Schulte/Graf Vitzthum*, BergG, 1983, §56 Rn. 130; im Ansatz auch *Boldt/Weller*, BBergG, 1984, §4 Rn. 20 und §55 Rn. 46; vgl. ferner aus neuerer Zeit noch *Erbguth/Schoeneberg*, Raumordnungs- und Landesplanungsrecht, 2. Aufl. 1992, Rn. 99.

näre Raumordnungsprobleme aufwerfe.[194] Vor diesem Hintergrund handele es sich bei Braunkohlenplänen um verfassungsrechtlich zulässige Gebietsentwicklungspläne besonderer Art zur Regelung der raumrelevanten Rechtsprobleme des Braunkohlenbergbaus.[195] Die Lehre versteht Braunkohlenplanung damit als Sonderform und Teil der Raumordnung und Landesplanung[196], die ihre Rechtfertigung in den tiefgreifenden Auswirkungen des Bergbaus auf die betroffene Bevölkerung sowie gerade in der Tatsache finden soll, daß sich die bergrechtliche Betriebsplanzulassung im wesentlichen auf bergbauliche Gesichtspunkte beschränkt.[197] Ohne eine umfassende Braunkohlenplanung sei es nicht möglich, die durch solche Vorhaben betroffenen öffentlichen und privaten Belange – etwa solche des Immissionsschutzes oder der Erhaltung der Wälder – bei der Zulassung eines Braunkohlenabbaus ausreichend zu berücksichtigen.[198] Daß diese Planung nicht durch das Bundesberggesetz verdrängt werde, folge auch aus der Tatsache, daß der Bund beim Erlaß dieses Gesetzes das frühere Braunkohlengesetz nicht – wie andere Landesgesetze – förmlich aufgehoben hat.[199] Die damit angesprochene Praxis der Aufhebung von Landesgesetzen durch den Bund beim Erlaß von Normen im Bereich der konkurrierenden Bundesgesetzgebung ist allerdings keineswegs flächendeckend und erscheint unter kompetenzrechtlichen Gesichtspunkten ohnehin verfassungsrechtlich fragwürdig.

Die Besonderheiten des Braunkohlenabbaus erlauben nach herrschender Sichtweise zudem auch einen höheren Konkretisierungsgrad, als er sonst in der Landesplanung zulässig ist.[200] Hierbei könnte die herrschende Lehre immerhin darauf verweisen, daß die Braunkohlenplanung im Rheinischen Braunkohlengebiet bereits

[194] Vgl. besonders *Peter*, Die Regelung bergbaulicher Einwirkungen auf das Grundeigentum als Problem der Raumordnung, 1977, S. 30ff.

[195] *Kamphausen*, DÖV 1984, 146ff.

[196] So neben den Vorgenannten VerfGH Münster, Urt. v. 9. 6. 1997 – 20/95, 1/96, 3/96, 7/96, 8/96 –, DVBl. 1997, 1107; *Bielenberg/Runkel/Spannowsky*, Raumordnungs- und Landesplanungsrecht des Bundes und der Länder, Kommentar M 250 Rn. 44a, Stand: XI. 1985; *Bohne*, in: Tettinger (Hrsg.), Umweltverträglichkeitsprüfung bei Projekten des Bergbaus und der Energiewirtschaft, 1989, S. 13, 51; *Bork*, Städte- und Gemeinderat 1980, 95ff.; *Dahlke*, VR 1980, 145ff.; *ders.*, Städte- und Gemeinderat 1980, 98f., 102; *Degenhart*, DVBl. 1996, 773f.; *ders.*, in: FS für Hoppe, 2000, S. 695, 697, m.w.N.; *ders.*, Rechtsfragen der Braunkohlenplanung für Brandenburg, 1996, S. 26; *Depenbrock/Reiners*, Landesplanungsgesetz NW, 1985, Einführung Erl. 4.33.1ff. und § 3 Erl. 2ff.; *Frenz*, in: Ziekow (Hrsg.), Praxis des Fachplanungsrechts, 2004, Rn. 2510; *Kühne*, Braunkohlenplanung und bergrechtliche Zulassungsverfahren, 1999, S. 3; *Lautner*, Funktionen raumordnerischer Verfahren, 1999, S. 364f.; *Lehners*, Raumordnungsgebiete, 1998, S. 102; *Schleifenbaum/Kamphausen*, UPR 1984, 43, 45; *Schnapp*, in: FS für Fabricius, 1989, S. 87, 88f.; *Strecker*, Die Rechtsposition der Gemeinden im Betriebsplanverfahren, 1995, S. 118ff.; *Schultze*, Raumordnungspläne und gemeindliche Selbstverwaltung, 1970, S. 47f.; wohl auch VerfG Potsdam, Urt. v. 1. 6. 1995 – VfGBbg 6/95 –, NuR 1995, 529; vgl. auch *Schulte*, Gegebenheiten und Möglichkeiten der Sicherung des Abbaus oberflächennaher Bodenschätze, 1986, S. 123ff.

[197] *Kamphausen*, DÖV 1984, 146 und 153.

[198] *Schleifenbaum/Kamphausen*, UPR 1984, 43, 44; vgl. auch die Vorschläge zur Integration der Umweltverträglichkeitsprüfung in die Braunkohlenplanung bei *Jarass*, in: Tettinger (Hrsg.), Umweltverträglichkeitsprüfung bei Projekten des Bergbaus und der Energiewirtschaft, 1989, S. 53, 62.

[199] *Schnapp*, in: FS für Fabricius, 1989, S. 87, 89.

[200] *Degenhart*, in: FS für Hoppe, 2000, S. 695, 705.

1950, als den Ländern die Gesetzgebungskompetenzen für das Bergrecht noch nicht entzogen waren, als »Sonderplanung« im Rahmen der Gesamtplanung und damit als materielle Landesplanung angesehen wurde[201], damals freilich noch auf der Grundlage eines durchaus anderen Verständnisses des Aufgabenbereichs der Landesplanung[202] und von Beginn an von der kritischen Frage des Schrifttums begleitet, ob nicht durch den starken fachlichen Einschlag »der Standpunkt einer übergeordneten Gesamtplanung verlassen worden ist«.[203] Dennoch erscheint diese vorherrschende Sichtweise derart gefestigt, daß der Verfassungsgerichtshof für das Land Nordrhein-Westfalen in seinem umfangreichen Beschluß zu dem verfassungsrechtlich umstrittenen Braunkohlenplan Garzweiler II zu der Kompetenzproblematik keinerlei vertiefende Ausführungen für erforderlich hielt.[204]

c) Die Braunkohlenplanung als verfassungswidriges Landesbergrecht

Dieser herrschenden Lehre ist wiederum entgegenzuhalten, daß – wie der Inhalt des Braunkohlenplans »Tagebau Cottbus-Nord« ganz beispielhaft verdeutlicht – jedenfalls in der Braunkohlenplanungs*praxis* der Sache nach Fachplanung betrieben wird[205]; diese Planungen sind auf der Grundlage des Landesrechts kompetentiell unzulässig. Der Kompetenztitel zur Regelung des »Bergbaus« als Teilbereich des Rechts der Wirtschaft nach Art. 74 Abs. 1 Nr. 11 GG umfaßt als unumstrittenen semantischen Kernbereich das Aufsuchen, Gewinnen und Aufbereiten von bergfreien und grundeigenen Bodenschätzen[206]; darunter fällt auch die Errichtung der zugehörigen Betriebsanlagen.[207] Vor diesem kompetenzrechtlichen Hintergrund greifen die Festlegungen der Braunkohlenpläne entgegen der These der herrschenden Lehre, die Braunkohlenplanung habe das Gewinnen und Aufbereiten von

201 Vgl. *Ebel/Weller*, Allgemeines Berggesetz, 2. Aufl. 1963, Anm. 1 zu § 1 des Gesetzes über die Gesamtplanung im Rheinischen Braunkohlengebiet v. 25. 4. 1950 (S. 585).

202 Darauf weisen zu Recht *Erbguth/Schoeneberg*, Raumordnungs- und Landesplanungsrecht, 2. Aufl. 1992, Rn. 99 hin.

203 So bereits *Bergen*, Bergrecht und Planungsrecht, 1959, S. 31 f., m. w. N., der auf S. 34 zusammenfassend feststellt, der Gesetzgeber hätte besser den Weg einer weiteren Ausgestaltung der – damals noch landesrechtlichen – Berggesetzgebung beschreiten sollen.

204 VerfGH Münster, Urt. v. 9. 6. 1997 – 20/95, 1/96, 3/96, 7/96, 8/96 –, DVBl. 1997, 1107, wo apodiktisch festgestellt wird, Braunkohlenpläne seien »Gebietsentwicklungspläne mit sachlich und räumlich begrenztem Gegenstand«. Der Braunkohlenplan Garzweiler II und seine Ziele der Raumordnung finden daher nach Auffassung des Gerichtshofs eine verfassungsgemäße Grundlage in dem nordrhein-westfälischen Landesplanungsgesetz 1962.

205 Ähnlich *Erbguth/Schoeneberg*, Raumordnungs- und Landesplanungsrecht, 2. Aufl. 1992, Rn. 99; *Schulte*, Raumplanung, 1996, S. 281 f.

206 *Bothe*, in: AK-GG, 2. Aufl. 1989, Art. 74 Rn. 23; *Maunz*, in: Maunz/Dürig u.a., GG, Art. 74 Rn. 136, Stand: Okt. 1984; *Pestalozza*, in: v. Mangoldt/Klein/Starck (Hrsg.), GG, Bd. 8, 3. Aufl. 1996, Art. 74 Rn. 548.

207 *Pestalozza*, in: v. Mangoldt/Klein/Starck (Hrsg.), GG, Bd. 8, 3. Aufl. 1996, Art. 74 Rn. 550; *Rengeling*, in: HStR IV, 1990, § 100 Rn. 171; *Stettner*, in: Dreier (Hrsg.), GG, Bd. II, 1998, Art. 74 Rn. 56.

Bodenschätzen nicht zum Gegenstand[208], sehr wohl in den Aufgabenbereich des Bergrechts ein. Auch der Vorschlag der Unabhängigen Sachverständigenkommission zum Umweltgesetzbuch zur Einführung einer bergbaulichen Bedarfs- und Standortplanung durch eine bundesrechtliche Rahmenvorschrift sieht dementsprechend zwar vor, daß die Länder bestimmen können, daß solche Standortplanungen »als Landes- und Regionalpläne aufgestellt werden«. Die Regelung selbst wird jedoch auf die Kompetenz zur Regelung des »Bergbaus« in Art. 74 Abs. 1 Nr. 11 GG gestützt[209], so daß auch die entsprechenden Planungen der Länder materiell als bergrechtliche Fachplanungen einzustufen wären.

Wenn demgegenüber das Landesrecht in § 12 Abs. 6 S. 2 RegBkPlG vorsieht, daß die Betriebspläne der Bergbauunternehmen mit den derart fachlich angereicherten Braunkohlen- und Sanierungsplänen in Einklang zu bringen sind, dann stellt diese Regelung im Ergebnis nicht etwa eine besondere Form der durch das Raumordnungsgesetz zugelassenen landesplanerischen Untersagung[210], sondern vielmehr eine Ergänzung des bundesrechtlichen Zulassungstatbestandes dar. Es handelt sich daher um materielles Bergrecht.[211] Die Inhalte des Braunkohlenplans betreffen ebenfalls vielfach Materien, die dem Bundesrecht zuzuordnen sind, wie das Immissionsschutz-, Kreislaufwirtschafts- oder Naturschutzrecht. Insgesamt ist die brandenburgische Braunkohlenplanung somit nach Rechtsgrundlagen und Inhalt als kompetenz- und damit verfassungswidrig einzustufen. Für die anderen Bundesländer, deren Braunkohlenplanungen inhaltlich sehr ähnliche Strukturen aufweisen, dürfte im wesentlichen dasselbe gelten.

IV. Folgerungen für den weiteren Gang der Untersuchung

1. Ungereimtheiten der planungsrechtlichen Aufgabenverteilung

Unabhängig von der Frage der Verfassungswidrigkeit der landesrechtlichen Braunkohlenplanung macht das Zusammenspiel von bergrechtlicher Betriebsplanzulassung und landesrechtlicher Braunkohlenplanung bereits vom Ergebnis her einen insgesamt befremdlichen Eindruck: Nach dem Bundesberggesetz entscheidet die Bergbehörde im Rahmen eines bergrechtlichen Planfeststellungsverfahrens, bei voller Konzentrationswirkung, unter Privilegierung gegenüber der Bauleitplanung nach § 38 BauGB und nach Durchführung eines öffentlichen Anhörungsverfahrens sowie einer förmlichen Umweltverträglichkeitsprüfung über die Zulassung des Rahmenbetriebsplanes. Das eigentliche Entscheidungsprogramm des Planfeststellungsbeschlusses ist jedoch extrem begrenzt, die im Zuge der Anhörung ermittelten

[208] *Schleifenbaum/Kamphausen*, UPR 1984, 43, 45; *Kamphausen*, DÖV 1984, 146, 148.

[209] BMU (Hrsg.), Umweltgesetzbuch, 1998, § 338 Abs. 1 S. 3 UGB, und dazu S. 239, 1008 ff.; ähnlich bereits *Bergen*, Bergrecht und Planungsrecht, 1959, S. 34.

[210] So die Konstruktion von *Schleifenbaum/Kamphausen*, UPR 1984, 43, 46 f.; ähnlich *Kamphausen*, DÖV 1984, 146, 153.

[211] *Erbguth*, DVBl. 1982, 1, 10.

Belange Dritter werden nur in Extremfällen im Rahmen der tatbestandsimmanenten »Abwägung« nach §48 Abs. 2 BBergG als »überwiegende öffentliche Interessen« berücksichtigt, eine planerische Gestaltungsfreiheit soll nicht bestehen, so daß auch die Grundsätze der Abwägungsfehlerlehre nicht zur Anwendung kommen.[212] Mit diesem Modell hat der Bund seine Kompetenz auf dem Gebiet des Bergrechts nach eigenem Bekunden ausgeschöpft.

Zugleich existiert auf landesrechtlicher Ebene für den Braunkohlenbergbau eine zweite Planungsform, die – auf der Grundlage planerischer Gestaltungsfreiheit[213] und teilweise unter Korrektur des gesetzlichen Zulassungstatbestands im Bundesberggesetz – detaillierte Vorgaben für die Betriebsplanzulassung entwickelt, die zumindest nach dem Wortlaut des Landesrechts von den zuständigen Behörden strikt zu beachten sind. In den Vorgaben der Braunkohlenpläne finden sich detaillierte Ausführungen, die Ausschnitte der bergrechtlichen Betriebsplanzulassung bindend vorwegnehmen. Die gesetzlichen Bindungen der Braunkohlenausschüsse sind jedoch im Vergleich zu den gerichtlich voll überprüfbaren Entscheidungen der Bergbehörden ungleich geringer.

Bemerkenswerterweise sieht das Schrifttum in diesem Nebeneinander beider Planungsformen keinen Widerspruch. Der These von der Standortgebundenheit des Bergbaus, die bei der Betriebsplanzulassung einer planerischen Gestaltungsfreiheit »sachgesetzlich« entgegenstehen soll, wird vielmehr im Zusammenhang der Braunkohlenplanung explizit widersprochen[214], was die Durchführung von Standortalternativenprüfungen im Verfahren zur Aufstellung der Braunkohlenpläne[215] nachdrücklich verdeutlicht. Tatsächlich gesteht dieselbe Literatur, die unter Rückgriff auf die vorgeblichen Sachgesetzlichkeiten des Bergbaus und die Grundrechtsposition des Vorhabenträgers jegliche planerische Abwägungsspielräume im Rahmen der Betriebsplanzulassung ablehnt, es dem Staat ohne weiteres zu, durch das Instrument der Landesplanung »seine hoheitliche Raumverantwortung auch im Bergrecht wahrzunehmen«.[216] Die Auffassung, daß die bergrechtliche Zulassung einer abwägenden Planungsentscheidung unzugänglich sei, wird damit im Bereich der Braunkohlenplanung explizit widerlegt.

Etwas zugespitzt läßt sich feststellen, daß die herrschende Lehre gerade das Fehlen einer planerischen Bindung der Betriebsplanzulassung zum Anlaß nimmt, auf

---

[212] Vgl. bereits oben S. 357f., 360f. und 363ff.

[213] Näher zur Geltung des planerischen Abwägungsgebots in der Braunkohlenplanung etwa *Kühne*, Braunkohlenplanung, 1999, S. 6ff., m.w.N. Anschauliche Beispiele aus der Praxis bei *Berkner/Heidenfelder*, in: Sächsische Regionalplanung, 1998, S. 68, 72ff.

[214] So etwa durch *Bork*, Städte- und Gemeinderat 1980, 95, mit der Feststellung, die Standortgebundenheit sei lediglich der »Ausgangspunkt aller mit dem Abbau der Braunkohle verbundenen planerischen Überlegungen«.

[215] Näher Akademie für Raumforschung und Landesplanung (Hrsg.), Braunkohlenplanung und Umsiedelungspolitik in der Raumordnungsplanung, 2000, S. 102f.

[216] *Schmidt-Aßmann/Schoch*, Bergwerkseigentum und Grundeigentum im Betriebsplanverfahren, 1994, S. 157ff., 159 (dort das Zitat im Text), 160, wo festgestellt wird, es bestehe so planerisch »eine erhebliche staatliche Steuerungskapazität« auch für das Betriebsplanverfahren. Nur handele es sich dabei »nicht um Planungen der Zulassungsbehörde, sondern der Träger der Landesplanung«.

dem Gebiet der Braunkohlenplanung eher großzügig mit der grundgesetzlichen Kompetenzordnung zu verfahren. Praktisches Ergebnis dieses Verzichts des Bundesrechts auf die planerische Abwägung einerseits und des freigebigen Hinweggehens über verfassungsrechtliche Zuständigkeiten durch die Braunkohlenpläne der Länder andererseits ist eine massive Verlagerung erheblicher Teile der Vorhabenzulassung von den eigentlich zuständigen Bergämtern in die Kompetenz der Landesplanungsbehörden, also von der Fachplanung zur Gesamtplanung. Der Kompetenztitel »Raumordnung« wird so zur Generalklausel für den Übergriff auf einen fachlichen Kompetenztitel des Grundgesetzes.

2. Keine Relativierung des Kompetenzgrundsatzes und des Abwägungsgebots

Die Ausführungen dieses Kapitels dienten der kritischen Überprüfung der in den beiden vorhergehenden Kapiteln entwickelten Konfliktregeln, des Kompetenzgrundsatzes und des Abwägungsgebots. Die herrschende Lehre relativiert beide Grundsätze auf dem Gebiet des Bergbaus: Weder soll im Rahmen der bergrechtlichen Betriebsplanzulassung eine planerische Abwägung und damit eine Berücksichtigung anderer Planungen stattfinden, noch wird auf dem Gebiet der Braunkohlenplanung die Beschränkung auf den planerischen Aufgabenbereich der Raumordnung als Hindernis für eine gezielte Auffütterung der bergrechtlichen Zulassungstatbestände angesehen.

Auf der Grundlage der Untersuchungen dieses Kapitels besteht freilich keine Veranlassung, der herrschenden Lehre auf diesem Weg zu folgen. Vielmehr belegt die gegenwärtige Planungspraxis die Notwendigkeit, dem Kompetenzgrundsatz und dem Abwägungsgebot als verfassungsrechtlich fundierten Rechtssätzen auch im Rahmen von Betriebsplanverfahren und Braunkohlenplanungen zur Durchsetzung zu verhelfen. Die Rechtsprechung, die diese Grundsätze wesentlich entwickelt hat, ist im Bergrecht aus historischen Gründen auf halbem Wege stehengeblieben. Sofern nicht der Gesetzgeber das Betriebsplanverfahren ergänzt und erweitert, etwa auf der Grundlage des Vorschlags der Unabhängigen Sachverständigenkommission zum Umweltgesetzbuch, sollte die Rechtsprechung ihre üblichen Maßstäbe konsequent auf das Gebiet des Bergrechts übertragen: Bei der bergrechtlichen Betriebsplanzulassung sind der planerische Charakter und die Verbindlichkeit des Abwägungsgebots anzuerkennen. Dies schließt es keineswegs aus, daß – freilich im Widerspruch zu der tatsächlichen Praxis – das alleinige Gestaltungsrecht für das Vorhaben dem Vorhabenträger zugewiesen werden könnte. Die Braunkohlenplanung der Länder hat sich demgegenüber entsprechend ihrem Charakter als Gesamtplanung im wesentlichen auf die Festlegung von Vorrangflächen zu beschränken. Idealerweise wären diese verfassungsrechtlichen Korrekturen durch eine Erweiterung des §55 BBergG um spezifische Zulassungsvoraussetzungen zum Schutze der Umwelt und der Rechte Dritter sowie eine Raumordnungsklausel für nicht-planfeststellungspflichtige Betriebspläne zu ergänzen.

Siebtes Kapitel

Normenhierarchie und Planungshierarchie

Neben dem in den vorhergehenden Kapiteln dargestellten *Kompetenzgrundsatz* und dem *Abwägungsgebot* bildet der auf dem Modell des Stufenbaus der Rechtsordnung beruhende Normenhierarchiegrundsatz eine dritte verfassungsrechtlich fundierte Regel für die Lösung von Konflikten räumlicher Planungen. Der normative Vorrang, der einem Rechtsakt durch den Stufenbau der Rechtsordnung vermittelt wird, ist eindeutig und strikt. Die Brisanz der Durchsetzung einer Planung durch Rückgriff auf die Grundsätze der Normenhierarchie zeigte sich mit besonderer Deutlichkeit bei der Zulassung der Planungen der Eisenbahntrasse zur Südumfahrung Stendals durch ein *Investitionsmaßnahmengesetz* des Bundes, das erklärtermaßen auch planerische Widerstände der Stadt Stendal überwinden sollte. Während im Zentrum der verfassungsrechtlichen Debatten über die Zulässigkeit dieses Vorgehens zumeist der Gesichtspunkt des Rechtsschutzes stand, darf nicht übersehen werden, daß durch die Wahl der Rechtsform eines förmlichen Bundesgesetzes zugleich auch materiell-rechtlich und unabhängig von § 38 BauGB über die Durchsetzung dieser Planung gegenüber sämtlichen konkurrierenden Raumplanungen entschieden war.

Der Grundsatz der Normenhierarchie ist im folgenden zunächst vorzustellen und auf seine verfassungsrechtlichen Grundlagen zurückzuführen (I.). Anschließend soll untersucht werden, ob und gegebenenfalls wieweit der Normenhierarchiegrundsatz auf dem Gebiet des Raumplanungsrechts überhaupt Geltung beanspruchen kann; es wird sich zeigen, daß dieser Grundsatz hier durchaus anwendbar ist, daß jedoch die Möglichkeit abweichender gesetzlicher Kollisionsnormen besteht (II.). Nach einem Überblick über die wichtigsten Anwendungsfälle im Raumplanungsrecht stellt sich anschließend die für die praktische Relevanz der Figur maßgebliche Frage, welche Stellung bestimmte Raumplanungen in der Normenhierarchie einnehmen und ob und gegebenenfalls in welchem Umfang der Gesetzgeber befugt ist, die Rechtsform einer Planung und damit ihre Stellung in der Normenhierarchie nach eigenem Ermessen festzulegen (III). Anschließend wird die in den letzten Jahren kontrovers diskutierte Frage der Zulässigkeit der Planung durch den Gesetzgeber (Legalplanung) behandelt, die einer planerischen Festsetzung über ihre Stellung in der Normenhierarchie gegenüber anderen Planungsformen die höchste Durchsetzungskraft verleiht (IV). Abschließend werden die Ergebnisse dieser Erörterungen zusammengefaßt und die wichtigsten Fallgruppen des Prinzips der Normenhierarchie dargestellt (VI.).

I. Der Stufenbau der Rechtsordnung

Der Grundsatz des hierarchischen Stufenbaus von Rechtsnormen ist ein anerkannter Bestandteil der Rechtsquellenlehre[1], der auf das Prinzip der Gesetzmäßigkeit der Verwaltung, das Rechtsstaatsprinzip und auf den Gedanken der Einheit der Rechtsordnung zurückgeführt wird.[2] Dieses am konsequentesten im Rahmen der reinen Rechtslehre entwickelte[3] Prinzip besagt, daß unterschiedliche Arten von Rechtsnormen zueinander in einer Rangordnung stehen, so daß der höherstufigen gegenüber der niedriger eingestuften Norm der Vorrang gebührt und letztere als nichtig einzustufen ist (*lex superior derogat legi inferiori*). Es existieren daher auf den Ebenen des Bundes- und des Landesrechts jeweils zwei hierarchisch gegliederte »Normenpyramiden«[4]. Mithin besteht sowohl auf der Ebene des Bundes- als auch des Landesrechts eine Hierarchie der Rechtsquellen mit der Abfolge: Verfassung – formelles Gesetz – Rechtsverordnung – Satzung, während für das Verhältnis des Bundes- zum Landesrecht insgesamt Art. 31 GG einschlägig ist.[5] Diese Vorgaben werden in der Rechtsprechung kurz als »Prinzip der Normenhierarchie« bezeichnet und in verschiedensten Zusammenhängen als Konflikt- und Auslegungsregel herangezogen.[6]

---

[1] *Forsthoff*, Lehrbuch des Verwaltungsrechts, 10. Aufl. 1973, S. 123ff.; *Gerhardt*, in: Schoch/Schmidt-Aßmann/Pietzner (Hrsg.), VwGO, Vorb. zu § 47 Rn. 2ff., Stand: Mai 1997; *Ossenbühl*, in: HStR III, 1988, § 61 Rn. 62ff.; *Reiners*, Die Normenhierarchie in den Mitgliedstaaten der europäischen Gemeinschaften, Bd. 1 1971, S. 14ff.; *Schilling*, Rang und Geltung von Normen in gestuften Rechtsordnungen, 1994, S. 159ff.; *Schneider*, Gesetzgebung, 3. Aufl. 2002, Rn. 640ff.; zusammenfassend *Zippelius*, Juristische Methodenlehre, 5. Aufl. 1990, § 7 Erl. e). Die verbleibende tatsächliche Bedeutung dieser Hierarchie relativieren allerdings *Schulze-Fielitz*, Theorie und Praxis parlamentarischer Gesetzgebung, 1988, S. 143, und *Robbers*, NJW 1998, 935, 937f., wonach die Vorstellung vom Stufenbau der Rechtsordnung »an Überzeugungskraft verloren« haben und »auseinandergebrochen« sein soll. Vgl. auch *König/Dose*, in: dies. (Hrsg.), Instrumente und Formen staatlichen Handelns, 1993, S. 3, 17ff.

[2] Vgl. zur Herleitung des Grundsatzes mit unterschiedlichen Akzenten *Hofmann*, in: ders./Marko/Merli/Wiederin (Hrsg.), Rechtsstaatlichkeit in Europa, 1996, 3, 6ff.; *Kirchhof*, in: Bundesverfassungsgericht und Grundgesetz, Bd. II, 1976, S. 50, 76ff.; *Ossenbühl*, Verwaltungsvorschriften und Grundgesetz, 1968, S. 468f.; *Sachs*, in: ders. (Hrsg.), GG, 3. Aufl. 2003, Art. 20 Rn. 102; *Sannwald*, in: Schmidt-Bleibtreu/Klein (Hrsg.), GG, 9. Aufl. 1999, Art. 80 Rn. 26ff.; *Schulze-Fielitz*, in: Dreier (Hrsg.), GG, Bd. II, 1998, Art. 20 (Rechtsstaat) Rn. 33; *Zippelius*, in: Bundesverfassungsgericht und Grundgesetz, Bd. II, 1976, S. 108, 109.

[3] Grundlegend insoweit *Kelsen*, Reine Rechtslehre, 2. Aufl. 1960, S. 228ff. und 324f.; *Merkl*, Prolegomena einer Theorie des rechtlichen Stufenbaus, in: FS für Kelsen, 1931, S. 252ff., besonders S. 272ff., und dazu *Behrend*, Untersuchungen zur Stufenbaulehre Adolf Merkls und Hans Kelsens, 1977, sowie *Müller*, Inhalt und Formen der Rechtssetzung als Probleme der demokratischen Kompetenzordnung, 1979, S. 11ff.

[4] *Badura*, in: Starck (Hrsg.), Rangordnung der Gesetze, 1994, S. 107, 108, 113.

[5] *Achterberg*, Allgemeines Verwaltungsrecht, 2. Aufl. 1986, § 16 Rn. 4; *Maurer*, Allgemeines Verwaltungsrecht, 14. Aufl. 2002, § 4 Rn. 37ff.; *Ossenbühl*, in: HStR III, 1988, § 61 Rn. 70; *Reiners*, Die Normenhierarchie in den Mitgliedstaaten der europäischen Gemeinschaften, Bd. 1 1971, S. 37ff.; *Wolff/Bachof/Stober*, Verwaltungsrecht I, 11. Aufl. 1999, § 26; differenzierend *März*, Bundesrecht bricht Landesrecht, 1989, S. 101, 105ff.

[6] Vgl. etwa BVerwG, Urt. v. 1. 3. 1996 – 8 C 29/94 –, BVerwGE 100, 323, 330; Urt. v. 27. 8. 1998 – 3 C 26/97 –, Buchholz 111 Art. 21 EV Nr. 27. Auch im Schrifttum ist diese Bezeichnung verbreitet, vgl. etwa *Ossenbühl*, in: HStR III, 1988, § 62 Rn. 2, oder die in Fn. 1 erwähnte Arbeit von *Reiners*.

Mit seiner Verankerung im Rechtsstaatsprinzip beruht der Stufenbau der Rechtsordnung auf Verfassungsrecht. Die Landesverfassungen entsprechen insoweit im wesentlichen dem Grundgesetz, was im Kern durch die Homogenitätsklausel des Art. 28 Abs. 1 S. 1 GG vorgegeben sein dürfte[7]. Das Bundesverwaltungsgericht ist allerdings der Auffassung, daß der Grundsatz der Normenhierarchie als ungeschriebene Kollisionsregel jedenfalls dann dem irrevisiblen Landesrecht angehören soll, wenn auch die in Konflikt stehenden (Plan-)Normen – wie im Fall des Konflikts einer Landschaftsschutzverordnung gegenüber einem Bebauungsplan – dem Landesrecht zuzuordnen sind. Das Landesrecht entscheide insoweit selbst, unter welchen Voraussetzungen sich diese Regelungen gegeneinander durchsetzten.[8] Daran ist zutreffend, daß das Landesrecht – wie sogleich zu belegen sein wird[9] – für den Fall des Aufeinandertreffens untergesetzlicher landesrechtlicher Normen durch förmliches Landesgesetz eine von den oben genannten Grundsätzen abweichende Regelung treffen kann. Als ausnahmefähiger Grundsatz sind jedoch die Regeln über die Normenhierarchie über das nach Art. 28 Abs. 1 GG gewährleistete Rechtsstaatsprinzip auch bundesrechtlich vorgegeben.

II. Die Geltung und Reichweite des Normenhierarchiegrundsatzes

1. Die Geltung des Normenhierarchiegrundsatzes im Raumplanungsrecht

Die Regeln über die Normenhierarchie haben auch im Bereich des Raumplanungsrechts Eingang in die Rechtsprechung gefunden[10] und beanspruchen – entgegen mancher oft beiläufigen Feststellung im Schrifttum[11] – auch für das Verhältnis kollidierender Planungen Geltung.[12] Der Gesetzgeber kann daher einer Planung Vorrang gegenüber anderen Raumansprüchen nicht nur durch eine ausdrückliche Regelung

---

[7] Vgl. *Dreier*, in: ders. (Hrsg.), GG, Bd. II 1998, Art. 28 I Rn. 60. Dies gilt jedenfalls für jene Stimmen, die wie *Hofmann*, in: ders./Marko/Merli/Wiederin (Hrsg.), Rechtsstaatlichkeit in Europa, 1996, 3, 6, den Grundsatz unmittelbar im Rechtsstaatsprinzip verankert sehen.

[8] BVerwG, Beschl. v. 24. 10. 1990 – 4 NB 29/90 –, NVwZ 1991, 1074,1075, m. w. N.; ebenso OVG Hamburg, Urt. v. 1. 2. 1990 – Bf II 2/86 N –, NuR 1991, 239, 240; vgl. auch *Spannowsky*, UPR 2000, 418, 427.

[9] Vgl. nachfolgend S. 400f.

[10] Vgl. BVerwG, Urt. v. 11. 2. 1993 – 4 C 15/92 –, NVwZ 1994, 285ff., wonach die bauplanungsrechtlichen Anforderungen des § 34 Abs. 1 BauGB nicht durch ein »in der Normenhierarchie nachrangiges Raumordnungsprogramm« verschärft werden können. Vgl. ferner Beschl. v. 24. 10. 1990 – 4 NB 29/90 –, NVwZ 1991, 1074ff. zur Kollision zwischen einem Bebauungsplan und einer Landschaftsschutzverordnung; OVG Münster, Urt. v. 11. 1. 1999 – 7 A 2377/96 –, NuR 1999, 704, 705.

[11] Teilweise geradezu apodiktisch ablehnend etwa die Stellungnahmen bei *Gaentzsch*, BauGB, 1991, § 38 Rn. 5; *Finke*, Die Privilegierung von Fachplanungen nach § 38 BauGB, 2001, S. 7ff.; *Kraft*, BauR 1999, 829, 830f.; *ders.*, UPR 2001, 294, 295; *Langer*, VerwArch 80 (1988), 352, 360f.; *Stich*, in: Kormann (Hrsg.), Das neue Bundesbaurecht, 1994, S. 103, 121.

[12] So auch *Runkel*, in: Ernst/Zinkahn/Bielenberg (Hrsg.), BauGB, § 38 Rn. 10, Stand: Feb. 2000; *Löhr*, in: Battis/Krautzberger/Löhr, BauGB, 8. Aufl. 2002, § 38 Rn. 3; i. E. auch *Börger*, Genehmigungs- und Planungsentscheidungen, 1987, S. 152; *Brohm*, DVBl. 1980, 653, 655.

zuerkennen, sondern auch mittelbar durch ihre Einkleidung in eine vorrangige Rechtsform.

Freilich werden angesichts der Tatsache, daß der Gesetzgeber in zahlreichen Fällen eine Rechtsform nicht ausdrücklich vorgesehen oder deren Festlegung den Ländern überlassen hat, und im Hinblick auf den Formenreichtum der Raumplanungen – beispielsweise im Hinblick auf die Ziele der Raumordnung[13] – vielfach Zweifel geäußert, ob eine Orientierung an der äußeren Gestalt der jeweiligen Planung wirklich sachgerechte Aussagen zu Planungskonflikten zu liefern vermag. Solche Zweifel könnten sich richtigerweise allein an den zur Festlegung einer angemessenen Rechtsform berufenen Gesetzgeber richten, nicht aber an die mit der konkreten Planung und deren Vollzug beauftragte Exekutive.[14] Die im Schrifttum weitverbreitete Forderung, die angeblich »zufällige« Rechtsform eines Planes dürfe für die Frage seines Vorrangs nicht ausschlaggebend sein, sondern es sei allein auf den materiellen Gehalt der Planung abzustellen[15], erweist sich zudem bei genauerer Analyse auch der Sache nach als wenig stichhaltig. Sie verkennt nicht nur, daß – wie gleich zu vertiefen sein wird[16] – die materiellen Abgrenzungskriterien jedenfalls im Bereich des Raumplanungsrechts nur selten zu eindeutigen Ergebnissen führen und eine Orientierung am »materiellen Gehalt der Planung« – wie auch immer dieser zu ermitteln sein mag – daher zu erheblichen Rechtsunsicherheiten führt. Zudem ist nach ganz herrschender Lehre für die Stellung einer Norm in der Rangordnung der Rechtsquellen allein ihre durch Erlaßzuständigkeit und -verfahren bestimmte formale Zugehörigkeit zu einer Rechtssatzgruppe ausschlaggebend.[17] Daher legt der Gesetzgeber, wenn er einer Planung eine bestimmte Rechtsform zuweist, nicht nur das Erlaßverfahren und möglicherweise auch das Maß an planerischer Gestaltungsfreiheit[18], sondern auch ihre

---

[13] Näher *Erbguth/Schoeneberg*, Raumordnungs- und Landesplanungsrecht, 2. Aufl. 1992, Rn. 80; *Salis*, Gestufte Verwaltungsverfahren, 1991, S. 144f.; *Schmidt-Aßmann*, Grundfragen des Städtebaurechts, 1972, S. 141ff.; *ders.*, Fortentwicklung des Rechts im Grenzbereich zwischen Raumordnung und Städtebau, 1977, S. 67ff.; zur Rspr. vgl. die Nachweise bei *Höhnberg*, ZfBR 1986, 214, 215.

[14] Anders jedoch offenbar *Weiblen*, Bauleitplanung und Flächen- und Objektschutz, 2001, S. 149, 347, der gegen eine »Übertragung« der Grundsätze über die Normenhierarchie auf das Planungsrecht plädiert.

[15] So etwa *Brohm*, in: Ein Vierteljahrhundert Straßenrechtsgesetzgebung, 1980, S. 343, 370, 380; *Dörries*, Das Verhältnis der Bauleitplanung zur raumbeanspruchenden Fachplanung, 2000, S. 122, 128, m.w.N.; *Dürr*, in: Brügelmann (Hrsg.), BauGB, §38 Rn. 18f., Stand: Mai 1990; *Gornig*, Die sachbezogene hoheitliche Maßnahme, 1985, S. 222f.; *Kauch/Roer*, Das Verhältnis von Bauleitplanung und Fachplanung, 1997, S. 113, m.w.N.; *Langer*, VerwArch 80 (1988), 352, 360f.; *Weiblen*, Bauleitplanung und Flächen- und Objektschutz, 2001, S. 147ff., 150ff., m.w.N. in Fn. 320; dem folgend auch *Finke*, Die Privilegierung von Fachplanungen nach §38 BauGB, 2001, S. 8.

[16] Vgl. nachfolgend S. 404ff.

[17] Vgl. etwa OVG Greifswald, Urt. v. 1. 10. 1999 – 4 K 26/99 –, NVwZ-RR 2000, 780f.; im Schrifttum besonders deutlich etwa *Schneider*, Gesetzgebung, 3. Aufl. 2002, Rn. 646; *Wolff/Bachof/Stober*, Verwaltungsrecht I, 11. Aufl. 1999, §26 Rn. 2f.; für die Frage der Zulässigkeit einer verwaltungsgerichtlichen Normenkontrolle noch enger VGH München, Beschl. v. 29.8. 2000 – 8 N 00.1599 –, BayVBl. 2001, 83, 84, wonach entscheidend allein die erlassende Stelle sein soll, nicht aber die äußere Gestalt der Norm.

[18] Vgl. *Di Fabio*, in: FS für Hoppe, 2000, S. 75, 77.

Stellung im System der Rechtsquellen sowie mittelbar das hiergegen eröffnete Rechtsschutzinstrumentarium fest.[19] Daß der Gesetzgeber dabei auch die durch die Rechtsquellenlehre vermittelte Stellung im System der Normenhierarchie bewußt als Mittel zur Schaffung einer Rangordnung räumlicher Planungen einsetzt, belegt nicht zuletzt die Existenz einzelner expliziter Durchbrechungen der Normenhierarchie.[20] Vor diesem Hintergrund ist bereits die Prämisse von der »Zufälligkeit« der Rechtsform der Raumplanungen wenig überzeugend, die zudem einen Dispens von diesen rechtlich bindenden Grundsätzen ohnehin nicht rechtfertigen könnte. Wie die Beispiele des Bebauungsplanes und des Planfeststellungsbeschlusses verdeutlichen, hat der Gesetzgeber in zahlreichen Fällen nach längeren rechtspolitischen Debatten eine Entscheidung über die Rechtsform von Planungen getroffen, die bis dahin im Hinblick auf ihre Rechtsnatur umstritten waren.[21]

Als vorläufige Arbeitsthese ist somit festzuhalten, daß sich der Rang räumlicher Planungen in der Normenhierarchie – soweit diese festgelegt oder durch Auslegung ermittelbar ist – in aller Regel nach ihrer *Rechtsform* bestimmt.[22] Grundsätzlich setzt sich daher die Planung in Form eines höherrangigen Rechtsakts gegen untergeordnete Planungen durch, sofern gesetzlich nichts anderes vorgesehen ist. Dies gilt insbesondere für Pläne in Gesetzesform wie Bedarfsgesetze und Trassenführungen in gesetzlich erlassenen Landesraumordnungsprogrammen, sofern diese kompetenzgemäß erlassen worden sind und inhaltlich eindeutige Festlegungen enthalten. Besteht zwischen zwei Plänen nach dem Grundsatz der Normenhierarchie ein derartiges Rangverhältnis, ohne daß ein Gesetz das Rangverhältnis dieser Pläne abweichend regelt, so kommt es richtigerweise auf die Lex-posterior-Regel nicht an.[23] Voraussetzung dieser Kollisionsregel ist freilich stets ein Normkonflikt zwischen den beiden unterschiedlichen Planungen, der sich durch Auslegung nicht bereinigen läßt.[24]

---

[19] VGH München, GB v. 30. 11. 1993 – 20 A 93.40022 –, NVwZ-RR 1995, 114, 115; *Henseler*, Jura 1986, 249, 254f.; *Hoppe/Beckmann/Kauch*, Umweltrecht, 2. Aufl. 2000, § 7 Rn. 4f.; *Schenke*, VerwArch 1981, 185, 205ff.; *ders.*, NVwZ 1990, 1009, 1012; *Schneller*, Objektbezogene Legalplanung, 1999, S. 180ff.; vgl. auch *Papier*, in: Bitburger Gespräche. Jahrbuch 1980/1981, S. 81, 82, 95; *Steinberg/Berg/Wickel*, Fachplanung, 3. Aufl. 2000, § 7 Rn. 94 (zu Abfallwirtschaftsplänen); Einschränkungen bringt jedoch insoweit die Rechtsprechung des BVerfG zur Möglichkeit der verwaltungsgerichtlichen Normenkontrolle gegen Hamburgische Bebauungspläne in Gesetzesform. Näher dazu sogleich S. 429ff.

[20] Vgl. sogleich S. 400f.

[21] Vgl. dazu sogleich nachfolgend S. 405ff.

[22] *Grigoleit/Otto*, DÖV 2000, 182, 186; *Hönig*, in: Stüer (Hrsg.), Planung von Großvorhaben, 1999, S. 143, 144f.; *Kauch/Roer*, Das Verhältnis von Bauleitplanung und Fachplanung, 1997, S. 49; vgl. auch OVG Greifswald, Urt. v. 1. 10. 1999 – 4 K 26/99 –, NVwZ-RR 2000, 780f.

[23] Unzutreffend ist daher die Feststellung in BVerwG, Beschl. v. 24. 10. 1990 – 4 NB 29/90 –, NVwZ 1991, 1074,1075, der gewohnheitsrechtlich anerkannte, »für alle Arten von Normsetzung geltende« Rechtssatz, daß die spätere Norm die frühere verdrängt, wenn derselbe Sachverhalt normiert wird, sei auch auf das Verhältnis zwischen einem Bebauungsplan und einer mit diesem unvereinbaren Landschaftsschutzverordnung anzuwenden. Anders auch zuvor der Beschl. v. 28. 11. 1988 – 4 B 212.88 –, BRS 48 Nr. 17.

[24] Vgl. etwa die sorgfältigen Erwägungen in OVG Münster, Urt. v. 11. 1. 1999 – 7 A 2377/96 –,

2. Die Zulässigkeit abweichender gesetzlicher Kollisionsnormen

Freilich vermag der Gesetzgeber von diesen Grundsätzen auch Ausnahmen zuzulassen[25] und eine von der Normenhierarchie abweichende »Planungshierarchie«[26] zu begründen, wie dies namentlich durch § 38 BauGB für die sog. privilegierten Fachplanungen erfolgt ist:[27] § 38 BauGB als förmliches Gesetz verleiht einem Verwaltungsakt – dem privilegierten Planfeststellungsbeschluß – Vorrang gegenüber einer Rechtsnorm – dem Bebauungsplan. Der so vermittelte Vorrang eines Verwaltungsaktes vor einer Satzung ist jedoch trotz der Kritik im Schrifttum[28] verfassungsrechtlich unbedenklich. Denn das Baugesetzbuch als das förmliche Gesetz, das den zulässigen Gegenstand der Bauleitplanung sowie deren Bindungswirkungen nach Ausmaß und Adressat überhaupt erst normiert, vermag von der generellen Bindungswirkung der Satzung auch Ausnahmen zuzulassen. Dies verkennt die Rechtsprechung, die es im Fall eines als Rechtsverordnung erlassenen Bebauungsplans für

NuR 1999, 704, 705: »Ein Bebauungsplan, der nach § 10 Abs. 1 BauGB 1998 als Satzung und damit (örtliche) Rechtsnorm beschlossen wird, enthält gemäß § 8 Abs. 1 S. 1 BauGB die rechtsverbindlichen Festsetzungen für die städtebauliche Ordnung. Mit der Ausweisung von Bauflächen gewährt er unmittelbar einen Rechtsanspruch auf Zulassung plankonformer Bebauung, wie aus § 30 BauGB folgt. Ist dieselbe Fläche in einer gültigen Landschaftsschutzverordnung zugleich unter Landschaftsschutz gestellt und das Errichten baulicher Anlagen im Landschaftsschutzgebiet untersagt, so treffen die beiden Normen unterschiedliche verbindliche rechtliche Regelungen, die einander widersprechen und nicht nebeneinander gültig sein können. Eine Normenkollision dieser Art kann nur dadurch gelöst werden, daß eine der beiden kollidierenden Normen nicht wirksam wird, wenn und solange die andere Norm mit der widersprechenden Festsetzung gültig ist.« Vgl. zu den hohen Anforderungen an die Annahme eines Normkonflikts auch *Forsthoff/Blümel*, Raumordnungsrecht und Fachplanungsrecht, 1970, S. 88ff.

[25] VGH München, Urt. v. 23.4. 1985 – 8 B 83 A.3018 –, BayVBl. 1985, 626, 628; OVG Münster, Urt. v. 11. 1. 1999 – 7 A 2377/96 –, NuR 1999, 704, 706; *Breuer*, Die hoheitliche raumgestaltende Planung, 1968, S. 198f., 209f., m.w.N.; *Brohm*, in: Ein Vierteljahrhundert Straßenrechtsgesetzgebung, 1980, S. 343, 364; *Friesecke*, WaStrG, 4. Aufl. 1999, Art. 13 Rn. 16; *Heintzen*, Verw 29 (1996), 17, 41ff.; *Runkel*, DVBl. 1992, 1402, 1410; *Weidemann*, DVBl. 1994, 263, 266, m.w.N.; vgl. auch *Würtenberger*, Staatsrechtliche Probleme politischer Planung, 1979, S. 344ff.

[26] So die plastische Formulierung in OVG Münster, Urt. v. 11. 1. 1999 – 7 A 2377/96 –, NuR 1999, 704, 707; ähnlich bereits *Achterberg*, Diskussionsbeitrag in: Verhandlungen des 50. Deutschen Juristentages, Bd. II, 1974, S. I126, I127; vgl. auch *Runkel*, in: Bielenberg/Runkel/Spannowsky, Raumordnungs- und Landesplanungsrecht des Bundes und der Länder, Kommentar K, § 4 ROG Rn. 152 a.E., Stand: VI.1999.

[27] Vgl. zum Folgenden *Brohm*, VVDStRL 30 (1972), 245, 285; *ders.*, in: Ein Vierteljahrhundert Straßenrechtsgesetzgebung, 1980, S. 343, 370ff.; *Löhr*, in: Battis/Krautzberger/Löhr, BauGB, 8. Aufl. 2002, § 38 Rn. 3 und 5; *Schlarmann*, Das Verhältnis der privilegierten Fachplanungen zur kommunalen Bauleitplanung, 1980, S. 43f.; *Schmidt-Eichstaedt*, NVwZ 2003, 129, 130, sowie bereits die Ausführungen zu § 38 BauGB im zweiten Kapitel S. 109ff.; als weiteres Beispiel einer von der Normenhierarchie abweichenden Kollisionsnorm nennt *Heintzen*, Verw 29 (1996), 17, 42, die Pflicht zur Anpassung der Bauleitplanung an die – gegebenenfalls nicht außenverbindlichen – Ziele der Raumordnung nach § 1 Abs. 4 BauGB.

[28] So namentlich *Blümel*, DVBl. 1960, 697, 703; *ders.*, Die Bauplanfeststellung I, 1961, S. 122ff.; *Milhahn*, Koordinierung der kommunalen Bauleitplanung mit Planungen nach dem Bundesfernstraßengesetz, 1971, S. 97; weitere Nachweise bei *Dörries*, Das Verhältnis der Bauleitplanung zur raumbeanspruchenden Fachplanung, 2000, S. 120.

unzulässig hält, daß sich ein Planfeststellungsbeschluß über die darin enthaltenen bauleitplanerischen Vorgaben hinwegsetzt.[29]

Eine ähnliche Ausnahme bildete der vormals nach § 5 Abs. 6 S. 1 BBauGB 1960 geltende Vorrang der Bauleitplanung gegenüber dem Natur- und Landschaftsschutz, wonach die Gemeinde in der Lage war, im Rahmen der Abwägung auf der Stufe des Flächennutzungsplans auch in Landschaftsschutzgebieten bauliche Nutzungen zuzulassen und sich damit gegen eine höherrangige Verordnung durchzusetzen. Im Jahr 1976 wurde diese Regelung im Zusammenhang mit dem Erlaß des Bundesnaturschutzgesetzes gestrichen[30], was nach der Gesetzesbegründung die grundsätzlich uneingeschränkte Bindung der Bauleitplanung an höherrangiges Recht wiederherstellen und damit der Sache nach dem Grundsatz der Normenhierarchie zur Geltung verhelfen sollte.[31] Bis dahin wies jedoch das Bundesverwaltungsgericht die gegen die Norm erhobenen verfassungsrechtlichen Bedenken im Schrifttum zurück und stellte zutreffend fest, daß es im Ermessen des Bundesgesetzgebers stehe, von dem Grundsatz der Normenhierarchie in konkreten Fällen Ausnahmen vorzusehen.[32]

Nach Geltung und Reichweite stellt der Normenhierarchiegrundsatz somit auf dem Gebiet der Raumplanung einen gültigen, jedoch ausnahmefähigen Rechtssatz dar, dessen praktische Bedeutung in einem nicht vollständig durchnormierten Rechtsgebiet nicht zu unterschätzen ist. Damit ist neben dem Kompetenzgrundsatz und dem Abwägungsgebot ein dritter allgemeingültiger Grundsatz gefunden, der für das Verhältnis konkurrierender Raumplanungen herangezogen werden kann. Der Kompetenzgrundsatz und das Abwägungsgebot werden durch die Regeln der Normenhierarchie nicht etwa in Frage gestellt oder verdrängt – auch eine Planung, die kraft Normenhierarchie den Vorrang vor einer anderen Raumplanung beanspruchen kann, muß sich daher auf ihren spezifischen planerischen Aufgabenbereich beschränken und die verdrängten Raumnutzungsansprüche nach Maßgabe des Abwägungsgebots planerisch berücksichtigen –, sondern ergänzt. Damit kommt der Rechtsform der Planung im Einzelfall ein erhebliches Gewicht zu. Dies wirft freilich die allgemeinere Frage nach der Stellung von Raumplanungen in der Normenhierarchie auf.

---

[29] So OVG Hamburg, Beschl. v. 19.5. 1992, zit. bei *Runkel*, in: Ernst/Zinkahn/Bielenberg (Hrsg.), BauGB, § 38 Rn. 11, Stand: Feb. 2000.

[30] Änderungsgesetz zum Bundesbaugesetz vom 18. 8. 1976, BGBl. I, 221; vgl. dazu BVerwG, Urt. v. 21. 10. 1999 – 4 C 1/99 –, BVerwGE 109, 371, 378f.; Beschl. v. 20. 5. 2003 – 4 BN 57.02 –, UPR 2003, 443, 444; *Finkelnburg/Ortloff*, Öffentliches Baurecht, Bd. I, 5. Aufl. 1998, S. 310, und eingehend *Weiblen*, Bauleitplanung und Flächen- und Objektschutz, 2001, S. 126ff., m.w.N.

[31] Vgl. die Nachweise bei *Weiblen*, Bauleitplanung und Flächen- und Objektschutz, 2001, S. 130f.

[32] BVerwG, Urt. v. 3. 6. 1971 – IV C 64.70 –, BVerwGE 38, 152, 153f.: »Die gegen die Regelung in § 5 Abs. 6 S. 2 BBauG gelegentlich erhobenen verfassungsrechtlichen Bedenken hält der erkennende Senat für nicht begründet ... Was andererseits das Verhältnis zwischen Rechtsverordnung und Satzung anbelangt, ist auf die Kritik an § 5 Abs. 6 S. 2 BBauG zu erwidern, daß es dem Gesetz als der den Satzungen und Verordnungen gleichermaßen übergeordneten Rechtsquelle freistand, das Rangverhältnis zwischen Verordnung und Satzung für den Umkreis des Landschaftsschutzes anders zu bestimmen, als es allgemein bestimmt sein mag.«

III. Die Stellung von Raumplanungen in der Normenhierarchie

1. Die Bedeutung der Rechtsform des Plans für seine hierarchische Stellung

Die tatsächliche Bedeutung des Normenhierarchiegrundsatzes für das Problem unterschiedlicher kollidierender Raumplanungen hängt unmittelbar vor allem von der Frage ab, welche Stellung eine konkrete Raumplanung in der Normenhierarchie einnimmt. Das damit verbundene, bereits im Kapitel über Begriffe und Stufen räumlicher Planungen angesprochene Problem der gebotenen oder zulässigen *Rechtsformen der Planung* bedarf somit an dieser Stelle einer Klärung: Kann der Gesetzgeber die Rechtsform einer räumlichen Planung nach freiem Ermessen festlegen, damit ihre Stellung in der Normenhierarchie fixieren und gegebenenfalls einen Vorrang gegenüber einer anderen Raumplanung begründen? Oder sind die zulässigen raumplanerischen Handlungsformen im wesentlichen bereits verfassungsrechtlich vorgegeben, so daß beispielsweise eine Regelung zum Landschaftsschutz schon nach den Vorgaben des Grundgesetzes im Grundsatz den Vorrang gegenüber einem Bebauungsplan beanspruchen kann?

2. Die Rechtsformenvielfalt der Planung

Die über Jahrzehnte in Rechtsprechung und Literatur geführten Kontroversen um die Rechtsnatur verschiedenster staatlicher Raumplanung haben kaum greifbare Ergebnisse erbracht. Seinem Wesen und Inhalt nach entzieht sich zumindest der Oberbegriff des »Plans« einer klaren Zuordnung zu den klassischen hoheitlichen Instrumenten.[33] Diesen verfassungsrechtlichen Befund unterstreicht und bestätigt bereits ein kurzer Blick über das Spektrum der durch den Gesetzgeber tatsächlich vorgesehenen Formen der Raumplanung: Da die Versuche gescheitert sind, den Plan als eigenständige staatliche Handlungsform zu etablieren[34], finden mangels einheitli-

---

[33] Vgl. ganz beispielhaft *Badura*, in: FS für den BayVerfGH, 1972, S. 157, 166ff.; *Breuer*, Die hoheitliche raumgestaltende Planung, 1968, S. 45ff.; *Faber*, in: AK-GG, Bd. 1, 2. Aufl. 1989, Art. 20 Abs. 1 – 3 V Rn. 5ff.; *Hoppe*, Grundfragen des Planungsrechts, 1998, S. 285f.; *König/Dose*, in: dies. (Hrsg.), Instrumente und Formen staatlichen Handelns, 1993, S. 3, 28f.; *Krause*, Rechtsformen des Verwaltungshandelns, 1974, S. 112f.; *Müller*, Inhalt und Formen der Rechtssetzung als Probleme der demokratischen Kompetenzordnung, 1979, S. 39ff.; *Ossenbühl*, Gutachten B für den 50. Deutschen Juristentag, 1974, S. B45ff., B164f. Manche Stimmen halten den Begriff daher sogar für rechtlich irrelevant, so etwa *Lange*, Verkehr und öffentliches Recht, 1974, S. 279, und *Ronellenfitsch*, Einführung in das Planungsrecht, 1986, S. 4; vgl. auch *Jaag*, Abgrenzung zwischen Rechtssatz und Einzelakt, 1985, S. 201ff. Zu den entsprechenden Einordnungsproblemen bei Planungsentscheidungen auf gemeinschaftlicher Ebene *Bogs*, Die Planung transeuropäischer Verkehrsnetze, 2002, S. 155ff., m. w. N.

[34] Vgl. die Ausführungen und Nachweise bei *Beschorner*, Individualrechtsschutz bei inkongruenten Form-Inhalt-Beziehungen des Verwaltungshandelns, 1985, S. 110ff.; *Ossenbühl*, JuS 1979, 681, 684f.; auch *Schmidt-Aßmann*, Das allgemeine Verwaltungsrecht als Ordnungsidee, 1998, S. 279f., der Pläne als eine originäre verwaltungsrechtliche Handlungsform bezeichnet, will ihnen dennoch keine einheitliche Rechtsform zuordnen.

cher gesetzlicher Vorgaben vom förmlichen Bundes- und Landesgesetz über die Verordnung, Satzung und den Verwaltungsakt bis zum unverbindlichen Innenrecht nahezu alle öffentlich-rechtlichen Formen des Gesetzgebungs- und Verwaltungshandelns Anwendung.[35]

Im Bereich der überörtlichen Gesamtplanung etwa findet sich mit den Landesraumordnungsprogrammen die Form des förmlichen Parlamentsgesetzes[36], vorherrschend sind jedoch die Formen der – oft mit Zustimmung der Landesparlamente erlassenen – Rechtsverordnung[37], der Satzung[38] und des bloßen Innenrechtssatzes.[39] Bei Nutzungsregelungen steht die Rechtsverordnung im Vordergrund: So werden nach § 4 Abs. 1 FlugLärmG etwa Lärmschutzbereiche durch den Bundesminister für Umwelt, Naturschutz und Reaktorsicherheit durch Rechtsverordnung mit Zustimmung des Bundesrates festgesetzt. Auch die Festsetzung von Naturschutzgebieten oder Wasserschutzgebieten, für die das Bundesrecht keine Rechtsformen vorgibt[40], erfolgt nach Landesrecht und in aller Regel durch Rechtsverordnung.[41] Der Bebauungsplan ergeht hingegen nach § 10 Abs. 1 BauGB in der Regel (vgl. § 246 BauGB) als Satzung, gegenüber der § 47 Abs. 1 Nr. 1 VwGO die Möglichkeit der verwaltungsgerichtlichen Normenkontrolle eröffnet. Demgegenüber werden der Planfeststellungsbeschluß nach §§ 74, 75 VwVfG ebenso wie die Plangenehmigung als anfechtbare Verwaltungsakte angesehen[42], wiewohl die Festsetzung von Planungsgebieten für solche Vorhaben etwa nach § 9a Abs. 3 FStrG – also letztlich eine Vorstufe der eigentlichen Planung – durch Rechtsverordnung erfolgt.[43] Damit sind im

[35] Näher etwa *Bertrams*, in: FS für Hoppe, 2000, S. 975, 976; *Müller*, Konzeptbezogenes Verwaltungshandeln, 1992, S. 41 ff., 215 ff.; *Ossenbühl*, Gutachten B zum 50. Deutschen Juristentag 1974, S. B46 f.; *Voigt*, Rechtsformen staatlicher Pläne, 1979, S. 42 ff.

[36] Vgl. in Niedersachsen § 6 Abs. 3 NROG (»Der Landtag beschließt Teil I des Landes-Raumordnungsprogramms als Gesetz«) und § 6 Abs. 4 S. 1 NROG (»Die Landesregierung beschließt Teil II des Landes-Raumordnungsprogramms als Verordnung«). Der vom Landtag als Gesetz beschlossene Teil I (Gesetz über das Landes-Raumordnungsprogramm Niedersachsen – Teil I – vom 2. März 1994, Nds. GVBl. Nr. 5/1994, 130 ff.) enthält im Abschnitt A die Grundsätze der Raumordnung und im Abschnitt B die Ziele der Raumordnung zur allgemeinen Entwicklung des Landes. Teil II des Landes-Raumordnungsprogramms (Verordnung über das Landes-Raumordnungsprogramm Niedersachsen – Teil II – vom 18. Juli 1994, Nds. GVBl. Nr. 16/1994, 317 ff.) enthält im Abschnitt C die Ziele der Raumordnung. Auch in § 2 HLPG oder in § 12 LPlG NW ist für das Landesraumordnungsprogramm bzw. dessen Feststellung jeweils die Gesetzesform vorgesehen.

[37] Vgl. etwa in Rheinland-Pfalz die Landesverordnung über das Landesentwicklungsprogramm vom 27. 6. 1995, GVBl. RP, 225 ff., oder in den Ländern Berlin und Brandenburg die Regelung in Art. 8 Abs. 6 des Vertrags über die gemeinsame Landesplanung zwischen den Ländern Berlin und Brandenburg.

[38] So in Niedersachsen für regionale Raumordnungsprogramme § 8 Abs. 3 NROG.

[39] Umfassend zu den unterschiedlichen Rechtsformen der Raumordnungspläne und -programme *Erbguth*, DVBl. 1981, 557 ff.

[40] Vgl. etwa *Scharinger*, Rechtsgrundlagen für die Errichtung von Nationalparken, 1999, S. 42 f.

[41] Vgl. in Bayern etwa Art. 7 Abs. 3 S. 1 BayNatSchG (Naturschutzgebiete), Art. 10 Abs. 2 S. 2 BayNatSchG (Landschaftsschutzgebiete), Art. 35 Abs. 1 S. 1 BayWG (Wasserschutzgebiete).

[42] BVerwG, Urt. v. 3. 6. 1971 – IV C 64.70 –, BVerwGE 38, 152, 156, st. Rspr. Da etwa § 75 Abs. 2 S. 1 VwVfG ausdrücklich die Unanfechtbarkeit des Planfeststellungsbeschlusses erwähnt, geht auch der Gesetzgeber von dieser Vorstellung aus.

[43] Dies wurde erst durch das 2. FStrÄndG vorgesehen, vgl. dazu *Rinke*, in: Kodal/Krämer

Bereich der Raumplanung praktisch sämtliche rechtlichen Handlungsformen anzutreffen. Tendenziell befindet sich allerdings die Rechtsform des Verwaltungsakts seit Jahrzehnten auf dem Rückzug, so daß mit Recht bemerkt wurde, daß raumgestaltende Entscheidungen den Verwaltungsakt »an seine Leistungsgrenzen geführt haben«.[44]

3. Die Austauschbarkeit von Inhalt und Rechtsform

Die dargestellte Vielfalt der verwandten planungsrechtlichen Instrumente mag zunächst nahelegen, daß den unterschiedlichen rechtlichen Formen auch unterschiedliche Inhalte korrespondieren. Der Planfeststellungsbeschluß als einzelfallbezogene »Sonderform der Baugenehmigung« erscheint aus dieser Perspektive als durch seinen Einzelaktcharakter vorgegebenes Instrument der Vorhabengenehmigung, die Rechtsnorm als naturgegebene Form der Nutzungsregelung.

Dennoch handelt es sich bei den erwähnten Planungen nicht notwendigerweise um dem Inhalt nach determinierte, gleichsam wesensgemäß unterschiedliche Festsetzungen; vielmehr hat der Gesetzgeber vielfach eine gewisse Austauschbarkeit von Inhalt und Rechtsform räumlicher Planungen vorgesehen. Das Standardbeispiel hierfür ist der *planfeststellungsersetzende Bebauungsplan*: Nach § 17 Abs. 3 S. 1 FStrG und § 28 Abs. 3 S. 1 PBefG ersetzen Bebauungspläne nach § 9 BauGB die für Bundesfernstraßen bzw. Straßenbahnen erforderliche Planfeststellung.[45] Entsprechendes ist in zahlreichen Landesgesetzen vorgesehen.[46] Nach § 9 Abs. 5 LEG NW ersetzen Bebauungspläne sogar die Planfeststellung für Landeseisenbahnen. Wird anschließend eine Ergänzung notwendig oder soll von Festsetzungen des Bebauungsplans abgewichen werden, so ist die Planfeststellung insoweit zusätzlich durchzuführen (§ 17 Abs. 3 S. 2 FStrG, § 28 Abs. 3 S. 2 PBefG). Die Tatsache, daß im wesentlichen identische Planungen somit entweder durch Bebauungsplan oder durch Planfeststellung verabschiedet und geändert werden können und damit auch im Hinblick auf die Zuständigkeiten und den Rechtsschutz ganz unterschiedlichen Maßstäben unterliegen[47], verdeutlicht die Austauschbarkeit der Rechtsform dieser Planungen und belegt, daß zumindest in diesem Fall eine eindeutige Zuordnung von Planungsgegenstand und Planungsform kaum mehr möglich ist.[48]

(Hrsg.), Straßenrecht, 6. Aufl. 1999, Kap. 33 Rn. 32ff.; *Schlosser*, in: Marschall/Kastner, FStrG, 5. Aufl. 1998, § 9a Rn. 15.

[44] *Di Fabio*, in: Wandel der Handlungsformen im Öffentlichen Recht, 1991, S. 47, 49.

[45] Näher *Fickert*, BauR 1988, 678, 681ff.; *Hoppe/Schlarmann/Buchner*, Rechtsschutz bei der Planung von Straßen, 3. Aufl. 2001, Rn. 228ff.; *Menke*, NVwZ 1999, 950ff.; *Ronellenfitsch*, DVBl. 1998, 653, 658ff.; *Stich*, in: Kormann (Hrsg.), Aktuelle Fragen der Planfeststellung, 1994, S. 65ff.

[46] Vgl. ganz beispielhaft etwa Art. 38 Abs. 3 BayStrWG, § 33 Abs. 2 BremLStrG oder § 40 Abs. 8 StrWG SH.

[47] Kritisch etwa *Papier*, in: Bitburger Gespräche. Jahrbuch 1980/1981, S. 81, 95.

[48] Näher *Brohm*, in: Ein Vierteljahrhundert Straßenrechtsgesetzgebung, 1980, S. 343, 373ff.; *Weiblen*, Bauleitplanung und Flächen- und Objektschutz, 2001, S. 150f.

4. Bestimmung der Rechtsform des Plans nach materiellen Kriterien?

In aller Regel wird jedenfalls durch die Gerichte die Rechtsformenwahl des Gesetzgebers nur selten in Frage gestellt. Soweit der Gesetzgeber eine Rechtsform nicht ausdrücklich vorgesehen hat, bereitet die Einordnung hingegen zumeist erhebliche Anwendungsprobleme[49] und wirft mit großer Regelmäßigkeit grundsätzliche Streitfragen auf, etwa im Hinblick auf den Rechtscharakter von Raumordnungsplänen.[50]

Dies zeigt sich ganz beispielhaft bei der Festlegung *militärischer Schutzbereiche* nach dem Schutzbereichsgesetz (SchBerG). Das entsprechende Gebiet wird gem. § 2 Abs. 1 SchBerG »durch Anordnung« zum Schutzbereich erklärt, die einen Plan über den Umfang des Schutzbereichs enthalten muß und gegenüber den Eigentümern und an den Grundstücken im Schutzbereich Gebrauchsberechtigten oder in ortsüblicher Weise öffentlich bekanntzumachen ist. Während die Rechtsprechung und Literatur diese Anordnung ursprünglich entweder als justizfreien Hoheitsakt[51] oder als Verwaltungsakt ansahen[52], wurde seit Ende der 60er Jahre überwiegend angenommen, daß es sich inhaltlich um eine Rechtsnorm handele und die Festlegung daher als Verordnung ergehen müsse.[53] Die Rechtsprechung hat sich dieser vordringenden Meinung zunächst angeschlossen[54], später jedoch erneut die Auffassung vertreten, daß Schutzbereichsanordnungen die Merkmale von Allgemeinverfügungen im Sinne von § 35 S. 2 VwVfG aufweisen sollen.[55] Hier stellt sich die Frage, ob nicht ein klärendes Wort des Gesetzgebers die Rechtssicherheit aller Beteiligten erheblich hätte stärken können.

Ähnlich ist im Hinblick auf das Instrument der straßenrechtlichen *Linienbestimmung* nach § 16 FStrG, einer vorgelagerten fachplanerischen Entscheidung, strittig, ob es sich um einen Verwaltungsakt, eine Rechtsnorm oder um ein Instrument *sui generis* handelt.[56] Vergleichbare Aussagen finden sich zu den *Braunkohlenplänen*

---

[49] *Hoppe*, in: HStR III, 1988, § 71 Rn. 113; *Krieger*, NuR 1983, 257, 260, m.w.N.

[50] Vgl. etwa *Bülter*, Raumordnungspläne als hoheitliche Handlungsformen, 1987, S. 180ff.; *Schmidt-Aßmann*, DÖV 1981, 237, 238ff.; *Voigt*, Die Rechtsformen staatlicher Pläne, 1979, S. 159f., alle m.w.N.

[51] So *Bauch/Schmidt*, Kommentar zum LBG/SchBerG, 1957, § 2 SchBerG Erl. 2 (»Regierungsakt, der der gerichtlichen Nachprüfung entzogen bleibt«) mit eingehender Diskussion der Rechtsformen »Verordnung« und »Allgemeinverfügung«.

[52] So wohl VGH München v. 21. 7. 1977 – 9 IX 75 –, BayVBl. 1978, 83, 84; im Schrifttum *Gornig*, Die sachbezogene hoheitliche Maßnahme, 1985, S. 223f.

[53] So erstmalig *Breuer*, Die hoheitliche raumgestaltende Planung, 1968, S. 170ff., m.w.N. zum älteren Schrifttum; *Voigt*, Rechtsformen staatlicher Pläne, 1979, S. 119f., m.w.N. auf S. 120 in Fn. 2.

[54] BVerwG, Urt. v. 23. 10. 1968 – 4 C 101. 67 –, BVerwGE 30, 287ff.

[55] BVerwG, Urt. v. 7. 9. 1984 – 4 C 16.81 –, BVerwGE 70, 77ff.; Beschl. v. 19. 5. 1998 – 4 B 49/98 –, Buchholz 406.34 § 2 SchBG Nr. 3; dem folgend nunmehr wieder *Ebsen*, Militärische Bodennutzung, 1988, S. 139f.; *Klinger*, Die militärische Fachplanung, 2002, S. 126f.; *Peine*, Öffentliches Baurecht, 4. Aufl. 2003, Rn. 1333; *Sodan*, in: ders./Ziekow (Hrsg.), VwGO, § 42 Rn. 323, Stand: GW 1996; vgl. auch *Thiemann*, NVwZ 1985, 26f., die konsequent die Anfechtungsklage für eröffnet hält.

[56] Vgl. die Nachweise bei *Ronellenfitsch*, in: Marschall/Kastner, FStrG, Art. 16 Rn. 57ff.; *Runkel*, in: Bielenberg/Runkel/Spannowsky, Raumordnungs- und Landesplanungsrecht des Bundes und der Länder, Kommentar K, § 5 ROG Rn. 30, Stand: VII/2000. Allgemein zur Linienbestimmung im Kontext der Straßenplanung bereits im ersten Kapitel S. 70f.

nach nordrhein-westfälischem Landesrecht, bei denen – mangels einer klaren Aussage des Landesgesetzgebers – die Rechtsformen des öffentlich-rechtlichen Vertrags, des Gesetzes, der Verordnung, der Satzung und des Verwaltungsaktes diskutiert werden.[57] Im Hinblick auf ein so alltägliches Planungsinstrument wie den *Flächennutzungsplan* schließlich hat die Literatur zeitweilig den Charakter eines Rechtssatzes, eines öffentlich-rechtlichen Vertrags, eines Verwaltungsinternums und eines Verwaltungsaktes bejaht[58], während er mittlerweile – im Ergebnis kaum sehr viel mehr überzeugend – als »Hoheitsakt eigener Art« angesehen wird.[59] Vor allem die letztgenannte Aussage ist nicht nur unter Rechtsschutzgesichtspunkten unbefriedigend, sondern schließt zugleich jede Aussage über die rechtliche Stellung des Flächennutzungsplans aus: Der Grundsatz der Normenhierarchie kann jedenfalls dann, wenn einer räumlichen Planung wie dem Flächennutzungsplan keine Rechtsform zugeordnet zu werden vermag, von vornherein nicht zur Anwendung kommen.[60]

Insgesamt bleibt somit festzuhalten, daß außerhalb des Anwendungsbereichs eindeutiger gesetzlicher Regelungen die Rechtsform zahlreicher Raumplanungen bis in die Gegenwart hinein aufs äußerste umstritten geblieben ist. Dabei haben die Aussagen des Schrifttums zur Abgrenzung von Norm und Einzelakt bis heute wirklich Konsens stiftende Kriterien nicht zu entwickeln vermocht. Die Feststellung *Forsthoffs*, bei der Einordnung des Planes in das traditionelle Handlungsspektrum bleibe ein »ungelöster Rest«[61], hat vor diesem Hintergrund ihre Bedeutung bis heute behalten. Eine tragfähige Lösung für die Praxis führt meist erst das Votum des Gesetzgebers herbei, wie namentlich das Beispiel des Bebauungsplanes verdeutlicht, der vor Erlaß der Regelung in § 10 BauGB teils als Rechtsnorm, teils als Verwaltungsakt angesehen worden war.[62] Der Kern dieser Abgrenzungsschwierigkeiten liegt in der

---

[57] Näher *Erbguth*, VerwArch 86 (1995), 327, 332ff., m.w.N.; *Schnapp*, in: FS für Fritz Fabricius, 1989, S. 87, 91ff.

[58] Vgl. die Ausführungen und Nachweise bei *Breuer*, Die hoheitliche raumgestaltende Planung, 1968, S. 190ff.; *Gornig*, Die sachbezogene hoheitliche Maßnahme, 1985, S. 212ff.; *Hoppe/Grotefels*, Öffentliches Baurecht, 1995, § 5 Rn. 51f.; *Janßen*, in: Obermayer (Hrsg.), VwVfG, 3. Aufl. 1999, § 35 Rn. 94; für Rechtsnormcharakter zuletzt wieder *Kment*, Rechtsschutz im Hinblick auf Raumordnungspläne, 2002, S. 130ff.; *ders.*, NVwZ 2004, 314f., mit zweifelhafter Berufung auf die neuere Rechtsprechung.

[59] BVerwG, Beschl. v. 20.7. 1990 – 4 N 3/88 –, NVwZ 1991, 262f.; *Koch/Hendler*, Baurecht, Raumordnungs- und Landesplanungsrecht, 3. Aufl. 2001, § 14 Rn. 4, m.w.N.; *Peine*, Öffentliches Baurecht, 4. Aufl. 2003, Rn. 463; zu Rechtsschutzmöglichkeiten *Krieger*, NuR 1983, 257, 259f.

[60] Vgl. OVG Münster, Urt. v. 11.1. 1999 – 7 A 2377/96 –, NuR 1999, 704, 705.

[61] *Forsthoff*, Lehrbuch des Verwaltungsrechts, 10. Aufl. 1973, S. 310.

[62] Vgl. noch die Ausführungen und Nachweise bei *Marschall*, FernStrG, 3. Aufl. 1972, § 17 Rn. 8.91, der den kontroversen Meinungsstand in Rechtsprechung und Schrifttum vor der gesetzgeberischen Entscheidung wiedergibt. Der Streit um die materielle Rechtsnatur des Bebauungsplanes hält zwar weiter an, hat jedoch durch die Entscheidung des Gesetzgebers erheblich an praktischer Bedeutung verloren. Vgl. dazu etwa *Hoppe/Grotefels*, Öffentliches Baurecht, 1995, § 5 Rn. 52ff.; *Krieger*, NuR 1983, 257, 259, m.w.N.; *Löhr*, in: Battis/Krautzberger/Löhr, BauGB, 8. Aufl. 2002, § 10 Rn. 2; *Pietzcker*, in: Schoch/Schmidt-Aßmann/Pietzner (Hrsg.), VwGO, § 42 Rn. 69, Stand: GW April 1996, sowie die Nachweise bei *von Mutius*, in: FS für Wolff, 1973, S. 167, 177 in Fn. 52. Kritik findet sich weiterhin etwa bei *Bartlsperger*, in: Erbguth/Oebbecke/Rengeling/Schulte

Unmöglichkeit einer klaren Abgrenzung von Einzelakten im Sinne der Allgemeinverfügung und räumlich beschränkten abstrakt-generellen Rechtssätzen.[63] Raumplanungen als abstrakte Vorgaben mit räumlich-dinglichem Bezug stehen im Grenzbereich beider Handlungsformen und entziehen sich insoweit einer klaren Zuordnung. Eine eindeutige Rechtsformbestimmung nach materiellen Kriterien wird vor diesem Hintergrund nahezu unmöglich.[64]

5. Die praktische Maßgeblichkeit der gesetzlichen Rechtsform

Aus diesen Gründen erscheinen gesetzgeberische Klarstellungen und Festlegungen der Rechtsform von Raumplanungen zumindest aus praktischer Sicht durchaus begrüßenswert, und es kann nicht überraschen, daß auch für die Rechtsprechung in aller Regel die gesetzgeberisch gewählte Form maßgeblich ist; so hat das Bundesverwaltungsgericht im Hinblick auf die erwähnte Streitfrage der Rechtsnatur von Schutzbereichsanordnungen maßgeblich darauf abgestellt, daß der Gesetzgeber diese nach Wortlaut (»Anordnung«), Gesetzesbegründung und Erlaßverfahren als Verwaltungsakt habe ausgestalten wollen.[65] Es sieht damit die nach dem Willen des Gesetzgebers zu ermittelnde äußere Form der Planung als ausschlaggebend für die Bindungswirkungen des Plans und für den hiergegen verfügbaren Rechtsschutz an.[66] Dies entspricht dem allgemeinen Grundsatz, daß auch für die Einordnung eines Rechtsakts in das Rechtsschutzsystem grundsätzlich seine äußere Erscheinungsform maßgebend ist.[67] Erfolgt also eine – an sich planfeststellungsbedürftige – isolierte Fernstraßenplanung durch Bebauungsplan[68], so sind hiergegen allein die gegen diese Handlungsform zulässigen Rechtsmittel gegeben.[69]

(Hrsg.), Abwägung im Recht, 1995, S. 79, 83f.; für einen materiellen Verwaltungsakt i. E. auch *Dörries*, Das Verhältnis der Bauleitplanung zur raumbeanspruchenden Fachplanung, 2000, S. 128; *Papier*, in: Bitburger Gespräche. Jahrbuch 1980/1981, S. 81, 82; *Peine*, Öffentliches Baurecht, 4. Aufl. 2003, Rn. 521ff.; *Schenke*, VerwArch 1981, 185, 205.

63 Näher zu diesem Problemkreis und der Unmöglichkeit einer trennscharfen Abgrenzung *Jaag*, Abgrenzung zwischen Rechtssatz und Einzelakt, 1985, S. 183ff.; *Meyer*, in: ders./Borgs, VwVfG, 2. Aufl. 1982, § 35 Rn. 65; *Scholz*, VVDStRL 34 (1976), 145, 187f.; vgl. ferner *Hennecke*, in: Knack, VwVfG, 7. Aufl. 2000, § 35 Rn. 126, 129, und bereits *Volkmar*, Allgemeiner Rechtssatz und Einzelakt, 1962, S. 165ff.; vor allem für den Kontext der Raumplanung auch *Erbguth/Schoeneberg*, Raumordnungs- und Landesplanungsrecht, 2. Aufl. 1992, Rn. 82; *Wahl*, Rechtsfragen der Landesplanung und Landesentwicklung, Bd. I, 1978, S. 29ff., m.w.N.; *ders.*, in: FS für Hoppe, 2000, S. 913, 924f.

64 *Löhr*, DVBl. 1980, 13, 15 stellt daher fest, auch die Wahl der richtigen Rechtsschutzform gerate so »zum Glücksspiel«.

65 BVerwGE 70, 77, 78f.; a.A. *Gornig*, Die sachbezogene hoheitliche Maßnahme, 1985, S. 219.

66 Ebenso für die Festlegung von Flugrouten *Czybulka*, in: Ziekow (Hrsg.), Flughafenplanung, 2002, S. 9, 18.

67 Vgl. bereits oben in und bei Fn. 19.

68 Vgl. BVerwG, Urt. v. 3. 6. 1971 – IV C 64.70 –, BVerwGE 38, 152ff.; Urt. v. 19. 9. 2002 – 4 CN 1.02 –, UPR 2003, 148ff.; allgemein zu dem Problemkreis *Fickert*, BauR 1988, 678ff.

69 So statt vieler *Papier*, Recht der öffentlichen Sachen, 3. Aufl. 1997, S. 167ff.; *Hoppe/Schlarmann/Buchner*, Rechtsschutz bei der Planung von Straßen, 3. Aufl. 2001, Rn. 943ff.

Ist somit sowohl für Rechtsschutzfragen als auch für die Stellung in der Normenhierarchie die *äußere* Form der Planung maßgeblich, so stellt sich freilich die Frage, ob der Gesetzgeber verpflichtet ist, bei der Festlegung einer äußeren Rechtsform den materiellen Gehalt eines Planes zu berücksichtigen, oder ob und gegebenenfalls in welchem Umfang Spielräume für eine Rechtsformenwahl bestehen.

6. Zur Möglichkeit einer Rechtsformenwahl durch den Gesetzgeber

a) *Formenfreiheit des Gesetzgebers oder materielle Abgrenzung?*

Die Literatur hat vor dem Hintergrund der planerischen Formenvielfalt und des fehlenden Grundkonsenses über materielle Abgrenzungsmaßstäbe vielfach erklärt, daß der Plan generell eine Maßnahme *sui generis* darstelle, sich in das Schema Norm-Verwaltungsakt nicht einordnen lasse[70] oder gar als einheitliches Rechtsinstitut eine »dritte Handlungsform der öffentlichen Gewalt neben Norm und Verwaltungsakt« darstelle.[71] Hieraus wiederum wurde – teilweise in Anlehnung an den allgemeinen Grundsatz der Formenfreiheit der öffentlichen Verwaltung[72] – gefolgert, daß der Gesetzgeber bei der Schaffung von Rechtsgrundlagen für räumliche Planungen hinsichtlich der Rechtsform im wesentlichen keinen rechtlichen Beschränkungen unterworfen sei und sich an Zweckmäßigkeitsgesichtspunkten orientieren dürfe.[73]

Dieser formellen Theorie steht allerdings die traditionelle, im Schrifttum weiterhin vorherrschende und sich zum Teil auch auf die Rechtsprechung berufende[74] Auffassung gegenüber, wonach Verwaltungshandeln ausschließlich nach materiellen Gesichtspunkten in das rechtsstaatliche System der Handlungsformenlehre einzuordnen ist[75] und gerade auch auf dem Gebiet des Raumplanungsrechts die materielle

---

[70] Vgl. etwa *Achterberg*, Diskussionsbeitrag in: Verhandlungen des 50. Deutschen Juristentages, Bd. II, 1974, S. I126, I127; *Forsthoff*, Lehrbuch des Verwaltungsrechts, 10. Aufl. 1973, S. 309f., m.w.N.; ähnlich *Badura*, in: FS für den BayVerfGH, 1972, S. 157, 167; *Schmidt-Aßmann*, DÖV 1974, 541, 545; zur Kritik etwa *Di Fabio*, in: Wandel der Handlungsformen im Öffentlichen Recht, 1991, S. 47, 55f.; *Ossenbühl*, Gutachten B zum 50. Deutschen Juristentag 1974, S. B48; Entsprechende Einzelaussagen finden sich bereits oben S. 405f.; kritisch zu dem Verweis auf einen *Sui-generis*-Charakter *Wahl*, Rechtsfragen der Landesplanung und Landesentwicklung, Bd. I, 1978, S. 107ff.

[71] So namentlich *Kaiser*, Referat zum 50. Deutschen Juristentag, 1974, S. I9, I12ff.; ähnlich bereits *ders.*, in: ders. (Hrsg.), Planung II, 1966, S. 11, 20ff. und öfter.

[72] Vgl. *Ehlers*, Verwaltung in Privatrechtsform, S. 109ff., 172ff.; *Scholz/Aulehner*, Archiv PT 1993, 221, 239.

[73] *Faber*, in: AK-GG, Bd. 1, 2. Aufl. 1989, Art. 20 Abs. 1 – 3 V Rn. 6 unter Verweis auf BVerfGE 70, 35, 56; wohl auch *Kaiser*, Referat zum 50. Deutschen Juristentag, 1974, S. I9, I12, I23; *Peine*, Öffentliches Baurecht, 4. Aufl. 2003, Rn. 244, und *Ronellenfitsch*, Einführung in das Planungsrecht, 1986, S. 5. Nachweise zu der allgemeineren Auffassung, die dem Gesetzgeber eine generelle Formenfreiheit einräumen will, bei *von Mutius*, in: FS für Wolff, 1973, S. 167ff. bei und in Fn. 2 und 57.

[74] *Breuer*, Die hoheitliche raumgestaltende Planung, 1968, S. 45/193.

[75] Vgl. etwa *Beschorner*, Individualrechtsschutz bei inkongruenten Form-Inhalt-Beziehungen des Verwaltungshandelns, 1985, besonders S. 110ff. in bezug auf den Plan; *Erbguth*, DVBl. 1981, 557, 558; *Gornig*, Die sachbezogene hoheitliche Maßnahme, 1985, S. 66; *Ossenbühl*, JuS 1979, 681, 685 (entscheidend seien die Rechtsfolgen); *Pauly*, in: Wandel der Handlungsformen im Öffentlichen Recht, 1991, S. 25ff., 29f., jeweils m.w.N.; *Schröder*, Diskussionsbeitrag in: Verhandlungen des 50.

und die formelle Rechtsnatur eines jeden Hoheitsaktes stets im Einklang stehen müssen.[76] Nach dieser der Lehre vom Formenzwang[77] entsprechenden Auffassung wird auch für raumgestaltende Pläne die Wahl der Rechtsform – namentlich nach den Gesichtspunkten der Verbindlichkeit, des Adressatenkreises und der Rechtssetzungskompetenz – als verfassungsrechtlich vorgegeben angesehen.[78] Demnach werden etwa Planfeststellungsbeschlüsse aus *materiellen* Gesichtspunkten als Verwaltungsakte[79], Nutzungsregelungen überwiegend als materielle Normen[80] und auch Raumordnungspläne überwiegend als materielle Normen eingeordnet.[81] Der Gesetzgeber ist nach dieser Sichtweise aus Gründen des Verfassungsrechts gehalten, den Planungsakten eine ihrem materiellen Gehalt entsprechende Rechtsform zuzuordnen.

b) Unzulässigkeit jeder Rechtsformenwahl durch den Gesetzgeber?

Die Lehre von der Vordeterminiertheit der Rechtsform einer Planungsentscheidung durch ihren materiellen Gehalt gründet in der traditionellen Wertschätzung der Handlungsformenlehre in der deutschen Verwaltungsrechtswissenschaft. Freilich

---

Deutschen Juristentages, Bd. II, 1974, S. 179f.; ähnlich *Erfmeyer*, DÖV 1996, 629ff. (der allerdings eine gesetzliche Festlegung der Handlungsform nicht anspricht); *Erbguth/Schoeneberg*, Raumordnungs- und Landesplanungsrecht, 2. Aufl. 1992, Rn. 81 und 90; *Löhr*, DVBl. 1980, 13, 15.

[76] *Blümel*, DVBl. 1960, 697, 703; *Breuer*, Die hoheitliche raumgestaltende Planung, 1968, S. 45ff., 193; *Voigt*, Die Rechtsformen staatlicher Pläne, 1979, S. 259; vgl. auch *Jaag*, Abgrenzung zwischen Rechtssatz und Einzelakt, 1985, S. 18ff.

[77] Vgl. *Schmidt-Aßmann*, DVBl. 1989, 533, 535, m. w. N.

[78] So namentlich *Breuer*, Die hoheitliche raumgestaltende Planung, 1968, S. 44ff.; *Voigt*, Die Rechtsformen staatlicher Pläne, 1979, S. 259ff., 265ff., m. w. N. Dem entspricht die im Raumplanungsrecht ganz vorherrschende Sichtweise, daß bei der Abgrenzung der Ziele der Raumordnung von Grundsätzen der Raumordnung der ausdrücklichen Kennzeichnung einer Festlegung »als Ziel« gemäß § 7 Abs. 1 S. 3 ROG keine konstitutive Bedeutung zukommt, sondern daß die Abgrenzung allein nach materiellen Kriterien erfolgt. Vgl. dazu vor allem *Hoppe*, DVBl. 1999, 1457ff., m. w. N.

[79] Vgl. zur Rspr. bereits oben Fn. 42; im Schrifttum etwa *Achterberg*, Allgemeines Verwaltungsrecht, 2. Aufl. 1986, § 22 Rn. 132; *Breuer*, Die hoheitliche raumgestaltende Planung, 1968, S. 29, 53, 62; *Dürr*, in: Knack, VwVfG, 7. Aufl. 2000, § 74 Rn. 10; *Gornig*, Die sachbezogene hoheitliche Maßnahme, 1985, S. 198ff.; *Kügel*, Planfeststellungsbeschluß, S. 84f.; *Ule/Laubinger*, Verwaltungsverfahrensrecht, 4. Aufl. 1995, § 41 Rn. 41 jeweils m. w. N.; für normativen Charakter indes mit gewichtigen Argumenten *Brohm*, in: Ein Vierteljahrhundert Straßenrechtsgesetzgebung, 1980, S. 343, 351f.

[80] *Breuer*, Die hoheitliche raumgestaltende Planung, 1968, S. 49ff., 54, 166, m. w. N.; für Wahlfreiheit *Meyer*, in: ders./Borgs, VwVfG, 2. Aufl. 1982, § 35 Rn. 73ff.

[81] VGH München, Urt. v. 14. 12. 1983 – 4 N 81 A.436 –, BayVBl. 1984, 240ff.; Urt. v. 12. 9. 1990 – 4 N 88.1300 –, NVwZ-RR 1991, 332; im Schrifttum etwa *Breuer*, Die hoheitliche raumgestaltende Planung, 1968, S. 55, 224ff.; *Erbguth*, DVBl. 1981, 557, 560; *Erbguth/Schoeneberg*, Raumordnungs- und Landesplanungsrecht, 2. Aufl. 1992, Rn. 82; *Goppel*, BayVBl. 1984, 229, 230; *Runkel*, in: Ernst/Zinkahn/Bielenberg (Hrsg.), BauGB, § 1 Rn. 61, Stand: Nov. 1999; *Schultze*, Ziele der Raumordnung und Landesplanung als Rechtsbegriff, 1973, S. 80ff.; a. A. (Verwaltungsakt) *Gornig*, Die sachbezogene hoheitliche Maßnahme, 1985, S. 207ff.; für außenwirksame Verwaltungsvorschriften *Löhr*, DVBl. 1980, 13, 16ff.; für Maßnahmen »sui generis« plädiert eingehend *Bülter*, Raumordnungspläne als hoheitliche Handlungsformen, 1987, S. 180ff., 248ff., m. w. N.; vgl. zur Diskussion auch *Grooterhorst*, NuR 1986, 276, 279ff.

dürfte die verwaltungsrechtliche Handlungs- und Rechtsquellenlehre unter der Geltung des Grundgesetzes insgesamt an Bedeutung verloren haben. Wenn in dem für die Entwicklung des deutschen Verwaltungsrechts grundlegenden Werk Otto *Mayers* die gesamte verwaltungsrechtliche Handlungsformenlehre letztlich auf das Rechtsstaatsprinzip zurückgeführt und so die Wahl der richtigen Rechts- und Handlungsform zum Dreh- und Angelpunkt rechtsstaatlichen Handelns wird[82], so orientiert sich dieses Modell am Idealtypus einer im wesentlichen auf bipolare Rechtsverhältnisse angelegten Eingriffsverwaltung. Diese ursprüngliche Lehre von den staatlichen Handlungsformen ist zudem tief in Vorstellungen des monarchischen Konstitutionalismus und in der Gegenüberstellung von monarchisch und demokratisch legitimiertem Staatshandeln verhaftet, so daß eine unhistorische Übernahme dieser Kategorien gegenüber dem demokratischen Gesetzgeber unzulässig erscheint.[83] Die Handlungsformenlehre als rechtliche Typisierung bestimmter Gruppen von Verwaltungshandlungen hat gewiß eine wesentliche Ordnungs- und Systematisierungskraft[84], kann jedoch gerade gegenüber dem Gesetzgeber nicht verabsolutiert werden.[85] In der Staatspraxis des Grundgesetzes findet sich manches Phänomen, daß den überkommenen Formbindungen nicht mehr entspricht, ohne deshalb gegen Vorgaben des Grundgesetzes zu verstoßen.[86] Gerade im Bereich des Planungsrechts haben dabei die Verwaltungsdogmatik und die Handlungsformen durch die »Entdeckung« multipolarer komplexer Verwaltungsentscheidungen erhebliche Veränderungen erfahren.[87]

Die traditionelle Lehre von der Vordeterminiertheit der Rechtsform einer Planungsentscheidung beruht freilich keineswegs allein auf einer unkritischen Rezep-

---

[82] *Mayer*, Deutsches Verwaltungsrecht, Bd. 1, 3. Aufl. 1924, § 8 und § 9; *Stolleis*, Geschichte des öffentlichen Rechts in Deutschland, Bd. 2, 1992, S. 406, spricht gar von einer »Reduktion des Verwaltungsrechts auf die Rechtsformen«. Vgl. auch *Di Fabio*, in: Lorz (Hrsg.), Umwelt und Recht, 1991, S. 9, 12ff.; *Schmidt-Aßmann*, Das allgemeine Verwaltungsrecht als Ordnungsidee, 1998, S. 252.

[83] Näher *Schmidt-De Caluwe*, Der Verwaltungsakt in der Lehre Otto Mayers, 1999, besonders S. 12; vgl. zur Kritik an der Handlungsformenlehre bereits die Darstellung und die Nachweise bei *Schmidt-Aßmann*, DVBl. 1989, 533, 535ff.; *ders.*, Das allgemeine Verwaltungsrecht als Ordnungsidee, 1998, S. 250ff.; allgemeiner *Brohm*, VVDStRL 30 (1972), 245, 253ff.; *Huber*, Konkurrenzschutz im Verwaltungsrecht, 1991, S. 169; *Krause*, Rechtsformen des Verwaltungshandelns, 1974, S. 102ff.

[84] Vgl. zur Funktion und Reichweite der Handlungsformenlehre zuletzt etwa *Becker*, Die Bindungswirkung von Verwaltungsakten, 1997, S. 92ff., m. w. N., sowie *Ossenbühl*, JuS 1979, 681ff.

[85] So jedoch im Ansatz wohl *Gerhardt*, in: Schoch/Schmidt-Aßmann/Pietzner (Hrsg.), VwGO, Vorb. § 47 Rn. 3, Stand: Mai 1997, wonach die verfassungsunmittelbaren Gebote der rechtsstaatlichen Transparenz und Berechenbarkeit den Zwischenschritt der Typisierung staatlichen Handelns erfordern sollen.

[86] Vgl. die Beobachtungen von *Kirchhof*, in: HStR III, 1988, § 59 Rn. 43; vgl. auch *Bohne*, Der informale Rechtsstaat, 1981, S. 199ff., und *Gerhardt*, in: Schoch/Schmidt-Aßmann/Pietzner (Hrsg.), VwGO, Vorb. zu § 47 Rn. 2f., Stand: Mai 1997.

[87] Grundlegend dazu *Schmidt-Aßmann*, Das allgemeine Verwaltungsrecht als Ordnungsidee und System, 1982, S. 152f.; *ders.*, Das allgemeine Verwaltungsrecht als Ordnungsidee, 1998, S. 152f.; *ders.*, VVDStRL 34 (1976), 221, 223ff.; diesen Ansatz aufgreifend etwa *Di Fabio*, in: Lorz (Hrsg.), Umwelt und Recht, 1991, S. 9ff.; *ders.*, Risikoentscheidungen im Rechtsstaat, 1994, S. 58ff.; *Hoppe*, Grundfragen des Planungsrechts, 1998, S. 225ff.

tion der überkommenen Handlungsformenlehre, sondern stützt sich vor allem auf die Erwägung, daß die Abgrenzung von Rechtsnorm und Verwaltungsakt im Kern verfassungsrechtlich vorgegeben und letztlich Ausdruck des Grundsatzes der Gewaltenteilung sei, beruft sich also auf konkrete verfassungsrechtliche Vorgaben.[88] Dem wäre entgegenzuhalten, daß zum einen der Gesetzesbegriff des Grundgesetzes nicht auf den Erlaß abstrakt-genereller Regelungen beschränkt ist[89], der Grundsatz der Gewaltenteilung also jedenfalls gegenüber dem Gesetzgeber keineswegs eindeutige Vorgaben enthält, und daß zum anderen eine überzeugende materielle Abgrenzung von Einzelakt und Norm im Bereich der Raumplanung bis zum heutigen Tag nicht gelungen ist.[90] Vor diesem Hintergrund läßt sich grundsätzlich hinterfragen, ob von einer verfassungsrechtlichen Vordeterminiertheit der Rechtsform von Raumplanungsentscheidungen auch nur in groben Konturen die Rede sein kann. Abzulehnen ist der materielle Ansatz jedenfalls insoweit, als dem Gesetzgeber im Hinblick auf die Rechtsformenwahl im Planungsrecht trotz der kaum befriedigenden Abgrenzungskriterien keinerlei Gestaltungsspielraum zugestanden wird.[91] Wie die obigen Ausführungen belegt haben, bildet das Raumplanungsrecht einen der Bereiche, in denen die Abgrenzung von Einzelakt und materieller Rechtsnorm an Grenzen stößt und anerkannte, eindeutige Kriterien für eine klare Zuordnung des jeweiligen Verwaltungshandelns kaum vorliegen.[92] Angesichts eines uneinheitlichen Meinungsbildes im Schrifttum wird man dem Gesetzgeber auf diesem Gebiet daher

[88] Besonders deutlich wird diese Argumentation in dem Urteil des VGH München v. 21.7. 1977 – 9 IX 75 –, BayVBl. 1978, 83, 84, wo ausgeführt wird, es sprächen »erhebliche Gesichtspunkte dagegen, daß der Gesetzgeber die Rechtsformen des Verwaltungshandelns ohne Rücksicht auf dessen sachlichen Gehalt beliebig bestimmen kann. Wesentliche Vorschriften des Verfassungsrechts (Art. 19 Abs. 4, Art. 80 GG) und des einfachen Gesetzesrechts (§§ 42, 47 VwGO), deren zwingender Charakter nicht zweifelhaft ist, setzen einen allgemeinen, bestimmten, nicht frei variablen und daher materiellen Begriff von Norm und Verwaltungsakt voraus, weil ihre Anwendung sonst stets im freien Belieben des Gesetzgebers stünde. Die dem Gesetzgeber von der Beklagten zugestandene Freiheit, die Rechtsform einer Handlung ohne Bindung an vorgegebene Schranken zu bestimmen, erscheint aus dieser Sicht ebenso bedenklich wie ihre These, für die rechtliche Beurteilung von Rechtsakten sei auf die jeweils gewählte Form und nicht auf den sachlichen Gehalt abzustellen.« Ähnliche Argumente im Schrifttum bei *von Mutius*, in: FS für Wolff, 1973, S. 167, 178f., m.w.N.; zuletzt *Kopp/Ramsauer*, VwVfG, 7. Aufl. 2000, § 35 Rn. 104 (wiederum anders in der 8. Aufl.).

[89] BVerfG, Beschl. v. 7.5. 1969 – 2 BvL 15/67 –, BVerfGE 25, 371, 398; Beschl. v. 17.7. 1996 – 2 BvF 2/93 –, BVerfGE 95, 1, 17; weitere Nachweise bei *Sinemus*, Gewaltenteilung in der Rechtsprechung des Bundesverfassungsgerichts, 1982, S. 218ff.; im Schrifttum etwa *Dreier*, in: ders. (Hrsg.), GG, Bd. I 1996, Art. 19 I Rn. 14f.; *Hofmann*, in: Starck (Hrsg.), Die Allgemeinheit des Gesetzes, 1987, S. 9, 41ff.; *Janssen*, Über die Grenzen des legislativen Zugriffs, 1990, S. 46; *Schmidt-Aßmann*, in: HdStR I, § 24 Rn. 35; *Schneller*, Objektbezogene Legalplanung, 1999, S. 71ff.; *Starck*, Der Gesetzesbegriff des Grundgesetzes, 1970, S. 234ff.; *Vogel*, in: VVDStRL 24 (1966), 125, 166ff.; ebenso bereits *Mayer*, Deutsches Verwaltungsrecht, Bd. 1, 3. Aufl. 1924, S. 67; differenzierend *Schneider*, Gesetzgebung, 3. Aufl. 2002, Rn. 44ff.; vgl. zum Meinungsstand auch *Ossenbühl*, in: HStR III, 1988, § 61 Rn. 11f., m.w.N. *Löhr*, DVBl. 1980, 13, 15, folgert hieraus, daß der Gesetzgeber keineswegs nur materielle Rechtssätze in die Form des untergesetzlichen Rechtssatzes zu kleiden vermag.

[90] Vgl. oben S. 406f.

[91] So *Forsthoff*, Lehrbuch des Verwaltungsrechts, 10. Aufl. 1973, S. 310; *Gornig*, Die sachbezogene hoheitliche Maßnahme, 1985, S. 192.

[92] *Von Mutius*, in: FS für Wolff, 1973, S. 167, 213ff.

jedenfalls »klärende Entscheidungen« wie die Festlegung der Rechtsform des Bebauungsplans als Satzung in § 10 BauGB oder die Festsetzung von Planungsgebieten durch Rechtsverordnung der Landesregierungen nach § 9a Abs. 3 FStrG nicht verwehren können.[93] Wäre hingegen stets eine einzige zulässige Rechtsform für eine bestimmte Raumplanung verfassungsrechtlich eindeutig vorgegeben, so müßte bereits die nicht nur im Bundesrecht, sondern auch in nahezu allen Landesstraßengesetzen vorgesehene Möglichkeit, Planfeststellungen durch Festsetzungen eines Bebauungsplans – und damit durch Satzung – zu ersetzen[94], verfassungswidrig sein.[95] Die These von der Unzulässigkeit jeder Rechtsformenwahl durch den Gesetzgeber vermag daher weder dogmatisch noch von den praktischen Ergebnissen her zu überzeugen.

c) Die Grenzen der Rechtsformenwahl durch die Formenmißbrauchslehre

Soweit mit solchen Einkleidungen kein Formenmißbrauch betrieben wird, ist daher die Wahl einer Rechtsform durch den Gesetzgeber nicht zu beanstanden. Der Gesetzgeber verbindet mit dem Gebrauch einer bestimmten Rechtsform zumeist ganz bewußt die Absicht, die Planung dem Geltungsanspruch dieser Rechtsquelle zuzuordnen und den gegenüber dieser Rechtsquelle zulässigen Rechtsschutz zu gewähren.[96] Der Planungsträger ist jedoch – und darin liegt zunächst der eigentliche Garantiegehalt der jeweiligen Handlungsform – verpflichtet, die rechtsstaatlichen Anforderungen an die gesetzlich bestimmte Rechtsform zu beachten und das entsprechende Erlaßverfahren zu durchlaufen[97], im Fall einer Rechtsverordnung also etwa die Anforderungen des Art. 80 GG zu erfüllen.

---

[93] So namentlich *Löhr*, DVBl. 1980, 13, 15; *Meyer*, in: ders./Borgs, VwVfG, 2. Aufl. 1982, § 35 Rn. 65; *Pietzcker*, in: Schoch/Schmidt-Aßmann/Pietzner (Hrsg.), VwGO, Vorb. zu § 42 Rn. 34 und § 42 Abs. 1 Rn. 67, Stand: GW April 1996; *Schenke*, NVwZ 1990, 1009, 1012; *Steiner*, DVBl. 1980, 417f.; ähnlich *Janßen*, in: Obermayer (Hrsg.), VwVfG, 3. Aufl. 1999, § 35 Rn. 94; *Werner*, BayVBl. 1976, 705, 708f.; für das Verhältnis Verordnung–Satzung auch *Schmidt-Aßmann*, Kommunale Rechtssetzung im Gefüge der administrativen Handlungsformen, 1981, S. 27. Allgemein zu der Aufgabe des Gesetzgebers, die Handlungsformen in Grenzbereichen abzustimmen *Hennecke*, in: Knack, VwVfG, 7. Aufl. 2000, § 35 Rn. 129; *Pauly*, in: Wandel der Handlungsformen im Öffentlichen Recht, 1991, S. 25, 38; nochmals weiter gehend hingegen *Ziekow*, in: Sodan/Ziekow (Hrsg.), VwGO, § 47 Rn. 96, Stand: Juli 1998, wonach der Gesetzgeber generell auch für Einzelakte die Normqualität vorsehen kann.

[94] Vgl. oben S. 404.

[95] So in der Tat konsequent *Blümel*, DVBl. 1960, 697, 703.

[96] Illustrativ sind insoweit etwa die Ausführungen bei *Werner*, BayVBl. 1976, 705ff., zu der durchaus zielgerichteten gesetzgeberischen Entscheidung über die rechtliche Einkleidung der kommunalen Neugliederung in Bayern. Ähnlich auch *Ossenbühl*, Gutachten B zum 50. Deutschen Juristentag 1974, S. B47 und B155, wo die Wahl der Gesetzesform für einen Plan als »Transformationsmechanismus zur Erzeugung von Verbindlichkeit« bezeichnet wird. Vgl. auch *Müller*, Inhalt und Formen der Rechtssetzung als Probleme der demokratischen Kompetenzordnung, 1979, S. 50ff.; *Steinberg*, DVBl. 1982, 13, 14.

[97] *Pauly*, in: Wandel der Handlungsformen im Öffentlichen Recht, 1991, S. 25, 41; *Schenke*, VerwArch 1981, 185, 205ff.; vgl. auch *Starck*, Der Gesetzesbegriff des Grundgesetzes, 1970, S. 169ff.

Hat der Gesetzgeber für eine Planung eine bestimmte Rechtsform zugelassen, so setzt ihm hierfür allein die Verfassung Grenzen, die sich insoweit vor allem aus den Grundsätzen des Formenmißbrauchs ergeben. Die Aussagen zu dieser dogmatisch wenig entwickelten Formenmißbrauchslehre schwanken indes[98], und zu dem in der Verfassung nicht erwähnten Begriff »Formenmißbrauch« finden sich ganz unterschiedliche Vorstellungen: Zum Teil wird ein Formenmißbrauch bejaht, wenn die Wahl der Rechtsform als willkürlich anzusehen wäre.[99] Die Wahl der Rechtsform eines Hoheitsaktes erscheint so als Teilaspekt einer aus Gründen des Willkür- und Gleichheitsschutzes gebotenen gesetzgeberischen Systemgerechtigkeit.[100] Andere Stimmen halten solche Maßnahmen oder Regelungen für mißbräuchlich, die die Grenzen ihrer jeweiligen Ermächtigungsgrundlage überschreiten[101] bzw. in Funktionsbereiche anderer Entscheidungsträger eingreifen.[102] Aus dieser Perspektive ergeben sich die Grenzen des Formenmißbrauchs aus der Auslegung der zugrundeliegenden Ermächtigungsnormen und verweisen letztlich auf die bereits behandelten Vorgaben der Kompetenzordnung.

Nach beiden Ansätzen sind die Grenzen für die Wahl der Rechtsformen für Planungsakte durch den Gesetzgeber vergleichsweise weit. Das Grundgesetz hat – wie sogleich zu vertiefen sein wird – die Raumplanung weder eindeutig der Legislative oder der Exekutive zugeordnet[103] noch eine verbindliche Rechtsform vorgegeben, welche die Formenwahl des Gesetzgebers einschränken würde. Die Forderung, die in den genannten Grenzbereichen bestehende Wahlfreiheit des Gesetzgebers unter dem Gesichtspunkt eines optimierten Rechtsschutzes einzuschränken[104], hat sich im Anschluß an die Ausführungen des Bundesverfassungsgerichts in der Entscheidung zum Erftverband[105] zu Recht nicht durchgesetzt.[106] Ein Formenmißbrauch ließe

---

[98] Vgl. zum Diskussionsstand zuletzt *Biervert*, Der Mißbrauch von Handlungsformen, 1999, S. 31ff.; die verschiedenen Anwendungsfelder dieser Figur aufzeigend auch *Bohne*, Der informale Rechtsstaat, 1981, S. 129ff.

[99] OVG Hamburg, Urt. v. 14.9. 1984 – Bs IV 20/84 –, NVwZ 1985, 51, 52; *Kukk*, NVwZ 2001, 408, 409; *Schmidt-Aßmann*, in: Maunz/Dürig u.a., GG, Art. 19 IV Rn. 68, Stand: Feb. 2003; ähnlich – Wahl der Rechtsform zu von der Rechtsordnung mißbilligten Zwecken – *Werner*, BayVBl. 1976, 705, 707ff.

[100] Näher *Peine*, Systemgerechtigkeit, 1985, S. 257ff., 287ff., sowie sogleich nachfolgend S. 414f.

[101] So der Ansatz in der grundlegenden Studie von *Pestalozza*, Formenmißbrauch des Staates, 1973, S. 62ff.; dem folgend etwa *Kirchhof*, in: HStR III, 1988, § 59 Rn. 44.

[102] *Goerlich*, »Formenmißbrauch« und Kompetenzverständnis, 1987, S. 24ff.; ähnlich auch das Sondervotum des Richter *Böhmer* zum Urteil des BVerfG v. 10.3. 1981 – 1 BvR 92, 96/71 –, BVerfGE 56, 249, 266, 295; vgl. dazu bereits im vierten Kapitel S. 195.

[103] BVerfG, Beschl. v. 17.7. 1996 – 2 BvF 2/93 –, BVerfGE 91, 1; näher dazu sogleich S. 419ff.

[104] So vor allem *Pestalozza*, Formenmißbrauch des Staates, 1973, S. 165f.; *Czybulka/Wandres*, DÖV 1990, 1033, 1037. Konkrete Forderungen dieser Art finden sich in verschiedensten Zusammenhängen, so etwa für die Wahl der Rechtsform für die Festlegung von »Flugrouten« bei *Czybulka*, DÖV 1991, 410ff.

[105] BVerfG, Beschl. v. 29.7. 1959 – 1 BvR 394/58 –, BVerfGE 10, 89, 105: »Die Beschwerdeführer werfen der Regierung vor, sie habe den Weg der Gesetzgebung nur beschritten, weil bei einer Verbandsgründung durch Sondergesetz der Rechtsschutz geringer sei als bei einer Gründung durch Exekutivakt ... Das deutsche Verfassungsrecht gebietet auch nicht, die Form hoheitlicher Maßnah-

sich vor allem dann bejahen, wenn ein eindeutiger materiell-rechtlicher Einzelakt als Rechtsnorm oder eine eindeutige materiell-rechtliche Norm als Einzelakt eingekleidet würde.[107] Eine derartige Verletzung der verfassungsrechtlich vorgegebenen Strukturen wäre etwa dann anzunehmen, wenn der Gesetzgeber eine Gesamtplanung durch Verwaltungsakt zulassen würde, obwohl Gesamtplanungen nach ganz überwiegender Auffassung normativen Charakter haben[108]. Aber selbst im Hinblick auf den Bebauungsplan als dem Grundtypus einer Gesamtplanung findet sich noch heute im Schrifttum die Auffassung, daß es sich materiell um einen Verwaltungsakt handele.[109] Die für die Bejahung eines Formenmißbrauchs erforderliche Eindeutigkeit der materiellen Vorgaben, welche die gesetzgeberische Formenwahl geradezu als »Mißbrauch« erscheinen läßt, wird sich vor diesem Hintergrund nur in den seltensten Fällen bejahen lassen.

d) *Grenzen der Rechtsformenwahl durch das Postulat der Systemgerechtigkeit*

Weitere, der Formenmißbrauchslehre verwandte äußerste Grenzen der Rechtsformenwahl ergeben sich aus dem aus Art. 3 Abs. 1 GG abgeleiteten Prinzip der Wahrung der Systemgerechtigkeit[110], das auch im Bereich der Raumplanung diskutiert wird[111] und den Gesetzgeber zu einem elementaren Mindestmaß an Stimmigkeit bei der Wahl planerischer Rechtsformen verpflichten dürfte. Insoweit ist zu prüfen, ob die jeweils gewählte Rechtsform von den Rechts*folgen* und dem *Erlaßverfahren* her[112] den Mindestanforderungen an eine stimmige Gesetzgebung entspricht. Auch insoweit kann jedoch von einem generell »willkürlichen« Vorgehen des Gesetzgebers nicht die Rede sein.

Das gilt namentlich für den Gebrauch der Rechtsform Verwaltungsakt, deren Anwendungsfälle im Raumplanungsrecht gerade im Hinblick auf die *Rechtsfolgen*

---

men so zu wählen, daß der Einzelne dagegen einen möglichst umfassenden Rechtsschutz hat. Ein solches Gebot folgt insbesondere nicht aus Art. 19 Abs. 4 GG.« Ebenso Beschl. v. 14. 5. 1985 – 2 BvR 397 – 399/82 –, BVerfGE 70, 35, 56.

106 Vgl. etwa *Goerlich*, »Formenmißbrauch« und Kompetenzverständnis, 1987, S. 100ff., der als absolute Grenze der Formenfreiheit den *effektiven*, nicht jedoch den *optimalen* Rechtsschutz des Bürgers ansieht; ebenso *Biervert*, Der Mißbrauch von Handlungsformen, 1999, S. 42; *Kopp/Schenke*, VwGO, 13. Aufl. 2003, Anh. § 42 Rn. 58; *Papier*, in: FS für Menger, 1985, S. 517, 518f.; *Schmidt-Aßmann*, in: Maunz/Dürig u.a., GG, Art. 19 IV Rn. 67, Stand: Feb. 2003; *Schneller*, Objektbezogene Legalplanung, 1999, S. 183f.

107 *Janßen*, in: Obermayer (Hrsg.), VwVfG, 3. Aufl. 1999, § 35 Rn. 101.

108 Vgl. oben S. 409.

109 Vgl. bereits die Nachweise oben S. 406f. in Fn. 62.

110 Vgl. mit unterschiedlichen Akzenten *Degenhart*, Systemgerechtigkeit und Selbstbindung des Gesetzgebers, 1976; *Kirchhof*, in: HStR V, 1992, § 124 Rn. 231ff.; *Maurer*, in: HStR III, 1988, § 60 Rn. 62ff.; *Peine*, Systemgerechtigkeit, 1985.

111 Vgl. *Hoppe*, in: HStR III, 1988, § 71 Rn. 99; *ders.*, Grundfragen des Planungsrechts, 1998, S. 179ff., jeweils m.w.N.; in das Zentrum seines Modells stellt diese Figur auch *Braese*, Das Gegenstromverfahren in der Raumordnung, 1982, S. 46ff.

112 Auf diese Perspektive stellt auch *Ossenbühl*, Gutachten B zum 50. Deutschen Juristentag 1974, S. B47 ab.

zumeist sachgerecht erscheinen. Die Legitimation der durch den Verwaltungsakt vermittelten Bestandskraft von Hoheitsentscheidungen ergibt sich aus dem Bedürfnis nach dauerhafter Gültigkeit einer wirksamen Entscheidung.[113] Gerade im Bereich der Planfeststellungen, dem Hauptanwendungsfall des Verwaltungsaktes in der Raumplanung, die zugleich eine Vorhabenzulassung für regelmäßig äußerst investitionsaufwendige Großvorhaben darstellen, ist das Bedürfnis nach Bestandskraft offensichtlich und schutzwürdig und die Verwendung der Handlungsform Verwaltungsakt daher in hohem Maße sachgerecht. Daß die Planfeststellung einer Autobahn als Verwaltungsakt ausgestaltet ist, die Festsetzung eines entsprechenden Planungsgebiets nach § 9a Abs. 3 FStrG hingegen als Verordnung, rechtfertigt sich somit letztlich nicht aus einem stärkeren Einzelfallcharakter i.S.v. § 35 VwVfG, sondern aus dem erhöhten Bedürfnis nach Bestandskraft. § 10 Abs. 1 BauGB, wonach die Gemeinde den Bebauungsplan als Satzung beschließt, ermöglicht demgegenüber eine im Grundsatz zeitlich unbeschränkte Geltendmachung von Rechtsfehlern des Planes; Einschränkungen bringen insoweit allerdings die neuen Regelungen über die Planerhaltung in §§ 214ff. BauGB sowie die Zweijahresfrist in § 47 Abs. 2 S. 1 VwGO. Erneut zeigt sich jedenfalls, daß die oft als »zufällig« oder »willkürlich« kritisierte Rechtsform der Raumpläne zumeist auf bewußten und nachvollziehbaren gesetzgeberischen Erwägungen beruht.

e) *Die Zuerkennung weitreichender Gestaltungsspielräume durch die Rechtsprechung*

Ein Mittelweg und eine vergleichsweise weite Bestimmung der Grenzen der Rechtsformenwahl entspricht bei genauerer Analyse entgegen manchen Aussagen im Schrifttum auch der Position der Rechtsprechung. Daß nach gefestigten Aussagen des Bundesverwaltungsgerichts eine Anfechtungsklage gegen eine behördliche Anordnung begründet ist, die ihrem wesentlichen Inhalt nach als Rechtsnorm hätte ergehen müssen, jedoch in der Form eines Verwaltungsaktes ergangen ist[114], besagt richtigerweise nichts über die Zulässigkeit der *gesetzgeberischen Festlegung* der Rechtsform eines Planungsaktes wie in § 10 Abs. 1 BauGB, wonach die Gemeinde den Bebauungsplan als Satzung beschließt.[115] Vielmehr entspricht es der mehrfach geäußerten Auffassung des Bundesverwaltungsgerichts, daß der Gesetzgeber den Rechtscharakter räumlicher Verwaltungsentscheidungen ohne Bindung an begriffliche Vorgaben ausgestalten kann.[116] Trotz gewisser verfassungsrechtlicher oder strukturlogischer Grenzen – die nicht weiter präzisiert werden – stelle sich jedenfalls im Grenzbereich zwischen Einzelakt und Rechtssatz die Frage eines Rechtsmiß-

[113] *Krause*, Rechtsformen des Verwaltungshandelns, 1974, S. 158.

[114] So erstmals BVerwG, Urt. v. 1. 10. 1963 – IV C 9.63 –, BVerwGE 18, 1ff.; vgl. dazu auch *Erfmeyer*, DÖV 1996, 629ff., m.w.N. in kritischer Auseinandersetzung mit der abweichenden Lehre vom »nichtmateriellen Verwaltungsakt«.

[115] A.A. *Breuer*, Die hoheitliche raumgestaltende Planung, 1968, S. 45/193.

[116] Richtig daher die Aussagen zur Rspr. bei *Erbguth*, DVBl. 1981, 557, 559.

brauchs nicht.[117] Ähnliche Stellungnahmen finden sich namentlich für die Abgrenzung von Plänen in der Form von Allgemeinverfügungen und Rechtsverordnungen.[118] In einem Urteil im Jahr 1993 ging das Bundesverwaltungsgericht noch weiter und sah entgegen den rechtsstaatlichen Bedenken des klagenden Eigentümers gegen eine isolierte Straßenplanung durch planfeststellungsersetzenden Bebauungsplan die Möglichkeit als zulässig an, identische Planungen in unterschiedlichen Handlungsformen festzusetzen. Daß sich dabei

> »... unterschiedliche Handlungsformen zum Teil überschneiden, in Konkurrenz zueinander treten und außerdem verschiedenen Handlungsträgern zugeordnet werden, ist angesichts einer langjährigen Entwicklung des Straßen- und Wegerechts kaum überraschend, stellt aber die grundrechtlich gebotene Einordnung und den Anspruch des Grundeigentümers auf Beachtung seiner sich aus Art. 14 Abs. 1 S. 1 GG ergebenden Rechtsstellung nicht als solche in Frage. Neben dem fachplanerisch ausgeformten Planfeststellungsbeschluß, der nach Maßgabe des jeweiligen Landesrechts auch für den Bau von Landes-, Kreis- oder Ortsstraßen zulässig sein kann, ist kraft Bundesrechts die in § 9 Abs. 1 Nr. 11 BauGB normierte ›isolierte‹ Straßenplanung ein geeignetes Instrument ...«[119]

Nach diesem Ansatz scheint der Gesetzgeber bei der Wahl der Rechtsform einer Raumplanung einen geradezu unbeschränkten Gestaltungsspielraum zu genießen, sofern die materielle Rechtsstellung Planbetroffener nicht beeinträchtigt wird. Betrachtet man zudem die Planungspraxis, nach der mangels hinreichend anerkannter materieller Abgrenzungskriterien durchweg auf die durch den Gesetzgeber festgelegte Rechtsform abgestellt wird[120], so läßt sich für die Rechtsprechung insgesamt nur von einem Siegeszug der formellen Theorie sprechen.

7. Zwischenergebnis

Damit ist als Zwischenergebnis festzuhalten, daß die Stellung einer Raumplanung in der Normenhierarchie in erster Linie durch den Gesetzgeber festgelegt wird. Mangels konkreter verfassungsrechtlicher Vorgaben ergeben sich äußerste Grenzen einer gesetzgeberischen Rechtsformenwahl lediglich aus den Grundsätzen des Formenmißbrauchs und der Systemgerechtigkeit. Der Gesetzgeber hat zudem gegenüber Raumplanungen einen dem Art. 19 Abs. 4 GG genügenden Rechtsschutz sicherzustellen.

---

[117] BVerwG, Urt. v. 10. 6. 1960 – I C 163.59 –, BVerwGE 11, 14, 16; Urt. v. 7. 9. 1984 – 4 C 16.81 –, BVerwGE 70, 77, 82; VGH München, Urt. v. 7. 7. 1983 – 22 N 82 A 772 –, DVBl. 1983, 1157, 1158, m. w. N.; vgl. auch *von Mutius*, in: FS für Wolff, 1973, 167, 177ff., und bereits BVerfG, Beschl. v. 27. 7. 1971 – 2 BvR 443/70 –, BVerfGE 31, 364, 368; enger hingegen VGH München, Urt. v. v. 21. 7. 1977 – 9 IX 75 –, BayVBl. 1978, 83, 84.

[118] VGH München, GB v. 30. 11. 1993 – 20 A 93.40022 –, NVwZ-RR 1995, 114, 115 (Flugroutenfestlegung); im Schrifttum etwa *Friesecke*, WaStrG, 4. Aufl. 1999, § 5 Rn. 14 a. E., der von einem Wahlrecht im Hinblick auf den Erlaß von Nutzungsregelungen für Wasserstraßen ausgeht.

[119] BVerwG, Urt. v. 26. 8. 1993 – 4 C 24/91 –, BVerwGE 94, 100, 105f.

[120] Vgl. oben S. 407f.

Nicht entschieden ist damit freilich, ob der Gesetzgeber anstelle der Vorgabe einer bestimmten Handlungsform für Raumplanungen solche Planungen auch selbst vornehmen kann. Dies führt zu der höchst umstrittenen Frage der Zulässigkeit von Legalplanungen durch den Gesetzgeber selbst.

IV. Die Zulässigkeit der Raumplanung durch den Gesetzgeber

Auch wenn ein Raumplan nach verbreiteter Auffassung kein Gesetz im materiellen Sinn darstellen soll[121], vermittelt die Raumplanung durch förmliches Gesetz, insbesondere durch Bundesgesetz, den in dem Plan enthaltenen Festsetzungen durch ihren Rang in der Normenhierarchie gegenüber anderen Planungsformen die höchste Durchsetzungskraft.[122] Jede dem Planungsrecht innewohnende Kollisionsregel wird durch das Bundesgesetz als höchster Rechtsnorm derogiert.[123] Sind derartige Legalplanungen durch den Gesetzgeber selbst verfassungsrechtlich zulässig, oder sind Raumplanungen aus Gründen der Gewaltenteilung sowie mit Blick auf die Rechte der planbetroffenen Bürger stets der Verwaltung vorbehalten? Auch diese Frage stellt letztlich ein Kompetenzproblem – im Verhältnis zwischen Parlament und Verwaltung – dar[124], wird aber wegen des engen Zusammenhangs mit den Fragen der Normenhierarchie erst hier behandelt.

Der Grundsatz des Art. 20 Abs. 3 GG und die darin normierte Bindung aller Staatsgewalt an Recht und Gesetz wurden stets als Ausgangspunkt aller Überlegungen zur rechtlichen Bindung der Raumplanung verstanden.[125] Dies ist sicher zutreffend, soweit damit die Bindung der räumlichen Planung an das Recht betont wird; Planung bewegt sich keineswegs im rechtsfreien Raum, und die angebliche kompetenzauflösende und -verschiebende »Tendenz« der Planung[126] kann nicht etwa dazu führen, die Kompetenzordnung des Grundgesetzes in planerischen Zusammenhängen weniger ernst zu nehmen.[127] Wieweit darüber hinaus die in dieser Bestimmung angesprochene Unterscheidung von Gesetzgebung, vollziehender Gewalt und Rechtsprechung für die Raumplanung von Bedeutung ist, hängt indes davon ab, ob und mit welchen Vorgaben das Grundgesetz eine Trennung dieser Gewalten überhaupt gebietet und welcher Gewalt die Raumplanung gegebenenfalls zuzuordnen ist. Hierzu sind zunächst die Vorgaben des Grundsatzes der Gewaltenteilung in der Verfassungsordnung des Grundgesetzes zu umreißen (1.) und anschließend die Raumplanung in den Aufgabenstellungen von Gesetzgebung und Verwaltung zu

---

121 *Schmitt Glaeser*, DÖV 1980, 1, m.w.N.

122 Vgl. auch *Schmidt-Aßmann*, DÖV 1974, 541, 544f.

123 *Lange*, Verkehr und öffentliches Recht, 1974, S. 275.

124 Näher *Goerlich*, »Formenmißbrauch« und Kompetenzverständnis, 1987, S. 1ff.; *Ossenbühl*, in: HStR III, 1988, § 62 Rn. 7; *Schneller*, Objektbezogene Legalplanung, 1999, S. 70.

125 Vgl. nur *Weyreuther*, BauR 1977, 293.

126 Vgl. *Langer*, VerwArch 80 (1988), 352, 365.

127 Vgl. die Ausführungen im vierten Kapitel S. 183, 186f.

verorten (2.) Mit der Bedarfsgesetzgebung (3.), der Bauleitplanung durch Gesetz (4.), gesetzlichen Nutzungsregelungen für Nationalparks (5.) und Projektgesetzen (6.) werden anschließend vier Beispiele gesetzgeberischer Raumplanung dargestellt, unter denen vor allem die letztgenannte Fallgruppe zu kontroversen verfassungsrechtlichen Debatten über die Zulässigkeit der Raumplanung durch Gesetz geführt hat.

1. Der Grundsatz der Gewaltenteilung

Der ideengeschichtlich vor allem auf John Locke und Charles de Montesquieu zurückgehende Grundsatz der Gewaltenteilung, also die Aufteilung der staatlichen Gewalt in mehrere, sich gegenseitig kontrollierende und beschränkende Gewalten, wird im Grundgesetz in den Art. 1 Abs. 3 und 20 Abs. 2 und 3 eher beiläufig angesprochen, zeigt sich aber deutlich auch in der Gliederung des Grundgesetzes in den Abschnitten V ff. Er bildet letztlich nur den sichtbarsten Ausdruck der im Grundgesetz noch an zahlreichen anderen Stellen angeordneten Aufteilung staatlicher Macht unter verschiedenen staatlichen Stellen.[128] Die spezifischen Aufgaben und Funktionen der drei Gewalten Exekutive, Legislative und Judikative werden freilich im Grundgesetz inhaltlich nicht näher bestimmt.[129] Zwar läßt sich Gesetzgebung für den Regelfall als Erlaß abstrakt-genereller Rechtsnormen definieren und das sonstige Staatshandeln nach der Subtraktionsmethode der vollziehenden Gewalt zurechnen. Abgesehen davon, daß sich jedoch Raumplanung sowohl als raumbezogene Normsetzung als auch als Vollzug ansehen läßt, wird selbst dieser Grundsatz in der Verfassung namentlich durch die in Art. 80 GG angesprochene Möglichkeit exekutivischer Normsetzung durchbrochen.[130] Zudem ist der Gesetzgeber nicht auf den Erlaß abstrakt-genereller Regelungen beschränkt[131], so daß von einer eindeutigen oder gar trennscharfen Abgrenzung beider Funktionsbereiche nicht die Rede sein kann.

Nach der vorherrschenden *Kernbereichslehre* des Bundesverfassungsgerichts ist der Grundsatz der Gewaltenteilung in dem parlamentarischen System des Grundgesetzes nur im Ansatz verwirklicht und durch vielfältige Verschränkungen und namentlich durch das bundesstaatliche Element überlagert. Daher gewährleistet das Grundgesetz nur einen gewissen Kernbereichsschutz der Gewaltenteilung, und ein

---

[128] Näher *von Arnauld*, ZParl 2001, 678ff., der die klassische Gewalten*trennung* als Teil eines weiteren Systems der Gewalten*teilung* interpretiert.

[129] Näher zum Grundsatz der Gewaltenteilung im deutschen Verfassungsrecht *Di Fabio*, in: HStR II, 3. Aufl. 2004, § 27 Rn. 1ff.; *Fastenrath*, JuS 1986, 194ff.; *Papier*, in: Merten (Hrsg.), Gewaltentrennung im Rechtsstaat, 1989, S. 95ff.; *Reinhardt*, Konsistente Jurisdiktion, 1997, S. 40ff.; *Schulze-Fielitz*, in: Dreier (Hrsg.), GG, Bd. II, 1998, Art. 20 (Rechtsstaat) Rn. 62ff.; *Stern*, Staatsrecht I, 2. Aufl. 1984, S. 792ff.; *Wrege*, Jura 1996, 436ff.; umfassende Nachweise zur verfassungsgerichtlichen Judikatur bei *Sinemus*, Gewaltenteilung in der Rechtsprechung des Bundesverfassungsgerichts, 1982.

[130] Vgl. nur *Fastenrath*, JuS 1986, 194, 198f.; *Wrege*, Jura 1996, 436, 437.

[131] Vgl. oben S. 411.

Verstoß kann nur bei einem Einbruch in den Aufgabenkernbereich einer Gewalt festgestellt werden.[132] Im Verhältnis des Parlaments zur vollziehenden Gewalt folgt hieraus ein Verbot, dem Bundestag über die ihm im Grundgesetz zugeordneten Befugnisse hinaus »zentrale Entscheidungsbefugnisse exekutivischer Natur« zuzuordnen.[133] Für diesen Kernbereich der Exekutive findet der Begriff des »Verwaltungsvorbehalts« Verwendung.[134] Die methodischen und begrifflichen Einwände gegen diese Vorstellung, unterschiedliche Funktions- und Aufgabenbereiche ließen sich unter Rekurs auf semantische Kernbereiche voneinander abgrenzen, wurden bereits im Zusammenhang mit der kompetentiellen Abgrenzung der einzelnen Raumplanungen erwähnt.[135] Eine beachtliche Mindermeinung hält daher einen Exekutivkernbereich für entbehrlich[136] und kann hierzu neben der herausgehobenen demokratischen Legitimation des Bundestags auf den Umstand verweisen, daß ein eindeutiger Inhalt oder auch nur klare Konturen des exekutivischen Kernbereichs noch ausstehen.[137] Ob und wieweit Raumplanungen zum Kernbereich exekutivischer Eigenverantwortung gehören oder gar »im Kern« als Gesetzgebung anzusehen sind, ist im folgenden zu klären.

2. Raumplanung zwischen Gesetzgebung und Gesetzesvollzug

Für den Zusammenhang der vorliegenden Studie stellt sich vor allem die rechtsdogmatisch entscheidende Frage, ob und unter welchen Voraussetzungen der Gesetzge-

---

[132] BVerfG, Urt. v. 27.4. 1959 – 2 BvF 2/58 –, BVerfGE 9, 268, 280; Urt. v. 20.6. 1967 – 2 BvL 10/64 –, BVerfGE 22, 106, 111; Urt. v. 10.10. 1972 – 2 BvL 51/69 –, BVerfGE 34, 52, 59; Urt. v. 17.7. 1984 – 2 BvE 11, 15/83 –, BVerfGE 67, 100, 139; Urt. v. 18.12. 1984 – 2 BvE 13/83 –, BVerfGE 68, 1, 86f.; Urt. v. 12.6. 1994 – 2 BvE 3/92, 5/93, 7/93, 8/93 –, BVerfGE 90, 286, 389f.; VerfGH NW, Urt. v. 9.2. 1999 – VerfGH 11/98 –, DVBl. 1999, 714ff.; zustimmend etwa *Herzog*, in: Maunz/Dürig u.a., GG, Art. 20 V Rn. 115ff., Stand: Sept. 1980; *Schmidt-Aßmann*, in: HStR II, 3. Aufl. 2004, § 26 Rn. 56ff.; *Schnapp*, in: v. Münch/Kunig (Hrsg.), GG, Bd. 2, 5. Aufl. 2001, Art. 20 Rn. 41; *Stern*, Staatsrecht I, 2. Aufl. 1984, S. 795; *Zimmer*, Funktion – Kompetenz – Legitimation, 1979, S. 233f.; ablehnend oder kritisch u.a. *Czybulka*, Die Legitimation der öffentlichen Verwaltung, 1989, S. 105ff., m.w.N.; *Reinhardt*, Konsistente Jurisdiktion, 1997, S. 45f.; *Sinemus*, Gewaltenteilung in der Rechtsprechung des Bundesverfassungsgerichts, 1982, S. 211f.; differenzierend *Hain*, in: v. Mangoldt/Klein/Starck (Hrsg.), GG, Bd. 3, 4. Aufl. 2001, Art. 79 Rn. 95ff., m.w.N.

[133] BVerfGE 68, 1, 86; im Schrifttum etwa *Zimmer*, Funktion – Kompetenz – Legitimation, 1979, S. 222ff. Dieser Kernbereich umfaßt auch Bereiche der politischen Staatsleitung, vgl. *Papier*, in: Merten (Hrsg.), Gewaltentrennung im Rechtsstaat, 1989, S. 95, 99. Eine Abgrenzung dieser Bereiche der Regierung und der Verwaltung ist bislang jedoch nicht gelungen, vgl. nur *Huber*, in: Bauer/Hendler/Huber/Popowska/Rabska (Hrsg.), Entwicklungstendenzen des Allgemeinen Verwaltungsrechts, 1999, S. 73f.

[134] *Kunig*, Jura 1993, 308, 310; *Schröder*, DVBl. 1984, 814ff.; *ders.*, in: HdStR III, § 67 Rn. 22ff.

[135] Vgl. im vierten Kapitel S. 205ff.

[136] *Schneller*, Objektbezogene Legalplanung, 1999, S. 125ff., m.w.N.; *Schröder*, in: HdStR III, § 67 Rn. 24; *Vogel*, in: VVDStRL 24 (1966), 125, 166ff.; vgl. zur Diskussion weiter etwa *Burgi*, in: Dreier (Hrsg.), GG, Bd. III, 2000, Art. 86 Rn. 86f.; *Huber*, Grundrechtsschutz durch Organisation und Verfahren als Kompetenzproblem in der Gewaltenteilung, 1988, S. 240ff.; *Schmidt-Aßmann*, in: HdStR I, § 24 Rn. 57, jeweils m.w.N.

[137] Vgl. etwa *Hesse*, Grundzüge des Verfassungsrechts, 20. Aufl. 1995, Rn. 478; *Schröder*, DVBl. 1984, 814, 818, 820.

ber die Rechtsform des förmlichen Gesetzes nutzen kann, um einen parlamentarisch erlassenen Raumplan gegenüber widersprechenden Plänen durchzusetzen, die normenhierarchisch unterhalb des Gesetzes angesiedelt sind. Dafür ist es erforderlich, die Aufgabe der Raumplanung zwischen Gesetzgebung und Gesetzesvollzug zu verorten.

a) Definitionsprobleme

Wird Verwaltung nicht durch die Subtraktionsmethode als Summe all jener Staatstätigkeit definiert, die nicht Gesetzgebung oder Rechtsprechung ist, sondern positiv zu bestimmen versucht, so stößt man rasch auf erhebliche Definitionsprobleme.[138] Für die klare Einordnung der Raumplanung in das rechtsstaatliche Handlungsinstrumentarium sind die vorliegenden Definitionen der Verwaltungstätigkeit fast durchweg untauglich. Die Charakterisierung der Verwaltungstätigkeit etwa als »die Verwirklichung der Staatsaufgaben für den Einzelfall *(Peters)*, die Sozialgestaltung im Rahmen der Gesetze auf dem Boden des Rechts *(Forsthoff)*, den Einsatz hoheitlicher Mittel *(Giese)*, die Rechtsanwendung, soweit nicht Streiterledigung und Strafrechtspflege *(Giacomatti)*, den planmäßigen zweckgerichteten Vollzug bereits getroffener politischer Entscheidungen *(Thieme)*, die Herstellung verbindlicher Entscheidungen *(Luhmann)*«[139] usw. vermag für eine Subsumtion der Raumplanung kaum Hilfen zu bieten. Die allenfalls brauchbare Definition der Verwaltungstätigkeit als Sozialgestaltung des Einzelfalls[140] verweist auf die im Raumplanungsbereich unzureichenden Abgrenzungsmerkmale Norm-Einzelakt.[141] Wenn *Stober* in Anknüpfung an *Wolff/Bachof* die öffentliche Verwaltung im materiellen Sinn als die »zweckgerichtete und darum grundsätzlich planmäßige, jedoch im Unterschied von der (Ver)Waltung nicht selbst zwecksetzende und planende« Wahrnehmung der Angelegenheiten von Gemeinwesen definiert[142], so läßt zumindest diese Definition darauf schließen, daß Planung grundsätzlich nicht dem Bereich der Verwaltung zuzuordnen sein sollte. Auch *Stern* sieht die Tätigkeit der Verwaltung als durch »Rechtsnormen, Regierungs- und Planungsentscheidungen« vordeterminiert an und grenzt den Bereich der »staatsleitenden Planung« von der Verwaltungstätigkeit ab.[143] Die vorliegenden Verwaltungsdefinitionen sprechen somit insgesamt eher dagegen, gestaltende Raumplanungen der Exekutive oder gar dem Kernbereich exekutivischer Eigenverantwortung zuzuordnen.

---

138 Vgl. bereits die Darstellung bei *Achterberg*, Probleme der Funktionenlehre, 1970, S. 52ff., zusammenfassend S. 104f.

139 Zitate sämtlich nach *Maurer*, Allgemeines Verwaltungsrecht, 14. Aufl. 2002, § 1 Rn. 7.

140 *Maurer*, Allgemeines Verwaltungsrecht, 14. Aufl. 2002, § 1 Rn. 9ff., 12.

141 Vgl. oben S. 406f.

142 *Wolff/Bachof/Stober*, Verwaltungsrecht I, 11. Aufl. 1999, § 2 Rn. 9.

143 *Stern*, Staatsrecht I, 2. Aufl. 1984, S. 738.

b) Raumplanung als Konkretisierungsprozeß zwischen Gesetzgebung und Verwaltung

Ein weiteres Problem zeigt sich darin, daß sich die Frage, unter welchen Voraussetzungen Raumplanung dem Aufgabenkernbereich einer Gewalt zugeordnet werden mag, nicht als ein einfaches Entweder-Oder darstellt, sondern daß der Gesetzgeber durch verschiedene, in ihrer Intensität und Schärfe abgestufte planerische Vorentscheidungen auf die konkrete Raumgestaltung Einfluß nehmen kann. Angesichts der Mehrstufigkeit der Planungsprozesse[144] kann also die Zuordnung zu einer der Gewalten auf ganz unterschiedlichen Konkretisierungsstufen erfolgen: Da der Gesetzgeber etwa für ein bestimmtes Verkehrsprojekt durch ein Bedarfsgesetz lediglich den Bedarf festschreiben, in einem dem Gesetz beigefügten – je nach Maßstab mehr oder weniger scharfen – Plan die Linienführung vorgeben oder gegebenenfalls das Vorhaben selbst durch Gesetz zulassen kann, läßt sich die Frage der Möglichkeit der Legalplanung ganz offensichtlich nicht pauschal, sondern nur anhand einer konkreten Planungsmaßnahme beantworten.

Die graduelle Verstärkung der Durchsetzbarkeit einer Planung, die mit solchen Schritten verbunden ist, könnte der Gesetzgeber zudem regelmäßig auch durch eine entsprechende Modifikation der planungsrechtlichen Tatbestandsvoraussetzungen erreichen: Ob der Gesetzgeber beispielsweise durch ein Bedarfsgesetz die Planrechtfertigung für eine bestimmte Infrastrukturverbindung feststellt oder ob er für diesen Verkehrsträger im Rahmen seiner Normierung des – gegebenenfalls nur für ein Vorhaben geltenden – einschlägigen Fachrechts auf das Erfordernis einer Planrechtfertigung ganz verzichtet[145], kann im Ergebnis auf ein und dasselbe hinauslaufen.

c) Gesetzgebung durch Planung

Im übrigen ist darauf hinzuweisen, daß der Grundsatz der Gewaltenteilung nicht nur einen Rechtmäßigkeitsmaßstab für eine verstärkte Einbindung des Gesetzgebers in die Raumplanung darstellt, sondern daß sich umgekehrt auch die administrative Raumplanung dort an den Vorgaben des Gewaltenteilungsgrundsatzes messen lassen muß, wo sie tendenziell den Charakter gesetzgeberischer Vorgaben annimmt. Eine solche Tendenz ist namentlich bei der überörtlichen Raumordnung und Landesplanung zu beobachten, die sich gelegentlich gleichsam zu einer »regionalen Gesetzgebung« aufschwingt.[146] Beispiele einer solchen »regionalen Gesetzgebung« wurden bereits im Zusammenhang mit der Braunkohlenplanung vorgestellt, wo der exemplarisch untersuchte Braunkohlenplan »Tagebau Cottbus-Nord« ersichtlich den Charakter einer regionalen Ersatzgesetzgebung für einzelne Tagebauvorhaben trägt. Diese Weite, die Ziele der Raumordnung in der Planungspraxis vielfach anneh-

---

144 Vgl. bereits im ersten Kapitel S. 68f.

145 So etwa im Fall der bergrechtlichen Planfeststellung, vgl. dazu im sechsten Kapitel S. 373.

146 Vgl. dazu *Schulte*, NVwZ 1999, 942, 944.

men, ist auch der Hintergrund für die Debatte um die nach Art. 80 GG erforderliche Ermächtigungsgrundlage; wenn Raumplanung derart zur Gesetzesergänzung wird[147], genügen die allgemein gehaltenen Vorgaben des Landesplanungsrechts den Anforderungen des Art. 80 wohl kaum mehr.

d) Die Bedeutung historischer Aufgabenzuweisungen

Insgesamt ist damit festzuhalten, daß sich räumliche Planung kaum eindeutig einem der Aufgabenbereiche der Gesetzgebung oder des Gesetzesvollzugs zuordnen läßt. Angesichts der Unzulänglichkeit einer kategorisierenden Betrachtungsweise kommt der historischen Planungspraxis eine zumindest indizielle Bedeutung zu.[148] Mit der Bedarfsgesetzgebung, der Bauleitplanung durch Gesetz oder der Gesetzgebung zur Festlegung von Nationalparks findet sich insoweit eine ganze Reihe gesetzgeberischer Raumplanungen, welche die These von dem historischen Ausnahmecharakter der in den 90er Jahren praktizierten Fachplanung durch Bundesgesetz relativieren.

3. Die Bedarfsgesetzgebung

Entgegen zahlreicher Stellungnahmen, die vor allem die Vorgehensweise beim Erlaß der sog. Investitionsmaßnahmengesetze geradezu als verfassungsrechtliche Verfallserscheinung kritisiert haben[149], handelt es sich bei der »Planung durch Gesetz« durchaus um kein besonders neues Instrument[150], und die Zulässigkeit von »Plänen in Gesetzesform« ist geradezu ein Klassiker des planungsrechtlichen Schrifttums.[151] Bereits im Jahr 1838 wurde im Großherzogtum Baden, ebenso wie später im Königreich Württemberg, der Bau der ersten Eisenbahnlinie unmittelbar durch Gesetz beschlossen[152], und die Artikel 41 Abs. 1 der Reichsverfassung von 1871 und 94 Abs. 2 der Weimarer Reichsverfassung setzten die Möglichkeit der Errichtung von konkreten Eisenbahnstrecken »kraft eines Reichsgesetzes« ausdrücklich voraus[153]. Im Bereich der überörtlichen Gesamtplanung werden in verschiedenen Bundesländern Landesraumordnungsprogramme in Form eines förmlichen Landesgesetzes

---

[147] Vgl. nur *Breuer*, Die hoheitliche raumgestaltende Planung, 1968, S. 229f.

[148] Vgl. zur Berücksichtigung der Verfassungstradition bei der Auslegung der Kompetenznormen, die im Rahmen der Gewaltenteilung eine vergleichbare Rolle spielt, bereits im dritten Kapitel S. 158 sowie vierten Kapitel S. 223.

[149] Vgl. dazu nachfolgend S. 436ff.

[150] So zu Recht *Ossenbühl*, in: FS für Hoppe, 2000, S. 183; vgl. den Überblick bei *Voigt*, Rechtsformen staatlicher Pläne, 1979, S. 42ff., m.w.N.

[151] Vgl. etwa *Schmidt-Aßmann*, DÖV 1974, 541, 543.

[152] Badisches Gesetz v. 29.3. 1838, zit. nach *Schneider*, Gesetzgebung, 3. Aufl. 2002, Rn. 201, m.w.N.: »Von Mannheim über Heidelberg, Karlsruhe, Rastatt, Dinglingen und Freiburg bis zur Schweizer Grenze wird eine Eisenbahn gebaut; Kehl wird durch eine Seitenbahn mit der Hauptbahn verbunden. Der Bau wird auf Staatskosten ausgeführt.«

[153] Näher im dritten Kapitel S. 160 in Fn. 55 und S. 161.

erlassen.[154] Wichtiger noch als diese legislativen Gesamtplanungen, deren Geltungsanspruch im wesentlichen bereits durch das Raumordnungsgesetz des Bundes vorgegeben ist und deren Durchsetzungskraft gegenüber anderen Raumnutzungsansprüchen sich durch die Einkleidung in ein förmliches Landesparlamentsgesetz daher kaum erhöht, sind die zahlreichen Bedarfsplanungsgesetze des Bundes und der Länder.

a) Strukturen der Bedarfsplanung

Im Bereich des Fernstraßen- und Eisenbahnrechts ist die Fachplanung vor allem auf Bundesebene – aber auch in einigen Bundesländern[155] – traditionell in ein System der bundesrechtlichen *Bedarfsplanung* eingebunden.[156] Der eigentliche Sinn dieser verfassungsrechtlich zwar zulässigen, aber nicht erforderlichen Vorgehensweise liegt nach dem Willen des Gesetzgebers in einer Verstärkung der demokratischen Legitimation der infrastrukturpolitischen Grundentscheidungen.[157]

Das gesetzgeberische Modell für diese Bedarfsplanung bildet das Fernstraßenausbaugesetz.[158] Gem. § 1 Abs. 1 FStrAbG wird der Ausbau des Bundesfernstraßennetzes als Hoheitsaufgabe des Bundes nach einem Bedarfsplan durchgeführt, der dem Gesetz als Anlage beigefügt ist. Diesen Bedarfsplan erstellt das Verkehrsministerium auf der Grundlage von Bedarfsanmeldungen der Länder und bettet ihn in den breiteren Kontext des Bundesverkehrswegeplans ein, einem Beschluß der Bundesregie-

---

[154] Vgl. bereits oben S. 403; zur Beteiligung der Legislative an der Raumordnung auch *Suderow*, Rechtsprobleme des Bundesraumordnungsprogramms, 1975, S. 148ff.; *Wahl*, Rechtsfragen der Landesplanung und Landesentwicklung, Bd. I, 1978, S. 223ff.; zur entsprechenden Planungspraxis in der Schweiz *Ruch*, Das Recht in der Raumordnung, 1997, S. 104ff.

[155] Zu landesrechtlicher Bedarfsplanung in Gesetzesform vgl. die Nachweise bei *Blümel*, DVBl. 1997, 205, 206 in Fn. 23. Näher zur Rechtslage in Nordrhein-Westfalen, wo derzeit das Landesstraßenausbaugesetz i.d.F. v. 20. 4. 1993 (GVBl. NW 1993, 297ff.) gilt, etwa *Walprecht/Cosson*, Straßen- und Wegegesetz NW, 1984, Rn. 331, 465. Ein aktuelles Anwendungsbeispiel in den neuen Ländern ist das brandenburgische Landesstraßenbedarfsplangesetz vom 26. 10. 1995, GVBl. I 1995, 250ff.

[156] Näher *Badura*, in: FS für Hans Huber, 1981, S. 15, 22; *ders.*, in: FS für Hoppe, 2000, S. 167, 169f.; *Bartlsperger*, in: BK-GG, Art. 90 Rn. 77ff., Stand: Juli 1969; *Blümel*, DVBl. 1997, 205, 206f. und 212ff., m.w.N.; *Hermes*, Staatliche Infrastrukturverantwortung, 1998, S. 196ff.; *Hoppe/Schlarmann/Buchner*, Rechtsschutz bei der Planung von Straßen, 3. Aufl. 2001, Rn. 41ff., 278ff.; *Kühling/Hermann*, Fachplanungsrecht, 2. Aufl. 2000, Rn. 243ff.; *Melchior*, Fachplanung im Sozialstaat, 2000, S. 114ff.; *Ossenbühl*, in: Bartlsperger/Blümel/Schroeter (Hrsg.), Straßenrechtsgesetzgebung, 1980, S. 297ff.; *Papier*, in: Achterberg/Püttner/Würtenberger (Hrsg.), Besonderes Verwaltungsrecht I, 2. Aufl. 2000, § 10 Rn. 21ff.; *Repkewitz*, VerwArch 88 (1997), 137, 145f.; *Rinke*, in: Kodal/Krämer (Hrsg.), Straßenrecht, 6. Aufl. 1999, Kap. 32 Rn. 1ff.; *Springob*, in: Blümel (Hrsg.), Bedarfsplanung – Planfeststellung – Immissionsschutz, 1988, S. 81ff.; *Steinberg/Berg/Wickel*, Fachplanung, 3. Aufl. 2000, § 7 Rn. 47ff.; den tatsächlichen Einfluß dieser Planung analysierend *Garlichs*, Grenzen staatlicher Infrastrukturpolitik, 1980, S. 35ff.

[157] Näher *Schneider*, Gesetzgebung, 3. Aufl. 2002, Rn. 206.

[158] Gesetz über den Ausbau der Bundesfernstraßen – FStrAbG v. 30. 6. 1971, BGBl. I 1971, 873, geändert und neu bekanntgemacht durch das Vierte Gesetz zur Änderung des Fernstraßenausbaugesetzes v. 15. 11. 1993, BGBl. I 1993, 1877, berichtigt BGBl. I 1995, 13, dazu *Tzschaschel*, Rechtfertigungserfordernisse für die straßenrechtliche Planfeststellung, 1994, S. 34ff., 76ff., m.w.N.; *Vitzthum*, Parlament und Planung, 1978, S. 114ff.

rung. Der Bedarf wird anschließend auf der Grundlage des Bundesverkehrswegeplans als Gesetzesvorlage verbindlich durch die erwähnten Ausbaugesetze festgelegt, die aus einem Stammgesetz und dem beigefügten Bedarfsplan im Maßstab 1 : 750.000 bestehen. Durch die Aufnahme eines Vorhabens in den Bedarfsplan wird gem. § 1 Abs. 2 FStrAbG festgelegt, daß dieses den Zielsetzungen des § 1 Abs. 1 FStrG entspricht und damit planerisch gerechtfertigt ist. Die Bedarfsfeststellung ist sowohl für die Linienbestimmung nach § 16 FStrG als auch für die Planfeststellung nach § 17 FStrG verbindlich.

Entsprechendes gilt im Eisenbahnrecht: Gem. § 1 Abs. 1 des Bundesschienenwegeausbaugesetzes[159] wird das Schienenwegenetz des Bundes nach einem Bedarfsplan ausgebaut, der dem Gesetz als Anlage beigefügt ist. Auch hier ist die Festsetzung des Bedarfs nach § 1 Abs. 2 für die Planfeststellung verbindlich. Nach § 1 des früheren Magnetschwebebahnbedarfsgesetzes[160] bestand Bedarf für den Neubau einer Magnetschwebebahnstrecke von Berlin nach Hamburg über Schwerin. Die Feststellung des Bedarfs war für die magnetschwebebahnplanungsrechtliche Planfeststellung verbindlich. Auf Bundesebene sollte dieses Modell nach den Erfahrungen mit den Aussagen des Bundeswasserstraßengesetzes zum Rhein-Main-Donau-Kanal[161] Ende der 90er Jahre auf den Bau von Bundeswasserstraßen übertragen werden.[162] Auch die Bedarfsplangesetze der Länder weisen vergleichbare Strukturen auf.[163]

b) Die Bedeutung der Bedarfsplanung

Die Bedarfsplanung soll die Durchsetzung der erfaßten Infrastrukturvorhaben erleichtern und wirkt, wie dies durch die entsprechenden Gesetze auch beabsichtigt war, im Hinblick auf die vorweggenommenen Fragen für betroffene Bürger und Gemeinden partiell rechtsschutzverkürzend.[164] Der Bedarfsplan stellt den Bedarf für das Vorhaben und damit die Planrechtfertigung bindend fest, schließt es aber nicht aus, daß es Belange geben kann, die so gewichtig sind, daß sie in der Abwägung den gesetzlich festgestellten Bedarf überwinden können.[165]

---

[159] Gesetz über den Ausbau der Schienenwege des Bundes v. 15. 11. 1993, BGBl. I 1993, 1874ff., zuletzt geändert durch Gesetz v. 27. 12. 1993, BGBl. I 1993, 2378ff. und BGBl. I 1994, 2439ff.

[160] Gesetz zur Feststellung des Bedarfs von Magnetschwebebahnen – MsbG v. 19. 7. 1996, BGBl. I 1996, 1018; vgl. dazu bereits in der Einleitung S. 17.

[161] Vgl. dazu BVerwG, Urt. V. 12.7. 1985 – 4 C 40/83 –, BVerwGE 72, 15, wonach die Überleitungsbestimmung des § 56 Abs. 3 und 4 WaStrG die verkehrspolitische Grundentscheidung für den Ausbau des Rhein-Main-Donau-Kanals enthalte, und dazu *Friesecke*, WaStrG, 4. Aufl. 1999, § 56 Rn. 4, m. w. N.

[162] Vgl. die Ausführungen bei *Schulze*, NVwZ 1996, 773.

[163] Vgl. etwa § 1 des brandenburgischen Landesstraßenbedarfsplangesetzes (Fn. 155).

[164] Vgl. im einzelnen *Blümel*, DVBl. 1997, 205, 215ff.

[165] BVerwG, Urt. v. vom 8. 6. 1995 – 4 C 4.94 –, BVerwGE 98, 339, 345ff.; Urt. v. 25. 1. 1996 – 4 C 5.95 –, BVerwGE 100, 238, 254f.; Urt. v. 21. 3. 1996 – 4 C 19.94 –, BVerwGE 100, 370, 380, 384f.; Urt. v. 31. 3. 1996 – 4 C 26.94 –, BVerwGE 100, 388, 390; Urt. v. 26. 3. 1998 – 4 A 7.97 –, UPR 1998, 382; *Gottschewski*, Zur rechtlichen Durchsetzung von europäischen Straßen, 1998, S. 57f.; *Hoppe/Schlarmann/Buchner*, Rechtsschutz bei der Planung von Straßen, 3. Aufl. 2001, Rn. 42f.; *Ziekow*, in:

Die Vorgaben des Bundesschienenwegeausbaugesetzes, des Fernstraßenausbaugesetzes und des früheren Magnetschwebebahnbedarfsgesetzes haben mit der Rechtsform des Parlamentsgesetzes auch teil an dessen Bindungswirkungen: Sämtliche Behörden sind an ihre Vorgaben gebunden, so daß beispielsweise auch die Spielräume der Landesplanung insoweit eingeschränkt werden.[166] Gegebenenfalls entgegenstehende Planungen der Länder und Gemeinden werden verdrängt. Im Rahmen der gesetzlichen Bindungswirkung sind auch die Verwaltungsgerichte an die gesetzliche Bedarfsfestlegung ebenso gebunden wie die zuständige Planfeststellungsbehörde. Kommt ein Verwaltungsgericht aufgrund eigener verfassungsrechtlicher Prüfung zum Ergebnis, daß die gesetzliche Bedarfsfeststellung gegen das Grundgesetz verstoße, so muß das Gericht im Fall einer Entscheidungserheblichkeit die Frage nach Art. 100 Abs. 1 GG dem Bundesverfassungsgericht zur verfassungsrechtlichen Überprüfung vorlegen.

Ein solcher Verstoß gegen das Grundgesetz könnte nur angenommen werden, wenn der Gesetzgeber die Grenzen seiner Gestaltungsfreiheit überschritten hätte[167], die durch einen weiten verkehrspolitischen Gestaltungs- und Prognosespielraum geprägt ist.[168] Eine solche Überschreitung kommt nur in Betracht, wenn der Gesetzgeber sich offensichtlich von sachfremden und fachlich nicht haltbaren Prognosen im Hinblick auf den festgestellten Bedarf hat leiten lassen oder es im Hinblick auf eine bestehende oder künftig zu erwartende Verkehrsnachfrage oder eine verkehrliche Erschließung eines zu entwickelnden Raumes an jeglicher Notwendigkeit fehlt oder die Feststellung des Bedarfs »evident unsachlich« ist.[169] Eine intensivere gerichtliche Prüfung hält das Bundesverfassungsgericht nicht für möglich, da die Bedarfsfestlegung als verkehrspolitische Leitentscheidung mit einem notwendig hohen prognostischen Gehalt an die Funktionsgrenzen gerichtlicher Kontrolle stoße.[170] Bei der Prüfung der Frage, ob ein Bedarfsgesetz »evident unsachlich« ist, müssen zudem alle vom Gesetzgeber mit dem Gesetz verfolgten Zwecke berücksichtigt werden. Neben der Befriedigung eines vorhandenen oder erwarteten Verkehrsbedarfs kann der Gesetzgeber mit einem Vorhaben jedoch auch noch andere verkehrspolitische Ziele verfolgen, etwa die verkehrliche Erschließung eines zu ent-

---

ders. (Hrsg.), Praxis des Fachplanungsrechts, 2004, Rn. 619ff.; a.A. noch *Springob*, in: Blümel (Hrsg.), Bedarfsplanung – Planfeststellung – Immissionsschutz, 1988, S. 81, 98ff., m.w.N. zur älteren Rspr.

166 *Ahrens-Salzsieder*, VR 1988, 88, 89, m.w.N.

167 BVerwG, Urt. v. 21.3. 1996 – 4 C 19.94 –, BVerwGE 100, 370, 380; *Jarass*, DVBl. 1998, 1202, 1209.

168 BVerfG, Beschl. v. 19.7. 1995 – 2 BvR 2397/94 –, NVwZ 1996, 261; BVerwG, Beschl. v. 8.6. 1995 – 4 C 4/94 –, DVBl. 1995, 1012; Beschl. v. 29.11. 1995 – 11 VR 15.95 –, NVwZ 1997, 165, 167; Beschl. v. 17.2.97 – 4 VR 17.96 –, NuR 1998, 305, 308ff.; Beschl. v. 8.6. 1998 – 1 BvR 650/97 –, NVwZ 1998, 1060, m.w.N.

169 BVerfG, Beschl. v. 8.6. 1998 – 1 BvR 650/97 –, NVwZ 1998, 1060f.; BVerwG, Urt. v. 27.11. 1996 – 11 A 99/95 –, Buchholz 316, § 78 Nr. 8, S. 34; weitere Nachweise bei *Kühling/Hermann*, Fachplanungsrecht, 2. Aufl. 2000, Rn. 281; vgl. zum Kontext auch *Meßerschmidt*, Gesetzgebungsermessen, 2000, bes. S. 932ff.

170 Vgl. auch BVerfG, Beschl. v. 17.4. 1991 – 1 BvR 419/81 –, BVerfGE 84, 34, 50.

wickelnden Raumes, die Ergänzung des vorhandenen Verkehrssystems oder die Verbesserung der Attraktivität des Schienenverkehrs durch eine Verkürzung der Transportzeiten und die Anhebung des Beförderungskomforts.[171] Eine Verengung der verfassungsrechtlichen Sicht auf die Frage, ob für ein Projekt die erwartete Verkehrsnachfrage besteht bzw. evident nicht besteht, griffe deshalb zu kurz.

c) *Zulässigkeit der Bedarfsplanung*

Die Festschreibung der Planrechtfertigung durch Gesetz ist nach ständiger Rechtsprechung des Bundesverfassungsgerichts und des Bundesverwaltungsgerichts sowie nach ganz überwiegender Auffassung im Schrifttum grundsätzlich zulässig und mit dem Grundgesetz vereinbar.[172] Einschränkungen ergeben sich allein aus der durch die Rechtsprechung vorgenommenen verfassungskonformen Auslegung, wonach der Bedarfsplan nicht eine bestimmte Trassenführung parzellenscharf vorschreibt und damit auch nicht von vornherein die Betroffenheit bestimmter Grundstücke festlegt.[173] Demgegenüber hat vor allem *Blümel* mehrfach Kritik an der durch die Bedarfsgesetzgebung bewirkten Reduktion der gerichtlichen Kontrolldichte geäußert.[174] In der Tat werden nach dieser Rechtsprechung die der gesetzlichen Bedarfsentscheidung zugrundeliegenden Bedarfsprognosen nur noch überschlägig einer gerichtlichen Kontrolle unterworfen. Dennoch ist die verbindliche Festschreibung des Verkehrsbedarfs in Gesetzesform als verkehrspolitische Leitentscheidung auf einer der individuellen Betroffenheit weit vorgelagerten Ebene nach Auffassung des Bundesverfassungsgerichts auch ohne das Vorliegen besonders wichtiger Gemeinwohlgründe zulässig und verstößt weder gegen Art. 19 Abs. 4 noch gegen Art. 14 Abs. 3 GG.[175] Auch im Schrifttum wird der politische und damit nur begrenzt überprüfbare Charakter dieser Planungsentscheidung betont.[176]

Problematisch erscheint immerhin, daß die Bedarfsgesetzgebung den maßgeblichen Zeitpunkt der Überprüfung der Rechtmäßigkeit einer Fachplanung verlagert. Bei der Prüfung der Planrechtfertigung ist in Fällen der gesetzlichen Bedarfsplanung grundsätzlich auf diejenige Verkehrsprognose abzustellen, die Grundlage der gesetzgeberischen Festlegung des Bedarfes war[177] und bei der Planfeststellung der

---

171 Vgl. etwa BVerwG, Beschl. v. 17.2. 1997 – 4 VR 17.96 –, NuR 1998, 305ff., sowie die Ausführungen und Nachweise bei *Steinberg/Berg/Wickel*, Fachplanung, 3. Aufl. 2000, § 3 Rn. 50; *Wahl/Dreier*, NVwZ 1999, 606, 614.

172 Vgl. nur *Hoppe/Schlarmann/Buchner*, Rechtsschutz bei der Planung von Straßen, 3. Aufl. 2001, Rn. 43; *Manssen*, in: Ziekow (Hrsg.), Flughafenplanung, 2002, S. 307, 315ff.

173 Vgl. bereits im vierten Kapitel S. 267f.

174 *Blümel*, DVBl. 1997, 205, 215, m.w.N.

175 BVerfG, Beschl. v. 8.6. 1998 – 1 BvR 650/97 und 1 BvR 830/98 –, NVwZ 1998, 1060f.; a.A. apodiktisch *Tzschaschel*, Rechtfertigungserfordernisse für die straßenrechtliche Planfeststellung, 1994, S. 77f.

176 *Papier*, in: Achterberg/Püttner/Würtenberger (Hrsg.), Besonderes Verwaltungsrecht I, 2. Aufl. 2000, § 10 Rn. 21f.; *von Danwitz*, in: Schmidt-Aßmann (Hrsg.), Besonderes Verwaltungsrecht, 12. Aufl. 2003, 8. Abschn. Rn. 23.

177 BVerwG, Urt. v. 5.11. 1997 – 11 A 54/96 –, zit. nach Juris; Urt. v. 18.6. 1997 – 4 C 3/95 –, NuR

Anlage in Teilen überholt sein mag. Obwohl die Befriedigung eines erwarteten Verkehrsbedarfs nur eines unter verschiedenen legitimen verkehrspolitischen Zielen eines Infrastrukturvorhabens darstellt, kann sich daher in Extremfällen eine Pflicht des Gesetzgebers ergeben, Bedarfsgesetze an eine veränderte Sachlage anzupassen.[178] Die Existenz einer Pflicht zur Nachbesserung förmlicher Gesetze, die auf tatsächlichen Prognosen beruhen, die sich im nachhinein als fehlerhaft erweisen, ist in der Rechtsprechung des Bundesverfassungsgerichts grundsätzlich anerkannt.[179] Allerdings steht dem Gesetzgeber bei komplexen, in der Entwicklung begriffenen Sachverhalten eine angemessene Frist zur Sammlung von Erfahrungen zu, so daß erst dann Anlaß zu verfassungsgerichtlichem Eingreifen besteht, wenn der Gesetzgeber eine spätere Überprüfung und Verbesserung trotz ausreichender Belege für eine sachgerechtere Lösung unterläßt.[180] Eine geänderte Prognosebasis führt während dieses Zeitraums nicht zur Verfassungswidrigkeit des Gesetzes, sondern begründet lediglich eine spätere Anpassungspflicht des Gesetzgebers[181], so daß Verfassungsbeschwerden grundsätzlich als unbegründet zurückzuweisen sind.[182] Die Länge der Frist ist eine Frage des Einzelfalls.[183]

Abgesehen von diesem zeitlichen Aspekt, läßt sich hinterfragen, ob die Bedarfsplanung wirklich so weitreichende praktische Folgen hat, wie dies *Blümel* und Teile der Literatur annehmen.[184] Schon heute sind – zumindest nach der Rechtsprechung des Bundesverwaltungsgerichts – die Anforderungen an die planerische Rechtfertigung eines Fachplanungsvorhabens nicht übermäßig hoch: Ein Vorhaben ist nach ständiger Rechtsprechung bereits dann planerisch gerechtfertigt, wenn es am Maßstab des Ziels des jeweiligen Fachplanungsrechts »vernünftigerweise« geboten ist.[185]

1998, 251f.; Urt. v. 11.1. 2001 – 4 A 12/99 –, NVwZ 2001, 1160, 1161; OVG Rheinland-Pfalz Urt. v. 13.2. 1997 – 1 C 11558/94 –, zit. nach Juris.

178 BVerwG, Urt. v. 18.6. 1997 – 4 C 3/95 –, NuR 1998, 251f.; Urt. v. 11.1. 2001 – 4 A 12/99 –, NVwZ 2001, 1160, 1161.

179 Vgl. nur BVerfG, Beschl. v. 18.12. 1968 – 1 BvL 5, 14/64 u.a. –, BVerfGE 25, 1, 13; Urt. v. 1.1. 1979 – 1 BvR 532, 533/77 u.a. –, BVerfGE 50, 290, 335; Urt. v. 15.12. 1983 – 1 BvR 209/83 u.a. –, BVerfGE 65,1, 56; Urt. v. 4.11. 1986 – 1 BvF 1/84 –, BVerfGE 73, 119, 169; *Kloepfer*, VVDStRL 40 (1981), 63, 90ff., m.w.N.; *ders.*, in: FS für Hoppe, 2000, S. 111, 119; *Meßerschmidt*, Gesetzgebungsermessen, 2000, S. 1005ff.; *Schulze-Fielitz*, in: Hoffmann-Riem/Schmidt-Aßmann (Hrsg.), Innovation und Flexibilität des Verwaltungshandelns, 1994, S. 139, 162f.; *Stettner*, DVBl. 1982, 1123ff.

180 BVerfG, Urt. v. 8.2. 1977 – 1 BvG 1/76 u.a. –, BVerfGE 43, 291, 321; Beschl. v. 17.10. 1990 – 1 BvR 283/85 –, BVerfGE 83, 1, 22; Urt. v. 8.4. 1997 – 1 BvR 48/94 –, BVerfGE 95, 267, 314f.

181 Vgl. BVerfG, Beschl. v. 22.5. 1963 – 2 BvC 3/62 –, BVerfGE 16, 130, 142; Beschl. v. 18.12. 1968 – 1 BvL 5, 14/64 u.a. –, BVerfGE 25, 1, 13.

182 BVerfG, Urt. v. 19.3. 1991 – 2 BvR 1493/89 –, BVerfGE 84, 239, 284f.; Beschl. v. 9.3. 1994 – 2 BvL 43/92 u.a. –, BVerfGE 990, 145ff., insoweit gegen das abweichende Votum des Richters *Sommer*, a.a.O. S. 212, 216.

183 Vgl. etwa BVerfG, Beschl. v. 22.5. 1963 – 2 BvC 3/62 –, BVerfGE 16, 130, 142; Urt. v. 8.4. 1997 – 1 BvR 48/94 –, BVerfGE 95, 267, 314f.; weiter gehende Nachweise bei *Meßerschmidt*, Gesetzgebungsermessen, 2000, S. 1009ff.

184 Vgl. dazu auch die bei *Hönig*, Fachplanung und Enteignung, 2001, S. 209, erwähnten Aussagen.

185 BVerwG, Urt. v. 7.7. 1978 – IV C 79.76 –, BVerwGE 56, 110, 119; Urt. v. 22.3. 1985 – 4 C 15/83 –, BVerwGE 71, 166, 168; Urt. v. 6.12. 1985 – 4 C 59/82 –, BVerwGE 72, 282, 288; Urt. v 5.12. 1986 – 4 C 13/85 –, BVerwGE 75, 214, 238, st. Rspr.

Die Planrechtfertigung stellt daher nach allgemeiner Auffassung eine sehr grobe Schranke der planerischen Gestaltungsfreiheit dar[186], an der in der Praxis nur selten ein Vorhaben scheitert. Soweit nämlich die Planrechtfertigung durch Bedarfsprognosen begründet wird, beschränkt sich die verwaltungsgerichtliche Kontrolle der Verkehrsprognosen zur Rechtfertigung von Infrastrukturprojekten auch ohne gesetzliche Bedarfsfestlegungen im wesentlichen auf Plausibilitätsgesichtspunkte.[187] Das Bundesverwaltungsgericht versucht in aller Regel zu verhindern, daß die Rechtsprechung ihre eigenen Prognosen anstelle derjenigen der Verwaltung setzt und damit letztlich geradezu eine Ersatzplanung durch die Gerichte erfolgt.[188] Vielmehr ist es Aufgabe des Planungsträgers bzw. der Planfeststellungsbehörde, den für ein Vorhaben erforderlichen Bedarf prognostisch zu bestimmen. Das Gericht hat nur zu prüfen, ob die Prognose mit den zu ihrer Zeit verfügbaren Erkenntnismitteln unter Beachtung der für sie erheblichen Umstände nach einer fachlich vertretbaren Methodik sachgerecht erarbeitet worden ist.[189]

Im Vergleich zu dieser bereits weitgehend auf Plausibilitätskontrollen beschränkten Prüfung des die Planrechtfertigung liefernden Bedarfs stellt die aus der Bedarfsgesetzgebung resultierende Reduktion der gerichtlichen Kontrolldichte lediglich eine Akzentverschiebung dar, was die *tatsächliche* Bedeutung der gesamten Bedarfsgesetzgebung relativiert. Dennoch ist als Zwischenergebnis festzuhalten, daß mit der Bedarfsgesetzgebung des Bundes und der Länder ein Beispiel für eine gesetzgeberische Raumplanung vorliegt, an dem sich trotz des begrenzten Aussagegehalts der planerischen Festsetzung die mit der Gesetzesform verbundene Stellung in der Normenhierarchie augenfällig zeigt.

---

186 BVerwG, Urt. v. 11.7. 2001 – 11 C 14/00 –, NVwZ 2002, 350, 353, m.w.N., spricht von der Planrechtfertigung als einer »praktisch nur bei groben und einigermaßen offensichtlichen Missgriffen wirksamen Schranke der Planungshoheit«; im Schrifttum ebenso oder ähnlich *Jarass*, DVBl. 1998, 1202, 1204f.; *Kühling/Hermann*, Fachplanungsrecht, 2. Aufl. 2000, Rn. 270ff.; *Steinberg/Berg/Wickel*, Fachplanung, 3. Aufl. 2000, §3 Rn. 46ff.; *Stüer*, Handbuch des Bau- und Fachplanungsrechts, 2. Aufl. 1998, Rn. 2170; kritisch daher *Tzschaschel*, Rechtfertigungserfordernisse für die straßenrechtliche Planfeststellung, 1994, S. 83ff.

187 Näher *Gerhardt*, in: Schoch/Schmidt-Aßmann/Pietzner (Hrsg.), VwGO, §114 Rn. 41ff., Stand: GW April 1996; *Kühling/Hermann*, Fachplanungsrecht, 2. Aufl. 2000, Rn. 284.

188 Beispielhaft die gerichtliche Überprüfung der Bedarfs- und Kapazitätsprognosen zur Flughafenplanung für den Verkehrsflughafen München II, bei welcher der Verwaltungsgerichtshof München zu dem Ergebnis gelangte, das planfestgestellte Zweibahnensystem werde im Jahre 2000 erst zu etwa 70% ausgelastet sein (VGH München, Urt. v. 8.3. 1985, zit. in BVerwG, Urt. v 5.12. 1986 – 4 C 13/85 –, BVerwGE 75, 214, 241). Das Bundesverwaltungsgericht hielt die Planung jedoch im Hinblick auf die Erweiterungsfähigkeit des Flughafens für zulässig. In der Langfassung des Urteils rügte es die Beweiserhebung des VGH über den Verkehrsbedarf, die derart umfangreich sei, daß bezweifelt werden müsse, ob der VGH sich »der Grenzen seiner Aufklärungspflicht hinreichend bewußt war«.

189 BVerwG, Urt. v. 6.12. 1985 – 4 C 59.82 –, BVerwGE 72, 282, 286; Urt. v 5.12. 1986 – 4 C 13/85 –, BVerwGE 75, 214, 234; Urt. v. 8.7. 1998 – 11 A 53.97 –, BVerwGE 107, 142, 148f., st. Rspr.

4. Die Bauleitplanung durch Gesetz

a) Gesetzliche Grundlagen

Vor dem Hintergrund der Aussagen der Rechtsprechung zur Zulässigkeit der Bedarfsgesetzgebung stellen die Aussagen des Bundesverfassungsgerichts zur Bauleitplanung durch Gesetz eher einen Fremdkörper dar. Nach § 246 Abs. 2 S. 1 BauGB bestimmen die Länder Berlin und Hamburg, welche Form der Rechtssetzung an die Stelle der in diesem Gesetzbuch vorgesehenen Satzungen tritt. Diese Vorschrift trägt den Besonderheiten der Stadtstaaten Rechnung.[190] Die Hansestadt Hamburg hat von dieser Möglichkeit Gebrauch gemacht und stellt Bebauungspläne sowohl durch Satzung als auch durch Gesetz fest. Im letztgenannten Fall scheint eine verwaltungsgerichtliche Normenkontrolle zunächst bereits aus verfassungsrechtlichen Gründen auszuscheiden.

b) Die Auffassung des Bundesverfassungsgerichts

In einem Beschluß vom Mai 1985 legte demgegenüber der Zweite Senat des Bundesverfassungsgerichts die Regelung über die verwaltungsgerichtliche Normenkontrolle von Bebauungsplänen nach § 47 Abs. 1 Nr. 1 VwGO im Hinblick auf Art. 3 Abs. 1 GG dahin aus, daß auch die förmlichen Bebauungsplangesetze der Freien und Hansestadt Hamburg als Satzungen dieser Verfahrensbestimmung zu verstehen seien. Andernfalls würden die rechtsschutzsuchenden Bürger, nachdem der Bundesgesetzgeber das verwaltungsgerichtliche Normenkontrollverfahren gegen Bebauungspläne bundesweit eröffnet habe, in einer mit Art. 3 Abs. 1 GG nicht zu vereinbarenden Weise schlechter gestellt.[191] Nicht zuletzt stellte das Gericht auch darauf ab, daß nach der Hamburger Praxis ganz überwiegend gerade die politisch umstrittenen, also anfechtungslastigen Bebauungspläne in Gesetzesform ergingen.[192]

c) Kritik

Dieser Beschluß vermag in Begründung und Ergebnis nicht zu überzeugen.[193] Die durch das Verfassungsgericht vorgenommene verfassungskonforme »Auslegung«

---

190 Vgl. nur *Roeser*, in: Schlichter/Stich/Driehaus/Paetow (Hrsg.), Berliner Kommentar zum BauGB, 3. Aufl., § 246 Rn. 2ff., Stand: Aug. 2002; *Krautzberger*, in: Battis/Krautzberger/Löhr, BauGB, 8. Aufl. 2002, § 246 Rn. 2ff., m.w.N.; *W. Schrödter*, in: Schrödter (Hrsg.), BauGB, 6. Aufl. 1998, § 246 Rn. 2.

191 BVerfG, Beschl. v. 14. 5. 1985 – 2 BvR 397 – 399/82 –, BVerfGE 70, 35, 55.

192 BVerfGE 70, 35, 40, 46f.

193 Mit unterschiedlichen Akzenten ganz überwiegend kritisch daher *Blümel*, DVBl. 1997, 205, 208ff.; *Goerlich*, »Formenmißbrauch« und Kompetenzverständnis, 1987, S. 66ff.; *ders.*, DÖV 1985, 945, 946f.; *Jörgensen*, BayVBl. 1992, 353, 355; *Kosmider*, JuS 1988, 447ff.; *Löwer*, in: HStR II, 1987, § 56 Rn. 74; *Maurer*, in: FS für Obermayer, 1986, S. 95, 104f.; *Schenke*, DVBl. 1985, 1367, 1368f.; *van den Hövel*, NVwZ 1993, 549, 552, sowie – im Hinblick auf die in diesem Urteil erfolgte Änderung der Rechtsprechung des Gerichts zur »unmittelbaren Grundrechtsbetroffenheit« durch Bebau-

des § 47 Abs. 1 Nr. 1 VwGO überschreitet die Grenzen des Wortlauts und damit der zulässigen Auslegung und stellt sich im Ergebnis als eine unzulässige partielle Ergänzung der Norm dar.[194] Nach Wortlaut und gesetzgeberischer Zielsetzung erfaßt § 47 Abs. 1 Nr. 1 VwGO allein Satzungen, die nach den Vorschriften des Baugesetzbuchs erlassen worden sind, sowie »Rechtsverordnungen« aufgrund von § 246 Abs. 2 BauGB. Es kann daher keinerlei Zweifel bestehen, daß nach dem Willen des Gesetzgebers die nach § 246 Abs. 2 BauGB ebenfalls zulässigen förmlichen Bebauungsplangesetze nicht in den Anwendungsbereich der verwaltungsgerichtlichen Normenkontrolle einbezogen werden sollten.

Diese durch das Gericht vorgenommene Korrektur des § 47 VwGO war zudem verfassungsrechtlich nicht geboten. Es erscheint bereits fraglich, ob der zur Begründung dieses Vorgehens herangezogene allgemeine Gleichheitssatz überhaupt die Garantie eines bundeseinheitlichen Rechtsschutzniveaus enthält[195]; immerhin läßt § 47 Abs. 1 Nr. 2 VwGO auch die Normenkontrolle von anderen im Rang unter dem Landesgesetz stehenden Rechtsvorschriften nur zu, sofern das Landesrecht dies bestimmt, ohne daß in dieser Einschränkung ein Verstoß gegen Art. 3 oder Art. 19 Abs. 4 GG gesehen würde.[196] Die damit verbundene Ungleichbehandlung ist Ausdruck der bundesstaatlichen Ordnung und daher von vornherein nicht an dem allgemeinen Gleichheitssatz zu messen.[197] Maßstab der verfassungsgerichtlichen Kontrolle wäre somit allein Art. 19 Abs. 4 GG gewesen, dessen Verletzung das Gericht jedoch mit guten Gründen verneint hatte.[198]

Der allgemeine Gleichheitssatz würde zudem, sofern man seine Anwendbarkeit auf landesspezifische Rechtsschutzunterschiede bejahen wollte, ausschließlich als verfassungsrechtliches Willkürverbot zur Anwendung kommen.[199] Die sog. »neue Formel« zu Art. 3 Abs. 1 GG, nach der das Gericht konkret überprüft, ob für die vorgesehene Differenzierung Gründe von solcher Art und solchem Gewicht bestehen, daß sie die ungleichen Rechtsfolgen rechtfertigen können[200], gilt demgegenüber lediglich bei einer direkten oder indirekten Ungleichbehandlung von Personengrup-

---

ungspläne – *Seyfarth*, Die Änderung der Rechtsprechung durch das Bundesverfassungsgericht, 1998, S. 112, 115ff.; beiläufig auch VGH München, Urt. v. 10. 7. 2000 – 8 NE 00.1576 –, zit. nach Juris; das Urteil durch weitere Argumente stützend demgegenüber *Henseler*, Jura 1986, 249, 254ff.

194 *Kosmider*, JuS 1988, 447, 448f.; *Schenke*, DVBl. 1985, 1367, 1369f.

195 Vgl. *Goerlich*, »Formenmißbrauch« und Kompetenzverständnis, 1987, S. 70, 73ff.; anders etwa BVerwG, Urt. v. 18. 4. 1996 – 11 A 86/95 –, BVerwGE 101, 73, 83.

196 Vgl. nur *Gerhardt*, in: Schoch/Schmidt-Aßmann/Pietzner (Hrsg.), VwGO, § 47 Rn. 11 und 20, Stand: Mai 1997; *Ziekow*, in: Sodan/Ziekow (Hrsg.), VwGO, § 47 Rn. 23, Stand: Juli 1998.

197 Vgl. statt vieler nur *Brüning*, NVwZ 2002, 33, 37.

198 Leitsatz 3 des Beschlusses lautet: »Art. 19 Abs. 4 S. 1 GG gebietet nicht, daß der Gesetzgeber Bebauungspläne oder andere grundlegende Planungsentscheidungen in diejenige Rechtsform kleidet, die dem Bürger in jedem Fall den Rechtsbehelf der verwaltungsgerichtlichen Normenkontrolle oder in anderer Weise den bestmöglichen Rechtsschutz gewährleistet.« Dem zustimmend *Kosmider*, JuS 1988, 447, 449f.; anders jedoch *Henseler*, Jura 1986, 249, 254f., 256f.

199 Vgl. etwa *Heun*, in: Dreier (Hrsg.), GG, Bd. I, 2. Aufl. 2004, Art. 3 Rn. 19ff.

200 BVerfG, Beschl. v. 26. 1. 1993 – 1 BvL 38, 40, 43/92 –, BVerfGE 88, 87 96, m.w.N.

pen durch personenbezogene Differenzierungen.[201] Kommt hingegen als Maßstab lediglich das Willkürverbot in Betracht, so kann ein Verstoß gegen Art. 3 Abs. 1 GG nur festgestellt werden, wenn die Unsachlichkeit der Differenzierung evident ist[202] und ein sich aus der Natur der Sache ergebender oder sonst sachlich einleuchtender Grund für die gesetzliche Differenzierung fehlt.[203] Nach den Maßstäben des *Willkürverbots* ist jedoch die Ungleichbehandlung von einfachen und als Gesetz ergangenen Bauleitplänen rechtlich nicht zu beanstanden. Sollte es tatsächlich *willkürlich* sein, wenn der Gesetzgeber gerade über besonders schwierige oder umstrittene Bauleitplanungen selbst entscheidet und diese durch die Wahl der Gesetzesform außer Streit stellt? Die Wahl der Rechtsform stellt – entgegen der beiläufigen Feststellung des Gerichts – keineswegs eine bloße »Zufälligkeit« dar, sondern eine bewußte Entscheidung des Gesetzgebers, den Bebauungsplan – zumeist in inhaltlich eher kontrovers diskutierten Fällen – durch ein förmliches Gesetzgebungsverfahren mit der besonderen demokratischen Legitimation förmlicher Gesetze auszustatten.[204] Dieses Vorgehen entspricht einer bereits in § 246 BauGB vorgezeichneten Ungleichbehandlung, die gerade in den Besonderheiten der Struktur der Stadtstaaten ihre Rechtfertigung findet.

Vor diesem Hintergrund kann es auch nicht als willkürlich angesehen werden, wenn gegenüber Bebauungsplangesetzen keine verwaltungsgerichtliche Normenkontrolle zulässig ist. Zwar verkürzt ein solches Vorgehen – möglicherweise der Intention des Landesgesetzgebers entsprechend – auch den Rechtsschutz etwaiger betroffener Bürger.[205] Dem korrespondieren jedoch erhöhte politische und verfahrensrechtliche Anforderungen sowie die gesteigerte Legitimität eines förmlichen Gesetzgebungsverfahrens. Sofern die Grenzen des Art. 19 Abs. 4 GG und der Gewaltenteilung beachtet werden, stellt eine solche Differenzierung keine unzulässige Ungleichbehandlung dar. Der durch den Zweiten Senat bejahte Verstoß gegen Art. 3 GG war daher nicht gegeben. Statt dessen wird durch die weite Auslegung des § 47 VwGO einem Oberverwaltungsgericht die Kontrolle und gegebenenfalls Verwerfung förmlicher Landesgesetze zugewiesen, was einen Wertungswiderspruch zu Art. 100 GG und einen schweren Eingriff in das hamburgische Verfassungsgefüge darstellt.[206]

---

[201] BVerfG, Beschl. v. 7. 10. 1980 – 1 BvL 50, 89/79, 1 BvR 240/79 –, BVerfGE 55, 72, 88; Beschl. v. 11. 2. 1992 – 1 BvL 29/87 –, BVerfGE 88, 97, 96; Beschl. v. 11. 1. 1995 – 1 BvR 892/88 –, BVerfGE 92, 53, 69.

[202] BVerfGE 55, 72, 90.

[203] BVerfG, Beschl. v. 16. 6. 1959 – 2 BvL 10/59, BVerfGE 9, 334, 337; Beschl. v. 22. 10. 1974 – 1 BvL 30/73 –, BVerfGE 38, 128, 134; Beschl. v. 17. 10. 1990 – 1 BvR 283/85 –, BVerfGE 83, 1, 23.

[204] *Kosmider*, JuS 1988, 447, 451.

[205] Vgl. *Blümel*, DVBl. 1997, 205, 209

[206] *Goerlich*, »Formenmißbrauch« und Kompetenzverständnis, 1987, S. 67.

d) Die Bedeutung des Beschlusses für die Planung durch Gesetz

Die Ausführungen in dem Beschluß vom 14. Mai 1985 betreffen in erster Linie die Auslegung von §47 VwGO und sind im wesentlichen auf eine Verletzung des Art. 3 Abs. 1 GG und die besondere Figur des »satzungsvertretenden Gesetzes« bezogen. Daher bildet diese Entscheidung kein grundsätzliches Votum gegen die Zulässigkeit von Bebauungsplänen in Gesetzesform. Soweit überhaupt eine Relevanz dieses Beschlusses für die Planung durch Gesetz besteht, dürften seine Aussagen durch die Entscheidung des Gerichts zur Südumfahrung Stendal relativiert worden sein.[207] Der Beschluß kann daher nicht verallgemeinert werden[208] und besagt insbesondere nichts zur Zulässigkeit der Fachplanung durch Gesetz, die nunmehr zu untersuchen ist.

5. Gesetzliche Nutzungsregelungen für Nationalparks

Wenig Beachtung hat im Rahmen der Debatte um die Zulässigkeit gesetzlicher Planungen der Umstand gefunden, daß bestimmte Nutzungsregelungen, die materiell als Raumplanungsentscheidungen einzuordnen sind[209], in Deutschland traditionell durch Gesetz getroffen werden. Namentlich die Ausweisung von *Nationalparks* erfolgt in den meisten Bundesländern – wie auch in vielen anderen Staaten wie den USA oder Österreich – durch förmliches Landesgesetz. §24 BNatSchG schreibt lediglich vor, daß Nationalparks »rechtsverbindlich festgesetzte« einheitlich zu schützende Gebiete bestimmter Qualität sind. Die Form und das Verfahren der Unterschutzstellung werden nach §22 Abs. 2 BNatSchG durch die Länder geregelt, die sich dabei zunehmend – wenn auch nicht ausschließlich – der Gesetzesform bedienen.[210] Mindestens in einem Fall war der Entwurf eines Nationalparkgesetzes auch Gegenstand eines Volksbegehrens.[211] Zudem existieren für solche Parks – insbesondere für das Gebiet der neuen Länder – auch auf Bundesebene spezielle Nutzungsregelungen, die in zum Teil parzellenscharf umrissenen Gebieten ein bestimmtes Nutzungsregime errichten.[212]

---

[207] *Blümel*, DVBl. 1997, 205, 210.

[208] So zu Recht *Maurer*, in: FS für Obermayer, 1986, S. 95, 106.

[209] Zum materiellen Planungsbegriff bereits im fünften Kapitel S. 317f. und 322ff.

[210] Vgl. dazu *Schmidt-Räntsch*, in: Gassner/Bendomir-Kahlo/Schmidt-Räntsch, BNatSchG, 2. Aufl. 2003, §22 Rn. 16f.; *Stock*, ZUR 2000, 198, 202ff., m.w.N. sowie umfassend und mit rechtsvergleichenden Betrachtungen *Scharinger*, Rechtsgrundlagen für die Errichtung von Nationalparken, 1999, S. 35ff., 42f., m.w.N. Einschlägige Vorschriften sind etwa §16 Abs. 7 LNatSchG SH (»Nationalparke werden aufgrund eines besonderen Gesetzes errichtet«) oder §19 Abs. 1 BbgNatSchG (»Teile von Natur und Landschaft können durch Gesetz zum Nationalpark, durch Rechtsverordnung zum Naturschutzgebiet ... erklärt werden«). Auf den in vielem ähnlich gelagerten Fall der Errichtung von Universitäten durch Gesetz verweist *Henle*, UPR 1982, 253, 254.

[211] Vgl. BayVerfGH, Entsch. v. 14. 6. 1985 – Vf.20-IX-85 –, NuR 1986, 167ff. (Nationalparkgesetz »Bodenwöhrer Senke«).

[212] Vgl. etwa die auf der Grundlage des §5 S. 3 WaStrG erlassene Verordnung über das Befahren der Bundeswasserstraßen in Nationalparken und Naturschutzgebieten im Bereich der Küste von Mecklenburg-Vorpommern v. 24. 6. 1997, BGBl. I 1997, 1542, die im Detail das Befahren der Bun-

Mit den in §24 Abs. 1 BNatSchG normierten rahmenrechtlichen Voraussetzungen, daß die als Nationalpark in Betracht kommenden artenreichen Flächen »großräumig und von besonderer Eigenart« sein und sich »in einem vom Menschen nicht oder wenig beeinflußten Zustand befinden« müssen, schränkt das Bundesrecht den planerischen und gegebenenfalls auch den gesetzgeberischen Gestaltungsspielraum der Länder erheblich ein.[213] Diese Grenzen verdeutlichte zuletzt die vielbeachtete Erklärung der Nichtigkeit der niedersächsischen Rechtsverordnung über den Nationalpark Elbtalaue durch das Normenkontrollurteil des Oberverwaltungsgerichts Lüneburg vom 22. Februar 1999.[214] Dennoch genießen die Länder bei der Festsetzung von Nationalparks erhebliche planerische Gestaltungsspielräume.[215] Zwar gelten die Vorgaben des §24 BNatSchG auch für den Landesgesetzgeber, so daß insoweit durch die Wahl des förmlichen Parlamentsgesetzes zumindest die materiell-rechtlichen Gestaltungsräume nicht erhöht werden.[216] Dennoch scheint die Wahl der Gesetzesform nicht zuletzt auf der Erwägung zu beruhen, daß gegenüber einer bloßen Nationalparkverordnung, die durch das in diesem Bereich oft bemühte Instrument der verwaltungsgerichtlichen Normenkontrolle[217] vergleichsweise aufhebungsanfällig ist, die Form des Landesgesetzes erhöhte Stabilität und Durchsetzungskraft gewährleistet.[218]

Beispiele für solche Nationalparkgesetze sind das Gesetz zum Schutze des schleswig-holsteinischen Wattenmeeres vom 22. Juli 1985[219] oder das Gesetz über den Nationalpark Hamburgisches Wattenmeer vom 9. April 1990.[220] Das Gesetzgebungsverfahren stellt dabei zumeist keine völlig autonome parlamentarische Planung dar, schließt jedoch einen längeren Planungsprozeß förmlich ab und verleiht der Planung ihre außenwirksame Gestalt. Planerische Abstimmung wird auch

---

deswasserstraßen mit Wasserfahrzeugen, Sportfahrzeugen oder Wassersportgeräten und den Betrieb von ferngesteuerten Schiffsmodellen in bestimmten Nationalparks regelt, oder die Verordnung über das Befahren der Bundeswasserstraßen in Nationalparken im Bereich der Nordsee v. 12.9. 1997, BGBl. I, 62. Auch für den Erlaß dieser Verordnungen gilt das Abwägungsgebot, vgl. *Friesecke*, WaStrG, 4. Aufl. 1999, §5 Rn. 12ff., m.w.N.

213 Näher etwa *Louis*, BNatSchG, Bd. 1, 2. Aufl. 2000, §14 Rn. 8; *Lang*, NuR 1984, 14ff.; *Marzik/Wilrich*, BNatSchG, 2004, §24 Rn. 7ff.; *Schmidt-Räntsch*, in: Gassner/Bendomir-Kahlo/Schmidt-Räntsch, BNatSchG, 2. Aufl. 2003, §24 Rn. 5ff.; großzügiger noch *Lorz*, Naturschutzrecht, 1984, §14 BNatSchG Erl. 3.

214 OVG Lüneburg, Urt. v. 22.2. 1999 –, 3 K 2630/98 –, NuR 1999, 470, bestätigt durch das BVerwG, Beschl. v. 10.9. 1999 – 6 BN 1/99 –, NuR 2000, 43; kritisch dazu *Fisahn*, ZUR 1999, 158f.; *Kolodziejcok*, NuR 2000, 251ff.; *Schmidt-Räntsch*, in: Gassner/Bendomir-Kahlo/Schmidt-Räntsch, BNatSchG, 2. Aufl. 2003, §24 Rn. 10f.

215 Vgl. nur *Soell*, NuR 1993, 301ff.

216 Exemplarisch ist insoweit die Entscheidung des BayVerfGH v. 14.6. 1985 – Vf.20-IX-85 –, NuR 1986, 167ff., wo der Entwurf des Nationalparkgesetzes »Bodenwöhrer Senke« umfassend am Maßstab höherrangiger Normen einschließlich des Bundesnaturschutzgesetzes geprüft und die Voraussetzungen des §14 BNatSchG a.F. (heute: §24 BNatSchG) verneint werden.

217 Vgl. zuletzt etwa VGH München Urt. v. 15.9. 1999 – 9 N 97.2686 –, NuR 2000, 278ff. (Nationalpark »Bayerischer Wald«).

218 Vgl. die Nachweise bei *Stock*, ZUR 2000, 198, 203.

219 GVBl. SH 1985, 202ff.

220 Hamb. GVBl. I 1990, 63ff.

dadurch gewährleistet, daß die Erklärung zum Nationalpark nach §22 Abs. 4 S. 2 BNatSchG im Benehmen mit dem Bundesministerium für Umwelt, Naturschutz und Reaktorsicherheit und dem Bundesministerium für Raumordnung, Bauwesen und Städtebau ergeht.[221] Ein aktuelles Beispiel für ein solches parlamentarisches Planungsverfahren liefert das Gesetz über den Nationalpark »Niedersächsisches Wattenmeer« vom 11. Juli 2001.[222] Das Verfahren zum Erlaß des Gesetzes dokumentiert den planerischen Charakter der getroffenen räumlichen Entscheidung: Das Nationalparkgesetz beruht auf Vorarbeiten des niedersächsischen Landesraumordnungsprogramms vom 20. März 1994, in dem das Gebiet des Nationalparks als Vorranggebiet für Natur und Landschaft festgelegt wurde, sowie des niedersächsischen Landschaftsprogramms vom 18. April 1998. Die Grenzen des Nationalparks ergeben sich nach §3 Abs. 1 des Gesetzes aus dem beigefügten Kartenwerk, das Bestandteil des Gesetzes ist. Insgesamt stellt sich das Gesetz somit als eine zwar administrativ vorbereitete, aber in Letztentscheidung parlamentarisch festgesetzte und verantwortete naturschutzrechtliche Fachplanung dar.

Das Beispiel der Nutzungsregelungen für Nationalparks verdeutlicht, daß konkrete und selbst parzellenscharfe raumplanerische Entscheidungen des Gesetzgebers durchaus möglich und durch diesen auch zu bewältigen sind. Dabei tritt das Parlament zwar nicht selbst als Planungsträger auf, vermag jedoch entsprechende Planungen der Verwaltung anzustoßen oder solche Planungen – vergleichbar einer Planfeststellungsbehörde – durch ein förmliches Nationalparkgesetz abwägend nachzuvollziehen und rechtlich zu autorisieren.[223] Um so bemerkenswerter ist, daß dieses bei Nutzungsregelungen kaum jemals problematisierte Vorgehen in einer anderen Fallgruppe – nämlich bei den nachfolgend zu erörternden Projekt- oder Investitionsmaßnahmengesetzen – zu grundsätzlichen und durchaus kontroversen Debatten führte.

6. Projektgesetze

Obwohl mit der Bedarfsgesetzgebung, der Bauleitplanung durch Gesetz, den gesetzlichen Nutzungsregelungen für Nationalparks oder auch den zum Teil in Gesetzesform erlassenen Landesraumordnungsprogrammen eine ganze Reihe konkreter parlamentarischer Raumplanungen vorliegt, konzentriert sich die verfassungsrechtliche Debatte über die Zulässigkeit der Planung durch Gesetz fast ausschließlich auf den Bereich der Projektgesetze.

---

[221] Vgl. zur Reichweite dieser Regelung besonders *Czybulka*, NuR 1996, 565, 569.

[222] Nds. GVBl. 2001, 443ff.

[223] Vgl. zu dem Grad an gestaltender Mitwirkung des Gesetzgebers auch *Erbguth*, DVBl. 1981, 557, 563.

a) Bedarfsgesetzgebung und Planungsgesetzgebung als graduelle Intensivierungen

Aus diesem Grund erscheint es um so wichtiger, der Diskussion dieses Fragenkomplexes vorwegzuschicken, daß Projektgesetze im Vergleich zu den bereits behandelten gesetzlichen Plänen und namentlich im Verhältnis zur Bedarfsgesetzgebung keineswegs ein kategorisches Aliud darstellen, sondern daß Bedarfsgesetzgebung und Planungsgesetzgebung als lediglich graduelle Intensivierungen im Rahmen eines einheitlichen Planungsprozesses zu verstehen sind. Zwar handelt es sich bei den gesetzlichen Bedarfsplänen um planerische Vorgaben in Gesetzesform, die jedenfalls in der Regel einer weitgehenden Konkretisierung durch die zuständigen Verwaltungsträger bedürfen. Konkrete Festlegungen für das Eigentum der Betroffenen werden also angesichts fehlender Parzellenschärfe der Bedarfsplanung in der Regel noch nicht getroffen.[224] Dennoch kann sich der Ansatz, der Raumplanungen durch den Gesetzgeber auf nicht parzellenscharfe Festlegungen begrenzen und die »Feinplanung« dem Kernaufgabenbereich der Exekutive zuordnen will[225], nicht ohne weiteres auf die Praxis berufen: Eine Parzellenschärfe dürfte nämlich jedenfalls bei den in der Praxis immer häufigeren Ausbauvorhaben zu bejahen sein[226], da insoweit die durch den Ausbau – etwa die Erweiterung einer Autobahn von vier auf sechs Spuren – betroffenen Grundstücke in der Regel die an das vorhandene Bauwerk angrenzenden sein werden. Insofern stellt die Parzellenschärfe der Planung kein sicheres Kriterium zur Abgrenzung einer zulässigen Bedarfsplangesetzgebung von einer angeblich unzulässigen »Vollplanung durch Gesetz« dar. Auch die erwähnte Festlegung von Nutzungsregelungen durch den Landesgesetzgeber bildet letztlich eine parzellenscharfe Raumplanungsentscheidung, die einem Projektvorhaben in der Intensität der Rechtsfolgen durchaus vergleichbar sein mag.

Die bislang praktizierte objektbezogene Legalplanung stellte zudem gleichfalls keineswegs eine baufertige Endplanung dar, sondern weist gegenüber Bedarfsplänen lediglich eine graduell höhere Konkretheit auf. Im Fall des Investitionsmaßnahmengesetzes über den Bau der »Südumfahrung Stendal«[227] aus dem Jahr 1993 wurde dementsprechend zwar in §1 Abs. 2 S. 1 SüdumfStG die Zulässigkeit des Vorhabens einschließlich der notwendigen Folgemaßnahmen an anderen Anlagen im Hinblick auf alle von ihm berührten öffentlichen Belange nach dem Plan festgestellt, der dem Gesetz in Anlagen beigefügt ist. Ähnlich wie im Fall eines Planfeststellungsbeschlusses, bei dem erst durch die Bauausführungsgenehmigung eine Zulassung der baufertigen Planung erfolgt[228], wurde jedoch in §2 SüdumfStG der Bundesminister für Verkehr unter Einhaltung der Grundzüge der Planung zur Änderung und Ergänzung des Plans ermächtigt. Der Exekutive verbleibt also auch hier – neben dem

---

224 So zu Recht *Jarass*, DVBl. 1998, 1202, 1210, m.w.N. zur Rspr.; anders *Badura*, in: FS für Hoppe, 2000, S. 167, 170.

225 So wohl *Henle*, UPR 1982, 253, 255.

226 Vgl. *Jarass*, DVBl. 1998, 1202, 1210.

227 Gesetz über den Bau der »Südumfahrung Stendal« der Eisenbahnstrecke Berlin–Oebisfelde – SüdumfStG v. 29. 10. 1993, BGBl. I 1993, 1906.

228 Vgl. bereits im ersten Kapitel S. 72.

eigentlichen Planvollzug, der stets erneut planerische Elemente enthält[229] – ein Rest eigener planerischer Konkretisierungsmacht, und der eigentliche Unterschied zur Bedarfsplanung zeigt sich vor allem in der Hochstufung der außenwirksamen *Zulassungs*entscheidung auf die Ebene des Bundesgesetzes.

Obwohl also die »Vollplanung durch Gesetz« bei genauerer Betrachtung keine völlig andere Qualität als die seit Jahrzehnten praktizierte Bedarfsplanung oder der Erlaß gesetzlicher Nutzungsregelungen aufweist, ist ihre Zulässigkeit auch nach einer grundlegenden Entscheidung des Bundesverfassungsgerichts höchst umstritten. Dabei entspricht es der ganz vorherrschenden Sichtweise, daß das Bundesverfassungsgericht »eher zu nachgiebig«[230] verfahren sei und zu großzügige Maßstäbe an die Planung durch das Parlament angelegt habe. Dem soll hier die These entgegengehalten werden, daß weniger die Grundaussagen des Gerichts über die Zulässigkeit solcher Planungen als vielmehr die zahlreichen unscharfen Qualifikationen und Einschränkungen dieser Zulässigkeit Anlaß zur Kritik geben.

b) Der Meinungsstand der Diskussion vor der Wiedervereinigung

In den 70er und 80er Jahren wurde bei umweltbelastenden Großvorhaben eine »Planung durch Gesetz« meist gerade von spezifischen Projektgegnern gefordert, die der Auffassung waren, bestimmten kontrovers diskutierten Großvorhaben vermittele eine bloße Verwaltungsentscheidung keine ausreichende demokratische Legitimation.[231] Vor dem Hintergrund der Wesentlichkeitstheorie des Bundesverfassungsgerichts sei unabdingbar, daß das Parlament durch direkte Einbindung in die eigentlichen Planungsprozesse stärker als bisher auf die grundlegende räumliche Entwicklung des Staatsgebietes einwirke[232] und vor allem die Standortgenehmigungen zur Errichtung neuer Kernkraftwerke[233] oder die Planung des Verkehrsnetzes[234] künftig durch förmliche Gesetze erfolgten.

---

[229] Vgl. zum Planvollzug als konkretisierende Fortführung des Planungsprozesses etwa VGH München, Urt. v. 3.5. 1999 – 1 N 98.1021 –, NVwZ 2000, 822ff.; *Müller*, Konzeptbezogenes Verwaltungshandeln, 1992, S. 226ff.

[230] So statt vieler *Ossenbühl*, in: FS für Hoppe, 2000, S. 183, 194.

[231] Vgl. dazu *Ronellenfitsch*, DÖV 1991, 771. Illustrativ für die seinerzeitige Perspektive der Diskussion *Henle*, Errichtungsgesetze für Großvorhaben? UPR 1982, 215ff. und 253ff., der zu dem Ergebnis gelangt, es bestehe kein verfassungsrechtliches Gebot zur Errichtung von Großflughäfen durch förmliches Gesetz. Ebenso *Reuschel-Czermak*, Genehmigung von Großvorhaben durch Gesetz, 1997, S. 39ff., und zuletzt VerfGH Münster, Beschl. v. 9.6. 1997 – 20/95, 1/96, 3/96, 7/96, 8/96 »Garzweiler II« –, NVwZ-RR 1998, 473ff. Die Frage der Zulässigkeit solcher Plangesetzgebung wird in diesem Zusammenhang kaum jemals aufgeworfen.

[232] So etwa *Kaiser*, Referat zum 50. Deutschen Juristentag, 1974, S. I9, I15ff.; *Ossenbühl*, Gutachten B für den 50. Deutschen Juristentag, 1974, S. B79ff., sowie die nachfolgenden Beschlüsse des 50. Deutschen Juristentages, in: Verhandlungen des 50. Deutschen Juristentages, Bd. II, 1974, S. I228f.; *Schmidt-Aßmann*, Grundfragen des Städtebaurechts, 1972, S. 155f., der freilich mit Blick auf den Gesichtspunkt der Gewaltenteilung eine Beschränkung auf die raumordnerischen Grundzüge fordert; *Wagener*, in: FS für die Hochschule für Verwaltungswissenschaften Speyer, 1972, S. 571, 585f.

[233] So etwa *Listl*, DVBl. 1978, 10ff.; weitere Nachweise bei *Schneller*, ZG 1998, 179 in Fn. 1.

[234] *Brohm*, in: Ein Vierteljahrhundert Straßenrechtsgesetzgebung, 1980, S. 343, 350f.

Vor dem Hintergrund dieser legitimatorischen Kritik bedurfte das bestehende, auf Administrativplanungen beruhende Anlagen- und Raumplanungsrecht der verfassungsrechtlichen Begründung vor allem im Hinblick auf die Lehre vom Vorbehalt des Gesetzes und auf die der Verwaltung eingeräumten weiten Handlungsspielräume.[235] Hierzu wurde die These von der staatlichen Planung als »Hausgut der Exekutive« entwickelt[236], um die – nach damaligem Verständnis – problematisch schwache Rolle des Parlaments im Genehmigungsverfahren zu rechtfertigen.[237] Bedenken gegen die Zulässigkeit einer Legalplanung fanden sich nur vereinzelt[238], diese wurde vielmehr als zwar nicht erforderliche, gleichwohl aber zulässige Form der Raumplanung angesehen.

c) Die Debatte über die Investitionsmaßnahmengesetze

Die seit den 70er Jahren geführte Diskussion über Vorhaben- und Verkehrswegeplanungen durch Gesetz wurde erst im Zuge der Debatte über die Beschleunigung von Verkehrswegeplanungen zur Herstellung der deutschen Einheit[239] wieder aufgegriffen. Eine »Planung durch Gesetz«, hier verstanden als die unmittelbare Zulassung eines Vorhabens durch förmliches Bundesgesetz, erschien der Bundesregierung nunmehr als in der besonderen historischen Situation zulässige Möglichkeit, rasch und unter Überwindung zeitaufwendiger Verwaltungsverfahren die notwendige Infrastruktur in und zu den neuen Ländern zu schaffen.[240] Trotz bis heute anhaltender erheblicher, auf Art. 14 und Art. 19 Abs. 4 GG sowie den Grundsatz der Gewaltenteilung gestützter verfassungsrechtlicher Bedenken des ganz überwiegenden Schrifttums[241] führte dieser Ansatz schließlich zu den beiden 1993 und 1994 erlasse-

---

[235] Vgl. nur *Badura*, in: FS für den BayVerfGH, 1972, S. 157, 167ff., 173ff.

[236] So die – polemisch gemeinte – Formulierung durch *Faber*, in: AK-GG, Bd. 1, 2. Aufl. 1989, Art. 20 Abs. 1–3 V Rn. 24, m.w.N. zum Streitstand.

[237] Vgl. etwa *Wagner*, DVBl. 1978, 839ff., *Herzog*, in: VVDStRL 24 (1966), 183, 190, sowie für den mittlerweile erreichten Meinungsstand *Hoppe*, in: HStR III, 1988, § 71 Rn. 40ff., 44ff. Kritisch dazu bereits *Ossenbühl*, Gutachten B für den 50. Deutschen Juristentag, 1974, S. B62ff.

[238] In diesem Sinne aber u.a. *Papier*, NJW 1977, 1714, 1718; von einer Zuordnung zur Verwaltungskompetenz geht etwa auch *Suderow*, Rechtsprobleme des Bundesraumordnungsprogramms, 1975, S. 17 aus.

[239] Vgl. dazu nur *Blümel*, in: FS für Hoppe, 2000, S. 3, 15ff.; *Repkewitz*, VerwArch 88 (1997), 137ff.; *Ronellenfitsch*, in: Blümel (Hrsg.), Verkehrswegerecht im Wandel, 1994 S. 179ff.; *Schneider*, Gesetzgebung, 3. Aufl. 2002, Rn. 46, sowie die Beiträge bei *Ziekow* (Hrsg.), Beschleunigung von Planungs- und Genehmigungsverfahren, 1998; zum Kontext der Wiedervereinigung vgl. *Baumheier/Wagner*, VerwArch 83 (1992), 97, 115f.

[240] Vgl. dazu den Bericht der interministeriellen Arbeitsgruppe »Erläuterungen zum rechtlichen Grundgerüst eines Investitionsmaßnahmengesetzes« (sog. Kinkel-Papier), in: *Blümel* (Hrsg.), Verkehrswegeplanung in Deutschland, 2. Aufl. 1992, S. 359ff., sowie die Darstellung bei *Schneller*, Objektbezogene Legalplanung, 1999, S. 38ff.

[241] Für verfassungswidrig erklären diese Form der Legalplanung mit unterschiedlichen Akzenten u.a. *Blümel*, DVBl. 1997, 205ff.; *Firgau*, Exekutivgesetze, 1996, zusammenfassend S. 165ff.; *Ossenbühl*, in: FS für Hoppe, 2000, S. 183ff.; *Repkewitz*, VerwArch 88 (1997), 137, 153f.; *Roeser*, in: Schlichter/Stich/Driehaus/Paetow (Hrsg.), Berliner Kommentar zum BauGB, 3. Aufl., § 38 Rn. 5, Stand: Aug. 2002; *Ronellenfitsch*, DÖV 1991, 771ff.; *ders.*, in: Blümel (Hrsg.), Verkehrswegeplanung

nen Investitionsmaßnahmengesetzen über den Bau der »Südumfahrung Stendal«[242] und über den Bau des Abschnitts Wismar West-Wismar Ost der Bundesautobahn A 20[243], von denen das erste schließlich durch das Bundesverfassungsgericht als rechtmäßig angesehen wurde. Ein weiteres Gesetzgebungsprojekt zum Bau eines Abschnitts der Bundesautobahn A 14 scheiterte im Bundesrat[244], die übrigen zur Legalplanung vorgesehenen Projekte[245] wurden nicht mehr umgesetzt, obwohl der Beschluß des Bundesverfassungsgerichts zur Südumfahrung Stendal die grundsätzliche Zulässigkeit dieses Vorgehens bestätigte. Dabei scheinen auch enttäuschte Erwartungen im Hinblick auf den erhofften Zeitgewinn eine Rolle gespielt zu haben.[246]

Die Diskussion um die Zulässigkeit der Planung durch Gesetz ist trotz dieses Urteils noch nicht abgeschlossen. Soweit die Debatte unter dem Stichwort der Zulässigkeit von »Maßnahmengesetzen« geführt wird[247], leidet sie an der Vieldeutigkeit dieses im Grundgesetz an keiner Stelle erwähnten Begriffs[248], den das Bundesverfassungsgericht mit guten Gründen als »verfassungsrechtlich irrelevant« bezeichnet hat.[249] Sachlich einschlägig als Zulässigkeitsmaßstab der Legalplanung sind vor allem der Grundsatz der Gewaltenteilung, die bundesstaatliche Kompetenzordnung sowie die Eigentums- und die Rechtsschutzgarantie.

d) Der Beschluß zur Südumfahrung Stendal

In dem Beschluß vom 17. Juli 1996 zu dem Gesetz über den Bau der »Südumfahrung Stendal« bejahte der Zweite Senat des Bundesverfassungsgerichts die Zulässigkeit

---

in Deutschland, 2. Aufl. 1992, S. 5, 7ff. und S. 107, 183ff.; *Stern*, Staatsrecht III/2, 1994, S. 734f.; *Stüer*, DVBl. 1991, 1333ff.; *Wahl*, DVBl. 1993, 517; *Würtenberger*, VBl.BW 1992, 1ff. Negativ auch die Empfehlungen des 30. Deutschen Verkehrsgerichtstags 1992, in: *Blümel* (Hrsg.), Verkehrswegeplanung in Deutschland, 2. Aufl. 1992, S. 509, 510; zusammenfassend zu dieser Debatte *Reuschel-Czermak*, Genehmigung von Großvorhaben durch Gesetz, 1997, die die Verfassungswidrigkeit von Investitionsmaßnahmengesetzen u.a. unter den Gesichtspunkten der Gewaltenteilung, der Verletzung von Länderzuständigkeiten, des Rechtsstaatsprinzips sowie der Art. 19 Abs. 4 und Art. 33 Abs. 4 GG bejaht.

[242] Vgl. schon oben in Fn. 227.

[243] Gesetz über den Bau des Abschnitts Wismar West-Wismar Ost der Bundesautobahn A 20 Lübeck-Bundesgrenze (A 11) v. 2. 3. 1994, BGBl. I 1994, 734.

[244] Vgl. die Nachweise bei *Blümel*, DVBl. 1997, 205, 206, 211.

[245] Vgl. die Nachweise bei *Repkewitz*, VerwArch 88 (1997), 137, 143f.; *Stüer*, DVBl. 1991, 1333, 1334.

[246] *Schneller*, Objektbezogene Legalplanung, 1999, S. 48ff.

[247] Vgl. dazu die Nachweise bei *Biervert*, Der Mißbrauch von Handlungsformen, 1999, S. 37ff.

[248] *Kunig*, Jura 1993, 308, 309; *Reuschel-Czermak*, Genehmigung von Großvorhaben durch Gesetz, 1997, S. 81ff.; *Ronellenfitsch*, DÖV 1991, 771, 772ff.; *Schneller*, Objektbezogene Legalplanung, 1999, S. 54ff.

[249] BVerfG, Beschl. v. 7. 5. 1969 – 2 BvL 15/67 –, BVerfGE 25, 371, 398; zustimmend etwa *Badura*, Staatsrecht, 3. Aufl. 2003, Abschn. F Rn. 8; *Biervert*, Der Mißbrauch von Handlungsformen, 1999, S. 38; *Dreier*, in: ders. (Hrsg.), GG, Bd. I 1998, Art. 19 I Rn. 12; *König/Dose*, in: dies. (Hrsg.), Instrumente und Formen staatlichen Handelns, 1993, S. 3, 19; *Ossenbühl*, in: HStR III, 1988, § 62 Rn. 11.

einer vorhabenbezogenen Legalplanung, warf jedoch gleichzeitig eine Reihe neuer Fragen auf.[250]

Die hessische Landesregierung hatte ihren Normenkontrollantrag damit begründet, daß das Gesetz mit dem Grundsatz der Gewaltenteilung und der Rechtsschutzgarantie des Art. 19 Abs. 4 S. 1 GG nicht zu vereinbaren sei. Ausgangspunkt der Überlegungen des Senats war der in Art. 20 Abs. 2 S. 2 GG normierte Grundsatz der Gewaltenteilung, der als tragendes Funktionsprinzip auch darauf abziele, staatliche Entscheidungen möglichst »richtig« von den Organen treffen zu lassen, die dafür nach Organisation, Zusammensetzung und Verfahrensweise über die *besten Voraussetzungen* verfügen. Allerdings fordere das Grundgesetz keine absolute Trennung, sondern lediglich der Kernbereich der den einzelnen Gewalten von der Verfassung zugeschriebenen *typischen Aufgaben* sei unantastbar.[251]

Nach diesen Maßstäben und unter Rekurs auf die Abgrenzungsmerkmale »Normsetzung« und »Normvollzug« könne staatliche Raumplanung weder der Legislative noch der Exekutive eindeutig zugeordnet werden. Dem Grundgesetz liege kein auf generelle Regelungen beschränkter Gesetzesbegriff zugrunde, und Parlamente seien nach Aufgabe und Verfahren sachlich zu einer anlagenbezogenen Fachplanung in der Lage. Trotz dieser Ausgangsparameter hält es der Zweite Senat jedoch für möglich, zumindest für einzelne Planungsschritte eine klare Zuordnung zu treffen: Der Exekutive obliege jedenfalls die *Planvorbereitung*. Der Gesetzgeber dürfe dann auf Initiative und Vorbereitung von Regierung und Verwaltung hin durch Gesetz einen Plan beschließen, soweit die Materie ihrer Natur nach geeignet sei, gesetzlich geregelt zu werden.[252] Knapp gesprochen, wird damit die Rolle das Parlaments als die eines *Planfeststellungsgesetzgebers* charakterisiert, der eine Planung der Exekutive lediglich zu autorisieren vermag, während die Planvorbereitung dem Kernbereich exekutivischer Aufgaben zugeordnet wird. Weitere Schranken leitete der Senat aus der Erwägung ab, daß der Grundsatz der Gewaltenteilung auf die gegenseitige Mäßigung und Kontrolle der Staatsorgane ausgerichtet sei und mithin grundrechtsschützende Funktionen erfülle. Da nach den einschlägigen Fachplanungsgesetzen die Entscheidung über eine konkrete Planung »üblicherweise der Verwaltung vorbehalten« sei, dürfe das Parlament eine solche Entscheidung nur dann an sich ziehen, wenn hierfür im Einzelfall und im Rahmen des parlamentarischen Einschätzungsspielraums gute Gründe bestünden.[253] Möglichen Schranken »im Hinblick auf die ›vertikale Gewaltenteilung‹ zwischen Bund und Ländern« ging der Senat hingegen nicht nach, da dem Bund für den Bau der Bundeseisenbah-

---

[250] BVerfG, Beschl. v. 17.7. 1996 – 2 BvF 2/93 »Südumfahrung Stendal« –, BVerfGE 95, 1ff.; vgl. dazu *Badura*, in: FS für Hoppe, 2000, S. 167, 171ff.; *Hufeld*, JZ 1997, 302ff.; *Ossenbühl*, in: FS für Hoppe, 2000, S. 183ff.; *Pabst*, UPR 1997, 284ff.; *Sachs*, JuS 1998, 364ff.; *Schneller*, ZG 1998, 179ff.

[251] BVerfGE 95, 1, 15 unter Verweis auf das Urteil zur Atomwaffenstationierung v. 18. 12. 1984 – 2 BvE 13/83 –, BVerfGE 68, 1, 86; vgl. dazu bereits oben S. 418f.

[252] BVerfGE 95, 1, 16f.

[253] BVerfGE 95, 1, 17.

nen sowohl die Gesetzgebungskompetenz als auch die Verwaltungskompetenz zustand.[254]

Im Fall des Gesetzes über die Südumfahrung sah das Gericht die so entwickelten Voraussetzungen als erfüllt an. Besonders wies das Gericht darauf hin, daß das Gesetz auf die Initiative der Bundesregierung zurückging und daß vor Einbringung in den Bundestag Auslegungen und Erörterungen nach Art eines Planfeststellungsverfahrens durchgeführt worden waren. Zudem bestanden für diese Planung durch Gesetz mit dem Ziel, auf schnellstmöglichem Wege die Wirtschaft in den neuen Ländern zu stärken und auf die Herstellung einheitlicher Lebensverhältnisse im gesamten Bundesgebiet hinzuwirken, »gute Gründe«.[255]

Auch mit Art. 14 GG hielt das Gericht das Gesetz für vereinbar. Als »Legalenteignung im Gewande einer Legalplanung« sei das Gesetz wegen der enteignungsrechtlichen Vorwirkungen des Plans an Art. 14 Abs. 3 GG zu messen. Eine Legalenteignung sei an sich zwar erneut nur in eng begrenzten Fällen bei Vorliegen besonderer Gründe zulässig, weil sie den durch Art. 14 Abs. 1 S. 1 GG und durch Art. 19 Abs. 4 S. 1 GG garantierten Rechtsschutz schmälere.[256] Derartige triftige Gründe sah das Gericht jedoch in dem Aufbau der Wirtschaft in den neuen Ländern und dem dafür unabdingbaren unverzüglichen Aufbau der Verkehrsinfrastruktur. Schließlich entsprach die Legalplanung auch dem Abwägungsgebot. Der Gesetzgeber habe den Sachverhalt zutreffend und vollständig ermittelt und eine umfassende und nachvollziehbare Abwägung aller in Rede stehender Belange vorgenommen.[257]

e) *Grundsätzliche Zulässigkeit oder Ausnahmecharakter der Legalplanung?*

Der grundlegenden Feststellung des Bundesverfassungsgerichts, daß das Grundgesetz die staatliche Raumplanung weder eindeutig der Legislative noch eindeutig der Exekutive zuordnet, ist in Übereinstimmung mit der wohl herrschenden Lehre im Schrifttum nachdrücklich zuzustimmen.[258] Die oben genannten Beispiele belegen,

---

[254] BVerfGE 95, 1, 18; vgl. zu diesem Gesichtspunkt sogleich nachfolgend S. 446ff.

[255] BVerfGE 95, 1, 18f.

[256] BVerfGE 95, 1, 21f. Der Senat verweist hier auf die Rechtsprechung des Gerichts in dem Urt. v. 18. 12. 1968 – 1 BvR 638, 673/64 und 200, 238, 249/65 »Hamburgisches Deichordnungsgesetz« –, BVerfGE 24, 367, 398ff. Vgl. zu den in der Entscheidung enthaltenen Akzentverschiebungen im Hinblick auf die Zulässigkeit von Legalenteignungen *Blümel*, DVBl. 1997, 205, 211; *Ossenbühl*, in: FS für Hoppe, 2000, S. 183, 190f.; *Schneller*, ZG 1998, 179, 187ff.

[257] BVerfGE 95, 1, 22f.

[258] Bestätigend auch der nachfolgende Beschluß des 1. Senats v. 8. 6. 1998 – 1 BvR 650/97 und 1 BvR 830/98 –, NVwZ 1998, 1060f.; so auch BVerwG, Urt. v. vom 8. 6. 1995 – 4 C 4.94 –, BVerwGE 98, 339, 345ff.; im Schrifttum u.a. *Achterberg*, Diskussionsbeitrag in: Verhandlungen des 50. Deutschen Juristentages, Bd. II, 1974, S. I126, I128; *Badura*, in: FS für Hoppe, 2000, S. 167/171; *Bielenberg/Runkel/Spannowsky*, Raumordnungs- und Landesplanungsrecht des Bundes und der Länder, Kommentar J 610 Rn. 8, Stand: VIII.1986; *Breuer*, VerwArch 69 (1978), 1, 29; *Degenhart*, in: FS für Hoppe, 2000, S. 695, 703; *Erbguth*, DVBl. 1981, 557, 560; *Herzog*, in: VVDStRL 24 (1966), 183, 201; *Hoppe*, in: HStR III, 1988, § 71 Rn. 38ff., 53ff.; *Kaiser*, Referat zum 50. Deutschen Juristentag, 1974, S. I9, I15; *Lange*, Verkehr und öffentliches Recht, 1974, S. 291.; *Ossenbühl*, Gutachten B für den 50. Deutschen Juristentag, 1974, S. B56ff.; allgemeiner zur Planung im weiteren Sinne *Böckenförde*, Der

daß die Parlamente von Bund und Ländern vor allem in den Bereichen der Raumordnung, der Bauleitplanung, der Nutzungsregelungen sowie der Bedarfsplanung bereits auf eine derart umfangreiche Tätigkeit zurückblicken, daß von einem Eingriff in einen traditionellen Kernbereich »zentraler Entscheidungsbefugnisse exekutivischer Natur« nicht die Rede sein kann. Die Behauptung im Schrifttum, zumindest die grundlegenden planerischen Aussagen über Verkehrsvorhaben seien stets dem Bereich der Verwaltung zugeordnet gewesen, ist auch verfassungsrechtlich nicht zutreffend: Die Verhandlungen im parlamentarischen Rat belegen vielmehr, daß dem Bund mit der *Gesetzgebungs*kompetenz für den »Bau und die Unterhaltung von Landstraßen für den Fernverkehr« in Art. 74 Nr. 22 GG das Bestimmungsrecht über die Netzgestaltung, die Art und den Umfang der Ausbau- und Unterhaltungsmaßnahmen sowie über die Verwendung der bereitgestellten Mittel gewährt werden sollte.[259] Offensichtlich wurden solche planerischen Grundentscheidungen also bereits bei Entstehung des Grundgesetzes auch dem gesetzgeberischen Bereich zugeordnet. Unter Verweis auf die Entstehungsgeschichte wurde daher im Schrifttum argumentiert, daß die eigentliche Gestaltung des Verkehrsnetzes normativen Charakter trage und daher auf Gesetzgebungs- und nicht auf Verwaltungskompetenzen zu stützen sei.[260]

Zuzustimmen ist auch der – hier mangels Bezug zu den Planungs*konflikten* nicht zu vertiefenden – Aussage des Gerichts, daß das Grundgesetz den Gesetzgeber auch in Art. 19 Abs. 1 GG nicht auf den Erlaß von Gesetzen mit abstrakt-generellem Charakter beschränkt. Die herrschende Lehre spricht Art. 19 Abs. 1 GG neben dem Gleichheitssatz des Art. 3 Abs. 1 GG und dem allgemeinen Willkürverbot eine selbständige Bedeutung weitgehend ab bzw. sieht in dem »qualifizierten Gleichheitsgebot« jedenfalls keinen spezifischen Verwaltungsvorbehalt für bestimmte Hoheitsakte[261], zumal bei Raumplanungen der Einzelaktcharakter meist durchaus zweifelhaft sein wird.[262] Ebenso wenig stellt die Planung durch Gesetz einen Verstoß gegen

---

Staat 1972, 429ff.; *Frohn*, Gesetzesbegriff und Gewaltenteilung, 1981, S. 81ff.; P. *Kirchhof*, in: HStR III, 1988, § 59 Rn. 108; *Müller*, Inhalt und Formen der Rechtssetzung als Probleme der demokratischen Kompetenzordnung, 1979, S. 155ff.; *Vitzthum*, Parlament und Planung, 1978, S. 242ff.; *Würtenberger*, Staatsrechtliche Probleme politischer Planung, 1979, S. 217ff.; kritisch hingegen zuletzt wieder *Schmidt-Aßmann*, in: FS für Weyreuther, 1993, S. 73, 81ff.; vgl. zu anderen Auffassungen bereits oben S. 436ff.

[259] *Pestalozza*, in: v. Mangoldt/Klein/Starck (Hrsg.), GG, Bd. 8, 3. Aufl. 1996, Art. 74 Rn. 1573, m.w.N.

[260] So besonders *Brohm*, in: Ein Vierteljahrhundert Straßenrechtsgesetzgebung, 1980, S. 343, 350ff., m.w.N.

[261] Näher *Dreier*, in: ders. (Hrsg.), GG, Bd. I 1998, Art. 19 I Rn. 14f.; *Hofmann*, in: Starck (Hrsg.), Die Allgemeinheit des Gesetzes, 1987, S. 9, 46ff.; *Hufeld*, JZ 1997, 302, 304; *Kunig*, Jura 1993, 308, 311ff.; *Schneller*, ZG 1998, 179, 185ff.; *ders.*, Objektbezogene Legalplanung, 1999, S. 144ff., 155ff.; a.A. und für eine selbständige Bedeutung der Vorschrift als Verbot des Individualgesetzes *Ronellenfitsch*, DÖV 1991, 771, 780, m.w.N. in Fn. 96; *Stern*, Staatsrecht III/2, 1994, S. 731; differenzierend *Huber*, in: v. Mangoldt/Klein/Starck (Hrsg.), GG, Bd. 1, 4. Aufl. 1999, Art. 19 Rn. 19ff., m.w.N. (»Verschärfung des Gleichheitssatzes«).

[262] Vgl. dazu bereits oben S. 406f.

Art. 19 Abs. 4 GG dar[263], der nach Auffassung des Bundesverfassungsgerichts ohnehin keinen Rechtsschutz gegen den Gesetzgeber gewähren soll.[264] Abwägungsentscheidungen sind schließlich auch der Mehrheitsregel zugänglich, wie nicht zuletzt das Beispiel der Beschlußfassung über den Bebauungsplan im Gemeinderat verdeutlicht.[265]

Weniger überzeugend sind hingegen die erheblichen Einschränkungen, die der Zweite Senat entgegen diesen Ausgangsprämissen weiterentwickelt und die seine Aussagen in vieler Hinsicht wieder in Frage stellen. Die Feststellung, daß der Gesetzgeber selbst zur Planvorbereitung, also zur eigenen materiellen Planung nicht in der Lage sei, ist zwar für den Regelfall ganz offensichtlich zutreffend.[266] Indes darf insoweit nicht übersehen werden, daß der Exekutive ohnehin im Bereich der gesamten Gesetzgebung nach Ausstattung und Fachwissen für gewöhnlich ein erhebliches Übergewicht zukommt, so daß die gesetzesvorbereitende Ministerialbürokratie – überspitzt – als »Herr der Gesetzgebung im materiellen Sinne« bezeichnet worden ist.[267] Normative Geltung gewinnt das Gesetz dennoch erst durch seine formale gesetzgeberische Erzeugung. Im Recht der Landesplanung wird diese Arbeitsteilung in jenen Bestimmungen ausdrücklich sanktioniert, nach denen das jeweilige Landesraumordnungsprogramm durch Gesetz »festgestellt«, also letztlich durch den Gesetzgeber lediglich autorisiert wird.[268] Weshalb aus dieser faktischen Machtverteilung für den Bereich der Planungsgesetzgebung gefolgert werden müßte, daß der Exekutive verfassungs*rechtlich* »jedenfalls« die Planvorbereitung obliege und der Gesetzgeber – offenbar entgegen der Regelung des Art. 76 Abs. 1 GG, die Bundestag und Bundesrat ein jeweils eigenes Gesetzesinitiativrecht zugesteht[269] – allein »auf Initiative und Vorbereitung von Regierung und Verwaltung hin« durch Gesetz einen Plan beschließen dürfe[270], ist jedoch wenig nachvollziehbar. Die entsprechen-

---

263 Vgl. dazu bereits die Ausführungen bei *Henle*, UPR 1982, 253, 255ff.

264 So BVerfG, Beschl. v. 25. 6. 1968 – 2 BvR 251/63 –, BVerfGE 24, 33, 49; Urt. v. 18. 12. 1968 – 1 BvR 638, 673/64 und 200, 238, 249 –, BVerfGE 24, 367, 401; Beschl. v. 10. 5. 1977 – 1 BvR 514/68 und 323/69 –, BVerfGE 45, 297, 334; a.A. die h.L im Schrifttum, etwa *Huber*, in: v. Mangoldt/Klein/Starck (Hrsg.), GG, Bd. 1, 4. Aufl. 1999, Art. 19 Rn. 439ff., 442, der die konkret verabschiedeten Investitionsmaßnahmengesetze zwar an Art. 19 Abs. 4 GG messen will, aber für gerechtfertigt hält; *Schulze-Fielitz*, in: Dreier (Hrsg.), GG, Bd. I, 2. Aufl. 2004, Art. 19 IV Rn. 35f., m.w.N.; vgl. auch *Papier*, in: HStR VI, 1989, § 154 Rn. 34ff., der auf die in der Regel ausreichende gerichtliche Inzidentkontrolle verweist,

265 *Ossenbühl*, in: FS für Hoppe, 2000, S. 183, 187; *Schneller*, Objektbezogene Legalplanung, 1999, S. 114ff.

266 Vgl. dazu auch *Jürgensen*, Grundrechtsschutz bei der Realisierung transeuropäischer Verkehrsnetze, 1998, S. 140f.

267 *Frohn*, Gesetzesbegriff und Gewaltenteilung, 1981, S. 71ff., 112; ähnlich bereits *Wagener*, VVDStRL 37 (1979), 215, 242; vgl. auch *Ossenbühl*, in: HStR III, 1988, § 63 Rn. 11ff.

268 So etwa § 2 Abs. 1 Hess. LPlG und dazu *Ihmels/Köppl*, Hessisches Landesplanungsgesetz, 1983, § 2 Rn. 1; vgl. allgemeiner auch *Wagener*, in: FS für die Hochschule für Verwaltungswissenschaften Speyer, 1972, S. 571, 586.

269 Näher statt vieler *Ossenbühl*, in: HStR III, 1988, § 63 Rn. 17.

270 So BVerfGE 95, 1, 16; ebenso etwa *Lorz*, Interorganrespekt im Verfassungsrecht, 2001, S. 286f., m.w.N.

den Ausführungen zur für die Planung funktionsgerechten Organstruktur sind letztlich rechtspolitischer und nicht verfassungsrechtlicher Natur.[271] Allenfalls ließe sich dieses Ergebnis durch Analogie zu den sonstigen im Grundgesetz vorgesehenen Planungen (u.a. Haushalts-, Finanz-, Verteidigungsplanung) begründen, bei denen in der Tat der Exekutive meist die Planvorbereitung obliegt[272]. Auf die Raumplanung sind diese Strukturen jedoch nicht ohne weiteres übertragbar.

Im übrigen entspricht der Befund des Zweiten Senats auch nicht in jeder Hinsicht der bisherigen Staatspraxis: Im Bereich der Nutzungsregelungen ist auf die Entstehungsgeschichte des ältesten deutschen Nationalparks »Bayerischer Wald« zu verweisen, dessen Errichtung auf einen einfachen Beschluß des Bayerischen Landtags im Jahr 1969 zurückgeht, der durch die nachfolgende Nationalparkverordnung lediglich konkretisiert wurde.[273] Sollte es dem Landtag in einem solchen Fall verwehrt sein, die Vorlage für ein entsprechendes Nationalparkgesetz gem. Art. 71 BayVerf »aus der Mitte des Landtags« in das Gesetzgebungsverfahren einzubringen? Eine verfassungs*rechtliche* Begründung für diese Beschränkung des Parlaments ist weder den Landesverfassungen noch dem Grundgesetz zu entnehmen.[274]

Ebensowenig vermag die weiter gehende Folgerung des Gerichts zu überzeugen, daß allein aus der fachlichen Überlegenheit der Exekutive hinsichtlich einer detaillierten Planungsentscheidung die verfassungsrechtliche Pflicht folgen soll, nur bei Bestehen »guter Gründe im Einzelfall« durch Gesetz über eine konkrete Fachplanung zu entscheiden. Aus dem Wortlaut der Verfassung läßt sich ein derartiges Regel-Ausnahme-Verhältnis jedenfalls nicht ableiten.[275] Zudem ist der so vorgegebene vage Maßstab des Bestehens »guter Gründe im Einzelfall« wenig aussagescharf und gewährleistet künftigen Legalplanungen nur wenig Rechtssicherheit: In welchem Maß die Planung durch Gesetz nach der Konzeption des Zweiten Senats ihren Ausnahmecharakter behalten muß, ist daher nach allgemeiner Auffassung weiterhin ungeklärt.[276] Insgesamt drängt sich so der Eindruck auf, daß der Beschluß zur Südumfahrung Stendal mit der zunächst überzeugend begründeten Zulässigkeit der Plangesetzgebung und dem anschließend behaupteten Ausnahmecharakter der Legalplanung auf halbem Wege stehen geblieben ist und allzu starke Züge einer Kompromißentscheidung trägt.

---

[271] Vgl. *Schneller*, Objektbezogene Legalplanung, 1999, S. 104ff., 112f.; ähnlich bereits *Schröder*, DVBl. 1984, 814, 822f.; *Vogel*, in: VVDStRL 24 (1966), 125, 170ff.; umfassend zu der Frage des Bestehens eines parlamentarischen Planungsinitiativrechts auf der Grundlage eines weiteren Planungsbegriffes auch *Würtenberger*, Staatsrechtliche Probleme politischer Planung, 1979, S. 322ff., m.w.N.

[272] Vgl. *Hoppe*, in: HStR III, 1988, § 71 Rn. 37.

[273] Vgl. *Scharinger*, Rechtsgrundlagen für die Errichtung von Nationalparken, 1999, S. 59; *Stock*, ZUR 2000, 198, 202, m.w.N.

[274] Ähnlich wie hier bereits *Ossenbühl*, Gutachten B für den 50. Deutschen Juristentag, 1974, S. B80, B82ff.

[275] So die zutreffende kritische Anmerkung von *Schneller*, ZG 1998, 179, 184f.

[276] Vgl. etwa *Hufeld*, JZ 1997, 302, 304f.; *Meßerschmidt*, Gesetzgebungsermessen, 2000, S. 763; *Ossenbühl*, in: FS für Hoppe, 2000, S. 183, 188f.; *Badura*, in: FS für Hoppe, 2000, S. 167, 173, diagnostiziert daher für weitere Investitionsmaßnahmengesetze erhebliche Hindernisse.

f) Grundrechtsschutz, insbesondere Anforderungen aus Art. 14 GG

Die durch die Legalplanung aufgeworfenen Fragen der Eigentumsgarantie betreffen nicht unmittelbar die hier interessierenden Aspekte der Raumplanungskonflikte und sollen daher nicht vertieft werden.[277] Hervorzuheben bleibt, daß nach Auffassung des Ersten Senats Art. 14 GG einer Legalplanung nicht grundsätzlich entgegensteht. Dennoch lassen sich auch insoweit Einwände gegen den Beschluß erheben.

Beizupflichten ist dem Zweiten Senat allerdings insoweit, als Art. 14 GG für den Bereich der Legalplanung grundsätzlich einschlägig ist. Zwar wird im Hinblick auf die Investitionsmaßnahmengesetze gelegentlich eine Relevanz der Eigentumsgarantie von vornherein verneint: Da in diesen Gesetzen im Hinblick auf den Grunderwerb eine Anwendung der Enteignungsverfahren vorgesehen ist, seien diese Gesetze im Hinblick auf Art. 14 GG unproblematisch.[278] Diese Sicht verkennt jedoch die parzellenscharfe enteignungsrechtliche Vorwirkung der Investitionsmaßnahmengesetze[279], die bereits konkret die für die Ausführung des Vorhabens notwendigen Grundstücke bestimmen und daher zweifellos eigentumsrelevant sind. Somit war der Bundestag in der Tat gehalten, die entsprechende Belastung des privaten Eigentums im Rahmen seiner Abwägung zu berücksichtigen.[280]

Durchaus zweifelhaft erscheint allerdings, ob im Fall des Gesetzes über die Südumfahrung nach den bisherigen Maßstäben der Rechtsprechung gerade wegen der enteignungsrechtlichen Vorwirkungen eine an Art. 14 Abs. 3 GG zu messende Enteignung vorlag. In der grundlegenden Entscheidung zum Kleingartenrecht hatte der Erste Senat zu Recht ausgeführt, die Legalenteignung sei dadurch gekennzeichnet, »daß das Gesetz *selbst und unmittelbar* mit seinem Inkrafttreten *ohne weiteren Vollzugsakt* individuelle Rechte entzieht oder beschneidet, die einem bestimmbaren Kreis von Personen oder Personengruppen nach dem bis dahin geltenden Recht zustehen«.[281] § 3 Abs. 1 SüdumfStG sieht demgegenüber lediglich vor, daß die nachfolgende Enteignung zulässig sein soll, soweit sie zur Ausführung des Planes notwendig ist. Das somit erforderliche Enteignungsverfahren und die Enteignungsentschädigung richten sich nach den Vorschriften des Baugesetzbuchs und unterliegen selbständiger gerichtlicher Kontrolle. Eine Legalenteignung unmittelbar durch das Gesetz selbst war daher keineswegs gegeben. 1977 hatte der Erste Senat zudem in dem Beschluß zur Hamburger U-Bahn die Auffassung des Hanseatischen Oberlandesgerichts, mit dem Planfeststellungsbeschluß sei bereits die konkrete Enteignung des einzelnen Betroffenen zulässig, als »verfassungsrechtlich nicht haltbar« bezeich-

---

[277] Näher vor allem *Ossenbühl*, in: FS für Hoppe, 2000, S. 183, 189ff.

[278] *Repkewitz*, VerwArch 88 (1997), 137, 153.

[279] Vgl. zum Begriff und zur Bedeutung der enteignungsrechtlichen Vorwirkung etwa *Kopp/Ramsauer*, VwVfG, 8. Aufl. 2003, § 75 Rn. 12f.; *Papier*, in: Maunz/Dürig u.a., GG, Art. 14 Rn. 460, 535, Stand: Juni 2002; *Steinberg/Berg/Wickel*, Fachplanung, 3. Aufl. 2000, § 4 Rn. 133.

[280] Vgl. dazu bereits im fünften Kapitel S. 296f.

[281] BVerfG, Beschl. v. 12. 6. 1979 – 1 BvL 19/76 –, BVerfGE 52, 1, 27; *Ossenbühl*, Staatshaftungsrecht, 5. Aufl. 1998, S. 180 (»unmittelbar durch Gesetz ohne daß es eines Vollzugsaktes bedarf«).

net und dabei explizit die Auffassung zurückgewiesen, in dem Planfeststellungsbeschluß selbst läge praktisch bereits die Enteignung.[282]

Nach diesen Maßstäben jedoch kann auch ein Planfeststellungsgesetz schwerlich als Enteignung angesehen werden. Dann allerdings ist die beiläufige Feststellung des Zweiten Senats, das Gesetz über die Südumfahrung Stendal sei als »Legalenteignung im Gewande einer Legalplanung ... folglich an Art. 14 Abs. 3 GG zu messen«[283], trotz breiter Zustimmung im Schrifttum[284] in der Kürze dieser Begründung schwer nachvollziehbar.[285] Naheliegenderweise hätte bereits das Vorliegen einer Enteignung abgelehnt werden sollen.[286]

Selbst wenn man das Gesetz über die Südumfahrung als Legalenteignung ansehen wollte, wäre dem Bundesverfassungsgericht jedoch insoweit zu folgen, als jedenfalls die materiellen Anforderungen des Art. 14 Abs. 3 GG erfüllt waren. Gegen die ältere Rechtsprechung des Bundesverfassungsgerichts[287], nach der die Legalenteignung nur ausnahmsweise unter besonderen Umständen zulässig sein soll, bestehen nämlich grundsätzliche Einwände[288]: Gegen einen solchen Ausnahmecharakter spricht bereits die im Verfassungstext gleichrangig zugelassene Enteignung sowohl durch Gesetz als auch aufgrund Gesetzes. Zudem ist auch bei Enteignungen durch Gesetz der Rechtsschutz der Betroffenen nicht völlig ausgeschaltet. Bereits in der Schlußpassage des Boxberg-Urteils des Ersten Senats vom 24. März 1987 wurde daher zur Landbeschaffung für ein umstrittenes Großvorhaben auf »die Möglichkeit eines auf dieses Projekt beschränkten Gesetzes« verwiesen, ohne daß die bislang bei einem solchen Vorgehen geforderten Restriktionen erwähnt wurden.[289] Soweit der

[282] BVerfG, Beschl. v. 10. 5. 1977 – 1 BvR 514/68 –, BVerfGE 45, 297, 325f.

[283] BVerfGE 95, 1, 21f.; ähnlich allerdings auch bereits das hier zitierte Flurbereinigungsurteil des Ersten Senats vom 24. 3. 1987 – 1 BvR 1046/85 –, BVerfGE 74, 264, 282.

[284] Vgl. etwa *Badura*, in: FS für Hoppe, 2000, S. 167, 173; *Blümel*, DVBl. 1997, 205, 211 in und bei Fn. 100; *Ossenbühl*, in: FS für Hoppe, 2000, S. 183, 189 (»das Plangesetz zugleich Enteignungsgesetz«); wohl auch *Schneller*, ZG 1998, 179, 188f.; kritisch jedoch bereits *Papier*, in: Maunz/Dürig u.a., Art. 14 Rn. 557, Stand: Juni 2002.

[285] In sich schlüssiger ist daher der Ansatz von *Hönig*, Fachplanung und Enteignung, 2001, S. 91ff., der die These vertritt, daß auch die enteignungsrechtliche Vorwirkung der Planfeststellung an den spezifischen Voraussetzungen des Art. 14 Abs. 3 GG zu messen sei.

[286] Art. 19 Abs. 1 S. 1 GG, der nach der Rechtsprechung des BVerfG, Urt. v. 18. 12. 1968 – 1 BvR 638, 673/64 und 200, 238, 249 –, BVerfGE 24, 367, 395ff.; Beschl. v. 7. 5. 1969 – 2 BvL 15/67 –, BVerfGE 25, 371, 399, bei Enteignungen nicht zur Anwendung kommt, wäre dann zwar anwendbar, würde einem objektbezogenen Planungsgesetz jedoch nicht entgegenstehen. Vgl. dazu bereits oben S. 441f.; enger hingegen *Schneller*, Objektbezogene Legalplanung, 1999, S. 146ff.

[287] Vgl. bereits oben Fn. 256; im Schrifttum etwa *Leisner*, in: HStR VI, 1989, § 149 Rn. 172; *Wendt*, in: Sachs (Hrsg.), GG, 3. Aufl. 2003, Art. 14 Rn. 159.

[288] Näher zu dieser Kritik etwa *Depenheuer*, in: v. Mangoldt/Klein/Starck (Hrsg.), GG, Bd. 1, 4. Aufl. 1999, Art. 14 Rn. 426; *Papier*, in: Maunz/Dürig u.a., GG, Art. 14 Rn. 55ff., Stand: Juni 2002; *Pestalozza*, Formenmißbrauch des Staates, 1973, S. 43f.; *Wieland*, in: Dreier (Hrsg.), GG, Bd. I, 2. Aufl. 2004, Art. 14 Rn. 95.

[289] BVerfG, Urt. v. 24. 3. 1987 – 1 BvR 1046/85 –, BVerfGE 74, 264, 297; vgl. dazu *Papier*, in: Maunz/Dürig u.a., GG, Art. 14 Rn. 556, Stand: Juni 2002; *Wieland*, in: Dreier (Hrsg.), GG, Bd. I, 2. Aufl. 2004, Art. 14 Rn. 95.

Beschluß zur Südumfahrung Stendal ein Votum in diese Richtung beinhaltet, wäre dies zu begrüßen.

g) *Planung durch Gesetz als Ausübung einer Verwaltungskompetenz?*

Bereits im Vorfeld der Investitionsmaßnahmengesetzgebung war strittig, ob raumplanerische Maßnahmengesetze lediglich die Kompetenz zur Gesetzgebung oder (auch) zum Vollzug der entsprechenden Materie voraussetzen. Der Zweite Senat konnte die Berechtigung der wesentlich auf *Bullinger* und *Ronellenfitsch* zurückgehenden Forderung nach einer Doppelkompetenz für Planungsgesetze[290] im Fall der Südumfahrung offenlassen, da dem Bund gemäß Art. 73 Nr. 6a und Art. 87e GG hinsichtlich der Bundeseisenbahnen sowohl die Gesetzgebungskompetenz als auch die Verwaltungskompetenz zustand.[291] Im Schrifttum wurde diese Passage weithin dahin gehend interpretiert, daß eine solche Doppelkompetenz in der Tat eine Voraussetzung für den Erlaß eines Planungsgesetzes darstellen würde: Nur vor dem Hintergrund der doppelten Gesetzgebungs- und Vollzugskompetenzen des Bundes sei die im Fall der »Südumfahrung Stendal« praktizierte Planung einer konkreten Trasse durch Gesetz mit der bundesstaatlichen Kompetenzordnung vereinbar gewesen.[292] Sofern hingegen eine Materie einerseits in der Gesetzgebungszuständigkeit des Bundes liege, der Vollzug jedoch andererseits – wie im Fall des Fernstraßenrechts – den Ländern zugewiesen sei, würden deren Vollzugsrechte durch ein Investitionsmaßnahmegesetz des Bundes verletzt.[293]

Bereits der Blick in das – in Auftragsverwaltung durch die Länder zu vollziehende – Fernstraßenrecht zeigt jedoch, daß auch insoweit mit dem Fernstraßenausbaugesetz planerische Vorgaben des Parlaments durchaus an der Tagesordnung sind: Auch dieses Bedarfsgesetz entzieht den Ländern administrative Entscheidungsspielräume, die sie ansonsten aufgrund der abstrakt-generellen Vorgaben des Fernstraßengesetzes durch konkrete Verwaltungsentscheidungen ausfüllen könnten. Das sachliche Problem ist damit keineswegs neu. Eine solche Regelung ist jedoch entgegen den oben zitierten Stimmen unter föderativen Gesichtspunkten verfassungsrechtlich

---

290 *Bullinger*, Beschleunigte Genehmigungsverfahren für eilbedürftige Vorhaben, 1991, S. 97f.; *Ronellenfitsch*, DÖV 1991, 771, 778f.; *ders.*, in: Blümel (Hrsg.), Verkehrswegeplanung in Deutschland, 2. Aufl. 1992, S. 5, 9; dem folgend *Schmidt-Aßmann*, in: FS für Weyreuther, 1993, S. 73, 82; vgl. auch schon *Henle*, UPR 1982, 253, 259; *Jürgensen*, Grundrechtsschutz bei der Realisierung transeuropäischer Verkehrsnetze, 1998, S. 135ff. *Ossenbühl*, in: Bartlsperger/Blümel/Schroeter (Hrsg.), Straßenrechtsgesetzgebung, 1980, S. 297, 303, und *Springob*, in: Blümel (Hrsg.), Bedarfsplanung – Planfeststellung – Immissionsschutz, 1988, S. 81, 93, verwenden die ähnliche Vorstellungen implizierende Bezeichnung »kombinierte Gewalt«.

291 BVerfGE 95, 1, 18.

292 *Pabst*, UPR 1997, 284, 286; *Sachs*, JuS 1998, 364, 365; vgl. ähnlich schon *Ronellenfitsch*, DÖV 1991, 771, 778f., und im Ansatz auch *Kunig*, Jura 1993, 308, 309 in Fn. 9.

293 So neben den Vorgenannten *Reuschel-Czermak*, Genehmigung von Großvorhaben durch Gesetz, 1997, S. 100ff.; der Sache nach auch *Biervert*, Der Mißbrauch von Handlungsformen, 1999, S. 40f., m. w. N.; ablehnend bereits *Firgau*, Exekutivgesetze, 1996, S. 76ff.; *Schneller*, Objektbezogene Legalplanung, 1999, S. 129ff.

unbedenklich, da eine nach dem Grundsatz der Gewaltenteilung zulässige gesetzgeberische Regelung allein einer Gesetzgebungskompetenz bedarf. Die unter dem Schlagwort der »vertikalen Gewaltenteilung« gegen die Zulässigkeit von Legalplanungen vorgetragenen Argumente gehen letztlich auf die Weimarer These Carl *Schmitts* zurück, in einer bundesstaatlichen Organisation, in der die Verteilung der Zuständigkeiten zwischen Reich und Einzelstaaten nicht durchgängig nach Materien, sondern innerhalb der Materien nach Gesetzgebung, Verwaltung und Justiz verschieden geregelt sei, würde die Zulassung von Einzelfallsgesetzen nicht nur unter Gewaltenteilungs-, sondern vor allem auch unter föderalen Gesichtspunkten »zu einer völligen Zerstörung des verfassungsmäßigen Systems führen«.[294] Gegen diese bei *Schmitt* durchaus antiparlamentarisch gemeinte, auf eine Reduktion der gesetzgeberischen Spielräume zielende Konstruktion[295] wurde zu Recht eingewandt, daß sie lediglich den Gedanken der Funktions- und Gewaltenteilung in einem föderalen Kontext wiederholt.[296] In Wahrheit wirft die Planung durch Gesetz ausschließlich Fragen der Gewaltenteilung auf, ohne daß der föderative Zusammenhang eigenständige rechtliche Beurteilungsmaßstäbe einbringen würde. Die Vorstellung, ein Investitionsmaßnahmengesetz des Bundes könne zwar einerseits unter dem Gesichtspunkt des Gewaltenteilungsprinzips zulässig sein, also keinen Eingriff in den Aufgabenbereich der Exekutive darstellen, gleichwohl aber andererseits *Vollzugs*rechte der Länder verletzen, erscheint daher in sich zutiefst widersprüchlich. Dem kann auch nicht entgegengehalten werden, der Grundsatz der Gewaltenteilung und die bundesstaatliche Kompetenzordnung verfolgten unterschiedliche Normzwecke: Die Verteilung der Kompetenzen des Grundgesetzes zwischen Gesetzgeber und Verwaltung dient nicht allein der funktionalen Abgrenzung der Gewalten auf Bundesebene, sondern mittelbar auch der Aufteilung von Zuständigkeiten zwischen Bund und Ländern.[297]

Den Ländern verbleibt somit beim Vollzug von Bundesgesetzen stets nur das auszuführen, was der Bund nicht bereits gesetzgeberisch vorentschieden hat, während umgekehrt eine gesetzgeberische Vorgabe dort ausgeschlossen scheint, wo der Kernbereich der Aufgaben der Exekutive beginnt. Eine Vorhabenplanung durch Gesetz auf der Grundlage einer Verwaltungskompetenz wäre daher entgegen der von *Ronellenfitsch* entwickelten Auffassung in der Kompetenzordnung des Grundgesetzes undenkbar. Die durch das Bundesverfassungsgericht aufgeworfene und explizit offengelassene Frage gilt daher einem Scheinproblem und hat zusätzliche unnötige Rechtsunsicherheit im Hinblick auf die Zulässigkeit künftiger Legalplanungen geschaffen.

---

[294] *Schmitt*, Verfassungslehre, 1928, S. 153ff.; vgl. auch *ders.*, Legalität und Legitimität, 1932, S. 83ff.

[295] Vgl. zum Kontext *Durner*, Antiparlamentarismus in Deutschland, 1997, S. 106f.

[296] *Hofmann*, in: Starck (Hrsg.), Die Allgemeinheit des Gesetzes, 1987, S. 9, 41.

[297] *Rengeling*, in: HStR IV, 1990, § 100 Rn. 20.

h) Die Anforderungen an das Gesetzgebungsverfahren zur Legalplanung

Bei der Vorbereitung der im Zuge der Herstellung der deutschen Einheit erlassenen Investitionsmaßnahmengesetze wies die von dem damaligen Staatssekretär im Bundesjustizministerium *Kinkel* geleitete Arbeitsgruppe darauf hin, daß im Fall einer Zulassung von Vorhaben durch Gesetz an die Stelle des planfeststellungsrechtlichen Anhörungsverfahrens aus rechtsstaatlichen Gründen eine vergleichbare Form der Öffentlichkeitsbeteiligung treten müsse.[298] Damit wird zu Recht auf die Existenz rechtsstaatlicher Mindestanforderungen an hoheitliche Raumplanungen hingewiesen, die letztlich auf das rechtsstaatliche Abwägungsgebot und dessen verfahrensrechtliche Implikationen zurückgehen.

Im übrigen ist der Gesetzgeber allerdings, sofern er in der Form des Gesetzes Vorhaben zuläßt, allein an die Grenzen und Anforderungen des Verfassungsrechts gebunden; zwar mag es geboten sein, die Anforderungen an die Gesetzgebung aus funktionalen Erwägungen planungsrechtlich zu interpretieren und das Gesetzgebungsverfahren an den rechtsstaatlichen Grundsätzen des Planungsrechts zu orientieren.[299] Von einer Bindung an das einfachgesetzliche Planungsrecht oder gar an das materielle Sekundärrecht kann hingegen auch nach den Ausführungen des Bundesverfassungsgerichts zur Südumfahrung Stendal[300] entgegen vereinzelter Forderungen im Schrifttum keine Rede sein.[301] In erster Linie muß in dem planerischen Gesetzgebungsverfahren ein den Grundrechten angemessenes Beteiligungs- und Schutzniveau gewährleistet sein[302] und das verfassungsrechtlich gewährleistete Recht betroffener Gemeinden auf Anhörung und Beteiligung erfüllt werden[303]; diese Anforderungen folgen bereits aus dem allen Raumplanungen verfassungsrechtlich vorgegebenen rechtsstaatlichen Abwägungsgebot.[304] Die Umsetzung die-

---

298 Bundesminister für Verkehr, Erläuterungen zum rechtlichen Grundgerüst eines Investitionsmaßnahmengesetzes, abgedruckt in: *Blümel* (Hrsg.), Verkehrswegeplanung in Deutschland, 2. Aufl. 1992, S. 359, 373; vgl. auch die Nachweise bei *Stüer*, DVBl. 1991, 1333, 1334.

299 Vgl. *Badura*, in: FS für Hans Huber, 1981, S. 15, 24.

300 Das Gericht wies zwar darauf hin, daß vor Einbringung des Gesetzes in den Bundestag wie in einem Planfeststellungsverfahren Auslegungen, Anhörungen und Erörterungen stattgefunden hatten, traf jedoch keinerlei Aussagen zur Entscheidungserheblichkeit dieses Umstandes. Vgl. dazu *Sachs*, JuS 1998, 364, 365; kritisch *Blümel*, DVBl. 1997, 205, 210ff.

301 Wie hier *Kunig*, Jura 1993, 308, 313; a. A. hingegen *Ronellenfitsch*, DÖV 1991, 771, 779f., der von einer Bindung des Gesetzgebers an »die allgemeinen Grundsätze des Planungsrechts« spricht und zu dem Ergebnis gelangt: »Auch der Gesetzgeber, der die Einzelmaßnahme erläßt, ist an das Gesetz gebunden, das er dabei vollzieht. Beispielsweise dürfte sich der Bundesgesetzgeber, der durch Maßnahmengesetz eine Bundesbahnanlage zuließe, über das Bauordnungsrecht, Naturschutzrecht, Wasserrecht u. dgl. des jeweiligen Landes nicht hinwegsetzen.« Ähnlich auch *Bullinger*, Beschleunigte Genehmigungsverfahren für eilbedürftige Vorhaben, 1991, S. 103, und *Huber*, in: v. Mangoldt/Klein/Starck (Hrsg.), GG, Bd. 1, 4. Aufl. 1999, Art. 19 Rn. 442 in Fn. 238.

302 *Kunig*, Jura 1993, 308, 313; vgl. weiter *Fluck*, NJW 1987, 2352, 2353, der fordert, daß der Gesetzgeber dann, wenn er durch seine Entscheidung Landesrecht (konkret: Landesdenkmalrecht) verdrängt, auch die entsprechenden Belange – des Denkmalschutzes – angemessen zu berücksichtigen habe. Auch diese Forderung entspricht letztlich nur dem rechtsstaatlichen Abwägungsgebot.

303 *Erbguth*, LKV 1994, 89, 92f.

304 Vgl. dazu bereits im fünften Kapitel S. 296f. und 341f.

ser Vorgaben ist jedoch auch im Rahmen eines Gesetzgebungsverfahrens durchaus möglich[305], wie die umfangreichen Anhörungen und Beratungen vor und bei dem Erlaß des Gesetzes zur Südumfahrung Stendal eindrucksvoll belegt haben.

V. Wichtige Anwendungsfälle der Normenhierarchie im Raumplanungsrecht

Wie die bisherige Untersuchung ergeben hat, bestimmt sich der Rang räumlicher Planungen in der Normenhierarchie – soweit diese festgelegt oder durch Auslegung ermittelbar ist – nach ihrer Rechtsform, so daß sich grundsätzlich die Planung in Form eines höherrangigen Rechtsakts gegen untergeordnete Planungen durchsetzt. Allerdings kann der Gesetzgeber von diesen Grundsätzen Ausnahmen zulassen und eine von der Normenhierarchie abweichende Planungshierarchie begründen. Da eine eindeutige Bestimmung der Rechtsform von Raumplänen nach materiellen Kriterien nahezu unmöglich erscheint, ist für die Praxis in aller Regel die gesetzgeberisch gewählte Form maßgeblich. Äußerste Grenzen einer derartigen gesetzlichen Rechtsformenwahl ergeben sich aus der Formenmißbrauchslehre und aus dem Postulat der Systemgerechtigkeit, die jedoch weite gesetzgeberische Gestaltungsspielräume belassen. Ähnlich weit sind die Grenzen einer Raumplanung durch den Gesetzgeber selbst; die im Schrifttum und zum Teil auch durch das Bundesverfassungsgericht entwickelten Vorbehalte gegen die Zulässigkeit solcher Legalplanungen erweisen sich jedenfalls zum großen Teil als unberechtigt oder als Scheinprobleme. Der Anwendungsbereich der Grundsätze der Normenhierarchie gilt damit für Plankonflikte,

- in denen Planungen widersprechende Festsetzungen treffen,
- die widersprechenden Festsetzungen jeweils wirksam, vor allem kompetenzgemäß sind,
- in hierarchisch unterschiedlichen, zulässigerweise vorgesehenen Rechtsformen erlassen wurden und
- eine ausdrückliche, von der Normenhierarchie abweichende Kollisionsregel durch förmliches Gesetz nicht vorliegt.

Im wesentlichen handelt es sich dabei um die folgenden Fallgruppen:

1. Das Zusammentreffen von förmlichem Plangesetz und einfachem Plan

Der bedeutendste Anwendungsfall der Grundsätze der Normenhierarchie im Planungsrecht ist das zuletzt behandelte Zusammentreffen von förmlichen Plangesetzen und einfachen Plänen.[306] Durch förmliche Plangesetze werden widersprechende

[305] A.A. *Ronellenfitsch*, DÖV 1991, 771, 780.

[306] Vgl. etwa *Roeser*, in: Schlichter/Stich/Driehaus/Paetow (Hrsg.), Berliner Kommentar zum BauGB, 3. Aufl., § 38 Rn. 6, Stand: Aug. 2002. Für diesen Fall erkennen den Grundsatz sogar Autoren wie *Finke*, Die Privilegierung von Fachplanungen nach § 38 BauGB, 2001, S. 8f. an, die das Prin-

Pläne niedrigeren Ranges verdrängt, soweit die gesetzlichen Pläne widersprechende, hinreichend konkrete Festsetzungen enthalten. Dies wird in erster Linie bei gesetzlichen Nutzungsregelungen und Planfeststellungen der Fall sein.

Soweit ein förmliches Plangesetz durch den Landesgesetzgeber erlassen wird, vermag sich dieser freilich nach dem Grundsatz des Art. 31 GG nicht den Bindungen an bundesrechtliche Vorgaben zu entziehen.[307] Daher unterliegen auch landesrechtliche Bedarfsgesetze als raumbedeutsame Planungen der Pflicht nach § 4 Abs. 1 S. 1 ROG, die einschlägigen Ziele der Raumordnung zu beachten.[308] Zugleich vermag der Bund sich durch den Erlaß kompetenzgemäßer untergesetzlicher Normen über die Bindung an Plangesetze der Länder hinwegzusetzen, wie das Beispiel der auf der Grundlage von § 5 S. 3 WaStrG ergangenen Verordnungen über das Befahren der Bundeswasserstraßen in Nationalparken zeigt.[309] Diese können jedenfalls nach Art. 31 GG Vorrang gegenüber den entsprechenden Landesnationalparkgesetzen beanspruchen.[310]

2. Das Zusammentreffen von Rechtsverordnung und Bebauungsplan

Im hierarchischen Stufenbau der Rechtsordnung folgt dem förmlichen Gesetz die Rechtsquelle der Rechtsverordnung. Planungen, die als Rechtsverordnung ergehen, können somit gegenüber der Rechtsquelle »Satzung« Vorrang beanspruchen[311] und gehen daher namentlich dem Bebauungsplan grundsätzlich vor.[312] So stellt beispielsweise eine Verordnung über die Festsetzung eines Landschaftsschutz- oder eines Wasserschutzgebiets gegenüber einem Bebauungsplan eine höherrangige Rechtsvorschrift dar[313] und steht zudem als »sonstige Rechtsvorschrift« im Sinne des § 6 Abs. 2 BauGB der Genehmigung eines widersprechenden Flächennutzungsplans entgegen. Die Gemeinde kann daher keine Darstellung in einem Flächennutzungsplan oder Festsetzung in einem Bebauungsplan rechtswirksam erlassen, die im Widerspruch zum Inhalt der Schutzgebietsverordnung stünde.[314] Ebenso kann eine

---

zip der Normenhierarchie ansonsten wegen der angeblichen Zufälligkeit der äußeren Rechtsform einer Raumplanung ablehnen.

307 Deutlich wird dies bei der oben S. 432ff. behandelten Bindung beim Erlaß landesgesetzlicher Regelungen über Nationalparks an die Vorgaben des § 24 BNatSchG.

308 *Gruber*, DÖV 1995, 488, 492.

309 Vgl. dazu bereits im zweiten Kapitel S. 133.

310 Näher bereits im dritten Kapitel S. 167f.

311 Vgl. zum Rangverhältnis von Rechtsverordnung und Satzung besonders *Heintzen*, Verw 29 (1996), 17ff., m.w.N.; *Schneider*, Gesetzgebung, 3. Aufl. 2002, Rn. 649

312 Vgl. *Brohm*, DÖV 1989, 429, 433; *Hennecke*, Die Bedeutung der Fachplanung und der Raumordnung für die Bauleitplanung, 1994, S. 12f.; *Kauch/Roer*, Das Verhältnis von Bauleitplanung und Fachplanung, 1997, S. 112; *Löhr*, in: Battis/Krautzberger/Löhr, BauGB, 8. Aufl. 2002, § 38 Rn. 3.

313 *Bell/Hermann*, LKV 2002, 393, 398; *Roeser*, in: Schlichter/Stich/Driehaus/Paetow (Hrsg.), Berliner Kommentar zum BauGB, 3. Aufl., § 38 Rn. 6, Stand: Aug. 2002.

314 BVerwG, Urt. v. 21. 10. 1999 – 4 C 1/99 –, BVerwGE 109, 371ff. unter maßgeblichem Abstellen auf § 6 Abs. 2 BauGB sowie auf das »Gebot der Rechtsklarheit« (a.a.O., 377, vgl. dazu bereits im vierten Kapitel S. 189ff.); Urt. v. 7. 6. 2001 – 4 CN 1/01 –, BVerwGE 114, 301, 304; VGH München, Urt. v. 28. 3. 2002 – 1 NE 012074 –, NVwZ-RR 2002, 712, f.; Urt. v. 26. 6. 2002 – 22 N 01.2625 –,

Landschaftsschutzverordnung durch einen nachfolgenden Bebauungsplan weder aufgehoben oder geändert noch verdrängt oder funktionslos gemacht werden.[315] Ein Bebauungsplan, der entsprechende Verordnungen nicht beachtet und beispielsweise Handlungen erlaubt, die zu einer Zerstörung oder erheblichen Beeinträchtigung eines durch eine Schutzgebietsverordnung geschützten Biotops führen können, verletzt daher höherrangiges Recht und ist nichtig.[316]

Eine Ausnahme von diesen Grundsätzen gilt nur dann, wenn die ausgewiesenen Vorhaben durch Ausnahmen und Befreiungen von den Festsetzungen der Schutzgebietsverordnung genehmigungsfähig sind. Zwar können diese Ausnahmen nicht im Bauleitplanverfahren erteilt werden, da der Bebauungsplan keine Konzentrationswirkung entfaltet. Dennoch ist eine Nichtigkeit des Bebauungsplans nur dann anzunehmen, wenn seine Verwirklichung zwingend an naturschutzrechtlichen Hindernissen scheitern muß und damit ein unauflösbarer Normkonflikt vorliegt. Wenn der Plangeber demgegenüber in eine *Befreiungslage* »hineinplant«, können erforderliche Ausnahmen oder Befreiungen noch in dem nachfolgenden Genehmigungsverfahren erteilt werden, und der Bebauungsplan kann damit aufrechterhalten bleiben.[317]

Da dieses Ergebnis bereits aus den Grundsätzen der Normenhierarchie folgt[318], durch den erwähnten § 6 Abs. 2 BauGB lediglich bestätigt wird und eine abweichende gesetzliche Regelung des Rangverhältnisses beider Planungen nicht vorliegt, ist zudem die restriktive Meinung zurückzuweisen, derzufolge eine nachfolgende Schutzgebietsverordnung einen bereits in Kraft befindlichen Bebauungsplan nicht mehr beeinträchtigen können soll[319]; diese Sichtweise reduziert das Verhältnis beider Planungen auf eine bloße Auslegung des § 6 Abs. 2 BauGB und verkennt die Vorgaben, die aus dem unterschiedlichen Rechtsquellencharakter beider Festsetzungen folgen. Nach dem Grundsatz der Normenhierarchie muß sich daher auch in diesem Fall die Verordnung, soweit sie wirksam ist und insbesondere die Anforderungen

---

BayVBl. 2003, 146, 148 (dort zu einer Wasserschutzgebietsverordnung, die die Ausweisung neuer Baugebiete generell untersagt); umfassende weitere Nachweise bei *Bönker/Matuschak*, Bundes- und Landesrecht im Städtebau, 1996, S. 13f.; vgl. auch *Louis/Wolf*, NuR 2002, 455, 465.

[315] OVG Hamburg, Urt. v. 1. 2. 1990 – Bf II 2/86 N –, NuR 1991, 239ff., das allerdings im konkreten Fall eine Normkollision verneint; zustimmend BVerwG, Beschl. v. 24. 10. 1990 – 4 NB 29/90 –, NVwZ 1991, 1074, 1075.

[316] BVerwG, Beschl. v. 28. 11. 1988 – 4 B 212.88 –, NVwZ 1989, 662f.; ebenso für den Fall der Nichtbeachtung einer Wasserschutzverordnung BVerwG, Beschl. v. 26. 3. 1993 – 4 NB 45.92 –, BayVBl. 1993, 601, 603; *Finkelnburg/Ortloff*, Öffentliches Baurecht, Bd. I, 5. Aufl. 1998, S. 310; *Huster*, NuR 1992, 56, 61; *Louis*, UPR 1990, 208.

[317] BVerwG – Beschl. v. 25. 8. 1997 – 4 NB 12/97 –, NVwZ-RR 1998, 162ff.; VGH Mannheim, Urt. v. 6. 7. 2000 – 8 S 1513/99 –, NuR 2002, 288ff.; VGH Kassel, Urt. v. 21. 12. 2000 – 4 N 2435/00 –, NuR 2001, 702, 704; a. A. für Schutzgebietsverordnungen VGH München, Urt. v. 28. 3. 2002 – 1 NE 012074 –, NVwZ-RR 2002, 712f., m. w. N.; vgl. auch *Durner*, in: Ziekow (Hrsg.), Praxis des Fachplanungsrechts, 2004, Rn. 822.

[318] So explizit auch *Hennecke*, Die Bedeutung der Fachplanung und der Raumordnung für die Bauleitplanung, 1994, S. 13; *Runkel*, DVBl. 1992, 1402, 1410.

[319] *Bönker/Matuschak*, Bundes- und Landesrecht im Städtebau, 1996, S. 49f., m. w. N.; *Dürr*, UPR 1991, 81, 83.

des Abwägungsgebots beachtet hat, gegenüber dem hierarchisch nachrangigen Bebauungsplan durchsetzen.[320] Gerade dann ist aber die Pflicht bedeutsam, bei Erlaß der Verordnung die verdrängte Bauleitplanung abwägend zu berücksichtigen[321], welche die Gemeinden gegebenenfalls auch im Klagewege geltend machen können.[322]

Zusätzlich zu diesem generellen normativen Vorrang bleiben Verordnungen nach §29 Abs. 2 BauGB als »andere öffentlich-rechtliche Vorschriften« bei der Vorhabengenehmigung unberührt und stehen einer Baugenehmigung damit selbst dann entgegen, wenn das Vorhaben an sich den Festsetzungen eines wirksamen Bebauungsplanes entspricht; damit ist – unabhängig von den Regeln der Normenhierarchie – insoweit ein gewisser Vorrang der fachplanerischen Rechtsverordnung vor dem Bebauungsplan normiert[323], als diese Vorschriften zusätzliche Voraussetzungen für die Zulässigkeit eines Vorhabens aufstellen und damit die Nutzbarkeit einer Fläche weiter einschränken können. Einen Vorrang in der Weise, daß selbst nach dem Bebauungsplan unzulässige Vorhaben generell durch andere öffentlich-rechtliche Vorschriften zugelassen werden könnten,[324] ordnet §29 Abs. 2 BauGB jedoch nicht an, da die §§29ff. BauGB in bodenrechtlicher Hinsicht abschließende Regelungen darstellen.[325] Hier zeigt sich erneut, daß die gesetzlichen Vorrangregelungen den Kompetenzgrundsatz unberührt lassen und keine planerischen Kompetenzerweiterungen bewirken können.

Ein Sonderproblem stellen in diesem Zusammenhang die seltenen Schutzgebietsfestsetzungen durch Satzung dar, die in Nordrhein-Westfalen nach dem Landschaftsgesetz[326] im Rahmen der Landschaftsplanung möglich sind.[327] Den aus der Rechtsquellenlehre abgeleiteten Vorrang der »Rechtsverordnung« können solche Schutzgebietsfestsetzungen nicht beanspruchen. Zum Teil wird im Schrifttum hieraus gefolgert, daß sich in diesem Fall eine Bebauungsplansatzung und eine kollidierende Schutzgebietssatzung als gleichrangige Rechtsquellen gegenüberstehen und daher die spätere Satzung die jeweils frühere aufhebe.[328] Andere wollen erneut die

---

[320] *Kauch/Roer*, Das Verhältnis von Bauleitplanung und Fachplanung, 1997, S. 203f., m. w. N.

[321] OVG Koblenz, Urt. v. 28. 1. 1987 – 10 C 31/86 –, NuR 1987, 231f. mit Anm. *Sening*, NuR 1988, 78ff.

[322] Näher nach verschiedenen Konstellationen differenzierend *Hönig*, in: Stüer (Hrsg.), Planung von Großvorhaben, 1999, S. 143, 150ff.

[323] *Breuer*, Die hoheitliche raumgestaltende Planung, 1968, S. 207f.; *Finkelnburg/Ortloff*, Öffentliches Baurecht, Bd. I, 5. Aufl. 1998, S. 310; *Peters*, DVBl. 1987, 990, 992; *Wagner*, UPR 1997, 387, 391; *Hönig*, in: Stüer (Hrsg.), Planung von Großvorhaben, 1999, S. 143, 151, sieht die Regelung daher lediglich als Klarstellung an.

[324] So *Breuer*, Die hoheitliche raumgestaltende Planung, 1968, S. 208.

[325] BVerwG, Urt. v. 18. 3. 1983 – 4 C 17/81 –, NVwZ 1984, 303ff.; Urt. v. 29. 11. 1991 – 8 C 105/89 –, NVwZ 1992, 490, 491; *Huster*, NuR 1992, 56, 58ff.; *Löhr*, in: Battis/Krautzberger/Löhr, BauGB, 8. Aufl. 2002, §29 Rn. 25.

[326] Gesetz zur Sicherung des Naturhaushalts und zur Entwicklung der Landschaft (Landschaftsgesetz – NW) v. 21. 7. 2000, GV. NW 2000, 568.

[327] Näher *Bönker/Matuschak*, Bundes- und Landesrecht im Städtebau, 1996, S. 14ff., 50f.

[328] *Bartholomäi*, UPR 1988, 241, 247; *Louis*, UPR 1990, 208; vgl. auch *Gaentzsch*, NuR 1990, 1, 2,

»zufällige« Rechtsform für eine solche Frage nicht für ausschlaggebend halten und plädieren für eine Gleichbehandlung aller Schutzgebietsfestsetzungen und damit für ihren Vorrang vor der Bauleitplanung ohne Ansehung ihrer Rechtsform.[329] Soweit es allein um die Genehmigungsfähigkeit eines entsprechenden Bebauungsplanes geht, ist dieser Sichtweise im Ergebnis auch zuzustimmen: Entscheidend ist dabei allerdings weniger das hierarchische Verhältnis beider Pläne als die Auslegung des Begriffs der »sonstigen Rechtsvorschriften« in § 6 Abs. 2 BauGB, der alle widersprechenden Rechtsvorschriften als Genehmigungshindernis ansieht und insoweit nicht zwischen verschiedenen Handlungsformen unterscheidet. Da es umgekehrt für eine nachfolgende Schutzgebietssatzung ein entsprechendes Hindernis nicht gibt, vermag sich eine solche Satzung gegenüber einem vorläufigen Bebauungsplan tatsächlich nach der Lex posterior-Regel durchzusetzen.

3. Das Zusammentreffen von Rechtsverordnung und Verwaltungsakt

Auch im Fall des Zusammentreffens zweier Planungen in Form eines Verwaltungsakts und einer Rechtsverordnung setzt sich mangels abweichender gesetzlicher Regelungen die höherrangige Verordnungsplanung durch. Entsprechendes gilt grundsätzlich – jedenfalls auf der Grundlage der mittlerweile vorherrschenden Theorie der Verfahrenskonzentration – auch für das Zusammentreffen einer Rechtsverordnung mit einem Planfeststellungsbeschluß. Nach dieser bereits dargestellten vorherrschenden Sichtweise ist die Planfeststellungsbehörde auch an das fachfremde materielle Recht gebunden, und lediglich die Zuständigkeiten und das Verfahrensrecht werden nach § 75 Abs. 1 S. 1 VwVfG bei der Planfeststellungsbehörde konzentriert.[330] Damit hat die Planfeststellung auch planerische Vorgaben in Gestalt von Rechtsverordnungen oder Satzungen zu beachten.

Fraglich ist allerdings, ob eine Rechtsverordnung auch Vorrang gegenüber bereits bestehenden Verwaltungsakten, vor allem gegenüber einem Planfeststellungsbeschluß beanspruchen kann. Grundsätzlich folgt aus den Grundsätzen der Normenhierarchie, daß sich ein Rechtssatz gegenüber einem Verwaltungsakt durchsetzen kann, so daß durchaus denkbar wäre, daß etwa eine nachträgliche Schutzgebietsverordnung den Planfeststellungsbeschluß aufheben oder doch zumindest verdrängen könnte. Tatsächlich hat das Bundesverwaltungsgericht in einer Entscheidung aus dem Jahr 1967 beiläufig festgestellt, daß nach allgemein anerkannten Grundsätzen eine eisenbahnrechtliche Planfeststellung des Bundes »durch eine spätere Gemeindesatzung ... ohne weiteres abgeändert werden« könne.[331]

---

der in diesem Fall die Bauleitplanung wegen ihrer bundesrechtlichen Grundlage für die »stärkere« hält.

[329] *Gassner*, NuR 1993, 252, 254; wohl auch *Runkel*, DVBl. 1992, 1402, 1406; weitere Nachweise bei *Bönker/Matuschak*, Bundes- und Landesrecht im Städtebau, 1996, S. 15.

[330] Vgl. dazu im zweiten Kapitel S. 121 ff.

[331] BVerwG, Urt. v. 23. 6. 1967 – VII C 54.66 –, BVerwGE 27, 225, 227 f.

Zur gleichen Zeit hat demgegenüber *Breuer* zutreffend argumentiert, daß Natur- und Landschaftsschutzgebietsverordnungen die Geltung bestehender Planfeststellungsbeschlüsse in aller Regel nicht berühren werden. Dies ist jedoch keine Konsequenz aus der Möglichkeit der Planfeststellung, sich durch die (formelle) Konzentration der Zuständigkeiten über Entscheidungen der Naturschutzbehörden hinwegzusetzen[332]. Der Vorrang der bestehenden Planfeststellung folgt vielmehr in erster Linie aus den gesetzlichen Regelungen über die Bestandskraft und die Grenzen der Rücknahme und des Widerrufs von Verwaltungsakten[333], die nicht zur Disposition des Verordnungsgebers stehen und die auch für eine Aufhebung von Verwaltungsakten durch Rechtsverordnung oder Satzung keinen Raum lassen. Daher läßt eine neu erlassene Rechtsnorm bestandskräftige Verwaltungsakte grundsätzlich unberührt.[334] Zudem ist auch aus kompetenzrechtlichen Gründen ein Normgeber – etwa eine Gemeinde – nicht berechtigt, den Verwaltungsakt einer anderen Behörde aufzuheben.[335] Bei bereits erlassenen Verwaltungsakten werden daher die Grundsätze der Normenhierarchie durch die Bestandskraftlehre relativiert.

4. Das Zusammentreffen von Bebauungsplan und Verwaltungsakt

Der Grundsatz der Normenhierarchie hat schließlich auch eine – freilich begrenzte – Aussagekraft für das Zusammentreffen von Bebauungsplänen und Plänen in Form eines Verwaltungsakts. Besteht in diesem Fall ein Planungskonflikt, so geht nach der Rechtsquellenlehre der Bebauungsplan als Satzung der als Verwaltungsakt erlassenen Planung – namentlich einem nicht nach §38 BauGB privilegierten Planfeststellungsbeschluß – ebenso vor[336] wie einer als Verwaltungsakt verfügten straßenrechtlichen Widmung[337] oder solchen Plänen, die als bloßes »Innenrecht« erlassen werden[338].

Grundsätzlich besteht dieser Geltungsanspruch auch gegenüber bereits vorliegenden Verwaltungsakten. Auch hier kommen jedoch die Grundsätze der Bestandskraftlehre zum Tragen, so daß der nachlaufende Bebauungsplan eine in Form eines Verwaltungsaktes erlassene bestandskräftige Planung nicht in Frage zu stellen ver-

---

332 So im Grundsatz wohl *Breuer*, Die hoheitliche raumgestaltende Planung, 1968, S.177 und ähnlich S.205.

333 Vgl. statt vieler *Maurer*, Allgemeines Verwaltungsrecht, 14. Aufl. 2002, §11; *Sachs*, in: Stelkens/Bonk/Sachs, VwVfG, 6. Aufl. 2001, §43 Rn. 6f., 13ff.

334 So statt vieler *Meyer*, in: Knack (Hrsg.), VwVfG, 6. Aufl. 1998, Vor §43 Rn. 48, m.w.N.; für die Raumplanung besonders *Breuer*, Die hoheitliche raumgestaltende Planung, 1968, S.178; *Schmidt-Eichstaedt*, NVwZ 2003, 129, 130f., m.w.N.

335 So i. E. *Breuer*, Die hoheitliche raumgestaltende Planung, 1968, S.205f.; *Kraft*, UPR 2001, 294, 296; *Schlarmann*, Verhältnis, S.40; vgl. auch BVerwG, Beschl. v. 9.5. 1989 – 7 B 185/88 –, NVwZ 1989, 967f.

336 *Erbguth*, NVwZ 1989, 608, 614.

337 BVerwG, Urt. v. 1.11. 1974 – IV C 38.71 –, DÖV 1975, 101.

338 Vgl. *Heinze*, BBauG, 2. Aufl. 1980, §38 Rn. 3; *Schmidt-Aßmann*, VerwArch 1980, 117, 123; allgemeiner zur Stellung gemeindlicher Satzungen in der Normenhierarchie *Schwokowski*, LKV 1991, 22ff.

mag.[339] Für das Verhältnis von Bebauungsplansatzungen und überörtlichen Fachplanungen gilt darüber hinaus ohnehin der Vorbehalt zugunsten von Fachplanungen in § 38 S. 1 BauGB, der nach der Rechtsprechung für solche Vorhaben nicht nur die Anwendbarkeit der §§ 29ff. BauGB ausschließt, sondern die Gemeinde von vornherein im Gebrauch ihrer Planungshoheit in bezug auf die vorhandene Anlage der Fachplanung beschränkt[340] und damit eine eigene Planungshierarchie begründet.

---

[339] So etwa *Dörries*, Das Verhältnis der Bauleitplanung zur raumbeanspruchenden Fachplanung, 2000, S. 110; *Finger*, Kommentar zum Allgemeinen Eisenbahngesetz und Bundesbahngesetz, 1982, § 36 BBahnG Erl. 4 c); mit ganz anderer Begründung auch *Bell/Hermann*, LKV 2002, 393, 399; vgl. auch bereits soeben S. 454 oben.

[340] BVerwG, Urt. v. 16. 12. 1988 – 4 C 48/86 –, BVerwGE 81, 111ff.; *Fickert*, BauR 1988, 678, 684, m.w.N.

Achtes Kapitel

Planerische Durchsetzungs- und Kontrollinstrumente

In den vorhergehenden Kapiteln wurden neben den einschlägigen Einzelbestimmungen der *Kompetenzgrundsatz*, das *Abwägungsgebot* sowie der aus dem Stufenbau der Rechtsordnung abgeleitete *Normenhierarchiegrundsatz* als allgemeingültige, verfassungsrechtlich fundierte Rechtssätze zur Lösung von Raumplanungskonflikten vorgestellt. Standen dabei die substantiellen Regeln als solche im Vordergrund, so soll nunmehr untersucht werden, ob und wie die Beachtung dieser Rechtssätze durch verwaltungsgerichtlichen Rechtsschutz oder durch sonstige Durchsetzungs- und Kontrollinstrumente sichergestellt werden kann.

Konflikte räumlicher Planungen treten vor allem dann auf, wenn eine Planung auf eine vorhandene oder ebenfalls in Aufstellung befindliche planerische Festsetzung mit widersprechendem oder hinderndem Inhalt trifft.[1] Die verfügbaren Durchsetzungsmöglichkeiten richten sich in diesem Fall nach dem Rangverhältnis der beiden konkurrierenden Planungen: Entweder kann die bestehende Festsetzung unter bestimmten formellen und materiell-rechtlichen Voraussetzungen überwunden werden – dann bedarf es aus Sicht der privilegierten Planung keiner zusätzlichen Durchsetzungsmöglichkeiten – oder sie ist für die konkurrierende Planung beachtlich. In dem letztgenannten Fall stellt sich die Frage, ob eine entgegenstehende Festsetzung durch Rechtsschutzmöglichkeiten oder sonstige Kontrollinstrumente außer Kraft gesetzt werden kann. Eine dritte Konstellation ist dadurch gekennzeichnet, daß die vorhandene planerische Festsetzung zwar Beachtung beanspruchen kann, aber dennoch – in rechtswidriger Weise – nicht respektiert oder nicht ausreichend berücksichtigt wird. In diesem Fall wird erneut – diesmal allerdings aus Sicht der übergangenen Planung – die Frage nach verwaltungsrechtlichen Durchsetzungsinstrumenten und Rechtsschutzmöglichkeiten aufgeworfen.

I. Die Möglichkeiten zur Überwindung einer entgegenstehenden Festsetzung

1. Formen der Privilegierung von Planungen

Gegenüber einer bereits vorliegenden Planung besteht die einfachste und effizienteste Möglichkeit der Durchsetzung konfligierender räumlicher Vorstellungen eines

---

[1] Vgl. den Überblick zu typischen Konfliktsituationen in der Einleitung S. 2ff.

Planungsträgers in der schlichten Übergehung der entgegenstehenden Festsetzungen. Soweit einer Raumplanung gegenüber einer anderen entweder aufgrund gesetzlicher Regelungen wie § 38 BauGB[2] oder aus Gründen der Normenhierarchie[3] ein Vorrang eingeräumt ist, realisiert die privilegierte Planung ihren Vorrang dadurch, daß sie für die entsprechenden Flächen ein neues Regime vorsieht und damit die bestehende Festsetzung – nach ordnungsgemäßer Abwägung – suspendiert, verdrängt oder sich von deren Festsetzungen befreit: Mit dem Erlaß des förmlichen Gesetzes über den Bau der »Südumfahrung Stendal« etwa wurden alle abweichenden planerischen Festsetzungen in Bebauungsplänen, Schutzgebietsverordnungen, Regionalplänen usw. durch das höherrangige Investitionsmaßnahmengesetz außer Kraft gesetzt. Im Ergebnis verbindet sich mit der in § 75 Abs. 1 VwVfG vorgesehenen Konzentrationswirkung oft eine ganz ähnliche Durchsetzungskraft: Wenn eine Planfeststellung etwa eine dem Vorhaben entgegenstehende Naturschutzgebietsverordnung überwindet, indem die Voraussetzungen der Ausnahmetatbestände bejaht und durch implizite Erteilung der Ausnahmegenehmigung das Vorhaben zugelassen werden[4], trifft der vorrangige Plan für die betroffenen Flächen ebenfalls abweichende Festsetzungen und derogiert damit die Festsetzungen der verdrängten Planung.

2. Die Rechtswirkungen der Überwindung für die verdrängte Planung

Die Rechtswirkungen dieser Derogation sind – abhängig von dem Geltungsgrund der jeweiligen planerischen Privilegierung – unterschiedlicher Art: Eine Unwirksamkeit des verdrängten Planes aufgrund von Nichtigkeit ist vor allem dann anzunehmen, wenn der Vorrang der höheren Planung auf ihrer Stellung in der Normenhierarchie beruht, wenn also beispielsweise ein Nationalparkgesetz einen bereits bestehenden widersprechenden Bebauungsplan überlagert und die normativen Differenzen zwischen dem Gesetz und der Bebauungsplansatzung auch durch Auslegung nicht mehr ausgeräumt werden können.[5]

Auch im Fall des Vorrangs der privilegierten Fachplanung nach § 38 BauGB wird nahezu einhellig angenommen, daß der verdrängte gemeindliche Bebauungsplan »funktionslos« werde und daher *ipso iure* außer Kraft trete.[6] Bei Aufhebung oder Außerkrafttreten des Planfeststellungsbeschlusses soll der Bebauungsplan allerdings trotz seiner Nichtigkeit wieder aufleben.[7] Diese Konstruktion kann bereits

---

[2] Vgl. dazu im zweiten Kapitel S. 109ff.

[3] Vgl. dazu das siebte Kapitel S. 397ff.

[4] Vgl. dazu im zweiten Kapitel S. 123f.

[5] Vgl. bereits im siebten Kapitel S. 399f.

[6] So etwa *Finke*, Die Privilegierung von Fachplanungen nach § 38 BauGB, 2001, S. 178ff.; *Koch*, in: FS für Schlichter, 1995, S. 461, 474; *Kraft*, BauR 1999, 829, 836; *Löhr*, in: Battis/Krautzberger/Löhr, BauGB, 8. Aufl. 2002, § 38 Rn. 7; *Paetow*, UPR 1990, 321, 325; *Schmaltz*, in: Schrödter (Hrsg.), BauGB, 6. Aufl. 1998, § 38 Rn. 17; i. E. auch *Schmidt-Eichstaedt*, NVwZ 2003, 129, 130f.

[7] *Koch*, in: FS für Schlichter, 1995, S. 461, 474; *Kraft*, BauR 1999, 829, 836; *Paetow*, UPR 1990, 321, 325.

vom Ansatz her nicht überzeugen: Die Figur der Funktionslosigkeit eines Plans stellt nämlich nicht auf dessen rechtliches, sondern auf das tatsächliche Umfeld ab und setzt voraus, daß die Verhältnisse wegen der *tatsächlichen* Entwicklung einen Zustand erreicht haben, der die Verwirklichung der Planung auf unabsehbare Zeit ausschließt.[8] Es müssen somit nachträgliche tatsächliche Veränderungen vorliegen, die der Planverwirklichung objektiv entgegenstehen, und dies kann nicht bereits mit Erlaß eines von dem Bauleitplan abweichenden Planfeststellungsbeschlusses, sondern erst dann der Fall sein, wenn das privilegierte Fachplanungsvorhaben auch tatsächlich verwirklicht oder zumindest ins Werk gesetzt ist.[9] Bis dahin bleiben die einander widersprechenden planerischen Festsetzungen mangels eines echten Normkonflikts nebeneinander bestehen.[10]

Läßt schließlich die Planfeststellungsbehörde einen Plan zu, indem sie auf Grundlage der Konzentrationswirkung nach §75 Abs. 1 VwVfG die Ausnahmetatbestände einer entgegenstehenden Plannorm bejaht, so wird die derart überwundene Planung in ihrer Wirksamkeit formal nicht beeinträchtigt, sondern angewandt. Die Rechtsnorm und die Planfeststellung bleiben daher erneut wirksam nebeneinander bestehen.

3. Zulässigkeit der Verwerfung rechtswidriger Festsetzungen?

Besteht ein derartiger normativer Vorrang gegenüber einem bestehenden Plan nicht, so erwägen die Planungsträger dennoch oft die Möglichkeit, einen als nichtig erkannten Plan unbeachtet zu lassen. Diese Option wird in erster Linie bei Plänen in normativer Form in Betracht kommen: Naturschutzrechtliche Nutzungsregelungen etwa, die in ihrem Geltungsbereich einem konkurrierenden Bauleitplan oder einer Planfeststellung regelmäßig entgegenstehen, unterliegen einer Reihe formeller und materieller Voraussetzungen. Die konkreten Maßstäbe für die Unterschutzstellung sind – abhängig von der jeweiligen Gebiets- bzw. Objektkategorie – in den §§23 bis 29 BNatSchG und den konkretisierenden Bestimmungen des Landesrechts festgelegt und erfordern insbesondere jeweils eine bestimmte *ökologische Wertigkeit* des betroffenen Gebiets oder Objekts.[11] Werden diese gesetzlichen Vorgaben nicht beachtet und beispielsweise Flächen zum Nationalpark erklärt, die nicht wie in §24 Abs. 1 BNatSchG vorgeschrieben »großräumig und von besonderer Eigenart« sind

---

[8] BVerwG, Urt. v. 16. 12. 1988 – 4 C 48.86 –, BVerwGE 81, 111, 118; Urt. v. 31. 8. 1995 – 7 A 19.94 –, BVerwGE 99, 166, 170; Urt. v. 27. 11. 1996 – 11 A 2.96 –, BVerwGE 102, 269, 272; Beschl. v. 6. 6. 1997 – 4 NB 6.97 –, BauR 1997, 803; *Koch/Hendler*, Baurecht, Raumordnungs- und Landesplanungsrecht, 3. Aufl. 2001, §18 Rn. 39ff.

[9] So beiläufig auch *Schmaltz*, in: Schrödter (Hrsg.), BauGB, 6. Aufl. 1998, §38 Rn. 17; *Schmidt-Eichstaedt*, NVwZ 2003, 129, 130 fordert plastisch, daß »die planfestgestellte Anlage gleichsam für die Ewigkeit gebaut ist, so daß die Voraussetzungen der Obsoleszenz des Plans gegeben sind«.

[10] Vgl. dazu im vierten Kapitel S. 188ff. und 193 sowie im siebten Kapitel S. 399f.; für die Wirksamkeit des Bebauungsplans auch *Bell/Hermann*, LKV 2002, 393, 397, m.w.N. Der Erteilung einer Baugenehmigung auf Grundlage des weiterhin wirksamen Plans steht §29 Abs. 2 BauGB entgegen.

[11] Näher bereits im ersten Kapitel S. 65 sowie im siebten Kapitel S. 433.

und sich »in einem vom Menschen nicht oder wenig beeinflußten Zustand befinden«, so ist die Nutzungsregelung nichtig.[12] Entsprechendes gilt bei Verstößen gegen das für den Erlaß solcher Nutzungsregelungen geltende planerische Abwägungsgebot. Fraglich ist dann, ob diese nichtigen Festsetzungen aus Sicht der konkurrierenden Raumplanung unbeachtet bleiben können.

Dies führt zu der gerade im Planungsrecht kontrovers diskutierten Frage einer »Normverwerfungskompetenz der Verwaltung«: Ob und wieweit Behörden berechtigt sind, untergesetzliche Normen als rechtswidrig anzusehen und bei ihren Entscheidungen von der Nichtigkeit dieser Normen auszugehen, ist vor allem im Hinblick auf Bebauungspläne seit langem umstritten.[13] Teilweise wird unter Bezug auf den Grundsatz der Nichtigkeit rechtswidriger Rechtsnormen sowie auf die in Art. 20 Abs. 3 GG angeordnete Bindung der Verwaltung an Gesetz und Recht nicht nur ein Recht der Verwaltung bejaht, die anzuwendenden Rechtsvorschriften zu prüfen, sondern diese auch außer acht zu lassen, wenn das Ergebnis dieser Prüfung negativ ausfällt.[14] Andere Stimmen halten eine solche Vorgehensweise aus Gründen der Rechtssicherheit, der verwaltungsinternen Kompetenzverteilung und der Gewaltenteilung für unzulässig.[15] Die Rechtsprechung stand zunächst im Zusammenhang mit als ungültig erkannten Bebauungsplänen einer Normverwerfung sowohl durch staatliche Behörden[16] als auch durch die Gemeinden selbst[17] generell ablehnend gegenüber und forderte – abgesehen von der gerichtlichen Nichtigkeitserklärung im Normenkontrollverfahren – die Einhaltung des für die Aufhebung von Bebauungsplänen geltenden Verfahrens. Mittlerweile allerdings neigt das Bundesverwaltungsgericht dazu, die Möglichkeit einer Normverwerfung durch die Verwaltung zumindest unter engen Voraussetzungen zu bejahen und hält die Nichtbeachtung eines Bebauungsplans durch einen staatlichen Planungsträger »jedenfalls« dann für zulässig, wenn die Gemeinde behördlichen Hinweisen auf rechtserhebliche

---

[12] Vgl. nur OVG Lüneburg, Urt. v. 22.2. 1999 –, 3 K 2630.98 –, NuR 1999, 470ff.; BVerwG, Beschl. v. 10. 9. 1999 – 6 BN 1.99 –, NuR 2000, 43ff.; näher zu den erwähnten Anforderungen des § 24 BNatSchG *Schmidt-Räntsch*, in: Gassner/Bendomir-Kahlo/Schmidt-Räntsch, BNatSchG, 2. Aufl. 2003, § 24 Rn. 5ff.

[13] Vgl. dazu allgemein *Wolff/Bachof/Stober*, Verwaltungsrecht I, 11. Aufl. 1999, § 28 Rn. 20, m. w. N.; speziell für den Zusammenhang des Baurechts etwa *Gaentzsch*, in: Schlichter/Stich/Driehaus/Paetow (Hrsg.), Berliner Kommentar zum BauGB, 3. Aufl., § 10 Rn. 35ff., Stand: Aug. 2002; *Löhr*, in: Battis/Krautzberger/Löhr, BauGB, 8. Aufl. 2002, § 10 Rn. 10ff.

[14] So *Kopp*, DVBl. 1983, 821ff.; *Ossenbühl*, in: HStR III, 1988, § 64 Rn. 74; *Pietzcker*, DVBl. 1986, 806, 808 (unter Aufgabe seiner älteren nachfolgend zitierten Stellungnahme); *Renck*, BayVBl. 1983, 86f.

[15] So etwa *Schmidt*, BayVBl. 1976, 1ff.; *Pietzcker*, AöR 101 (1976), 374, 389ff.; wohl auch *Baumeister/Ruthig*, JZ 1999, 117, 118; *Schoch*, in: ders./Schmidt-Aßmann/Pietzner (Hrsg.), VwGO, § 80 Rn. 202., Stand: GW April 1996.

[16] Dazu etwa BVerwG, Urt. v. 21. 11. 1986 – 4 C 22/83 –, BVerwGE 75, 142ff., und Urt. v. 21. 11. 1986 – 4 C 60.84 –, UPR 1987, 188f.; OVG Saarlouis, Urt. v. 9. 12. 1991 – 1 R 25/91 –, NVwZ 1993, 396ff.; BayVGH, Urt. v. 1. 4. 1982 –Nr. 15 N 81 A.1679 –, BayVBl. 1982, 654ff.; weitere Nachweise bei *Gaentzsch*, in: Schlichter/Stich/Driehaus/Paetow (Hrsg.), Berliner Kommentar zum BauGB, 3. Aufl., § 10 Rn. 36, Stand: Aug. 2002.

[17] Vgl. OVG Saarlouis, Urt. v. 20. 2. 1989 – 1 R 102/87 –, NVwZ 1990, 172ff.

Mängel des Bebauungsplans nicht Rechnung trägt und die Nichtigkeit des Plans von einem Gericht festgestellt wurde.[18] Abgesehen von diesen eher seltenen Konstellationen, sind jedoch der Planungsträger bzw. die Planfeststellungsbehörde bis zum Vorliegen eines Normenkontrollurteils an die normativen Festsetzungen konkurrierender Pläne selbst dann gebunden, wenn diese rechtswidrig und nichtig sein sollten. Zulässig ist zwar die Einstufung konkurrierender Festsetzungen als nicht schutzwürdig, soweit eine formale Bindung an diese nicht besteht.[19] In den übrigen Fällen ist jedoch die Verwerfung rechtswidriger Festsetzungen regelmäßig keine erfolgversprechende Option zur Überwindung eines konkurrierenden Plans.

II. Verwaltungsrechtliche Durchsetzungsinstrumente

Bestehen keine Möglichkeiten zur Überwindung einer entgegenstehenden Festsetzung oder beachtet eine Planung den Geltungsanspruch einer vorrangigen Festsetzung nicht, so stellt sich in beiden Fällen zunächst die Frage nach verwaltungsrechtlichen Durchsetzungsinstrumenten und – falls solche nicht zur Verfügung stehen – nach Rechtsschutzmöglichkeiten gegenüber dem konkurrierenden Plan. Solche Möglichkeiten wurden im Verlauf dieser Studie schon mehrfach angesprochen. Im zweiten Kapitel wurde mit der in § 12 ROG sowie den konkretisierenden Landesgesetzen normierten Untersagung raumordnungswidriger Planungen und Maßnahmen das vielleicht wichtigste spezifische Instrument zur Durchsetzung planerischer Vorgaben gegenüber anderen Planungsträgern behandelt.[20] Systematisch lassen sich dabei *allgemeine* und *besondere* Instrumente zur administrativen Durchsetzung planerischer Festsetzungen unterscheiden.

1. Allgemeine Instrumente zur Durchsetzung planerischer Festsetzungen

a) Plandurchsetzung durch sicherheitsrechtliche Generalklauseln

Für die meisten Planungsarten enthält das jeweilige Fachrecht allgemeine Generalklauseln, die durch die Weite ihrer Voraussetzungen auch zur Sicherung der verbindlichen planerischen Festsetzungen herangezogen werden können. Der Schutz der Bauleitplanung etwa erfolgt durch die allgemeinen bauaufsichtlichen Eingriffsbefugnisse nach den Landesbauordnungen gegen rechts- und damit auch planwidrige Bauarbeiten oder Bauten, die u.a. eine Baueinstellung, die Nutzungsuntersagung sowie im äußersten Fall auch die Abrißverfügung ermöglichen.[21] Ähnliches gilt für

---

[18] BVerwG, Urt.v. 31.1.2001 – 6 CN 2.00 –, BVerwGE 112, 373, 380ff.

[19] So für das Verhältnis privilegierter Fachplanungen zu kommunalen Verhinderungsplanungen in Form von Bebauungsplansatzungen BVerwG, Beschl. v. 5.11.2002 – 9 VR 14/02 –, NVwZ 2003, 207, 208f.

[20] Näher im zweiten Kapitel S. 92f.

[21] Vgl. etwa §§ 69ff. BauO Bln, §§ 70f. HBO, §§ 75ff. HBauO, §§ 76f. ThürBO, und dazu statt

Nutzungsregelungen, etwa im Bereich des Naturschutzrechts: Auch die Landesnaturschutzgesetze enthalten regelmäßig generalklauselartige Eingriffsbefugnisse, welche die Naturschutzbehörden zur Durchsetzung der naturschutzrechtlichen Vorschriften im Einzelfall ermächtigen.[22] Falls planerische Festsetzungen normativen Charakter haben und damit einen öffentlich-rechtlichen Bestandteil der Rechtsordnung bilden, kann subsidiär auch auf die sicherheitsrechtlichen Generalklauseln des Landesrechts zum Schutz der öffentlichen Sicherheit und Ordnung zurückgegriffen werden.[23] Gegenüber Gemeinden und mittelbaren Trägern öffentlicher Verwaltung greifen zudem die Instrumentarien der staatlichen Rechtsaufsicht.[24]

Sofern eine Raumplanung gegenüber anderen Planungsarten materiell-rechtliche Bindungen erzeugt, scheint es daher naheliegend, diese Bindungen über die sicherheitsrechtlichen Generalklauseln umzusetzen. Demnach könnten beispielsweise Verstöße konkurrierender Planungen gegen die Vorgaben einer naturschutzrechtlichen Schutzgebietsverordnung nach den erwähnten naturschutzrechtlichen Eingriffsermächtigungen untersagt werden. Allerdings beinhaltet die Befugnis, einen anderen Planungsträger an eigene planerische Festsetzungen zu binden – wie sie etwa der Bauleitplanung im Verhältnis zu Planfeststellungen von örtlicher Bedeutung eingeräumt ist –, nicht notwendigerweise auch die Befugnis zur Durchsetzung dieser Bindungen. Zwei Gesichtspunkte erschweren für gewöhnlich die Möglichkeit eines öffentlichen Planungsträgers, die von ihm getroffenen Festsetzungen auf der Grundlage sicherheitsrechtlicher Generalklauseln gegenüber anderen Planungsträgern durchzusetzen: zum einen das häufige Auseinanderfallen der Planungs- und der Plandurchsetzungszuständigkeit, zum anderen der das Verhältnis hoheitlicher Planungsträger untereinander prägende Grundsatz der Autonomie der Verwaltungsbehörden.

b) Das Auseinanderfallen der Planungs- und der Plandurchsetzungszuständigkeit

Die gesetzlich normierten Eingriffsbefugnisse, die für die Durchsetzung planerischer Festsetzungen herangezogen werden können, sind vielfach nicht dem Planungsträger selbst, sondern anderen staatlichen Behörden zugewiesen, die an der Sicherung oder Durchsetzung des Plans bisweilen nur ein begrenztes Interesse

---

vieler *Koch/Hendler*, Baurecht, Raumordnungs- und Landesplanungsrecht, 3. Aufl. 2001, § 27 Rn. 1ff.

[22] Vgl. etwa § 5 Abs. 1 S. 2 NatSchG BW, § 30a Abs. 2 Hess. NatSchG; spezifischer sind die Eingriffsbefugnisse nach Art. 13a Abs. 3 i.V.m. Art. 6a Abs. 5 BayNatSchG; vgl. *Sparwasser/Engel/Voßkuhle*, Umweltrecht, 5. Aufl. 2003, § 6 Rn. 282, mit dem Hinweis auf die subsidiär geltende polizeirechtliche Generalklausel; *Kloepfer*, Umweltrecht, 2. Aufl. 1998, § 5 Rn. 122ff.

[23] Näher zum sicherheitsrechtlichen Schutzgut der Unversehrtheit der Rechtsordnung statt vieler *Denninger*, in: Lisken/Denninger (Hrsg.), Handbuch des Polizeirechts, 3. Aufl. 2001, Kap. E. Rn. 7ff.

[24] Vgl. nur *Maurer*, Allgemeines Verwaltungsrecht, 14. Aufl. 2002, § 23 Rn. 18ff., 45, sowie bereits im zweiten Kapitel S. 92 und 103 zu dem praktisch wohl wichtigsten Fall der Durchsetzung der Pflicht der Gemeinden zur Übernahme der Ziele der Raumordnung im Wege der Kommunalaufsicht.

haben: Während im Bauplanungsrecht bekanntlich die Gemeinde Trägerin der Planungshoheit ist, richten sich einige wesentliche Plandurchsetzungsinstrumente und insbesondere die Eingriffsbefugnisse gegen planwidrige Bauarbeiten oder Bauten – etwa die aus planungsrechtlichen Gründen verhängte Baueinstellung, Nutzungsuntersagung oder Abrißverfügung – als Ausschnitt des bauordnungsrechtlichen Verfahrensrechts an die staatlichen Bauaufsichtsbehörden bzw. an die kreisfreien Städte im übertragenen Wirkungskreis.[25] Auch im Recht der Braunkohlenplanung werden die Vorgaben der Braunkohlenpläne nicht durch die für deren Aufstellung zuständigen Landesplanungsbehörden, sondern durch die Bergämter durchgesetzt.[26] Die praktische Bedeutung der verwaltungsrechtlichen Instrumente zur Durchsetzung raumplanerischer Festsetzungen wird somit insgesamt bereits dadurch relativiert, daß diese oft nicht den Planungsbehörden selbst zustehen und damit die Planungs- und die Plandurchsetzungszuständigkeiten auseinanderfallen.

c) Der Grundsatz der Autonomie der Verwaltungsbehörden

Weitreichender ist die Einschränkung, daß solche Befugnisse, jedenfalls soweit sie sicherheitsrechtlichen Charakter tragen, zumeist nur sehr begrenzt gegenüber anderen Hoheitsträgern eingesetzt werden können. Damit ist der Komplex der »Polizeipflichtigkeit von Hoheitsträgern« angesprochen: Behörden unterliegen zwar der materiellen Polizeipflicht, keine Gefahren für die öffentliche Sicherheit und Ordnung zu verursachen[27], verfügen in ihrem jeweiligen Zuständigkeitsbereich jedoch über die ausschließliche Kompetenz, solche Gefahren abzuwehren, die ihre Funktionsfähigkeit bedrohen könnten. Die Polizei- und Sicherheitsbehörden können daher grundsätzlich nicht gegen andere Verwaltungsträger einschreiten, soweit deren Aufgabenerfüllung betroffen ist und damit in ihre öffentlich-rechtlich geregelten Zuständigkeiten eingegriffen würde.[28]

Auch im Verhältnis zu privaten Planungsträgern gelten vergleichbare Beschränkungen, da Behörden nicht befugt sind, Anordnungen in dem planungsrechtlich

---

[25] Vgl. nur *Finkelnburg/Ortloff*, Öffentliches Baurecht, Bd. II, 4. Aufl. 1998, S. 65f.; *Hoppe/Bönker/Grotefels*, Öffentliches Baurecht, 2. Aufl. 2002, § 16 Rn. 2f.; *Koch/Hendler*, Baurecht, Raumordnungs- und Landesplanungsrecht, 3. Aufl. 2001, § 24 Rn. 10ff.; *Peine*, Öffentliches Baurecht, 4. Aufl. 2003, Rn. 740ff.

[26] Näher im sechsten Kapitel S. 378f.

[27] Dies gilt selbst für den Bund beim Vollzug der Bundesgesetze, vgl. BVerwG, Urt. v. 16. 1. 1968 – I A 1.67 –, BVerwGE 29, 52, 58 und dazu bereits im vierten Kapitel S. 199f.

[28] Näher etwa *Denninger*, in: Lisken/Denninger (Hrsg.), Handbuch des Polizeirechts, 3. Aufl. 2001, Kap. E. Rn. 83ff.; *Drews/Wacke/Vogel/Martens*, Gefahrenabwehr, 9. Aufl. 1986, S. 239ff.; *Gebhard*, DÖV 1986, 545ff.; vgl. auch BVerwG, Urt. v. 10. 12. 1996 – 1 C 33/94 –, NVwZ-RR 1997, 350ff. Umfassende Nachweise zu dem ganzen Komplex der Beschränkung der Verwaltungsaktbefugnis gegenüber Hoheitsträgern zuletzt bei *Druschel*, Die Verwaltungsaktbefugnis, 1999, S. 241ff., 248ff. Demgegenüber hält es der VGH München, Beschl. v. 23. 5. 2001 – 22 ZB 00.1448 –, BayVBl. 2002, 372f., für zulässig, daß der Bund als Eigentümer der Bundeswasserstraßen zumindest *kostenrechtlich* als Zustandsstörer für die Kosten einer Ersatzvornahme herangezogen werden kann.

eröffneten Zuständigkeitsbereich eines anderen Hoheitsträgers zu treffen[29] und damit die Planfeststellungsbehörde insoweit eine im Grundsatz ausschließliche Zuständigkeit für das planfeststellungspflichtige Vorhaben des Privaten gewinnt. Unter Berufung auf diesen Grundsatz hat die Rechtsprechung bereits in der Zeit vor dem Ersten Weltkrieg vor allem im Bereich eisenbahnrechtlicher Fachplanungen zahlreiche Verfügungen gegen die Bahn zur Unterlassung planerisch zugelassener Tätigkeiten oder zur Veränderung ihrer Anlagen aufgehoben.[30] Im Hinblick auf die privatisierte Deutsche Bahn AG wird teilweise erklärt, daß diese Grundsätze seit der Aufhebung des vormaligen §38 BBahnG[31] nicht mehr unbeschränkt gelten sollen, sondern die Aufgaben des Eisenbahn-Bundesamtes sich auf die Einhaltung spezifisch bahnbezogener Gefahren und Rechtsnormen beschränkten.[32] Letztlich entspricht diese Aussage jedoch nur der bereits bislang anerkannten Einschränkung, daß auch die Bahn im Hinblick auf »bahnfremde« Anlagen und Nutzungen dem allgemeinen Bauordnungsrecht unterliegt.[33] Diese Anlagen sind dem planungsrechtlich eröffneten Zuständigkeitsbereich des Eisenbahn-Bundesamtes nach dem Kompetenzgrundsatz von vornherein entzogen, so daß der Grundsatz der Autonomie der Verwaltungsbehörden insoweit nicht in Frage gestellt wird.

2. Besondere Plandurchsetzungsinstrumente, insbesondere die landesplanerische Untersagung

Insgesamt haben somit die allgemeinen Generalklauseln zumeist nur eine sehr eingeschränkte Relevanz für den Schutz planerischer Festsetzungen gegenüber anderen Planungsträgern. Eine Sonderrolle nimmt gegenüber diesen allgemeinen Plansiche-

---

[29] Vgl. BVerwG, Beschl. v. 20.9. 1989 – 7 B 135/90 –, NVwZ 1990, 563, 564; *Goppel*, BayVBl. 2002, 617, 618f., der auf §12 ROG als Ausnahme von diesem Grundsatz verweist – dazu sogleich unter 2.; *Louis/Wolf*, NuR 2003, 213, 215, m.w.N.

[30] Vgl. die Nachweise zur älteren Rechtsprechung bei *Drews/Wacke/Vogel/Martens*, Gefahrenabwehr, 9. Aufl. 1986, S. 241f. Fn. 44; aus jüngerer Zeit etwa BVerwG, Beschl. v. 20.9. 1989 – 7 B 135/ 90 –, NVwZ 1990, 563ff.; OVG Lüneburg, Urt. v. 8.11. 1990 – 3 L 105/89 –, ZfW 1992, 317ff.; Urt. v. 16.12. 1992 – 7 L 3734/91 –, NVwZ-RR 1993, 405f.; *Finger*, Kommentar zum Allgemeinen Eisenbahngesetz und Bundesbahngesetz, 1982, §38 BBahnG Erl. 2 c); *Küchler*, DÖV 1977, 187, 192ff.

[31] Nach der bis zum 31.12. 1993 geltenden Vorschrift des §38 BBahnG über die »Sicherheit der Betriebsanlagen und Fahrzeuge« hatte die Deutsche Bundesbahn »dafür einzustehen, daß ihre dem Betrieb dienenden baulichen und maschinellen Anlagen sowie die Fahrzeuge allen Anforderungen der Sicherheit und Ordnung genügen. Baufreigaben, Abnahmen, Prüfungen und Zulassungen durch andere Behörden finden für die Eisenbahnanlagen und Schienenfahrzeuge nicht statt.« Ein Teil der soeben in Fn. 30 genannten Aussagen wurde jedenfalls auch auf diese mittlerweile aufgehobene Regelung gestützt, die aber, wie das VG Göttingen, Urt. v. 21.12. 1993 – 4 A 4115/93 –, zit. nach Juris (insoweit nicht in ZUR 1994, 208ff.), formuliert, lediglich ein »Ausfluß des Rechtsgedankens« war, »daß ein Hoheitsträger nicht in die hoheitliche Tätigkeit eines anderen eingreifen darf«.

[32] Näher *Freise/Wittenberg*, GewArch. 1996, 353, 356f.

[33] Vgl. BVerwG, Urt. v. 7.6. 1977 – I C 21.75 –, BayVBl. 1977, 769ff.; Beschl. v. 20.9. 1989 – 7 B 135.89 –, NVwZ 1990, 563f.; Beschl. v. 27.12. 1995 – 4 B 249/94 –, Buchholz 442.08 §38 BBahnG Nr. 4, und dazu bereits im vierten Kapitel S. 232ff.

rungsinstrumenten das Institut der *landesplanerischen Untersagung* ein, das es gestattet, gerade auch gegen andere Behörden Verbote raumordnungswidrigen Verhaltens auszusprechen.[34] Daneben sind als weitere spezifische Plandurchsetzungsinstrumente die Vorschriften über Veränderungssperren[35] sowie die Festlegung von Planungsgebieten[36] zu erwähnen, die andere Planungsträger lediglich für bestimmte Zeiträume im Vorfeld einer bestimmten Planung im Gebrauch ihrer Planungsrechte hindern.

Die Schaffung des Instituts der raumordnerischen Untersagung war nicht zuletzt eine Reaktion des Gesetzgebers auf die bis dahin vielfach diagnostizierte Durchsetzungsschwäche der Landesplanung gegenüber der Fachplanung.[37] Sie besagt zwar nichts über das materielle Verhältnis der Raumordnung und Landesplanung zu anderen räumlichen Planungen, sondern regelt allein die Durchsetzung und Sicherung der landesplanerischen Festsetzungen im Verhältnis zu anderen Planungsträgern, soweit diese an die Vorgaben der Raumordnung und Landesplanung gebunden sind.[38] Aber auch ohne einen derartigen materiell-rechtlichen Vorrang bildet die durch das Gesetz eingeräumte Möglichkeit ein höchst effizientes Instrument, eine andere Planung zeitlich befristet zu untersagen und den konkurrierenden Planungsträger gegenüber dieser Anordnung auf den Verwaltungsrechtsweg zu verweisen[39], zumal dessen Widerspruch und Anfechtungsklage gegen eine Untersagung nach § 12 Abs. 3 ROG keine aufschiebende Wirkung haben. Vor allem die Durchsetzung der strikt bindenden Ziele der Raumordnung wird dadurch erheblich gestärkt.

Allerdings stellen neuere Entwicklungen die tatsächliche Bedeutung dieses Instruments jedenfalls gegenüber Planfeststellungen in Frage. Zunehmend wird nämlich die Möglichkeit bejaht, in Planfeststellungsverfahren im Rahmen der Konzentrationswirkung nach § 75 Abs. 1 VwVfG auch *Zielabweichungen* nach § 11 ROG auszusprechen, die ein Abgehen von der grundsätzlich strikten Zielbindung ermöglichen.[40] Da der Gesetzgeber weder auf Bundes- noch auf Landesebene für Zielabweichungen eine explizite Ausnahme von der in § 75 Abs. 1 VwVfG angeordneten Konzentrationswirkung vorgesehen hat, ist dieser Auffassung zuzustimmen. Soweit aber die Planfeststellungsbehörde die Voraussetzungen einer Zielabweichung bejaht hat, muß auch das Recht der Landesplanungsbehörden gegenüber den Fachplanungsbehörden zur Untersagung des Vorhabens entfallen: Die Vorausset-

---

[34] Vgl. *Goppel*, BayVBl. 2002, 617, 618f., der zu Recht argumentiert, daß auch Planfeststellungen von Bundesbehörden dieser Möglichkeit unterworfen sind; *Schoen*, Landesplanerische Untersagung, 1999, sowie bereits die Darstellung im zweiten Kapitel S. 92f.

[35] Vgl. etwa § 19 AEG, §§ 14ff. BauGB, § 28a PBefG, § 15 WaStrG, und dazu *Kühling/Hermann*, Fachplanungsrecht, 2. Aufl. 2000, Rn. 753ff.

[36] Vgl. z.B. § 9g AtG, § 9a FStrG, § 36a WHG, und dazu etwa *Rinke*, in: Kodal/Krämer (Hrsg.), Straßenrecht, 6. Aufl. 1999, Kap. 33 Rn. 21ff.

[37] Vgl. *Gaentzsch*, WiVerw 1985, 235, 248f.

[38] Vgl. bereits im zweiten Kapitel S. 92f.

[39] Vgl. die Hinweise bei *Goppel*, DVBl. 2000, 86, 90f.

[40] So VGH Mannheim, Urt. v. 8. 7. 2002 – 5 S 2715/01 –, zit. nach Juris, Leitsatz 4; *Rieger*, in: Ronellenfitsch/Schweinsberg (Hrsg.), Aktuelle Probleme des Eisenbahnrechts V, 2000, S. 17, 47ff.

zungen für eine landesplanerische Untersagung gegenüber einem Vorhaben, für das eine Zielabweichung zugelassen wurde oder durch die Planfeststellungsbehörde zugelassen werden kann, liegen in diesem Fall offensichtlich nicht vor, da nach der Zulassung einer Abweichung die Ziele der Raumordnung dem Vorhaben nicht mehr entgegenstehen können.[41] Die durch die Verankerung des Instituts beabsichtigte Stärkung der Landesplanungs- gegenüber den Fachplanungsbehörden wird dadurch erheblich abgeschwächt.

Insgesamt bietet damit die Analyse verwaltungsrechtlicher Instrumente zur Durchsetzung planerischer Festsetzungen ein uneinheitliches Bild. Spezifische Plandurchsetzungsinstrumente finden sich nur vereinzelt. Die allgemeinen Generalklauseln des Fach- und Sicherheitsrechts können zwar grundsätzlich auch zur Durchsetzung planerischer Festsetzungen herangezogen werden, haben jedoch wegen des häufigen Auseinanderfallens der Planungs- und der Plandurchsetzungszuständigkeit sowie mit Blick auf den Grundsatz der Autonomie der Verwaltungsbehörden zumeist nur eine beschränkte praktische Bedeutung. Das wohl bedeutendste der besonderen Plandurchsetzungsinstrumente, die landesplanerische Untersagung, wird durch die Möglichkeit einer Zielabweichung im Rahmen der Konzentrationswirkung nach §11 ROG i.V.m. §75 Abs.1 VwVfG weitgehend relativiert. Diese begrenzte Durchsetzungskraft des Verwaltungsrechts lenkt den Blick auf die Möglichkeiten, unter konkurrierenden Planungsträgern verwaltungsgerichtlichen Rechtsschutz in Anspruch zu nehmen.

III. Rechtsschutz unter Planungsträgern

Obwohl sämtliche in den vorhergegangenen Kapiteln entwickelten Koordinationsregeln für das Verhältnis konkurrierender räumlicher Planungen im Rahmen verwaltungsgerichtlicher Entscheidungen eine Rolle spielen können, verleihen sie den durch sie begünstigten Planungsträgern keineswegs automatisch klagefähige subjektive Rechte. Selbst eine gerade mit Blick auf den Rechtsschutz konzipierte Koordinationsregel wie das im fünften Kapitel behandelte planerische Abwägungsgebot, das einerseits die Pflicht eines jeden Planungsträgers zur Berücksichtigung konkurrierender Planungen, zugleich jedoch ein korrespondierendes wehrfähiges »Recht auf Abwägung« desjenigen begründet, dessen Belange in die Abwägung einzustellen sind[42], soll im Regelfall nicht automatisch die Grundlage für eine klagefähige Rechts-

[41] Ähnlich *Rieger*, in: Ronellenfitsch/Schweinsberg (Hrsg.), Aktuelle Probleme des Eisenbahnrechts V, 2000, S. 17, 53ff. Sollte eine Landesplanungsbehörde dennoch eine Untersagung aussprechen, so hätte das zuständige Verwaltungsgericht angesichts der eindeutigen Rechtslage auf Antrag des betroffenen Planungsträgers nach §80 Abs.5 S.1 VwGO die aufschiebende Wirkung eines Widerspruchs gegen die Untersagung anzuordnen.

[42] Vgl. etwa BVerwG, Urt. v. 14.2. 1975 – IV C 21.74 –, BVerwGE 48, 56, 63; der Beschl. v. 5.11. 2002 – 9 VR 14/02 –, NVwZ 2003, 207, spricht geradezu synonym von einer »wehrfähigen, in die Abwägung einzubeziehenden Rechtsposition«; *Gassner*, DVBl. 1981, 4, 8; *Gerhardt*, in: Schoch/Schmidt-Aßmann/Pietzner (Hrsg.), VwGO, §47 Rn.41, Stand: Mai 1997; *Happ*, in: Eyermann

position des verdrängten Planungsträgers liefern. Die Verfügbarkeit unmittelbaren verwaltungsgerichtlichen Rechtsschutzes ist vor allem von zwei Faktoren abhängig, nämlich erstens von der Rechts*form* der angegriffenen Planung und zweitens von der Rechts*stellung* des betroffenen Planungsträgers und seiner Möglichkeit, durch eine konkurrierende Planung in eigenen Rechten verletzt zu sein.

1. Die Bedeutung der Rechtsform des angegriffenen Plans

a) Die äußere Handlungsform staatlichen Handelns und der verfügbare Rechtsschutz

Die in der Verwaltungsgerichtsordnung typisierten Klagearten knüpfen an jeweils korrespondierende staatliche Handlungsformen an.[43] Maßgeblich für die Zuordnung einer staatlichen Handlung zu den erwähnten Handlungsformen ist dabei – soweit eine solche vorhanden ist – in aller Regel die gesetzlich festgelegte Form des jeweiligen planerischen Handelns.[44] Die planerische Handlungsform, die der für das jeweils einschlägige Planungsgesetz zuständige Gesetzgeber vorsieht, hat damit nicht nur Auswirkungen auf das jeweilige Planverfahren, sondern ist zugleich auch die Grundlage des verfügbaren Rechtsschutzes.

Diese Grundsätze gelten im wesentlichen auch für Verwaltungshandeln auf landesrechtlicher Grundlage. Zwar ist der in §42 Abs.1 VwGO verwandte Begriff des Verwaltungsakts ein bundesrechtlicher[45], und ebenso richten sich die Maßstäbe für das Vorliegen einer untergesetzlichen Rechtsvorschrift i.S.v. §47 Abs.1 Nr.2 VwGO nach bundesrechtlichen Kriterien. Die herrschende Lehre bejaht indes unabhängig von den diesen Vorschriften zugrundeliegenden materiell-rechtlichen Maßstäben das Vorliegen einer Norm, wenn der Gesetzgeber explizit oder durch Auslegung ermittelbar vorgesehen hat, daß eine bestimmte Maßnahme in Form einer Verordnung oder Satzung zu erlassen ist.[46] Dies gilt nicht nur für den Bundesgesetzgeber, auf den die verwaltungsprozeßrechtlichen Begriffe des »Verwaltungsakts« und der »Rechtsvorschrift« zurückgehen und der ihre Bedeutung daher in

---

(Hrsg.), VwGO, 11. Aufl. 2000, §42 Rn. 113; *Schütz*, in: Ziekow (Hrsg.), Praxis des Fachplanungsrechts, 2004, Rn. 867ff. (z.T. mit Einschränkungen); *Suhr/Anderl*, Rechtsfragen der raumbeeinflussenden Bundesplanung, 1980, S. 59ff.; *von Oertzen*, in: Redeker/von Oertzen (Hrsg.), VwGO, 13. Aufl. 2000, §42 Rn. 139a; vgl. dazu bereits im fünften Kapitel S. 310.

[43] Vgl. nur *Pietzcker*, in: Schoch/Schmidt-Aßmann/Pietzner (Hrsg.), VwGO, Vorb. zu §42 Rn. 21ff., Stand: GW April 1996; *Schmidt-Aßmann*, in: Maunz/Dürig u.a., GG, Art. 19 IV Rn. 67ff., Stand: Feb. 2003.

[44] Vgl. statt vieler *Schmitt Glaeser/Horn*, Verwaltungsprozeßrecht, 15. Aufl. 2000, Rn. 141.

[45] So für die h. L. *Schenke*, NVwZ 1990, 1009, 1010; *Sodan*, in: ders./Ziekow (Hrsg.), VwGO, §42 Rn. 99, Stand: GW 1996; vgl. jedoch auch die Kritik bei *Beschorner*, Individualrechtsschutz bei inkongruenten Form-Inhalt-Beziehungen, 1985, S. 34ff.

[46] *Gerhardt*, in: Schoch/Schmidt-Aßmann/Pietzner (Hrsg.), VwGO, §47 Rn. 23, Stand: Mai 1997; *Kopp/Schenke*, VwGO, 13. Aufl. 2003, §47 Rn. 27; *M. Redeker*, in: Redeker/von Oertzen (Hrsg.), VwGO, 13. Aufl. 2000, §47 Rn. 10; *Schmidt*, in: Eyermann (Hrsg.), VwGO, 11. Aufl. 2000, §47 Rn. 24; *Schmitt Glaeser/Horn*, Verwaltungsprozeßrecht, 15. Aufl. 2000, Rn. 410; *Ziekow*, in: Sodan/Ziekow (Hrsg.), VwGO, §47 Rn. 95f., Stand: Juli 1998.

bestimmten Bereichen abweichend regeln kann.[47] Auch der Landesgesetzgeber vermag nach herrschender Lehre die verwaltungsprozeßrechtliche Qualifikation eines Staatsaktes zumindest dann zu beeinflussen, wenn ihre Rechtsnatur durch die Merkmale in den Definitionen des Bundes in § 35 VwVfG nicht eindeutig vorgegeben ist.[48] Für die Richtigkeit dieses Ergebnisses spricht ebenso der Gesichtspunkt der Rechtssicherheit. Praktisch ist die *gesetzlich vorgesehene* äußere Form nahezu stets ausschlaggebend für die Zuordnung zu einer bestimmten Handlungsform. So stellen Rechtsprechung und herrschende Lehre bei der Abgrenzung von Rechtsnormen von Verwaltungsvorschriften in erster Linie auf die äußere Form ihres Zustandekommens ab.[49] Der Inhalt einer Regelung wird hingegen nur bei einer mehrdeutigen Form oder einer anhand formeller Kriterien nicht oder nicht eindeutig bestimmbaren Handlung für maßgeblich gehalten.[50]

b) Die äußere Handlungsform der Raumplanung als Grundlage des Rechtsschutzes

Das Verhältnis der Form und des Inhalts von Raumplanungen war aus anderer Perspektive – mit Blick auf die Stellung in der Normenhierarchie – bereits Gegenstand des siebten Kapitels. Dort wurde gezeigt, daß Raumplanungen als abstrakte Vorgaben mit konkret-räumlichem Bezug im Grenzbereich zwischen Einzelakt und räumlich beschränkten abstrakt-generellen Rechtssätzen stehen und daß sich der Begriff des »Plans« daher einer klaren Zuordnung zu den klassischen Handlungsformen entzieht.[51] Da die materielle Rechtsnatur zahlreicher Raumplanungen bis in die Gegenwart hinein äußerst umstritten ist, richtet sich auch im Planungsrecht der Rechtsschutz in aller Regel nach der jeweils gesetzlich vorgeschriebenen Einkleidung der angegriffenen Raumplanung.[52] So kann eine Schutzgebietsverordnung gegebenenfalls im Wege der verwaltungsgerichtlichen Normenkontrolle nach § 47 Abs. 1 Nr. 2 VwGO angegriffen werden, soweit das Landesrecht dies vorsieht.[53] Genauso verhält

---

[47] Näher *Beschorner*, Individualrechtsschutz bei inkongruenten Form-Inhalt-Beziehungen, 1985, S. 162ff.; *Kopp/Schenke*, VwGO, 13. Aufl. 2003, Anh. § 42 Rn. 2f. und 58; *Schenke*, NVwZ 1990, 1009, 1011f.

[48] So mit überzeugenden Argumenten *Kopp/Schenke*, VwGO, 13. Aufl. 2003, Anh. § 42 Rn. 3 und 58; *Schenke*, NVwZ 1990, 1009, 1012f.; weiter gehend *Beschorner*, Individualrechtsschutz bei inkongruenten Form-Inhalt-Beziehungen, 1985, S. 186ff.

[49] Vgl. etwa VGH München, Urt. v. 20. 9. 2000 – 3 N 99.2335 –, DVBl. 2001, 311; *Schmidt*, in: Eyermann (Hrsg.), VwGO, 11. Aufl. 2000, § 47 Rn. 24; a.A. *Kopp/Schenke*, VwGO, 13. Aufl. 2003, § 47 Rn. 30.

[50] Vgl. die Ausführungen und Nachweise bei VGH München, Urt. v. 20. 9. 2000 – 3 N 99.2335 –, DVBl. 2001, 311, 312; *Beschorner*, Individualrechtsschutz bei inkongruenten Form-Inhalt-Beziehungen, 1985, S. 39f.; *Schmitt Glaeser/Horn*, Verwaltungsprozeßrecht, 15. Aufl. 2000, Rn. 141; *Ziekow*, in: Sodan/Ziekow (Hrsg.), VwGO, § 47 Rn. 97ff., Stand: Juli 1998.

[51] Vgl. im siebten Kapitel S. 402ff. und 405ff.

[52] *Hoppe/Bönker/Grotefels*, Öffentliches Baurecht, 2. Aufl. 2002, § 5 Rn. 135; *Kment*, Rechtsschutz im Hinblick auf Raumordnungspläne, 2002, S. 20ff.; *von Oertzen*, in: Redeker/von Oertzen (Hrsg.), VwGO, 13. Aufl. 2000, § 42 Rn. 46, sowie bereits im siebten Kapitel S. 407f.

[53] Vgl. statt vieler *Ewer*, NuR 2000, 361, 362.

es sich mit Raumordnungsprogrammen oder Abfallwirtschaftsplänen, die durch Rechtsverordnung für allgemein verbindlich erklärt werden; solche Pläne teilen mit der ihre allgemeine Verbindlichkeit begründenden Vorschrift den Charakter einer Rechtsnorm und bilden als unter dem förmlichen Landesgesetz stehende Vorschriften einen tauglichen Gegenstand für ein Normenkontrollverfahren.[54] Im Ergebnis gelten damit unter Rechtsschutzgesichtspunkten für die Bestimmung der Rechtsform einer Regelung die gleichen formellen Maßstäbe wie im Zusammenhang mit der durch unterschiedliche Rechtsquellen begründeten Normenhierarchie: Entscheidend ist die gesetzlich vorgesehene äußere Form der angegriffenen Planung.

Die Orientierung an der äußeren Handlungsform kann im Einzelfall bei sachlich identischen planerischen Festsetzungen eine unterschiedliche Intensität der verwaltungsgerichtlichen Kontrolle zur Folge haben. Gegenüber einer Straßenplanung durch einfachen oder auch planfeststellungsersetzenden Bebauungsplan besteht die Möglichkeit der prinzipalen Normenkontrolle nach §47 Abs.1 Nr.1 VwGO. Die Prüfung der Begründetheit eines Normenkontrollantrags ist nicht auf jene Rechtsverstöße beschränkt, welche die Klagebefugnis begründen, und es ist damit auch keine Rechtsverletzung des Antragstellers erforderlich, um die angegriffene untergesetzliche Norm für nichtig zu erklären.[55] Somit kann ein abwägungserheblich betroffener Kläger – etwa ein Schallbetroffener – gegebenenfalls sogar dann die Nichtigerklärung des Plans erreichen, wenn sein Recht auf Abwägung zwar angemessen beachtet wurde, sich der Plan jedoch aus anderen Gründen als rechtswidrig erweist. Erfolgt hingegen dieselbe Straßenplanung im Wege der Planfeststellung, so ist lediglich die durch §113 Abs.1 S.1 VwGO vorgegebene engere Kontrolle im Rahmen der Anfechtungsklage eröffnet mit der zusätzlichen Einschränkung, daß selbst im Fall einer Rechtsverletzung des Klägers oft nur *Planergänzungsansprüche* bestehen, die durch Verpflichtungsklage geltend zu machen sind.[56] Diese Diskrepanzen, die freilich durch die flächendeckende Gesetzgebung und Rechtsprechung zur Planerhaltung[57] zunehmend an Bedeutung verlieren, sind eine Konsequenz der unterschiedlichen verwaltungsprozessualen Systementscheidungen in §42 Abs.2 und §47 VwGO.[58] Erfolgt dieselbe Straßenplanung schließlich gar in Form eines

[54] So für Raumordnungspläne OVG Greifswald, Urt. v. 19.1. 2001 – 4 K 9/99 –, NVwZ 2001, 1063ff., m.w.N.; *Dammert*, in: Bauer/Breuer/Degenhart/Oldiges (Hrsg.), 100 Jahre Allgemeines Baugesetz Sachsen, 2000, S.411, 425f.; für Abfallentsorgungs- bzw. -wirtschaftspläne *Frenz*, KrW-/AbfG, 3.Aufl. 2002, §29 Rn.65; *Jörgensen*, BayVBl. 1992, 353; *Zimmerling*, NVwZ 1992, 122, 123, jeweils m.w.N.

[55] So etwa BVerwG, Beschl. v. 18.7. 1989 – 4 N 3/87 –, BVerwGE 82, 225, 233; Beschl. v. 6.12. 2000 – 4 BN 59.00 –, BayVBl. 2001, 314, 315; *Kopp/Schenke*, VwGO, 13.Aufl. 2003, §47 Rn.112, m.w.N.; *Papier*, in: FS für Menger, 1985, S.517, 525.

[56] So etwa BVerwG – Beschl. v. 27.1. 1988 – 4 B 7/88 –, NVwZ 1988, 534f.; Beschl. v. 22.9. 1999 – 4 B 68/98 –, NVwZ 2000, 565, 566; *Wahl/Schütz*, in: Schoch/Schmidt-Aßmann/Pietzner (Hrsg.), VwGO, §42 Abs.2 Rn.278ff., Stand: GW April 1996.

[57] Vgl. dazu im fünften Kapitel S.272 und 326f.

[58] Näher *Wahl*, in: Schoch/Schmidt-Aßmann/Pietzner (Hrsg.), VwGO, Vorb. §42 Abs.2 Rn.11ff., Stand: GW April 1996, sowie zu dem behandelten Beispiel der Straßenplanung *Hoppe/Schlarmann/Buchner*, Rechtsschutz bei der Planung von Straßen, 3.Aufl. 2001, Rn.228ff.; *Papier*,

förmlichen Gesetzes wie im Fall des Baus des Abschnitts Wismar West-Wismar Ost der BAB 20[59], so beschränkt sich der Rechtsschutz auf die verfassungsgerichtlichen Klagemöglichkeiten, wobei für andere Planungsträger in erster Linie die Möglichkeit der (Kommunal-)Verfassungsbeschwerde in Betracht kommt. Prüfungsmaßstab ist in diesem Fall allein das einschlägige Verfassungsrecht.[60]

c) *Die Abweichungen von der Orientierung an der äußeren Handlungsform*

Daß die rechtliche Einkleidung einer Raumplanung in eine der staatlichen Handlungsformen Konsequenzen für die verfügbaren Formen und die Intensität und Effektivität des verwaltungsgerichtlichen Rechtsschutzes hat, ist im Schrifttum allgemein anerkannt und liefert die Grundlage für eine reiche Spezialliteratur, die in oft monographischer Tiefe die Rechtsschutzmöglichkeiten gegen unterschiedlichste Raumplanungen untersucht, etwa gegen Bebauungspläne in Gesetzesform[61] und objektbezogene Legalplanungen[62], gegen Gesamtplanungen[63] – namentlich gegen Raumordnungspläne[64] –, gegen Gaspipelines in Küstengewässern[65] und gegen Energiefreileitungen[66], gegen abfallrechtliche Standortentscheidungen[67], Abfallwirtschafts- bzw. -entsorgungspläne[68], Schutzgebietsausweisungen[69] – insbesondere gegen die Auswahl und Festsetzung von FFH-Gebieten[70] –, Straßenplanungen[71], fernstraßenrechtliche Linienbestimmungen[72], Flughafenplanungen[73], die Festlegung von Flugrouten[74] oder den Rechtsschutz der Länder in Planfeststellungsverfahren des Bundes.[75]

---

in: Achterberg/Püttner/Würtenberger (Hrsg.), Besonderes Verwaltungsrecht I, 2. Aufl. 2000, § 10 Rn. 40ff., 49.

59 Vgl. dazu im siebten Kapitel S. 437f.

60 Die weiter gehende These, auch Planungsgesetze hätten das maßgebliche Fachplanungsrecht zu beachten, wurde bereits im siebten Kapitel S. 448f. zurückgewiesen.

61 *Henseler*, Jura 1986, 249ff.

62 *Schneller*, ZG 1998, 179ff.; *ders.*, Objektbezogene Legalplanung, 1999.

63 *Krieger*, NuR 1983, 257ff.

64 Vgl. aus dem kaum übersehbaren Schrifttum zu diesem Komplex *Blümel*, VerwArch 84 (1993), 123ff.; *Hoppe*, in: FS für Redeker, 1993, S. 377ff.; *Kment*, Rechtsschutz im Hinblick auf Raumordnungspläne, 2002; *Löhr*, DVBl. 1980, 13ff.; *Steiner*, in: ders. (Hrsg.), Besonderes Verwaltungsrecht, 6. Aufl. 1999, Kap. VI Rn. 89ff.

65 *Pellens*, NuR 1996, 281ff.

66 *Von Götz*, DVBl. 1999, 1413ff.; *Würtenberger*, BayVBl. 1982, 673ff.

67 *Weidemann*, NVwZ 1989, 1033ff.

68 *Jörgensen*, BayVBl. 1992, 353ff.; *Steinberg/Berg/Wickel*, Fachplanung, 3. Aufl. 2000, § 7 Rn. 94ff.

69 *Hönig*, in: Stüer (Hrsg.), Planung von Großvorhaben, 1999, S. 143ff.

70 *Ewer*, NuR 2000, 361ff.; *Schulz*, NVwZ 2001, 289ff. Näher zur Bedeutung von FFH-Gebieten im Bereich der Raumplanung nachfolgend im neunten Kapitel S. 524ff.

71 *Hoppe/Schlarmann/Buchner*, Rechtsschutz bei der Planung von Straßen und anderen Verkehrsanlagen, 3. Aufl. 2001.

72 *Steinberg*, NVwZ 1983, 209ff.

73 *Bäumler*, DÖV 1981, 43ff.

74 *Bohl*, NVwZ 2001, 764f.; *Czybulka/Wandres*, DÖV 1990, 1033ff.; *Pfaff/Heilshorn*, NVwZ 2004, 412ff.

75 *Hoppe/Schulte*, Rechtsschutz der Länder in Planfeststellungsverfahren des Bundes, 1993.

Die Frage der Bedeutung der äußeren Form eines Raumplanes für den verfügbaren Rechtsschutz ist ein Grundthema dieser Literatur. Soweit die Autoren jener Lehre folgen, derzufolge jede Planung allein nach materiellen Gesichtspunkten zwingend in das rechtsstaatliche System der Handlungsformenlehre einzuordnen sein soll[76], verorten sie die entsprechenden Fragen zumeist in dem Problemfeld der Divergenz von Form und Inhalt staatlichen Verwaltungshandelns.[77] Die entsprechenden Aussagen blieben nicht ohne Einfluß auf die Rechtsprechung, die sich in planungsrechtlichen Zusammenhängen zunehmend veranlaßt sieht, Rechtsschutz auch ohne bzw. in Abweichung von der äußeren Form der Raumplanung zu gewähren. Dabei konzentrierten sich die entsprechenden Entscheidungen vor allem auf die in den Raumordnungsplänen der Länder enthaltenen Ziele der Raumordnung, für die das Bundesrecht in den §§6ff. ROG keine spezifische Rechtsform vorsieht, so daß in den Ländern ganz erhebliche Unterschiede bestehen[78]. Zunächst war die Auffassung vorherrschend, daß gegenüber solchen Raumordnungsplänen, für die keine angreifbare äußere Rechtsform vorgesehen ist, als Maßnahmen *sui generis* mangels Außenwirkung kein unmittelbarer Rechtsschutz verfügbar sei.[79] Als zulässig wurde das Normenkontrollverfahren nur gegenüber solchen landesplanerischen Festsetzungen angesehen, die als Rechtsverordnung ergingen.[80] Während dieser Sichtweise noch das oben dargestellte und auch weiterhin vertretene Verständnis zugrunde lag, daß landesplanerische Festsetzungen im materiell-rechtlichen Sinn weder Rechtsverordnungen noch sonstige Rechtsvorschriften im Sinne des §47 Abs.1 Nr.2 VwGO darstellen[81], sah die Rechtsprechung in späteren Entscheidungen zumindest die Ziele der Raumordnung und Landesplanung als materiell-landesrechtliche untergesetzliche Rechtsvorschriften an und bejahte daher aus materiellen Erwägungen für solche Pläne die Zulässigkeit der abstrakten Normenkontrolle.[82] Ähnliche Aussagen liegen auch zu anderen vergleichbaren Plänen vor, etwa zu einfachen,

---

[76] Näher zu dieser These im siebten Kapitel S.408ff.

[77] Dazu vor allem *Beschorner*, Individualrechtsschutz bei inkongruenten Form-Inhalt-Beziehungen des Verwaltungshandelns, 1985; *Schenke*, VerwArch 72 (1981), 185ff.

[78] Dazu auch im siebten Kapitel S.403.

[79] So namentlich OVG Lüneburg, Urt. v. 4.11. 1970 – I A 132/70 –, DVBl. 1971, 320, 321; Beschl. v. 23.11. 1972 – I C 2/72 –, DVBl. 1973, 151ff.; vgl. weiter die Nachweise bei *Blümel*, VerwArch 84 (1993), 123, 124f.; *Hoppe*, Grundfragen des Planungsrechts, 1998, S.296ff.

[80] So bereits VGH München, Beschl. v. 18.11. 1974 – 156 und 175 VII 73 –, BayVBl. 1975, 168ff.

[81] So zuletzt wieder explizit VGH Kassel, Urt. v. 16.8. 2002 – 4 N 3272/01 –, NuR 2003, 115, 116ff. mit ablehnender Besprechung durch *Kment*, NuR 2003, 69ff.; vgl. weiter *Halama*, in: FS für Schlichter, 1995, S.201, 204ff.; *Löhr*, DVBl. 1980, 13, 15ff.; *M. Redeker*, in: Redeker/von Oertzen (Hrsg.), VwGO, 13.Aufl. 2000, §47 Rn.17.

[82] VGH München, Urt. v. 30.3. 1982 – 20.N – 909/79 und 20 N 81 A.2146 –, BayVBl. 1982, 726ff.; Beschl. v. 14.12. 1983 – 4 N 81 A.436 –, BayVBl. 1984, 240ff.; Beschl. v. 9.1. 1986 – 20 B 85 A.1552 –, BayVBl. 1986, 752ff.; OVG Lüneburg, Urt. v. 11.4. 1986 – 6 C 17/83 –, UPR 1987, 278; VerfGH NW, Urt. v. 18.6. 1991 – VerfGH 5/90 –, NVwZ 1991, 1173f.; Urt. v. 11.2. 1992 – VerfGH 6/91 –, NVwZ 1992, 874f.; vgl. weiter *Blümel*, VerwArch 84 (1993), 123, 127ff.; *Halama*, in: FS für Schlichter, 1995, S.201, 208ff.; *Hoppe*, Grundfragen des Planungsrechts, 1998, S.297ff., 300, m.w.N.; *ders.*, in: FS für Redeker, 1993, S.377ff.; *Peine*, Öffentliches Baurecht, 4.Aufl. 2003, Rn.268; *M. Redeker*, in: Redeker/von Oertzen (Hrsg.), VwGO, 13. Aufl. 2000, §47 Rn.17a, jeweils m.w.N.

nicht durch Rechtsverordnung für allgemein verbindlich erklärten Abfallwirtschaftsplänen, die dennoch »nach ihrem sachlichen Gehalt als Rechtsnormen« angesehen werden.[83]

Diese Entwicklung der Rechtsprechung entspricht einem allgemeinen Trend, unter Berufung auf Art. 19 Abs. 4 GG zum Teil auch gegen explizite gesetzgeberische Entscheidungen sämtliche Staatsakte und zunehmend auch Verwaltungsvorschriften in das Spektrum der unmittelbar angreifbaren staatlichen Handlungsformen einzuordnen.[84] Soweit die Rechtsprechung gegen bestimmte vorgelagerte Planungsentscheidungen weiterhin keinen unmittelbaren Rechtsschutz gewährt, wie im Fall der Linienbestimmung nach § 16 FStrG[85], stößt sie zudem – erneut vor allem unter Rechtsschutzgesichtspunkten – auf massive Kritik im Schrifttum.[86] All diesen Stellungnahmen liegt die gemeinsame Vorstellung zugrunde, die Rechtsform staatlicher Pläne werde durch den Gesetzgeber gleichsam willkürlich oder unverbindlich festgelegt und es sei Aufgabe der Rechtsprechung, nach materiellen Gesichtspunkten angemessenen Rechtsschutz zu gewähren.

Auf diese Linie schwenkte im Lauf der achtziger Jahre schließlich auch das Bundesverfassungsgericht ein: Der bereits behandelte Beschluß vom 14. Mai 1985, in dem der Zweite Senat unter Berufung auf den allgemeinen Gleichheitssatz die verwaltungsgerichtliche Normenkontrolle von Bebauungsplänen nach § 47 Abs. 1 Nr. 1 VwGO auf die förmlichen Bebauungsplangesetze der Freien und Hansestadt Hamburg ausdehnte, stellte maßgeblich darauf ab, daß mit Blick auf den Rechtsschutz des

---

[83] BayVGH, Urt. v. 9. 1. 1986 – 20 B 85 A.1552 –, UPR 1986, 430ff.; vgl. auch *Frenz*, KrW-/AbfG, 3. Aufl. 2002, § 29 Rn. 65, m.w.N.; *Jörgensen*, BayVBl. 1992, 353, 354f., m.w.N.

[84] Typisch hierfür auch BVerwG, Beschl. v. 25.11. 1993 – 5 N 1/92 –, BVerwGE 94, 335, 340f.: »Der Bundesgesetzgeber hat den Ländern die Festsetzung der Regelsätze vorbehalten und ihnen die Entscheidung überlassen, ob dies durch Rechtsverordnung oder durch Verwaltungsvorschrift geschehen soll. An der rechtlichen Außenwirkung der wie auch immer zustande gekommenen Regelsätze läßt das Gesetz jedoch keinen Zweifel. ... dies spricht dafür, die sozialhilferechtlichen Regelsätze unabhängig davon, ob sie in der Form der Rechtsverordnung oder – wie hier – durch Runderlaß festgesetzt worden sind, zu den anderen im Range unter dem Landesgesetz stehenden Rechtsvorschriften im Sinne von § 47 Abs. 1 Nr. 2 VwGO zu rechnen.« Vgl. zu diesem Trend auch *Gerhardt*, in: Schoch/Schmidt-Aßmann/Pietzner (Hrsg.), VwGO, § 47 Rn. 25ff., Stand: Mai 1997.

[85] Gegen eine selbständige Anfechtbarkeit der fernstraßenrechtlichen Linienbestimmung BVerwG, Urt. v. 26. 6. 1981 – 4 C 5/78 –, BVerwGE 62, 342, 344, m.w.N.; *Geiger*, in: Heidel/Pauly/Amend (Hrsg.), AnwaltFormulare, 2. Aufl. 2000, Kap. 48 Rn. 263 (unter Verweis auf § 44a VwGO); *Kopp/Schenke*, VwGO, 13. Aufl. 2003, § 42 Rn. 73; *Lautner/Metz*, VR 1996, 253, 257; *Rinke*, in: Kodal/Krämer (Hrsg.), Straßenrecht, 6. Aufl. 1999, Kap. 33 Rn. 18ff., m.w.N.; *Schütz*, in: Ziekow (Hrsg.), Praxis des Fachplanungsrechts, 2004, Rn. 833; umfassende Nachweise zu den unterschiedlichen argumentativen Ansätzen der Rspr. bei *Salis*, Gestufte Verwaltungsverfahren, 1991, S. 118ff.; *Wahl*, NVwZ 1990, 426, 435.

[86] Solche Kritik gegen die o.g. Rspr. findet sich etwa bei *Blümel*, in: Ein Vierteljahrhundert Straßenrechtsgesetzgebung, 1980, S. 309, 323 (»unhaltbar«); *Brohm*, in: Ein Vierteljahrhundert Straßenrechtsgesetzgebung, 1980, S. 343, 349ff.; *Hoppe/Schlarmann/Buchner*, Rechtsschutz bei der Planung von Straßen, 3. Aufl. 2001, Rn. 285ff., m.w.N.; *Scholz*, VVDStRL 34 (1976), 145, 196f.; *Steinberg*, NVwZ 1983, 209ff.; für die Anfechtbarkeit der Linienbestimmung wohl auch *ders.*, DVBl. 1982, 13, 17.; weitere Nachweise zu den Stellungnahmen im Schrifttum bei *Salis*, Gestufte Verwaltungsverfahren, 1991, S. 126ff.

vom Bebauungsplan betroffenen Bürgers »sich die im Gesetz genannten Abgrenzungskriterien als eher zufällig« darstellten. Die Abgrenzung erweise sich daher als nicht sachgerecht im Sinne des Art. 3 Abs. 1 GG.[87] In dem Beschluß über das Landesraumordnungsprogramm Niedersachsen vom 23. Juni 1987 stellte der Zweite Senat schließlich fest, die Regelungen des Raumordnungsprogramms seien ein zulässiger Angriffsgegenstand im Sinne des Art. 93 Abs. 1 Nr. 4b GG, dies mit der maßgeblichen Erwägung,

»... daß andernfalls eine mit der Rechtsschutzfunktion der Kommunalverfassungsbeschwerde unvereinbare Lücke entstünde«.

Inhaltlich seien die Festsetzungen des Programms »sonstigen baurechtlichen und raumbezogenen Regelungen, insbesondere Bauleitplänen, vergleichbar«, die der Bundesgesetzgeber von Gesetzes wegen als Satzungen und damit als Rechtsnormen qualifiziert habe. Auch die Regelungen in Teil II des Raumordnungsprogramms seien daher »mit der Kommunalverfassungsbeschwerde angreifbare untergesetzliche Rechtsnormen«.[88]

d) Einwände

Trotz der »etwas mageren Begründung« soll dieser Beschluß nach verbreiteter Auffassung die Frage des unmittelbaren Rechtsschutzes gegen Raumordnungspläne auch für das Verwaltungsprozeßrecht endgültig geklärt haben.[89] Freilich zielen die Ausführungen des Bundesverfassungsgerichts in erster Linie darauf ab, das Vorliegen eines zulässigen Klagegegenstandes einer Kommunalverfassungsbeschwerde zu begründen, ohne daß damit zwingend der Rechtsnormcharakter i.S.v. § 47 Abs. 1 Nr. 2 VwGO bejaht wäre. Zudem fordert die Begründung des Bundesverfassungsgerichts in mehrfacher Hinsicht zum Widerspruch heraus: Soweit auf angebliche Systementscheidungen des Baugesetzbuchs abgestellt wird, hat der Gesetzgeber dort bei dem Flächennutzungsplan, also einer weiteren der durch das Gericht erwähnten »sonstigen baurechtlichen und raumbezogenen Regelungen«, bewußt von einer Festlegung der Rechtsform abgesehen, während die in § 10 BauGB angeordnete Satzungsqualität des Bebauungsplanes noch heute vielfach als ein »oktroyierter Normcharakter« angesehen wird[90]. Regionalpläne sind jedoch nach Inhalt, Funktion und Wirkung am ehesten den gemeindlichen Flächennutzungsplänen vergleichbar, bei denen die herrschende Lehre einen *Sui-generis*-Charakter bejaht[91] und keinen unmittelbaren Rechtsschutz gewährt. Der isolierte Verweis »insbesondere«

---

[87] BVerfG, Beschl. v. 14. 5. 1985 – 2 BvR 397 – 399/82 –, BVerfGE 70, 35, 56f.; vgl. dazu bereits im siebten Kapitel S. 429ff.

[88] BVerfG, Beschl. v. 23. 6. 1987 – 2 BvR 826/83 –, BVerfGE 76, 107, 114.

[89] So etwa *Blümel*, VerwArch 84 (1993), 123, 131ff. (dort das Zitat im Text).

[90] So plastisch *Papier*, in: Bitburger Gespräche. Jahrbuch 1980/1981, S. 81, 82; vgl. zu der verbreiteten Auffassung, wonach dem Bebauungsplan Einzelaktcharakter zukommt, weiter im siebten Kapitel S. 406f.

[91] Vgl. auch dazu im siebten Kapitel S. 406.

auf die Rechtsform des Bebauungsplans ist daher wenig geeignet, um Folgerungen für den materiellen Rechtscharakter und die Rechtsschutzmöglichkeiten des Regionalplans abzuleiten.

Alle dargestellten gerichtlichen Korrekturversuche, die bei der Gewährung von Rechtsschutz von der Orientierung an der äußeren Handlungsform abweichen, erscheinen zudem bereits aus grundsätzlichen Erwägungen zweifelhaft. Zwar entspricht es der herrschenden Sichtweise, daß sich die Normenkontrolle nach §47 Abs. 1 Nr. 2 VwGO auch auf Rechtsakte erstreckt, die zwar nicht anhand formeller, wohl aber nach materiellen Kriterien als Rechtsvorschriften qualifiziert werden können.[92] Gegen eine Übertragung dieses Ansatzes auf die Raumplanung sprechen jedoch vor allem die im siebten Kapitel dargestellten Einwände gegen alle bisherigen Versuche, eine materielle Rechtsnatur von Raumplänen zu bestimmen. Die dort belegte Unmöglichkeit einer klaren Abgrenzung von Einzelakten und abstrakt-generellen Normen im Bereich der Raumplanung stellt den Ansatz grundsätzlich in Frage, gegenüber Raumplanungen Rechtsschutz unter Rückgriff auf ihre »materielle Rechtsnatur« zu gewähren. Daß die Rechtsprechung bei der Annahme eines Rechtsnormcharakters letztlich keineswegs auf tragfähige Kriterien zurückzugreifen vermag, bestätigen verräterische Formulierungen in den erwähnten Urteilen wie etwa die, Raumordnungspläne hätten »überwiegend Rechtssatz-Charakter«[93] oder wiesen »neben Elementen eines Einzelakts auch normative Elemente«[94] auf. Solche janusköpfigen Charakteristika können schwerlich eine Grundlage dafür liefern, Raumplänen einen materiellen Rechtssatz- oder Verwaltungsaktcharakter zuzusprechen oder gar eine Divergenz von Form und Inhalt staatlichen Verwaltungshandelns zu behaupten und sich mit dieser Begründung über die gesetzgeberisch vorgesehene Rechtsformenwahl hinwegzusetzen.

Neben dem eindeutigen Norm- oder Einzelaktcharakter fehlt es den ohne spezielle Handlungsform ergehenden Raumplanungen außerdem meist an der für direkten Rechtsschutz erforderlichen unmittelbaren Außenwirkung. Dabei wird entgegen verbreiteten Aussagen die für die untergesetzliche Rechtsnorm charakteristische Außenwirkung nicht bereits dadurch begründet, daß eine raumplanerische Festsetzung zwar keine eigenständige normative Wirkung nach außen entfaltet, bestimmte Planungsträger jedoch mittelbar durch eine ausdrückliche Anordnung in gesetzlichen Bestimmungen zur Beachtung oder gar zur Anpassung verpflichtet werden[95], bei Zielen der Raumordnung also etwa durch §1 Abs. 4 BauGB und §4 Abs. 1 S. 1 ROG. Die durch eine solche *Transformationsnorm* vermittelte »gesetzes-

---

[92] *Gerhardt*, in: Schoch/Schmidt-Aßmann/Pietzner (Hrsg.), VwGO, §47 Rn. 24, Stand: Mai 1997; *Schmidt*, in: Eyermann (Hrsg.), VwGO, 11. Aufl. 2000, §47 Rn. 26; vgl. auch BVerwG, Urt. v. 24. 3. 1977 – II C 14.75 –, BVerwGE 52, 193, 196.

[93] OVG Lüneburg, Urt. v. 11. 4. 1986 – 6 C 17/83 –, UPR 1987, 278.

[94] BVerfG, Beschl. v. 23. 6. 1987 – 2 BvR 826/83 –, BVerfGE 76, 107, 114; ähnlich auch *Hoppe*, Grundfragen des Planungsrechts, 1998, S. 298.

[95] So aber im Ansatz BVerwG, Beschl. v. 25. 11. 1993 – 5 N 1/92 –, BVerwGE 94, 335, 339f.; allgemein *Gerhardt*, in: Schoch/Schmidt-Aßmann/Pietzner (Hrsg.), VwGO, §47 Rn. 29, Stand: Mai 1997.

ähnliche Wirkung«[96], die sich in ähnlicher Weise etwa bei einem Verweis auf ein technisches Regelwerk ergibt, ist nicht mit der unmittelbaren, aus sich selbst autonomen Außenwirkung einer Rechtsnorm identisch.[97] Mittelbare gesetzliche Bindungen bestehen zudem auch im Planungsrecht nicht nur gegenüber den Zielen der Raumordnung, sondern beispielsweise ebenso bei Flächennutzungsplänen nach Maßgabe des § 7 BauGB[98] oder bei Linienbestimmungen nach § 16 Abs. 1 FStrG, die gegenüber Ländern und Gemeinden Bindungen entfalten[99], ohne daß die herrschende Lehre bei diesen Festsetzungen eine Normenkontrolle für zulässig halten würde. Vielmehr richtet sich in diesen Fällen einer gesetzlich angeordneten Bindung oder Anpassung ebenso wie im Fall der Verweisung auf Regelwerke u. ä.[100] der Rechtsschutz nicht gegen den in Bezug genommenen Plan, sondern gegen die Transformationsnorm, die eine Bindung anordnet. Auch unter dem Gesichtspunkt der Außenwirkung fehlt es daher Raumplänen vielfach an dem eindeutigen Norm- oder Verwaltungsaktcharakter, der ohne oder gar gegen eine gesetzlich festgelegte Form einen Rückgriff auf die Anfechtungsklage oder die prinzipale Normenkontrolle ermöglichen würde.

Um diesen Einwänden zu begegnen, muß der neue Ansatz vielfach auf die fragwürdige Lehre von der Doppelnatur der Rechtsakte[101] zurückgreifen und argumentieren, die Linienbestimmung nach § 16 FStrG oder die Bezeichnung der zu beschaffenden Flächen nach § 1 Abs. 3 S. 1 LBG seien »zumindest gegenüber den Gemeinden« Verwaltungsakte.[102] Es ist jedoch eine zutiefst widersprüchliche Vorstellung, daß eine Maßnahme zugleich abstrakt-generell und einzelfallbezogen oder zugleich außenwirksam und ein bloßes Verwaltungsinternum sein könne[103], zumal der letzt-

---

[96] So die Diktion in BVerwGE 94, 335, 340.

[97] Zu dieser Unterscheidung bereits *Hendler*, Gemeindliches Selbstverwaltungsrecht und Raumordnung, 1972, S. 31 f.; *ders.*, UPR 2003, 256, 257, der auf die Unmittelbarkeit der rechtlichen Bindungen abstellt und daher bei Raumordnungszielen einen inhärenten Normcharakter der Ziele zutreffenderweise verneint. Aufgegriffen wird dieser Gedanke durch VGH Kassel, Urt. v. 16. 8. 2002 – 4 N 3272/01 –, NuR 2003, 115, 117, m. w. N.; ablehnend *Kment*, Rechtsschutz im Hinblick auf Raumordnungspläne, 2002, S. 40 ff., 83 ff., m. w. N.; *ders.*, NuR 2003, 69 f., der die rechtsverbindliche Anordnung in den Raumplänen selbst und nicht in den Normen des Raumordnungsgesetzes verankert, sowie zuletzt BVerwG, Urt. v. 20. 11. 2003 – 4 CN 6.03 –, NVwZ 2004, 614 ff.

[98] Näher dazu im zweiten Kapitel S. 105 ff.

[99] Vgl. im zweiten Kapitel S. 128 ff.

[100] Vgl. dazu *Kopp/Schenke*, VwGO, 13. Aufl. 2003, § 47 Rn. 30, m. w. N.

[101] Vgl. etwa *Lorenz*, AöR 93 (1968), 308, 335.

[102] So zur fernstraßenrechtlichen Linienbestimmung *Blümel*, in: Ein Vierteljahrhundert Straßenrechtsgesetzgebung, 1980, S. 309, 323; *Hoppe/Schlarmann/Buchner*, Rechtsschutz bei der Planung von Straßen, 3. Aufl. 2001, Rn. 291; ähnlich auch *Ibler*, DVBl. 1989, 76, 80 ff.; zur Bezeichnung nach dem LBG BVerwG, Urt. v. 11. 4. 1986 – 4 C 51.83 –, BVerwGE 74, 124 ff.; Urt. v. 28. 10. 1993 – 4 C 15/93 –, DVBl. 1994, 697 ff.; *Klinger*, Die militärische Fachplanung, 2002, S. 110 ff.; *Sodan*, in: ders./Ziekow (Hrsg.), VwGO, § 42 Rn. 134 und 322, Stand: GW 1996; weitere Nachweise und Kritik bereits im fünften Kapitel S. 291 f.

[103] Ablehnend zur Möglichkeit einer Doppelnatur von Hoheitsakten daher etwa *Kopp/Schenke*, VwGO, 13. Aufl. 2003, Anh. § 42 Rn. 8 und 63, m. w. N.; *Laubinger*, VerwArch 77 (1986), 421, 427 ff.; *Voßkuhle*, SächsVBl. 1995, 54 ff., der von einem »relativen Verwaltungsakt« spricht; *Wolff/Bachof/*

genannte Ansatz nur das Erfordernis der Klagebefugnis nach §42 Abs. 2 VwGO in den Begriff des Verwaltungsakts hineinliest.[104]

Die erwähnten Entscheidungen berücksichtigen zudem nicht den oben dargestellten Grundsatz, daß für die Einordnung eines staatlichen Handelns in das verwaltungsrechtliche Handlungsformen- und Rechtsschutzsystem grundsätzlich die bewußte gesetzgeberische Entscheidung maßgebend sein muß. Wenn der Gesetzgeber einer Planung eine bestimmte Rechtsform zuweist, legt er damit inzident auch das Erlaßverfahren, ihre Stellung im System der Rechtsquellen und das gegen den einzelnen Plan eröffnete Rechtsschutzinstrumentarium fest. Im Raumplanungsrecht dürfte jedoch – wie die Beispiele des Flächennutzungsplans oder der Raumordnungspläne belegen – in aller Regel auch die gesetzgeberische Entscheidung, einer Planung *keine* äußere Handlungsform zuzuordnen, sondern sie als Verwaltungsinternum zu behandeln, zugleich eine bewußte Absage an die Möglichkeit unmittelbaren Rechtsschutzes beinhalten. Denn wenn keine Zuordnung zu den unmittelbar angreifbaren Handlungsformen Verwaltungsakt, Satzung oder Rechtsverordnung erfolgt, dann soll der Plan auch keine autonome rechtliche Geltung nach außen entfalten.[105] Es würde dieser gesetzgeberischen Entscheidung widersprechen, dennoch unmittelbar gegen den Plan die Normenkontrolle nach §47 Abs. 1 Nr. 2 VwGO zu eröffnen.

Auch die in Art. 19 Abs. 4 GG enthaltene Garantie effektiven Rechtsschutzes gebietet schließlich kein anderes Ergebnis. Art. 19 Abs. 4 GG garantiert effektiven, nicht jedoch notwendigerweise stets direkten Rechtsschutz gegen sämtliche Rechtsakte oder praktisch relevante (planerische) Vorentscheidungen.[106] Es ist also keineswegs grundgesetzlich geboten, gegen jedwede Standortfestlegung eines Vorhabens in einem Raumordnungsplan unmittelbaren Rechtsschutz zu gewähren[107], wenn die gerichtliche Überprüfung der entsprechenden Planungsentscheidung auch inzident im Rahmen eines nachfolgenden Genehmigungsverfahrens möglich ist. Auch aus Sicht der Gemeinden dürfte gegenüber Raumordnungszielen die inzidente Überprüfung, etwa durch eine Feststellungsklage, ausreichen, um das nach Art. 19 Abs. 4 GG gebotene Maß an Rechtsschutz zu gewährleisten[108], zumal daneben auch Mög-

---

Stober, Verwaltungsrecht, Bd. II, 6. Aufl. 2000, §45 Rn. 73ff.; vgl. auch *Krebs*, in: HStR III, 1988, §69 Rn. 47.

104 *Voßkuhle*, SächsVBl. 1995, 54, 55f. Vorzugswürdig ist daher die Differenzierung bei *Ziekow*, in: Sodan/Ziekow (Hrsg.), VwGO, §47 Rn. 222, Stand: Juli 1998, der darauf abstellt, daß eine *Rechtsverletzung* nur gegenüber den Gemeinden möglich erscheint.

105 So für hessische Regionalpläne VGH Kassel, Urt. v. 16. 8. 2002 – 4 N 3272/01 –, NuR 2003, 115, 116ff. Im Zusammenhang mit den planerischen Zwischenschritten hin zur Vorhabenplanung spricht *Salis*, Gestufte Verwaltungsverfahren, 1991, S. 194ff., insofern von einer »tendenziellen Unverbindlichkeit«.

106 *Papier*, in: HStR VI, 1989, §154 Rn. 73; *ders.*, in: FS für Menger, 1985, S. 517, 518f.; ähnlich *Schmidt-Aßmann*, in: Maunz/Dürig u.a., GG, Art. 19 IV Rn. 166ff., 169, Stand: Feb. 2003; allgemeiner zum Effektivitätsgebot auch *Huber*, in: v. Mangoldt/Klein/Starck (Hrsg.), GG, Bd. 1, 4. Aufl. 1999, Art. 19 Rn. 391, 462ff.

107 So aber *Blümel*, VerwArch 84 (1993), 123, 137.

108 Vgl. bereits BVerfG, Beschl. v. 27. 7. 1971 – 2 BvR 443/70 –, BVerfGE 31, 364, 369f.; im Schrift-

lichkeiten der Kommunalverfassungsbeschwerde nach Bundes- und Landesverfassungsrecht gegeben sind.[109] Art. 19 Abs. 4 GG macht es somit nicht erforderlich, formfreie, nicht-außenwirksame Raumplanungen um des Rechtsschutzes willen als Normen einzuordnen. Für dieses Ergebnis spricht schließlich auch, daß gegen untergesetzliche Rechtsnormen keineswegs automatisch, sondern lediglich nach Maßgabe des § 47 Abs. 1 Nr. 2 VwGO sowie des Landesrechts unmittelbarer Rechtsschutz gewährt wird; so ist gegen Planungen, die als Rechtsverordnungen des Bundes ergehen, die untergesetzliche Normenkontrolle nicht eröffnet[110], ohne daß darin ein Verstoß gegen Art. 19 Abs. 4 GG liegen würde.[111]

Aus denselben Gründen steht Art. 19 Abs. 4 GG trotz gegenteiliger Aussagen im Schrifttum[112] nicht der Rechtsprechung des Bundesverwaltungsgerichts entgegen, wonach kein unmittelbarer Rechtsschutz gegen die Genehmigung von Flugplätzen nach § 6 Abs. 1 LuftVG besteht, wenn und soweit neben dieser planungsvorbereitenden Entscheidung ein luftverkehrsrechtlicher Planfeststellungsbeschluß nach § 8 Abs. 1 LuftVG ergeht, der als abschließende Planungsentscheidung umfassender gerichtlicher Kontrolle unterliegt.[113] Von einem doppelten Regelungsgehalt der luftverkehrsrechtlichen Genehmigung sowohl als einer Unternehmergenehmigung als auch einer endgültigen Planungsentscheidung geht die Rechtsprechung hingegen aus, wo es für die Anlage eines Flugplatzes einer Planfeststellung nicht bedarf und die luftverkehrsrechtliche Zulassung des Flugplatzes einstufig und abschließend allein durch die Erteilung der Genehmigung nach § 6 Abs. 1 LuftVG erfolgt. In diesem Fall liegt eine anfechtbare fachplanerische Entscheidung vor.[114]

---

tum etwa *Hendler*, Gemeindliches Selbstverwaltungsrecht und Raumordnung, 1972, S. 47f.; *Kopp/Schenke*, VwGO, 13. Aufl. 2003, 47 Rn. 9f.; *Pietzcker*, in: Schoch/Schmidt-Aßmann/Pietzner (Hrsg.), VwGO, Vorb. zu § 42 Rn. 25, m. w. N., Stand: GW April 1996; näher zur Feststellungsklage im Planungsrecht *Hoppe*, Grundfragen des Planungsrechts, 1998, S. 303ff.; *Jörgensen*, BayVBl. 1992, 353, 356ff.; a. A. *Erbguth*, DVBl. 1981, 557, 562, und *Hoppe*, in: FS für Redeker, 1993, S. 377, 387ff., die inzidenten Rechtsschutz nach dem Maßstab des Art. 19 Abs. 4 GG für nicht effektiv genug halten.

[109] Ähnlich für Verwaltungsvorschriften *Löhr*, DVBl. 1980, 13, 20.

[110] Näher *Kilian*, NVwZ 1998, 142.

[111] *Halama*, in: FS für Schlichter, 1995, S. 201, 207f.; vgl. zur fehlenden verfassungsrechtlichen Fundierung der prinzipalen Normenkontrolle etwa *Gerhardt*, in: Schoch/Schmidt-Aßmann/Pietzner (Hrsg.), VwGO, § 47 Rn. 11 und 20, Stand: Mai 1997; *Lorenz*, in: FS für Menger, 1985, S. 143, 151, 155; *Papier*, ebenda, S. 517, 518f.; *Ziekow*, in: Sodan/Ziekow (Hrsg.), VwGO, § 47 Rn. 23, Stand: Juli 1998.

[112] Vgl. etwa *Bäumler*, DÖV 1981, 43, 45ff., 48ff.; *Schmidt-Aßmann*, DVBl. 1981, 334, 337ff.; *ders.*, in: Maunz/Dürig u. a., GG, Art. 19 IV Rn. 170, Stand: Feb. 2003.

[113] BVerwG, Urt. v. 7. 7. 1978 – IV C 79.76 –, BVerwGE 56, 110, 134ff.; diese st. Rspr. wird bestätigt durch BVerfG, Beschl. v. 1. 8. 1980 – 2 BvR 1366/79 –, DVBl. 1981, 374; zustimmend etwa *Badura*, in: Rüthers/Stern (Hrsg.), Freiheit und Verantwortung im Verfassungsstaat, 1984, S. 27, 37f.; *Geiger*, NuR 1982, 127ff.; *Lerche*, in: FS für den BayVGH, 1979, S. 223, 226f.; *Steinberg/Müller*, NJW 2001, 3293, 3295, jeweils m. w. N.; vgl. zu der ganzen Debatte auch die Darstellung bei *Salis*, Gestufte Verwaltungsverfahren, 1991, S. 88ff.

[114] BVerwG, Urt. v. 26. 7. 1989 – 4 C 35.88 –, BVerwGE 82, 246ff.; Beschl. v. 7. 11. 1996 – BVerwG 4 B 170.96 –, NVwZ-RR 1997, 523ff.; vgl. im einzelnen die Ausführungen und Nachweise bei *Bäumler*, DÖV 1981, 43, 46f.; *Harbeck*, ZLW 1983, 209ff.; *Kühling/Hermann*, Fachplanungsrecht,

Zusammenfassend ist damit festzuhalten, daß entgegen den aktuellen Tendenzen in Rechtsprechung und herrschender Lehre unmittelbarer Rechtsschutz gegen Raumpläne nur zur Verfügung steht, wenn und soweit der Gesetzgeber der konkreten Planung bzw. ihrer staatlichen Autorisierung eine direkt verwaltungsgerichtlich angreifbare Handlungsform zugeordnet hat. Ein Abstellen auf die vorgebliche materielle Rechtsnatur der Raumpläne ist demgegenüber durch Art. 19 Abs. 4 GG nicht geboten und bietet angesichts der dargestellten Abgrenzungsprobleme auch keine befriedigenden Maßstäbe.

2. Die Möglichkeit einer gerichtlichen Geltendmachung von Rechtsverletzungen

a) Fallgruppen der gegenseitigen Rechtsverletzung unter Planungsträgern

Nach den in den vorhergehenden Kapiteln ermittelten formellen und materiellen Koordinationsregeln – neben den spezifischen planungsrechtlichen Koordinationsvorschriften sind dies vor allem die allgemeinen Grundsätze zur Kompetenz, Abwägung und Normenhierarchie – muß die Möglichkeit einer Verletzung in eigenen Rechten im Sinne der § 42 Abs. 2 bzw. § 47 Abs. 2 VwGO in folgenden Situationen anerkannt werden:

- Im Rahmen einer anderen Planung wird eine einfachgesetzliche Kollisions- oder Koordinationsregel verletzt, die dem begünstigten Planungsträger Drittschutz vermittelt, also auch den Interessen dieses Planungsträgers zu dienen bestimmt ist.
- Eine andere Planung greift unter Verletzung der einschlägigen Kompetenzvorschriften in den sachlichen Aufgabenbereich eines Planungsträgers ein.
- Die Festsetzungen eines Planungsträgers werden durch eine andere Planung nicht beachtet, obwohl sie für diese – etwa nach den Grundsätzen der Normenhierarchie – Verbindlichkeit beanspruchen können.
- Die Festsetzungen eines Planungsträgers sind zwar für eine andere Planung bei ordnungsgemäßer Abwägung überwindbar, bei der Berücksichtigung dieser Festsetzungen wird jedoch gegen das Abwägungsgebot verstoßen.

Jede dieser Fallgruppen setzt generell die Möglichkeit voraus, daß es zwischen den von einem Planungskonflikt betroffenen Planungsträgern überhaupt zu einer Verletzung »in eigenen Rechten« kommen kann. Gerade dies ist jedoch bei den meisten Planungsträgern zweifelhaft.

---

2. Aufl. 2000, Rn. 99ff. und 700ff.; *Sodan*, in: ders./Ziekow (Hrsg.), VwGO, § 42 Rn. 227f., Stand: GW 1996, sowie umfassend *Delbanco*, Die Änderung von Verkehrsflughäfen, 1998, S. 140ff., m.w.N. zu dem überwiegend kritischen Schrifttum auf S. 144ff. Die von *Delbanco* auf S. 158ff. diskutierte geänderte Rechtslage nach dem Verkehrswegeplanungsbeschleunigungsgesetz ist durch das weitgehende Auslaufen dieses Gesetzes überholt.

b) Private Planungsträger

Zumeist unproblematisch ist die Möglichkeit einer Verletzung eigener Rechte allerdings im Fall rechtsfähiger privater Planungsträger. Ausgangspunkt sind hier die Grundrechte des durch eine konkurrierende Festsetzung betroffenen Planungsträgers, vor allem sein durch Art. 14 GG geschütztes Grundeigentum. Hinzu treten einfachgesetzliche Konkretisierungen der grundrechtlichen Positionen. Daher vermitteln die Grundrechte nicht nur im Fall ihrer Verletzung eine Klagebefugnis, sondern auch den Anspruch auf Abwägung eines konkurrierenden Planungsträgers. Das »Recht auf Abwägung«[115] ist somit jedenfalls durch private Planungsträger einklagbar. Gegenüber solchen konkurrierenden Planfeststellungen ist der private Planungsträger daher nach § 42 Abs. 2 VwGO anfechtungsbefugt. Dieselben Maßstäbe gelten für die Überprüfung von Nutzungsregelungen und anderen Plänen in untergesetzlicher Form, soweit das Landesrecht nach § 47 Abs. 1 Nr. 2 VwGO gegenüber solchen Normen die Möglichkeit der Normenkontrolle zuläßt. So ist etwa ein privater Bergwerkseigentümer gegenüber einem Bebauungsplan oder einer Landschaftsschutzverordnung, die seine Aktivitäten beschränken, zur Normenkontrolle nach § 47 VwGO berechtigt und kann dabei überprüfen lassen, ob sein Interesse an der Verwirklichung bergbaulicher Vorhaben – auch mit Blick auf deren Standortgebundenheit und das in § 48 Abs. 1 S. 2 BBergG normierte Allgemeininteresse am Bergbau – im Rahmen der Abwägung ausreichend berücksichtigt wurde.[116]

Gegenüber Zielen der Raumordnung wurde bislang Privaten für gewöhnlich kein unmittelbarer Rechtsschutz zugestanden.[117] Das dürfte freilich nach den Maßstäben der Rechtsprechung jedenfalls bei solchen privaten Planungsträgern anders sein, für die nach der Neufassung des § 4 Abs. 1 S. 1 Nr. 2 ROG eine unmittelbare Zielbindung begründet wird[118] und damit die Möglichkeit besteht, daß sie in ihren Rechten verletzt sind.[119] Da die Rechtsprechung die Ziele der Raumordnung unabhängig von ihrer äußeren Einkleidung als landesrechtliche untergesetzliche Rechtsvorschriften i.S.v. § 47 Abs. 1 Nr. 2 VwGO ansieht[120], muß insoweit nach Maßgabe des Landesrechts künftig auch die Möglichkeit der abstrakten Normenkontrolle bestehen.

c) Die Rechtsfähigkeit öffentlicher Planungsträger

Bei der Beeinträchtigung öffentlicher Planungsträger werden diese Maßstäbe jedoch brüchig. Rein quantitativ betrifft dies die Mehrzahl der entsprechenden Konflikte,

---

115 Vgl. dazu im fünften Kapitel S. 307 und 310.

116 BVerwG, Urt. v. 17. 1. 2001 – 6 CN 4/00 –, NVwZ 2001, 1038ff.; Beschl. v. 16. 3. 2001 – 4 BN 15/01 –, NVwZ-RR 2002, 8.

117 Vgl. nur *Brohm*, Öffentliches Baurecht, 3. Aufl. 2002, § 37 Rn. 47; *Peine*, Öffentliches Baurecht, 4. Aufl. 2003, Rn. 266; *Salis*, Gestufte Verwaltungsverfahren, 1991, S. 142ff., m. w. N.; differenzierend *Kment*, Rechtsschutz im Hinblick auf Raumordnungspläne, 2002, S. 305ff.; vgl. jetzt auch VGH München, Urt. v. 8. 12. 2003 – 20 N 01.2612 –, NuR 2004, 315ff.

118 Vgl. dazu im zweiten Kapitel S. 87.

119 *Kment*, Rechtsschutz im Hinblick auf Raumordnungspläne, 2002, S. 327ff.; *Kopp/Schenke*, VwGO, 13. Aufl. 2003, § 47 Rn. 79; *Peine*, Öffentliches Baurecht, 4. Aufl. 2003, Rn. 267, m. w. N.

120 Vgl. oben S. 471ff.

da es sich bei Raumplanungen ganz überwiegend um hoheitliche Planungen handelt und sich damit auch die entsprechenden Raumplanungskonflikte meist in dem Verhältnis hoheitlicher Planungsträger untereinander abspielen. Dies kann zu starken Beschränkungen der verwaltungsgerichtlichen Rechtsschutzmöglichkeiten führen: Zumindest nach herkömmlicher Sicht stellen staatliche Kompetenzen als apersonale, also nicht Personen, sondern Behörden zugewiesene Wahrnehmungszuständigkeiten keine subjektiv-öffentlichen Rechte im Sinne des Art. 19 Abs. 4 GG dar[121], so daß im Grundsatz somit auch klagefähig nur (Planungs-)Rechte der Personen des Zivilrechts, nicht aber bloße Kompetenzen sind.[122] Aus dieser Perspektive scheint ein Rechtsschutz unter öffentlichen Planungsträgern von vornherein auszuscheiden. Nicht umsonst kommt es in der Gerichtspraxis unter Fachplanungsträgern mangels Klagefähigkeit nur selten zu Rechtsstreiten.[123] So wird bei Behörden, deren Zuständigkeit durch die in § 75 Abs. 1 S. 1 VwVfG angeordnete Konzentrationswirkung auf die Planfeststellungsbehörde übergeht, im Fall einer Verletzung des ihnen zugeordneten materiellen Fachrechts eine Klagebefugnis nicht anerkannt. Ebensowenig bestehen Klagerechte der verdrängten Behörde, wenn die Planfeststellungsbehörde ihre Kompetenzen überschreitet, da den Kompetenzen einer derart aus ihrem Zuständigkeitsbereich verdrängten Behörde kein wehrfähiges Recht entsprechen soll.[124]

Dieselben Beschränkungen gelten für solche juristischen Personen des Privatrechts, die sich in der Hand staatlicher Verwaltungsträger befinden oder öffentliche Aufgaben wahrnehmen. Grundrechte sind Abwehrrechte des Bürgers gegen den Staat. Da dieser nicht zugleich Grundrechtsträger und Grundrechtsverpflichteter sein kann, hat das Bundesverfassungsgericht zu Recht nur in Ausnahmefällen eine Grundrechtsgeltung zugunsten juristischer Personen des öffentlichen Rechts anerkannt.[125] Die Wahl einer abweichenden Organisationsform kann dabei zu keiner anderen Beurteilung führen. Somit gelten im wesentlichen dieselben Maßstäbe wie für öffentliche Verwaltungsträger auch für juristische Personen des Privatrechts,

---

[121] Vgl. BVerwG, Urt. v. 21. 6. 1974 – IV C 17.72 –, BVerwGE 45, 207, 209; vgl. aber auch das Urt. v. 29. 1. 1991 – 4 C 51.89 –, BVerwGE 87, 332, 338, und dazu – die Passage wohl überinterpretierend – *Laubinger*, VerwArch 85 (1994), 291, 311; im Schrifttum *Krebs*, in: HStR III, 1988, § 69 Rn. 46; *Papier*, DÖV 1980, 292, 293 ff.; *Schmidt-Aßmann*, in: Maunz/Dürig u. a., GG, Art. 19 IV Rn. 148, Stand: Feb. 2003; *Wahl/Schütz*, in: Schoch/Schmidt-Aßmann/Pietzner (Hrsg.), VwGO, § 42 Abs. 2 Rn. 92, m. w. N., Stand: GW April 1996; vgl. auch *Stettner*, Grundfragen einer Kompetenzlehre, 1983, S. 64 ff.; zum Schutzobjekt des Art. 19 Abs. 4 GG *Lorenz*, in: FS für Menger, 1985, S. 143, 148 ff.

[122] BVerwG, Urt. v. 5. 10. 1964 – V C 58.63 –, BVerwGE 19, 269 ff.; Urt. v. 14. 2. 1969 – IV C 215.65 –, BVerwGE 31, 263, 267; *Allesch/Häußler*, in: Obermayer, VwVfG, 3. Aufl. 1999, § 78 Rn. 38 ff.; *Schütz*, in: Ziekow (Hrsg.), Praxis des Fachplanungsrechts, 2004, Rn. 961.

[123] *Gaentzsch*, WiVerw 1985, 235, 238.

[124] Vgl. zu diesen Aussagen statt vieler *Johlen*, DÖV 1989, 204, 208, m. w. N.

[125] Im wesentlichen sind dies die Verfahrensgrundrechte der Art. 101 Abs. 2, Art. 103 Abs. 1 GG sowie die Ausnahme für diejenigen juristischen Personen, die dem Bürger zur Verwirklichung bestimmter individueller Grundrechte dienen. Näher etwa *Papier*, in Maunz/Dürig u. a., GG, Art. 14 Rn. 208 ff., Stand: Juni 2002.

soweit öffentlich-rechtliche Träger alleinige Aktionäre oder Gesellschafter sind[126] oder wenn die öffentliche Hand eine Mehrheitsbeteiligung hält, die ihr die Möglichkeit verleiht, auf die Geschäftsführung entscheidenden Einfluß zu nehmen.[127] Nicht als privater Planungsträger anzusehen ist daher etwa die Deutsche Bahn Netz AG als bloß formell privatisierter Staatsbetrieb[128].

d) Rechtsschutzmöglichkeiten für Behörden

Eine explizite und im Ergebnis allgemein anerkannte Ausnahme von diesem Befund bildet allerdings die Normenkontrolle durch Behörden nach §47 Abs.2 S.1 2. Alt. VwGO, die als »objektive Beanstandungsklage«[129] keine Klagebefugnis, sondern lediglich ein Rechtsschutzbedürfnis voraussetzt. Die Existenz dieser Regelung belegt, daß die Verwaltungsgerichtsordnung den Verwaltungsrechtsweg in §40 VwGO keineswegs auf Streitigkeiten um subjektive Rechte des Bürgers beschränkt.[130]

Die in §47 Abs.2 S.1 2. Alt. VwGO getroffene Systementscheidung für eine von dem Erfordernis einer Rechtsverletzung losgelöste behördliche Normenkontrolle[131] hat auch im Planungsrecht einen erheblichen Anwendungsbereich. So wird beispielsweise einer staatlichen Naturschutzbehörde, die eine Naturschutzverordnung in einem bereits durch einen Bebauungsplan erfaßten Gebiet erlassen will und daher mit diesem in Konflikt gerät, zugestanden, im Verfahren der verwaltungsgerichtlichen Normenkontrolle die Feststellung der Ungültigkeit dieses Bebauungsplans zu erreichen.[132] Gegebenenfalls soll sogar eine Pflicht der Behörde bestehen, derartige Normenkontrollverfahren einzuleiten.[133] Damit sind in einem wichtigen Bereich des Problemfeldes die Anfechtungsmöglichkeiten unabhängig von der Rechtsfähigkeit der betroffenen Planungsbehörden in erster Linie durch die Rechtsform determiniert – Pläne in untergesetzlicher Form können, soweit das Landesrecht dies vorsieht, nahezu unbegrenzt durch andere staatliche Hoheitsträger angegriffen werden.

---

[126] Siehe etwa BVerfG, Beschl. v. 7.6. 1977 – 1 BvR 108/73 –, BVerfGE 45, 63, 80; Beschl. v. 20.12. 1979 – 1 BvR 834/79 –, NJW 1980, 1093.

[127] BVerfG, Beschl. v. 16.5. 1989 – 1 BvR 705/88 –, NJW 1990, 1783.

[128] Vgl. dazu *Blümel*, Fragen der Entwidmung von Eisenbahnbetriebsanlagen, 2000, S.6; *Spannowsky*, ZGR 1996, 400, 405.

[129] Vgl. *Papier*, DÖV 1980, 292, 294; *Ziekow*, in: Sodan/Ziekow (Hrsg.), VwGO, §47 Rn.37f., Stand: Juli 1998; zu dem auf *Fuss* zurückgehenden Begriff der »objektiven Beanstandungsklage« auch *Buchwald*, Der verwaltungsgerichtliche Organstreit,1998, S.46ff.

[130] So zu Recht *Erichsen*, in: FS für Menger, 1985, S.211, 220, mit umfassenden Nachweisen zu diesbezüglichen Aussagen im Schrifttum.

[131] Vgl. zu den unterschiedlichen Modellen des subjektiven Rechtsschutzes und der objektiven Rechtskontrolle andererseits besonders *Krebs*, in: FS für Menger, 1985, S.191ff.; weitere Beispiele für Klagemöglichkeiten der Verwaltung bei *Henke*, Das subjektive öffentliche Recht, 1968, S.141ff.

[132] BVerwG, Urt.v. 31.1. 2001 – 6 CN 2.00 –, BVerwGE 112, 373, 382; Urt. v. 7.6. 2001 – 4 CN 1/01 –, BVerwGE 114, 301ff.

[133] Vgl. *Baumeister/Ruthig*, JZ 1999, 117, 120f.

e) Planungskompetenzen als rechtsschutzfähige Planungsrechte

Neben dieser speziellen behördlichen Antragsbefugnis gibt es jedoch noch eine grundsätzlichere Perspektive, die Rechtsschutz unter öffentlichen Planungsträgern als nicht von vornherein ausgeschlossen erscheinen läßt. Nach einer vordringenden Sichtweise können auch bloße kompetenzrechtliche Positionen in bestimmten Fällen prozessuale »Rechte« im Sinne von §42 Abs.2 VwGO darstellen, wenn die Rechtsordnung diesen Positionen auf einfachgesetzlicher Ebene eine verwaltungsprozessuale Wehrfähigkeit zuerkennt.[134] Die grundlegende Unterscheidung von subjektiv-öffentlichen Rechten und verwaltungsrechtlichen Kompetenzen und die überkommene ausnahmslose Beschränkung des subjektiv-öffentlichen Rechts auf das Verhältnis des Bürgers und seiner geschützten Eigeninteressen gegenüber dem Staat[135] sind seit der Überwindung der Lehre von der »Impermeabilität« der juristischen Person Staat[136] mehr und mehr in Frage gestellt worden.[137] Mit der Vorstellung, daß es subjektive öffentliche Rechte des Staates geben[138] oder daß der Gesetzgeber öffentlichen Stellen auch ohne Zuerkennung eines subjektiven öffentlichen Rechts Klagemöglichkeiten einräumen kann[139], ist auch die Möglichkeit von Rechtsstreitigkeiten zwischen Verwaltungsträgern oder entsprechenden Organteilen nicht mehr von vornherein ausgeschlossen.[140] Die Rechtsprechung geht daher auch nicht mehr von einem generellen Verbot von Insichprozessen des Staates aus, sondern beurteilt deren Zulässigkeit auf der Grundlage der Umstände des jeweiligen Einzelfalls.[141]

Nach diesem Ansatz dürfte die Möglichkeit eines Rechtsschutzes unter Planungsträgern vor allem dort in Betracht kommen, wo es sich nicht nur um Konflikte zwischen Behörden der gleichen juristischen Person, sondern zwischen unterschiedlichen juristischen Personen des öffentlichen Rechts handelt. Es liegt geradezu in der

---

[134] Vgl. *Kisker*, Insichprozeß und Einheit der Verwaltung, 1968, S.37; *Kopp/Schenke*, VwGO, 13. Aufl. 2003, §42 Rn.80, m.w.N.; *Wahl*, in: Schoch/Schmidt-Aßmann/Pietzner (Hrsg.), VwGO, Vorb. §42 Abs.2 Rn.118., Stand: GW April 1996. Allgemein zur gesetzgeberischen Gestaltungsfreiheit bei der Zuerkennung subjektiver öffentlicher Rechte und ihren Grenzen *Huber*, Konkurrenzschutz im Verwaltungsrecht, 1991, S.291ff.

[135] Vgl. für dieses Verständnis *Henke*, Das subjektive öffentliche Recht, 1968, S.1ff., 40ff.; *Papier*, DÖV 1980, 292, 294; *Ress*, Das subjektive öffentliche Recht, in: Ermacora u.a. (Hrsg.), Allgemeines Verwaltungsrecht, 1979, S.105, 112ff.

[136] Dazu vor allem *Rupp*, Grundfragen der heutigen Verwaltungsrechtslehre, 1965, S.19ff.

[137] Vgl. aus dem kaum überschaubaren Schrifttum die Darstellung und die Nachweise zu den verschiedenen Ansätzen bei *Buchwald*, Der verwaltungsgerichtliche Organstreit,1998, S.83ff.; i. ü. *Hoppe*, Organstreitigkeiten vor den Verwaltungs- und Sozialgerichten, 1970, S.177ff.; *Kisker*, Insichprozeß und Einheit der Verwaltung, 1968, besonders S.36ff.

[138] So besonders *Bauer*, DVBl. 1986, 208ff.; *Krebs*, in: FS für Menger, 1985, S.191, 207ff.; differenzierend im Grundsatz auch *Bleckmann*, DVBl. 1986, 666f.; ablehnend etwa *Huber*, Konkurrenzschutz im Verwaltungsrecht, 1991, S.167ff.; vgl. auch bereits *Henke*, Das subjektive öffentliche Recht, 1968, S.144.

[139] Vgl. *Huber*, Konkurrenzschutz im Verwaltungsrecht, 1991, S.280, m.w.N.

[140] *Lorenz*, AöR 93 (1968), 308, 315ff.

[141] BVerwG, Urt. v. 21.6.1974 – IV C 17.72 –, BVerwGE 45, 207ff.; Urt. v. 6.11.1991 – 8 C 10.90 –, NJW 1992, 927.

Konsequenz der Anerkennung der Untergliederung der Staatsgewalt in rechtsfähige juristische Personen, daß diese auch prozessual Zuordnungsobjekte von Rechten und Pflichten sein können.[142] Stärker noch als im Bereich der verwaltungsgerichtlichen Organklagen[143], wo die durch die Rechtsprechung erfolgte Überhöhung der Organzuständigkeiten durch klagefähige Rechtspositionen grundsätzlichen Zweifeln begegnet[144], muß nach der modernen Rechtsverhältnislehre[145] im Verhältnis von juristischen Personen untereinander die Möglichkeit einer Verletzung wehrfähiger Rechtspositionen anerkannt werden.[146] Bei solchen Beziehungen handelt es sich – anders als bei den Verhältnissen innerhalb des organschaftlichen Bereichs – nicht um bloße Innenrechtsstreitigkeiten[147], so daß ein allgemeiner verwaltungsprozessualer Grundsatz der Unzulässigkeit eines Insichprozesses – falls ein solcher überhaupt bestehen sollte – insoweit jedenfalls nicht zum Tragen kommen kann.[148] Vor diesem Hintergrund sollen im folgenden in erster Linie die Klagemöglichkeiten im Verhältnis rechtsfähiger Planungsträger untereinander behandelt werden, während die Möglichkeit des Rechtsschutzes staatlicher Planungsbehörden untereinander nicht weiter verfolgt wird.

f) Maßstäbe für das Vorliegen der Rechtsverletzung eines öffentlichen Planungsträgers

Die abstrakte Rechtsfähigkeit allein ist nicht ausreichend, um in jedem Fall einer Beeinträchtigung von Planungskompetenzen durch andere Planungen die Möglichkeit einer Rechtsverletzung zu bejahen. Nicht nur für Behörden, sondern auch für die durch die Behörde repräsentierten Rechtsträger ist nämlich dann keine Klagemöglichkeit anzuerkennen, »wenn Kompetenzen nicht für eigene Rechte des Rechtsträgers stehen«.[149] Wann diese Voraussetzung erfüllt ist, ist eine Frage materiellen Rechts und bislang allenfalls in Ansätzen geklärt. Insbesondere zu dem Verhältnis zwischen juristischen Personen des öffentlichen Rechts untereinander liegen

142 Vgl. statt vieler *Wolff/Bachof/Stober*, Verwaltungsrecht I, 11. Aufl. 1999, §34 Rn. 6ff.

143 Näher etwa *Erichsen*, in: FS für Menger, 1985, S. 211ff.; *Herbert*, DÖV 1994, 108ff.; *Krebs*, in: HStR III, 1988, §69 Rn. 48ff.; *Lorenz*, AöR 93 (1968), 308ff.

144 Kritik namentlich bei *Papier*, DÖV 1980, 292ff.

145 Vgl. dazu *Achterberg*, Die Rechtsordnung als Rechtsverhältnisordnung, 1982; *Löwer*, NVwZ 1986, 793ff., m.w.N.; *Rupp*, Grundfragen der heutigen Verwaltungsrechtslehre, 1965, S. 15ff.; zusammenfassend *Maurer*, Allgemeines Verwaltungsrecht, 14. Aufl. 2002, §8 Rn. 16ff.

146 Näher zur Unterscheidung von Organklagen und Streitigkeiten unter juristischen Personen etwa *Buchwald*, Der verwaltungsgerichtliche Organstreit,1998, S. 24.

147 *Rupp*, Grundfragen der heutigen Verwaltungsrechtslehre, 1965, S. 34; dem folgend *Erichsen*, in: FS für Menger, 1985, S. 211, 215; a.A. *Herbert*, DÖV 1994, 108, 109, der das Außenrechtsverhältnis auf die Beziehungen zwischen Staat und Bürgern beschränken will.

148 So auch BVerwG, Urt. v. 21.6. 1974 – IV C 17.72 –, BVerwGE 45, 207, 209: »Die Frage nach der Zulässigkeit eines ›Insichprozesses‹ stellt sich deswegen in gleicher Weise, wenn zwei Behörden eines Rechtsträgers gegeneinander klagen, wenn eine Behörde und ihr Rechtsträger in einem Prozeß einander gegenüberstehen oder wenn, wie hier, der Rechtsträger – mit jeweils verschiedener gesetzlicher Vertretung – gleichzeitig Kläger und Beklagter ist.«

149 So der Obersatz in BVerwG, Urt. v. 14.2. 1969 – IV C 215.65 –, BVerwGE 31, 263, 267.

kaum verwertbare Aussagen vor. Für den *Innenrechtsstreit* wird zumeist als entscheidend angesehen, ob Behörden im Verhältnis zu anderen Behörden der gleichen juristischen Person durch eine Rechtsnorm zu »Waltern eines bestimmten Sachbereichs« eingesetzt[150] und ermächtigt sind, den von ihnen zu betreuenden Aspekt des Gemeininteresses »wie ein eigenes partikulares Interesse« gegen staatliche Beeinträchtigungen zu verteidigen.[151] Dies wird vor allem dann der Fall sein, wenn Selbstverwaltungsrechte betroffen sind.[152] Im *Außenrechtsstreit* unter juristischen Personen des öffentlichen Rechts können jedenfalls keine strengeren Maßstäbe gelten als für die einzelnen Behörden innerhalb einer juristischen Person. Soweit die Rechtsordnung einer juristischen Person autonome Planungsrechte einräumt, sollte sich daher im Fall einer konkreten Beeinträchtigung der entsprechenden Planungen die Möglichkeit einer Rechtsverletzung des öffentlichen Planungsträgers bejahen lassen.

In auffälligem Kontrast zu der oft bereitwilligen Anerkennung der Zulässigkeit verwaltungsrechtlicher Organstreitigkeiten verfolgt die Rechtsprechung demgegenüber eine sehr restriktive Linie. Den einzigen bislang allgemein anerkannten Anwendungsfall für eine rechtsschutzfähige Planung öffentlicher Planungsträger bildet die Bauleitplanung, die wiederum auf der grundrechtsähnlichen Selbstverwaltungsgarantie des Art. 28 Abs. 2 GG beruht. Diese für andere Planungsrechtsverhältnisse möglicherweise modellhaften Lösungsansätze sollen im folgenden ausführlich dargestellt werden.[153] Im Anschluß ist zu untersuchen, ob ähnliche Maßstäbe gelten, wenn die Kommunen nicht selbst planen, ihre planerischen Ziele jedoch gemeinsam im Rahmen der regionalen Planungsgemeinschaften und Planungsverbände verfolgen.[154] Schließlich soll die Frage verfolgt werden, wieweit diese Lösungen auf Planungskonflikte im Bund-Länder-Verhältnis übertragen werden können.[155]

3. Die Rechtsstellung der Gemeinden im öffentlichen Raumplanungssystem

a) Die Selbstverwaltungsgarantie als Kompetenzzuweisung und Abwehrrecht

Den Ausgangspunkt aller Überlegungen zur Wehrfähigkeit gemeindlicher Planungen bildet die verfassungsrechtliche Stellung der Gemeinde gem. Art. 28 Abs. 2 S. 1 GG, wonach den Gemeinden das Recht gewährleistet ist, alle Angelegenheiten der örtlichen Gemeinschaft in eigener Verantwortung zu regeln. Diese Regelung ist nach

---

150 *Lorenz*, AöR 93 (1968), 308, 320.

151 *Kisker*, Insichprozeß und Einheit der Verwaltung, 1968, S. 37; weitere ähnliche Formulierungen etwa bei *Erichsen*, in: FS für Menger, 1985, S. 211, 225ff.; *Funk-Draschka*, Die gerichtliche Überprüfbarkeit von Planfeststellungsbeschlüssen, 1993, S. 22ff.; vgl. auch *Bleckmann*, DVBl. 1986, 666, 667.

152 *Krebs*, in: HStR III, 1988, § 69 Rn. 47.

153 Nachfolgend S. 484ff. und 491ff.

154 Nachfolgend 500ff.

155 Nachfolgend 503ff.

der Rechtsprechung des Bundesverfassungsgerichts nicht nur eine Aufgaben- und Kompetenznorm, die den Gemeinden einen grundsätzlich alle Angelegenheiten der örtlichen Gemeinschaft umfassenden Aufgabenbereich und die Befugnis zur eigenverantwortlichen Führung der Geschäfte in diesem Bereich sichert[156], sondern gewährt zugleich ein *Abwehrrecht*, das der verfassungsrechtlichen Stellung der Gemeinde – auch gegenüber Dritten und damit auch gegenüber anderen Planungen – wie ein Grundrecht Wehrfähigkeit verleiht.[157]

Diese Wehrfähigkeit der einzelnen Gemeinde wird allerdings zum einen dadurch relativiert, daß Art. 28 Abs. 2 S. 1 GG ihr Selbstverwaltungsrecht unter den Vorbehalt »im Rahmen der Gesetze« stellt und damit die konkrete Ausgestaltung des Bereichs gemeindlicher Selbstverwaltung dem Gesetzgeber überläßt. Zum anderen entspricht es der ständigen Rechtsprechung des Bundesverfassungsgerichts, daß Art. 28 Abs. 2 GG die Selbstverwaltung der Gemeinden nur institutionell und nicht individuell gewährleistet.[158] Als rein institutionelle Garantie[159], die erst der gesetzlichen Ausgestaltung bedürfte, wären die Rechte der einzelnen Kommune freilich nahezu grenzenlos einschränkbar, wie dies auch der traditionellen Sichtweise in der Weimarer Republik entsprach[160]. Mittlerweile ist jedoch weithin anerkannt, daß sich die Gewährleistung des Art. 28 Abs. 2 GG nicht auf diesen Aspekt beschränkt, sondern auch eine subjektive Rechtsstellungsgarantie der einzelnen Kommune umfaßt.[161]

---

[156] BVerfG, Urt. v. 24. 6. 1969 – 2 BvR 446/64 –, BVerfGE 26, 228, 237f.; Beschl. v. 12. 1. 1982 – 2 BvR 113/81 –, BVerfGE 59, 216, 226; Beschl v. 23. 11. 1988 – 2 BvR 1619, 1628/83 –, BVerfGE, 79, 127, 143; Beschl. v. 26. 10. 1994 – 2 BvR 445/91 –, BVerfGE 91, 228, 236.

[157] *Dreier*, in: ders. (Hrsg.), GG, Bd. II 1998, Art. 28 Rn. 96ff., m. w. N.; *Faber*, in: AK-GG, Bd. 1, 2. Aufl. 1989, Art. 28 Abs. 1 II/Abs. 2 Rn. 48; *Langer*, VerwArch 80 (1988), 352, 353, 356; *Steinberg*, DVBl. 1982, 13, 17ff.; *Blümel*, Das Selbstgestaltungsrecht der Städte und Gemeinden, 1986, S. 10, umschreibt diese Funktion der Planungshoheit »als Abwehrrecht gegen fremde Planungen« mit dem Begriff des »Selbstgestaltungsrechts«. Kritisch dazu etwa *Schütz*, in: Ziekow (Hrsg.), Praxis des Fachplanungsrechts, 2004, Rn. 958 m. w. N.

[158] BVerfG, Beschl. v. 27. 11. 1978 – 2 BvR 165/75 –, BVerfGE 50, 50ff.; Beschl. v. 12. 5. 1992 – 2 BvR 470, 650 707/90 –, BVerfGE 86, 90, 107; *Brockmeyer*, in: Schmidt-Bleibtreu/Klein, GG, 9. Aufl. 1999, Art. 28 Rn. 10a, jeweils m. w. N.; *Maunz*, in: Maunz/Dürig u. a., GG, Art. 28 Abs. 2 Rn. 45, Stand: Okt. 1996.

[159] Vgl. für diese Sichtweise etwa *Badura*, Staatsrecht, 3. Aufl. 2003, Abschn. D Rn. 92; *Scholz*, Wesen und Entwicklung der gemeindlichen öffentlichen Einrichtungen, 1967, S. 43f.; kritisch *Czybulka*, Die Legitimation der öffentlichen Verwaltung, 1989, S. 204.

[160] Auf der Staatsrechtslehrertagung 1925 diagnostizierte *Stier-Somlo*, VVDStRL 2 (1925), 122, 130f., m. w. N. die allgemein anerkannte »Wertlosigkeit« der Selbstverwaltungsgarantie in Art. 127 WRV »für konkrete subjektive Rechte der Gemeinden«, da Reich und Staat jederzeit in der Lage seien, »jene vorbehaltenen Schranken zu ziehen, so daß von der Selbstverwaltung in Wirklichkeit kaum etwas übrig zu bleiben braucht«. Vgl. dazu auch *Blümel*, VVDStRL 36 (1978), 171ff.

[161] So *Dreier*, in: ders. (Hrsg.), GG, Bd. II 1998, Art. 28 Rn. 92ff.; *Nierhaus*, in: Sachs (Hrsg.), GG, 3. Aufl. 2003, Art. 28 Rn. 33ff., der die Formulierung des BVerfG als mißverständlich bezeichnet und von einer institutionellen Garantie »mit beschränkt individueller Wirkung« ausgeht; *Waechter*, Kommunalrecht, 3. Aufl. 1997, Rn. 48ff.; *Widera*, Zur verfassungsrechtlichen Gewährleistung gemeindlicher Planungshoheit, 1985, S. 24ff.

Umstritten ist zudem die sachliche Reichweite der gemeindlichen Selbstverwaltungsgarantie, da sich die Ansätze zur Definition der »Angelegenheiten der örtlichen Gemeinschaft« zum Teil erheblich unterscheiden. Traditionell wurde den Gemeinden lediglich ein unantastbarer, im konkreten Fall kaum fixierbarer Kernbereich herkömmlicher Aufgaben garantiert.[162] Das gestufte Schutzkonzept der *Rastede*-Entscheidung des Bundesverfassungsgerichts hat demgegenüber den Schutz der Gemeinden vor einer Ausdünnung ihrer Aufgaben gestärkt und in Art. 28 Abs. 2 S. 1 GG auch außerhalb des Kernbereichs der Garantie ein verfassungsrechtliches Aufgabenverteilungsprinzip erkannt.[163] Demnach umfaßt die gemeindliche Selbstverwaltung keinen nach feststehenden Merkmalen bestimmbaren Aufgabenkatalog, sondern vielmehr die generelle Befugnis, sich ohne besonderen Kompetenztitel aller Angelegenheiten der örtlichen Gemeinschaft anzunehmen, die nicht durch Gesetz bereits anderen Trägern öffentlicher Verwaltung übertragen sind. Als Angelegenheiten der örtlichen Gemeinschaft bezeichnet das Bundesverfassungsgericht in einer weiten, nicht mehr auf den Gesichtspunkt der Leistungsfähigkeit der Gemeinde abstellenden Definition alle diejenigen »Bedürfnisse und Interessen, die in der örtlichen Gemeinschaft wurzeln oder auf sie einen spezifischen Bezug haben, die also den Gemeindeeinwohnern gerade als solchen gemeinsam sind, indem sie das Zusammenleben und -wohnen der Menschen in der Gemeinde betreffen«.[164] Der Gesetzgeber darf den Gemeinden danach eine Aufgabe mit relevantem örtlichen Charakter nur aus Gründen des Gemeininteresses und damit vor allem dann entziehen, wenn anders die ordnungsgemäße Aufgabenerfüllung nicht sicherzustellen wäre und die den Aufgabenentzug tragenden Gründe überwiegen. Dabei sind die Grundsätze des Übermaßverbots zu beachten.[165] In keinem Fall darf er ihnen jedoch den erwähnten unantastbaren Kernbereich der gemeindlichen Selbstverwaltung entziehen[166], dessen Inhalt allerdings stets umstritten blieb.[167] Bei der Ermittlung dieses

---

162 So etwa noch BVerfG, Beschl. v. 29.4. 1958 – 2 BvL 25/56 –, BVerfGE 7, 358ff.; *Maunz*, in: Maunz/Dürig u.a., GG, Art. 28 Abs. 2 Rn. 54, Stand: Mai 1977; vgl. auch *Braese*, in: ders./Dick/Lindemann/Möcklinghoff, Verplante Gemeinden, 1980, S. 39, 47f.; zuletzt wieder *Koenig/Siewer*, NVwZ 2000, 609, 613.

163 BVerfG, Beschl. v. 23.11. 1988 – 2 BvR 1619, 1628/83 –, BVerfGE 79, 127ff.; vgl. dazu *Dreier*, in: ders. (Hrsg.), GG, Bd. II 1998, Art. 28 Rn. 115; *Schmidt-Aßmann*, in: FS für Sendler, 1991, S. 121ff.

164 BVerfG, Beschl. v. 23.11. 1988 – 2 BvR 1619, 1628/83 –, BVerfGE 79, 127, 151; vgl. dazu auch *Badura*, Staatsrecht, 3. Aufl. 2003, Abschn. D Rn. 95; *Birk*, NVwZ 1989, 905, 908f.; *Gern*, Kommunalrecht, 2. Aufl. 1997, Rn. 57ff.; *Schmidt-Aßmann*, in: FS für Sendler, 1991, S. 121, 128ff.; *Widera*, Zur verfassungsrechtlichen Gewährleistung gemeindlicher Planungshoheit, 1985, S. 30ff.

165 Näher *Löwer*, in: v. Münch/Kunig (Hrsg.), GG, Bd. 2, 5. Aufl. 2001, Art. 28 Rn. 50, m.w.N., der die Rechtsprechung des Gerichts gegenüber einer »echten« Verhältnismäßigkeitsprüfung abgrenzt; *Widera*, Zur verfassungsrechtlichen Gewährleistung gemeindlicher Planungshoheit, 1985, S. 55ff. Das gestufte Modell der Rastede-Entscheidung entspricht älteren Ansätzen im Schrifttum, etwa bei *Macher*, Der Grundsatz des gemeindefreundlichen Verhaltens, 1971, S. 60ff., 65ff., m.w.N.

166 BVerfG, Beschl. v. 20.3. 1952 – 1 BvR 267/51 –, BVerfGE 1, 167, 174f.; Urt. v. 10.12. 1974 – 2 BvK 1/73 und 2/BvR 902/73 –, BVerfGE 38, 258, 278f.

167 Vgl. *Blümel*, VVDStRL 36 (1978), 171, 241, 247; *Löwer*, in: v. Münch/Kunig (Hrsg.), GG, Bd. 2, 5. Aufl. 2001, Art. 28 Rn. 46; *Nierhaus*, in: Sachs (Hrsg.), GG, 3. Aufl. 2003, Art. 28 Rn. 49ff.

Kernbereiches ist die historische Auslegung vor dem Maßstab eines vorverfassungsmäßigen Leitbilds vorherrschend.[168] Da der Wirkungskreis der Gemeinden jedoch nach der Rechtsprechung auch in ihrem Kernbereich nur institutionell, nicht aber individuell gewährleistet wird[169], kann es nach h. L. auf die planerischen Auswirkungen auf einzelne Gemeinden nicht ankommen, sondern allein ausschlaggebend sein, ob eine dem Kernbereich zuzurechnende Befugnis allen Gemeinden entzogen wird.[170]

b) Raumplanungen auf dem Gemeindegebiet als örtliche Angelegenheit?

Diese Vorgaben haben auch für das Raumplanungsrecht Bedeutung. Bisweilen wurde im Schrifttum die Frage aufgeworfen, ob Raum- und insbesondere Fachplanungen – etwa für Verkehrs- oder Versorgungsanlagen oder im Umweltschutz – bereits dadurch zu Angelegenheiten der örtlichen Gemeinschaft werden, daß sie das Gebiet einzelner Gemeinden betreffen.[171] Konsequent zu Ende gedacht, wäre dann jede überörtliche Planung auf dem Gemeindegebiet im Grundsatz den Gemeinden zugewiesen.[172] Diesem Ansatz entspricht, daß selbst die Planung des Eisenbahnnahverkehrs gelegentlich als »vorrangig kommunale Aufgabe« bezeichnet wurde.[173] Hieraus wird in der Literatur ein Recht der Gemeinden abgeleitet, bei den überörtlichen Fachplanungen anderer Planungsträger nicht nur beteiligt und angemessen berücksichtigt zu werden, sondern diese Planungen auch durch inhaltliche Mitwirkung, Ersetzungsbefugnisse oder Vetorechte gegenüber der Fachplanung auf dem Gemeindegebiet zu ersetzen, zu lenken oder zu verhindern.[174]

Derartige Aussagen setzen voraus, daß Raumplanungen auf dem Gemeindegebiet dem Selbstverwaltungsrecht des Art. 28 Abs. 2 GG unterfallen. Dem Kernbereich des Selbstverwaltungsrechts könnte nach den Maßstäben der historischen Ausle-

---

[168] BVerfG, Beschl. v. 12.5. 1992 – 2 BvR 470, 650 707/90 –, BVerfGE 86, 90,107, m.w.N., wo auf den »Inhalt des verfassungsrechtlich gewährleisteten Kernbereichs der kommunalen Selbstverwaltung, so wie diese sich historisch entwickelt hat«, abgestellt wird; vgl. ferner im Schrifttum *Badura*, Staatsrecht, 3. Aufl. 2003, Abschn. D Rn. 92; *Brockmeyer*, in: Schmidt-Bleibtreu/Klein, GG, 9. Aufl. 1999, Art. 28 Rn. 9; *Dreier*, in: ders. (Hrsg.), GG, Bd. II 1998, Art. 28 Rn. 116; zu anderen Lösungsansätzen auch *Waechter*, Kommunalrecht, 3. Aufl. 1997, Rn. 137ff., m.w.N.

[169] Vgl. oben Fn. 158.

[170] *Schink*, in: Kormann (Hrsg.), Das neue Bundesbaurecht, 1994, S. 103, 112.

[171] So zuletzt *Schmidt-Aßmann*, in: ders. (Hrsg.), Besonderes Verwaltungsrecht, 12. Aufl. 2003, 1. Abschn. Rn. 16, m.w.N.

[172] Näher zu dieser Vorstellung *Brohm*, in: Ein Vierteljahrhundert Straßenrechtsgesetzgebung, 1980, S. 343, 348, 375ff., m.w.N.

[173] *Schmidt-Aßmann/Fromm*, Aufgaben und Organisation der Deutschen Bundesbahn in verfassungsrechtlicher Sicht, 1986, S. 76, m.w.N.; *Melchior*, Fachplanung im Sozialstaat, 2000, S. 143, 150ff., 155ff., 168; vgl. auch *Stober*, Kommunalrecht, 3. Aufl. 1996, S. 165f.

[174] So mit unterschiedlichen Akzenten *Czybulka*, Die Legitimation der öffentlichen Verwaltung, 1989, S. 239ff., der demgegenüber kondominale Raumplanungen an sich grundsätzlich für unzulässig hält (a.a.O. S. 233f.); *Brohm*, in: Ein Vierteljahrhundert Straßenrechtsgesetzgebung, 1980, S. 343, 368ff. und öfter; *Melchior*, Fachplanung im Sozialstaat, 2000, S. 152ff., 213f.; *Würtenberger*, BayVBl. 1982, 673, 676.

gung allenfalls die Bauleitplanung zugerechnet werden.[175] Gegenüber dieser Argumentation bestehen allerdings erhebliche Zweifel, da die Bauleitplanung keineswegs schon immer zu dem prägenden Bild der Selbstverwaltung gehörte.[176] Das Bundesverfassungsgericht läßt die umstrittene Frage, ob und in welchem Umfang die Planungshoheit der Gemeinden dem unantastbaren Kernbereich des kommunalen Selbstverwaltungsrechts zuzurechnen ist[177], bislang stets offen.[178] Praktisch dürfte sie freilich mittlerweile nur mehr wenig Bedeutung haben. Denn nach dem skizzierten Ansatz der Rastede-Entscheidung beschränkt sich der durch Art. 28 Abs. 2 GG vermittelte Schutz der Kommunen nicht auf den Kernbereich des Selbstverwaltungsrechts. Daher umfaßt das Selbstverwaltungsrecht grundsätzlich auch die Planungshoheit der Gemeinde[179], mag diese dem Kernbereich der Selbstverwaltung zuzurechnen sein oder nicht.[180]

Obwohl die Planungshoheit der Gemeinden somit verfassungsrechtlich abgesichert ist, sehen sich die Kommunen aufgrund der räumlichen Verflechtungen aller Planungen erheblichen Eingriffen anderweitiger überörtlicher Gesamt- und Fachplanungen ausgesetzt.[181] Da die kommunale Selbstverwaltungsgarantie durch

---

[175] Vgl. etwa *Hönig*, in: Stüer (Hrsg.), Planung von Großvorhaben, 1999, S. 143, 146ff.; *Hoppe/Bönker/Grotefels*, Öffentliches Baurecht, 2. Aufl. 2002, §2 Rn. 35.

[176] Vgl. BVerwG, Urt. v. 20.5. 1958 – I C 193.57 –, BVerwGE 6, 342, 345; *Schmidt-Aßmann*, Grundfragen des Städtebaurechts, 1972, S. 127ff., m.w.N. Bis zum Ende des Zweiten Weltkriegs wurde der Städtebau als polizeiliche Aufgabe des Staates angesehen, die erst das Bundesbaugesetz den Gemeinden überantwortet hat. Rückschlüsse auf den Kernbereich des gemeindlichen Selbstverwaltungsrechts lassen sich hieraus aber kaum ziehen, wie *Widera*, Zur verfassungsrechtlichen Gewährleistung gemeindlicher Planungshoheit, 1985, S. 88ff., 105 darlegt; a.A. etwa *Czybulka*, Die Legitimation der öffentlichen Verwaltung, 1989, S. 228, 231.

[177] Dafür im Hinblick auf die Bauleitplanung etwa *Dreier*, in: ders. (Hrsg.), GG, Bd. II 1998, Art. 28 Rn. 130, m.w.N.; *Gern*, Kommunalrecht, 2. Aufl. 1997, Rn. 170; *Kim*, Gemeindliche Planungshoheit und überörtliche Planungen, 1998, S. 67ff.; *Löwer*, in: v. Münch/Kunig (Hrsg.), GG, Bd. 2, 5. Aufl. 2001, Art. 28 Rn. 75; *Püttner/Riffel*, Örtliche und überörtliche Planung, 1978, S. 7ff.; *Widera*, Zur verfassungsrechtlichen Gewährleistung gemeindlicher Planungshoheit, 1985, S. 106ff. A.A. etwa *Ernst/Suderow*, Zulässigkeit raumordnerischer Festlegungen für Gemeindeteile, 1976, S. 21ff., 49; *Sening*, NuR 1988, 78, 79; differenzierend *Schmidt-Aßmann*, in: FS für Sendler, 1991, S. 121, 134f.

[178] BVerfG, Beschl. v. 7.10. 1980 – 2 BvR 584, 598, 599 und 604/76 –, BVerfGE 56, 298, 312f., m.w.N.; Beschl. v. 23.6. 1987 – 2 BvR 826/83 –, BVerfGE 76, 107, 117; dem folgend *Stober*, Kommunalrecht, 3. Aufl. 1996, S. 85f.; *Koch*, in: FS für Schlichter, 1995, S. 461, 463, spricht insoweit von einem »in ständiger Rechtsprechung« Offenbleiben dieser Frage.

[179] So etwa VerfGH NW, Urt. v. 15.12. 1989 – 5/88 –, NVwZ 1990, 456ff.; *Badura*, in: FS für Weber, 1974, S. 911, 929; *Czybulka*, Die Legitimation der öffentlichen Verwaltung, 1989, S. 231; *Dreier*, in: ders. (Hrsg.), GG, Bd. II 1998, Art. 28 Rn. 130ff.; *Püttner/Riffel*, Örtliche und überörtliche Planung, 1978, S. 5, 7ff., m.w.N.; *Rothe*, in: FS für Werner Weber, 1974, S. 893, 899f.; *Stober*, Kommunalrecht, 3. Aufl. 1996, S. 85f.; *Waechter*, Kommunalrecht, 3. Aufl. 1997, Rn. 97ff.; *Widera*, Zur verfassungsrechtlichen Gewährleistung gemeindlicher Planungshoheit, 1985, S. 83ff.

[180] So im Ergebnis BVerfG, Beschl. v. 7.10. 1980 – 2 BvR 584, 598, 599 und 604/76 –, BVerfGE 56, 298, 312f.; Beschl. v. 23.6. 1987 – 2 BvR 826/83 –, BVerfGE 76, 107, 118f.; Beschl. v. 17.7. 1996 – 2 BvF 2/93-, BVerfGE 95, 1, 26f.; Beschl. v. 7.1. 1999 – 2 BvR 929/97 –, NVwZ 1999, 520, 521.

[181] *Badura*, Staatsrecht, 3. Aufl. 2003, Abschn. D Rn. 98; *Hennecke*, Die Bedeutung der Fachplanung und der Raumordnung für die Bauleitplanung, 1994, S. 6f.; *Löwer*, in: v. Münch/Kunig (Hrsg.),

Art. 28 GG lediglich im Rahmen der Gesetze gewährleistet wird, sind Beeinträchtigungen der kommunalen Planung durch kollidierende Planungen anderer Planungsträger verfassungsrechtlich nicht von vornherein unzulässig. Solche Raumplanungen werden vielmehr durch die grundgesetzliche Kompetenzordnung vorausgesetzt und stellen daher zunächst keinen unzulässigen Eingriff in Selbstverwaltungsrechte der Gemeinden dar.[182] Örtlichen Charakter werden solche Planungen lediglich in Ausnahmefällen haben. Das in der erwähnten Literatur aus Art. 28 GG abgeleitete Recht der Gemeinden, an überörtlichen Fachplanungen inhaltlich mitzuwirken, sie zu lenken oder gegebenenfalls zu verhindern, hat die Rechtsprechung zu Recht nicht anerkannt.[183] Überörtliche Planungen vermögen somit die gemeindliche Planungshoheit zu überlagern und – im Fall ihres Vorrangs – auch zu beschränken. Zwar kann die Gemeinde aufgrund der Wehrfähigkeit der Selbstverwaltungsgarantie solche Planungen – etwa Flugroutenfestlegungen[184] oder Energiefreileitungen[185] – gerichtlich angreifen. Die Beeinträchtigung gemeindlicher Planungsabsichten als solche führt jedoch nicht automatisch zur Rechtswidrigkeit entsprechender Planungen.

c) Maßstäbe für die Zulässigkeit von Eingriffen durch höherrangige Planungen

Freilich ist die Möglichkeit anerkannt, daß überörtliche Planungen die Gemeinde in ihrer Planungshoheit verletzen können. Hiergegen wurde zwar eingewandt, ein rechtfertigungsbedürftiger Eingriff in die gemeindliche Planungshoheit könne jedenfalls im Hinblick auf solche Fachplanungen nicht vorliegen, die – wie die Fernstraßenplanung – bereits durch die grundgesetzliche Kompetenzordnung anderen Planungsträgern zugewiesen sind und daher von vornherein nicht als Bestandteil der gemeindlichen Planungshoheit angesehen werden können.[186] Dieser Gedankengang verkennt jedoch, daß sich überörtliche und örtliche Planungen auf denselben Raum beziehen und daß eine konkurrierende Planung zwar vom Gegenstand her keinen Übergriff auf gemeindliche Planungsrechte darstellen mag, daß aber ihre konkreten *Auswirkungen* zu einer Behinderung einer kommunalen Planungsabsicht oder dem Entzug von Planungsgebiet führen können. Solche Beeinträchtigungen der gemeindlichen Planungshoheit sind – da nicht sämtliche Planungen auf dem Gemeindegebiet automatisch zu gemeindlichen Selbstverwaltungsangelegenheiten transformieren[187] – durch Art. 28 Abs. 2 GG nicht ausgeschlossen. Sie können

---

GG, Bd. 2, 5. Aufl. 2001, Art. 28 Rn. 53, 77. Vgl. zu dem angeblichen »Zangengriff« der Landesplanung einerseits und privilegierter Fachplanungen andererseits auch bereits in der Einleitung S. 5f.

[182] Vgl. *Halama*, in: FS für Schlichter, 1995, S. 201, 218, sowie im vierten Kapitel S. 203f.

[183] Vgl. zu der ganzen Frage *Löwer*, in: v. Münch/Kunig (Hrsg.), GG, Bd. 2, 5. Aufl. 2001, Art. 28 Rn. 53.

[184] Vgl. *Bohl*, NVwZ 2001, 764f.

[185] Vgl. *Würtenberger*, BayVBl. 1982, 673ff.

[186] *Brohm*, in: Ein Vierteljahrhundert Straßenrechtsgesetzgebung, 1980, S. 343, 365ff., mit weiteren Einwänden gegen die Heranziehung des Übermaßverbots. Vgl. auch die Ausführungen und Nachweise bei *dems.*, DVBl. 1980, 653, 657.

[187] Vgl. soeben S. 487f.

jedoch nach den Maßstäben des Bundesverfassungsgerichts nur durch öffentliche überörtliche Interessen von höherem Gewicht gerechtfertigt werden[188], die gerade durch jeweilige Planung repräsentiert werden. So ist der Zugriff auf das Gemeindegebiet durch die landesplanerische Festsetzung eines Vorranggebietes für den Natur- und Artenschutz nur dann zulässig, wenn dadurch überörtlich bedeutsame Funktionen oder Nutzungen festgelegt werden und dabei an besondere Lage- oder Standortvorteile des Gemeindegebiets angeknüpft wird.[189] Auch in diesem Fall folgt nach der Rechtsprechung des Bundesverfassungsgerichts unmittelbar aus Art. 28 Abs. 2 GG zumindest ein Anspruch der Gemeinden auf Anhörung und Berücksichtigung ihrer Interessen.[190] Das originäre Planungsrecht der Kommune für ihr Gebiet wird somit im Fall einer durch überörtliche Interessen gerechtfertigten staatlichen Planung in der Weise überlagert, daß die verfassungsrechtlich garantierte kommunale Planungshoheit zu einem Anhörungs- und Berücksichtigungsrecht und gegebenenfalls zu Abwehr- und Klagerechten transformiert.[191]

Die Rechtsprechung gesteht dementsprechend den Gemeinden gegenüber einer Fachplanung eine auf die Planungshoheit gestützte Klagebefugnis nicht bei jeder Inanspruchnahme des Gemeindegebiets, sondern nur dann zu, wenn das Vorhaben hinreichend konkrete gemeindliche Planungen nachhaltig beeinträchtigt oder wesentliche Teile der Gemeinde einer durchsetzbaren Planung entzieht.[192] Nicht die Tatsache, daß andere Planungsträger auf das Gemeindegebiet überhaupt zugreifen, sondern die rechtlichen und faktischen *Beeinträchtigungen* der kommunalen Planungshoheit bedürfen somit der verfassungsrechtlichen Rechtfertigung, ohne daß damit die Gemeinden automatisch gegen jede andere Raumplanung vorgehen könnten, die ihr Gemeindegebiet und damit ihre Planungshoheit überhaupt berührt[193].

Die Maßstäbe für die Zulässigkeit solcher Eingriffe hat vor allem die bereits erwähnte Entscheidung des Bundesverfassungsgerichts über die Kommunalverfassungsbeschwerde der Stadt Wilhelmshaven gegen die Regelungen des Landes-Raumordnungsprogramms Niedersachsen verdeutlicht, das nahezu ein Drittel des

---

[188] BVerfG, Urt. v. 24. 6. 1969 – 2 BvR 446/64 –, BVerfGE 26, 228, 241, 244f.; Beschl. v. 7. 10. 1980 – 2 BvR 584, 598, 599 und 604/76 –, BVerfGE 56, 298, 313f.; Beschl. v. 23. 6. 1987 – 2 BvR 826/83 –, BVerfGE 76, 107ff.; *Runkel*, in: Ernst/Zinkahn/Bielenberg (Hrsg.), BauGB, § 1 Rn. 56, Stand: Nov. 1999, m.w.N. Das neue hessische Landesplanungsgesetz formuliert dies ausdrücklich in § 7 Abs. 1 Satz 2 – vgl. dazu *Steinberg/Steinwachs*, NVwZ 2004, 530, 533.

[189] BVerwG, Beschl. v. 20. 8. 1992 – 4 NB 20.91 –, BVerwGE 90, 329, 336; vgl. auch *Dammert*, in: Bauer/Breuer/Degenhart/Oldiges (Hrsg.), 100 Jahre Allgemeines Baugesetz Sachsen, 2000, S. 411, 424.

[190] Vgl. dazu bereits im fünften Kapitel S. 333.

[191] BVerwG, Urt. v. 14. 2. 1969 – IV C 215.65 –, BVerwGE 31, 263, 267; LVerfG Sachsen-Anhalt, Urt. v 17. 9. 1998 – LVG 4/96 –, NVwZ-RR 1999, 96ff.; *Langer*, VerwArch 80 (1988), 352, 357.

[192] BVerwG, Urt. v. 26. 11. 1991 – 7 C 16/89 –, NVwZ 1992, 787ff.; Urt. v. 27. 3. 1992 – 7 C 18/91 –, UPR 1992, 310; Urt. v. 26. 2. 1996 – 11 VR 33/95 –, LKV 1996, 246ff.; Urt. v. 5. 12. 1996 – 11 VR 8/96 –, NVwZ-RR 1997, 339; Beschl. v. 15. 10. 1998 – 4 B 94/98 –, NVwZ 1999, 876, 877; Beschl. v. 1. 4. 1999 – 4 A 45.98 –, ZfBR 2000, 66, 67; *Kraft*, UPR 2001, 294, 298; *Stüer*, Handbuch des Bau- und Fachplanungsrechts, 2. Aufl. 1998, Rn. 2344.

[193] Vgl. *Johlen*, DÖV 1989, 204, 206; *Lerche*, in: FS für den BayVGH, 1979, S. 223ff.

Stadtgebiets als Vorrangstandort für großindustrielle Anlagen auswies und der Planungshoheit der Stadt faktisch weitgehend entzog. Das Gericht hielt diese Festsetzung für einen zulässigen Angriffsgegenstand im Sinne des Art. 93 Abs. 1 Nr. 4b GG und des § 91 BVerfGG: Als mit der Kommunalverfassungsbeschwerde angreifbare untergesetzliche Rechtsnormen im Sinne dieser Vorschriften seien alle staatlichen Normen anzusehen, die Außenwirkung gegenüber einer Kommune entfalteten, und damit auch die Regelungen des Raumordnungsprogramms.[194] Der Eingriff in die Planungshoheit der Stadt verletze Art. 28 Abs. 2 S. 1 GG jedoch nicht. Aus Sicht der einzelnen Gemeinde bestehe ein Abwehrrecht nur, soweit ein Eingriff in ihre Planungshoheit keinen zureichenden Grund in der Wahrung überörtlicher Interessen finde. Dabei müsse zwar der Eingriff gerade angesichts der Bedeutung der kommunalen Selbstverwaltung verhältnismäßig sein. Diese Voraussetzungen bejahte das Gericht jedoch im konkreten Fall, da die begünstigten Unternehmen gerade auf die in Anspruch genommenen Flächen angewiesen seien.[195]

4. Der Rechtsschutz der Gemeinden gegenüber anderen Raumplanungen

Wie diese Entscheidung verdeutlicht, steht den Gemeinden nach Bundes- und regelmäßig auch nach Landesverfassungsrecht zur Durchsetzung ihrer planerischen Rechtsposition die Kommunalverfassungsbeschwerde zur Verfügung.[196] Zugleich prägen die darin entwickelten verfassungsrechtlichen Maßstäbe jedoch auch den vorrangigen verwaltungsgerichtlichen Rechtsschutz der Gemeinden gegen überörtliche Gesamtpläne und insbesondere gegen Fachpläne.

a) Rechtsschutz der Gemeinden gegen Planfeststellungen

Die stärksten Konturen weist das verwaltungsgerichtliche Rechtsschutzsystem für das Verhältnis der Bauleitplanung zur Fachplanung im engeren Sinne auf, also konkret für den Rechtsschutz der Gemeinden gegenüber Planfeststellungen auf oder angrenzend an ihr Gemeindegebiet. Obwohl ein solcher Rechtsschutz durch eine jahrzehntelange Rechtsprechung anerkannt ist, kann sich die Gemeinde gegenüber einem Planfeststellungsbeschluß nur auf einen sehr begrenzten Kreis von Belangen als eigene Rechte berufen. Gemeinden sind nach ganz herrschender Lehre nicht befugt, als allgemeine Sachwalter öffentlicher Interessen aufzutreten.[197] Sie können

---

[194] BVerfG, Beschl. v. 23. 6. 1987 – 2 BvR 826/83 –, BVerfGE 76, 107, 114; vgl. zu diesem Gesichtspunkt bereits oben S. 472ff.

[195] BVerfG, Beschl. v. 23. 6. 1987 – 2 BvR 826/83 –, BVerfGE 76, 107, 119ff.; vgl. zu den Maßstäben für die Gewichtung anderer Beeinträchtigungen u. a. in den Bereichen des Eigentums oder kommunaler Infrastruktur *Vallendar*, UPR 2003, 41ff.

[196] *Dreier*, in: ders. (Hrsg.), GG, Bd. II 1998, Art. 28 Rn. 101, m. w. N.

[197] BVerwG, Beschl. v. 21. 1. 1993 – 4 B 206/92 –, NVwZ 1993, 884, 886; VGH Kassel, Urt. v. 25. 3. 1997 – 11 A 111/91 –, UPR 1998, 158; Urt. v. 11. 1. 2001 – 4 A 12/99 –, NVwZ 2001, 1160ff., Leitsatz 1; Beschl. v. 5. 11. 2002 – 9 VR 14/02 –, NVwZ 2003, 207, 209, m. w. N.; vgl. auch *Johlen*, DÖV 1989, 204, 206ff.; *Kirchberg/Boll/Schütz*, NVwZ 2002, 550f.; *Lerche*, in: FS für den BayVGH, 1979, S. 223,

daher eine Planfeststellung nicht mit der Begründung angreifen, öffentliche, nicht ihre Planungshoheit betreffende Belange seien nicht oder nicht mit dem ihnen zukommenden Gewicht in die Abwägung eingestellt oder beispielsweise Vorgaben des Naturschutzrechts nicht beachtet worden. Ebensowenig kommen den Gemeinden wehrfähige Rechte zu, wenn der Allgemeinheit oder einzelnen Privatpersonen ein Schaden droht[198], auch wenn die Gemeindebürger insoweit eine »örtliche Gemeinschaft« bilden mögen[199]. Wehrfähig und klagebefugt sind die Gemeinden lediglich hinsichtlich ihrer eigenen Rechte als juristische Person, vor allem in bezug auf ihre Planungshoheit.[200]

Nach der Rechtsprechung ist eine Gemeinde daher gegenüber einem fachplanerischen Vorhaben im wesentlichen nur dann klagebefugt, wenn 1. dieses Vorhaben hinreichend konkrete autonome gemeindliche Planungen nachhaltig beeinträchtigt und insoweit eine Verletzung der auf dem gemeindlichen Selbstverwaltungsrecht beruhenden Planungshoheit in Frage steht, wenn 2. wesentliche Teile der Gemeinde einer durchsetzbaren Planung entzogen oder wenn 3. konkrete Einrichtungen der Gemeinde durch das Vorhaben erheblich beeinträchtigt werden.[201] Rügefähig sind dabei allein autonome gemeindliche Planungen, nicht aber die Beeinträchtigung solcher planerischen Festsetzungen, die der Erfüllung übertragener staatlicher Aufgaben dienen.[202] Der Begriff des »Entzugs wesentlicher Teile des Gemeindegebiets« bezieht sich auf die von großräumigen Vorhaben betroffenen Flächen[203], also beispielsweise in bergrechtlichen Verfahren konkret auf die jeweilige Förderfläche bzw. das Bewilligungsfeld.[204] Diese Flächen müssen einer planerischen Gestaltung der

232ff.; *Schütz*, in: Ziekow (Hrsg.), Praxis des Fachplanungsrechts, 2004, Rn. 939ff.; *Sodan*, in: Sodan/Ziekow (Hrsg.), VwGO, §42 Rn. 417ff., Stand: 1996; *Wahl/Schütz*, in: Schoch/Schmidt-Aßmann/Pietzner (Hrsg.), VwGO, §42 Abs. 2 Rn. 104f., Stand: GW April 1996.

198 BVerwG, Urt. v. 11.5. 1984 – 4 C 83/80 –, NVwZ 1984, 584f.; Urt. v. 5.12. 1996 – 11 VR 8/96 –, NVwZ-RR 1997, 339; Urt. v. 26.2. 1999 – 4 A 76/96 –, NVwZ 2000, 560; OVG Koblenz, Urt. v. 8.2. 1994 – 7 A 10217/93 –, ZfB 1998, 44; VGH Kassel, Urt. v. 25.3. 1997 – 14 A 111/91 –, NVwZ-RR 1998, 361ff.; VG Leipzig, Urt. v. 11.12. 1997 – 5 K 410/96 –, ZfB 1998, 55ff.; *Redeker/von Oertzen*, VwGO, 13. Aufl. 2000, §42 Rn. 103a, m.w.N.

199 Vgl. nur die Nachweise bei *Langer*, VerwArch 80 (1988), 352, 353; a.A. *Czybulka*, Die Legitimation der öffentlichen Verwaltung, 1989, S. 244., und besonders ausführlich *Pfaff*, VerwArch 70 (1979), 1ff.; vgl. auch bereits die thematisch verwandte Diskussion zur Wehrfähigkeit des gemeindlichen Freihalteinteresses im fünften Kapitel S. 339f.

200 *Gern*, Kommunalrecht, 2. Aufl. 1997, Rn. 172; *Würtenberger*, BayVBl. 1982, 673, 677.

201 BVerwG, Urt. v. 26.11. 1991 – 7 C 16/89 –, NVwZ 1992, 787ff.; Urt. v. 27.3. 1992 – 7 C 18/91 –, UPR 1992, 310; Urt. v. 26.2. 1996 – 11 VR 33/95 –, LKV 1996, 246ff.; Urt. v. 5.12. 1996 – 11 VR 8/96 –, NVwZ-RR 1997, 339; Beschl. v. 15.10. 1998 – 4 B 94/98 –, NVwZ 1999, 876, 877; Beschl. v. 1.4. 1999 – 4 A 45.98 –, ZfBR 2000, 66, 67; Beschl. v. 5.11. 2002 – 9 VR 14/02 –, NVwZ 2003, 207f.; *Kraft*, UPR 2001, 294, 298; *Stüer*, Handbuch des Bau- und Fachplanungsrechts, 2. Aufl. 1998, Rn. 2344.

202 VGH Mannheim, Urt. v. 14.12. 1992 – 8 S 1741/92 –, NuR 1994, 84, 85, am Beispiel einer gemeindlichen Erholungswaldsatzung; OVG Bautzen, Urt. v. 18.9. 1997 – 1 S 354/96, ZfB 1997, 314, 322, m.w.N.

203 BVerwG, Urt. v. 15.12. 1989 – 4 C 36.86 –, BVerwGE 84, 209, 214; Beschl. v. 1.4. 1999 – 4 A 45.98 –, ZfBR 2000, 66, 67.

204 OVG Bautzen, Urt. v. 10.6. 1998 – 1 S 349/96 –, ZfB 1998, 205, 211.

Gemeinde schlechthin entzogen werden, so daß ihre Möglichkeit zu einer eigenverantwortlichen städtebaulichen Planung verkürzt wird.[205] Eine bloße Beeinträchtigung wesentlicher Teile des Gemeindegebiets, beispielsweise durch die Einrichtung eines Tieffluggebiets, entzieht hingegen im Normalfall diese Flächen nicht einer gemeindlichen Planung.[206]

b) *Die Grundlagen der durch die Rechtsprechung anerkannten Fallgruppen*

Diese Maßstäbe führt die Rechtsprechung unmittelbar auf Art. 28 GG zurück, ohne auf eine der in den vorherigen Kapiteln entwickelten Koordinationsregeln abzustellen. In neueren Entscheidungen hat das Bundesverwaltungsgericht allerdings erläuternd ausgeführt, bei diesen Fallgruppen handele es sich um jene Situationen, in denen ein Planungsträger »im Rahmen seiner Entscheidung die Belange der Gemeinde zur Kenntnis zu nehmen und im Rahmen seiner Entscheidungsbefugnis inhaltlich zu beachten« hat, in denen also »die gemeindlichen Belange nicht mehr als geringfügig anzusehen sind«[207], kurzum: eben jene Fälle, in denen die Planungshoheit einer Gemeinde eine in die Abwägungsentscheidung einzubeziehende Rechtsposition gegen fremde Fachplanungen vermittelt.[208]

Damit wird deutlich, daß es hier allein um den Maßstab des *Abwägungsgebots* geht, das – zumindest aus gemeindlicher Sicht – zwar die wichtigste, keineswegs aber die einzige planungsrechtliche Koordinationsregel darstellt, auf die sich die Gemeinde berufen kann.[209] Zudem folgt aus der begrenzten Reichweite des Abwägungsgebots, daß auch im Fall der Bejahung einer Klagebefugnis der Gemeinde gem. § 42 Abs. 2 VwGO die bloße Beeinträchtigung der gemeindlichen Planungshoheit als solche nicht automatisch die Rechtswidrigkeit des angegriffenen Planfeststellungsbeschlusses begründet.[210] Diese Beeinträchtigung muß vielmehr ordnungsgemäß in die Abwägung eingestellt und angemessen berücksichtigt werden, kann jedoch abwägend überwunden werden. Die Anforderungen an eine echte *Fehlgewichtung* sind nach den Maßstäben der Rechtsprechung hoch: Selbst wenn die Entwicklungsmöglichkeiten einer Gemeinde bereits durch andere Flächeninanspruchnahmen erheblich eingeschränkt sind, wird ihr zugemutet, sich bei ihrer weiteren Planung auf eine wichtigen überörtlichen Belangen dienende Bundesautobahn ein-

---

[205] *Halama*, in: FS für Schlichter, 1995, S. 201, 219.

[206] BVerwG, Urt. v. 14. 12. 1994 – 11 C 18.93 –, BVerwGE 97, 203, 212; Urt. v. 5. 12. 1996 – 11 VR 8/96 –, NVwZ-RR 1997, 339; Urt. v. 12. 12. 1996 – 4 C 14/95 –, NVwZ 1997, 904 f.

[207] BVerwG, Urt. v. 7. 6. 2001 – 4 CN 1/01 –, BVerwGE 114, 301, 305; Beschl. v. 5. 11. 2002 – 9 VR 14/02 –, NVwZ 2003, 207.

[208] BVerwG, Urt. v. 27. 10. 1998 – 11 A 10/98 –, UPR 1999, 146, 147.

[209] Vgl. oben S. 478.

[210] Vgl. nur BVerwG, Beschl. v. 1. 4. 1999 – 4 A 45.98 –, ZfBR 2000, 66, 67; OVG Münster, Beschl. v. 25. 4. 1989 – 12 B 2821/88 –, DVBl. 1989, 1016; *Steinberg/Berg/Wickel*, Fachplanung, 3. Aufl. 2000, § 6 Rn. 78 ff., 82.

zustellen, falls ihr überhaupt ausreichende Reserven für Wohnbauflächen verbleiben.[211]

Obwohl damit das Abwägungsgebot als materielle planerische Koordinationsregel im Zentrum der Judikatur steht, zeigt eine genauere Analyse der Rechtsprechung, daß entgegen den eher restriktiven Obersätzen auch weitere, insbesondere auch einfachgesetzliche Koordinationsregeln gegenüber Planfeststellungsträgern als wehrfähig angesehen werden. So kann die Gemeinde auf einfachgesetzlicher Ebene beispielsweise den gegenüber anderen Planungsträgern bestehenden Anpassungsanspruch nach §7 BauGB[212] gerichtlich durchsetzen.[213] Mit Blick auf die kompetenzrechtlichen Schranken hat die Rechtsprechung jeden Versuch, der Gemeinde rechtlich oder auch nur faktisch im Rahmen einer Fachplanung eine städtebauliche Nutzung aufzuzwingen, die nicht ihren planerischen Vorstellungen entspricht, als mit der Planungshoheit der Gemeinde unvereinbar bezeichnet.[214] Auch im Hinblick auf diese materiellen Koordinationsregeln ist daher von einer Klagefähigkeit der gemeindlichen Rechte auszugehen. Damit ist insgesamt festzuhalten, daß die Fallgruppen der Rechtsprechung für den Rechtsschutz der Gemeinden gegen konkurrierende Planfeststellungen den in dieser Studie entwickelten Maßstäben weitgehend entsprechen, sich allerdings vor allem auf die materielle planerische Koordinationsregel des Abwägungsgebots konzentrieren und dieses durch Unterfallgruppen angemessen konkretisieren.

c) Der Rechtsschutz gegen Nutzungsregelungen

Nicht nur Planfeststellungen, sondern auch andere Fachplanungen können zu einer Beeinträchtigung der Rechtsstellung der Gemeinden führen und durch diese gerichtlich angegriffen werden. In Betracht kommen dabei vor allem normative Nutzungsregelungen, etwa Wasser- oder Naturschutzgebietsverordnungen. Obwohl solche Nutzungsregelungen die Flächen einer kommunalen Planung nicht so weitgehend entziehen wie Planfeststellungen und gemeindliche Parallelplanungen – etwa die Ausweisung von Bauland im Wasserschutzgebiet – meist in erheblichem Umfang möglich bleiben[215], handelt es sich doch um eine der praktisch bedeutsamsten und umstrittensten Beschränkungen der Planungshoheit.[216] Da Nutzungsregelungen überwiegend in Form staatlicher Verordnungen ergehen und daher nach den Grundsätzen der Normenhierarchie gegenüber gemeindlichen Bauleitplänen

---

[211] BVerwG, Urt. v. 11.1.2001 – 4 A 12/99 –, NVwZ 2001, 1160 (Leitsatz 2), 1163; vgl. dazu auch *Schütz*, in: Ziekow (Hrsg.), Praxis des Fachplanungsrechts, 2004, Rn. 952f., m.w.N.

[212] Vgl. dazu im zweiten Kapitel S. 104ff.

[213] VGH München – Urt. v. 31.10.2000 – 9 N 963505 –, NVwZ-RR 2002, 106, 108; VGH Mannheim, Urt. v. 31.1.1997 – 8 S 991/96 –, zit. nach Juris; *W. Schrödter*, in: Schrödter (Hrsg.), BauGB, 6. Aufl. 1998, §7 Rn. 9f., m.w.N.

[214] BVerwG, Urt. v. 27.4.1998 – 4 B 33/98 –, NVwZ-RR 1998, 542f., m.w.N.

[215] Vgl. *Bell/Hermann*, LKV 2002, 393, 398.

[216] So *Weiblen*, Bauleitplanung und Flächen- und Objektschutz, 2001, S. 7f.

Vorrang beanspruchen können[217], stellt sich aus gemeindlicher Sicht gegenüber solchen Plänen in ganz ähnlicher Weise wie gegenüber privilegierten Planfeststellungen die Frage nach den verfügbaren Rechtsschutzmöglichkeiten.[218]

Nach der ursprünglichen Sicht der Rechtsprechung kann eine Gemeinde die Prüfung der Gültigkeit einer in ihrem Gebiet als Rechtsvorschrift i.S.v. §47 Abs.1 Nr.2 VwGO geltenden Nutzungsregelung stets beantragen. Da die Gemeinde solche Vorgaben »als Behörde« zu beachten habe, hänge ihre Antragsbefugnis nach §47 Abs.2 S.1 VwGO nicht davon ab, daß die angegriffene Rechtsvorschrift sie möglicherweise in ihrem Selbstverwaltungsrecht verletze.[219] Damit wurde der Gemeinde gegenüber untergesetzlichen Nutzungsregelungen – anders als gegenüber Planfeststellungen – faktisch ein unbegrenztes Überprüfungsrecht zugestanden. Dieses Ergebnis mag rechtspolitisch wünschenswert erscheinen, stößt jedoch auf den Einwand, daß die Gemeinden ihre planerischen Belange im Rahmen der kommunalen Selbstverwaltung gegenüber staatlichen Planungen in ihrer Rechtsstellung als betroffene juristische Person und nicht als bloße Behörde verteidigen. Zwischen diesen Funktionen der Gemeinde als Behörde oder als betroffene Gebietskörperschaft unterscheidet die Rechtsprechung in anderen planungsrechtlichen Zusammenhängen sehr genau.[220]

In seiner neuesten Rechtsprechung ist das Bundesverwaltungsgericht daher von den oben genannten Grundsätzen zumindest in der Begründung vorsichtig abgerückt und fordert auch bei Normenkontrollanträgen eine Klagebefugnis der Gemeinde. Zugleich wurden jedoch die Anforderungen an das Vorliegen einer Klagebefugnis bei einer unter Berufung auf die Planungshoheit erhobenen Klage erheblich modifiziert. Nach jahrzehntelanger Rechtsprechung war bei einer Anfechtungsklage gegen einen Planfeststellungsbeschluß zum Nachweis einer Klagebefugnis der Gemeinde im Rahmen der Zulässigkeit die konkrete Möglichkeit einer Rechtsverletzung darzulegen und die Klage nur zulässig, wenn die Gemeinde substantiiert vortrug, daß entweder eine bereits konkretisierte Planung, die der gemeindlichen Planungshoheit eine abwägungsrelevante Position vermittelt, von der Planfeststel-

---

217 Vgl. dazu im siebten Kapitel S.450ff.

218 Zu dem ganzen Komplex *Hönig*, in: Stüer (Hrsg.), Planung von Großvorhaben, 1999, S.143ff., m.w.N.

219 Vgl. BVerwG, Beschl. v. 15.3. 1989 – 4 NB 10.88 –, BVerwGE 81, 307, 310f.; ebenso bereits VGH Mannheim, Urt. v. 12.6. 1984 – 5 S 2397/83 –, NuR 1984, 274, 275; ebenso *Kment*, Rechtsschutz im Hinblick auf Raumordnungspläne, 2002, S.229ff.; *Ziekow*, in: Sodan/Ziekow (Hrsg.), VwGO, §47 Rn.237, Stand: Juli 1998, dort in Rn.235ff. auch weitere Ausführungen und Nachweise zur Antragsberechtigung von Behörden im Normenkontrollverfahren.

220 Vgl. etwa zur Vermeidung der planfeststellungsrechtlichen Präklusionswirkung BVerwG, GB v. 27.12. 1995 – 11 A 24/95 –, NVwZ 1996, 895; Urt. v. 9.6. 1999 – 11 A 8/98 –, LKV 2000, 39, 40. Demnach muß eine Kommune, die durch ein Planfeststellungsvorhaben in eigenen Rechten betroffen ist und sich die Möglichkeit einer entsprechenden Klage offenhalten will, im Rahmen der Betroffenenbeteiligung frist- und formgerecht Einwendungen erheben. Die Stellungnahme als fachlich betroffene Stelle im Rahmen der Behördenanhörung ist hierfür gerade nicht ausreichend und kann auch nicht umgedeutet werden. Vgl. zu dieser Unterscheidung weiter auch *Zimmerling*, NVwZ 1992, 122, 124, m.w.N., sowie bereits im zweiten Kapitel S.95ff.

lungsbehörde nicht berücksichtigt wurde oder daß eine im einzelnen noch nicht konkretisierte Planung durch die angegriffene Fachplanung völlig unmöglich gemacht würde.[221] Die Zulässigkeit einer auf die Beeinträchtigung des gemeindlichen Verkehrskonzepts gestützten Klage etwa setzte somit voraus, daß ein solches Verkehrskonzept von der Gemeinde konkret und substantiiert nachgewiesen wurde.[222]

Im Mai 1998 änderte das Bundesverwaltungsgericht diese gefestigte Rechtsprechung – zunächst im Zusammenhang der Anfechtungsklage – in praktisch sehr weit reichender Weise dahin gehend ab, daß es sich bei den genannten Kriterien nur mehr um Fragen der Begründetheit handeln soll. Das Erfordernis einer hinreichend konkreten und verfestigten Planung und die Auswirkungen der Fachplanung hierauf beschreibe lediglich die für eine erfolgreiche Klage erforderliche materielle Rechtsposition der Gemeinde, während für die Klagebefugnis bereits die abstrakte Möglichkeit eines gemeindlichen Abwehrrechts ausreichend sei. Die Klagebefugnis sei daher überhaupt »nur dann zu verneinen, wenn die Gemeinde ausschließlich Rechte anderer, insbesondere ihrer Einwohner, oder das bloß allgemeine Interesse geltend macht, von einem Vorhaben der Fachplanung verschont zu bleiben.« Im übrigen sei schon allein die Berufung auf abstrakte gemeindliche Planungen ausreichend, um die Klagebefugnis aus dem Gesichtspunkt der Planungshoheit der Gemeinde zu begründen.[223] Dieser offenbar wohlüberlegte Ansatz wurde anschließend auf die nach §47 Abs.2 S.1 VwGO erforderliche Klagebefugnis übertragen. Auch gegenüber einer naturschutzrechtlichen Verordnung auf ihrem Gebiet könne sich die Gemeinde grundsätzlich auf ihr Selbstverwaltungsrecht berufen, ohne daß es des Nachweises einer konkreten Rechtsverletzung bedürfe.[224]

Gegen diese weitreichende Kurskorrektur, die durch die Zitierung zahlreicher älterer Urteile in der Begründung verdeckt wird, wurde zutreffend eingewandt, daß damit die Filterfunktion der Klagebefugnis[225] weitgehend aufgegeben und letztlich

---

[221] BVerwG, Urt. v. 26.11. 1991 – 7 C 16/89 –, NVwZ 1992, 787; Urt. v. 21.3. 1996 – 4 C 26/94 –, BVerwGE 100, 388; Urt. v. 5.12. 1996 – 11 VR 8/96 –, NVwZ-RR 1997, 339; VG Neustadt, Urt. v. 2.11. 1998 – 5 K 3173/97.NW –, ZfB 1999, 70; *Sodan*, in: Sodan/Ziekow (Hrsg.), VwGO, §42 Rn.418ff., Stand: 1996.

[222] OVG Weimar, Urt. v. 26.2. 1997 – 2 EO 624/96 –, NVwZ-RR 1997, 558, 559. Auch Beeinträchtigungen durch Verkehrsbelastungen konnten nach diesen Maßstäben allenfalls dann zu einer Klagebefugnis führen, wenn auch insoweit die nachhaltige Störung einer hinreichend bestimmten gemeindlichen Planung dargelegt wird, vgl. dazu VG Leipzig, Urt. v. 11.12. 1997 – 5 K 410/96 –, ZfB 1998, 55, 59.

[223] BVerwG, Urt. v. 20.5. 1998 – 11 C 3/97 –, NVwZ 1999, 67, 68f.; Urt. v. 27.10. 1998 – 11 A 10/ 98 –, UPR 1999, 146f., mit der allgemeinen Erwägung, daß die Anforderungen an die Klagebefugnis »nicht überspannt werden« dürfen; Urt. v. 7.6. 2001 – 4 CN 1/01 –, NVwZ 2001, 1280, 1281; Beschl. v. 5.11. 2002 – 9 VR 14/02 –, NVwZ 2003, 207 (es handele sich »in aller Regel« um Fragen der Begründetheit).

[224] BVerwG, Urt. v. 24.9. 1998 – 4 CN 2/98 –, BVerwGE 107, 215, 217; Urt. v. 7.6. 2001 – 4 CN 1/01 –, BVerwGE 114, 301, 304ff.; dem zustimmend *Stüer/Hermanns*, NuR 2002, 44f.; vgl. auch *Kopp/Schenke*, VwGO, 13. Aufl. 2003, §47 Rn.79.

[225] Vgl. dazu *Kloepfer*, VerwArch 76 (1985), 371, 381f.; *Sodan*, in: ders./Ziekow (Hrsg.), VwGO, §42 Rn.360, Stand: GW 1996.

ein allgemeines Klagerecht der Gemeinden gegen jedwede Planung auf ihrem Gebiet anerkannt wird.[226] Zu Recht stößt daher die neue Rechtsprechung bislang noch auf den Widerstand der Oberverwaltungsgerichte, die eine Rechtsverletzung der Gemeinde in ihrer Planungshoheit nach der herrschenden Möglichkeitstheorie weiterhin für ausgeschlossen halten, wenn diese nicht substantiiert das Vorliegen hinreichend konkreter Planungen darlegt.[227] Während die neue Linie des Bundesverwaltungsgerichts im Fall einer Anfechtungsklage im Hinblick auf das Begründetheitserfordernis einer Rechtsverletzung nach § 113 Abs. 1 S. 4 VwGO für den Ausgang der Verfahrens letztlich kaum Bedeutung hat[228], führt diese Rechtsprechung im Rahmen verwaltungsgerichtlicher Normenkontrollen, die bei Bejahung der Klagebefugnis zu einer objektiven Prüfung der Rechtmäßigkeit der angegriffenen Norm führen[229], zu einem quasi unbegrenzten, mit § 47 Abs. 2 S. 1 VwGO schwerlich vereinbaren Beanstandungsrecht der Gemeinden. Trotz der formalen Prüfung einer Klagebefugnis wird diesen somit erneut die Möglichkeit zugestanden, auch ohne Vorliegen konkreter Planungsabsichten abstrakt eine Verletzung ihrer Planungsabsichten zu behaupten und damit eine objektive Prüfung der angegriffenen Verordnung zu erreichen. Dabei drängt sich der Eindruck auf, daß es dem Bundesverwaltungsgericht in erster Linie darum geht, das Ergebnis seiner bisherigen Rechtsprechung zum gemeindlichen Rechtsschutz gegen Nutzungsregelungen mit neuer dogmatischer Begründung aufrechtzuerhalten. Entgegen der neueren Judikatur des Bundesverwaltungsgerichts ist daher daran festzuhalten, daß jedenfalls die abstrakte Rüge einer Verletzung der Planungshoheit die Rechtsverletzung der Gemeinde noch nicht zu begründen vermag.[230]

d) Der Rechtsschutz gegen überörtliche Gesamtpläne

Wie das Beispiel des Landesraumordnungsprogramms Niedersachsen verdeutlicht, können sich auch aus den Festsetzungen flächendeckender überörtlicher Gesamtpläne besonders intensive Beeinträchtigungen der kommunalen Planungshoheit ergeben. Für den Rechtsschutz der Gemeinden gegen solche überörtlichen Gesamt-

---

[226] *Kirchberg/Boll/Schütz*, NVwZ 2002, 550, 552f.; *Schütz*, in: Ziekow (Hrsg.), Praxis des Fachplanungsrechts, 2004, Rn. 947; zurückhaltend auch *Schmehl*, in: Feldwisch/Hendrischke/Schmehl, Gebietsbezogener Bodenschutz, 2003, Rn. 223f.; ablehnend gegenüber einem allgemeinen Klagerecht der Kommunen bereits *Lerche*, in: FS für den BayVGH, 1979, S. 223ff. Noch *Blümel*, Das Selbstgestaltungsrecht der Städte und Gemeinden, 1986, S. 24f., sprach sich demgegenüber zwar für erweiterte Klagerechte der Kommunen aus, prognostizierte aber, daß einer Gemeinde »die bloße verbale Behauptung ihres Selbstverwaltungsrechts nicht weiterhelfen wird.« Eben dies ist jedoch in der angesprochenen Fallkonstellation nach der Rechtsprechung nunmehr der Fall.

[227] Vgl. etwa VGH Mannheim, Urt. v. 30. 4. 2001 – 5 S 273/00 –, zit. nach Juris; OVG Koblenz, Beschl. v. 16. 8. 2001 – 1 B 10286/01 –, NuR 2002, 234f.

[228] Die Anfechtungslegitimation setzt sich insoweit auf materiell-rechtlicher Ebene fort, vgl. *Skouris*, Verletztenklagen und Interessenklagen, 1979, S. 62f.

[229] Vgl. nur *Ziekow*, in: Sodan/Ziekow (Hrsg.), VwGO, § 47 Rn. 150 und 197b, Stand: Juli 1998, sowie die Ausführungen und Nachweise oben S. 481.

[230] So etwa noch *Sodan*, in: ders./Ziekow (Hrsg.), VwGO, § 42 Rn. 418, Stand: GW 1996.

pläne gelten im Ergebnis die gleichen Maßstäbe wie im Verhältnis zu Nutzungsregelungen. Da die Rechtsprechung jedenfalls die wichtigen Ziele der Raumordnung und Landesplanung unabhängig von ihrer äußeren Einkleidung im materiell-rechtlichen Sinne als landesrechtliche untergesetzliche Rechtsvorschriften ansieht[231], besteht insoweit nach Maßgabe des Landesrechts die Möglichkeit der abstrakten Normenkontrolle gem. §47 Abs. 1 Nr. 2 VwGO. Nach Auffassung der Rechtsprechung hat die Gemeinde auch die für ihr Gemeindegebiet geltenden planerischen Festsetzungen eines Regionalplans gemäß §1 Abs. 4 BauGB bei ihren Planungen als »Behörde« zu beachten und ist daher berechtigt, diese auch ohne die Geltendmachung einer Verletzung ihres Selbstverwaltungsrechts im Wege der Normenkontrolle anzugreifen, soweit diese Festlegungen als Rechtsvorschriften zu qualifizieren sind.[232] Vermutlich dürfte mittlerweile auch gegenüber überörtlichen Gesamtplänen zudem die fragwürdige neuere Rechtsprechung zur Klagebefugnis zur Anwendung kommen, der zufolge der abstrakte Verweis auf gemeindliche Planungen zum Nachweis einer Klagebefugnis ausreichen soll.

e) Der Rechtsschutz gegen die Bauleitpläne von Nachbargemeinden

Die Grundlagen der Pflicht zur interkommunalen Abstimmung gem. §2 Abs. 2 BauGB und das korrespondierende wehrfähige Recht der Nachbargemeinde wurden bereits im zweiten Kapitel behandelt. Das prozessuale Instrument zur Durchsetzung des Abstimmungsanspruchs aus §2 Abs. 2 BauGB ist die sog. »Gemeindenachbarklage«, bei der es sich freilich nicht um eine besondere Klageart, sondern lediglich um einen thematischen Sammelbegriff für eine ganze Reihe von prozessualen Klagemöglichkeiten zur Geltendmachung des Rechts auf interkommunale Abstimmung handelt.[233] Je nachdem, ob unmittelbar ein Bebauungsplan, ein genehmigungsfreies Vorhaben oder eine Baugenehmigung angegriffen werden, kommen dabei Unterlassungs- oder Anfechtungsklagen sowie Normenkontrollanträge in Betracht.

Wenn eine Gemeinde sich gegen die Festsetzungen eines Bebauungsplans einer Nachbargemeinde wendet, so ist Gegenstand der Normenkontrolle eine Satzung, die nicht das Gebiet der Klägergemeinde betrifft und ihr gegenüber auch nicht den Anspruch der Verbindlichkeit für ihre gemeindliche Aufgabenerfüllung erhebt. Kompetenzverletzungen oder die Verletzung einfachgesetzlicher Anpassungsgebote werden in diesen Konstellationen von vornherein ausscheiden. Verletzt sein

---

[231] Vgl. oben S. 471ff.

[232] BVerwG, Beschl. v. 15. 3. 1989 – 4 NB 10.88 –, BVerwGE 81, 307, 310f.; VGH Mannheim, Urt. v. 12. 6. 1984 – 5 S 2397/83 –, NuR 1984, 274, 275; *Geiger*, in: Eyermann (Hrsg.), VwGO, 11. Aufl. 2000, §47 Rn. 57; *Ziekow*, in: Sodan/Ziekow (Hrsg.), VwGO, §47 Rn. 237, Stand: Juli 1998.

[233] Näher *Battis*, in: Battis/Krautzberger/Löhr, BauGB, 8. Aufl. 2002, §2 Rn. 10; *Fingerhut*, Die planungsrechtliche Gemeindenachbarklage, 1976, S. 119ff.; *Janning*, Städte- und Gemeinderat Nr. 12/1999, 34ff.; *Kriener*, BayVBl. 1984, 97ff.; *Rauch*, BayVBl. 1980, 612, 615ff.; *Wagner*, ZfBR 2000, 21, 23f.

kann die klagende Gemeinde daher allein durch die Nichtbeachtung des Abwägungsgebots in ihrem durch § 2 Abs. 2 BauGB bestätigten *Recht auf interkommunale Abstimmung*.[234] Daher kommt eine Klage- bzw. Antragsbefugnis der Gemeinde als juristische Person nur dann in Betracht, wenn sie eine Rechtsverletzung nach § 42 Abs. 2 oder § 47 Abs. 2 VwGO geltend machen kann, namentlich eine Verletzung ihrer eigenen Planungshoheit.[235] Insofern gelten ähnliche, auf die spezifischen Abwägungsmaßstäbe unter Nachbargemeinden angepasste Maßstäbe wie für den Rechtsschutz gegenüber Fachplänen.[236]

f) Bewertung der Fallgruppen

Insgesamt bieten die einzelnen Fallgruppen des Rechtsschutzes von Gemeinden gegenüber anderen Raumplanungen ein allzu differenziertes Bild. Vor allem durch ihre neue Tendenz, unter Verzicht auf die gebotene Filterfunktion der Klagebefugnis die Frage einer konkreten Beeinträchtigung der gemeindlichen Planungshoheit in die Begründetheitsprüfung zu verlagern, kommt die Rechtsprechung zu ganz unterschiedlichen Kontrollmaßstäben, je nachdem, ob die von einer Gemeinde angegriffene konkurrierende Planung als untergesetzliche Rechtsnorm oder als Verwaltungsakt ergeht. Die durch die Verwaltungsgerichtsordnung gebotene Lösung sollte darin bestehen, die ursprünglichen Fallgruppen für das Vorliegen einer Klagebefugnis gegenüber konkurrierenden Planfeststellungen durch Rückkoppelung an die dahinter stehenden materiellen Koordinationsregeln systematisch zu ordnen und auch auf Klagen gegen andere Raumplanungsarten zu übertragen. Trotz des bestehenden Harmonisierungsbedarfs kann aber festgehalten werden, daß die Rechtsprechung den Gemeinden einen insgesamt angemessenen Rechtsschutz gegen die Beeinträchtigung ihrer Planungshoheit durch konkurrierende Raumplanungen gewährt. Demgegenüber ist bei regionalen Planungsgemeinschaften und im Bund-Länder-Verhältnis bereits die grundsätzliche Verfügbarkeit verwaltungsgerichtlichen Rechtsschutzes zweifelhaft.

---

[234] Vgl. dazu im zweiten Kapitel S. 115ff.

[235] BVerwG, Beschl. v. 15. 3. 1989 – 4 NB 10.88 –, BVerwGE 81, 307, 310; vgl. im einzelnen *Geiger*, in: Eyermann (Hrsg.), VwGO, 11. Aufl. 2000, § 47 Rn. 57*Kopp/Schenke*, VwGO, 13. Aufl. 2003, § 47 Rn. 79; *Zimmerling*, NVwZ 1992, 122, 124; *Ziekow*, in: Sodan/Ziekow (Hrsg.), VwGO, § 47 Rn. 237, Stand: Juli 1998, m. w. N.

[236] Nach der Rechtsprechung setzt die Abstimmungspflicht voraus, daß entweder Bauleitpläne oder hinreichend konkrete planerische Vorstellungen der Nachbargemeinde nachhaltig gestört werden oder daß auf deren Gebiet unmittelbare Auswirkungen gewichtiger Art drohen. Vgl. dazu *Bielenberg*, in: Ernst/Zinkahn/Bielenberg (Hrsg.), BauGB, § 2 Rn. 65, Stand: März 1998, sowie bereits im zweiten Kapitel S. 117. Eine solche Möglichkeit ist im Rahmen der Klagebefugnis substantiiert darzulegen.

5. Regionale Planungsgemeinschaften

Ihre planerischen Vorstellungen und Ziele verfolgen die Kommunen nicht nur durch autonome gemeindliche Bauleitplanungen, sondern auch durch ihre Beteiligung an der Regionalplanung als untergeordneter Stufe der überörtlichen Gesamtplanungen. Allgemeine Aussagen zu der Klage- und Wehrfähigkeit solcher Regionalplanungen werden allerdings dadurch erschwert, daß das Raumordnungsgesetz keine Vorgaben über die Träger der Regionalplanung aufstellt und sich daher ganz unterschiedliche landesrechtliche Modelle herausgebildet haben.[237]

a) Regionalplanung als staatliche Planung unter Beteiligung der Kommunen

Die entsprechenden Planungsbehörden, etwa die regionalen Planungsverbände, erfüllen ihre Aufgaben zumeist weisungsgebunden oder gar in staatlicher Eingliederung. In Bayern beispielsweise sind regionale Planungsverbände Zusammenschlüsse der Gemeinden und Landkreise einer Region, die zwar über die Regionalpläne und deren Fortschreibung beschließen, diese Aufgaben jedoch nach Art. 6 Abs. 1 und 2 BayLplG im übertragenen Wirkungskreis erfüllen, in dem es keine wehrfähigen Rechte der Gemeinde gibt[238]. Dabei unterliegen sie gem. Art. 9 Abs. 1 BayLplG der Aufsicht der zuständigen höheren Landesplanungsbehörde, so daß die Regionalplanung in Bayern eine staatliche Aufgabe bleibt[239]. In anderen Bundesländern werden die Vertreter der Selbstverwaltungskörperschaften überhaupt nur als weisungsgebundenes Organ in das System der staatlichen Landesplanung eingebunden. So ist in Nordrhein-Westfalen die zuständige Behörde für die Landesplanung im Regierungsbezirk (Bezirksplanungsbehörde) gem. § 3 Abs. 1 LPlG NW die Bezirksregierung, die allerdings insoweit den Weisungen eines bei der Behörde gebildeten Regionalrats (des früheren Bezirksplanungsrats) unterliegt (vgl. §§ 5ff., besonders § 7 Abs. 1 LPlG NW). Zwar wird dieser Regionalrat oft als eigentlicher »Träger der Planung« auf dieser Ebene bezeichnet, er ist jedoch rechtlich gleichwohl nur Teil einer staatlichen Verwaltungsbehörde, so daß es sich bei der Landesplanung auch auf Bezirksebene um eine rein staatliche Planung handelt.[240]

---

[237] Vgl. dazu bereits im ersten Kapitel S. 49ff.

[238] BVerwG, Urt. v. 9. 7. 1964 – VIII C 29.63 –, BVerwGE 19, 121, 123; Urt. v. 29. 6. 1983 – 7 C 102/82 –, NVwZ 1983, 610, 611; *Kirchberg/Boll/Schütz*, NVwZ 2002, 550, 551.

[239] Näher *Bielenberg/Runkel/Spannowsky*, Raumordnungs- und Landesplanungsrecht des Bundes und der Länder, Kommentar M 250 Rn. 13, Stand: XI. 1985; *Heigl/Hosch/Höhnberg*, Raumordnung und Landesplanung in Bayern, Art. 6 BayLPlG Rn. 8f., Stand: Feb. 1984; vgl. auch *Knemeyer*, in: Berg/Knemeyer/Papier/Steiner, Staats- und Verwaltungsrecht in Bayern, 6. Aufl. 1996, S. 281, 290f.

[240] So *Bielenberg/Runkel/Spannowsky*, Raumordnungs- und Landesplanungsrecht des Bundes und der Länder, Kommentar M 250 Rn. 44 und 51a, Stand: XI. 1985, m.w.N.; *Hoppe*, in: Grimm/Papier (Hrsg.), Nordrhein-westfälisches Staats- und Verwaltungsrecht,1986, S. 305, 347; den staatlichen Charakter des Bezirkplanungsrats betonen auch *Depenbrock/Reiners*, LPlG NW, 1985, § 3 Erl. 3.1 und § 5 Erl. 1.0, die diesen allerdings in § 7 Erl. 1 ebenfalls als eigentlichen Träger der Regionalpla-

b) Keine Rechtsschutzgewähr durch die Verwaltungsgerichte

Bei derartigen Ausgestaltungen der Regionalplanungszuständigkeiten kann kaum die Rede davon sein, daß die Regionalplanung Selbstverwaltungscharaker hätte und die entsprechenden Stellen zu »Waltern« dieses Sachbereichs eingesetzt oder ermächtigt wären, die Regionalplanungshoheit »wie ein eigenes partikulares Interesse« gegen staatliche Beeinträchtigungen zu verteidigen.[241] Dies spricht gegen die Existenz wehrfähiger Klagerechte. Der Hessische Verwaltungsgerichtshof hat dementsprechend auf der Grundlage hessischen Rechts die Klagebefugnis und sogar die prozessuale Beteiligtenfähigkeit einer hessischen regionalen Planungsversammlung abgelehnt. Die Planungsversammlung sei kein gleichrangiges, sondern ein weisungsgebundenes Organ der Landesplanung und stelle sich »auch nicht mittelbar als Trägerin kommunaler Selbstverwaltung dar, der ein Recht gemäß Art. 28 Abs. 2 GG zustehen könnte«. Ihre Einbindung in die staatliche Hierarchie sei derart stark, daß sie nicht als alleinige oder auch nur als letztlich entscheidende Miturheberin des Regionalen Raumordnungsplanes angesehen werden könne. Klagerechte kämen nach Auffassung des Gerichts nur bei »versubjektivierten Kompetenzen« in Betracht, bei denen Zuständigkeiten frei von hierarchischer Einbindung, weisungsfrei und im Konfliktfall eigenverantwortet wahrgenommen würden.[242]

c) Regionalplanungen mit Selbstverwaltungscharakter

Diese bereits auf Grundlage des hessischen Rechts nicht unumstrittenen Aussagen[243] lassen sich allerdings nicht ohne weiteres auf andere Bundesländer übertragen. Eine sehr viel stärkere Stellung genießen die regionalen Planungsgemeinschaften etwa nach dem Thüringer Landesplanungsgesetz: In *Thüringen* sind die regionalen Planungsgemeinschaften nach § 4 Abs. 2 S. 1 ThürLPlG Zusammenschlüsse der

---

nung ansehen und daher in § 5 Erl. 3 die Zulässigkeit eines durch den Bezirksplanungsrat eingeleiteten Organstreits bejahen.

[241] Vgl. zu diesen Formulierungen oben S. 483f.

[242] VGH Kassel, Urt. v. 14.6. 1994 – 4 A 530/91 –, DÖV 1995, 35f.; ähnlich *Bielenberg/Runkel/Spannowsky*, Raumordnungs- und Landesplanungsrecht des Bundes und der Länder, Kommentar M 250 Rn. 26, Stand: XI. 1985, die die Versammlungen lediglich als eine spezialgesetzlich geregelte Form der Beteiligung der Kommunen ansehen. Vgl. jedoch auch die Ausführungen in VGH Kassel, Urt. v. 16.8. 2002 – 4 N 3272/01 –, NuR 2003, 115f., zur Passivlegitimation der Regionalversammlung als Vertreterin des Landes Hessen.

[243] Differenzierend zur Stellung der Planungsversammlungen etwa *Steinberg*, in: Meyer/Stolleis (Hrsg.), Hessisches Staats- und Verwaltungsrecht, 1986, S. 308, 324ff., m.w.N., der diese als Träger der Regionalplanung ansieht und die Regionalplanung als »kondominial« und als »Grauzone« zwischen Bauleitplanung und staatlicher Planung charakterisiert, in der sich Weisungen hinsichtlich der planerischen Gestaltungsfreiheit verböten. Dabei wird auch verwaltungsgerichtlicher Rechtsschutz für möglich gehalten. So i.E. auch *Ihmels/Köppl*, Hessisches Landesplanungsgesetz, 1983, § 6 Rn. 4ff., 9, und *Lautner*, Städtebaurecht, Landes- und Regionalplanungsrecht, 3. Aufl. 1990, S. 290, die für das hessische Recht die Zulässigkeit einer Organklage bejahen. *Steiner*, in: ders. (Hrsg.), Besonderes Verwaltungsrecht, 6. Aufl. 1999, Kap. VI Rn. 28, spricht von einer »Art öffentlich-rechtlicher Teilrechtsfähigkeit«, welche die Literatur den Organen zugestehe.

Landkreise, kreisfreien Städte und kreisangehörigen Gemeinden über 20.000 Einwohner einer Region in Form rechtsfähiger Körperschaften des öffentlichen Rechts. Die regionale Planungsgemeinschaft ist Trägerin der Regionalplanung und im Rahmen der Aufstellung, Änderung, Ergänzung, Fortschreibung und Aufhebung des regionalen Raumordnungsplans nach §5 Abs. 1 ThürLPlG gegenüber der oberen Landesplanungsbehörde weisungsbefugt. Sie unterliegt lediglich der Rechtsaufsicht der obersten Landesplanungsbehörde (vgl. im einzelnen (§5 Abs. 4 ThürLPlG).

Auch in *Sachsen* sind die regionalen Planungsgemeinschaften nach §7 Abs. 1 S. 1 und §19 Abs. 3 S. 1 SächsLPlG Körperschaften des öffentlichen Rechts und Träger der Regionalplanung. Für die Rechtsverhältnisse der Regionalen Planungsverbände gelten gem. §19 Abs. 5 S. 1 SächsLPlG die Vorschriften für Zweckverbände bzw. für Gemeinden und Landkreise entsprechend, die durch Selbstverwaltungsrechte gegenüber dem Staat gekennzeichnet sind. Einer Fachaufsicht und entsprechenden Weisungen der obersten Landesplanungsbehörde unterliegen die Planungsverbände lediglich hinsichtlich einiger essentieller Fragen – u.a. den Planungszeitraum, den gesetzlichen Mindestinhalt und die Form des Regionalplanes – sowie im Bereich der Braunkohlenplanung (vgl. im einzelnen §25 i.V.m. §6 Abs. 3 und §8 Abs. 1 SächsLPlG). Ähnlich ist die Rechtslage auch in *Baden-Württemberg*, wo die als Körperschaften des öffentlichen Rechts organisierten Regionalverbände Träger der Regionalplanung sind und ihre Angelegenheiten im Rahmen der Gesetze in eigener Verantwortung erfüllen (§22 Abs. 1, §22 LPlG BW).[244] In *Niedersachsen* liegt die Trägerschaft der Regionalplanung sogar bei den Landkreisen und kreisfreien Städten, die als Träger der Regionalplanung die regionalen Raumordnungsprogramme gem. §26 Abs. 1 NROG im *eigenen Wirkungskreis* aufstellen, also echte Selbstverwaltungsaufgaben wahrnehmen.[245] In all diesen Bundesländern korrespondieren den Aufgaben der durchweg rechtsfähigen Regionalplanungsträger entsprechende Selbstverwaltungsrechte. Hier läßt sich nach den oben entwickelten Maßstäben eine grundsätzliche Wehrfähigkeit der Planungsrechte der Träger der Regionalplanung bejahen.[246]

d) Maßstäbe für das Vorliegen einer Rechtsverletzung

Unklar bleiben in diesem Fall jedoch die Maßstäbe für eine Verletzung der Planungsrechte der Träger der Regionalplanung. Die Festlegung unerwünschter Ziele in der höheren Raumplanungsebene allein kann dabei in einem hierarchisch aufgebauten

---

[244] Näher *Bielenberg/Runkel/Spannowsky*, Raumordnungs- und Landesplanungsrecht des Bundes und der Länder, Kommentar M 250 Rn. 5ff., Stand: XI. 1985; *Mattes*, Rechtsnatur und Aufgaben der Regionalverbände in Baden-Württemberg, 1978, S. 55ff.

[245] *Bielenberg/Runkel/Spannowsky*, Raumordnungs- und Landesplanungsrecht des Bundes und der Länder, Kommentar M 250 Rn. 36ff., Stand: XI. 1985; *Meier*, in: Faber/Schneider (Hrsg.), Niedersächsisches Staats- und Verwaltungsrecht, 1985, S. 329, 344ff.; *Steiner*, in: ders. (Hrsg.), Besonderes Verwaltungsrecht, 6. Aufl. 1999, Kap. VI Rn. 29.

[246] Vgl. für Baden-Württemberg etwa *Mattes*, Rechtsnatur und Aufgaben der Regionalverbände in Baden-Württemberg, 1978, S. 55ff., 133ff., m.w.N.

mehrstufigen Planungssystem schwerlich ausreichen, um eine Rechtsverletzung der regionalen Planungsgemeinschaft zu begründen. Orientierung dürfte erneut die Rückbesinnung auf die einschlägigen materiell-rechtlichen Maßstäbe und insbesondere auf das planerische Abwägungsgebot und seine spezifische landesplanerische Ausprägung in dem *Gegenstromprinzip* des § 1 Abs. 3 ROG liefern:[247] Demnach soll die hierarchisch vorrangige Planungsstufe die Gegebenheiten und Erfordernisse seiner Teilräume berücksichtigen. Die auf der Ebene der Teilräume entwickelten planerischen Vorstellungen sind durch die hochstufige Landesplanung in der Abwägung zu berücksichtigen und können nur überwunden werden, soweit die übergeordnete Planungsstufe das Gegenstromprinzip respektiert. Ähnlich wie bei einer gemeindlichen Bauleitplanung wird eine Verletzung dieses Rechts auf Abwägung erst dann in Betracht kommen, wenn die hochstufige Landesplanung hinreichend konkrete Regionalplanungen nachhaltig beeinträchtigt oder wenn wesentliche Teile der Region einer durchsetzbaren Planung der Planungsgemeinschaft entzogen werden.[248] Soweit regionalen Planungsverbänden somit durch das Landesrecht Rechtsfähigkeit zuerkannt wird und die Regionalplanung als wehrfähige Selbstverwaltungsaufgabe zugewiesen ist, sollte ihr nach den skizzierten Maßstäben gegenüber Vorgaben der hochstufigen Landesplanung Rechtsschutz gewährt werden.

6. Das Bund-Länder-Verhältnis

Die oben entwickelten Überlegungen zur Möglichkeit einer Verletzung eigener Rechte regionaler Planungsverbände bei Regionalplanungen mit Selbstverwaltungscharakter wurden in der Rechtsprechung bislang noch kaum aufgegriffen. Anders ist dies hingegen im Bund-Länder-Verhältnis, wo die Judikatur eine derartige Möglichkeit zwar mehrfach in Erwägung gezogen, im Ergebnis jedoch ganz überwiegend verneint hat. Nach Auffassung der Rechtsprechung sind die Maßstäbe für den Rechtsschutz der Gemeinden nicht oder allenfalls in Ausnahmefällen auf das Bund-Länder-Verhältnis übertragbar. Besondere Aufmerksamkeit hat in diesem Verhältnis von jeher die Betroffenheit der Länder durch Bundesplanungen, insbesondere durch Planfeststellungen des Bundes gefunden.

a) Kein Rechtsschutz der Länder gegen Bundesplanungen

Das Bundesverwaltungsgericht verweigert den Ländern gegenüber Bundesplanungen verwaltungsgerichtlichen Rechtsschutz mit der Erwägung, daß der Pflicht des Bundes, Landesbelange im Rahmen von Bundesplanungen in die Abwägung einzustellen, keine klagefähige Rechtsposition der Länder korrespondiere und daß den Ländern gegenüber Bundesplanungen zwar Kompetenzen, aber keine Rechte

[247] Vgl. dazu im ersten Kapitel S. 44f.

[248] Vgl. zu den anerkannten entsprechenden Maßstäben für Klagen der Gemeinden oben S. 492f.

zustünden. Obwohl eine Klagebefugnis grundsätzlich auch auf die Mißachtung eines abwägungserheblichen Belangs des Klägers gestützt werden kann[249], sei die Wahrnehmung von Belangen des Landes gegenüber dem Bund in bundesrechtlichen Planfeststellungen nur als ein verfahrensrechtliches Mitwirkungsrecht ausgestaltet. Über diese Mitwirkung hinaus begründeten jedoch weder die Gesetzgebungs- noch die Vollzugshoheit des Landes im verwaltungsprozessualen Sinne klagefähige »eigene« Belange, so daß eine Verletzung subjektiver öffentlicher Rechte des Landes von vornherein nicht in Betracht komme.[250] Die naheliegende Parallele zum Rechtsschutz der Gemeinden hat das Bundesverwaltungsgericht für das Verhältnis von Bund und Ländern ausdrücklich zurückgewiesen und erklärt, die Anerkennung einer Klagebefugnis der Länder würde diesen ein im Grundgesetz nicht vorgesehenes allgemeines Kontrollrecht über die Ordnungsmäßigkeit des Gesetzesvollzugs durch die bundeseigene Verwaltung einräumen.[251]

Für den Bereich des *Denkmalschutzes* bedeutet dies, daß ein Land gegen eine eisenbahnrechtliche Planfeststellung des Bundes nicht verwaltungsgerichtlichen Rechtsschutz mit der Begründung in Anspruch nehmen kann, die Belange des Denkmalschutzes seien nicht angemessen gewichtet worden. Rechte der Länder können insoweit nach Auffassung des Bundesverwaltungsgerichts schon deshalb nicht verletzt sein, weil diese für den Bereich der Bundeseisenbahnen über keine eigenen Verwaltungskompetenzen verfügen.[252] Gleiches gilt für landesrechtlich normierte *Natur-* und *Landschaftsschutzbelange*: Der Bund hat solche Landesbelange zwar im Rahmen seiner planerischen Abwägung zu berücksichtigen, dem soll jedoch kein Recht des Landes auf Abwägung korrespondieren.[253] Diese Aussagen sind zumindest für die Praxis mittlerweile gefestigt.[254] Eine gewisse Kritik klingt

---

[249] Vgl. zu diesem »Recht auf Abwägung« oben S. 479 sowie im fünften Kapitel S. 307 und 310.

[250] BVerwG, Urt. v. 14. 4. 1989 – 4 C 31.88 –, BVerwGE 82, 17, 18ff.; Urt. v. 29. 4. 1993 – 7 A 2.92 –, BVerwGE 92, 258, 259f.; Beschl. v. 17. 4. 2000 – 11 B 19/00 –, UPR 2000, 357; VG Trier, Urt. v. 31. 10. 1995 – 2 K 619/95 –, Archiv PT 1996, 71f.; weitere Nachweise zur Judikatur bei *Laubinger*, VerwArch 85 (1994), 291ff. Der Rechtsprechung folgend etwa *Olbert*, Archiv PT 1993, 399, 400; *von Oertzen*, in: Redeker/von Oertzen (Hrsg.), VwGO, 13. Aufl. 2000, § 42 Rn. 46 und 139b; *Schütz*, in: Ziekow (Hrsg.), Praxis des Fachplanungsrechts, 2004, Rn. 962; *Sodan*, in: ders./Ziekow (Hrsg.), VwGO, § 42 Rn. 435, Stand: GW 1996; *Treffer*, UPR 1994, 378, 379; wohl auch *Kopp/Schenke*, VwGO, 13. Aufl. 2003, § 42 Rn. 141; *Wahl/Schütz*, in: Schoch/Schmidt-Aßmann/Pietzner (Hrsg.), VwGO, § 42 Abs. 2 Rn. 277, Stand: GW April 1996; vgl. auch noch VGH Kassel, Urt. v. 4. 1. 1994 – 4 N 1793/93 –, DVBl. 1994, 711, wo offen gelassen wird, ob die abwägungsfehlerhafte Behandlung öffentlicher Belange, die eine juristische Person des öffentlichen Rechts kraft ihrer Gesetzgebungs- und/oder Verwaltungskompetenzen zu wahren hat, einen Nachteil im Sinne des damaligen § 47 Abs. 2 S. 1 VwGO darstellen kann.

[251] BVerwG, Urt. v. 29. 4. 1993 – 7 A 2.92 –, BVerwGE 92, 258, 260f.

[252] BVerwG, Beschl. v. 7. 1. 1992 – 7 B 153/91 –, NuR 1992, 185f.; weitere landesgerichtliche Urteile bei *Hoppe/Schulte*, Rechtsschutz der Länder in Planfeststellungsverfahren des Bundes, 1993, S. 80ff., sowie *Funk-Draschka*, Die gerichtliche Überprüfbarkeit von Planfeststellungsbeschlüssen, 1993, S. 12ff.

[253] BVerwG, Urt. v. 14. 4. 1989 – 4 C 31/88 –, BVerwGE 82, 17ff.; Urt. v. 29. 4. 1993 – 7 A 2.92 –, BVerwGE 92, 258, 260ff.; Urt. v. 17. 4. 2002 – 9 A 24/01 –, NVwZ 2002, 1239, 1241; ebenso bereits VG Koblenz, Urt. v. 25. 7. 1988 – 9 K 67/88 –, UPR 1989, 277ff.

[254] Vgl. die Pressemitteilung Nr. 35/96 des Ministeriums für Wissenschaft, Forschung und Kultur

immerhin in einem Urteil des Hessischen Verwaltungsgerichtshofs an, der – formal ohne Abweichung von der Rechtsprechung des Bundesverwaltungsgerichts – die Klagebefugnis der Länder gegenüber einem Planfeststellungsbeschluß der ehemaligen Deutschen Bundespost aus ihrer Stellung als Träger der Straßenbaulast für betroffene Landesstraßen und als Eigentümer der Straßengrundstücke ableitet, dabei allerdings zugleich darauf hingewiesen hat, daß nicht nur die Gemeinden, sondern auch die Länder dem Bund »als Selbstverwaltungskörperschaften mit eigenen Rechten und Pflichten gegenüberstehen«.[255]

b) Einwände

Mit dieser Feststellung kommt der Hessische Verwaltungsgerichtshof der wachsenden Kritik im Schrifttum nahe. Zum Teil stellt diese Literatur bereits grundsätzlich unter föderativen Gesichtspunkten das Institut der Konzentrationswirkung der Planfeststellung in Frage.[256] Im übrigen wird vorgetragen, daß die durch das Bundesvorhaben beeinträchtigten herausragenden Interessen der Länder nicht nur schlichte Behördenzuständigkeiten, sondern auch auf Autonomie und Eigenstaatlichkeit angelegte wehrfähige Rechtspositionen betreffen, die nach Inhalt, Art und Struktur dem Selbstverwaltungsrecht der Gemeinden und der daraus resultierenden Planungshoheit vergleichbar sind.[257]

Dieser Gedankengang verdient im Grundsatz Zustimmung: Das Grundgesetz hat die Beziehungen zwischen Bund und Ländern als ein durch wechselseitige Rechte und Pflichten geprägtes Staatenverhältnis ausgestaltet.[258] Die grundgesetzliche Kompetenzordnung vermittelt den Ländern gegenüber dem Bund eine Rechtsposition, die einen Anspruch auf Beachtung ihres Kompetenzbereichs einschließt.[259] In

---

des Landes Brandenburg v. 14. 2. 1996 über die Rücknahme einer Anfechtungsklage gegen den Planfeststellungsbeschluß für die ICE-Trasse Berlin-Hannover, wo festgestellt wird, die Rechtsstellung der Länder bei Planfeststellungsverfahren des Bundes sei unzureichend und bedürfe einer gesetzlichen Neuregelung, um eine bessere Wahrnehmung von Länderinteressen zu ermöglichen. Derzeit sei das »Recht des Landes« auf dem Klageweg nicht durchsetzbar.

[255] VGH Kassel, Urt. v. 24. 7. 1997 – 11 UE 2910/94 –, VkBl. 1997, 798ff.

[256] Vgl. dazu im zweiten Kapitel S. 124f.

[257] So mit unterschiedlichen Akzenten *Funk-Draschka*, Die gerichtliche Überprüfbarkeit von Planfeststellungsbeschlüssen, 1993, S. 18ff., 27ff., die Analogien zum Organstreitverfahren zieht; für echte Rechte der Länder hingegen *Ebsen*, Militärische Bodennutzung, 1988, S. 33ff., 108ff., 127f., 146, 161, 184f.; *Gassner*, UPR 1989, 254, 256ff.; *ders.*, in: Gassner/Bendomir-Kahlo/Schmidt-Räntsch, BNatSchG, 2. Aufl. 2003, § 20 Rn. 21ff., m. w. N.; *Hoppe/Schulte*, Rechtsschutz der Länder in Planfeststellungsverfahren des Bundes, 1993, S. 31ff.; *Kopp*, NuR 1991, 449, 450; *Laubinger*, VerwArch 85 (1994), 291, 304ff., der ein Aufsichtsrecht der Länder über den Vollzug von Landesrecht durch den Bund bejaht; der Sache nach auch *Riedwelski*, SächsVBl. 1995, 196, 203, m. w. N., und *Schoeneck*, ZUR 1993, 233; ebenso ursprünglich VG Koblenz, Urt. v. 10. 9. 1987 – 1 K 57/86 –, UPR 1989, 276f.

[258] Vgl. etwa *Achterberg*, Die Rechtsordnung als Rechtsverhältnisordnung, 1982, S. 129f., m. w. N.; *Bauer*, in: Dreier (Hrsg.), GG, Bd. II, 1998, Art. 20 (Bundesstaat) Rn. 23ff.; *Isensee*, in: HStR IV, 1990, § 98 Rn. 113ff.; *Sachs*, in: ders. (Hrsg.), GG, 3. Aufl. 2003, Art. 20 Rn. 65ff.

[259] BVerfG, Urt. v. 22. 5. 1990 – 2 BvG 1/88 »Kalkar« –, BVerfGE 81, 310, 329, m. w. N.; *Isensee*, in: HStR IV, 1990, § 98 Rn. 124; *Riedwelski*, SächsVBl. 1995, 196, 203; *Salzwedel*, NuR 1984, 165, 173ff.

Art. 93 Abs. 1 Nr. 3 GG verdeutlicht das Grundgesetz zudem, daß die entsprechenden Kompetenzkonflikte grundsätzlich justitiabel sind. Damit kann nicht die Rede davon sein, im Bund-Länder-Verhältnis stünden sich bloße Behördenzuständigkeiten gegenüber. Ebensowenig besteht die Möglichkeit, den Konflikt durch die Einschaltung einer höheren Verwaltungsinstanz als einer gemeinsamen Verwaltungsspitze zu klären, wie dies bei Kompetenzkonflikten innerhalb ein und derselben juristischen Person[260] oder im Rahmen der Bundesauftragsverwaltung möglich ist[261], so daß insoweit ein Rechtsschutzbedürfnis verneint werden könnte[262].

Wenn und soweit diese Positionen auf – gegebenenfalls im Lichte des Grundgesetzes abzuleitenden – einfachgesetzlichen Bestimmungen beruhen, die das grundgesetzliche Rechte- und Pflichtenverhältnis von Bund und Ländern auf der Ebene des Verwaltungsrechts konkretisieren, handelt es sich dabei im Fall eines Konflikts um eine nicht-verfassungsrechtliche Streitigkeit, die somit verwaltungsgerichtlich durchsetzbar ist.[263] Dies hatte das Bundesverwaltungsgericht bereits in der »Forstpolizeientscheidung« bejaht, in der es um die Eintragung eines durch den Bund militärisch genutzten Grundstücks in ein landesrechtliches Waldverzeichnis und damit um den Konflikt zweier Nutzungsregime ging.[264] Werden diese Rechte durch den Bund in verwaltungsgerichtlich angreifbaren Handlungsformen verletzt, so muß folgerichtig auch eine auf die Verletzung dieser Schutznormen oder auf das planerische Abwägungsgebot gestützte Klagebefugnis der Länder bejaht werden.

c) *Zum Rechtsschutz des Bundes gegen Landesplanungen*

Planerische Rechtsverletzungen können sich allerdings bei intraföderalen Planungskonflikten nicht nur gegenüber den Ländern, sondern auch auf seiten des Bundes ergeben. Auch bei Planungen der Länder und Kommunen ist nämlich auf Grundlage der Bundestreue eine planerische Berücksichtigung konkurrierender Bundesbelange ebenso geboten[265] wie die Respektierung der entsprechenden Bundeskompetenzen. Rechtlich zweifelhafte Verhinderungsplanungen der Länder gegen Vorhaben des Bundes wurden im Verlauf dieser Studie bereits mehrfach dargestellt[266], so

---

260 Vgl. nur *Hoppe*, Organstreitigkeiten vor den Verwaltungs- und Sozialgerichten, 1970, S. 235; *Lorenz*, AöR 93 (1968), 308, 324.

261 Vgl. *Achterberg*, Die Rechtsordnung als Rechtsverhältnisordnung, 1982, S. 150, m.w.N.

262 So die Konstruktion in BVerwG, Urt. v. 6. 11. 1991 – 8 C 10/90 –, NVwZ 1992, 475; ähnlich VGH Kassel, Beschl. v. 28. 4. 1992 – 3 TG 647/92 –, NuR 1992, 436f.

263 *Salzwedel*, NuR 1984, 165, 174; vgl. zur Abgrenzung auch *Krebs*, in: HStR III, 1988, § 69 Rn. 47; *Leisner*, in: Bundesverfassungsgericht und Grundgesetz, Bd. I, 1976, S. 260, 274ff., 278ff.; *Ronellenfitsch*, in: Hoffmann-Riem/Schmidt-Aßmann (Hrsg.), Konfliktbewältigung durch Verhandlungen, Bd. 2 1990, S. 185, 201f.; *Steinberg*, AöR 110 (1985), 419, 439ff., 442ff.; *Zillmer*, DÖV 1995, 49, 52f.

264 BVerwG, Urt. v. 16. 1. 1968 – I A 1.67 –, BVerwGE 29, 52, 58 m. Anm. *Scholz*, DVBl. 1969, 115ff.

265 Vgl. BVerwG, Urt. v. 9. 9. 1988 – 4 B 37/88 –, NuR 1990, 111, 113, und dazu bereits im fünften Kapitel S. 334f.

266 Vgl. insbesondere in der Einleitung S. 5f. sowie im vierten Kapitel S. 262ff.

daß das insoweit bestehende Potential an Rechtsstreitigkeiten kaum geringer sein dürfte als jenes, welches Länder zu Klagen bewegen könnte. Im Vergleich zu der Betroffenheit der Länder durch Bundesplanungen finden sich jedoch nur selten Stellungnahmen zu der Frage des Rechtsschutzes des Bundes gegen Landesplanungen.[267] Der Grund hierfür mag darin liegen, daß es sich bei den Planungen des Bundes überwiegend um Planfeststellungen handelt, bei denen sich der Bund den Verhinderungsplanungen der Länder und Kommunen bislang zumeist unter Rückgriff auf die in § 75 Abs. 1 S. 1 VwVfG angeordnete Konzentrationswirkung durch Zulassung von Ausnahmen und Befreiungen entziehen konnte.[268] Die Frage nach der Verfügbarkeit verwaltungsgerichtlichen Rechtsschutzes wird sich allerdings spätestens dann stellen, wenn einer Bundesplanung eine landesrechtliche Nutzungsregelung – etwa eine Wasserschutzgebietsverordnung – entgegensteht, die keine Ausnahmebestimmungen enthält, oder wenn gegenüber dem Bund das erste Mal eine auf § 12 ROG gestützte landesplanerische Untersagung erfolgen sollte.[269] Auch in diesen Fällen wird sich die Verwaltungsgerichtsbarkeit der delikaten Aufgabe zur Rechtsgewähr im Bund-Länder-Verhältnis auf Dauer nicht entziehen können.

IV. Ausblick

In einem resignierenden *obiter dictum* seiner Süd-West-Afrika-Entscheidung hat der Internationale Gerichtshof erklärt, mangels des Bestehens einer völkerrechtlichen *actio popularis* seien selbst die grundlegendsten Rechtspflichten des Völkerrechts nur in Ausnahmefällen durchsetzungsfähig.[270] Fast möchte das vorliegende Kapitel im Hinblick auf die Kollisions- und Koordinationsregeln für Raumplankonflikte einen ähnlichen Eindruck hinterlassen: Die meisten verwaltungsrechtlichen Durchsetzungsinstrumente haben vor allem wegen des Grundsatzes der Autonomie der Verwaltungsbehörden nur begrenzte Relevanz. Auch die Bedeutung der landesplanerischen Untersagung als einem spezifisch zwischenbehördlichen Durchsetzungsinstrument wird jedenfalls gegenüber Planfeststellungen durch die Konzentrationswirkung des § 75 Abs. 1 S. 1 VwVfG erheblich beschränkt. Im Hinblick auf den Rechtsschutz unter Planungsträgern ist bislang letztlich nur die Wehrfähigkeit der gemeindlichen Planungshoheit anerkannt.

Angesichts dieser Lückenhaftigkeit der verwaltungsrechtlichen und -prozessualen Durchsetzungs- und Kontrollinstrumente ist in Erinnerung zu rufen, daß bereits

---

[267] Vgl. aber *Ebsen*, Militärische Bodennutzung, 1988, S. 110f., 183f.

[268] Vgl. dazu bereits oben S. 458f.

[269] Als Vorzeichen für ein dementsprechendes Vorgehen der Länder sei auf die Ausführungen von *Goppel*, BayVBl. 2002, 617, 618f., verwiesen.

[270] International Court of Justice, South West Africa Case (Second Phase, Ethiopia and Liberia v. South Africa), 6 ICJ Reports 1966, S. 46: »In the international field, the existence of obligations that cannot in the last resort be enforced by any legal process, has always been the rule rather than the exception ...«.

der in Art. 20 Abs. 3 GG verankerte Grundsatz der Gesetzmäßigkeit der Verwaltung die erste und eigentliche Gewähr für eine Beachtung planerischer Kompetenz- und Koordinationsregeln bieten sollte. Dennoch kann das Gesamtbild nicht befriedigen, vor allem im Hinblick auf den Rechtsschutz im Bund-Länder-Verhältnis. Insgesamt bleibt die Forderung an die Rechtsprechung bestehen, eine stärkere Kongruenz zwischen den einschlägigen materiellen Koordinationsregeln unter konkurrierenden Planungsträgern einerseits und dem insoweit gewährten Rechtsschutz andererseits herzustellen[271] und die oft allzu kasuistischen Aussagen zu der Klagebefugnis eines Planungsträgers durch die Rückbesinnung auf diese materiell-rechtlichen Maßstäbe zu vereinheitlichen.

[271] Vgl. dazu bereits oben S. 478, 493f. und 499.

Neuntes Kapitel

Der Rang gemeinschaftlicher Raumplanungen

Raumplanungen der Europäischen Gemeinschaft wurden im Rahmen der vorliegenden Studie bislang zwar in der Einleitung angesprochen, die anschließenden rechtlichen Untersuchungen bezogen sich allerdings ausschließlich auf das nationale Planungsrecht. Diese Beschränkung erklärt sich zum einen aus der Tatsache, daß die nationalen Raumplanungen mittlerweile zwar in ganz erheblichem Umfang durch EG-rechtliche Vorgaben geprägt werden, Planungen der Gemeinschaft selbst jedoch bislang eher eine Ausnahmeerscheinung darstellen. Zum anderen wird sich im Lauf dieses Kapitels zeigen, daß sich die für den Geltungs- und Durchsetzungsanspruch gemeinschaftlicher Raumplanungen maßgeblichen Rechtssätze in das System der in der vorliegenden Studie entwickelten Vorgaben nur schwer einfügen lassen. Angesichts der erst im Entstehen begriffenen Rahmenbedingungen kann es an dieser Stelle nur darum gehen, Perspektiven für die Bewältigung entsprechender Raumplanungskonflikte, nicht aber ausgereifte Lösungen zu entwickeln.

Eine europäische Raumplanungs- und insbesondere Raumordnungspolitik wurde während der letzten Jahrzehnte weniger im Rahmen der Europäischen Gemeinschaften, als in dem des Europarates betrieben, der durch die 1970 gegründete Europäische Raumordnungs-Ministerkonferenz im Jahr 1983 eine »Europäische Raumordnungscharta« sowie 1988 das »Europäische Raumordnungsschema« vorlegte[1]. Da die Organe des Europarates über keine Rechtssetzungskompetenzen und damit auch über keine Kompetenz zu verbindlichen Raumplanungen verfügen[2], werden im Hinblick auf diese Form europäischer Raumordnungspolitik keine echten Planungskonflikte hervorgerufen. Solche zwischenstaatlich vereinbarte Raumplanungspolitik beeinflußt zweifelsohne die nationalen Planungsträger – ebenso wie die bilaterale staatliche oder kommunale planerische Zusammenarbeit[3] – und bringt die Interessen an einer internationalen Koordination in die nationalen Planungsverfahren ein. Bindungen entfaltet sie jedoch nur über die Umsetzung durch das nationale Recht, beispielsweise durch das in § 1 Abs. 2 Nr. 8 ROG normierte Leitbild, die räumlichen Voraussetzungen für den Zusammenhalt in der Europäischen Gemein-

---

[1] Näher *Battis*, in: FS für Schlichter, 1995, S. 185, 186ff., m.w.N.; *Öhlinger/Weimar* (Hrsg.), Die europäische Raumordnungscharta, 1991. Demgegenüber befindet sich die gemeinschaftliche Raumordnung nach *Krautzberger*, DÖV 1992, 911, 915 weiterhin »in einer wichtigen Anfangsphase«.

[2] Vgl. nur *Oppermann*, Europarecht, 2. Aufl. 1999, Rn. 53ff.

[3] Dazu etwa *Heberlein*, DÖV 1996, 100ff.; *Moersch*, BayVBl. 2004, 40ff.; *Pechstein/Weber*, LKV 2001, 89ff.

schaft und im größeren europäischen Raum zu schaffen.[4] Die verbindlich festgesetzten eigentlichen Planungen der Europäischen Gemeinschaften haben demgegenüber bislang zwar noch eher punktuellen Charakter, entfalten jedoch – wie noch darzustellen ist – über den Grundsatz des Vorrangs des Gemeinschaftsrechts eine ungleich stärkere Durchsetzungskraft.[5]

Vor allem aus diesem potentiellen Vorrang gemeinschaftlicher Raumplanungen gegenüber nationalen Festsetzungen erklärt sich die Zurückhaltung der Mitgliedstaaten, der Gemeinschaft nennenswerte Kompetenzen auf dem Gebiet der Raumplanung einzuräumen und verbindlichen Rechtsakten auf diesem Gebiet zuzustimmen. In weiten Teilen, vor allem im Bereich der Gesamtplanung, beschränkt sich die gemeinschaftliche Raumplanungspolitik daher bis heute auf informelle und unverbindliche Instrumente. Räumliche Fachplanungen der Gemeinschaft[6] finden sich im wesentlichen in zwei Bereichen: im Politikbereich der *transeuropäischen Netze* sowie im europäischen *Naturschutzrecht*. Beide Gemeinschaftsfachplanungen folgen sowohl im Hinblick auf das Planungsverfahren als auch die Rechtsfolgen ganz unterschiedlichen Ansätzen. In dem erstgenannten Bereich der transeuropäischen Netze werden bestimmte räumliche Bereiche einerseits zwar durch eindeutige Bezugnahme auf konkrete Infrastrukturvorhaben in Anspruch genommen, dies aber lediglich mit relativ »weichen« Rechtsfolgen. Auch im Bereich des Naturschutzrechts ergeht die eigentliche planerische Auswahl von Naturschutzgebieten auf Gemeinschaftsebene. Hier hat jedoch bereits die der Planungsentscheidung der Gemeinschaft vorgelagerte Identifizierung der entsprechenden Vorschlagsflächen durch die Mitgliedstaaten nach abstrakten naturschutzfachlichen Kriterien ganz erhebliche Beschneidungen ihrer eigenen raumplanerischen Handlungsspielräume zur Folge. Dabei beanspruchen die Raumansprüche der Gemeinschaft fast ausnahmslos den Vorrang vor den Planungen der Mitgliedstaaten. Vor dem Hintergrund des prinzipiellen Vorrangs gemeinschaftlicher Festsetzungen kommt der Frage nach der Existenz von Planungskompetenzen der Gemeinschaft daher besondere Bedeutung zu.

I. Planungsrechtliche Vorgaben im EG-Vertrag

1. Planungskompetenzen der Gemeinschaft

Auf der Grundlage des in Art. 5 Abs. 1 EGV normierten Prinzips der begrenzten Einzelermächtigung bedarf jedes Handeln der Gemeinschaft einer primärrechtlichen Handlungsgrundlage.[7] Obwohl eine gemeinschaftliche Raumordnungskom-

---

[4] Vgl. dazu *Runkel*, in: Bielenberg/Runkel/Spannowsky, Raumordnungs- und Landesplanungsrecht des Bundes und der Länder, Kommentar K, § 1 ROG Rn. 88ff., Stand: V/2001.

[5] Vgl nachfolgend S. 539ff.

[6] Vgl. die Definition der »Fachplanung« im ersten Kapitel S. 34ff.

[7] Näher etwa *Boeck*, Die Abgrenzung der Rechtssetzungskompetenzen von Gemeinschaft und Mitgliedstaaten, 2000, S. 31ff.; *Calliess*, in: ders./Ruffert (Hrsg.), Kommentar zu EU-Vertrag und

petenz angesichts der hohen Bedeutung der europäischen Infrastrukturen für den Binnenmarkt seit der 1983 erhobenen Forderung nach einem europäischen Raumordnungsplan wiederholt vorgeschlagen und diskutiert wurde[8], verfügt die Gemeinschaft bislang über keine allgemeine Zuständigkeit für das Gebiet der gemeinschaftlichen Raumplanung.[9] Allerdings ist diese Aussage keineswegs unbestritten.

a) Maßnahmen im Bereich der Raumordnung

Ausdrückliche Erwähnung findet eine gemeinschaftliche Raumordnung in Art. 175 Abs. 2 Buchst. b EGV, wonach

»Maßnahmen, die die Raumordnung berühren; die mengenmäßige Bewirtschaftung der Wasserressourcen berühren oder ... die Bodennutzung mit Ausnahme der Abfallbewirtschaftung berühren«,

durch den Rat nur einstimmig erlassen werden können. Der eigenständig zu interpretierende[10] und in den jeweiligen Textfassungen des EG-Vertrags in seiner semantischen Bedeutung stark divergierende Begriff »Raumordnung«[11] wird im Schrifttum dahin gehend verstanden, daß sämtliche raumplanerischen Maßnahmen erfaßt sein sollen, die Boden unmittelbar in Anspruch nehmen[12] oder beeinflussen[13], so daß auch sämtliche Fachplanungsvorhaben unter den Einstimmigkeitsvorbehalt fallen würden.[14] Nach anderer, offenbar am englischen Wortlaut angelehnter Auffassung

---

EG-Vertrag, 2. Aufl. 2002, Art. 5 Rn. 8ff.; *Huber*, Recht der Europäischen Integration, 2. Aufl. 2002, § 16 Rn. 5ff.; *Lienbacher*, in: Schwarze (Hrsg.), EU-Kommentar, 2000, Art. 5 EGV Rn. 7ff.; *Streinz*, in: ders. (Hrsg.), EUV/EGV, Kommentar, 2003, Art. 5 EGV Rn. 7ff.; vgl. jedoch auch *David*, in: FS für Lendi, 1998, S. 47, 49, der den Grundsatz zumindest im Bereich der Planung mittlerweile als »ausgehöhlt« und »allenfalls noch formales Strukturprinzip« anerkennen will.

[8] Vgl. aus der Diskussion die verschiedenen Dokumente bei *Bielenberg/Runkel/Spannowsky*, Raumordnungs- und Landesplanungsrecht des Bundes und der Länder, Vorschriften B 510ff.; *Battis*, in: FS für Schlichter, 1995, S. 185, 193ff.; *David*, DÖV 1993, 1021ff.; *Krautzberger/Selke*, DÖV 1994, 685ff.; *Loewenich*, BBauBl. 1992, 574ff.; *Schmidhuber/Hitzler*, DÖV 1991, 271ff.; *Spannowsky*, UPR 1998, 161ff.

[9] So bereits in der jeweiligen Einleitung *David*, in: FS für Lendi, 1998, S. 47; *Hendler*, in: Mertins (Hrsg.), Vorstellungen der Bundesrepublik Deutschland zu einem europäischen Raumordnungskonzept, 1993, S. 37.

[10] Nach dem Grundsatz der »autonomen Interpretation«, vgl. etwa *Bleckmann*, Europarecht, 6. Aufl. 1997, Rn. 552ff.; *Oppermann*, Europarecht, 2. Aufl. 1999, Rn. 682ff.

[11] In anderen Fassungen finden sich u.a. die Formulierungen »town and country planning«, »aménagement du territoire« oder »assetti territoriale«.

[12] *Calliess*, in: ders./Ruffert (Hrsg.), Kommentar zu EU-Vertrag und EG-Vertrag, 2. Aufl. 2002, Art. 175 Rn. 20, m.w.N. auch zu den Änderungen der Vorschrift durch den Vertrag von Nizza.

[13] In diesem weiteren Sinne *Kahl*, in: Streinz (Hrsg.), EUV/EGV, Kommentar, 2003, Art. 175 EGV Rn. 21; *Krämer*, in: Groeben/Thiesing/Ehlermann (Hrsg.), Kommentar zum EU-/EG-Vertrag, Bd. 3, 5. Aufl. 1999, Art. 130s Rn. 19.

[14] Hierzu soll beispielsweise auch die Pflicht zur Ausweisung gemeinschaftlicher Naturschutzgebiete zählen, so daß die FFH-Richtlinie der Gemeinschaft dem Einstimmigkeitserfordernis unterliegen müßte. Vgl. dazu *Jahns-Böhm*, in: Schwarze (Hrsg.), EU-Kommentar, 2000, Art. 175 EGV Rn. 16; a.A. *Epiney*, Umweltrecht in der Europäischen Union, 1997, S. 57f.; vgl. auch *Jarass*, DÖV 1999, 661, 662.

erfaßt der Begriff »Raumordnung« in Art. 175 Abs. 2 Buchst. b EGV vorwiegend stadtplanerische Maßnahmen, die auf eine Verbesserung der städtischen Umwelt abzielen; diese Stimmen legten jedoch den in derselben Vorschrift enthaltenen Begriff der »Bodennutzung« weiter aus.[15] Der Anwendungsbereich der Einstimmigkeitsregel ist somit nach allen Auffassungen grundsätzlich sehr weit.

Vielfach wird Art. 175 Abs. 2 Buchst. b EGV als echte Kompetenzgrundlage für gemeinschaftliche Raumplanungen und Raumplanungsgesetze interpretiert.[16] Nach Wortlaut und Regelungszusammenhang stellt die durch den Vertrag von Maastricht geschaffene Bestimmung freilich *keine Kompetenznorm*, sondern eine besondere *Verfahrensvorschrift* dar, die eine entsprechende umweltpolitische Zuständigkeit der Gemeinschaft voraussetzt, ohne selbst eine solche Kompetenz zu begründen.[17] Gerade auf dem Gebiet der Raumordnung wird jedoch eine Zuständigkeit der Gemeinschaft in keiner einzigen Vertragsbestimmung erwähnt. Eine solche Kompetenz ist daher allenfalls sektoral als Annex zu bestimmten anderen Zuständigkeiten, nicht jedoch im Sinne einer räumlichen Gesamtplanungszuständigkeit gegeben, die der entsprechende deutsche Begriff beinhaltet. Auch die im Schrifttum vorgeschlagene »punktuelle Raumordnungs- und Raumplanungskompetenz« aus Art. 308 EGV[18] stellt allenfalls einen Lückenfüller dar und wäre zudem an strenge Anforderungen geknüpft, die ihre praktische Bedeutung erheblich einschränken müßte.[19]

Dennoch liefert die Erwähnung der Raumordnung in Art. 175 Abs. 2 EGV zumindest ein Indiz dafür, daß in anderen Kompetenztiteln des Vertrags – namentlich in

---

[15] *Breier*, in: EUDUR Bd. I, 2. Aufl. 2003, § 13 Rn. 24f.; *Jarass*, DÖV 1999, 661; *Klein*, in: Handkommentar zum Vertrag über die Europäische Union (EUV/EGV), Art. 130s Rn. 17f., Stand: 11/1998.

[16] So vor allem mit Blick auf die Gemeinschaftspraxis besonders eingehend *Gatawis*, DÖV 2002, 858, 860ff.; *ders.*, Grundfragen eines europäischen Raumordnungsrechts, 2000, S. 219ff., m.w.N. zum Meinungsstand. Auch *Gatawis* fordert allerdings einen besonderen Umweltbezug der jeweiligen Planung und kommt damit der (zutreffenden) Gegenauffassung doch wieder nahe, die lediglich eine umweltrechtliche Fachplanungskompetenz der Gemeinschaft anerkennt. Zum Teil eher beiläufig bejahen raumordnerische Kompetenzen aus Art. 175 EGV auch *Bleckmann*, DVBl. 1992, 335, 339; *Breier*, NuR 1992, 457, 461; *Hendler*, in: Mertins (Hrsg.), Vorstellungen der Bundesrepublik Deutschland zu einem europäischen Raumordnungskonzept, 1993, S. 37; *Thiel*, Umweltrechtliche Kompetenzen in der Europäischen Union, 1995, S. 75ff., 88.

[17] So für die wohl h. L. *Frenz*, Europäisches Umweltrecht, 1997, Rn. 71; *Fürst*, DISP 130 (1997), 47; *Hoppe/Deutsch*, in: EUDUR, Bd. II/2, 2. Aufl. 2003, § 88 Rn. 43ff., m.w.N.; *Jahns-Böhm*, in: Schwarze (Hrsg.), EU-Kommentar, 2000, Art. 175 EGV Rn. 11; *Jarass*, DÖV 1999, 661f.; *Klein*, in: Handkommentar zum Vertrag über die Europäische Union (EUV/EGV), Art. 130s Rn. 1, Stand: 11/1998; *Krautzberger/Selke*, DÖV 1994, 685, 687; *Matuschak*, Europäisches Gemeinschaftsrecht im Verhältnis zum deutschen Städtebaurecht, 1994, S. 110ff., 137ff., m.w.N.; *ders.*, DVBl. 1995, 81, 87f.

[18] *David*, DÖV 1993, 1021, 1024; *Hoppe/Deutsch*, in: EUDUR, Bd. II/2, 2. Aufl. 2003, § 88 Rn. 53; *Schmidhuber/Hitzler*, DÖV 1991, 271, 274; dem folgend wohl *Battis*, in: FS für Schlichter, 1995, S. 185, 191; *Jarass*, DÖV 1999, 661, 663.

[19] Näher *Matuschak*, Europäisches Gemeinschaftsrecht im Verhältnis zum deutschen Städtebaurecht, 1994, S. 152ff.; allgemeiner zur tatsächlichen Bedeutung des Art. 308 etwa *Hartley*, The Foundations of European Community Law, 4. Aufl. 1998, S. 103ff.; *Huber*, Recht der Europäischen Integration, 2. Aufl. 2002, § 9 Rn. 15ff.; *Schreiber*, in: Schwarze (Hrsg.), EU-Kommentar, 2000, Art. 308 EGV Rn. 6ff., m.w.N.

Art. 174 EGV über die gemeinschaftliche Umweltpolitik – implizit auch die Zuständigkeit zum Erlaß raumordnerischer Maßnahmen enthalten sein muß.[20] Denn ohne eine zumindest punktuelle Kompetenz zu raumordnerischen Maßnahmen würde die zitierte Vorschrift leerlaufen. Neben der *Umwelt*- bietet dabei vor allem auch die gemeinschaftliche *Verkehrspolitik* vielfältige Ansatzpunkte für raumbeeinflussende Maßnahmen.[21] Der Schwerpunkt der raumplanerischen Gemeinschaftszuständigkeiten liegt somit auf Annexkompetenzen zu selbständigen Politikbereichen[22], und vorrangig auf diesen Umstand ist auch zurückzuführen, daß das nachfolgend darzustellende Sekundärrecht im Bereich der Raumplanung bislang lediglich sektorale Bereiche erfaßt und durch diese Orientierung an sektoralen Belangen überwiegend der Kategorie der Fachplanungen zuzurechnen ist.

b) Das Beispiel der Kompetenz zur Förderung des Aufbaus transeuropäischer Netze

Unter denjenigen Gemeinschaftskompetenzen, die zumindest punktuell zum Erlaß raumordnerischer Maßnahmen ermächtigen, sollen hier beispielhaft die durch den Vertrag von Maastricht neugeschaffenen Regelungen zum Infrastrukturbereich vorgestellt werden. Die »Förderung des Auf- und Ausbaus transeuropäischer Netze« ist nach Art. 3 Abs. 1 Buchst. o EGV eine Aufgabe der Gemeinschaft. Konkretisiert wird diese »infrastrukturpolitische Zuständigkeit«[23] in dem durch den Vertrag von Maastricht in den EG-Vertrag aufgenommenen Titel XV über »Transeuropäische Netze« in den Art. 154 bis 156 EGV. Art. 154 EGV weist der Gemeinschaft die Aufgabe zu, einen Beitrag zum Auf- und Ausbau transeuropäischer Netze in den drei durchaus lose zusammenhängenden Bereichen der Verkehrs-, der Telekommunikations- und der Energieinfrastruktur zu leisten.[24] Aus Sicht der räumlichen Planung ist dabei vor allem der besonders raumsensible Bereich der *Verkehrsplanung* von Bedeutung, obwohl es auch im Bereich der Energieinfrastruktur durchaus um die Festsetzung konkreter Projekte geht, etwa von Strom- oder Rohrleitungen. Dabei richtet sich die Tätigkeit der Gemeinschaft vor allem auf die Förderung des Ver-

---

[20] *Battis*, in: FS für Schlichter, 1995, S. 185, 191; *Frenz*, Europäisches Umweltrecht, 1997, Rn. 71, m.w.N.; *Kahl*, in: Streinz (Hrsg.), EUV/EGV, Kommentar, 2003, Art. 175 EGV Rn. 22; *Wahl*, in: FS für Hoppe, 2000, S. 913, 918; argumentativ auch *Matuschak*, DVBl. 1995, 81, 88, mit Bezug auf die Energiepolitik.

[21] Zu weiteren Kompetenztiteln mit raumplanerischem Bezug *Gatawis*, DÖV 2002, 858, 859f.

[22] Vgl. *Battis*, in: FS für Schlichter, 1995, S. 185, 191; *Gatawis*, DÖV 2002, 858ff.; *ders.*, Grundfragen eines europäischen Raumordnungsrechts, 2000, S. 201ff.; *Hoppe/Deutsch*, in: EUDUR, Bd. II/2, 2. Aufl. 2003, § 88 Rn. 44ff.; *Jahns-Böhm*, in: Schwarze (Hrsg.), EU-Kommentar, 2000, Art. 175 EGV Rn. 16; *Jarass*, DÖV 1999, 661, 662f.

[23] *Von Burchard*, in: Schwarze (Hrsg.), EU-Kommentar, 2000, Art. 154 EGV Rn. 3; vgl. weiter *Bogs*, Die Planung transeuropäischer Verkehrsnetze, 2002, S. 34ff.

[24] Näher zu den drei Bereichen im Überblick etwa *Oppermann*, Europarecht, 2. Aufl. 1999, Rn. 1472ff.; kritisch zu ihrer systematisch fragwürdigen Zusammenführung auch *Rambow*, in: Lenz (Hrsg.), EG-Vertrag, 1994, Vorb. Art. 129b–129d Rn. 3; knapper *Dieter*, in: Lenz/Borchardt (Hrsg.), EG-und EU-Vertrag, 3. Aufl. 2003, Vorb. Art. 154–156, Rn. 6.

bunds und die Interoperabilität der einzelstaatlichen Netze sowie des Zugangs zu diesen Netzen.

Art. 155 Abs. 1 EGV legt die Vorgehensweise zur Verwirklichung dieser Aufgaben fest, die den zuständigen Organen der Gemeinschaft weite Ermessensspielräume eröffnet.[25] Demnach stellt der nach Art. 156 Abs. 1 EGV zuständige Rat *Leitlinien*[26] auf, in denen die Ziele, die Prioritäten und die Grundzüge der im Bereich der transeuropäischen Netze in Betracht gezogenen Aktionen erfaßt und *Vorhaben von gemeinsamem Interesse* ausgewiesen werden. Die Gemeinschaft führt weiter jede gegebenenfalls notwendige Aktion durch, um die Interoperabilität der Netze namentlich im Bereich der Harmonisierung der technischen Normen zu gewährleisten.[27] Schließlich kann die Gemeinschaft von den Mitgliedstaaten ganz oder teilweise unterstützte *Vorhaben von gemeinsamem Interesse* durch bestimmte wirtschaftliche Maßnahmen flankieren und über den nach Art. 161 EGV errichteten Kohäsionsfonds zu spezifischen Verkehrsinfrastrukturvorhaben in den Mitgliedstaaten beitragen.[28] Insgesamt zielt die Kompetenz zur Förderung des Aufbaus transeuropäischer Netze somit in erster Linie auf die Festlegung von Prioritäten, Grundsätzen und Rahmenbedingungen.

Bestätigt wird dieser eher restriktive Ansatz durch die verfahrenstechnische Vorgabe in Art. 156 S. 2 EGV, wonach Leitlinien und Vorhaben von gemeinsamem Interesse, die das Hoheitsgebiet eines Mitgliedstaats betreffen, der *Billigung des* betroffenen *Mitgliedstaats* bedürfen. Auch diese Regelung, die den Mitgliedstaaten über die Mehrheitsregeln für die Abstimmung im Rat hinaus ein originäres Mitspracherecht einräumen soll[29], gilt als Ausdruck des Grundgedankens, daß die Art. 154 und 155 EGV die primäre Rolle als Plansubjekte bei den Mitgliedstaaten belassen und sich die Zuständigkeit der Gemeinschaft auf eine koordinierende und flankierende Rolle beschränkt.[30] Das wesentliche Ziel der Gemeinschaftsplanung ist damit die Einbet-

---

[25] *Ukrow*, in: Calliess/Ruffert (Hrsg.), Kommentar zu EU-Vertrag und EG-Vertrag, 2. Aufl. 2002, Art. 155 Rn. 6.

[26] Zu diesem Begriff *Bogs*, Die Planung transeuropäischer Verkehrsnetze, 2002, S. 92ff.; *Jürgensen*, Grundrechtsschutz bei der Realisierung transeuropäischer Verkehrsnetze, 1998, S. 59ff., m.w.N.; *Schäfer*, in: Streinz (Hrsg.), EUV/EGV, Kommentar, 2003, Art. 155 EGV Rn. 3ff.

[27] Kritisch zu der extensiven Nutzung dieser Harmonisierungskompetenz durch die Gemeinschaft als Grundlage einer Verordnung im Bereich der Telekommunikation *Koenig/Neumann*, EuZW 2002, 485, 486ff.

[28] Näher *Frohnmeyer*, in: Grabitz/Hilf (Hrsg.), Kommentar zur Europäischen Union, Art. 129c EGV Rn. 13ff., Stand: Okt. 1995; *Schäfer*, in: Streinz (Hrsg.), EUV/EGV, Kommentar, 2003, Art. 155 EGV Rn. 35ff.

[29] Vgl. *Jürgensen*, Grundrechtsschutz bei der Realisierung transeuropäischer Verkehrsnetze, 1998, S. 70ff.; *Ukrow*, in: Calliess/Ruffert (Hrsg.), Kommentar zu EU-Vertrag und EG-Vertrag, 2. Aufl. 2002, Art. 156 Rn. 7f.; *von Burchard*, in: Schwarze (Hrsg.), EU-Kommentar, 2000, Art. 156 EGV Rn. 2; *Wahl*, in: FS für Hoppe, 2000, S. 913, 924f.

[30] *Bleckmann*, Europarecht, 6. Aufl. 1997, Rn. 2730; *Brandt/Schäfer*, CMLR 1996, 931, 964; *Dieter*, in: Lenz/Borchardt (Hrsg.), EG-und EU-Vertrag, 3. Aufl. 2003, Art. 154 Rn. 11; *Erdmenger*, in: Groeben/Thiesing/Ehlermann (Hrsg.), Kommentar zum EU-/EG-Vertrag, Bd. 3, 5. Aufl. 1999, Art. 129c EGV Rn. 3f.; *Frohnmeyer*, in: Grabitz/Hilf (Hrsg.), Kommentar zur Europäischen Union, vor Art. 129b–d EGV Rn. 3, Stand: Okt. 1995; *Hermes*, Infrastrukturverantwortung, 1998, S. 364f.;

tung der Infrastrukturplanungen der Mitgliedstaaten in einen europäischen Rahmen.[31] Kernstück der Gemeinschaftskompetenz ist die Identifizierung und Förderung derjenigen Vorhaben, die im gemeinsamen Interesse aller Mitgliedstaaten und der Gemeinschaft liegen. Insofern stellen die Art. 154 bis 155 EGV spezielle Rechtsvorschriften für gemeinschaftliches Handeln dar, die den allgemeinen Bestimmungen des Vertrags abschließend vorgehen und einen Rückgriff auf weitere allgemeine Rechtsgrundlagen – insbesondere die zur gemeinsamen Verkehrspolitik nach Art. 71 Abs. 1 Buchst. d EGV – ausschließen dürften.[32]

2. Sonstige primärrechtliche Vorgaben

Neben den im EG-Vertrag enthaltenen Kompetenzen nehmen – ebenfalls bereits auf der Ebene des primären Gemeinschaftsrechts – auch die mittlerweile sehr detaillierten, nach Art. 10 EGV verbindlichen Ziele des EG-Vertrages einen gewissen Einfluß auf die Gesamtplanungen der Mitgliedstaaten. Die Pflicht zur Förderung der einzelnen Politikbereiche beeinflusst dabei – ähnlich wie eine Abwägungsdirektive – die konkreten raumplanerischen Entscheidungen und fördert so die gemeinschaftsübergreifende raumordnerische Koordination.[33] Die Steuerungskraft solcher Vorgaben ist allerdings sehr begrenzt, da sich dem Vertrag keine Aussagen entnehmen lassen, welcher Rang den einzelnen oft konfligierenden Politikbereichen zukommt und wie beispielsweise Konflikte zwischen der gemeinschaftsrechtlichen Umweltschutz- und der gemeinschaftlichen Infrastrukturpolitik zu lösen sind.[34] Hinreichend konkrete materielle Vorgaben ergeben sich erst aus dem sekundären Planungsrecht sowie den vereinzelten Planungen der Gemeinschaft selbst.

Schäfer, in: Streinz (Hrsg.), EUV/EGV, Kommentar, 2003, Art. 154 EGV Rn. 30; *Ukrow*, in: Calliess/Ruffert (Hrsg.), Kommentar zu EU-Vertrag und EG-Vertrag, 2. Aufl. 2002, Art. 154 Rn. 2; *von Burchard*, in: Schwarze (Hrsg.), EU-Kommentar, 2000, Art. 154 EGV Rn. 9; vgl. aber auch *Pechstein/Weber*, LKV 2001, 89, 93, die von einer »konkurrierenden EG-Kompetenz« ausgehen.

[31] *Basedow/Dolfen*, in: Dauses (Hrsg.), Handbuch des EU-Wirtschaftsrechts, Abschn. L Rn. 119, Stand: März 2002.

[32] So *Frohnmeyer*, in: Grabitz/Hilf (Hrsg.), Kommentar zur Europäischen Union, vor Art. 129b–d EGV Rn. 11, Stand: Okt. 1995; *Gatawis*, DÖV 2002, 858, 859; *Ukrow*, in: Calliess/Ruffert (Hrsg.), Kommentar zu EU-Vertrag und EG-Vertrag, 2. Aufl. 2002, Art. 154 Rn. 11; *von Burchard*, in: Schwarze (Hrsg.), EU-Kommentar, 2000, Art. 154 EGV Rn. 18ff.; a. A. (Subsidiarität) *Erdmenger*, in: Groeben/Thiesing/Ehlermann (Hrsg.), Kommentar zum EU-/EG-Vertrag, Bd. 3, 5. Aufl. 1999, Art. 129b Rn. 7; *Rambow*, in: Lenz (Hrsg.), EG-Vertrag, 1994, Vorb. Art. 129b–129d Rn. 5 und Art. 129c Rn. 11; *Ronellenfitsch*, Transeuropäische Netze, in: Blümel/Kühlwetter/Schweinsberg (Hrsg.), Aktuelle Probleme des Eisenbahnrechts IV, 2000, S. 111, 119f. Differenzierend *Jürgensen*, Grundrechtsschutz bei der Realisierung transeuropäischer Verkehrsnetze, 1998, S. 71ff.

[33] Vgl. *Hendler*, in: Mertins (Hrsg.), Vorstellungen der Bundesrepublik Deutschland zu einem europäischen Raumordnungskonzept, 1993, S. 37, 40.

[34] *David*, DÖV 1993, 1021, 1027f.

II. Sekundäres Planungsrecht und Planungen der Gemeinschaft

Das Raumplanungsrecht der Mitgliedstaaten wird zwar vielfach durch Gemeinschaftsrecht beeinflusst, im Umweltbereich insbesondere durch die Vorgaben der Richtlinie 85/337/EWG über die Umweltverträglichkeitsprüfung.[35] Einzelne sektorale Fachplanungen – etwa im Bereich der Abfallwirtschaft – werden den Mitgliedstaaten durch gemeinschaftsrechtliche Vorgaben sogar zur Pflicht gemacht.[36] Raumplanungen der Gemeinschaft selbst existieren jedoch nur in Einzelbereichen, und die meisten Beiträge im Schrifttum über die »Planungen der Gemeinschaft« beziehen sich zumeist weniger auf diese als auf die – hier nicht weiter zu vertiefenden – *Einflüsse* des allgemeinen Gemeinschaftsrechts auf die Planungen der Mitgliedstaaten[37].

Auch in jenen Teilbereichen, in denen die Gemeinschaft selbst planend tätig wird und räumliche Festsetzungen trifft, lassen sich *Fachplanungen* und Ansätze zu einer räumlichen *Gesamtplanung* unterscheiden. Eine weitere zentrale Unterscheidung ist die zwischen *verbindlichen* und *unverbindlich* planerischen Vorgaben. Die raumplanerisch bedeutsamen Akte der Gemeinschaft bilden in vielen Bereichen – namentlich im Bereich der Gesamtplanung – vielfach eine Art »soft law«, das sich auf influenzierende und flankierende Vorgaben in Aktionsprogrammen und empfehlenden Konzeptionen beschränkt.[38] Der Verbindlichkeitsanspruch ist jedoch nicht nur eine Frage der äußeren Rechtsnatur, sondern auch des Inhalts der jeweiligen Festsetzung. Verschiedene Gemeinschaftsrechtsakte auf dem Gebiete der Raumplanung mögen der Rechtsform nach, wie etwa im Fall der Leitlinien zu den transeuropäischen Netzen, als verbindliche Entscheidungen, Richtlinien oder Verordnungen ergehen, beschränken sich jedoch ihrem Inhalt nach auf Grundsätze, Empfehlungen oder Abwägungsdirektiven. Entsprechendes gilt für den Verbindlichkeitsanspruch der eigentlichen planerischen Festsetzungen, bei denen kein einheitlicher Ansatz zu erkennen ist.

---

35 Dazu *Feldmann*, in: EUDUR Bd. I, 2. Aufl. 2003, § 34 Rn. 1 ff.; *Kadelbach*, in: FS für Hoppe, 2000, S. 897, 909 ff.; *Matuschak*, Europäisches Gemeinschaftsrecht im Verhältnis zum deutschen Städtebaurecht, 1994, S. 35 ff.; allgemeiner zu den europäischen Einflüssen auf das Planungsrecht *David*, in: FS für Lendi, 1998, S. 47, 52 ff.

36 Vgl. Art. 7 Abs. 1 der »Abfallrahmen-Richtlinie« 75/442/EWG des Rates v. 15.7. 1975 über Abfälle, ABl.EG 1975 L 194, 39 ff.: »Zur Verwirklichung der Ziele der Artikel 3, 4 und 5 erstellt (erstellen) die in Artikel 6 genannte(n) zuständige(n) Behörde(n) so bald wie möglich einen oder mehrere Abfallbewirtschaftungspläne. Diese Pläne umfassen insbesondere folgendes ...«. Näher dazu *Rengeling*, in: FS für Hoppe, 2000, S. 883, 892 f.

37 Vgl. etwa die Darstellung bei *Fisahn*, UPR 2002, 258, 260 ff.

38 Näher *Gatawis*, Grundfragen eines europäischen Raumordnungsrechts, 2000, S. 23 ff., m.w.N.; *Jarass*, DÖV 1999, 661, 663 ff.; *Matuschak*, Europäisches Gemeinschaftsrecht im Verhältnis zum deutschen Städtebaurecht, 1994, S. 21 ff.; allgemeiner *Rengeling*, in: FS für Hoppe, 2000, S. 883, 887 ff.; zu den strukturell vergleichbaren Aktionsprogrammen im gemeinschaftlichen Umweltrecht *Epiney*, Umweltrecht in der Europäischen Union, 1997, S. 20 ff.

1. Gesamtplanungen der Gemeinschaft

Die Entwicklung eines europäischen Raumordnungskonzepts als eine gemeinschaftliche überfachliche raumbezogene Planung hat sich bislang vor dem Hintergrund einer zumindest zweifelhaften Kompetenzlage[39] weitgehend auf ein derartiges influenzierendes Handeln der Gemeinschaft beschränkt und noch kaum rechtliche Verbindlichkeit erlangt.[40] Allerdings finden seit 1989 informelle Treffen der Raumordnungsminister der Gemeinschaft statt, die u.a. zur Erarbeitung einer Reihe von Strategiepapieren geführt haben.[41] Höhepunkt dieser Entwicklung war die Verabschiedung des Europäischen Raumentwicklungskonzepts EUREK im Jahr 1999[42], die als uneigentlicher Ratsbeschluß und damit letztlich in Form einer völkerrechtlichen Vereinbarung erfolgte.[43]

Angesichts der zweifelhaften Raumordnungskompetenz der Gemeinschaft und vor dem Hintergrund des im Rat bestehenden Konsenses, daß jedenfalls die Aufstellung eines integrierenden Raumordnungsplans für das Gemeinschaftsgebiet nicht in Betracht kommt[44], spricht wenig dafür, daß diese Konzeptionen in absehbarer Zeit durch Sekundärrecht zu verbindlichen Vorgaben und konkreten gesamtplanerischen Festsetzungen der Gemeinschaft erstarken könnten. In einigen Bereichen, etwa bei der Technik der Entwicklung »räumlicher Leitbilder«[45], zeigen sich gewisse Parallelen der EG-Raumplanung zum raumordnerischen Orientierungsrahmen des Bundes.[46] Die Kommission sucht demgegenüber vor allem über das Instrument der gemeinschaftlichen Förderprogramme den europäischen Einfluß insbesondere auf die nationale Infrastrukturplanung zu erweitern.[47] Besonders wichtig ist dieser

---

[39] Vgl. oben S. 511ff.

[40] Näher *Battis*, in: FS für Schlichter, 1995, S. 185, 189ff.; *Fürst*, DISP 130 (1997), 47ff.; *Wahl*, in: FS für Blümel, 1999, S. 617, 620ff.

[41] Vgl. etwa die Broschüren Europa 2000, Perspektiven der zukünftigen Raumordnung der Gemeinschaft (1991); Europa 2000+, Europäische Zusammenarbeit bei der Raumentwicklung (1994), und dazu *Gatawis*, Grundfragen eines europäischen Raumordnungsrechts, 2000, S. 29ff.; *Wahl*, in: FS für Hoppe, 2000, S. 913, 917f.; zur Konturlosigkeit des gemeinschaftlichen Raumordnungsbegriffs *David*, in: FS für Lendi, 1998, S. 47, 58ff.

[42] Europäisches Raumentwicklungskonzept (EUREK): Auf dem Weg zu einer räumlich ausgewogenen und nachhaltigen Entwicklung der Europäischen Union, 1999, auszugsweise auch in: *Bielenberg/Runkel/Spannowsky*, Raumordnungs- und Landesplanungsrecht des Bundes und der Länder, Vorschriften B 570, Stand: VIII.1999; vgl. dazu *Gatawis*, Grundfragen eines europäischen Raumordnungsrechts, 2000, S. 35ff.; *Wahl*, in: FS für Hoppe, 2000, S. 913, 917ff.

[43] Näher *Jarass*, DÖV 1999, 661, 664f.

[44] *Loewenich*, BBauBl. 1992, 574, 576.

[45] Europäisches Raumentwicklungskonzept (EUREK): Auf dem Weg zu einer räumlich ausgewogenen und nachhaltigen Entwicklung der Europäischen Union, 1999, S. 84.

[46] Vgl. bereits *Wahl*, in: FS für Hoppe, 2000, S. 913, 921ff., sowie zu dem Orientierungsrahmen selbst im ersten Kapitel S. 47f.

[47] Näher *David*, in: FS für Lendi, 1998, S. 47, 50f.; *Gatawis*, Grundfragen eines europäischen Raumordnungsrechts, 2000, S. 72ff.; *Jarass*, DÖV 1999, 661, 665f.; *Wahl*, in: FS für Blümel, 1999, S. 617, 619f.; *ders.*, in: FS für Hoppe, 2000, S. 913f. Vgl. insoweit beispielsweise die Verordnung (EWG) Nr. 3578/92 des Rates v. 7. 12. 1992 zur Änderung der Verordnung (EWG) Nr. 1107/70 über Beihilfen im Eisenbahn-, Straßen- und Binnenschiffsverkehr, ABl.EG Nr. 1992 L 364, 11ff.; zuletzt etwa den Vorschlag für eine Verordnung des Europäischen Parlaments und des Rates über die Ge-

Ansatz im Bereich der gemeinschaftlichen Regional- und Strukturpolitik, wo zahlreiche Programme und Maßnahmen im Rahmen des Kohäsionsfonds gefördert werden. Hauptziel des Gemeinschaftsprogramms »Interreg« beispielsweise ist die Förderung der grenzüberschreitenden Zusammenarbeit.[48] Solche Förderprogramme werden mittlerweile gezielt zur Verwirklichung der Konzeptionen des EUREK eingesetzt und gewinnen so eine gesteigerte raumplanerische Relevanz.[49] All diese Maßnahmen beeinflussen die nationale Raumplanung zwar in zunehmendem Maße, bleiben jedoch deutlich hinter der Idee einer gemeinschaftlichen räumlichen Gesamtplanung im eigentlichen Sinne zurück. Mangels unmittelbarer rechtlicher Anwendbarkeit können die entsprechenden Vorgaben zudem keinerlei Vorrang gegenüber kollidierenden nationalen Planungen oder Rechtsvorschriften beanspruchen.[50]

Insgesamt sind somit räumliche Gesamtplanungen der Gemeinschaft bislang lediglich in Ansätzen erkennbar. Zum einen verfügt die Gemeinschaft in diesem Bereich über keine klare Kompetenz, zum anderen ist eine deutliche Zurückhaltung erkennbar, in diesem sensiblen Bereich verbindliche Rechtsakte zu erlassen oder gar konkrete raumplanerische Festsetzungen zu treffen. Planungskonflikte, die denen des deutschen Raumplanungsrechts vergleichbar wären, sind insoweit zumindest auf dem derzeitigen Entwicklungsstand der europäischen Integration nicht erkennbar.

2. Die infrastrukturelle Gemeinschaftsfachplanung für transeuropäische Netze

a) *Rechtsgrundlagen und Grundsätze für den Aufbau der transeuropäischen Netze*

Ähnlich wie die gemeinschaftliche Raumordnung befindet sich auch die Gemeinschaftspolitik im Bereich der transeuropäischen Netze, deren primärrechtliche

---

währung von Beihilfen für die Koordinierung des Eisenbahnverkehrs, des Straßenverkehrs und der Binnenschiffahrt, Kommissionsvorschlag – COM (2000) 005 endg. Ältere Nachweise bei *Schmidhuber/Hitzler*, DÖV 1991, 271, 275ff.

[48] Vgl. die Mitteilung der Kommission an die Mitgliedstaaten v. 28.4. 2000 über die Leitlinien für eine Gemeinschaftsinitiative betreffend die transeuropäische Zusammenarbeit zur Förderung einer harmonischen und ausgewogenen Entwicklung des europäischen Raums – Interreg III, ABl.EG. 2000 C 143, 6ff., sowie die ergänzende Mitteilung der Kommission v. 7.5. 2001, ABl.EG. 2001 C 141, 2ff. Dieses derzeit laufende Programm Interreg III hat für den Zeitraum 2000–2006 die Unterstützung von lokalen Projekten, Beschäftigungsinitiativen sowie Umwelt- und Verkehrsprojekten mit dem Ziel »ausgewogener räumlicher Entwicklung« zum Gegenstand. Näher *Fisahn*, UPR 2002, 258, 259; *Heberlein*, DÖV 1996, 100, 106f.; *Pechstein/Weber*, LKV 2001, 89, 93f.; zu dem ähnlich bedeutsamen *Phare*-Programm vgl. den Sonderbericht der Kommission Nr. 5/99 über die grenzüberschreitende Zusammenarbeit im Rahmen des Phare-Programms (1994–1998), ABl.EG Nr. 2000 C 048, 1ff.

[49] Näher *Gatawis*, Grundfragen eines europäischen Raumordnungsrechts, 2000, S. 72ff., 81f., 96ff.

[50] *Niedobitek*, VerwArch 2001, 58, 66ff.

Grundlagen bereits dargestellt wurden[51], noch in einer frühen Entwicklungs- und Aufbauphase.[52] Dennoch liegt bereits eine ganze Reihe sekundärrechtlicher Maßnahmen zu diesem Politikbereich vor.[53] Konzeptionell werden diese eigentlichen Rechtsakte der Gemeinschaft durch zahlreiche politische und *programmatische Stellungnahmen* flankiert, vor allem durch mehrere Weißbücher der Kommission.[54] Das Weißbuch zum Thema »Eine Strategie zur Revitalisierung der Eisenbahn in der Gemeinschaft«[55] beispielsweise entwickelt einen Vierstufenplan zur gemeinschaftsweiten »Revitalisierung« der Eisenbahnen. Grundlegende Prinzipien sind dabei die Trennung der finanziellen Verantwortlichkeit von Staat und Eisenbahngesellschaft, die Gewährleistung gemeinwohlrelevanter Leistungen durch den Abschluß öffentlicher Dienstleistungsverträge, die enge Zusammenarbeit zur Integration der Infrastrukturen und der Harmonisierung technischer Normen sowie die Schaffung eines Netzes von »Eisenbahnfreeway-Korridoren«. Während es sich bei diesen Konzeptionen inhaltlich weniger um planerische als um gesetzgeberische Schritte handelt, widmet sich die Kommission auch dem Gesichtspunkt der räumlichen Integration der nationalen Eisenbahnsysteme und entwirft insoweit das ehrgeizige Ziel einer umfassenden Vernetzung der nationalen Eisenbahninfrastrukturen.

Die bislang konkreteste und bedeutendste fachplanerische Vorgabe der Gemeinschaft im Infrastrukturbereich ist die Entscheidung Nr. 1692/96/EG des Europäischen Parlaments und des Rates vom 23. Juli 1996 über gemeinschaftliche Leitlinien für den Aufbau eines transeuropäischen Verkehrsnetzes.[56] Dabei handelt es sich um eine rechtlich verbindliche Beschreibung der wesentlichen Merkmale und der Anforderungen an die von der gemeinschaftlichen Infrastrukturpolitik nach Art. 155 EGV erfaßten Maßnahmen.[57] Nach Art. 2 Abs. 1 der Entscheidung wird das »transeuropäische Verkehrsnetz« schrittweise im Zeithorizont 2010 entsprechend

---

[51] Vgl. oben S. 513ff.

[52] Näher dazu zuletzt vor allem *Bogs*, Die Planung transeuropäischer Verkehrsnetze, 2002; vgl. weiter *Fonger*, Internationales Verkehrswesen 1994, 621ff.; *Gottschewski*, Zur rechtlichen Durchsetzung von europäischen Straßen, 1998, S. 59ff.; *Jürgensen*, Grundrechtsschutz bei der Realisierung transeuropäischer Verkehrsnetze, 1998, S. 32ff.; *ders.*, UPR 1998, 12, ff.; *Oppermann*, Europarecht, 2. Aufl. 1999, Rn. 1476.

[53] Überblicke bei *Frohnmeyer*, in: Grabitz/Hilf (Hrsg.), Kommentar zur Europäischen Union, Art. 129d EGV Rn. 7ff., Stand: Okt. 1995; *von Burchard*, in: Schwarze (Hrsg.), EU-Kommentar, 2000, Art. 156 EGV Rn. 3ff.

[54] Vgl. etwa die Weißbücher »Faire Preise in der Infrastrukturbenutzung«, KOM(98) 466; »Flugverkehrsmanagement – Für einen grenzenlosen Himmel über Europa«, KOM (96) 57; »Die europäische Verkehrspolitik bis 2010: Weichenstellungen für die Zukunft«, 2001, KOM(2001) 370 endg.

[55] KOM (96) 421, Juli 1996.

[56] Abl.EG Nr. 1996 L 228, 1ff. Vgl. dazu die Darstellungen und Kommentierungen durch *Bogs*, Die Planung transeuropäischer Verkehrsnetze, 2002, S. 92ff., 138ff.; *Frohnmeyer*, in: ders./Mückenhausen (Hrsg.), EG-Verkehrsrecht, Kommentar, Nr. 131, Stand: Juli 1999, sowie *Ronellenfitsch*, Transeuropäische Netze, in: Blümel/Kühlwetter/Schweinsberg (Hrsg.), Aktuelle Probleme des Eisenbahnrechts IV, 2000, S. 111, 123ff.; *Schäfer*, in: Streinz (Hrsg.), EUV/EGV, Kommentar, 2003, Art. 155 EGV Rn. 12ff.; zur Entstehung *Gottschewski*, Zur rechtlichen Durchsetzung von europäischen Straßen, 1998, S. 84ff.

[57] *Von Burchard*, in: Schwarze (Hrsg.), EU-Kommentar, 2000, Art. 155 EGV Rn. 4 und 6.

den Karten und Spezifikationen in den Anhängen hergestellt. Nach Art. 3 umfaßt dieses Netz Verkehrsinfrastrukturen – dies sind Straßen-, Eisenbahn- und Binnenwasserstraßennetze, See- und Binnenhäfen, Flughäfen sowie andere Knotenpunkte – sowie Verkehrsmanagement-, Ortungs- und Navigationssysteme. Die Grundzüge der Aktion richten sich gem. Art. 4 u.a. auf die Aufstellung und Fortschreibung von Netzplänen, die Bestimmung der Vorhaben von gemeinsamem Interesse, den Ausbau des bestehenden Netzes sowie die Förderung der Netzinteroperabilität. Vorrang haben dabei nach Art. 5 insbesondere die Schaffung und der Ausbau von Haupt- und Zwischenverbindungen, um Engpässe zu beseitigen, Lücken zu schließen und Fernverkehrsverbindungen zu ergänzen.

b) Die Identifizierung der Vorhaben als konkrete fachplanerische Entscheidung

Bei all diesen Vorgaben scheint es sich zunächst erneut um lediglich konzeptionelle verkehrspolitische Aussagen ohne konkreten räumlichen Bezug zu handeln. Von zentraler Bedeutung für die Entwicklung konkreter Maßnahmen und die Vergabe konkreter Mittel ist die Definition der »Vorhaben von gemeinsamem Interesse« in Art. 7 der Entscheidung, der die Vorgaben des Art. 155 EGV[58] konkretisiert. Nur für solche Vorhaben können finanzielle Beiträge der Gemeinschaft gewährt werden, und nur für solche Vorhaben gelten auch die weiteren Rechtsfolgen. Nach der zunächst rein abstrakt-generellen Definition in Art. 7 Abs. 1 gilt als Vorhaben von gemeinsamem Interesse jedes Projekt, das den in Art. 2 genannten Zielen dient, das in Art. 3 beschriebene Netz betrifft, den in Art. 5 genannten Prioritäten entspricht und nach seinem sozioökonomischen Kosten-Nutzen-Verhältnis potentiell wirtschaftlich lebensfähig ist.

Die mit diesen Vorgaben zunächst noch sehr allgemein beschriebenen Vorhaben müssen jedoch zudem nach Art. 7 Abs. 2 der Entscheidung einen Teilbereich des Netzes im Sinne der Art. 9 bis 17 und insbesondere jene Verbindungen betreffen, die in den *Karten* des Anhangs I angegeben sind oder den *Spezifikationen* oder Kriterien des Anhangs II entsprechen. Der damit in Bezug genommene Anhang I enthält Netzschemata in Kartendarstellung, die für die einzelnen Mitgliedstaaten bestimmte Infrastrukturprojekte wie Straßen- und Eisenbahnnetze oder Flughäfen aufführen. Anhang II definiert Kriterien und Spezifikationen für Vorhaben von gemeinsamem Interesse. In Anhang III sind zudem jene in den Anhängen I und II ausgewiesenen Vorhaben »indikativ aufgeführt«, denen der Europäische Rat in Essen besondere Bedeutung beigemessen hat. Auf diese Vorhaben haben sich in den vergangenen Jahren die Anstrengungen der Gemeinschaft besonders konzentriert.[59] Die Liste mit 14 ausgewählten Vorhaben nennt beispielsweise unter Ziffer 1. den »Hochgeschwindigkeitszug Kombinierter Verkehr Nord–Süd« über Nürnberg–Erfurt–Halle/Leip-

[58] Vgl. etwa *Frohnmeyer*, in: Grabitz/Hilf (Hrsg.), Kommentar zur Europäischen Union, Art. 129bc EGV Rn. 7, Stand: Okt. 1995

[59] Näher *Frohnmeyer*, in: ders./Mückenhausen (Hrsg.), EG-Verkehrsrecht, Kommentar, Nr. 131 Rn. 94, Stand: Juli 1999.

zig–Berlin sowie die Brenner-Achse Verona–München. Im wesentlichen greift der Katalog bereits vorliegende Planungen der Mitgliedstaaten auf und erkennt ihnen den Status eines Vorhabens von gemeinsamem Interesse zu.[60] Dabei haben – im Widerspruch zu der verbreiteten These, Art. 155 EGV beziehe keine Infrastrukturen ein, die nur für einen oder zwei Mitgliedstaaten von Bedeutung sind[61] – nicht nur grenzüberschreitende oder grenzkompatible Verkehrsprojekte in den Anhang I Aufnahme gefunden[62], sondern die Mitgliedstaaten haben auch rein nationale Projekte in die Liste eingebracht. So ist beispielsweise auch das mittlerweile aufgegebene Vorhaben der Magnetschnellbahn Berlin–Hamburg über Schwerin, das keine Verknüpfung mit anderen gleichartigen europäischen Verkehrsträgern ermöglicht hätte, in Anhang I. als Bestandteil des transeuropäischen Schienennetzes aufgelistet und in den Karten eingetragen.

Durch die derart in Bezug genommenen, in den Anhängen der Entscheidung auch vom Verlauf her grobmaschig bezeichneten Verkehrsprojekte erhalten die Leitlinien eine *konkrete räumliche Dimension* und die Entscheidung selbst den Charakter einer *konkreten planerischen Festsetzung*, die Parallelen zu den fachlichen Zielen der Raumordnung sowie zu den Festsetzungen im Bereich der Bedarfsgesetzgebung aufweist. Im Sinne der im ersten Kapitel entwickelten Begifflichkeiten liegen somit konkrete gemeinschaftliche Planungsakte oder *Fachplanungen* vor.[63]

c) Die Rechtsfolgen der Raumplanungsentscheidung

Zwar vermittelt die konkrete Identifizierung der Vorhaben von gemeinsamem Interesse der Entscheidung Nr. 1692/96/EG den Charakter einer fachplanerischen Entscheidung der Gemeinschaft, die für bestimmte Flächen konkrete räumliche Vorgaben aufstellt. Allerdings wird die Bedeutung dieser konkreten Raumentscheidung durch die derzeit vergleichsweise »weichen« Rechtsfolgen relativiert. Den nach Art. 7 der Leitlinien förmlich identifizierten Vorhaben wird eine *europäische Bedeutung* zuerkannt. Dabei sind zahlreiche Auslegungsfragen noch nicht ausgeräumt, so

---

[60] *Fonger*, Internationales Verkehrswesen 1994, 621, 629, spricht von einem bloßen »Kompendium der bereits im nationalen Rahmen angestellten Überlegungen zu wichtigen innerstaatlichen und grenzüberschreitenden Verkehrsinfrastrukturen«. Vgl. auch *Gottschewski*, Zur rechtlichen Durchsetzung von europäischen Straßen, 1998, S. 153ff., wonach die deutschen Projekte in den Leitlinien durchweg bereits in den Bedarfsplänen des Bundes enthalten sind oder waren.

[61] So etwa *Gottschewski*, Zur rechtlichen Durchsetzung von europäischen Straßen, 1998, S. 80; *Rambow*, in: Lenz (Hrsg.), EG-Vertrag, 1994, Art. 129b Rn. 3.

[62] Vgl. *Junkernheinrich*, in: Karl (Hrsg.), Transeuropäische Netze, 1997, S. 17, 23; *Ukrow*, in: Calliess/Ruffert (Hrsg.), Kommentar zu EU-Vertrag und EG-Vertrag, 2. Aufl. 2002, Art. 154 Rn. 3, m.w.N.

[63] *Bogs*, Die Planung transeuropäischer Verkehrsnetze, 2002, S. 150ff. (»gemeinschaftsrechtlicher Planungstypus«); *Ronellenfitsch*, Transeuropäische Netze, in: Blümel/Kühlwetter/Schweinsberg (Hrsg.), Aktuelle Probleme des Eisenbahnrechts IV, 2000, S. 111, 134; ähnlich *Wahl*, in: FS für Hoppe, 2000, S. 913, 924ff.; vgl. zu den Beschränkungen des Planungsermessens der Mitgliedstaaten durch die »trassenscharfe« Darstellung auch *Schäfer*, in: Streinz (Hrsg.), EUV/EGV, Kommentar, 2003, Art. 155 EGV Rn. 6.

etwa die Festlegung einer Rangordnung der einzelnen Projekte.[64] Im übrigen lassen sich Rechtsfolgen der Raumplanungsentscheidung unterscheiden, die sich auf die Gemeinschaft selbst, den betroffenen Mitgliedstaat und auf Dritte beziehen.

Seitens der *Gemeinschaft* werden die transeuropäischen Netze – und dabei in erster Linie die Vorhaben von gemeinsamem Interesse – vor allem über den Einsatz des Strukturfonds sowie auf der Grundlage der bereits erwähnten Verordnung Nr. 2236/95 zur Festsetzung der allgemeinen Regeln für die Gewährung von Gemeinschaftszuschüssen für die transeuropäischen Netze unterstützt.[65] Diese Verordnung legt für einen Kostenrahmen von derzeit 4,6 Mrd. Euro für den Zeitraum 2000–2006 die Bedingungen, Modalitäten und Verfahren für die Gemeinschaftszuschüsse für Vorhaben von gemeinschaftlichem Interesse im gesamten Bereich der transeuropäischen Netze fest. Die Gemeinschaftszuschüsse dürfen höchstens 10% der gesamten Investitionskosten betragen, und das Vorhaben muß mit dem Gemeinschaftsrecht und der gemeinsamen Verkehrspolitik vereinbar sein. Im übrigen werden die Vorhaben auch durch technische Harmonisierungen koordiniert.[66] Die Kommission berichtet regelmäßig über die in diesem Rahmen erzielten Fortschritte.[67]

Die *Mitgliedstaaten* trifft eine allgemeine *Förderpflicht*, auf die Verwirklichung der Infrastrukturvorhaben hinzuwirken. Zudem soll bei allen sonstigen Planungen, die Auswirkungen auf das ausgewiesene Projekt haben, im Rahmen der Abwägung eine besondere Berücksichtigung der gemeinschaftlichen Bedeutung des Vorhabens geboten sein.[68] Diese Pflichten soll die Gemeinschaft durch Auferlegung eines Gebots zur Inangriffnahme der Baumaßnahmen und der Verpflichtung, das Verfah-

---

[64] Vgl. *Frohnmeyer*, in: ders./Mückenhausen (Hrsg.), EG-Verkehrsrecht, Nr. 131 Rn. 66, Stand: Juli 1999.

[65] Verordnung (EG) Nr. 2236/95 des Rates v. 18. 9. 1995 zur Festsetzung der allgemeinen Regeln für die Gewährung von Gemeinschaftszuschüssen für die transeuropäischen Netze, ABl.EG 1995 L 228, 1ff., geändert durch Verordnung (EG) Nr. 1655/1999 des Europäischen Parlaments und des Rates v. 19. 7. 1999, ABl.EG 1999 L 197, 1ff., kommentiert durch *Frohnmeyer*, in: ders./Mückenhausen (Hrsg.), EG-Verkehrsrecht, Nr. 132, Stand: Juli 1999, zum Verhältnis zur Entscheidung Nr. 1692/96/EG dort Rn. 2. Allgemeiner zur finanziellen Unterstützung der Netze durch die Gemeinschaft *Bogs*, Die Planung transeuropäischer Verkehrsnetze, 2002, S. 178ff.; *Junkernheinrich*, in: Karl (Hrsg.), Transeuropäische Netze, 1997, S. 17, 20ff.; *Steyer*, Transeuropäische Netze, 2001, S. 214ff.; zusammenfassend *Geiger*, EUV/EGV, 3. Aufl. 2000, § 155 EGV Rn. 3.

[66] Beispielhaft erwähnt sei insoweit die Richtlinie 96/48/EG des Rates v. 23. 7. 1996 über die Interoperabilität des europäischen Hochgeschwindigkeitsbahnnetzes, ABl.EG 1996 L 235, 6ff.; Kommentierung durch *Volk*, in: Frohnmeyer/Mückenhausen (Hrsg.), EG-Verkehrsrecht, Nr. 133, Stand: Juli 1999; vgl. weiter *Ronellenfitsch*, Transeuropäische Netze, in: Blümel/Kühlwetter/Schweinsberg (Hrsg.), Aktuelle Probleme des Eisenbahnrechts IV, 2000, S. 111, 127ff.

[67] Vgl. den Jahresbericht 1997 »Transeuropäische Netze« der Kommission – KOM (98) 391 endg., sowie den Jahresbericht 1999 »Transeuropäische Netze«, KOM (2000) 591 endg. zu Fortschritten bei besonderen Projekten in den Bereichen Verkehr, Energie und Telekommunikation. Näher dazu *Steyer*, Transeuropäische Netze, 2001, S. 226ff., m.w.N.

[68] *Bogs*, Die Planung transeuropäischer Verkehrsnetze, 2002, S. 164ff.; *Jürgensen*, UPR 1998, 12, 14f.; *Ziekow*, in: ders. (Hrsg.), Praxis des Fachplanungsrechts, 2004, Rn. 628; weiter gehend *Schäfer*, in: Streinz (Hrsg.), EUV/EGV, Kommentar, 2003, Art. 155 EGV Rn. 5 m.w.N. (Pflicht, die »nationalen Raumordnungs- und Planfeststellungsverfahren beschleunigt durchzuführen«).

ren zeitlich beschleunigt zu betreiben, gegenüber dem Mitgliedstaat durchsetzen können[69], obwohl den Mitgliedstaat wohl kaum eine echte Erfolgsverpflichtung treffen kann. Praktisch allerdings dürfte die Pflicht zur Verwirklichung des Vorhabens gegen den Willen des Mitgliedstaats entgegen aller Aussagen im Schrifttum nur schwer durchsetzbar sein.[70]

Gegenüber *Dritten* entfaltet die Identifizierung der Vorhaben von gemeinsamem Interesse als an die Mitgliedstaaten adressierte Entscheidung keinerlei unmittelbare Rechtswirkung, so daß auch ein (Gemeinschafts-)Rechtsschutz gegen die konkret identifizierten Vorhaben auf dieser Planungsebene ausscheidet.[71] Dennoch hat die Ausweisung als Vorhaben gemeinsamer Bedeutung auch gegenüber Dritten mittelbare rechtliche Implikationen bei der Auslegung von Vorschriften, die auf das Vorliegen öffentlicher Interessen abstellen, also etwa im Zusammenhang der Ausnahmevorschrift des Art. 6 Abs. 4 der FFH-Richtlinie.[72] Im nationalen Rahmen wird die Identifizierung eines Vorhabens von europäischem Interesse zudem Bedeutung für seine fachplanerische Rechtfertigung haben: Wie der Gesetzgeber im deutschen Fachplanungsrecht die Planrechtfertigung zentraler Infrastrukturvorhaben durch gesetzgeberische Bedarfspläne festsetzt[73], dürfte die Planrechtfertigung auch für jene Vorhaben vorgegeben oder zumindest indiziert sein, die im Anhang I oder III der Entscheidung Nr. 1692/96/EG aufgeführt sind.[74] Aufgrund der erwähnten *För-*

---

[69] *Erdmenger*, in: Groeben/Thiesing/Ehlermann (Hrsg.), Kommentar zum EU-/EG-Vertrag, Bd. 3, 5. Aufl. 1999, Art. 129c Rn. 9, 10 und 18, Art. 129d Rn. 4; *Frohnmeyer*, in: Grabitz/Hilf (Hrsg.), Kommentar zur Europäischen Union, Art. 129c EGV Rn. 8, Stand: Okt. 1995; *Ukrow*, in: Calliess/Ruffert (Hrsg.), Kommentar zu EU-Vertrag und EG-Vertrag, 2. Aufl. 2002, Art. 156 Rn. 6, und ähnlich (Pflicht zur Verwirklichung) *Jürgensen*, UPR 1998, 12, 14, sowie *Ronellenfitsch*, Transeuropäische Netze, in: Blümel/Kühlwetter/Schweinsberg (Hrsg.), Aktuelle Probleme des Eisenbahnrechts IV, 2000, S. 111, 134; a. A. (keinerlei Verpflichtungen) *Rambow*, in: Lenz (Hrsg.), EG-Vertrag, 1994, Art. 129b Rn. 8, und wohl auch *Bleckmann*, Europarecht, 6. Aufl. 1997, Rn. 2734.

[70] Im Fall der Aufgabe des Projekts der Magnetschnellbahn Berlin–Hamburg durch die Bundesrepublik im Februar 2000 blieb dies gemeinschaftsrechtlich offenbar ohne jede Konsequenz. Vgl. auch *Bogs*, Die Planung transeuropäischer Verkehrsnetze, 2002, S. 215f.

[71] So eingehend *Jürgensen*, Grundrechtsschutz bei der Realisierung transeuropäischer Verkehrsnetze, 1998, S. 176ff., 204f.

[72] Näher zu dieser Vorschrift sogleich S. 529f. Ähnlich wie hier BVerwG, Urt. v. 17. 5. 2002 – 4 A 28.01 –, NVwZ 2002, 1243, 1247f., wonach jedoch die Aufnahme in einen *nationalen* Bedarfsplan – auch als vordringlicher Bedarf – noch keinen Beleg für das Vorliegen überwiegender öffentlicher Interessen in diesem Sinne darstellen soll. Auch die Kommission der Europäischen Gemeinschaften wies in ihrer Stellungnahme v. 18. 12. 1995 zur Querung des Peenetals durch die Bundesautobahn A 20, ABl.EG 1996 L 6, 14ff. unter Gliederungspunkt 4.2. darauf hin, daß die A 20 Teil des transeuropäischen Netzes und daher in Mecklenburg-Vorpommern eine Ost-West-Verbindung erforderlich sei, und bejahte daher die Voraussetzungen der Ausnahmeregelung.

[73] Näher dazu im siebten Kapitel S. 424f.

[74] So im Grundsatz mit Unterschieden im Detail *Bogs*, Die Planung transeuropäischer Verkehrsnetze, 2002, S. 197ff.; *Gatawis*, DÖV 2002, 858, 859; *Jürgensen*, UPR 1998, 12, 14; *ders.*, Grundrechtsschutz bei der Realisierung transeuropäischer Verkehrsnetze, 1998, S. 128ff.; *Manssen*, in: Ziekow (Hrsg.), Flughafenplanung, 2002, S. 307, 320f.; *Ronellenfitsch*, Transeuropäische Netze, in: Blümel/Kühlwetter/Schweinsberg (Hrsg.), Aktuelle Probleme des Eisenbahnrechts IV, 2000, S. 111, 134; auch *Hermes*, Infrastrukturverantwortung, 1998, S. 362, zieht Parallelen zu den Wirkungen der nationalen Bedarfsgesetzgebung; a. A. – eine bloße Abwägungsdirektive annehmend – *Gott-*

derpflicht gegenüber diesen Vorhaben wird der Bund ohnehin grundsätzlich zur Aufnahme dieser Vorhaben in seine Bedarfsgesetze verpflichtet sein.[75]

d) Würdigung

Es wurde bereits festgestellt, daß die Identifizierung der Vorhaben, die im gemeinsamen Interesse aller Mitgliedstaaten und der Gemeinschaft liegen, eine echte *Fachplanung der Gemeinschaft* im Infrastrukturbereich darstellt, die Rechtsfolgen für bestimmte räumlich konkret bezeichnete Vorhaben aufstellt. Ihre Bedeutung wird freilich zum einen dadurch relativiert, daß die Gemeinschaft nach ihrer derzeitigen Planungspraxis im wesentlichen nur Planungen der Mitgliedstaaten aufgreift und zu Vorhaben von gemeinsamem Interesse hochstuft.[76] Da die Mitgliedstaaten somit selbst ihre Vorhaben in die Gesamtkonzeption einbringen, können sie diese Projekte bereits im Vorfeld in ihr eigenes raumordnerisches Gesamtkonzept einbetten.[77] Zum anderen vermittelt die weich formulierte Förderpflicht den erfaßten Projekten keinen ausnahmslosen materiellen Vorrang gegenüber konfligierenden Raumansprüchen. Für konkurrierende Planungsträger ergeben sich aus der Festlegung eines Infrastrukturprojekts als Teil der transeuropäischen Netze im wesentlichen nur mittelbare Rechtsfolgen im Rahmen der Auslegung unbestimmter Tatbestandsmerkmale und planerischer Abwägungen. Aus diesen Gründen ist der Konflikt zwischen Planungen der Mitgliedstaaten und der Gemeinschaft in diesem Bereich daher bislang noch eher potentieller Natur.

Daß jedoch gerade der Politikbereich der transeuropäischen Netze das Potential zu ganz erheblichen Raumplanungskonflikten bergen könnte, zeigen die Entwicklungen im Bereich des Naturschutzrechts, wo Widersprüche zwischen den fachplanerischen Raumansprüchen der Gemeinschaft und konkurrierenden Raumplanungen der Mitgliedstaaten bereits heute zu ganz erheblichen Konflikten führen, wie nicht zuletzt die kaum mehr überschaubare Rechtsprechung und Literatur zu diesem Fragenkomplex dokumentieren.

3. Die naturschutzrechtliche Gemeinschaftsfachplanung »Natura 2000«

a) Grundlagen

Auch die Vorgaben des Europäischen Naturschutzrechts zur Ausweisung besonderer Schutzgebiete stellen naturräumliche *Fachplanungen* dar.[78] Rechtsgrundlagen sind die sog. Vogelschutzrichtlinie (Richtlinie 79/409/EWG des Rates vom 2.4.1979

schewski, Zur rechtlichen Durchsetzung von europäischen Straßen, 1998, S. 156ff.; vgl. auch *Ziekow*, in: ders. (Hrsg.), Praxis des Fachplanungsrechts, 2004, Rn. 627f.

[75] Wohl a.A. *Gottschewski*, Zur rechtlichen Durchsetzung von europäischen Straßen, 1998, S. 104ff.

[76] Siehe oben S. 520f.

[77] *Loewenich*, BBauBl. 1992, 574ff.

[78] Vgl. dazu die Definition im ersten Kapitel S. 34ff.

über die Erhaltung der wildlebenden Vogelarten)[79] und die Fauna-Flora-Habitat- oder FFH-Richtlinie (Richtlinie 92/43/EWG des Rates vom 21.5.1992 zur Erhaltung der natürlichen Lebensräume sowie der wildlebenden Tiere und Pflanzen).[80] Die spätere FFH-Richtlinie integriert die Ausweisungen von Vogelschutzgebieten und zielt auf die Errichtung eines kohärenten europäischen ökologischen Netzes besonderer Schutzgebiete mit der Bezeichnung »*Natura 2000*«.[81] Zum Aufbau dieses Netzwerks muß jeder Mitgliedstaat einen Beitrag leisten, indem er nach bestimmten in Anhang III der FFH-Richtlinie festgelegten Vorgaben besondere Schutzgebiete an die Kommission der Europäischen Gemeinschaften vorschlägt, aus denen die Kommission anschließend eine Auswahl trifft. Praktisch handelt es sich bei diesen Richtlinien um die wohl weitestreichenden räumlichen Vorgaben des Gemeinschaftsrechts.[82] Obwohl sich der »Planungsakt« der Gemeinschaft zunächst formal auf die Vorgabe fachlicher Kriterien zur Ausweisung bzw. zur Meldung bestimmter Vorschlagsgebiete beschränkt, wird bereits insoweit die mitgliedstaatliche Planungshoheit erheblich beschnitten.

Bei beiden Rechtsakten handelt es sich um bloße Richtlinien, die gem. Art. 249 EGV zwar hinsichtlich des zu erreichenden Zieles verbindlich sind, jedoch den Mitgliedstaaten die Wahl der Form und der Mittel überlassen und damit einer gesetzgeberischen Umsetzung bedürfen. Der Europäische Gerichtshof hat jedoch in bestimmten Fällen die *unmittelbare Anwendbarkeit* von Richtlinien ohne staatliche Umsetzungsakte anerkannt. Demnach kann sich der Bürger in Rechtsstreitigkeiten gegenüber einem Mitgliedstaat nach Ablauf der Umsetzungsfrist auf Rechtspositionen aus Richtlinien berufen, soweit die entsprechende Bestimmung klar, genau, bedingungsunabhängig und ihrem Wesen nach geeignet ist, unmittelbare Rechtswirkungen zu entfalten.[83] Zudem soll eine Richtlinie bereits vor Ablauf ihrer Umsetzungsfrist für den betroffenen Mitgliedstaat vorwirkende Treuepflichten begründen und ihm schon zu diesem Zeitpunkt untersagen, die Zielvorgaben der Richtlinien

---

[79] ABl.EG 1979 L 103, 1ff.

[80] ABl.EG 1992 L 206, 7ff.

[81] Die enorme praktische Relevanz dieser Vorgaben und das dadurch hervorgerufene wissenschaftliche Interesse verdeutlicht die bemerkenswerte Zahl an monographischen Darstellungen u.a. durch *Berg*, Europäisches Naturschutzrecht und Raumordnung, 2002; *Berner*, Der Habitatschutz im europäischen und deutschen Recht, 1999; *Bundesamt für Naturschutz* – BfN (Hrsg.), Das europäische Schutzgebietssystem Natura 2000, 1998; *Freiburg*, Die Erhaltung der biologischen Vielfalt in Deutschland auf der Basis europarechtlicher Vorgaben, 1998; *Gellermann*, Natura 2000, 2. Aufl. 2001; *Koch*, Europäisches Habitatschutzrecht und Rechte von Planungs- und Vorhabenträgern, 2000; *Kues*, Lebensraumschutz nach der Fauna-Flora-Habitat-Richtlinie, 2001; *Rödiger-Vorwerk*, Die Fauna-Flora-Habitat-Richtlinie und ihre Umsetzung in nationales Recht, 1998; *Schladebach*, Der Einfluß des europäischen Umweltrechts auf die kommunale Bauleitplanung, 2000; *Wichert*, Natura 2000, 2001; *Wirths*, Naturschutz durch Europäisches Gemeinschaftsrecht, 2001.

[82] So etwa *Czybulka*, in: ders. (Hrsg.), Naturschutzrecht und Landschaftsplanung in europäischer Perspektive, 1996, S. 39ff.; *Spannowsky*, UPR 1998, 161, 166ff.

[83] Vgl. etwa EuGH, Urt. v. 14.12.1995 – C-317.93 –, NJW 1996, 445f.; dazu *Adamek*, EG-Richtlinien im Umweltrecht, 1997, S. 417ff.; *Oppermann*, Europarecht, 2. Aufl. 1999, Rn. 556ff.; *Rengeling*, in: EUDUR Bd. I, 2. Aufl. 2003, § 28 Rn. 69ff., jeweils m.w.N.

durch nationale Maßnahmen zu unterlaufen.[84] Beide Figuren, die *unmittelbare Wirkung* von Richtlinien sowie die *vorwirkenden Treuepflichten*, haben im Rahmen des europäischen Naturschutzrechts gerade auch gegenüber konkurrierenden Planungen erhebliche praktische Auswirkungen.

b) Das Regime für Vogelschutzgebiete und konkurrierende Raumansprüche

Die Vogelschutzrichtlinie zielt nach ihrem Art. 1 Abs. 1 auf den Schutz und die Erhaltung aller wildlebenden Vogelarten in Europa. Die Mitgliedstaaten unterliegen *allgemeinen Schutzpflichten* wie denen nach Art. 2 und 3, durch geeignete Maßnahmen die Bestände aller Vogelarten auf einem Stand zu halten oder auf einen Stand zu bringen, der ökologischen und kulturellen Erfordernissen entspricht. *Besondere Schutzmaßnahmen* sind nach Art. 4 Abs. 1 im Hinblick auf die Lebensräume der in Anhang I aufgeführten Vogelarten anzuwenden. Für diese haben die Mitgliedstaaten die für ihre Erhaltung zahlen- und flächenmäßig geeignetsten Gebiete zu Schutzgebieten zu erklären, die – koordiniert durch die Kommission – ein zusammenhängendes Netz bilden sollen.

Diese Europäischen Vogelschutzgebiete i.S.v. § 10 Abs. 1 Nr. 6 BNatSchG unterliegen einem *anspruchsvollen Schutzregime*. Gem. Art. 4 Abs. 1 S. 1 der Vogelschutzrichtlinie treffen die Mitgliedstaaten »geeignete Maßnahmen, um die Verschmutzung oder Beeinträchtigung der Lebensräume sowie die Belästigung der Vögel, sofern sich diese auf die Zielsetzungen dieses Artikels erheblich auswirken, in den in Abs. 1 und 2 genannten Schutzgebieten zu vermeiden.« Nach der Rechtsprechung des Europäischen Gerichtshofs sind diese Vorschriften äußerst streng auszulegen. Da die Richtlinie keine Ausnahmen von der Schutzpflicht erwähnt, ist die Rechtfertigung einer *Beeinträchtigung* von Vogelschutzgebieten im wesentlichen auf *überragende Gemeinwohlbelange* wie den Schutz von Leben und Gesundheit der Bevölkerung oder der öffentlichen Sicherheit beschränkt.[85] Eine nachträgliche Gebietsverkleinerung ist in der Vogelschutzrichtlinie ebenfalls nicht vorgesehen und allenfalls in engen Grenzen möglich.[86] Die Beschneidung eines Vogelschutzgebiets etwa für Infrastrukturplanungen, den Städtebau oder ein bergbauliches Vorhaben ist nach diesen restriktiven Maßstäben in aller Regel unzulässig.[87]

---

[84] EuGH, Urt. v. 18.12. 1997 – C-129.96 –, NVwZ 1998, 385, 387; dazu U. *Gassner*, NVwZ 1998, 1148, 1149f.; *Rengeling*, in: EUDUR Bd. I, 2. Aufl. 2003, § 28 Rn. 56ff.; *Weiß*, DVBl. 1998, 568ff.

[85] EuGH, Urt. v. 2.8. 1993 – C-355.90 –, NuR 1994, 521ff.; Urt. v. 18.3. 1999 – C-166.97 –, NuR 1999, 501, 502f.; zusammenfassend BVerwG, Urt. v. 21.11. 2001 – 4 VR 13 und 30.00 –, NuR 2002, 153ff., Leitsatz 1; umfassende Nachweise zur Rspr. bei *Wils*, JEL 6 (1994), 219ff.; im Schrifttum statt vieler *Berg*, Europäisches Naturschutzrecht und Raumordnung, 2002, S. 66ff.; *Gellermann*, Natura 2000, 2. Aufl. 2001, S. 30ff., 120f.

[86] Vgl. *Gellermann*, Natura 2000, 2. Aufl. 2001, S. 129ff.; *Jarass*, Jb.UTR 58 (2001), 263, 278f.; *Peine*, LKV 2002, 441, 443.

[87] *Jarass*, DÖV 1999, 661, 667.

c) Die Auswahl der Vogelschutzgebiete

Angesichts dieser nahezu vollständigen Verdrängung anderweitiger Raumansprüche kommt den Spielräumen bei der Festlegung solcher Gebiete erhebliches Gewicht zu. Die *Entstehung* eines europäischen Vogelschutzgebiets ist in Art. 4 der Vogelschutzrichtlinie beschrieben: Nach der Regelung in Abs. 1 S. 4 »erklären« die Mitgliedstaaten die für die Erhaltung der in *Anhang I aufgeführten Arten* zahlen- und flächenmäßig geeignetsten Gebiete zu Schutzgebieten und übermitteln nach Abs. 3 der Kommission alle sachdienlichen Informationen im Hinblick auf die erforderliche Koordinierung. Entscheidend ist der Rechtsakt der »Erklärung« zum Vogelschutzgebiet.[88] Die Auswahl der entsprechenden Gebiete ist nach Art. 83 GG Sache der Länder[89], die Rolle des Bundes beschränkt sich im wesentlichen auf eine koordinierende und wissenschaftlich beratende Funktion.[90]

Diese Erklärung steht jedoch nicht im Ermessen der Länder, sondern stellt eine zwingende gemeinschaftsrechtliche Verpflichtung dar. Die *Maßstäbe* für die Auswahl sind nach Rechtsprechung und fast einhelliger Lehre allein ornithologischer Natur[91], ohne daß eine Berücksichtigung anderer Belange – etwa verkehrspolitische oder touristische Nutzungsformen oder Planungen Dritter – zulässig wäre.[92] Zwar steht dem Mitgliedstaat bei der Gebietsauswahl ein gewisser Beurteilungsspielraum zu[93], der sich jedoch bei einer besonderen Wertigkeit des betroffenen Gebiets rasch auf Null reduzieren kann.[94] In einem solchen Fall muß das Land ein Gebiet selbst dann melden, wenn es bereits für eine anderweitige Planung vorgesehen ist, etwa für den Ausbau einer bestehenden Autobahn. Ebenso wenig wie konkurrierende öffentliche Planungen sind auch die Grundrechte der betroffenen Eigentümer im

---

[88] *Jarass*, ZUR 2000, 183, 184; *ders.* Jb.UTR 58 (2001), 263, 267f., 280; *Louis*, in: Dolde (Hrsg.), Umweltrecht im Wandel, 2001, S. 493, 500; *Schink*, DÖV 2002, 45, 48ff.

[89] *Freytag/Iven*, NuR 1995, 109, 110.

[90] *Gebhard*, NuR 1999, 361, 362f.

[91] Als *Beweismittel* für das Vorliegen der fachlichen Kriterien können als einschlägige wissenschaftliche Informationen Standardwerke der Vogelkunde herangezogen werden (*Rödiger-Vorwerk*, Die FFH-Richtlinie, 1998, S. 26f., m.w.N.). Dabei erkennt die Rechtsprechung den unter Mitarbeit von Vertretern der EG-Kommission erstellten *IBA-Listen* (»Important Bird Areas«) eine erhebliche indizielle Beweiskraft zu. Vgl. dazu im einzelnen EuGH, Urt. v. 19. 5. 1998 – C-3.96 –, NuR 1998, 538, 540; Urt. v. 7. 12. 2000 – C-374.98 –, NuR 2001, 210, 211; BVerwG, Urt. v. 31. 1. 2002 – 4 A 15.01 –, NVwZ 2002, 1103, 1106; OVG Münster, Beschl. v. 11. 5. 1999 – 20 B 1464.98.AK –, NVwZ-RR 2000, 490 (Leitsatz 1), 491; *Gellermann*, NVwZ 2002, 1202, 1203; zurückhaltender OVG Schleswig, Urt. v. 15. 2. 2001 – 4 L 92.99 –, ZUR 2001, 282, 284f.

[92] Vgl. etwa EuGH, Urt. v. 2. 8. 1993 – C-355.90 –, NuR 1994, 521, 523; BVerwG, Urt. v. 31. 1. 2002 – 4 A 15.01 –, NVwZ 2002, 1103, 1105f.; *Fisahn/Cremer*, NuR 1997, 268, 270; *Gellermann*, Natura 2000, 2. Aufl. 2001, S. 25ff.; *Iven*, NuR 1998, 528, 529; *Schladebach*, LKV 1999, 309, 311ff.; zum räumlichen Bezugsrahmen *Jarass*, Jb.UTR 58 (2001), 263, 274ff.

[93] Vgl. etwa EuGH, Urt. v. 19. 5. 1998 – C-3.96 –, NuR 1998, 538, 539; OVG Münster, Beschl. v. 11. 5. 1999 – 20 B 1464.98.AK –, NVwZ-RR 2000, 490, 491, m.w.N.

[94] BVerwG, Urt. v. 31. 1. 2002 – 4 A 15.01 –, NVwZ 2002, 1103 (Leitsatz 3), 1105; OVG Lüneburg, Urt. v. 14. 9. 2000 – 1 L 2153.99 –, NuR 2001, 333, 335f.; OVG Schleswig, Urt. v. 15. 2. 2001 – 4 L 92.99 –, ZUR 2001, 282 (Leitsatz 1), 283, m.w.N.; kritisch zu den Maßstäben *Gellermann*, NVwZ 2002, 1202f., m.w.N.

Rahmen der Auswahl berücksichtigungsfähig.[95] Lediglich die erwähnten überragenden Gemeinwohlbelange, die einen Eingriff rechtfertigen, können im Einzelfall von der Ausweisungspflicht entbinden.[96]

Seit dem *Santoña*-Urteil aus dem Jahr 1993 bejaht der Europäische Gerichtshof im Hinblick auf die sich aus Art. 4 Abs. 4 der Vogelschutzrichtlinie ergebenden Schutzpflichten die Voraussetzungen für die *unmittelbare Wirkung* von Richtlinien. Diese Pflichten gelten damit unabhängig davon, ob der Mitgliedstaat das jeweils betroffene Gebiet förmlich zu einem Vogelschutzgebiet erklärt hat, für solche *»faktischen« Vogelschutzgebiete*, die eindeutig die in der Vogelschutzrichtlinie aufgeführten Kriterien erfüllen.[97] Die unmittelbare Wirkung der Vogelschutzrichtlinie gegenüber einem faktischen Vogelschutzgebiet setzt voraus, daß es sich nach dem Maßstab der ornithologischen Kriterien um eines der »zahlen- und flächenmäßig geeignetsten Gebiete« i.S.v. Art. 4 Abs. 1 handelt, bei dem der mitgliedstaatliche Beurteilungsspielraum hinsichtlich der Auswahl des Gebiets auf Null reduziert ist.

Insgesamt handelt es sich damit bei den gemeinschaftlichen Pflichten zur Ausweisung und zum Schutz europäischer Vogelschutzgebiete um eine sektorale, einer Fachplanung vergleichbare Vorgabe, die sowohl im Hinblick auf die Auswahl als auch den Schutz der entsprechenden Flächen wenig Rücksicht auf andere Raumplanungen nimmt. Spielräume zur Berücksichtigung konkurrierender Raumansprüche bestehen im Rahmen der Auswahl nicht. Innerhalb der von dem Schutzregime erfaßten Flächen werden solche Ansprüche fast vollständig verdrängt. Zwar werden diese Rechtsfolgen mittlerweile durch das abgemilderte Regime der FFH-Richtlinie überlagert, die Einzelheiten sind jedoch strittig, und jedenfalls für faktische Vogelschutzgebiete gilt weiterhin das bisherige Anforderungsprofil.[98]

d) Das Regime für FFH-Gebiete und konkurrierende Raumansprüche

Die Vogelschutzrichtlinie beschränkt sich auf den Schutz von Vögeln und ihrer Lebensräume. Die spätere FFH-Richtlinie klammert deshalb Vogelarten aus, integriert jedoch die Gebietsausweisungen nach der Vogelschutzrichtlinie und zielt auf die Errichtung des kohärenten Schutzgebietssystems »Natura 2000«. Dieses Netzwerk besteht aus natürlichen *Lebensraumtypen*, die in Anhang I der FFH-Richtlinie beschrieben sind, und aus *Habitaten für bestimmte Arten* des Anhangs II der FFH-Richtlinie und den Anhängen der Vogelschutzrichtlinie. Für seinen Aufbau schlägt

---

[95] *Gellermann*, Natura 2000, 2. Aufl. 2001, S. 34ff. mit der Erwägung, daß insbesondere die gemeinschaftliche Eigentumsgarantie angesichts der herausragenden Bedeutung der fachlich erfaßten Gebiete zurückstehen müsse.

[96] Näher *Gellermann*, Natura 2000, 2. Aufl. 2001, S. 30ff., m.w.N.

[97] EuGH, Urt. v. 2. 8. 1993 – C-355.90 –, NuR 1994, 521ff.; Urt. v. 18. 3. 1999 – C-166.97 –, NuR 1999, 501ff.; BVerwG, Urt. v. 19. 5. 1998 – 4 C 11.96 –, NVwZ 1999, 528 (Leitsatz 3), 530, m.w.N.

[98] EuGH, Urt. v. 7. 12. 2000 – C-374.98 –, NuR 2001, 210, 211f.; BVerwG, Urt. v. 21. 11. 2001 – 4 VR 13 und 30.00 –, NuR 2002, 153 (LS 1); ähnlich bereits *Feik*, RdU 1997, 3, 8; *Frenz*, Europäisches Umweltrecht, 1997, S. 127; *Gellermann*, NuR 1996, 548, 549f.; *Schrödter*, in: Schrödter, BauGB, 6. Aufl. 1998, § 1 a Rn. 133.

jeder Mitgliedstaat nach bestimmten Vorgaben besondere Schutzgebiete vor (*Phase 1*). Auf dieser Grundlage entwirft die Kommission nach Art. 4 Abs. 2 der FFH-Richtlinie im Einvernehmen mit den betroffenen Mitgliedstaaten eine Liste der europäischen Schutzgebiete von gemeinschaftlicher Bedeutung (*Phase 2*). Mit Publikation der Liste sind die Mitgliedstaaten verpflichtet, in den aufgeführten Gebieten das Schutzregime des Art. 6 der FFH-Richtlinie zu gewährleisten.

Ab diesem Zeitpunkt treffen die Mitgliedstaaten geeignete Maßnahmen, um in den Schutzgebieten die Verschlechterung der natürlichen Lebensräume und Habitate sowie erhebliche Störungen von Arten zu vermeiden. Pläne oder Projekte, die ein solches Gebiet erheblich beeinträchtigen können, erfordern eine spezielle Schutzgebietsverträglichkeitsprüfung. Fällt diese Prüfung negativ aus, so ist die Durchführung des Projektes nur zulässig, wenn dies aus zwingenden Gründen des überwiegenden öffentlichen Interesses einschließlich solcher sozialer oder wirtschaftlicher Art geboten und eine Alternativlösung nicht vorhanden ist. Enthält das Gebiet besonders schutzwürdige sog. prioritäre Arten oder Lebensraumtypen, so können nur die Gesundheit des Menschen und die öffentliche Sicherheit oder, nach Stellungnahme der Kommission, andere zwingende Gründe des überwiegenden öffentlichen Interesses geltend gemacht werden (Art. 6 Abs. 4 UAbs. 2 der FFH-Richtlinie).[99] Private Interessen vermögen demgegenüber einen Eingriff in ein FFH-Gebiet nicht zu rechtfertigen. Wird ein Eingriff zugelassen, so ist der Mitgliedstaat verpflichtet, alle notwendigen Ausgleichsmaßnahmen zu treffen, um sicherzustellen, daß die globale Kohärenz von Natura 2000 gewährleistet bleibt (Art. 6 Abs. 4 UAbs. 1 der FFH-Richtlinie). Im einzelnen ist hier vieles strittig, insbesondere die Frage, ob im Rahmen der Ausnahmeregelung des Art. 6 gegenüber prioritären Arten oder Gebietstypen wirtschaftliche Interessen überhaupt einen Eingriff rechtfertigen können.[100]

Die Pflichten aus der Vogelschutz- und der FFH-Richtlinie verlangen auf allen Planungsstufen des nationalen Rechts strikte Beachtung, also in der überörtlichen räumlichen Gesamtplanung[101] ebenso wie in der Bauleitplanung[102] und der Fachplanung[103]. Obwohl angesichts der Ausnahmetatbestände in Art. 6 Abs. 4 die Verwirklichung eines entgegenstehenden Vorhabens grundsätzlich zulässig sein kann, sind die entsprechenden Anforderungen sehr hoch. Die erforderlichen »zwingenden Gründe des überwiegenden öffentlichen Interesses« müssen den in Art. 6 Abs. 4 UAbs. 2 der FFH-Richtlinie beispielhaft hervorgehobenen öffentlichen Belangen – die Gesundheit des Menschen, die öffentliche Sicherheit oder maßgebliche günstige

---

[99] Vgl. zur deutschen Umsetzung dieser Vorgaben in § 34 BNatSchG bereits im zweiten Kapitel S. 136f.

[100] Vgl. im einzelnen *Durner*, in: Ziekow (Hrsg.), Praxis des Fachplanungsrechts, 2004, Rn. 800ff.

[101] *Erbguth*, NuR 2000, 130ff.; vgl. auch *Hopp*, NuR 2000, 301, 306f.

[102] Näher *Düppenbecker/Greiving*, UPR 1999, 173ff.; *Lüers*, DVBl. 1998, 433, 437ff.; *Schladebach*, Der Einfluß des europäischen Umweltrechts auf die kommunale Bauleitplanung, 2000, S. 90ff., 152ff.; *Schrödter*, NuR 2001, 8ff.

[103] Dazu *Durner*, in: Ziekow (Hrsg.), Praxis des Fachplanungsrechts, 2004, Rn. 734, 771ff.; *Edhofer*, BayVBl. 2000, 553ff.; *Thyssen*, DVBl. 1998, 877ff.

Auswirkungen für die Umwelt – nach Art und Gewicht vergleichbar sein[104], wobei allein ein deutliches – zwingendes – Überwiegen der Vorhabenbelange den Eingriff in ein Gebiet zu rechtfertigen vermag.[105] Für diese Abwägung ist es erforderlich, die entsprechenden Belange zu ermitteln und zu quantifizieren, konkret also etwa die durch Verkehrszahlen belegten Vorteile des Projekts den bilanzierten Nachteilen für das Schutzgebiet gegenüberzustellen.[106] Zudem ergibt sich aus Art. 6 Abs. 4 der FFH-RL und § 34 Abs. 3 Nr. 2 BNatSchG im Fall eines negativen Ergebnisses der Verträglichkeitsprüfung die zusätzliche Pflicht, Alternativen für das Vorhaben zu ermitteln und zu prüfen, die das betroffene Schutzgebiet nicht oder weniger beeinträchtigen.[107] Diese Pflicht geht nach fast allgemeiner Auffassung deutlich über die Maßstäbe einer Alternativenprüfung im Rahmen des Abwägungsgebots hinaus.[108] Demnach sind im Fall der erheblichen Beeinträchtigung eines FFH-Gebiets grundsätzlich diejenigen örtlichen und technischen Ausführungsalternativen zu ermitteln und ergreifen, die das Vorhaben am wenigsten beeinträchtigen[109], es gilt also ein striktes Minderungs- und Vermeidungsgebot.[110] Damit ist der Eingriff unzulässig, soweit mit anderen Varianten das Planungsziel in funktionaler und örtlicher Hinsicht angemessen verwirklicht werden kann[111] und nicht am Alternativstandort nach Art und Umfang vergleichbare Beeinträchtigungen von Schutzgebieten verursacht würden.[112] Allerdings ist die entsprechende Prüfpflicht, wie § 34 Abs. 3 Nr. 2 BNatSchG präzisiert, auf zumutbare Alternativen beschränkt.[113] Der Gesichts-

[104] Näher Europäische Kommission, Natura 2000 – Gebietsmanagement, 2000, S. 48f.; *Ramsauer*, NuR 2000, 601, 603ff.

[105] *Apfelbacher/Adenauer/Iven*, NuR 1999, 63, 76; *Gellermann*, Natura 2000, 2. Aufl. 2001, S. 92f.; *Louis*, BNatSchG, Bd. 1, 2. Aufl. 2000, § 19c Rn. 19f.; *Ramsauer*, NuR 2000, 601, 605f. Daher ist dieses Erfordernis – entgegen *Stüer*, DVBl. 2002, 940, 947 – nicht bereits in dem planerischen Abwägungsgebot enthalten.

[106] BVerwG, Urt. v. 27. 1. 2000 – 4 C 2.99 –, DVBl. 2000, 814; *Halama*, NVwZ 2001, 506, 512.

[107] Näher *Erbguth*, DVBl. 1999, 588; *Gellermann*, Natura 2000, 2. Aufl. 2001, S. 89ff.; *Geiger*, in: Blümel/Kühlwetter/Schweinsberg (Hrsg.), Aktuelle Probleme des Eisenbahnrechts IV, 2000, S. 9, 14ff.; *Hoppe*, UPR 1999, 426.

[108] Zu diesen BVerwG, Urt. v. 30. 5. 1984 – 4 C 58.81 –, NuR 1985, 65; Urt. v. 5. 12. 1986 – 4 C 13.85 –, BVerwGE 75, 214, 237; *Forschbach*, Die Pflicht zur Standortalternativenprüfung, 1998, S. 49ff.

[109] BVerwG, Urt. v. 17. 5. 2002 – 4 A 28.01 –, NVwZ 2002, 1243, 1245; *Fisahn*, in: Erbguth (Hrsg.), Neuregelungen im BNatSchG, 2000, S. 91, 108; *Gellermann*, Natura 2000, 2. Aufl. 2001, S. 90, m. w. N.

[110] *Berner*, Habitatschutz im europäischen und deutschen Recht, 1999, S. 120f.; *Gassner*, in: ders./Bendomir-Kahlo/Schmidt-Räntsch, BNatSchG, 2. Aufl. 2003, § 34 Rn. 34; *Kühling/Hermann*, Fachplanungsrecht, 2. Aufl. 2000, Rn. 390; differenzierend *Erbguth*, DVBl. 1999, 588, 593.

[111] Vgl. zu dem Aspekt der Erreichung des Planungsziels BVerwG, Urt. v. 17. 5. 2002 – 4 A 28.01 –, NVwZ 2002, 1243 (LS 1), 1245; Stellungnahme der Kommission v. 19. 4. 2000, NordÖR 2000, 229, 230; B. *Erbguth*, DVBl. 1999, 588, 590, m. w. N.; *Schink*, GewArch. 1998, 41, 50; *ders.*, DÖV 2002, 45, 55; restriktiver *Ramsauer*, NuR 2000, 601, 606.

[112] BVerwG, Urt. v. 17. 5. 2002 – 4 A 28.01 –, NVwZ 2002, 1243 (LS 2), 1245f.

[113] Vgl. BVerwG, Urt. v. 27. 1. 2000 – 4 C 2.99 –, DVBl. 2000, 814, 816f.; VG Gera, Urt. v. 17. 10. 2001 – 1 K 460.00 –, LKV 2002, 241, 243; Urt. v. 17.5. 2002 – 4 A 28.01 –, NVwZ 2002, 1243 (LS 3 und 4), 1246; *Erbguth*, DVBl. 1999, 588, 593f.; *Freiburg*, Die Erhaltung der biologischen Vielfalt, 1998, S. 130f.; *Freytag/Iven*, NuR 1995, 109, 114; *Gellermann*, NuR 1996, 548, 554.

punkt der Kostenhöhe soll allerdings ein deutlich geringeres Gewicht haben als bei der »einfachen« fachplanerischen Alternativenprüfung.[114]

Insgesamt ist damit das Regime für FFH-Gebiete – zumal aus Sicht konkurrierender Raumplanungen – äußerst restriktiv. Anders als im Rahmen der Vogelschutzrichtlinie werden konkurrierende Planungen zwar nicht kategorisch verdrängt, aber doch weitreichenden Beschränkungen unterworfen. Private Raumansprüche können im Rahmen der Ausnahmetatbestände von vornherein nicht berücksichtigt werden, öffentliche Belange müssen deutlich überwiegen, um den Eingriff in ein Gebiet zu rechtfertigen. Selbst in diesem Fall ist das im Rahmen der Alternativenprüfung bestehende strikte Minderungs- und Vermeidungsgebot zu beachten. Auch insoweit kommt daher der Auswahl solcher Gebiete große Bedeutung zu.

e) Die Auswahl der FFH-Gebiete

Wie bereits erwähnt, erfolgt der Aufbau des Schutzgebietssystems Natura 2000 in zwei Phasen: Gem. Art. 4 hatten die Mitgliedstaaten innerhalb von drei Jahren nach Bekanntgabe der Richtlinie – also bis zum 10.6. 1995 – anhand der in Anhang III festgelegten Kriterien eine Vorschlagsgebietsliste zusammenzustellen. Die Auswahl von Vorschlagsgebieten ist wie bei der Vogelschutzrichtlinie nach Art. 83 GG Sache der Länder. Nach Rechtsprechung und herrschender Lehre im Schrifttum verfügen diese bei der Auswahl der Meldegebiete erneut zwar über einen naturschutzfachlichen Beurteilungsspielraum, jedoch über keinerlei Ermessensspielräume und können wirtschaftliche Kriterien nicht berücksichtigen.[115] Nicht naturschutzfachliche Kriterien dürfen nicht oder allenfalls mittelbar zur Gewichtung der fachlichen Kriterien herangezogen werden.[116] Daher sind beispielsweise verfestigte gemeindliche Planungen, die durch solche Ausweisungen verhindert werden, bei der Auswahlentscheidung von vornherein nicht berücksichtigungsfähig.[117] Ein Mitgliedstaat muß

---

[114] BVerwG, Urt. v. 31. 1. 2002 – 4 A 15.01 –, NVwZ 2002, 1103 (LS 5), 1109; *Gellermann*, Natura 2000, 2. Aufl. 2001, S. 91; *Johlen*, WiVerw. 2000, 35, 48f., jeweils m.w.N.

[115] EuGH, Urt. v. 7.11. 2000 – C 371/98 –, NVwZ 2001, 1147f.; Urt. v. 7.12. 2000 – C-374.98 –, NuR 2001, 210f.; BVerwG, Beschl. v. 24.8. 2000 – 6 B 23.00 –, NuR 2001, 45ff. und 382ff.; OVG Koblenz, Beschl. v. 27.9. 2001 – 1 B 10290.01 –, NVwZ-RR 2002, 420, 422; *Epiney*, UPR 1997, 303ff.; *dies.*, Umweltrecht in der Europäischen Union, 1997, S. 270f.; *Frenz*, Europäisches Umweltrecht, 1997, S. 127; *Gebhard*, NuR 1999, 361ff.; *Gellermann*, Natura 2000, 2. Aufl. 2001, S. 25ff.; *Maaß*, ZUR 2001, 80, 82f., m.w.N.; *Rödiger-Vorwerk*, Die Fauna-Flora-Habitat-Richtlinie, 1998, S. 27ff. und 46ff.; *Stüer*, DVBl. 2002, 940, 948f.; näher zu den Kriterien BfN (Hrsg.), Natura 2000, 1998, S. 22f., 34ff.; etwas enger *Niederstadt*, NuR 1998, 515, 522; weiter (Berücksichtigung wirtschaftlicher Aspekte) hingegen *Koch*, Europäisches Habitatschutzrecht, 2000, S. 68ff.; noch weitgehender (Auswahlermessen) *Goppel*, in: Akademie für Raumforschung und Landesplanung (Hrsg.), Europäisches Naturschutzrecht und Raumplanung, 2001, S. 19, 20; *Stüer*, Handbuch des Bau- und Fachplanungsrechts, 2. Aufl. 1998, Rn. 2034, und *Spannowsky*, UPR 2000, 41, 47, 51.

[116] Näher zu dieser Konstruktion *Iven*, NuR 1998, 528, 529; ablehnend *Louis*, in: Dolde (Hrsg.), Umweltrecht im Wandel, 2001, S. 493, 499; vgl. dazu auch *Wichert*, Natura 2000, 2001, S. 69ff., m.w.N.

[117] So zuletzt *Möstl*, DVBl. 2002, 726, 727ff., m.w.N., der sich auch gegen eine Berücksichtigung dieser Belange in der zweiten Phase der Gebietsauswahl ausspricht und zum Ausgleich gemeindli-

ein Gebiet daher selbst dann melden, wenn dieses bereits für eine anderweitige Planung vorgesehen ist, etwa zur Verlängerung einer bereits bestehenden Autobahn.[118] Das u.a. in Bayern praktizierte Vorgehen, Flächen wie das Donaugebiet zwischen Straubing und Vilshofen, auf denen große Infrastrukturprojekte vorgesehen oder in den gesetzlichen Bedarfsplänen ausgewiesen waren, von der Meldung auszunehmen, erklärte das Bundesverwaltungsgericht im November 2002 ausdrücklich für gemeinschaftsrechtswidrig.[119]

Bereits die vorbereitenden Gebietsmeldungen der Phase 1 sind somit durch die fachlichen Vorgaben in Anhang III in wesentlichen Teilen räumlich vorstrukturiert und in ihren Auswirkungen einer konkreten raumplanerischen Entscheidung durchaus vergleichbar. In der Phase 2 erstellt die Kommission nach Art. 4 Abs. 2 der FFH-Richtlinie aufgrund dieser Meldungen im *Einvernehmen* mit den betroffenen Mitgliedstaaten den Entwurf einer Liste der Gebiete von gemeinschaftlicher Bedeutung, die nach dem Zeitplan der Richtlinie bis zum 10. Juni 1998 hätte vorliegen sollen, aber aufgrund unvollständiger Meldungen der Mitgliedstaaten bis heute noch immer nicht fertiggestellt ist. Maßgebliches Auswahlkriterium ist nach Anhang III der FFH-Richtlinie in dieser Phase 2 die Kohärenz des Systems Natura 2000, wobei Gebiete mit prioritären Arten und Lebensraumtypen im Vordergrund stehen.[120] Das Auswahlverfahren soll durch enge Kooperation zwischen den Mitgliedstaaten und der Kommission geprägt sein.[121]

Welche Bedeutung werden in dieser Phase 2 planerische Gesichtspunkte und insbesondere kollidierende Raumplanungen haben? Dies läßt sich aus der FFH-Richtlinie allenfalls indirekt erschließen. Einen Anhaltspunkt liefert Art. 5, wonach die Kommission im Rahmen eines Konzertierungsverfahrens dem Rat vorschlagen kann, durch *einstimmige* Entscheidung ein bestimmtes Gebiet als Gebiet von gemeinschaftlicher Bedeutung auszuweisen, sofern es zu Meinungsverschiedenheiten kommt, weil ein Mitgliedstaat nach Auffassung der Kommission ein bestimmtes Gebiet mit prioritären Lebensraumtypen oder Arten nicht vorgeschlagen hat. Der jeweils betroffene Mitgliedstaat kann demnach die Ausweisung des Gebietes durch sein Veto im Rat blockieren. Im Zusammenspiel mit dem bereits erwähnten Erfordernis eines »Einvernehmens« bei der endgültigen Auswahl der FFH-Gebiete nach Art. 4 Abs. 2 S. 1 der FFH-Richtlinie folgert die herrschende Lehre, daß gegen

---

cher Belange allein auf die projektbezogenen Ausnahmeregelungen verweist. Dieses Ergebnis entspricht im Grundsatz auch der Rechtsprechung des Europäischen Gerichtshofs zur Auswahl von Gebieten nach der *Vogelschutzrichtlinie* – vgl. dazu bereits oben S. 527f.

118 Allenfalls mag es möglich sein, bei der Anwendung der Vorschlagskriterien nach Anhang III der FFH-Richtlinie (Phase 1) mit dem Kriterium »Erhaltungsgrad« tatsächliche, genehmigte oder planerisch verfestigte Vorbelastungen und Nutzungen zu berücksichtigen. Näher zu dieser sehr umstrittenen Frage *Düppenbecker/Greiving*, UPR 1999, 173, 175; *Iven*, UPR 1998, 361, 362; ablehnend *Berg*, Europäisches Naturschutzrecht und Raumordnung, 2002, S. 54ff.; *Gellermann*, Natura 2000, 2. Aufl. 2001, S. 33ff.

119 BVerwG, Urt. v. 14. 11. 2002 – 4 A 15/02 –, NVwZ 2003, 485, 487f.

120 BfN (Hrsg.), NATURA 2000, 1998, S. 25; *Gellermann*, Natura 2000, 2. Aufl. 2001, S. 56ff.; *Rödiger-Vorwerk*, Die Fauna-Flora-Habitat-Richtlinie, 1998, S. 55ff.

121 Vgl. *Schmidt-Aßmann*, EuR 1996, 270, 289.

den Willen des betroffenen Mitgliedstaats – im Fall der Bundesrepublik mithin gegen den Willen des zuständigen Bundeslands – kein Gebiet als besonderes Schutzgebiet ausgewählt werden kann.[122] Daher könnten in der Phase zwei auch wirtschaftliche und soziale Erwägungen in die endgültige Gebietsauswahl einfließen.[123] Ein Teil der Literatur vertritt demgegenüber die Auffassung, auch in der zweiten Phase sei allein auf naturschutzfachliche Kriterien abzustellen[124] und die Mitgliedstaaten seien daher nach dem Grundsatz der Wirksamkeit des Gemeinschaftsrechts zur Erteilung ihres Einvernehmens verpflichtet und gegebenenfalls auch dementsprechend durch den Gerichtshof zu verpflichten, wenn nach den objektiven Gesichtspunkten des Anhangs III eine Aufnahme des jeweils betroffenen Gebietes in die Liste geboten sei.[125] Welche dieser Argumentationslinien der Europäische Gerichtshof letztlich aufgreifen wird, ist derzeit kaum absehbar. Allerdings dürfte unter dem Gesichtspunkt der effektiven Auslegung des Gemeinschaftsrechts eine Pflicht zur Erteilung des Einvernehmens zumindest dann bestehen, wenn ein Mitgliedstaat bei eindeutigem Vorliegen der Kriterien des Anhanges III der FFH-Richtlinie ohne nachvollziehbaren Grund oder lediglich aus allgemeinen wirtschaftlichen Erwägungen sein Einvernehmen zur Aufnahme in die Liste der Schutzgebiete gemeinschaftlicher Bedeutung verweigert.[126] Demgegenüber dürfte es dem Zweck des Einvernehmensvorbehaltes entsprechen, wenn ein Mitgliedstaat sein Einvernehmen für die Aufnahme von Flächen verweigert, die er für andere konkretisierte Planungen benötigt, sofern nur insgesamt eine ausreichende Zahl von Schutzgebieten

---

[122] *Epiney*, Umweltrecht in der europäischen Union, 1997, S. 270; *Frenz*, Europäisches Umweltrecht, 1997, S. 128; *Gellermann*, NuR 1995, 548, 550; *Iven*, NuR 1996, 373, 380; *Koch*, Europäisches Habitatschutzrecht, 2000, S. 20; *Niederstadt*, NuR 1998, 515, 521; *Rödiger-Vorwerk*, Die Fauna-Flora-Habitat-Richtlinie 1998, S. 61; *Schmidt-Aßmann*, EuR 1996, 270, 289; a. A. *Freiburg*, Die Erhaltung der biologischen Vielfalt, 1998, S. 98ff.; vgl. auch die Nachweise bei *Fisahn/Cremer*, NuR 1997, 268, 269f. Die Vorstellung, daß keinem Mitgliedstaat gegen seinen Willen ein Schutzgebiet aufgezwungen werden soll, entspricht auch der Entstehungsgeschichte der Richtlinie. Vgl. dazu *Freiburg*, Die Erhaltung der biologischen Vielfalt, 1998, S. 98, m.w.N.

[123] So explizit Generalanwalt *Legér* in seinen Schlußanträgen v. 7. 3. 2000 in der Rechtssache C-371/98, und ähnlich in den Schlußanträgen v. 3. 5. 2001 in den Rechtssachen C 71/99 u.a. (das bisweilen für die Gegenansicht zitierte Urteil des EuGH v. 7. 11. 2000 – C 371/98 –, NVwZ 2001, 1147f. spricht die zweite Phase überhaupt nicht an); im Schrifttum besonders eingehend *Koch*, Jb.UTR 62 (2002), 69ff.; weiter *Schröder*, Jb.UTR 62 (2002), 99, 114f., m.w.N.; für gemeindliche Planungen auch *Schrödter*, NuR 2001, 8, 10.

[124] *Möstl*, DVBl. 2002, 726, 729.

[125] *Fisahn/Cremer*, NuR 1997, 268, 274f.; *Gebhard*, NuR 1999, 361, 366; *Kues*, Lebensraumschutz nach der FFH-Richtlinie, 2001, S. 80f.; *Stüber*, NuR 1998, 531, 534; ähnlich *Freiburg*, Die Erhaltung der biologischen Vielfalt, 1998, S. 98ff. Einige Stimmen – etwa *Niederstadt*, NuR 1998, 515, 521, oder *Rödiger-Vorwerk*, Die Fauna-Flora-Habitat-Richtlinie, S. 62 – berufen sich dabei auf das zirkuläre Argument, durch die Meldung der Gebiete hätten die Mitgliedstaaten hinreichend zum Ausdruck gebracht, daß ihr nationalstaatliches Einverständnis vorausgesetzt werden könne. Dieser Schluß verkennt, daß die Mitgliedstaaten zu der Vorlage dieser Vorschlagsliste verpflichtet sind, was gerade die erwähnten Autoren besonders unterstreichen.

[126] Vgl. dazu *Rödiger-Vorwerk*, Die Fauna-Flora-Habitat-Richtlinie 1998, S. 65; *Kirchberg*, in: Blümel/Kühlwetter (Hrsg.), Aktuelle Probleme des Eisenbahnrechts II, 1997, S. 163, 173.

ausgewiesen wird[127]. So scheint derzeit die Möglichkeit einer Abwägung verschiedener planerischer Belange im Rahmen der Auswahlphase 2 zumindest nicht ausgeschlossen. Die durch das Bundesverwaltungsgericht angenommenen Vorwirkungen der FFH-Richtlinie ermöglichen eine solche Abwägung indes nicht.

f) Vorwirkungen der FFH-Richtlinie

Bei der Umsetzung der Vogelschutz- und der FFH-Richtlinie ergaben sich in der Bundesrepublik, aber nicht nur dort, erhebliche Umsetzungs- und Vollzugsprobleme.[128] Bereits der Bund hatte große Schwierigkeiten, die normativen Vorgaben der Richtlinie in nationales Recht zu transformieren, und erst vor dem Hintergrund der möglichen Verhängung gemeinschaftsrechtlicher Zwangsgelder erfolgte 1998 eine verspätete Umsetzung[129], die jedoch nach verbreiteter Auffassung nicht ausreichend sein soll.[130] Daneben liegt ein zusätzlicher Vollzugsverstoß in der verspäteten und lückenhaften Meldung von FFH-Vorschlagsgebieten durch die Länder.

Vor diesem Hintergrund hat die Rechtsprechung gewisse Vorwirkungen der FFH-Richtlinie anerkannt. Zwar kommen die der Santoña-Rechtsprechung zugrundeliegenden Grundsätze über die unmittelbare Anwendbarkeit der Vogelschutzrichtlinie im Fall der FFH-Richtlinie nach herrschender Lehre nicht zur Anwendung, weil die Schutzpflichten aus Art. 6 nicht bedingungsunabhängig sind, sondern unter dem Vorbehalt einer einvernehmlichen Ausweisung durch die Kommission und den betroffenen Mitgliedstaat stehen.[131] Allerdings bejaht das Bundesverwaltungsgericht in Anlehnung an die Figur der vorwirkenden Treuepflichten[132] für »potentielle FFH-Gebiete«, bei denen fachliche Kriterien eine Aufnahme in das Schutzgebietssystem gebieten, eine »Stillhaltepflicht«, der zufolge ein Mitgliedstaat

---

[127] Zu diesem Erfordernis *Niederstadt*, NuR 1998, 515, 521f.; vgl. auch *Iven*, UPR 1998, 361, 362.

[128] Einen Überblick über die Umsetzung in verschiedenen Mitgliedstaaten liefert *Diaz*, RECIEL 10 (2001), 287, 292ff.

[129] Gesetz v. 30. 4. 1998, BGBl. I 1998, 823ff.; dazu *Apfelbacher/Adenauer/Iven*, NuR 1999, 63ff.; *Müller-Terpitz*, NVwZ 1999, 26ff.

[130] Vgl. das Ersuchen der Kommission um Stellungnahme der Bundesregierung NuR 2000, 625ff.; im Schrifttum mit unterschiedlichen Akzenten *Berner*, Der Habitatschutz im europäischen und deutschen Recht, 1999, S. 231ff.; *Fisahn*, ZUR 2001, 252ff.; *Gellermann*, Natura 2000, 2. Aufl. 2001, S. 185ff.; *ders.*, NVwZ 2001, 500, 502ff.; *Niederstadt*, NuR 1998, 526ff.; *Rengeling*, UPR 1999, 281ff.; *Stüer*, DVBl. 2002, 940, 947f.; zu möglichen Defiziten im Landesrecht *Schrader/Hellenbroich*, Jb.UTR 58 (2001), 283, 301ff.

[131] OVG Saarlouis, Urt. v. 29. 4. 1997 – 2 M 1.96 –, zit. nach Juris; Erbguth/Stollmann DVBl. 1997, 453, 454; *Frenz*, Europäisches Umweltrecht, 1997, S. 128f.; *Gellermann*, NuR 1996, 548, 550; *Goppel*, in: Akademie für Raumforschung und Landesplanung (Hrsg.), Europäisches Naturschutzrecht und Raumplanung, 2001, S. 19, 23f.; *Halama*, NVwZ 2001, 506, 507; *Rengeling*, UPR 1999, 281, 282f.; *Schink*, GewArch 1998, 41, 47f.; *Schmitz*, ZUR 1996, 12, 14; *Schrödter*, in: Schrödter, BauGB, 6. Aufl. 1998, § 1 a Rn. 123; *Spannowsky*, UPR 1998, 161, 167; *Stüber*, NuR 1998, 531ff.; *Thyssen*, DVBl. 1998, 877, 885f.; *Wichert*, Natura 2000, 2001, S. 172ff.; a. A. – für Direktwirkung – *Czybulka*, NuR 1999, 419, 420; *Niederstadt*, NuR 1998, 515, 521; *Schröder*, Jb.UTR 62 (2002), 99, 106ff.; *Wils*, JEL 6 (1994), 219, 234f.; *Wirths*, Naturschutz durch Europäisches Gemeinschaftsrecht, 2001, S. 304ff.; für vorgeschlagene Gebiete auch *Apfelbacher/Adenauer/Iven*, NuR 1999, 63, 72f.

[132] Vgl. oben S. 525f.

dem nicht gemeldeten Gebiet einen vorwirkenden effektiven Schutz zu gewähren hat.[133] Diese Rechtsprechung erscheint zwar in mancher Hinsicht begründungs- und klärungsbedürftig, hat jedoch weithin Zustimmung gefunden[134] und ist für die Praxis absolut gefestigt.[135] Drängt es sich demnach unter fachlichen Kriterien auf, daß ein potentielles FFH-Gebiet Aufnahme in die Gemeinschaftsliste finden wird, ist die Zulässigkeit eines Vorhabens – offenbar ganz wie im Fall einer Direktwirkung – an den Anforderungen der FFH-Richtlinie zu messen.[136] Kann hingegen die Aufnahme in die Gemeinschaftsliste nicht hinreichend sicher prognostiziert werden, so darf das Gebiet jedenfalls nicht so nachhaltig beeinträchtigt werden, daß es für eine Meldung und Aufnahme in die Gemeinschaftsliste nicht mehr in Betracht kommt.[137] Insgesamt kommt damit die deutsche Rechtsprechung zu den »potentiellen FFH-Gebieten« der Figur der »faktischen Vogelschutzgebiete« zumindest im Ergebnis sehr nahe.

g) Die Bedeutung dieser Maßstäbe für das System konkurrierender Raumplanungen

Die Tragweite der bislang eher abstrakt geschilderten Vorgaben und Anforderungen des europäischen Naturschutzrechts soll durch einige konkrete Plankonflikte und Beispiele verdeutlicht werden. Daß die FFH-Richtlinie allein aufgrund ihrer Vorwirkungen nationale Planungen selbst dann zu Fall bringen kann, wenn nach deutschem Recht eine Ausweisung der betroffenen Flächen als europäisches Schutzgebiet nicht vorgesehen ist, haben u.a. die spektakulären Entscheidungen des Bundesverwaltungsgerichts über den Baustopp für die Ostseeautobahn BAB 20[138] oder die Erklärung der Rechtswidrigkeit der Planfeststellungsbeschlüsse für die Bundesstraße zur Ortsumgehung Hildesheims[139] und für die BAB 44 Kassel–Herleshausen[140] verdeutlicht. Dieser Gefahr sehen sich auch solche Planungen ausgesetzt, die auf nationaler Ebene bereits weit fortgeschritten sind. Ein Prioritätsprinzip, nach

---

[133] BVerwG, Beschl. v. 21.1. 1998 – 4 VR 3.97 –, NVwZ 1998, 616, 622; Urt. v. 19.5. 1998 – 4 A 9.97 –, NVwZ 1998, 961, 967; Urt. v. 27.1. 2000 – 4 C 2.99 –, DVBl. 2000, 814ff.; Urt. v. 17.5. 2002 – 4 A 28.01 –, NVwZ 2002, 1243, 1244, m.w.N.; dem folgend OVG Münster, Beschl. v. 11.5. 1999 – 20 B 1464.98.AK –, NVwZ-RR 2000, 490, 493; OVG Koblenz, Beschl. v. 27.9. 2001 – 1 B 10290.01 –, NVwZ-RR 2002, 420ff.

[134] Vgl. statt vieler *Halama*, NVwZ 2001, 501ff.; *Kadelbach*, in: FS für Hoppe, 2000, S. 897, 907f.

[135] Die derzeitigen Maßstäbe der nicht immer einheitlichen Rechtsprechung faßt zusammen BVerwG, Urt. v. 17.5. 2002 – 4 A 28.01 –, NVwZ 2002, 1243, 1244; vgl. auch *Schink*, DÖV 2002, 45, 51f.

[136] So der Ansatz in BVerwG, Urt. v. 27.1. 2000 – 4 C 2.99 –, DVBl. 2000, 814ff.

[137] So BVerwG, Urt. v. 27.10. 2000 – 4 A 18.99 –, NVwZ 2001, 673ff.; OVG Münster, Urt. v. 8.4. 2002 – 7a D 91.01.NE –, zit. nach Juris.

[138] BVerwG, Beschl. v. 21.1. 1998 – 4 VR 3.97 –, NVwZ 1998, 616ff., und dazu *Zeichner*, NVwZ 1999, 32ff.; vgl. dann aber BVerwG, Urt. v. 19.5. 1998 – 4 A 9.97 –, NVwZ 1998, 961, 967, sowie Urt. v. 31.1. 2002 – 4 A 15/01 –, NVwZ 2002, 1103, 1107, wo das Vorliegen eines »potentiellen FFH-Gebiets« doch verneint wird.

[139] BVerwG, Urt. v. 27.1. 2000 – 4 C 2.99 –, DVBl. 2000, 814ff.

[140] BVerwG, Urt. v. 17.5. 2002 – 4 A 28.01 –, NVwZ 2002, 1243ff.

dem eine ältere nationale Planung Vorrang vor einer Ausweisung als europäisches Naturschutzgebiet hätte, kennen beide Richtlinien nicht. Ist eine Zulassung des Vorhabens nach den strengen Ausnahmebestimmungen des Art. 6 Abs. 4 der FFH-Richtlinie nicht möglich, so kommt eine Verwirklichung des Vorhabens nicht in Betracht. Damit kann etwa ein bereits durch Linienbestimmung verfestigtes und teilweise verwirklichtes Straßenprojekt nicht vollendet werden, wenn auf der vorgesehenen Trasse ein potentielles FFH-Gebiet beeinträchtigt wird und eine andere Trassenführung – gegebenenfalls durch ein Wohngebiet – noch irgendwie möglich und nicht völlig unzumutbar ist.[141] Ein weiteres Beispiel ist das durch den Freistaat Bayern betriebene Projekt des Donauausbaus zwischen Straubing und Vilshofen, das vor allem mit Blick auf die Bedeutung der Donauauen als – möglicherweise meldepflichtiges – potentielles FFH-Gebiet in der ursprünglich vorgesehenen Form aufgegeben wurde.[142] Handelt es sich bei dem betroffenen Gebiet gar um ein faktisches Vogelschutzgebiet, so ist eine Beeinträchtigung ohnehin ausgeschlossen, sofern sie nicht durch überragende und rein außerwirtschaftliche Gemeinwohlbelange gerechtfertigt wird.[143] Ebenso scheiden in solchen Gebieten Bauleitplanungen oder beeinträchtigende landwirtschaftliche Nutzungen aus.

Angesichts des Anwendungsvorrangs des Gemeinschaftsrechts[144] hat es der nationale Gesetzgeber nicht in der Hand, nationalen Planungen gegenüber der FFH-Richtlinie Priorität einzuräumen. Dies gilt entgegen den Bestrebungen einiger Bundesländer, die Auswahl von europäischen Schutzgebieten den Belangen der Raumordnung zu unterwerfen[145], auch für landesplanerische Festsetzungen. Die These, die Auswahl von Schutzgebieten sei als raumbedeutsame Maßnahme i.S.v. § 3 Nr. 6 ROG nach § 4 Abs. 1 ROG an die Vorgaben der Raumordnung gebunden[146], ist bei

[141] Diese Konstellation drohte bei den abschließenden Planfeststellungsabschnitten für die BAB 8.

[142] Vgl. u.a. den Artikel »Bayern und Berlin streiten um die Auen der Donau«, SZ v. 2.3. 2001, S. L9, sowie die Stellungnahme des BfN zum geplanten Donauausbau zwischen Straubing und Vilshofen v. 7.2. 2002. Interessanterweise führt das Weißbuch der EG-Kommission »Die europäische Verkehrspolitik bis 2010: Weichenstellungen für die Zukunft«, KOM (2001) 370 endg., auf S. 57 und 64 eben dieses Ausbauvorhaben als eines der vorrangigen Verkehrsprojekte der Gemeinschaft an. Dabei wird allerdings darauf hingewiesen, daß das Projekt »unter Beachtung der gemeinschaftlichen Rechtsvorschriften zum Umweltschutz zu konzipieren und durchzuführen ist«. Vgl. dazu auch den Antrag der Regierungsfraktionen v. 19.3. 2002 »für einen sanften Ausbau der Donau«, BT-Drs. 14/8589.

[143] Vgl. bereits oben S. 526, und zu den praktischen Auswirkungen *Stüer*, DVBl. 2002, 940, wonach die BAB 20 hätte »begraben« werden müssen, falls die betroffene Wakenitz-Niederung die Qualität eines faktischen Vogelschutzgebietes aufgewiesen hätte.

[144] Dazu sogleich S. 539ff.

[145] Vgl. dazu *Schink*, in: Akademie für Raumforschung und Landesplanung (Hrsg.), Europäisches Naturschutzrecht und Raumplanung, 2001, S. 9, 11.

[146] So vor allem *Goppel*, in: Jarass (Hrsg.), EG-Naturschutzrecht und räumliche Gesamtplanung, 2000, S. 9ff.; *ders.*, in: Akademie für Raumforschung und Landesplanung (Hrsg.), Europäisches Naturschutzrecht und Raumplanung, 2001, S. 19ff.; abgeschwächt auch *Spannowsky*, UPR 2000, 41ff.; *ders.*, in: Jarass (Hrsg.), EG-Naturchutzrecht und räumliche Gesamtplanung, 2000, S. 26ff., wonach die raumordnerischen Vorgaben im Rahmen der bei der Gebietsauswahl eingeräumten, im Fall der FFH-Richtlinie sehr weiten »Ermessensspielräume« zu berücksichtigen seien.

isolierter Betrachtung des deutschen Raumordnungs- und Naturschutzrechts zwar durchaus zutreffend.[147] Sie verkennt jedoch die nach ganz herrschender Sichtweise rein fachliche Natur der mitgliedstaatlichen Beurteilungsspielräume bei der Auswahl[148], die eine Berücksichtigung raumplanerischer Belange nicht zulassen. Eine strikte Beachtung der Ziele der Raumordnung oder auch nur eine fachfremde Berücksichtigung derselben ist daher mit dem Vorrang des Gemeinschaftsrechts unvereinbar.[149] Die Regelung in §28 Abs. 1 S. 2 LNatSchG MV, wonach bei der Meldung von FFH-Gebieten durch die oberste Naturschutzbehörde die Ziele der Raumordnung zu beachten sowie die Grundsätze der Raumordnung abgewogen werden müssen, ist daher gemeinschaftsrechtswidrig und nach dem Grundsatz des Vorrangs des Gemeinschaftsrechts unanwendbar.[150]

Im fachplanerischen Bereich verfolgt damit das europäische Naturschutzrecht zumindest in der Form, die es in der Rechtsprechung erhalten hat, im Hinblick auf konfligierende räumliche Planungen der Mitgliedstaaten einen extremen Ansatz. Die Auswahl der europäischen Naturschutzgebiete ist trotz gewisser verbleibender Beurteilungsspielräume im wesentlichen fachlich vorgegeben. Konkurrierende öffentliche oder private Raumansprüche werden aus dem fachlichen Entscheidungsprogramm komplett ausgeblendet und unterliegen einem strikten Berücksichtigungsverbot. Allenfalls die bergrechtliche Betriebsplanzulassung zeichnet sich durch eine ansatzweise vergleichbare Entschlossenheit aus, ihre isolierten fachplanerischen Interessen unter Zurückstellung nahezu aller konkurrierenden Raumbelange durchzusetzen.[151] Auch die einschlägigen Ausnahmetatbestände in Art. 6 Abs. 4 der FFH-Richtlinie sind äußerst restriktiv, ermöglichen von vornherein keine Berücksichtigung privater Interessen und sind zudem in ihrer Reichweite umstritten. Sofern eine Rechtfertigung nach diesen Maßstäben nicht möglich ist, kann eine nationale Planung selbst dann nicht mehr weiterverfolgt werden, wenn dadurch bereits realisierte Teile eines Vorhabens entwertet werden. Mit diesem radikalen Ansatz bildet die FFH-Richtlinie einen Sonderfall der auf dem Gebiet der Bundesrepublik bestehenden Raumplanungen. Die weitreichenden Folgen dieses Ansatzes führen unweigerlich zu der Frage, ob es der Entwicklung spezifischer Maßstäbe für Konflikte zwischen gemeinschaftlichen und nationalen Planungen, aber auch unter verschiedenen gemeinschaftsrechtlichen Planungen bedarf.

---

[147] *Berg*, Europäisches Naturschutzrecht und Raumordnung, 2002, S. 45ff.

[148] Zu diesen Spielräumen oben S. 527f. und 531ff.

[149] Vgl. eingehend *Berg*, Europäisches Naturschutzrecht und Raumordnung, 2002, S. 31ff., 71ff., 93ff., m.w.N.; *Erbguth*, in: Jarass (Hrsg.), EG-Naturschutzrecht und räumliche Gesamtplanung, 2000, S. 58ff.; *Gellermann*, Natura 2000, 2. Aufl. 2001, S. 30, 129; *Louis*, BNatSchG, Bd. 1, 2. Aufl. 2000, §19b Rn. 6.

[150] *Fischer-Hüftle*, ZUR 1999, 66 in Fn. 5.

[151] Dies jedenfalls auf der Grundlage der herrschenden Lehre, welche die bergrechtliche Betriebsplanzulassung – zu Unrecht – als eine rein sektorale Vorhabenzulassung ohne Rücksicht auf nicht in §55 BBergG angesprochene Belange Dritter interpretiert. Vgl. dazu im sechsten Kapitel S. 355ff. und 359ff.

III. Maßstäbe für Konflikte von nationalen und gemeinschaftlichen Planungen

Rainer *Wahl* hat mit Blick auf das gemeinschaftliche Raumplanungsrecht die These aufgestellt, daß aufgrund struktureller Eigenheiten der Planung selbst die Besonderheiten des nationalen Planungsrechts früher oder später »auch bei der Ausgestaltung auf der europäischen Ebene zutage treten« würden.[152] Nach dieser Prognose sollten die im nationalen Planungsrecht entwickelten spezifischen Lösungsansätze für Raumplanungskonflikte potentiell auch für Konflikte gemeinschaftsrechtlicher Planungen Modellcharakter haben. Im Zuge der vorliegenden Studie wurden drei grundgesetzlich fundierte Prinzipien ermittelt, die die einschlägigen Einzelbestimmungen des deutschen Planungsrechts verfassungsrechtlich überhöhen und eine gewisse Koordination aller Raumplanungen sicherstellen: der *Kompetenzgrundsatz*, das vor allem aus dem Verhältnismäßigkeitsgrundsatz abgeleitete *Abwägungsgebot* sowie der auf dem Stufenbau der Rechtsordnung beruhende *Normenhierarchiegrundsatz*. Dabei handelt es sich um Rechtssätze, die zumindest teilweise auch im Recht der europäischen Gemeinschaften Parallelen finden.

1. Der Kompetenzgrundsatz im Gemeinschaftsrecht

Der Kompetenzgrundsatz, nach dem jede hoheitlich autorisierte Raumplanung als Ausübung verfassungsrechtlicher Kompetenzen einer Grundlage bedarf, findet seine gemeinschaftsrechtliche Anerkennung in dem bereits erwähnten, in Art. 5 Abs. 1 EGV verankerten Prinzip der begrenzten Einzelermächtigung.[153] Obwohl dieses Prinzip in der Gemeinschaftspraxis zumeist allzu großzügig gehandhabt wird[154], bestehen gegen die vorliegenden gemeinschaftlichen Raumplanungen unter Kompetenzgesichtspunkten keine ernsthaften Bedenken, sofern man die vorliegenden Rechtsakte nicht mit Blick auf das Subsidiaritätsprinzip in Frage stellt. Die Gemeinschaft betreibt keinerlei Gesamtplanung, sondern entwickelt fachplanerische Festsetzungen lediglich in einzelnen Bereichen aufgrund spezieller Kompetenztitel des EG-Vertrags.

Kompetentielle Rechtmäßigkeitsfragen könnte allerdings die – hier mangels Bezugs zu den verbindlichen Planungen nicht weiter zu verfolgende – Frage aufwerfen, ob die Gemeinschaft in jenen Bereichen, in denen sie über keine hinreichenden Kompetenzen verfügt, tatsächlich in dem bisherigen Umfang durch unverbindliche »weiche« Maßnahmen und Beihilfen Einfluß auf die nationale Raumplanung nehmen darf. Die Frage nach der Rechtmäßigkeit eines derartigen »raumwirksamen Lei-

---

[152] *Wahl*, in: FS für Hoppe, 2000, S. 913, 915f.; ähnlich auch *Di Fabio*, in: FS für Hoppe, 2000, S. 75, 76.

[153] Vgl. bereits oben S. 510f.

[154] So aus unterschiedlichen Perspektiven *Hartley*, The Foundations of European Community Law, 4. Aufl. 1998, S. 102ff., der das Prinzip in der Praxis für irrelevant hält; *Huber*, Recht der Europäischen Integration, 2. Aufl. 2002, § 9 Rn. 7ff., m.w.N.

stungsrechts« wird bislang meist mit der Begründung bejaht, daß den Mitgliedstaaten die Inanspruchnahme der gemeinschaftlichen Fördermittel ohne jede rechtliche Bindung freistehe.[155] Auch derart unverbindliche Maßnahmen können jedoch im Einzelfall zu erheblichen faktischen Einschränkungen der planerischen Gestaltungsspielräume der Mitgliedstaaten führen.[156] Zwar stellt die Umsetzung solcher Fördermaßnahmen nach §3 Nr.6 ROG eine raumbedeutsame Maßnahme dar, die nach Maßgabe des §4 ROG an die Vorgaben der Raumordnung gebunden ist; dies gilt jedoch nur in dem Umfang, in dem die gemeinschaftliche Bewilligungsentscheidung den Mitgliedstaaten bei der Umsetzung noch Spielräume beläßt und insoweit eine Berücksichtigung der nationalen Raumordnung ermöglicht. Die faktischen Auswirkungen dieser Politik des »goldenen Zügels« kommen daher eben doch einer partiellen Verlagerung raumordnerischer Entscheidungsgewalt auf die Gemeinschaftsebene gleich.[157] Bei einer weiteren Intensivierung der planerischen Strukturfondspolitik müßte diese daher auch unter Kompetenzgesichtspunkten überprüft werden.

2. Der Grundsatz der Normenhierarchie im Gemeinschaftsrecht

Auch der Gedanke der Normenhierarchie findet im Verhältnis gemeinschaftlicher Planungen zu denen der Mitgliedstaaten in einer besonderen Ausprägung Anwendung. Damit ist nicht der im Entstehen begriffene Grundsatz des hierarchischen Stufenbaus gemeinschaftlicher Rechtsquellen gemeint, wonach auch unterschiedliche Arten von Gemeinschaftsrechtssätzen zueinander in einer Rangordnung stehen.[158] Grundlage des Verhältnisses des gesamten EG-Rechts zum Recht der Mitgliedstaaten ist vielmehr der durch den Europäischen Gerichtshof entwickelte Grundsatz des Vorranges des Gemeinschaftsrechts.[159] Demnach beansprucht das Gemeinschaftsrecht nicht nur einheitliche und unmittelbare Geltung in der Rechtsordnung der Mitgliedstaaten, sondern genießt gegenüber widersprechenden nationalen Regelungen einen Anwendungsvorrang, nach dem entgegenstehendes nationales Recht im

---

[155] *Gatawis*, DÖV 2002, 858, 860; kritisch jedoch *Matuschak*, Europäisches Gemeinschaftsrecht im Verhältnis zum deutschen Städtebaurecht, 1994, S. 163ff., der eine kompetentielle Grundlage fordert, und allgemeiner *Huber*, Recht der Europäischen Integration, 2. Aufl. 2002, §9 Rn. 14, m.w.N. zur h. L.

[156] Dies beklagt etwa der damalige Ministerpräsident des Landes Nordrhein-Westfalen *Clement* in seinem Vortrag: Die Kompetenzordnung der EU nach Nizza vom 12. Februar 2001, Rn. 25; vgl. auch *Fürst*, DISP 130 (1997), 47, 50f.; *Hendler*, in: Mertins (Hrsg.), Vorstellungen der Bundesrepublik Deutschland zu einem europäischen Raumordnungskonzept, 1993, S. 37, 41.

[157] So eingehend *Gatawis*, Grundfragen eines europäischen Raumordnungsrechts, 2000, S. 99ff.

[158] Vgl. EuG, Urt. v. 15. 9. 1998 – T-3/96 –, ABl.EG 1998 C 327, 20f.; näher zur Hierarchie der europäischen Rechtsquellen *von Arnauld*, EuR 2003, 191ff.; *Bieber/Salomé*, CMLR 33 (1996), 907ff.

[159] St. Rspr. seit EuGH, Urt. v. 15. 7. 1994 – Rs. 6/64 –, Slg. 1964, 1251ff.; vgl. dazu *Himmelmann*, EG-Umweltrecht und nationale Gestaltungsspielräume, 1997, S. 57ff.; *Huber*, Recht der Europäischen Integration, 2. Aufl. 2002, §9 Rn. 1ff.; *Niedobitek*, VerwArch 2001, 58, 60ff.; *Oppermann*, Europarecht, 2. Aufl. 1999, Rn. 616ff.; *Pernice*, VVDStRL 60 (2001), 148, 182ff., der von einer »Kollisionsnorm« spricht; *Schweitzer*, in: EUDUR, Bd. I, 2. Aufl. 2003, §26 Rn. 1ff.

Einzelfall als unanwendbar zurücktritt. Der Vorrang gilt rangunabhängig, d.h., auch das Sekundärrecht der Gemeinschaften – wie die FFH-Richtlinie oder die Entscheidung über gemeinschaftliche Leitlinien für den Aufbau eines transeuropäischen Verkehrsnetzes – ist potentiell in der Lage, selbst das Verfassungsrecht der Mitgliedstaaten im Fall eines Regelungskonfliktes zu verdrängen. Dieser Anwendungsvorrang des Gemeinschaftsrechts ist im Grundsatz trotz zum Teil erheblich voneinander abweichender Begründungen anerkannt und in der Praxis durchweg maßgeblich, auch wenn das Bundesverfassungsgericht bis in die Gegenwart hinein zumindest verbale Vorbehalte beibehalten hat.[160] Ergeben sich somit zwischen den planerischen Vorgaben des Gemeinschaftsrechts oder rechtsförmig festgesetzten gemeinschaflichen Raumplanungen und solchen des nationalen Rechts Konflikte, so setzt sich grundsätzlich ohne Einschränkung das Gemeinschaftsrecht durch, soweit dieses nicht selbst eine Präponderanz oder eine Berücksichtigungsfähigkeit des nationalen Rechts vorsieht.

Wie bereits zu Beginn des siebten Kapitels hervorgehoben wurde, ist der Vorrang einer Planung aufgrund ihrer Stellung im Stufenbau der Rechtsordnung eindeutig, strikt und eben aus diesen Gründen oft von erheblicher Brisanz.[161] Die praktische Tragweite des einer solchen Hierarchie gleichkommenden gemeinschaftsrechtlichen Anwendungsvorrangs für den Bereich der Raumplanung verdeutlicht die Rechtsprechung des Bundesverwaltungsgerichts zu den Konflikten nationaler Fachplanungen mit »potentiellen« europäischen Naturschutzgebieten. Nach diesen Maßstäben stellt die Existenz eines FFH-Gebietes ein erhebliches, oft kaum überwindbares rechtliches Hindernis für konfligierende Planungen nach nationalem Recht dar. Diese Brisanz wird bei den bislang bestehenden gemeinschaftlichen Planungen zumeist durch das konsensuale Planverfahren, die Wahl unverbindlicher Rechtsformen oder die »weichen« Inhalte der planerischen Festsetzungen der Gemeinschaft abgefedert: Auf dem Gebiet der Raumordnung sind die gemeinschaftlichen Vorgaben – mangels einer weiter reichenden Kompetenz – bereits ihrer Rechtsform nach nicht strikt bindend und wesentlich auf die Umsetzung in nachfolgenden Planungsentscheidungen angelegt.[162] Auch das Konfliktpotential der Identifikation der Vorhaben von gemeinsamem Interesse im Rahmen der Entscheidung Nr. 1692/96/EG über gemeinschaftliche Leitlinien für den Aufbau eines transeuropäischen Verkehrsnetzes wird dadurch erheblich entschärft, daß die konkrete Planungsentscheidung selbst im Rat Einstimmigkeit erfordert und dadurch im wesentlichen bereits vorhandene Planungen der Mitgliedstaaten aufgegriffen und zu Vorhaben von gemeinsamem Interesse hochgestuft werden. Zudem vermittelt die aus einer derartigen Festsetzung resultierende Förderpflicht den erfaßten Projekten keinen ausnahmslosen

[160] Vgl. nur die Darstellungen und Nachweise bei *Bleckmann*, Europarecht, 6. Aufl. 1997, Rn. 1221 ff., m.w.N.; *Papier*, in Maunz/Dürig u.a., GG, Art. 14 Rn. 288 ff., Stand: Juni 2002; *Schweitzer*, in: EUDUR, Bd. I, 2. Aufl. 2003, § 26 Rn. 39 ff.

[161] Vgl. im siebten Kapitel S. 395.

[162] Siehe oben S. 517 f.

materiellen Vorrang gegenüber konfligierenden Raumansprüchen.[163] Damit wird in diesen Zusammenhängen das Fehlen eines planerischen Abwägungsvorbehalts kaum relevant. Anders ist dies jedoch im Bereich des europäischen Naturschutzrechts, wo konkurrierende Planungen sich gemeinschaftsrechtlichen Schutzgebietsausweisungen gegenübersehen, die in verbindlichen Formen und mit ausnahmsloser Verbindlichkeit beanspruchenden materiellen Inhalten zum Teil gegen den erklärten Willen der Mitgliedstaaten festgesetzt oder auch durch die Gerichte identifiziert werden, ohne daß dabei die verdrängten Raumansprüche auch nur berücksichtigt würden.

3. Das Abwägungsgebot im Gemeinschaftsrecht

Unabhängig von ihrer jeweiligen Privilegierung durch gesetzliche Vorschriften oder ihre Stellung im System der Rechtsquellen ist nach deutschem Recht jede Raumplanung an das Abwägungsgebot gebunden, das als bundesverfassungsrechtlicher Minimalstandard ein Mindestmaß an gegenseitiger Rücksichtnahme garantiert und somit eine zentrale materielle Koordinationsregel des nationalen Planungsrechts darstellt. Als Erfordernis konkreter Verhältnismäßigkeit soll die Konfliktschlichtungsformel der gerechten Abwägung aller Belange eine konkrete Einzelfallgerechtigkeit herstellen, wenn sich im Rahmen komplexer Raumplanungsentscheidungen angesichts der Vielzahl der betroffenen Interessen die »sachgerechte Bewältigung dieser Konflikte einer detaillierten Regelung durch das Gesetz« entzieht.[164]

a) Anknüpfungspunkte für ein gemeinschaftsrechtliches Abwägungsgebot

Die auf planerischen Sachgesetzlichkeiten beruhenden Erwägungen, die das deutsche Recht zu der allgemeinen Anerkennung des planerischen Abwägungsgebots geführt haben, dürften für die europäische Ebene gleiche Gültigkeit haben. Auch die Raumplanungen der Gemeinschaft weisen ganz offensichtlich einen durch multipolare Interessenverflechtungen und räumliche Komplexität geprägten materiellen Planungscharakter auf. Zudem sind die durch solche Festsetzungen berührten Belange auch auf der Ebene des Gemeinschaftsrechts vielfach »verfassungsrechtlich« abgesichert: Die Interessen der betroffenen Privaten, insbesondere ihr Eigentum, haben im Zuge der in Art. 6 Abs. 2 EUV bestätigten Anerkennung gemeinschaftsrechtlicher Grundrechte durch den Europäischen Gerichtshof primärrechtlichen »Verfassungsrang« erlangt.[165] Das Gebot der Bundestreue, das im deutschen Planungsrecht eine gegenseitige Berücksichtigung von Planungen des Bundes oder der Länder untereinander erfordert und so eine intraföderale Pflicht zur Abwägung

---

[163] Siehe oben S. 521ff.

[164] So die Formulierung durch BVerfG, Beschl. v. 6.6. 1989 – 1 BvR 921/85 –, BVerfGE 80, 137, 163; vgl. dazu bereits im fünften Kapitel S. 320ff.

[165] Vgl. dazu *Papier*, in Maunz/Dürig u.a., GG, Art. 14 Rn. 291ff., Stand: Juni 2002; *Walter*, in: Ehlers (Hrsg.), Europäische Grundrechte und Grundfreiheiten, 2003, § 1 Rn. 19ff.

der jeweiligen Planungsbelange begründet[166], findet auf europäischer Ebene seine Entsprechung in der in Art. 10 EGV verankerten Gemeinschaftstreue, die ebenfalls eine Grundlage für Pflichten zur gegenseitigen Rücksichtnahme darstellt.[167] Sowohl die vergleichbare Interessenlage als auch die normativen Grundlagen des EG-Vertrages würden somit eine Rezeption des deutschen Planungsrechts und die Anerkennung eines gemeinschaftsrechtlichen Abwägungsgebots als allgemeinen Rechtsgrundsatz des Gemeinschaftsrechts ermöglichen.[168]

b) Keine Berücksichtigung fachfremder Belange in der bisherigen Planungspraxis

Dennoch lehnen Rechtsprechung und herrschende Meinung insbesondere im Zusammenhang mit der Auswahl bzw. Meldung europäischer Naturschutzgebiete eine Berücksichtigung konkurrierender Raumansprüche kategorisch ab. Die Gründe hierfür hat zuletzt das Bundesverwaltungsgericht im November 2002 dargelegt. Die Identifizierung europäischer Vogelschutzgebiete, so das Gericht, habe sich ohne jede Berücksichtigung außerfachlicher Belange isoliert an ornithologischen Kriterien zu orientieren. Eine Abwägung mit anderen öffentlichen Belangen oder den Interessen Dritter finde nicht statt, und auch die in Art. 2 der Vogelschutzrichtlinie erwähnten Gründe wirtschaftlicher oder freizeitbedingter Art seien bei der Auswahl außer Betracht zu lassen; denn Art. 4 Abs. 1 S. 4 der Vogelschutzrichtlinie

> »ist das Ergebnis einer bereits vom europäischen Richtliniengeber getroffenen Abwägungsentscheidung, die keiner weiteren Relativierung zugänglich ist«.[169]

Ob die durch den Gemeinschaftsrechtsgeber in Art. 4 Abs. 1 S. 4 der Vogelschutzrichtlinie getroffene »Abwägung« als befriedigend angesehen wird, hängt zweifellos auch von umweltpolitischen Wertungen ab. Gewiß ist der These beizupflichten, daß angesichts der anhaltenden Zerstörung der natürlichen Lebensgrundlagen gerade auch durch Raumplanungen, die von ihnen ausgehenden Emissionen und die oft großräumige Inanspruchnahme von Flächen[170] sowie die zum Teil erheblichen Voll-

---

[166] Vgl. im fünften Kapitel S. 334.

[167] Vgl. dazu *Boeck*, Die Abgrenzung der Rechtssetzungskompetenzen von Gemeinschaft und Mitgliedstaaten, 2000, S. 43ff.; *Hatje*, in: Schwarze (Hrsg.), EU-Kommentar, 2000, Art. 10 EGV Rn. 1ff., 12ff.; *ders.*, Loyalität als Rechtsprinzip in der Europäischen Union, 2001, S. 35ff., 59ff.; *Kahl*, in: Calliess/Ruffert (Hrsg.), Kommentar zu EU-Vertrag und EG-Vertrag, 2. Aufl. 2002, Art. 10 EGV Rn. 45ff.; *Lück*, Die Gemeinschaftstreue als allgemeines Rechtsprinzip im Recht der EG, 1992.

[168] Vgl. zu den entsprechenden rechtsschöpferischen Rezeptionsmethoden des EuGH statt vieler *Schwarze*, Europäisches Verwaltungsrecht, Bd. 1 1988, S. 5ff., m.w.N. *Huber*, Recht der Europäischen Integration, 2. Aufl. 2002, § 7 Rn. 13, spricht plastisch von dem nationalen Recht als einem »Rezeptionsreservoir« für die Rechtsprechung des Gerichtshofes.

[169] BVerwG, Urt. v. 14.11. 2002 – 4 A 15/02 –, NVwZ 2003, 485, 487, unter Verweis u.a. auf EuGH, Urt. v. 2. 8. 1993 – C-355.90 –, NuR 1994, 521ff.; mit etwas anderen Erwägungen auch *Möstl*, DVBl. 2002, 726, 729.

[170] Näher UBA, Umweltdaten Deutschland 2002, bes. S. 16ff., 49ff.

zugsdefizite im Naturschutzrecht den räumlichen Belangen des Naturschutzes ein größeres Gewicht gegeben werden muß als in der Vergangenheit.[171] Dennoch kann eine gesetzgeberische »Abwägungsentscheidung« nur als einseitig und wenig ausgewogen bezeichnet werden, die im Fall der Vogelschutzrichtlinie konkurrierende Belange an keiner Stelle erwähnt und diese daher weder bei der Auswahlentscheidung noch im Rahmen des Schutzregimes auch nur als berücksichtigungsfähig behandelt. Im Fall der FFH-Richtlinie finden konkurrierende öffentliche Belange immerhin im Rahmen der – freilich höchst restriktiven – Ausnahmebestimmungen des Art. 6 Abs. 4 Berücksichtigung. Vor dem Hintergrund solch einseitiger gesetzgeberischer Lösungen kann die These der Rechtsprechung wenig befriedigen, daß eine derartige abstrakte Abwägung durch den Gesetzgeber – sofern eine solche im Fall der Vogelschutzrichtlinie überhaupt stattgefunden haben sollte – die Herstellung einer konkreten Verhältnismäßigkeit im Rahmen der konkreten Raumplanungsentscheidung überflüssig machen sollte, wie es das Bundesverwaltungsgericht offenbar annimmt.

Die fehlende Berücksichtigung betroffener räumlicher Belange ist allerdings kein spezifisches Defizit der naturschutzrechtlichen Fachplanungen der Gemeinschaft, auch wenn sie in diesem Zusammenhang besonders eklatant zutage tritt. Auch in den anderen dargestellten Raumplanungen der Gemeinschaft fließen konkurrierende Belange lediglich informal über die Beteiligung der Mitgliedstaaten an dem Planverfahren in die Planungsentscheidung ein, im Fall der Festsetzung der »Vorhaben von gemeinsamem Interesse« also dadurch, daß die Mitgliedstaaten selbst ihre Vorhaben in die Gesamtkonzeption einbringen und dabei der Bund auch die Länder- und Gemeindeinteressen einstellen soll. Abgesehen von diesen rechtlich kaum abgesicherten Mechanismen und einzelnen isolierten Regelungen[172], ist nicht ersichtlich, daß nationale Planungen bei der Festsetzung der transeuropäischen Netze eine formale Berücksichtigung finden würden.[173] Wenn diese Fachplanung zu verbindlicheren Formen erstarken und ihre praktische Relevanz sich damit verstärken sollte, so können die betroffenen räumlichen Belange auf Dauer nicht unberücksichtigt bleiben. Eine ähnliche Blindheit gegenüber den planerischen Belangen der Mitgliedstaaten zeichnet auch das auf intensiven Beihilfen beruhende »raumwirksame Leistungsrecht« der Gemeinschaft aus.[174]

---

[171] So etwa *Burmeister*, Der Schutz von Natur und Landschaft, 1988, S. 91ff., 179, der sich für eine Stärkung des konservierenden Elements durch Volluntersagung beeinträchtigender Planungen ausspricht, wie dies auch dem Ansatz der Vogelschutzrichtlinie entspricht.

[172] Vgl. insoweit Art. 9 Abs. 1 Buchst. a Spiegelstrich 5 der Verordnung (EG) Nr. 2236/95 des Rates v. 18. 9. 1995 zur Festsetzung der allgemeinen Regeln für die Gewährung von Gemeinschaftszuschüssen für die transeuropäischen Netze, ABl.EG 1995 L 228, 1ff., aus dem mittelbar hervorgeht, daß ein Vorhaben nur dann unterstützt werden soll, wenn das den Vorgaben der Regionalplanung entspricht.

[173] Vgl. die kritischen Hinweise bei *Fonger*, Internationales Verkehrswesen 1994, 621, 627.

[174] Vgl. dazu oben S. 517f.

c) Die Notwendigkeit eines spezifischen gemeinschaftlichen Planungsrechts

Die durchgängige Nichtberücksichtigung fachfremder Belange in den Planungen der Gemeinschaft ist insgesamt nur ein Indiz für den allgemeineren Befund, daß das bislang vorliegende gemeinschaftliche Planungsrecht kaum Ansätze zu einer eigenständigen Planungsdogmatik erkennen läßt. Auch wenn dies in einem erst im Entstehen begriffenen Rechtsgebiet kaum verwundern kann, ist in diesem Zusammenhang nochmals die These *Wahls* aufzugreifen, daß sich die Gemeinschaft im Zuge der wohl unausweichlichen Ausdehnung ihrer raumplanerischen Aktivitäten den spezifischen Sachgesetzlichkeiten einer solchen Tätigkeit nicht wird entziehen können. Eine dieser Sachgesetzlichkeiten liegt in der Einsicht, daß sich Planungsentscheidungen nicht durch konditionale Zulassungstatbestände abschließend vorstrukturieren lassen, ohne daß hierbei wichtige Betroffenheiten übersehen oder vernachlässigt werden.

Wenn daher abschließend für die Anerkennung eines gemeinschaftsrechtlichen Abwägungsgebots plädiert wird – sei es durch die Rechtsprechung des Europäischen Gerichtshofes als allgemeiner Rechtsgrundsatz, durch den Europäischen Planungsgesetzgeber in den einzelnen Sekundärrechtsakten oder gar in allgemeiner Form im EG-Vertrag selbst[175] –, so handelt es sich bei dieser Forderung nur um einen Teilaspekt der offensichtlichen Notwendigkeit, eine spezifische gemeinschaftliche Planungsrechtsdogmatik zu entwickeln. Dies bedeutet keineswegs, daß das Anforderungsprofil und die konkrete Ausgestaltung des planerischen Abwägungsgebots unbesehen und unverändert aus dem deutschen Planungsrecht zu übernehmen wären. Will aber die Gemeinschaft in dem Spannungsfeld unterschiedlicher Rechts- und Planungsebenen in gleichem oder weiterem Umfang als bisher konkrete Planungsentscheidungen an sich ziehen, so wird sie das Problem der Konflikte konkurrierender Raumansprüche nicht dauerhaft ausblenden können, ohne gegen primärrechtliche Vorgaben zu verstoßen.

---

175 Die letztgenannte Lösung einer »Abstimmungsklausel« im primären Gemeinschaftsrecht erwägt *Jarass*, DÖV 1999, 661, 669.

Zusammenfassende Thesen

Zur Einleitung

Das Problemfeld der Konflikte räumlicher Planungen hat in den vergangenen Jahren angesichts eines sprunghaft gestiegenen Flächenverbrauchs ständig an Bedeutung gewonnen. Typische raumplanerische Konfliktkonstellationen sind der Zugriff verschiedener Planungsträger auf identische Flächen mit unterschiedlichen Gestaltungsansprüchen, Unverträglichkeiten zwischen benachbarten Planungen sowie konkurrierende Festsetzungen für ein und dasselbe Vorhaben. Dabei sind die Interessen der jeweils beteiligten Planungsträger oft höchst divergent. Raumplanungskompetenzen transformieren daher auch für Hoheitsträger vielfach zu einem Instrument der Formulierung und Durchsetzung eigener räumlicher Präferenzen.

Die in der Nachkriegszeit vorherrschende Philosophie, unterschiedliche Planungen durch informale Verhandlungslösungen zu koordinieren, verliert zunehmend an Konfliktlösungskraft. Auch die seit den 60er Jahren gestärkte überörtliche Gesamtplanung als integrierendes Koordinationsinstrument ermöglicht keine abschließende Lösung aller Plankonflikte. Wie das Beispiel der Transrapidplanung verdeutlicht, führen großflächige Raumplanungen unweigerlich zu einer Fülle räumlicher Überschneidungen sowie zu Unvereinbarkeiten mit den Vorstellungen anderer Planungsträger und werfen komplexe Rechtsfragen auf, in denen sich verfassungs-, verwaltungs- und gemeinschaftsrechtliche Aspekte überlagern.

Die Literatur hat diese Fragestellungen mehrfach behandelt, ohne zu einheitlichen Ergebnissen gelangt zu sein. Trotz zum Teil sehr disparater Aussagen wird überwiegend ein für alle Planungsarten gültiges Prinzip gegenseitiger Abstimmung bejaht, wie überhaupt allgemeine Prinzipien in den Lösungsansätzen sowohl der Rechtsprechung als auch des Schrifttums eine zentrale Rolle spielen. Auf einem durch den Gesetzgeber so lückenhaft geregelten Gebiet wie der Raumplanung ist ein solcher Rückgriff auf allgemeine Grundsätze jedenfalls in Teilbereichen methodisch nicht zu beanstanden. Ihr Geltungsgrund liegt einerseits in der deduktiven Ableitung aus Vorgaben des Grundgesetzes, andererseits in der induktiven Verallgemeinerung einfachgesetzlicher Lösungsansätze.

Zum ersten Kapitel

»Raumplanung« bildet den Oberbegriff für eine vielgestaltige Planungstätigkeit, die weder vom Gegenstand her noch mit den Kategorien der verwaltungsrechtlichen Handlungsformenlehre trennscharf umrissen werden kann. Als Querschnittsaufgabe bestehen für die Raumplanung keine einheitlichen Gesetzgebungs- oder Vollzugskompetenzen. Überwiegend wird sie in die Kategorien der Gesamt- und der Fachplanungen eingeteilt. Die Gesamtplanung umfaßt überörtlich die staatliche Raumordnung und Landesplanung und örtlich die kommunale Bauleitplanung. Demgegenüber gliedern sich Fachplanungen in die Untergruppen der Planfeststellungen, der planfeststellungsähnlichen Vorhaben, der Nutzungsregelungen und der sonstigen sektoralen Fachplanungen.

Raumplanungen können zueinander nicht nur in ein Konkurrenz-, sondern auch in ein Stufenverhältnis treten. Wie das Beispiel der Fernstraßenplanung verdeutlicht, stellt die Raumplanung oft einen dynamischen, stufenförmigen Prozeß dar, in dem ein Vorhaben bis zu einer abschließenden Planungsentscheidung verschiedene planungsrechtliche Zwischenstadien durchläuft.

Gemeinsame Strukturmerkmale der Raumplanungen sind einerseits ihr Raumbezug und eine räumliche Gestaltungsfreiheit, andererseits einige zentrale rechtliche Anforderungen, namentlich das Erfordernis einer Planrechtfertigung, das planerische Abwägungsgebot sowie die Bindung jeder Raumplanung an zwingendes Recht. Unterschiede zwischen den einzelnen Raumplanungen bestehen im Hinblick auf die divergierenden Interessen der Planungsträger, die Rechtsgrundlagen und -formen der Planung sowie ihre Rechtswirkungen. Dennoch erscheint die Existenz einheitlicher Regeln für das Zusammentreffen inkompatibler Raumplanungen angesichts der gemeinsamen Grundstrukturen nicht von vornherein ausgeschlossen.

Zum zweiten Kapitel

Die Bewältigung von Raumplanungskonflikten sollte vorrangig auf der Ebene einfachen Rechts erfolgen. Der Gesetzgeber hat jedoch nur vereinzelt Vorgaben zur Koordination von Planungen aufgestellt. Auf dem Gebiet des Raumordnungs- und Landesplanungsrechts sind immerhin wesentliche Fragen des Verhältnisses zu anderen Planungen und Planungsträgern angesprochen; detaillierte Vorgaben liegen namentlich hinsichtlich der Verbindlichkeit der Ziele der Raumordnung vor. Für die Bauleitplanung fällt das Urteil weniger positiv aus: Zwar finden sich detaillierte Verfahrensregeln, ein tragendes materiell-rechtliches Prinzip ist hingegen nicht erkennbar, und insbesondere das konfliktträchtige Verhältnis zu Fachplanungen ist nur ausschnitthaft und nicht frei von normativen Widersprüchen geregelt.

Unter den Fachplanungen gewährleistet lediglich das Recht der Planfeststellungen eine umfassende Beteiligung konkurrierender Planungsträger, während das übrige Fachplanungsrecht ein uneinheitliches Bild hinterläßt. Bei den materiell-rechtlichen Koordinationsregeln werfen dabei vor allem der teilweise ganz unterschiedlich geregelte Bindungsgrad der einzelnen Planungen untereinander, Wertungswidersprüche, die oft kaum erklärliche Regelung isolierter Einzelaspekte sowie die Vielzahl überflüssiger deklaratorischer Regelungen Fragen der Verhältnismäßigkeit und Systemgerechtigkeit auf.

Sowohl bei den formellen als auch bei den materiellen Koordinationsregeln läßt sich durch Typisierung einfachgesetzlicher Bestimmungen ein Katalog von nach Intensität und Verbindlichkeitsgrad abgestuften Beteiligungs- und Bindungsformen entwickeln. Allerdings hinterläßt der einfachgesetzliche Befund Zweifel, ob es dem Gesetzgeber bislang gelingt, dieses abgestufte Instrumentenspektrum ausgewogen einzusetzen und einheitliche Strukturen zu entwickeln. Ein »System der Raumplanungen« oder gar ein ausgereiftes Kollisionsrecht ist nicht erkennbar.

Zum dritten Kapitel

Obwohl mit einer zunehmenden einfachgesetzlichen Normierung des Raumplanungsrechts die Bedeutung allgemeiner Grundsätze zurückgeht, setzten Rechtsprechung und Lehre zumindest historisch die Akzente weniger auf die Auslegung des einfachen Planungsrechts als auf die Anwendung allgemeiner planerischer Rechtsgrundsätze. Soweit in den Anfängen der systematischen Raumplanung überhaupt Konflikte zwischen Planungen auftraten, wurden sie über eindeutige Kollisionsregeln und Prinzipien wie den Vorrang der Reichs- oder Bundesplanung, den Grundsatz »Bundesrecht bricht Landesrecht«, die Grundsätze über die »Eisenbahn-Planhoheit« oder den Spezialitätsgrundsatz gelöst. Viele dieser Gesichtspunkte spielen auch in der aktuellen Rechtsprechung und Literatur noch eine erhebliche Rolle.

Raumplanerische Hierarchiemodelle, insbesondere ein allgemeiner »Vorrang der Bundesplanung«, sind aus dem Grundgesetz nicht abzuleiten und auch verfassungsgewohnheitsrechtlich oder aufgrund einer historischen Auslegung der einschlägigen Kompetenztitel nicht oder allenfalls für den Eisenbahnbereich zu begründen. Ebenso kommt der Grundsatz »Bundesrecht bricht Landesrecht« in der Raumplanung lediglich in jenen seltenen Fällen zur Anwendung, in denen ein kompetenzgemäßer Plan in Form einer landesrechtlichen Rechtsnorm einem ebenfalls kompetenzgemäßen Plan in Form einer bundesrechtlichen Norm gegenübersteht. Auch Art. 31 GG bietet daher keine normative Grundlage für ein allgemeines planungsrechtliches Hierarchiemodell.

Ähnliches gilt für die einfachgesetzlichen Lösungsmodelle: Der Lex-specialis-Grundsatz liefert zwar Aussagen zu der gegenständlichen Abgrenzung einzelner Planungen nach Aufgabenstellung und Festsetzungsmöglichkeiten, vermag jedoch keine generelle planungsrechtliche Hierarchie zwischen unterschiedlichen Raumplanungen zu begründen. Das planerische Prioritätsprinzip, das in der Rechtsprechung eine beherrschende Rolle spielt, ist zwar als ausnahmefähiger Rechtsgrundsatz anzuerkennen, gilt jedoch entgegen der herrschenden Lehre nicht für gesetzlich geregelte

Sachverhalte wie das Verhältnis von Bauleitplanung und Planfeststellung oder für das Verhältnis von Planungen, die bereits nach der Rechtsquellenlehre einen unterschiedlichen Rang einnehmen. Die entsprechenden Aussagen der Rechtsprechung sind daher nur tragfähig, wenn man den Inhalt des durch die zeitliche Priorität vermittelten Vorrangs auf eine Gewichtungsvorgabe für die planerische Abwägung reduziert.

Zum vierten Kapitel

Einen Schlüssel für die Bewältigung des Problems der Konflikte räumlicher Planungen liefert zunächst die stärkere Beachtung der kompetentiellen Grundlagen der einzelnen Planungsarten. Trotz der Zulässigkeit räumlicher Überschneidungen und obwohl ein Postulat der Widerspruchsfreiheit planerischer Festsetzungen nicht anzuerkennen ist, sind die einzelnen Raumplanungen bereits aufgrund verfassungsrechtlicher Vorgaben ihrem sachlichen Gegenstand nach voneinander abzugrenzen. Die Kompetenzordnung dient damit gerade auch der Vermeidung von Planungskonflikten, und die nachgelagerte Frage nach eigentlichen Kollisionsregeln stellt sich nur im Verhältnis zwischen jeweils kompetenzgemäßen Planungen.

Jede Planung muß sich in den räumlichen und sachlichen Grenzen halten, die durch die ihr zugrundeliegenden Gesetzgebungs- und Verwaltungskompetenzen gesetzt sind. Konkurrierende Planungen sind ihrem Gegenstand nach grundsätzlich und – von den seltenen Fällen abgesehen, in denen sie auf identischen Gesetzgebungsarten und Verwaltungskompetenzen beruhen – lückenlos voneinander abzugrenzen. Da verschiedene Planungsträger um dieselben Flächen konkurrieren und im Rahmen jedes Planungsverfahrens rechtlich verbindliche fachfremde planerische Vorgaben beachtet werden müssen, können und dürfen sich Raumplanungen zwar gegenseitig beeinflussen. Unzulässig sind jedoch zielgerichtete Übergriffe auf die Aufgabenbereiche anderer Raumplanungen. Konkretisiert wird diese verfassungsrechtlich gebotene Abgrenzung durch die einfachgesetzlichen Aufgabenstellungen der einzelnen Planungsarten.

Die Aufgabenstellung der Raumordnung beschränkt sich auf die Strukturierung des Raumes durch übergeordnete und zusammenfassende Konzeptionen sowie auf die Koordination der raumbeeinflussenden Tätigkeit der fachlichen Stellen. Ihre Festsetzungen sind durch Überfachlichkeit, Überörtlichkeit und fehlende unmittelbare Außenwirkung geprägt. Der Auftrag der Bauleitplanung zur unmittelbaren Leitung der Bodennutzung wird demgegenüber durch die Notwendigkeit einer städtebaulichen Zielsetzung bedingt und muß zudem negativ von anderen (Fach-)Planungen abgegrenzt werden. Bei Fachplanungen wird die Aufgabenstellung regelmäßig durch eine bestimmte sachliche Materie – etwa den Bergbau oder den Eisenbahnbetrieb – vorgegeben und läßt sich positiv bestimmen.

Fallgruppen für planerische Kompetenzüberschreitungen sind einerseits jene Sachverhalte, in denen planerische Festsetzungen ihren jeweiligen Aufgabenbereich gegenständlich überschreiten, andererseits solche, in denen eine gegenständlich kompetenzgemäße Festsetzung unzulässig auf einen anderen Kompetenztitel einwirkt. Rechtsprechung und Literatur lösen eine ganze Reihe planerischer Konfliktfälle nach Maßstäben, die sich bei genauerer Analyse als Anwendungsfälle dieses Kompetenzgrundsatzes darstellen. Dennoch werden die kompetentiellen Vorgaben in der Praxis vielfach nicht ausreichend beachtet, und insbesondere die Landesplanung verkennt vergleichsweise oft die Grenzen ihres Kompetenzbereichs. Solche Kompetenzüberschreitungen müssen allerdings nicht zwingend zur Rechtswidrigkeit eines Planes führen, wenn die entsprechende Festsetzung geltungserhaltend reduziert werden kann.

Zum fünften Kapitel

Obwohl die Rechtsprechung – etwa für die Festsetzung von Lärmschutzbereichen – noch immer systematische Brüche aufweist, erkennt sie auch ohne einfachgesetzliche Vorgaben für nahezu alle Raumplanungen die Geltung des planerischen Abwägungsgebots an. Das Bundesverfassungsgericht und die Verfassungsgerichte der Länder haben auch die Planung durch Gesetz einem Abwägungsgebot unterworfen, das den Bindungen einer Planungsbehörde vergleichbar ist, und zudem administrative Planungen im Hinblick auf die Abwägung verfassungsrechtlich geschützter Belange einer Kontrolle unterworfen, die dem planerischen Abwägungsgebot im Ergebnis Verfassungsrang verleiht. Das Prinzip beruht demnach unmittelbar auf dem Rechtsstaatsprinzip und den betroffenen Grundrechten der Verfassung.

Gegenüber den zwingenden Voraussetzungen des Planungs- oder Zulassungstatbestandes bildet das Abwägungsgebot eine ergänzende Anforderung und damit eine Verschärfung der materiellen Maßstäbe. Es begrenzt eine Gestaltungsfreiheit, die räumlichen Entscheidungen auch dann immanent ist, wenn sie in ein gebundenes Genehmigungsverfahren eingekleidet sind. Planerische Abwägungsvorbehalte sind bei komplexen räumlichen Verwaltungsentscheidungen verfassungsrechtlich zulässig. Die durch solche Vorhaben betroffenen vielfältigen räumlichen Belange rechtfertigen die Bindung auch eines privaten Vorhabenträgers an das Abwägungsgebot. Dieser kann jedoch trotz der materiell-rechtlichen Bindung an das Abwägungsgebot gegenüber der Behörde einen Genehmigungsanspruch haben.

Im Hinblick auf jene Raumplanungen, bei denen der einschlägige Zulassungstatbestand eine Abwägung nicht ausdrücklich vorsieht, ergibt sich der Anwendungsbereich des Abwägungsgebots weder aus der normativen Ermächtigungslehre noch aus der angeblichen Finalstruktur von Planungsnormen, sondern aus dem materiellen Planungscharakter der Entscheidung. Kennzeichen einer derartigen Planungsentscheidung sind die Komplexität, Vielzahl und Vielfalt der betroffenen Belange und die korrespondierende Schwierigkeit, den Vorgang und das Ergebnis der Raumgestaltung gesetzgeberisch eindeutig zu determinieren. Die planerische Abwägung wird in diesem Fall unerläßlich, um entgegengesetzte private und öffentliche Belange auszugleichen und im konkreten Fall das Verfassungsgebot eines schonenden Ausgleichs grundgesetzlich geschützter Positionen zu erfüllen. Daher ist gerade die Grobmaschigkeit des gesetzlichen Entscheidungsprogramms gegenüber komplexen Sachverhalten ein Indiz für das Vorliegen einer Planungsentscheidung.

Das Abwägungsgebot gewährleistet ein Minimum an raumplanerischer Koordination, da es eine Überwindung anderer Raumansprüche nur gestattet, wenn diese verdrängten Planungen ihrerseits angemessen planerisch berücksichtigt werden. Es bildet damit die Grundlage für ein im Kern verfassungsrechtlich vorgegebenes Gebot der gegenseitigen Rücksichtnahme unter Planungsträgern. Demnach sind konkurrierende Planungen mit ihrem normativ vorgegebenen oder objektiv zu ermittelnden Gewicht in die Abwägung einzustellen. Dabei sind auch die Gesichtspunkte der zeitlichen Verfestigung und inhaltlichen Konkretisierung des Plans zu berücksichtigen. Diese Pflicht zur Rücksichtnahme besteht auch gegenüber konkreten Plänen im Entwurfsstadium, nicht aber gegenüber bloßen Verhinderungs- und Negativplanungen. Voraussetzung für eine Berücksichtigung einer konkurrierenden Planung ist ihre Erkennbarkeit. Allerdings trifft jeden Planungsträger als verfahrensrechtliche Konsequenz des Abwägungsgebots eine Pflicht zur Beteiligung konkurrierender Planungsträger.

Zum sechsten Kapitel

Für den Bereich des Bergbaus finden sich mit der bundesrechtlich geregelten bergrechtlichen Betriebsplanzulassung und der in vier Bundesländern betriebenen Braunkohlenplanung zwei Planungsarten, welche die universelle Geltung des Kompetenzgrundsatzes und des Abwägungsgebots in Frage stellen. Zum einen soll im Rahmen der bergrechtlichen Betriebsplanzulassung und ebenso der bergrechtlichen Planfeststellung keine planerische Abwägung und auch keine Berücksichtigung anderer Planungen geboten oder auch nur möglich sein. Zum anderen findet sich für die besonders umweltbelastende Braunkohlenförderung mit der Braunkohlenplanung ein landesplanerisches Instrument, das sich darauf beschränkt, die bergrechtliche Betriebsplanzulassung, also eine nach Gesetzgebungs- und Verwaltungskompetenz ganz andere Planung, zielgerichtet und auch in fachlicher Hinsicht zu steuern.

Nach der gesetzlichen Konzeption stellt die bergrechtliche Betriebsplanzulassung eine rein sektorale Vorhabenzulassung ohne Rücksicht auf in §55 BBergG nicht angesprochene Belange Dritter dar. Angesichts verfassungsrechtlicher Einwände ergänzt die Rechtsprechung den Zulassungstatbestand durch ein innertatbestandliches Abwägungselement, sieht jedoch die Zulassung weiterhin als gebundene Entscheidung an. Damit bildet die Betriebsplanzulassung im System der Raumplanungen und insbesondere der Planfeststellungen einen Fremdkörper. Vor dem Hintergrund eines im Bergbaubereich besonders ausgeprägten Bedürfnisses nach konkreter Einzelfallsverhältnismäßigkeit – gerade mit Blick auf andere Planungen –, ist trotz der sog. »bergbaulichen Sachgesetzlichkeiten« und der Normstruktur des §55 BBergG die Anerkennung des Abwägungsgebots zu fordern. Der Genehmigungsanspruch des Unternehmers gegenüber der Bergbehörde muß dadurch nicht in Frage gestellt werden.

Braunkohlenpläne stellen nach herrschender Lehre verfassungsrechtlich zulässige Gebietsentwicklungspläne besonderer Art zur Regelung der raumrelevanten Rechtsprobleme des Braunkohlebergbaus dar. Zumindest in der Planungspraxis nehmen die entsprechenden Festlegungen jedoch den Charakter einer projektbezogenen landesrechtlichen Ergänzungs- oder Ersatzgesetzgebung an, die unter Korrektur der bundesrechtlichen Vorgaben die fachplanerischen Zulassungstatbestände erheblich modifiziert. Die Braunkohlenplanung erweist sich damit als kompetenz- und verfassungswidriges Landesbergrecht.

Insgesamt sind der Kompetenzgrundsatz und das Abwägungsgebot auf dem Gebiet des Bergbaus nicht zu relativieren. Vielmehr belegt die gegenwärtige Planungspraxis die Notwendigkeit, diesen verfassungsrechtlich fundierten Rechtssätzen auch im Rahmen von Betriebsplanverfahren und Braunkohlenplanungen zur Durchsetzung zu verhelfen.

Zum siebten Kapitel

Der Grundsatz des hierarchischen Stufenbaus von Rechtsnormen, dem zufolge der höherstufigen Rechtsquelle gegenüber der niedriger eingestuften Norm der Vorrang gebührt, gilt auch für das Raumplanungsrecht. Grundsätzlich vermag sich daher die Planung in Form eines höherrangigen Rechtsakts gegen untergeordnete Planungen durchzusetzen. Allerdings kann der Gesetzgeber von diesen Grundsätzen Ausnahmen zulassen und eine von der Normenhierarchie abweichende Planungshierarchie begründen.

Der Rang einer Raumplanung in der Normenhierarchie richtet sich – soweit diese festgelegt oder ermittelbar ist – nach ihrer Rechtsform. Da es nahezu unmöglich ist, die Rechtsform von Raumplänen nach materiellen Kriterien zu bestimmen, ist dabei in aller Regel die gesetzgeberisch gewählte Form maßgeblich. Äußerste Grenzen einer derartigen gesetzlichen Rechtsformenwahl ergeben sich lediglich aus der Formenmißbrauchslehre und aus dem Postulat der Systemgerechtigkeit, die dem Gesetzgeber jedoch weite Gestaltungsspielräume belassen.

Ähnlich weit sind die Grenzen einer Raumplanung durch den Gesetzgeber selbst. Beispiele zulässiger Plangesetze liefern die Bedarfsgesetzgebung, die Bauleitplanung durch Gesetz, gesetzliche Nutzungsregelungen für Nationalparks sowie die verfassungsrechtlich umstrittenen Investitionsmaßnahmengesetze für einzelne Projekte. Die im Schrifttum und zum Teil auch durch das Bundesverfassungsgericht in der Entscheidung zur Südumfahrung Stendal entwickelten Vorbehalte gegen die Zulässigkeit solcher Legalplanungen erweisen sich als weitgehend unberechtigt oder gelten verfassungsrechtlichen Scheinproblemen.

Der Anwendungsbereich des Normenhierarchiegrundsatzes erstreckt sich auf all jene Plankonflikte, in denen wirksame und insbesondere kompetenzgemäße Planungen widersprechende Festsetzungen treffen, in zulässigen, hierarchisch unterschiedlichen Rechtsformen erlassen werden und keine abweichende gesetzliche Kollisionsregel greift. Wichtige Anwendungsfälle sind u.a. das Zusammentreffen eines förmlichen Plangesetzes mit einem einfachen Plan, einer Rechtsverordnung mit einem Bebauungsplan sowie einer Rechtsverordnung oder eines Bebauungsplans mit einem Verwaltungsakt.

Zum achten Kapitel

Soweit gesetzliche Regelungen oder die Normenhierarchie einer Raumplanung Vorrang zuerkennen, realisiert sie diesen, indem sie für die entsprechenden Flächen ein neues Regime vorsieht und bestehende Festsetzungen suspendiert oder verdrängt. Im Ergebnis verbindet sich mit der in §75 Abs. 1 VwVfG vorgesehenen Konzentrationswirkung eine ähnliche Durchsetzungskraft. Die Rechtswirkungen dieser Derogation sind unterschiedlich: Eine Nichtigkeit des verdrängten Planes ist anzunehmen, wenn der Vorrang auf den Grundsätzen der Normenhierarchie beruht. Im Fall des Vorrangs privilegierter Fachplanungen nach §38 BauGB hingegen kann die durch die herrschende Lehre bejahte Funktionslosigkeit des verdrängten Bebauungsplans erst eintreten, wenn das privilegierte Vorhaben ins Werk gesetzt ist. Besteht kein derartiger normativer Vorrang, so sind der Planungsträger und die Planfeststellungsbehörde bis zum Vorliegen eines Normenkontrollurteils an die Festsetzungen bestehender normativer Pläne grundsätzlich selbst dann gebunden, wenn diese nichtig sein sollten.

Allgemeine Instrumente zur Durchsetzung planerischer Festsetzungen stellen vor allem die Generalklauseln des Fach- und Sicherheitsrechts dar. Diese haben jedoch wegen des häufigen Auseinanderfallens der Planungs- und der Plandurchsetzungszuständigkeit sowie wegen der Grundsätze über die Autonomie der Verwaltungsbehörden zumeist nur beschränkte praktische Bedeutung. Spezifische Plandurchsetzungsinstrumente finden sich nur vereinzelt. Das wohl bedeutendste Instrument dieser Art, die landesplanerische Untersagung, wird durch die Konzentrationswirkung der Planfeststellung relativiert.

Eine Verletzung der Koordinationsregeln für das Verhältnis konkurrierender Raumplanungen berechtigt den betroffenen Planungsträger nicht automatisch zur Klage gegen die konkurrierende Planung. Die Verfügbarkeit verwaltungsgerichtlichen Rechtsschutzes ist abhängig von der Rechtsform des angegriffenen Plans und der Stellung des betroffenen Planungsträgers. Da die Klagearten der Verwaltungsgerichtsordnung an korrespondierende Handlungsformen anknüpfen, ist für die Klagemöglichkeiten gegenüber einer staatlich autorisierten Planung ihre gesetzlich festgelegte Form maßgeblich. Rechtsprechung und Schrifttum weichen demgegenüber zunehmend von der Orientierung an der äußeren Handlungsform ab und gewähren etwa auch gegen solche Ziele der Raumordnung unmittelbaren Rechtsschutz, die nicht in untergesetzlicher Form festgesetzt werden. Da sich jedoch der »Plan« einer

Zuordnung zu den Handlungsformen nach materiellen Kriterien entzieht, die gesetzgeberische Entscheidung, einer Planung keine Handlungsform zuzuordnen, in der Regel zugleich unmittelbaren Rechtsschutz ausschließen soll und auch die Garantie effektiven Rechtsschutzes in Art. 19 Abs. 4 GG kein anderes Ergebnis gebietet, ist dieser Ansatz abzulehnen.

Die Möglichkeit einer gerichtlichen Geltendmachung der Verletzung eigener Rechte im Verhältnis von Planungsträgern untereinander ist im Fall rechtsfähiger privater Planungsträger zumeist unproblematisch. Eine Rechtsverletzung öffentlicher Planungsträger sollte anerkannt werden, soweit das Planungsrecht einer juristischen Person autonome Planungsrechte einräumt und ein konkurrierender Planungsträger ihr gegenüber eine materielle Koordinationsregel verletzt. Die Aussagen der Rechtsprechung zum Rechtsschutz der Gemeinden gegenüber Raumplanungen entsprechen jedenfalls im Ergebnis diesen Maßstäben. Kritikwürdig ist insoweit vor allem die zunehmende Mißachtung der Filterfunktion der Klagebefugnis. Entsprechende Maßstäbe sollten auch für rechtsfähige regionale Planungsverbände gelten, sofern die Regionalplanung landesrechtlich als Selbstverwaltungsaufgabe ausgestaltet ist. Materiell-rechtliche Kriterien für das Vorliegen einer Rechtsverletzung liefert dabei das landesplanerische Gegenstromprinzip. Demgegenüber verkennt die Rechtsprechung in ihren restriktiven Aussagen zum Planungsrechtsschutz im Bund-Länder-Verhältnis, daß die einfachgesetzlichen Bestimmungen zur Raumplanung ein grundgesetzlich vorgezeichnetes, durch wechselseitige Rechte und Pflichten geprägtes Staatenverhältnis konkretisieren. Werden dabei Rechte des Bundes oder der Länder verletzt, ist erneut eine auf die Verletzung der einschlägigen Koordinationsregeln gestützte Klagebefugnis zu bejahen.

Zum neunten Kapitel

Die europäische Gemeinschaft verfügt über keine allgemeine Zuständigkeit für das Gebiet der Raumplanung. Auch Art. 175 Abs. 2 Buchst. b EGV stellt keine derartige Kompetenz dar. Raumplanerische Gemeinschaftszuständigkeiten bestehen jedoch als Annexkompetenzen zu selbständigen Politikbereichen, insbesondere in der gemeinschaftlichen Umwelt- und Verkehrspolitik. Raumplanungen der Gemeinschaft erfassen daher lediglich sektorale Bereiche und sind überwiegend der Kategorie der Fachplanungen zuzurechnen. Die Tätigkeit der Gemeinschaft im Bereich der Gesamtplanungen beschränkt sich demgegenüber bislang weitgehend auf influenzierendes Handeln ohne rechtliche Verbindlichkeit.

Die infrastrukturelle Gemeinschaftspolitik für transeuropäische Netze gewinnt bei der Identifizierung der »Vorhaben von gemeinsamem Interesse« den Charakter einer konkreten fachplanerischen Entscheidung. Allerdings wird ihre Bedeutung durch die tatsächliche Praxis und die vergleichsweise »weichen« Rechtsfolgen relativiert: Zum einen greift die Gemeinschaft bislang nur Projekte der Mitgliedstaaten auf und stuft diese zu Vorhaben von gemeinsamem Interesse hoch. Zum anderen vermittelt die resultierende Förderpflicht den erfaßten Projekten keinen ausnahmslosen materiellen Vorrang gegenüber konfligierenden Raumansprüchen.

Auch die Ausweisungen europäischer Naturschutzgebiete zum Aufbau des Netzes »Natura 2000« stellen naturräumliche Fachplanungen dar. Die entsprechenden Richtlinien errichten ein Regime, das konkurrierende Raumansprüche weitestgehend verdrängt und dessen Auswirkungen durch die unmittelbare Anwendbarkeit der Vogelschutzrichtlinie sowie durch die vorwirkenden Treuepflichten gegenüber der FFH-Richtlinie verstärkt werden. Die naturschutzrechtliche Gemeinschaftsfachplanung verfolgt zumindest nach den Aussagen der Rechtsprechung im Hinblick auf konfligierende räumliche Planungen der Mitgliedstaaten einen extremen Ansatz: Die Auswahl der Schutzgebiete ist im wesentlichen fachlich vorgegeben, konkurrierende öffentliche oder private Raumansprüche unterliegen dabei einem strikten Berücksichtigungsverbot. Auch die Ausnahmetatbestände sind sehr restriktiv und ermöglichen von vornherein keine Berücksichtigung privater Interessen.

Das bislang vorliegende gemeinschaftliche Planungsrecht ist rechtsdogmatisch unterentwickelt. Nationale Lösungsansätze für Raumplanungskonflikte könnten daher für Raumplanungskonflikte mit gemeinschaftsrechtlichem Bezug Modellcharakter haben. Die einschlägigen Koordinationsregeln des deutschen Planungsrechts finden teilweise Parallelen im Gemeinschaftsrecht: Dem Kompetenzgrundsatz entspricht das in Art. 5 Abs. 1 EGV verankerte Prinzip der begrenzten Einzelermächtigung. Die Grundsätze der Normenhierarchie finden ihre Entsprechung im Grundsatz des Vorrangs des Gemeinschaftsrechts, der es gemeinschaftsrechtlichen Festsetzungen ermöglicht, sich gegen konkurrierende Pläne durchzusetzen.

Demgegenüber kommt das Korrektiv des planerischen Abwägungsgebots, das im deutschen Planungsrecht gerade einer verdrängten Planung ein Mindestmaß an Rücksichtnahme garantiert, im Gemeinschaftsrecht nicht zur Anwendung. Obwohl auch die Raumplanungen der Gemeinschaft einen durch multipolare Interessenverflechtungen und räumliche Komplexität geprägten materiellen Planungscharakter aufweisen und die Gemeinschaftsgrundrechte sowie das in Art. 10 EGV verankerte Prinzip der Gemeinschaftstreue Anknüpfungspunkte für ein gemeinschaftsrechtliches Abwägungsgebot darstellen könnten, werden bislang in keiner Gemeinschaftsplanung fachfremde konkurrierende Belange formal berücksichtigt. Die auf planerischen Sachgesetzlichkeiten beruhenden Erwägungen, die das deutsche Recht zur Entwicklung des Abwägungsgebots führten, haben jedoch für die europäische Ebene gleiche Gültigkeit. Die hieraus abzuleitende Forderung nach Anerkennung eines planerischen Abwägungsgebots im Gemeinschaftsrecht bildet nur einen Aspekt der Notwendigkeit, angesichts der zu erwartenden Ausweitung gemeinschaftlicher Planungstätigkeit ein angemessenes europäisches Planungsrecht zu entwickeln.

English Summary

Over the past two decades the number of conflicts among land use and related spatial plans has steadily increased in Germany, one of the most densely populated countries in Europe. Traditionally, competing interests of a spatial kind arising between authorities and agencies were reconciled consensually. For various reasons, however, this traditional consensus has been diminishing and public planning law has been called upon to solve an unprecedented number of legal conflicts among competing planning authorities.

Spatial planning in Germany takes place within a complicated legal framework. The federal level, the states (*Länder*), municipal authorities, private institutions and even the European Community designate areas for certain spatial functions, all doing so on the basis of a large number of rather inconsistent legal instruments. These land use designations serve widely divergent social aims reflecting different political preferences and tend, therefore, to be often incompatible. As a matter of principle, planning authorities aim to achieve harmonious cooperation: For example, it is very common for a municipality to establish reservations in its local development plan for an envisaged street lying under central state authority. Increasingly, however, planning authorities develop conflicting concepts according to which a particular area may, at one and the same time, be set aside as a residential area, as a protected habitat or as land designated for an infrastructure project. German planning law copes with this problem of incompatible spatial designations inadequately. Some of the diverse laws governing urban and regional planning, development planning, the designation of protected areas or the approval of infrastructure projects contain provisions offering solutions to isolated aspects of such conflicts, without, however, relying on some underlying coherent concept. Most such laws, however, do not address the issue at all.

The present study develops three basic rules to deal with incompatible spatial planning and thus proposes a uniform model for the whole complex of problems involved. A large number of examples are provided to demonstrate the practicability of such a model. The study's introduction illustrates the problem by reference to a number of typical conflict scenarios and presents a representative case study,the approval procedure for a high speed magnetic train (*Transrapid*) from Hamburg to Berlin which was carried out in the 1990s and gave rise to a particularly large number of planning conflicts.

The first two chapters offer a description of the German planning law system and discuss the provisions relevant to dealing with incompatible spatial plans. The study demonstrates that these existing provisions are inadequate to master the practical challenges which arise in fact. Chapter Three focuses on some principles emerging from German planning law case law – such as the precedence of federal plans over state plans or the "priority-principle" – that once governed such planning conflicts. These rules, however, are shown to be incompatible with fundamental provisions of the German constitution (*Grundgesetz*).

Chapters Four to Seven develop three general rules aimed at avoiding or solving planning conflicts, all of which are based on the *Grundgesetz*. Chapter Four, focusing on the constitution's provisions that allocate legislative and administrative competences between the federal and state levels, argues that strict adherence to these norms will avoid planning conflicts. In order to be lawful, a plan should remain within the limits set by the allocated competences upon which it is based. A large number of the conflicts presented in the planning field can be solved by strict recourse to this "principle of competence". Chapter Five discusses a well-known principle of German planning law, the duty of weighing-up competing interests. This "principle of weighing-up", which again is rooted in the *Grundgesetz*, includes a basic duty to coordinate spatial plans: In order to be lawful, a plan which overrides a land use designation in another authority's plan should show that the overriding authority took the competing interest into consideration and sought in fact to harmonize both plans.

The "principle of competence" and the "principle of weighing-up" are further discussed in Chapter Six where they are applied to the field of mining law. In order to comply with the mentioned constitutional requirements, some traditional structural elements of German mining law would have to be redefined. Chapter Seven presents a third basic rule relevant to planning conflicts, the "principle of the hierarchy of norms". It is shown that in the absence of a special legal provision the legal form of a plan (e.g. statute, regulation, administrative decision etc.) should be decisive for its position within the hierarchy of conflicting plans. In determining the legal form of a plan, the legislature has, in fact, considerable discretion, being entitled to enact spatial plans even in the legal form of parliamentary statutes which take precedence over any competing plan.

Chapter Eight examines instruments which could be used to enforce the basic rules developed in the previous chapters, namely the availability of recourse to the courts by planning authorities. Chapter Nine is dedicated to spatial planning of the European Community and to rules applying particularly to conflicts between spatial and land use plans of the Community and Member States. Given that planning law on the Community level is underdeveloped, as the study shows, the chapter calls for the acceptance of the duty of weighing-up competing interests as a general principle of Community planning law.

Literaturverzeichnis

Abel-Lorenz, Eckart, Rechtsschutzmöglichkeiten der Gemeinde im bergrechtlichen Betriebsplanverfahren, ZUR 1995, 120–126.

Achenbach, Gudrun, Zur Frage der selbständigen rechtlichen Bedeutung der privatnützigen Planfeststellung, SWR 146, Münster 1992.

Achterberg, Norbert, Probleme der Funktionenlehre, München 1970.

–, Diskussionsbeitrag in: Verhandlungen des Fünfzigsten Deutschen Juristentages, Bd. II, München 1974, S. I126–I128.

–, Die Rechtsordnung als Rechtsverhältnisordnung. Grundlegung der Rechtsverhältnistheorie, Berlin 1982.

–, Allgemeines Verwaltungsrecht, 2. Aufl. Heidelberg 1986.

Adamek, Melanie H., EG-Richtlinien im Umweltrecht, Starnberg 1997.

Ahrens-Salzsieder, Dirk H., Raumbedeutsame Fachplanungen contra Raumordnung und Landesplanung, VR 1988, 88–90.

Akademie für Raumforschung und Landesplanung (Hrsg.), Braunkohlenplanung und Umsiedelungspolitik in der Raumordnungsplanung Brandenburgs, Nordrhein-Westfalens, Sachsens und Sachsen-Anhalts, Hannover 2000.

Anschütz, Gerhard, Die Verfassung des deutschen Reiches vom 11. August 1919, 14. Aufl. Berlin 1933.

Apfelbacher, Dieter/Adenauer, Ursula/Iven, Klaus, Das Zweite Gesetz zur Änderung des Bundesnaturschutzgesetzes – Teil 2, NuR 1999, 63–78.

Appold, Wolfgang, Die historische Entwicklung des Rechts der Raumordnung, in: Erbguth, Wilfried/Oebbecke, Janbernd/Rengeling, Hans-Werner/Schulte, Martin (Hrsg.), Planung. Festschrift für Werner Hoppe zum 70. Geburtstag, München 2000, S. 21–38.

Aschermann, Hans, Wasserstraßen, in: Ziekow, Jan (Hrsg.), Praxis des Fachplanungsrechts, Düsseldorf 2004, S. 698–736.

Aufderheide, Wilhelm, Der Bau der Reichsautobahnen und seine Einwirkungen auf Eigentum und Bodennutzung, Bochum 1938.

Badura, Peter, Das Verwaltungsmonopol, Berlin 1963.

–, Das Planungsermessen und die rechtsstaatliche Funktion des Allgemeinen Verwaltungsrechts, in: Verfassung und Verfassungsrechtsprechung. Festschrift für den Bayerischen Verfassungsgerichtshof, München 1972, S. 157–182.

–, Die Standortentscheidung bei der Unternehmergenehmigung mit planerischem Einschlag, BayVBl. 1976, 515–520.

–, Planung durch Gesetz, in: Recht als Prozess und Gefüge. Festschrift für Hans Huber zum 80. Geburtstag, Bern 1981, S. 15–24.

–, Gestaltungsfreiheit und Beurteilungsspielraum der Verwaltung, bestehend aufgrund und nach Maßgabe des Gesetzes, in: Püttner, Günther (Hrsg.), Festschrift für Otto Bachof zum 70. Geburtstag, München 1984, S. 169–189.

–, Rechtsfragen der Flughafenplanung, in: Rüthers, Bernd/Stern, Klaus (Hrsg.), Freiheit und Verantwortung im Verfassungsstaat. Festgabe zum 10jährigen Jubiläum der Gesellschaft für Rechtspolitik, München 1984, S. 27–53.

–, Grenzen und Alternativen des gerichtlichen Rechtsschutzes in Verwaltungsstreitsachen, JA 1984, 83–94.
–, Das normative Ermessen beim Erlaß von Rechtsverordnungen und Satzungen, in: Selmer, Peter/von Münch, Ingo (Hrsg.), Gedächtnisschrift für Wolfgang Martens, Berlin/New York 1987, S. 25–37.
–, Diskussionsbeitrag in: VVDStRL 48 (1990), 266–268.
–, Verwaltungsrecht und Organisationsrecht des Bundes (Art. 87 Abs. 1 GG) im Hinblick auf eine Beteiligung an Unternehmen in einer Rechtsform des privaten Rechts, betrachtet am Beispiel der Postreform von 1989, in: Pfister, Bernhard (Hrsg.), Festschrift für Werner Lorenz, Tübingen 1991, S. 3–17.
–, Supranationalität und Bundesstaatlichkeit durch Rangordnung des Rechts, in: Starck, Christian (Hrsg.), Rangordnung der Gesetze, Göttingen 1994, S. 107–122.
–, Vorhabenplanung im Rechtsstaat, in: Erbguth, Wilfried/Oebbecke, Janbernd/Rengeling, Hans-Werner/Schulte, Martin (Hrsg.), Planung. Festschrift für Werner Hoppe zum 70. Geburtstag, München 2000, S. 167–182.
–, Das Verwaltungsverfahren in: Erichsen, Hans-Uwe/Ehlers, Dirk (Hrsg.), Allgemeines Verwaltungsrecht, 12. Aufl. Berlin 2002, S. 477–588.
–, Staatsrecht, 3. Aufl. München 2003.
Bartholomäi, Eberhard, Baumschutzsatzungen und Baumschutzverordnungen, UPR 1988, 241–248.
Bartlsperger, Richard, Das Abwägungsgebot in der Verwaltung als objektives und individualrechtliches Erfordernis konkreter Verhältnismäßigkeit, in: Erbguth, Wilfried/Oebbecke, Janbernd/Rengeling, Hans-Werner/Schulte, Martin (Hrsg.), Abwägung im Recht. Symposium und Verabschiedung von Werner Hoppe am 30. Juni 1995 aus Anlaß seiner Emeritierung, Köln/Berlin/Bonn/München 1995, S. 79–108.
Bartunek, Beatrix, Probleme des Drittschutzes bei der Planfeststellung, Berlin 2000.
Basedow, Jürgen/Dolfen, Michael, Abschnitt L: Verkehrs- und Transportrecht, in: Dauses, Manfred A. (Hrsg.), Handbuch des EU-Wirtschaftsrechts, München, Stand: März 2002.
Battis, Ulrich, Rechtsfragen der europäischen Raumordnungspolitik, in: Berkemann, Jörg u.a. (Hrsg.), Planung und Planungskontrolle. Entwicklungen im Bau- und Fachplanungsrecht. Festschrift für Otto Schlichter zum 65. Geburtstag, Köln/Berlin/Bonn/München 1995, S. 185–200.
–, Möglichkeiten und Grenzen gemeindlichen Umweltschutzes im Bereich des Baurechts, in: Umweltschutz, Wirtschaft und kommunale Selbstverwaltung (UTR 55), Berlin 2001, S. 35–53.
Battis, Ulrich/Krautzberger, Michael/Löhr, Rolf-Peter, Baugesetzbuch, Kommentar, 8. Aufl. München 2002.
Bauch, Botho/Schmidt, Rudolf, Kommentar zum Landbeschaffungsgesetzes und Schutzbereichsgesetz, Stuttgart 1957.
Bauer, Hartmut, Subjektive öffentliche Rechte des Staates – Zugleich ein Beitrag zur Lehre vom subjektiven öffentlichen Recht –, DVBl. 1986, 208–219.
–, Die Bundestreue, Tübingen 1992.
Baumeister, Hubertus, Die Integration der örtlichen Landschaftsplanung in die Bauleitplanung, Taunusstein 1992.
Baumeister, Ludger, Zur Geschichte und Problematik des deutschen Straßen- und Wegerechts, Bielefeld 1957.
Baumeister, Peter/Ruthig, Josef, Staatshaftung wegen Vollzugs nichtiger Normen, JZ 1999, 117–125.
Baumheier, Ralph/Wagner, Jörg, Raumordnung in Deutschland. Bestandsaufnahme, Aufgaben, Entwicklungstendenzen, VerwArch 83 (1992), 97–118.

Bäumler, Helmut, Rechtsschutz gegen Flughafenplanungen, DÖV 1981, 43–50.
Bayer, Hermann Wilfried, Die Bundestreue, Tübingen 1961.
Becker, Stephan, Die Bindungswirkung von Verwaltungsakten im Schnittpunkt von Handlungsformenlehre und materiellem öffentlichen Recht. Dargestellt am Beispiel des gestuften Verfahrens im Atom- und Immissionsschutzrecht, Berlin 1997.
Beckmann, Martin, Die Umweltverträglichkeitsprüfung und das rechtssystematische Verhältnis von Planfeststellungsbeschlüssen und Genehmigungsentscheidungen, DÖV 1987, 944–953.
–, Anmerkung zum Urteil des Bundesverwaltungsgerichts vom 16.3. 1989 – 4 C 36.85 –, DVBl. 1989, 669–672.
–, Verfahrensrechtliche Anforderungen an die Standortsuche für Abfalldeponien, DVBl. 1994, 236–244.
Behrend, Jürgen, Untersuchungen zur Stufenbaulehre Adolf Merkls und Hans Kelsens, Berlin 1977.
Bell, Albrecht/Herrmann, Nikolaus, Konkurrenz von Fach- und Bauleitplanung im Freistaat Sachsen, LKV 2002, 393–401.
Bender, Bernd, Die Kompetenz zur Planung von Güterverkehrszentren, VerwArch 83 (1992), 576–591.
Berg, Gunhild, Europäisches Naturschutzrecht und Raumordnung, SWR 205, Münster 2002.
Bergen, Peter, Bergrecht und Planungsrecht. Unter besonderer Berücksichtigung der Raumplanung in ihrem Verhältnis zum Betriebsplanverfahren, Diss. Köln 1959.
Berkemann, Jörg, Planerische Lenkung des Abbaus von oberflächennahen Bodenschätzen – Zulässigkeit und Grenzen, DVBl. 1989, 625–633.
–, Horizonte rechtsstaatlicher Planung, in: ders.u.a. (Hrsg.), Planung und Planungskontrolle. Entwicklungen im Bau- und Fachplanungsrecht. Festschrift für Otto Schlichter zum 65. Geburtstag, Köln/Berlin/Bonn/München 1995, S. 27–54.
Berkner, Andreas/Heidenfelder, Rolf, Fünf Jahre »neue« Braunkohlenplanung in Sachsen – Ergebnisse, Erfahrungen, künftige Handlungsfelder, in: Akademie für Raumforschung und Landesplanung (Hrsg.), Sächsische Regionalplanung – eine Bilanz nach fünf Jahren. Anforderungen aus dem neuen Raumordnungsrecht und aus der Raumforschung, Hannover 1998, S. 68–92.
Berner, Klaus, Der Habitatschutz im europäischen und deutschen Recht, Baden-Baden 1999.
Bertrams, Michael, Die verfassungsgerichtliche Kontrolle der Planung, in: Erbguth, Wilfried/Oebbecke, Janbernd/Rengeling, Hans-Werner/Schulte, Martin (Hrsg.), Planung. Festschrift für Werner Hoppe zum 70. Geburtstag, München 2000, S. 975–995.
Beschorner, Jürgen, Individualrechtsschutz bei inkongruenten Form-Inhalt-Beziehungen des Verwaltungshandelns, Pfaffenweiler 1985.
Bethge, Herbert, Anmerkung zu BVerfG, Beschl. v. 7.10. 1980 – BvR 584, 598, 599 und 604/76 –, DVBl. 1981, 914–915.
Bidinger, Rita, Personenbeförderungsrecht, Loseblatt-Kommentar, Berlin, Stand: 2/2002.
Bieber, Roland/Salomé, Isabella, Hierarchy of Norms in European Law, CMLR 33 (1996), 907–930.
Bielenberg Walter/Runkel, Peter/Spannowsky, Willy, Raumordnungs- und Landesplanungsrecht des Bundes und der Länder, Loseblatt-Kommentar, Berlin, Stand: März 2003.
Biervert, Bernd, Der Mißbrauch von Handlungsformen im Gemeinschaftsrecht. Eine Untersuchung des gemeinschaftsrechtlichen Handlungsformensystems unter Einbeziehung der Rechtsordnungen Deutschlands, Frankreichs und Englands, Baden-Baden 1999.
Birk, Hans-Jörg, Kommunale Selbstverwaltungshoheit und überörtliche Planung, NVwZ 1989, 905–913.

–, Die Schnittstelle zwischen kommunaler Planungshoheit und Fachplanungshoheit – dargestellt an der Frage der Geltung des Bauplanungsrechts auf Bundesbahnflächen, in: Lenz, Wolfgang (Hrsg.), Festschrift für Konrad Gelzer, Düsseldorf 1991, S. 1–14.
Bismark, Hans, Atomwaffenfreie Bundesländer? – Zur Kompetenz der Landesparlamente in Sicherheitsfragen –, DVBl. 1983, 829–836.
Bleckmann, Albert, Nochmals: Subjektive öffentliche Rechte des Staates?, DVBl. 1986, 666–667.
–, Der Vertrag über die Europäische Union, DVBl. 1992, 335–343.
–, Europarecht, 6. Aufl. München 1997.
Bleicher, Ralf, Zwischenstaatliche Zusammenarbeit auf dem Gebiet der Raumordnung und Landesplanung, DVBl. 1982, 433–444.
–, Das Verfahren zur Anpassung der Bauleitplanung an die Ziele der Raumordnung und Landesplanung dargestellt am Beispiel des nordrhein-westfälischen Zielbekanntgabeverfahrens, SWR 91, Münster 1983.
Blumberg, Günther, Die Ortsdurchfahrten nach dem Bundesfernstraßengesetz und dem Bayerischen Straßen- und Wegegesetz, Diss. Würzburg 1967.
Blümel, Willi, Das Zusammentreffen von Planfeststellungen, DVBl. 1960, 697–711.
–, Die Bauplanfeststellung I: Die Planfeststellung im preußischen Recht und im Reichsrecht, Stuttgart 1961.
–, Die Planfeststellung Zweiter Teil: Die Planfeststellung im geltenden Recht. Habilitationsschrift aus dem Jahre 1967, 2 Bände, Speyer 1994.
–, Die Standortvorsorgeplanung für Kernkraftwerke und andere umweltrelevante Großvorhaben in Deutschland, DVBl. 1977, 301–322.
–, Gemeinden und Kreise vor den öffentlichen Aufgaben der Gegenwart, VVDStRL 36 (1978), 171–275.
–, Straßenplanung im System der Raumplanung, in: Bartlsperger, Richard/Blümel, Willi/Schroeter, Hans-Wolfgang (Hrsg.), Ein Vierteljahrhundert Straßenrechtsgesetzgebung, Hamburg 1980, S. 309–342.
–, Höchstrichterliche Rechtsprechung zum Verwaltungsrecht: Festsetzung von Lärmschutzbereichen und gemeindliche Selbstverwaltungsgarantie, VerwArch 73 (1982), 329–344.
–, Das Selbstgestaltungsrecht der Städte und Gemeinden, Speyer 1986.
–, Verwaltungszuständigkeit, in: Isensee, Josef/Kirchhof, Paul (Hrsg.), Handbuch des Staatsrechts der Bundesrepublik Deutschland, Bd. IV, Heidelberg 1990, S. 857–963.
–, (Hrsg.), Verkehrswegeplanung in Deutschland, 2. Aufl. Speyer 1992.
–, Rechtsschutz gegen Raumordnungspläne, VerwArch 84 (1993), 123–138.
–, Fachplanung durch Bundesgesetz (Legalplanung), DVBl. 1997, 205–216.
–, Die Entwicklung des Rechtsinstituts der Planfeststellung, in: Erbguth, Wilfried/Oebbecke, Janbernd/Rengeling, Hans-Werner/Schulte, Martin (Hrsg.), Planung. Festschrift für Werner Hoppe zum 70. Geburtstag, München 2000, S. 3–20.
–, Fragen der Entwidmung von Eisenbahnbetriebsanlagen, Speyer 2000.
Blumenberg, Hildegard, Neuere Entwicklungen zu Struktur und Inhalt des Abwägungsgebots im Bauplanungsrecht, DVBl. 1989, 86–94.
Blumenwitz, Dieter, Typische Konflikte zwischen Verwaltungsträgern und ihre Regelung im deutschen Verwaltungsrecht, AöR 96 (1971), 161–202.
Bock, Eduard, Das Staatsrecht des Deutschen Reiches, Stuttgart 1902.
Böckenförde, Ernst-Wolfgang, Planung zwischen Regierung und Parlament, Der Staat 1972, 429–458.
Boeck, Ilka, Die Abgrenzung der Rechtssetzungskompetenzen von Gemeinschaft und Mitgliedstaaten in der Europäischen Union, Baden-Baden 2000.

Bogs, Eckhard, Die Planung transeuropäischer Verkehrsnetze, Berlin 2002.

Bohl, Johannes, Zum Rechtsschutz der Gemeinden gegen Flugroutenfestlegungen, NVwZ 2001, 764–765.

Bohne, Eberhard, Der informale Rechtsstaat. Eine empirische und rechtliche Untersuchung zum Gesetzesvollzug unter besonderer Berücksichtigung des Immissionsschutzes, Berlin 1981.

–, Die Umweltverträglichkeitsprüfung bergbaulicher Vorhaben nach den Gesetzentwürfen der Bundesregierung zur Umsetzung der EG-Richtlinie vom 27.06. 1985 (85/337/EWG), in: Tettinger, Peter J. (Hrsg.), Umweltverträglichkeitsprüfung bei Projekten des Bergbaus und der Energiewirtschaft, Stuttgart/München/Hannover 1989, S. 13–52.

–, Staat und Konfliktbewältigung bei Zukunftstechnologien, NVwZ 1999, 1–11.

Boldt, Gerhard/Weller, Herbert, Bundesberggesetz, Kommentar, Berlin/New York 1984 und Nachtrag 1992.

Bönker, Christian/Matuschak, Holger, Bundes- und Landesrecht im Städtebau, SWR 166, Münster 1996.

Bönsel, Andre, Der Landschaftsplan als vorteilhafte Parallelplanung unter europarechtlichen Anforderungen in den neuen Bundesländern, LKV 2002, 218–220.

Book, Angelika, Bodenschutz durch räumliche Planung. Möglichkeiten im Bereich des Gesamt- und Fachplanungsrechts, SWR 109, Münster 1986.

Börger, Michael, Genehmigungs- und Planungsentscheidungen unter dem Gesichtspunkt des Gesetzesvorbehalts, SWR 111, Münster 1987.

Bork, Gundolf, Die Neufassung des Landesplanungsgesetzes, Städte- und Gemeinderat 1980, 95–98.

Börner, Bodo, Planungsrecht für Energieanlagen – Vom Liberum Veto zur Planfeststellung –, Hannover 1973.

Böttcher, Jens-Uwe, Umweltverträglichkeitsprüfung und planerisches Abwägungsgebot in der wasserrechtlichen Fachplanung, Diss. Bonn 1983.

Boujong, Karlheinz, Bergbau und öffentliche Verkehrsanlagen, in: Grupp, Klaus/Ronellenfitsch, Michael (Hrsg.), Planung – Recht – Rechtsschutz. Festschrift für Willi Blümel zum 70. Geburtstag, Berlin 1999, S. 67–77.

Braese, Hanns-Hendrick, Das Gegenstromverfahren in der Raumordnung – zum Abstimmungsverfahren bei Planungen, Köln 1982.

Braese, Hanns-Hendrick/Dick, Alfred/Lindemann, Hans-Eckhard/Möcklinghoff, Egbert, Verplante Gemeinden – Freiräume gemeindlicher Planung, Stuttgart/München 1980.

Brandt, Eberhard/Schäfer, Peter, Trans-Alpine transit traffic: Towards sustainable mobility, CMLR 33 (1995), 931–974.

Brauner, Roman J., Abschied vom Vorrang des Bergbaus? Anmerkungen zum Urteil des Bundesverwaltungsgerichts vom 13.12. 1991 – 7 C 25.90 –, NuR 1994, 20–24.

Breier, Siegfried, Umweltschutz in der Europäischen Gemeinschaft – Eine Bestandaufnahme nach Maastricht –, NuR 1992, 457–467.

–, § 13: Kompetenzen, in: Rengeling, Hans-Werner (Hrsg.), Handbuch zum europäischen und deutschen Umweltrecht, Bd. 1, 2. Aufl. 2003, S. 414–441.

Breuer, Rüdiger, Die hoheitliche raumgestaltende Planung, Bonn 1968.

–, Die Bodennutzung im Konflikt zwischen Städtebau und Eigentumsgarantie, München 1976.

–, Verfassungsstruktur und Raumordnung, VerwArch 69 (1978), 1–33.

–, Anmerkung zu BVerfG, Urt. v. 10.3. 1981 – 1 BvR 92/71 und 1 BvR 96/71 –, DVBl. 1981, 971–975.

–, Gerichtliche Kontrolle der Technik, NVwZ 1988, 104–115.

–, Die wasserrechtliche Planfeststellung, in: Erbguth, Wilfried/Oebbecke, Janbernd/Rengeling, Hans-Werner/Schulte, Martin (Hrsg.), Planung. Festschrift für Werner Hoppe zum 70. Geburtstag, München 2000, S. 667–693.

Brohm, Winfried, Landeshoheit und Bundesverwaltung. Die Exemtion der Bundesverwaltung von der Landeshoheit, Baden-Baden 1968.

–, Die Dogmatik des Verwaltungsrechts vor den Gegenwartsaufgaben der Verwaltung, VVDStRL 30 (1972), 245–312.

–, Straßenplanung und Bauleitplanung, in: Bartlsperger, Richard/Blümel, Willi/Schroeter, Hans-Wolfgang (Hrsg.), Ein Vierteljahrhundert Straßenrechtsgesetzgebung, Hamburg 1980, S. 343–384 (identisch mit der 1979 erschienenen Monographie: Staatliche Straßenplanung und gemeindliche Bauleitplanung).

–, Verwirklichung überörtlicher Planungsziele durch Bauleitplanung, DVBl. 1980, 653–659.

–, Kompetenzüberschneidungen im Bundesstaat. Rechtsdogmatische Konsequenzen der Gondelbahn-Entscheidung des Bundesverfassungsgerichts, DÖV 1983, 525–531.

–, Subsidiäre Bauleitplanung? Zur städtebaulichen Überplanung öffentlichen Betriebsgeländes am Beispiel der Bundesbahnanlagen, NVwZ 1985, 1–8.

–, Verkehrsberuhigung in Städten. Gestaltungs- und Rechtsfragen bei der Einführung von Wohnstraßen, Heidelberg 1985.

–, Die Planung der Bodennutzung. Probleme eines Systems dezentraler Steuerung, JuS 1986, 776–784.

–, Gemeindliche Selbstverwaltung und staatliche Raumplanung, DÖV 1989, 429–441.

–, Die Koordination der Raumplanungen im Spannungsverhältnis zwischen gemeindlicher Ortsplanung und überörtlicher Fachplanung, in: Grupp, Klaus/Ronellenfitsch, Michael (Hrsg.), Planung – Recht – Rechtsschutz. Festschrift für Willi Blümel zum 70. Geburtstag, Berlin 1999, S. 79–95.

–, Öffentliches Baurecht, 3. Aufl. München 2002.

Brügelmann, Hermann (Hrsg.), Baugesetzbuch, Loseblatt-Kommentar, Stuttgart, Stand: Sept. 2002.

Brugger, Winfried, Verfassungswidrigkeit der planakzessorischen Enteignung nach § 85 Abs. 1 Nr. 1 und § 87 BBauG (=BauGB)? Anmerkung zu BVerfG, Urt. v. 10. 3. 1981 – 1 BvR 92/71 und 1 BvR 96/71 –, ZfBR 1987, 61–65.

Brummund, Gerald, Der Begriff der raumbedeutsamen Planungen und Maßnahmen im Sinne des § 3 Abs. 1 Raumordnungsgesetz (ROG), DVBl. 1988, 77–85.

Brüning, Christoph, Widerspruchsfreiheit der Rechtsordnung – Ein Topos mit verfassungsrechtlichen Konsequenzen?, NVwZ 2002, 33–37.

Bryde, Brun-Otto, Landesabfallentsorgungsplanung und Kreisabfallwirtschaftsplanung, NVwZ 1991, 1152–1154.

Büchner, Hans, Die Rechtsprechung zu baurechtlichen Problemen des Einzelhandels, NVwZ 1999, 345–350.

Buchner, Reimar, Rechtsgrundlagen der Bauaufsicht – Freigabe der Bauausführungsplanung, in: Ronellenfitsch, Michael/Schweinsberg, Ralf (Hrsg.), Aktuelle Probleme des Eisenbahnrechts VII, Hamburg 2002, S. 105–118.

Buchner, Werner, Raumbewußtsein. Von der Verantwortung im Umgang mit dem Raum unserer Heimat, BayVBl. 1986, 641–645.

Buchwald, Katja, Der verwaltungsgerichtliche Organstreit. Eine verwaltungsprozessuale und normtheoretische Studie, Berlin 1998.

Bückmann, Walter/Cebulla, Peter/Patzak, Melitta; u. a., Planerische Abwägung und Bodenschutz. Skizze eines interdisziplinären Ansatzes zur Verankerung einer Abwägungspräponderanz von Bodenschutzbelangen, UPR 1986, 88–96.

Büdenbender, Ulrich, Kommentar zum Energiewirtschaftsgesetz, Köln 2003.
Büllesbach, Rudolf/Diercks, Thorsten, Vorbereitung und Durchführung eines Erörterungstermins im Rahmen eines abfallrechtlichen Planfeststellungsverfahrens, DVBl. 1991, 469–477.
Büllingen, Franz, Die Genese der Magnetbahn Transrapid. Soziale Konstruktion und Evolution einer Schnellbahn, Wiesbaden 1997.
Bullinger, Martin, Ungeschriebene Kompetenzen im Bundesstaat. Die Rechtsprechung des BVerfG zur Zuständigkeit von Bund und Ländern kraft Sachzusammenhangs und kraft Natur der Sache (BVerfGE 1–28), AöR 96 (1971) 237–285.
–, Beschleunigte Genehmigungsverfahren für eilbedürftige Vorhaben, Baden-Baden 1991.
–, Durchleitungsrechte, Mitbenutzungsrechte und Planfeststellung für konkurrierende Telekommunikationsnetze, Archiv PT 1998, 105–127.
Bülter, Gerhard, Raumordnungspläne als hoheitliche Handlungsformen. Eine Studie zum Begriff, zur Bindungswirkung und zur Rechtsnatur der Programme und Pläne nach den Landesplanungsgesetzen, Münster 1987.
Bundesamt für Naturschutz – BfN (Hrsg.), Das europäische Schutzgebietssystem Natura 2000, Bonn-Bad-Godesberg 1998.
Bundesministerium für Umwelt, Naturschutz und Reaktorsicherheit (Hrsg.), Umweltgesetzbuch (UGB-KomE). Entwurf der Unabhängigen Sachverständigenkommission zum Umweltgesetzbuch beim Bundesministerium für Umwelt, Naturschutz und Reaktorsicherheit, Berlin 1998.
Burgi, Martin, Die Planfeststellung umweltrelevanter Vorhaben im Schnittpunkt von Planung und Verhaltenssteuerung, JZ 1994, 654–662.
Burmeister, Joachim H., Der Schutz von Natur und Landschaft, Düsseldorf 1988.
Busse, Jürgen, Neue Vorgaben für die Regionalplanung – ein trojanisches Pferd für die örtliche Bauleitplanung?, BayVBl. 1998, 293–301.
Bussek, Michael Joachim, Die Wirksamkeit von Raumordnungsverfahren, Konstanz 1987.
Callies, Christian/Ruffert, Matthias (Hrsg.), Kommentar zum EU- und EG-Vertrag, 2. Aufl. Neuwied 2002.
Caspar, Johannes, Der Transrapid – Ein Fachseminar der Forschungsstelle Umweltrecht der Universität Hamburg, NVwZ 1997, 150–152.
Cholewa, Werner/Dyong, Hartmut/von der Heide, Hans-Jürgen/Arenz, Willi (Hrsg.), Raumordnung in Bund und Ländern, Loseblatt-Kommentar, Stuttgart, Stand: Sept. 2002.
Christ, Josef, Raumordnungsziele und Zulässigkeit privater Vorhaben. Bindungswirkung nach der Raumordnungsklausel des § 35 Abs. 3 Satz 3 BauGB, Frankfurt am Main 1990.
Clement, Wolfgang, Die Kompetenzordnung der EU nach Nizza. Vortrag im Rahmen des Forum Constitutionis Europae der Humboldt-Universität zu Berlin vom 12. Februar 2001, Berlin 2001 (im Internet unter www.whi-berlin.de/clement.htm).
Czybulka, Detlef, Die Legitimation der öffentlichen Verwaltung, Heidelberg 1989.
–, Verwaltungsprozessuale Probleme bei der Klage gegen die Festlegung von »Flugrouten«, DÖV 1991, 410–415.
–, Rechtspflichten des Bundes und der Länder zur Ausweisung und Beibehaltung von Schutzgebieten und Biotopen, in: ders. (Hrsg.), Naturschutzrecht und Landschaftsplanung in europäischer Perspektive, Baden-Baden 1996, S. 39–53.
–, Rechtliche Möglichkeiten der Mitwirkung des Bundes bei Ausweisung, Entwicklung und Management von Nationalparken in der Bundesrepublik Deutschland, NuR 1996, 565–570.
–, Besprechung von Martin Gellermann: Natura 2000, NuR 1999, 419–420.
–, Festlegung von Flugrouten und Flughafenplanung, in: Ziekow, Jan (Hrsg.), Flughafenplanung, Planfeststellungsverfahren, Anforderungen an die Planungsentscheidung, Berlin 2002, S. 9–25.

Czybulka, Detlef/Wandres, Thomas, Rechtsschutz gegen zivilen Fluglärm bei der Festlegung von »Flugrouten«, DÖV 1990, 1033–1040.
Czychowski, Manfred, Wasserhaushaltsgesetz, Kommentar, 7. Aufl. München 1998.
Dahlke, Winfried, Das neue Recht der Braunkohlenplanung, Städte- und Gemeinderat 1980, 98–103.
Dammert, Bernd, Abfallentsorgungsplanung. Aufstellung, Inhalt und verwaltungsgerichtliche Kontrolle von Abfallentsorgungsplänen, Baden-Baden 1991.
–, Das Verhältnis der Bauleitplanung zur Landes- und Regionalplanung im Freistaat Sachsen, in: Bauer, Hartmut/Breuer, Rüdiger/Degenhart, Christoph/Oldiges, Martin (Hrsg.), 100 Jahre Allgemeines Baugesetz Sachsen, Stuttgart/München/Hannover u.a. 2000, S. 411–428.
Danner, Wolfgang (Hrsg.), Energiewirtschaftsrecht, Loseblatt-Kommentar, München, Stand: Sept. 2002.
David, Carl-Heinz, Zum Verhältnis zwischen Raumordnungsbindung und Abwägungsgebot, in: Westermann, Harry u.a. (Hrsg.), Raumplanung und Eigentumsordnung. Festschrift für Werner Ernst zum 70. Geburtstag, München 1980, S. 73–87.
–, Europäische Tendenzen und gemeinschaftsrechtliche Grenzen einer Harmonisierung raumplanungsrechtlicher Vorschriften, DÖV 1993, 1021–1031.
–, Europarechtliche Auswirkungen auf die Raumplanungsrechtsentwicklung in der Bundesrepublik Deutschland, in: Ruch, Alexander/Hertig, Gérard/Nef, Urs Ch. (Hrsg.), Das Recht in Raum und Zeit. Festschrift für Martin Lendi, Zürich 1998, S. 47–66.
Degenhart, Christoph, Systemgerechtigkeit und Selbstbindung des Gesetzgebers als Verfassungspostulat, München 1976.
–, Rechtsfragen der Braunkohlenplanung für Brandenburg – Zum Urteil des Verfassungsgerichts des Landes Brandenburg vom 1. Juni 1995 – Braunkohlenplan Tagebau Jänschwalde –, Stuttgart/München/Hannover/Berlin/Weimar/Dresden 1996.
–, Braunkohlenplanung unter Gesetzesvorbehalt? Zum »Horno-Urteil« des Verfassungsgerichts Brandenburg, DVBl. 1996, 773–784.
–, Probleme der Braunkohlenplanung, in: Erbguth, Wilfried/Oebbecke, Janbernd/Rengeling, Hans-Werner/Schulte, Martin (Hrsg.), Planung. Festschrift für Werner Hoppe zum 70. Geburtstag, München 2000, S. 695–709.
Delbanco, Heike, Die Änderung von Verkehrsflughäfen, Berlin 1998.
Denninger, Erhard u.a. (Hrsg.), Alternativkommentar zum Grundgesetz für die Bundesrepublik, 3. Aufl. Neuwied 2001 (Loseblatt) und 2. Aufl. Neuwied 1989.
Denninger, Erhard, Kapitel E: Polizeiaufgaben, in: Lisken, Hans F./Denninger, Erhard (Hrsg.), Handbuch des Polizeirechts, 3. Aufl. München 2001, S. 201–294.
Depenbrock, Johannes/Reiners, Herbert, Landesplanungsgesetz Nordrhein-Westfalen, Kommentar, Köln/Berlin/Bonn/München 1985.
Di Fabio, Udo, Komplexes Verwaltungshandeln und juristische Dogmatik – Zu Inadäquanzen des Verwaltungssystems im Umwelt- und Sicherheitsrecht, in: Lorz, Ralph-Alexander u.a. (Hrsg.), Umwelt und Recht. 30. Tagung der Wissenschaftlichen Mitarbeiterinnen und Mitarbeiter der Fachrichtung »Öffentliches Recht« Marburg 1990, Stuttgart/München/Hannover/Berlin 1991, S. 9–38.
–, System der Handlungsformen und Fehlerfolgenlehre, in: Becker-Schwarze, Kathrin u.a. (Hrsg.), Wandel der Handlungsformen im Öffentlichen Recht. 31. Tagung der Wissenschaftlichen Mitarbeiterinnen und Mitarbeiter der Fachrichtung »Öffentliches Recht« Bremen 1991, Stuttgart/München/Hannover/Berlin 1992, S. 47–65.
–, Risikoentscheidungen im Rechtsstaat. Zum Wandel der Dogmatik im öffentlichen Recht, insbesondere am Beispiel der Arzneimittelüberwachung, Tübingen 1994.
–, Das Kooperationsprinzip – ein allgemeiner Rechtsgrundsatz des Umweltrechts, NVwZ 1999, 1153–1158.

–, Die Struktur von Planungsnormen, in: Erbguth, Wilfried/Oebbecke, Janbernd/Rengeling, Hans-Werner/Schulte, Martin (Hrsg.), Planung. Festschrift für Werner Hoppe zum 70. Geburtstag, München 2000, S. 75–96.

–, Gewaltenteilung, in: Isensee, Josef/Kirchhof, Paul (Hrsg.), Handbuch des Staatsrechts der Bundesrepublik Deutschland, Bd. II, 3. Aufl. Heidelberg 2004, S. 613–658.

Diaz, Carolina Lasén, The EC Habitats Directive Approaches its Tenth Anniversary: An Overview, RECIEL 10 (2001), 287–295.

Dickschen, Christian, Das Raumordnungsverfahren im Verhältnis zu den fachlichen Genehmigungs- und Planfeststellungsverfahren, SWR 111, Münster 1987.

Dippel, Martin, Alte und neue Anwendungsprobleme der §§ 36, 38 BauGB, NVwZ 1999, 921–928.

Dittmann, Arnim, Die Bundesverwaltung. Verfassungsgeschichtliche Grundlagen, grundgesetzliche Vorgaben und Staatspraxis ihrer Organisation, Tübingen 1983.

Dolde, Klaus Peter, Der Rechtsgrundsatz der Planerhaltung im neuen Baugesetzbuch, in: Bauer, Hartmut/Breuer, Rüdiger/Degenhart, Christoph/Oldiges, Martin (Hrsg.), 100 Jahre Allgemeines Baugesetz Sachsen, Stuttgart/München/Hannover u.a. 2000, S. 429–447.

Dolzer, Rudolf/Vogel, Klaus/Graßhof, Karin (Hrsg.), Bonner Kommentar zum Grundgesetz, Loseblatt-Kommentar, Heidelberg, Stand: Dez. 2002.

Dörpmund, Helmut, Anlagen zur Sicherstellung und Endlagerung radioaktiver Abfälle, in: Ziekow, Jan (Hrsg.), Praxis des Fachplanungsrechts, Düsseldorf 2004, S. 850–873.

Dörr, Dieter, Raumordnungs- und Landesplanungsrecht, in: Achterberg, Norbert/Püttner, Günter/Würtenberger, Thomas (Hrsg.), Besonderes Verwaltungsrecht, Bd. I: Wirtschafts-, Umwelt-, Bau-, Kultusrecht, 2. Aufl. Heidelberg 2000, S. 544–626.

Dörries, Andrea, Das Verhältnis der Bauleitplanung zur raumbeanspruchenden Fachplanung. Eine Untersuchung auf der Grundlage des BauROG 1998, Berlin 2000.

Dreier, Horst, Hierarchische Verwaltung im demokratischen Staat. Genese, aktuelle Bedeutung und funktionelle Grenzen eines Bauprinzips der Exekutive, Tübingen 1991.

–, (Hrsg.), Grundgesetz, Kommentar, Bd. I, 2. Aufl. Tübingen 2004, Bd. II, 1. Aufl. 1998, Bd. III, 1. Aufl. 2000.

Dreier, Johannes, Die normative Steuerung der planerischen Abwägung. Strikte Normen, Planungsleitlinien und Optimierungsgebote, Berlin 1995.

Drews, Bill/Wacke, Gerhard/Vogel, Klaus/Martens, Wolfgang, Gefahrenabwehr, 9. Aufl. Köln 1986.

Druschel, Christoph, Die Verwaltungsaktbefugnis, Berlin 1999.

Düppenbecker, Antje/Greiving, Stefan, Die Auswirkungen der Fauna-Flora-Habitat-Richtlinie und der Vogelschutzrichtlinie auf die Bauleitplanung, UPR 1999, 173–178.

Durner, Wolfgang, Antiparlamentarismus in Deutschland, Würzburg 1997.

–, Sind Eisenbahnen öffentliche Sachen? Zur Fragwürdigkeit der eisenbahnrechtlichen Widmung als Rechtsinstitut, UPR 2000, 255–263.

–, Regulierung im Spannungsfeld unterschiedlicher Rechtsebenen: Das Beispiel des Raumplanungsrechts, in: Bauschke, Gabriele/Becker, Stefan u.a. (Hrsg.), Pluralität des Rechts. 42. Tagung der Wissenschaftlichen Mitarbeiterinnen und Mitarbeiter der Fachrichtung »Öffentliches Recht« 2002, Stuttgart/München/Hannover/Berlin/Weimar/Dresden 2003, S. 225–255.

–, Naturschutzrechtliche Anforderungen, in: Ziekow, Jan (Hrsg.), Praxis des Fachplanungsrechts, Düsseldorf 2004, S. 239–281.

–, Leitungsanlagen, in: Ziekow, Jan (Hrsg.), Praxis des Fachplanungsrechts, Düsseldorf 2004, S. 921–936.

Dürr, Hansjochen, Das Verhältnis des Naturschutzrechts zum Baurecht und Fachplanungsrecht in der Rechtsprechung der Verwaltungsgerichte, UPR 1991, 81–91.

–, Die rechtlichen Grundlagen zur Lärmminderung in Städten, UPR 1992, 241–251.
Ebel, Herbert/Weller, Herbert, Allgemeines Berggesetz, Kommentar, 2. Aufl. Berlin 1963.
Ebsen, Ingwer, Militärische Bodennutzung, Baden-Baden 1988.
Eckardt, Wolf-Dieter, Naturschutzausgleichsabgabe für Bundesfernstraßen, NuR 1979, 133–136.
Edhofer, Manfred, Die FFH-Verträglichkeitsprüfung in der straßenrechtlichen Planfeststellung, BayVBl. 2000, 553–557.
Ehebrecht-Stüer, Eva-Maria, Entwicklung des Städtebaurechts, in: Erbguth, Wilfried/Oebbecke, Janbernd/Rengeling, Hans-Werner/Schulte, Martin (Hrsg.), Planung. Festschrift für Werner Hoppe zum 70. Geburtstag, München 2000, S. 39–73.
Ehlers, Dirk, Verwaltung in Privatrechtsform, Berlin 1984.
Engel, Rüdiger, Die Neufassung des § 38 BauGB durch das Investitionserleichterungs- und Wohnbaulandgesetz, UPR 1993, 209–212.
Engelhardt, Dieter/Brenner, Walter/Fischer-Hüftle, Peter (Hrsg.), Naturschutzrecht in Bayern, Loseblatt-Kommentar, München, Stand: Okt. 2001.
Epiney, Astrid, Mitgliedstaatliche Beurteilungsspielräume bei der Ausweisung von Schutzgebieten und der Anwendung der Schutzregime, UPR 1997, 303–309.
–, Umweltrecht in der Europäischen Union, Köln/Berlin/Bonn/München 1997.
Eppendorfer, Carsten, Die staatliche Transrapid-Förderung, Göttingen 1999.
Erbguth, Britta, Naturschutz und Europarecht: Wie weit reicht die Pflicht zur Alternativprüfung gem. Art. 6 Abs. 4 der Habitatrichtlinie?, DVBl. 1999, 588–595
Erbguth, Wilfried, Die Koordination raumbedeutsamer Fachplanungen. Zum aktuellen Diskussionsstand, BayVBl. 1981, 577–584.
–, Zur Rechtsnatur von Programmen und Plänen der Raumordnung und Landesplanung, DVBl. 1981, 557–564.
–, Verfassungsrechtliche Fragen im Verhältnis Landesplanung und Braunkohlenplanung, DVBl. 1982, 1–13.
–, Neue Aspekte zur planerischen Abwägungsfehlerlehre?, DVBl. 1986, 1230–1235.
–, Bundesstaatliche Kompetenzverteilung im Bereich der Gesetzgebung. Aktuelle Entwicklungen und allgemeine Grundlagen, DVBl. 1988, 317–327.
–, Auswirkungen des Planfeststellungsverfahrens auf die Bauleitplanung, NVwZ 1989, 608–615.
–, Anmerkungen zum administrativen Entscheidungsspielraum – am Beispiel der Planfeststellung, DVBl. 1992, 398–404,
–, Anmerkung zu VerfGH NW, Urt. v. 9. 2. 1993 – VerfGH 18/91 und 2/92 –, DVBl. 1993, 649–651.
–, Das Gebot einer materiellen Abgrenzung zwischen Grundsätzen und Zielen der Raumordnung. Am Beispiel der landesplanerischen Stellungnahme nach brandenburgischem Recht, LKV 1994, 89–93.
–, Bauleitplanung und Fachplanung, NVwZ 1995, 243–245.
–, Die nordrhein-westfälische Braunkohlenplanung und der Parlamentsvorbehalt, VerwArch 86 (1995), 327–358.
–, Die Abfallwirtschaftsplanung, Baden-Baden 1997.
–, Ausgewiesene und potentielle Schutzgebiete nach FFH- bzw. Vogelschutzrichtlinie: Rechtswirkungen auf die räumliche Gesamtplanung – am Beispiel der Raumordnung, NuR 2000, 130–138.
–, Pflichten der räumlichen Gesamtplanung im Hinblick auf ausgewiesene und potentielle Schutzgebiete – am Beispiel der Raumordnung, in: Jarass, Hans D. (Hrsg.), EG-Naturschutzrecht und räumliche Gesamtplanung, Münster 2000, S. 58–85.

–, Verkehrsvermeidung durch Raumordnung, NVwZ 2000, 28–36.
–, Bauplanungsrecht, in: Achterberg, Norbert/Püttner, Günter/Würtenberger, Thomas (Hrsg.), Besonderes Verwaltungsrecht, Bd. I: Wirtschafts-, Umwelt-, Bau-, Kultusrecht, 2. Aufl. Heidelberg 2000, S. 627–747.
–, Luftverkehr und Raumordnung – am Beispiel der Flughafenplanung, NVwZ 2003, 144–148.
Erbguth, Wilfried/Schink, Alexander, Gesetz über die Umweltverträglichkeitsprüfung, Kommentar, 2. Aufl. München 1996.
Erbguth, Wilfried/Schoeneberg, Jörg, Raumordnungs- und Landesplanungsrecht, 2. Aufl. Köln/Berlin/Bonn/München 1992.
Erbguth, Wilfried/Stollmann, Frank, Die Bindung der Verwaltung an die FFH-Richtlinie, DVBl. 1997, 453–458
Erfmeyer, Klaus, Der nichtmaterielle Verwaltungsakt – rechtswidrige und überflüssige Fiktion, DÖV 1996, 629–638.
Erichsen, Hans-Uwe, Der Innenrechtsstreit, in: ders./Hoppe, Werner/v. Mutius, Albert (Hrsg.), System des verwaltungsgerichtlichen Rechtsschutzes. Festschrift für Christian-Friedrich Menger zum 70. Geburtstag, Köln/Berlin/Bonn/München 1985, S. 211–233.
Ernst, Werner, Raumordnung als Aufgabe der planenden Gesetzgebung und Verwaltung, in: Kaiser, Joseph H. (Hrsg.), Planung III, Baden-Baden 1968, S. 129–172.
–, Anmerkung zum Beschluß des HessStGH vom 15. 1. 1982, DVBl. 1982, 495–497.
Ernst, Werner/Hoppe, Werner, Das öffentliche Bau- und Bodenrecht, Raumplanungsrecht, München 1978.
Ernst, Werner/Suderow, Wolfgang, Die Zulässigkeit raumordnerischer Festlegungen für Gemeindeteile. Rechtsgutachten für das Niedersächsische Ministerium des Innern, Schriften der Landesplanung Niedersachsen, Hannover 1976.
Ernst, Werner/Zinkahn, Willy/Bielenberg, Walter (Hrsg.), Baugesetzbuch, Kommentar, Loseblatt, München, Stand: August 2002.
Eusterbrock, Hubert, Raumverträglichkeitsprüfung auf Bundesebene, SWR 116, Münster 1987.
Evers, Hans-Ulrich, Das Recht der Raumordnung, München 1973.
–, Regionalplanung als gemeinsame Aufgabe von Staat und Gemeinden, Wien 1976.
–, Das Recht der Energieversorgung, 2. Aufl. Baden-Baden 1983.
Ewer, Wolfgang, Rechtsschutz gegenüber der Auswahl und Festsetzung von FFH-Gebieten, NuR 2000, 361–367.
Eyermann, Erich (Hrsg.), Verwaltungsgerichtsordnung, Kommentar, 11. Aufl. München 2000.
Falkner, Klaus-Christian, Magnetschwebebahn zwischen Hamburg und Berlin, Speyerer Arbeitshefte 105, Speyer 1997.
Faller, Hans Joachim, Das Prinzip der Bundestreue in der Rechtsprechung des Bundesverfassungsgerichts, in: Lerche, Peter/Zacher, Hans/Badura, Peter (Hrsg.), Festschrift für Theodor Maunz zum 80. Geburtstag, München 1981, S. 53–69.
Fastenrath, Ulrich, Gewaltenteilung – Ein Überblick, JuS 1986, 194–201.
Feik, Rudolf, Die EG-Vogelschutz-Richtlinie 79/409/EWG, RdU 1997, 57–55.
Feldhaus, Gerhard (Hrsg.), Bundesimmissionsschutzrecht, Loseblatt-Kommentar, Heidelberg, Stand: 5/2001.
Feldmann, Franz-Josef, § 34 Umweltverträglichkeitsprüfung, in: Rengeling, Hans-Werner (Hrsg.), Handbuch zum europäischen und deutschen Umweltrecht, Bd. 1, 2. Aufl. 2003, S. 1115–1159.
Feldwisch, Norbert/Hendrischke, Oliver/Schmehl, Arndt, Gebietsbezogener Bodenschutz, Berlin/Bielefeld 2003.

Felix, Dagmar, Die Einheit der Rechtsordnung. Zur verfassungsrechtlichen Relevanz einer juristischen Argumentationsfigur, Tübingen 1998.

Ferraz, Lucia Korth Pereira, Widmung – Entwidmung – Mischnutzung oder die »Revitalisierung« alter Empfangsgebäude und ihre planungsrechtliche Bewältigung, in: Blümel, Willi/Kühlwetter, Hans-Jürgen (Hrsg.), Aktuelle Probleme des Eisenbahnrechts, Speyer 1996, S. 231–257.

Fickert, Hans Carl, Planfeststellung für den Straßenbau, Köln 1978.

–, Reichweite und Grenzen der Straßenplanung durch Bebauungsplan – Ein Beitrag zum Verhältnis des Bebauungsplans zur straßenrechtlichen Planfeststellung, BauR 1988, 678–693.

Fikentscher, Wolfgang, Methoden des Rechts in vergleichender Darstellung, Bd. IV, Tübingen 1977.

Finckenstein, Graf von, Raumordnung – eine gemeinschaftliche Aufgabe aller beteiligten Verwaltungen, DÖV 1969, 56–59.

Finger, August, Das Staatsrecht des Deutschen Reiches der Verfassung vom 11. August 1919, Stuttgart 1923.

Finger, Hans-Joachim, Kommentar zum Allgemeinen Eisenbahngesetz und Bundesbahngesetz, Darmstadt 1982.

–, Die Deutsche Bundesbahn im Spannungsfeld des Grundgesetzes, DÖV 1985, 227–232.

Fingerhut, Reinhard, Die planungsrechtliche Gemeindenachbarklage (§ 2 Abs. 4 und 5 BBauG), Siegburg 1976.

Finke, Mathias, Die Privilegierung von Fachplanungen nach § 38 BauGB, SWR 200, Münster 2001.

Finkelnburg, Klaus/Ortloff, Carsten-Michael, Öffentliches Baurecht, Bd. I: Bauplanungsrecht, 5. Aufl. München 1998, Bd. II: Bauordnungsrecht, Nachbarschutz, Rechtsschutz, 4. Aufl. 1998.

Firgau, Tanja, Exekutivgesetze. Ein verfassungsgemäßer Weg zur Beschleunigung von Planungsabläufen?, Frankfurt am Main 1996.

Fisahn, Andreas, Zu den Voraussetzungen einer Unterschutzstellung als Nationalpark, ZUR 1999, 158–159.

–, Die Verträglichkeitsprüfung nach dem Bundesnaturschutzgesetz im Verhältnis zur Eingriffsregelung und zur Umweltverträglichkeitsprüfung, in: Erbguth, Wilfried (Hrsg.), Neuregelungen im Bundesnaturschutzgesetz, Baden-Baden 2000, S. 91–108.

–, Defizite bei der Umsetzung der FFH-RL durch das BNatSchG, ZUR 2001, 252–256.

–, Entwicklungstendenzen des Europäischen Planungsrechts, UPR 2002, 258–263.

Fisahn, Andreas/Cremer, Wolfram, Ausweisungspflicht und Schutzregime nach Fauna-Flora-Habitat- und der Vogelschutzrichtlinie, NuR 1997, 268–276.

Fischer-Hüftle, Peter, Bergbauberechtigungen und naturschutzrechtliche Verordnungen, NuR 1989, 106–113.

–, Peter, Zur Umsetzung der FFH-Richtlinie in das Bundes- und Landesnaturschutzrecht, ZUR 1999, 66–72.

–, Anmerkung zu OVG Koblenz, Urt. v. 18. 9. 2002 – 8 C 11279/01 –, NuR 2003, 127.

Fluck, Jürgen, Neubau des Bundestages und Denkmalschutz, NJW 1987, 2352–2354.

Fonger, Matthias, Transeuropäische Netze. Auf dem Weg zu einer gesamteuropäischen Infrastrukturplanung, Internationales Verkehrswesen 1994, 621–629.

Forschbach, Gregor, Die Pflicht zur Standortalternativenprüfung in der Planfeststellung, Frankfurt am Main 1998.

Forsthoff, Ernst, Lehrbuch des Verwaltungsrechts, Erster Band: Allgemeiner Teil, 10. Aufl. München 1973.

Forsthoff, Ernst/Blümel, Willi, Raumordnungsrecht und Fachplanungsrecht, Frankfurt am Main/Berlin 1970.

Freiburg, Susann, Die Erhaltung der biologischen Vielfalt in Deutschland auf der Basis europarechtlicher Vorgaben, Bayreuth 1998.

Freise, Rainer/Wittenberg, Klaus-Dieter, Die Privatisierung der Deutschen Bundesbahn und der Deutschen Reichsbahn – Auswirkungen auf das Wirtschaftsverwaltungsrecht, GewArch 1996, 353–359.

Frenz, Walter, Europäisches Umweltrecht, München 1997.

–, Das Prinzip widerspruchsfreier Normgebung und seiner Folgen, DÖV 1999, 41–50.

–, Bergrecht und Nachhaltige Entwicklung, Berlin 2000.

–, Kreislaufwirtschafts- und Abfallgesetz, Kommentar, 3. Aufl. Köln/Berlin/Bonn/München 2002.

–, Atomkonsens und Landesvollzugskompetenz, NVwZ 2002, 561–563.

–, Abfalldeponien, in: Ziekow, Jan (Hrsg.), Praxis des Fachplanungsrechts, Düsseldorf 2004, S. 803–850.

–, Bergrecht, in: Ziekow, Jan (Hrsg.), Praxis des Fachplanungsrechts, Düsseldorf 2004, S. 902–920.

Freytag, Christoph/Iven, Klaus, Gemeinschaftsrechtliche Vorgaben für den nationalen Habitatschutz. Die Richtlinie 92/43/EWG des Rates vom 21 Mai 1992 zur Erhaltung der natürlichen Lebensräume sowie der wildlebenden Tiere und Pflanzen, NuR 1995, 109–117.

Friesecke, Albrecht, Recht der Bundeswasserstraßen, Köln/Berlin/Bonn/München 1962.

–, Bundeswasserstraßengesetz, Kommentar, 4. Aufl. Köln/Berlin/Bonn/München 1999.

–, Bedürfnisse der Landeskultur als Voraussetzung des Einvernehmens zwischen Bund und Land bei der Verwaltung der Bundeswasserstraßen, NuR 2000, 81–85.

Frohn, Hansgeorg, Gesetzesbegriff und Gewaltenteilung, Königstein 1981.

Frohnmeyer, Albrecht/Mückenhausen, Peter (Hrsg.), EG-Verkehrsrecht, Loseblatt-Kommentar, München, Stand: Mai 2002.

Fromm, Günter, Die Bad Dürkheimer Gondelbahn, UPR 1983, 46–51.

–, Stadtbahnbau und öffentliches Recht, DVBl. 1986, 121–131.

Funk-Draschka, Sabine, Die gerichtliche Überprüfbarkeit von Planfeststellungsbeschlüssen. Zu den Klagemöglichkeiten der Bundesländer und Gemeinden unter besonderer Berücksichtigung der Belange des Natur- und Denkmalschutzes, Frankfurt am Main 1993.

Funke, Hans Friedrich, Bund-Länder-Abstimmung am Beispiel der Raumordnung und Landesplanung, SWR 113, Münster 1987.

Fürst, Dietrich, Auf dem Weg zu einer europäischen Raumordnung und die Rolle der Regionen in Deutschland, DISP 130 (1997), 47–54.

Fürst, Dietrich/Ritter, Ernst-Hasso, Landesentwicklungsplanung und Regionalplanung. Ein verwaltungswissenschaftlicher Grundriß, 2. Aufl. Düsseldorf 1993.

Gaentzsch, Günter, Bauleitplanung, Fachplanung, Landesplanung. Zur »Konfliktbewältigung« zwischen verschiedenen Planungsträgern, WiVerw 1985, 235–249.

–, Bauleitplanung und Baugenehmigungspraxis unter den Anforderungen des Naturschutzes und der Umweltverträglichkeit, NuR 1990, 1–8.

–, Baugesetzbuch, Kommentar, Köln 1991.

–, Die bergrechtliche Planfeststellung, in: Franßen, Eberhard/Redeker, Konrad/Schlichter, Otto/Wilke, Dieter (Hrsg.), Bürger – Richter – Staat. Festschrift für Horst Sendler zum Abschied aus seinem Amt, München 1991, S. 402–423.

–, Die Zulassung bergbaulicher Anlagen im System des Anlagengenehmigungsrechts, in: ders./Kühne, Gunther, Wandel und Beharren im Bergrecht. Perspektiven der Bergrechtsentwicklung in Deutschland, Baden-Baden 1992, S. 9–43.

–, Oberflächeneigentum und Bergbau aus der Sicht der höchstrichterlichen Rechtsprechung, DVBl. 1993, 527–533.

–, Die Planfeststellung als Anlagenzulassung und Entscheidung über die Zulässigkeit der Enteignung, in: Berkemann, Jörg u.a. (Hrsg.), Planung und Planungskontrolle. Entwicklungen im Bau- und Fachplanungsrecht. Festschrift für Otto Schlichter zum 65. Geburtstag, Köln/Berlin/Bonn/München 1995, S. 517–538.
–, Rechtliche Fragen des Abbaus von Kies und Sand, NVwZ 1998, 889–897.
–, Bemerkungen zur Planerhaltung im Fachplanungsrecht, DVBl. 2000, 741–749.
Garlichs, Dietrich, Grenzen staatlicher Infrastrukturpolitik, Königstein 1980.
Gassner, Erich, Verfahrensschutzfragen und Rechtsschutzfragen beim planerischen Abwägen, DVBl. 1981, 4–10.
–, Landesklagen gegen Planfeststellungen des Bundes, UPR 1989, 254–257.
–, Zum Zusammenwirken von Naturschutz und Baurecht, NVwZ 1991, 26–31.
–, Methoden und Maßstäbe für die planerische Abwägung. Theorie und Praxis abgeleiteter Bewertungsnormen, Bonn 1993.
–, Rechtliche und methodische Aspekte der Landschaftsplanung, NuR 1993, 118–125.
–, Naturschutzrechtliche Eingriffsregelung im Bauleitplanungsrecht – Aktuelle Fragen aufgrund des Investitionserleichterungs- und Wohnbaulandgesetzes –, NuR 1993, 252–256.
–, Umweltverträglichkeitsprüfung in der planerischen Abwägung, UPR 1993, 241–244.
Gassner, Erich/Bendomir-Kahlo, Gabriele/Schmidt-Räntsch, Annette, Bundesnaturschutzgesetz, Kommentar, 2. Aufl. München 2003.
Gaßner, Hartmut/Schmidt, Alexander, Die Neuregelung der Zulassung von Abfallentsorgungsanlagen, NVwZ 1993, 946–951.
Gassner, Ulrich M., Abfallbegriff und Umsetzungspflicht, NVwZ 1998, 1148–1151.
Gatawis, Siegbert, Grundfragen eines europäischen Raumordnungsrechts, SWR 196, Münster 2000.
–, Legislative Kompetenzen der Europäischen Gemeinschaft im Bereich der Raumordnung, DÖV 2002, 858–864.
Gebhard, Hugo, Auswahl und Management von FFH-Gebieten, NuR 1999, 361–370.
Gebhard, Hugo, Polizeipflichtigkeit der Hoheitsträger. Erläutert an Beispielen aus dem Naturschutzrecht DÖV 1986, 545–553.
Geiger, Andreas, Planfeststellungsverfahren, in: Redeker, Konrad/Uechtritz, Michael (Hrsg.), Anwaltshandbuch für Verwaltungsverfahren, Köln, Kapitel 11, Stand: Juni 1999.
–, Kapitel 48 Teil 3: Planfeststellungsrecht, in: Heidel, Thomas/Pauly, Stephan/Amend, Angelika (Hrsg.), AnwaltFormulare, 2. Aufl. Bonn 2000, S. 2264–2286.
–, Flora-Fauna-Habitat-Richtlinie, in: Blümel, Willi/Kühlwetter, Hans-Jürgen/Schweinsberg, Ralf (Hrsg.), Aktuelle Probleme des Eisenbahnrechts IV, Speyer 2000, S. 9–21.
–, Magnetschwebebahnen, in: Ziekow, Jan (Hrsg.), Praxis des Fachplanungsrechts, Düsseldorf 2004, S. 561–570.
Geiger, Harald, Rechtsschutz im Verfahren nach dem Landbeschaffungsgesetz, BayVBl. 1981, 641–647.
–, Zur Festsetzung von Fluglärmbereichen, JA 1982, 211–213.
–, Die Planung von Verkehrsflughäfen, NuR 1982, 127–136.
–, Nochmals: Rechtsschutz im Verfahren nach dem Landbeschaffungsgesetz, BayVBl. 1987, 106–109.
Geiger, Rudolf, Vertrag über die Europäische Union und Vertrag zur Gründung der Europäischen Gemeinschaft, 3. Aufl. München 2000.
Gellermann, Martin, Rechtsfragen des europäischen Habitatschutzes, NuR 1996, 548–558.
–, Natura 2000, Berlin u.a. 2. Aufl. 2001.
–, Das FFH-Regime und die sich daraus ergebenden Umsetzungsverpflichtungen, NVwZ 2001, 500–506.

–, Was sind faktische bzw. potenzielle Natura 2000-Gebiete?, NVwZ 2002, 1202–1205.
Gerbrand, Horst-Heinrich, Planverfahren zur Schaffung des Baurechts, in: Kolks, Wilhelm/ Fiedler, Joachim (Hrsg.), Verkehrswesen in der kommunalen Praxis, Bd. 1: Planung – Bau – Betrieb, Berlin 1997, S. 305–337.
Gerigk, Wolfgang, Zum Verhältnis zwischen Bergrecht und Naturschutzrecht, ZfB 128 (1987), 232–237.
Gern, Alfons, Deutsches Kommunalrecht, 2. Aufl. Baden-Baden 1997.
Gerschlauer, Christoph, Landschaftsplanung der Gemeinde und Fachplanung, DVBl. 1979, 601–613.
Gierke, Hans-Georg, Anmerkung zu OVG Berlin, Urt. v. 29. 8. 1983 – OVG 2 A 3.81 –, DVBl. 1984, 149–155.
Gillies, Dorothy, A Guide to EC Environmental Law, London 1999.
Glückert, Jürgen, 10 Jahre Streit um Cappenberg: Bestandsaufnahme des juristischen Ertrags und der offen gebliebenen Fragen, in: von Danwitz, Thomas (Hrsg.), Bergbau und Umwelt, Stuttgart/München/Hannover/Berlin/Weimar/Dresden 1999, S. 13–56.
Goerlich, Helmut, Formenmißbrauch – Einzelfallgesetz – Gewaltenteilung, DÖV 1985, 945–953.
–, »Formenmißbrauch« und Kompetenzverständnis. Eine exemplarische Studie zur geschriebenen Verfassung im Bundesstaat, Tübingen 1987.
Goppel, Konrad, Die Rechtswirkungen des Regionalplans, BayVBl. 1984, 229–232.
–, Zur Untersagung raumordnungswidriger Planungen und Maßnahmen, BayVBl. 1991, 266–267.
–, Ziele der Raumordnung, BayVBl. 1998, 289–292.
–, Die Rolle des Raumordnungsrechts bei der Auswahl und Handhabung von FFH- und Vogelschutzgebieten, in: Jarass, Hans D. (Hrsg.), EG-Naturschutzrecht und räumliche Gesamtplanung, Münster 2000, S. 9–20.
–, Zum grundsätzlichen Verhältnis von Raumordnung und Fachplanung vor dem Hintergrund projektbezogener Ziele der Raumordnung zu Verkehrsvorhaben des Bundes, UPR 2000, 431–433.
–, Projektbezogene Ziele der Raumordnung zu Verkehrsvorhaben des Bundes und deren Bindungswirkung, DVBl. 2000, 86–91.
–, Die Rolle des Raumordnungsrechts bei der Auswahl und der Handhabung von FFH- und Vogelschutzgebieten, in: Akademie für Raumforschung und Landesplanung (Hrsg.), Europäisches Naturschutzrecht und Raumplanung, Hannover 2001, S. 19–26.
–, Zur Untersagung von Zulassungsentscheidungen öffentlicher Stellen nach § 12 ROG, BayVBl. 2002, 617–619.
Gornig, Gilbert, Die sachbezogene hoheitliche Maßnahme. Auch ein Beitrag zur Allgemeinverfügung im Sinne des § 35 S. 2 VwVfG, Berlin 1985.
Gottschewski, Martina, Zur rechtlichen Durchsetzung von europäischen Straßen, Berlin 1998.
Grabitz, Eberhard/Hilf, Meinhard (Hrsg.), Das Recht der Europäischen Union, Loseblatt-Kommentar, München, Stand: Aug. 2002.
Grigoleit, Klaus Joachim/Otto, Christian W., Verfassungsrecht vergeht – Fachplanungsrecht besteht? – Zur Reichweite des Eisenbahnfachplanungsrecht beim Bahnhofsbau, DÖV 2000, 182–190.
Groeben, Hans von der, Beispiele staatlicher Planung im Flächenstaat, in: Kaiser, Joseph H. (Hrsg.), Planung III, Baden-Baden 1968, S. 173–191.
Groeben, Hans von der/Thiesing, Jochen/Ehlermann, Claus D. (Hrsg.), Kommentar zum EU-/ EG-Vertrag, Baden-Baden 5. Aufl. 1997–1999.
Grooterhorst, Johannes, Die Aufstellung von Bebauungsplänen zur Verwirklichung freiraum-

schützender Ziele der Raumordnung und Landesplanung. Zugleich zur Abgrenzung der Gesetzgebungsmaterien Bodenrecht und Recht des Naturschutzes und der Landschaftspflege, NuR 1985, 222–226.

–, Die Ziele der Raumordnung und Landesplanung. Gültigkeitsvoraussetzungen und Konretheitsanforderungen für eine einzelentscheidungsbindende Wirkung, NuR 1986, 276–284.

Groß, Thomas, Nachhaltige Raumentwicklung als Rechtsprinzip, in: Lange, Klaus (Hrsg.), Nachhaltigkeit im Recht. Eine Annäherung, Baden-Baden 2003, S. 128–142.

Gruber, Meinhard, Sicherung kommunaler Planungsfreiräume durch Regionalplanung, DÖV 1995, 488–495.

–, Bauaufsichtliche Behandlung bahnfremder Nutzung von Eisenbahnbetriebsgelände, BauR 2000, 499–510.

Grupp, Klaus, Eisenbahnaufsicht nach der Bahnreform, DVBl. 1996, 591–596.

–, Rechtsfragen der abschließenden Überprüfung prognostischer Entscheidungen bei der kommunalen Gebietsreform, in: Burmeister, Joachim (Hrsg.), Verfassungsstaatlichkeit. Festschrift für Klaus Stern zum 65. Geburtstag, München 1997, S. 1099–1115.

Guckelberger, Anette, Wasserwirtschaft, in: Ziekow, Jan (Hrsg.), Praxis des Fachplanungsrechts, Düsseldorf 2004, S. 755–794.

Gust, Dieter, 1973 bis 1998 – Nach 25 Jahren Regionalverbände die Wende? Über den aktuellen Stand der Regionalplanung in Baden-Württemberg, in: Akademie für Raumforschung und Landesplanung (Hrsg.), Sächsische Regionalplanung – eine Bilanz nach fünf Jahren. Anforderungen aus dem neuen Raumordnungsrecht und aus der Raumforschung, Hannover 1998, S. 43–48.

Gutbrod, Max, Auflösung einer Gemeinde durch Braunkohleabbau. Anmerkungen zum Urteil des Verfassungsgerichts des Landes Brandenburg vom 1. 6. 1995, NuR 1996, 74–75.

Gutbrod, Max/Töpfer, Frank-Rainer, Praxis des Bergrechts, Köln 1996.

Haenel, Albert, Deutsches Staatsrecht, Erster Band, Leipzig 1892.

Hahn, Klaus-Günther, Das Recht der Landschaftsplanung. Bestandsaufnahme, Würdigung und Fortentwicklungsmöglichkeiten, SWR 137, Münster 1991.

Hailbronner, Kay, Ausländerrecht, in: Achterberg, Norbert/Püttner, Günter/Würtenberger, Thomas (Hrsg.), Besonderes Verwaltungsrecht, Bd. II: Kommunal-, Haushalts-, Abgaben-, Ordnungs-, Sozial-, Dienstrecht, 2. Aufl. Heidelberg 2000, S. 535–640.

Hailbronner, Kay/Klein, Eckart/Magiera, Sigfried/Müller-Graf, Peter-Christian, Handkommentar zum Vertrag über die Europäische Union (EUV/EGV), Loseblattkommentar, Köln/Berlin/Bonn/München, Stand: Nov. 1998.

Halama, Günther, Durchsetzung und Abwehr von Zielen der Raumordnung und Landesplanung auf der Gemeindeebene, in: Berkemann, Jörg u. a. (Hrsg.), Planung und Planungskontrolle. Entwicklungen im Bau- und Fachplanungsrecht. Festschrift für Otto Schlichter zum 65. Geburtstag, Köln/Berlin/Bonn/München 1995, S. 201–226.

–, Die FFH-Richtlinie – unmittelbare Auswirkungen auf das Planungs- und Zulassungsrecht, NVwZ 2001, 506–513.

Hamann, Andreas, Bundes- oder Länderkompetenz für Verkehrswege?, DVBl. 1961, 394–397.

Hansmann, Klaus (Hrsg.), Landmann/Roemer, Umweltrecht, Loseblatt-Kommentar, München, Stand: Jan. 2003.

Harbeck, Hans Otto, Rechtsschutz bei der Planung von Flughäfen. Zur Anfechtbarkeit der Flughafengenehmigung, ZLW 1983, 209–224.

Hartley, Trevor C., The Foundations of European Community Law, 4. Aufl. Oxford 1998.

Hatje, Armin, Loyalität als Rechtsprinzip in der Europäischen Union, Baden-Baden 2001.

Hauck, Karl (Hrsg.), Sozialgesetzbuch, SGB V: Gesetzliche Krankenversicherung, Loseblatt-Kommentar, Berlin, Stand: 2003.

Hauth, Michael, Die Konkretisierung der Planung und deren Nachweis als Voraussetzung für den Erlaß einer Veränderungssperre, BauR 1989, 271–283.

Heberlein, Horst, Grenznachbarschaftliche Zusammenarbeit auf kommunaler Basis, DÖV 1996, 100–109.

Heck, Philipp, Gesetzesauslegung und Interessenjurisprudenz, AcP 112 (1914), 1–318.

Heckenthaler, Heinz, Gemeinschaftliche und öffentliche Anlagen in der Flurbereinigung (Plan nach § 41 FlurbG), in: Ziekow, Jan (Hrsg.), Praxis des Fachplanungsrechts, Düsseldorf 2004, S. 874–902.

Heigl, Ludwig/Hosch, Rüdiger/Höhnberg, Ulrich, Raumordnung und Landesplanung in Bayern, Loseblatt- Kommentar, München, Stand: April 2000.

Heintzen, Markus, Das Rangverhältnis von Rechtsverordnung und Satzung, Verw 29 (1996), 17–45.

Heinze, Christian, Bundesbaugesetz, Kommentar, 2. Aufl. Stuttgart/München/Hannover 1980.

–, Das planungsrechtliche Abwägungsgebot, NVwZ 1986, 87–91.

–, Eisenbahn-Planfeststellung, Bielefeld 1997.

–, Anmerkung zu VGH München, Urt. v. 20. 10. 1998 – 20 A 98.40022 –, BayVBl. 1999, 697.

Heldwein, Reinhart, Die Beteiligung der Gemeinde bei der Zulassung von Bauvorhaben im Zusammenhang mit Betriebsanlagen der Eisenbahn, BayVBl. 2000, 65–74.

Hendler, Reinhard, Gemeindliches Selbstverwaltungsrecht und Raumordnung, Göttingen 1972.

–, Zur Einführung: Raumplanungsrecht, JuS 1979, 618–625.

–, Rechtliche Grundlagen einer europäischen Raumordnungspolitik, in: Mertins, Günter (Hrsg.), Vorstellungen der Bundesrepublik Deutschland zu einem europäischen Raumordnungskonzept, Marburg 1993, S. 37–45.

–, Zielbeachtungspflicht und Zulassungsentscheidung, in: Hoppe, Werner/Kauch, Petra (Hrsg.), Raumordnungsziele nach Privatisierung öffentlicher Aufgaben, SWR 172, Münster 1996, S. 35–58.

–, Raumordnungsziele und Eigentumsgrundrecht, DVBl. 2001, 1233–1242.

–, Raumordnungsziele als landesplanerische Letztentscheidungen, UPR 2003, 256–262.

Henke, Wilhelm, Das subjektive öffentliche Recht, Tübingen 1968.

Henle, Victor, Errichtungsgesetze für Großvorhaben?, UPR 1982, 215–218 und 253–260.

Hennecke, Frank Jürgen, Die Bedeutung der Fachplanung und der Raumordnung für die Bauleitplanung, Ludwigshafen 1994.

Henrich, Franz-Walter, Kommunale Beteiligung in der Raumordnung und Landesplanung, Bd. 1: Verfassungsrechtliche und rahmenrechtliche Grundlagen, Bd. 2: Beteiligungsrecht und Beteiligungsverfahren nach dem Landesplanungsrecht der Länder, SWR 72 und 73, Münster 1981.

Henseler, Paul, Rechtsschutz gegen Bebauungspläne in Gesetzesform – Beschl. des BVerfG v. 14.5.85 – 2 BvR 397/82 u.a. –, Jura 1986, 249–259.

Hentschel, Peter, Straßenverkehrsrecht, 35. Aufl. München 1999.

Herbert, Alexander, Die Klagebefugnis von Gremien. Ein Beitrag zur Diskussion des In-sich-Prozesses, DÖV 1994, 108–114.

Hermes, Georg, Staatliche Infrastrukturverantwortung: Rechtliche Grundstrukturen netzgebundener Transport- und Übertragungssysteme zwischen Daseinsvorsorge und Wettbewerbsregulierung am Beispiel der leitungsgebundenen Energieversorgung in Europa, Tübingen 1998.

Hermes, Georg/Pöcker, Markus, Die neue Fachplanung für Leitungsvorhaben, RdE 2002, 85–91.

Herzog, Roman, Gesetzgeber und Verwaltung, VVDStRL 24 (1966), 183–206.
Hesse, Konrad, Grundzüge des Verfassungsrechts der Bundesrepublik Deutschland, 20. Aufl. Heidelberg 1995.
Hillermeier, Heinz, Methoden und Maßstäbe für die planerische Abwägung, BayVBl. 1994, 140–142.
Himmelmann, Steffen, EG-Umweltrecht und nationale Gestaltungsspielräume, Baden-Baden 1997.
Himmelmann, Steffen/Pohl, Andreas/Tünnesen-Harmes, Christian, Handbuch des Umweltrechts, Loseblatt, München, Stand: Aug. 2000.
Himmelmann, Steffen/Tünnesen-Harmes, Christian, Wende bei der Beurteilung bergrechtlicher Betriebspläne?, UPR 2002, 212–216.
Hirschberg, Lothar, Der Grundsatz der Verhältnismäßigkeit, Göttingen 1981.
Hofmann, Hasso, Das Postulat der Allgemeinheit des Gesetzes, in: Starck, Christian (Hrsg.), Die Allgemeinheit des Gesetzes, Göttingen 1987, S. 9–48.
Hofmann, Jochen, Bauplanung und Atomrecht – das Beispiel Wiederaufarbeitungsanlage Wackersdorf, NVwZ 1989, 225–231.
Hofmann, Karl, Zum Ermessen bei der Festsetzung von Schutzgebieten, NuR 1980, 65–67.
Hofmann, Rainer, Die Bindung staatlicher Macht, in: ders./Marko, Joseph/Merli, Franz/Wiederin, Erwald (Hrsg.), Rechtsstaatlichkeit in Europa, Heidelberg 1996, S. 3–29.
Höhnberg, Ulrich, Verhältnis von Landes- und Regionalplanung zur Bauleitplanung, insbesondere zu Umfang und Intensität der Bindungswirkung, ZfBR 1986, 214–217.
Holleben, Horst van, Heranrückende Wohnbebauung – Gefahr für Gewerbebetriebe, DVBl. 1981, 903–908.
Hönig, Dietmar, Gemeindlicher Rechtsschutz gegen Schutzgebietsausweisungen, in: Stüer, Bernhard (Hrsg.), Planung von Großvorhaben, Osnabrück 1999, S. 143–158.
–, Fachplanung und Enteignung. Anforderungen der Eigentumsgarantie an die projektbezogene Fachplanung, Osnabrück 2001.
Hopf, Volkmar, Die Integration der Regierungstätigkeit, in: Kaiser, Joseph H. (Hrsg.), Planung VI, Baden-Baden 1972, S. 63–68.
Hopp, Wolfgang, Das Raumordnungsverfahren im Spiegel geänderter bundesrechtlicher Vorgaben, NuR 2000, 301–307.
Hoppe, Werner, Organstreitigkeiten vor den Verwaltungs- und Sozialgerichten, Siegburg 1970.
–, Bergbauberechtigungen als verfassungskräftige Eigentumsposition und ihr Schutz gegenüber Planung, DVBl. 1982, 101–112.
–, Befreiungstatbestände im Bundesbaugesetz und bauplanungsrechtliche Abwägung nach § 1 Abs. 7 BBauG, DVBl. 1983, 1077–1083.
–, Gelenkfunktion der Braunkohlenplanung zwischen Landesplanung und bergrechtlichem Betriebsplan?, UPR 1983, 105–114.
–, Raumordnungs- und Landesplanungsrecht, in: Grimm, Dieter/Papier, Hans-Jürgen (Hrsg.), Nordrhein-westfälisches Staats- und Verwaltungsrecht, Frankfurt am Main 1986, S. 305–378.
–, Die Einschränkung bergbaulicher Berechtigungen durch eine Nationalparkverordnung – am Beispiel des niedersächsischen Wattenmeers, DVBl. 1987, 757–765.
–, Zur Vereinbarkeit bergrechtlicher Duldungspflichten mit dem verfassungsgebotenen Grundeigentümerschutz, DÖV 1988, 893–901.
–, Planung, in: Isensee, Josef/Kirchhof, Paul (Hrsg.), Handbuch des Staatsrechts der Bundesrepublik Deutschland, Bd. III, Heidelberg 1988, S. 653–716.
–, Verfassungsrechtliche Grundlagen der Regelung des Verhältnisses von Oberflächeneigentum und Bergbau, DVBl. 1993, 221–230.

–, Die rechtliche Wirkung von Zielen der Raumordnung und Landesplanung gegenüber Außenbereichsvorhaben (§35 Abs. 3 Satz 3 BauGB), DVBl. 1993, 1109–1117.
–, Plädoyer für eine verwaltungsgerichtliche Normenkontrolle von Gebietsentwicklungsplänen in Nordrhein-Westfalen, in: Bender, Bernd/Breuer, Rüdiger/Ossenbühl, Fritz/Sendler, Horst (Hrsg.), Rechtsstaat zwischen Sozialgestaltung und Rechtsschutz. Festschrift für Konrad Redeker zum 70. Geburtstag, München 1993, S. 377–394.
–, »Verwirrung« und »Entwirrung« beim Abwägungsgebot (§1 Abs. 6 BauGB), UPR 1995, 201–203.
–, Erste Überlegungen zu einem Grundsatz der Planerhaltung, in: Berkemann, Jörg u.a. (Hrsg.), Planung und Planungskontrolle. Entwicklungen im Bau- und Fachplanungsrecht. Festschrift für Otto Schlichter zum 65. Geburtstag, Köln/Berlin/Bonn/München 1995, S. 87–111.
–, Die Beimessung eines besonderen Gewichts »bei der Abwägung mit konkurrierenden raumbedeutsamen Nutzungen« in Vorbehaltsgebieten nach §7 Abs. 4 Satz 1 Nr. 2 ROG 1998, DVBl. 1998, 1008–1011.
–, Grundfragen des Planungsrechts. Ausgewählte Veröffentlichungen, SWR 182, Münster 1998.
–, Rechtliche Überlegungen zur Alternativenprüfung nach Art. 6 Abs. 4 S. 1 FFH-RL, §19c Abs. 3 Nr. 2 BNatSchG, UPR 1999, 426–429.
–, Besprechung von Marschall/Schweinsberg, Kommentar zum Eisenbahnkreuzungsgesetz, DVBl. 2000, 1637–1638.
–, Kritik an der textlichen Fassung und inhaltlichen Gestaltung von Zielen der Raumordnung in der Planungspraxis, DVBl. 2001, 81–90.
–, »Ziele der Raumordnung« (§3 Nr. 2 ROG 1998) in Soll-Formulierungen als »durchgängiges Prinzip der Raumordnung in Bayern«, BayVBl. 2002, 129–135.
–, »Glaubenskrieg« um »Ziele der Raumordnung« (§3 Nr. 2 ROG) in Soll-Vorschriften?, BayVBl. 2002, 754–755.
–, (Hrsg.), Gesetz über die Umweltverträglichkeitsprüfung (UVPG), Kommentar, Köln/Berlin/Bonn/München, 2. Aufl. 2002.
–, Entwicklung von Grundstrukturen des Planungsrechts durch das BVerwG – Hommage an die Leitentscheidung zum planungsrechtlichen Abwägungsgebot vom 12. Dezember 1969 (BVerwGE 34, 301) –, DVBl. 2003, 697–706.
Hoppe, Werner/Beckmann, Martin, Zum Inhalt und Geltungsanspruch des Gebots der Konfliktbewältigung im Recht der Bauleitplanung, NuR 1988, 6–11.
Hoppe, Werner/Beckmann, Martin/Kauch, Petra, Umweltrecht, 2. Aufl. München 2000.
Hoppe, Werner/Bönker, Christian/Grotefels, Susan, Öffentliches Baurecht, 2. Aufl. München 2002 (1. Aufl. 1995 nur von *Hoppe//Grotefels*).
Hoppe, Werner/Busch, Bernhard, Fragen des städtebaulichen Entwicklungsrechts unter besonderer Berücksichtigung von Bahnflächen, SWR 198, Münster 2001.
Hoppe, Werner/Deutsch, Markus, §88: Umweltschutz und Raumordnung sowie Bodennutzung, in: Rengeling, Hans-Werner (Hrsg.), Handbuch zum europäischen und deutschen Umweltrecht, Bd. 2, 2. Aufl. 2003, S. 1591–1648.
Hoppe, Werner/Henke, Peter, Der Grundsatz der Planerhaltung im neuen Städtebaurecht, DVBl. 1997, 1407–1414.
Hoppe, Werner/Just, Jan-Dirk, Zur Ausübung der planerischen Gestaltungsfreiheit bei der Planfeststellung und Plangenehmigung, DVBl. 1997, 789–795.
Hoppe, Werner/Menke, Rainard, Raumordnungs- und Landesplanungsrecht des Bundes und des Landes Rheinland-Pfalz, Köln/Berlin/Bonn/München 1986.
Hoppe, Werner/Scheipers, Ansgar, Entsprechen die Ziele der Raumordnung und Landespla-

nung im Landesentwicklungsplan NRW 1995 der Rechtsprechung des Verfassungsgerichtshofes für das Land NRW?, in: Burmeister, Joachim (Hrsg.), Verfassungsstaatlichkeit. Festschrift für Klaus Stern zum 65. Geburtstag, München 1997, S. 1117–1134.

Hoppe, Werner/Schlarmann, Hans/Buchner, Reimar, Rechtsschutz bei der Planung von Straßen und anderen Verkehrsanlagen, 3. Aufl. München 2001.

Hoppe, Werner/Schulte, Martin, Rechtsschutz der Länder in Planfeststellungsverfahren des Bundes – Dargestellt am Beispiel des Denkmalschutzes in Nordrhein-Westfalen –, Köln 1993.

Hoppe, Werner/Spoerr, Wolfgang, Raumordnungs- und Bauplanungsrecht in der bergrechtlichen Planfeststellung, UPR 1997, 246–249.

–, Bergrecht und Raumordnung. Einflüsse des Bau- und Raumordnungsgesetzes 1998 auf bergrechtliche Rechtspositionen und die eigentumsrechtlichen Grenzen, Stuttgart/München/Hannover 1999.

Hoppenberg, Michael (Hrsg.), Handbuch des öffentlichen Baurechts, Loseblatt, München, Stand: Dez. 2002.

Huber, Ernst Rudolf, Deutsche Verfassungsgeschichte seit 1789, Bd. IV: Struktur und Krisen des Kaiserreichs, Stuttgart/Berlin/Köln/Mainz 1969; Bd. VI: Die Weimarer Reichsverfassung, 1981.

Huber, Peter-Michael, Grundrechtsschutz durch Organisation und Verfahren als Kompetenzproblem in der Gewaltenteilung und im Bundesstaat, München 1988.

–, Konkurrenzschutz im Verwaltungsrecht. Schutzanspruch und Rechtsschutz bei Lenkungs- und Verteilungsentscheidungen der öffentlichen Verwaltung, Tübingen 1991.

–, Die Stellung der Verwaltung im Gewaltenteilungsgefüge unter den Bedingungen heutiger Verwaltungsaufgaben, in: Bauer, Hartmut/Hendler, Reinhard/Huber, Peter Michael/Popowska, Bo¿ena/Rabska, Teresa (Hrsg.), Entwicklungstendenzen des Allgemeinen Verwaltungsrechts und des Städtebaurechts, Stuttgart/München/Hannover/Berlin/Weimar/Dresden 1999, S. 73–108.

–, Zum Gestaltungsspielraum des Landesgesetzgebers im Kreislaufwirtschaftsrecht, ThürVBl. 1999, 97–108.

–, Recht der Europäischen Integration, 2. Aufl. München 2002.

Hübner, Heinz u.a., Transrapid zwischen Ökonomie und Ökologie. Eine Technikwirkungsanalyse alternativer Hochgeschwindigkeitsverkehrssysteme, Wiesbaden 1997.

Hufeld, Ulrich, Zur Zulässigkeit von Legalenteignungen durch eine Legalplanung, JZ 1997, 302–305.

Huster, Stefan, Baubeschränkungen in Wasserschutzgebieten. Zum Verhältnis von Bauplanungsrecht und Wasserrecht, NuR 1992, 56–62

Hüttenbrink, Jost, Grundsatz der Planerhaltung – Leitmotiv für Neuerungen bei der Normenkontrolle, BauR 1999, 351–358.

Ibler, Martin, Die Schranken planerischer Gestaltungsfreiheit im Planfeststellungsrecht, Berlin 1988.

–, Die Differenzierung zwischen Vorgangs- und Ergebniskontrolle bei planerischen Abwägungsentscheidungen, DVBl. 1988, 469–474.

–, Zur Bindungswirkung der Planungs- und Linienbestimmung des Bundesministers für Verkehr bei der Fernstraßenplanung, DVBl. 1989, 76–86.

–, Die behördlichen Abwägungsspielräume bei Bauleitplanung und Planfeststellung, JuS 1990, 7–16.

Ihmels, Karl/Köppl, Michael, Hessisches Landesplanungsgesetz, Köln/Berlin/Bonn/München 1983.

Institut für Raumordnung in der Bundesforschungsanstalt für Landeskunde und Raumord-

nung (Hrsg.), Raumordnung als Grundlage der Bundesfernstraßenplanung. Beiträge zur Berücksichtigung der Raumordnung im Ausbauplan für die Bundesfernstraßen 1971–1985, Bonn-Bad Godesberg 1970.

Ipsen, Jörn, Die Bewältigung der wissenschaftlichen und technischen Entwicklungen durch das Verwaltungsrecht, VVDStRL 48 (1990), 177–206.

Isensee, Josef, Subsidiaritätsprinzip und Verfassungsrecht, Berlin 1968.

–, Gemeinwohl und Staatsaufgaben im Verfassungsstaat, in: ders./Kirchhof, Paul (Hrsg.), Handbuch des Staatsrechts der Bundesrepublik Deutschland, Bd. III, Heidelberg 1988, S. 3–82.

–, Idee und Gestalt des Föderalismus im Grundgesetz, in: ders./Kirchhof, Paul (Hrsg.), Handbuch des Staatsrechts der Bundesrepublik Deutschland, Bd. IV, Heidelberg 1990, S. 517–691.

Iven, Klaus, Schutz natürlicher Lebensräume und Gemeinschaftsrecht, NuR 1996, 373–380.

–, Aktuelle Fragen des Umgangs mit bestehenden oder potentiellen Schutzgebieten von gemeinschaftsrechtlicher Bedeutung, UPR 1998, 361–365.

–, Zur Praxis der Mitgliedstaaten bei der Ausweisung von Vogelschutzgebieten. Zu EuGH, Urt. v. 19. 5. 1998 – C- 3/96 –, NuR 1998, 528–531.

Jaag, Tobias, Die Abgrenzung zwischen Rechtssatz und Einzelakt, Zürich 1985.

Jäde, Henning, Bauleitplanung, Fachplanung und Normenkontrollverfahren, BayVBl. 1988, 385–390.

–, Planfeststellungen oder Plangenehmigungen für ein Bahnhofsgebäude. Anmerkung zu VGH München, Urt. v. 20. 10. 1998 – 20 A 98.40022 –, BayVBl. 1999, 149–150.

Jahn, Ralf, Rechtsprobleme bei der Einrichtung sog. »Tempo-30-Zonen« und »verkehrsberuhigter Geschäftsbereiche« nach Änderung der StVO, NZV 1990, 209–215.

Janning, Heinz, Gemeindenachbarlicher Rechtsschutz gegen rechtswidrige Einzelhandelsgroßprojekte, Städte- und Gemeinderat 1999, Nr. 12, 34–37.

Janssen, Albert, Über die Grenzen des legislativen Zugriffs, Tübingen 1990.

Jarass, Hans D., Konkurrenz, Konzentration und Bindungswirkung von Genehmigungen, Berlin, 1983.

–, Umweltverträglichkeitsprüfung zwischen Optimierung der EG-Richtlinie und nahtloser Integration ins deutsche Recht. Probleme im Bergbau- und Energierecht, in: Tettinger, Peter J. (Hrsg.), Umweltverträglichkeitsprüfung bei Projekten des Bergbaus und der Energiewirtschaft, Stuttgart/München/Hannover 1989, S. 53–64.

–, Wirtschaftsverwaltungsrecht und Wirtschaftsverfassungsrecht, 3. Aufl. Frankfurt am Main 1997.

–, Die materiellen Voraussetzungen der Planfeststellung in neuerer Sicht, DVBl. 1998, 1202–1211.

–, Wirkungen des EG-Rechts in den Bereichen der Raumordnung und des Städtebaus, DÖV 1999, 661–669.

–, EG-rechtliche Vorgaben zur Ausweisung und Änderung von Vogelschutzgebieten, NuR 1999, 481–490.

–, EG-rechtliche Folgen ausgewiesener und potentieller Vogelschutzgebiete. Zugleich ein Beitrag zum Rechtsregime für FFH-Gebiete, ZUR 2000, 183–190.

–, Allgemeine Probleme der Gesetzgebungskompetenz des Bundes, NVwZ 2000, 1089–1096.

–, Bemerkenswertes aus Karlsruhe: Kooperation im Immissionsschutzrecht und vergleichende Analyse von Umweltschutzinstrumenten – Zugleich ein Beitrag zu den Instrumenten staatlicher Verwaltung, UPR 2001, 5–10.

–, Auswahl und Ausweisung europäischer Vogelschutzgebiete, Jb.UTR 58 (2001), 263–281.

–, Bundes-Immissionsschutzgesetz, Kommentar, 5. Aufl. München 2002.

Jaschinski, Martin, Der Konflikt von Bauleitplanung und bergrechtlicher Zulassung eines Abbauvorhabens im Tagebau, LKV 1999, 295–300.

Jell, Simone, Ein Federstrich bedroht das Isental, SZ v. 25.9.2001, S.53.

Jesch, Dietrich, Unbestimmter Rechtsbegriff und Ermessen in rechtstheoretischer und verfassungsrechtlicher Sicht, AöR 82 (1957), 163–249.

Jestaedt, Matthias, Bundesstaat als Verfassungsprinzip, in: Isensee, Josef/Kirchhof, Paul (Hrsg.), Handbuch des Staatsrechts der Bundesrepublik Deutschland, Bd.II, 3.Aufl. Heidelberg 2004, S.785–841.

Jochimsen, Reimut, Zum Aufbau und Ausbau eines integrierten Aufgabenplanungssystems und Koordinationssystems der Bundesregierung, in: Kaiser, Joseph H. (Hrsg.), Planung VI, Baden-Baden 1972, S.35–61.

Johlen, Heribert, Zum Erfordernis der Rechtsverletzung im Sinne der §§42 Abs.2, 113 Abs.1 S.1 VwGO bei der Anfechtung eines Planfeststellungsbeschlusses, DÖV 1989, 204–209.

–, Der Natur- und Landschaftsschutz in der Planfeststellung, WiVerw. 2000, 35–63.

Jörgensen, Meike, Rechtsschutz gegen Abfallentsorgungspläne, BayVBl. 1992, 353–358.

Junkernheinrich, Martin, Europäische Infrastrukturpolitik – Neue Aufgaben im Spannungsfeld von Ausgleichs- und Wachstumszielen, in: Karl, Helmut (Hrsg.), Transeuropäische Netze. Die infrastrukturpolitischen Aufgaben der EU, Bonn 1997, S.17–30.

Jürgensen, Thomas, Gemeinschaftsrechtliche Aspekte beim Ausbau transeuropäischer Verkehrsnetze, UPR 1998, 12–16.

–, Gemeinschaftsrechtlicher und nationaler Grundrechtsschutz bei der Realisierung transeuropäischer Verkehrsnetze, Berlin 1998.

Kadelbach, Stefan, Der Einfluß des Europarechts auf das deutsche Planungsrecht, in: Erbguth, Wilfried/Oebbecke, Janbernd/Rengeling, Hans-Werner/Schulte, Martin (Hrsg.), Planung. Festschrift für Werner Hoppe zum 70. Geburtstag, München 2000, S.897–912.

Kaiser, Joseph H., Der Plan als ein Institut des Rechtsstaats und der Marktwirtschaft. Umrisse eines Aktionsmodells, in: ders. (Hrsg.), Planung II, Baden-Baden 1966, S.11–28.

–, Welche normativen Anforderungen stellt des Verfassungsgrundsatz des demokratischen Rechtsstaats an die planende staatliche Tätigkeit? – dargestellt am Beispiel der Entwicklungsplanung, Referat zum 50. Deutschen Juristentag, München 1974, S.I9–I24.

Kamphausen, Peter, Rechtsprobleme der Braunkohlenpläne, DÖV 1984, 146–156.

Kauch, Petra/Roer, Friederike, Das Verhältnis von Bauleitplanung und Fachplanung, SWR 174, Münster 1997.

Kelsen, Hans, Reine Rechtslehre, 2.Aufl. Wien 1960.

Keppeler, Jürgen, Die Grenzen des behördlichen Versagungsermessens unter besonderer Berücksichtigung des Zwecks der Ermächtigung, Konstanz 1989.

Kilian, Michael/Hesse, Uwe, Der rechtliche Status von Deutscher Bundesbahn und Deutscher Reichsbahn seit 1945, Verw 27 (1994), 175–194.

Kilian, Wolfgang, Rechtsschutz gegen Bundes-Rechtsverordnungen, NVwZ 1998, 142.

Kim, Nam-Cheol, Gemeindliche Planungshoheit und überörtliche Planungen. Ein Beitrag zur gemeindlichen Planungshoheit nach deutschem und koreanischem Recht, Frankfurt am Main 1998.

Kirchberg, Josef-Walter, Bedeutung der Richtlinie »Flora, Fauna, Habitat« der Europäischen Gemeinschaft für nationale Planfeststellungsverfahren, in: Blümel, Willi/Kühlwetter, Hans-Jürgen (Hrsg.), Aktuelle Probleme des Eisenbahnrechts II, Speyer 1997, S.163–173.

–, Das »Vorhaben von überörtlicher Bedeutung« im Sinne des §38 Satz 1 BauGB n.F., UPR 2001, 12–16.

–, Das Planfeststellungsverfahren, in: Ziekow, Jan (Hrsg.), Praxis des Fachplanungsrechts, Düsseldorf 2004, S.1–67.

Kirchberg, Josef-Walter/Boll, Michaela/Schütz, Peter, Der Rechtsschutz von Gemeinden in der Fachplanung, NVwZ 2002, 550–556.
Kirchhof, Paul, Rechtsquellen und Grundgesetz, in: Starck, Christian u.a. (Hrsg.), Bundesverfassungsgericht und Grundgesetz. Festgabe zum 25jährigen Bestehen des Bundesverfassungsgerichts, Bd. II, München 1976, S. 50–107.
–, Mittel staatlichen Handelns, in: Isensee, Josef/Kirchhof, Paul (Hrsg.), Handbuch des Staatsrechts der Bundesrepublik Deutschland, Bd. III, Heidelberg 1988, S. 121–209.
–, Der allgemeine Gleichheitssatz, in: Isensee, Josef/Kirchhof, Paul (Hrsg.), Handbuch des Staatsrechts der Bundesrepublik Deutschland, Bd. V, Heidelberg 1992, S. 837–972.
Kisker, Gunter, Insichprozeß und Einheit der Verwaltung. Zur Frage der Zulässigkeit von Insichprozessen vor den Verwaltungsgerichten, Baden-Baden 1968.
Klaua, Reinhard, Die Umsetzung der Braunkohlenpläne in den bergrechtlichen Betriebsplanverfahren, in: Akademie für Raumforschung und Landesplanung (Hrsg.), Sächsische Regionalplanung – eine Bilanz nach fünf Jahren. Anforderungen aus dem neuen Raumordnungsrecht und aus der Raumforschung, Hannover 1998, S. 93–112.
Klein, Hans H., Verwaltungskompetenzen von Bund und Ländern in der Rechtsprechung des Bundesverfassungsgerichts, in: Starck, Christian u.a. (Hrsg.), Bundesverfassungsgericht und Grundgesetz. Festgabe zum 25jährigen Bestehen des Bundesverfassungsgerichts, Bd. II, München 1976, S. 277–299.
Kleinschnittger, Annette, Die abfallrechtliche Planfeststellung. Möglichkeiten der Verfahrensvereinfachung und -beschleunigung insbesondere durch Verfahrensstufung, Berlin 1992.
Klinger, Remo, Die militärische Fachplanung, Baden-Baden 2002.
Kloepfer, Michael, Umweltschutz und Siedlungsplanung, RuP 1975, 20–23.
–, Systematisierung des Umweltrechts, Berlin 1978.
–, Gesetzgebung im Rechtsstaat, VVDStRL 40 (1981), 63–98.
–, Rechtsschutz im Umweltschutz, VerwArch 76 (1985), 371–426.
–, Abwägungsregeln bei Satzungsgebung und Gesetzgebung. Über Regelungen für den Erlaß von Rechtsnormen, DVBl. 1995, 441–448.
–, Umweltrecht, 2. Aufl. München 1998.
–, Planung und prospektive Rechtswissenschaft, in: Erbguth, Wilfried/Oebbecke, Janbernd/Rengeling, Hans-Werner/Schulte, Martin (Hrsg.), Planung. Festschrift für Werner Hoppe zum 70. Geburtstag, München 2000, S. 111–125.
Kloepfer, Michael/Franzius, Claudio/Reinert, Siegrid, Zur Geschichte des deutschen Umweltrechts, Berlin 1994.
Klose, Franz/Orf, Siegfried, Kommentar zum Waldrecht des Bundes und der Länder, 2. Aufl. Köln 1998.
Kluge, Rudolf/Krüger, Heinrich, Verfassung und Verwaltung im Dritten Reich, Berlin 1937.
Klühspies, Johannes, Perspektive Transrapid. Analysen zu Image und Akzeptanz einer neuen Verkehrstechnologie in Deutschland, München 2001.
Kment, Martin, Rechtsschutz im Hinblick auf Raumordnungspläne, SWR 202, Münster 2002.
–, Die Regelungsqualität der Raumordnungspläne, NuR 2003, 69–72.
–, Bindungswirkung der Grundsätze der Raumordnung gegenüber Personen des Privatrechts, NVwZ 2004, 155–158.
–, Die unmittelbare Außenwirkung des Flächennutzungsplans, NVwZ 2004, 314–315.
Knack, Hans J. (Hrsg.), Verwaltungsverfahrensgesetz, Kommentar, 7. Aufl. Köln/Berlin/Bonn/München 2000.
Knemeyer, Franz-Ludwig, Gewährleistung des notwendigen Handlungs- und Entfaltungsspielraums der kommunalen Selbstverwaltung, NJW 1980, 1140–1147.
–, Bauplanungs- und Bauordnungsrecht, in: Berg, Wilfried/Knemeyer, Franz-Ludwig/Papier,

Hans Jürgen/Steiner, Udo, Staats- und Verwaltungsrecht in Bayern, 6. Aufl. Stuttgart/München/Hannover 1996, S. 281–356.

Knöpfle, Franz, Das Zusammentreffen planfeststellungsbedürftiger Vorhaben, in: Lerche, Peter/Zacher, Hans/Badura, Peter (Hrsg.), Festschrift für Theodor Maunz zum 80. Geburtstag, München 1981, S. 187–205.

Koch, Hans-Joachim, Unbestimmte Rechtsbegriffe und Ermessensermächtigungen im Verwaltungsrecht, Frankfurt am Main 1979.

–, Das Abwägungsgebot im Planungsrecht – Einige Bemerkungen zur Intensität verwaltungsgerichtlicher Kontrolle, veranlaßt durch BVerwG, Urteil vom 21. 8. 1981 –, DVBl. 1983, 1125–1133.

–, Die normtheoretische Basis der Abwägung, in: Erbguth, Wilfried/Oebbecke, Janbernd/Rengeling, Hans-Werner/Schulte, Martin (Hrsg.), Abwägung im Recht. Symposium und Verabschiedung von Werner Hoppe am 30. Juni 1995 aus Anlaß seiner Emeritierung, Köln/Berlin/Bonn/München 1995, S. 9–24.

–, Zur Konkurrenz zwischen Fachplanung und Bauleitplanung, in: Berkemann, Jörg u.a. (Hrsg.), Planung und Planungskontrolle. Entwicklungen im Bau- und Fachplanungsrecht. Festschrift für Otto Schlichter zum 65. Geburtstag, Köln/Berlin/Bonn/München 1995, S. 461–478.

Koch, Hans-Joachim/Hendler, Reinhard, Baurecht, Raumordnungs- und Landesplanungsrecht, 3. Aufl. Stuttgart/München/Hannover/Berlin/Weimar/Dresden 2001.

Koch, Hans-Joachim/Scheuing, Dieter (Hrsg.), Gemeinschaftskommentar zum Bundes-Immissionsschutzgesetz, Loseblatt-Kommentar, Düsseldorf, Stand: Sept. 2000.

Koch, Martin, Zur Rechtsordnung der sächlichen Mittel der Eisenbahn, in: Haustein, Werner (Hrsg.), Die Eisenbahnen im deutschen öffentlichen Recht, Frankfurt am Main 1960, S. 134–182.

Koch, Thorsten, Europäisches Habitatschutzrecht und Rechte von Planungs- und Vorhabenträgern, Baden-Baden 2000.

–, Die Beteiligung der Mitgliedstaaten in der »zweiten Phase« der Ermittlung von FFH-Gebieten, Jb.UTR 62 (2002), 69–97.

Koch-Schweisfurth, Bernd, Die strompolizeilichen Aufgaben und Befugnisse des Bundes an den Bundeswasserstraßen, Diss. München 1973.

Kodal, Kurt/Krämer, Helmut (Hrsg.), Straßenrecht, 6. Aufl. München 1999.

Koehne, Carl, Grundriß des Eisenbahnrechts, Berlin 1906.

Koenig, Christian/Neumann, Andreas, Die neue Top-Level-Domain »EU« als Beitrag zum Auf- und Ausbau transeuropäischer Netze?, EuZW 2002, 485–490.

Koenig, Christian/Siewer, Thilo, Zur Verfassungsmäßigkeit der unentgeltlichen Nutzungsberechtigung von Telekommunikationsnetzbetreibern an kommunalen Verkehrswegen, NVwZ 2000, 609–615.

Kölble, Josef, Die hoheitliche Verwaltung des Bundes und die Staatsgewalt der Länder, DÖV 1962, 661–667.

–, Ist Art. 65 GG (Ressortprinzip im Rahmen von Kanzlerrichtlinien und Kabinettsentscheidungen) überholt?, DÖV 1973, 1–15.

Kollmer, Norbert, Die Zulassung von Ölpipelines – Probleme nach UVPG und VwVfG, DVBl. 1996, 841–847

Kolodziejcok, Karl-Günther, Nationalparke am Wendepunkt? Anmerkungen zu den Entscheidungen des OVG Lüneburg und des Bundesverwaltungsgerichts zum Nationalpark Elbtalaue, NuR 2000, 251–254.

Kolonko, Britta, Naturschutz und Bergrecht – zwei unvereinbare Materien?, ZUR 1995, 126–134.

König, Klaus/Dose, Nicolai, Klassifikationsansätze zum staatlichen Handeln, in: dies. (Hrsg.), Instrumente und Formen staatlichen Handelns, Köln/Berlin/Bonn/München 1993, S. 3–150.

Kopp, Ferdinand O., Das Gesetz- und Verordnungsprüfungsrecht der Behörden, DVBl. 1983, 821–829.

–, Beteiligung und Rechtsschutz der Länder in Planfeststellungsverfahren des Bundes, NuR 1991, 449–453.

Kopp, Ferdinand O./Ramsauer, Ulrich, Verwaltungsverfahrensgesetz, Kommentar, 8. Aufl. München 2003 und 7. Aufl. 2000.

Kopp, Ferdinand O./Schenke, Wolf-Rüdiger, Verwaltungsgerichtsordnung, Kommentar, 13. Aufl. München 2003.

Korbmacher, Günter, Eigentums- und entschädigungsrechtlich bedeutsame Entscheidungen in der fachplanerischen Abwägung, DÖV 1982, 517–528.

–, Das atomrechtliche Anhörungsverfahren. Betrachtungen zum Erörterungstermin für das Endlager Schacht Konrad, UPR 1994, 325–330.

Kosmider, Rainer, Plangesetz – Rechtsschutzstandards und Verfahrensrecht – BVerfGE 70, 35, JuS 1988, 447–452.

Köstering, Heinz, Kommunale Selbstverwaltung und staatliche Planung, DÖV 1981, 689–700.

Kraft, Ingo, Bauleitplanung und Fachplanung, BauR 1999, 829–841.

–, Bauleitplanung auf Bahnflächen, DVBl. 2000, 1326–1334.

–, Kommunale Verhinderungsplanung gegen Fachplanung?, UPR 2001, 294–299.

Krause, Peter, Rechtsformen des Verwaltungshandelns. Überlegungen zu einem System der Handlungsformen der Verwaltung, mit Ausnahme der Rechtssetzung, Berlin 1974.

Krautschneider, Erich, Die Zersplitterung des Bergrechts in der Bundesrepublik Deutschland in der Zeit von 1975 bis zum Bundesberggesetz, ZfB 122 (1981), 410–415.

Krautzberger, Michael, Orientierungsrahmen für die Raumordnungspolitik in der Bundesrepublik Deutschland, DÖV 1992, 911–916.

–, Zur Novellierung des Baugesetzbuchs 2004, UPR 2004, 41–50.

Krautzberger, Michael/Selke, Welf, Auf dem Wege zu einem Europäischen Raumentwicklungskonzept, DÖV 1994, 685–690.

Krebs, Walter, Subjektiver Rechtsschutz und objektive Rechtskontrolle, in: Erichsen, Hans-Uwe/Hoppe, Werner/v. Mutius, Albert (Hrsg.), System des verwaltungsgerichtlichen Rechtsschutzes. Festschrift für Christian-Friedrich Menger zum 70. Geburtstag, Köln/Berlin/Bonn/München 1985, S. 191–210.

–, Verwaltungsorganisation, in: Isensee, Josef/Kirchhof, Paul (Hrsg.), Handbuch des Staatsrechts der Bundesrepublik Deutschland, Bd. III, Heidelberg 1988, S. 567–622.

Krieger, Heinz-Jürgen, Vorläufiger Rechtsschutz gegen Gesamtplanungen, NuR 1983, 257–261.

Krieglstein, Felix, Die staatliche Aufsicht über die Elektrizitätswirtschaft nach dem Energiewirtschaftsgesetz, Berlin 2002.

–, Die Zulassung von Hochspannungsfreileitungen im liberalisierten Strommarkt, UPR 2003, 17–21.

Kriener, Peter Georg, Die planungsrechtliche Gemeindenachbarklage, BayVBl. 1984, 97–103.

Kruchen, Erich, Allgemeines über Eisenbahnen, Rechtsquellen und Eisenbahnpolitik, in: Haustein, Werner (Hrsg.), Die Eisenbahnen im deutschen öffentlichen Recht, Frankfurt am Main 1960, S. 9–40.

–, Die Eisenbahnhoheit, ebenda, S. 41–91.

Küchler, Kurt, Geltung von Landesbaurecht für Bundesbahnanlagen?, DÖV 1977, 187–194.

Kues, Dirk, Lebensraumschutz nach der Fauna-Flora-Habitat-Richtlinie, Aachen 2001.

Kügel, Wilfried, Der Planfeststellungsbeschluß und seine Anfechtbarkeit, Berlin 1985.
Kühling, Jürgen, Fachplanungsrecht, 1. Aufl. Düsseldorf 1988.
–, Rechtsprechung des Bundesverwaltungsgerichts zum Fachplanungsrecht, DVBl. 1989, 221–230.
–, Die privatnützige Planfeststellung, in: Franßen, Eberhard/Redeker, Konrad/Schlichter, Otto/Wilke, Dieter (Hrsg.), Bürger – Richter – Staat. Festschrift für Horst Sendler zum Abschied aus seinem Amt, München 1991, S. 391–402.
Kühling, Jürgen/Hermann, Nikolaus, Fachplanungsrecht, 2. Aufl. Düsseldorf 2000.
Kühlwetter, Hans-Jürgen, Der Begriff der Anlage unter besonderer Berücksichtigung des Eisenbahnrechts, in: Blümel, Willi/Kühlwetter, Hans-Jürgen (Hrsg.), Aktuelle Probleme des Eisenbahnrechts III, Speyer 1999, S. 7–40.
Kühne, Gunther, Nochmals: Bergbaurechtliche Berechtigungen und Nationalparkverordnung Niedersächsisches Wattenmeer, DVBl. 1987, 1259–1263.
–, Bestandsschutz und Verfahrensstufung im Betriebsplanverfahren – Bemerkungen zum Urteil des Bundesverwaltungsgerichts vom 13. 12. 1991 – 7 C 25.90 –, UPR 1992, 218–221.
–, Bergrechtlicher Rahmenbetriebsplan, Anlagengenehmigungsrecht und Umweltverträglichkeitsprüfung. Fragen der Bindungswirkung und Planfeststellungspflichtigkeit von Rahmenbetriebsplanzulassungen am Beispiel des Erkundungsbergwerks Gorleben, Köln 1993.
–, Bestandsschutz alten Bergwerkseigentums unter besonderer Berücksichtigung des Art. 14 GG, Baden-Baden 1998.
–, Braunkohlenplanung und bergrechtliche Zulassungsverfahren. Rechtliche Bindungswirkungen des Braunkohlenplans Garzweiler II und eventueller Änderungen für das Betriebsplanverfahren, Köln/Berlin/Bonn/München 1999.
–, Entwicklungstendenzen im Bergrecht, in: ders./Baur, Jürgen F./Baron, Michael/Büdenberger, Ulrich, Das deutsche Berg- und Energierecht auf dem Wege nach Europa, Baden-Baden 2002, S. 77–95.
Kühne, Gunther/Schoch, Friedrich/Beckmann, Martin, Gegenwartsprobleme des Bergrechts, Baden-Baden 1995.
Kukk, Alexander, Rechtsschutz von Flughafenanwohnern gegen die Festlegung von Flugrouten: Zwei Schritte vor, ein Schritt zurück, NVwZ 2001, 408–410.
Kunig, Philip, Das Rechtsstaatsprinzip: Überlegungen zu seiner Bedeutung für das Verfassungsrecht der Bundesrepublik Deutschland, Tübingen 1986.
–, Die Legende vom »weiten« Begriff des »Rechts der Wirtschaft«. Wider den leichthändigen Umgang mit Art. 74 Nr. 11 GG, JR 1986, 491–497.
–, Einzelfallentscheidungen durch Gesetz, Jura 1993, 308–314.
–, Gesetzgebungsbefugnisse von Bund und Ländern, Jura 1996, 254–261.
–, Verfassungsrecht und einfaches Recht – Verfassungsgerichtsbarkeit und Fachgerichtsbarkeit, VVDStRL 61 (2002), 34–79.
Kunig, Philip/Paetow, Stefan/Versteyl, Ludger-Anselm, Kreislaufwirtschafts- und Abfallgesetz, Kommentar, München 1998.
Kunig, Philip/Rublack, Susanne, Aushandeln statt Entscheiden? – Das Verwaltungsverfahrensrecht vor neuen Herausforderungen –, Jura 1990, 1–11
Kurth, Norbert, Straßenunterhaltung und Verkehrssicherungspflicht, in: Kolks, Wilhelm/Fiedler, Joachim (Hrsg.), Verkehrswesen in der kommunalen Praxis, Bd. 1: Planung – Bau – Betrieb, Berlin 1997, S. 365–383.
Kuschnerus, Ulrich, Kommunale Planungshoheit und die Bahn – Zur praxisgerechten (Um-)Nutzung von Bahnanlagen –, ZfBR 2000, 300–307.
Kutscheidt, Ernst, Die Neufassung der TA Lärm, NVwZ 1999, 577–583.
Laband, Paul, Das Staatsrecht des Deutschen Reiches, Zweiter Band, 5. Aufl. Tübingen 1911, Dritter Band, 5. Aufl. 1913.

Labbé, Walter/Wölfel, Helmut, Stromleitungsbau ohne Beteiligung der Gemeinden?, BayVBl. 1990, 161–169.

Ladeur, Karl-Heinz, Abwägung – ein neues Paradigma des Verwaltungsrechts. Von der Einheit der Rechtsordnung zum Rechtspluralimus, Frankfurt am Main 1984.

Lammers, Hans-Heinrich/Simons, Walter, Die Rechtsprechung des Staatsgerichtshofs für das Deutsche Reich und des Reichsgerichts auf Grund Art. 13 Abs. 2 der Reichsverfassung, Bd. I, Berlin 1929, Bd. II, 1930, Bd. III, 1931, Bd. IV, 1931, Bd. V, 1933, Bd. VI, 1939.

Lang, Alfred, Welchen Anforderungen muß ein Nationalpark in der Bundesrepublik Deutschland genügen?, NuR 1984, 14–18.

Lange, Klaus, Verkehr und öffentliches Recht. Öffentlich-rechtliche Strukturen und Probleme des Binnenverkehrssystems der Bundesrepublik Deutschland, Göttingen 1974.

–, Probleme des Bund-Länder-Verhältnisses im Atomrecht, NVwZ 1990, 928–931.

Langer, Stefan, Gemeindliches Selbstverwaltungsrecht und überörtliche Raumplanung, VerwArch 80 (1988), 352–380.

–, Städtebaurecht und Hochspannungsfreileitungen, BayVBl. 1989, 641–648.

Larenz, Karl, Methodenlehre der Rechtswissenschaft, 6. Aufl. Berlin/Heidelberg u.a. 1991.

Lasotta, Stephan, Die Beteiligung der Gemeinden bei der Fachplanung, DVBl. 1998, 255–262.

Lassar, Gerhard, Die Zuständigkeitsverteilung auf dem Gebiete des Verkehrswesens, in: Anschütz, Gerhard/Thoma, Richard (Hrsg.), Handbuch des deutschen Staatsrechts, Erster Band, Tübingen 1930, S. 345–353.

Laubinger, Hans-Werner, Der Umfang der Konzentrationswirkung der Planfeststellung, VerwArch 77 (1986), 77–91.

–, Höchstrichterliche Rechtsprechung zum Verwaltungsrecht: Zur Rechtsnatur der »Bezeichnung« eines Vorhabens nach dem Landbeschaffungsgesetz und zur Doppelnatur hoheitlicher Maßnahmen, VerwArch 77 (1986), 421–434.

–, Naturschutzrecht in Planfeststellungen von Bundesbehörden. Zur Klagebefugnis der Länder bei der Anfechtung bundesbehördlicher Verwaltungsakte, VerwArch 85 (1994), 291–316.

Lautner, Gerd, Die Untersagung raumordnungswidriger Planungen und Maßnahmen insbesondere in Hessen, VR 1987, 336–343.

–, Städtebaurecht, Landes- und Regionalplanungsrecht unter besonderer Berücksichtigung der Rechtslage in Hessen, 3. Aufl. Darmstadt 1990.

–, Funktionen raumordnerischer Verfahren, Berlin 1999.

Lautner, Gerd/Metz, Thomas, Bundesfernstraßenplanung – Von der Bedarfsermittlung bis zur baulichen Realisierung, VR 1996, 253–260.

Lehners, Andreas, Raumordnungsgebiete nach dem Raumordnungsgesetz 1998, SWR 184, Münster 1998.

Leisner, Walter, Der Bund-Länder-Streit vor dem Bundesverfassungsgericht, in: Starck, Christian u.a. (Hrsg.), Bundesverfassungsgericht und Grundgesetz. Festgabe zum 25jährigen Bestehen des Bundesverfassungsgerichts, Bd. I, München 1976, S. 260–291.

–, Bestandsgarantie des Eigentums – vom Bergrecht unterminiert?, DVBl. 1988, 555–562.

–, Eigentum, in: Isensee, Josef/Kirchhof, Paul (Hrsg.), Handbuch des Staatsrechts der Bundesrepublik Deutschland, Bd. VI, Heidelberg 1989, S. 1023–1098.

–, Der Abwägungsstaat. Verhältnismäßigkeit als Gerechtigkeit?, Berlin 1997.

Lenz, Carl Otto (Hrsg.), EG-Vertrag, Kommentar, 1. Aufl. Köln/Basel/Wien 1994

Lenz, Carl Otto/Borchardt, Klaus-Dieter (Hrsg.), EG-und EU-Vertrag, 3. Aufl. Köln/Basel/Genf/München/Wien 2003.

Lerche, Peter, Grenzen der Wehrfähigkeit kommunaler Planungshoheit, in: Maunz, Theodor (Hrsg.), Verwaltung und Rechtsbindung. Festschrift zum hundertjährigen Bestehen des Bayerischen Verwaltungsgerichtshofs, München 1979, S. 223–237.

–, Verfassungsfragen der Bundeswehrverwaltung, in: Das akzeptierte Grundgesetz. Festschrift für Günther Dürig, München 1990, S. 401–410.

–, Infrastrukturelle Verfassungsaufträge, in: Wendt, Rudolf (Hrsg.), Staat, Wirtschaft, Steuern. Festschrift für Karl Heinrich Friauf zum 65. Geburtstag, Heidelberg 1996, S. 251–260.

–, Übermaß und Verfassungsrecht. Zur Bindung des Gesetzgebers an die Grundsätze der Verhältnismäßigkeit und der Erforderlichkeit, 2. Aufl. Goldbach 1999.

Lewin, Daniel, Gestufte Planung von Bundesverkehrswegen, Baden-Baden 2003.

Listl, Joseph, Die Entscheidungsprärogative des Parlaments für die Errichtung von Kernkraftwerken, DVBl. 1978, 10–17.

Löhr, Rolf-Peter, Gerichtliche Rechtsschutzmöglichkeiten der Gemeinden gegen Regionalpläne, DVBl. 1980, 13–21.

Lorenz, Dieter, Zur Problematik des verwaltungsgerichtlichen Insichprozesses, AöR 93 (1968), 308–340.

–, Die verfassungsrechtlichen Vorgaben des Art. 19 Abs. 4 GG für das Verwaltungsprozeßrecht, in: Erichsen, Hans-Uwe/Hoppe, Werner/v. Mutius, Albert (Hrsg.), System des verwaltungsgerichtlichen Rechtsschutzes. Festschrift für Christian-Friedrich Menger zum 70. Geburtstag, Köln/Berlin/Bonn/München 1985, S. 143–159.

–, Recht auf Leben und körperliche Unversehrtheit, in: Isensee, Josef/Kirchhof, Paul (Hrsg.), Handbuch des Staatsrechts der Bundesrepublik Deutschland, Bd. VI, Heidelberg 1989, S. 3–39.

Lorz, Albert, Naturschutzrecht, München 1984.

Lorz, Albert/Müller, Markus/Stöckel, Heinz, Naturschutzrecht, 2. Aufl. München 2003.

Lorz, Ralph Alexander, Interorganrespekt im Verfassungsrecht. Funktionszuordnung, Rücksichtnahmegebote und Kooperationsverpflichtungen, Tübingen 2001.

Loschelder, Wolfgang, Weisungshierarchie und persönliche Verantwortung in der Exekutive, in: Isensee, Josef/Kirchhof, Paul (Hrsg.), Handbuch des Staatsrechts der Bundesrepublik Deutschland, Bd. III, Heidelberg 1988, S. 521–566.

Louis, Hans Walter, Die Abwägung von Natur- und Landschaftsschutz in Bebauungsplänen, UPR 1990, 208–209.

–, Bundesnaturschutzgesetz, Kommentar, 1 Teil, 2. Aufl. Braunschweig 2000.

–, Artenschutz durch die Ausweisung von geschützten Teilen von Natur und Landschaft, die artenschutzrechtlichen Störungs- und Zugriffsverbote und die Eingriffsregelung, in: Dolde, Klaus-Peter (Hrsg.), Umweltrecht im Wandel, Berlin 2001, S. 493–535.

Louis, Hans Walter/Klatt, Günther, Anforderungen des Naturschutzrechts an die Bauleitplanung und deren Vollzugsakte, NuR 1987, 347–355.

Louis, Hans Walter/Wolf, Verena, Naturschutz und Baurecht, NuR 2002, 455–467.

–, Allgemeine Grundsätze zur Anwendung umweltrechtlichen Fachrechts in Zulassungsverfahren und bei ordnungsbehördlichen Anordnungen, NuR 2003, 213–216.

Löwer, Wolfgang, Klagebefugnis und Kontrollumfang der richterlichen Planprüfung bei straßenrechtlichen Planfeststellungsbeschlüssen, DVBl. 1981, 528–535.

–, Rechtsverhältnisse in der Leistungsverwaltung, NVwZ 1986, 793–800.

Lück, Michael, Die Gemeinschaftstreue als allgemeines Rechtsprinzip im Recht der EG, Baden-Baden 1992.

Lücke, Jörg, Das Gebot der Rücksichtnahme in der länderüberschreitenden Raumordnung, VerwArch 70 (1979), 293ff., 295f.

Lüers, Hartwig, Baurechtliche Instrumente des Hochwasserschutzes, UPR 1996, 241–246.

–, Die Bauleitplanung nach dem BauROG, DVBl. 1998, 433–445.

Maaß, Christian A., Die Identifizierung faktischer Vogelschutzgebiete, NuR 2000, 121–130.

–, Zur Berücksichtigung wirtschaftlicher und sozialer Belange bei der Auswahl, der Ausweisung und dem Schutz von Habitaten, ZUR 2001, 80–83.

Macher, Ludwig, Der Grundsatz des gemeindefreundlichen Verhaltens, Berlin 1971.
Maichel, Gert, Agrarstrukturelle Planung und räumliche Gesamtplanung, Köln/Berlin/Bonn/München 1982.
Manner, Reinhard, Die rechtsstaatlichen Grundlagen des Planfeststellungsverfahrens, Diss. München 1976.
Manssen, Gerrit, Öffentliches Baurecht, in: Becker, Ulrich/Heckmann, Dirk/Kempen, Bernhard/Manssen, Gerrit, Öffentliches Recht in Bayern, 2. Aufl. München 2001, S. 337–429.
–, Planrechtfertigung, in: Ziekow, Jan (Hrsg.), Flughafenplanung, Planfeststellungsverfahren, Anforderungen an die Planungsentscheidung, Berlin 2002, S. 307–322.
Marschall, Ernst A., Bundesfernstraßengesetz, Kommentar, 3. Aufl. Köln/Berlin/Bonn/München 1972.
Marschall, Ernst A./Kastner, Fritz (Hrsg.), Bundesfernstraßengesetz, Kommentar, 5. Aufl. Köln/Berlin/Bonn/München 1998.
Marschall, Ernst A./Schweinsberg, Ralf, Eisenbahnkreuzungsgesetz, Kommentar, 5. Aufl. Köln/Berlin/Bonn/München 2000.
März, Wolfgang, Bundesrecht bricht Landesrecht. Eine staatsrechtliche Untersuchung zu Artikel 31 des Grundgesetzes, Berlin 1989.
Marzik, Ulf/Wilrich, Thomas, Bundesnaturschutzgesetz, Kommentar, Baden-Baden 2004.
Mattes, Franz-Christian, Rechtsnatur und Aufgaben der Regionalverbände in Baden-Württemberg und ihr Verhältnis zu anderen Planungsträgern, Diss. Tübingen 1978.
Matuschak, Holger, Europäisches Gemeinschaftsrecht im Verhältnis zum deutschen Städtebaurecht, SWR 158, Münster 1994.
–, Die Bedeutung des neuen Art. 130s Abs. 2 EGV im Rahmen des EG-vertraglichen Umweltrechts, DVBl. 1995, 81–88.
Maunz, Theodor, Staatlichkeit und Verfassungshoheit der Länder, in: Isensee, Josef/Kirchhof, Paul (Hrsg.), Handbuch des Staatsrechts der Bundesrepublik Deutschland, Bd. IV, Heidelberg 1990, S. 427–441.
Maunz, Theodor/Dürig, Günther u.a., Grundgesetz, Loseblatt-Kommentar, München, Stand: Okt. 2002.
Maurer, Hartmut, Vollzugs- und Ausführungsgesetze, in: Bartlsperger, Richard u.a. (Hrsg.), Rechtsstaat-Kirche-Sinnverantwortung. Festschrift für Klaus Obermayer zum 70. Geburtstag, München 1986, S. 95–106.
–, Kontinuitätsgewähr und Vertrauensschutz, in: Isensee, Josef/Kirchhof, Paul (Hrsg.), Handbuch des Staatsrechts der Bundesrepublik Deutschland, Bd. III, Heidelberg 1988, S. 211–279.
–, Allgemeines Verwaltungsrecht, 14. Aufl. München 2002.
Mayer, Otto, Deutsches Verwaltungsrecht (1895), 3. Aufl. Berlin 1924.
Mecklenburg, Wilhelm, Linienbestimmung, UVP und Verkehrswegeplanungsbeschleunigungsgesetz, UPR 1997, 394–399.
Meier, Henning, Raumordnungs- und Landesplanungsrecht, in: Faber, Heiko/Schneider, Hans-Peter (Hrsg.), Niedersächsisches Staats- und Verwaltungsrecht, Frankfurt am Main 1985, S. 329–349.
Melchior, Herbert, Fachplanung im Sozialstaat. Durchsetzungskraft fachplanerischer Vorhaben am Beispiel des kommunalen Personennahverkehrs, Stuttgart/Berlin/Köln/Mainz 2000.
Menger, Christian-Friedrich/Erichsen, Hans-Uwe, Höchstrichterliche Rechtsprechung zum Verwaltungsrecht, VerwArch 60 (1969), 89–100.
Menke, Rainard, Die Änderung von Planfeststellungsbeschlüssen oder Plangenehmigungen durch Bebauungsplan, NVwZ 1999, 950–954.

Merkl, Adolf, Prolegomena einer Theorie des rechtlichen Stufenbaus, in: Verdross, Alfred (Hrsg.), Gesellschaft, Staat und Recht. Festschrift für Hans Kelsen zum 50. Geburtstag, Wien 1931, S. 252–294.

Meßerschmidt, Klaus, Gesetzgebungsermessen, Berlin 2000.

Metzler, Bernd, Die Privatisierung von Personenbahnhöfen. Rechtliche Implikationen im Zusammenhang mit der Einbringung von Bahnhofsgebäuden der Deutschen Bahn AG in geschlossene Immobilienfonds, Frankfurt am Main 1999.

Meyer, Gerhard, Das Planfeststellungsrecht der Bundesbahn nach § 36 Bundesbahngesetz und sein Zusammentreffen mit Landesplanungsrecht, Diss. Köln 1960.

Meyer, Hans/Borgs, Hermann, Verwaltungsverfahrensgesetz, Kommentar, 2. Aufl. Frankfurt am Main 1982.

Michler, Hans-Peter, Rechtsprobleme des Verkehrsimmissionsschutzes, Düsseldorf 1993.

–, Planfeststellung und Immissionsschutz, VerwArch 90 (1999), 21–48.

Milhahn, Joachim, Die Koordinierung der kommunalen Bauleitplanung mit Planungen nach dem Bundesfernstraßengesetz, Diss. München 1971.

Mlitzko, Hartmut-Ulrich, Bundeseisenbahnen und Landespolizei, DÖV 1964, 730–731.

Moersch, Wolfram, Leistungsfähigkeit und Grenzen des Subsidiaritätsprinzips, Berlin 2001.

–, Stand und Perspektiven grenzüberschreitender Raumordnung, BayVBl. 2004, 40–46.

Mogk, Reinhold, Das Verhältnis zwischen dem Bergbau und den öffentlichen Verkehrsanstalten nach dem Allgemeinen Berggesetz für die preußischen Staaten vom 24. Juli 1865, Diss. Köln 1961.

Molodovsky, Paul/Graf von Bernstorff, Swen, Enteignungsrecht in Bayern, Kommentar, Loseblatt, München, Stand: Okt. 2001.

Möstl, Markus, Fauna-Flora-Habitat-Schutzgebiete in der kommunalen Bauleitplanung, DVBl. 2002, 726–734.

Müller, Andreas, Konzeptbezogenes Verwaltungshandeln. Eine Untersuchung planerischer Handlungsformen der Exekutive im Schnittbereich sich wandelnder Querschnittsaufgaben, Baden-Baden 1992.

Müller, Friedrich, Juristische Methodik, 6. Aufl. Berlin 1995.

Müller, Georg, Inhalt und Formen der Rechtssetzung als Probleme der demokratischen Kompetenzordnung, Basel 1979.

Müller, Horst Joachim, Anmerkung zu BVerfG, Urt. v. 10. 3. 1981 – 1 BvR 92/71 und 1 BvR 96/71 –, NJW 1981, 1254–1255.

Müller-Terpitz, Ralf, Aus eins mach zwei – Zur Novellierung des Bundesnaturschutzgesetzes, NVWZ 1999, 26–32.

Niederstadt, Frank, Die Umsetzung der Flora-Fauna-Habitatrichtlinie durch das Zweite Gesetz zur Änderung des Bundesnaturschutzgesetzes, NuR 1998, 515–526.

Niedobitek, Matthias, Kollisionen zwischen EG-Recht und nationalem Recht, VerwArch 92 (2001), 58–80.

Niemeier, Hans-Gerhart, Die Untersagung raumordnungswidriger Planungen und Maßnahmen, RuR 1979, 121–128.

–, Regionalplanung und Selbstverwaltung, in: Westermann, Harry u. a. (Hrsg.), Raumplanung und Eigentumsordnung. Festschrift für Werner Ernst zum 70. Geburtstag, München 1980, S. 335–349.

Niermann, Ralf Peter, Betriebsplan und Planfeststellung im Bergrecht, SWR 143, Münster 1992.

Noll, Peter, Gesetzgebungslehre, Reinbek bei Hamburg 1973.

Obermayer, Klaus (Hrsg.), Kommentar zum Verwaltungsverfahrensgesetz, 3. Aufl. Neuwied 1999.

Öhlinger, Theo/Weimar, Theo (Hrsg.), Die europäische Raumordnungscharta, Frankfurt am Main 1991.
Olbert, Lothar, Anmerkung zu BVerwG, Urt. v. 29.4. 1993 – 7 A 2.92 –, Archiv PT 1993, 399–400.
Oppermann, Thomas, Europarecht, 2. Aufl. München 1999.
Ortloff, Karsten-Michael, Abschied von der Baugenehmigung – Beginn beschleunigten Bauens?, NVwZ 1995, 112–119.
Ossenbühl, Fritz, Verwaltungsvorschriften und Grundgesetz, Bad Homburg/Berlin/Zürich 1968.
–, Welche normativen Anforderungen stellt des Verfassungsgrundsatz des demokratischen Rechtsstaats an die planende staatliche Tätigkeit? – dargestellt am Beispiel der Entwicklungsplanung. Gutachten B für den 50. Deutschen Juristentag, München 1974.
–, Die Handlungsformen der Verwaltung, JuS 1979, 681–687.
–, Die Ausbauplanung für öffentliche Straßen, in: Bartlsperger, Richard/Blümel, Willi/Schroeter, Hans-Wolfgang (Hrsg.), Ein Vierteljahrhundert Straßenrechtsgesetzgebung, Hamburg 1980, S. 297–308.
–, Rechtliche Probleme der Investitionskontrolle gemäß § 4 Energiewirtschaftsgesetz, Köln/Berlin/Bonn/München 1988.
–, Gesetz und Recht – Die Rechtsquellen im demokratischen Rechtsstaat, in: Isensee, Josef/Kirchhof, Paul (Hrsg.), Handbuch des Staatsrechts der Bundesrepublik Deutschland, Bd. III, Heidelberg 1988, S. 281–314.
–, Vorrang und Vorbehalt des Gesetzes, in: Isensee, Josef/Kirchhof, Paul (Hrsg.), Handbuch des Staatsrechts der Bundesrepublik Deutschland, Bd. III, Heidelberg 1988, S. 315–349.
–, Verfahren der Gesetzgebung, in: Isensee, Josef/Kirchhof, Paul (Hrsg.), Handbuch des Staatsrechts der Bundesrepublik Deutschland, Bd. III, Heidelberg 1988, S. 351–385.
–, Rechtsverordnung, in: Isensee, Josef/Kirchhof, Paul (Hrsg.), Handbuch des Staatsrechts der Bundesrepublik Deutschland, Bd. III, Heidelberg 1988, S. 387–424.
–, Verfassungsrechtliche Aspekte des atomrechtlichen Planfeststellungsverfahrens, in: Franßen, Eberhard/Redeker, Konrad/Schlichter, Otto/Wilke, Dieter (Hrsg.), Bürger – Richter – Staat. Festschrift für Horst Sendler zum Abschied aus seinem Amt, München 1991, S. 107–119.
–, Abwägung im Verfassungsrecht, in: Erbguth, Wilfried/Oebbecke, Janbernd/Rengeling, Hans-Werner/Schulte, Martin (Hrsg.), Abwägung im Recht. Symposium und Verabschiedung von Werner Hoppe am 30. Juni 1995 aus Anlaß seiner Emeritierung, Köln/Berlin/Bonn/München 1995, S. 25–41.
–, Staatshaftungsrecht, 5. Aufl. München 1998.
–, Der Gesetzgeber als Exekutive. Verfassungsrechtliche Überlegungen zur Legalplanung, in: Erbguth, Wilfried/Oebbecke, Janbernd/Rengeling, Hans-Werner/Schulte, Martin (Hrsg.), Planung. Festschrift für Werner Hoppe zum 70. Geburtstag, München 2000, S. 183–194.
Otting, Olaf, Factory Outlet Center und interkommunales Abstimmungsgebot, DVBl. 1999, 595–598.
Otto, Christian, Anmerkung zu VGH München, Urt. v. 20.10. 1998 – 20 A 98.40022 –, NJ 1999, 160–161.
Paal, Ursula, Anmerkung zum Urteil des VGH München vom 21.5. 1980 – 9B-2007/79 –, BayVBl. 1981, 242–244.
Pabst, Heinz-Joachim, Das Investitionsmaßnahmegesetz »Südumfahrung Stendel« vor dem BVerfG, UPR 1997, 284–286.
–, Verfassungsrechtliche Grenzen der Privatisierung im Fernstraßenbau, Berlin 1997.
Pache, Eckhard, Tatbestandliche Abwägung und Beurteilungsspielraum, Tübingen 2001.

Paetow, Stefan, Zum Verhältnis von Bauleitplanung und Fachplanung, UPR 1990, 321–327.
–, Zur Struktur der abfallrechtlichen Planfeststellung, in: Franßen, Eberhard/Redeker, Konrad/Schlichter, Otto/Wilke, Dieter (Hrsg.), Bürger – Richter – Staat. Festschrift für Horst Sendler zum Abschied aus seinem Amt, München 1991, S. 425–442.
Papier, Hans Jürgen, Die rechtlichen Grenzen der Bauleitplanung, DVBl. 1975, 461–467.
–, Rechtliche Bindung und gerichtliche Kontrolle planender Verwaltung im Bereich des Bodenrechts, NJW 1977, 1714–1720.
–, Die verwaltungsgerichtliche Organklage, DÖV 1980, 292–299.
–, Rechtskontrolle technischer Großprojekte, in: Bitburger Gespräche. Jahrbuch 1980/1981, München 1981, S. 81–99.
–, Möglichkeiten und Grenzen der rechtsverbindlichen Festlegung und Freihaltung von Leitungstrassen durch die Regionalplanung, SWR 84, Münster 1983.
–, Staatliche Einwirkungen auf die Energiewirtschaft, in: Wilke, Dieter (Hrsg.), Festschrift zum 125jährigen Bestehen der Juristischen Gesellschaft zu Berlin, Berlin/New York 1984, S. 529–547.
–, Normenkontrolle (§ 47 VwGO), in: Erichsen, Hans Uwe/Hoppe, Werner/v. Mutius, Albert (Hrsg.), System des verwaltungsgerichtlichen Rechtsschutzes. Festschrift für Christian-Friedrich Menger zum 70. Geburtstag, Köln/Berlin/Bonn/München 1985, S. 517–534.
–, Raumordnerischer Handlungsspielraum für die Planung des Stromleitungsbaus, RdE 1986, 194–196.
–, Zur verwaltungsgerichtlichen Kontrolldichte, DÖV 1986, 621–628.
–, Rechtsschutzgarantie gegen die öffentliche Gewalt, in: Isensee, Josef/Kirchhof, Paul (Hrsg.), Handbuch des Staatsrechts der Bundesrepublik Deutschland, Bd. VI, Heidelberg 1989, S. 1233–1270.
–, Gewaltentrennung im Rechtsstaat, in: Merten, Detlef (Hrsg.), Gewaltentrennung im Rechtsstaat. Zum 300. Geburtstag von Charles de Montesquieu, Berlin 1989, S. 95–114.
–, Fernmeldemonopol der Post und Privatrundfunk, DÖV 1990, 217–223.
–, Recht der öffentlichen Sachen, 3. Aufl. Berlin 1998.
–, Eigentum in der Planung, in: Erbguth, Wilfried/Oebbecke, Janbernd/Rengeling, Hans-Werner/Schulte, Martin (Hrsg.), Planung. Festschrift für Werner Hoppe zum 70. Geburtstag, München 2000, S. 213–228.
–, Straßenrecht, in: Achterberg, Norbert/Püttner, Günter/Würtenberger, Thomas (Hrsg.), Besonderes Verwaltungsrecht, Bd. I: Wirtschafts-, Umwelt-, Bau-, Kultusrecht, 2. Aufl. Heidelberg 2000, S. 841–913
–, Umweltschutz als Bestandteil kommunaler Verwaltungstätigkeit, in: Umweltschutz, Wirtschaft und kommunale Selbstverwaltung (UTR 55), Berlin 2001, S. 11–34.
–, Recht der öffentlichen Sachen, in: Erichsen, Hans-Uwe/Ehlers, Dirk (Hrsg.), Allgemeines Verwaltungsrecht, 12. Aufl. Berlin 2002, S. 589–685.
–, Diskussionsbeitrag in: VVDStRL 61 (2002), 155–157.
Paßlick, Hermann, Die Ziele der Raumordnung und Landesplanung, SWR 105, Münster 1986.
Pauly, Walter, Grundlagen einer Handlungsformenlehre im Verwaltungsrecht, in: Becker-Schwarze, Kathrin u.a. (Hrsg.), Wandel der Handlungsformen im Öffentlichen Recht. 31. Tagung der Wissenschaftlichen Mitarbeiterinnen und Mitarbeiter der Fachrichtung »Öffentliches Recht«, Bremen 1991, S. 25–45.
Pechstein, Matthias/Weber, Anja, Transgemeinschaftliche interkommunale Zusammenarbeit bei Verkehrsinfrastrukturprojekten, LKV 2001, 89–94.
Peine, Franz-Joseph, Systemgerechtigkeit, Baden-Baden 1985.
–, Die Präklusion öffentlicher Belange, in: Ziekow, Jan (Hrsg.), Beschleunigung von Planungs- und Genehmigungsverfahren, Berlin 1998, S. 249–269.

–, Wasserhaushaltsrecht, in: Achterberg, Norbert/Püttner, Günter/Würtenberger, Thomas (Hrsg.), Besonderes Verwaltungsrecht, Bd. I: Wirtschafts-, Umwelt-, Bau-, Kultusrecht, 2. Aufl. Heidelberg 2000, S. 914–993.
–, Das Recht des Nationalparks: Errichtung, Bestandsschutz, Nutzung, LKV 2002, 441–447.
–, Öffentliches Baurecht. Grundzüge des Bauplanungs- und Bauordnungsrechts unter Berücksichtigung des Raumordnungs – und Fachplanungsrechts, 4. Aufl. Tübingen 2003.
Pellens, Martin, Rechtsschutz gegen Gaspipelines in Küstengewässern, NuR 1996, 281–287.
Pernice, Ingolf, Europäisches und nationales Verfassungsrecht, VVDStRL 60 (2001), 148–193.
Pestalozza, Christian, Der Garantiegehalt der Kompetenznorm. Erläutert am Beispiel der Art. 105ff. GG, Der Staat 1972, 161–188.
–, Formenmißbrauch des Staates. Zur Figur und Folgen des Formenmißbrauchs und ihrer Anwendung auf staatliches Verhalten, München 1973.
Peter, Manfred, Die Regelung bergbaulicher Einwirkungen auf das Grundeigentum als Problem der Raumordnung. Gedanken zum geltenden Recht und dem Entwurf eines Bundesberggesetzes, Diss. Bochum 1977.
Peters, Heinz-Joachim, Grundwasserschutz durch neuartige Wasserschutzgebiete, DVBl. 1987, 990–994.
–, Grundzüge des Umweltplanungsrechts, DÖV 1988, 56–64.
–, Planfeststellungsverfahren mit integrierter Umweltverträglichkeitsprüfung bei Rohrleitungsanlagen, ZfW 2002, 146–160.
Peters, W., Nationalparkverordnung »Niedersächsisches Wattenmeer« und bergbauliche Berechtigungen – Erwiderung auf Kühne, DVBl. 1987, 1259ff. –, DVBl. 1988, 227–229.
Pfadt, Hubert, Rechtsfragen zum Betriebsplan im Bergrecht, Baden-Baden 1981.
Pfaff, Richard, Die Gemeinden als legitime und legale Repräsentanten von Bürgerinteressen, VerwArch 70 (1979), 1–26.
Pfaff, Richard/Heilshorn, Torsten, Die Flugroutenfestlegung als Abwägungsentscheidung, NVwZ 2004, 412–418.
Pfeifer, Marten, Landschaftsplanung und Bauleitplanung, SWR 103, Münster 1989.
–, Der Grundsatz der Konfliktbewältigung in der Bauleitplanung, SWR 125, Münster 1989.
Pfeifer, Marten/Wagner, Jörg, Landschaftsplanung- Gesamtplanung – Fachplanung. Überlegungen zur Novellierung der Vorschriften über die Landschaftsplanung im Bundesnaturschutzgesetz, DVBl. 1989, 789–798.
Piduch, Erwin A., Bundeshaushaltsrecht, Loseblatt-Kommentar, Stuttgart/Berlin/Köln, Stand: Okt. 2001.
Piens, Reinhart/Schulte, Hans-Wolfgang/Graf Vitzthum, Stephan, Bundesberggesetz, Kommentar, Stuttgart/Berlin/Köln/Mainz 1983.
Pietzcker, Jost, Zur Inzidentverwerfung untergesetzlicher Rechtsnormen durch die vollziehende Gewalt, AöR 101 (1976), 374–399.
–, Inzidentverwerfung rechtswidriger untergesetzlicher Rechtsnormen durch die Verwaltung, DVBl. 1986, 806–809.
–, Zuständigkeitsordnung und Kollisionsrecht im Bundesstaat, in: Isensee, Josef/Kirchhof, Paul (Hrsg.), Handbuch des Staatsrechts der Bundesrepublik Deutschland, Bd. IV, Heidelberg 1990, S. 693–721.
Plogmann, Claudia, Naturschutzrechtliche Konfliktbewältigung, Osnabrück 2000.
Portz, Norbert, Grußworte und Problemaufriss, in: Spannowsky, Willy/Mitschang, Stephan (Hrsg.), Bauleitplanung auf Bahnflächen, Köln/Berlin/Bonn/München 2001, S. 3–9.
Postier, Rüdiger, Landesplanung und (außerordentlicher) Parlamentsvorbehalt. Zum Urteil des brandenburgischen Verfassungsgerichts über den Braunkohlenplan, NJ 1995, 511–513.
Prall, Ursula, Zur Abgrenzung von gemein- und privatnützigen Planfeststellungen, NordÖR 2001, 187–190.

Püttner, Günter, Kommunale Energiepolitik?, NVwZ 1988, 121–126.
Püttner, Günter/Riffel, Egon, Örtliche und überörtliche Planung in Baden-Württemberg, Stuttgart 1978.
Quaas, Michael, Der Schutz vor unzumutbarem Fluglärm in der Planfeststellung. Rechtliche Anwendungsprobleme nach dem Luftverkehrsgesetz, NVwZ 1991, 16–22.
Radecke, Richard, Die Rechtsstellung der Eisenbahnen im sonstigen öffentlichen Recht, in: Haustein, Werner (Hrsg.), Die Eisenbahnen im deutschen öffentlichen Recht, Frankfurt am Main 1960, S. 303–488.
Ramsauer, Ulrich, Strukturprobleme der Landschaftsplanung – Eine kritische Bestandsaufnahme –, NuR 1993, 108–117.
–, Die Ausnahmeregelungen des Art 6 Abs. 4 der FFH-Richtlinie, NuR 2000, 601–611.
–, Privatnützige Planfeststellung und öffentliches Interesse, in: Ziekow, Jan (Hrsg.), Schutz vor Fluglärm – Regionalplanung – Planfeststellungsverfahren, Berlin 2003, S. 163–190.
Ramsauer, Ulrich/Bieback, Karin, Planfeststellung von privatnützigen Vorhaben, NVwZ 2002, 277–185.
Rath, Alexander, Möglichkeiten und Grenzen der Durchsetzung neuer Verkehrstechnologien dargestellt am Beispiel des Magnetbahnsystems Transrapid, Berlin 1993.
Rauch, Bernhard, Die planungsrechtliche Gemeindenachbarklage, BayVBl. 1980, 612–617
Redeker, Konrad/von Oertzen, Hans-Joachim, Verwaltungsgerichtsordnung, Kommentar, 13. Aufl. Stuttgart 2000.
Reigl, Otto, Landesrecht und Bundesverwaltung, DÖV 1967, 397–401.
Reiners, Edgar, Die Normenhierarchie in den Mitgliedstaaten der europäischen Gemeinschaften, 2 Bände Hamburg 1971.
Reinhardt, Michael, Konsistente Jurisdiktion. Grundlegung einer verfassungsrechtlichen Theorie der rechtsgestaltenden Rechtsprechung, Tübingen 1997.
Renck, Ludwig, Anm. zu BayVGH, Urt. v. 1.4. 1982 – Nr. 15 N 81 A.1679 –, BayVBl. 1983, 86–87.
Rengeling, Hans-Werner, Gesetzgebungszuständigkeit, in: Isensee, Josef/Kirchhof, Paul (Hrsg.), Handbuch des Staatsrechts der Bundesrepublik Deutschland, Bd. IV, Heidelberg 1990, S. 723–856.
–, Umsetzungsdefizite der FFH-Richtlinie in Deutschland? – Unter Berücksichtigung der Rechtsprechung des Bundesverwaltungsgerichts zum sog. »Ostseeautobahnurteil« –, UPR 1999, 281–287.
–, Europarechtliche Planungen und Aspekte eines europäischen Planungsrechts, in: Erbguth, Wilfried/Oebbecke, Janbernd/Rengeling, Hans-Werner/Schulte, Martin (Hrsg.), Planung. Festschrift für Werner Hoppe zum 70. Geburtstag, München 2000, S. 883–896.
–, § 28: Die Ausführung von Gemeinschaftsrecht, insbesondere Umsetzung von Richtlinien, in: ders. (Hrsg.), Handbuch zum europäischen und deutschen Umweltrecht, Bd. 1, 2. Aufl. 2003, S. 956–984.
Repkewitz, Ulrich, Beschleunigung der Verkehrswegeplanung, VerwArch 88 (1997), 137–162.
Ress, Georg, Das subjektive öffentliche Recht, in: Ermacora, Felix/Winkler, Günther/Koja, Friedrich/Rill, Heinz Peter/Funk, Bernd-Christian (Hrsg.), Allgemeines Verwaltungsrecht, Wien 1979, S. 105–132.
Reuschel-Czermak, Christine, Die Genehmigung von Großvorhaben durch Errichtungs- bzw. Investitionsmaßnahmegesetz statt durch Verwaltungsakt, Frankfurt 1997.
Riedwelski, Thomas, Kompetenzprobleme bei der Bundesfernstraßenplanung in den neuen Ländern, SächsVBl. 1995, 196–203.
Rieger, Bernhard, Der Gegenstand der Bauausführungsgenehmigung in Abgrenzung zum Gegenstand der Planfeststellung, in: Blümel, Willi/Kühlwetter, Hans-Jürgen (Hrsg.), Aktuelle Probleme des Eisenbahnrechts, Speyer 1996, S. 191–207.

–, Zusammenwirken von Fachplanung mit der Raumordnung nach dem neuen Raumordnungsgesetz, in: Ronellenfitsch, Michael/Schweinsberg, Ralf (Hrsg.), Aktuelle Probleme des Eisenbahnrechts V, Hamburg 2000, S. 17–63.

Rieger, Franz, Der Bau von Hochspannungsfreileitungen im Planungsrecht, München 1993.

Ringel, Hans-Jürgen, Die Plangenehmigung im Fachplanungsrecht. Anwendungsbereich, Verfahren und Rechtswirkungen, Berlin 1996.

Robbers, Gerhard, Für ein neues Verhältnis zwischen Bundesverfassungsgericht und Fachgerichtsbarkeit – Möglichkeit und Inhalt von »Formeln« zur Bestimmung von verfassungsgerichtlicher Kompetenzweite, NJW 1998, 935–941.

Rodi, Michael, Bundesstaatliche Kompetenzausübungsschranken für Lenkungssteuern, StuW 1999, 105–119.

Rödiger-Vorwerk, Tania, Die Fauna-Flora-Habitat-Richtlinie und ihre Umsetzung in nationales Recht, Berlin 1998.

Roellecke, Gerd, Ein Rechtsbegriff der Planung, DÖV 1994, 1024–1031.

Roer, Friederike, Die Bindungswirkung von Zielen der Raumordnung und Landesplanung nach der Privatisierung von Bahn und Post, SWR 171, Münster 1996.

Röhl, Hans Christian/Ladenburger, Clemens, Die materielle Präklusion im raumbezogenen Verwaltungsrecht. Verfassungs- und gemeinschaftsrechtliche Vorgaben, verwaltungsrechtsdogmatische Einordnung, Berlin 1997.

Ronellenfitsch, Michael, Einführung in das Planungsrecht, Darmstadt 1986.

–, Die Planfeststellung, VerwArch 80 (1989), 92–123.

–, Konfliktmittlung aus Anlaß von Genehmigungs- und Planfeststellungsverfahren, in: Hoffmann-Riem, Wolfgang/Schmidt-Aßmann, Eberhard (Hrsg.), Konfliktbewältigung durch Verhandlungen, Bd. 2: Konfliktmittlung im Verwaltungsverfahren, Baden-Baden 1990, S. 185–208.

–, Maßnahmegesetze zur Beschleunigung von Verkehrsprojekten DÖV 1991, 771–780.

–, Beschleunigungsgesetz – Investitionsmaßnahmegesetz – Die Beschleunigung von Verkehrsprojekten, in: Blümel, Willi (Hrsg.), Verkehrswegeplanung in Deutschland, 2. Aufl. Speyer 1992, S. 107–238.

–, Verkehrswegeplanung in Deutschland: Beschleunigungsgesetz – Investitionsmaßnahmegesetze, in: Blümel, Willi (Hrsg.), Verkehrswegeplanung in Deutschland, 2. Aufl. Speyer 1992, S. 5–20.

–, Neues Verkehrswegeplanungsrecht, in: Blümel, Willi (Hrsg.), Verkehrswegerecht im Wandel, Berlin 1994 S. 179–211.

–, Die Koordination der verkehrlichen Fachplanungen im Zentralen Bereich Berlins, in: *Ipsen*, Jörn/*Rengeling*, Hans-Werner/*Mössner*, Jörg Manfred/*Weber*, Albrecht (Hrsg.), Verfassungsrecht im Wandel, Köln/Berlin/Bonn/München 1995, S. 167–191.

–, Privatisierung und Regulierung des Eisenbahnwesens, DÖV 1996, 1028–1037.

–, Rechtliche Probleme der Privatisierung und Regulierung aus der Sicht der Rechtswissenschaften, in: König, Klaus/Benz, Angelika (Hrsg.), Privatisierung und staatliche Regulierung, Baden-Baden 1997, S. 118–138.

–, Das Zusammentreffen von Planungen, VerwArch 88 (1997), 175–198.

–, Das Zusammentreffen von qualifizierten Straßenbauplänen (isolierten Bebauungsplänen) mit Fachplanungen, DVBl. 1998, 653–661.

–, Bauleitplanung und eisenbahnrechtliche Fachplanung, 1. Teil, VerwArch 90 (1999), 467–488, 2. Teil, VerwArch 90 (1999), 581- 599.

–, Fachplanung und Verwaltungsgerichtsbarkeit, in: Grupp, Klaus/Ronellenfitsch, Michael (Hrsg.), Planung – Recht – Rechtsschutz. Festschrift für Willi Blümel zum 70. Geburtstag, Berlin 1999, S. 497–522.

–, Transeuropäische Netze, in: Blümel, Willi/Kühlwetter, Hans-Jürgen/Schweinsberg, Ralf (Hrsg.), Aktuelle Probleme des Eisenbahnrechts IV, Speyer 2000, S. 111–135.
–, Der ÖPNV im europäischen Binnenmarkt, Teil 1, VerwArch 92 (2001), 131–147.
Rothe, Karl-Heinz, Gibt es noch eine gemeindliche Planungshoheit? Das Beispiel Nordrhein-Westfalens, in: Schneider, Hans/Götz, Volkmar (Hrsg.), Im Dienst an Recht und Staat. Festschrift für Werner Weber zum 70. Geburtstag, Berlin 1974, S. 893–909.
Rubel, Rüdiger, Planungsermessen. Norm- und Begründungsstruktur, Frankfurt am Main 1982.
Ruch, Alexander, Das Recht in der Raumordnung, Basel/Frankfurt am Main 1997.
Rude, Stefan/Jaschinski, Martin, Der Mangel demokratischer Legitimation des brandenburgischen Braunkohlenausschusses, LKV 2000, 242–243.
Runkel, Peter, Naturschutz- und Landschaftsrecht bei der Bauleitplanung, DVBl. 1992, 1402–1408.
–, Zur geplanten Neuregelung des Rechts der Raumordnung, UPR 1997, 1–9.
–, Das neue Raumordnungsgesetz und das Umweltrecht, NuR 1998, 449–454.
–, Rechtspolitische Ansätze zur Lösung des Konfliktes zwischen Bauleitplanung und Fachplanung bei der Konversion von Bahnflächen, in: Spannowsky, Willy/Mitschang, Stephan (Hrsg.), Bauleitplanung auf Bahnflächen, Köln/Berlin/Bonn/München 2001, S. 99–106.
Rupp, Hans Heinrich, Grundfragen der heutigen Verwaltungsrechtslehre. Verwaltungsnorm und Verwaltungsverhältnis, Tübingen 1965.
–, Die Unterscheidung von Staat und Gesellschaft, in: Isensee, Josef/Kirchhof, Paul (Hrsg.), Handbuch des Staatsrechts der Bundesrepublik Deutschland, Bd. II, 3. Aufl. Heidelberg 2004, S. 879–927.
Sachs, Michael, Eisenbahnplanung durch Gesetz (Südumfahrung Stendal), JuS 1998, 364–366.
–, (Hrsg.), Grundgesetz, Kommentar, 3. Aufl. München 2003.
Salis, Stefan, Gestufte Verwaltungsverfahren im Umweltrecht. Eine neue Dogmatik gestufter Verwaltungsverfahren über raumbedeutsame Großvorhaben, Baden-Baden 1991.
Salzwedel, Jürgen, Wasserwegerecht an Bundeswasserstraßen. Eine Untersuchung zum Beschluß des BVerfG vom 11. April 1967 – 2 BvG 1/62 – und seinen rechtlichen Konsequenzen, DÖV 1968, 103–112.
–, Bundesbehördlicher Vollzug von Landesrecht am Beispiel des naturschutzrechtlichen Eingiffs und Ausgleichsverfahrens, in: Jekewitz, Jürgen u.a. (Hrsg.), Des Menschen Recht zwischen Freiheit und Verantwortung. Festschrift für Karl Josef Partsch zum 75. Geburtstag, Berlin 1981, S. 581–598.
–, Bundesbehörden und Naturschutzrecht. Materiell- und verfahrensrechtliche Schranken für naturschutzrechtlich relevante Vorhaben des Bundes und ihre Durchsetzung, NuR 1984, 165–176.
Sandner, Wolfram, Investitionserleichterung und kommunale Planungshoheit – Die Wahrung der Belange der Standortgemeinden bei der immissionsschutzrechtlichen Zulassung von Abfallentsorgungsanlagen, Heidelberg 1997.
–, Die Kollision von Fernstraßenplanung und gemeindlicher Siedlungstätigkeit im Lichte landesplanerischer Vorgaben, UPR 1997, 279–284.
–, Die Neufassung des § 38 BauGB – Licht ins Dunkel oder alte Probleme im neuen Gewand?, DÖV 1998, 586–595.
Sauthoff, Michael, Planerische Abwägungen im System straßen- und wegerechtlicher Entscheidungen, NVwZ 1995, 119–126.
–, Straßenplanung, in: Ziekow, Jan (Hrsg.), Praxis des Fachplanungsrechts, Düsseldorf 2004, S. 478–511.
Scharinger, Bernd Peter, Rechtsgrundlagen für die Errichtung von Nationalparken in Deutschland, Österreich, der Schweiz und in Italien, Baden-Baden 1999.

Scheipers, Ansgar, Ziele der Raumordnung und Landesplanung aus Sicht der Gemeinden. Eine Untersuchung zum nordrhein-westfälischen Landesplanungsrecht, SWR 164, Münster 1995.

Schenke, Wolf-Rüdiger, Rechtsschutz bei Divergenz von Form und Inhalt staatlichen Verwaltungshandelns, VerwArch 72 (1981), 185–218.

–, Unmittelbares Betroffensein durch Bebauungsplan, Rechtswegerschöpfung und Rechtsschutz – Normenkontrolle gemäß § 47 Abs. 1 Nr. 1 VwGO gegen als formelles Gesetz erlassenen Bebauungsplan, DVBl. 1985, 1367–1370.

–, Formeller oder materieller Verwaltungsaktsbegriff?, NVwZ 1990, 1009–1018.

–, Bergbau contra Oberflächeneigentum und kommunale Selbstverwaltung? Zur Bedeutung der verfassungsrechtlichen Garantie des Eigentums und der gemeindlichen Selbstverwaltung bei der bergrechtlichen Betriebsplanzulassung, Berlin 1994.

Scherg, Stefan, Beteiligungsrechte der Gemeinden nach dem Luftverkehrsgesetz, München 1982.

Schiffauer, Peter, Wortbedeutung und Rechtserkenntnis, Berlin 1979.

Schilling, Theodor, Rang und Geltung von Normen in gestuften Rechtsordnungen, Berlin 1994.

Schink, Alexander, Bauleitplanung-Landesplanung-Fachplanung, in: Kormann, Joachim (Hrsg.), Das neue Bundesbaurecht, München 1994, S. 103–121.

–, Rechtsnormative Anforderungen an Standorte für Abfallentsorgungsanlagen, DVBl. 1994, 245–255.

–, Auswirkungen der Fauna-Flora-Habitat-Richtlinie (EG) auf die Bauleitplanung GewArch. 1998, 41–53.

–, Europäisches Naturschutzrecht und Raumplanung – Aus Sicht des Naturschutzes, in: Akademie für Raumforschung und Landesplanung (Hrsg.), Europäisches Naturschutzrecht und Raumplanung, Hannover 2001, S. 9–18.

–, Die Verträglichkeitsprüfung nach der Fauna-Flora-Habitat-Richtlinie der EG, DÖV 2002, 45–56.

Schirmer, Rolf, Rechtsgrundlagen für Park and Ride-Anlagen an den Schnittpunkten von Straße und Schiene, BayVBl. 1992, 513–518.

Schladebach, Marcus, Die Auswahl Europäischer Vogelschutzgebiete nach der Novelle des Bundesnaturschutzgesetzes, LKV 1999, 309–312.

–, Der Einfluß des europäischen Umweltrechts auf die kommunale Bauleitplanung, Berlin 2000.

Schlarmann, Hans, Das Verhältnis der privilegierten Fachplanungen zur kommunalen Bauleitplanung, SWR 65, Münster 1980.

–, Privilegierte Fachplanung als Ziel der Raumordnung und Landesplanung und ihre Umsetzung in die Bauleitplanung nach § 1 Abs. 4 BBauG, DVBl. 1980, 275–283.

Schleifenbaum, Reinold/Kamphausen, Peter, Zum rechtlichen Stellenwert der Sondervorschriften für das Rheinische Braunkohlenplangebiet nach dem Nordrhein-Westfälischen Landesplanungsgesetz. – Erwiderung zu Hoppe, UPR 1983, S 105ff. –, UPR 1984, 43–47.

Schlichter, Otto/Stich, Rudolf/Driehaus, Hans-Joachim/Paetow, Stefan (Hrsg.), Berliner Kommentar zum Baugesetzbuch, 2. Aufl. Köln/Berlin/Bonn/München 1995 (bis dahin herausgegeben von Schlichter/Stich), 3. Aufl. Loseblatt, Stand: August 2002.

Schlink, Bernhard, Abwägung im Verfassungsrecht, Berlin 1976.

Schlosser, Peter, Vollstreckungsrechtliches Prioritätsprinzip und verfassungsrechtlicher Gleichheitssatz, ZZP 97 (1984), 121–138.

Schmehl, Arndt, Lokale Agenda 21: Projekt der Zivilgesellschaft und Gegenstand örtlicher Selbstverwaltung, in: Lange, Klaus (Hrsg.), Nachhaltigkeit im Recht. Eine Annäherung, Baden-Baden 2003, S. 39–57.

Schmidhuber, Peter M./Hitzler, Gerhard, Die Planungskompetenz der Europäischen Gemeinschaft beim Ausbau der europäischen Infrastrukturen, DÖV 1991, 271–278.
Schmidt, Johann, Inzidente Prüfung und Verwerfung von Normen im Range unter dem Gesetz durch die Exekutive?, BayVBl. 1976, 1–6.
Schmidt, Reiner, Rechtliche Möglichkeiten für Privatisierungen im Bereich der Deutschen Bundespost, in: Badura, Peter/Scholz, Rupert (Hrsg.), Wege und Verfahren des Verfassungslebens. Festschrift für Peter Lerche zum 65. Geburtstag, München 1993, S. 965–978.
–, (Hrsg.), Öffentliches Wirtschaftsrecht, Besonderer Teil, Bd. 1, Berlin 1995, Bd. 2, 1996.
Schmidt, Reiner/Diederichsen, Lars, Anmerkung zu BVerfG, Urt. v. 7.5. 1998 – 2 BvR 1991/95 und 2 BvR 2004/95 –, JZ 1999, 37–41.
Schmidt-Aßmann, Eberhard, Grundfragen des Städtebaurechts, Göttingen 1972.
–, Planung unter dem Grundgesetz, DÖV 1974, 541–547.
–, Verwaltungsverantwortung und Verwaltungsgerichtsbarkeit, VVDStRL 34 (1976), 221–269.
–, Fortentwicklung des Rechts im Grenzbereich zwischen Raumordnung und Städtebau, Bonn 1977.
–, Die Grundsätze des Naturschutzes und der Landschaftspflege. Ihre Bedeutung nach § 2 des Bundesnaturschutzgesetzes und nach den sogenannten Naturschutzklauseln in Fachgesetzen, NuR 1979, 1–9.
–, Die Stellung der Gemeinde in der Raumplanung, VerwArch 71 (1980), 117–139.
–, Die kommunale Rechtssetzung im Gefüge der administrativen Handlungsformen und Rechtsquellen. Aufgaben, Verfahren, Rechtsschutz, München 1981.
–, Rechtsstaatliche Anforderungen an Regionalpläne, DÖV 1981, 237–246.
–, Konzentrierter oder phasenspezifischer Rechtsschutz? Zu zwei Flughafenentscheidungen des Bundesverfassungsgerichts, DVBl. 1981, 334–339.
–, Das allgemeine Verwaltungsrecht als Ordnungsidee und System. Insbesondere zur Bedeutung von Rechtsform und Verfahren im Verwaltungsrecht, Heidelberg 1982.
–, Die Lehre von den Rechtsformen des Verwaltungshandelns. Ihre Bedeutung im System des Verwaltungsrechts und für das verwaltungsrechtliche Denken der Gegenwart, DVBl. 1989, 533–541.
–, Kommunale Selbstverwaltung »nach Rastede« – Funktion und Dogmatik des Art. 28 Abs. 2 GG in der neueren Rechtsprechung, in: Franßen, Eberhard/Redeker, Konrad/Schlichter, Otto/Wilke, Dieter (Hrsg.), Bürger – Richter – Staat. Festschrift für Horst Sendler zum Abschied aus seinem Amt, München 1991, S. 121–138.
–, Bundeskompetenzen zur Raumordnung unter veränderten Rahmenbedingungen, in: Driehaus, Hans-Joachim/Birk, Hans-Jörg (Hrsg.), Baurecht – Aktuell. Festschrift für Felix Weyreuther, Köln/Berlin/Bonn/München 1993, S. 73–87.
–, Grundrechtswirkungen im Verwaltungsrecht, in: Bender, Bernd/Breuer, Rüdiger/Ossenbühl, Fritz/Sendler, Horst (Hrsg.), Rechtsstaat zwischen Sozialgestaltung und Rechtsschutz. Festschrift für Konrad Redeker zum 70. Geburtstag, München 1993, S. 225–243.
–, Das allgemeine Verwaltungsrecht als Ordnungsidee. Grundlagen und Aufgaben der verwaltungsrechtlichen Systembildung, Berlin u.a. 1998.
–, Kommunalrecht, in: ders. (Hrsg.), Besonderes Verwaltungsrecht, 12. Aufl. Berlin 2003, S. 1–109.
–, Der Rechtsstaat, in: Isensee, Josef/Kirchhof, Paul (Hrsg.), Handbuch des Staatsrechts der Bundesrepublik Deutschland, Bd. II, 3. Aufl. Heidelberg 2004, S. 541–612.
Schmidt-Aßmann, Eberhard/Fromm, Günther, Aufgaben und Organisation der Deutschen Bundesbahn in verfassungsrechtlicher Sicht, Berlin 1986.
Schmidt-Aßmann, Eberhard/Schoch, Friedrich, Bergwerkseigentum und Grundeigentum im Betriebsplanverfahren, Stuttgart/München/Hannover/Berlin/Weimar/Dresden 1994.

Schmidt-Bleibtreu, Bruno/Klein, Franz (Hrsg.), Kommentar zum Grundgesetz, 9. Aufl. Neuwied 1999.

Schmidt-De Caluwe, Reimund, Der Verwaltungsakt in der Lehre Otto Mayers. Staatstheoretische Grundlagen, dogmatische Ausgestaltung und deren verfassungsbedingte Vergänglichkeit, Tübingen 1999.

Schmidt-Eichstaedt, Gerd, Gemeinsame Flächennutzungsplanung nach Bundes- und Landesrecht, NVwZ 1997, 846–853.

–, Planfeststellung, Bauleitplanung und städtebauliche Entwicklungsmaßnahmen, NVwZ 2003, 129–137.

Schmitt Glaeser, Walter, Planung und Grundrechte, DÖV 1980, 1–6.

Schmitt Glaeser, Walter/Horn, Hans-Detlef, Verwaltungsprozeßrecht, 15. Aufl. Stuttgart u.a. 2000.

Schmidt-Preuß, Matthias, Kollidierende Privatinteressen im Verwaltungsrecht. Das subjektive öffentliche Recht im multipolaren Verwaltungsrechtsverhältnis, Berlin 1992.

Schmidt-Wiegand, Ruth, Einleitung, in: dies. (Hrsg.), Deutsche Rechtsregeln und Rechtssprichwörter. Ein Lexikon, Neuausgabe München 2002.

Schmitt, Carl, Verfassungslehre, 6. unveränderte Aufl. Berlin 1928/1983.

–, Legalität und Legitimität, Berlin 1932/1988.

Schmitz, Stefan, Habitatschutz für Vögel? Zur unmittelbaren Wirkung der FFH-Richtlinie der EU, ZUR 1996, 12–17.

Schmitz-Valckenberg, Annemie, Entwidmung und bahnfremde Nutzung von Bahnanlagen, Berlin 2002.

Schnapp, Friedrich, Braunkohlenplanung in Nordrhein-Westfalen, in: Hüffer, Uwe/Ipsen, Knut/Tettinger, Peter (Hrsg.), Berg- und Energierecht vor den Fragen der Gegenwart. Festschrift für Fritz Fabricius zum 70. Geburtstag, Stuttgart/München/Hannover 1989, S. 87–98.

Schneider, Hans, Verhältnismäßigkeits-Kontrolle insbesondere bei Gesetzen, in: Starck, Christian u.a. (Hrsg.), Bundesverfassungsgericht und Grundgesetz. Festgabe zum 25jährigen Bestehen des Bundesverfassungsgerichts, Bd. II, München 1976, S. 390–404.

–, Gesetzgebung, 3. Aufl. Heidelberg 2002.

Schneider, Jens-Peter, Der Transrapid – Bericht über das Fachseminar der Forschungsstelle Umweltrecht der Universität Hamburg vom 11. Juni 1996 –, DVBl. 1996, 852–855.

Schneller, Christian, Gewaltenteilung und Rechtsschutz in der objektbezogenen Legalplanung. Anmerkungen zum Beschluß des Zweiten Senats des Bundesverfassungsgerichts vom 17. Juli 1996 – 2 BvF 2/93, ZG 1998, 179–191.

–, Objektbezogene Legalplanung. Zur Zulässigkeit von Investitionsmaßnahmengesetzen, Berlin 1999.

Schoch, Friedrich/Schmidt-Aßmann, Eberhard/Pietzner, Rainer (Hrsg.), Verwaltungsgerichtsordnung, Loseblatt-Kommentar, München, Stand: Jan. 2003.

Schoen, Hendrik, Landesplanerische Untersagung. Eine Untersuchung zu den bundesrechtlichen Vorgaben des § 12 ROG und den landesrechtlichen Ausgestaltungsmöglichkeiten, SWR 187, Münster 1999.

–, Bundesrechtliche Vorgaben zur landesplanerischen Untersagung und Mittel zur Sicherung städtebaulicher Planungsabsichten – Eine vergleichende Betrachtung –, NuR 2000, 138–145.

Schoeneck, Stefan, Anmerkung zu BVerwG, Urt. v. 29.4. 1993 – 7 A 2.92 –, ZUR 1993, 233.

Schoenenbroicher, Klaus, Landeshoheit und Bundesverwaltung. Zugleich eine Anmerkung zu BVerwG, DVBl. 1990, 46ff., DVBl. 1990, 811–817.

–, Bundesverwaltung unter Landesgewalt, Berlin 1995.

Scholz, Rupert, Das Wesen und die Entwicklung der gemeindlichen öffentlichen Einrichtungen. Zugleich ein Beitrag zur Lehre von der Garantie der kommunalen Selbstverwaltung (Art. 28 Abs. 2 GG), Berlin 1967.
–, Anmerkung zu BVerwGE 29, 52ff. – »Forstpolizeientscheidung« –, DVBl. 1969, 116–117.
–, Ausschließliche und konkurrierende Gesetzgebungskompetenz von Bund und Ländern in der Rechtsprechung des Bundesverfassungsgerichts, in: Starck, Christian u.a. (Hrsg.), Bundesverfassungsgericht und Grundgesetz. Festgabe zum 25jährigen Bestehen des Bundesverfassungsgerichts, Bd. II, München 1976, S. 252–276.
–, Verwaltungsverantwortung und Verwaltungsgerichtsbarkeit, VVDStRL 34 (1976), 145–220.
Scholz, Rupert/Aulehner, Josef, »Postreform II« und Verfassung – Zu Möglichkeiten und Grenzen einer materiellen oder formellen Privatisierung der Post –, Archiv PT 1993, 221–261.
Schöne, Thomas/Wüllrich, Michael, Das Prioritätsprinzip im Markenrecht am Beispiel der Kollision von älterer Marke und jüngerer geschäftlicher Bezeichnung, WRP 1997, 514–517.
Schönemann, Michael/Witte, Hermann, Zur Synergie von Raumordnung und Verkehrspolitik, RuR 1979, 143–147.
Schrader, Christian/Hellenbroich, Tobias, Die Umsetzung der FFH-Richtlinie durch die Landesgesetzgeber, Jb.UTR 58 (2001), 283–313.
Schröder, Meinhard, Diskussionsbeitrag in: Verhandlungen des Fünfzigsten Deutschen Juristentages, Bd. II, München 1974, S. I79–I80.
–, Die richterliche Kontrolle des Planungsermessens. Überlegungen zum Urteil des BVerwG vom 5. 7. 1974 – IV C 50.72 (Flachglasfall), DÖV 1975, 308–312.
–, Der Verwaltungsvorbehalt, DVBl. 1984, 814–823.
–, Rechtsfragen des Interimsschutzes bei Meldegebieten nach der FFH-Richtlinie, Jb.UTR 62 (2002), 99–116.
Schrödter, Hans (Hrsg.), Baugesetzbuch, Kommentar, 6. Aufl. München 1998.
Schrödter, Wolfgang, Bauleitplanung in FFH-Gebieten und Vogelschutzgebieten, NuR 2001, 8–19.
Schroeder, Werner, Die Wirkung von Raumordnungszielen, UPR 2000, 52–58.
Schütz, Peter, Rechtsschutz, in: Ziekow, Jan (Hrsg.), Praxis des Fachplanungsrechts, Düsseldorf 2004, S. 285–339.
Schulte, Hans, Rechtliche Gegebenheiten und Möglichkeiten der Sicherung des Abbaus oberflächennaher Bodenschätze in der Bundesrepublik Deutschland, Hannover 1986.
–, Bergbau, Umweltrecht, Raumplanung, ZfB 128 (1987), 178–232.
–, Zum Verhältnis Bergwerkseigentum – Grundeigentum, NVwZ 1989, 1138–1142.
–, Bergbau und Grundeigentum, Stuttgart/München/Hannover 1991.
–, Kernfragen des bergrechtlichen Genehmigungsverfahrens, Baden-Baden 1993.
–, Raumplanung und Genehmigung bei der Bodenschätzegewinnung, München 1996.
–, Ziele der Raumordnung, NVwZ 1999, 942–945.
Schultze, Hans-Dieter, Die Ziele der Raumordnung und Landesplanung als Rechtsbegriff. Zur Rechtskontrolle von Raumordnungsplänen, Hannover 1973.
Schultze, Harald, Raumordnungspläne und gemeindliche Selbstverwaltung. Die Anpassung der Bauleitpläne an die Ziele der Raumordnung und Landesplanung, Bonn 1970.
Schulz, Paul-Martin, Vorbeugender gerichtlicher Rechtsschutz gegen FFH-Gebiete, NVwZ 2001, 289–291.
Schulze, Hans-Otto, Beschleunigung bei der Fernstraßenplanung. Bericht vom 34. Deutschen Verkehrsgerichtstag in Goslar, NVwZ 1996, 773–774.
Schulze-Fielitz, Helmuth, Theorie und Praxis parlamentarischer Gesetzgebung besonders des 9. Deutschen Bundestages (1980–1983), Berlin 1988.

–, Das Flachglas-Urteil des Bundesverwaltungsgerichts – BVerwGE 45, 309. Zur Entwicklung der Diskussion um das planungsrechtliche Abwägungsgebot, Jura 1992, 201–208.

–, Zeitoffene Gesetzgebung, in: Hoffmann-Riem, Wolfgang/Schmidt-Aßmann, Eberhard (Hrsg.), Innovation und Flexibilität des Verwaltungshandelns, Baden-Baden 1994, S. 139–198.

–, Die neue TA Lärm, DVBl. 1999, 65–73.

Schwarze, Jürgen, Europäisches Verwaltungsrecht, 2 Bände Baden-Baden 1988.

–, (Hrsg.), EU-Kommentar, Baden-Baden 2000.

Schwarzenberger, Georg, The Inductive Approach to International Law, London/New York 1965.

Schweitzer, Michael, §26: Das Verhältnis des Gemeinschaftsrechts zu nationalem, insbesondere deutschem Recht, in: Rengeling, Hans-Werner (Hrsg.), Handbuch zum europäischen und deutschen Umweltrecht, Bd. 1, 2. Aufl. 2003, S. 907–936.

Scott, Joanne, EC Environmental Law, London 1998.

Seegmüller, Thomas, Schienenwege, in: Ziekow, Jan (Hrsg.), Praxis des Fachplanungsrechts, Düsseldorf 2004, S. 512–533.

Seehusen, August Wilhelm/Schwede, Thomas Claus (Hrsg.), Flurbereinigungsgesetz, Kommentar, 7. Aufl. Münster 1997.

Seewald, Otfried, Gemeinden und »atomwaffenfreie Zonen«, DV 1992, 175–201.

Seidel, Achim, Öffentlich-rechtlicher und privatrechtlicher Nachbarschutz, München 2000.

–, Privater Sachverstand und staatliche Garantenstellung im Verwaltungsrecht, München 2000.

Seifert, Friedhelm, Die Berücksichtigung öffentlicher Interessen bei der Zulassung eines Betriebsplans nach dem Urteil des Bundesverwaltungsgerichts vom 4. 7. 1986 am Beispiel des Denkmalschutzes, ZfB 128 (1987), 238–248.

Sellmann, Klaus/Blume, Alexander, Die Entwicklung des öffentlichen Verkehrsrechts, NVwZ 1999, 250–261.

Sellner, Dieter/Scheidmann, Hartmut, Umgebungsschutz für Störfallanlagen (auch in Bezug auf Flugrouten), NVwZ 2004, 267–272.

Sendler, Horst, Zum Schlagwort von der Konfliktbewältigung im Planungsrecht, WiVerw 1985, 211–234.

–, Über Wechselwirkungen zwischen Rechtsprechung und Gesetzgebung im Bau- und Umweltrecht, in: Driehaus, Hans-Joachim/Birk, Hans-Jörg (Hrsg.), Baurecht – Aktuell. Festschrift für Felix Weyreuther, Köln/Berlin/Bonn/München 1993, S. 3–30.

–, (Un)erhebliches zur planerischen Gestaltungsfreiheit, in: Berkemann, Jörg u. a. (Hrsg.), Planung und Planungskontrolle. Entwicklungen im Bau- und Fachplanungsrecht. Festschrift für Otto Schlichter zum 65. Geburtstag, Köln/Berlin/Bonn/München 1995, S. 55–85.

–, Die Bedeutung des Abwägungsgebots in §1 Abs. 6 BauGB für die Berücksichtigung der Belange des Umweltschutzes in der Bauleitplanung, UPR 1995, 41–49.

–, Grundrecht auf Widerspruchsfreiheit der Rechtsordnung? – Eine Reise nach Absurdistan?, NJW 1998, 2875–2877.

–, Grundsatz der Planerhaltung im Abwind?, NJW 1999, 1834–1835.

Sening, Christoph, Landschaftsschutzverordnung und Bauleitplanung, NuR 1988, 78–80.

Seyfarth, Georg, Die Änderung der Rechtsprechung durch das Bundesverfassungsgericht, 1998.

Shin, Bong-ki, Planungsermessen, Abwägungsgebot einschließlich der Prognose im Bauplanungsrecht der Bundesrepublik Deutschland im Vergleich zum entsprechenden Recht in der Republik Korea, Frankfurt am Main 1989.

Siedentopf, Heinrich, Gemeindliche Selbstverwaltung im Verhältnis zur Raumordnung und Landesplanung, Göttingen 1977.

Sieder, Frank/Zeitler, Herbert/Dahme, Heinz/Knopp, Günther-Michael (Hrsg.), Bayerisches Wassergesetz und Bayerisches Gesetz zur Ausführung des Abwasserabgabengesetzes, Loseblatt-Kommentar, München, Stand: Juni 2002.

–, (Hrsg.), Wasserhaushaltsgesetz und Abwasserabgabengesetz, Loseblatt-Kommentar, München, Stand: Sept. 2002.

Siegel, Thorsten, Die Verfahrensbeteiligung von Behörden und anderen Trägern öffentlicher Belange, Berlin 2001.

–, Straßenbahnen (und Obusse), in: Ziekow, Jan (Hrsg.), Praxis des Fachplanungsrechts, Düsseldorf 2004, S. 1449–560.

Simon, Alfons/Busse, Jürgen (Hrsg.), Bayerische Bauordnung, Loseblatt-Kommentar, München, Stand: Sept. 2002.

Sinemus, Burkhard, Der Grundsatz der Gewaltenteilung in der Rechtsprechung des Bundesverfassungsgerichts, Frankfurt am Main 1982.

Sinner, Wolfgang, Die Suche, Festlegung und Durchsetzung von Standorten für Abfallentsorgungsanlagen durch Abfallentsorgungsplanung, Diss. Augsburg 1995.

Skouris, Wassilios, Verletztenklagen und Interessenklagen im Verwaltungsprozeß, Köln/Berlin/Bonn/München 1979.

Sobota, Katharina, Das Prinzip Rechtsstaat. Verfassungs- und verwaltungsrechtliche Aspekte, Tübingen 1997.

Sodan, Helge, Das Prinzip der Widerspruchsfreiheit der Rechtsordnung, JZ 1999, 864–873.

Sodan, Helge/Ziekow, Jan (Hrsg.), Nomos Kommentar zur Verwaltungsgerichtsordnung, Loseblatt, Baden-Baden, Stand: Dez. 2001.

Soell, Hermann, Schutzgebiete, NuR 1993, 301–311.

Spannowsky, Willy, Der Einfluß öffentlich-rechtlicher Zielsetzungen auf das Statut privatrechtlicher Eigengesellschaften in öffentlicher Hand. Öffentlich-rechtliche Vorgaben, insbesondere zur Ingerenzpflicht, ZGR 1996, 400–428.

–, Gewichtsverschiebungen im Verhältnis zwischen der örtlichen Bauleitplanung und der überörtlichen Landes- und Regionalplanung, DÖV 1997, 757–768.

–, Die zunehmende Bedeutung des Rechts der europäischen Gemeinschaft für die Regionalplanung, die Bauleitplanung und die Fachplanungen, UPR 1998, 161–170.

–, Grenzen landes- und regionalplanerischer Festlegungen gegenüber Verkehrswegeplanungen des Bundes, UPR 2000, 418–431.

–, Vorgaben der räumlichen Gesamtplanung für die Ausweisung besonderer Schutzgebiete, in: Jarass, Hans D. (Hrsg.), EG-Naturschutzrecht und räumliche Gesamtplanung, Münster 2000, S. 26–57.

–, Planfeststellung und Denkmalschutz, ZfBR 2000, 239–247.

–, Vorgaben der räumlichen Gesamtplanung für die Ausweisung besonderer Schutzgebiete, UPR 2000, 41–51.

Spannowsky, Willy/Mitschang, Stephan (Hrsg.), Bauleitplanung auf Bahnflächen, Köln/Berlin/Bonn/München 2001.

Sparwasser, Reinhard/Engel, Rüdiger/Voßkuhle, Andreas, Umweltrecht, 5. Aufl. Heidelberg 2003.

Spiecker, Margarete, Raumordnung und Private, Berlin 1999.

Springob, Johannes, Ausweisung in Bedarfsplänen und Planfeststellung, in: Blümel, Willi (Hrsg.), Bedarfsplanung – Planfeststellung – Immissionsschutz, Speyer 1988, S. 81–109.

Stadler, Andreas, Die Enteignung zur Verwirklichung von Festsetzungen des Bebauungsplans, SWR 109, Münster 2001.

Starck, Christian, Der Gesetzesbegriff des Grundgesetzes, Baden-Baden 1970.

–, Das Verwaltungsermessen und dessen gerichtliche Kontrolle, in: Franßen, Eberhard/Redeker, Konrad/Schlichter, Otto/Wilke, Dieter (Hrsg.), Bürger – Richter – Staat. Festschrift für Horst Sendler zum Abschied aus seinem Amt, München 1991, S. 167–181.

Steenhoff, Holger, Rechtliche Instrumente des Hochwasserschutzes, UPR 2003, 50–56.

Steinberg, Rudolf, Verwaltungsgerichtlicher Schutz der kommunalen Planungshoheit gegenüber höherstufigen Planungsentscheidungen, DVBl. 1982, 13–19.

–, Die verfassungsrechtliche Gewährleistung der kommunalen Planungshoheit – BVerfGE 56, 298, JuS 1982, 578–583.

–, Rechtsschutz gegen die Trassenentscheidung nach § 16 FStrG, NVwZ 1983, 209–212.

–, Spielräume des Landes bei der Bundesauftragsverwaltung, AöR 110 (1985), 419–446.

–, Raumordnungs- und Landesplanungsrecht, in: Meyer, Hans/Stolleis, Michael (Hrsg.), Hessisches Staats- und Verwaltungsrecht, Frankfurt am Main 1986, S. 308–329.

Steinberg, Rudolf/Berg, Thomas/Wickel, Martin, Fachplanung, 3. Aufl. Baden-Baden 2000.

Steinberg, Rudolf/Müller, Henrik, Zum Vorliegen einer zulassungspflichtigen Änderung von Betrieb oder Anlage eines Flughafens, NJW 2001, 3293–3296.

Steinberg, Rudolf/Steinwachs, Jennifer, Infrastrukturprojekte als Ziele der Raumordnung im Landesentwicklungsplan, NVwZ 2004, 530–536.

Steiner, Udo, Geschwindigkeitsbegrenzung wegen Verkehrslärm – Rechtsnatur von Verkehrszeichen, DVBl. 1980, 417–418.

–, Verkehr und Post, in: Isensee, Josef/Kirchhof, Paul (Hrsg.), Handbuch des Staatsrechts der Bundesrepublik Deutschland, Bd. III, Heidelberg 1988, S. 1087–1119.

–, Der Bau von Energieversorgungsleitungen, in: Hüffer, Uwe/Ipsen, Knut/Tettinger, Peter (Hrsg.), Berg- und Energierecht vor den Fragen der Gegenwart. Festschrift für Fritz Fabricius zum 70. Geburtstag, Stuttgart/München/Hannover 1989, S. 271–290.

–, Das Planungsvereinfachungsgesetz, NVwZ 1994, 313–318.

–, Recht der Verkehrswirtschaft, in: Schmidt, Reiner (Hrsg.), Öffentliches Wirtschaftsrecht, Besonderer Teil, Bd. 2, Berlin 1996, S. 127–224.

–, Raumordnungs- und Landesplanungsrecht, in: ders. (Hrsg.), Besonderes Verwaltungsrecht, 6. Aufl. Heidelberg 1999, S. 745–782.

Steinfort, Frank, Kommunale Planungshoheit und Zulässigkeit von Vorhaben auf Bahngelände, in: Deutscher Städtetag (Hrsg.), Die Städte und die Bahn, 1999, S. 73–97.

Stelkens, Paul/Bonk, Heinz J./Sachs, Michael, Verwaltungsverfahrensgesetz, Kommentar, 6. Aufl. München 2001.

Stenschke, York Christian, Das Inschutznahmeverfahren im Naturschutzrecht, BayVBl. 1987, 644–651.

Stern, Klaus, Das Staatsrecht der Bundesrepublik Deutschland, Bd. 1, 2. Aufl. München 1984, Bd. 2, 1980, Bd. III/2, 1994.

Stettner, Rupert, Die Verpflichtung des Gesetzgebers zum erneuten Tätigwerden bei fehlerhafter Prognose, DVBl. 1982, 1123–1128.

–, Grundfragen einer Kompetenzlehre, Berlin 1983.

Steyer, Ronald M., Transeuropäische Netze. Eine finanzwissenschaftliche Analyse des Auf- und Ausbaus großräumiger Infrastrukturnetze, Frankfurt am Main 2001.

Stich, Rudolf, Ersetzung der Planfeststellung durch Bebauungsplanung bei klassifizierten Straßen, in: Kormann, Joachim (Hrsg.), Aktuelle Fragen der Planfeststellung, München 1994, S. 65–76.

Stiens, Christoph, Der bergrechtliche Betriebsplan. Entstehung, Entwicklung und rechtliche Neubestimmung, SWR 165, Münster 1995.

Stier-Somlo, Fritz, Die neueste Entwicklung des Gemeindeverfassungsrechts in Deutschland, VVDStRL 2 (1925), 122–180.

Stober, Rolf, Kommunalrecht in der Bundesrepublik Deutschland, 3. Aufl. Stuttgart/Berlin/Köln 1996.

Stock, Martin, Nationalparke in Deutschland, ZUR 2000, 198–210.
Stolleis, Michael, Geschichte des öffentlichen Rechts in Deutschland, Zweiter Band: Staatsrechtslehre und Verwaltungswissenschaft 1800–1914, München 1992, Dritter Band: Staats- und Verwaltungswissenschaft in Republik und Diktatur 1914–1945, 1999.
Storost, Ulrich, Die Kernbereichslehre in verfassungsgeschichtlicher und verfassungssystematischer Sicht – oder: Ein Beitrag zur Dogmatik der theoretischen Konkordanz, in: Umbach, Dieter C. u.a. (Hrsg.), Das wahre Verfassungsrecht. Gedächtnisschrift für F.C. Nagelmann, Baden-Baden 1984, S. 461–469.
Strecker, Andreas, Die Rechtsposition der Gemeinden im bergrechtlichen Betriebsplanverfahren, Diss. Göttingen 1995.
Streinz, Rudolf (Hrsg.), EU-Vertrag/EG-Vertrag, Kommentar, München 2003.
Stüber, Stephan, Gibt es »potentielle Schutzgebiete« i.S.d. FFH-Richtlinie? Ammerkung zum Urteil des BVerwG vom 19.5. 1998 – 4 A 9/97-, NuR 1998, 531–534.
Stuchlik, Holger, Die enteignungsrechtliche Planfeststellung für Energieversorgungsanlagen, UPR 1998, 1–7.
Studenroth, Stefan, Aufgaben und Befugnisse des Eisenbahn-Bundesamtes, VerwArch 87 (1996), 97–114.
–, Kompetenzverteilung und -wahrnehmung im Bereich der Eisenbahnen des Bundes, in: Blümel, Willi/Kühlwetter, Hans-Jürgen (Hrsg.), Aktuelle Probleme des Eisenbahnrechts II, Speyer 1997, S. 329–357.
Stüer, Bernhard, Investitionsmaßnahmengesetze als Verfassungsproblem, DVBl. 1991, 1333–1341.
–, Garzweiler II und kommunale Interessen, Städte- und Gemeinderat 1996, 263–268.
–, Bauleitplanung und Fachplanung, UPR 1998, 408–414.
–, Straßenplanung und Gesamtplanung. Bericht über die Tagung des Forschungsinstituts für öffentliche Verwaltung Speyer und des Arbeitsausschusses »Straßenrecht« der Forschungsgesellschaft für Straßen- und Verkehrswesen, DVBl. 1998, 224–226.
–, Handbuch des Bau- und Fachplanungsrechts, 2. Aufl. München 1998.
–, Querschnitte zwischen Bau- und Fachplanungsrecht, in: Grupp, Klaus/Ronellenfitsch, Michael (Hrsg.), Planung – Recht – Rechtsschutz. Festschrift für Willi Blümel zum 70. Geburtstag, Berlin 1999, S. 565–589.
–, Steinkohlenbergbau und Garzweiler II, in: Stüer, Bernhard (Hrsg.), Planung von Großvorhaben, Osnabrück 1999, S. 203–224.
–, Habitat- und Vogelschutz. Die A 20-Entscheidungen des Bundesverwaltungsgerichts, DVBl. 2002, 940–950.
Stüer, Bernhard/Hermanns, Caspar David, Fachplanungsrecht: Natur- und Umweltschutz – Verkehrswege – Rechtsprechungsbericht 2000/2001 –, DVBl. 2002, 514–526.
Stüer, Bernhard/Hönig, Dietmar, Raumordnung und Fachplanung im Widerstreit, UPR 2002, 333–337.
Suderow, Wolfgang, Rechtsprobleme des Bundesraumordnungsprogramms, SWR 18, Münster 1975.
–, Das Verhältnis der Fachplanungen zur Raumordnung und Landesplanung, SWR 36, Münster 1976.
Suhr, Dieter/Anderl, Angelika, Rechtsfragen der raumbeeinflussenden Bundesplanung. Dargestellt an der Planung und Einführung des Nahdienstes im Fernsprechverkehr, Frankfurt am Main 1980.
Tettinger, Peter J., Recht des Bergbaus, in: Schmidt, Reiner (Hrsg.), Öffentliches Wirtschaftsrecht, Besonderer Teil, Bd. 1, Berlin 1995, S. 745–765.
Thiel, Jürgen Michael, Umweltrechtliche Kompetenzen in der Europäischen Union, Bochum 1995.

Thurn, Peter, Schutz natürlicher Gewässerfunktionen durch räumliche Planung. Möglichkeiten im Bereich des Wasserhaushalts-, Naturschutz- und Raumordnungsrechts, SWR 108, Münster 1986.

Thyssen, Bernd, Europäischer Habitatschutz entsprechend der Flora-Fauna-Habitat-Richtlinie in der Planfeststellung, DVBl. 1998, 877–886.

Tiemann, Susanne, Die Schutzbereichsanordnung für Verteidigungsanlagen, NVwZ 1984, 759–763.

Timmer, Reinhard/Erbguth, Wilfried, Die Ressortierung der Raumordnung und Landesplanung – ein ungelöstes Problem?, RuR 1980, 143–157.

Traumann, Dodo, Die Organisationsgewalt im Bereich der bundeseigenen Verwaltung, Baden-Baden 1998.

Treffer, Christian, Zur verfassungsrechtlichen Legitimation bundesrechtlicher Kompetenzkonzentration, UPR 1994, 378–380.

Tsai, Tzung-Jen, Die verfassungsrechtliche Umweltschutzpflicht des Staates. Zugleich ein Beitrag zur Umweltschutzklausel des Art. 20a GG, Berlin 1996.

Tschentscher, Thomas, Bundesaufsicht in der Bundesauftragsverwaltung, Baden-Baden 1992.

Tsevas, Athanassios D., Die verwaltungsgerichtliche Kontrollintensität bei der materiellrechtlichen Nachprüfung des Planfeststellungsbeschlusses für raumbeanspruchende Grossprojekte, Berlin 1992.

Tzschaschel, Wolfgang, Rechtfertigungserfordernisse für die straßenrechtliche Planfeststellung, Berlin 1994.

Uechtritz, Michael, Der rechtliche Regelungsrahmen für die Bewältigung von Verkehrslärm in der Bauleitplanung, DVBl. 1999, 198–205.

Uerpmann, Robert, Das öffentliche Interesse. Seine Bedeutung als Tatbestandsmerkmal und als dogmatischer Begriff, Tübingen 1999.

Ule, Carl Hermann/Laubinger, Hans-Werner, Verwaltungsverfahrensrecht, 4. Aufl. Köln/Berlin/Bonn/München 1995.

Umlauf, Josef, Korrekturen bei den Planungsverfahren, in: Becker-Marx, Kurt (Hrsg.), Korrekturen bei Raumordnung und Landesplanung. Die Folgerungen bei 30 Jahren Raumordnungspolitik, Frankfurt am Main 1982, S. 97–117.

–, Zur Entwicklungsgeschichte der Landesplanung und Raumordnung, Hannover 1986.

Vallendar, Willi, Das Abwägungsgebot – ein alter Hut mit neuen Federn, UPR 1999, 121–129.

–, Rechtsschutz der Gemeinden gegen Fachplanungen, UPR 2003, 41–44.

Van den Hövel, Markus, Die Urteils-Verfassungsbeschwerde als einzig erforderliche Verfassungsbeschwerde in der Rechtspraxis?, NVwZ 1993, 549–552.

Vogel, Klaus, Gesetzgeber und Verwaltung VVDStRL 24 (1966), 125–182.

Voigt, Roland, Die Rechtsformen staatlicher Pläne, Hamburg 1979.

Volkmar, Dieter, Allgemeiner Rechtssatz und Einzelakt. Versuch einer begrifflichen Abgrenzung, Berlin 1962.

von Arnauld, Andreas, Die normtheoretische Begründung des Verhältnismäßigkeitsgrundsatzes, JZ 2000, 276–280.

–, Gewaltenteilung jenseits der Gewaltentrennung. Das gewaltenteilige System in der Verfassungsordnung der Bundesrepublik Deutschland, ZParl 2001, 678–698.

–, Normenhierarchien innerhalb des primären Gemeinschaftsrechts, EuR 2003, 191–216.

von Danwitz, Thomas, Die Gestaltungsfreiheit des Verordnungsgebers. Zur Kontrolldichte verordnungsgeberischer Entscheidungen, Berlin 1989.

–, Staatliche Bergaufsicht zwischen privatem Bergschadensrecht, hoheitlicher Gefahrenabwehr und Staatshaftung in den neuen Bundesländern, Stuttgart/München/Hannover 1998.

–, Straßen- und Wegerecht, in: Schmidt-Aßmann, Eberhard (Hrsg.), Besonderes Verwaltungsrecht, 12. Aufl. Berlin 2003, S. 883–937.

von der Heide, Hans-Jürgen, Zur Entstehung des Bundesbaugesetzes, in: Westermann, Harry u.a. (Hrsg.), Raumplanung und Eigentumsordnung. Festschrift für Werner Ernst zum 70. Geburtstag, München 1980, S. 185–200.
von Götz, Hans-Niklas, Eingeschränkter Rechtsschutz bei der Errichtung von Höchstspannungsfreileitungen, DVBl. 1999, 1413–1416.
von Heyl, Arnulf/Steinfort, Frank, Schnittstellen des Eisenbahnrechts und des öffentlichen Baurechts, DVBl. 1999, 1311–1322.
von Loewenich, Gerhard, Fall der transeuropäischen Netze – Räumliche Entwicklung des EG-Gebiets, BBauBl. 1992, 574–577.
von Mangoldt, Hermann von/Klein, Friedrich/Starck, Christian (Hrsg.), Das Bonner Grundgesetz, Kommentar, 4. Aufl. München 1999–2001; Bd. 8, 3. Aufl. München 1996.
von Münch, Ingo/Kunig, Philip (Hrsg.), Grundgesetz-Kommentar, 5. Aufl., Bd. 1, München 2000, Bd. 2, 2001, Bd. 3, 2003.
von Mutius, Albert, Rechtsnorm und Verwaltungsakt. Zu Möglichkeiten und Grenzen rechtsdogmatischer Differenzierungen im Bereich des Verwaltungshandelns, in: Menger, Christian-Friedrich (Hrsg.), Fortschritte des Verwaltungsrechts. Festschrift für Hans-Julius Wolff, München 1973, S. 167–218.
von Nicolai, Helmut, Typische Beanstandungen von Bauleitplänen in der Genehmigungspraxis und die Bedeutung von § 216 BauGB, NordÖR 2001, 55–61.
von Seydel, Max, Commentar zur Verfassungs-Urkunde für das Deutsche Reich, 2. Aufl. Freiburg im Breisgau und Leipzig 1897.
von Vitzthum, Wolfgang Graf, Parlament und Planung, Baden-Baden 1978.
Voßkuhle, Andreas, Der »relative Verwaltungsakt« – eine unzulässige Handlungsform, SächsVBl. 1995, 54–57.
–, »Wer zuerst kommt, mahlt zuerst!« – Das Prioritätsprinzip als antiquierter Verteilungsmodus einer modernen Rechtsordnung, Verw 32 (1999), 21–41.
Waechter, Kay, Kommunalrecht, 3. Aufl. Köln/Berlin/Bonn/München 1997.
Wagener, Frido, Öffentliche Planung und zukünftige politische Entscheidung, in: Demokratie und Verwaltung. Festschrift für die Hochschule für Verwaltungswissenschaften Speyer, Berlin 1972, S. 571–588.
–, Der öffentliche Dienst im Staat der Gegenwart, VVDStRL 37 (1979), 215–266.
Wagner, Hellmut, Untätigkeit des Gesetzgebers im Zusammenhang mit der Errichtung von Kernkraftwerken?, DVBl. 1978, 839–843
Wagner, Jörg, Die Harmonisierung der Raumordnungsklauseln in den Gesetzen der Fachplanung, Münster 1990.
–, Das neue Bauplanungsrecht – zu seiner Verknüpfung mit dem Bauordnungs-, Fach- und Umweltplanungsrecht, UPR 1997, 387–394.
Wagner, Volkmar, Das interkommunale Abstimmungsgebot im Lichte der neueren Rechtsprechung, ZfBR 2000, 21–24.
Wahl, Rainer, Rechtsfragen der Landesplanung und Landesentwicklung, Bd. 1: Das Planungssystem der Landesplanung, Bd. 2: Die Konzepte zur Siedlungsstruktur in den Planungssystemen der Länder, Berlin 1978.
–, Aktuelle Probleme im Verhältnis der Landesplanung zu den Gemeinden. Steuerung der Siedlungsentwicklung und Standortplanung, DÖV 1981, 597–606.
–, Genehmigung und Planungsentscheidung. Überlegungen zu zwei Grundmodellen des Verwaltungsrechts und zu ihrer Kombination, DVBl. 1982, 51–62.
–, Entwicklung des Fachplanungsrechts, NVwZ 1990, 426–441.
–, Die Einschaltung privatrechtlich organisierter Verwaltungseinrichtungen in den Straßenbau, DVBl. 1993, 517–527.

–, Zielbeachtungspflicht und Zulassungsentscheidung, in: Hoppe, Werner/Kauch, Petra (Hrsg.), Raumordnungsziele nach Privatisierung öffentlicher Aufgaben, SWR 172, Münster 1996, S. 11–34.

–, Europäisches Planungsrecht – Europäisierung des deutschen Planungsrechts, in: Grupp, Klaus/Ronellenfitsch, Michael (Hrsg.), Planung – Recht – Rechtsschutz. Festschrift für Willi Blümel zum 70. Geburtstag, Berlin 1999, S. 617–646.

–, Einige Grundprobleme im europäischen Raumplanungsrecht, in: Erbguth, Wilfried/Oebbecke, Janbernd/Rengeling, Hans-Werner/Schulte, Martin (Hrsg.), Planung. Festschrift für Werner Hoppe zum 70. Geburtstag, München 2000, S. 913–926.

Wahl, Rainer/Dreier, Johannes, Entwicklung des Fachplanungsrechts, NVwZ 1999, 606–620.

Walprecht, Dieter/Cosson, Rainer, Straßen- und Wegegesetz des Landes Nordrhein-Westfalen, Kommentar, Köln/Berlin/Bonn/München 1984.

Walter, Christian, § 1: Geschichte und Entwicklung der Europäischen Grundrechte und Grundfreiheiten, in: Ehlers, Dirk (Hrsg.), Europäische Grundrechte und Grundfreiheiten, Berlin 2003, S. 1–19.

Weber, Werner, Grundgesetz und Verkehr, in: Weber, Werner/Haustein, Werner, Rechtsgrundlagen des deutschen und zwischenstaatlichen Verkehrs, Darmstadt 1956, S. 5–26.

Weckerle, Konrad, Mitwirkung von Kommunen bei überregionalen Verkehrsprojekten. Probleme, Chancen und Erfahrungen am Beispiel der Main-Donau-Wasserstraße, in: Kormann, Joachim (Hrsg.), Kommunen und Verkehrsplanung, München 1993, S. 61–85.

Wegener, Bernhard W., Bahnprivatisierung und Eisenbahnverkehrsverwaltung. Strukturprobleme der eisenbahnrechtlichen Planfeststellung nach der Bahnstrukturreform, DÖV 1996, 305–313.

Wegener, Gerhard, Die Bedeutung des Planungsermessens, DV 1981, 305–328.

Weiblen, Dieter, Gemeindliche Bauleitplanung und naturschutzrechtlicher Flächen- und Objektschutz. Zur Bewältigung der aus einem räumlichen Aufeinandertreffen von Bauleitplänen und naturschutzrechtlichen Schutzgebietsverordnungen sowie dem gesetzlichen Biotopschutz resultierenden Nutzungskonflikte, Berlin 2001.

Weidemann, Clemens, Zum Rechtsschutz gegen abfallrechtliche Standortentscheidungen, NVwZ 1989, 1033–1035.

–, Kontrollerlaubnis mit Abwägungsvorbehalt? – Materiellrechtliche Fragen der Zulassung von immissionsschutzrechtlichen Abfallentsorgungsanlagen dargestellt am Beispiel des § 38 BauGB, DVBl. 1994, 263–272.

–, Planfeststellungsverfahren für Freileitungen, RdE 1995, 181–185.

–, Rechtstaatliche Anforderungen an Umweltabgaben. Zu den beiden Urteilen des Bundesverfassungsgerichts vom 7. Mai 1998, DVBl. 1999, 73–78.

Weiß, Wolfgang, Zur Wirkung von Richtlinien vor Ablauf der Umsetzungsfrist, DVBl. 1998, 568–575.

Weitzel, Christian, Justitiabilität des Rechtssetzungsermessens. Zugleich ein Beitrag zur Theorie des Ermessens, Berlin 1998.

Werner, Otto, Aspekte des Rechtsschutzes bei der kommunalen Neugliederung in Bayern, BayVBl. 1976, 705–713.

Wesemann, Hans, Der Planungsverband nach § 4 Bundesbaugesetz, Köln 1970.

Weyl, Heinz, Ansätze zu einer realistischen Raumordnungspolitik, in: Becker-Marx, Kurt (Hrsg.), Korrekturen bei Raumordnung und Landesplanung. Die Folgerungen bei 30 Jahren Raumordnungspolitik, Frankfurt am Main 1982, S. 37–62.

Weyreuther, Felix, Die Bedeutung des Eigentums als abwägungserheblicher Belang bei der Planfeststellung nach dem Bundesfernstraßengesetz, DÖV 1977, 419- 426.

–, Rechtliche Bindung und gerichtliche Kontrolle planender Verwaltung im Bereich des Bodenrechts, BauR 1977, 293–309.

–, Abwägung der gemeindlichen Belange und Anhörung der Gemeinden bei der Festsetzung von Lärmschutzbereichen? Gedanken zum Beschluß des BVerfG vom 7. Oktober 1980, DÖV 1982, 173–181.
Wichert, Friedrich, Natura 2000, Berlin 2001.
Wickel, Martin, Symbolische Gesetzgebung in der Verkehrswegeplanung? – Anmerkung zur erneuten Verlängerung des Verkehrswegeplanungsbeschleunigunggesetzes, NVwZ 2001, 16–20.
Wickrath, Susanne, Bürgerbeteiligung im Recht der Raumordnung und Landesplanung, SWR 141, Münster 1992.
Widera, Bernd, Zur verfassungsrechtlichen Gewährleistung gemeindlicher Planungshoheit, Berlin 1985.
Wiedmann, Harald, Das Planungsermessen des § 1 Abs. 7 BBauG als Unterfall des allgemeinen Verwaltungsermessens, München 1977.
Wilke, Dieter, Die Auftragsverwaltung im Straßenrecht, in: Bartlsperger, Richard/Blümel, Willi/Schroeter, Hans-Wolfgang (Hrsg.), Ein Vierteljahrhundert Straßenrechtsgesetzgebung, Hamburg 1980, S. 541–555.
Willecke, Raimund, Die deutsche Berggesetzgebung. Von den Anfängen bis zur Gegenwart, Essen 1977.
–, Vom Preußischen Allgemeinen Berggesetz zum Bundesberggesetz – Entwicklungstendenzen im deutschen Bergrecht –, Stuttgart/München/Hannover 1988.
Wils, Wouter P.J., The Birds Directive 15 Years Later: A Survey of the Case Law and a Comparison with the Habitats Directive, JEL 6 (1994), 219–242.
Windhager, Ulrich, Lärmschutz an Verkehrsanlagen, in: Kolks, Wilhelm/Fiedler, Joachim (Hrsg.), Verkehrswesen in der kommunalen Praxis, Bd. 1: Planung – Bau – Betrieb, Berlin 1997, S. 351–363.
Wirths, Volker, Naturschutz durch Europäisches Gemeinschaftsrecht, Baden-Baden 2001.
Wolff, Hans Julius/Bachof, Otto/Stober, Rolf, Verwaltungsrecht; Ein Studienbuch, Band I, 11. Aufl. München 1999, Band II, 6. Aufl. 2000.
Wolff, Heinrich Amadeus, Die raumordnungsrechtliche Qualifizierung der Vorbehaltsgebiete in bayerischen Raumordnungsplänen, BayVBl. 2001, 737–741.
Wolst, Dieter, Die Bundesauftragsverwaltung als Verwaltungsform. Untersuchungen zur auftragsweisen Fernstraßenverwaltung, Bonn-Bad Godesberg 1974.
Wrege, Wolf Reinhard, Das System der Gewaltenteilung im Grundgesetz, Jura 1996, 436–440.
Würtenberger, Julian, »Maßnahmegesetze« zur Beschleunigung der Verkehrsplanung?, VBl.BW 1992, 1–4.
Würtenberger, Thomas, Staatsrechtliche Probleme politischer Planung, Berlin 1979.
–, Der Rechtsschutz von Gemeinden gegen Energiefreileitungen, BayVBl. 1982, 673–679.
Wussow, Ulrich, Ressortprinzip und ressortübergreifende Planung in der Bundesregierung, DVP 1982, 23–25.
Wysk, Peter, Luftverkehr, in: Ziekow, Jan (Hrsg.), Praxis des Fachplanungsrechts, Düsseldorf 2004, S. 577–639.
Zech, Jochen, Zuständigkeiten bei der Verwaltung der Bundesfernstraßen durch die Länder und Gemeinden, DVBl. 1987, 1089–1095.
Zeichner, Wolfgang, FFH und Planung von Verkehrstrassen – Beispiel A 20 (Wakenitzniederung), NVwZ 1999, 32–35.
Zeidler, Karl, Ausführung von Landesgesetzen durch Bundesbehörden, DVBl. 1960, 573–580.
Zeitler, Herbert (Hrsg.), Bayerisches Straßen- und Wegegesetz, Loseblatt-Kommentar, München, Stand: Okt. 2002.
Zerle, Adolf/Hein, Wolfgang/Brinkmann, Dietmar/Foerst, Christopf/Stöckel, Heinz, Forstrecht in Bayern, Loseblatt-Kommentar, München, Stand: Jan. 2000.

Ziekow, Jan (Hrsg.), Beschleunigung von Planungs- und Genehmigungsverfahren, Berlin 1998.
–, Immissionsschutzrechtliche Aspekte in der Bauleitplanung, BayVBl. 2000, 325–335.
–, Perspektiven von Öffentlichkeitsbeteiligung und Verbandsbeteiligung in der Raumordnung, NuR 2002, 701–708.
–, Materielle Anforderungen an die Planung, in: ders. (Hrsg.), Praxis des Fachplanungsrechts, Düsseldorf 2004, S. 177–238.
Ziekow, Jan/Siegel, Thorsten, Gesetzliche Regelungen der Verfahrenskooperation von Behörden und anderen Trägern öffentlicher Belange – Empirische Untersuchungen mit rechtlichen Einführungen –, Speyer 2001.
Zielfleisch, Walter, Landeshoheit und bundeseigene Verwaltung, Diss. München 1972.
Zillmer, Frank, Rechtsschutz der Länder gegen bundesfernstraßenrechtliche Weisungen, DÖV 1995, 49–55.
Zimmer, Gerhard, Funktion – Kompetenz – Legitimation. Gewaltenteilung in der Ordnung des Grundgesetzes, Berlin 1979.
Zimmerling, Wolfgang, Die Anhörung der Standortgemeinde einer Abfallentsorgungsanlage bei der Aufstellung eines Abfallentsorgungsplans, NVwZ 1992, 122–125.
Zippelius, Reinhold, Verfassungskonforme Auslegung von Gesetzen, in: Starck, Christian u.a. (Hrsg.), Bundesverfassungsgericht und Grundgesetz. Festgabe zum 25jährigen Bestehen des Bundesverfassungsgerichts, Bd. II, München 1976, S. 108–124.
–, Juristische Methodenlehre, 5. Aufl. München 1990.
Zorn, Philipp, Das Reichs-Staatsrecht. Zweiter Band: Das Verwaltungsrecht einschließlich des äußeren Staats-, des Militär und Seerechtes, Berlin 1897.
Zoubek, Gerhard, Sektoralisierte Landesplanung. Rechtsdogmatische und rechtspolitische Aspekte der hochstufigen fachlichen Programme und Pläne, SWR 85, Münster 1983.
–, Sicherungsinstrumente in der Landesplanung. Rechtssystematik und praxisorientierte Ausgestaltung in den Ländern, SWR 107, Münster 1986.

Sachregister

Jus Publicum

Beiträge zum Öffentlichen Recht – Alphabetische Übersicht

Axer, Peter: Normsetzung der Exekutive in der Sozialversicherung. 2000. *Band 49.*

Bauer, Hartmut: Die Bundestreue. 1992. *Band 3.*

Beaucamp, Guy: Das Konzept der zukunftsfähigen Entwicklung im Recht. 2002. *Band 85.*

Becker, Joachim: Transfergerechtigkeit und Verfassung. 2001. *Band 68.*

Blanke, Hermann-Josef: Vertrauensschutz im deutschen und europäischen Verwaltungsrecht. 2000. *Band 57.*

Böhm, Monika: Der Normmensch. 1996. *Band 16.*

Bogdandy, Armin von: Gubernative Rechtsetzung. 2000. *Band 48.*

Brenner, Michael: Der Gestaltungsauftrag der Verwaltung in der Europäischen Union. 1996. *Band 14.*

Britz, Gabriele: Kulturelle Rechte und Verfassung. 2000. *Band 60.*

Bröhmer, Jürgen: Transparenz als Verfassungsprinzip. 2004. *Band 106.*

Brüning, Christoph: Einstweilige Verwaltungsführung. 2003. *Band 103.*

Burgi, Martin: Funktionale Privatisierung und Verwaltungshilfe. 1999. *Band 37.*

Bultmann, Peter Friedrich: Beihilfenrecht und Vergaberecht. 2004. *Band 109.*

Bumke, Christian: Relative Rechtswidrigkeit. 2004. *Band 117.*

Butzer, Hermann: Fremdlasten in der Sozialversicherung. 2001. *Band 72.*

Calliess, Christian: Rechtsstaat und Umweltstaat. 2001. *Band 71.*

Classen, Claus Dieter: Die Europäisierung der Verwaltungsgerichtsbarkeit. 1996. *Band 13.*

– Religionsfreiheit und Staatskirchenrecht in der Grundrechtsordnung. 2003. *Band 100.*

Cremer, Wolfram: Freiheitsgrundrechte. 2003. *Band 104.*

Danwitz, Thomas von: Verwaltungsrechtliches System und Europäische Integration. 1996. *Band 17.*

Dederer, Hans-Georg: Korporative Staatsgewalt. 2004. *Band 107.*

Detterbeck, Steffen: Streitgegenstand und Entscheidungswirkungen im Öffentlichen Recht. 1995. *Band 11.*

Di Fabio, Udo: Risikoentscheidungen im Rechtsstaat. 1994. *Band 8.*

Dörr, Oliver: Der europäisierte Rechtsschutzauftrag deutscher Gerichte. 2003. *Band 96.*

Durner, Wolfgang: Konflikte räumlicher Planungen. 2005. *Band 119.*

Enders, Christoph: Die Menschenwürde in der Verfassungsordnung. 1997. *Band 27.*

Epping, Volker: Die Außenwirtschaftsfreiheit. 1998. *Band 32.*

Fehling, Michael: Verwaltung zwischen Unparteilichkeit und Gestaltungsaufgabe. 2001. *Band 79.*

Felix, Dagmar: Einheit der Rechtsordnung. 1998. *Band 34.*

Langenfeld, Christine: Integration und kulturelle Identität zugewanderter Minderheiten. 2001. *Band 80.*
Lehner, Moris: Einkommensteuerrecht und Sozialhilferecht. 1993. *Band 5.*
Leisner, Anna: Kontinuität als Verfassungsprinzip. 2002. *Band 83.*
Lepsius, Oliver: Besitz und Sachherrschaft im öffentlichen Recht. 2002. *Band 81.*
Lorz, Ralph Alexander: Interorganrespekt im Verfassungsrecht. 2001. *Band 70.*
Lücke, Jörg: Vorläufige Staatsakte. 1991. *Band 2.*
Luthe, Ernst-Wilhelm: Optimierende Sozialgestaltung. 2001. *Band 69.*
Mager, Ute: Einrichtungsgarantien. 2003. *Band 99.*
Mann, Thomas: Die öffentlich-rechtliche Gesellschaft. 2002. *Band 93.*
Manssen, Gerrit: Privatrechtsgestaltung durch Hoheitsakt. 1994. *Band 9.*
Masing, Johannes: Parlamentarische Untersuchungen privater Sachverhalte. 1998. Band 30.
Möstl, Markus: Die staatliche Garantie für die öffentliche Sicherheit und Ordnung. 2002. *Band 87.*
Morgenthaler, Gerd: Freiheit durch Gesetz. 1999. *Band 40.*
Morlok, Martin: Selbstverständnis als Rechtskriterium. 1993. *Band 6.*
Müller-Franken, Sebastian: Maßvolles Verwalten. 2004. *Band 105.*
Niedobitek, Matthias: Das Recht der grenzüberschreitenden Verträge. 2001. *Band 66.*
Oeter, Stefan: Integration und Subsidiarität im deutschen Bundesstaatsrecht. 1998. Band 33.
Pache, Eckhard: Tatbestandliche Abwägung und Beurteilungsspielraum. 2001. *Band 76.*
Pauly, Walter: Der Methodenwandel im deutschen Spätkonstitutionalismus. 1993. *Band 7.*
Pielow, Johann-Christian: Grundstrukturen öffentlicher Versorgung. 2001. *Band 58.*
Poscher, Ralf: Grundrechte als Abwehrrechte. 2003. *Band 98.*
Puhl, Thomas: Budgetflucht und Haushaltsverfassung. 1996. *Band 15.*
Reinhardt, Michael: Konsistente Jurisdiktion. 1997. *Band 24.*
Remmert, Barbara: Private Dienstleistungen in staatlichen Verwaltungsverfahren. 2003. *Band 95.*
Rodi, Michael: Die Subventionsrechtsordung. 2000. *Band 52.*
Rossen, Helge: Vollzug und Verhandlung. 1999. *Band 39.*
Rozek, Jochen: Die Unterscheidung von Eigentumsbindung und Enteignung. 1998. *Band 31.*
Ruffert, Matthias: Vorrang der Verfassung und Eigenständigkeit des Privatrechts. 2001. *Band 74.*
Sacksofsky, Ute: Umweltschutz durch nicht-steuerliche Abgaben. 2000. *Band 53.*
Šarčević, Edin: Das Bundesstaatsprinzip. 2000. *Band 55.*
Schlette, Volker: Die Verwaltung als Vertragspartner. 2000. *Band 51.*
Schliesky, Utz: Souveränität und Legitimtät von Herrschaftsgewalt. 2004. *Band 112.*
Schmehl, Arndt: Das Äquivalenzprinzip im Recht der Staatsfinanzierung. 2004. *Band 113.*
Schmidt-De Caluwe, Reimund: Der Verwaltungsakt in der Lehre Otto Mayers. 1999. *Band 38.*
Schroeder, Werner: Das Gemeinschaftrechtssystem. 2002. *Band 86.*

Schulte, Martin: Schlichtes Verwaltungshandeln. 1995. *Band 12.*
Sobota, Katharina: Das Prinzip Rechtsstaat. 1997. *Band 22.*
Sodan, Helge: Freie Berufe als Leistungserbringer im Recht der gesetzlichen Krankenversicherung. 1997. *Band 20.*
Sommermann, Karl-Peter: Staatsziele und Staatszielbestimmungen. 1997. *Band 25.*
Stoll, Peter-Tobias: Sicherheit als Aufgabe von Staat und Gesellschaft. 2003. *Band 101.*
Storr, Stefan: Der Staat als Unternehmer. 2001. *Band 78.*
Sydow, Gernot: Verwaltungskooperation in der Europäischen Union. 2004. *Band 118.*
Trute, Hans-Heinrich: Die Forschung zwischen grundrechtlicher Freiheit und staatlicher Institutionalisierung. 1994. *Band 10.*
Uerpmann, Robert: Das öffentliche Interesse. 1999. *Band 47.*
Unruh, Peter: Der Verfassungsbegriff des Grundgesetzes. 2002. *Band 82.*
Wall, Heinrich de: Die Anwendbarkeit privatrechtlicher Vorschriften im Verwaltungsrecht. 1999. *Band 46.*
Wolff, Heinrich Amadeus: Ungeschriebenes Verfassungsrecht unter dem Grundgesetz. 2000. *Band 44.*
Volkmann, Uwe: Solidarität – Programm und Prinzip der Verfassung. 1998. *Band 35.*
Voßkuhle, Andreas: Das Kompensationsprinzip. 1999. *Band 41.*
Weiß, Wolfgang: Privatisierung und Staatsaufgaben. 2002. *Band 88.*
Ziekow, Jan: Über Freizügigkeit und Aufenthalt. 1997. *Band 21.*